Wasserhaushaltsgesetz

Kurzkommentar

Von

Dr. iur. Konrad Berendes

Ministerialrat a.D. im Bundesministerium für
Umwelt, Naturschutz und nukleare Sicherheit

2., völlig neu bearbeitete und wesentlich erweiterte Auflage

ERICH SCHMIDT VERLAG

Bibliografische Information der Deutschen Nationalbibliothek
Die Deutsche Nationalbibliothek verzeichnet diese Publikation
in der Deutschen Nationalbibliografie;
detaillierte bibliografische Daten sind im Internet über
http://dnb.d-nb.de abrufbar.

Weitere Informationen zu diesem Titel finden Sie im Internet unter
ESV.info/978 3 503 15624 5

ISBN 978 3 503 15624 5

Alle Rechte vorbehalten
© Erich Schmidt Verlag GmbH & Co. KG, Berlin 2018
www.ESV.info

Dieses Papier erfüllt die Frankfurter Forderungen
der Deutschen Nationalbibliothek und der Gesellschaft für das Buch
bezüglich der Alterungsbeständigkeit und entspricht sowohl den
strengen Bestimmungen der US Norm Ansi/Niso Z 39.48-1992
als auch der ISO Norm 9706.

Satz: multitext, Berlin
Druck und Bindung: Strauss, Mörlenbach

Vorwort zur 2. Auflage

Seit dem Erscheinen der Erstauflage des Kurzkommentars zum neuen Wasserhaushaltsgesetz im Herbst 2010 hat sich das Wasserrecht des Bundes dynamisch weiterentwickelt. Bei den zahlreichen Änderungen des WHG gab es auch bedeutsame inhaltliche Erweiterungen, die meist der Umsetzung unionsrechtlicher Vorgaben dienten. Hervorzuheben sind folgende Ergänzungen:

– 2011: Umsetzung der Meeresstrategie-Rahmenrichtlinie (§ 2 Abs. 1a, § 3 Nr. 2a, §§ 45a ff.)

– 2011: Erweiterung der Verordnungsermächtigung für nähere Regelungen zum Umgang mit wassergefährdenden Stoffen (§ 62 Abs. 4)

– 2013: Wasserrechtliche Umsetzung der Nitratrichtlinie durch nationale Aktionsprogramme (§ 62a)

– 2013: Umsetzung der EU-Richtlinie über Industrieemissionen (§ 54 Abs. 3–6, § 57 Abs. 3–5, § 60 Abs. 3–6, § 107)

– 2016: Umsetzung der Wasserrahmenrichtlinie zu den Kosten von Wasserdienstleistungen und Wassernutzungen (§ 3 Nr. 16 und 17, § 6a)

– 2016: Wasserrechtliche Regelungen zum sog. Fracking (§ 9 Abs. 2 Nr. 3 und 4, §§ 13a, 13b, 104a)

– 2017: Hochwasserschutzgesetz II (§ 36 Abs. 2, §§ 71, 71a, § 74 Abs. 2 Satz 1 Nr. 1, §§ 77–78d, 99a, 103 Abs. 1 Nr. 17–19)

– 2017: Wasserrechtliche Genehmigung für Deponiesickerwasserbehandlungsanlagen sowie Änderungen zur Eignungsfeststellung (§§ 60, 63, 107 Abs. 1a)

Auch bei den für die Praxis bedeutsamen, das WHG ergänzenden Ausführungsbestimmungen auf Verordnungsebene ist das Bundeswasserrecht ausgebaut worden. Neu erlassen und fortgeschrieben wurden die Grundwasserverordnung (2010), die Oberflächengewässerverordnung (2011 und 2016), die Industriekläranlagen-Zulassungs- und Überwachungsverordnung (2013) sowie die Verordnung über Anlagen zum Umgang mit wassergefährdenden Stoffen (2017). Außerdem ist die Abwasserverordnung mehrfach fortgeschrieben worden. Zudem wird das Landeswasserrecht nach und nach dem neuen Bundesrecht angepasst. Allerdings haben immer noch nicht alle Länder ihre Wassergesetze vollständig an das neue Wasserhaushaltsgesetz angepasst.

Im Vordergrund der 2. Auflage des Kommentars stehen die Erläuterungen der neu in das WHG eingefügten Vorschriften, alle bisherigen Gesetzesänderungen konnten berücksichtigt werden. Im Übrigen wurde das Werk generell aktualisiert und überarbeitet. Zur Zielsetzung und Konzeption des Kurzkommentars wird auf das Vorwort zur 1. Auflage verwiesen.

Bonn, im März 2018   Der Verfasser

Vorwort zur 1. Auflage

Nach dem zweiten, vorerst wohl endgültigen Scheitern des Projekts Umweltgesetzbuch im Februar 2009 ist es dem Bundesgesetzgeber zumindest noch gelungen, vor Ablauf des Moratoriums nach Art. 125b Abs. 1 Satz 3 GG Ende 2009 neben dem Naturschutzrecht auch das Wasserrecht des Bundes neu zu ordnen. Das Gesetz zur Neuregelung des Wasserrechts vom 31. Juli 2009 hat das aus dem Jahr 1957 stammende, nach dem alten Art. 75 GG als Rahmengesetz erlassene Wasserhaushaltsgesetz (WHG) aufgehoben und in seinem Art. 1 durch eine moderne, auf die konkurrierende Gesetzgebungszuständigkeit gestützte und im Wesentlichen am 1. März 2010 in Kraft getretene Gesetzesfassung ersetzt. Der Bundesgesetzgeber hat das Wasserhaushaltsrecht zwar nicht neu erfunden, Aufbau, Konzeption und Inhalt des WHG 2009 gegenüber dem WHG 1957 aber grundlegend verändert. Schon die synoptische Gegenüberstellung beider Gesetzesfassungen, die einen raschen Überblick darüber verschafft, wo das bisher geltende Recht verblieben und was im WHG neu ist, macht dies schnell deutlich.

Der hier vorgelegte Kurzkommentar hat sich zum Ziel gesetzt, kompakt und „aus erster Hand" – der Verfasser war als zuständiger Referatsleiter im Bundesumweltministerium für das Gesetz verantwortlich – über Entstehung, Sinn und Zweck, Struktur und Inhalt des neuen WHG sowie die Spielräume der Länder für ergänzende und abweichende Regelungen zum Bundeswasserrecht zu informieren. Eine Erläuterung im Zuschnitt einer solchen Kommentierung fehlt bisher zum WHG, sie schließt insofern eine Lücke. Dies zu einem Zeitpunkt, der nicht besser passen könnte: Fundierte Informationen zum Inhalt und Verständnis von Gesetzen, bei denen wie beim WHG gegenläufige, kostenrelevante Interessen eine zentrale politische Rolle spielen, sind heutzutage ohne Hintergrund- und Insiderwissen nur begrenzt möglich, Gesetzesbegründungen leisten dies jedenfalls nicht oder nur sporadisch.

Der vorliegende Kurzkommentar erläutert im Rahmen seiner Zielsetzung alle Vorschriften des WHG – seien sie neu oder aus dem alten WHG ganz oder teilweise übernommen – in den Punkten und unter den Aspekten, die für ihr Verständnis wesentlich sind, sowie in dem Umfang, der ihrer Bedeutung entspricht. Grundlage der Kommentierung bildet, soweit ein solcher existiert, der gesicherte Stand von Rechtsprechung und Literatur. Naturgemäß spielt eine besondere Rolle, was der Gesetzgeber warum mit welchem Inhalt anders als bisher oder ganz neu geregelt hat. Zum Landesrecht können nur allgemeine Hinweise gegeben werden. Insbesondere wird bei jedem Paragrafen dargelegt, ob und inwieweit den Ländern nach den Vorgaben von WHG und Grundgesetz eigene Befugnisse für ergänzende und abweichende wasserrechtliche Regelungen verbleiben.

Das Buch richtet sich somit an alle am Wasserrecht Interessierten. Insbesondere will es für diejenigen eine zuverlässige Informationsquelle sein, die sich in der wasserrechtlichen und wasserwirtschaftlichen Praxis zu Beginn einer neuen Epoche des Wasserrechts mit dem WHG 2009 und seine Anwendung beschäftigen und dabei auch wissen wollen, wie das WHG wasserwirtschaftliche Rechtsetzungsaufgaben auf die Verordnungsebene verlagert und wie sich nunmehr Bundesrecht und Landesrecht zueinander verhalten.

Bonn, im August 2010   Der Verfasser

Abkürzungsverzeichnis

a.A.	anderer Ansicht
ABl.	Amtsblatt
Abs.	Absatz
AbwAG	Abwasserabgabengesetz
AbwV	Abwasserverordnung
a.E.	am Ende
a.F.	alte Fassung
a.M.	anderer Meinung
Anm.	Anmerkung
Art.	Artikel
AtG	Atomgesetz
Aufl.	Auflage
BAnz.	Bundesanzeiger
BauGB	Baugesetzbuch
BayObLG	Bayerisches Oberstes Landesgericht
BayVBl.	Zeitschrift Bayerische Verwaltungsblätter
BBodSchG	Bundes-Bodenschutzgesetz
Bd.	Band
BDI	Bundesverband der Deutschen Industrie
Beschl.	Beschluss
BFM	*Berendes/Frenz/Müggenborg* (siehe Literaturverzeichnis)
BGB	Bürgerliches Gesetzbuch
BGBl.	Bundesgesetzblatt
BGH	Bundesgerichtshof
BGHZ	Entscheidungssammlung des Bundesgerichtshofs
BImSchG	Bundes-Immissionsschutzgesetz
BMU	Bundesministerium für Umwelt, Naturschutz und nukleare Sicherheit
BMUB	Bundesministerium für Umwelt, Naturschutz, Bau und Reaktorsicherheit
BNatSchG	Bundesnaturschutzgesetz
BR	Bundesrat
BReg.	Bundesregierung
BT	Bundestag
Buchst.	Buchstabe
BVerfG	Bundesverfassungsgericht

Abkürzungsverzeichnis

BVerfGE	Entscheidungssammlung des Bundesverfassungsgerichts
BVerwG	Bundesverwaltungsgericht
BVerwGE	Entscheidungssammlung des Bundesverwaltungsgerichts
CIS	Common Implementation Strategy (EU-Umsetzungsprozess WRRL)
C/R	*Czychowski/Reinhardt* (siehe Literaturverzeichnis)
d.h.	das heißt
DIN	Deutsches Institut für Normung
DÖV	Zeitschrift Die Öffentliche Verwaltung
Drs.	Drucksache
DVBl.	Zeitschrift Deutsches Verwaltungsblatt
DVGW	Deutscher Verein des Gas- und Wasserfachs
DWA	Deutsche Vereinigung für Wasserwirtschaft, Abwasser und Abfall
EG	Europäische Gemeinschaft
EGBGB	Einführungsgesetz zum Bürgerlichen Gesetzbuch
Einl	Einleitung
EMAS	Eco-Management and Audit Scheme
EU	Europäische Union
EuGH	Europäischer Gerichtshof
EurUP	Zeitschrift Europäisches Umwelt- und Planungsrecht
EuZW	Europäische Zeitschrift für Wirtschaftsrecht
EW	Einwohnerwerte
EWG	Europäische Wirtschaftsgemeinschaft
F+E-Vorhaben	Forschungs- und Entwicklungsvorhaben
f.	folgend
ff.	folgende
Fn.	Fußnote
GBl.	Gesetzblatt
GenTG	Gentechnikgesetz
GMBl.	Gemeinsames Ministerialblatt
GVBl., GVOBl.	Gesetz- und Verordnungsblatt
GG	Grundgesetz
ggf.	gegebenenfalls

h. A.	herrschende Ansicht
HDW	Handbuch des Deutschen Wasserrechts (siehe Literaturverzeichnis bei *von Lersner/Berendes/ Reinhardt*)
h. M.	herrschende Meinung
Hrsg.	Herausgeber
i. d. F.	in der Fassung
IfSG	Infektionsschutzgesetz
i. S.	im Sinne
i. V. m.	in Verbindung mit
IVU-Richtlinie	EG-Richtlinie 2008/1/EG über die integrierte Vermeidung und Verminderung der Umweltverschmutzung
JZ	Zeitschrift Juristenzeitung
KA	Zeitschrift Korrespondenz Abwasser
KrW-/AbfG	Kreislaufwirtschafts- und Abfallgesetz
LAWA	(Bund/)Länderarbeitsgemeinschaft Wasser
LKV	Zeitschrift Landes- und Kommunalverwaltung
LR	*Landmann/Rohmer* (siehe Literaturverzeichnis)
LWG	Landeswassergesetz
MinBl.	Ministerialblatt
m. w. N.	mit weiteren Nachweisen
n. F.	neue Fassung
NJW	Zeitschrift Neue Juristische Wochenschrift
Nr.	Nummer
NuR	Zeitschrift Natur und Recht
NVwZ	Neue Zeitschrift für Verwaltungsrecht
NWVBl.	Zeitschrift Nordrhein-Westfälische Verwaltungsblätter
OLG	Oberlandesgericht
OVG	Oberverwaltungsgericht
OVGE	Entscheidungssammlung OVG Lüneburg und Münster
OWiG	Gesetz über Ordnungswidrigkeiten

RGBl.	Reichsgesetzblatt
RL	Richtlinie
Rn.	Randnummer
ROG	Raumordnungsgesetz
R/vK/S	*Rumm/von Keitz/Schmalholz* (siehe Literaturverzeichnis)
s.	siehe
S.	Seite
sog.	sogenannt(e/r)
SRU	Sachverständigenrat für Umweltfragen
StAnz.	Staatsanzeiger
Sp.	Spalte
StGB	Strafgesetzbuch
StPO	Strafprozessordnung
str.	streitig
SUP	Strategische Umweltprüfung
SZDK	*Sieder/Zeitler/Dahme/Knopp* (siehe Literaturverzeichnis)
u. a.	unter anderem
UBA	Umweltbundesamt
UGB	Umweltgesetzbuch
UGB-KomE	Entwurf eines Umweltgesetzbuchs der Unabhängigen Sachverständigenkommission (siehe Literaturverzeichnis Bundesministerium für Umwelt, Naturschutz und Reaktorsicherheit)
UPR	Zeitschrift Umwelt- und Planungsrecht
Urt.	Urteil
USchadG	Umweltschadensgesetz
UStatG	Umweltstatistikgesetz
UVP	Umweltverträglichkeitsprüfung
UVPG	Gesetz über die Umweltverträglichkeitsprüfung
v.	vom
VAwS	Verordnung über Anlagen zum Umgang mit wassergefährdenden Stoffen
VG	Verwaltungsgericht
VGH	Verwaltungsgerichtshof
vgl.	vergleiche
Vorb	Vorbemerkung
VwGO	Verwaltungsgerichtsordnung
VwVfG	Verwaltungsverfahrensgesetz

WasSG	Wassersicherstellungsgesetz
WaStrG	Bundeswasserstraßengesetz
WG	Wassergesetz
WHG	Wasserhaushaltsgesetz
WQF	*Wellmann/Queitsch/Fröhlich* (siehe Literaturverzeichnis)
WRMG	Wasch- und Reinigungsmittelgesetz
WRRL	Wasserrahmenrichtlinie (Richtlinie 2000/60/EG zur Schaffung eines Ordnungsrahmens für Maßnahmen der Gemeinschaft im Bereich der Wasserpolitik)
WVG	Wasserverbandsgesetz
z.B.	zum Beispiel
ZfW	Zeitschrift für Wasserrecht
ZUR	Zeitschrift für Umweltrecht

Literaturverzeichnis

Dieses Verzeichnis enthält nur die in der Kommentierung verkürzt zitierte Literatur. Insbesondere Monografien und Aufsätze sind in den Fußnoten vollständig angegeben.

Berendes, Konrad/Frenz, Walter/Müggenborg, Hans-Jürgen (Hrsg.), Wasserhaushaltsgesetz, Kommentar, 2. Aufl. 2017 (zit.: *BFM*)

Breuer, Rüdiger/Gärditz, Klaus Ferdinand, Öffentliches und privates Wasserrecht, 4. Aufl. 2017

Bundesministerium für Umwelt, Naturschutz und Reaktorsicherheit (Hrsg.), Umweltgesetzbuch (UGB-KomE), Entwurf der Unabhängigen Sachverständigenkommission zum Umweltgesetzbuch beim Bundesministerium für Umwelt, Naturschutz und Reaktorsicherheit, 1998

Czychowski, Manfred/Reinhardt, Michael, Wasserhaushaltsgesetz, Kommentar, 11. Aufl. 2014 (zit.: *C/R*)

Durner, Wolfgang (Hrsg.), Umweltgesetzbuch – Ziele und Wirkungen, Integrierte Genehmigung – Naturschutz – Wasserwirtschaft, Umweltrechtstage Nordrhein-Westfalen am 10. und 11. Juni 2008 in Bonn, 2009

Friesecke, Albrecht, Bundeswasserstraßengesetz, Kommentar, 6. Aufl. 2009

Giesberts, Ludger/Reinhardt, Michael (Hrsg.), Beck'scher Online-Kommentar Umweltrecht – BImSchG, KrWG, BBodSchG, WHG, Edition 44, 2018 (zit.: *BeckOK*)

Knopp, Günther-Michael, Das neue Wasserhaushaltsrecht, WHG-Novelle 2010, Gewässerbenutzung, Ausbau, 2010

Köhler, Helmut/Meyer, Cedric C., Abwasserabgabengesetz, Kommentar, 2. Aufl. 2006

Kotulla, Michael, Wasserhaushaltsgesetz, Kommentar, 2. Aufl. 2011

Landmann/Rohmer, Umweltrecht, Loseblattkommentar, Band I, Wasserhaushaltsgesetz, Stand: Juli 2017 (EL 84) (zit.: *LR*)

von Lersner, Heinrich/Berendes, Konrad/Reinhardt, Michael (Hrsg.), Handbuch des Deutschen Wasserrechts, Loseblatt-Sammlung, Stand: Dezember 2017 (zit.: *HDW*)

Rumm, Peter/von Keitz, Stephan/Schmalholz, Michael (Hrsg.), Handbuch der EU-Wasserrahmenrichtlinie – Inhalte, Neuerungen und Anregungen für die nationale Umsetzung, 2. Aufl. 2006 (zit.: *RvKS*)

Sieder, Frank/Zeitler, Herbert/Dahme, Heinz/ Knopp, Günther-Michael, Wasserhaushaltsgesetz und Abwasserabgabengesetz, Loseblatt-Kommentar, Stand: Februar 2017 (51. EL) (zit.: *SZDK)*

Wellmann, Susanne Rachel/Queitsch, Peter/ Fröhlich, Klaus-D., Wasserhaushaltsgesetz, Kommentar, 2010 (zit.: *WQF)*

Inhaltsverzeichnis

Vorwort V
Abkürzungsverzeichnis IX
Literaturverzeichnis XV

Einleitung 1
I. Der Auftrag zur Ordnung des Wasserhaushalts 1
II. Entwicklung des Wasserrechts in Deutschland 2
III. Entstehung und Entwicklung des WHG 2009 6
IV. Rechtsnatur und Regelungsgegenstand des WHG 2009 .. 15
V. Landeswasserrecht 16
VI. Supra- und internationales Wasserrecht 19
VII. Sonstige wasserbezogene Gesetze 21

Kapitel 1 Allgemeine Bestimmungen 25
§ 1 Zweck 25
§ 2 Anwendungsbereich 28
§ 3 Begriffsbestimmungen 31
§ 4 Gewässereigentum, Schranken des Grundeigentums . 46
§ 5 Allgemeine Sorgfaltspflichten 52

Kapitel 2 Bewirtschaftung von Gewässern 56
Abschnitt 1 Gemeinsame Bestimmungen 56
§ 6 Allgemeine Grundsätze der Gewässerbewirtschaftung 56
§ 6a Grundsätze für die Kosten von Wasserdienstleistungen und Wassernutzungen 63
§ 7 Bewirtschaftung nach Flussgebietseinheiten 68
§ 8 Erlaubnis, Bewilligung 73
§ 9 Benutzungen 78
§ 10 Inhalt der Erlaubnis und der Bewilligung 88
§ 11 Erlaubnis-, Bewilligungsverfahren 93
§ 12 Voraussetzungen für die Erteilung der Erlaubnis und der Bewilligung, Bewirtschaftungsermessen .. 95
§ 13 Inhalts- und Nebenbestimmungen der Erlaubnis und der Bewilligung 100
§ 13a Versagung und Voraussetzungen für die Erteilung der Erlaubnis für bestimmte Gewässerbenutzungen; unabhängige Expertenkommission 107
§ 13b Antragsunterlagen und Überwachung bei bestimmten Gewässerbenutzungen; Stoffregister 115

§ 14	Besondere Vorschriften für die Erteilung der Bewilligung	119
§ 15	Gehobene Erlaubnis	127
§ 16	Ausschluss privatrechtlicher Abwehransprüche	130
§ 17	Zulassung vorzeitigen Beginns	134
§ 18	Widerruf der Erlaubnis und der Bewilligung	137
§ 19	Planfeststellungen und bergrechtliche Betriebspläne	141
§ 20	Alte Rechte und alte Befugnisse	146
§ 21	Anmeldung alter Rechte und alter Befugnisse	152
§ 22	Ausgleich zwischen konkurrierenden Gewässerbenutzungen	155
§ 23	Rechtsverordnungen zur Gewässerbewirtschaftung	157
§ 24	Erleichterungen für EMAS-Standorte	165

Abschnitt 2 Bewirtschaftung oberirdischer Gewässer 168

§ 25	Gemeingebrauch	168
§ 26	Eigentümer- und Anliegergebrauch	172
§ 27	Bewirtschaftungsziele für oberirdische Gewässer	175
§ 28	Einstufung künstlicher und erheblich veränderter Gewässer	183
§ 29	Fristen zur Erreichung der Bewirtschaftungsziele	187
§ 30	Abweichende Bewirtschaftungsziele	190
§ 31	Ausnahmen von den Bewirtschaftungszielen	193
§ 32	Reinhaltung oberirdischer Gewässer	198
§ 33	Mindestwasserführung	201
§ 34	Durchgängigkeit oberirdischer Gewässer	204
§ 35	Wasserkraftnutzung	208
§ 36	Anlagen in, an, über und unter oberirdischen Gewässern	213
§ 37	Wasserabfluss	216
§ 38	Gewässerrandstreifen	219
§ 39	Gewässerunterhaltung	226
§ 40	Träger der Unterhaltungslast	233
§ 41	Besondere Pflichten bei der Gewässerunterhaltung	237
§ 42	Behördliche Entscheidungen zur Gewässerunterhaltung	241

Abschnitt 3 Bewirtschaftung von Küstengewässern 243

§ 43	Erlaubnisfreie Benutzungen von Küstengewässern	243
§ 44	Bewirtschaftungsziele für Küstengewässer	245
§ 45	Reinhaltung von Küstengewässern	247

Abschnitt 3a Bewirtschaftung von Meeresgewässern 248

§ 45a	Bewirtschaftungsziele für Meeresgewässer	248
§ 45b	Zustand der Meeresgewässer	251
§ 45c	Anfangsbewertung.............................	254
§ 45d	Beschreibung des guten Zustands der Meeresgewässer	256
§ 45e	Festlegung von Zielen...........................	258
§ 45f	Überwachungsprogramme	260
§ 45g	Fristverlängerungen; Ausnahmen von den Bewirtschaftungszielen..........................	262
§ 45h	Maßnahmenprogramme..........................	265
§ 45i	Beteiligung der Öffentlichkeit	270
§ 45j	Überprüfung und Aktualisierung..................	272
§ 45k	Koordinierung	274
§ 45l	Zuständigkeit im Bereich der deutschen ausschließlichen Wirtschaftszone und des Festlandsockels	276

Abschnitt 4 Bewirtschaftung des Grundwassers............. 278

§ 46	Erlaubnisfreie Benutzungen des Grundwassers......	278
§ 47	Bewirtschaftungsziele für das Grundwasser.........	281
§ 48	Reinhaltung des Grundwassers	286
§ 49	Erdaufschlüsse................................	286

Kapitel 3 Besondere wasserwirtschaftliche Bestimmungen... 297

Abschnitt 1 Öffentliche Wasserversorgung, Wasserschutzgebiete, Heilquellenschutz 297

§ 50	Öffentliche Wasserversorgung	297
§ 51	Festsetzung von Wasserschutzgebieten.............	302
§ 52	Besondere Anforderungen in Wasserschutzgebieten ..	306
§ 53	Heilquellenschutz	313

Abschnitt 2 Abwasserbeseitigung........................

§ 54	Begriffsbestimmungen für die Abwasserbeseitigung .	315
§ 55	Grundsätze der Abwasserbeseitigung..............	323
§ 56	Pflicht zur Abwasserbeseitigung	326
§ 57	Einleiten von Abwasser in Gewässer...............	329
§ 58	Einleiten von Abwasser in öffentliche Abwasseranlagen..	339
§ 59	Einleiten von Abwasser in private Abwasseranlagen .	342
§ 60	Abwasseranlagen..............................	346
§ 61	Selbstüberwachung bei Abwassereinleitungen und Abwasseranlagen	354

Abschnitt 3 Umgang mit wassergefährdenden Stoffen 357
§ 62 Anforderungen an den Umgang mit wassergefährdenden Stoffen 357
§ 62a Nationales Aktionsprogramm zum Schutz von Gewässern vor Nitrateinträgen aus Anlagen 366
§ 63 Eignungsfeststellung 368

Abschnitt 4 Gewässerschutzbeauftragte 376
§ 64 Bestellung von Gewässerschutzbeauftragten 376
§ 65 Aufgaben von Gewässerschutzbeauftragten 379
§ 66 Weitere anwendbare Vorschriften 383

Abschnitt 5 Gewässerausbau, Deich-, Damm- und Küstenschutzbauten 386
§ 67 Grundsatz, Begriffsbestimmung 386
§ 68 Planfeststellung, Plangenehmigung 390
§ 69 Abschnittsweise Zulassung, vorzeitiger Beginn 394
§ 70 Anwendbare Vorschriften, Verfahren 396
§ 71 Enteignungsrechtliche Regelungen 399
§ 71a Vorzeitige Besitzeinweisung...................... 402

Abschnitt 6 Hochwasserschutz......................... 405
§ 72 Hochwasser 405
§ 73 Bewertung von Hochwasserrisiken, Risikogebiete ... 408
§ 74 Gefahrenkarten und Risikokarten................. 412
§ 75 Risikomanagementpläne 417
§ 76 Überschwemmungsgebiete an oberirdischen Gewässern 423
§ 77 Rückhalteflächen, Bevorratung................... 428
§ 78 Bauliche Schutzvorschriften für festgesetzte Überschwemmungsgebiete....................... 431
§ 78a Sonstige Schutzvorschriften für festgesetzte Überschwemmungsgebiete....................... 440
§ 78b Risikogebiete außerhalb von Überschwemmungsgebieten 447
§ 78c Heizölverbraucheranlagen in Überschwemmungsgebieten und in weiteren Risikogebieten 450
§ 78d Hochwasserentstehungsgebiete................... 453
§ 79 Information und aktive Beteiligung 458
§ 80 Koordinierung.................................. 460
§ 81 Vermittlung durch die Bundesregierung............ 462

Abschnitt 7 Wasserwirtschaftliche Planung und Dokumentation ... 463
- § 82 Maßnahmenprogramm ... 463
- § 83 Bewirtschaftungsplan ... 471
- § 84 Fristen für Maßnahmenprogramme und Bewirtschaftungspläne ... 478
- § 85 Aktive Beteiligung interessierter Stellen ... 480
- § 86 Veränderungssperre zur Sicherung von Planungen ... 482
- § 87 Wasserbuch ... 485
- § 88 Informationsbeschaffung und -übermittlung ... 488

Abschnitt 8 Haftung für Gewässerveränderungen ... 493
- § 89 Haftung für Änderungen der Wasserbeschaffenheit .. 493
- § 90 Sanierung von Gewässerschäden ... 500

Abschnitt 9 Duldungs- und Gestattungsverpflichtungen ...
- § 91 Gewässerkundliche Maßnahmen ... 506
- § 92 Veränderung oberirdischer Gewässer ... 508
- § 93 Durchleitung von Wasser und Abwasser ... 510
- § 94 Mitbenutzung von Anlagen ... 511
- § 95 Entschädigung für Duldungs- und Gestattungsverpflichtungen ... 513

Kapitel 4 Entschädigung, Ausgleich, Vorkaufsrecht ... 515
- § 96 Art und Umfang von Entschädigungspflichten ... 515
- § 97 Entschädigungspflichtige Person ... 521
- § 98 Entschädigungsverfahren ... 522
- § 99 Ausgleich ... 524
- § 99a Vorkaufsrecht ... 525

Kapitel 5 Gewässeraufsicht ... 528
- § 100 Aufgaben der Gewässeraufsicht ... 528
- § 101 Befugnisse der Gewässeraufsicht ... 533
- § 102 Gewässeraufsicht bei Anlagen und Einrichtungen der Verteidigung ... 536

Kapitel 6 Bußgeld- und Überleitungsbestimmungen ... 537
- § 103 Bußgeldvorschriften ... 537
- § 104 Überleitung bestehender Erlaubnisse und Bewilligungen ... 542
- § 104a Ausnahmen von der Erlaubnispflicht bei bestehenden Anlagen zur untertägigen Ablagerung von Lagerstättenwasser ... 544

§ 105	Überleitung bestehender sonstiger Zulassungen.....	548
§ 106	Überleitung bestehender Schutzgebietsfestsetzungen	550
§ 107	Übergangsbestimmung für industrielle Abwasserbehandlungsanlagen und Abwassereinleitungen aus Industrieanlagen...............................	552

Anlage 1... 556
Anlage 2... 557

Stichwortverzeichnis................................. 559

Einleitung

Inhaltsübersicht

	Rn.
I. Der Auftrag zur Ordnung des Wasserhaushalts	1
II. Entwicklung des Wasserrechts in Deutschland	3
1. Rechtsentwicklung bis zum WHG 1957	3
2. Entstehung und Fortschreibung des WHG 1957	6
3. DDR-Wasserrecht	8
III. Entstehung und Entwicklung des WHG 2009	10
1. Die neue wasserrechtliche Kompetenzlage	10
2. Neues Wasserrecht und Umweltgesetzbuch	13
3. Das Gesetz zur Neuregelung des Wasserrechts	15
4. Ziele und Schwerpunkte des WHG 2009	17
5. Politische Rahmenbedingungen, Bewertung und Ausblick	20
6. Fortschreibung und Ausfüllung des WHG 2009	22
IV. Rechtsnatur und Regelungsgegenstand des WHG 2009	24
V. Landeswasserrecht	27
1. Wassergesetzgebungskompetenz der Länder	27
2. Das Wasserrecht der Länder	32
VI. Supra- und internationales Wasserrecht	34
VII. Sonstige wasserbezogene Gesetze	37

I. Der Auftrag zur Ordnung des Wasserhaushalts

Wasser ist ein lebensnotwendiges, knappes Gut. Da es nicht unbe- 1 schränkt zur Verfügung steht, ist es geboten, die Gewässer nach Maßgabe gesetzlicher Vorgaben zu bewirtschaften. In diesem Sinne ist **Wasserwirtschaft** „die zielbewusste Ordnung aller menschlichen Einwirkungen auf das oberirdische und unterirdische Wasser" (so DIN 4049 Teil 1) oder auch „die haushälterische Bewirtschaftung des in der Natur vorhandenen Wassers nach Menge und Güte".[1] Das BVerfG setzt danach die im Grundgesetz vorkommenden Rechtsbegriffe **„Wasserhaushalt"** (Art. 74 Abs. 1 Nr. 32, früher: Art. 75 Abs. 1 Satz 1 Nr. 4) und „Wasserwirtschaft" (Art. 89 Abs. 3 GG) gleich.[2]

Das **Wasserhaushaltsgesetz** ist das Kerngesetz des Bundes auf dem 2 Gebiet der Wasserwirtschaft. Zweck des WHG ist es, die rechtlichen Voraussetzungen für eine geordnete Bewirtschaftung des ober- und

---

[1] BVerfG v. 30.10.1962 – 2 BvF 2/60, 1, 2, 3/61, BVerfGE 15, 1, 15.
[2] Vgl. zur Begrifflichkeit neuerdings auch BVerwG v. 17.4.2002 – 9 A 24.01, NuR 2002, 735.

unterirdischen Wassers nach Menge und Beschaffenheit zu schaffen und menschliche Einwirkungen auf Gewässer entsprechend zu steuern.

II. Entwicklung des Wasserrechts in Deutschland

1. Rechtsentwicklung bis zum WHG 1957

3 Das Wasserrecht hat in Deutschland eine **jahrhundertealte Tradition**. Die normativen Grundlagen der Wassernutzung waren in den Ländern bis weit in das 19. Jahrhundert nur fragmentarisch und überwiegend gewohnheitsrechtlich ausgebildet. Den Kern bildete die privatrechtliche Nutzung der Gewässer durch die Anlieger. Hieraus stammen auch heute noch wirksame sog. alte Rechte und alte Befugnisse (vgl. § 20), die in der Praxis immer noch eine Rolle spielen.

4 Nach der Gründung des Deutschen Reichs 1871 setzten vor allem im Interesse der Landwirtschaft Bestrebungen ein, die Nutzung der Gewässer umfassender zu reglementieren, entweder für das ganze Reich einheitlich oder wie bisher länderspezifisch. Die **föderale Lösung** setzte sich durch: Nach und nach wurden in den Ländern eigenständige, erheblich voneinander abweichende Wassergesetze erlassen: so im 19. Jahrhundert in Oldenburg (1868), Braunschweig (1876), Hessen (1887) und Baden (1899), Anfang des 20. Jahrhunderts dann in Württemberg (1900), Bayern (1907), Sachsen (1909) und Preußen (1913), später in Mecklenburg-Schwerin (1928) und Thüringen (1932).

5 Die Weimarer Verfassung übertrug erstmals dem Reich wasserbezogene Kompetenzen. Nach Art. 97 waren die dem allgemeinen Verkehr dienenden Binnenwasserstraßen in das Eigentum und die Verwaltung des Reichs zu übernehmen, eine Befugnis zur Vereinheitlichung des materiellen Wasserrechts gab es dabei nicht. Im nationalsozialistischen Dritten Reich erhielten die Bestrebungen nach einem einheitlichen Wasserrecht für ganz Deutschland zwar einen höheren Stellenwert, entsprechende Initiativen und Entwürfe konnten aber nicht mehr erfolgreich abgeschlossen werden. Lediglich das **Wasserverbandsrecht** wurde 1937 mit dem Wasserverbandsgesetz und der Ersten Wasserverbandsverordnung als Reichsrecht normiert.

2. Entstehung und Fortschreibung des WHG 1957

6 Das **Grundgesetz** von 1949 gab in dem durch die Verfassungsreform 2006 aufgehobenen **Art. 75** dem Bund erstmals die Befugnis, Rahmenvorschriften für den Wasserhaushalt zu erlassen. Die stark ansteigende Nutzung mit der damit verbundenen Belastung der Gewässer veranlasste sogar die Länder selbst, über den Bundesrat den Bundesgesetzgeber zu ersuchen, die vorhandene Rechtszersplitterung

durch bundeseinheitliche Regelungen zu beseitigen.[3] Am 4.2.1956 legte die Bundesregierung dem Bundestag den im Wesentlichen auf die Rahmenkompetenz des Bundes für den Wasserhaushalt gestützten „Entwurf eines Gesetzes zur Ordnung des Wasserhaushalts (Wasserhaushaltsgesetz)" vor.[4] Der Bundestag beriet den Gesetzentwurf im „**Sonderausschuss Wasserhaushaltsgesetz**" und verabschiedete das Gesetz fast einstimmig.[5] Das 27.7.1957 ausgefertigte WHG (BGBl. I S. 1110) trat gemäß dem **1. Änderungsgesetz** vom 19.2.1959 (BGBl. I S. 37) am 1.3.1960 in Kraft. In Ausfüllung und Ergänzung der rahmenrechtlichen Vorgaben des Bundes erließen die alten Bundesländer in den Jahren 1960–1962 ihre Landeswassergesetze.

Nach Inkrafttreten des WHG erweiterte und verfeinerte der Bundesgesetzgeber bis zur Ablösung des WHG 1957 durch das WHG 2009 ständig und teilweise sehr essenziell den wasserrechtlichen Rahmen. Die dynamische **Fortentwicklung des Bundeswasserrechts** war bis zu den einschränkenden Regelungen der Verfassungsreform von 1994 maßgeblich durch die weite Interpretation des Begriffs der Rahmengesetzgebung durch das BVerfG abgedeckt.[6] Danach waren die kompetenziellen Restriktionen der Rahmenkompetenz deutlich spürbarer[7]. Hierein Überblick über die Schwerpunkte der Entwicklung des WHG 1957:

– Nach dem Hinausschieben des Termins für das Inkrafttreten des WHG auf den 1.3.1960 durch das **1. Änderungsgesetz** hat die **2. WHG-Novelle** vom 6.8.1964 (BGBl. I S. 611) mit den §§ 19a–19f Vorschriften über Rohrleitungsanlagen zum Befördern wassergefährdender Stoffe eingefügt und § 21 (Gewässerüberwachung) sowie § 41 (Ordnungswidrigkeiten) neu gefasst.

– Die **3. WHG-Novelle** vom 15.8.1967 (BGBl. I S. 909) hat den Geltungsbereich des WHG auf die Küstengewässer ausgedehnt.

– Die **4. WHG-Novelle** vom 26.4.1976 (BGBl. I S. 1109) gehört zu den umfangreichen und bedeutsamen Novellen. Sie hat das Wasserrecht einschließlich der Straf- und Bußgeldbestimmungen den Entwicklungen des modernen, als neues Politikfeld entdeckten

---

[3] Vgl. BR-Drs. 137/52.
[4] BT-Drs. 2072.
[5] Vgl. den Schriftlichen Bericht in BT-Drs. 3536, S. 5 und das Stenografische Protokoll der 216. Sitzung, S. 12799–12801 und 12827–12841. – Der von 5 Fraktionen eingebrachte Gesetzentwurf zur Überführung des Wasserhaushaltsrechts in die konkurrierende Gesetzgebungszuständigkeit des Bundes (BT-Drs. 3158) hatte sich damit erledigt.
[6] Vgl. hierzu BVerfG v. 11.4.1967 – 2 BvG 1/62, BVerfGE 21, 312, 320 f. – Allgemein und grundsätzlich zur Entwicklung des WHG 1957 *Reinhardt*, Vierzig Jahre Wasserhaushaltsgesetz, ZfW 2000, 1.
[7] So hat man teilweise die Verfassungsmäßigkeit des Hochwasserschutzgesetzes 2005 problematisiert; vgl. hierzu *Berendes*, Das neue Hochwasserschutzgesetz des Bundes, ZfW 2005, 197, 202.

Umweltschutzes angepasst. Im Vordergrund standen die neuen Gewässergüteregelungen, insbesondere die Vorschriften über Mindestanforderungen an das Einleiten von Abwasser in die Gewässer (§ 7a), über Anlagen zum Lagern, Abfüllen und Umschlagen wassergefährdender Stoffe (§§ 19gff.), über die Institutionalisierung des Betriebsbeauftragten für Gewässerschutz (§§ 21aff.), über Veränderungssperren zur Sicherung von Planungen (§ 36a) und über die Aufstellung von Bewirtschaftungsplänen (§ 36b). Der Bund konnte aber eine noch größere Wasserrechtsreform einschließlich der Übertragung der konkurrierenden Gesetzgebungszuständigkeit nicht durchsetzen.

- Die **5. WHG-Novelle** vom 25.7.1986 (BGBl. I S. 1165) hat vor allem die Anforderungen für das Einleiten gefährlicher Stoffe in Gewässer und beim Grundwasserschutz verschärft sowie die Vorschriften über Wasserschutzgebiete, Anlagen zum Umgang mit wassergefährdenden Stoffen und Bewirtschaftungspläne erweitert.

- Die **6. WHG-Novelle** vom 11.11.1996 (BGBl. I S. 1690) hat Verhältnismäßigkeitsklauseln (§§ 5, 7a) und eine Verordnungsermächtigung zur Umsetzung von EG-Wasserrecht (§ 6a) eingeführt, § 7a neu konzipiert (Anforderungen an Abwassereinleitungen generell nach dem Stand der Technik, Konkretisierung durch Rechtsverordnung statt Verwaltungsvorschrift) und Verbesserungen beim Hochwasserschutz (§§ 1a, 31, 32) sowie Vereinfachungen von Verwaltungsverfahren gebracht.

- Die **7. WHG-Novelle** vom 18.6.2002 (BGBl. I S. 1914, 2711) war neben der vierten die bedeutendste Novelle. Sie diente in erster Linie der rahmenrechtlichen Umsetzung der Richtlinie 2000/60/EG (sog. Wasserrahmenrichtlinie – WRRL) und hat die Grundlagen für eine gemeinschaftliche integrierte Bewirtschaftung der Gewässer nach Flussgebietseinheiten geschaffen. Das Gesetz hat konkrete Bewirtschaftungsziele vorgegeben und als neue Instrumente zur Erreichung dieser Ziele die für jede Flussgebietseinheit zu erstellenden Maßnahmenprogramme und Bewirtschaftungspläne eingeführt.

- Neben der **Fortschreibung** durch die sieben Novellen ist das WHG 1957 auch **im Rahmen anderer Gesetze** in wesentlichen Punkten geändert worden. Als besonders bedeutsam sind hervorzuheben: das 18. Strafrechtsänderungsgesetz – Gesetz zur Bekämpfung der Umweltkriminalität – vom 28.3.1980 (BGBl. I S. 373) mit der Aufhebung der Strafvorschriften der §§ 38, 39 und ihrer Übernahme in verschärfter Fassung in das Strafgesetzbuch, die Gesetze vom 12.2.1990 (BGBl. I S. 205) und vom 25.6.2005 (BGBl. I S. 1746) mit der Einführung der Umweltverträglichkeitsprüfung (UVP) und der Strategischen Umweltprüfung (SUP) auch für bestimmte wasserwirtschaftliche Vorhaben und Projekte, das Gesetz zur Umsetzung der UVP-Änderungsrichtlinie, der IVU-Richtlinie und weiterer Richtlinien zum Umweltschutz vom 27.7.2001 (BGBl. I S. 1950) mit der Erweiterung der UVP und der Aufnahme eines Konzepts für den integrierten Umweltschutz als verbindliches Leitprinzip in das medienbezogene Fachrecht sowie das Gesetz zur Verbesserung des vorbeugenden Hochwasserschutzes vom 3.5.2005 (BGBl. I S. 1224) mit der Neukonzeption des bundesrechtlichen Hochwasserschutzes (§§ 31a ff.).

Die **letzte Bekanntmachung** der Neufassung des WHG 1957 datiert vom 19.8.2002 (BGBl. I S. 3245). Das Gesetz wurde danach zuletzt durch Art. 8 des Gesetzes vom 22.12.2008 (BGBl. I S. 2986) geändert.

3. DDR-Wasserrecht

Mit der Teilung Deutschlands nach 1945 in zwei Staaten entwickelte sich auch das Wasserrecht unterschiedlich. In der früheren DDR galten zunächst das Gesetz vom 17.4.1963 über den Schutz, die Nutzung und die Instandhaltung der Gewässer und den Schutz vor Hochwassergefahren – Wassergesetz – (GBl. I Nr. 11 S. 242) und das Landeskulturgesetz vom 14.5.1970 (GBl. I Nr. 12 S. 67). Beide Gesetze wurden durch das **Wassergesetz** vom 2.7.1982 (GBl. I Nr. 26 S. 467) ersetzt. Somit gab es im Gebiet der zentralistisch strukturierten früheren DDR anders als in der föderalen Bundesrepublik zunächst ein einheitliches Wasserrecht. 8

Nach der 1989 mit dem Fall der Mauer eingeleiteten Wende übernahm die DDR mit dem **Umweltrahmengesetz** vom 29.6.1990 (GBl. I S. 649) in ihren neu gebildeten Ländern mit Wirkung vom 1.7.1990 das Wasserhaushaltsgesetz als Rahmengesetz, vorerst ergänzt um die dem WHG nicht widersprechenden Vorschriften des DDR-Wassergesetzes. Der mit Wirkung vom 3.10.1990 in Kraft getretene **Einigungsvertrag** über die Herstellung der Einheit Deutschlands vom 23.9.1990 (BGBl. II S. 885) leitete auch das Wasserrecht des Bundes über. Die komplizierten Einzelheiten der Überleitung sind inzwischen gegenstandslos geworden.[8] Die Länder im Beitrittsgebiet haben den Erlass ihrer neuen Wassergesetze 1994 abgeschlossen. 9

---

[8] Vgl. allgemein *Czychowski*, Wasserrecht im geeinten Deutschland – Die Situation in den neuen Bundesländern, LKV 1991, 220.

III. Entstehung und Entwicklung des WHG 2009

1. Die neue wasserrechtliche Kompetenzlage

10 Die am 1.9.2006 in Kraft getretene **Föderalismusreform** zur Modernisierung der bundesstaatlichen Ordnung hat vor allem die Gesetzgebungskompetenzen zwischen Bund und Ländern neu verteilt, insbesondere auch die Zuständigkeiten für das Umweltrecht einschließlich des Wasserrechts grundlegend verändert. Nunmehr besitzt der Bund für den Wasserhaushalt die **konkurrierende Gesetzgebungszuständigkeit** (Art. 74 Abs. 1 Nr. 32 GG). Er kann damit wasserrechtliche Vollregelungen erlassen, und zwar ohne die einschränkenden Voraussetzungen, die von 1994 bis zur Reform 2006 für bundesgesetzliche Regelungen nachzuweisen waren (Erforderlichkeit der bundesgesetzlichen Regelung).

11 Den Wegfall der Befugnis der Länder zur Ausfüllung des vom Bund vorgegebenen rechtlichen Rahmens hat der Verfassungsgeber kompensiert und in Art. 72 Abs. 3 GG ein neues Institut geschaffen: die **Abweichungsgesetzgebung** der Länder. Auf bestimmten Rechtsgebieten haben die Länder die Möglichkeit, „abweichend von der Regelung des Bundes eigene Konzeptionen zu verwirklichen und auf ihre unterschiedlichen strukturellen Voraussetzungen und Bedingungen zu reagieren".[9] Hierzu gehört auch das Wasserhaushaltsrecht mit **Ausnahme** der **stoff- und anlagenbezogenen Regelungen** (Art. 72 Abs. 3 Nr. 5 GG). Stoffliche Belastungen oder von Anlagen ausgehende Gefährdungen der Gewässer seien Kernbereiche des Gewässerschutzes, die bundesweit einheitlicher rechtlicher Instrumentarien bedürften.[10] Auf Stoffe oder Anlagen „bezogen" seien alle Regelungen, deren Gegenstand stoffliche oder von Anlagen ausgehende Einwirkungen auf den Wasserhaushalt beträfen, z.B. das Einbringen und Einleiten von Stoffen. Somit sind Rechtsvorschriften über Abwassereinleitungen stets stoffbezogen, ordnungsrechtliche (z.B. Emissionsbegrenzungen nach dem Stand der Technik) ebenso wie abgabenrechtliche (Zahlung eines Preises durch die Erhebung einer Abwasserabgabe). Dem Grundgesetz liegt nach der Gesetzesbegründung ein weiter Begriff der Stoff- und Anlagenbezogenheit zugrunde.[11] Auch Anforderungen an die stoffliche Qualität von Gewässern sind stoffbezogen, weil sie darauf abzielen, Gewässerbelastungen durch stoffliche Einwirkungen zu begrenzen. Dagegen sind Regelungen über Wasserentnahmen, ob ordnungs- oder abgaberechtliche, abweichungsfrei, denn sie steuern keine stofflichen Einwir-

---

[9] BT-Drs. 16/813, S 11.
[10] BT-Drs. 16/813, S 11.
[11] Vgl. hierzu auch *Ginzky/Rechenberg*, Der Gewässerschutz in der Föderalismusreform, ZUR 2006, 344, 346 ff.; *Bohne*, Das Umweltgesetzbuch vor dem Hintergrund der Föderalismusreform, EurUP 2006, 276, 282; *C/R*, Einl. Rn. 39; erheblich enger, sich auf einen gerade nicht in die Gesetzesbegründung aufgenommenen Formulierungsvorschlag der Länder stützend *Knopp*, Rn. 100.

kungen auf das Gewässer, sondern betreffen unmittelbar das Gewässer selbst. Hätte jede das Wasser betreffende Regelung als stoffbezogen zu gelten, wäre im Kern das ganze Wasserrecht abweichungsfest. Die Abweichungsbefugnis als Kompetenznorm entbindet aber die Länder nicht von der Verpflichtung, ihre Wassergesetzgebung an verbindlichen Vorgaben etwa des Verfassungs- und des Europarechts auszurichten.[12]

Die heftig umstrittene Abweichungsbefugnis ist das Ergebnis der politischen Machtausbalancierung im Bund-Länder-Gefüge, sie belässt es in Deutschland grundsätzlich bei einer föderalen Aufteilung der Zuständigkeiten für die Wassergesetzgebung. Der Sache nach besitzt der Bund auf den der Abweichungsbefugnis unterliegenden Rechtsgebieten nur eine subsidiäre Gesetzgebungskompetenz. Aus Bundessicht wäre es sinnvoll gewesen, die abweichungsfesten Bereiche noch auf andere Teile des Wasserrechts zu erstrecken, insbesondere die allgemeinen Grundsätze der Wasserwirtschaft (wie beim Naturschutz), den Hochwasserschutz und Abgabeinstrumente. Jetzt ist es theoretisch möglich, den Geltungsanspruch des Bundeswasserrechts auf ein **stoff- und anlagenbezogenes Regime** zu reduzieren. Eine solche Entwicklung ist derzeit zwar nicht in Sicht, es bleibt aber offen, wie die Länder ihre durch die Föderalismusreform teils eingeschränkten, teils erweiterten Gestaltungsspielräume künftig nutzen werden. Dennoch ist zu bilanzieren: Der Bund ist beim Wasserhaushalt in seiner Gesetzgebungskompetenz nicht beschränkt und kann alles bundesweit einheitlich regeln, was gesetzlich regelungsfähig ist. Dies stellt eine in seiner Bedeutung nicht zu unterschätzende **Erleichterung und Vereinfachung für die Bundeswassergesetzgebung** dar. Hinzu kommt die vom Bund durchgesetzte Regel über den Vorrang des jeweils späteren Gesetzes (Art. 72 Abs. 3 Satz 3 GG). Bei seiner Gesetzgebung kann der Bund berücksichtigen, ob und inwieweit abweichendes Landesrecht möglich und wahrscheinlich ist, er muss es aber nicht. Der Bundesgesetzgeber entscheidet politisch frei darüber, wann und was er wasserrechtlich regelt und welche Gestaltungsspielräume er den Ländern belässt. Dass die Länder über den Bundesrat maßgeblich an der Bundesgesetzgebung mitwirken und deshalb in der Lage sein können, sich wie schon beim Erlass des neuen WHG auf der Ebene der einfachen Bundesgesetze durch entsprechende Ermächtigungen eigene Regelungsspielräume zu verschaffen, ist eine andere Frage. Ein wichtiges Instrument hierzu sind bundesgesetzliche Ermächtigungen der Länder, anderweitige Bestimmungen zu erlassen; vgl. näher hierzu nachfolgend V.

12

---

[12] Generell zur Abweichungsbefugnis Degenhart, Verfassungsrechtliche Rahmenbedingungen der Abweichungsgesetzgebung, DÖV 2010, 422; *Berendes/Ekardt*, Statement: Abweichungsfelder im Wasserrecht, in: Durner, S. 129 ff., 137 ff.

2. Neues Wasserrecht und Umweltgesetzbuch

13 Die Neuordnung der umweltrechtlichen Kompetenzen verfolgt in erster Linie den Zweck, dem Bund die Kodifikation des Umweltrechts in einem **Umweltgesetzbuch** (UGB) zu ermöglichen.[13] Das für das UGB zuständige Bundesumweltministerium (BMU) hatte für die 16. Legislaturperiode des Deutschen Bundestages (2005–2009) ein Regelungsprogramm geplant, das erst einen Teil der in ein Umweltgesetzbuch aufzunehmenden Rechtsmaterien berücksichtigen konnte. Zunächst sollte es fünf eigenständige Bücher geben, von denen das erste Buch (UGB I) die allgemeinen Vorschriften und das vorhabenbezogene Umweltrecht, das zweite Buch (UGB II) den Teil „Wasserwirtschaft" und das dritte Buch (UGB III) den Teil „Naturschutz und Landschaftspflege" umfassen sollte. Diese Planung war politisch danach ausgerichtet, dass jedenfalls die der Abweichungsgesetzgebung der Länder unterliegenden Regelungsgegenstände Wasser und Naturschutz zum Pflichtprogramm der ersten Stufe gehörten und das Grundgesetz hierfür speziell die zum 31.12.2010 laufene Stillhaltefrist nach dem sog. **Moratorium** geschaffen hat (Art. 125b Abs. 1 Satz 3).[14]

14 Die **Integration des Wasserrechts** in das Konzept des Umweltgesetzbuchs sah wie folgt aus: Teile des wasserrechtlichen Regimes wurden aus dem Fachrecht (hier: UGB II) ausgegliedert und in das UGB I überführt. Kernstück des UBG I war die sog. **integrierte Vorhabengenehmigung**, mit der besonders relevante umweltrechtliche einschließlich wasserrechtliche Vorhaben durch eine übergreifende Genehmigung behördlich zugelassen werden sollten. Die sonstigen wasserwirtschaftlichen Vorhaben sowie insbesondere auch die materiellen Anforderungen an die Gewässerbewirtschaftung waren Regelungsgegenstand des UBG II.[15] Das **Gesetzgebungsverfahren zum UGB** durchlief mehrere Stationen, in denen das Bundesumweltministerium fortlaufend Kompromisse schließen und Abstriche an

---

[13] BT-Drs. 16/813, S. 8. – Zur Idee und bisherigen Entwicklung eines Umweltgesetzbuchs ausführlich und mit umfangreichen Belegen *Knopp*, Rn. 1–135.

[14] Vgl. zum UGB-Projekt näher *Bohne*, Das Umweltgesetzbuch vor dem Hintergrund der Föderalismusreform, EurUP 2006, 276; *Kloepfer*, Sinn und Gestalt des kommenden Umweltgesetzbuchs, UPR 2007, 161; *Sangenstedt*, Umweltgesetzbuch und integrierte Vorhabengenehmigung, ZUR 2007, 505; *Winter*, Das Umweltgesetzbuch – Überblick und Bewertung, ZUR 2008, 337; *Knopp*, Rn. 108 ff.

[15] Näher hierzu *Berendes*, Die Neuordnung des Wasserrechts im Umweltgesetzbuch, Wasser und Abfall 1–2/2008, 42; *Durner*, Die Reform des Wasserrechts im Referentenentwurf zum Umweltgesetzbuch, NuR 2008, 293; *Reinhardt*, Identität und Zukunft des Wasserrechts als Bestandteil eines Umweltgesetzbuchs, ZUR 2008, 352; *Knopp*, Rn. 110–116.

seinem ursprünglichen Konzept hinnehmen musste.[16] Für das Konzept des neuen WHG bleibt festzuhalten: Die **politische Kompromissfindung** hat bei den zu treffenden gesetzgeberischen Entscheidungen im Wesentlichen bereits im Rahmen der schwierigen Diskussionen zum UGB stattgefunden.

3. Das Gesetz zur Neuregelung des Wasserrechts

Nach dem Scheitern des UGB sollten zumindest wichtige Teile der ersten Stufe des Projekts, u.a. die Reform des Wasser- und des Naturschutzrechts trotz des sehr klein gewordenen Zeitfensters noch in der 16. Legislaturperiode des Bundestages als Einzelgesetze verabschiedet werden, zumal insoweit in der UGB-Diskussion bereits in allen relevanten Fragen eine Einigung erzielt worden war. Zu den Einzelgesetzen gehörte auch das „Gesetz zur Neuregelung des Wasserrechts" mit der **Neufassung des Wasserhaushaltsgesetzes** als Kernstück. Die Reform des Wasserrechts war besonders dringlich, weil der Bund anstehende, zum Teil sogar schon überfällige EG-rechtliche Verpflichtungen[17] erfüllen musste. Die Inhalte der Wasserrechtsreform sind mit Ausnahme der von den Ländern im Bundesratsverfahren durchgesetzten Änderungen aus den UGB-Entwürfen übernommen worden.

15

Die im März 2009 von der Bundesregierung und den Koalitionsfraktionen vorgelegten identischen Entwürfe für ein Gesetz zur Neuregelung des Wasserrechts[18] haben vollständig die **Regelungen aus dem Entwurf des UGB II** übernommen und die in das UGB I verlagerten Teile des Wasserrechts „zurückgeholt". Hierzu gehörten die Regelungen zur Bewilligung und gehobenen Erlaubnis, zur Umweltverträglichkeitsprüfung, zu den EMAS-Erleichterungen, zum Gewässerschutzbeauftragten, zum Gewässerausbau und zur Gewässeraufsicht. Der **Bundesrat** hat mit Blick auf die wenigen Wochen, die

16

---

[16] Den fachpolitischen Ausgangspunkt bildeten die Referentenentwürfe vom November 2007. Die im Mai 2008 an die beteiligten Kreise versandten Referentenentwürfe spiegelten bereits die schwierigen Diskussionen im Rahmen der ersten Ressortabstimmung wider. Die weitere Fortschreibung der Entwürfe unter Berücksichtigung der Stellungnahmen der Verbände und der zweiten Ressortabstimmung brachte Ende November 2008 auf der Ebene der Bundesregierung eine vorläufige Einigung, die allerdings noch durch die CDU/CSU-Bundestagsfraktion gebilligt werden sollte. Den von der Fraktion geforderten Änderungen ist das Bundesumweltministerium überwiegend, aber nicht vollständig gefolgt. In der letzten Januarwoche 2009 gab es zwischen dem Bundesumweltminister Gabriel und dem bayerischen Ministerpräsidenten Seehofer einen erfolglos gebliebenen Versuch zur Einigung in den letzten noch strittigen Fragen. Daraufhin erklärte der Bundesumweltminister am 1.2.2009 für die 16. Legislaturperiode das Projekt Umweltgesetzbuch für gescheitert (letztlich am Konzept der integrierten Vorhabengenehmigung); vgl. zu den juristischen und politischen Auseinandersetzungen näher *Knopp*, Rn. 123–131, 134, 135.

[17] Insbesondere Umsetzung der Grundwasserrichtlinie vom Dezember 2006.

[18] Vgl. BT-Drs. 16/12275 und 16/12786. – Vgl. näher zum Gesetzgebungsverfahren und zu den inhaltlichen Diskussionen auch *Knopp*, Rn. 139–148.

für die Gesetzesberatungen überhaupt nur noch zur Verfügung standen, überraschend viele Änderungen vorgeschlagen, denen die Bundesregierung zum größeren Teil nicht gefolgt ist.[19] Um ein in der knappen Zeit kaum mehr erfolgversprechendes Vermittlungsverfahren zu vermeiden, ist in den Abstimmungsgesprächen der Koalition zur Vorbereitung der Bundestagsentscheidung unter maßgeblicher Beteiligung von Ländervertretern das abschließende Konzept verhandelt („kleines vorgezogenes Vermittlungsverfahren") und am 17. 6. 2009 vom **Bundestags-Umweltausschuss** zur Beschlussfassung im Plenum am 19. 6. 2009 empfohlen worden.[20] Der Bundesrat hat dem Gesetz am 10. 7. 2009 zugestimmt. Das am 31. 7. 2009 ausgefertigte Gesetz ist am 6. 8. 2009 verkündet worden (BGBl. I S. 2585) und nach seinem Art. 24 für die Verordnungsermächtigungen am Tag nach der Verkündung, im Übrigen am 1. 3. 2010 (genau 50 Jahre nach dem alten WHG) in Kraft getreten. Kernstück des Wasserrechtsneuregelungsgesetzes ist das neue Wasserhaushaltsgesetz (Art. 1). Sachliche Änderungen sind darüber hinaus in Art. 2 (Änderung des UVP-Gesetzes), Art. 13 (Aufhebung von Art. 65 EGBGB) und Art. 23 (Änderung der Rohrfernleitungsverordnung) enthalten. Die übrigen Artikel passen verschiedene Gesetze und Verordnungen des Bundes an das neu gefasste WHG an.

4. Ziele und Schwerpunkte des WHG 2009

17 Die grundsätzlichen Vorstellungen über Sinn und Zweck eines das Wasserrecht mit umfassenden Umweltgesetzbuchs[21] liegen auch dem neuen WHG zugrunde. Im Anschluss an die UGB-Idee verfolgt das Gesetz folgende zentrale **Ziele**:[22]

– Das geltende Rahmenrecht des Bundes wird durch Vollregelungen ersetzt.

– Das Wasserrecht wird besser strukturiert und stärker vereinheitlicht, um die immer komplizierter und unübersichtlicher gewordene Wasserrechtsordnung verständlicher und praktikabler zu gestalten.

– Das Wasserhaushaltsgesetz von 1957 wird an die neueren Strukturen und Prinzipien des modernen Umwelt- und Verwaltungsrechts angepasst.

---

[19] Zur Stellungnahme des Bundesrates und Gegenäußerung der Bundesregierung vgl. BT-Drs. 16/13306.
[20] Vgl. die Beschlussempfehlung und den Bericht in BT-Drs. 16/13426.
[21] Vgl. hierzu *Bohne*, Das Umweltgesetzbuch vor dem Hintergrund der Föderalismusreform, EurUP 2006, 276; *Kloepfer*, Sinn und Gestalt des kommenden Umweltgesetzbuchs, UPR 2007, 161; *Sangenstedt*, Umweltgesetzbuch und integrierte Vorhabengenehmigung, ZUR 2007, 505.
[22] BT-Drs. 16/12275, S. 40.

III. Entstehung und Entwicklung des WHG 2009

- Die verbindlichen Vorgaben des europäischen Wasserrechts können und sollen durch bundesweit einheitliche Rechtsvorschriften umgesetzt werden. Dies verbessert die Europatauglichkeit des deutschen Wasserrechts.

- Bisher im Landesrecht normierte Bereiche der Wasserwirtschaft werden in Bundesrecht überführt, soweit ein Bedürfnis nach bundeseinheitlicher Regelung besteht.

Das auf der Grundlage der erweiterten Gesetzgebungsbefugnisse des Bundes konzipierte WHG 2009 enthält zahlreiche Neuerungen, die darauf abzielen, ein zeitgemäßes Wasserrecht zu schaffen, das den heutigen und künftigen Herausforderungen der Wasserwirtschaft sowie den Bedürfnissen der Rechtsanwender besser als bisher gerecht wird. Die **Schwerpunkte** bilden folgende Änderungen:[23]

18

- Das WHG als zentrale Norm des deutschen Wasserrechts wird übersichtlicher und systematischer gegliedert. Eine Inhaltsübersicht macht die Struktur und den Inhalt des Gesetzes transparenter.

- Der Katalog der für das ganze Wasserrecht bedeutsamen Begriffsbestimmungen wird erweitert, noch stärker an der europäischen Wasserrahmenrichtlinie orientiert und genauer aufeinander abgestimmt (§ 3). Dies verbessert die Rechtsklarheit.

- Die Rechtslage zum Gewässereigentum wird klargestellt (§ 4).

- Die allgemeinen Grundsätze der Gewässerbewirtschaftung werden fortgeschrieben, insbesondere erweitert und präzisiert (§ 6).

- Das bisherige System behördlicher Zulassungsinstrumente für Gewässerbenutzungen wird modernisiert (§§ 8 ff.). Dazu gehört auch eine bundeseinheitliche Regelung zur sog. gehobenen Erlaubnis.

- Die Voraussetzungen für die Erlaubnis und Bewilligung von Gewässerbenutzungen werden dem Standard des modernen Umwelt- und Verwaltungsrechts für die Zulassung umweltrelevanter Vorhaben angepasst, das wasserbehördliche Bewirtschaftungsermessen wird gesetzlich ausdrücklich festgeschrieben (§ 12).

- Die Regelung umfangreicher Detailfragen der Wasserwirtschaft sowohl im Bereich des materiellen als auch des formellen Rechts wird weitgehend auf die Verordnungsebene verlagert (§ 23). Dies macht es möglich, das Wasserrechtssystem auf der gesetzlichen Ebene schlank und übersichtlich zu gestalten.

---

[23] Ausführlich hierzu *Caßor-Pfeiffer*, Das Gesetz zur Neuregelung des Wasserrechts, ZfW 2010, 1, 5 ff.

- Die bundesgesetzlichen Vorgaben für die Bewirtschaftung der Gewässer werden insbesondere durch Aufnahme neuer Anforderungen erweitert (§§ 33 ff.).

- Bisherige Regelungen zu Teilbereichen und Teilaspekten der Wasserwirtschaft werden zu Vollregelungen ausgebaut. Dies betrifft insbesondere die Wasserversorgung (§ 50), die Abwasserbeseitigung (§§ 54–61), den Umgang mit wassergefährdenden Stoffen (§§ 62, 63), den Gewässerschutzbeauftragten (§§ 64–66), den Gewässerausbau (§§ 67–71) und den Hochwasserschutz (§§ 72–81).

- Zu anderen Bereichen der Wasserwirtschaft führt das Gesetz erstmalig bundeseinheitliche Vorgaben ein: zu den Duldungs- und Gestattungsverpflichtungen (§§ 91–95), zur Entschädigung und zum Ausgleich (§§ 96–99) sowie zur Gewässeraufsicht (§§ 100–102).

19 Nicht in die Neuordnung des Wasserrechts einbezogen ist die Ablösung des Abwasserabgabengesetzes. Die **Abwasserabgabe** ist politisch außerordentlich umstritten, und die UGB-Diskussion sollte und konnte nicht auch noch mit zu erwartenden heftigen Auseinandersetzungen über die fachlich, rechtlich und politisch schwierige Fragen aufwerfende Reform der Abwasserabgabe belastet werden.[24] Entsprechendes gilt für eine etwaige bundeseinheitliche Regelung über **Abgaben für Wasserentnahmen**; insofern bleibt vorerst weiterhin das Landesrecht maßgebend.

5. Politische Rahmenbedingungen, Bewertung und Ausblick

20 Bei den mit der Wasserrechtsreform verfolgten Zielsetzungen mussten ausgehend von der ursprünglichen Konzeption in den Referentenentwürfen des Bundesumweltministeriums zum UGB I und UGB II vom November 2007 bis zur abschließenden Fassung des Wasserrechtsneuregelungsgesetzes kontinuierlich und am Ende deutliche Abstriche in Kauf genommen werden. Der UGB-Prozess war maßgeblich geprägt durch enge **politische Rahmenbedingungen**, insbesondere die Vorgabe, die Inanspruchnahme der Umweltgüter nicht durch Verschärfungen von Standards zu erschweren. Im Gegenzug hat die Umweltseite darauf bestanden, den Umweltschutz nicht durch den Abbau von Standards abzuschwächen. Diese Eckpunkte haben die politischen Gestaltungsspielräume massiv eingeengt, innovative neue Lösungen kamen praktisch von vornherein nicht in Betracht.Hinzu kamen folgende Erschwernisse: Die Arbeiten an der umfangreichen und ambitionierten erste Stufe der Kodifikation des Umweltrechts standen wegen des verfassungsrechtlich vorgegebenen **Moratoriums** unter hohem Zeitdruck, der die Gestaltungsmöglich-

---

[24] Vgl. zu diesen Fragen z.B. *Berendes*, Stand der Abwasserabgabe – Rückblick und Ausblick, Wasser und Abfall 5/1999, 32 und zur neueren Entwicklung *Berendes*, Zur Diskussion über die Reform der Abwasserabgabe, W+B 2014, 57.

keiten zusätzlich beschränkt hat. Eine Rolle hat auch gespielt, dass Anspruch und Wirklichkeit einer an sich selbstverständlichen und von allen Akteuren eingeforderten „besseren Rechtsetzung" in der politischen Praxis weit auseinanderklaffen. Für die politische Interessenvertretung tritt im Konfliktfall die Zielsetzung klarer und einfacher Gesetze in den Hintergrund, wenn nach Einschätzung der Betroffenen mehrdeutige, kompliziertere Gesetzesformulierungen ihren Belangen mehr nützen als schaden, z.B. weil sie geeignet erscheinen, ihre Argumentation und Verhandlungsposition gegenüber Behörden und Gerichten zu verbessern. Diesem Verhaltensmuster folgen dann häufig auch die Vertreter bestimmter politischer Interessen in den Fachressorts und parlamentarischen Gremien.

Die **Bewertung** des am Ende erzielten Ergebnisses zum neuen Wasserhaushaltsgesetz kann man wie folgt zusammenfassen:[25)]

- Das WHG 2009 ist ein Produkt der zum Umweltgesetzbuch geführten Diskussionen. Die damit verbundenen Vor- und Nachteile haben den Inhalt des Gesetzes maßgeblich geprägt. Die politischen Rahmenbedingungen haben die Gestaltungsmöglichkeiten des Gesetzgebers stark eingeschränkt.

- Die deutsche Wassergesetzgebung bleibt insbesondere durch die Befugnis der Länder, substanziell vom Bundesrecht abzuweichen, weiterhin föderal geprägt. Zudem hat der Bund moderat von seinen erweiterten Gesetzgebungskompetenzen Gebrauch gemacht und ein schlankes WHG geschaffen. Hinzu kommen die relativ zahlreichen Öffnungsklauseln für landesspezifische Regelungen.

- Bei der Würdigung der wasserwirtschaftlichen Bedeutung des neuen Gesetzes darf man die Bedeutung der weiten Verordnungsermächtigung des § 23 nicht unterschätzen. Sie gibt dem Bund die Möglichkeit, die rechtlichen Grundlagen der Wasserwirtschaft auf der untergesetzlichen Ebene erheblich auszubauen.[26)]

- Inhaltlich hat das WHG 2009 die bewährten wasserrechtlichen Strukturen und Prinzipien beibehalten und damit auch bekräftigt. Die neuen Regelungen bringen insbesondere eine deutliche Verbesserung der Transparenz und Handhabbarkeit des Wasserrechts.

[25)] Vgl. hierzu mit unterschiedlichen Akzenten auch *Faßbender*, Das neue Wasserhaushaltsgesetz, ZUR 2010, 181; *Kotulla*, Das novellierte Wasserhaushaltsgesetz, NVwZ 2010, 79; *Rolfsen*, Das neue Wasserhaushaltsgesetz, NuR 2009, 765; *Seeliger/Wrede*, Zum neuen Wasserhaushaltsgesetz, NuR 2009, 679; *Stüer/Buchsteiner*, Wasserhaushaltsgesetz 2010, DÖV 2010, 261. – Den Ausführungen kann man nicht immer zustimmen, manche der vertretenen wasserrechtlichen Positionen entsprechen auch nicht der neuen Rechtslage.

[26)] Das untergesetzliche Regelwerk hat im Umweltrecht allgemein eine große Bedeutung.

Einleitung

6. Fortschreibung und Ausfüllung des WHG 2009

22 Beim neuen WHG hat sich rasch **Änderungs- und Ergänzungsbedarf** ergeben, teils rein rechtsförmlicher Art, teils mit sachlich bedeutsamen Neuerungen. Hervorzuheben sind

- die Umsetzung der Meeresstrategie-Rahmenrichtlinie 2008/56/EG (MSRL) durch das Gesetz vom 6.10.2011 (BGBl. I S. 1986),
- die Anpassung des WHG an europäische Vorgaben zum Schutz der Gewässer vor Nitrateinträgen und zum Management von Hochwasserrisiken durch Art. 6 des Gesetzes vom 21.1.2013 (BGBl. I S. 95),
- die Umsetzung der Richtlinie 2010/75/EU über Industrieemissionen (integrierte Vermeidung und Verringerung der Umweltverschmutzung) durch Art. 2 des Gesetzes vom 8.4.2013 (BGBl. I S. 734),
- die Einführung von Grundsätzen für die Kosten von Wasserdienstleistungen und Wassernutzungen durch Art. 1 des Gesetzes vom 11.4.2016 (BGBl. I S. 745),
- das sog. Fracking-Gesetz vom 4.8.2016 (BGBl. I S. 1972),
- das Hochwasserschutzgesetz II vom 30.6.2017 (BGBl. I S. 2193),
- die Einführung einer wasserrechtlichen Genehmigung für Behandlungsanlagen für Deponiesickerwasser und die Änderung der Vorschriften zur Eignungsfeststellung für Anlagen zum Lagern, Abfüllen oder Umschlagen wassergefährdender Stoffe durch Art. 1 des Gesetzes vom 18.7.2017 (BGBl. I S. 2771).

23 Darüber hinaus gilt es, die neuen wassergesetzlichen Vorgaben des Bundes insbesondere auf der Grundlage der weiten Ermächtigung des § 23 WHG durch **konkretisierende Verordnungsregelungen** auszufüllen. Zu erwähnen sind

- die neue Grundwasserverordnung (GrwV) vom 9.11.2010 (BGBl. I S. 1513), zuletzt geändert durch Verordnung vom 4.5.2017 (BGBl. I S. 1044), die der bundeseinheitlichen Umsetzung der Grundwasservorschriften der Wasserrahmenrichtlinie und der Grundwasserrichtlinie dient,
- die Oberflächengewässerverordnungen (OGewV) vom 20.7.2011 (BGBl. I S. 1429) und vom 20.6.2016 (BGBl. I S. 1373) zur Umsetzung der europäischen Vorgaben der Wasserrahmenrichtlinie und ihrer Ausführungsvorschriften,
- die Industriekläranlagen-Zulassungs- und Überwachungsverordnung (IZÜV) vom 2.5.2013 (BGBl. I S. 973, 3756), zuletzt geändert durch Art. 2 des Gesetzes vom 18.7.2017 (BGBl. I S. 2771),

- Änderungen der Abwasserverordnung, zuletzt durch Art. 121 der Verordnung vom 29. 3. 2017 (BGBl. I S. 626),
- die Verordnung über Anlagen zum Umgang mit wassergefährdenden Stoffen (AwSV) vom 18. 4. 2017 (BGBl. I S. 905).

IV. Rechtsnatur und Regelungsgegenstand des WHG 2009

Das WHG ist systematisch neu geordnet worden, hat dadurch seine **Rechtsnatur** aber nicht verändert. Es gehört mit seinen Regelungsgegenständen ganz überwiegend zum öffentlichen Recht und ist dort Teil des Ordnungsrechts. Die Vorschriften über das Gewässereigentum (§ 4), den Wasserabfluss (§ 37), die Haftung (§ 41 Abs. 4, §§ 89, 91 Satz 2 und 3) und die Ordnungswidrigkeiten (§ 103) fallen nicht unter den Kompetenztitel „Wasserhaushalt", sondern unter Art. 74 Abs. 1 Nr. 1 GG. Dieser Titel unterliegt weder der Erforderlichkeitsklausel noch der Abweichungsgesetzgebung der Länder nach Art. 72 Abs. 2 und 3 GG. Bestimmte Schutzvorschriften in festgesetzten Überschwemmungsgebieten (§§ 78, 78a) können, soweit sie bauliche Anlagen oder landwirtschaftliche Tätigkeiten betreffen, zusätzlich auf weitere abweichungsfeste Bundeskompetenzen gestützt werden (Art. 74 Abs. 1 Nr. 17 und 18 GG). 24

Lag der Schwerpunkt des Wasserrechts ursprünglich in Anlehnung an das Straßen- und Wegerecht beim öffentlichen Sachenrecht, ist das WHG mit Entstehung des Umweltschutzes als eigenständiges Politikfeld zu Beginn der siebziger Jahre immer stärker zum **Umweltverwaltungsrecht** umgestaltet worden. Sein Regelungsgegenstand ist die Benutzung, die Unterhaltung, der Ausbau und die sonstige Bewirtschaftung von Gewässern in einer alle relevanten Einwirkungen umfassenden, gegenüber dem Eigentum grundsätzlich autonomen öffentlich-rechtlichen Benutzungsordnung.[27] Mit dem WHG wird nicht der als Naturvorgang einer rechtlichen Steuerung gar nicht zugängliche Wasserhaushalt, sondern die haushälterische Bewirtschaftung der Wasserressourcen durch den Menschen reglementiert. Das Gesetz gehört insofern zu den zentralen staatlichen Normen zum Schutz der natürlichen Lebensgrundlagen im Sinne der Staatszielbestimmung Umweltschutz nach Art. 20a GG. §§ 1 und 6 geben den Zweck und die maßgebenden Leitlinien für den Schutz und Nutzung der Gewässer vor. 25

Zweck des WHG 2009 ist, das bisherige Rahmenrecht des Bundes auf der Grundlage seiner erweiterten Gesetzgebungsbefugnisse durch **Vollregelungen** zu ersetzen.[28] Dabei entscheidet der Bundes- 26

---

[27] Vgl. Nassauskiesungsbeschluss des BVerfG v. 15. 7. 1981 – 1 BvL 77/78, BVerfGE 58, 300, 328, 341 sowie die Kommentierung zu § 4 Abs. 3.
[28] BT-Drs. 16/12275, S. 40.

gesetzgeber im Prinzip politisch, in welchem Umfang er von seinen Kompetenzen Gebrauch macht. Er kann auf Regelungen ganz verzichten, er kann sich wie bisher auf die Normierung von Grundsätzen oder ausfüllungsbedürftigen Rahmenvorschriften beschränken, er kann aber auch Vollregelungen oder abschließende Regelungen erlassen. Vollregelungen sind nicht ausfüllungsbedürftig, können aber ausfüllungsfähig und der Ergänzung durch Landesrecht zugänglich sein, während abschließende Regelungen den Ländern keine Gestaltungsspielräume belassen. Im neuen WHG ist jede dieser Optionen genutzt worden. Ob und inwieweit den Ländern im Wasserrecht verfassungsrechtliche oder einfachgesetzliche Regelungsbefugnisse verbleiben, ist im Zweifel durch Auslegung zu ermitteln.

V. Landeswasserrecht

1. Wassergesetzgebungskompetenz der Länder

27 Nach der neuen Kompetenzlage sind zur Frage der Zuständigkeit der Länder für die Wassergesetzgebung **drei Fallkonstellationen** zu unterscheiden:[29)]

28 *Fall 1:* **Ergänzung des Bundeswasserrechts**

Art. 72 Abs. 1 GG überträgt bei der konkurrierenden Gesetzgebungszuständigkeit den Ländern die Befugnis zur Gesetzgebung „solange und soweit" der Bund von seiner Kompetenz keinen Gebrauch gemacht hat. Die Länder können demnach das Wasserhaushaltsrecht des Bundes in den nicht oder nicht abschließend geregelten Bereichen ergänzen. Ob und inwieweit das Bundesrecht ergänzungsfähig ist, muss im Zweifel durch Auslegung ermittelt werden. Dies kann nicht einfach zu beantwortende Fragen aufwerfen, ein Problem, das sich grundsätzlich für alle Rechtsmaterien der konkurrierenden Gesetzgebungszuständigkeit stellt. Von zentraler Bedeutung ist vor allem die Frage, ob eine Bundesregelung abschließend und deshalb keiner Ergänzung durch Landesrecht zugänglich ist. Dabei ist nicht jede sog. Vollregelung per definitionem abschließend. In nicht eindeutigen Fällen ist es üblich, in das Gesetz oder die Gesetzesbegründung entsprechende Klarstellungen vorzunehmen. Beispiele hierfür sind Klauseln über die Geltung oder Unberührtheit landesrechtlicher Vorschriften (siehe z.B. § 4 Abs. 5, § 36 Satz 3, § 60 Abs. 7 Satz 1, § 62 Abs. 5). Zu den meisten Vorschriften des WHG sind Ergänzungen durch das Landesrecht zumindest theoretisch denkbar und dann auch nicht von vornherein auszuschließen. Letztlich lässt sich die Frage, ob Landesrecht von Bundesrecht abweicht oder es lediglich

---

[29)] Vgl. näher hierzu *Berendes*, Statement: Abweichungsfelder im Wasserrecht, in: Durner, S. 129–135.

ergänzt, nur anhand konkreter Textvergleiche beantworten. Solchen Vergleichen hat sich auch das Landesrecht zu stellen, das bei Inkrafttreten des neuen WHG bereits bestanden hat. Hat es lediglich ergänzenden Charakter, ist es von der Gesetzgebungskompetenz des Landes nach Art. 72 Abs. 1 GG abgedeckt und muss nicht neu erlassen werden. Die Lex-posterior-Regel nach Art. 72 Abs. 3 Satz 3 GG greift nur bei abweichenden Regelungen im abweichungsfreien Bereich.

Fall 2: **Bundesgesetzliche Öffnungsklauseln** 29

Ein Bundesgesetz kann die Länder ermächtigen, „etwas anderes" zu bestimmen oder „abweichende Regelungen" zu erlassen. Solche Öffnungsklauseln haben konstitutive Bedeutung, der Bund tritt mit dem Geltungsanspruch seiner Vorschrift hinter einer anderen Entscheidung des Landesgesetzgebers zurück, das Bundesrecht gilt also nur subsidiär. Öffnungsklauseln sieht das WHG z.B. in § 2 Abs. 2, § 20 Abs. 1 Satz 1, § 38 Abs. 3 Satz 3, § 46 Abs. 3, § 58 Abs. 1 Satz 3 und 4, § 60 Abs. 7 Satz 1 vor. Machen die Länder von der Ermächtigung Gebrauch, bleiben sie im Rahmen der ihnen nach Art. 72 Abs. 1 GG zustehenden Gesetzgebungsbefugnis. Diese Befugnis gibt es für alle Titel der konkurrierenden Gesetzgebungszuständigkeit, also unabhängig davon, ob noch die spezielle Abweichungsbefugnis nach Abs. 3 besteht oder nicht. Schon um Probleme, die mit der Inanspruchnahme des Art. 72 Abs. 3 GG verbunden sein können (größere Schwierigkeiten bei der politischen Realisierung, Vorrang späterer Bundesregelungen), zu umgehen, haben die Länder ein natürliches Interesse an einfachgesetzlichen Öffnungsklauseln und solche im WHG 2009 in relativ großer Anzahl auch durchgesetzt.[30] Existieren in den Ländern bereits entsprechende, auf der Grundlage des alten Rechts erlassene Regelungen, gelten diese Vorschriften im Rahmen einer fortgeführten Ermächtigung auch unter dem Regime des neuen WHG fort.[31]

Fall 3: **Abweichendes Landesrecht** im Rahmen des Art. 72 Abs. 3 GG 30

Steht fest, dass ein Land, ohne hierzu ermächtigt zu sein, von einer Bundesregelung abweicht oder abweichen will, ist dies nur nach Maßgabe des Art. 72 Abs. 3 GG zulässig. Insbesondere muss es sich um eine stoff- oder anlagenbezogene Regelung handeln. Den Begriffen „stoffbezogen" und „anlagenbezogen" kommt insofern zentrale Bedeutung zu (vgl. hierzu oben Rn. 1f.). Begrifflich ist wichtig, abweichende Regelungen im Sinne der Abweichungsbefugnis nach Art. 72 Abs. 3 GG von „abweichenden" oder „anderen" Regelungen (inhaltlich meinen beide Begriffe dasselbe) im Rahmen bundesgesetzlicher Öffnungsklauseln (Gesetzgebungsbefugnis nach Art. 72 Abs. 1 GG) zu unterscheiden. Insofern kann man kompetenzrecht-

---

[30] Eine Reihe von Öffnungsklauseln hat aber auch der Bund als sachgerecht anerkannt; vgl. die Kommentierung der Vorschriften mit Öffnungsklauseln.
[31] So zu § 2 Abs. 2 ausdrücklich auch BT-Drs. 16/12275, S. 53.

lich zwischen **Abweichungen im engeren** Sinne (Abweichungsgesetzgebung im Sinne des Art. 72 Abs. 3 GG) und **im weiten Sinne** (jede kompetenzrechtlich zulässige Abweichung des Landesrechts vom Bundesrecht) unterscheiden.

31 Die Abweichungsgesetzgebung wirft eine Reihe klärungsbedürftiger Fragen allgemeiner oder wasserspezifischer Art auf. Im WHG betrifft dies insbesondere wasserrechtliche **Regelungen mit Querschnittscharakter.** So können die Länder über die einfachgesetzliche Ermächtigung des § 2 Abs. 2 hinaus nach Maßgabe des Art. 72 Abs. 3 GG weitere Gewässer von der Anwendung des WHG ausnehmen, allerdings nicht von den stoff- und anlagenbezogenen Regelungen. Die gleiche Problemlage ergibt sich bei allen übergreifenden Bestimmungen etwa in den ersten beiden Kapitel des Gesetzes.

2. Das Wasserrecht der Länder

32 In Ausführung und Ergänzung der bisherigen Rahmenvorschriften des alten WHG sowie der Vorgaben des neuen WHG haben die Länder folgende **Wassergesetze** erlassen:

> *Baden-Württemberg:* Wassergesetz für Baden-Württemberg (WG) vom 3.12.2013 (GBl. S. 389), zuletzt geändert durch Art. 65 der Verordnung vom 23.2.2017 (GBl. S. 99)
>
> *Bayern:* Bayerisches Wassergesetz (BayWG) vom 26.2.2010 (GVBl. S. 66, 130), zuletzt geändert durch § 1 des Gesetzes vom 21.2.2018 (GVBl. S. 48)
>
> *Berlin:* Berliner Wassergesetz (BWG) i.d.F. der Bekanntmachung vom 17.6.2005 (GVBl. S. 357; 2006 S. 248), zuletzt geändert durch Art. 27 des Gesetzes vom 2.2.2018 (GVBl. S. 160)
>
> *Brandenburg:* Brandenburgisches Wassergesetz (BbgWG) i.d.F. der Bekanntmachung vom 2.3.2012 (GVBl. I Nr. 20), zuletzt geändert durch Art. 1 des Gesetzes vom 4.12.2018 (GVBl. I Nr. 28)
>
> *Bremen:* Bremisches Wassergesetz (BremWG) vom 12.4.2011 (Brem.GBl. S. 262), zuletzt geändert durch Art. 2 des Gesetzes vom 15.12.2015 (Brem.GVBl. S. 622)
>
> *Hamburg:* Hamburgisches Wassergesetz (HWaG) i.d.F. der Bekanntmachung vom 29.3.2005 (HmbGVBl. S. 97), zuletzt geändert durch Gesetz vom 14.12.2007 (GVBl. S. 501)
>
> *Hessen:* Hessisches Wassergesetz (HWG) vom 14.12.2010 (GVBl. I S. 548), zuletzt geändert durch Gesetz vom 28.9.2015 (GVBl. I S. 338)
>
> *Mecklenburg-Vorpommern:* Wassergesetz des Landes Mecklenburg-Vorpommern (LWaG) vom 30.11.1992 (GVOBl. M-V S. 669), zuletzt geändert durch Art. 7 des Gesetzes vom 27.5.2016 (GVOBl. M-V S. 431)
>
> *Niedersachsen:* Niedersächsisches Wassergesetz (NWG) vom 19.2.2010 (Nds.GVBl. S. 64), zuletzt geändert durch Art. 2 des Gesetzes vom 12.11.2015 (Nds.GVBl. S. 307)

VI. Supra- und internationales Wasserrecht

Nordrhein-Westfalen: Wassergesetz für das Land Nordrhein-Westfalen (Landeswassergesetz – LWG) i.d.F. vom 8.7.2016 (GV.NRW. S. 559)

Rheinland-Pfalz: Landeswassergesetz (LWG) vom 14.7.2015 (GVBl. S. 127), zuletzt geändert durch § 28 des Gesetzes vom 27.11.2015 (GVBl. S. 383)

Saarland: Saarländisches Wassergesetz (SWG) i.d.F. vom 30.7.2004 (Amtsbl. S. 1994), zuletzt geändert durch Gesetz vom 3.12.2013 (Amtsbl. 2014 S. 2)

Sachsen: Sächsisches Wassergesetz (SächsWG) vom 12.7.2013 (SächsGVBl. S. 503), zuletzt geändert durch Art. 2 des Gesetzes vom 8.7.2016 (Sächs-GVBl. S. 287)

Sachsen-Anhalt: Wassergesetz für das Land Sachsen-Anhalt (WG LSA) vom 16.3.2011 (GVBl. LSA S. 492), zuletzt geändert durch Art. 2 der Verordnung vom 17.2.2017 (GVBl. LSA S. 33)

Schleswig-Holstein: Wassergesetz des Landes Schleswig-Holstein (Landeswassergesetz) i.d.F. der Bekanntmachung vom 11.2.2008 (GVOBl. Schl.-H. S. 91), zuletzt geändert durch Gesetz vom 1.8.2016 (GVOBl. Schl.-H. S. 680)

Thüringen: Thüringer Wassergesetz (ThürWG) vom 18.8.2009 (GVBl. S. 648)

Die Wassergesetze werden ergänzt durch spezielle wassergesetzliche Regelungen sowie eine Vielzahl praktisch bedeutsamer **Verordnungen und Verwaltungsvorschriften**. Es bleibt abzuwarten, wie sich das Landeswasserrecht im Rahmen der Anpassung an das neue Wasserhaushaltsgesetz entwickelt. Von besonderem Interesse ist dabei die Frage, in welchen Bereichen und in welchem Umfang die Länder von ihren verfassungsrechtlichen Abweichungsbefugnissen Gebrauch machen und so die **Rechtszersplitterung** im Wasserrecht fördern. Erst danach wird man abschließend beurteilen können, ob die Föderalismusreform ihr Ziel erreicht hat, mit der neuen Kompetenzordnung zu einheitlicheren und übersichtlicheren Regelungen zu kommen.   33

VI. Supra- und internationales Wasserrecht

Das nationale Wasserrecht wird überlagert und ergänzt durch die Vorschriften der Europäischen Union (supranationales Recht) und durch zwischenstaatliche Vereinbarungen (internationales Recht). Der **grenzüberschreitende Umweltschutz** gewinnt auch und gerade in der Wasserwirtschaft immer mehr an Bedeutung, er hat inzwischen sogar die politische Führungsrolle übernommen.   34

Seit Jahren wird die wasserrechtliche Entwicklung in Deutschland maßgebend durch die europäische Umweltpolitik geprägt. Das **EU-Wasserrecht** ist von 1975 an aufgebaut und ständig erweitert worden. Mit der am 22.12.2000 in Kraft getretenen „Richtlinie 2000/60/   35

Einleitung

EG des Europäischen Parlaments und des Rates vom 23.10.2000 zur Schaffung eines Ordnungsrahmens für Maßnahmen der Gemeinschaft im Bereich der Wasserpolitik" (ABl. EG Nr. L 327 S. 1) – sog. **Wasserrahmenrichtlinie** (WRRL) – ist das EG-Wasserrecht neu geordnet und gleichzeitig zur umfassenden Rechtsgrundlage für die integrierte Gewässerbewirtschaftung in Flussgebietseinheiten ausgebaut worden. Die Rahmenrichtlinie wird ergänzt durch sog. Tochterrichtlinien (Grundwasserrichtlinie 2006/118/EG, sog. Richtlinie 2008/105/EG prioritäre Stoffe). Weitere wichtige Richtlinien betreffen den Hochwasserschutz (RL 2007/60/EG) und die Meeresstrategie (RL 2008/56/EG). Das **internationale Wasserrecht** regelt den Schutz der Meere (z.b. Nord- und Ostsee, Atlantik) und der internationalen Wasserläufe (z.B. Rhein, Elbe, Donau, Oder) und Seen (z.B. Bodensee). In erster Linie geht es um die Begrenzung von Schadstoffeinleitungen und die umweltverträgliche Entsorgung von Abfällen.[32]

36 EG-Richtlinien und internationale Übereinkommen binden nur die Mitglieds- bzw. Vertragsstaaten und bedürfen, um innerstaatliche Verbindlichkeit auch für den Bürger zu erlangen, der **Umsetzung** in das deutsche Recht. Insofern reicht es grundsätzlich aus, wenn der Rechtsanwender die nationalen Rechtsvorschriften beachtet. Die Zuständigkeit für die Umsetzung richtet sich nach der Kompetenzordnung des Grundgesetzes. Deshalb konnte der Bund im Wasserbereich früher nur Rahmenvorschriften erlassen, die Detailregelungen bedurften der 16-fachen Umsetzung durch die Länder. Jetzt kann der Bund umfassend umsetzen. Weitgehend geklärt ist inzwischen, dass supra- und internationale Vorgaben, die Wirkung nach außen entfalten (z.B. Festlegung von Qualitätsnormen oder Emissionsgrenzwerten), durch Rechtsnorm, also Gesetz oder Verordnung umzusetzen sind, Verwaltungsvorschriften, die gerade im Umweltbereich verbreitet waren und noch sind, hierfür also nicht ausreichen.[33] Das geltende supra- und internationale Wasserrecht wurde bisher durch das WHG und seine Ausführungsvorschriften (Abwasserverordnung, Grundwasserverordnung) sowie ergänzend durch die Landeswassergesetze und eine Reihe verschiedener Landesverordnungen umgesetzt (siehe jetzt aber auch Rn. 22f.).

---

[32] Siehe näher zu den relevanten supra- und internationalen Wasserrechtsvorschriften *Wendenburg*, in: BFM, Einleitung Rn. 49ff., 52ff.
[33] Vgl. EuGH v. 28.2.1991 – Rs. C 131/88, EuZW 1991, 405 betreffend Grundwasser; EuGH v. 30.5.1991 – Rs. C 361/88, NVwZ 1991, 866 betreffend Luftreinhaltung; EuGH v. 17.10.1991 – Rs. C 58/89, NVwZ 1992, 459 betreffend Oberflächenwasser für die Trinkwassergewinnung; ausführlich zu dem Problemkreis *Faßbender*, Die Umsetzung von Umweltstandards der Europäischen Gemeinschaft, 2001; s. auch *C/R*, Einl. Rn. 76.

VII. Sonstige wasserbezogene Gesetze

Das Wasserhaushaltsgesetz des Bundes wird ergänzt durch verschiedene spezielle Regelungen zu wichtigen Bereichen und Aspekten der Wasserwirtschaft. 37

Das **Gesetz über Abgaben für das Einleiten von Abwasser in Gewässer** (Abwasserabgabengesetz – AbwAG) regelt das abgaberechtliche Instrumentarium des Gewässerschutzes.[34] Es gehört zum Sachbereich Ordnung des Wasserhaushalts, nicht zum Finanzwesen. Es ist als Rahmengesetz erlassen worden, die Länder haben es überwiegend in besonderen Ausführungsgesetzen, in zwei Ländern (Baden-Württemberg, Saarland) durch die Landeswassergesetze ausgeführt. 38

Das **Gesetz über die Umweltverträglichkeit von Wasch- und Reinigungsmitteln** (Wasch- und Reinigungsmittelgesetz – WRMG) i.d.F. der Bekanntmachung vom 17.7.2013 (BGBl. I S. 2538), zuletzt geändert durch Art. 3 des Gesetzes vom 18.7.2017 (BGBl. I S. 2774), ist ein produktbezogenes Gewässerschutzinstrument. Es stellt Anforderungen an das Inverkehrbringen von gewässerbelastenden Wasch- und Reinigungsmitteln, insbesondere von Tensiden und Phosphorverbindungen, und ist auf die konkurrierende Gesetzgebungszuständigkeit des Bundes für das Recht der Wirtschaft (Art. 74 Abs. 1 Nr. 11 GG) gestützt. Das Gesetz ist auch Ermächtigungsgrundlage für die Phosphathöchstmengenverordnung. 39

Das **Gesetz über Wasser- und Bodenverbände** (Wasserverbandsgesetz – WVG) vom 12.2.1991 (BGBl. I S. 405), geändert durch Gesetz vom 15.2.2002 (BGBl. I S. 1578), regelt die Organisation der als Körperschaften des öffentlichen Rechts gebildeten Verbände, denen für ein bestimmtes Gebiet wasserwirtschaftliche Aufgaben zur eigenverantwortlichen Wahrnehmung (Selbstverwaltung) übertragen worden sind. Von den Wasser- und Bodenverbänden in diesem Sinne sind die Zweckverbände und die sondergesetzlichen Verbände nach den einschlägigen Landesgesetzen zu unterscheiden. 40

Das **Gesetz über die Sicherstellung von Leistungen auf dem Gebiet der Wasserwirtschaft für Zwecke der Verteidigung** (Wassersicherstellungsgesetz) vom 24.8.1965 (BGBl. I S. 1225, 1817), zuletzt geändert durch Art. 2 Abs. 20 des Gesetzes vom 12.8.2005 (BGBl. I S. 2354), ist auf die ausschließliche Gesetzgebungszuständigkeit des Bundes nach Art. 73 Nr. 1 GG (Verteidigung) gestützt ist. Es betrifft die im Verteidigungsfall an die Wasserwirtschaft zu stellenden Anforderungen. 41

---

[34] Das Gesetz vom 3.9.1976 gilt derzeit in der Fassung der Bekanntmachung vom 18.1.2005 (BGBl. I S. 114), zuletzt geändert durch Art. 2 der Verordnung vom 1.6.2016 (BGBl. S. 1290). – Zu dem Gesetz siehe näher *Berendes*, Das Abwasserabgabengesetz, 3. Aufl. 1995; *Dahme/Zöllner*, in: SZDK, Bd. 2; *Köhler/Meyer*, Abwasserabgabengesetz, 2. Aufl. 2006; *Kotulla*, Abwasserabgabengesetz, 2005; *Nisipeanu*, Abwasserabgabenrecht, 1997.

42 Das **Gesetz über die Umweltverträglichkeitsprüfung** (UVPG) i.d.F. der Bekanntmachung vom 24.2.2010 (BGBl. I S. 94), zuletzt geändert durch Art. 2 des Gesetzes vom 8.9.2017 (BGBl. I S. 3370), gilt auch für die der Umweltverträglichkeitsprüfung (UVP) und der Strategischen Umweltprüfung (SUP) unterliegenden wasserwirtschaftlichen Vorhaben und ist insoweit auf den Kompetenztitel „Wasserhaushalt" gestützt.

43 Das **Gesetz über die Vermeidung und Sanierung von Umweltschäden** (Umweltschadensgesetz – USchadG) vom 10.5.2007 (BGBl. I S. 666), zuletzt geändert durch Art. 4 des Gesetzes vom 4.8.2016 (BGBl. I S. 1972), erfasst auch bestimmte Gewässerschäden. Es beruht insoweit auf der konkurrierenden Gesetzgebungszuständigkeit des Bundes für den Wasserhaushalt; vgl. im Übrigen auch § 90 nebst Kommentierung.

44 Das **Umweltstatistikgesetz** (UStatG) vom 16.8.2005 (BGBl. I S. 2446), zuletzt geändert durch Gesetz vom 5.7.2017 (BGBl. I S. 2237), regelt auch Erhebungen über die Wasserversorgung und Abwasserbeseitigung in wichtigen Sektoren (insbesondere öffentlicher Bereich) sowie über die Anlagen zum Umgang mit wassergefährdenden Stoffen und die beim Umgang und bei der Beförderung eintretenden Unfälle. Statistiken bilden eine wichtige Grundlage für Lagebewertungen und Einschätzungen des politischen Handlungsbedarfs.

45 Die Strafbarkeit vorsätzlicher und fahrlässiger unbefugter Gewässerverunreinigung ist seit 1980 im **Strafgesetzbuch** geregelt (§§ 324 ff.), um ihren Charakter als kriminelles Unrecht hervorzuheben.

46 Zum Wasserrecht im weiteren Sinne zählt auch das **Bundeswasserstraßengesetz** (WaStrG) vom i.d.F. der Bekanntmachung vom 23.5.2007 (BGBl. I S. 962; 2008 S. 1980), zuletzt geändert durch Art. 2 Abs. 8 des Gesetzes vom 20.7.2017 (BGBl. I S. 2808). Das BVerfG hat entschieden,[35] dass die konkurrierende Gesetzgebungszuständigkeit des Bundes nach Art. 74 Abs. 1 Nr. 21 GG sich nur auf Wasserstraßen als Verkehrswege bezieht und deshalb das Gesetz zur Reinhaltung der Bundeswasserstraßen vom 17.8.1960 (BGBl. II S. 2125) nichtig ist. Auf der anderen Seite dürfen das Landesrecht und die Landesverwaltung nicht in die Kompetenzen des Bundes für die den Verkehr betreffenden Regelungen und die Verwaltung der Bundeswasserstraßen eingreifen.[36]

47 Eine nicht zu unterschätzende wasserwirtschaftliche Rolle spielen außerdem die zwar nicht zum Wasserrecht gehörenden, aber **dem Gewässerschutz zugute kommenden Gesetze** wie das Bundesnaturschutzgesetz, Bundes-Bodenschutzgesetz, Kreislaufwirtschaftsge-

---

[35] BVerfG, Urt. v. 30.10.1962 – 2 BvF 2/60, 1, 2, 3/61, BVerfGE 15, 1.
[36] Vgl. BVerfG, Beschl. v. 11.4.1967 – 2 BvG 1/62, BVerfGE 21, 312.

VII. Sonstige wasserbezogene Gesetze

setz, Bundes-Immissionsschutzgesetz, Atomgesetz, Chemikaliengesetz, Pflanzenschutzgesetz und Düngegesetz sowie die allgemeinen, fach- und medienübergreifenden Umweltschutzgesetze wie das Umwelthaftungsgesetz, Umwelt-Rechtsbehelfsgesetz, Umweltinformationsgesetz und Umweltauditgesetz. Soweit diese Gesetze auch das Wasser betreffen, nimmt der Bund seine Kompetenz für den Wasserhaushalt in Anspruch. Ein benachbartes Rechtsgebiet des Wasserrechts ist das Gesundheitsrecht, soweit es um gesundheitliche Gefahren durch Wasser und Abwasser geht (Infektionsschutzgesetz, Trinkwasserverordnung).

Kapitel 1
Allgemeine Bestimmungen

§ 1
Zweck

Zweck dieses Gesetzes ist es, durch eine nachhaltige Gewässerbewirtschaftung die Gewässer als Bestandteil des Naturhaushalts, als Lebensgrundlage des Menschen, als Lebensraum für Tiere und Pflanzen sowie als nutzbares Gut zu schützen.

Inhaltsübersicht

	Rn.			Rn.
1. Allgemeines	1		3. Landesrecht	7
2. Inhalt des § 1	3			

1. Allgemeines

§ 1 normiert die **Zweckbestimmung** des WHG in Form einer Beschreibung der Zielsetzung, der das **gesamte Wasserrecht** dient. Die Vorschrift ist im WHG neu, sie trägt auf der einfachgesetzlichen Ebene der Staatszielbestimmung des Art. 20a GG Rechnung, soweit es um den Schutz der natürlichen Lebensgrundlage Wasser geht. Dabei differenziert das Gesetz zwischen den ökologischen und den nutzungsbezogenen Funktionen der Gewässer. Beiden muss die Wasserrechtsordnung gerecht werden. Konzeptionell lehnt sich das neue WHG an § 355 des Entwurfs der Unabhängigen Sachverständigenkommission zum Umweltgesetzbuch an.[1] Ergänzend hierzu bezieht das WHG den Grundsatz der nachhaltigen Gewässerbewirtschaftung mit in die Zweckbestimmung ein.

1

§ 1 ist eine bloße Zielbeschreibung, die unmittelbar noch **keine** konkreten **Gewässerschutzanforderungen** oder Verhaltenspflichten des Bürgers oder der Behörden begründet. Sie hat unmittelbar nicht einmal wie etwa die Grundsatzvorschrift des § 6 den Charakter einer Leitlinie für behördliche Entscheidungen.[2] Die konkreter gefassten Grundsätze des § 6 füllen § 1 aus und haben Vorrang vor der Zweckbestimmung des § 1. Diesen Grundsätzen wiederum gehen die zur Konkretisierung der allgemeinen Ziele und Leitlinien des Gesetzes festgelegten spezielleren Bewirtschaftungsziele und -anforderungen

2

---

[1] Vgl. BMU (Hrsg.), Umweltgesetzbuch (UGB-KomE), S. 249, 1065.
[2] Kritisch zu Zweckbestimmungen im Allgemeinen und zu § 1 WHG im Besonderen C/R, § 1 Rn. 2.

vor. § 1 beschränkt sich demnach darauf, die im Rahmen einer nachhaltigen Gewässerbewirtschaftung insgesamt mit- und gegeneinander abzuwägenden Belange zu manifestieren. Welches Gewicht ihnen in der praktischen Umsetzung zukommt, hängt von den im Einzelfall relevanten Umständen und der Konkretheit der für diesen Fall einschlägigen Rechtsvorschriften ab. § 1 ist somit eine Art letzte **Auslegungshilfe**, die aber gerade in einer Ermessensverwaltung wie der Wasserwirtschaftsverwaltung von praktischer Bedeutung sein kann.[3]

2. Inhalt des § 1

3 Inhaltlich greift § 1 bei der Formulierung des Gesetzeszwecks auf zentrale umweltrechtliche Begriffe zurück: „nachhaltige Gewässerbewirtschaftung", Schutz elementarer ökologischer Gewässerfunktionen, Schutz der Gewässer als „nutzbares Gut". Die vier genannten Schutzziele stehen grundsätzlich gleichrangig nebeneinander.

4 Der Begriff der nachhaltigen **Gewässerbewirtschaftung** beschreibt in umfassender und übergreifender Weise den Hauptzweck des neuen WHG. Seit der Konferenz der Vereinten Nationen für Umwelt und Entwicklung von 1992 in Rio de Janeiro hat sich die **Nachhaltigkeit** als zentrales Leitbild der internationalen und nationalen Umweltpolitik etabliert.[4] Der bis heute vage gebliebene Begriff ist bereits 2002 mit der 7. Novelle in das WHG eingeführt worden (§ 1a Abs. 1 Satz 2: „nachhaltige Entwicklung"). Der Gesetzeswortlaut hat auch deutlich gemacht, dass im deutschen Wasserrecht jedenfalls seit der Umsetzung der Wasserrahmenrichtlinie der Schutz und die Bewirtschaftung der Ressource Wasser im Einklang mit den Prinzipien der Nachhaltigkeit normiert ist.[5] Der Begriff „Gewässerbewirtschaftung" charakterisiert bereits in der Zweckbestimmung den speziellen Typus des WHG: **Wasserhaushaltsrecht** ist **Bewirtschaftungsrecht**. Den Begriff „Bewirtschaften" versteht das WHG dabei in einem weiten Sinne, er umfasst z.B. auch die Sanierung von Ge-

---

[3] Vgl. auch *Berendes*, in: BFM, § 1 Rn. 1; *Knopp*, in: SZDK, § 1 WHG Rn. 13; *Guckelberger*, in: BeckOK, § 1 WHG Rn. 2.

[4] Vgl. näher *Murswiek*, „Nachhaltigkeit" – Probleme der rechtlichen Umsetzung eines umweltpolitischen Leitbildes, NuR 2002, 641; *Ketteler*, Der Begriff der Nachhaltigkeit im Umwelt- und Planungsrecht, NuR 2002, 513; *Rehbinder*, Das deutsche Umweltrecht auf dem Weg zur Nachhaltigkeit, NVwZ 2002, 657.

[5] Vgl. BT-Drs. 14/7755, S. 15. – Näher zum Begriff der Nachhaltigkeit und den beschränkten Möglichkeiten, das Nachhaltigkeitsprinzip politisch vernünftig durchzusetzen, *Murswiek*, NuR 2002, 641, 642; vgl. zur Nachhaltigkeit auch *Berendes*, in: BFM, § 1 Rn. 4ff.; *Knopp*, in: SZDK, § 1 WHG Rn. 13ff. – Zu den Leitlinien der deutschen Nachhaltigkeitsstrategie siehe Bundesministerium für Umwelt, Naturschutz und Reaktorsicherheit, Nachhaltige Entwicklung durch moderne Umweltpolitik – Perspektiven für Generationengerechtigkeit, Lebensqualität, sozialen Zusammenhalt und internationale Verantwortung, UMWELT 9/2009, Sonderteil sowie die Bundesregierung mit ihrer Neuauflage 2016 der Nachhaltigkeitsstrategie.

§ 1 Zweck

wässern.⁶⁾ Die Gewässerbewirtschaftung ist nachhaltig, wenn die Schutzziele des § 1 erreicht werden.

Beim Schutz der **ökologischen Gewässerfunktionen** übernimmt § 1 weitgehend die Begrifflichkeiten des bisherigen § 1a Abs. 1 Satz 1 WHG. Nunmehr ist aber ausdrücklich auch der Mensch in den Schutzzweck einbezogen (wie z.B. in § 1 Abs. 1 BNatSchG). Den Auftrag des Staates zur nachhaltigen Gewässerbewirtschaftung fokussiert das WHG auf den Schutz der Gewässer als Teil des Naturhaushalts. Insofern spielen die durch das Naturschutzrecht anerkannten Ziele und Erfordernisse eines funktions- und leistungsfähigen Naturhaushalts (vgl. insbesondere §§ 1 und 2 BNatSchG) auch für das Wasserrecht eine maßgebliche Rolle. Der Schutz der Gewässer durch das Naturschutzrecht steht gleichrangig neben dem Schutz durch das Wasserrecht. Soweit die natürliche Ressource Wasser als Grundlage allen Lebens geschützt und bewirtschaftet wird, insbesondere um die notwendige Versorgung des Menschen mit genießbarem Wasser zu ermöglichen, geht es um die Sicherung der ökologischen Gewässerfunktionen.

5

Die **Nutzbarkeit der Gewässer** gehört in einem weiten Sinne zu einem funktionierenden Naturhaushalt, soweit sie in diesem Verständnis Lebensgrundlage des Menschen und Lebensraum für Tiere und Pflanzen ist. Nutzbarkeit im Sinne des § 1 meint die über natürliche Lebensweisen hinausgehende, zivilisatorische Nutzung der Gewässer durch den Menschen. Hierzu gehören auch die heutigen Formen der Versorgung von Mensch, Tier und Pflanze mit Wasser, desgleichen die Erholung des Menschen in Natur und Landschaft. Der Begriff „nutzbares Gut" umfasst insbesondere die Inanspruchnahme der Gewässer im Rahmen menschlichen Wirtschaftens, etwa für Zwecke der betrieblichen Wasserversorgung, der Abwasserentsorgung, der Schifffahrt, der Fischerei und der Energieerzeugung (vgl. zu den Nutzungszwecken auch § 6 Abs. 1 Satz 1 Nr. 3). Da die Nutzungsansprüche an das Wasser in den letzten Jahrzehnten stark gestiegen sind und zu gravierenden Belastungen der Gewässer geführt haben,⁷⁾ ist Wasser quantitativ und qualitativ, mal mehr, mal weniger ein knappes Gut geworden. Es ist Sache der nachhaltigen Gewässerbewirtschaftung, die häufig miteinander konkurrierenden, prinzipiell gleichrangigen⁸⁾ Zielsetzungen des § 1 entsprechend ihrer Bedeutung im konkreten Einzelfall abzuwägen und nach dem Ergebnis der Abwägung die zu treffenden Entscheidungen auszurichten.

6

---

⁶⁾ So ausdrücklich BT-Drs. 14/7755, S. 17.
⁷⁾ Vgl. zum derzeitigen Befund der Gewässerbelastungen Bundesministerium für Umwelt, Naturschutz und Reaktorsicherheit, Die Wasserrahmenrichtlinie – Ergebnis der Bestandsaufnahme 2004 in Deutschland, Broschüre 2005, S. 8 ff., 20 ff., 60 ff.
⁸⁾ So die wohl h.M.; vgl. *Berendes*, in: BFM, § 1 Rn. 8 m.w.N.

27

Allgemeine Bestimmungen

3. Landesrecht

7 § 1 ist eine im Rahmen des Art. 72 Abs. 1 GG der Ergänzung durch Landesrecht zugängliche Vorschrift. Die Länder können insbesondere zu den unbestimmten Rechtsbegriffen konkretisierende Regelungen treffen. Da § 1 weder stoff- noch anlagenbezogen ist, können die Länder nach Art. 72 Abs. 3 Satz 1 Nr. 5 GG auch abweichende Vorschriften erlassen.

§ 2
Anwendungsbereich

(1) Dieses Gesetz gilt für folgende Gewässer:

1. oberirdische Gewässer,
2. Küstengewässer,
3. Grundwasser.

Es gilt auch für Teile dieser Gewässer.

(1a) Für Meeresgewässer gelten die Vorschriften des § 23, des Kapitels 2 Abschnitt 3a und des § 90. Die für die Bewirtschaftung der Küstengewässer geltenden Vorschriften bleiben unberührt.

(2) Die Länder können kleine Gewässer von wasserwirtschaftlich untergeordneter Bedeutung, insbesondere Straßenseitengräben als Bestandteil von Straßen, Be- und Entwässerungsgräben, sowie Heilquellen von den Bestimmungen dieses Gesetzes ausnehmen. Dies gilt nicht für die Haftung für Gewässerveränderungen nach den §§ 89 und 90.

Inhaltsübersicht

	Rn.		Rn.
1. Allgemeines	1	3. Landesrecht	5
2. Inhalt des § 2	2		

1. Allgemeines

1 § 2 legt den Anwendungsbereich des Gesetzes fest. Die Vorschrift übernimmt inhaltlich mit Ausnahme der Begriffsbestimmungen (siehe jetzt § 3 Nr. 1–3) den bisherigen § 1 WHG. Die „Meeresgewässer" (Abs. 1a) sind durch das Gesetz vom 6.10.2011 zur Umsetzung der Meeresstrategie-Rahmenrichtlinie in das WHG aufgenommen worden.

2. Inhalt des § 2

Nach § 2 **Abs. 1** gilt das WHG für das in der Natur vorhandene Wasser, unterteilt in die drei Hauptkategorien oberirdische Gewässer, Küstengewässer und das Grundwasser (vgl. zur Definition dieser Gewässer § 3 Nr. 1–3 nebst Kommentierung). Nicht erfasst ist insbesondere die Hohe See, die dem internationalen Wasserrecht unterliegt.[1] Das WHG kennt keinen allgemein gültigen **Gewässerbegriff**, sondern bestimmt und definiert nur die Gewässer, auf die es anzuwenden ist („folgende" Gewässer). Die Unterscheidung in jetzt vier Hauptkategorien beruht darauf, dass die Vorschriften des WHG nicht einheitlich für alle Gewässer gelten, sondern auch spezifisch ausgestaltet sind, um dem unterschiedlichen Schutzbedürfnis Rechnung zu tragen. Das WHG ist nicht nur auf Gewässer als Ganzes, sondern auch auf Abschnitte oder kleinere **Teile von Gewässern** anzuwenden. Diese an sich selbstverständliche, klarstellende Regelung des Satzes 2 ist 2002 im Rahmen der Umsetzung der Wasserrahmenrichtlinie durch die 7. Novelle in das WHG aufgenommen worden, weil der Begriff „Teile" auch „Wasserkörper" im Sinne des europäischen Rechts erfasst und Teile eines Gewässers nach unterschiedlichen Zielen und Anforderungen bewirtschaftet werden können.[2] In Fällen, in denen das Gesetz den Begriff **„Wasser"** verwendet (z.B. in § 3 Nr. 9), ist stets das Wasser in Oberflächengewässern oder das Grundwasser gemeint.[3]

§ 2 **Abs. 1a** erweitert in **Satz 1** den Anwendungsbereich des WHG auf **„Meeresgewässer"**, die durch das Gesetz vom 6.10.2011 zur Umsetzung der Meeresstrategie-Rahmenrichtlinie (näher hierzu § 45a Rn. 1, 2) in das WHG eingeführte vierte Hauptkategorie von Gewässern. Der **Anwendungsbereich** wird allerdings in zweifacher Hinsicht erheblich **eingeschränkt**: Zum einen sind nur die Meeresgewässer gemäß der engen Begriffsbestimmung der Meeresstrategie-Rahmenrichtlinie erfasst (vgl. hierzu § 3 Nr. 2a), zum anderen gelten nur § 23 und § 90 sowie der Abschnitt 3a im Kapitel 2 (§§ 45a–45l). In diesem Abschnitt sind anders als bei den anderen Gewässerkategorien für die Meeresgewässer sämtliche Bewirtschaftungsregelungen zusammengefasst. Nicht anwendbar sind damit insbesondere die allgemeinen Bestimmungen über die Bewirtschaftung von Gewässern (§§ 6ff.), z.B. die inhaltlichen und organisatorischen Bewirtschaftungsgrundsätze nach §§ 6 und 7 oder die öffentlich-rechtliche Benutzungsordnung (§§ 8ff.). Soweit die unter den Begriff der Meeresgewässer fallenden Küstengewässer betroffen sind, bleiben aber, wie **Satz 2** des Abs. 1a klarstellt, alle für Küstengewässer im Sinne von § 2 Abs. 1 Satz 1 Nr. 2, § 3 Nr. 2 einschlägigen Vorschriften des WHG

---

[1] Das Strafrecht schützt auch das Meer; vgl. § 330d Nr. 1 StGB.
[2] Vgl. BT-Drs. 14/7755, S. 15. – Zum jetzt auch im WHG definierten Begriff „Wasserkörper" vgl. § 3 Nr. 6.
[3] Vgl. näher zu den Begriffen „Gewässer" und „Wasser" *Berendes*, in: BFM, § 2 Rn 3ff.

anwendbar. Diese Gemengelage beruht darauf, dass Küstengewässer dem Regime sowohl der Wasserrahmenrichtlinie als auch der Meeresstrategie-Rahmenrichtlinie unterliegen, die beide nicht aufeinander abgestimmt sind. Damit ergeben sich zwangsläufig in den europäischen Vorgaben angelegte, der Rechtsklarheit nicht dienliche Überschneidungen und Doppelungen.[4] Näheres hierzu ergibt sich aus den §§ 45a ff. und deren Kommentierung.

4 § 2 Abs. 2 ermächtigt wie bisher die Länder, bestimmte Gewässer von der Anwendung der Bestimmungen des WHG – außer von den Schädigungsvorschriften der §§ 89, 90 – auszunehmen. Dabei können sie sich auch darauf beschränken, von der Ermächtigung nur teilweise Gebrauch zu machen, erstens was den Kreis der ausgenommenen Gewässer, zweitens was die nicht anzuwendenden Bestimmungen des WHG anbetrifft. Die neu in das WHG aufgenommenen Beispiele sollen den Ländern aufzeigen, welche Fälle vor allem für eine **Ausnahmeregelung** in Betracht kommen. Welche Gewässer ansonsten als klein und von wasserwirtschaftlich untergeordneter Bedeutung anzusehen sind, hängt entscheidend von den konkreten Gegebenheiten ab. So können Gewässer ausgenommen werden, die eine geringe Wasserführung, ein schmales Bett oder eine geringe Fläche haben oder den Wasserhaushalt des jeweiligen Einzugsgebiets nur unerheblich beeinflussen.[5] Zu den Heilquellen vgl. auch § 53.

3. Landesrecht

5 § 2 regelt den Anwendungsbereich des WHG abschließend. Abweichende Ländervorschriften gestattet das Gesetz nur im Rahmen des Abs. 2. Dabei gelten die von den Ländern auf der Grundlage des bisherigen § 1 Abs. 2 WHG erlassenen Bestimmungen grundsätzlich fort (vgl. Einleitung Rn. 28 f.). Die verfassungsrechtliche Abweichungsbefugnis nach Art. 72 Abs. 3 Satz 1 Nr. 5 GG ermächtigt allerdings die Länder, über § 2 Abs. 2 hinaus die Anwendbarkeit des WHG weiter einzuschränken. Ausgenommen sind die abweichungsfesten Bereiche, also das stoff- oder anlagenbezogene Wasserrecht sowie die Haftung für Änderungen der Wasserbeschaffenheit nach § 89, da diese Vorschrift (nicht dagegen § 90) auf den nicht der Abweichungsgesetzgebung unterliegenden Kompetenztitel des Art. 74 Abs. 1 Nr. 1 GG gestützt ist. Bundesrechtlich unzulässige Ausnahmeregelungen eines Landes sind unwirksam (Art. 31 GG), es gelten insoweit dann uneingeschränkt die Bestimmungen des WHG.

---

[4] Vgl. auch BT-Drs. 17/6055, S. 17 f.
[5] Näher zu den unter Abs. 2 fallenden Gewässern siehe *C/R*, § 2 Rn. 13 ff.

§ 3
Begriffsbestimmungen

Für dieses Gesetz gelten folgende Begriffsbestimmungen:

1. **Oberirdische Gewässer**
   das ständig oder zeitweilig in Betten fließende oder stehende oder aus Quellen wild abfließende Wasser;

2. **Küstengewässer**
   das Meer zwischen der Küstenlinie bei mittlerem Hochwasser oder zwischen der seewärtigen Begrenzung der oberirdischen Gewässer und der seewärtigen Begrenzung des Küstenmeeres; die seewärtige Begrenzung von oberirdischen Gewässern, die nicht Binnenwasserstraßen des Bundes sind, richtet sich nach den landesrechtlichen Vorschriften;

2a. **Meeresgewässer**
   die Küstengewässer sowie die Gewässer im Bereich der deutschen ausschließlichen Wirtschaftszone und des Festlandsockels, jeweils einschließlich des Meeresgrundes und des Meeresuntergrundes;

3. **Grundwasser**
   das unterirdische Wasser in der Sättigungszone, das in unmittelbarer Berührung mit dem Boden oder dem Untergrund steht;

4. **Künstliche Gewässer**
   von Menschen geschaffene oberirdische Gewässer oder Küstengewässer;

5. **Erheblich veränderte Gewässer**
   durch den Menschen in ihrem Wesen physikalisch erheblich veränderte oberirdische Gewässer oder Küstengewässer;

6. **Wasserkörper**
   einheitliche und bedeutende Abschnitte eines oberirdischen Gewässers oder Küstengewässers (Oberflächenwasserkörper) sowie abgegrenzte Grundwasservolumen innerhalb eines oder mehrerer Grundwasserleiter (Grundwasserkörper);

7. **Gewässereigenschaften**
   die auf die Wasserbeschaffenheit, die Wassermenge, die Gewässerökologie und die Hydromorphologie bezogenen Eigenschaften von Gewässern und Gewässerteilen;

8. **Gewässerzustand**
   die auf Wasserkörper bezogenen Gewässereigenschaften als ökologischer, chemischer oder mengenmäßiger Zustand eines Gewässers; bei als künstlich oder erheblich verändert eingestuften Gewässern tritt an die Stelle des ökologischen Zustands das ökologische Potenzial;

Allgemeine Bestimmungen

9. **Wasserbeschaffenheit**
die physikalische, chemische oder biologische Beschaffenheit des Wassers eines oberirdischen Gewässers oder Küstengewässers sowie des Grundwassers;

10. **Schädliche Gewässerveränderungen**
Veränderungen von Gewässereigenschaften, die das Wohl der Allgemeinheit, insbesondere die öffentliche Wasserversorgung, beeinträchtigen oder die nicht den Anforderungen entsprechen, die sich aus diesem Gesetz, aus auf Grund dieses Gesetzes erlassenen oder aus sonstigen wasserrechtlichen Vorschriften ergeben;

11. **Stand der Technik**
der Entwicklungsstand fortschrittlicher Verfahren, Einrichtungen oder Betriebsweisen, der die praktische Eignung einer Maßnahme zur Begrenzung von Emissionen in Luft, Wasser und Boden, zur Gewährleistung der Anlagensicherheit, zur Gewährleistung einer umweltverträglichen Abfallentsorgung oder sonst zur Vermeidung oder Verminderung von Auswirkungen auf die Umwelt zur Erreichung eines allgemein hohen Schutzniveaus für die Umwelt insgesamt gesichert erscheinen lässt; bei der Bestimmung des Standes der Technik sind insbesondere die in der Anlage 1 aufgeführten Kriterien zu berücksichtigen;

12. **EMAS-Standort**
diejenige Einheit einer Organisation, die nach § 32 Absatz 1 Satz 1 des Umweltauditgesetzes in der Fassung der Bekanntmachung vom 4. September 2002 (BGBl. I S. 3490), das zuletzt durch Artikel 1 des Gesetzes vom 6. Dezember 2011 (BGBl. I S. 2509) geändert worden ist, in der jeweils geltenden Fassung, in das EMAS-Register eingetragen ist;

13. **Einzugsgebiet**
ein Gebiet, aus dem über oberirdische Gewässer der gesamte Oberflächenabfluss an einer einzigen Flussmündung, einem Ästuar oder einem Delta ins Meer gelangt;

14. **Teileinzugsgebiet**
ein Gebiet, aus dem über oberirdische Gewässer der gesamte Oberflächenabfluss an einem bestimmten Punkt in ein oberirdisches Gewässer gelangt;

15. **Flussgebietseinheit**
ein als Haupteinheit für die Bewirtschaftung von Einzugsgebieten festgelegtes Land- oder Meeresgebiet, das aus einem oder mehreren benachbarten Einzugsgebieten, dem ihnen zugeordneten Grundwasser und den ihnen zugeordneten Küstengewässern im Sinne des § 7 Absatz 5 Satz 2 besteht;

16. **Wasserdienstleistungen** sind folgende Dienstleistungen für Haushalte, öffentliche Einrichtungen oder wirtschaftliche Tätigkeiten jeder Art:

   a) Entnahme, Aufstauung, Speicherung, Behandlung und Verteilung von Wasser aus einem Gewässer;

   b) Sammlung und Behandlung von Abwasser in Abwasseranlagen, die anschließend in oberirdische Gewässer einleiten;

17. **Wassernutzungen sind alle Wasserdienstleistungen sowie anderer Handlungen mit Auswirkungen auf den Zustand eines Gewässers, die im Hinblick auf die Bewirtschaftungsziele nach den §§ 27 bis 31, 44 und 47 signifikant sind.**

Inhaltsübersicht

Rn.		Rn.
1. Allgemeines 1	3. Landesrecht 30	
2. Die Begriffsbestimmungen im Einzelnen 3		

1. Allgemeines

§ 3 fasst die Begriffsbestimmungen, die für das WHG von zentraler Bedeutung sind, in einer eigenständigen Vorschrift zusammen. Die bisherigen **Legaldefinitionen** in § 1 Abs. 1 und 4 sowie § 7a Abs. 5 und § 25b Abs. 4 WHG a.F. werden übernommen (Nr. 1–5, 11, 13–15) und um neue Begriffsbestimmungen ergänzt (Nr. 2a, 6–10, 12, 16, 17). Begriffe, die nur für Teilgebiete des neuen WHG maßgebend sind, werden jeweils in den betroffenen Abschnitten definiert, so z.B. „Heilquellen" (§ 53 Abs. 1), „Abwasser" (§ 54 Abs. 1), „Abwasserbeseitigung" (§ 54 Abs. 2), „wassergefährdende Stoffe" (§ 62 Abs. 3), „Hochwasser" (§ 72). Weitere Legaldefinitionen enthalten § 9, § 20 Abs. 1 Satz 1, § 23 Abs. 1 Nr. 9, § 23 Abs. 2, § 26 Abs. 2, § 33, § 38 Abs. 2, § 39 Abs. 1 Satz 1, § 45b Abs. 1 und 2, § 50 Abs. 1, § 53 Abs. 1 und 2, § 54, § 56 Satz 1, § 57 Abs. 1, § 58 Abs. 1 Satz 1, § 61 Abs. 1, § 62 Abs. 3, § 64 Abs. 1, § 67 Abs. 2, § 72, § 73 Abs. 1, § 76 Abs. 1 Satz 1, § 78b Abs. 1 Satz 1, § 78d Abs. 1, § 82 Abs. 3, § 86 Abs. 1 Satz 1, § 90 Abs. 1.

Die Neuordnung der Begriffsbestimmungen dient dazu, im alten WHG für gleiche Anforderungen uneinheitlich verwendete Begriffe zu harmonisieren und besser aufeinander abzustimmen und so zur Rechtsvereinfachung beizutragen.[1] Zudem zielt § 3 darauf ab, Anforderungen an menschliche Einwirkungen auf die Gewässer diffe- 1 2

---

[1] Vgl. zu den Begriffsbestimmungen auch die Gesetzesbegründung in BT-Drs. 16/12275, S. 53, 54 sowie *Berendes*, in: BFM, § 3 Rn. 1ff.

renzierter und **präziser** als bisher auf den jeweils von der Schutzvorschrift erfassten Gegenstand zu beziehen.[2] So soll stets klar erkennbar werden, ob eine Regelung auf alle noch so kleinräumigen Gewässerteile (vgl. Nr. 7 „Gewässereigenschaften") oder nur auf größer dimensionierte Wasserkörper (vgl. Nr. 6 „Wasserkörper" und Nr. 8 „Gewässerzustand"), auf das Gewässer als Ganzes („Gewässer") oder nur auf das Wasser eines Gewässers („Wasser", „Wasserbeschaffenheit" gemäß Nr. 9) Anwendung findet. Die Neukonzipierung des WHG einschließlich der Begriffsbestimmungen ist dabei auch Anlass, die deutsche Wasserrechtsordnung noch stärker auf das europäische System der Gewässerbewirtschaftung auszurichten.

2. Die Begriffsbestimmungen im Einzelnen

Oberirdische Gewässer (Nr. 1)

3 Die Definition der **oberirdischen Gewässer** ist wortgleich mit dem Text des bisherigen § 1 Abs. 1 Nr. 1 WHG. Sie umfasst die Binnengewässer wie Ströme, Flüsse, Bäche oder Kanäle (in Betten ständig oder zeitweilig fließendes Wasser; sog. Fließgewässer) und Seen oder Teiche (in Betten stehendes Wasser; sog stehende Gewässer) sowie das aus Quellen wild abfließende Wasser. Nicht aus Quellen wild abfließendes Wasser wie Niederschlagswasser und Hochwasser gehört nicht dazu. Unter „Gewässer" ist stets die Einheit von Wasser und Bett zu verstehen (vgl. auch § 2 Abs. 1 BBodSchG), wobei es nicht darauf ankommt, ob das Gewässerbett natürlich oder künstlich angelegt ist (jetzt in § 3 Nr. 4 auch gesetzlich klargestellt). Unter einem **Gewässerbett** ist eine äußerlich erkennbare natürliche oder künstliche Begrenzung des Wassers in einer Vertiefung der Erdoberfläche zu verstehen.[3] Dies ist nicht gegeben bei Vertiefungen, in denen sich nur gelegentlich Wasser ansammelt. Grundwasser, das nur für einen begrenzten Zeitraum an die Oberfläche tritt, z.B. beim Kiesabbau, wird grundsätzlich nicht zum oberirdischen Gewässer. Etwas anderes gilt, wenn beim Kiesabbau nicht nur vorübergehend ein Baggersee entsteht.[4] Führt ein Gewässer nur bei Starkregen oder Schneeschmelze Wasser oder in Trockenzeiten kein Wasser, steht das seiner rechtlichen Einordnung als oberirdisches Gewässer nicht entgegen. Die Grenze zwischen den oberirdischen Gewässern und den Ufergrundstücken wird durch die **Uferlinie** gebildet (vgl. hierzu näher § 38 Abs. 2 nebst Kommentierung). Die näheren Bestimmungen hierüber befinden sich im Landeswasserrecht.

---

[2] Vgl. BT-Drs. 16/12275, S. 53.
[3] BVerwG v. 27.1.2011 – 7 C 3.10, Rn. 17, NVwZ 2011, 696, 697; ausführlich zum Gewässerbett *Széchényi*, in: SZDK, § 3 WHG Rn. 55 ff.
[4] BVerwG v. 10.2.1978 – 4 C 25.75, BVerwGE 55, 220, 223 vgl. näher hierzu *Breuer/Gärditz*, Rn. 141 ff. m.w.N.

Gewässer sind allgemein dadurch gekennzeichnet, dass sie in den 4
natürlichen Wasserkreislauf eingebunden sind.[5] Das WHG gilt somit
nicht für das aus dem natürlichen Wasserhaushalt abgesonderte, in
Leitungen oder anderen Behältnissen gefasste Wasser,[6] also z.b.
nicht für das Wasser in Kanalisationen, Kläranlagen, Wasserversorgungsleitungen, Schwimmbecken, Feuerlöschteichen, Pumpspeicherbecken oder Zisternen. Dabei ist die Einbeziehung eines oberirdischen
Gewässers als Bestandteil einer Abwasseranlage (Ortskanalisation)
unter bestimmten Voraussetzungen zulässig. Hier geht die Gewässereigenschaft erst dann verloren, wenn das Wasser vollständig in einer
Rohrleitung gefasst und bis zur Einmündung in den nächsten Vorfluter nicht mehr im unmittelbaren Zusammenhang mit dem natürlichen Wasserhaushalt steht.[7]

§ 3 übernimmt aus der Wasserrahmenrichtlinie nicht die Begriffe 5
„**Oberflächengewässer**" und „**Übergangsgewässer**", denn das WHG
benötigt für die oberirdischen Binnengewässer, Übergangsgewässer
und Küstengewässer (vgl. Art. 2 Nr. 1 WRRL) keinen gemeinsamen
Oberbegriff. Übergangsgewässer (Art. 2 Nr. 6 WRRL) gehören nach
deutschem Wasserrecht zu den oberirdischen Gewässern, deren
Schutz die europäischen Anforderungen zu den Übergangsgewässern voll abdeckt. Soweit sachdienlich, ist es aber ohne weiteres
möglich, im Rahmen der Vorschriften des WHG bei den oberirdischen Gewässern den Besonderheiten z.B. von Fließgewässern, von
stehenden Gewässern und auch von Übergangsgewässern (Nähe zu
den Küstengewässern) Rechnung tragende differenzierende Regelungen und Maßnahmen zu treffen. Die Einteilung in **Gewässerordnungen** bleibt weiterhin dem Landesrecht vorbehalten (1. und 2. oder 1.
bis 3. Ordnung).

Küstengewässer (Nr. 2)
Die Definition entspricht dem bisherigen § 1 Abs. 1 Nr. 1a, Abs. 3 6
WHG. Zu den Küstengewässern gehören die deutschen Hoheitsgewässer der Nord- und Ostsee. Die **Küstengewässer** decken sich mit
dem verkehrsrechtlichen Begriff „Seewasserstraßen" (vgl. § 1 Abs. 2
WaStrG). Zum Land hin werden die Küstengewässer durch die
Küstenlinie bei mittlerem Hochwasser begrenzt. Die Grenze zu den
oberirdischen Gewässern, die keine Binnenwasserstraßen des Bundes sind, legen die Küstenländer fest. Für die Binnenwasserstraßen
des Bundes (§ 1 Abs. 1 Nr. 1 WaStrG) wird die Grenze zum Meer
durch die Anlage zu § 1 Abs. 1 Nr. 1 WaStrG bestimmt. Die Grenze

---

[5] BVerwG v. 16.7.2003 – 7 B 61.03, NuR 2004, 43; vgl. allgemein auch *Knopp*, in: SZDK, § 2 WHG Rn. 10 ff. m.w.N.
[6] Unstr.; vgl. BT-Drs. 2072, S. 21 sowie BVerwG v. 31.10.1975 – IV C 43.73, ZfW 1976, 282, 286.
[7] Vgl. näher hierzu m.w.N. *Berendes*, in: BFM, § 3 Rn. 8; ausführlich zu diesem Problemkreis *Breuer/Gärditz*, Rn. 232–253.

der Küstengewässer zur Hohen See hin ist in Art. 4 ff. des Seerechtsübereinkommens der Vereinten Nationen vom 10. 12. 1992 festgelegt und durch die Proklamation der Bundesregierung über die Ausweitung des Küstenmeeres vom 11. 11. 1994 (BGBl. I S. 3428) umgesetzt (12-Seemeilen-Zone).[8]

7 Die Wasserrahmenrichtlinie verwendet den Begriff des Küstengewässers in einer **zweifachen Bedeutung**. Danach ist das Küstengewässer nur der Teil der Oberflächengewässer, wie er in § 7 Abs. 5 Satz 2 (Übernahme der Begriffsbestimmung nach Art. 2 Nr. 7 WRRL) definiert ist. Im Vergleich zur 12-Seemeilen-Zone des deutschen Rechts umfasst das Küstengewässer in diesem Sinne nur eine Seemeile. Im Hinblick auf den chemischen Zustand bezieht Art. 2 Nr. 1 WRRL „ausnahmsweise" auch die Hoheitsgewässer mit ein (vgl. hierzu auch § 7 Abs. 5 Satz 2 einerseits und § 44 Satz 2 andererseits). Im deutschen Wasserrecht verbleibt es grundsätzlich bei der weiten Begriffsbestimmung.

Meeresgewässer (Nr. 2a)

8 Der Begriff der Meeresgewässer ist von der Meeresstrategie-Rahmenrichtlinie neu geprägt und durch das Umsetzungsgesetz vom 6. 10. 2011 in das WHG eingefügt worden. Er steuert das Regime zum einen der **Küstengewässer** i. S. des § 3 Nr. 2, und zwar insoweit ergänzend zu den sonstigen hierfür einschlägigen Vorschriften, zum anderen bestimmter Meeresteile jenseits der Küstengewässer, und zwar insoweit allein im System der Richtlinie und deren Umsetzung im WHG. Die Nr. 2a übernimmt die Begriffsbestimmung des Art. 3 Nr. 1 MSRL mit stark verkürztem Text bezogen auf die Verhältnisse der Bundesrepublik Deutschland.[9] **Meeresgewässer jenseits der Küstengewässer** sind danach die Teile des Meeres, in denen nach dem Seerechtsübereinkommen ein Mitgliedstaat nach entsprechender Erklärung begrenzte Hoheitsbefugnisse ausübt. Dazu gehört zunächst die sog. **ausschließliche Wirtschaftszone** (AWZ), die bis zu 200 Seemeilen breit sein kann. Deutschland hat mit Proklamation vom 25. 11. 1994 (vgl. Bekanntmachung vom 29. 11. 1994, BGBl. I S. 3769) im Bereich der Nord- und der Ostsee eine ausschließliche Wirtschaftszone errichtet. In dieser Zone, die nicht zum Hoheitsgebiet der Bundesrepublik Deutschland gehört, existieren gewisse souveräne Rechte, die vor allem der Forschung sowie der Aufsuchung und Gewinnung von Bodenschätzen (Meeresbergbau) dienen. **Festlandsockel** ist der Teil des Meeresbodens (Meeresgrund und Meeresuntergrund), der nach allgemeinem Verständnis die Fortsetzung des Festlandes

---

[8] Vgl. näher zum Begriff *Berendes*, in: BFM, § 3 Rn. 8 und *Knopp*, in: SZDK, § 2 WHG Rn. 10 ff. sowie generell zu den Küstengewässern *Kollmann*, Die Küstengewässer im Schnittpunkt umweltrechtlicher Schutzregime, ZfW 1999, 276.
[9] BT-Drs. 17/6055, S. 18.

unter dem Meer darstellt. Juristisch umfasst der Sockel nach dem Seerechtsübereinkommen das Unterwassergebiet, das an der seewärtigen Begrenzung der Küstengewässer beginnt und bis zur äußeren Kante des Festlandrandes reicht.[10] Der Ausgleich konkurrierender Interessen mit anderen Staaten (z.B. Niederlande, Großbritannien, Dänemark, Schweden) erfordert den Abschluss völkerrechtlicher Verträge.

Grundwasser (Nr. 3)
Die Definition der Nr. 3 ist wortgleich mit der Definition des Art. 2 Nr. 2 WRRL und so bereits durch die 7. Novelle von 2002 in das WHG übernommen worden. Sie stimmt sinngemäß auch mit der Definition der DIN 4049 sowie mit § 2 Abs. 1 BBodSchG überein. Durch die gesetzliche Begriffsbestimmung ist die bisher vorherrschende Aussage, Grundwasser sei nicht nur das Wasser in der **Sättigungszone**, sondern das gesamte unterirdisch vorhandene Wasser, überholt. Die Neuregelungen im Bodenschutz- und im Wasserrecht haben insofern für Klarheit gesorgt.[11] Wasser, das gelegentlich aus Wiesen, Feldern oder Baugruben bei hohem Grundwasserspiegel hervortritt, bleibt Grundwasser; zu Baggerseen vgl. oben Rn. 3.

9

Künstliche und erheblich veränderte Gewässer (Nr. 4 und 5)
Die Definitionen der Nr. 4 und 5 knüpfen an die speziellen Regelungen der Wasserrahmenrichtlinie zu den Bewirtschaftungszielen bei den von Menschenhand geschaffenen oder physikalisch erheblich veränderten Oberflächenwasserkörpern an. Sie entsprechen den bisherigen § 25b Abs. 4 und § 32c Satz 1 WHG sowie Art. 2 Nr. 8 und 9 WRRL und haben insbesondere Bedeutung für die Bewirtschaftungsziele nach §§ 27, 28.

10

Künstlich sind in aller Regel solche Gewässer, die die Merkmale der Herstellung oder Wiederherstellung eines Gewässers im Sinne von § 67 Abs. 2 erfüllen. Es handelt sich z.B. um Kanäle für die Schifffahrt, die Nutzung von Wasserkraft oder die Be- und Entwässerung, um Talsperren, Baggerseen, sog. Tagebaurestseen oder Teiche. In seinem Wesen physikalisch **erheblich verändert** ist ein Gewässer bei jeder anthropogen verursachten Abweichung von der natürlichen oder naturnahen hydromorphologischen Beschaffenheit, die den Charakter des Gewässers beeinträchtigt oder umformt. Das Merkmal der erheblichen Wesensveränderung ist mit dem Tatbestandsmerkmal der wesentlichen Umgestaltung im Sinne des Ausbautatbe-

11

---

[10] Näher hierzu *Kotulla*, WHG, § 3 Rn. 27c.
[11] Informativ zum Grundwasserbegriff und zu den bisherigen Interpretationen *Rech/Henke*, Die Abgrenzung von Boden und Grundwasser und die Verzahnung des Bundes-Bodenschutzgesetzes mit dem Wasserrecht, LKV 2000, 369; vgl. zum Begriff auch *Berendes*, in: BFM, § 3 Rn. 17; *Knopp*, in: SZDK, § 2 WHG Rn. 28 ff.

Allgemeine Bestimmungen

standes in § 67 Abs. 2 WHG vergleichbar, so dass unter die erheblich veränderten Gewässer vor allem die ausgebauten Gewässer fallen. Hierzu können z.b. Gewässer gehören, die durch Staumauern, Wehre, Querbauwerke oder im Zusammenhang mit Durchflüssen von Städten und Ortschaften an den Ufern umgestaltet worden sind.

Wasserkörper (Nr. 6)

12 Die neu in das WHG aufgenommene Begriffsbestimmung „Wasserkörper" greift die Definitionen nach Art. 2 Nr. 10 und 12 WRRL für Oberflächenwasserkörper und Grundwasserkörper auf. Danach ist ein **Oberflächenwasserkörper** ein „einheitlicher und bedeutender Abschnitt" eines oberirdischen oder eines Küstengewässers im Sinne der Nr. 1 und 2, z.B. ein bestimmter Teil eines Flusses, eines sonstigen Fließgewässers oder eines Kanals, ein Übergangsgewässer oder ein Küstengewässerstreifen. Ein **Grundwasserkörper** ist ein „abgegrenztes Grundwasservolumen" innerhalb eines oder mehrerer Grundwasserleiter im Sinne der Definition des Art. 2 Nr. 11 WRRL. Da die Gewässerbewirtschaftung in Deutschland immer stärker unionsrechtlich normiert wird und sich die Bewirtschaftungsziele auf Wasserkörper beziehen, kommt deren Festlegung maßgebliche Bedeutung zu. In der Systematik des WHG besteht die Funktion der Begriffsbestimmung für den Wasserkörper darin, als zentraler Bestandteil des Begriffs „Gewässerzustand" (Nr. 8) eine Reihe von Anforderungen, die sich auf den Gewässerzustand beziehen (insbesondere die Bewirtschaftungsziele), zu steuern. Die vage Definition führt in der Vollzugspraxis der Länder beim Zuschnitt der Wasserkörper zu beträchtlichen Abweichungen. Daraus ergeben sich bedeutsame föderale Unterschiede in der Bewirtschaftung der Gewässer, die naturgemäß in noch größerem Maße für das gesamte Gebiet der EU zu verzeichnen sind.

Gewässereigenschaften (Nr. 7)

13 Die Definition der Gewässereigenschaften erfasst die Merkmale eines Gewässers mit den genannten **vier Hauptkomponenten** am weitesten. In Bezug genommen ist zum einen das Gewässer in räumlicher Hinsicht: das Gewässer als Ganzes und seine Teile, also die in Wasserkörper aufgeteilten Abschnitte des Gewässers (vgl. Rn. 12) ebenso wie nicht näher eingegrenzte, möglicherweise sehr kleinräumige Gewässerteile („punktförmige" Betrachtung z.B. bei Abwassereinleitungen; vgl. § 2 Rn. 2). Zu den Gewässereigenschaften zählen zum anderen alle den Wasserhaushalt beeinflussenden Qualitätsmerkmale wie die Beschaffenheit und Menge des Wassers oder die Ökologie, die Gestalt und die Hydraulik eines Gewässers. Wenn das WHG also Anforderungen auf Veränderungen der Gewässereigenschaften bezieht, ist die Vorschrift auch einschlägig, wenn z.B. nur die Qualität des Wassers oder die Hydromorphologie verändert

wird (vgl. demgegenüber die nachfolgenden Definitionen in Nr. 8 und 9).[12]

Gewässerzustand (Nr. 8)

Das WHG übernimmt mit dem neu in Nr. 8 definierten Begriff „Gewässerzustand" das auf Wasserkörper bezogene Konzept der Bewirtschaftungsziele nach der Wasserrahmenrichtlinie. Diese Ziele sind nicht auf die Gewässereigenschaften im Sinne der weiten Definition der Nr. 7 ausgerichtet, sondern beschränken sich in räumlicher Hinsicht auf Wasserkörper (Nr. 6) und in qualitativer Hinsicht auf ökologische, chemische oder mengenmäßige **Merkmale des Wasserkörpers** als Unterfall der Gewässereigenschaften. Handelt es sich um als künstlich oder erheblich verändert eingestufte Gewässer, spricht die Richtlinie nicht vom ökologischen Zustand, sondern vom ökologischen Potenzial. Der zweite Teil der Definition dient der Vereinfachung der Gesetzessprache: Zur Vermeidung umständlicher Formulierungen ist immer dann, wenn allumfassend nur von „Gewässerzustand" die Rede ist, bei als künstlich und erheblich verändert eingestuften Gewässern in Bezug auf die ökologische Komponente stets nur das Potenzial gemeint. Zu den verschiedenen Arten des Gewässerzustands wird auf § 27 Rn. 7 ff. und § 47 Rn. 3 f. verwiesen.

14

Wasserbeschaffenheit (Nr. 9)

Das alte WHG hat bei Anforderungen an die Qualität des Wassers eines Gewässers die physikalische, chemische oder biologische Wasserbeschaffenheit gemeint (vgl. z.B. § 3 Abs. 2 Nr. 2, § 19g Abs. 5 Satz 1 WHG a.F.). Das neue WHG fasst diese Komponenten der Beschaffenheit aus Vereinfachungsgründen in ihrem bisherigen Verständnis in Nr. 9 in einer übergreifenden Begriffsbestimmung zusammen.[13]

15

Schädliche Gewässerveränderungen (Nr. 10)

Der unter Nr. 10 definierte Begriff ist neu. Er hat für das WHG insbesondere durch § 12 Abs. 1 Nr. 1 zentrale Bedeutung: Sind schädliche Gewässerveränderungen zu erwarten, darf eine Gewässerbenutzung behördlich nicht zugelassen werden. Der Begriff ist im Zusammenhang mit der integrierten Vorhabengenehmigung, die durch das UGB I eingeführt werden sollte (vgl. Einleitung Rn. 14), kreiert worden („Gewässerveränderungen" als Unterfall der „Umweltveränderungen" und „schädliche Gewässerveränderungen" als Unterfall der „schädlichen Umweltveränderungen"). Das neue WHG

16

---

[12] Siehe näher zum Begriff „Gewässereigenschaften" und den teilweise in der Literatur anzutreffenden Fehldeutungen *Berendes,* in: BFM, § 3 Rn. 22 ff.
[13] Näher hierzu *Berendes,* in: BFM, § 3 Rn. 28 f.

verfolgt mit der Übernahme des Begriffs **zwei Ziele**: Er ist als Beitrag zur inneren Harmonisierung des Umweltrechts auch im Wasserrecht sinnvoll, er bereinigt zudem ungerechtfertigte Unterschiede und irritierende Ungereimtheiten in der Diktion des alten WHG.[14]

17 § 3 Nr. 10 definiert zunächst „Gewässerveränderungen" wie im Entwurf zum UGB I als **Veränderungen von Gewässereigenschaften**. Mit der Bezugnahme auf die Begriffsbestimmung Nr. 7 werden alle für den Wasserhaushalt relevanten Qualitätsmerkmale und jeder noch so kleinräumige Gewässerteil erfasst. Der Begriff „**schädlich**" bekommt im WHG 2009 einen eigenständigen Inhalt und wird dort anders als im alten WHG einheitlich verwendet. Er orientiert sich an dem im Immissionsschutzrecht bewährten Begriff der schädlichen Umwelteinwirkungen (§ 3 Abs. 1 BImSchG: Gefahren, erhebliche Nachteile und erhebliche Belästigungen als Schwelle für die Schädlichkeit im Sinne des Gesetzes) und hat damit normativen Charakter. Allerdings hat das Wasserrecht den Besonderheiten der Wasserwirtschaft, die das, was schädlich ist, differenzierter betrachtet als der Immissionsschutz, Rechnung zu tragen.

18 **Schädlich** sind danach zunächst alle Gewässerveränderungen, die das Wohl der Allgemeinheit beeinträchtigen. Dieses Kriterium entspricht dem generellen Versagungsgrund des § 6 WHG a.F. für die Erteilung einer wasserrechtlichen Erlaubnis oder Bewilligung und auch der Struktur des inhaltlich dem alten § 6 WHG nahe kommenden § 3 Abs. 1 BImSchG. Zum Begriff „**Wohl der Allgemeinheit**" wird auf die Erläuterungen zu § 6 Abs. 1 Satz 1 Nr. 3, zum Begriff „öffentliche Wasserversorgung" auf die Erläuterungen zu § 50 Abs. 1 verwiesen. Eine „**Beeinträchtigung**" liegt nicht schon bei jeder nachteiligen Auswirkung vor. Es muss sich vielmehr um eine spürbare Störung handeln, geringfügige Nachteile bleiben außer Betracht. Letztlich ist die Frage, ob eine beabsichtigte Nutzung das Wohl der Allgemeinheit beeinträchtigt, erst dann zu entscheiden, wenn die verschiedenen, nach Maßgabe der §§ 1 und 6 jeweils in Betracht zu ziehenden öffentlichen Interessen gegeneinander abgewogen worden sind.[15]

19 Des Weiteren bewertet das Gesetz auch alle sonstigen Gewässerveränderungen als schädlich, soweit sie den **wasserrechtlichen Vorschriften widersprechen**. Die Diktion des alten WHG ist hier nicht einheitlich gewesen. So hat § 34 eine „schädliche Verunreinigung" des Grundwassers verlangt, während nach § 26 Abs. 2 eine „Verunreinigung" des Wassers ausgereicht hat, wobei unstrittig ist, dass die oberirdischen Gewässer nicht strenger geschützt werden sollen als das Grundwasser. Ähnlich die unterschiedliche Wortwahl, ohne Un-

---

[14] BT-Drs. 16/12275, S. 53f.; näher hierzu auch *Berendes*, in: BFM, § 3 Rn. 30ff. und *Berendes*, ZfW 2014, 1, 10.
[15] Vgl. zum Begriff der Beeinträchtigung näher *Berendes*, in: BFM, § 3 Rn. 33 m.w.N. sowie BT-Drs. 2072, S. 41, 46f.

terschiedliches regeln zu wollen, in § 3 Abs. 2 Nr. 2, § 22 Abs. 1, § 24 Abs. 1, § 26 Abs. 2, § 34 WHG a.F.: Mal heißt es „schädliche Veränderung", mal nur „verändert", mal „nachteilige Veränderung".[16] Für alle Veränderungen von Gewässereigenschaften, die den Wasserhaushalt real (in naturwissenschaftlichem Sinne) negativ beeinflussen, verwendet das WHG 2009 wie bisher, jetzt aber einheitlich den Begriff „nachteilig". „Schädlich" hat nur noch die normative Bedeutung im Sinne der Rn. 16, das WHG 2009 hat einen **neuen wasserrechtlichen Schädlichkeitsbegriff** eingeführt.

Im systematischen Zusammenhang des neuen WHG bedeutet dies: Stoffeinträge in Gewässer, die das Wasser „nachteilig" verändern, sind im normativen Sinne auch „schädlich", wenn die **nachteilige Veränderung** entweder das Wohl der Allgemeinheit beeinträchtigt oder gegen eine rechtliche Anforderung verstößt. Regelungen über die „nachteilige" Veränderung von Gewässereigenschaften finden sich z.B. in § 5 Abs. 1 Nr. 1, § 6 Abs. 1 Satz 1 Nr. 1, § 8 Abs. 2 und 3, § 13 Abs. 2 Nr. 2 Buchst. d, § 23 Abs. 1 Nr. 6, § 62 Abs. 1 Satz 1, über die nachteilige Veränderung der Wasserbeschaffenheit in § 32 Abs. 2, § 45 Abs. 2, §§ 48 und 89. Zum Inhalt des Begriffs „nachteilig" wird auf § 5 Rn. 4 verwiesen. Abwassereinleitungen in oberirdische Gewässer, die das Wohl der Allgemeinheit nicht beeinträchtigen, dem Stand der Technik entsprechen und nicht gegen verbindliche Qualitätsnormen oder sonstige Vorschriften verstoßen, können zwar die Wasserbeschaffenheit nachteilig verändern, erfüllen aber nicht die Voraussetzungen der Nr. 10, gelten also nicht als schädlich, weil für diesen Benutzungstatbestand die bloße nachteilige Veränderung von Gewässereigenschaften gesetzlich nicht verboten ist. Die Wasserbehörde kann in einem solchen Fall einschränkende Maßnahmen, die sie für erforderlich hält, nicht auf den Versagungsgrund des § 12 Abs. 1 Nr. 1 stützen, sondern nur auf eine pflichtgemäße Ermessensausübung nach § 12 Abs. 2. Anders beim Grundwasser: § 48 Abs. 1 Satz 1 lässt das Einbringen und Einleiten von Stoffen bei einer zu besorgenden nachteiligen Veränderung der Wasserbeschaffenheit nicht zu, es handelt sich also um eine schädliche Gewässerveränderung. *20*

Mit seinem differenziert ausgestalteten Schutzkonzept kennt das WHG unzulässige und deshalb im Sinne des § 3 Nr. 10 **schädliche Gewässerveränderungen in verschiedenen Stufen**: Es gibt absolute Einbringungsverbote (§ 32 Abs. 1, § 45 Abs. 1), den strengen Besorgnisgrundsatz mit dem Verbot „nachteiliger" Veränderungen (z.B. § 32 Abs. 2, § 45 Abs. 2, § 48 Abs. 1 und 2, § 62 Abs. 1), zu vermeidende „signifikante nachteilige" Auswirkungen (z.B. § 25 Satz 3 Nr. 2, § 43 Nr. 2, § 46 Abs. 1 Satz 1) und dem „Wohl der Allgemein- *21*

---

[16] Kritisch zu dieser uneinheitlichen Ausdrucksweise bei gleichem Inhalt schon BVerwG v. 16.7.1965 – IV C 54.65, ZfW 1965, 113, 115; näher hierzu auch *Berendes*, in: BFM, § 3 Rn. 35 m.w.N.

heit" widersprechende Veränderungen (insbesondere in der Definition des § 3 Nr. 10 enthalten; vgl. z.B. § 12 Abs. 1 Nr. 1). Unter die von Nr. 10 erfassten Vorschriften fällt das gesamte **öffentliche Wasserrecht**, also das Wasserrecht des Bundes und der Länder sowie der Kommunen und der Verbände (autonome Satzungen). Zum Wasserrecht gehören auch die auf den Kompetenztitel „Wasserhaushalt" gestützten Regelungen außerhalb der Wassergesetze (z.b. UVP-Gesetz, Umweltauditgesetz, Bundes-Bodenschutzgesetz einschließlich etwaiger Verordnungsregelungen) sowie das europäische Wasserrecht, soweit die Anforderungen (ausnahmsweise) unmittelbar gelten.

Stand der Technik (Nr. 11)

22 Nr. 11 und Anlage 1 definieren den „Stand der Technik" entsprechend § 7a Abs. 5 und Anhang 2 des alten WHG. Innerhalb der verschiedenen **Techikstandards** repräsentieren die „allgemein anerkannten Regeln der Technik" (vgl. hierzu § 13a Abs. 1 Satz 3, § 50 Abs. 4, § 51 Abs. 2, § 60 Abs. 1 Satz 2, § 62 Abs. 2) einen niedrigeren Standard, den höchsten stellt der im Atom- und Gentechnikrecht eingeführte „Stand von Wissenschaft und Technik" dar. Die technische Standardsetzung stellt die praktisch bedeutsamste Maßnahme zur Realisierung des Vorsorgeprinzips dar. Der Stand der Technik ist erstmals 1996 durch die 6. WHG-Novelle wasserspezifisch definiert worden. Die jetzige Definition hat das Gesetz zur Umsetzung der UVP-Änderungsrichtlinie, der IVU-Richtlinie und weiterer EG-Richtlinien zum Umweltschutz vom 27.7.2001 (BGBl. I S. 1950; sog. Artikelgesetz) medienübergreifend einheitlich für das Immissionsschutz-, das Abfall- und das Wasserrecht eingeführt. Dabei ging es dem Gesetzgeber darum, die europarechtliche Definition des Art. 2 Nr. 11 der IVU-Richtlinie (**„Beste verfügbare Techniken"**) mit den Definitionen des deutschen Umweltrechts (§ 3 Abs. 6 BImSchG und § 7a Abs. 5 WHG in ihren vor 2001 gültigen Fassungen) zu einer neuen Definition zu verbinden, um sowohl den EG-rechtlichen Vorgaben als auch dem traditionellen Begriffsverständnis des deutschen Umweltrechts Rechnung zu tragen.[17]

23 Beim Stand der Technik spielt im Rahmen der **Merkmale** des § 3 Nr. 11 und des **Kriterienkatalogs** der Anlage 1 das Kriterium der wirtschaftlichen Verfügbarkeit bestimmter fortschrittlicher Techniken eine immer wieder kontrovers diskutierte Rolle. Der Aspekt ist in dem Begriff „praktische Eignung" und bei der Prüfung der Verhältnismäßigkeit im Branchenmaßstab (Eingangssatz der Anlage 1: „Verhältnismäßigkeit [...] bezogen auf Anlagen einer bestimmten

---

[17] Vgl. die Gesetzesbegründung in BT-Drs. 14/4599, A. III. 2a und B. zu Art. 2 Nr. 4; allgemein zur Entwicklung des Begriffs des Standes der Technik *Feldhaus*, Beste verfügbare Techniken und Stand der Technik, NVwZ 2001, 1; speziell zum Wasserrecht *Breuer/Gärditz*, Rn. 756 ff., 763 f.; vgl. auch *Berendes*, in: BFM, § 3 Rn. 36 ff.

Art", s. auch Nr. 6, 7 und 8 des Kriterienkatalogs) in einer Weise berücksichtigt, die im Wesentlichen dem bewährten Maßstab sowohl in der Luftreinhaltung als auch im Gewässerschutz entsprochen hat. Insoweit hat die modifizierte Definition zu keinen spürbaren Veränderungen der bisherigen Praxis geführt. Neu ist allerdings der vom europäischen Recht vorgegebene **integrierte Ansatz** des Standes der Technik, der verlangt, die Emissionen zur Sicherung eines allgemein hohen Schutzniveaus für die Umwelt insgesamt sowohl in die Luft als auch in das Wasser und in den Boden zu begrenzen. Die bei der Bestimmung des Standes der Technik zu berücksichtigenden Kriterien der Anlage 1 entsprechen fast wörtlich Anhang IV der IVU-Richtlinie.

Die gesetzlichen Vorgaben des § 3 Nr. 11 und der Anlage 1 werden in erster Linie durch **untergesetzliche Normen** und Regelwerke (insbesondere die Abwasserverordnung) oder, soweit in Einzelfällen erforderlich, in den Abwassereinleitungsbescheiden durch Festsetzung von Grenzwerten durch die Wasserbehörden umgesetzt. 24

EMAS-Standort (Nr. 12)

Der unter Nr. 12 definierte Begriff (**EMAS** = Eco-Management and Audit Scheme = Umwelt-Audit oder Öko-Audit) hat Bedeutung für die Teilnahme von Organisationen am Öko-Audit nach § 24. Mit der Bezugnahme auf das Umweltauditgesetz und die Eintragung in das EMAS-Register knüpft auch das WHG an die einschlägigen Regelungen in der sog. EMAS-II-Verordnung (EG) Nr. 1221/2009 (auch Öko-Audit-Verordnung genannt) an. Nach Art. 2 Nr. 21 dieser Verordnung ist „**Organisation**" eine Gesellschaft, eine Körperschaft, ein Betrieb, ein Unternehmen, eine Behörde oder eine Einrichtung bzw. ein Teil oder eine Kombination hiervon, mit oder ohne Rechtspersönlichkeit, öffentlich oder privat, mit eigenen Funktionen und eigener Verwaltung, „**Standort**" ist nach Nr. 22 das gesamte Gelände an einem geografisch bestimmten Ort, der unter der Kontrolle einer Organisation steht und an dem Tätigkeiten ausgeführt, Produkte hergestellt und Dienstleistungen erbracht werden, einschließlich der gesamten Infrastruktur, aller Ausrüstungen und aller Materialien. Mehrere Standorte eines Unternehmens können zusammengefasst als eine Organisation im Sinne dieser Definition in das EMAS-Register eingetragen werden, bleiben aber als eigene Standorte erkennbar. 25

Einzugsgebiet, Teileinzugsgebiet, Flussgebietseinheit (Nr. 13–15)

Die 2002 mit der Umsetzung der Wasserrahmenrichtlinie durch die 7. WHG-Novelle in das deutsche Wasserrecht eingeführte Bewirtschaftung der Gewässer nach Flussgebietseinheiten (vgl. jetzt § 7 Abs. 1) basiert auf neuen Begriffen, die das WHG 2009 in § 3 Nr. 13–15 vom alten WHG (§ 1 Abs. 4) übernommen hat und die den 26

Vorgaben des Art. 2 Nr. 13–15 WRRL entsprechen. Basis der flussgebietsbezogenen Gewässerbewirtschaftung sind danach die Gebiete, aus denen alles Wasser über oberirdische Gewässer an einer bestimmten Stelle (Flussmündung, Ästuar oder Delta)[18] ins Meer abfließt. Beispiel **Einzugsgebiet** Rhein: Gebiet, aus dem das abfließende Oberflächenwasser unmittelbar oder über Flüsse und Bäche in den Rhein und von dort in das Meer gelangt. Dies richtet sich nach den geografischen Gegebenheiten. Zu **Teileinzugsgebieten** gehören die Teile des Einzugsgebietes, aus denen das Wasser in ein oberirdisches Binnengewässer (also nicht in das Meer) mündet. Beispiel Teileinzugsgebiet Main: Gebiet, aus dem der Oberflächenabfluss über Flüsse und Bäche in den Main (Teileinzugsgebiet) und von dort in den zum Meer führenden Rhein (Einzugsgebiet) gelangt. **Flussgebietseinheiten**, die nunmehr die Haupteinheiten für die Gewässerbewirtschaftung bilden (vgl. § 7 Abs. 1), bestehen aus ihrem Einzugsgebiet sowie den Küstengewässern und Grundwasservorkommen, die von den Ländern entsprechend den hydrologischen Gegebenheiten dem Einzugsgebiet zugeordnet werden (vgl. auch § 7 Abs. 5). Dass § 3 Nr. 15 auf § 7 Abs. 5 Satz 2 Bezug nimmt, ist Teil der sog. 1:1-Umsetzung der Wasserrahmenrichtlinie, weil das WHG wie die Richtlinie bei der Zuordnung von Küstengewässern zu einer Flussgebietseinheit von einem engeren Begriff des Küstengewässers als § 3 Nr. 2 ausgeht (vgl. auch Rn. 7).

Wasserdienstleistungen (Nr. 16)

27 Die Begriffsbestimmung Nr. 16 ist wie Nr. 17 erst durch das am 18. 10. 2016 in Kraft getretene WHG-Änderungsgesetz vom 11. 4. 2016 zur Einführung von Grundsätzen für die Kosten von Wasserdienstleistungen und Wassernutzungen dem Katalog des § 3 angefügt worden. Gemeinsam mit den hiermit sachlich zusammenhängenden Regelungen zur Kostendeckung im neuen § 6a dienen die Vorschriften der Umsetzung von Art. 2 Nr. 38, 39 und Art. 9 WRRL.[19] Die Begriffe „Wasserdienstleistungen" und „Wassernutzungen" kommen im WHG lediglich in § 6a vor, wobei auf die begrifflich weiter reichenden Wassernutzungen das Kostendeckungsprinzip nur mit Einschränkungen Anwendung findet. Nähere Erläuterungen zum Zweck und zur Be-

---

[18] Die Aufzählung der Arten der Einmündung in das Meer hat nur beschreibenden Charakter.
[19] BT-Drs. 18/6986, S. 9, wobei der Gesetzgeber ergänzend darauf hinweist, dass die beiden Begriffsbestimmungen und die Regelungen des Art. 9 WRRL „inhaltlich und in ihrer Zielrichtung" bereits in deutsches Recht umgesetzt seien und dies jetzt auch orientiert am Wortlaut der Richtlinie geschehen solle. Es ist aber offen, ob die Umsetzung der Europäischen Kommission genügt. – Siehe zu den Motiven des Gesetzgebers und die europarechtlichen Divergenzen (Vertragsverletzungsverfahren mit EuGH-Urteil) auch *Berendes*, in: BFM, § 3 Rn. 48 ff.; kritisch zu der Umsetzungsnovelle *Reinhardt*, Copy & Paste: Die WHG-Novelle 2016 zum Kostendeckungsprinzip bei Wasserdienstleistungen, NVwZ 2016, 1039.

deutung der Einführung von Grundsätzen für die Kosten von Wasserdienstleistungen und Wassernutzungen im WHG enthält die Kommentierung der operativen Norm des § 6a.

Deutschland geht davon aus, mit dem Text von Nr. 16 die Definition des Art. 2 Nr. 38 WRRL ohne inhaltliche Änderung übernommen zu haben, weil der Richtlinie eine **enge Auslegung** des Begriffs der Wasserdienstleistungen zugrunde liege. Die Gewässerbenutzungstatbestände von Buchst. a beziehen sich deshalb allein auf die Wasserversorgung, die Tatbestände des Buchst. b allein auf die Abwasserbeseitigung. Demgegenüber erstreckt sich nach Ansicht der Europäischen Kommission die Begriffsbestimmung des Art. 2 Nr. 38 WRRL auf alle dort aufgeführten Eingriffe in den Wasserhaushalt, die der Bereitstellung von Wasser für den menschlichen Gebrauch dienen (**weite Begriffsauslegung**). Somit seien auch die Aufstauung und Speicherung von Wasser eines Gewässers insbesondere für die Zwecke Landwirtschaft, der Wasserkraftnutzung, des Hochwasserschutzes und der Schifffahrt sowie Entwässerungsmaßnahmen in der Landwirtschaft und im Bergbau erfasst. Die einschränkende Auslegung in Deutschland führe dazu, dass die genannten Bereiche, von denen zahllose gravierende Beeinträchtigungen des Wasserhaushalts ausgingen, dem Kostendeckungsprinzip nach Art. 9 WRRL entzogen würden. Bis zu einer abschließenden Klärung der Auslegung der Wasserrahmenrichtlinie ist die vom WHG übernommene enge Auslegung des Begriffs der Wasserdienstleistungen maßgebend.

28

Wassernutzungen (Nr. 17)
Zur Entstehung und Bedeutung der Begriffsbestimmung Nr. 17 siehe zunächst die Erläuterungen zu Nr. 16 („Wasserdienstleistungen"). Der Begriff „Wassernutzungen" ist der **Oberbegriff**, der Wasserdienstleistungen mit einschließt und zusätzlich entsprechend Art. 2 Nr. 39 WRRL „**andere Handlungen**" umfasst, die sich auf den Zustand der Gewässer auswirken, soweit die Auswirkungen in Bezug auf die Bewirtschaftungsziele signifikant sind. Von der engen Auslegung des Begriffs der Wasserdienstleistungen durch Nr. 16 ausgehend gehören zu den Wassernutzungen zunächst alle Tatbestände, die nach der weiten Auslegung der EU-Kommission bereits zu den Wasserdienstleistungen zählen (siehe Rn. 28). Darüber hinaus umfassen sie alle sonstigen Eingriffe, die sich auf die Gewässer negativ auswirken, soweit deren „Zustand" im Sinne der weiten Definition des § 3 Nr. 8 betroffen ist und die Auswirkungen mit Blick auf die zu erreichenden Bewirtschaftungsziele signifikant sind.[20] Erwähnenswert sind beispielsweise diffuse Einträge von Nährstoffen und Pflanzenschutzmitteln im Rahmen der landwirtschaftlichen Boden-

29

---

[20] Näher hierzu BMU (Hrsg.), Die Wasserrahmenrichtlinie, S. 93; *Berendes*, in: BFM, § 3 Rn. 53.

behandlung. Als menschliche Aktivitäten ohne signifikante Auswirkungen auf den Gewässerzustand kommen beispielsweise den Wasserhaushalt wenig bis gar nicht beeinträchtigende Freizeitaktivitäten oder die Hobbyfischerei in Betracht. Somit sind **zu unterscheiden**: Wassernutzungen, die Wasserdienstleistungen darstellen, Wassernutzungen, die, ohne Dienstleistungen zu sein, sich signifikant auf den Gewässerzustand auswirken, sowie Wassernutzungen ohne signifikante Auswirkungen auf den Gewässerzustand; vgl. im Übrigen die Erläuterungen zur operativen Norm des § 6a Abs. 2.

3. Landesrecht

30 § 3 definiert die Begriffe abschließend. Ergänzungen durch Landesrecht sind im Rahmen des Art. 72 Abs. 1 GG somit allenfalls in Form konkretisierender Regelungen zulässig. Begriffsbestimmungen gehören zwar grundsätzlich zu dem nach Maßgabe des Art. 72 Abs. 3 Satz 1 Nr. 5 GG abweichungsfreien Bundeswasserrecht. Soweit die Begriffe aber stoff- oder anlagenbezogene Vorschriften des WHG steuern, sind sie insoweit abweichungsfest. Die Länder sind außerdem an die definitorischen Vorgaben der Wasserrahmenrichtlinie gebunden.

31 In Ausführung des bisherigen § 1 Abs. 3 WHG haben die **Küstenländer** Niedersachsen, Mecklenburg-Vorpommern und Schleswig-Holstein die seewärtige Begrenzung derjenigen oberirdischen Gewässer, die nicht Binnenwasserstraßen des Bundes sind, bestimmt. Die Vorschriften gelten auch im Rahmen des neuen § 3 Nr. 2 weiter.

§ 4
Gewässereigentum, Schranken des Grundeigentums

(1) Das Eigentum an den Bundeswasserstraßen steht dem Bund nach Maßgabe der wasserstraßenrechtlichen Vorschriften zu. Soweit sich aus diesem Gesetz, auf Grund dieses Gesetzes erlassener oder sonstiger wasserrechtlicher Vorschriften Verpflichtungen aus dem Gewässereigentum ergeben, treffen diese auch den Bund als Eigentümer der Bundeswasserstraßen.

(2) Wasser eines fließenden oberirdischen Gewässers und Grundwasser sind nicht eigentumsfähig.

(3) Das Grundeigentum berechtigt nicht

1. zu einer Gewässerbenutzung, die einer behördlichen Zulassung bedarf,
2. zum Ausbau eines Gewässers.

(4) Eigentümer und Nutzungsberechtigte von Gewässern haben die Benutzung durch Dritte zu dulden, soweit für die Benutzung eine behördliche Zulassung erteilt worden oder eine behördliche Zulassung nicht erforderlich ist. Dies gilt nicht im Fall des § 9 Absatz 1 Nummer 3.

(5) Im Übrigen gelten für das Eigentum an Gewässern die landesrechtlichen Vorschriften.

Inhaltsübersicht

Rn.		Rn.
1. Allgemeines 1	4. Wasserrecht und Grund-	
2. Gewässereigentum (Abs. 1) 4	eigentum (Abs. 3)	9
3. Nicht eigentumsfähiges	5. Duldung von Gewässer-	
Wasser (Abs. 2) 6	benutzungen (Abs. 4)	11
	6. Landesrecht (Abs. 5)	12

1. Allgemeines

§ 4 regelt wichtige Grundsätze zum **Gewässereigentum** und zu den Grenzen des Grundeigentums im Zusammenhang mit Einwirkungen auf Gewässer. Insofern konkretisiert § 4 gemäß Art. 14 Abs. 1 Satz 2 GG auch Inhalt und Schranken des Eigentums. Abs. 1 und 2 sind im WHG neu: **Abs. 1** betrifft das Eigentum des Bundes an Bundeswasserstraßen und sich daraus ergebende Verpflichtungen, **Abs. 2** die Eigentumsfähigkeit von Wasser eines Gewässers. **Abs. 3** bestimmt die Schranken des Grundeigentums und ist im Wesentlichen aus dem bisherigen § 1a Abs. 4 WHG mit zwei Erweiterungen übernommen worden: Nr. 1 erfasst nicht nur Erlaubnisse und Bewilligungen, sondern jede behördliche Zulassung, Nr. 2 nicht nur den Ausbau oberirdischer Gewässer, sondern entsprechend dem weitergehenden Anwendungsbereich des neuen WHG jeden Gewässerausbau. **Abs. 4** betrifft die Duldungspflicht von Gewässereigentümern, **Abs. 5** stellt das Verhältnis des § 4 zum Landesrecht klar. 1

Die Frage, ob beim Gewässereigentum ein Bedürfnis für eine weitergehende **bundeseinheitliche Regelung** besteht, hat in den Beratungen über die Wasserrechtsreform keine Rolle gespielt. Der Bundesgesetzgeber wollte in langer Tradition gewachsene föderale Strukturen nicht grundsätzlich verändern. Zum Komplex Gewässereigentum trifft § 4 jetzt eine abschließende Regelung, die allerdings mit berücksichtigt, dass den Ländern Regelungsspielräume verbleiben.[1] 2

Im sachlichen Zusammenhang mit dem neuen § 4 steht die **Aufhebung des Art. 65 EGBGB** durch Art. 13 des Wasserrechtsneuregelungsgesetzes (vgl. hierzu Einleitung Rn. 16). Nach dieser Regelung 3

---
[1] Vgl. BT-Drs. 16/13306, S. 34.

von 1896 bleiben landesgesetzliche Vorschriften unberührt, die dem Wasserrecht angehören. Damit wollte das EGBGB sichergestellen, dass mit der Einführung des BGB das allgemeine Privatrecht des Reiches nicht das spezielle Landeswasserrecht verdrängt. Art. 65 EGBGB ist eine **Kollisionsnorm**, die nur privatrechtliche Vorschriften betrifft, denn das öffentliche Wasserrecht fiel nach der Reichsverfassung von 1871 ohnehin in die alleinige Gesetzgebungszuständigkeit der Länder. Im Zuge der nachfolgenden Rechtsentwicklung hat der Bund zunächst im Wasserstraßenrecht, dann auch im Wasserhaushaltsrecht Gesetzgebungsbefugnisse erhalten und Regelungen verabschiedet, die mit Art. 65 EGBGB kollidierten, ohne dass deren Verhältnis zueinander klargestellt worden wäre. Das 1957 durch den Bund erlassene Wasserhaushaltsgesetz hat privatrechtliche Schadenersatzverpflichtungen (§§ 22 und 30 Abs. 3). Spätestens mit den 1949 begründeten, 2006 erweiterten Gesetzgebungskompetenzen des Bundes für den Wasserhaushalt ist politisch ein Bedürfnis entstanden, zum Wasser jedenfalls punktuell bundesweit einheitliche privatrechtliche Regelungen zu erlassen. Ziel der Neuordnung des Wasserrechts ist deshalb auch gewesen, die für das gesamte private Wasserrecht einschlägige allgemeine Unberührtheitsklausel des Art. 65 EGBGB abzulösen und die unübersichtliche, unklare und teilweise sogar überholte **Rechtslage** zu **bereinigen**.[2] Nunmehr ist klar, dass sich das Verhältnis von Bundes- und Landesrecht auch beim privaten Wasserrecht allein nach Art. 72 Abs. 1 GG, der Grundnorm für alle Bereiche der konkurrierenden Gesetzgebung, bestimmt. Dies bedeutet: Privates Wasserrecht der Länder, das nach dem Wegfall des Art. 65 EGBGB erlassen worden ist oder erlassen wird, ist nach Art. 31 GG unwirksam, soweit der Bund von seiner Gesetzgebungsbefugnis Gebrauch gemacht hat (vgl. hierzu Einleitung Rn. 27 ff.). Geht es um Rechtsverhältnisse, für die vor dem 1.3.2010 in Kraft getretene landesrechtliche Regelungen einschlägig sind, bleibt Art. 65 EGBGB mit allen damit verbundenen Problemen anwendbar.

2. Gewässereigentum (§ 4 Abs. 1)

4 Das Eigentum an Gewässern war wasserrechtlich bisher allein im Landesrecht geregelt (Art. 65 EGBGB). Das neue WHG verändert in § 4 die Rechtslage nicht, führt vielmehr bezogen auf das Eigentum die aufgehobene Regelung des Art. 65 EGBGB fort (§ 4 Abs. 5). Abgesehen von § 4 Abs. 1–4 verbleibt es bei den umfangreichen, im Detail voneinander abweichenden Vorschriften der **Landeswassergesetze**, insbesondere zur Person des Eigentümers sowie zum Gegenstand und Inhalt des Gewässereigentums. Grundsätzlich handelt es

---

[2] BT-Drs. 16/12275, S. 82 sowie *Berendes*, in: BFM, § 4 Rn. 4 ff. m.w.N. auch zur ablehnenden Position des Bundesrates.

sich um Eigentum im privatrechtlichen Sinne. Baden-Württemberg kennt aber auch öffentliches Eigentum an Gewässern (§§ 3 ff. WG).[3]

Abs. 1 trifft erstmals eine wasserrechtliche Regelung zum Eigentum an Gewässern, beschränkt sich aber auf **Bundeswasserstraßen** und verweist hierzu in **Satz 1** auf das **Wasserstraßenrecht**. Nach Art. 89 Abs. 1 GG und § 1 Abs. 1 Satz 1 des Gesetzes über die vermögensrechtlichen Verhältnisse der Bundeswasserstraßen[4] sind die bisherigen, mit Wirkung vom 1.4.1921 auf das Reich übergegangenen Binnenwasserstraßen und Seewasserstraßen der Länder (Reichswasserstraßen) mit Inkrafttreten des Grundgesetzes als Bundeswasserstraßen Eigentum des Bundes geworden. **Satz 2** stellt klar, dass der Bund als Gewässereigentümer die gleichen wasserrechtlichen **Pflichten** hat wie jeder andere Gewässereigentümer auch. Bisher ging die Wasserstraßen- und Schifffahrtsverwaltung des Bundes davon aus, die wasserwirtschaftlichen Verpflichtungen des Bundes als Eigentümer der Bundeswasserstraßen bestimmten sich nicht nach dem Wasserwirtschaftsrecht, sondern allein nach dem Wasserstraßenrecht.[5]

5

3. Nicht eigentumsfähiges Wasser (Abs. 2)

Abs. 2 gibt weitgehend die bereits geltende Rechtslage wieder, die bislang aber nicht ausdrücklich und eindeutig gesetzlich fixiert war. Auch wenn die Frage des Eigentums am Wasser eines Gewässers aufgrund der Überlagerung der privatrechtlichen Eigentumsordnung durch die öffentlich-rechtliche Benutzungsordnung (vgl. hierzu näher Rn. 9 f. sowie § 8 Rn. 3) keine ins Gewicht fallende praktische Relevanz hat, ist sie doch von grundsätzlicher Bedeutung. Die **Klarstellung** in Abs. 2 dient auch dazu, die deutsche Wasserrechtsordnung und ihre Besonderheiten näher zu charakterisieren und besser zu verstehen.[6]

6

Die fehlende **Eigentumsfähigkeit des Grundwassers** hat bereits das BVerfG in seinem Nassauskiesungsbeschluss vom 15.7.1981[7] festgestellt. Das Gericht hat die Anwendbarkeit des § 905 BGB und auch die Frage verneint, ob das Grundwasser zum Erdkörper zu rechnen sei. Die spezielle Regelung des § 4 Abs. 2 stellt die Rechtslage jetzt eindeutig klar.

7

---

[3] Vgl. näher zum Gewässereigentum *Berendes*, in: BFM, § 4 Rn. 8 ff.
[4] Gesetz vom 21.5.1951 (BGBl. I S. 352), zuletzt geändert durch Art. 311 der Verordnung vom 31.10.2006 (BGBl. I S. 2407).
[5] Siehe hierzu näher *Berendes*, Abgrenzungsfragen im Verhältnis von Wasserwirtschaftsrecht und Wasserstraßenrecht, ZUR 2008, 141, 143 f. sowie *Berendes*, in: BFM, § 4 Rn. 11 ff. m.w.N.
[6] BT-Drs. 16/12275, S. 54.
[7] BVerfG, Beschl. v. 15.7.1981 – 1 BvL 77/78, BVerfGE 58, 300, 332 ff. – Vgl. näher hierzu auch *C/R*, § 4 Rn. 14 ff., 20.

8 Die Frage des **Eigentums an der sog. fließenden Welle** war bisher strittig und ist jetzt bundesgesetzlich klargestellt. Die privatrechtliche Literatur hat die bürgerlich-rechtliche Eigentumsfähigkeit der fließenden Welle stets verneint, weil ihr die in § 903 BGB für das Eigentum vorausgesetzte Sacheigenschaft im Sinne des § 90 BGB („körperliche" Gegenstände) fehlt. Demgegenüber ist die wasserrechtliche Bewertung in Literatur und Rechtsprechung umstritten, wobei es um die Frage geht, ob Gewässer im Rechtssinne als öffentliche Sache gelten und inwieweit hierfür §§ 90ff. BGB überhaupt Anwendung finden.[8] Die zumindest rechtstheoretisch bedeutsame Frage zum Wesen des Gewässereigentums ist nunmehr im Sinne der einheitlichen Sicht von Zivilrecht und Wasserrecht geklärt.[9] Die Eigentumsfähigkeit von **Wasser eines stehenden Gewässers** richtet sich nach Landesrecht (§ 4 Abs. 5).

4. Wasserrecht und Grundeigentum (Abs. 3)

9 Abs. 3 konkretisiert Inhalt und **Schranken des Eigentums** im Sinne des Art. 14 Abs. 1 Satz 2 GG bei Gewässerbenutzungen und Gewässerausbauten. Der Bundesgerichtshof hatte die Untersagung einer erlaubnispflichtigen Kiesgewinnung in einem Wasserschutzgebiet als Enteignung gewertet.[10] Der Gesetzgeber hat diese Rechtsprechung 1976 im Rahmen der 4. WHG-Novelle durch Einfügung eines neuen § 1a Abs. 3 (später Abs. 4) korrigiert,[11] was den BGH veranlasste, einen Kiesabbau-Fall dem BVerfG zur Entscheidung darüber vorzulegen, ob § 1a Abs. 3, § 2 Abs. 1 und § 6 WHG a.F. mit Art. 14 Abs. 1 Satz 2 GG insoweit vereinbar sind, als sie den Inhalt des Grundeigentums im Verhältnis zum Grundwasser regeln.[12] Das BVerfG hat die angegebenen Vorschriften für verfassungsgemäß erklärt und festgestellt: Mit dem Grundgesetz steht es in Einklang, dass das Wasserhaushaltsgesetz das unterirdische Wasser zur Sicherung einer funktionsfähigen Wasserbewirtschaftung, insbesondere der öffentlichen Wasserversorgung einer vom Grundstückseigentum getrennten **öffentlich-rechtlichen Benutzungsordnung** unterstellt hat.[13]

---

[8] Auf Einzelheiten der sehr differenziert vertretenen Positionen und vorgetragenen Argumente kann hier nicht näher eingegangen werden; vgl. hierzu näher *Berendes*, in: BFM, § 4 Rn. 19f.; *C/R*, § 4 Rn. 18, 19.
[9] BT-Drs. 16/12275, S. 54.
[10] Näher zur Entwicklung der eigentumsrechtliche Diskussion *Schwendner*, in: SZDK, § 4 WHG Rn. 25ff., 28ff.; vgl. auch *Sendler*, Wassernutzung und Eigentum, ZfW 1975, 1.
[11] BT-Drs. 7/4546, S. 5, 11.
[12] BGH v. 13.7.1978 – III ZR 28/76, ZfW 1979, 33.
[13] BVerfG, Beschl. v. 15.7.1981 – 1 BvL 77/78 (Nassauskiesungsbeschluss), BVerfGE 58, 300 = HDW R 1395; eingehend hierzu *Breuer/Gärditz*, Rn. 313ff.; vgl. auch *Berendes*, in: BFM, § 4 Rn. 22ff.

Aus der Rechtsprechung des BVerfG folgt: Knappe natürliche Res- 10
sourcen wie das Wasser sind „Güter der Allgemeinheit". Wasser ist
eine der wichtigsten Grundlagen allen Lebens. Wegen der vielfältigen, häufig miteinander konkurrierenden Nutzungsinteressen ist
eine geordnete Wasserwirtschaft sowohl für die Bevölkerung als
auch für die Gesamtwirtschaft lebensnotwendig. Der Staat hat
deshalb die optimale Nutzung des verfügbaren Wasserangebots zu
gewährleisten, verfassungsrechtliche Bedenken resultieren daraus
grundsätzlich nicht. Wird Einzelnen die Nutzung einer solchen vom
Staat bewirtschafteten Ressource eröffnet, wird ihnen die Teilhabe
an einem Gut der Allgemeinheit verschafft (**Sondernutzung**). Sie erhalten einen Sondervorteil gegenüber all denen, die das betreffende
Gut nicht oder nicht in gleichem Umfang nutzen. Es ist sachlich
gerechtfertigt, diesen Vorteil ganz oder teilweise abzuschöpfen.[14] Im
Übrigen wird auf die Kommentierung in § 8 Rn. 1ff. und § 12 Rn. 6
verwiesen.

5. Duldung von Gewässerbenutzungen (Abs. 4)

Abs. 4 schränkt in **Satz 1** die Rechte aus dem Gewässereigentum zu- 11
gunsten behördlich zugelassener oder nicht zulassungsbedürftiger
Gewässerbenutzungen durch eine Pflicht zu Duldung ein. **Satz 2**
nimmt hiervon wegen des damit verbundenen Eingriffs lediglich das
Entnehmen fester Stoffe aus oberirdischen Gewässern aus. Diese
nunmehr bundesweit gültige Regelung entspricht der Rechtslage in
den Landeswassergesetzen. Die wichtige Frage, ob die Gewässerbenutzung **entgeltlich oder unentgeltlich** zu dulden ist, hat der Gesetzgeber nicht geregelt. Die Entscheidung darüber bleibt wie bisher dem
Landesrecht vorbehalten. Hierzu wird auf aktuelle, trotz gleicher
Rechtslage divergierende Urteile hingewiesen, die zur Erhebung von
Entgelten für die Nutzung der Wasserkraft in Niedersachsen[15] und
in Sachsen-Anhalt[16] ergangen sind.[17]

6. Landesrecht (Abs. 5)

§ 4 trifft in Abs. 1, 2 und 5 zum Komplex Gewässereigentum eine 12
abschließende Regelung, die ausdrücklich klarstellt, welche Regelungsbefugnisse den Ländern verbleiben. Die Vorschriften basieren
auf dem nicht der Abweichungsgesetzgebung unterliegenden Kompetenztitel des Art. 74 Abs. 1 Nr. 1 GG. Die von den Ländern erlas-

---

[14] Z.B. durch ein Wassernutzungsentgelt, vgl. BVerfG v. 7.11.1995 – 2 BvR 413/88 und 1300/93, BVerfGE 93, 319 = HDW R 1618 sowie *Murswiek*, Ein Schritt in Richtung auf ein ökologisches Recht, NVwZ 1996, 417.
[15] BGH v. 7.5.2009 – III ZR 48/08, UPR 2009, 340: keine Entgeltpflicht.
[16] OLG Naumburg v. 2.8.2006 – 6 U 176/05, LKV 2007, 383: Entgeltpflicht.
[17] Näher zur Duldungspflicht *Berendes*, in: BFM, § 4 Rn. 25ff.; *Faßbender*, in: LR, WHG, § 4 Rn. 31ff.; *Schwendner*, in: SZDK, § 4 WHG Rn. 37ff.

senen eigentumsrechtlichen Bestimmungen gelten im Rahmen des
§ 4 Abs. 5 weiter. Abs. 3 ist eine abschließende, im Rahmen des
Art. 72 Abs. 1 GG nicht der Ergänzung durch Landesrecht zugängliche Vorschrift, von der die Länder aber nach Maßgabe des Art. 72 Abs. 3 GG grundsätzlich abweichen können.[18] Zu Abs. 4 besteht für die Länder die Möglichkeit, das Bundesrecht sowohl zu ergänzen (Art. 72 Abs. 1 GG) als auch von ihm abzuweichen (Art. 72 Abs. 3 Satz 1 Nr. 5 GG).

§ 5
Allgemeine Sorgfaltspflichten

(1) Jede Person ist verpflichtet, bei Maßnahmen, mit denen Einwirkungen auf ein Gewässer verbunden sein können, die nach den Umständen erforderliche Sorgfalt anzuwenden, um

1. **eine nachteilige Veränderung der Gewässereigenschaften zu vermeiden,**

2. **eine mit Rücksicht auf den Wasserhaushalt gebotene sparsame Verwendung des Wassers sicherzustellen,**

3. **die Leistungsfähigkeit des Wasserhaushalts zu erhalten und**

4. **eine Vergrößerung und Beschleunigung des Wasserabflusses zu vermeiden.**

(2) Jede Person, die durch Hochwasser betroffen sein kann, ist im Rahmen des ihr Möglichen und Zumutbaren verpflichtet, geeignete Vorsorgemaßnahmen zum Schutz vor nachteiligen Hochwasserfolgen und zur Schadensminderung zu treffen, insbesondere die Nutzung von Grundstücken den möglichen nachteiligen Folgen für Mensch, Umwelt oder Sachwerte durch Hochwasser anzupassen.

Inhaltsübersicht

Rn.		Rn.
1. Allgemeines 1	3. Pflichten zur Hochwasservorsorge (Abs. 2)	7
2. Allgemeine Sorgfaltspflichten (Abs. 1) 3	4. Landesrecht	9

---

[18] Unter Beachtung der materiellrechtlichen Schranken des GG gemäß dem Nassauskiesungsbeschluss des BVerfG (vgl. Rn. 9, 10); vgl. im Übrigen zur nicht unstrittigen Abweichungsbefugnis *Berendes*, in: BFM, § 4 Rn. 28 m.w.N.

1. Allgemeines

§ 5 regelt die von jeder Person (natürliche und juristische, private und öffentliche) zu beachtende **Sorgfalt beim Umgang mit der Ressource Wasser**. Abs. 1 führt den bisherigen, 1976 durch die 4. Novelle eingefügten § 1a Abs. 2 WHG fort, lediglich ergänzt um eine Nummerierung der Pflichten. Abs. 2 entspricht dem bisherigen § 31a Abs. 2 WHG, die hochwasserbezogenen Jedermann-Pflichten sind jetzt ihrer Bedeutung wegen an prominenter Stelle mit in den allgemeinen Pflichtenkreis einbezogen.

§ 5 begründet für den Normadressaten unmittelbar geltende **verwaltungsrechtliche Pflichten**, deren Verletzung allerdings nicht mit Straf- oder Bußgeldandrohungen sanktioniert ist. Die Gebote gelten nicht absolut, sondern nur nach Maßgabe der im Einzelfall möglichen und notwendigen Sorgfalt. Vorrang haben spezielle, die wasserrechtlichen Pflichten näher konkretisierenden Vorschriften des WHG, z.B. über die Abwasserbeseitigung, den Hochwasserschutz, die Gewässerunterhaltung oder den Gewässerausbau. § 5 kann jedoch Rechtsgrundlage für behördliche Eingriffe (Verfügungen, Anordnungen in Form von Verwaltungsakten) sein, soweit keine speziellere Ermächtigungsnorm eingreift.[1]

2. Allgemeine Sorgfaltspflichten (Abs. 1)

Die Sorgfaltspflichten nach § 5 Abs. 1 erstrecken sich auf alle Maßnahmen, mit denen **Einwirkungen auf ein Gewässer** verbunden sein können. Unter Maßnahmen sind zweckgerichtete Verhaltensweisen jeder Art zu verstehen. Hierunter fallen zunächst alle im WHG oder in den Landeswassergesetzen geregelten Tatbestände, wie z.B. Gewässerbenutzungen (auch erlaubnisfreie), Errichtung, Betrieb und Änderung von Anlagen, Gewässerunterhaltung und Gewässerausbau, aber auch sonstige Maßnahmen, für die zwar kein besonderer wasserrechtlicher Tatbestand besteht, mit denen aber dennoch Einwirkungen auf ein Gewässer verbunden sein können. Beispiele für solche Maßnahmen sind das Düngen von Äckern, das Versprühen von Pflanzenschutzmitteln oder das Umpumpen von Öl oder anderen für das Wasser schädlichen Stoffen.[2] Als weiteres Beispiel kommt jeglicher Umgang mit wassergefährdenden Stoffen in Betracht, insbesondere der Transport auf Straße, Schiene, Wasserstraße oder durch die Luft. § 5 Abs. 1 erfasst aber gerade auch Handlungen im wasserrechtlichen „Vorfeld", wenn die speziellen Schutzvorschriften über Benutzungen nicht gelten.[3] Anzuwenden ist jeweils

---

[1] Str.; vgl. hierzu sowie zu Zweck und Bedeutung des § 5 *Berendes*, in: BFM, § 5 Rn. 2 ff.; *Breuer/Gärditz*, Rn. 307 ff.; *Knopp*, in: SZDK, § 5 WHG Rn. 5 ff.
[2] Vgl. BT-Drs. 7/888, S. 15.
[3] BVerwG v. 25.2.1991 – 7 B 3.91, NVwZ 1991, 996 f. = HDW R 1572; näher hierzu *C/R*, § 5 Rn. 12.

die Sorgfalt, die nach objektiver Betrachtung im konkreten Fall geboten ist. Weder die subjektive Auffassung des Handelnden noch die übliche, gegebenenfalls nachlässig gehandhabte Sorgfalt sind hierbei relevant, maßgebend ist die nach dem bürgerlichen Recht allgemein geforderte Sorgfalt (§ 276 BGB).

4 Nach **Nr. 1** erstreckt sich die anzuwendende Sorgfalt darauf, eine **nachteilige Veränderung** der Gewässereigenschaften zu vermeiden. Das WHG stellt jetzt umfassend auf die Eigenschaften des Gewässers (§ 3 Nr. 7) und nicht nur wie das alte WHG auf die des Wassers (§ 3 Nr. 9) ab.[4] Beim Merkmal „nachteilige Veränderung" ändert sich inhaltlich auch in der neuen begrifflichen Systematik nichts, die „Verunreinigung" als Unterfall der nachteiligen Veränderung (vgl. z.B. § 1a Abs. 2 WHG a.F.) verwendet das neue WHG zur Vermeidung von Missdeutungen nicht mehr (vgl. § 3 Nr. 10 und die Erläuterungen in Rn. 19f. insbesondere zu der Unterscheidung zwischen „schädlichen" und „nachteiligen" Veränderungen). Eine nachteilige Veränderung liegt immer dann vor, wenn das Gewässer oder ein Teil des Gewässers als Element des Natur und des Wasserhaushalts im Vergleich zum vorhandenen Zustand eine Wertminderung erfährt, „sei es auch nur graduell im geringsten Ausmaß"[5]. Ein bestimmtes Ausmaß verlangt das Gesetz also nicht. Ebenso ist nicht erforderlich, dass die Nutzung oder Nutzbarkeit des Gewässers z.B. für die Wasserversorgung, die Bewässerung, Fischerei oder sonstige Nutzungszwecke beeinträchtigt ist. Nachteilige Veränderung verlangt keine „Beeinträchtigung" (vgl. zu diesem Begriff § 3 Rn. 18). Allerdings fallen für den Wasserhaushalt völlig belanglose Beeinträchtigungen nicht unter den Begriff „nachteilig".

5 Die Sorgfaltspflicht **Nr. 2** soll jedermann zum **Wassersparen** anhalten, allerdings nur wenn dies mit Rücksicht auf den Wasserhaushalt geboten ist, insbesondere keine Probleme verursacht (z.B. eine zu geringe Wasserführung in der Kanalisation). Auf § 13 Abs. 2 Nr. 2 Buchst. b wird hingewiesen. In Deutschland besteht im Großen und Ganzen ein ausreichendes Wasserdargebot. Gleichwohl sind in der Vergangenheit regional Engpässe bei der Wasserversorgung aufgetreten, der Klimawandel kann die Probleme noch verschärfen. Schon aus Vorsorgegründen ist es geboten, mit hochwertigen Grundwasservorkommen sparsam umzugehen. Es soll auf eine Anwendung wassersparender Verfahren hingewirkt werden, wozu u.a. gehört, dass gewerblich genutztes Wasser nach Möglichkeit mehrfach verwendet und im Kreislauf geführt wird.[6]

---

[4] Dies übersehen *C/R*, § 5 Rn. 22; wie hier *Knopp*, SZDK, § 5 WHG Rn. 35ff.; *Faßbender*, in: LR, WHG, § 5 Rn. 18.
[5] Vgl. *Knopp*, in: SZDK, § 5 WHG Rn. 37; vgl. auch *Berendes*, in: BFM, § 5 Rn. 9; *Kotulla*, § 5 Rn. 12; *Faßbender*, in: LR, WHG, § 5 Rn. 18.
[6] Vgl. BT-Drs. 10/3973, S. 9 sowie § 3 Abs. 1 AbwV.

Die Sorgfaltspflichten **Nr. 3 und 4** dienen dazu, einen leistungsfähigen **Wasserhaushalt** und einen stetigen **Wasserabfluss** zu erhalten. Sie sind 1996 durch die 6. WHG-Novelle in das WHG aufgenommen worden.[7] Durch die Ergänzungen sollen insbesondere Planungsträger dazu angehalten werden, Maßnahmen zu unterlassen, die zu einer Verschärfung der Hochwassersituation beitragen können. Ziel ist es auch, die Träger öffentlicher Belange in ihrem Problembewusstsein zu sensibilisieren, damit sie im Rahmen ihrer Stellungnahmen dem Verlust von Retentionsflächen und unnötigen Bodenversiegelungen entgegentreten[8] und insgesamt stärker auf einen vorsorgenden Hochwasserschutz hinwirken. Der Gesetzgeber hat diese Pflichten im Kontext des Abs. 1 beibehalten, obwohl er die hochwasserbezogenen Pflichten jetzt gesondert in Abs. 2 regelt.

3. Pflichten zur Hochwasservorsorge (Abs. 2)

§ 5 begründet bereits in Abs. 1 für jedermann eine allgemeine Sorgfaltspflicht, die darauf abzielt, die Hochwassersituation nicht zu verschärfen (vgl. Rn. 6). Abs. 2 knüpft an diese Zielsetzung an und verpflichtet speziell alle, die durch Hochwasser betroffen sein können, geeignete Vorsorgemaßnahmen zum Schutz vor „nachteiligen Hochwasserfolgen" (so der Begriff der EG-Hochwasserrichtlinie, den das WHG jetzt anstelle des Gefahrenbegriffs verwendet) und zur Schadensminderung zu treffen. Die Bestimmung bringt zum Ausdruck, dass jeder Einzelne auch seinen **persönlichen Beitrag zum Hochwasserschutz** leisten muss und sich nicht nur auf staatliche Schutzvorkehrungen verlassen darf. Die sich daraus ergebenden Gebote werden in den speziellen Hochwasserschutzvorschriften des WHG konkreter ausgestaltet (6. Abschnitt im 3. Kapitel). Soweit eine Verpflichtung aus Abs. 2 bejaht wird, kann sie über die landesrechtlichen Klauseln zur Gefahrenabwehr als Verletzung wasserrechtlicher Sorgfaltspflichten auch geahndet und zwangsweise durchgesetzt werden. Eine den Hochwasserrisiken angepasste Nutzung von Grundstücken ist besonders praxisrelevant, das Gesetz hebt sie deshalb ausdrücklich hervor.

Die naturgemäß sehr allgemein gehaltene Verpflichtung zur Hochwasservorsorge besteht nur im Rahmen des Möglichen und Zumutbaren. Sie verlangt „**geeignete**" **Maßnahmen**, der Grundsatz der Verhältnismäßigkeit spielt eine wichtige Rolle. So wird z.B. die Nachrüstung alter Heizölanlagen mit unzureichender Auftriebs- und Drucksicherheit oder gar die Umrüstung auf andere Energieträger mit vertretbarem Finanzaufwand nicht immer möglich sein (vgl. dazu jetzt § 78c). Eingriffe in bestehende Bauten verlangt die allgemeine

---

[7] Vgl. hierzu BT-Drs. 13/4788, S. 4, 19.
[8] Vgl. BT-Drs. 13/1207, S. 6.

Vorsorgepflicht nicht.[9] Zu beachten ist, dass mit der Deregulierung im Baurecht die Eigenverantwortung des Bauherrn und des Bauplaners erhöht und damit auch die Hochwasservorsorge (z.b. ausreichendes Retentionsvermögen des Baugrundstücks oder Standsicherheit des Gebäudes bei Hochwasser) stärker in den Risikobereich des Bauherrn gerückt ist. Soweit möglich und zumutbar, sollten wertvolle Gegenstände nicht in durch Hochwasser gefährdeten Räumen gelagert werden. Verletzt der Verantwortliche ihm obliegende Schadensminderungspflichten, so muss er sich dies bei der Geltendmachung von Entschädigungsansprüchen gegen Hoheitsträger[10] entgegenhalten lassen. § 5 Abs. 2 kann darüber hinaus auch **private Rechtsverhältnisse** beeinflussen, z.b. die Beurteilung von Sorgfaltspflichten im Rahmen von Versicherungsverträgen oder Schadenersatzansprüchen. Schon von daher ist zu erwarten, dass die Vorschrift nicht unwesentlich dazu beiträgt, Schadenspotenziale im Hochwasserfall zu mindern.

4. Landesrecht

9 § 5 ist eine im Rahmen des Art. 72 Abs. 1 GG der Ergänzung durch Landesrecht zugängliche Vorschrift, die nach Maßgabe des Art. 72 Abs. 3 Satz 1 Nr. 5 GG der Abweichungsgesetzgebung der Länder unterliegt, soweit nicht Pflichten im Bereich stoff- oder anlagenbezogener Regelungen betroffen sind.

Kapitel 2
Bewirtschaftung von Gewässern

Abschnitt 1
Gemeinsame Bestimmungen

§ 6
Allgemeine Grundsätze der Gewässerbewirtschaftung

(1) Die Gewässer sind nachhaltig zu bewirtschaften, insbesondere mit dem Ziel,

1. ihre Funktions- und Leistungsfähigkeit als Bestandteil des Naturhaushalts und als Lebensraum für Tiere und Pflanzen zu erhalten und zu verbessern, insbesondere durch Schutz vor nachteiligen Veränderungen von Gewässereigenschaften,

---

[9] BT-Drs. 15/3168, S. 12.
[10] Über die insoweit eher geringen Erfolgsaussichten vgl. *Ewer*, Ersatz-, Entschädigungs- und Ausgleichsansprüche wegen Hochwasserschäden – erste Bestandsaufnahme nach der Katastrophe, NJW 2002, 3497.

2. Beeinträchtigungen auch im Hinblick auf den Wasserhaushalt der direkt von den Gewässern abhängenden Landökosysteme und Feuchtgebiete zu vermeiden und unvermeidbare, nicht nur geringfügige Beeinträchtigungen so weit wie möglich auszugleichen,
3. sie zum Wohl der Allgemeinheit und im Einklang mit ihm auch im Interesse Einzelner zu nutzen,
4. bestehende oder künftige Nutzungsmöglichkeiten insbesondere für die öffentliche Wasserversorgung zu erhalten oder zu schaffen,
5. möglichen Folgen des Klimawandels vorzubeugen,
6. an oberirdischen Gewässern so weit wie möglich natürliche und schadlose Abflussverhältnisse zu gewährleisten und insbesondere durch Rückhaltung des Wassers in der Fläche der Entstehung von nachteiligen Hochwasserfolgen vorzubeugen,
7. zum Schutz der Meeresumwelt beizutragen.

Die nachhaltige Gewässerbewirtschaftung hat ein hohes Schutzniveau für die Umwelt insgesamt zu gewährleisten; dabei sind mögliche Verlagerungen nachteiliger Auswirkungen von einem Schutzgut auf ein anderes sowie die Erfordernisse des Klimaschutzes zu berücksichtigen.

(2) Gewässer, die sich in einem natürlichen oder naturnahen Zustand befinden, sollen in diesem Zustand erhalten bleiben und nicht naturnah ausgebaute natürliche Gewässer sollen so weit wie möglich wieder in einen naturnahen Zustand zurückgeführt werden, wenn überwiegende Gründe des Wohls der Allgemeinheit dem nicht entgegenstehen.

Inhaltsübersicht

	Rn.			Rn.
1. Allgemeines	1	4.	Weitere Bewirtschaftungsgrundsätze (Abs. 1 Satz 1 Nr. 5–7)	7
2. Die ökologischen Leitprinzipien (Abs. 1 Satz 1 Nr. 1 und 2).	3	5.	Schutz der Umwelt insgesamt (Abs. 1 Satz 2)	10
3. Die nutzungsbezogenen Leitprinzipien (Abs. 1 Satz 1 Nr. 3 und 4).	4	6.	Erhaltungs- und Renaturierungsgebot (Abs. 2)	11
		7.	Landesrecht	14

1. Allgemeines

§ 6 hat in Abs. 1 die allgemeinen **Bewirtschaftungsgrundsätze** des alten § 1a Abs. 1 WHG übernommen, ausgebaut und übersichtlicher gegliedert. Die Grundsätze sind erstmals 1976 durch die 4. Novelle

1

in das WHG eingefügt[1]) und danach mehrfach erweitert worden (durch die 5., 6. und 7. Novelle sowie das sog. Artikelgesetz vom 27.7.2001), teilweise aufgrund von Vorgaben verschiedener EG-Richtlinien. § 6 Abs. 1 knüpft an die neue Zweckbestimmung des § 1 an und konkretisiert die vom WHG 2009 verfolgten Ziele. Die Vorschrift enthält nicht nur allgemeine, relativ unverbindliche programmatische Erklärungen, sondern liefert im Anschluss an die Zweckbestimmung des § 1 materielle Maßstäbe für behördliche Abwägungen und die Ausübung des Ermessens. Diese Maßstäbe werden in den nachfolgenden Vorschriften des WHG durch konkreter gefasste Bewirtschaftungsziele und Bewirtschaftungsanforderungen näher ausgefüllt.[2]) Im Hinblick auf die herausragende Bedeutung der knappen natürlichen Ressource Wasser für alles Leben und die daraus resultierende Rechtsnatur der Gewässer als Gut der Allgemeinheit (vgl. hierzu § 4 Rn. 9f.) erteilt das Gesetz dem Staat den **Auftrag zur nachhaltigen Gewässerbewirtschaftung**.

2 **Abs. 1 Satz 1** bezieht sich in Nr. 1 und 2 auf die ökologischen Belange, in Nr. 3 und 4 auf die Nutzung der Gewässer und in Nr. 5–7 auf weitere wichtige wasserwirtschaftliche Leitprinzipien. Satz 2 verankert den Aspekt des integrierten Umweltschutzes (Schutz der Umwelt insgesamt) als allgemein zu berücksichtigenden Grundsatz im Wasserrecht. **Abs. 2** statuiert ein allgemeines Erhaltungs- und Renaturierungsgebot und übernimmt damit den bisherigen § 31 Abs. 1 WHG in die allgemeine Grundsatzvorschrift, weil die Regelung nicht nur für den Ausbau von Gewässern, sondern generell für alle Eingriffe, die den natürlichen Zustand der Gewässer beeinflussen, einschlägig ist. Diese systematische Vorverlagerung stärkt die Bedeutung des Gebots zur Erhaltung und Wiederherstellung natürlicher oder naturnaher Gewässer. § 6 dient den Interessen der Allgemeinheit und hat deshalb **keinen nachbarschützenden Charakter**. Über Einwendungen von Betroffenen ist im Rahmen des wasserrechtlichen Verfahrens zu entscheiden (§ 11 Abs. 2, § 15 Abs. 2). In der Praxis hat die Wasserbehörde alle im konkreten Fall relevanten Umstände in ihrem nach den jeweiligen Verhältnissen maßgebenden Gewicht zu würdigen und abzuwägen.

2. Die ökologischen Leitprinzipien (Abs. 1 Satz 1 Nr. 1 und 2)

3 Abs. 1 Satz 1 hebt in **Nr. 1** den Schutz vor nachteiligen Veränderungen der Gewässereigenschaften besonders hervor (vgl. hierzu auch die allgemeine Sorgfaltspflicht nach § 5 Abs. 1 Nr. 1). **Nr. 2** erstreckt in Anlehnung an Bestimmungen der Wasserrahmenrichtlinie (vgl. z.B. Erwägungsgrund 23) den Bewirtschaftungsauftrag nicht nur auf

---

[1]) Vgl. hierzu BT-Drs. 7/888, S. 4, 15; 7/1088, S. 3, 13 und 7/4546, S. 5, 11.
[2]) Vgl. näher zum Rechtscharakter des § 6 *Berendes*, in: BFM, § 6 Rn. 4ff.; *Breuer/Gärditz*, Rn. 287ff.; *C/R*, § 6 Rn. 2ff.

die Gewässer, sondern auch auf nicht zu den Gewässern gehörende, aber von ihnen abhängige Gebiete, die Landökosysteme und Feuchtgebiete. Ökosystem ist das Wirkungsgefüge zwischen Lebewesen verschiedener Arten und ihrem Lebensraum.[3] Neu im Katalog der ökologischen Leitprinzipien ist die Verpflichtung, unvermeidbare, nicht nur geringfügige Beeinträchtigungen so weit wie möglich auszugleichen (**Ausgleichsgebot**); vgl. insoweit auch die Verzahnung mit der Zielsetzung des § 1 Abs. 5 Satz 4 BNatSchG. Zum Begriff der Beeinträchtigung wird auf § 3 Rn. 18 verwiesen.

3. Die nutzungsbezogenen Leitprinzipien (Abs. 1 Satz 1 Nr. 3 und 4)

Die Leitprinzipien in **Nr. 3 und 4** betreffen in Ausfüllung der Zweckbestimmung des § 1 die Bewirtschaftung der Gewässer als nutzbares Gut. Nr. 4 hat das WHG als eine besondere Ausprägung der Nachhaltigkeit neu in den Katalog aufgenommen. Aufgabe der Wasserbehörden ist es nicht nur, die legitimen **Nutzungsinteressen** (Nr. 3 und 4) mit den Belangen der Gewässerökologie und des Naturschutzes (Nr. 1 und 2) in Einklang zu bringen. Sie müssen auch kollidierende Nutzungsansprüche gegeneinander abwägen. Fest steht dabei nur, dass Gemeinwohlinteressen grundsätzlich Vorrang vor Einzelinteressen Privater genießen.

4

Der Begriff „**Wohl der Allgemeinheit**" ist ein zentraler Begriff des Wasserrechts (vgl. insbesondere auch § 3 Nr. 10). Es handelt sich um einen unbestimmten Rechtsbegriff, der voll der richterlichen Nachprüfung unterliegt.[4] Er umfasst vor allem die öffentliche Wasserversorgung, die das WHG wie schon im bisherigen Recht verschiedentlich ausdrücklich als Gemeinwohlbelang hervorhebt und insofern privilegiert; vgl. zum Begriff § 50 Abs. 1 nebst Kommentierung. Zum Wohl der Allgemeinheit gehören aber alle Belange der Wasserwirtschaft. Inwieweit sonstige Gemeinwohlaspekte, z.B. Aspekte des Gesundheitsschutzes, des Wohnungs- und Siedlungswesens, der gewerblichen Wirtschaft, des Naturschutzes und der Landschaftspflege, der Land- und Forstwirtschaft, der Fischerei, des Verkehrs, des Sports, der Erholung und der Freizeitgestaltung, unter den Begriff fallen, war bisher (§ 6 WHG a.F.) umstritten. Der Gesetzgeber selbst hat mit seiner weiten Formulierung nicht nur eine Gefährdung des Wasserhaushalts ausschließen, sondern die Beeinträchtigung des Gemeinwohls „auch in anderer Hinsicht" einbeziehen wollen.[5] Die Rechtsprechung ist uneinheitlich und hat den wasserrechtlichen Begriff des Gemeinwohls zunächst enger auf wasserwirtschaftliche Belange bezogen,[6] dann aber wieder zunehmend in einem weiteren

5

---

[3] Näher zu diesen Merkmalen *Berendes*, in: BFM, § 6 Rn. 13.
[4] BVerwG v. 6.9.2004 – 7 B 62.04, ZfW 2005, 227, 228.
[5] BT-Drs. 2072, S. 23.
[6] BVerwG v. 10.2.1978 – 4 C 25.75, BVerwGE 55, 220, 229 und BVerfG v. 15.7.1981 – 1 BvL 77/78, BVerfGE 58, 300, 348.

Sinne verstanden.[7] Allgemein anerkannt ist, dass vom Schutzbereich des Wasserrechts solche Gemeinwohlbelange nicht erfasst sind, die durch spezielle Vorschriften geregelt sind und in einem eigenen Verwaltungsverfahren geprüft werden.

6 Nr. 3 löst den Konflikt, der bei Gewässernutzungen zwischen den **Interessen Einzelner und der Allgemeinheit** bestehen kann, in der Weise, dass private Nutzungen (z.B. private Wasserentnahmen oder Abwassereinleitungen) nur im Rahmen und in Übereinstimmung mit den Belangen des Gemeinwohls möglich sind. Ist eine Beeinträchtigung des Wohls der Allgemeinheit zu erwarten, so hat die Behörde eine beantragte Erlaubnis oder Bewilligung nach § 12 Abs. 1 zwingend zu versagen.

4. Weitere Bewirtschaftungsgrundsätze (Abs. 1 Satz 1 Nr. 5–7)

7 Nr. 5 ist auf Vorschlag des Bundesrates in das Gesetz aufgenommen worden. Die Wasserwirtschaft ist in mehrfacher Hinsicht von den Folgen des **Klimawandels** betroffen, deshalb müssen wirksame Anpassungsstrategien für den künftigen Umgang mit dem Medium Wasser entwickelt werden. Wassertemperatur, Wasserführung (Niedrig- und Hochwasser), Wasserknappheit und Nutzung der Wasserkraft als erneuerbare Energie sind Aspekte, die hier eine wesentliche Rolle spielen.

8 Nr. 6 ist im Katalog der allgemeinen Bewirtschaftungsgrundsätze ebenfalls neu. Die Gewährleistung natürlicher und schadloser **Abflussverhältnisse** ist eine zentrale Aufgabe der Wasserwirtschaft, die im WHG bisher nur als Grundsatz des Hochwasserschutzes normiert war (§ 31a Abs. 1 Satz 1 WHG a.F.).[8] Die Schaffung geeigneter Rückhalteflächen hebt das Gesetz als Instrument einer wirksamen Hochwasservorsorge ausdrücklich hervor; vgl. im Übrigen Abs. 2 (Rn. 11) sowie § 5 Abs. 2 und die ausfüllenden Regelungen in §§ 72 ff.

9 Nr. 7 unterstreicht im WHG erstmals die Bedeutung des Schutzes der Binnengewässer für den **Meeresschutz**. Dieser Aspekt hat insbesondere Bedeutung für behördliche Entscheidungen über den Eintrag schädlicher Stoffe, die über oberirdische Gewässer in das Meer gelangen.

---

[7] BVerwG v. 17.3.1989 – 4 C 30.88, BVerwGE 81, 347, 348 ff.; BVerwG v. 6.9.2004 – 7 B 62.04, ZfW 2005, 227, 231. – Ausführlich zum Begriff des Wohls der Allgemeinheit *Breuer/Gärditz*, Rn. 575 ff., 594 ff.; vgl. auch *Berendes*, in: BFM, § 6 Rn. 17 ff.; *C/R*, § 6 Rn. 25 ff. – Unzutreffend zum Bedeutungswandel des Begriffs „Wohl der Allgemeinheit" im WHG 2009 *Széchényi*, in: SZDK, § 3 WHG Rn. 31 ff., 115, der einen inhaltlich reduzierten Anwendungsbereich daraus herleitet, dass der Begriff jetzt auch in die Begriffsbestimmung der schädlichen Gewässerveränderung (§ 3 Nr. 10) einbezogen ist; vgl. hierzu aber *Berendes* in: BFM, § 6 Rn. 17 Fn. 31.
[8] Zu den sich daraus ergebenden Haftungsproblemen vgl. *Queitsch*, in: WQF, § 72 Rn. 2 ff.

5. Schutz der Umwelt insgesamt (Abs. 1 Satz 2)

Abs. 1 Satz 2 entspricht dem bisherigen § 1a Abs. 1 Satz 3 WHG. Die 10
Vorschrift dient im Wesentlichen der Umsetzung des integrierten (medienübergreifenden) Ansatzes der IVU-Richtlinie für den Wasserbereich. Die Richtlinie schreibt die integrierte Vermeidung und Verminderung der Umweltverschmutzung vor und verpflichtet die Mitgliedstaaten, Maßnahmen zur Verminderung industrieller Emissionen in die Medien Luft, Wasser und Boden zu treffen, um ein **hohes Schutzniveau für die Umwelt insgesamt** zu erreichen. Die Wasserbehörden müssen den Grundsatz des § 6 Abs. 1 Satz 2 als Direktive bei der Auslegung unbestimmter Rechtsbegriffe und der Ausfüllung von Ermessensspielräumen beachten. Spezielle Anforderungen gehen auch in diesem Punkt den allgemeinen Bewirtschaftungsgrundsätzen vor. § 3 Abs. 2 AbwV hat das Verbot der Verlagerung von Umweltbelastungen von einem Schutzgut auf ein anderes bereits für das Einleiten von Abwasser, im Wasserrecht der wichtigste betroffene Bereich, ausdrücklich übernommen. Im Rahmen der 7. WHG-Novelle ist 2002 der integrierte Ansatz der IVU-Richtlinie um die **Erfordernisse des Klimaschutzes** u.a. mit der Begründung erweitert worden, Naturhaushalt und Wasserkreislauf, deren Bestandteil die Gewässer sind, würden direkt und indirekt durch klimatische Gegebenheiten beeinflusst.[9]

6. Erhaltungs- und Renaturierungsgebot (Abs. 2)

Abs. 2 entspricht dem bisherigen § 31 Abs. 2 WHG. Die Vorschrift ist 11
im Interesse einer wirksameren **Hochwasservorsorge** in das WHG eingefügt worden, weil ein natürlicher oder naturnaher Zustand der Gewässer mit dazu beiträgt, der Entstehung von Hochwasser wirksam vorzubeugen. Sie soll vor allem dafür sorgen, dass natürliche Rückhalteflächen für die Aufnahme von Hochwasser zur Verfügung stehen.[10] Die Regelung betrifft in erster Linie den Gewässerausbau, weil sie in der Praxis im Grunde auf eine Pflicht zur Unterlassung oder Durchführung eines Gewässerausbaus hinausläuft. Sie kann aber auch für die Unterhaltung und die Benutzung von Gewässern von Bedeutung sein. Der Begriff der Rückführung entspricht dem Begriff der Renaturierung.

In einem **natürlichen** oder **naturnahen Zustand** befinden sich Ge- 12
wässer, die sich nach ihrem Erscheinungsbild als nicht oder nicht wesentlich durch menschliche Eingriffe veränderte Bestandteile von Natur und Landschaft wahrgenommen werden. Dies können auch künstlich angelegte Gewässer, z.B. Biotope, sein.[11] Die Kriterien für einen natürlichen oder naturnahen Zustand sind durch die Wasser-

---

[9] BT-Drs. 14/8668, S. 6, 7.
[10] Vgl. BT-Drs. 13/4788, S. 21.
[11] Näher hierzu *Berendes*, in: BFM, § 6 Rn. 33.

rahmenrichtlinie und die zu ihrer Umsetzung erlassenen wasserrechtlichen Vorschriften vorgegeben. Danach sind für den ökologischen Zustand eines Gewässers bestimmte Qualitätskomponenten maßgebend (vgl. Nr. 1.2.1 Anhang V WRRL, § 5 und Anlage 3 OGewV): biologische (u. a. Fischfauna) und hydromorphologische (Strömungsverhältnisse, Durchgängigkeit des Fließgewässers sowie Morphologie des Flussbettes und seiner Ufer). Der durch die WRRL rechtlich vorgegebene umfassende Bewirtschaftungsansatz verlangt, dass alle anthropogenen Einwirkungen auf die Gewässer in die Betrachtung einzubeziehen sind. Dies kann z.B. dazu führen, dass Ausbaumaßnahmen, die sich nachteilig auf die Durchgängigkeit des Gewässers auswirken und damit den Aufstieg aquatischer Organismen stören können, nicht oder nur noch in besonders begründeten Ausnahmefällen zugelassen werden können.[12)]

13 § 6 Abs. 2 ist eine Sollvorschrift, die für atypische Fälle keine Erhaltungs- und Wiederherstellungsverpflichtung begründet. Die **Renaturierung** steht zusätzlich **unter zwei Vorbehalten**: sie muss „möglich" sein und es dürfen keine überwiegenden Gründe des Wohls der Allgemeinheit entgegenstehen. Die Möglichkeit zur Renaturierung wird in der Praxis vor allem durch den Grundsatz der Verhältnismäßigkeit begrenzt, wobei der ökologische Wert des naturnahen Zustands (insbesondere sein Wert für den vorsorgenden Hochwasserschutz) ins Verhältnis zu setzen ist zu den Kosten, die der Ausbau zu einem naturnahen Zustand verursacht. Die monetäre Bewertung ökologischer Qualitäten und anzustrebender Verbesserungen ist ein generelles, nur schwer zu lösendes Problem. Als Beispiel für einen überwiegenden Grund des Wohls der Allgemeinheit, der einer Renaturierung entgegenstehen könnte, hat § 31 Abs. 1 Satz 2 WHG a.F. eine vorhandene Wasserkraftnutzung genannt. Das neue WHG hat die politisch und juristisch umstrittene Regelung nicht übernommen, ohne dass sich dadurch die Rechtslage wesentlich verändert hat. Neben der Nutzung der Wasserkraft als erneuerbare Energie können auch andere wichtige Gemeinwohlbelange (z.B. unabweisbare Verkehrsbedürfnisse) bei einer Gesamtabwägung aller im konkreten Fall relevanten Umstände Vorrang vor einer Renaturierung genießen.

7. Landesrecht

14 § 6 ist eine im Rahmen des Art. 72 Abs. 1 GG der Ergänzung durch Landesrecht zugängliche Vorschrift. Die Länder können nach Art. 72 Abs. 3 Satz 1 Nr. 5 GG auch abweichende Regelungen erlassen, soweit nicht Grundsätze und Pflichten im Bereich der stoff- oder anlagenbezogenen Bestimmungen betroffen sind.

[12)] BT-Drs. 14/7755, S. 19.

§ 6a
Grundsätze für die Kosten von Wasserdienstleistungen und Wassernutzungen

(1) Bei Wasserdienstleistungen ist zur Erreichung der Bewirtschaftungsziele nach den §§ 27 bis 31, 44 und 47 der Grundsatz der Kostendeckung zu berücksichtigen. Hierbei sind auch die Umwelt- und Ressourcenkosten zu berücksichtigen. Es sind angemessene Anreize zu schaffen, Wasser effizient zu nutzen, um so zur Erreichung der Bewirtschaftungsziele beizutragen.

(2) Wenn bestimmte Wassernutzungen die Erreichung der in Absatz 1 genannten Bewirtschaftungsziele gefährden, haben Wassernutzungen, insbesondere in den Bereichen Industrie, Haushalte und Landwirtschaft, zur Deckung der Kosten der Wasserdienstleistungen angemessen beizutragen.

(3) Im Rahmen der Absätze 1 und 2 sind das Verursacherprinzip sowie die wirtschaftliche Analyse der Wassernutzungen nach der Oberflächengewässerverordnung und der Grundwasserverordnung zugrunde zu legen.

(4) Von den Grundsätzen nach den Absätzen 1 und 2 kann im Hinblick auf soziale, ökologische und wirtschaftliche Auswirkungen der Kostendeckung sowie im Hinblick auf regionale geografische oder klimatische Besonderheiten abgewichen werden.

(5) Weitergehende Regelungen des Bundes und der Länder zur Erhebung von Kosten und Entgelten im Bereich der Bewirtschaftung der Gewässer bleiben unberührt.

Inhaltsübersicht

	Rn.		Rn.
1. Allgemeines	1	4. Verursacherprinzip und wirtschaftliche Analyse (Abs. 3)	8
2. Wasserdienstleistungen: Kostendeckungsprinzip (Abs. 1)	3	5. Zulässige Abweichungen von den Grundsätzen (Abs. 4)	11
3. Wassernutzungen: Beitrag zur Kostendeckung (Abs. 2)	7	6. Landesrecht (Abs. 5)	12

1. Allgemeines

§ 6a ist zusammen mit den Begriffsbestimmungen des § 3 Nr. 16 und 17 erst durch das Gesetz zur Einführung von Grundsätzen für die Kosten von Wasserdienstleistungen und Wassernutzungen vom 11.4.2016 in das WHG eingefügt worden und am 18.10.2016 in Kraft getreten. Die Vorschriften dienen der Umsetzung von Art. 9 und Art. 2 Nr. 38, 39 WRRL. Die Grundsätze des § 6a ergänzen die allgemeinen Bewirtschaftungsleitlinien des § 6, sie interpretieren dabei die Umsetzungsverpflichtungen nach Art. 9 WRRL inhaltlich

1

restriktiv.[1] **Abs. 1** verankert im deutschen Wasserrecht den Grundsatz der Kostendeckung bei Wasserdienstleistungen, **Abs. 2** verpflichtet dazu, für Wassernutzungen unter bestimmten Voraussetzungen Beiträge zur Deckung der Kosten der Wasserdienstleistungen zu leisten. Nach **Abs. 3** sind bei der Kostendeckung nach Abs. 1 und den Beiträgen zu den Kosten nach Abs. 2 das Verursacheprinzip sowie die wirtschaftliche Analyse der Wassernutzungen zugrunde zu legen. **Abs. 4** lässt Abweichungen von den Grundsätzen des § 6a zu, wenn bestimmte Auswirkungen der Kostendeckung oder natürliche Gegebenheiten dies rechtfertigen. **Abs. 5** enthält eine Klarstellung zu weitergehenden Kosten- und Entgeltregelungen in der Gewässerbewirtschaftung. Darüber hinaus hat das Gesetz vom 11. 4. 2016 auch § 83 Abs. 2 Satz 2, der in den Bewirtschaftungsplan aufzunehmende Angabe betrifft, um eine neue Nr. 5 ergänzt.

2 Art. 9 WRRL und § 6a WHG folgen den Leitgedanken in Erwägungsgrund 38 der Richtlinie, wonach die Mitgliedstaaten in ihren Maßnahmenprogrammen auch den Einsatz wirtschaftlicher Instrumente vorsehen sollen. Hiervon verspricht sich die moderne Umweltpolitik bedeutsame Anreize zur effizienten Nutzung der knappen Wasserressourcen. Allerdings war schon die Ausgestaltung des Art. 9 WRRL, was auch der Wortlaut deutlich macht, heftig umstritten,[2] die Umsetzungsverpflichtungen der Mitgliedstaaten bleiben unklar, der deutsche Gesetzgeber hat sich für eine formale Minimallösung entschieden, die keine neuen Verpflichtungen begründet und keine zusätzlichen Kosten verursacht.[3] Im Übrigen umfasst § 6a die Durchsetzung der Bewirtschaftungsziele mit dem ordnungsrechtlichen Instrumentarium des WHG, erweist sich also schon von daher nur als eine Teilumsetzung. Somit bleibt weiterhin die Frage streitig, ob und in welchem Umfang es wasserwirtschaftspolitisch sinnvoll oder nach Art. 9 WRRL sogar geboten ist, neue ökonomische Anreizinstrumente einzuführen (z.B. bestimmte Wassernutzungsabgaben) und vorhandene beizubehalten oder umzugestalten (Abwasserabgabe, Wasserentnahmeentgelte). Hierüber hat der deutsche Gesetzgeber gesondert und außerhalb des § 6a zu entscheiden.

2. Wasserdienstleistungen: Kostendeckungsprinzip (Abs. 1)

3 Das Kostendeckungsprinzip bei Wasserdienstleistungen gilt nach Abs. 1 **Satz 1** ausgehend von der restriktiven Auslegung der Wasser-

---
[1] Vgl. zu Zweck und Bedeutung der Vorschriften BT-Drs. 18/6986, S. 9, 11 sowie *Berendes*, in: BFM, § 6a Rn. 1 ff.; *Zöllner*, in: SZDK, § 6a WHG Rn. 1 ff.
[2] Ausführlich zum Meinungsstand *Durner/Waldhoff*, S. 17 ff.
[3] BT-Drs. 18/6986, S. 11; ebenso *Reinhardt*, Copy & Paste: Die WHG-Novelle 2016 zum Kostendeckungsprinzip bei Wasserdienstleistungen, NVwZ 2016, 1039, 1041, 1042. – Ob die Europäische Kommission die kleine Lösung zufriedenstellt, ist noch offen. Die vor dem EuGH erhobene Klage hat das Gericht mit Urteil v. 11. 9. 2014 – Rs. C-525/12 abgewiesen, was allerdings nicht alle Probleme gelöst hat; vgl. dazu *Berendes*, in: BFM, § 3 Rn. 48 ff., § 6a Rn. 4 m. w. N.

rahmenrichtlinie mit zwei **Einschränkungen**: Es umfasst nur Leistungen im Sinne der engen Begriffsbestimmung des § 3 Nr. 16 und ist nur insoweit anzuwenden, als die Durchsetzung der Bewirtschaftungsziele dies erfordert. Wie die Kostendeckung erreicht wird, bleibt den Vollzugsbehörden überlassen. Ohnehin ist die Deckung der Kosten, wie Art. 9 WRRL und § 6a selbst sagen, lediglich zu „berücksichtigen". Insofern verbleiben den Ländern beim Vollzug des § 6a erhebliche Gestaltungsspielräume.

Im Rahmen der Ausführung des WHG kann man dem Kostendeckungsprinzip vor allem durch die grundlegenden und ergänzenden Maßnahmen Rechnung tragen, die nach § 82 Abs. 3 und 4 in das **Maßnahmenprogramm** aufzunehmen sind. Ebenso kann auf die umfassenden Kataloge in Art. 11 Abs. 3 und 4 sowie Teil B des Anhangs VI WRRL hingewiesen werden. Darüber hinaus können die Wasserbehörden wasserrechtliche **Erlaubnisse und Bewilligungen** erteilen, die im Rahmen der nach § 13 zulässigen Inhalts- und Nebenbestimmungen die Grundsätze des § 6a mit berücksichtigen, wobei unter Kostenaspekten besonders die in § 13 Abs. 2 Nr. 2 und 4 aufgeführten Maßnahmen in Betracht kommen. 4

Was „**Kosten**" sind, ist weder in der Wasserrahmenrichtlinie noch im WHG definiert. **Satz 2** stellt in Abs. 1 lediglich klar, dass auch die Umwelt- und Ressourcenkosten unter den Kostenbegriff fallen. Zu den Kosten gehören zunächst direkte, insbesondere betriebliche Kosten etwa in den Bereichen Wasserversorgung und Abwasserbeseitigung. Hierfür bilden die Kommunalabgabengesetze der Länder die Rechtsgrundlage, § 6a ist insoweit nicht einschlägig. So wichtig die **Umwelt- und Ressourcenkosten** sind, so schwierig ist deren Bestimmung. Die Ökonomie versteht darunter Kosten für externe Effekte, hier in Gestalt von Schädigungen, die durch die Nutzung natürlicher Ressourcen für die Umwelt, die Ökosysteme und die sonstigen Nutzer der Ressourcen entstehen und die nicht der Schadenverursacher trägt, sondern Dritten oder der Gesellschaft aufgebürdet werden.[4] Wie bereits unter Rn. 2 erwähnt, geht es bei der Anlastung von Umwelt- und Ressourcenkosten nicht um den Vollzug des § 6a, sondern die Frage, ob und inwieweit vorhandene ökonomische Instrumente außerhalb des WHG evaluiert werden müssen oder neue Instrumente notwendig sind, um einen europarechtskonformen Stand in der Gewässerbewirtschaftung zu erreichen. 5

Satz 3 übernimmt inhaltlich den ersten Anstrich von Art. 9 Abs. 1 UAbs. 2 erster Anstrich WRRL. Eine **effiziente Wassernutzung** soll dazu beitragen, ein ökonomisches Knappheitsproblem zu lösen: die in quantitativer und qualitativer Hinsicht begrenzte Verfügbarkeit der natürlichen, lebenswichtigen Ressource Wasser, deren Nutzung 6

---

[4] Vgl. hierzu näher – auch zur internen Abgrenzung von Umwelt- und von Ressourcenkosten – *Berendes*, in: BFM, § 6a Rn. 9 m.w.N.

nicht ohne anspruchsbeschränkende Regelungen möglich ist. „Effizient" ist eine Wassernutzung dann, wenn sie sowohl unter ökonomischen als auch unter ökologischen Aspekten den maximalen Ertrag erzielt. Die Umweltökonomie geht davon aus, dass eine solche Effizienz durch das Ordnungsrecht allein nicht erreicht werden kann. Deshalb hat Art. 9 WRRL den Mitgliedstaaten ausdrücklich den Auftrag erteilt, durch die „Wassergebührenpolitik" **angemessene Anreize** zur Erreichung der Bewirtschaftungsziele vorzusehen. § 6a folgt diesem Auftrag insofern nicht, als er die Nutzung des Wassers nicht über Gebühren oder Entgelte, sondern ordnungsrechtliche Anreize steuert, bei denen an den regionalen und lokalen Bedingungen orientierte Maßnahmenprogramme Vorrang genießen sollen.[5]

3. Wassernutzungen: Beitrag zur Kostendeckung (Abs. 2)

7 Abs. 2 dient der Umsetzung von Art. 9 Abs. 1 UAbs. 2 zweiter Anstrich und Abs. 4 Satz 1 WRRL. Inhaltlich enthält die Vorschrift eine **abgestufte Kostenregelung** für die nicht zu den Wasserdienstleistungen gehörenden Wassernutzungen in Form einer angemessenen Kostenbeteiligung; vgl. zum Inhalt und zur Abgrenzung der beiden Begriffe § 3 Nr. 16 und 17 mit den Erläuterungen unter Rn. 29. Die Kostenbeteiligung ist eingeschränkt: Es sind nur die Kosten maßgebend, die der Wasserdienstleistung angelastet werden, was häufig nicht oder nicht in vollem Umfang geschieht. Darüber hinaus ist zu den nach Abs. 1 zu deckenden Kosten nur ein angemessener Beitrag zu leisten. Schließlich verlangt Abs. 2, dass ohne einen Beitrag die Erreichung der Bewirtschaftungsziele gefährdet wäre. Die behördlichen Entscheidungsspielräume dürften bei der Kostenbeteiligung nach Abs. 2 noch größer sein als bei der Kostendeckung nach Abs. 1.[6]

4. Verursacherprinzip und wirtschaftliche Analyse (Abs. 3)

8 Abs. 3 enthält Abs. 1 und 2 ergänzende Grundsätze, die gemeinsam für das Kostendeckungsprinzip bei Wasserdienstleistungen und die Kostenbeteiligung bei Wassernutzungen gelten. Die Vorschrift übernimmt entsprechende Vorgaben des Art. 9 Abs. 1 UAbs. 1 WRRL.

9 Kostendeckung und Kostenbeteiligung am **Verursacherprinzip** auszurichten bedeutet, dass die Wassernutzer Gewässerbelastungen auf eigene Kosten zu vermeiden, zu verringern und gegebenenfalls zu beseitigen haben, die Allgemeinheit also nur dann heranzuziehen ist, wenn der Verursacher nicht bekannt oder nicht greifbar ist. Zur verursachergerechten Kostenanlastung sind zunächst die relevanten

---

[5] So BT-Drs. 18/6986, S. 11. – Vgl. näher zum Ganzen einschließlich der Stringenz des Satzes 3 („sind ... zu schaffen") *Berendes*, in: BFM, § 6a Rn. 12 ff. m.w.N.
[6] Kritisch dazu *Reinhardt*, NVwZ 2016, 1039, 1041: „viel zu abstrakt", um materielle Rechtspflichten begründen oder behördliches Einschreiten rechtfertigen zu können.

Belastungen festzustellen, z.B. Schadstoffeinträge in Oberflächengewässer, Nitratgehalte im Grundwasser, übermäßige Grundwasserentnahmen, sanierungsbedürftige Gewässerstrukturen. Schwieriger ist oft die Identifizierung der Verursacher. Auch wenn der Verursacher bekannt ist, verbleibt es bei den nach Abs. 1 und 2 vorhandenen Spielräumen, ob und inwieweit die anfallenden Kosten erhoben werden können und sollen.

Die in Art. 5 und Anhang III geregelte und in Art. 9 WRRL einbezogene **wirtschaftliche Analyse** von Wassernutzungen soll es ermöglichen, die ökonomische und sozioökonomische Bedeutung des Faktors Wasser für die Entwicklung in den Einzugsgebieten zu beurteilen, sie bildet die Grundlage für die Bewertung wichtiger Wasserbewirtschaftungsfragen. Die Oberflächengewässer- und die Grundwasserverordnung haben die Vorgaben des Anhangs III WRRL umgesetzt, auf § 16 OGewV und § 14 GrwV kann insoweit verwiesen werden. 10

5. Zulässige Abweichungen von den Grundsätzen (Abs. 4)

Abs. 4 gestattet unter bestimmten Voraussetzungen Abweichungen von den Grundsätzen der Kostendeckung und Kostenbeteiligung nach den Abs. 1 und 2. Die Vorschrift schöpft damit die Ermächtigung des Art. 9 Abs. 1 UAbs. 3 WRRL in vollem Umfang aus. Durch die weit gefassten Kriterien für zulässige Abweichungen vergrößern sich entsprechend die ohnehin schon nach Abs. 1 und 2 bestehenden großen Gestaltungsspielräume der Wasserbehörden. Dies macht deutlich, wie gering insgesamt die Steuerungskraft des § 6a ist. 11

6. Landesrecht (Abs. 5)

Auf Initiative des Bundesrates ist dem § 6a nachträglich durch Art. 4 des Gesetzes vom 26.7.2016 (BGBl. I S. 1839) mit Wirkung vom 29.1.2017 zur Klarstellung die Regelung des Abs. 5 angefügt worden, um auszuschließen, dass bestehende und künftige, über § 6a hinausgehende Regelungen der Länder zur Erhebung von Kosten und Entgelten für Wassernutzungen zulässig bleiben.[7] Daneben können die Länder im Rahmen des Art. 72 Abs. 1 GG Vorschriften erlassen, die der Konkretisierung der Grundsätze des § 6a dienen. Sie könnten auf der Grundlage des Art. 72 Abs. 3 Satz 1 Nr. 5 GG sogar abweichende Regelungen treffen, sind daran aber durch die verbindlichen Vorgaben der Wasserrahmenrichtlinie gehindert. 12

---

[7] Nach der Zielsetzung und dem Inhalt des § 6a hätte es der Klausel in Abs. 5 nicht bedurft. Bundesregierung und Bundestag hielten eine Klarstellung in der Gesetzesbegründung für ausreichend, sie haben der Forderung des Bundesrates am Ende nachgegeben und zusätzlich noch etwaige Bundesregelungen einbezogen; vgl. näher zu der Problematik und der jeweiligen Argumentation BT-Drs. 18/6986, S. 13 Nr. 2, S. 15; 18/8734, S. 11 sowie *Berendes*, in: BFM, § 6a Rn. 26 ff.

67

§ 7
Bewirtschaftung nach Flussgebietseinheiten

(1) Die Gewässer sind nach Flussgebietseinheiten zu bewirtschaften. Die Flussgebietseinheiten sind:

1. Donau,
2. Rhein,
3. Maas,
4. Ems,
5. Weser,
6. Elbe,
7. Eider,
8. Oder,
9. Schlei/Trave,
10. Warnow/Peene.

Die Flussgebietseinheiten sind in der Anlage 2 in Kartenform dargestellt.

(2) Die zuständigen Behörden der Länder koordinieren untereinander ihre wasserwirtschaftlichen Planungen und Maßnahmen, soweit die Belange der flussgebietsbezogenen Gewässerbewirtschaftung dies erfordern.

(3) Zur Erreichung der in diesem Gesetz festgelegten Bewirtschaftungsziele

1. koordinieren die zuständigen Behörden der Länder die Maßnahmenprogramme und Bewirtschaftungspläne mit den zuständigen Behörden anderer Mitgliedstaaten der Europäischen Union, in deren Hoheitsgebiet die Flussgebietseinheiten ebenfalls liegen,

2. bemühen sich die zuständigen Behörden der Länder um eine der Nummer 1 entsprechende Koordinierung mit den zuständigen Behörden von Staaten, die nicht der Europäischen Union angehören.

(4) Soweit die Verwaltung der Bundeswasserstraßen berührt ist, ist bei der Koordinierung nach den Absätzen 2 und 3 das Einvernehmen der Generaldirektion Wasserstraßen und Schifffahrt einzuholen. Soweit gesamtstaatliche Belange bei der Pflege der Beziehungen zur Europäischen Union, zu auswärtigen Staaten oder zu internationalen Organisationen berührt sind, ist bei der Koordinierung nach Absatz 3 das Einvernehmen des Bundesministeriums für Umwelt, Naturschutz, Bau und Reaktorsicherheit einzuholen.

(5) Die zuständigen Behörden der Länder ordnen innerhalb der Landesgrenzen die Einzugsgebiete oberirdischer Gewässer sowie Küstengewässer und das Grundwasser einer Flussgebietseinheit zu. Bei Küstengewässern gilt dies für die Flächen auf der landwärtigen Seite einer Linie, auf der sich jeder Punkt eine Seemeile seewärts vom nächsten Punkt der Basislinie befindet, von der aus die Breite der Hoheitsgewässer gemessen wird, mindestens bis zur äußeren Grenze der Gewässer, die im Wesentlichen von Süßwasserströmungen beeinflusst sind. Die Länder können die Zuordnung auch durch Gesetz regeln.

Inhaltsübersicht

Rn.
1. Allgemeines 1
2. Flussgebietsbezogene Gewässerbewirtschaftung (Abs. 1) 3
3. Koordinierung der flussgebietsbezogenen Gewässerbewirtschaftung (Abs. 2–4). 4

Rn.
4. Zuordnung von Einzugsgebieten, Küstengewässern und Grundwasser (Abs. 5). 8
5. Landesrecht 9

1. Allgemeines

In der Zeit vor der Umsetzung der Wasserrahmenrichtlinie war die behördliche Gewässerbewirtschaftung auf die einzelnen Verwaltungsbezirke bezogen. § 7, der weitgehend dem 2002 durch die 7. Novelle eingefügten § 1b WHG a.F. entspricht, ergänzt die inhaltlichen Leitprinzipien der §§ 6, 6a um ein organisatorisches Prinzip: die **ganzheitliche Gewässerbewirtschaftung in Flussgebietseinheiten**, deren Bildung sich nach den hydrologischen Gegebenheiten richtet und die über Verwaltungs-, Landes- und Staatsgrenzen hinausreichen können (vgl. § 3 Nr. 15 nebst Kommentierung). Dies bedingt auf der internationalen und der nationalen Ebene ein Mindestmaß an **Koordinierung**, die als solche weder die Souveränität der Mitgliedstaaten der EU beseitigt noch die innerstaatliche Aufgaben- und Kompetenzverteilung einschränkt.[1]

Abs. 1 übernimmt das durch die Wasserrahmenrichtlinie vorgegebene System der Gewässerbewirtschaftung nach Flussgebietseinheiten. **Abs. 2** normiert ein allgemeines Koordinierungsgebot der Länder, das über die europäischen Vorgaben hinausreicht und insoweit im WHG neu ist. **Abs. 3 und 4** greifen den Regelungsauftrag des alten § 1b Abs. 2 auf und enthalten unmittelbar geltende Vorschriften, die auch festlegen, welche Bundesbehörden für das in bestimmten Fällen zu erteilende Einvernehmen zuständig sind; das bisherige

1

2

---

[1] Vgl. näher zu dieser Problematik *Berendes*, in: BFM, § 7 Rn. 4 m.w.N.

Benehmenserfordernis nach § 1b Abs. 2 Nr. 4 WHG ist aus Gründen der Verwaltungsvereinfachung[2] entfallen. **Abs. 5** übernimmt § 1b Abs. 3 WHG a.F. in nur sprachlich leicht veränderter Fassung und mit der Ergänzung um den neuen Satz 3.

2. Flussgebietsbezogene Gewässerbewirtschaftung (Abs. 1)

3 § 7 Abs. 1 begründet in Satz 1 die flussgebietsbezogene Gewässerbewirtschaftung und benennt in Satz 2 die **10** deutschen **Flussgebietseinheiten.** Oberirdische Gewässer, Küstengewässer und das Grundwasser sind umfassend mit jeweiligem Wechselbezug zueinander und durchgängig, d.h. von der Quelle bis zur Mündung ohne Unterbrechung des Bewirtschaftungskonzepts durch die Verwaltungsgrenzen der Wasserbehörden oder durch Landes- oder Staatsgrenzen, zu bewirtschaften. Das WHG stellt die Flussgebietseinheiten gemäß der EG-rechtlich vorgegebenen Definition des § 3 Nr. 15 verbindlich fest, so dass etwaige Änderungen einen Gesetzesakt erfordern. Wie die Definition der Flussgebietseinheit hat auch ihre Darstellung in Kartenform gemäß **Anlage 2** deskriptiven Charakter; sie soll dem Normadressaten lediglich eine Orientierungshilfe in visualisierter Form geben.[3]

3. Koordinierung der flussgebietsbezogenen Gewässerbewirtschaftung (Abs. 2–4)

4 **Abs. 2** sieht eine generelle Verpflichtung der Länder zur Koordinierung ihrer Planungen und Maßnahmen vor, soweit dies für eine ordnungsgemäße flussgebietsbezogene Gewässerbewirtschaftung erforderlich ist. Diese Verpflichtung geht über den Regelungsauftrag des bisherigen § 1b Abs. 2 Nr. 1 WHG hinaus, der gemäß den Vorgaben der Wasserrahmenrichtlinie das Koordinierungsgebot auf die Erreichung der gesetzlichen Bewirtschaftungsziele beschränkt hat. Der neue Abs. 2 bestätigt und bekräftigt aber nur das in einem Bundesstaat selbstverständliche und tagtäglich praktizierte **Gebot zur Zusammenarbeit** nicht nur zwischen Bund und Ländern, sondern auch zwischen den Ländern untereinander, hier in einem Verwaltungszweig, der in besonderer Weise auf gelebten kooperativen Föderalismus angewiesen ist. Neue Rechtspflichten begründet die Vorschrift also nicht.

5 Die in **Abs. 3** besonders erwähnte Durchsetzung der Bewirtschaftungsziele ist die wichtigste Koordinierungsaufgabe. Da viele Gewässer mehrere Verwaltungs-, Landes- oder Staatsgrenzen überschreiten und die Wasserrahmenrichtlinie für das gesamte Flussgebiet eine **kohärente Bewirtschaftungsplanung** verlangt, müssen die Länder

---

[2] So BT-Drs. 16/12275, S. 55.
[3] Vgl. BT-Drs. 14/7755, S. 16.

ihre nach den örtlichen Verhältnissen für notwendig gehaltenen Maßnahmen zur Erreichung der Bewirtschaftungsziele untereinander und aufeinander abstimmen.[4] Zu koordinieren sind in erster Linie die **Maßnahmenprogramme** (§ 82) und die **Bewirtschaftungspläne** (§ 83). Dies schließt eine Abstimmung der vorgelagerten Verfahrensschritte mit ein, etwa über die Zuordnung von Einzugsgebieten, Bewertungsmaßstäbe, die Bestandsaufnahme des Gewässerzustands, die Einstufung des Gewässerzustands einschließlich der Einstufung von Gewässern als künstlich oder erheblich verändert sowie über die Festlegung der zu erreichenden Ziele einschließlich der zulässigen Ausnahmen in den einzelnen Flussgebietseinheiten. Das Koordinierungsgebot erstreckt sich in gemeinsam zu bewirtschaftenden Flussgebietseinheiten auch auf die zuständigen Behörden der anderen betroffenen Mitgliedstaaten der EU (**Nr. 1**). Für Staaten, die nicht der EU angehören, kommt nur die Verpflichtung in Betracht, sich um die notwendige Koordinierung zu bemühen (**Nr. 2**). Inzwischen ist hiervon nur noch die Schweiz betroffen, die voll in eine enge internationale Zusammenarbeit eingebunden ist (Rhein, Bodensee).[5]

Sind Zuständigkeiten des Bundes bei der **Verwaltung der Bundeswasserstraßen** berührt (z.B. wasserwirtschaftlicher Ausbau von Bundeswasserstraßen als oberirdische Gewässer mit Auswirkungen auf den Schiffsverkehr), schreibt § 7 in **Abs. 4** als Teil des Koordinierungsverfahrens vor, das **Einvernehmen** der Generaldirektion Wasserstraßen und Schifffahrt einzuholen. Nach den 2002 im Rahmen der 7. WHG-Novelle geänderten §§ 8 und 12 WaStrG sind bei der Unterhaltung und beim Ausbau von Bundeswasserstraßen aus verkehrsbedingten Gründen die nach dem WHG maßgeblichen Bewirtschaftungsziele zwar nicht zwingend zu beachten (so § 39 Abs. 2 Satz 1 WHG), sondern nur zu „berücksichtigen". Diese Regelung ist aber EG-rechtswidrig, und das BVerwG wendet auch in diesen Fällen neben dem Wasserstraßenrecht voll das materielle Wasserrecht an.[6] Sind **gesamtstaatliche Belange** bei der Pflege der internationalen Beziehungen in wasserwirtschaftlichen Angelegenheiten berührt (Art. 32 Abs. 1 GG: Kompetenz des Bundes zur Außenvertretung Deutschlands), ist das Bundesumweltministerium die für die Erteilung des Einvernehmens zuständige Behörde. **Einvernehmen** heißt: Ohne Zustimmung darf eine Maßnahme nicht durchgeführt werden.

---

[4] Vgl. zum Erfordernis eines „kohärenten Gesamtkonzepts" EuGH vom 11.11.1999 – Rs. C-184/97, NVwZ 2000, 304; näher hierzu auch *Stratenwerth*, in: RvKS, S. 59, 61 ff.; *Knopp*, in: SZDK, § 7 WHG Rn. 12 f., 17 ff.
[5] Ausführlich zur innerstaatlichen und grenzüberschreitenden Koordinierung *Knopp*, in: SZDK, § 7 WHG Rn. 17 ff., 49 ff.; vgl. auch *Berendes*, in: BFM, § 7 Rn. 7 ff., 12 ff.
[6] BVerwG, Urt. v. 28.6.2007 – 7 C 3.07, ZUR 2008, 148; vgl. hierzu auch *Berendes*, Abgrenzungsfragen im Verhältnis von Wasserwirtschaftsrecht und Wasserstraßenrecht, ZUR 2008, 141, 143 f. sowie *Knopp*, in: SZDK, § 7 WHG Rn. 58; ablehnend *Friesecke*, Ausbau von Bundeswasserstraßen – kein Ausbau oberirdischer Gewässer?, ZfW 2009, 99.

7 Zur Frage, wie das **Verfahren der Koordinierung** auszugestalten ist, enthält das WHG keine Vorgaben. Die Wasserrahmenrichtlinie schreibt in Art. 3 Abs. 2 vor, dass die Mitgliedstaaten für geeignete Verwaltungsvereinbarungen einschließlich der geeigneten zuständigen Behörden (vgl. Art. 2 Nr. 16) zu sorgen haben, damit die Richtlinie in jeder Flussgebietseinheit des Hoheitsgebiets angewandt wird. Die Vorschrift greift nicht in die Souveränität der Mitgliedstaaten ein, diese entscheiden selbst über die Organisationsstrukturen, mit denen die Erreichung der verbindlichen europarechtlichen Ziele gewährleistet werden kann. Für internationale Flussgebietseinheiten sieht Art. 3 Abs. 4 WRRL zudem vor, dass die Mitgliedstaaten bestehende Strukturen, die auf internationalen Vereinbarungen beruhen, für die Koordinierung nutzen können. Schließlich kann nach Art. 3 Abs. 6 WRRL eine bestehende nationale oder internationale Stelle als zuständige Behörde bestimmt werden. Im Hinblick darauf, dass die Länder für den wasserrechtlichen Vollzug zuständig sind und die Arbeit in den nationalen und internationalen Gremien und Flussgebietskommissionen z.B. am Rhein, an der Elbe oder Donau über Jahrzehnte hinweg erfolgreich verlaufen ist, bleibt die „administrative Koordinierung als im Wesentlichen verwaltungstechnisch geprägte Angelegenheit" ohne weitere Vorgaben des WHG den Ländern zugewiesen.[7]

4. Zuordnung von Einzugsgebieten, Küstengewässern und Grundwasser (Abs. 5)

8 Die Zuordnung der Einzugsgebiete, der Küstengewässer und des Grundwassers nach § 7 Abs. 5 **Satz 1** erfolgt in einigen Ländern in den Landeswassergesetzen. **Satz 3** lässt dies jetzt ausdrücklich zu. Grundsätzlich wird nach gesetzlich vorgegebenen Kriterien zugeordnet, Verwaltungsentscheidungen sind hierfür ausreichend. Als fachliche Grundlage für die Zuordnung der Einzugsgebiete dienen die von den Landesämtern bzw. -anstalten herausgegebenen gewässerkundlichen Flächenverzeichnisse. Bei den Küstengewässern übernimmt Abs. 5 **Satz 2** den gegenüber § 3 Nr. 2 **engeren Begriff der Küstengewässer** aus Art. 2 Nr. 7 WRRL. Nur diese kleinere Fläche ist der Flussgebietseinheit zuzuordnen (§ 3 Nr. 15) und nur hierfür gelten nach § 44 in vollem Umfang die Bewirtschaftungsziele („1:1-Umsetzung"). Die Basislinie richtet sich nach Art. 5 ff. des UN-Seerechtsübereinkommens (SRÜ) vom 10.12.1982[8], die seewärtige Grenze der deutschen Küstengewässer im Sinne von § 3 Nr. 2 und damit auch die Basislinien ergeben sich aus der Proklamation der Bundesregierung über die Ausweitung des Küstenmeeres vom 11.11.1994

---

[7] Vgl. BT-Drs. 14/7755, S. 16. – Näher zu den Strukturen und Abläufen der Koordinierung *Knopp*, in: SZDK, § 7 WHG Rn. 29–48; *Stratenwerth*, Bewirtschaftung nationaler und internationaler Flussgebiete, in: RvKS, S. 59.

[8] BGBl. II 1994 S. 1798 ff., 1802.

(12-Seemeilen-Zone).[9] Bei den außerdem in Satz 2 erwähnten im Wesentlichen von Süßwasserströmungen beeinflussten Gewässern handelt es sich um die **Übergangsgewässer** im Sinne von Art. 2 Nr. 6 WRRL (vgl. hierzu auch § 3 Rn. 5).

5. Landesrecht

§ 7 bestimmt in Abs. 1 und 5 abschließend die deutschen Flussgebietseinheiten und die von den Ländern vorzunehmenden Zuordnungen. Die Regelungen zur Koordinierung in Abs. 2–4 sind im Rahmen des Art. 72 Abs. 1 GG einer Ergänzung durch Landesrecht zugänglich. Nach Art. 72 Abs. 3 Satz 1 Nr. 5 GG sind organisatorische Regelungen zwar generell abweichungsfrei. § 7 dient allerdings weitgehend der Umsetzung der Wasserrahmenrichtlinie, deren Vorgaben auch die Länder binden.

9

§ 8
Erlaubnis, Bewilligung

(1) Die Benutzung eines Gewässers bedarf der Erlaubnis oder der Bewilligung, soweit nicht durch dieses Gesetz oder auf Grund dieses Gesetzes erlassener Vorschriften etwas anderes bestimmt ist.

(2) Keiner Erlaubnis oder Bewilligung bedürfen Gewässerbenutzungen, die der Abwehr einer gegenwärtigen Gefahr für die öffentliche Sicherheit dienen, sofern der drohende Schaden schwerer wiegt als die mit der Benutzung verbundenen nachteiligen Veränderungen von Gewässereigenschaften. Die zuständige Behörde ist unverzüglich über die Benutzung zu unterrichten.

(3) Keiner Erlaubnis oder Bewilligung bedürfen ferner bei Übungen und Erprobungen für Zwecke der Verteidigung oder der Abwehr von Gefahren für die öffentliche Sicherheit

1. das vorübergehende Entnehmen von Wasser aus einem Gewässer,

2. das Wiedereinleiten des Wassers in ein Gewässer mittels beweglicher Anlagen und

3. das vorübergehende Einbringen von Stoffen in ein Gewässer,

wenn durch diese Benutzungen andere nicht oder nur geringfügig beeinträchtigt werden und keine nachteilige Veränderung der Gewässereigenschaften zu erwarten ist. Die Gewässerbenutzung ist der zuständigen Behörde rechtzeitig vor Beginn der Übung oder der Erprobung anzuzeigen.

---

[9] BGBl. I S. 3428.

(4) Ist bei der Erteilung der Erlaubnis oder der Bewilligung nichts anderes bestimmt worden, geht die Erlaubnis oder die Bewilligung mit der Wasserbenutzungsanlage oder, wenn sie für ein Grundstück erteilt worden ist, mit diesem auf den Rechtsnachfolger über.

Inhaltsübersicht

Rn.		Rn.
1. Allgemeines 1	3. Ausnahmen von der Erlaubnis- und Bewilligungspflicht (Abs. 2, 3)	7
2. Erlaubnis oder Bewilligung von Gewässerbenutzungen (Abs. 1) 3	4. Rechtsnachfoge (Abs. 4) ...	9
	5. Landesrecht	10

1. Allgemeines

1 **§§ 8–22** regeln die **öffentlich-rechtliche Benutzungsordnung**. Sie führen die §§ 2–18 des alten WHG systematisch und inhaltlich verändert fort. Die Neuerungen halten sich allerdings in Grenzen, denn weitergehende Reformansätze waren aufgrund der politischen Rahmenbedingungen (vgl. Einleitung Rn. 20) nicht möglich.

2 § 8 ist die **Grundnorm zur Zulassungsbedürftigkeit** von Gewässerbenutzungen; zum Begriff der Gewässerbenutzungen vgl. § 9. Benutzungen der Gewässer sind öffentlich-rechtliche Sondernutzungen an einem Gut der Allgemeinheit. Im Rahmen der ordnungsgemäßen Bewirtschaftung der Gewässer im Sinne des § 6 Abs. 1 unterliegen diese Sondernutzungen einer behördlichen Vorkontrolle in Form der Erlaubnis oder Bewilligung, den wichtigsten Instrumenten, mit denen der Staat seinem Auftrag zur nachhaltigen Bewirtschaftung der Gewässer nachkommt; zur gehobenen Erlaubnis siehe § 15. In § 8 sind die allgemeinen Bestimmungen über das Erfordernis einer Erlaubnis oder Bewilligung von Gewässerbenutzungen zusammengefasst: **Abs. 1** entspricht dem bisherigen § 2 Abs. 1 WHG. **Abs. 2 und 3** regeln Fälle, die keiner Erlaubnis oder Bewilligung bedürfen, **Abs. 4** übernimmt § 7 Abs. 2 und § 8 Abs. 6 des alten WHG (Übergang von Erlaubnis und Bewilligung auf den Rechtsnachfolger). In einer Reihe von Fällen ist im Zusammenhang mit den betroffenen Sachthemen geregelt, wann eine Gewässerbenutzung keiner Erlaubnis oder Bewilligung bedarf (vgl. §§ 20, 25, 26, 43, 46, 49 Abs. 1).

2. Erlaubnis oder Bewilligung von Gewässerbenutzungen (Abs. 1)

3 § 8 verlangt in Abs. 1 für Gewässerbenutzungen grundsätzlich eine behördliche Erlaubnis oder Bewilligung. Die Zulassungsbedürftigkeit von Gewässerbenutzungen stellt ein sog. **repressives Verbot mit**

Befreiungsvorbehalt im Sinne der Terminologie des BVerfG[1] dar, also nicht nur ein sog. präventives Verbot mit Erlaubnisvorbehalt wie bei einer Baugenehmigung oder immissionsschutzrechtlichen Genehmigung. Die Systematik der §§ 8, 9 und 12 macht klar, dass Gewässerbenutzungen gesetzlich unzulässig sind und nur im Einzelfall auf der Grundlage einer behördlichen Zulassung ausgeübt werden dürfen („Was nicht erlaubt ist, ist verboten."). Dementsprechend besteht nach § 12 auf die Erteilung einer Erlaubnis oder einer Bewilligung grundsätzlich auch kein Rechtsanspruch. Das BVerfG hält die vom Bewirtschaftungsermessen der Wasserbehörde geprägte wasserrechtliche Ordnung des WHG nicht nur für verfassungsrechtlich vertretbar, sondern wegen der überragenden Bedeutung eines haushälterischen Umgangs mit der knappen natürlichen Ressource Wasser für zwingend geboten (vgl. zum Bewirtschaftungsermessen § 12 Abs. 2). Verbot mit Befreiungsvorbehalt bedeutet nicht, dass Gewässerbenutzungen im Grunde unerwünscht seien und nur ausnahmsweise gestattet werden dürften, denn die Gewässer dienen vielfältigen, auch unverzichtbaren Nutzungszwecken (vgl. §§ 1 und 6 Abs. 1 nebst Kommentierung).[2]

Erlaubnis und Bewilligung stehen als Gestattungsformen für die 4 Benutzung der Gewässer **selbständig nebeneinander**. Sie unterscheiden sich nicht nach dem Gegenstand und Umfang der durch sie ermöglichten Gewässerbenutzung, sondern durch die Art der durch sie gewährten Rechtsposition. In beiden Fällen geht es darum, die Benutzung eines Gewässers zu einem bestimmten Zweck und in einer nach Art und Maß bestimmten Weise zuzulassen. Zum Wesen und Inhalt sowie zur Bedeutung von Erlaubnis und Bewilligung vgl. § 10 nebst Kommentierung. Benutzer von Bundeswasserstraßen benötigen neben der wasserrechtlichen Erlaubnis oder Bewilligung eine strom- und schifffahrtspolizeiliche Genehmigung nach § 31 WaStrG.

Von dem Erfordernis der Erlaubnis oder Bewilligung sind nach dem 5 WHG außer den in Abs. 2 und 3 geregelten Fällen **ausgenommen**: alte Rechte und alte Befugnisse (§ 20), der Gemeingebrauch (§ 25), der Eigentümer- und Anliegergebrauch (§ 26) und erlaubnisfreie Benutzungen des Grundwassers (§ 46). Unberührt bleiben als Spezialregelung erlassene bundesgesetzliche Vorschriften, die ebenfalls vom Erfordernis einer wasserrechtlichen Erlaubnis oder Bewilligung freistellen (vgl. z.B. § 7 Abs. 3 WaStrG, § 14 WSiG). Nicht durchgesetzt hat sich die Forderung, auch dem Landesgesetzgeber die Befugnis zu übertragen, Gewässerbenutzungen von der Zulassungsbe-

---

[1] BVerfG v. 15.7.1981 – 1 BvL 77/78 – BVerfGE 58, 300, 346f.; vgl. auch *C/R*, § 8 Rn. 3–5.
[2] Näher zur Zulassungsbedürftigkeit von Gewässerbenutzungen *Schmid*, in: BFM, § 8 Rn. 5ff., 8ff.

dürftigkeit auszunehmen. Solche Ermächtigungen kennt das WHG allerdings in einzelnen Fällen (z.B. § 25, § 26, § 46 Abs. 3).

6 Wer ein Gewässer ohne die erforderliche Erlaubnis oder Bewilligung benutzt, handelt rechtswidrig. Die Behörde kann die Benutzung untersagen oder andere ihr geeignet erscheinende Anordnungen treffen. Eine vorsätzliche oder fahrlässige **unbefugte Gewässerbenutzung** ist eine Ordnungswidrigkeit (§ 103 Abs. 1 Nr. 1), wenn sie zu einer Gewässerverunreinigung führt sogar eine Straftat (§ 324 StGB). § 8 Abs. 1 ist nach herrschender Auffassung dagegen kein Schutzgesetz im Sinne des § 823 Abs. 2 BGB, weil das repressive Verbot mit Befreiungsvorbehalt für Gewässerbenutzungen dem öffentlichen Interesse dient und die Vorteile einer geordneten Wasserwirtschaft dem Einzelnen nur als Teil der Allgemeinheit im Reflex zugute kommen.[3]

3. Ausnahmen von der Erlaubnis- und Bewilligungspflicht (Abs. 2, 3)

7 **Abs. 2** nimmt bestimmte Gewässerbenutzungen in **Notfallsituationen** von der Pflicht zur Einholung einer Erlaubnis oder Bewilligung aus. Die neu in das WHG aufgenommene Vorschrift schreibt in Anlehnung an landesrechtliche Regelungen den zwar schon bisher anwendbaren, in seinen Konturen aber unscharfen Grundsatz „Not kennt kein Gebot" mit den maßgebenden Kriterien bundesgesetzlich fest.[4] Die unverzügliche Information der Wasserbehörde über die Benutzung ermöglicht ihr die Prüfung der wasserwirtschaftlichen Auswirkungen und ggf. die Einleitung von erforderlichen Schutzmaßnahmen.

8 **Abs. 3** führt den 1976 durch die 4. Novelle in das WHG eingefügten bisherigen § 17a[5] in leicht veränderter Fassung fort. Die Vorschrift dient der Verwaltungsvereinfachung. Die in Satz 1 Nr. 1–3 aufgeführten Gewässerbenutzungen bei der Durchführung von **Übungen und Erprobungen** von Bundeswehr, Bundesgrenzschutz, Einheiten des Zivilschutzes, der Feuerwehr und von sonstigen Organisationen, die **Aufgaben der Gefahrenabwehr** wahrnehmen, sind ohne eine wasserbehördliche Erlaubnis oder Bewilligung zulässig, wenn dabei der Gewässerschutz nach Qualität und Quantität sowie der Schutz Betroffener hinreichend gewahrt bleiben. Unter Übungen und Erprobungen fallen z.B. Bundeswehrmanöver, Zivilschutzübungen, Übungen von Feuerwehren und entsprechenden Organisationen. Die Erprobung bezieht sich dabei mehr auf Einrichtungen und Geräte, deren Funktionstüchtigkeit im Hinblick auf den Ernstfall getestet werden muss. Die Abwehr von Gefahren für die öffentliche Sicherheit ist ein im Polizei- und Ordnungsrecht gebräuchlicher Begriff,

---

[3] Grundsätzlich BGH v. 22.12.1976 – III ZR 62/74, BGHZ 69, 1 = ZfW 1978, 229.
[4] BT-Drs. 16/12275, S. 55.
[5] Vgl. hierzu BT-Drs. 7/888, S. 5, 17, 24, 29; 7/1088, S. 4f., 15 und 7/4546, S. 6, 12 f.

der als unbestimmter Rechtsbegriff voll der richterlichen Nachprüfung unterliegt. Weiterhin darf die Benutzung andere in ihren Rechten und Befugnissen nicht mehr als geringfügig beeinträchtigen und die Gewässereigenschaften nicht nachteilig verändern (vgl. hierzu § 5 Rn. 4). Ansonsten ist nach den für Benutzungen einschlägigen Vorschriften ein wasserrechtliches Verfahren durchzuführen. Die **Anzeigepflicht** nach Satz 2 soll es der zuständigen Wasserbehörde ermöglichen, die Auswirkungen der vorgesehenen Benutzungen auf den Wasserhaushalt zu prüfen und ggf. die erforderlichen Maßnahmen zu treffen.[6] Damit eine solche Prüfung vorgenommen werden kann, muss die Anzeige rechtzeitig vorher erstattet werden. Anzuzeigen ist dabei das Vorhaben, d.h. also die jeweils beabsichtigte Gewässerbenutzung im Sinne von Satz 1 Nr. 1–3.

4. Rechtsnachfolge (Abs. 4)

Gemäß § 8 Abs. 4 gehen die Erlaubnis und Bewilligung auf den Rechtsnachfolger der **Wasserbenutzungsanlage** oder des Grundstücks über. Das WHG 1957 hatte zunächst nur eine Regelung über die Rechtsnachfolge der Bewilligung getroffen, weil subjektiv-öffentliche Rechte vielfach nicht auf Rechtsnachfolger übergehen.[7] Das neue WHG übernimmt in etwas veränderter Formulierung die wortidentischen bisherigen § 7 Abs. 2 und § 8 Abs. 6 WHG.[8] Unter Wasserbenutzungsanlage ist die unmittelbar der Benutzung dienende Einrichtung zu verstehen (z.B. bei einer Wasserentnahme der Brunnen). 9

5. Landesrecht

§ 8 regelt abschließend, in welchen Fällen Gewässerbenutzungen grundsätzlich einer Erlaubnis oder Bewilligung bedürfen und welche anderweitigen Bestimmungen zulässig sind. Insofern sind im Rahmen des Art. 72 Abs. 1 GG allenfalls konkretisierende Regelungen der Länder möglich (z.B. zu § 8 Abs. 2). Abweichende Vorschriften können die Länder nach Maßgabe des Art. 72 Abs. 3 Satz 1 Nr. 5 GG nur erlassen, soweit es sich nicht um Gewässerbenutzungen handelt, die stoff- oder anlagenbezogen sind (vgl. hierzu näher § 9 Rn. 21). 10

---

[6] Vgl. BT-Drs. 7/888, S. 24.
[7] Vgl. BT-Drs. 2072, S. 25.
[8] Zur Einfügung des § 7 Abs. 2 durch die 4. WHG-Novelle von 1976 vgl. BT-Drs. 7/888, S. 4, 16; 7/1088, S. 4, 8 und 7/4546, S. 5, 11.

§ 9
Benutzungen

(1) Benutzungen im Sinne dieses Gesetzes sind

1. das Entnehmen und Ableiten von Wasser aus oberirdischen Gewässern,
2. das Aufstauen und Absenken von oberirdischen Gewässern,
3. das Entnehmen fester Stoffe aus oberirdischen Gewässern, soweit sich dies auf die Gewässereigenschaften auswirkt,
4. das Einbringen und Einleiten von Stoffen in Gewässer,
5. das Entnehmen, Zutagefördern, Zutageleiten und Ableiten von Grundwasser.

(2) Soweit nicht bereits eine Benutzung nach Absatz 1 vorliegt, gelten als Benutzungen auch

1. das Aufstauen, Absenken und Umleiten von Grundwasser durch Anlagen, die hierfür bestimmt oder geeignet sind,
2. Maßnahmen, die geeignet sind, dauernd oder in einem nicht nur unerheblichen Ausmaß nachteilige Veränderungen der Wasserbeschaffenheit herbeizuführen,
3. das Aufbrechen von Gesteinen unter hydraulischem Druck zur Aufsuchung oder Gewinnung von Erdgas, Erdöl oder Erdwärme, einschließlich der zugehörigen Tiefbohrungen,
4. die untertägige Ablagerung von Lagerstättenwasser, das bei Maßnahmen nach Nummer 3 oder anderen Maßnahmen zur Aufsuchung oder Gewinnung von Erdgas oder Erdöl anfällt.

(3) Keine Benutzungen sind Maßnahmen, die dem Ausbau eines Gewässers im Sinne des § 67 Absatz 2 dienen. Das Gleiche gilt für Maßnahmen der Unterhaltung eines Gewässers, soweit hierbei keine chemischen Mittel verwendet werden.

Inhaltsübersicht

	Rn.		Rn.
1. Allgemeines	1	5. Benutzungen des Grundwassers (Abs. 1 Nr. 4, 5)	11
2. Begriff der Benutzung	3	6. „Unechte" Benutzungen (Abs. 2)	14
3. Benutzungen von oberirdischen Gewässern (Abs. 1 Nr. 1–4)	5	7. Ausbau- und Unterhaltungsmaßnahmen (Abs. 3)	19
4. Benutzungen von Küstengewässern (Abs. 1 Nr. 4)	10	8. Landesrecht	21

1. Allgemeines

§ 9 ergänzt die Grundnorm des § 8 über die Zulassungsbedürftigkeit von Gewässerbenutzungen. Er bestimmt, welche **Benutzungen** das WHG erfasst. § 9 entspricht weitgehend dem alten § 3 WHG.[1] In Abs. 1 Nr. 4 sind die bisherigen Nr. 4, 4a und 5 des § 3 Abs. 1 zusammengefasst, weil das Gesetz nunmehr auch das Einbringen von festen Stoffen in das Grundwasser als echte Benutzung definiert. Das Einbringen und Einleiten von Stoffen in Küstengewässer gehört seit der 3. WHG-Novelle von 1967 zu den Gewässerbenutzungen.[2] Abs. 2 ist durch das sog. Fracking-Gesetz vom 4.8.2016 im Eingangssatz und um die Nr. 3 und 4 ergänzt worden.[3] In Abs. 3 hat die 4. WHG-Novelle von 1976 bei der Gewässerunterhaltung die Einschränkung in Bezug auf die Verwendung chemischer Mittel eingeführt.[4]

1

Abs. 1 definiert die „echten" Benutzungen, wobei Nr. 1–3 die oberirdischen Gewässer betreffen. Nr. 4 erfasst alle Gewässer mit Ausnahme der Meeresgewässer (§ 2 Abs. 1a) und Nr. 5 das Grundwasser. „Unechte" (auch Quasi-Benutzungen genannt) sind in **Abs. 2** geregelt. **Abs. 3** grenzt die Benutzung von der Unterhaltung und dem Ausbau von Gewässern ab.

2

2. Begriff der Benutzung

Der Begriff „Benutzung" von Gewässern gehört zu den zentralen Rechtsbegriffen des WHG. Er öffnet gewissermaßen das Tor zur öffentlich-rechtlichen Benutzungsordnung und ist enger und klarer umrissen als der von der Benutzung zu unterscheidende, im WHG nicht definierte Begriff „Nutzung" von Gewässern, die den Zweck einer Benutzung anzeigt (z.B. Wasserversorgung, Abwasserbeseitigung). Gewässerbenutzungen sind **zweckgerichtete** (finale) **Verhaltensweisen**, die unmittelbar auf ein Gewässer gerichtet sind und sich der Gewässer zur Erreichung bestimmter Zwecke bedienen.[5] Ob die Tatbestandsvoraussetzungen vorliegen, ist objektiv zu beurteilen. Entscheidend ist die aus dem äußeren Geschehensablauf herzuleitende Zielrichtung der Handlung, auf subjektive Vorstellungen des Handelnden über den Zweck und die Auswirkungen seines Tuns kommt es nicht an. Handlungen, die nur zufällig mit Einwirkungen auf Gewässer verbunden sind (z.B. wenn bei einem Verkehrsunfall

3

---

[1] Vgl. zu dessen Entstehung BT-Drs. 2072, S. 4, 22 und 3536, S. 9, 19 f.
[2] Vgl. BT-Drs. V/1601 und V/1830. – Die anfangs vorhandenen einschränkenden Tatbestandsmerkmale sind 1996 im Rahmen der 6. WHG-Novelle gestrichen worden.
[3] Vgl. hierzu BT-Drs. 18/4713, 4949 und 8916 sowie die Erläuterungen unter § 13a Rn. 1 ff.
[4] Vgl. hierzu BT-Drs. 7/888, S. 4, 14; 7/1088, S. 3, 13 und 7/4546, S. 5, 11.
[5] BVerwG v. 16.11.1973 – IV C 44.69, ZfW 1974, 296, 297 mit Anm. *Stortz*; C/R, § 9 Rn. 5; *Breuer/Gärditz*, Rn. 393 f.

wassergefährdende Stoffe abfließen und ein Gewässer verunreinigen), sind nicht zweckgerichtet und damit keine Benutzungen. Eine Gewässerbenutzung liegt auch dann nicht vor, wenn sich die Handlung nicht unmittelbar auf ein Gewässer, sondern auf eine Anlage bezieht (z.B. beim Einleiten von Abwasser in die Kanalisation).

4 Von der Benutzung eines Gewässers zu unterscheiden ist die der Benutzung dienende „**Wasserbenutzungsanlage**" (vgl. auch § 8 Abs. 4), also z.b. das Einleiten von Abwasser in das Gewässer einerseits und Errichtung und Betrieb der Kläranlage andererseits. Dass die Benutzungsbedingungen maßgeblich die an die Anlage zu stellenden Anforderungen beeinflussen, ändert nichts daran, dass es sich um zwei rechtlich selbstständige Tatbestände handelt, die auch einer getrennten behördlichen Vorkontrolle unterliegen können (Einleitungserlaubnis, Anlagengenehmigung).[6]

3. Benutzungen von oberirdischen Gewässern (Abs. 1 Nr. 1–4)

5 **Nr. 1** bestimmt als Benutzung das Entnehmen und Ableiten von Wasser aus oberirdischen Gewässern. Bei der **Entnahme** wird das Wasser gepumpt oder geschöpft, beim **Ableiten** mittels eines Grabens, Kanals oder Rohres fortgeleitet. Wasser wird aus oberirdischen Gewässern in großen Mengen zum Betrieb von Anlagen entnommen, insbesondere für Kühlzwecke zum Betrieb von Kraftwerken. Auch Entnahmen für die öffentliche und betriebliche Wasserversorgung aus oberirdischen Gewässern (z.B. Talsperren) sind von erheblicher wasserwirtschaftlicher Bedeutung. Die Verlegung von Bachläufen umfasst zwar ebenfalls eine Ableitung von Wasser, ist allerdings bei einer Gesamtbetrachtung als Ausbau im Sinne des § 67 Abs. 2 zu werten und damit keine Gewässerbenutzung (vgl. Abs. 3). Wasserentnahme und Ableiten von Wasser aus oberirdischen Gewässern können als Gemeingebrauch (§ 25) oder Eigentümer- oder Anliegergebrauch (§ 26) erlaubnis- und bewilligungsfrei sein.

6 In **Nr. 2** ist unter **Aufstauen** oberirdischer Gewässer jedes Anheben der natürlichen Wasserspiegellage (insbesondere durch Stauanlagen) zu verstehen. Beim **Absenken** verringert sich der Wasserstand, zumeist als Folge einer Staumaßnahme, einer Verbreiterung des Gewässerprofils oder einer Vertiefung der Sohle. Eine Wasserentnahme im Sinne der Nr. 1 kann gleichzeitig ein Absenken im Sinne der Nr. 2 sein. In den Fällen der Nr. 2 kann es sich um Maßnahmen des Ausbaus im Sinne von § 9 Abs. 3 Satz 1, § 67 Abs. 2 handeln.

---

[6] Ausführlich zur Benutzung einschließlich ihrer Abgrenzung zu anderen wasserrelevanten Tatbeständen *Breuer/Gärditz*, Rn. 344 ff.; *Knopp*, in: SZDK, § 9 WHG Rn. 14 ff.; *Schmid*, in: BFM, § 9 Rn. 14 ff.

Beim **Entnehmen fester Stoffe** nach **Nr. 3** geht es sich hauptsächlich 7
um Steine, Kies und Sand, ferner auch von Schilf und anderen
Pflanzen, also um einen Eingriff in das Gewässerbett oder Ufer.[7]
Eine Benutzung liegt nur dann vor, wenn sich die Entnahme auf die
Gewässereigenschaften im Sinne des § 3 Nr. 7 auswirkt. Unerheblich
ist, ob die Auswirkung negativ, neutral oder gar positiv ist, denn
diese Frage soll im wasserrechtlichen Verfahren von der Behörde geprüft und in der Entscheidung berücksichtigt werden. Vielfach handelt es sich bei Entnahmen dieser Art aber auch um nicht dem
Benutzungsregime unterworfene Unterhaltungs- oder Ausbaumaßnahmen, so z.b. bei der Vertiefung einer Grabensohle mit dem Ziel,
die Abflussverhältnisse zu verbessern.

Nr. 4 betrifft alle Gewässer im Sinne des § 2 Abs. 1, also auch oberirdische (zu den Meeresgewässern siehe § 2 Abs. 1a). Das „Einbringen" von Stoffen bezieht sich auf feste, das „Einleiten" auf flüssige
oder gasförmige Stoffe. Dem WHG liegt ein **weiter Stoffbegriff** zugrunde. Er umfasst alle Stoffe, deren Eintrag in ein Gewässer den
Wasserhaushalt beeinflussen kann. Da das **Einbringen** fester Stoffe
zu dem Zweck, sich der Stoffe zu entledigen, nach § 32 Abs. 1 unzulässig ist, bleiben nur wenige Fälle, in denen das Einbringen erlaubnisfähig ist. Hierzu gehören z.b. das Flößen von Holzstämmen oder
das Einbringen von Eis. Werden Schiffs- oder Bootskörper zu Wasser
gelassen, erfüllt dies nicht den Einbringungstatbestand. Für die Errichtung von ortsfesten baulichen Anlagen wie Brückenpfeiler, Treppen und Anlegestellen sowie von beweglichen Anlagen wie Bojen,
Wohnbooten und anderen schwimmenden Anlagen ist die Frage bisher höchstrichterlich nicht entschieden.[8] Das Einbringen von Stoffen zu Zwecken der Fischerei ist in § 25 Satz 3 Nr. 2 speziell geregelt. 8

Das **Einleiten** umfasst flüssige oder gasförmige Stoffe jeder Art, insbesondere Abwasser (vgl. zum Abwasserbegriff § 54 Abs. 1), aber
auch Schlamm, der „fließfähig" ist. Die Stoffe müssen dem Gewässer unmittelbar zugeführt werden („**Direkteinleitung**"). Das Einleiten von Abwasser in eine Kanalisation („Indirekteinleitung") fällt
deshalb nicht hierunter (vgl. auch § 57 Abs. 1, § 58 Abs. 1 Satz 1),
erst die Einleitung des in der Kanalisation gesammelten Abwassers
in den Vorfluter stellt die Gewässerbenutzung dar.[9] 9

---

[7] Vgl. BT-Drs. 2072, S. 22.
[8] Im Detail ist manches streitig; vgl. näher zum Einbrigen fester Stoffe *Breuer/ Gärditz*, Rn. 395ff.; *C/R*, § 9 Rn. 28ff.; *Knopp*, in: SZDK, § 9 WHG, Rn. 32ff.; *Schmid*, in: BFM, § 9 Rn. 38ff.
[9] Näher zum Einleiten von Stoffen *Breuer/Gärditz*, Rn. 399ff.; *C/R*, § 9 Rn. 35ff.; *Knopp*, in: SZDK, § 9 WHG, Rn. 45ff.; *Schmid*, in: BFM, § 9 Rn. 49ff.

4. Benutzungen von Küstengewässern (Abs. 1 Nr. 4)

10 § 9 Abs. 1 kennt keinen auf Küstengewässer beschränkten Benutzungstatbestand mehr, einschlägig ist nur der für alle Gewässer geltende § 9 Abs. 1 Nr. 4. Die jetzige Nr. 4 entspricht dem bisherigen § 3 Abs. 1 Nr. 4a WHG. Das Einbringen und Einleiten von Stoffen in Küstengewässer stellte zunächst nur unter einschränkenden Voraussetzungen eine Gewässerbenutzung dar.[10] Im Laufe der Zeit gewann der **Meeresschutz** immer mehr an Bedeutung, die Schlechterstellung von Küstengewässern gegenüber den oberirdischen Binnengewässern war nicht mehr zu rechtfertigen. Die Besonderheiten jeder Gewässerbenutzung können und sollen die Wasserbehörden auch mit Blick auf die Art des Gewässers nach den Verhältnissen im konkreten Einzelfall berücksichtigen.[11] Mit der Erweiterung des Benutzungstatbestands ist seither grundsätzlich auch das Einbringen und Einleiten der üblicherweise auf einem Schiff anfallenden festen und flüssigen Abfallstoffe, wie z.B. Küchenabfälle, Spülwasser, Bilgenöle erfasst, was die Küstenländer vor erhebliche Vollzugsprobleme stellt. Das Verbringen von Stoffen in Küstengewässer, um sich ihrer dort zu entledigen („Verklappen"), z.B. das Einbringen von **Baggergut**, fällt ebenfalls unter Nr. 4. Außerdem sind verschiedene internationale, in das nationale Recht transformierte Übereinkommen zum Schutz der Meere zu beachten.[12]

5. Benutzungen des Grundwassers (Abs. 1 Nr. 4, 5)

11 Durch die weite Fassung des § 9 Abs. 1 **Nr. 4** ist im Unterschied zum bisherigen § 3 Abs. 1 Nr. 5 WHG nunmehr auch das **Einbringen** von festen Stoffen in das Grundwasser (z.B. Einsatz von Bauprodukten im Grundwasserbereich) eine Gewässerbenutzung.[13] Das neue WHG geht mit Blick auf die besondere Schutzbedürftigkeit des Grundwassers davon aus, dass es sachlich nicht zu rechtfertigen ist, beim Grundwasser anders als bei Oberflächengewässern das Einbringen von festen Stoffen vom echten Benutzungstatbestand auszunehmen, zumal nach der bisherigen Rechtslage das Einbringen von festen Stoffen in das Grundwasser ohnehin nach § 3 Abs. 2 Nr. 1 oder 2 WHG a.F. regelmäßig erlaubnispflichtig war. Die Umwandlung von der naturgemäß weit und unbestimmt definierten unechten zur echten Benutzung trägt zu einer deutlichen Verbesserung der Rechtsklarheit bei und vereinfacht die Rechtsanwendung. Zu praktischen

---

[10] Vgl. die Einfügung des § 3 Abs. 1 Nr. 4a WHG a.F. durch die 3. Novelle von 1967; BT-Drs. V/1601 und V/1830.
[11] So BT-Drs. 13/1207, S. 10 zur Begründung der Änderung des § 3 Abs. 1 Nr. 4a durch die 6. Novelle von 1996.
[12] Näher zur Benutzung von Küstengewässern *Schmid*, in: BFM, § 9 Rn. 56f.
[13] Zu den Motiven des Gesetzgebers vgl. BT-Drs. 16/12275, S. 55; ergänzend hierzu auch *Knopp*, Rn. 176–180; näher zu betroffenen Fällen *C/R*, § 9 Rn. 64f.; *Knopp*, in: SZDK, § 9 WHG, Rn. 42f.; *Schmid*, in: BFM, § 9 Rn. 64.

Problemen wird auf § 49 Abs. 1 Satz 2 und seine Kommentierung hingewiesen.

Das **Einleiten** flüssiger oder gasförmiger Stoffe in das Grundwasser 12 setzt eine Handlung mit der objektiven Zweckrichtung voraus, dass die dem Boden zugeführten Stoffe in das Grundwasser gelangen.[14] Die Fiktion in § 2 Abs. 2 AbwAG ist auf die Abgabenerhebung beschränkt. Einleiten liegt z.B. beim Versenken von Abwasser in wassergesättigte Bodenschichten, ferner auch beim Versickern, Verrieseln oder Verregnen von flüssigen Stoffen in den Untergrund vor, soweit davon auszugehen ist, dass die Stoffe in das Grundwasser gelangen (z.B. bei Kleinkläranlagen). Eine Bodenpassage steht der Unmittelbarkeit der Einleitung nicht entgegen. Kein finales, auf den Eintrag von Stoffen in das Grundwasser gerichtetes Handeln („Einleiten") stellt dagegen die fachgerechte Düngung mit Stallmist, Fäkalien oder Jauche dar,[15] ebenso nicht das bestimmungsgemäße Versprühen von Pflanzenschutzmitteln. Nicht der guten landwirtschaftlichen Praxis und den ökologischen Belangen entsprechende Verfahrensweisen können hier je nach Lage des Falles als echte oder unechte Benutzungen zu beurteilen sein.[16] Die Erteilung einer Erlaubnis für das Einleiten von Stoffen in das Grundwasser ist nach § 48 Abs. 1 nur unter Beachtung des Besorgnisgrundsatzes zulässig.

Die Begriffe „Entnehmen, Zutagefördern und Zutageleiten" in 13 Abs. 1 **Nr. 5** gehen ineinander über. Beim **Zutagefördern** wird das Grundwasser durch Pumpen, beim **Zutageleiten** durch Ausnutzung seines natürlichen Gefälles an die Oberfläche verbracht.[17] **Ableiten** von Grundwasser bedeutet unterirdisches Fortleiten von Grundwasser (z.B. im Bergbau). Die mit der Sand- oder Kiesgewinnung verbundene Freilegung von Grundwasser ist zwar ein Zutagefördern oder Zutageleiten von Grundwasser, es handelt sich bei einer solchen Freilegung von Grundwasser jedoch um die Herstellung eines Gewässers (vgl. auch § 3 Rn. 3), also nach Abs. 3 um einen Ausbau, nicht um eine Gewässerbenutzung. Für die Tatbestände der Nr. 5 ist vor allem bei geringen Wassermengen nach Maßgabe des § 46 eine Erlaubnis oder Bewilligung nicht erforderlich.[18]

---

[14] BVerwG v. 16.11.1973 – IV C 44.69, ZfW 1974, 296, 297 mit Anm. *Stortz*; OVG Münster v. 28.10.1988 – 20 A 1132/87, ZfW 1989, 226.
[15] BGH v. 7.6.1966 – 1 StR 580/65, NJW 1966, 1570; BGH v. 31.5.2007 – III ZR 3/06, ZUR 2007, 589.
[16] Siehe näher zum Einleitungstatbestand beim Grundwasser *Breuer/Gärditz*, Rn. 407 ff.; *C/R*, § 9 Rn. 52 ff.; *Knopp*, in: SZDK, § 9 WHG, Rn. 55 ff.; *Schmid*, in: BFM, § 9 Rn. 61 ff.
[17] Vgl. dazu BT-Drs. 2072, S. 22.
[18] Ausführlich zu Nr. 5 *Knopp*, in: SZDK, § 9 WHG Rn. 68 ff.

6. „Unechte" Benutzungen (Abs. 2)

14 § 9 stellt in Abs. 2 bestimmte Einwirkungen auf die Gewässer in der Form einer gesetzlichen **Fiktion** rechtlich den Benutzungen im Sinne des Abs. 1 gleich. Das sog. Fracking-Gesetz vom 4.8.2016 hat nicht nur die neuen Nr. 3 und 4 angefügt, sondern auch im Eingangssatz den Vorrang von Abs. 1 gesetzlich klargestellt; dieses Verhältnis entspricht der bisher schon vorherrschenden Auffassung. Es kann also begrifflich Überschneidungen geben. Die Vorschrift entspricht im Übrigen inhaltlich dem alten § 3 Abs. 2 WHG.[19] Auch unechte Benutzungen erfordern ein **zweckgerichtetes Handeln**. Der Benutzer entscheidet dabei in eigener Verantwortung, ob die Voraussetzungen für eine erlaubnispflichtige Benutzung vorliegen und deshalb eine wasserrechtliche Erlaubnis zu beantragen ist. Unterlässt er vorsätzlich oder fahrlässig eine notwendige Antragstellung, begeht er eine Ordnungswidrigkeit nach § 103 Abs. 1 Nr. 1, gegebenenfalls sogar eine Straftat nach § 324 StGB (unbefugte Gewässerverunreinigung).

15 Das Aufstauen, Absenken oder Umleiten von Grundwasser (**Nr. 1**) muss durch hierfür bestimmte oder geeignete Anlagen erfolgen. Als solche Anlagen kommen z.B. Mauern, Spundwände, Verschalungen oder Wannen in Betracht. Danach ist eine beim Bau einer Kanalisation auftretende Grundwasserabsenkung eine Gewässerbenutzung.[20]

16 In Abs. 2 spielt der als **Generalklausel** formulierte unechte Benutzungstatbestand der **Nr. 2** die wichtigste Rolle. Er umfasst alle Maßnahmen, die geeignet sind, die Wasserbeschaffenheit nachteilig zu verändern. Die Maßnahme muss zwar auch hier zweckgerichtet, aber nicht auf Gewässer bezogen sein; es reicht vielmehr aus, dass sie objektiv geeignet ist, die beschriebenen Veränderungen des Wassers herbeizuführen. Abs. 2 Nr. 2 fungiert als **Auffangtatbestand**,[21] der dazu dient, zur Gewährleistung einer geordneten Wasserwirtschaft alle den Wasserhaushalt potenziell spürbar beeinträchtigenden Einwirkungen dem Regime der öffentlich-rechtlichen Benutzungsordnung zu unterstellen. Die Tatbestandsmerkmale sind naturgemäß sehr weit und unbestimmt gefasst. In das Schutzkonzept sind entsprechend dem bisherigen Recht allerdings nur nachteilige Veränderungen der Wasserbeschaffenheit (§ 3 Nr. 9) und nur solche von einer gewissen Relevanz („dauernd" oder „nicht nur unerheblich") einbezogen; zum Begriff der nachteiligen Veränderung vgl. § 5 Rn. 4. Hauptproblem der unechten Benutzung nach Nr. 2 ist die Feststellung, welche Maßnahmen im konkreten Fall geeignet sind, die von

---

[19] Vgl. zu dessen Entstehung BT-Drs. 2072, S. 4, 22 und 3536, S. 9, 19.
[20] BayVGH v. 17.7.1974 – Nr. 161 VIII 71, HDW R 1294; näher zum Tatbestand des Abs. 2 Nr. 1 *Knopp*, in: SZDK, § 9 WHG Rn. 77ff.; *Schmid*, in: BFM, § 9 Rn. 71ff.
[21] Vgl. BT-Drs. 3536, S. 9.

der Vorschrift erfassten, im wasserrechtlichen Verfahren zu prüfenden Auswirkungen zu verursachen. Hierzu haben Rechtsprechung und Literatur zahlreiche Fallbeispiele benannt, die insbesondere aus den Bereichen Lagern und Ablagern von Stoffen, Einsatz von Dünge-, Pflanzenschutz- und Schädlingsbekämpfungsmitteln stammen.[22] Nicht unter den Auffangtatbestand nach Abs. 2 Nr. 2 und damit überhaupt nicht unter § 9 fallen alle Tatbestände, die in speziellen Vorschriften geregelt sind, z.b. der Umgang mit wassergefährdenden Stoffen in bestimmten Anlagen (§§ 62, 63), das Befördern wassergefährdender Stoffe in Rohrleitungsanlagen (§§ 65ff. UVPG) oder die Beförderung gefährlicher Güter nach dem Gefahrgutbeförderungsgesetz.

Die **Nr. 3** und **4** beschreiben die beiden neuen unechten **Benutzungstatbestände zum sog. Fracking**, ein aus den USA stammender Begriff für eine umstrittene Technologie, die das WHG mit „Aufbrechen von Gesteinen unter hydraulischem Druck" („hydraulic fracturing") umschreibt.[23] Für die Benutzungen Nr. 3 und 4 gelten ergänzend die speziellen Regelungen der §§ 13a, 13b, § 14 Abs. 1 Nr. 3, § 15 Abs. 1 Satz 2 und § 104a; zur Entstehung und zum Zweck der Fracking-Gesetzgebung siehe näher § 13a Rn. 1ff. Nach den gesetzgeberischen Motiven sollen die neuen Tatbestände sicherstellen, dass Fracking-Maßnahmen und die damit zusammenhängende untertägige Ablagerung von Lagerstättenwasser wegen der Risiken für das Grundwasser und die Trinkwasserversorgung stets einer wasserrechtlichen Erlaubnis bedürfen, um dem Gefährdungspotenzial der Vorhaben Rechnung tragen zu können.[24] Damit bleibt den Bergbehörden die schon bisher notwendige, nicht immer richtig und konsequent durchgeführte Prüfung erspart, ob ein zulassungsbedürftiges bergbauliches Vorhaben mit einer Gewässerbenutzung verbunden und deshalb nach § 19 Abs. 3 das wasserbehördliche Einvernehmen einzuholen ist. Betroffen sind Abs. 1 Nr. 4 und 5 sowie der Auffangtatbestand des Abs. 2 Nr. 2. Im Rahmen des Abs. 2 gehen Nr. 3 und 4 der Nr. 2 als Spezialregelung vor. Da aber im Verhältnis zu Abs. 1 die unechten Benutzungen zurücktreten, bleibt

17

---

[22] Vgl. näher hierzu *C/R*, § 9 Rn. 81ff.; *Knopp*, in: SZDK, § 9 WHG Rn. 80ff.; *Schmid*, in: BFM, § 9 Rn. 74ff.
[23] Vgl. zum Tatbestand des Fracking näher *Giesberts/Kastelec*, in: BeckOK, WHG, § 13a Rn. 21b.
[24] BT-Drs. 18/4713, S. 1, 21. – Damit fügen sich Nr. 3 und 4 ohne Weiteres in die Systematik der unechten Gewässerbenutzungen ein, insbesondere der Nr. 2; ebenso *Breuer/Gärditz*, Rn. 408, 444f.; *Hasche*, in: BeckOK, § 9 WHG Rn. 21b; *Schmid*, in: BFM, § 9 Rn. 93hf.; unzutreffend insofern *Frenz*, in: BFM, §§ 13a, 13b Rn. 23; kritisch auch *Reinhardt*, Entscheidung vertagt oder verkappt: Die WHG-Novelle 2016 zum Fracking, NVwZ 2016, 1505, 1506 („ohne Not bedenkliche Eingriffe in die methodische Grundstruktur des Benutzungsregimes").

wegen der nicht identischen Zulässigkeitsvoraussetzungen die Prüfung notwendig, ob es sich um eine **echte oder unechte Gewässerbenutzung** handelt.[25]

18 Benutzungstatbestand im Sinne der **Nr. 3** ist ein „Aufbrechen von Gesteinen" unter hydraulischem Druck. Die Unterscheidung zwischen konventionellem und unkonventionellem Fracking spielt nicht beim Benutzungstatbestand, der generell alles „Gestein" erfasst, sondern erst bei der Verbotsvorschrift des § 13a Abs. 1 Satz 1 Nr. 1 eine Rolle. Insbesondere im Zusammenhang mit Tiefbohrungen und der geothermischen Energiegewinnung können echte Grundwasserbenutzungen nach Abs. 1 Nr. 4 oder 5 vorliegen.[26] In solchen Fällen sind die speziellen Fracking-Regelungen nicht einschlägig, die allgemeinen Schutzvorschriften reichen aus (vgl. insbesondere § 48). Die Begriffe „Aufsuchung" und „Gewinnung" knüpfen an § 4 Abs. 1 und 2 BBergG an, auf den verfolgten Zweck kommt es nicht an. Die untertägige Ablagerung von Lagerstättenwasser (**Nr. 4**) umfasst, wie der Begriff „Ablagerung" zeigt, nur eine dauerhafte Entsorgung des Wassers. Zum Begriff „Lagerstättenwasser" wird auf die Legaldefinition im neuen § 22b Satz 1 Nr. 3 der Allgemeinen Bundesbergverordnung verwiesen.[27]

7. Ausbau- und Unterhaltungsmaßnahmen (Abs. 3)

19 Das WHG regelt drei Arten von Einwirkungen auf Gewässer: die Benutzung, die Unterhaltung und den Ausbau. § 9 Abs. 3 grenzt die drei Bereiche voneinander ab und nimmt Tatbestände, die sich überschneiden, nicht nur aus der Erlaubnis- und Bewilligungspflicht, sondern bereits aus dem Benutzungsbegriff heraus. Die Vorschrift entspricht inhaltlich voll dem bisherigen § 3 Abs. 3 WHG.[28] Die Regelung hat zur Folge, dass die **Benutzungsvorschriften** insgesamt **nicht anzuwenden** sind. Dies dient der Rechtsklarheit, weil erreicht wird, dass bei begrifflichen Überschneidungen immer nur ein Rechtsregime zur Geltung kommt. § 9 Abs. 3 grenzt aber nur dem Wasserrecht unterliegende wasserwirtschaftliche Einwirkungen ab, nicht Maßnahmen nach dem Bundeswasserstraßengesetz. Gewässerbenutzungen im Sinne des § 9 Abs. 1 und 2 bleiben wasserrechtlich auch dann Benutzungen, wenn sie zugleich Unterhaltungs- oder

---

[25] Siehe näher zu Nr. 3 und 4 BT-Drs. 18/4713, S. 21f.; *Schmid*, in: BFM, § 9 Rn. 93aff.; vgl. allgemein auch *Breuer/Gärditz*, Rn. 408, 444f.; *Giesberts/Kastelec*, Das Regelungspaket zum Fracking, NVwZ 2017, 360ff.
[26] So erfüllt das „Durchteufen" von Grundwasserleitern das Tatbestandsmerkmal „Einbringen"; vgl. BT-Drs. 18/4713, S. 22; *Schmid*, in: BFM, § 9 Rn. 93aff.; wohl auch *Breuer/Gärditz*, Rn. 408, 444; nach *Reinhardt* (Fn. 24), S. 1506f. bleibt es offen.
[27] Zum Verhältnis von § 9 Abs. 2 Nr. 4 und § 48 Abs. 2 vgl. *Reinhardt* (Fn. 24), S. 1507.
[28] Vgl. zu dessen Entstehung BT-Drs. 3536, S. 9, 19.

Ausbaumaßnahmen im Sinne der §§ 7 und 12 WaStrG darstellen;[29] vgl. auch § 7 Rn. 6.

Zu hier in Betracht kommenden **Unterhaltungs- und Ausbaumaßnahmen** wird auf §§ 39, 67 nebst Kommentierung verwiesen. Einem Ausbau dienen können z.b. das Aufstauen von Gewässern, das Ableiten von Wasser, das Absenken des Grundwasserspiegels oder die Entnahme fester Stoffe aus einem Gewässerbett. Nach Abs. 3 Satz 2 unterliegen Maßnahmen der Unterhaltung im Interesse einer wirksamen Gewässerreinhaltung immer dann der öffentlich-rechtlichen Benutzungsordnung, wenn chemische Mittel, z.B. chemische Entkrautungsmittel oder Schädlingsbekämpfungsmittel, eingesetzt werden.[30]

20

8. Landesrecht

Die Länder haben teilweise in ihren Wassergesetzen den Katalog der Benutzungen, die einer behördlichen Erlaubnis oder Bewilligung nach den bisherigen §§ 2, 3 WHG bedurften, entweder konkretisiert oder erweitert. Soweit die Vorschriften das neue WHG ergänzen, bleiben sie nach Art. 72 Abs. 1 GG gültig, denn es gibt keine Anhaltspunkte dafür, dass der Bund, nur weil er jetzt die konkurrierende Gesetzgebung in Anspruch genommen hat, insofern eine abschließende, durch Landesrecht nicht mehr ergänzungsfähige Regelung treffen wollte.[31] An einer solchen einschränkenden Interpretation besteht aus der Sicht des Bundes auch kein wasserwirtschaftspolitisches Interesse. Allerdings gilt dies nicht für den Katalog der Benutzungstatbestände einschränkende Regelungen. Insoweit können die Länder nur nach Maßgabe des Art. 72 Abs. 3 Satz 1 Nr. 5 GG abweichende Regelungen erlassen. Stoffbezogene Benutzungstatbestände sind Nr. 3 und 4 des Abs. 1. In Abs. 2 ist Nr. 1 anlagenbezogen, Maßnahmen nach Nr. 2 können auch stoff- oder anlagenbezogen sein, die Fracking-Benutzungen nach Nr. 3 und 4 sind stoffbezogen. Abs. 3 ist abweichungsfest, soweit es sich im Sinne der vorstehenden Ausführungen um stoff- oder anlagenbezogene Benutzungstatbestände handelt.

21

---

[29] BVerwG v. 28. 6. 2007 – 7 C 3.07, ZUR 2008, 148, 149; vgl. hierzu auch *Berendes*, Abgrenzungsfragen im Verhältnis von Wasserwirtschaftsrecht und Wasserstraßenrecht, ZUR 2008, 141; *Knopp*, in: SZDK, § 7 WHG Rn. 58; ablehnend *Friesecke*, Ausbau von Bundeswasserstraßen – kein Ausbau oberirdischer Gewässer?, ZfW 2009, 99.
[30] Vgl. BT-Drs. 7/888, S. 15.
[31] Vgl. auch *Schmid*, in: BFM, § 9 Rn. 23 ff.

§ 10
Inhalt der Erlaubnis und der Bewilligung

(1) Die Erlaubnis gewährt die Befugnis, die Bewilligung das Recht, ein Gewässer zu einem bestimmten Zweck in einer nach Art und Maß bestimmten Weise zu benutzen.

(2) Erlaubnis und Bewilligung geben keinen Anspruch auf Zufluss von Wasser in einer bestimmten Menge und Beschaffenheit.

Inhaltsübersicht

Rn.		Rn.
1. Allgemeines 1	4. Bestimmung der Benutzung (Abs. 1)	7
2. Die wasserrechtliche Erlaubnis 3	5. Kein Recht auf Wasserzufluss (Abs. 2)	9
3. Die wasserrechtliche Bewilligung 5	6. Landesrecht	11

1. Allgemeines

1 § 10 bestimmt die Rechtsnatur und den Inhalt von Erlaubnis und Bewilligung, der beiden Arten der wasserrechtlichen Gestattung, die gemäß § 8 Abs. 1 für die Benutzung von Gewässern grundsätzlich erforderlich ist. Die Vorschrift fasst in **Abs. 1** die bisherigen Regelungen nach § 7 Abs. 1 Satz 1 und § 8 Abs. 1 Satz 1 sowie in **Abs. 2** nach § 7 Abs. 2 und § 8 Abs. 6 des alten WHG zusammen. Abs. 2 entspricht dem bisherigen § 2 Abs. 2 Satz 1 WHG.

2 In der wasserrechtlichen Praxis hat sich von Anfang an die **Erlaubnis** als **Regelform der Gestattung** von Gewässerbenutzungen etabliert. Die Einsatzmöglichkeiten der Bewilligung waren gesetzlich von Anfang an begrenzt, sie sind nachträglich weiter eingeschränkt worden (vgl. hierzu § 14 Abs. 1 nebst Kommentierung). Zu der im WHG neu geregelten Erteilung der Erlaubnis als „**gehobene Erlaubnis**" wird auf § 15 verwiesen. Ist eine Gewässerbenutzung erlaubt oder bewilligt, hat der Gewässereigentümer die Benutzung zu dulden (§ 4 Abs. 4).

2. Die wasserrechtliche Erlaubnis

3 Die Erlaubnis ist ein begünstigender Verwaltungsakt, der eine „**Befugnis**" gewährt, deren Rechtsqualität gesetzlich nicht näher beschrieben ist. Ein Vergleich mit der Bewilligung und den nachfolgenden Vorschriften zur Rechtsstellung des Erlaubnisinhabers zeigt, dass die Erlaubnis kein „Recht" vermittelt, keinen Schutz gegen Ansprüche Dritter bietet, nicht rechtlich abgesichert in einem

förmlichen Verfahren erteilt wird und jederzeit widerruflich ist.[1] Vor diesem Hintergrund gewährt die Erlaubnis lediglich „grünes Licht" für die ohne behördliche Zulassung gesperrte Gewässerbenutzung und bringt so zum Ausdruck, dass die Benutzung mit den rechtlichen Anforderungen und wasserwirtschaftlichen Belangen vereinbar ist.[2] Die Erlaubnis besitzt insofern keine Außenwirkung, **Rechte Dritter** bleiben unberührt. Die Erlaubnis hat auch keine privatrechtsgestaltende Wirkung, so dass Dritte unabhängig davon, ob die Behörde von sich aus im öffentlichen Interesse die Erlaubnis mit Auflagen verbindet, alle rechtlichen Abwehrmöglichkeiten haben, insbesondere gegen den begünstigten Erlaubnisinhaber zivilrechtliche Ansprüche etwa nach §§ 1004, 823 Abs. 1 und 2 BGB auf Beseitigung, Unterlassung oder Schadenersatz geltend machen können.[3]

Umstritten ist, ob eine behördliche Erlaubnis stets ausdrücklich erteilt werden muss oder ob auch eine **stillschweigende Duldung** zur Gewässerbenutzung befugt. Im Interesse einer effizienten Wahrung der Belange einer geordneten Gewässerbewirtschaftung kann man der bloßen Duldung einer Benutzung grundsätzlich nicht die Qualität einer Erlaubniserteilung zuerkennen.[4] Eine in bloßem Nichtstun bestehende stillschweigende Duldung lässt auch nicht die Strafbarkeit der unbefugten Gewässerverunreinigung entfallen. Ausnahmsweise kann allenfalls die sog. aktive oder qualifizierte Duldung vorübergehend als Einverständnis zu verstehen und rechtlich als Erlaubnis zu qualifizieren sein, wobei eine solche Duldung auf jeden Fall nicht auf unrichtigen Angaben, auf Drohung, Bestechung oder Kollusion beruhen darf (vgl. § 330d Nr. 5 StGB).

4

3. Die wasserrechtliche Bewilligung

Die Bewilligung, ebenfalls ein begünstigender Verwaltungsakt, unterscheidet sich von der Erlaubnis durch die gesetzlichen Voraussetzungen und die rechtlichen Wirkungen. Sie gewährt nicht nur wie die Erlaubnis eine „Befugnis" zur Gewässerbenutzung, sondern ein gegenüber Dritten wirkendes **subjektives „Recht"**, das öffentlichrechtlicher Natur ist.[5] Es berechtigt deshalb nicht dazu, Grundstücke, Anlagen oder sonstige Gegenstände anderer in Gebrauch zu nehmen.[6] Der Inhaber einer Bewilligung, der die Gewässerbenutzung nur unter Inanspruchnahme von Grundstücken, Anlagen oder

5

---

[1] Ausführlich hierzu *C/R*, § 10 Rn. 7, 44 ff.; *Knopp*, in: SZDK, § 10 WHG Rn. 38 ff; *Schmid*, in: BFM, § 10 Rn. 4 ff., 11 ff.
[2] Vgl. BT-Drs. 2072, S. 23.
[3] BGH v. 5.10.1995 – III ZR 61/93, ZfW 1997, 27, 29 ff. = HDW R 1711; vgl. aber auch zu gewissen Schutzwirkungen gegenüber Dritten, insbesondere zum nachbarschaftlichen Rücksichtnahmegebot *Schmid*, in: BFM, § 10 Rn. 18 ff.
[4] Vgl. näher hierzu *Breuer/Gärditz*, Rn. 697 ff.; *Knopp*, in: SZDK, § 10 WHG Rn. 15.
[5] BGH v. 23.6.1984 – III ZR 79/82, ZfW 1984, 271 = HDW R 1423; *C/R*, § 10 Rn. 63.
[6] So noch ausdrücklich der bisherige § 8 Abs. 1 Satz 2 WHG, das neue WHG hat diesen Klarstellungsbedarf nicht mehr gesehen.

sonstigen Gegenständen anderer ausüben kann, bedarf hierzu der Zustimmung des Verfügungsberechtigten. Die Bewilligung darf nach § 14 nur unter bestimmten Voraussetzungen erteilt werden und ist nach § 16 Abs. 2 gegenüber störenden Ansprüchen Dritter und nach § 18 Abs. 2 gegenüber einem behördlichen Widerruf geschützt.[7]

6 Die Unterscheidung zwischen Erlaubnis und Bewilligung ist eine historisch begründete Besonderheit des Wasserrechts, deren Existenzberechtigung in Frage zu stellen ist.[8] Im Referentenentwurf des Bundesumweltministeriums zum Zweiten Buch Umweltgesetzbuch – Wasserwirtschaft (UGB II; vgl. hierzu Einleitung Rn. 13f.) war deshalb vorgesehen, im Interesse einer durchgreifenden Rechtsvereinfachung und einer konsequenten Nutzung mit hohem Deregulierungspotenzial beim komplizierten Wasserrecht auf das Instrument der **Bewilligung** zu **verzichten**. Die zugrunde liegenden Erwägungen sind nachvollziehbar: Die wasserrechtliche Ordnung muss gewährleisten, dass der Staat im Rahmen seiner Verantwortung für die ordnungsgemäße Bewirtschaftung der knappen, lebenswichtigen Ressource Wasser die Nutzung der Gewässer stets optimal steuern kann. Der Bewirtschaftungsauftrag bedingt, jederzeit auf künftige Entwicklungen des Wasserhaushalts mit angemessenen Maßnahmen flexibel reagieren zu können. Deshalb schließt das Wasserrecht einen Rechtsanspruch auf die Nutzung von Gewässern aus, er besteht auch nicht bei einer Bewilligung, selbst wenn der Gewässerbenutzer gewichtige Belange der Investitionssicherheit geltend machen kann. Der Wegfall der Bewilligung führt weder für die vorhandenen noch für potenzielle künftige Bewilligungsinhaber zu unzumutbaren Nachteilen. Im Übrigen hat die Verwaltungspraxis gezeigt, dass gerade unter dem Aspekt der Investitionssicherheit zwischen Bewilligungs- und Erlaubnisinhabern keine gravierenden Unterschiede erkennbar sind. So ist seit 1976 die Erteilung einer Bewilligung für Abwassereinleitungen unzulässig, ohne dass damit spürbare Einbußen an Investitionssicherheit verbunden gewesen sind. Darüber hinaus gibt es Länder, die generell vom Instrument der Bewilligung keinen Gebrauch machen, ohne dass dort Defizite an Investitionssicherheit bekannt sind. Eine Abschaffung der Bewilligung im Rahmen der Neuordnung des wasserrechtlichen Instrumentariums würde auch die ungleiche Behandlung der Gewässernutzer durch das WHG beseitigen, denn es ist nicht mehr zeitgemäß, bestimmte Gewässernutzer mit ihren Nutzungsinteressen gegenüber den anderen zu privilegieren. Damit wäre im Übrigen nicht in Frage gestellt, dass Nutzungsinteressen unterschiedlich gewichtet werden können. Auch nach geltendem Recht

---

[7] Näher zur Bewilligung *C/R*, § 10 Rn. 63ff.; *Knopp*, in: SZDK, § 10 WHG Rn. 46 ff; *Schmid*, in: BFM, § 10 Rn. 32ff.

[8] Vgl. auch *C/R*, § 10 Rn. 3: „bedarf der Überprüfung"; a.A. z.B. *Salzwedel*, Investitionsschutz im Wasserrecht, ZfW 2008, 1; *Seeliger/Wrede*, Zum neuen Wasserhaushaltsgesetz, NuR 2009, 679, 682.

spielt die Bedeutung von beantragten Gewässerbenutzungen für die Allgemeinheit und für den Einzelnen bei der im Rahmen der behördlichen Zulassung im konkreten Fall vorzunehmenden Abwägung aller relevanten Faktoren eine maßgebliche Rolle. Zudem hat der Gesetzgeber die Möglichkeit, die von der Behörde zu berücksichtigenden Umstände durch geeignete Kriterien, z.B. eine besondere Hervorhebung der öffentlichen Wasserversorgung als Gemeinwohlbelang, zu steuern. Diese zutreffende Beschreibung des wasserwirtschaftlichen und wasserrechtlichen Befunds war gegenüber den Interessen derjenigen, die an der Bewilligung festhalten wollten, **politisch nicht durchsetzbar.** Es bleibt abzuwarten, wie sich die wasserrechtliche Vollzugspraxis mit Blick auf die weitgehend aus dem europäischen Recht stammenden Vorgaben entwickelt, nachträglich auf ständig wechselnde wasserwirtschaftliche Problemstellungen reagieren und in den Bestandsschutz eingreifende Festsetzungen treffen zu müssen.

4. Inhaltsbestimmung der Benutzung (Abs. 1)

Die beabsichtigte Benutzung muss einem bestimmten Zweck dienen und in einer nach ihrer Art und ihrem Maß bestimmten Weise durchgeführt werden. Dies ist in einem Plan zu dokumentieren. Der Zweck und die Art und Weise der Benutzung sind nicht nur im Antrag, sondern auch in der Erlaubnis oder der Bewilligung anzugeben, sie bestimmen den zulässigen Inhalt der Benutzung. 7

Mit der Zweckbestimmung bestätigt die Behörde, dass die Benutzung einer legitimen, gesetzlich anerkannten Zielsetzung dient. Der Erlaubnis- oder Bewilligungsinhaber darf deshalb das Gewässer nicht ohne neues wasserrechtliches Verfahren für einen anderen als den gemäß dem Antrag **zugelassenen Zweck** nutzen. Ist z.B. die Einleitung bestimmter betrieblicher Abwässer erlaubt, darf der Einleiter nicht fremde Abwässer mit entsorgen. Entsprechendes gilt für die Förderung von Wasser eines Wasserversorgungsunternehmens, soweit die Versorgung auf ein bestimmtes Gebiet bezogen ist. **Art und Maß der Benutzung** bedeutet, in der Erlaubnis oder Bewilligung in zeitlicher, qualitativer und qualitativer Hinsicht festzulegen, wie das Gewässer benutzt werden darf. Dazu gehört die Angabe des betroffenen Benutzungstatbestandes im Sinne des § 8, aber auch die genaue Bezeichnung und Beschreibung aller die Benutzung begrenzenden Fakten und Faktoren wie z.B. Wassermengen, Abwasserinhaltsstoffe, Konzentrationswerte. Da die Erteilung einer Erlaubnis oder Bewilligung im Ermessen der Behörde steht, kann sie alle Angaben verlangen, die für eine sachgerechte Prüfung und Entscheidung des Falles nötig sind.[9] 8

---

[9] Näher zur Inhaltsbestimmung von Erlaubnis und Bewilligung *C/R*, § 10 Rn. 8 ff.; *Knopp*, in: SZDK, § 10 WHG Rn. 13 ff.; *Schmid*, in: BFM, § 10 Rn. 32 ff.

5. Kein Recht auf Wasserzufluss (Abs. 2)

9 § 10 stellt in **Abs. 2** klar, dass die Erlaubnis und die Bewilligung kein Recht auf Wasserzufluss begründen, also nur die beantragte Benutzung gestatten. Somit gibt es auch keinen Schutz gegen Änderungen des Wasserzuflusses, und zwar weder gegen naturbedingte noch gegen künstlich herbeigeführte Änderungen des Wasserzuflusses, wie z.B. durch die Zulassung eines Gewässerausbaus oder von neuen Gewässerbenutzungen.[10] Ein Schutz des Erlaubnis- oder Bewilligungsinhabers auf den Wasserzufluss bestimmter Menge und Beschaffenheit besteht allerdings immer dann, wenn die Minderung oder die Beseitigung eines bestehenden Zuflusses die Nutzung seines Grundstücks schlechthin oder den Bestand seines eingerichteten und ausgeübten Gewerbebetriebes ernsthaft in Frage stellen würde.[11] Im Übrigen können in wasserrechtlichen Verfahren, in denen über die Zulässigkeit neuer, mit Änderungen des Wasserzuflusses im Gewässer verbundener Maßnahmen zu entscheiden ist und Einwendungen geltend gemacht werden können (vgl. hierzu § 11 nebst Kommentierung), entsprechende Auflagen durchgesetzt werden.

10 Da die in § 10 Abs. 2 geregelten Rechtsverhältnisse öffentlich-rechtlicher Natur sind, bleiben **privatrechtliche Ansprüche** auf Zufluss von Wasser unberührt. Diese können sich insbesondere aus vertraglichen Vereinbarungen ergeben.

6. Landesrecht

11 Die Regelung des § 10 über Wesen und Inhalt von Erlaubnis und Bewilligung hat grundsätzlich abschließenden Charakter. Insofern sind im Rahmen des Art. 72 Abs. 1 GG nur als Konkretisierung zu wertende Ländervorschriften möglich.[12] Die Länder können nach Art. 72 Abs. 3 Satz 1 Nr. 5 GG abweichende Regelungen erlassen, die nicht auf Stoffe oder Anlagen bezogen sind. Steuert also die Erlaubnis im Rahmen der öffentlich-rechtlichen Benutzungsordnung des WHG stoffbezogene Tatbestände wie das Einbringen und Einleiten von Stoffen in Gewässer, ist **Abs. 1** des § 10 insoweit abweichungsfest. **Abs. 2** ist nicht stoff- oder anlagenbezogen und daher insgesamt abweichungsfrei.

---

[10] C/R, § 10 Rn. 72; *Knopp*, in: SZDK, § 10 WHG Rn. 48 ff.
[11] BVerwG v. 11.11.1970 – IV C 102.67, BVerwGE 36, 248, 250 f.
[12] Die in Bayern durch Art. 15 Abs. 1 des Wassergesetzes beibehaltene Bezeichnung der „Erlaubnis" als „beschränkte Erlaubnis" ist mit keinen inhaltlichen Änderungen verbunden und deshalb kompetenzrechtlich nicht zu beanstanden; vgl. auch *Schmid*, in: BFM, § 10 Rn. 57.

§ 11
Erlaubnis-, Bewilligungsverfahren

(1) Erlaubnis und Bewilligung können für ein Vorhaben, das nach dem Gesetz über die Umweltverträglichkeitsprüfung einer Umweltverträglichkeitsprüfung unterliegt, nur in einem Verfahren erteilt werden, das den Anforderungen des genannten Gesetzes entspricht.

(2) Die Bewilligung kann nur in einem Verfahren erteilt werden, in dem die Betroffenen und die beteiligten Behörden Einwendungen geltend machen können.

Inhaltsübersicht

Rn.		Rn.
1. Allgemeines 1	3. Landesrecht	5
2. Inhalt des § 11 3		

1. Allgemeines

§ 11 entspricht dem bisher geltenden Recht (§ 7 Abs. 1 Satz 2 und § 9 WHG a.F.). Die Vorschrift in Satz 3 des alten § 7 Abs. 1 WHG mit dem Auftrag an die Länder, für der IVU-Richtlinie unterliegende Gewässerbenutzungen die umsetzungsbedürftigen verfahrensrechtlichen Vorschriften zu erlassen, hat das neue WHG nicht aufgegriffen. Zunächst sollten die Vorgaben der IVU-Richtlinie auch für das Wasserrecht in die Regelung des UGB I zur integrierten Vorhabengenehmigung, die alle IVU-pflichtigen Vorhaben erfasste, einbezogen werden. Nach dem Scheitern des UGB hat der Bundesgesetzgeber von der Möglichkeit, die landesrechtliche Umsetzung der IVU-Richtlinie durch das neue WHG vollständig abzulösen, keinen Gebrauch gemacht. 1

Allgemein zu den **wasserrechtlichen Verfahren**: Führen die Länder wie beim WHG ein Bundesgesetz als eigene Angelegenheit aus, regeln sie das Verwaltungsverfahren (Art. 84 Abs. 1 Satz 1 GG). Das WHG hat von der durch Art. 84 Abs. 1 Satz 2 GG eingeräumten Möglichkeit, etwas anderes zu bestimmen, nur punktuell Gebrauch gemacht (vgl. neben § 11 insbesondere die Verfahrensvorschriften zur Umsetzung der Wasserrahmenrichtlinie, §§ 82–84). In keinem der Fälle ist die Abweichungsmöglichkeit der Länder nach Art. 84 Abs. 1 Satz 5 GG ausgeschlossen. Im Übrigen sind die wasserrechtlichen Verfahren einschließlich des Erlaubnis- und des Bewilligungsverfahrens im Landesrecht geregelt. Allerdings ermächtigt § 23 Abs. 1 Nr. 10 die Bundesregierung, die behördlichen Verfahren bundesweit durch Verordnung zu regeln. 2

2. Inhalt des § 11

3 Ob ein Fall des § 11 **Abs. 1** vorliegt, d.h. ob für die Erteilung einer Erlaubnis und einer Bewilligung eine **Umweltverträglichkeitsprüfung** durchzuführen ist, richtet sich nach dem UVP-Gesetz. Die UVP-Pflicht der wasserwirtschaftlichen Vorhaben ist in der Anlage 1 Nr. 13 geregelt. § 11 Abs. 1 liegt ebenso wie dem UVPG der Rechtsgedanke zugrunde, dass für Gewässerbenutzungen eine Umweltverträglichkeitsprüfung immer dann in Betracht kommt, wenn die Benutzung im Zusammenhang mit einem der Vorhaben der Nr. 1–19 der Anlage 1 zum UVPG steht. So kann mit dem Betrieb von Kraftwerken, Kühltürmen und sonstigen industriellen Anlagen auch eine Gewässerbenutzung wie z.B. die Entnahme von Wasser oder das Einleiten von Abwasser verbunden sein. Bei solchen Anlagen ist medienübergreifend nicht nur für die Erteilung der Genehmigung nach § 4 BImSchG, sondern auch für eine zusätzlich erforderliche, für sich allein nicht der UVP unterworfene wasserrechtliche Erlaubnis oder Bewilligung die Umweltverträglichkeitsprüfung verbindlich vorgeschrieben.[1]

4 Die Verfahrensvorschrift des § 11 **Abs. 2** basiert auf dem Rechtscharakter der Bewilligung und die durch sie verliehene Rechtsposition. Die Befugnis zur Erhebung von **Einwendungen** ist von Anfang an im WHG enthalten gewesen[2] und soll eine umfassende Beurteilung der beabsichtigten Gewässerbenutzung ermöglichen. Dies gilt jetzt auch für die gehobene Erlaubnis (§ 15 Abs. 2). Zu den „Betroffenen" gehören alle, die durch die beantragte Bewilligung in ihren Rechten oder rechtlich geschützten Interessen beeinträchtigt werden können. Zu beteiligen sind darüber hinaus alle Behörden, deren Aufgabenbereich durch die Benutzung berührt sein kann, z.B. Abfall-, Naturschutz-, Bodenschutz-, Bergbau-, Immissionsschutz- und Baubehörden. Geltend machen von Einwendungen bedeutet, tatsächliche oder rechtliche Gesichtspunkte vorzubringen, die für die Entscheidung der Behörde von Bedeutung sein können, bei privaten Dritten also insbesondere Rechte und nachteilige Wirkungen im Sinne des § 14 Abs. 3 und 4, bei Behörden z.B. ein unzulässiger Eingriff in Natur und Landschaft.[3]

---

[1] Vgl. ausführlich hierzu *Drost*, Die neuen Vorschriften zur Umweltverträglichkeitsprüfung (UVP) im Wasserrecht, Wasser und Abfall 7–8/2002, 44; *Knopp*, in: SZDK, § 11 WHG Rn. 12 ff.
[2] Vgl. zur Entstehung BT-Drs. 2072, S. 5, 25.
[3] Ausführlich zum Bewilligungsverfahren *C/R*, § 11 Rn. 13 ff.; *Knopp*, in: SZDK, § 11 WHG Rn. 12 ff.

3. Landesrecht

§ 11 hat abschließenden Charakter und kann durch die Länder nicht ergänzt werden. Als Verfahrensvorschrift ist § 11 zwar grundsätzlich abweichungsfrei (Art. 84 Abs. 1 Satz 2 GG), und das WHG hat von der Möglichkeit, verfahrensrechtliche Regelungen für abweichungsfest zu erklären (Art. 84 Abs. 1 Satz 5 GG), keinen Gebrauch gemacht. Die Länder dürfen aber nicht hinter den Vorgaben des europäischen UVP-Rechts zurückbleiben, sie können bei der Bewilligung und der gehobenen Erlaubnis auch nicht von einem förmlichen Verwaltungsverfahren absehen.

5

§ 12
Voraussetzungen für die Erteilung der Erlaubnis und der Bewilligung, Bewirtschaftungsermessen

(1) Die Erlaubnis und die Bewilligung sind zu versagen, wenn

1. schädliche, auch durch Nebenbestimmungen nicht vermeidbare oder nicht ausgleichbare Gewässerveränderungen zu erwarten sind oder

2. andere Anforderungen nach öffentlich-rechtlichen Vorschriften nicht erfüllt werden.

(2) Im Übrigen steht die Erteilung der Erlaubnis und der Bewilligung im pflichtgemäßen Ermessen (Bewirtschaftungsermessen) der zuständigen Behörde.

Inhaltsübersicht

Rn.   Rn.
1. Allgemeines 1   3. Behördliches Bewirtschaftungsermessen (Abs. 2)   6
2. Versagung der Erlaubnis und der Bewilligung (Abs. 1) ... 2   4. Landesrecht 8

1. Allgemeines

§ 12 gehört zu den Grundnormen des Wasserrechts und begründet zusammen mit § 8 Abs. 1 das sog. **repressive Verbot mit Befreiungsvorbehalt** (vgl. hierzu unten Rn. 6 sowie § 8 Rn. 3). Das alte WHG kannte eine solche Vorschrift nicht. § 12 regelt umfassend die tatbestandlichen Voraussetzungen für die Erteilung einer wasserrechtlichen Erlaubnis oder Bewilligung (Abs. 1) sowie das Bewirtschaftungsermessen der Wasserbehörden (Abs. 2). § 12 ersetzt den alten § 6 WHG, reicht inhaltlich aber weiter und hat eine andere Struktur. Die Vorschrift entspricht insofern § 6 BImSchG, der auch das Modell für die Konstruktion der integrierten Vorhabengenehmigung nach

1

dem Entwurf zum UGB I gewesen ist (vgl. hierzu Einleitung Rn. 14).[1]) Die Grundnorm des § 12 wird durch eine Reihe weiterer Regelungen ergänzt, die bestimmen, welche weiteren Voraussetzungen für die Erteilung einer Erlaubnis oder Bewilligung erfüllt sein müssen (vgl. z.B. §§ 13a, 14, 27, 32, 44, 45, 47, 48, 57). Den bisherigen § 6 Abs. 2 WHG hat das neue WHG nicht fortgeführt, weil es sich der Sache nach um eine Regelung naturschutzrechtlicher Art handelt, die aus systematischen Gründen in das neue Bundesnaturschutzgesetz integriert worden ist (§ 34 BNatSchG: Gewässerbenutzungen als auf ihre Verträglichkeit zu überprüfende „Projekte"). Zur Überprüfung und Anpassung wasserrechtlicher Erlaubnisse und Bewilligungen siehe § 100 Abs. 2.

2. Versagung der Erlaubnis und der Bewilligung (Abs. 1)

2   Abs. 1 normiert die Gründe, aus denen die Wasserbehörde von Gesetzes wegen die Erlaubnis oder Bewilligung für die beantragte Gewässerbenutzung zwingend versagen muss. Hauptgrund hierfür sind nach **Nr. 1** zu erwartende **schädliche Gewässerveränderungen** im Sinne des § 3 Nr. 10. Diese Vorschrift ist § 6 Abs. 1 WHG a.F. nachgebildet, in ihrer Formulierung aber an die Diktion des modernen Verwaltungsrechts angepasst worden. Die im alten § 6 als genereller Versagungsgrund normierte „Beeinträchtigung des Wohls der Allgemeinheit" ist jetzt Bestandteil des Begriffs der schädlichen Gewässerveränderung. Zum Begriff „Wohl der Allgemeinheit" vgl. § 6 Rn. 5, zum Begriff „öffentliche Wasserversorgung" § 50 Rn. 3. Zu „erwarten" ist eine schädliche Gewässerveränderung, wenn sie wahrscheinlich, also nicht schon dann, wenn sie lediglich möglich ist. Die Wahrscheinlichkeit der schädlichen Veränderung beurteilt sich entweder nach anerkannten fachlichen Regeln oder nach allgemeiner Lebenserfahrung.[2]) Der Begriff „zu erwarten" ist deutlich weiter als der in anderem Zusammenhang verwendete Begriff „zu besorgen" (vgl. hierzu insbesondere § 32 Abs. 2, § 45 Abs. 2, § 48, § 62 Abs. 1 Satz 1 und 2).

3   Die Behörde hat stets zu prüfen, ob eine zu erwartende schädliche Gewässerveränderung nicht durch geeignete **„Nebenbestimmungen"** (vgl. zu diesem Begriff § 36 VwVfG), der im neuen WHG durchweg statt der Begriffe „Benutzungsbedingungen" und „Auflagen" verwendet wird, vermieden oder ausgeglichen werden kann. Denn die Versagung der beantragten Erlaubnis oder Bewilligung kann nach dem mit Verfassungsrang ausgestatteten Übermaßverbot nur in Betracht kommen, wenn unter Berücksichtigung und Abwägung aller Umstände weniger einschneidende Mittel zur Erreichung der ange-

---

[1]) Vgl. näher zu Entstehung, Zweck und Bedeutung des § 12 *Knopp*, in: SZDK, § 12 WHG Rn. 1 ff.
[2]) Vgl. näher hierzu *C/R*, § 12 Rn. 25; *Knopp*, in: SZDK, § 12 WHG Rn. 25 ff. m.w.N.

strebten Ziele nicht zur Verfügung stehen. Die Beurteilung, ob durch Nebenbestimmungen eine schädliche Gewässerveränderung vermeidbar oder ausgleichbar ist, unterliegt nicht dem Ermessen der Behörde, sondern ist gerichtlich voll nachprüfbar. So darf die Behörde eine Erlaubnis oder Bewilligung nicht deshalb versagen, weil aus ihrer Sicht mögliche Auflagen für den Antragsteller wirtschaftlich nicht tragbar sind oder die Gewässerbenutzung unwirtschaftliche Investitionen erfordert. Auch das Abstellen auf rein theoretische oder abstrakte Begründungen kann die Entscheidung fehlerhaft machen.[3] Eine schädliche Gewässerveränderung kann man beispielsweise durch die künstliche Belüftung eines Gewässers abwenden, wenn dadurch eine durch die Gewässerbenutzung zu erwartende Beeinträchtigung des Sauerstoffgehalts verhindert wird. Weitere Beispiele für die Vermeidung und den Ausgleich von schädlichen Gewässerveränderungen sind Maßnahmen zur Erhaltung einer Mindestwasserführung des Gewässers oder zur Gewährleistung der Durchgängigkeit des Gewässers durch Wanderhilfen oder Fischaufstiegsanlagen.

Nr. 2 erweitert die zwingenden Versagungsgründe um die **anderen Anforderungen**, die nach den öffentlich-rechtlichen Vorschriften für die beantragte Gewässerbenutzung erfüllt sein müssen. Der Versagungstatbestand des § 12 Abs. 1 löst die überholte Systematik der Rahmenregelung des WHG 1957 ab und orientiert sich an der Regelungsstruktur der Genehmigungsvoraussetzungen für andere umweltrechtliche Zulassungen (vgl. etwa § 6 BImSchG oder die Voraussetzungen nach den Landesbauordnungen für die Erteilung der Baugenehmigung). Grundgedanke der Ergänzung des Abs. 1 um die Nr. 2 ist, der Wasserbehörde einen der Klarstellung dienenden gesetzlichen Hinweis zu geben, dass sie – gegebenenfalls unter Beteiligung anderer betroffener Behörden – die Beachtung aller für die Gewässerbenutzung einschlägigen Rechtsvorschriften zu gewährleisten und damit die Erteilung einer rechtswidrigen Erlaubnis oder Bewilligung zu vermeiden hat. Dies bedeutet entgegen der Auffassung des Bundesrates in seiner Stellungnahme zum Gesetzentwurf der Bundesregierung keine Verschärfung des geltenden Rechts.[4] 4

Bei Nr. 2 handelt es sich um „andere", also nicht schon durch Nr. 1 erfasste Anforderungen. Die wasserrechtlichen Anforderungen des Bundes und der Länder sowie der Kommunen und Verbände in den autonomen Satzungen sind aufgrund der weiten Definition des Begriffs der schädlichen Gewässerveränderungen (vgl. § 3 Nr. 10 nebst Kommentierung) bereits durch die Nr. 1 abgedeckt. Unter Nr. 2 fallen insbesondere Anforderungen nach den **sonstigen umweltrecht-** 5

---
[3] Vgl. BVerwG v. 29.1.1965 – IV C 61.64, ZfW 1965, 98 = HDW R 1029.
[4] Vgl. hierzu BT-Drs. 16/13306, S. 3 einerseits und S. 24 andererseits sowie *Knopp*, Rn. 188, 189.

lichen Vorschriften (z.B. Naturschutzrecht, Bodenschutzrecht, Abfallrecht) sowie nach dem Bauplanungs- und Bauordnungsrecht und dem Raumordnungsrecht.[5] Dabei stellt sich die Frage, welche Bedeutung § 12 Abs. 1 Nr. 2 für die Erteilung der Erlaubnis oder der Bewilligung im wasserrechtlichen Verfahren hat. Nach der im Baurecht entwickelten, allerdings umstrittenen sog. **Schlusspunkttheorie** könnte die Erlaubnis oder die Bewilligung erst erteilt werden, wenn die Zulässigkeit der Gewässerbenutzung nach allen öffentlich-rechtlichen Vorschriften zu bejahen ist. Grundsätzlich ist es aber Sache des Landesrechts, den Gegenstand der Prüfung im wasserrechtlichen Verfahren zu bestimmen. So ergibt sich im Baurecht aus den Landesbauordnungen, inwieweit entgegenstehende öffentlich-rechtliche Vorschriften im bauaufsichtlichen Genehmigungsverfahren zu prüfen sind.[6] Gehören die anderen Anforderungen in öffentlich-rechtlichen Vorschriften, die auch für Gewässerbenutzungen relevant sind, zu den fachgesetzlichen Voraussetzungen, die einer behördlichen Vorkontrolle in einem eigenständigen Verfahren unterliegen, kann die Wasserbehörde die Prüfung und Entscheidung der fachlich zuständigen Behörde überlassen.[7] Existiert kein eigenständiges Verfahren, wird die Wasserbehörde die Stellungnahme der Behörde einholen, die der Beurteilung der fachlichen Belange der öffentlich-rechtlichen Vorschrift am nächsten steht. Sie wird keine Erlaubnis oder Bewilligung erteilen, solange die Frage der Zulässigkeit der Gewässerbenutzung nach von anderen Stellen zu prüfenden Vorgaben nicht geklärt ist.

3. Behördliches Bewirtschaftungsermessen (Abs. 2)

6 § 12 Abs. 2 schreibt entsprechend ihrem bisherigen Verständnis die Rechtsnatur von **Erlaubnis und Bewilligung** als **Ermessensentscheidung** im WHG jetzt ausdrücklich fest. Die spezifischen Belange der Wasserwirtschaft haben den Bundesgesetzgeber schon bei Erlass des WHG 1957 veranlasst, keinen Anspruch auf die Gestattung von Gewässerbenutzungen zu gewähren. Angesichts der rasch veränderlichen allgemeinen Wirtschaftsverhältnisse und der damit verbundenen wasserwirtschaftlichen Entwicklung sei ein Rechtsanspruch, wie er abweichend von der Mehrzahl der anderen Landeswassergesetze noch im Preußischen Wassergesetz von 1913 enthalten sei, nicht mehr tragbar.[8] Auch das BVerfG hält die vom WHG geschaffene öffentlich-rechtliche Benutzungsordnung mit staatlichem Be-

---

[5] Ausführlich zu den „anderen" Anforderungen nach Nr. 2 *Schmid*, in: BFM, § 12 Rn. 7 ff.
[6] Vgl. hierzu auch BVerwG, Beschl. v. 25.10.1995 – 4 B 216.95, BVerwGE 99, 351; Urt. v. 20.11.1995 – 4 C 10.95, NVwZ 1996, 378: keine bundesrechtlichen Vorgaben zur Schlusspunkttheorie.
[7] Vgl. auch BVerwG v. 11.5.1989 – 4 C 1.88, BVerwGE 82, 61 = NVwZ 1989, 1163; allgemein hierzu *C/R*, § 12 Rn. 29–31.
[8] BT-Drs. 2072, S. 23.

wirtschaftungsauftrag und behördlichem Bewirtschaftungsermessen verfassungsrechtlich nicht nur für vertretbar, sondern wegen der überragenden Bedeutung eines haushälterischen Umgangs mit der knappen natürlichen Ressource Wasser sogar für zwingend geboten (vgl. auch § 4 Rn. 9, 10). Es stellt fest:[9] Ein präventives Erlaubnisverfahren mit Verbotsvorbehalt (gebundene Entscheidung) reicht nicht aus, um eine geordnete Wasserwirtschaft zu gewährleisten. Ohne Ermessen der Behörde ist die optimale Nutzung des Wasserangebots nicht erreichbar, eine auf die Zukunft ausgerichtete ordnungsgemäße Steuerung der Gewässernutzung unmöglich. Bei einem knappen Gut, das wie kaum ein anderes für die Allgemeinheit von lebenswichtiger Bedeutung ist, wäre eine solche Regelung „unvertretbar". In diesem Sinne stellt sich das behördliche Einzelfallentscheidungen steuernde Ermessen nach § 12 Abs. 2 als wasserspezifisches Bewirtschaftungsermessen dar. Daneben erlangt im Zuge der Umsetzung der Wasserrahmenrichtlinie die überörtliche Bewirtschaftungsplanung nach den §§ 82, 83 eine immer bedeutender werdende Rolle.

Für die **Ausübung des Ermessens** finden die im Rahmen des § 40 VwVfG entwickelten allgemeinen Regeln der Ermessenslehre Anwendung. Das Ermessen ist dem Gesetzeszweck entsprechend und innerhalb der gesetzlichen Grenzen auszuüben. Der Klammerzusatz „Bewirtschaftungsermessen" macht die Art und die Funktion des Ermessens deutlich (§ 1: „nachhaltige Gewässerbewirtschaftung").[10] Wie Gewässer nachhaltig zu bewirtschaften sind, richtet sich in erster Linie nach den gesetzlichen Vorgaben, insbesondere der Zweckbestimmung des § 1, den allgemeinen Bewirtschaftungsgrundsätzen des § 6 Abs. 1 sowie den konkreter gefassten Bewirtschaftungszielen und -anforderungen in den nachfolgenden Vorschriften des WHG, im Übrigen nach den eigenen, im Rahmen des Bewirtschaftungsauftrags entwickelten wasserwirtschaftlichen Konzepten der Wasserbehörde.[11] In den Fällen, in denen das Ermessen auf Null reduziert, also nur eine Entscheidung gerechtfertigt ist, kann der Antragsteller sein Anliegen auch gerichtlich durchsetzen. Insofern steht ihm ein Anspruch auf

7

---

[9] BVerfG, Beschl. v. 15.7.1981 – 1 BvL 77/78, BVerfGE 58, 300, 347 (Nassauskiesungsbeschluss).
[10] Dabei differenzierend *Hasche*, Das neue Bewirtschaftungsermessen im Wasserrecht, 2005 sowie *Hasche*, Das zweistufige Bewirtschaftungsermessen im Wasserrecht – Das planerische Bewirtschaftungsermessen und das Gestattungs-Bewirtschaftungsermessen, ZfW 2004, 144.
[11] Ausführlich zum Bewirtschaftungsermessen *Schmid*, in: BFM, § 12 Rn. 45ff.; vgl. auch *Breuer/Gärditz*, Rn. 615ff. – Mit den gesetzlich fixierten Leitlinien der nachhaltigen Gewässerbewirtschaftung ist die neuerdings von *Reinhardt*, Das wasserrechtliche Bewirtschaftungsermessen im ökologischen Gewässerschutzrecht, NVwZ 2017, 1000 propagierte teleologische Reduktion des Bewirtschaftungsermessens als „Instrument der behördlichen Moderation miteinander konfligierender gegenwärtiger und absehbar künftiger Nutzungen unter besonderer Berücksichtigung der öffentlichen Wasserversorgung" (S. 1004 a.E.) nicht vereinbar.

fehlerfreie Ermessensausübung zu. Das Ermessen erstreckt sich auch auf die Frage, ob statt einer beantragten Bewilligung nur eine Erlaubnis erteilt werden kann. Schließlich spielt der Verhältnismäßigkeitsaspekt bei Ermessensentscheidungen eine wichtige Rolle. Insgesamt gibt das Bewirtschaftungsermessen der Wasserbehörde in Auseinandersetzungen mit dem Gewässerbenutzer eine außerordentlich starke Stellung.

4. Landesrecht

8   § 12 regelt die Voraussetzungen für die Erteilung der Erlaubnis und der Bewilligung abschließend. Gestaltungsspielräume für ergänzende Regelungen der Länder im Rahmen des Art. 72 Abs. 1 GG sind nicht erkennbar. Eine Abweichungsbefugnis nach Art. 72 Abs. 3 Satz 1 Nr. 5 GG besteht insoweit, als die beantragten echten oder unechten Gewässerbenutzungen nicht stoff- oder anlagenbezogen sind. Diese Möglichkeit dürfte aber eher theoretischer als praktischer Natur sein.

§ 13
Inhalts- und Nebenbestimmungen
der Erlaubnis und der Bewilligung

(1) Inhalts- und Nebenbestimmungen sind auch nachträglich sowie auch zu dem Zweck zulässig, nachteilige Wirkungen für andere zu vermeiden oder auszugleichen.

(2) Die zuständige Behörde kann durch Inhalts- und Nebenbestimmungen insbesondere

1. Anforderungen an die Beschaffenheit einzubringender oder einzuleitender Stoffe stellen,

2. Maßnahmen anordnen, die

   a) in einem Maßnahmenprogramm nach § 82 enthalten oder zu seiner Durchführung erforderlich sind,

   b) geboten sind, damit das Wasser mit Rücksicht auf den Wasserhaushalt sparsam verwendet wird,

   c) der Feststellung der Gewässereigenschaften vor der Benutzung oder der Beobachtung der Gewässerbenutzung und ihrer Auswirkungen dienen,

   d) zum Ausgleich einer auf die Benutzung zurückzuführenden nachteiligen Veränderung der Gewässereigenschaften erforderlich sind,

3. die Bestellung verantwortlicher Betriebsbeauftragter vorschreiben, soweit nicht die Bestellung eines Gewässerschutzbeauftragten nach § 64 vorgeschrieben ist oder angeordnet werden kann,

4. dem Benutzer angemessene Beiträge zu den Kosten von Maßnahmen auferlegen, die eine Körperschaft des öffentlichen Rechts getroffen hat oder treffen wird, um eine mit der Benutzung verbundene Beeinträchtigung des Wohls der Allgemeinheit zu vermeiden oder auszugleichen.

(3) Für die Bewilligung gilt Absatz 1 mit der Maßgabe, dass nachträglich nur Inhalts- und Nebenbestimmungen im Sinne von Absatz 2 Nummer 1 bis 4 zulässig sind.

Inhaltsübersicht

Rn.		Rn.
1. Allgemeines 1	4. Nachträgliche Anordnungen bei Bewilligungen (Abs. 3)	12
2. Zulässige Inhalts- und Nebenbestimmungen (Abs. 1) 4	5. Landesrecht	14
3. Katalog zulässiger Inhalts- und Nebenbestimmungen (Abs. 2) 7		

1. Allgemeines

§ 13 regelt die Inhalts- und Nebenbestimmungen, die von der Behörde in einer Erlaubnis oder Bewilligung festgesetzt werden können. Die Vorschrift löst die bisherigen §§ 4 und 5 des alten WHG („Benutzungsbedingungen und Auflagen", „Vorbehalt") ab und fasst sie zusammen. Sie gleicht die Regelung begrifflich und systematisch an die **Strukturen des modernen Verwaltungsrechts** an. „Benutzungsbedingungen" gehören heute der Sache nach zu den Inhaltsbestimmungen, „Auflagen" zählen gemäß § 36 Abs. 2 VwVfG neben der Befristung, der Bedingung (nicht identisch mit der Benutzungsbedingung im Sinne des § 4 WHG a. F.) und bestimmten Vorbehalten zu den „Nebenbestimmungen" eines Verwaltungsaktes. Der neue § 13 vereinfacht die Rechtslage und verbessert damit die Rechtsklarheit, denn es ist jetzt deutlicher als beim alten § 5 erkennbar, dass die Erlaubnis einen geringeren Bestandsschutz gewährt als die Bewilligung. § 13 zeigt auf, mit welchem Instrumentarium die staatliche Gewässerbewirtschaftung operieren kann, um im System der vorrangig gemeinwohlorientierten öffentlich-rechtlichen Benutzungsordnung den öffentlichen Belangen, soweit erforderlich, die Priorität gegenüber dem individuellen Schutz des Vertrauens in den Bestand von erlaubten oder bewilligten Gewässerbenutzungen einzuräumen.

1

2 **Inhaltsbestimmungen** sind unselbstständige Teile eines Verwaltungsaktes, sie legen im Einzelnen fest, zu welchem Zweck, in welcher Art und in welchem Maß (vgl. § 10 Abs. 1) die Wasserbehörde die beantragte Gewässerbenutzung erlaubt oder bewilligt. Einzelne Inhaltsbestimmungen kann der Gewässerbenutzer nicht isoliert, sondern nur mit der Erlaubnis oder der Bewilligung als Ganzes anfechten. Befolgt er eine Inhaltsbestimmung nicht, ist die Gewässerbenutzung unbefugt; sie kann als Ordnungswidrigkeit nach § 103 Abs. 1 Nr. 1 geahndet werden. Anders die Rechtsnatur der **Auflage**, die **wichtigste Art der Nebenbestimmung**: Sie betrifft nicht die Benutzung selbst, sondern erlegt dem Gewässerbenutzer eine zusätzliche Verhaltenspflicht auf (z.B. technische oder betriebliche Schutzmaßnahmen, Bau einer Fischtreppe bei Stauanlagen, Mitteilungspflichten). Die Auflage ist eine selbstständige behördliche Anordnung, die neben den Verwaltungsakt tritt. Sie ist isoliert anfechtbar und behördlich durchsetzbar. Wird sie nicht befolgt, stellt dies eine Ordnungswidrigkeit nach § 103 Abs. 1 Nr. 2 dar. Neben der Auflage kennt **§ 36 Abs. 2 VwVfG** als Nebenbestimmung noch die Befristung und die Bedingung sowie den Widerrufsvorbehalt.

3 **Abs. 1** normiert den wasserrechtlichen Grundsatz zur Zulässigkeit von Inhalts- und Nebenbestimmungen, **Abs. 2** listet in einem Katalog die wichtigsten Fälle auf und **Abs. 3** schränkt bei der Bewilligung nachträgliche Anordnungen ein. Nicht fortgeführt hat das neue WHG die Regelungen der Sätze 2–4 des alten § 5 Abs. 1 WHG, die den gesetzlichen Vorbehalt für bestimmte nachträgliche Anforderungen und Maßnahmen an einschränkende Voraussetzungen geknüpft haben, die dem Verhältnismäßigkeitsgedanken in einer besonderen Ausprägung Rechnung tragen sollten. Der Gesetzgeber geht jetzt davon aus, dass der **Verhältnismäßigkeitsgrundsatz** bei nachträglichen, im Ermessen der Behörde stehenden Anordnungen, aber auch ganz generell bei der Festsetzung von Inhalts- und Nebenbestimmungen immer anwendbar ist und eine mittlerweile gefestigte Verwaltungspraxis dies berücksichtigt.[1] § 5 Abs. 1 Satz 2–4 WHG a.F. zählte zu den immer wieder anzutreffenden „Weichmacher"-Regelungen, die mehr zur Verunklarung als zur Klärung der Rechtslage beitragen.[2]

---

[1] BT-Drs. 16/12275, S. 56 und 16/13306, S. 24; vgl. auch *Knopp,* Rn. 200.
[2] Die Bestimmungen waren in der durch die 6. WHG-Novelle geänderten Fassung in sich unschlüssig, zudem nur auf einzelne Vorbehalte des § 5 bezogen und ließen die Verhältnismäßigkeit behördlicher Festsetzungen im Stadium der Erteilung der Erlaubnis oder Bewilligung ganz außer Betracht; vgl. hierzu die vertretenen kontroversen Positionen in BT-Drs. 13/4876, S. 1, 3 f.; 13/4890, S. 2 und 13/5254, S. 1; grundsätzlich kritisch auch *Lübbe-Wolff,* Die sechste Novelle zum Wasserhaushaltsgesetz, ZUR 1997, 61, 66, 67.

2. Zulässige Inhalts- und Nebenbestimmungen (Abs. 1)

§ 13 Abs. 1 geht davon aus, dass für die Erlaubnis und die Bewilligung grundsätzlich die Vorschriften des allgemeinen Verwaltungsverfahrensrechts über Verwaltungsakte einschließlich der Regelungen über die Zulässigkeit von Inhalts- und Nebenbestimmungen gelten. Das neue **WHG ergänzt das allgemeine Verwaltungsverfahrensrecht** um die Befugnis, Inhalts- und Nebenbestimmungen „auch" nachträglich und „auch" zur Vermeidung oder zum Ausgleich von nachteiligen Wirkungen für Dritte festzusetzen. Mit den Inhalts- und Nebenbestimmungen setzt die Behörde im wasserrechtlichen Bescheid die für die Gewässerbenutzung maßgebenden rechtlichen Anforderungen und wasserwirtschaftlichen Vorstellungen um. Mit der zweifachen Erweiterung der Zulässigkeitsvoraussetzungen trägt das WHG den auch durch die Wasserrahmenrichtlinie vorgegebenen Erfordernissen der nachhaltigen Gewässerbewirtschaftung Rechnung.

4

Die **Zulässigkeit von Inhalts- und Nebenbestimmungen** hängt entscheidend davon ab, ob auf den beantragten Verwaltungsakt ein Anspruch besteht oder nicht. Die Inhaltsbestimmungen der nach § 10 Abs. 1 zu erteilenden Erlaubnis und Bewilligung unterliegen nach § 12 Abs. 2 ebenso dem pflichtgemäßen Ermessen der Wasserbehörde wie sonstige Festsetzungen, die der Wasserbehörde sachdienlich erscheinen. Für Inhaltsbestimmungen ist dies allgemein anerkannt, für Nebenbestimmungen ergibt sich dies aus § 36 Abs. 1 VwVfG. Die Zulässigkeit der wasserbehördlichen Festsetzungen richtet sich in erster Linie nach den allgemeinen verfassungsrechtlichen Grundsätzen der Erforderlichkeit, Geeignetheit und Verhältnismäßigkeit, die Bestimmungen im Verwaltungsakt müssen auf die zugelassene Gewässerbenutzung bezogen und nach Maßgabe der Ziele, Grundsätze und Anforderungen des WHG sachgerecht sein.[3)] Dass § 13 Abs. 1 die Regeln für die Zulässigkeit von Inhalts- und Nebenbestimmungen ohne weiteres auch auf nachträgliche Anordnungen erstrecken kann, ergibt sich bei der Erlaubnis aus ihrer Rechtsnatur, die nur einen geringen Bestandsschutz gewährt, insbesondere frei widerruflich ist (§ 18 Abs. 1). Die Bewilligung wird stärker geschützt (§ 13 Abs. 3). Die Regelung des § 13 insgesamt macht deutlich, dass die Wasserrechtsordnung abgestuft nach Erlaubnis und Bewilligung nur einen sehr **eingeschränkten Vertrauensschutz** in den Bestand zugelassener Nutzungen anerkennt.

5

§ 13 Abs. 1 hat in Bezug auf Bestimmungen, die dazu dienen, nachteilige Wirkungen für andere zu vermeiden oder auszugleichen (z.B. Begrenzung der Wasserentnahme, Schutzmaßnahmen zugunsten

6

[3)] BVerwG v. 21.10.1970 – IV C 165.65, BVerwGE 36, 145 = HDW R 1165; vgl. näher zu den zulässigen Inhalts- und Nebenbestimmungen *C/R*, § 13 Rn. 9 ff., 13 ff.; *Knopp*, in: SZDK, § 13 WHG Rn. 19 ff.; *Schmid*, in: BFM, § 13 Rn. 33 ff.

Dritter), nach der Rechtsprechung des BVerwG **drittschützende Funktion**.[4] Aus dieser Funktion ergibt sich für den Begünstigten ein Rechtsanspruch auf ermessensfehlerfreie Entscheidung. Die Wasserbehörde hat den schutzwürdigen Interessen eines Dritten durch Festsetzung einer Auflage oder auch durch Versagung der Erlaubnis oder Bewilligung Rechnung zu tragen. Gegen eine ermessensfehlerhaft zugelassene Gewässerbenutzung kann dem Dritten ein öffentlich-rechtliches Abwehrrecht zustehen.[5]

3. Katalog zulässiger Inhalts- und Nebenbestimmungen (Abs. 2)

7 § 13 Abs. 2 enthält eine **nicht abschließende Aufzählung** von Beispielen für zulässige Inhalts- und Nebenbestimmungen, die zur Gewährleistung einer verträglichen Gewässernutzung insbesondere in Betracht kommen. Die Vorschrift löst die bisherigen Regelungen des § 4 Abs. 2 und § 5 Abs. 1 Satz 1 WHG ab, fasst sie unter Vermeidung von Doppelregelungen zusammen und gliedert sie neu. Abs. 2 knüpft an Abs. 1 an („insbesondere"), gilt also auch für nachträgliche und für drittschützende Festsetzungen der Wasserbehörde.

8 **Nr. 1** übernimmt der Sache nach den gesetzlichen Vorbehalt des alten § 5 Abs. 1 Satz 1 Nr. 1 WHG.[6] Die Vorschrift ermächtigt die Wasserbehörde, bei Stoffeinträgen in substanzieller Weise in den Bestand einer zugelassenen Gewässerbenutzung einzugreifen. Im Hinblick auf die hohe Bedeutung der **Reinhaltung der Gewässer** ist dies verfassungsrechtlich nicht zu beanstanden. Die Wasserbehörde wird immer dann, wenn die Erfüllung der zusätzlichen Anforderungen technische Anpassungsmaßnahmen erfordert, dem Gewässerbenutzer angemessene Fristen einräumen müssen. Das WHG hat dies auch für die Fälle, die speziell geregelt sind, ausdrücklich vorgeschrieben (vgl. § 35 Abs. 2, § 57 Abs. 4 und 5, § 58 Abs. 3, § 60 Abs. 2). Für die Bewilligung hat die Regelung der Nr. 1 kaum noch praktische Bedeutung, weil für die Tatbestände des Einbringens und des Einleitens von Stoffen in Gewässer seit Inkrafttreten der 4. WHG-Novelle am 1.10.1976 die Erteilung einer Bewilligung grundsätzlich nicht mehr zulässig ist (vgl. jetzt § 9 Abs. 1 Nr. 3).

9 **Nr. 2** führt die bisherigen Regelungen des § 4 Abs. 2 Nr. 1 und 2a sowie des § 5 Abs. 1 Satz 1 Nr. 1a, 2 und 3 WHG fort.[7] Von besonderer Bedeutung ist die Befugnis der Wasserbehörde, auch nachträglich die Maßnahmen anzuordnen, die zur **Erreichung der Bewirtschaftungsziele** in den Maßnahmenprogrammen nach § 82 vorgesehen sind. Da-

---

[4] BVerwG v. 15.7.1987 – 4 C 56.83, BVerwGE 78, 40, 43 = HDW R 1525; vgl. aber auch C/R, § 13 Rn. 42, 43.
[5] OVG Münster v. 26.9.1974 – XI A 681/72, ZfW 1975, 117 = HDW R 1297.
[6] Allerdings nicht beschränkt nur auf nachträglich gestellte zusätzliche Anforderungen.
[7] Vgl. hierzu BT-Drs. 16/12275, S. 56.

mit kommt das WHG Verpflichtungen zur Umsetzung von verbindlichen Vorgaben der Wasserrahmenrichtlinie in das Recht und die Vollzugspraxis der Mitgliedstaaten nach.[8] Die anderen Buchstaben in Nr. 2 betreffen Maßnahmen, die in besonderer Weise geeignet sind, den Zielen, Grundsätzen und Anforderungen des WHG zur Gewährleistung einer ordnungsgemäßen Gewässerbewirtschaftung Rechnung zu tragen.

Eine nach **Nr. 3** zulässige Bestellung von **Betriebsbeauftragten**, die außerhalb der in § 64 geregelten Zuständigkeitsbereiche für sonstige wasserwirtschaftliche Aufgaben verantwortlich sind, kommt z.B. für Wasserversorgungsunternehmen oder Betreiber von Stauanlagen in Betracht. Eine entsprechende Auflage steht im pflichtgemäßen Ermessen der Behörde und ist gerichtlich voll nachprüfbar. In der Auflage muss die Behörde die Verantwortlichkeiten näher festlegen und auch bestimmen, nach welchen Vorschriften sich die Tätigkeit des Betriebsbeauftragten richtet (z.B. §§ 64–66). 10

Bei den Beiträgen nach **Nr. 4** handelt es sich, wie die Gesetzesbegründung zum WHG 1957 hervorhebt, nicht um einen Wasserzins oder eine Wasserbenutzungsgebühr[9] und auch nicht um öffentliche Abgaben im Sinne des § 80 Abs. 2 Nr. 1 VwGO, denn sie werden nicht von allen oder einem großen Teil von normativ bestimmten Abgabepflichtigen erhoben, sondern in pflichtgemäßer Ermessensausübung von der Behörde ausgewählt.[10] Es geht vielmehr um **Beiträge zu Kosten**, die einer Körperschaft des öffentlichen Rechts infolge der Durchführung von Maßnahmen im Interesse der Ordnung des Wasserhaushalts entstehen. So kann die Behörde z.B. eine Wasserentnahme mit der Auflage zulassen, dass der Unternehmer einer Körperschaft des öffentlichen Rechts, die eine Talsperre zur Verbesserung der Wasserversorgung baut, zu den Kosten der Talsperre einen angemessenen Beitrag leistet.[11] 11

4. Nachträgliche Anordnungen bei Bewilligungen (Abs. 3)

§ 13 Abs. 3 lässt bei Bewilligungen anders als bei Erlaubnissen im Wege nachträglicher Anordnung nur die in Abs. 2 aufgeführten Inhalts- und Nebenbestimmungen zu. Diese Regelung entspricht dem Standard des bisher geltenden Rechts (§ 5 WHG a.F.). Sie trägt der **stärkeren Rechtsposition** des Bewilligungsinhabers im Vergleich zum Erlaubnisinhaber Rechnung. Von besonderer Bedeutung und Reichweite ist allerdings die auch bei der Bewilligung bestehende Befug- 12

---

[8] Vgl. zum Maßnahmenprogramm auch § 82 nebst Kommentierung sowie zu grundsätzlichen Fragestellungen *Durner*, Die Durchsetzbarkeit des wasserwirtschaftlichen Maßnahmenprogramms, NuR 2009, 77.
[9] Vgl. BT-Drs. 3536, S. 9.
[10] Vgl. hierzu näher *Knopp*, in: SZDK, § 4 WHG Rn. 22.
[11] Vgl. BT-Drs. 3536, S. 9.

nis der Wasserbehörde, nachträglich die notwendigen Maßnahmen zur Durchsetzung von Maßnahmenprogrammen nach § 82 durchzusetzen. Mit dieser Möglichkeit wird die Behörde in die Lage versetzt, in Übereinstimmung mit den Vorgaben der Wasserrahmenrichtlinie alle für die Erreichung der Bewirtschaftungsziele relevanten Einwirkungen auf Gewässer in der gebotenen Weise zu begrenzen, regelmäßig zu überprüfen und gegebenenfalls zu aktualisieren (vgl. insbesondere Art. 11 Abs. 3 Buchst. e–i WRRL). Die 2002 durch die 7. WHG-Novelle zur Erfüllung EG-rechtlicher Verpflichtungen geschaffene Regelung stellt eine auch in praktischer Hinsicht weitgehende Relativierung des Bestandsschutzes der Bewilligung dar.

13 Die **Bewilligung** wird gegenüber der Erlaubnis **nur bei nachträglichen Anordnungen**, nicht bei Inhalts- und Nebenbestimmungen im Rahmen der Erteilung der Bewilligung **privilegiert**. Wegen des höheren Bestandsschutzes wird die Wasserbehörde besonders sorgfältig und gründlich prüfen, ob und inwieweit eine zu bewilligende Gewässerbenutzung mit den Belangen einer geordneten Wasserwirtschaft im Einklang steht, die auf langfristige Sicherung angelegt ist und sich für künftige Veränderungen als anpassungsfähig erweisen muss. Es ist eine grundsätzlich zulässige Ermessenserwägung der Behörde, wegen in Betracht kommender relevanter Erschwernisse für eine nachhaltige Gewässerbewirtschaftung nur eine Erlaubnis zu erteilen.

5. Landesrecht

14 § 13 ist in Abs. 1 und 2 eine im Rahmen des Art. 72 Abs. 1 GG der Ergänzung durch Landesrecht zugängliche, in Abs. 3 eine abschließende Regelung. Die in den Landeswassergesetzen enthaltenen Ausführungsvorschriften zu §§ 4 und 5 WHG a.F. gelten daher fort, soweit sie § 13 Abs. 1 und 2 lediglich ergänzen. In Betracht kommen vor allem nähere, die allgemeinen Vorschriften des Verwaltungsverfahrensrechts konkretisierende Regelungen (z.B. zur Befristung von Erlaubnissen) sowie Erweiterungen zum Insbesondere-Katalog des § 13 Abs. 2, insofern allerdings ohne Auswirkungen auf Abs. 3 (dies müsste ausdrücklich vorgesehen sein). § 13 unterliegt der Abweichungsgesetzgebung der Länder nach Art. 72 Abs. 3 Satz 1 Nr. 5 GG, soweit die Inhalts- und Nebenbestimmungen nicht stoff- oder anlagenbezogene Gewässerbenutzungen betreffen.

§ 13a
Versagung und Voraussetzungen für die Erteilung der Erlaubnis für bestimmte Gewässerbenutzungen; unabhängige Expertenkommission

(1) Eine Erlaubnis für eine Gewässerbenutzung nach § 9 Absatz 2 Nummer 3 und 4 ist zu versagen, wenn

1. Schiefer-, Ton- oder Mergelgestein oder Kohleflözgestein zur Aufsuchung oder Gewinnung von Erdgas oder Erdöl aufgebrochen werden soll oder

2. die Gewässerbenutzung erfolgen soll in oder unter

    a) einem festgesetzten Wasserschutzgebiet,

    b) einem festgesetzten Heilquellenschutzgebiet,

    c) einem Gebiet, aus dem über oberirdische Gewässer Oberflächenabfluss

        aa) in einen natürlichen See gelangt, aus dem unmittelbar Wasser für die öffentliche Wasserversorgung entnommen wird, oder

        bb) in eine Talsperre gelangt, die der öffentlichen Wasserversorgung dient,

    d) einem Einzugsgebiet einer Wasserentnahmestelle für die öffentliche Wasserversorgung,

    e) einem Einzugsgebiet eines Brunnens nach dem Wassersicherstellungsgesetz oder

    f) einem Einzugsgebiet

        aa) eines Mineralwasservorkommens,

        bb) einer Heilquelle oder

        cc) einer Stelle zur Entnahme von Wasser zur Herstellung von Lebensmitteln.

Satz 1 Nummer 2 Buchstabe b und f Doppelbuchstabe bb gilt nicht, wenn Gesteine aufgebrochen werden sollen, um eine Heilquelle zu erschließen oder zu erhalten. Auf Antrag des Inhabers der Erlaubnis für die Wasserentnahme, der die erforderlichen Unterlagen enthält, weist die zuständige Behörde Gebiete nach Satz 1 Nummer 2 Buchstabe c bis f nach Maßgabe der allgemein anerkannten Regeln der Technik in Karten aus und veröffentlicht die Karten für die Gebiete nach Satz 1 Nummer 2 Buchstabe c, d und f im Internet. Satz 1 Nummer 2 Buchstabe a und b und Satz 3 gelten entsprechend für Gebiete, die zur Festsetzung als Wasserschutzgebiete oder als Heilquellenschutzgebiete vorgesehen sind, für einen Zeitraum von 36 Monaten nach ihrer Ausweisung als vorgesehene Schutzgebiete entsprechend Satz 3. Die zuständige Behörde kann die Frist nach Satz 4 um bis zu zwölf Monate verlängern, wenn besondere Umstände dies erfordern.

(2) Abweichend von Absatz 1 Satz 1 Nummer 1 können Erlaubnisse für vier Erprobungsmaßnahmen mit dem Zweck erteilt werden, die Auswirkungen auf die Umwelt, insbesondere den Untergrund und den Wasserhaushalt, wissenschaftlich zu erforschen. Die Erlaubnisse nach Satz 1 bedürfen der Zustimmung der jeweiligen Landesregierung. Bei der Entscheidung nach Satz 2 sind die geologischen Besonderheiten der betroffenen Gebiete und sonstige öffentliche Interessen abzuwägen.

(3) Durch Landesrecht kann bestimmt werden, dass Erlaubnisse für Benutzungen nach § 9 Absatz 2 Nummer 3 und 4 auch in oder unter Gebieten, in denen untertägiger Bergbau betrieben wird oder betrieben worden ist, nur unter bestimmten Auflagen erteilt werden dürfen oder zu versagen sind. Die zuständige Behörde weist Gebiete nach Satz 1 in Karten aus.

(4) Sofern die Erteilung einer Erlaubnis für eine Benutzung nach § 9 Absatz 2 Nummer 3 nicht nach Absatz 1 oder Absatz 3 ausgeschlossen ist, darf die Erlaubnis nur erteilt werden, wenn

1. die verwendeten Gemische

    a) in den Fällen des Absatzes 2 als nicht wassergefährdend eingestuft sind,

    b) in den übrigen Fällen als nicht oder als schwach wassergefährdend eingestuft sind und

2. sichergestellt ist, dass der Stand der Technik eingehalten wird.

(5) Sofern die Erteilung einer Erlaubnis für eine Benutzung nach § 9 Absatz 2 Nummer 4 nicht nach Absatz 1 oder Absatz 3 ausgeschlossen ist, darf die Erlaubnis nur erteilt werden, wenn sichergestellt ist, dass der Stand der Technik eingehalten wird und insbesondere die Anforderungen nach § 22c der Allgemeinen Bundesbergverordnung vom 23. Oktober 1995 (BGBl. I S. 1466), die zuletzt durch Artikel 2 der Verordnung vom 4. August 2016 (BGBl. I S. 1957) geändert worden ist, erfüllt werden.

(6) Die Bundesregierung setzt eine unabhängige Expertenkommission ein, welche die nach Absatz 2 durchgeführten Erprobungsmaßnahmen wissenschaftlich begleitet und auswertet sowie hierzu und zum Stand der Technik Erfahrungsberichte zum 30. Juni eines Jahres, beginnend mit dem 30. Juni 2018, erstellt. Die Expertenkommission übermittelt die Erfahrungsberichte zu den in Satz 1 genannten Zeitpunkten dem Deutschen Bundestag und veröffentlicht sie im Internet. Die Expertenkommission unterrichtet die Öffentlichkeit in

regelmäßigen Abständen über Verlauf und Ergebnisse der Erprobungsmaßnahmen nach Absatz 2; hierbei sowie zu den Entwürfen der Erfahrungsberichte nach Satz 1 ist der Öffentlichkeit Gelegenheit zur Stellungnahme zu geben. Die unabhängige Expertenkommission nach Satz 1 setzt sich zusammen aus

1. einem Vertreter der Bundesanstalt für Geowissenschaften und Rohstoffe,
2. einem Vertreter des Umweltbundesamtes,
3. einem vom Bundesrat benannten Vertreter eines Landesamtes für Geologie, das nicht für die Zulassung der Erprobungsmaßnahmen zuständig ist,
4. einem Vertreter des Helmholtz-Zentrums Potsdam Deutsches GeoForschungsZentrum,
5. einem Vertreter des Helmholtz-Zentrums für Umweltforschung Leipzig sowie
6. einem vom Bundesrat benannten Vertreter einer für Wasserwirtschaft zuständigen Landesbehörde, die nicht für die Zulassung der Erprobungsmaßnahmen zuständig ist.

Die Mitglieder der Expertenkommission sind an Weisungen nicht gebunden. Die Expertenkommission gibt sich eine Geschäftsordnung und wählt aus ihrer Mitte einen Vorsitzenden.

(7) Im Jahr 2021 überprüft der Deutsche Bundestag auf der Grundlage des bis dahin vorliegenden Standes von Wissenschaft und Technik die Angemessenheit des Verbots nach Absatz 1 Satz 1 Nummer 1.

Inhaltsübersicht

Rn.		Rn.
1. Entstehung und Zweck der Fracking-Gesetzgebung 1	4. Anforderungen an zulässige Benutzungen (Abs. 4, 5)...	8
2. Versagung der wasserrechtlichen Erlaubnis (Abs. 1, 2) 4	5. Expertenkommission und Verbotsüberprüfung	
3. Ländererzmächtigung für weitere einschränkende Regelungen (Abs. 3). 7	(Abs. 6, 7)	11
	6. Landesrecht	13

1. Entstehung und Zweck der Fracking-Gesetzgebung

In Deutschland ist nach dem Atomausstieg das wirtschaftliche Interesse an zusätzlichen Energiequellen stark angewachsen. Die besonders in den USA weit verbreitete sog. Fracking-Technologie hat auch in Deutschland ein gewisses Potenzial. Es geht um die Erkundung und Förderung vor allem von Erdgas, aber auch von Erdöl und Erdwärme durch Aufbrechen von Gesteinen unter hydraulischem Druck   *1*

(„hydraulic fracturing"); vgl. den neuen Benutzungstatbestand des § 9 Abs. 2 Nr. 3. Man unterscheidet dabei „**konventionelles**" und „**unkonventionelles**" **Fracking** in Abhängigkeit von der Durchlässigkeit der Gesteinsschicht (Sand- und Kalkstein einerseits, Schiefer-, Tonoder Mergelgestein sowie Kohleflözgestein andererseits) und der danach auszurichtenden Art und Weise der Förderung. Unkonventionelles Fracking ist mit höheren Umweltrisiken verbunden und in Deutschland anders als das konventionelle Verfahren praktisch noch nicht erprobt und angewandt worden. Die deutsche Energiewirtschaft hat sich dafür eingesetzt, die vorhandenen Potenziale zu nutzen und hierfür die rechtlichen Rahmenbedingungen zu verbessern. Der heftig geführte fachliche und politische Streit über die mit der Fracking-Technologie verbundenen Gefahren für die Umwelt (insbesondere das Grundwasser) sowie über Sinn und Zweck und den möglichen Inhalt einer gesetzlichen Regelung zog sich über Jahre hin und konnte erst gegen Ende der 17. Legislaturperiode mit dem am 11. 2. 2017 in Kraft getretenen „**Gesetz zur Änderung wasser- und naturschutzrechtlicher Vorschriften zur Untersagung und zur Risikominimierung bei den Verfahren der Fracking-Technologie**" vom 4. 8. 2016 (BGBl. I S. 1972) mit einer Kompromisslösung abgeschlossen werden. Hinzu gekommen sind, ebenfalls am 4. 8. 2016, das Gesetz zur Ausdehnung der Bergschadenshaftung auf den Bohrlochbergbau und Kavernen (BGBl. I S. 1962) sowie die Verordnung zur Einführung der Umweltverträglichkeitsprüfung über bergbauliche Anforderungen beim Einsatz der Fracking-Technologie und Tiefbohrungen (BGBl. I S. 1957) mit ihren Änderungen der Verordnung über die Umweltverträglichkeitsprüfung bergbaulicher Vorhaben und der Allgemeinen Bundesbergverordnung. Einerseits konnte die Umweltseite ihr Ziel, Fracking ganz zu verbieten, nicht erreichen, andererseits ist jetzt die Nutzung der Fracking-Technologie entweder gar nicht oder nur sehr eingeschränkt zulässig.[1]

2 Im Vordergrund des Fracking-Gesetzes steht die Ergänzung des Wasserhaushaltsgesetzes (vgl. § 9 Abs. 2 Nr. 3 und 4, §§ 13a, 13b, § 14 Abs. 1 Nr. 3, § 15 Abs. 1 Satz 2, § 104a). Vorrangiges Ziel ist, einen wirksamen Grundwasserschutz gewährleistende **strengere Anforderungen an die Erteilung wasserrechtlicher Erlaubnisse und die Überwachung** zu stellen. § 13a bestimmt die Fälle, in denen die Erlaubnis zu versagen ist, und regelt für die übrigen Fälle die Voraussetzungen, unter denen eine Erlaubnis erteilt werden kann. **Abs. 1** normiert in Satz 1 für das unkonventionelle Fracking (Nr. 1) sowie die untertägige Ablagerung von Lagerstättenwasser in bestimmten

---

[1] Vgl. näher zur Fracking-Gesetzgebung *Giesberts/Kastelec*, Das Regelungspaket zum Fracking, NVwZ 2017, 360; *dies.*, in: BeckOK, § 13a WHG Rn. 1ff.; *Reinhardt*, Entscheidung vertagt oder verkappt: Die WHG-Novelle 2016 zum Fracking, NVwZ 2016, 1505f., 1510; siehe auch die ausführlichen Kommentierungen in BFM zu § 9 unter Rn. 93bff. (*Schmid*) und §§ 13a, 13b unter Rn. 1ff., 76ff., 80ff. (*Frenz*).

Gebieten (Nr. 2) ein grundsätzliches Erlaubnisverbot, wobei die Sätze 2 bis 5 die Verbotsregelung einschränken, modifizieren und erweitern. **Abs. 2** befreit von dem Verbot des unkonventionellen Fracking vier Erprobungsmaßnahmen für Zwecke der wissenschaftlichen Forschung. **Abs. 3** ermächtigt die Länder, für bestimmte Bereiche weitere Einschränkungen und Verbote vorzusehen. **Abs. 4 und 5** stellen an die Erlaubnis von nicht vom Verbot erfassten Benutzungen zusätzliche Anforderungen, **Abs. 6** regelt die wissenschaftliche Begleitung und Auswertung von Erprobungsmaßnahmen nach Abs. 2 durch eine unabhängige Expertenkommission und Abs. 7 beauftragt den Bundestag, 2021 die Angemessenheit des Verbots für das unkonventionelle Fracking nach Abs. 1 Satz 1 Nr. 1 zu überprüfen. Für bestehende Anlagen zur untertägigen Ablagerung von Lagerstättenwasser gibt es in **§ 104a** eine **Überleitungsregelung**.

§ 13a setzt Maßnahmen voraus, die als unechte Benutzungen im Sinne des § 9 Abs. 2 Nr. 3 und 4 anzusehen sind und deshalb nach dem Eingangssatz des § 9 Abs. 2 nicht eingreifen, wenn sie echte Gewässerbenutzungen darstellen; vgl. hierzu § 9 Rn. 17 f. Im Übrigen regelt § 13a die speziellen **Anforderungen** an die Erlaubniserteilung **nicht abschließend** und lässt insbesondere § 12 Abs. 1 und 2 unberührt.[2] Vorbehaltlich des § 13a kann Fracking somit wasserrechtlich nur gestattet werden, wenn keine schädlichen Gewässerveränderungen zu erwarten sind und die Behörde im Rahmen ihres Bewirtschaftungsermessen entsprechend entscheidet. 3

2. Versagung der wasserrechtlichen Erlaubnis (Abs. 1, 2)

§ 13a regelt in **Abs. 1** die Fälle, in denen Fracking-Maßnahmen im Sinne des § 9 Abs. 2 Nr. 3 und 4 wasserrechtlich nicht erlaubnisfähig sind. **Satz 1** bezieht das Verbot auf zwei Fallgruppen:[3] **Nr. 1** erfasst nur das Fracking nach Nr. 3 des § 9 Abs. 2 und dabei nur die mit größeren Umweltrisiken verbundene, in Deutschland bisher noch weitgehend unbekannte Förderung aus unkonventionellen Lagerstätten, also nicht das konventionelle Fracking und nicht die Erdwärmegewinnung; vgl. zu dem Verbot aber auch Abs. 2 des § 13a sowie unten Rn. 6. **Nr. 2** erstreckt sich auf alle Benutzungen im Sinne des § 9 Abs. 2 Nr. 3 und 4, also auf alle Gesteinsarten und auch die Erdwärme, begrenzt das Verbot allerdings auf die unter a) bis f) aufgezählten Gebiete, die unter Vorsorgeaspekten vor allem mit Blick auf die öffentliche Wasserversorgung als besonders schutzbedürftig gelten.[4] 4

---

[2] So ausdrücklich BT-Drs. 18/4713, S. 22; im Ergebnis auch *Reinhardt* (Fn. 1), S. 1508; zu Unrecht einschränkend *Frenz*, in: BFM, §§ 13a, 13b Rn. 46f.
[3] Zur Begründung siehe näher BT-Drs. 18/4713, S. 22ff. und 18/8916, S. 19f.
[4] Vgl. zu rechtsförmlichen Fragestellungen bei den Gebieten, die mit ihren Verbotszonen nicht durch Gesetz und Verordnung, sondern nach Abs. 1 Satz 3 und 4 nur durch behördliche Karten nach Maßgabe der allgemein anerkannten Regeln der Technik fixiert werden, *Reinhardt* (Fn. 1), S. 1507.

Ebenso will das WHG ausschließen, dass durch das untertägige Ablagern des Lagerstättenwassers, das in tiefe Gesteinsformationen verpresst wird, wassergefährdende Stoffe in das Grundwasser gelangen können.[5]

5 Das absolute **Verbot** einer Erlaubniserteilung nach Satz 1 wird in den folgenden Sätzen des Abs. 1 **eingeschränkt und ergänzt**.[6] Das Verbot gilt nach **Satz 2** nicht, wenn das Aufbrechen der Gesteine der Erschließung oder Erhaltung einer Heilquelle dient. **Satz 3** sieht bei den in Satz 1 Nr. 2 Buchst. c bis f genannten Gebiete vor, auf Antrag des betroffenen Inhabers der Wasserentnahmeerlaubnis die Einzugsgebiete in Karten auszuweisen und die Karten im Internet zu veröffentlichen. Nach **Satz 4 und 5** wird sowohl das Verbot nach Satz 1 Nr. 2 Buchst. a und b als auch die Regelung über die kartenmäßige Ausweisung und Veröffentlichung nach Satz 3 um erst zur Festsetzung vorgesehene Wasserschutz- und Heilquellenschutzgebiete erweitert. Die entsprechende Geltung der Vorschriften beginnt mit der Ausweisung in Karten und ist auf drei Jahre befristet, wobei die Frist unter besonderen Umständen um bis zu einem Jahr verlängert werden kann. Die Gebiete sollten also möglichst vor Ablauf der Frist förmlich festgesetzt sein.

6 Zu den wesentlichen Bausteinen der gesetzlichen Kompromisslösung gehört die **Ausnahme nach Abs. 2 Satz 1** vom absoluten Erlaubnisverbot für das unkonventionelle Fracking im Sinne des Abs. 1 Satz 1 Nr. 1. Sie dient dazu, die bei Erlass des Gesetzes in Deutschland noch vorhandenen Wissenslücken in diesem Bereich zu schließen. Zunächst sollen deshalb zur wissenschaftlichen Erforschung der Auswirkungen des unkonventionellen Fracking auf die Umwelt, insbesondere den Untergrund und den Wasserhaushalt insgesamt vier Erprobungsmaßnahmen möglich sein. Den wissenschaftlichen Zweck hat der Unternehmer darzulegen Die zuständige Behörde hat bei der Erlaubniserteilung nicht nur die einschlägigen wasserrechtlichen Vorschriften zu beachten (vgl. Rn. 3), sondern gemäß **Satz 2** auch die Zustimmung der Landesregierung einzuholen. Die Landesregierung hat dabei nach **Satz 3** nicht nur die geologischen Besonderheiten des Standortes, sondern auch „sonstige öffentliche Interessen" abzuwägen, die Abwägungsentscheidung ist somit nicht nennenswert eingeschränkt.[7]

---

[5] Vgl. zur Konzeption der Bundesregierung BT-Drs. 18/4713, S. 22 ff. und zur gesetzlichen Kompromisslösung BT-Drs. 18/8916, S. 19 f. sowie zu § 13a Abs. 1 Satz 1 Nr. 1 und 2 auch *Frenz*, in: BFM, §§ 13a, 13b Rn. 16 ff.; *Giesberts/Kastelec*, in: BeckOK, § 13a WHG Rn. 4 ff., 9 ff.

[6] Näher hierzu BT-Drs. 18/4713, S. 24 und 18/8916, S. 20 sowie *Frenz*, in: BFM, §§ 13a, 13b Rn. 21 f.; vgl. auch *Breuer/Gärditz*, Rn. 671.

[7] Vgl. zu Abs. 2 BT-Drs. 18/4713, S. 23 und 18/8916, S. 20 und *Breuer/Gärditz*, Rn. 673; kritisch zur Regelung des Abs. 2 und den Entscheidungsspielraum der Landesregierung enger interpretierend *Frenz*, in: BFM, §§ 13a, 13b Rn. 24 ff.

3. Länderermächtigung für weitere einschränkende Regelungen (Abs. 3)

Im Sinne einer Aufteilung der Fracking-Gesetzgebung zwischen Bund (flächendeckende Mindestregelung) und Ländern (landesspezifische Ergänzungen) ermächtigt Abs. 3 dazu, über § 13a hinaus durch Landesrecht in Gebieten des untertägigen Bergbaus die Erteilung einer Erlaubnis für Gewässerbenutzungen nach § 9 Abs. 2 Nr. 3 und 4 auszuschließen oder durch „bestimmte Auflagen" einzuschränken. In diesen Gebieten kommt es maßgeblich auf die jeweiligen hydrogeologischen Gegebenheiten an, denen am besten auf Landesebene angemessen Rechnung getragen werden kann.[8]

4. Anforderungen an zulässige Benutzungen (Abs. 4, 5)

Die Erteilung wasserrechtlicher Erlaubnisse für Benutzungen nach § 9 Abs. 2 Nr. 3 und 4 wird durch Abs. 1 und durch mögliche Länderregelungen nach Abs. 3 nur unter bestimmten Voraussetzungen ausgeschlossen. Für die verbleibenden Fälle stellen Abs. 4 und 5 ergänzend zu den allgemein einschlägigen wasserrechtlichen Vorschriften spezifische Anforderungen. Abs. 4 betrifft den Fracking-Benutzungstatbestand (§ 9 Abs. 2 Nr. 3), Abs. 5 das untertägige Ablagern von Lagerstättenwasser, das beim Fracking oder anderen Maßnahmen zur Förderung von Erdgas oder Erdöl anfällt (§ 9 Abs. 2 Nr. 4).

Abs. 4 stellt für die betroffenen Fracking-Maßnahmen Anforderungen an die Eigenschaften der verwendeten Gemische (Nr. 1) sowie die Einhaltung des Standes der Technik (Nr. 2). Die Gemische müssen bei den nach Abs. 2 nur zur wissenschaftlichen Erforschung zulässigen Maßnahmen zur Erprobung des besonders risikobehafteten unkonventionellen Fracking als nicht wassergefährdend eingestuft sein. Die Einstufung richtet sich nach §§ 8ff. der Verordnung über Anlagen zum Umgang mit wassergefährdenden Stoffen (AwSV) vom 18.4.2017. In den übrigen Fällen reicht die Einstufung als schwach wassergefährdend aus. Bei allen von Abs. 4 erfassten Benutzungen ist mindestens der Stand der Technik und insofern die Begriffsbestimmung nach § 3 Nr. 11 mit den Kriterien der Anlage 1 maßgebend.[9]

Abs. 5 betrifft die Fälle der untertägigen Ablagerung von Lagerstättenwasser. Auch für diese Fälle verlangt das WHG die Einhaltung des Standes der Technik. Außerdem müssen die Anforderungen nach § 22c der Allgemeinen Bundesbergverordnung erfüllt werden. Diese Vorschrift regelt aus bergrechtlicher Sicht den Umgang mit Lager-

---

[8] Vgl. zu Abs. 3 BT-Drs. 18/4713, S. 24f. und 18/8916, S. 20 sowie *Frenz*, in: BFM, §§ 13a, 13b Rn. 29ff.; kritisch *Giesberts/Kastelec*, in: BeckOK, § 13a WHG Rn. 18ff., 21.
[9] Vgl. zu Abs. 4 BT-Drs. 18/4713, S. 25 und 18/8916, S. 20 sowie *Frenz*, in: BFM, §§ 13a, 13b Rn. 32ff., 35ff.; *Giesberts/Kastelec*, in: BeckOK, § 13a WHG Rn. 23ff.

stättenwasser und den Rückfluss bei der Aufsuchung und Gewinnung von Erdöl und Erdgas und schreibt wie das WHG die Einhaltung des Standes der Technik vor.[10]

5. Expertenkommission und Verbotsüberprüfung (Abs. 6, 7)

11 Nach **Abs. 6 Satz 1** hat die Bundesregierung eine unabhängige **Expertenkommission** mit dem Auftrag einzusetzen, die Erprobungsmaßnahmen nach Abs. 2 wissenschaftlich zu begleiten und auszuwerten sowie hierzu und zum Stand der Technik jährliche Erfahrungsberichte vorzulegen. Die **Sätze 2 und 3** bestimmen den Deutschen Bundestag als Adressaten der Erfahrungsberichte, die Veröffentlichung der Berichte im Internet sowie die Unterrichtung der Öffentlichkeit und deren Anhörung zu den Berichtsentwürfen. Die Zusammensetzung der sechsköpfigen Kommission, die Weisungsungebundenheit der Mitglieder, der Erlass einer Geschäftsordnung und die Wahl eines Vorsitzenden sind in den **Sätzen 4 bis 6** geregelt.[11]

12 In **Abs. 7** hat der Gesetzgeber sich selbst einen **Prüfauftrag** erteilt. Im Jahr 2021 soll der Bundestag auf der Grundlage der bis dahin vorliegenden Erkenntnisse über den Stand von Wissenschaft und Technik überprüfen, ob und inwieweit das strenge Verbot nach Abs. 1 Satz 1 Nr. 1 angemessen ist.[12] Allerdings bleibt es dem Bundestag überlassen, ob er den Prüfauftrag befolgt oder nicht, in seiner Souveränität, über Zeitpunkt und Inhalt künftiger Gesetzgebungsakte frei zu entscheiden, ist er nicht eingeschränkt. Insofern hat Abs. 7 den Charakter einer programmatischen Absichtserklärung.[13]

6. Landesrecht

13 § 13a hat mit den speziellen Voraussetzungen für die Erteilung wasserrechtlicher Erlaubnisse für Gewässerbenutzungen nach § 9 Abs. 2 Nr. 3 und 4 eine für den Bund abschließende Regelung geschaffen.

---

[10] Vgl. zu Abs. 5 BT-Drs. 18/8916, S. 20 sowie *Frenz*, in: BFM, §§ 13a, 13b Rn. 44f.; *Giesberts/Kastelec*, in: BeckOK, § 13a WHG Rn. 23, 27ff.
[11] § 13a Abs. 6 und 7 des Gesetzentwurfs der Bundesregierung gab der Expertenkommission weitergehende Befugnisse (BT-Drs. 18/4713, S. 10f., 25f.), der Gesetzgeber ist dem nicht gefolgt (BT-Drs. 18/8916, S. 5, 21); vgl. näher zum Gesetzentwurf und zur Gesetzesfassung *Frenz*, in: BFM, §§ 13a, 13b Rn. 58–75.
[12] Zu den Szenarien vgl. *Reinhardt* (Fn. 1), S. 1509f.
[13] Nach *Breuer/Gärditz*, Rn. 670 handelt es sich bei Abs. 7 um eine nicht unmittelbar mit Rechtsfolgen verbundene Evaluierungsklausel. Ob ihre Ansicht zutrifft, ein Verzicht des Bundestages auf die Überprüfung führe zu wachsenden Begründungsrisiken für die Verhältnismäßigkeit des Verbots, ist allerdings fraglich. Der Bundestag hat nicht erkennen lassen, dass seine Prüfung über die rechtspolitische Angemessenheit des Verbots hinaus auch die verfassungsrechtliche Verhältnismäßigkeit umfassen soll; so wohl auch *Reinhardt* (Fn. 1), S. 1506, wonach sich der Gesetzgeber sowohl für ein absolutes Verbot des unkonventionellen Fracking als auch für die Zulassung und Förderung dieser Technologie hätte entscheiden dürfen.

Insofern sind den Ländern nur durch die Ermächtigung nach Abs. 3 Gesetzgebungsbefugnisse eingeräumt. Abweichendes Landesrecht ist nach Art. 72 Abs. 3 Satz 1 Nr. 5 GG nicht zulässig, soweit es sich um stoff- oder anlagenbezogene Regelungen handelt. § 13a betrifft das Regime der unechten Benutzungen nach § 9 Abs. 2 Nr. 3 und 4. Sowohl beim Aufbrechen von Gesteinen als auch beim untertägigen Ablagern von Lagerstättenwasser geht um stoffbezogene Handlungen, die zwar nicht unmittelbar auf Gewässer einwirken, aber Risiken für Stoffeinträge in das Grundwasser schaffen, weswegen das WHG sie als unechte Gewässerbenutzungen einstuft. § 13a ist insofern grundsätzlich als Ganzes abweichungsfest.[14] Lediglich von der verfahrensrechtlichen Regelung des Abs. 2 Satz 2 (Zustimmung der Landesregierung) können die Länder nach Art. 84 Abs. 1 Satz 2 GG abweichen.

§ 13b
Antragsunterlagen und Überwachung bei bestimmten Gewässerbenutzungen; Stoffregister

(1) Der Antrag auf Erteilung einer Erlaubnis für eine Gewässerbenutzung nach § 9 Absatz 2 Nummer 3 oder Nummer 4 muss insbesondere die Angaben nach § 2 Absatz 1 Nummer 3 der Verordnung über die Umweltverträglichkeitsprüfung bergbaulicher Vorhaben vom 13. Juli 1990 (BGBl. I S. 1420), die zuletzt durch Artikel 1 der Verordnung vom 4. August 2016 (BGBl. I S. 1957) geändert worden ist, enthalten. Die zuständige Behörde hat die Angaben nach § 2 Absatz 1 Nummer 3 Buchstabe a dieser Verordnung innerhalb von zwei Wochen nach Antragstellung im Internet zu veröffentlichen.

(2) In der Erlaubnis für Gewässerbenutzungen nach § 9 Absatz 2 Nummer 3 und 4 ist insbesondere zu regeln, wie

1. die Beschaffenheit des Grundwassers und oberirdischer Gewässer im Einwirkungsbereich der Maßnahmen regelmäßig während und nach deren Durchführung zu überwachen und

2. über die Ergebnisse der Überwachung der zuständigen Behörde schriftlich oder elektronisch zu berichten ist.

(3) In der Erlaubnis für Gewässerbenutzungen nach § 9 Absatz 2 Nummer 3 ist darüber hinaus insbesondere die regelmäßige Überwachung nach § 22b Satz 1 Nummer 2 und 3 der Allgemeinen Bundesbergverordnung sowie die Pflicht, der zuständigen Behörde über die Ergebnisse der Überwachung schriftlich oder elektronisch zu berichten, näher zu regeln.

---

[14] Unklar *Reinhardt* (Fn. 1), S. 1510, wonach dies nicht gilt, soweit § 9 Abs. 2 Nr. 3 und 4, §§ 13a, 13 „für bestimmte Benutzungen" (auch stoffbezogene?) „Grundsatzverbote" begründen; ähnlich *Giesberts/Kastelec*, in: BeckOK, § 13a WHG Rn. 42f.; wie hier *Schmid*, in: BFM, § 9 Rn. 106 bezogen auf § 9 Abs. 2 Nr. 3 und 4.

(4) Der Inhaber der Erlaubnis hat die zuständige Behörde unverzüglich zu unterrichten über nachteilige Veränderungen der Beschaffenheit des Grundwassers, eines oberirdischen Gewässers oder des Bodens infolge von

1. Benutzungen nach § 9 Absatz 2 Nummer 3 oder Nummer 4 oder
2. Benutzungen nach § 9 Absatz 1 Nummer 4 oder Nummer 5, die im Zusammenhang mit Benutzungen nach § 9 Absatz 2 Nummer 3 oder Nummer 4 stehen.

Die zuständige Behörde hat Informationen nach Satz 1 innerhalb von zwei Wochen nach der Unterrichtung im Internet zu veröffentlichen.

(5) Durch Rechtsverordnung nach § 23 Absatz 1 Nummer 11 kann die Errichtung und Führung eines für jedermann frei und unentgeltlich zugänglichen internetgestützten Registers für Stoffe geregelt werden, die bei Gewässerbenutzungen nach § 9 Absatz 2 Nummer 3 und 4 verwendet oder abgelagert werden.

Inhaltsübersicht

Rn.		Rn.
1. Allgemeines 1	3. Überwachung und Information (Abs. 2–5)	3
2. Antragsunterlagen (Abs. 1) 2	4. Landesrecht	8

1. Allgemeines

1 § 13b ergänzt die Regelungen des § 13a zu den speziellen Voraussetzungen für die Erteilung wasserrechtlicher Erlaubnisse für die neuen unechten-Benutzungstatbestände Nr. 3 und 4 des § 9 Abs. 2 um weitere Aspekte.[1] **Abs. 1** verlangt, bestimmte Angaben in den Erlaubnisantrag aufzunehmen und im Internet zu veröffentlichen. **Abs. 2 und 3** schreiben vor, in dem Bescheid die Art und Weise der Überwachung sowie der Berichterstattung über die Ergebnisse der Überwachung festzulegen. In **Abs. 4** geht es um die Pflicht des Erlaubnisinhabers, über nachteilige Gewässer- oder Bodenveränderungen, die auf die unechten Fracking-Benutzungstatbestände oder mit solchen Benutzungen im Zusammenhang stehenden echten Benutzungen nach § 9 Abs. 1 Nr. 4 oder 5 zurückzuführen sind, zu berichten und die Ergebnisse im Internet veröffentlichen. **Abs. 5** ermächtigt die Bundesregierung, durch Rechtsverordnung ein internetgestütztes, auf Fracking bezogenes Stoffregister einzuführen. Die in allen Absätzen des § 13b vorgeschriebenen Berichts- und Informationspflichten unterstreichen, dass die „Herstellung der größtmöglichen Transparenz für Zu-

---

[1] Näher dazu *Giesberts/Kastelec*, in: BeckOK, § 13b WHG Rn. 1ff.

lassungs- und Überwachungsbehörden sowie die Öffentlichkeit (...) ein herausragendes Ziel der Gesetzgebung zum Fracking" ist.[2]

2. Antragsunterlagen (Abs. 1)

Abs. 1 verlangt für die Erteilung der wasserrechtlichen Erlaubnis bestimmte Angaben in den Antragsunterlagen. Die Vorschrift gilt einschränkungslos für beide Benutzungen (Nr. 3 und 4 des § 9 Abs. 2). Abs. 1 verweist in **Satz 1** auf das für die betroffenen Vorhaben federführende Bergbaurecht, mit der Änderung der zitierten UVP-V Bergbau sind die Vorhaben UVP-pflichtig geworden (vgl. die Neuregelungen in § 1 Nr. 2a, 2c und 8a der Verordnung).[3] Die durch das WHG auch für die wasserrechtliche Erlaubnis geforderten **Angaben** sind in dem in Abs. 1 zitierten § 2 Abs. 1 Nr. 3 aufgeführt. Es handelt sich um Angaben über die Identität aller Stoffe, die eingesetzt, wiederverwendet, entsorgt oder beseitigt werden sollen, über ihre voraussichtliche Menge und ihren Anteil in Gemischen (Nr. 3a). Außerdem geht es um Angaben über die Beschaffenheit des betroffenen Gewässers, Bodens und der Gesteine im möglichen Einwirkungsbereich der Vorhaben, wobei die Behörde die im Einzelnen erforderlichen Untersuchungen festzulegen hat (Nr. 3b). Ein solcher „**Ausgangszustandsbericht (AZB)**" hat „Beweissicherungsfunktion" und ermöglicht eine fundierte Feststellung, ob und inwieweit etwaige Umweltschäden durch das Fracking-Vorhaben verursacht worden sind.[4] Der Bericht hat auch Bedeutung für die in Abs. 2 vorgeschriebene Überwachung. Nach **Satz 2** hat die Behörde die stoffbezogenen Angaben des Antragstellers nach Buchst. a des § 2 Abs. 1 Nr. 3 der Verordnung innerhalb von zwei Wochen im **Internet** zu veröffentlichen

3. Überwachung und Information (Abs. 2–5)

§ 13b regelt in Abs. 2 und 3, wie beim Fracking der Inhaber der wasserrechtlichen Erlaubnis seine Gewässerbenutzungen zu überwachen und über die Ergebnisse der Überwachung die zuständige Behörde zu unterrichten hat. Darüber hinaus hat der Erlaubnisinhaber nach Abs. 4 weitere Informationspflichten. Schließlich schafft Abs. 5 die Möglichkeit, ein auf Fracking bezogenes Stoffregister einzurichten.

Nach **Abs. 2** hat die zuständige Behörde im wasserrechtlichen Bescheid für beide Benutzungstatbestände (Nr. 3 und 4 des § 9 Abs. 2) festzulegen, wie der Erlaubnisinhaber die Wasserbeschaffenheit im Einwirkungsbereich des Fracking sowohl während als auch nach der Durchführungsphase zu **überwachen** (Nr. 1) und über die Ergebnisse der Behörde zu **berichten** hat (Nr. 2). Etwaige nachteilige Verände-

---

[2] BT-Drs. 18/4713, S. 27.
[3] Näher dazu *Giesberts/Kastelec*, in: BeckOK, § 13b WHG Rn. 5 ff.
[4] BT-Drs. 18/4713, S. 27; vgl. auch *Frenz*, in: BFM, §§ 13a, 13b Rn. 53.

rungen sollen so früh wie möglich erkannt werden, um sofort die erforderlichen Abhilfemaßnahmen ergreifen zu können. Wichtig ist besonders die Festlegung, an welchen Orten und mit welcher Ausstattung Messstellen, die fundierte Ergebnisse liefern können, einzurichten sind.[5]

5 **Abs. 3** ergänzt Abs. 2 bezogen auf Gewässerbenutzungen nach Nr. 3 des § 9 Abs. 2 und knüpft dabei an die parallel stattfindende **regelmäßige Überwachung** nach dem neuen § 22b Satz 1 Nr. 2 und 3 der Allgemeinen Bundesbergverordnung an.[6] Auch insoweit ist die Überwachung in der wasserrechtlichen Erlaubnis gewässerspezifisch zu konkretisieren. Der zuständigen Behörde ist ebenfalls über die Ergebnisse der Überwachung zu berichten.

6 **Abs. 4** verpflichtet über die Berichtspflichten der Abs. 2 und 3 zu den jeweils ermittelten Ergebnissen der Überwachung hinaus den Erlaubnisinhaber, die zuständige Behörde unverzüglich über ihm bekannte nachteilige Veränderungen der Wasser- oder Bodenbeschaffenheit zu **informieren**. Die Vorschrift erfasst zunächst in **Satz 1** Nr. 1 die unechten Benutzungen nach § 9 Abs. 2 Nr. 3 und 4 (um die geht es bei allen Regelungen zum Fracking). Stehen im konkreten Fall mit diesen unechten Benutzungen echte Gewässerbenutzungen nach § 9 Abs. 1 Nr. 4 und 5 in einem engen sachlichen Zusammenhang, soll auch deren Beitrag zu eingetretenen nachteiligen Veränderungen der Wasser- oder Bodenbeschaffenheit der Behörde gemeldet werden (Nr. 2).[7] Wiederum sieht **Satz 2** die Veröffentlichung der Informationen im **Internet** innerhalb von zwei Wochen nach der Meldung vor. Auch in diesem Fall hat die Behörde dies gegenüber der Öffentlichkeit transparent machen und die Informationen innerhalb von zwei Wochen im Internet veröffentlichen.

7 Schließlich ermächtigt **Abs. 5** die Bundesregierung dazu, durch eine auf § 23 Abs. 1 Nr. 11 gestützte Rechtsverordnung die **Einrichtung eines Fracking-Stoffregisters** vorzuschreiben. Ein solches Register hat die Funktion, die jeweils individuell gelieferten Daten und sonstigen Informationen über den Einsatz der beim Fracking verwendeten oder abgelagerten Stoffe in einem zentralen Register zusammenzufassen, um so den Behörden und der Öffentlichkeit einen Überblick über die in ganz Deutschland bestehende Lage zu verschaffen. Das Gesetz verlangt den für jedermann freien und unentgeltlichen Zugang zu dem Register über das Internet und macht damit nochmals deutlich, welche Bedeutung einer breit gestreuten Transparenz beim Einsatz der Fracking-Technologie beigemessen wird.[8]

---

[5] BT-Drs. 18/4713, S. 27.
[6] Vgl. dazu *Giesberts/Kastelec*, in: BeckOK, § 13b WHG Rn. 13 ff.
[7] BT-Drs. 18/8916, S. 21; vgl. zur Kausalitätsfrage („infolge") *Giesberts/Kastelec*, in: BeckOK, § 13b WHG Rn. 17.
[8] Vgl. zu Abs. 5 auch BT-Drs. 18/4713, S. 27.

4. Landesrecht

§ 13b enthält in Abs. 1 eine zum Verwaltungsverfahren gehörende 8
punktuelle, nicht abschließende Regelung, die das Landesrecht im
Rahmen des Art. 72 Abs. 1 GG ergänzen und von der es nach Art. 84
Abs. 1 Satz 2 GG abweichen kann. Abs. 2–4 betreffen Überwachungs- und Berichtspflichten zu den stoffbezogenen Benutzungstatbeständen des Fracking. Die Regelung ist abschließend und stoffbezogen, Abweichungen nach Art. 72 Abs. 3 Satz 1 Nr. 5 GG sind somit nicht zulässig.

§ 14
Besondere Vorschriften für die Erteilung der Bewilligung

(1) Die Bewilligung darf nur erteilt werden, wenn die Gewässerbenutzung

1. dem Benutzer ohne eine gesicherte Rechtsstellung nicht zugemutet werden kann,

2. einem bestimmten Zweck dient, der nach einem bestimmten Plan verfolgt wird, und

3. keine Benutzung im Sinne des § 9 Absatz 1 Nummer 4 und Absatz 2 Nummer 2 bis 4 ist, ausgenommen das Wiedereinleiten von nicht nachteilig verändertem Triebwasser bei Ausleitungskraftwerken.

(2) Die Bewilligung wird für eine bestimmte angemessene Frist erteilt, die in besonderen Fällen 30 Jahre überschreiten darf.

(3) Ist zu erwarten, dass die Gewässerbenutzung auf das Recht eines Dritten nachteilig einwirkt und erhebt dieser Einwendungen, so darf die Bewilligung nur erteilt werden, wenn die nachteiligen Wirkungen durch Inhalts- oder Nebenbestimmungen vermieden oder ausgeglichen werden. Ist dies nicht möglich, so darf die Bewilligung gleichwohl erteilt werden, wenn Gründe des Wohls der Allgemeinheit dies erfordern. In den Fällen des Satzes 2 ist der Betroffene zu entschädigen.

(4) Absatz 3 Satz 1 und 2 gilt entsprechend, wenn ein Dritter ohne Beeinträchtigung eines Rechts nachteilige Wirkungen dadurch zu erwarten hat, dass

1. der Wasserabfluss, der Wasserstand oder die Wasserbeschaffenheit verändert,

2. die bisherige Nutzung seines Grundstücks beeinträchtigt,

3. seiner Wassergewinnungsanlage Wasser entzogen oder

4. die ihm obliegende Gewässerunterhaltung erschwert

wird. Geringfügige und solche nachteiligen Wirkungen, die vermieden worden wären, wenn der Betroffene die ihm obliegende Gewässerunterhaltung ordnungsgemäß durchgeführt hätte, bleiben außer Betracht. Die Bewilligung darf auch dann erteilt werden, wenn der aus der beabsichtigten Gewässerbenutzung zu erwartende Nutzen den für den Betroffenen zu erwartenden Nachteil erheblich übersteigt.

(5) Hat der Betroffene nach Absatz 3 oder Absatz 4 gegen die Erteilung der Bewilligung Einwendungen erhoben und lässt sich zur Zeit der Entscheidung nicht feststellen, ob und in welchem Maße nachteilige Wirkungen eintreten werden, so ist die Entscheidung über die deswegen festzusetzenden Inhalts- oder Nebenbestimmungen und Entschädigungen einem späteren Verfahren vorzubehalten.

(6) Konnte der Betroffene nach Absatz 3 oder Absatz 4 nachteilige Wirkungen bis zum Ablauf der Frist zur Geltendmachung von Einwendungen nicht voraussehen, so kann er verlangen, dass dem Gewässerbenutzer nachträglich Inhalts- oder Nebenbestimmungen auferlegt werden. Können die nachteiligen Wirkungen durch nachträgliche Inhalts- oder Nebenbestimmungen nicht vermieden oder ausgeglichen werden, so ist der Betroffene im Sinne des Absatzes 3 zu entschädigen. Der Antrag ist nur innerhalb einer Frist von drei Jahren nach dem Zeitpunkt zulässig, zu dem der Betroffene von den nachteiligen Wirkungen der Bewilligung Kenntnis erhalten hat; er ist ausgeschlossen, wenn nach der Herstellung des der Bewilligung entsprechenden Zustands 30 Jahre vergangen sind.

Inhaltsübersicht

Rn.		Rn.
1. Allgemeines 1	4. Schutz Dritter (Abs. 3, 4) . .	9
2. Voraussetzungen für die Erteilung der Bewilligung (Abs. 1) 2	5. Nachträgliche Entscheidungen (Abs. 5, 6) .	13
3. Befristung der Bewilligung (Abs. 2) 7	6. Landesrecht	16

1. Allgemeines

1 § 14 regelt die Besonderheiten, die das Wasserrecht für die Erteilung einer Bewilligung im Hinblick auf ihr spezifisches, von der Erlaubnis zu unterscheidendes Wesen (vgl. hierzu § 10 Abs. 1 nebst Kommentierung) für erforderlich hält. **Abs. 1** normiert besondere Zulässigkeitsvoraussetzungen für die Erteilung der Bewilligung, **Abs. 2** schreibt ihre Befristung vor. Die **Abs. 3–6** regeln den Schutz Dritter vor nachteiligen Wirkungen bewilligter Gewässerbenutzungen. § 14 übernimmt inhaltlich im Wesentlichen die bisherigen Bestimmungen

der §§ 8 und 10 WHG, allerdings in einer etwas veränderten Systematik.[1)]

2. Voraussetzungen für die Erteilung der Bewilligung (Abs. 1)

Über die Versagungsgründe des § 12 Abs. 1 hinaus normiert § 14 Abs. 1 für die Erteilung einer Bewilligung weitere Voraussetzungen. Die Formulierung „darf nur erteilt werden" besagt, wie die Gesetzesbegründung zum alten WHG ausführt,[2)] dass auch bei Vorliegen der Voraussetzungen **kein Rechtsanspruch** auf die Erteilung der beantragten Bewilligung besteht. Beim neuen WHG ergibt sich dies jetzt bereits unmittelbar aus § 12 Abs. 2. Alle drei genannten Voraussetzungen müssen kumulativ erfüllt sein. § 14 Abs. 1 macht deutlich, dass die Bewilligung die Ausnahme, die Erlaubnis die Regel bei der Gestattung von Gewässerbenutzungen ist.[3)]

2

In der Voraussetzung **Nr. 1** wird der Grundgedanke der Bewilligung deutlich: **Gewährung einer „gesicherten Rechtsstellung"**. Die Frage der Unzumutbarkeit einer Gewässerbenutzung ohne diese Absicherung stellt sich insbesondere dann, wenn der Benutzer erhebliches Kapital investieren muss und deshalb ein berechtigtes Interesse hat, sich vor der Investition gegen bestimmte Untersagungs- oder Erstattungsansprüche Dritter und behördliche Eingriffe abzusichern.[4)] In dem Grundsatzurteil vom 29. 1. 1965 hat das BVerwG zutreffend festgestellt, dass die Unzumutbarkeit im Sinne dieser Vorschrift ein unbestimmter, in vollem Umfang der richterlichen Nachprüfung unterliegender Rechtsbegriff ist, der Gewässerbenutzer dabei die volle Darlegungslast trägt und konkret auf die wirtschaftlichen Verhältnisse des Unternehmers, nicht auf allgemeine wirtschaftliche Aspekte abzustellen ist.[5)] Zu berücksichtigen ist nicht nur der Kapitalaufwand für das Vorhaben im Verhältnis zum Kapitalaufwand des Gesamtbetriebs, sondern auch die Bedeutung des Vorhabens im Rahmen des Unternehmensziels.[6)] Grundsätzlich gilt: Je größer die Investition ist, desto größer ist das Bedürfnis des Unternehmers nach einer durch eine Bewilligung gesicherten Rechtsstellung. Dabei spielt allerdings auch eine Rolle, ob dem Unternehmer Alternativen zu der beantragten Gewässerbenutzung zur Verfügung stehen. Ob es Ausweichmöglichkeiten gibt und deshalb das Merkmal der Unzumutbarkeit nicht vorliegt, hängt auch davon ab, mit welchen Mehr-

3

[1)] Zur Entstehung der alten §§ 8 und 10 WHG und zu den Motiven wird auf die BT-Drs. 2072, S. 5, 6, 24, 25 sowie auf die Änderung durch die 4. WHG-Novelle von 1976 (BT-Drs. 7/888, S. 4, 16; 7/10888, S. 4, 15 und 7/4546, S. 6, 12) verwiesen.
[2)] BT-Drs. 2072, S. 24.
[3)] Vgl. auch BVerwG v. 20. 10. 1973 – IV C 107.67, ZfW 1973, 99, 101 = HDW R 1242.
[4)] Vgl. BT-Drs. 2072, S. 24.
[5)] BVerwG v. 29. 1. 1965 – IV C 61.64, ZfW 1965, 98, 102, 103 mit Anm. *Wiedemann*.
[6)] BVerwG v. 22. 1. 1971 – IV C 14.70, DÖV 1971, 426 = HDW R 1190.

kosten die Alternative verbunden wäre.[7] Weiterhin spielt bei der Frage der Unzumutbarkeit eine Rolle, mit welcher Wahrscheinlichkeit bei Erteilung einer bloßen Erlaubnis mit deren Widerruf, mit Untersagungs- oder Schadenersatzansprüchen oder mit konkurrierenden Gewässerbenutzungen Dritter gerechnet werden muss.[8] Je geringer diese Wahrscheinlichkeit ist, desto eher kann der Unternehmer auf die Erteilung einer Erlaubnis anstelle der beantragten Bewilligung verwiesen werden.[9]

4 Ist die Gewässerbenutzung auch ohne gesicherte Rechtsstellung zumutbar, darf die Behörde keine Bewilligung erteilen. Ist die Unzumutbarkeit zu bejahen, bedeutet dies nicht, dass die Behörde der beantragten Bewilligung stattgeben muss. Erst nach der Verneinung der Zumutbarkeit schließt sich das Stadium der pflichtgemäßen **Ermessensausübung** an, bei der die Behörde die wirtschaftlichen Interessen des Unternehmers gegen die nachteiligen Auswirkungen, die von der beantragten Gewässerbenutzung zu erwarten sind, abzuwägen hat. Das BVerwG hat dieses Rechtsverständnis für den alten § 8 Abs. 2 WHG in dem erwähnten Grundsatzurteil vom 29.1.1965 ausdrücklich bestätigt.[10] Es hat dabei auch klargestellt, dass etwaige Entschädigungspflichten bei einem notwendigen Widerruf der Bewilligung keine unzulässigen fiskalischen Erwägungen darstellen, sondern die Allgemeinheit treffen und damit Gemeinwohlbelange berühren. Ein anderes Beispiel für eine fehlerfreie Ermessensausübung: Die Behörde versagt die Erteilung einer Bewilligung für einen Wasserversorgungsverband mit der Begründung, sie wolle die Möglichkeit für eine Inanspruchnahme des Grundwasservorkommens durch andere, gleichrangige Träger der öffentlichen Wasserversorgung offenhalten, wenn es konkrete Anhaltspunkte gibt, dass eine solche Inanspruchnahme in absehbarer Zeit erforderlich sein könnte.[11]

5 Die Voraussetzung **Nr. 2** verlangt, mit der beantragten Gewässerbenutzung einen bestimmten Zweck (vgl. hierzu § 10 Abs. 1) nach einem bestimmten, der Behörde konkret darzulegenden **Plan** zu verfolgen. Damit soll der Behörde eine fundierte Beurteilung der Gewässerbenutzung in ihrer Bedeutung für den Unternehmer und für den Wasserhaushalt ermöglicht werden. Insbesondere soll auch erkennbar werden, ob eine Bewilligung ohne wirklichen Bedarf gleich-

---

[7] OVG Münster v. 24.11.1972 – XI A 173/69, ZfW 1974, 235, 237, 238.
[8] OVG Münster v. 27.4.1967, ZfW 1968, 195, 197, 198.
[9] OVG Bremen v. 9.1.1973 – II A 18/68, ZfW 1973, 115, 118, 119. – Zu § 14 Abs. 1 Nr. 1 wird im Übrigen auf die ausführlichen Erläuterungen von *Knopp*, in: SZDK, § 14 WHG Rn. 17 ff. hingewiesen.
[10] BVerwG v. 29.1.1965 – IV C 61.64, ZfW 1965, 98, 106. Dies lässt *Salzwedel*, Investitionsschutz im Wasserrecht, ZfW 2008, 1, 2 bei seiner Würdigung des Urteils außer Betracht.
[11] Vgl. VGH Mannheim v. 15.3.1995 – 8 S 3423/94, ZfW 1996, 316 f. = HDW R 1697.

sam in spekulativer Absicht begehrt wird ("Vorratsbewilligung").[12] Was der Plan enthalten muss, hängt von den Umständen im Einzelfall und davon ab, welche Angaben die Behörde im Rahmen pflichtgemäßer Ermessensausübung von dem Gewässerbenutzer fordert.

Die in **Nr. 3** aufgeführten Gewässerbenutzungen stuft das WHG als besonders problematische **Gefährdungspotenziale für den Wasserhaushalt** ein und nimmt sie deshalb im Anschluss an die 4. Novelle von 1976 und das Fracking-Gesetz von 2016 von der Bewilligungsfähigkeit aus. Bewilligungen, die entgegen diesem Verbot erteilt werden, leiden – im Unterschied zu Verstößen gegen § 14 Abs. 1 Nr. 1 und 2 – an einem besonders schwerwiegenden und offenkundigen Fehler und sind deshalb nichtig (§ 44 Abs. 1 VwVfG).[13] Die in Nr. 3 vorgesehene Ausnahme für das Wiedereinleiten von Triebwasser geht auf die 5. WHG-Novelle von 1986 zurück. Der Gesetzgeber hat diese Ausnahme im Hinblick auf die besonderen Verhältnisse der Ausleitungskraftwerke für gerechtfertigt gehalten, weil die Wasserkraft eine umweltfreundliche Art der Energiegewinnung sei und das entnommene Flusswasser praktisch unverändert wieder eingeleitet werde.[14]

3. Befristung der Bewilligung (Abs. 2)

Abs. 2 verlangt, die Bewilligung stets zu befristen; zur Befristung als Nebenbestimmung vgl. § 36 Abs. 2 Nr. 1 VwVfG. Das WHG hält eine obligatorische **Befristung** von Bewilligungen für erforderlich, damit eine geordnete Gewässerbewirtschaftung nicht durch unbefristete Rechte erschwert wird.[15] Die Fristsetzung ist wie eine Bedingung integrierender und untrennbarer Teil des Verwaltungsaktes und kann daher vor den Verwaltungsgerichten niemals isoliert, sondern nur zusammen mit dem Verwaltungsakt angefochten werden.

Die Frist muss **angemessen** sein. Ihre Länge hängt einerseits von der Relevanz der Benutzung für die auch längerfristig offen zu haltenden wasserwirtschaftlichen Planungen, andererseits von der wirtschaftlichen Bedeutung für den Unternehmer, insbesondere von der Höhe der Investitionen und der Dauer der Abschreibung ab. Die in Abs. 2 genannte Frist von 30 Jahren ist keine Regelfrist, sondern für den Normalfall die **Höchstfrist**, die nur bei Vorliegen besonderer Umstände überschritten werden darf.[16] Eine absolut höchstzulässige Frist kennt das WHG nicht. Nach Ablauf der Frist erlischt das Recht zur Gewässerbenutzung, eines Widerrufs bedarf es hierzu

---

[12] Näher hierzu C/R, § 14 Rn. 25 f.
[13] Ebenso C/R, § 14 Rn. 28 f.; *Knopp*, in: SZDK, § 14 WHG Rn. 51; a.A. *Breuer/Gärditz*, Rn. 629.
[14] BT-Drs. 10/5727, S. 32.
[15] Vgl. BT-Drs. 2072, S. 25.
[16] Vgl. auch BT-Drs. 2072, S. 25.

nicht; § 31 Abs. 7 Satz 2 VwVfG gilt insoweit nicht.[17] Eine dennoch fortgesetzte Gewässerbenutzung ist unbefugt. Unberührt bleibt aber die Möglichkeit, vor Ablauf der Frist den Bewilligungsbescheid in einem hierfür erforderlichen wasserrechtlichen Verfahren zu ändern und dabei im Rahmen der rechtlichen Möglichkeiten auch die Frist zu verlängern (§ 37 Abs. 7 Satz 1 VwVfG).

4. Schutz Dritter (Abs. 3, 4)

9 § 14 übernimmt in **Abs. 3** mit kleinen, rein redaktionellen Änderungen den bisherigen § 8 Abs. 3 WHG. Die Vorschrift schränkt die Erteilung einer Bewilligung ein, um Dritte, deren **Rechte** durch eine rechtlich abgesicherte Benutzung **beeinträchtigt** würden, zu schützen. Während die Behörde Gemeinwohlbelange von Amts wegen zu berücksichtigen hat, müssen betroffene Dritte zur Wahrung ihrer Rechte selbst im Bewilligungsverfahren die entsprechenden Einwendungen erheben (§ 11 Abs. 2). In **Abs. 4** übernimmt § 14 Regelungen aus den Landeswassergesetzen, die in Ausführung des alten § 8 Abs. 4 WHG erlassen worden sind. Der Drittschutz wird dabei auf bestimmte **nachteilige Wirkungen** einer beantragten Gewässerbenutzung erstreckt, die nicht Rechte eines Dritten beeinträchtigen. Die Absätze 3 und 4 regeln nicht allein das bei der Erteilung einer Bewilligung einzuhaltende Verfahren, sondern enthalten auch materielle Vorschriften zum Schutz der betroffenen Dritten. Soweit sie dem Dritten eine materielle Rechtsstellung einräumen, sind sie als Schutzgesetz im Sinne des § 823 Abs. 2 BGB anzusehen.[18]

10 Als „**Rechte**" eines Dritten kommen Gewässerbenutzungsrechte (Bewilligungen und alte Rechte), Fischereirechte, Grundstücksrechte und auch das Gewässereigentum[19] sowie die absoluten Rechte des bürgerlichen Rechts (insbesondere § 823 Abs. 1 BGB) in Betracht, nicht dagegen Erlaubnisse, alte Befugnisse, der Gemeingebrauch oder vertragliche Ansprüche. Ein Recht auf Zufluss von Wasser steht einem Unterlieger grundsätzlich nicht zu (§ 10 Abs. 2). Etwas anderes kann aber gelten, wenn die Nutzung eines Grundstücks schlechthin oder der Bestand eines eingerichteten und ausgeübten Gewerbebetriebes durch den Wasserentzug ernsthaft in Frage gestellt ist (vgl. § 10 Rn. 9).[20] Als „nachteilige Einwirkung" auf das Recht eines Dritten ist jede negative Veränderung des tatsächlichen Zustands anzusehen, dessen Aufrechterhaltung der Berechtigte verlangen kann.[21] Darunter fallen nur solche Veränderungen, die der Betroffene abzuwehren berechtigt ist, weil er die Aufrechterhaltung des

---

[17] Vgl. *C/R*, § 14 Rn. 34.
[18] BGH v. 22.12.1976 – III ZR 62/74, ZfW 1978, 219, 230, 231; BVerwG v. 20.10.1972 – IV C 107.67, BVerwGE 41, 58 = HDW R 1242.
[19] VGH München v. 15.3.1967 – Nr. 127 VIII 66, HDW R 1121.
[20] Vgl. näher zu den Rechten Dritter *Schmid*, in: BFM, § 14 Rn. 31ff.
[21] Vgl. BT-Drs. 2072, S. 25.

bestehenden Zustandes verlangen kann.[22] Die nachteiligen Wirkungen müssen „zu erwarten" sein (vgl. zu diesem Begriff § 12 Rn. 2). Ist diese Frage nicht entscheidungsreif, kommt ein Vorbehalt nach § 14 Abs. 5 in Betracht.

Wird auf das Recht eines Dritten nachteilig eingewirkt, ist die Erteilung einer Bewilligung nur zulässig, wenn die **nachteiligen Wirkungen vermieden oder ausgeglichen** werden können (z.b. durch Festlegung einer Mindestabflussmenge bei einer Wasserentnahme oder von zulässigen Stauhöhen). Ist dies nicht möglich, so stellt die Erteilung der Bewilligung einen enteignenden Eingriff in das Eigentum des Betroffenen dar,[23] und die Bewilligung darf nur erteilt werden, wenn Gründe des Wohls der Allgemeinheit dies erfordern (vgl. zum Begriff des Wohls der Allgemeinheit § 6 Rn. 5). Die Normierung der Entschädigungspflicht folgt aus Art. 14 Abs. 3 Satz 2 GG; zu Art und Ausmaß der Entschädigung vgl. näher § 96. *11*

In den Fällen des § 14 **Abs. 4** geht es nicht um Rechte, sondern um bestimmte, vom Gesetzgeber als schützenswert anerkannte Belange eines Dritten. Die Vorschrift ersetzt die bisherige Ländererermächtigung nach dem alten § 8 Abs. 4 WHG. Die in **Satz 1 Nr. 1–4** abschließend aufgeführten **nachteiligen Wirkungen** hat das WHG aus dem Landesrecht übernommen, sie sind in besonderer Weise geeignet, berechtigte Interessen Dritter zu beeinträchtigen. Abs. 4 verschafft auch Erlaubnisinhabern und anderen nicht durch ein Recht abgesicherten Gewässerbenutzern z.B. bei Inanspruchnahme des Gemeingebrauchs die Möglichkeit, im Bewilligungsverfahren Einwendungen zu erheben. Die Schutzvorschrift des Abs. 4 kann außerdem dazu beitragen, Härten zu relativieren, die durch § 10 Abs. 2 (kein Recht auf Wasserzufluss) eintreten können. Die Vorschriften des Abs. 3 über nachteilige Wirkungen auf Rechte Dritter gelten entsprechend. Ausgenommen ist allerdings die Entschädigungspflicht nach Abs. 3 Satz 3, weil es in Abs. 4 nicht um die Beeinträchtigung von Rechten geht.[24] Aus dem gleichen Grunde schränken die **Sätze 2 und 3** des Abs. 4 das Verbot der Bewilligungserteilung in Abwägung der beiderseitigen Interessen unter bestimmten Voraussetzungen weiter ein.[25] *12*

5. Nachträgliche Entscheidungen (Abs. 5, 6)

§ 14 übernimmt in Abs. 5 und 6 die bisherige Regelung des § 10 Abs. 1 und 2 WHG. Die Vorschriften betreffen den nicht seltenen Fall, dass **nachteilige Wirkungen** der Gewässerbenutzung nicht im *13*

---

[22] VGH Mannheim v. 7. 5. 1977 – III 1067/74, ZfW 1977, 44, 45.
[23] Vgl. auch *C/R*, § 14 Rn. 59.
[24] BT-Drs. 16/16275, S. 56.
[25] Vgl. näher zu § 14 Abs. 4 *Knopp*, in: SZDK, § 14 WHG Rn. 104ff.; *Schmid*, in: BFM, § 14 Rn. 56ff.

wasserrechtlichen Verfahren, sondern erst **nach Beginn der Benutzung festzustellen** sind. Es wäre für den Betroffenen unbillig, wenn in derartigen Fällen die nachteiligen Wirkungen nicht durch nachträgliche Bestimmungen oder durch Entschädigungen kompensiert werden könnten.[26] Abs. 5 ermöglicht dies, wenn der Betroffene im Bewilligungsverfahren Einwendungen wegen nachteiliger Wirkungen erhoben hat, hierüber aber in dem Verfahren noch nicht abschließend entschieden werden konnte. Abs. 6 gewährt darüber hinaus dem Dritten einen Anspruch auf nachträgliche Entscheidung für den Fall, dass er im Bewilligungsverfahren keine Einwendungen erhoben hat, weil er nachteilige Wirkungen im Bewilligungsverfahren nicht voraussehen konnte. Im Rahmen der Absätze 5 und 6 geht es also um den Schutz betroffener Dritter und nicht um nachträgliche Entscheidungen aus Gründen des Wohls der Allgemeinheit. Für solche Fälle kommen nachträgliche Festsetzungen nach § 13 und das Ausgleichsverfahren nach § 22 in Betracht.

14 **Abs. 5** behandelt den Fall, dass im Zeitpunkt der Entscheidung über die Bewilligung zwar mit nachteiligen Wirkungen auf ein Recht oder auf geschützte Interessen eines Dritten zu rechnen ist, dieser auch entsprechende **Einwendungen erhoben** hat, jedoch noch nicht übersehen werden kann, ob und in welchem Ausmaß die Nachteile eintreten. Dann hat die Behörde in der Bewilligung den Vorbehalt aufzunehmen, dass über etwaige weitere Inhalts- oder Nebenbestimmungen und Entschädigungen in einem späteren Verfahren entschieden wird. Für eine Entschädigung gibt es allerdings nur bei den durch Abs. 3 geschützten Rechten Dritter eine Rechtsgrundlage, nicht bei den von Abs. 4 erfassten Interessen. Der Vorbehalt nachträglicher Entscheidung dient der Beschleunigung des Bewilligungsverfahrens. Er ist ein den Bewilligungsinhaber belastender und den betroffenen Dritten begünstigender Verwaltungsakt mit Doppelwirkung.

15 **Abs. 6** behandelt den Fall, dass ein Betroffener **Einwendungen** im Bewilligungsverfahren **nicht erhoben** hat, weil er eine später tatsächlich eingetretene Beeinträchtigung seiner Rechte oder geschützten Interessen nicht voraussehen konnte.[27] Waren die nachteiligen Wirkungen vorhersehbar, besteht kein Anspruch auf nachträgliche Festsetzung von Inhalts- oder Nebenbestimmungen. Allerdings hat die Behörde dem Verlangen des Dritten dann stattzugeben, wenn diesem die nachteiligen Wirkungen zwar noch während des Bewilligungsverfahrens, aber erst nach dem Zeitpunkt, bis zu dem er im Verfahren Einwendungen erheben konnte, voraussehbar waren. Nach dem Sinn der Vorschrift dürfte Abs. 6 auch dann anwendbar sein, wenn der Betroffene im Bewilligungsverfahren wegen nachtei-

---

[26] Vgl. auch BT-Drs. 2072, S. 25.
[27] Vgl. BT-Drs. 2072, S. 25.

liger Wirkungen Einwendungen erhoben hat, diesen Einwendungen jedoch nicht durch geeignete Bestimmungen Rechnung getragen worden ist.[28] Eine Entschädigungspflicht kommt, was ausdrücklich erwähnt wird („Betroffene im Sinne des Absatzes 3"), nur für in ihren Rechten beeinträchtigte Dritte in Betracht. Die Geltendmachung des Anspruchs nach Abs. 6 ist nach Maßgabe des Satzes 3 an die Einhaltung von **Ausschlussfristen** gebunden, denn der Bewilligungsinhaber soll nach einer bestimmten Zeit darauf vertrauen können, dass keine Ansprüche mehr erhoben werden; anders insofern Abs. 5, bei dem der ausdrückliche Vorbehalt ein schutzwürdiges Vertrauen nicht entstehen lässt.

6. Landesrecht

§ 14 trifft in **Abs. 1** eine im Rahmen des Art. 72 Abs. 1 GG nur teilweise der Ergänzung durch Landesrecht zugängliche Regelung. Die Länder können die Zulässigkeit für die Erteilung einer Bewilligung zwar nicht erweitern, aber weiter einschränken („[...] darf nur erteilt werden").[29] Im Übrigen enthalten **Abs. 2–6** abschließende Regelungen, die wie auch die Anforderungen des Abs. 1 durch Landesrecht lediglich näher konkretisiert werden können. Abweichende Ländervorschriften nach Art. 72 Abs. 3 Satz 1 Nr. 5 GG sind zulässig, soweit sie nicht stoff- oder anlagenbezogene Gewässerbenutzungen betreffen.

16

§ 15
Gehobene Erlaubnis

(1) Die Erlaubnis kann als gehobene Erlaubnis erteilt werden, wenn hierfür ein öffentliches Interesse oder ein berechtigtes Interesse des Gewässerbenutzers besteht. Eine gehobene Erlaubnis darf für Gewässerbenutzungen nach § 9 Absatz 2 Nummer 3 und 4 nicht erteilt werden.

(2) Für die gehobene Erlaubnis gelten § 11 Absatz 2 und § 14 Absatz 3 bis 5 entsprechend.

---

[28] Vgl. *C/R*, § 14 Rn. 111; *Schmid*, in: BFM, § 14 Rn. 84.
[29] Vgl. z.B. Sachsen mit § 6 Abs. 1 des Wassergesetzes; siehe auch *Schmid*, in: BFM, § 14 Rn. 87.

Inhaltsübersicht

Rn.   Rn.

1. Allgemeines 1   3. Landesrecht 5
2. Inhalt des § 15 3

1. Allgemeines

1 § 15 führt im Bundeswasserrecht eine **neue Zulassungsform** für Gewässerbenutzungen ein. Die Vorschrift knüpft an die in den meisten Landeswassergesetzen vorgesehene „**gehobene**" Erlaubnis an. Die bisherige Rechtslage in den Ländern war allerdings nicht einheitlich Die meisten Länder kannten Vorschriften, die auch die materielle Rechtsstellung gegenüber Ansprüchen Dritter verbesserte, die teilweise allerdings nicht übereinstimmten. Die Einführung der gehobenen Erlaubnis im Bundesrecht leistet damit einen wesentlichen Beitrag sowohl zur Rechtsvereinheitlichung als auch zu einer sachgerechten Flexibilisierung des wasserrechtlichen Instrumentariums für die behördliche Vorkontrolle von Gewässerbenutzungen.[1]

2 Die gehobene Erlaubnis ist eine Erlaubnis in einer besonderen Ausgestaltung. Sie ist zwar als **Unterfall der Erlaubnis**[2] konzipiert, stellt aber eine eigenständige, systematisch zwischen der Erlaubnis und der Bewilligung stehende Gestattungsform dar, die dazu dient, die Rechtsposition des Gewässerbenutzers gegenüber Abwehransprüchen Dritter im Vergleich zur „normalen" Erlaubnis stärker abzusichern (§ 16 Abs. 1), bei der jedoch anders als bei der Bewilligung die Widerruflichkeit nicht eingeschränkt ist (vgl. § 18). Die gehobene Erlaubnis hat im wasserrechtlichen Vollzug erhebliche praktische Bedeutung erlangt. Der Bundesgesetzgeber hat in Wahrnehmung seiner erweiterten Kompetenzen zur Gestaltung des Wasserrechts ein rechtspolitisches Bedürfnis für eine bundesweit einheitliche Regelung anerkannt[3] und ist deshalb der Forderung des Bundesrates in seiner Stellungnahme zum Gesetzentwurf, wie bisher den Ländern die Regelung der gehobenen Erlaubnis zu überlassen, in Übereinstimmung mit der Gegenäußerung der Bundesregierung nicht gefolgt.[4]

2. Inhalt des § 15

3 Die Erteilung einer gehobenen Erlaubnis steht wie die Erteilung einer Erlaubnis oder einer Bewilligung grundsätzlich im **Ermessen** der Wasserbehörde. § 15 **Abs. 1** lässt die gehobene Erlaubnis allerdings nicht für alle Gewässerbenutzungen zu und orientiert sich

---

[1] Näher zur Entstehung des § 15 *Knopp*, in: SZDK, § 15 WHG Rn. 1–5.
[2] Vgl. zur Rechtsnatur auch *C/R*, § 15 Rn. 4–7; *Schmid*, in: BFM, § 15 Rn. 4–6.
[3] Vgl. BT-Drs. 16/12275, S. 57.
[4] Vgl. BT-Drs. 16/13306, S. 3 f. einerseits und S. 24 andererseits sowie *Knopp*, Rn. 208 ff.

dabei in **Satz 1** an Voraussetzungen, die weitgehend dem bisherigen Landesrecht entsprechen. Ein **öffentliches Interesse** an einer gehobenen Erlaubnis liegt vor, wenn die Gewässerbenutzung selbst im öffentlichen Interesse erfolgt, also insbesondere der öffentlichen Wasserversorgung, der öffentlichen Energieversorgung und der öffentlichen Abwasserbeseitigung dient. Auch die Bewässerung oder Entwässerung landwirtschaftlich genutzter Flächen kann in bestimmten Fällen im öffentlichen Interesse liegen. Das für die Erteilung einer gehobenen Erlaubnis ebenfalls ausreichende **berechtigte Interesse** des Gewässerbenutzers stellt weniger strenge Anforderungen als die bei der Bewilligung zu erfüllende Voraussetzung der Unzumutbarkeit der Gewässerbenutzung ohne gesicherte Rechtsstellung. Von einem berechtigten Interesse ist etwa dann auszugehen, wenn Tatsachen vorliegen, aus denen sich ergibt, dass der Gewässerbenutzer zur Wahrung seiner gegenwärtigen oder zukünftigen wirtschaftlichen oder sonst anerkennenswerten Belange ein Interesse an einem Schutz vor Ansprüchen Dritter hat. Dies kann der Fall sein, wenn beispielsweise ein Unternehmen einem Gewässer Wasser entnehmen möchte, das er für Produktionszwecke benötigt und anderweitig nicht oder nicht zu wirtschaftlichen Konditionen beschaffen kann.[5)] Die Erteilung einer gehobenen Erlaubnis wird insbesondere auch in den Fällen in Betracht kommen, in denen der Gewässerbenutzer eine Bewilligung beantragt hat, die gesetzlichen Voraussetzungen für die Erteilung der Bewilligung auch vorliegen, die Behörde aber im Rahmen nicht zu beanstandender pflichtgemäßer Ermessensausübung keine Bewilligung erteilen will (z.B. wegen der damit verbundenen Erschwernisse bei der künftigen Bewirtschaftung des Gewässer; vgl. insofern auch § 13 Rn. 13 und § 14 Rn. 4). **Satz 2** verbietet, für unechte Benutzungen nach § 9 Abs. 2 Nr. 3 und 4 gehobene Erlaubnisse zu erteilen. Die Vorschrift ist durch das Fracking-Gesetz vom 4.8.2016 eingefügt worden, weil der Gesetzgeber für solche Benutzungen weder ein öffentliches Interesse noch ein berechtigtes Interesse des Unternehmers an einer privilegierten Rechtsposition gegenüber Dritten anerkennt.[6)]

Nach **Abs. 2** sind bestimmte Vorschriften der Bewilligung, die der Gesetzgeber auf die Rechtsposition eines „gehobenen" Erlaubnisinhabers für übertragbar hält (§ 14 Abs. 3–5), entsprechend anwendbar. Im Unterschied zur Bewilligung, bei der in Bezug auf die **Abwehr nachteiliger Wirkungen** von Gewässerbenutzungen § 14 Abs. 6 und § 16 Abs. 2 Anwendung finden, gilt für die gehobene Erlaubnis insoweit § 16 Abs. 1, der keinen so weitgehenden Schutz gegenüber privatrechtlichen Abwehransprüchen gewährt wie § 16 Abs. 2. § 15 Abs. 2 verweist deshalb auch nicht auf die Schutzvorschrift des § 14 Abs. 6. Das WHG orientiert sich damit am Regelungsmodell der immissionsschutzrechtlichen Genehmigung, deren Status der gehobe-

4

[5)] BT-Drs. 16/12275, S. 57.
[6)] BT-Drs. 18/4713, S. 28.

nen Erlaubnis näher steht als die Bewilligung. Darüber hinaus verweist Abs. 2 auf § 11 Abs. 2, weil die Einräumung einer gesicherten Rechtsposition gegenüber Dritten nur gerechtfertigt sein kann, wenn verfahrensmäßig sichergestellt ist, dass die Betroffenen und die beteiligten Behörden Einwendungen geltend machen können.

3. Landesrecht

5 § 15 regelt die gehobene Erlaubnis abschließend. Möglichkeiten, die Regelung durch landesrechtliche Vorschriften zu ergänzen, besteht im Rahmen des Art. 72 Abs. 1 GG nicht.[7] Die Länder können nach Art. 72 Abs. 3 Satz 1 Nr. 5 GG abweichende Regelungen erlassen, soweit diese nicht stoff- oder anlagenbezogen sind.

§ 16
Ausschluss privatrechtlicher Abwehransprüche

(1) Ist eine Gewässerbenutzung durch eine unanfechtbare gehobene Erlaubnis zugelassen, kann auf Grund privatrechtlicher Ansprüche zur Abwehr nachteiliger Wirkungen der Gewässerbenutzung nicht die Einstellung der Benutzung verlangt werden. Es können nur Vorkehrungen verlangt werden, die die nachteiligen Wirkungen ausschließen. Soweit solche Vorkehrungen nach dem Stand der Technik nicht durchführbar oder wirtschaftlich nicht vertretbar sind, kann lediglich Entschädigung verlangt werden.

(2) Ist eine Gewässerbenutzung durch eine unanfechtbare Bewilligung zugelassen, können wegen nachteiliger Wirkungen der Gewässerbenutzung keine Ansprüche geltend gemacht werden, die auf die Beseitigung der Störung, auf die Unterlassung der Benutzung, auf die Herstellung von Vorkehrungen oder auf Schadenersatz gerichtet sind. Satz 1 schließt Ansprüche auf Schadenersatz wegen nachteiliger Wirkungen nicht aus, die darauf beruhen, dass der Gewässerbenutzer angeordnete Inhalts- oder Nebenbestimmungen nicht erfüllt hat.

(3) Absatz 1 sowie Absatz 2 Satz 1 gelten nicht für privatrechtliche Ansprüche gegen den Gewässerbenutzer aus Verträgen oder letztwilligen Verfügungen und für Ansprüche aus dinglichen Rechten am Grundstück, auf dem die Gewässerbenutzung stattfindet.

---

[7] Ebenso *Schmid*, in: BFM, § 15 Rn. 21 auch unter Hinweis auf die Gesetzesberatungen (vgl. die unterschiedlichen Positionen von Bundesrat und Bundesregierung gemäß BT-Drs. 16/13306, S. 3 f. und 24). Die bayerische Regelung in Art. 15 Abs. 2 des Wassergesetzes dürfte entgegen ihrer Bezeichnung nicht vom Bundesrecht abweichen, denn das WHG regelt die Frage nicht; vgl. aber auch *Breuer/Gärditz*, Rn. 635 sowie § 10 Rn. 11.

Inhaltsübersicht

Rn.   Rn.

1. Allgemeines 1
2. Ausschluss von Ansprüchen bei gehobenen Erlaubnissen (Abs. 1) 3
3. Ausschluss von Ansprüchen bei Bewilligungen (Abs. 2)   5
4. Kein Ausschluss von Ansprüchen (Abs. 3) 7
5. Landesrecht 8

1. Allgemeines

§ 16 regelt den Ausschluss privater Abwehransprüche Dritter gegenüber unanfechtbar gewordenen gehobenen Erlaubnissen und Bewilligungen. Es geht hier also nicht um den Schutz *von* anderen, sondern *gegenüber* anderen (zum Schutz der Dritten vgl. § 11 Abs. 2, § 14 Abs. 3–6, § 15 Abs. 2). Die Vorschrift dient der **Bestandssicherung** in qualifizierter Form gestatteter Gewässerbenutzungen gegenüber bestimmten privatrechtlichen Ansprüchen, die im Rahmen des wasserrechtlichen Verfahrens geltend gemacht werden konnten (§ 11 Abs. 2, § 15 Abs. 2), im Ergebnis der behördlichen Prüfung und Entscheidung aber unberücksichtigt geblieben sind. Insofern setzt § 16 die Regelung des § 14 Abs. 3 konsequent fort. § 16 verleiht der Bewilligung und der gehobenen Erlaubnis die Qualität von privatrechtsgestaltenden Verwaltungsakten mit Doppelwirkung (Begünstigung des Benutzers, Belastung des betroffenen Dritten). Verfassungsrechtliche Bedenken bestehen gegen diese die schutzbedürftigen Belange beider Seiten gerecht abwägende Regelung nicht.[1]

Abs. 1 ist im Bundeswasserrecht wie das Instrument der gehobenen Erlaubnis als solches neu. Die Vorschrift orientiert sich bei der gehobenen Erlaubnis am Konzept der immissionsschutzrechtlichen Genehmigung (vgl. § 14 BImSchG),[2] allerdings in einer im Wortlaut überarbeiteten, die Rechtsprechung berücksichtigenden Fassung, die sich im Text an § 58 Abs. 2 E-UGB I (vgl. hierzu Einleitung Rn. 13 f.) anlehnt. **Abs. 2** führt bei der Bewilligung die am Regelungsmodell des Preußischen Wassergesetzes von 1913 orientierte Spezialvorschrift des alten § 11 Abs. 1 WHG fort.[3] **Abs. 3** regelt einheitlich für gehobene Erlaubnisse und für Bewilligungen wiederum in Anlehnung an das bisher geltende Recht den Vorrang bestimmter privatrechtlicher Ansprüche (z.B. aus Verträgen) gegenüber den nach Abs. 1 und 2 bestehenden Abwehransprüchen.

---

[1] *C/R,* § 16 Rn. 2, 3; *Knopp,* in: SZDK, § 16 WHG Rn. 2.
[2] BT-Drs. 16/12275, S. 57.
[3] Vgl. hierzu BT-Drs. 2072, S. 25 f., 40, 46.

2. Ausschluss von Ansprüchen bei gehobenen Erlaubnissen (Abs. 1)

3 Der **Bestandsschutz** des § 16 Abs. 1 setzt erst ein, wenn die erteilte gehobene Erlaubnis unanfechtbar geworden ist. Kern des Bestandsschutzes ist der grundsätzliche Ausschluss von privatrechtlichen Ansprüchen (Ausnahmen siehe Abs. 3) auf Einstellung der erlaubten Gewässerbenutzung. Solche auf Abwehr von nachteiligen Wirkungen der Gewässerbenutzung gerichtete Ansprüche können insbesondere nach den Vorschriften des BGB zum allgemeinen Nachbar- oder Schadenersatzrecht,[4] aber auch aufgrund der privatrechtlichen Vorschriften des Landesnachbarrechts bestehen (vgl. hierzu auch § 15 Abs. 2 i.V.m. § 14 Abs. 3). Ist ein Abwehranspruch nach § 16 Abs. 1 ausgeschlossen, stellt das Gesetz den davon Betroffenen nicht ganz schutzlos, sondern gewährt ihm einen **Anspruch auf Schutzvorkehrungen**, die geeignet sind, die nachteiligen Wirkungen der Gewässerbenutzung auszuschließen. Hierzu gehören insbesondere technische Maßnahmen wie z.B. die Verwendung bestimmter Filter, die Änderung von Verfahrensweisen oder der Einsatz weniger problematischer Stoffe. Schutzvorkehrungen dürfen aber nicht dazu führen, dass die Benutzung in ihrer Art oder ihrem Umfang beschränkt wird. Sie müssen auch nach dem **Stand der Technik** durchführbar sein (zum Begriff „Stand der Technik" vgl. § 3 Nr. 11). An der wirtschaftlichen Vertretbarkeit fehlt es, wenn der mit der Benutzung verfolgte Zweck durch die Schutzvorkehrungen nicht mehr zu ökonomisch vernünftigen Bedingungen erreicht werden kann. Zum Begriff der wirtschaftlichen Vertretbarkeit wird auf die Rechtsprechung und Literatur zu § 14 BImSchG, an dem die Regelung des § 16 Abs. 1 orientiert ist, verwiesen.

4 Sind die Schutzvorkehrungen nicht nach dem Stand der Technik durchführbar oder wirtschaftlich nicht vertretbar, wandelt sich der Abwehranspruch in einen Anspruch auf „**Entschädigung**" um. Anders als § 14 Satz 2 BImSchG verwendet § 16 Abs. 1 Satz 3 hier nicht den Begriff „Schadenersatz"[5]. Die Änderung dient der Angleichung des Begriffs an § 906 Abs. 2 BGB, der einen verschuldensunabhängigen Anspruch auf „angemessenen Ausgleich in Geld" begründet. Systematisch und inhaltlich steht der Anspruch nach § 16 Abs. 1 Satz 3 einem Entschädigungs- oder Ausgleichsanspruch näher als einem Schadenersatzanspruch, denn die Vorschrift schließt einen Anspruch auf Einstellung des Vorhabens gerade aus, §§ 249 ff. BGB finden nicht voll Anwendung. Die zu leistende Entschädigung richtet sich hier deshalb nach den Vorschriften des 4. Kapitels (§§ 96–98).

---

[4] Siehe dazu die Aufzählung bei *Schmid*, in: BFM, § 16 Rn. 9.
[5] Das WHG 2009 folgt damit der Änderung im Wortlaut des § 58 Abs. 2 im Referentenentwurf des UGB I (Ergebnis der Ressortabstimmung der Bundesregierung vom September 2008; vgl. zum UGB Einleitung Rn. 13f.).

3. Ausschluss von Ansprüchen bei Bewilligungen (Abs. 2)

§ 16 Abs. 2 erfasst nach **Satz 1** „Ansprüche", also anders als in Abs. 1 auch öffentlich-rechtliche,[6] soweit die vier genannten **Tatbestände** (Störungsbeseitigung, Unterlassung, Herstellung von Vorkehrungen, Schadensersatz) betroffen sind. Obwohl nicht ausdrücklich erwähnt, schließt die Vorschrift nur die Personen mit Ansprüchen aus, die sich zur Wahrung ihrer Rechte oder Interessen am Bewilligungsverfahren beteiligen konnten.[7] In Betracht kommen vor allem Ansprüche nach dem Bürgerlichen Gesetzbuch (unerlaubte Handlung, Eigentums- oder Besitzstörung, Nachbarrecht). Im Unterschied zu Abs. 1 sind auch Ansprüche Dritter auf Beseitigung von Störungen und auf Schadensersatz ausgeschlossen. Der Begriff „**Schadensersatz**" kann hier anders als in Abs. 1 verbleiben, weil der Anspruch sämtlichen Ersatzansprüchen entgegensteht, also einen anderen Inhalt hat. Ausgeschlossen werden auch Ansprüche wegen enteignender Eingriffe in das Eigentum, denn es ist gerade Sinn des § 14 Abs. 3, dass der Betroffene seine Rechte im Bewilligungsverfahren geltend macht und nicht „duldet und liquidiert". Abs. 2 **Satz 2** stellt klar, dass der Ausschluss von Ansprüchen nur insoweit gilt, als der Bewilligungsinhaber sein Benutzungsrecht nicht überschreitet. Jede Überschreitung der Bewilligung ist eine nicht bewilligte Benutzung.[8]

Die **unterschiedlichen Standards** in Abs. 1 und 2 für gehobene Erlaubnisse und Bewilligungen beim Ausschluss privatrechtlicher Abwehransprüche stehen im Widerspruch zu den Bestrebungen, nicht mehr zeitgemäße Regelungen des WHG 1957 abzulösen. Die Wasserrechtsreform 2009 hat es versäumt, veraltete Regelungen an die neueren Grundsätze und Strukturen des allgemeinen Verwaltungsrechts anzupassen. Für die gehobene Erlaubnis hat Abs. 1 im Interesse der Rechtsvereinheitlichung und der Rechtsvereinfachung die im Umweltgesetzbuch zur integrierten Vorhabengenehmigung geplante Regelung (§ 58 Abs. 2 E-UGB I) übernommen, während Abs. 2 an dem inzwischen überholten Regelungsmodell des § 11 WHG a.F. festhält. Die Gesetzesbegründung beschränkt sich auf den Hinweis auf die bisherige Regelung des § 11 Abs. 1,[9] lässt also offen, warum beim Bestandsschutz eine Privilegierung von Inhabern der wasserrechtliche Bewilligung im Vergleich zu sonstigen Vorhaben und Vorhabenträgern (z.B. Inhaber von immissionsschutzrechtlichen Genehmigungen) weiterhin sachlich gerechtfertigt sein soll Die spezifischen Belange der nachhaltigen Gewässerbewirtschaftung („Wasser als knappes Gut") können jedenfalls die Privilegierung nicht rechtferti-

---

[6] Vgl. auch *Guckelberger*, in: BeckOK, § 16 WHG Rn. 23; *Schmid*, in: BFM, § 16 Rn. 20.
[7] § 11 Abs. 1 WHG a.F. sollte nicht erweitert werden; vgl. BT-Drs. 16/12275, S. 57.
[8] Vgl. BT-Drs. 2072, S. 26.
[9] In den Gesetzesberatungen hat allein das Argument den Ausschlag gegeben, eine Anpassung an das moderne Verwaltungsrecht für die wasserrechtliche Bewilligung bedeute eine nicht gewollte Standardverschärfung (vgl. hierzu Einleitung Rn. 20).

gen, denn die Nutzungsrechte sind ohnehin im Wasserrecht schwächer ausgeprägt (kein Rechtsanspruch auf eine Gewässerbenutzung) als z.B. im Immissionsschutzrecht (Rechtsanspruch auf Anlagenzulassung). Warum bei vergleichbarer wirtschaftlicher Interessenlage der Bestandsschutz einer Ermessensentscheidung einen höheren Wert haben muss als der einer gebundenen Entscheidung, ist nicht mehr rational erklärbar.

4. Kein Ausschluss von Ansprüchen (Abs. 3)

7 § 16 Abs. 3 erklärt aus Gründen der Vertragstreue[10] drei Fälle von privatrechtlichen Ansprüchen gegenüber den Ansprüchen nach Abs. 1 und 2 für vorrangig. Die Vorschrift gilt für alle vertraglichen Ansprüche unabhängig davon, ob der Vertrag vor oder nach Erteilung der Bewilligung abgeschlossen worden ist, und einschließlich Ansprüche aus Vertragsverletzungen.[11]

5. Landesrecht

8 § 16 regelt den Ausschluss von Abwehransprüchen Dritter abschließend.[12] Regelungsspielräume für ergänzende landesrechtliche Vorschriften bestehen somit nicht. Nach Maßgabe des Art. 72 Abs. 3 Satz 1 Nr. 5 GG können die Länder abweichende Regelungen erlassen, soweit es sich nicht um nachteilige Wirkungen von stoff- oder anlagenbezogenen Gewässerbenutzungen handelt.

§ 17
Zulassung vorzeitigen Beginns

(1) In einem Erlaubnis- oder Bewilligungsverfahren kann die zuständige Behörde auf Antrag zulassen, dass bereits vor Erteilung der Erlaubnis oder der Bewilligung mit der Gewässerbenutzung begonnen wird, wenn

1. mit einer Entscheidung zugunsten des Benutzers gerechnet werden kann,

2. an dem vorzeitigen Beginn ein öffentliches Interesse oder ein berechtigtes Interesse des Benutzers besteht und

3. der Benutzer sich verpflichtet, alle bis zur Entscheidung durch die Benutzung verursachten Schäden zu ersetzen und, falls die Benutzung nicht erlaubt oder bewilligt wird, den früheren Zustand wiederherzustellen.

(2) Die Zulassung des vorzeitigen Beginns kann jederzeit widerrufen werden. § 13 gilt entsprechend.

---

[10] So BT-Drs. 2072, S. 26, bezogen auf § 11 Abs. 2 WHG a.F., der nur „vertragliche" Ansprüche ausgenommen hat.
[11] BT-Drs. 2072, S. 40.
[12] So auch *Schmid*, in: BFM, § 16 Rn. 31.

Inhaltsübersicht

Rn.	Rn.
1. Allgemeines 1	3. Landesrecht 5
2. Inhalt des § 17 2

1. Allgemeines

§ 17 eröffnet die Möglichkeit, den **vorzeitigen Beginn** einer beantragten Gewässerbenutzung zuzulassen. Die Vorschrift stellt eine Ausnahme von dem Grundsatz dar, dass eine Gewässerbenutzung einer Erlaubnis oder Bewilligung bedarf. Die Ausnahme gilt nicht kraft Gesetzes, sondern erfordert eine behördliche Entscheidung im Einzelfall und hat nur vorläufigen Charakter. § 17 übernimmt inhaltlich die Regelung des alten, durch die 4. Novelle von 1976 eingefügten § 9a WHG.[1] Die Vorschrift **entspricht praktischen Bedürfnissen**, weil wasserrechtliche Verfahren sich über längere Zeit hinziehen können und ein berechtigtes wirtschaftliches Interesse bestehen kann, mit der Benutzung nicht bis zur Erteilung der Erlaubnis oder Bewilligung zu warten. Dabei gilt es sicherzustellen, dass die vorläufige Gestattung die endgültige Entscheidung nicht vorwegnimmt und durch den vorzeitigen Beginn entstandene Nachteile gegebenenfalls wieder ausgeglichen werden können.

1

2. Inhalt des § 17

§ 17 erlaubt in **Abs. 1** der zuständigen Behörde, in einem anhängigen wasserrechtlichen Verfahren auf gesondert zu stellenden Antrag bereits vor der abschließenden Erteilung der Erlaubnis oder Bewilligung zu gestatten, dass mit der Benutzung begonnen wird. Eine solche Entscheidung ist ein eigenständiger, nach pflichtgemäßem Ermessen zu erlassender Verwaltungsakt, der keine rechtliche Bindungswirkung für die Erlaubnis und die Bewilligung entfaltet. Die Behörde hat auch die Möglichkeit, die beantragte vorzeitige Benutzung nur eingeschränkt zuzulassen. § 17 Abs. 1 verleiht weder ein Recht noch eine Befugnis im Sinne des § 10 Abs. 1, auch keine Teilgenehmigung, sondern eine **vorläufige Gestattung eigener Art**.[2] Da ein vorzeitiger Beginn eine Durchbrechung des Grundsatzes der Zulassungsbedürftigkeit von Gewässerbenutzungen bedeutet, knüpft das Gesetz die vorläufige Gestattung der Benutzung an bestimmte Voraussetzungen.

2

Die Voraussetzung **Nr. 1**, wonach der Antragsteller mit einer Erteilung der Erlaubnis oder Bewilligung rechnen kann, verlangt der Behörde die Einschätzung ab, dass sie die beantragte Benutzung **vor-**

3

---

[1] Vgl. hierzu BT-Drs. 7/888, S. 4, 16; 7/1088, S. 4, 15; 7/4546, S. 6, 12 sowie *Knopp*, in: SZDK § 17 WHG Rn. 5.

[2] Vgl. näher zur Bedeutung und Rechtsnatur der Zulassungsentscheidung *Knopp*, in: SZDK, § 17 WHG Rn. 12 ff., 16 ff.; *Schmid*, in: BFM, § 17 Rn. 3 ff.

aussichtlich zulassen wird.[3] Das Gesetz fordert bei UVP-pflichtigen Gewässerbenutzungen für die Zulassung des vorzeitigen Beginns nicht ausdrücklich eine eigene UVP (ebenso § 8a BImSchG). Nach den europarechtlichen Vorgaben dürfen UVP-pflichtige Vorhaben aber erst nach Durchführung der UVP zugelassen werden. Deshalb darf die Behörde den vorzeitigen Beginn nur gestatten, wenn sie wie vorgeschrieben andere Behörden und die Öffentlichkeit beteiligt hat und ihre Prüfung unter Berücksichtigung von Art, Umfang und Vorläufigkeit der Benutzung eine solche Entscheidung rechtfertigt. Ob an dem vorzeitigen Beginn nach der Voraussetzung **Nr. 2** ein öffentliches **Interesse** oder ein berechtigtes Interesse des Unternehmers besteht, ist von der Behörde nicht nach pflichtgemäßem Ermessen, sondern in Auslegung unbestimmter Rechtsbegriffe zu entscheiden (vgl. zu diesen Begriffen § 15 Rn. 3). Das berechtigte Interesse des Unternehmers muss sich hier auf das Interesse an dem vorzeitigen Beginn beziehen. Bei den vom Benutzer nach **Nr. 3** einzugehenden **Verpflichtungen** bietet sich an, eine entsprechende Auflage in den Zulassungsbescheid aufzunehmen. Zugleich kann es sich empfehlen, die Einhaltung der Verpflichtungen durch Auferlegen einer Sicherheitsleistung sicherzustellen. Die Behörde darf die Benutzung nur insoweit gestatten, als sich die Maßnahmen wieder rückgängig machen lassen und die Erschwernisse einer etwaigen Rückabwicklung den weiteren Entscheidungsprozess nicht unangemessen belasten.[4] Dabei ist neben den technischen Möglichkeiten der Rückabwicklung vor allem der Umfang der Investitionen zu berücksichtigen, die hierdurch entwertet würden.[5]

4 § 17 löst durch **Abs. 2** die wasserrechtliche Spezialregelung des § 9a Abs. 2 WHG a.F. ab, jetzt finden grundsätzlich die Vorschriften des allgemeinen Verwaltungsverfahrensrechts über Verwaltungsakte Anwendung. Für den Widerruf der Zulassung des vorzeitigen Beginns trifft **Satz 1** eine Regelung gemäß § 49 Abs. 2 Satz 1 Nr. 1 VwVfG, weil die Zulassung für den Gewässerbenutzer keinen Vertrauenstatbestand schafft (siehe zum Widerruf auch § 18 Abs. 1). Zu **Satz 2** wird auf § 13 nebst Kommentierung verwiesen.

3. Landesrecht

5 § 17 kann im Rahmen des Art. 72 Abs. 1 GG durch Landesrecht ergänzt werden.[6] Darüber hinaus können die Länder nach Maßgabe des Art. 72 Abs. 3 Satz 1 Nr. 5 GG auch abweichende Regelungen erlassen, soweit es sich nicht um stoff- oder anlagenbezogene Gewässerbenutzungen handelt.

---

[3] Vgl. näher zur Prognose *Knopp*, in: SZDK, § 17 WHG Rn. 37ff.; *Schmid*, in: BFM, § 17 Rn. 10ff.
[4] Vgl. BVerwG v. 30.4.1991 – 7 C 35.90, ZfW 1992, 283.
[5] Vgl. näher zur Verpflichtungserklärung *Knopp*, in: SZDK, § 17 WHG Rn. 53ff.
[6] Ebenso *Schmid*, in: BFM, § 17 Rn. 44.

§ 18
Widerruf der Erlaubnis und der Bewilligung

(1) Die Erlaubnis ist widerruflich.

(2) Die Bewilligung darf aus den in § 49 Absatz 2 Satz 1 Nummer 2 bis 5 des Verwaltungsverfahrensgesetzes genannten Gründen widerrufen werden. Die Bewilligung kann ferner ohne Entschädigung ganz oder teilweise widerrufen werden, wenn der Inhaber der Bewilligung

1. die Benutzung drei Jahre ununterbrochen nicht ausgeübt oder ihrem Umfang nach erheblich unterschritten hat,

2. den Zweck der Benutzung so geändert hat, dass er mit dem Plan (§ 14 Absatz 1 Nummer 2) nicht mehr übereinstimmt.

Inhaltsübersicht

Rn.			Rn.
1. Allgemeines	1	3. Widerruf der Bewilligung (Abs. 2)	5
2. Widerruf der Erlaubnis (Abs. 1)	3	4. Landesrecht	9

1. Allgemeines

§ 18 regelt den Widerruf von Erlaubnissen einschließlich der gehobenen und Bewilligungen. **Abs. 1** entspricht dem alten § 7 Abs. 1 Satz 1 WHG, wonach eine Erlaubnis jederzeit widerruflich ist. **Abs. 2** legt zum Widerruf der Bewilligung grundsätzlich die modernen Bestimmungen des allgemeinen Verwaltungsrechts über die Zulässigkeit des Widerrufs von begünstigenden Verwaltungsakten zugrunde und verzichtet auf die Übernahme der durch die Rechtsentwicklung überholten speziellen Vorschriften des aus dem Jahr 1957 stammenden § 12 WHG. Damit leistet das neue WHG einen Beitrag zur Vereinheitlichung und Vereinfachung des Umweltrechts. 1

Auch im Übrigen richtet sich der Widerruf von Erlaubnis und Bewilligung nach den allgemeinen **Vorschriften des Verwaltungsverfahrensgesetzes** (§§ 49, 50). So ist z.B. bei einem nicht nach § 18 Abs. 2 Satz 2 entschädigungsfreien Widerruf einer Bewilligung die Entschädigungsvorschrift des § 49 Abs. 6 VwVfG anwendbar.[1] Durch den auf rechtmäßige Verwaltungsakte bezogenen Widerruf erlöschen Erlaubnis oder Bewilligung, eine Fortsetzung der Gewässerbenutzung ist verboten. Für die **Rücknahme** einer rechtswidrigen Erlaubnis oder Bewilligung gilt § 48 VwVfG. Entsprechend dem Grundsatz, dass ein rechtswidriger Verwaltungsakt keinen höheren Bestandsschutz genießt als ein rechtmäßiger, besteht ein Ausgleichs- 2

---

[1] Vgl. BT-Drs. 16/12275, S. 57 und 16/13306, S. 25.

anspruch nach § 48 Abs. 3 VwVfG allerdings nur in den Fällen des § 49 Abs. 2 Nr. 3–5 VwVfG (vgl. § 49 Abs. 6 Satz 1 VwVfG).[2] Gemäß § 44 VwVfG nichtige Erlaubnisse und Bewilligungen bedürfen keiner Rücknahme, die Behörde kann aber die Nichtigkeit förmlich feststellen. Widerruf und Rücknahme sind belastende Verwaltungsakte, die der Erlaubnis- oder Bewilligungsinhaber gerichtlich anfechten kann. Außer durch den Widerruf und die Rücknahme erlöschen Erlaubnis oder Bewilligung auch durch **Fristablauf** oder **Verzicht** auf das erteilte Wasserrecht.

2. Widerruf der Erlaubnis (Abs. 1)

3 Die grundsätzlich jederzeitige Widerruflichkeit ist neben der Rechtsnatur als bloße „Befugnis" (vgl. § 10 Rn. 3) das zweite besondere Charakteristikum der Erlaubnis. § 18 Abs. 1 gilt uneingeschränkt auch für die gehobene Erlaubnis. Die Regelung bedeutet aber nicht, dass die Behörde die Erlaubnis vollkommen „frei" widerrufen könnte. Die Ausübung des Widerrufs unterliegt den Grundsätzen, die allgemein für den Widerruf derjenigen begünstigenden Verwaltungsakte gelten, auf deren Erlass kein Rechtsanspruch besteht. Es handelt sich also um eine behördliche **Ermessensentscheidung**, die den Grundsätzen und Regeln pflichtgemäßer Ermessensausübung entsprechen muss (vgl. hierzu auch § 12 Rn. 7). Gründe, die einen Widerruf rechtfertigen können, ergeben sich vor allem aus den Zielen, Grundsätzen und Anforderungen des Wasserhaushaltsgesetzes und den sonstigen für die Erlaubnis einschlägigen wasserrechtlichen Vorschriften. Demgemäß ist entsprechend dem Schutzkonzept des WHG der Widerruf jedenfalls dann statthaft, wenn eine Fortsetzung der erlaubten Gewässerbenutzung eine nicht durch nachträgliche Inhalts- oder Nebenbestimmungen abwendbare schädliche Gewässerveränderung, insbesondere eine Beeinträchtigung des Wohls der Allgemeinheit erwarten ließe oder die Erreichung von der Behörde angestrebter Gewässerschutzziele gefährden würde. Sind die für die erlaubte Gewässerbenutzung erforderlichen Investitionen bereits getätigt, muss bei der Abwägung des Für und Wider eines Widerrufs das Interesse des Unternehmers an der wirtschaftlichen Nutzung der erteilten Erlaubnis mit berücksichtigt werden. Selbstverständlich rechtfertigen die in § 18 Abs. 2 genannten Gründe für den Widerruf einer Bewilligung auch den Widerruf einer Erlaubnis.[3] Da die Erlaubnis aber kein Recht verleiht, genießt sie keinen Eigentumsschutz, ihr Widerruf ist stets **entschädigungsfrei**.[4]

---

[2] Vgl. BT-Drs. 16/12275, S. 57.
[3] Vgl. näher zu den nach Abs. 1 möglichen Widerrufsgründen *Breuer/Gärditz*, Rn. 856 ff.; *C/R*, § 18 Rn. 9 ff.; *Schmid*, in: BFM, § 18 Rn. 10 f., 14.
[4] Vgl, hierzu BVerwG v. 26. 10. 1993 – 7 B 53.93, ZfW 1994, 390 = HDW R 1636; *C/R*, § 18 Rn. 19 ff.; siehe aber auch *Schmid*, in: BFM, § 18 Rn. 12 ff.

§ 18 Widerruf der Erlaubnis und der Bewilligung

Zulässig ist auch ein nur **teilweiser Widerruf**. Die Behörde hat somit 4
grundsätzlich die Möglichkeit, wahlweise von den Instrumenten der
nachträglichen Anordnung und des teilweisen Widerrufs Gebrauch
zu machen. Nach Kenntnis des Widerrufsgrundes ist der **Widerruf
nur innerhalb eines Jahres** zulässig (§ 49 Abs. 2 Satz 2 i.V.m. § 48
Abs. 4 VwVfG).

3. Widerruf der Bewilligung (Abs. 2)

§ 18 Abs. 2 knüpft bei der Bewilligung an die allgemeinen Vorschrif- 5
ten des Verwaltungsverfahrensrechts über den Widerruf begünstigender Verwaltungsakte an. **Satz 1** lässt den Widerruf im Rahmen
des **§ 49 Abs. 2 Satz 1 Nr. 2–5 VwVfG** unter bestimmten Voraussetzungen zu. Die Voraussetzung nach **Nr. 2** dieser Vorschrift (der Begünstigte erfüllt eine Auflage nicht oder nicht innerhalb einer ihm
gesetzten Frist) entspricht inhaltlich im Wesentlichen dem Widerrufsgrund des alten § 12 Abs. 3 Nr. 3 WHG. Die Voraussetzungen
nach § 49 Abs. 2 **Nr. 3** und **4** („Gefährdung des öffentlichen Interesses" durch nachträglich eingetretene Tatsachen oder Rechtsänderungen, die eine Versagung der Erlaubnis rechtfertigen würden) sowie
nach **Nr. 5** (Verhütung oder Beseitigung „schwerer Nachteile für das
Gemeinwohl") greifen den Gemeinwohlgedanken in einer qualifizierten Ausprägung auf und kommen dem im bisherigen § 12 Abs. 1
WHG normierten Standard „erhebliche Beeinträchtigung des Wohls
der Allgemeinheit" sehr nahe. Das Gesetz stellt damit an den Widerruf der Bewilligung höhere Anforderungen als an ihre Versagung im
Bewilligungsverfahren.[5] In den Gesetzesberatungen votierten der
Bundesrat und die FDP-Fraktion für die Beibehaltung des alten
Standards mit der Begründung, die im VwVfG normierten Voraussetzungen erleichterten den Widerruf und schränkten damit den
Schutz des Bewilligungsinhabers ein.[6] Dem ist zumindest in dieser
Pauschalität nicht zuzustimmen, bei einem Abgleich im Detail
kommt man eher zu gegenteiligen Ergebnissen.[7] Im wasserrechtlichen Vollzug dürfte es kaum zu Veränderungen in der Widerrufspraxis kommen. Der Gesetzgeber hat jedenfalls in Übereinstimmung mit dem Votum der Bundesregierung[8] dem Aspekt der
Rechtsvereinheitlichung den Vorrang gegeben.[9] Der **Widerruf** ist wie
bei der Erlaubnis nur binnen **Jahresfrist** zulässig.

---

[5] Zu den Widerrufsgründen nach Abs. 2 Satz 1 im Einzelnen *C/R*, § 18 Rn. 25 ff.;
Schmid, in: BFM, § 18 Rn. 18 ff.
[6] Vgl. BT-Drs. 16/13306, S. 4 (Bundesrat) und 16/13486, S. 2 (FDP-Fraktion).
[7] So auch *Schmid*, in: BFM, § 18 Rn. 48.
[8] Vgl. BT-Drs. 16/13306, S. 25.
[9] Generell zu den Widerrufsgründen nach Abs. 2 Satz 1 *C/R*, § 18 Rn. 26–41; *Schmid*,
in: BFM, § 18 Rn. 18 ff.

6 **Satz 2 des § 18 Abs. 2** ergänzt Satz 1 um zwei spezielle wasserrechtliche Widerrufsgründe und ist auf Vorschlag des Bundesrates in das Gesetz aufgenommen worden. Dem Vorschlag lag die Befürchtung zugrunde, das neue WHG bleibe hinter den Möglichkeiten des entschädigungslosen Widerrufs von Bewilligungen im Vergleich zum alten § 12 Abs. 2 WHG zurück. Vor dem Hintergrund der kontroversen Diskussionen über die Bedeutung der Bewilligung als wasserrechtliche Gestattungsform (vgl. hierzu § 10 Rn. 6) wollte der Gesetzgeber ein solches Risiko nicht in Kauf nehmen. Der im bisherigen § 12 Abs. 2 Nr. 1 WHG aufgeführte Widerrufsgrund (nicht fristgemäß begonnene, drei Jahre nicht ausgeübte oder erheblich unterschrittene Benutzung) ist jetzt durch § 49 Abs. 2 Satz 1 Nr. 2 VwVfG abgedeckt.[10]

7 Der Bewilligungsinhaber ist bei einem Widerruf zu entschädigen, soweit in eine gesicherte Rechtsstellung eingegriffen wird.[11] Für den **Widerruf nach Satz 1** des § 18 Abs. 2 richtet sich die **Entschädigung nach § 49 Abs. 6 VwVfG**. Danach kommt eine Entschädigung nur in den Fällen der Nr. 3–5 des § 49 Abs. 2 Satz 1 VwVfG in Betracht, ein Widerruf nach Nr. 2 fällt dagegen in den Verantwortungsbereich des Bewilligungsinhabers, der aus diesem Grunde keinen Vertrauensschutz genießt. Der Betroffene muss eine Entschädigung beantragen und dabei darlegen, dass er auf den Bestand der Bewilligung vertraut hat und dass sein Vertrauen schutzwürdig gewesen ist. Ausdrücklich **nicht entschädigungspflichtig** ist ein **Widerruf nach Satz 2** des § 18 Abs. 2, weil der Gewässerbenutzer in seinem Vertrauen auf den Bestand der Bewilligung ebenso wenig schutzbedürftig ist wie bei nachträglichen Anordnungen gemäß § 13 Abs. 3. Das Wort „ferner" in Satz 2 bezieht sich nur auf die Normierung einer weiteren Widerrufsmöglichkeit und besagt nicht, dass auch in den Fällen des Satzes 1 keine Entschädigungspflicht besteht.[12]

8 **Zusammenfassend** ist festzustellen: Die neue Widerrufsregelung zur Bewilligung führt rein rechtlich gesehen zu einer geringfügigen Einschränkung der Widerrufsmöglichkeiten der Behörde einerseits, aber auch der Entschädigungsansprüche des Bewilligungsinhabers (§ 12 Abs. 1 WHG a. F. im Vergleich zu § 49 Abs. 6 VwVfG) andererseits.[13] Soweit sich in der Praxis hieraus überhaupt Nachteile jeweils für die Wasserbehörde oder den Bewilligungsinhaber ergeben, werden

---

[10] Vgl. zu Nr. 1 und 2 in Abs. 2 Satz 2 *C/R*, § 18 Rn. 43ff.; *Schmid*, in: BFM, § 18 Rn. 40ff.
[11] So die grundsätzliche gesetzgeberische Motivation; vgl. BT-Drs. 2072, S. 26.
[12] Das Ergebnis ist aus der Sicht des gesetzgeberischen Willens, der Systematik und des Zwecks des Gesetzes klar; überzogen und schon die Interpretationsfähigkeit des Gesetzeswortlauts verkennend *Kotulla*, Das novellierte Wasserhaushaltsgesetz, NVwZ 2010, 79, 82 f.
[13] So auch die interne Prüfung innerhalb der Bundesregierung im Rahmen der Ressortabstimmung zum UGB.

sie durch die Vorteile, die sich auf der anderen Seite ergeben, hinreichend kompensiert. Jedenfalls konnte erreicht werden, dass bei der Bewilligung wenigstens die Widerrufsregelung modernisiert und weitgehend mit dem allgemeinen Verwaltungsverfahrensrecht harmonisiert worden ist.

4. Landesrecht

§ 18 ist eine im Rahmen des Art. 72 Abs. 1 GG grundsätzlich der Ergänzung durch Landesrecht zugängliche Vorschrift. So können die Länder z.B. bei der Erlaubnis Widerrufsgründe ausdrücklich benennen, bei der Bewilligung die Widerrufsmöglichkeiten konkretisieren. § 18 legt allerdings abschließend die Fallkonstellationen für einen zulässigen Widerruf von Erlaubnis und Bewilligung fest. Die Länder können deshalb nach Maßgabe des Art. 72 Abs. 3 Satz 1 Nr. 5 GG die Widerruflichkeit nur erweitern oder einschränken, soweit es sich nicht um stoff- oder anlagenbezogene Gewässerbenutzungen handelt.

9

§ 19
Planfeststellungen und bergrechtliche Betriebspläne

(1) Wird für ein Vorhaben, mit dem die Benutzung eines Gewässers verbunden ist, ein Planfeststellungsverfahren durchgeführt, so entscheidet die Planfeststellungsbehörde über die Erteilung der Erlaubnis oder der Bewilligung.

(2) Sieht ein bergrechtlicher Betriebsplan die Benutzung von Gewässern vor, so entscheidet die Bergbehörde über die Erteilung der Erlaubnis.

(3) In den Fällen der Absätze 1 und 2 ist die Entscheidung im Einvernehmen, bei Planfeststellungen durch Bundesbehörden im Benehmen mit der zuständigen Wasserbehörde zu treffen.

(4) Über den Widerruf einer nach Absatz 1 erteilten Erlaubnis oder Bewilligung oder einer nach Absatz 2 erteilten Erlaubnis sowie über den nachträglichen Erlass von Inhalts- und Nebenbestimmungen entscheidet auf Antrag der zuständigen Wasserbehörde in den Fällen des Absatzes 1 die Planfeststellungsbehörde, in den Fällen des Absatzes 2 die Bergbehörde. Absatz 3 ist entsprechend anzuwenden.

Inhaltsübersicht

Rn.
1. Allgemeines 1
2. Die Sonderrolle des § 19 WHG im Fachplanungsrecht 2
3. Planfeststellungen und bergrechtliche Betriebspläne (Abs. 1, 2) 4

Rn.
4. Behördenbeteiligung, Widerruf, nachträgliche Anordnungen (Abs. 3, 4) ... 7
5. Landesrecht 9

1. Allgemeines

1 § 19 regelt das **Verhältnis** der wasserrechtlichen Erlaubnis und Bewilligung **zu Planfeststellungen** und **bergrechtlichen Betriebsplänen** für Vorhaben, mit denen auch eine Gewässerbenutzung verbunden ist. Die Vorschrift übernimmt mit kleinen systematischen und redaktionellen Änderungen den bisherigen § 14 WHG,[1)] ist insbesondere an die neuere Terminologie des Verwaltungsverfahrensrechts angepasst worden.[2)] Abs. 1 betrifft Planfeststellungen, Abs. 2 bergrechtliche Betriebspläne. Abs. 3 regelt die Behördenbeteiligung und Abs. 4 die Zuständigkeit für den Widerruf und nachträgliche Anordnungen. Zweck des Gesetzes ist, in den hier betroffenen Fällen die Durchführung mehrerer Verwaltungsverfahren zu vermeiden (**Vereinfachungs-, Bündelungs- und Beschleunigungseffekt**).

2. Die Sonderrolle des § 19 WHG im Fachplanungsrecht

2 § 19 normiert in Abs. 1 und 2 die Zuständigkeit der Planfeststellungsbehörde und der Bergbehörde für die Erteilung von wasserrechtlichen Erlaubnissen oder Bewilligungen für mit ihrem Vorhaben verbundene Gewässerbenutzungen. Die Vorschrift hebt erneut die in ihrer Bedeutung und Reichweite umstrittene Sonderstellung des Wasserrechts im Fachplanungsrecht hervor. Das neue WHG bekräftigt damit zugleich die bisherige Grundposition des Bundesgesetzgebers, der dem Wasserrecht von Anfang an die Funktion der speziellen Rechtsmaterie (lex specialis) für das Gewässerbenutzungsregime zugewiesen hat. Auch später erlassene oder künftige bundesgesetzliche Vorschriften (lex posterior) gehen nur vor, wenn sie eindeutig erkennen lassen, dass bewusst von der Spezialnorm des § 19 WHG abgewichen werden soll. Für welche der betroffenen Planfeststellungsverfahren das Wasserrecht Vorrang hat, ist im Rahmen des alten § 14 WHG im Einzelnen umstritten gewesen. Dass diese Vorschrift nicht ohne weiteres durch Gesetze jüngeren Datums verdrängt wird,[3)] hat

---
[1)] Vgl. zur Entstehung BT-Drs. 2072, S. 7, 26 f.
[2)] Im Rahmen der 5. WHG-Novelle von 1986 wurde eine solche Anpassung noch abgelehnt; vgl. hierzu BT-Drs. 10/3973, S. 22; 10/5727, S. 32 f.
[3)] So aber grundsätzlich *Ossenbühl*, Zum Umfang der Weisungsbefugnis des Bundes gemäß Art. 85 Abs. 3 GG im Planfeststellungsverfahren nach § 9b AtG, DVBl 1991, 833, 837 f.

das **BVerwG** im Verhältnis zum Luftverkehrsgesetz im **Flughafen-Schönefeld-Urteil** vom 16.3.2006[4] ausdrücklich bestätigt. Das BVerwG hat in diesem Urteil zu Sinn und Zweck der bisherigen, vom neuen WHG fortgeführten Sonderregelung festgestellt:[5] Durch die fehlende Einbeziehung in die Entscheidungskonzentration führe die wasserrechtliche **Erlaubnis** oder **Bewilligung** gegenüber der Planfeststellung ein **rechtliches Eigenleben**. Dem liege die Erwägung zugrunde, dass im Gegensatz zu den in hohem Maße änderungsresistenten Planfeststellungsbeschlüssen im Wasserrecht flexibel handhabbare Instrumente unverzichtbar seien. Entsprechend sei auch das wasserrechtliche Instrumentarium im Hinblick auf die Zulassung nachträglicher Anordnungen und des Widerrufs ausgestaltet. Der Möglichkeit, auf veränderte Situationen effektiv zu reagieren, messe der Gesetzgeber erkennbar erhebliche Bedeutung zu. Bei keiner der mehrfachen Novellierungen des Wasserhaushaltsgesetzes habe er erwogen, die Sonderregelung, die einen im Verhältnis zum Planfeststellungsrecht erhöhten wasserrechtlichen Schutz gewährleiste, zu streichen.

Der zutreffende wasserrechtliche und wasserwirtschaftspolitische Befund im Urteil des BVerwG zum Flughafen Schönefeld macht deutlich: Die Fortführung der Sonderregelung im neuen WHG hat für die einen die Rechtslage klargestellt, für die anderen verändert.[6]

3. Planfeststellungen und bergrechtliche Betriebspläne (Abs. 1, 2)

§ 19 schreibt in Abs. 1 und 2 für Planfeststellungsverfahren und die Zulassung bergrechtlicher Betriebspläne vor, dass die Planfeststellungs- und die Bergbehörde auch über mit dem Vorhaben verbundene Benutzungen eines Gewässers im Sinne der §§ 8, 9 entscheiden (**Zuständigkeitskonzentration**). Planfeststellungsbeschluss und Zulassung des bergrechtlichen Betriebsplans entfalten hingegen **keine Konzentrationswirkung** in der Weise, dass diese Entscheidungen die Erteilung einer wasserrechtlichen Erlaubnis oder Bewilligung ersetzen; anders insofern die Grundnorm des § 75 VwVfG über die Rechtswirkungen der Planfeststellung. Vielmehr sind nach § 19 selbstständige behördliche Entscheidungen nach Maßgabe der hierfür einschlägigen wasserrechtlichen Vorschriften zu treffen (**keine Entscheidungskonzentration**). Die zuständige Behörde hat nicht nur das materielle, sondern auch das formelle Wasserrecht (z.B. Vorschriften zu den Antragsunterlagen oder zu Einwendungsfristen) anzuwenden. Die umstrittene Frage, ob Entscheidungskonzentration bedeutet, dass nur die sachliche Zuständigkeit betroffen ist, oder ob

---

[4] BVerwG, Urt. v. 16.3.2006 – 4 A 1075.04, Rn. 449; vgl. auch NVwZ-Beilage I 8/2006, 41; zweifelnd *Giesberts*, in: BeckOK, § 19 WHG Rn. 9ff.
[5] BVerwG, Urt. v. 16.3.2006 – 4 A 1075.04, Rn. 450.
[6] Zumindest ist bei der Anwendung der Regel „lex posterior" das WHG weit vorgerückt; vgl. ausführlicher zur Problematik *Berendes*, in: BFM, § 19 Rn. 3ff. m.w.N.

auch das Verfahren zu konzentrieren ist, ist somit im Sinne der ersten Alternative zu beantworten (**keine Verfahrenskonzentration**).[7]

5 Die Zuständigkeitskonzentration nach **Abs. 1** des § 19 erfasst sowohl bundes- als auch landesrechtlich geregelte Verfahren. In Betracht kommen z.b. die **Planfeststellungen** für Vorhaben im Verkehrsbereich gemäß den einschlägigen Vorschriften (Bundesfernstraßengesetz, Landesstraßengesetz, Luftverkehrsgesetz, Allgemeines Eisenbahngesetz; anders jedoch das Bundeswasserstraßengesetz, vgl. § 12 Abs. 6 WaStrG). Gleiches gilt die Planfeststellung von Deponien gemäß § 35 Abs. 2 KrWG sowie von Anlagen gemäß § 9b Abs. 1 AtG.[8] Dagegen ist § 19 Abs. 1 grundsätzlich nicht bei **Plangenehmigungen** anzuwenden. Etwas anderes gilt aber, wenn die Plangenehmigung nach den gesetzlichen Vorschriften dieselben Konzentrationswirkungen hat wie eine Planfeststellung. Diese Auslegung des alten § 14 WHG hat der Bundesgesetzgeber für den neuen § 19 bestätigt, anders als der Bundesrat aber kein Bedürfnis für eine ausdrückliche Klarstellung im Gesetz gesehen.[9]

6 Der von **Abs. 2** betroffene bergrechtliche Betriebsplan und das bergrechtliche Verfahren sind im **Bundesberggesetz** geregelt. Der Unternehmer stellt den Plan auf, die Bergbehörde lässt ihn zu. Der Betriebsplan lässt andere öffentlich-rechtliche Genehmigungen und Erlaubnisse grundsätzlich unberührt und beschränkt sich im Wesentlichen auf eine präventive Kontrolle des Vorhabens in bergaufsichtlicher Hinsicht. Sieht ein bergrechtlicher Betriebsplan die Benutzung eines Gewässers vor, wie z.B. das Absenken und Zutagefördern von Grundwasser oder das Einleiten von Grubenabwasser in ein oberirdisches Gewässer, so darf die Bergbehörde **nur** eine **Erlaubnis** erteilen. Die Erteilung einer Bewilligung ist schlechthin unzulässig und wäre nichtig (§ 44 Abs. 1 VwVfG).[10] Begehrt der Bergwerksunternehmer für die Gewässerbenutzung wegen der stärkeren Rechtsstellung eine Bewilligung, so kann und muss er die Gewässerbenutzung aus seinem Betriebsplan herausnehmen und die Erteilung einer Bewilligung unabhängig von dem Betriebsplanverfahren bei der zuständigen Wasserbehörde beantragen.

4. Behördenbeteiligung, Widerruf, nachträgliche Anordnungen (Abs. 3, 4)

7 Nach **Abs. 3** des § 19 ist für die im Rahmen der Planfeststellung und des bergrechtlichen Betriebsplans zu treffenden wasserrechtlichen

---

[7] Vgl. näher zur Reichweite der Konzentrationswirkungen nach Abs. 1 m.w.N. auch zum Streitstand *Berendes*, in: BFM, § 19 Rn. 7ff.; *Schenk*, in: SZDK, § 19 WHG Rn. 2ff., 22ff.
[8] Näher zu den betroffenen Zulassungen *Berendes*, in: BFM, § 19 Rn. 10ff.; *C/R*, § 19 Rn. 7ff.; *Schenk*, in: SZDK, § 19 WHG Rn. 19ff.
[9] Vgl. BT-Drs. 16/13306, S. 4f. einerseits und S. 25 andererseits.
[10] So die h.M.; vgl. *Berendes*, in: BFM, § 19 Rn. 10ff. m.w.N.

Entscheidungen das **Einvernehmen der** für die Erteilung der Erlaubnis oder Bewilligung an sich zuständigen **Wasserbehörde** einzuholen. Einvernehmen bedeutet, dass die Wasserbehörde die wasserrechtliche Gestattung nach Form und Inhalt voll mitträgt. Sind für die Entscheidung Bundesbehörden zuständig, was nur bei Planfeststellungen (vgl. Rn. 5) und nicht bei bergrechtlichen Betriebsplänen in Betracht kommt, scheidet aus verfassungsrechtlichen Gründen (Unzulässigkeit der Mischverwaltung) ein Mitentscheidungsrecht einer Landesbehörde aus. Das neue WHG hat aber die Mitwirkung der Länder (bisher nur Anhörung) jetzt auf das **Benehmen** hochgestuft.[11] Ist die Erlaubnis oder die Bewilligung ohne das erforderliche Einvernehmen oder Benehmen erteilt worden, ist die Entscheidung zwar nicht nichtig (vgl. § 44 Abs. 3 Nr. 4 VwVfG), aber rechtswidrig und gerichtlich anfechtbar.[12]

Abs. 4 des § 19 begründet im Zusammenhang mit der Zuständigkeitsregelung nach Abs. 1 und 2 auch eine Zuständigkeit der Planfeststellungs- und der Bergbehörde für **nachträgliche Anordnungen** gemäß § 13 und den **Widerruf** gemäß § 18 in Bezug auf die erteilten Erlaubnisse oder Bewilligungen. Der Vorrang des wasserrechtlichen Regimes im Rahmen des § 19 wird hier dadurch unterstrichen, dass die Initiative für nachträgliche Anordnungen und den Widerruf bei der Wasserbehörde liegt. Die Entscheidungen sind dann in entsprechender Anwendung von Abs. 3 bei landesbehördlichen Planfeststellungen sowie den bergrechtlichen Betriebsplänen im Einvernehmen, bei bundesbehördlichen Planfeststellungen im Benehmen mit der zuständigen Wasserbehörde zu treffen. 8

5. Landesrecht

§ 19 legt abschließend fest, bei welchen Vorhaben welche wasserrechtlichen Tatbestände in welcher Weise verfahrensmäßig konzentriert werden. Die Länder haben nach Art. 72 Abs. 1 GG aber die Möglichkeit, Vorschriften über die Konzentration weiterer Verfahren zu erlassen. Da es sich bei § 19 um eine Verfahrensregelung handelt, unterliegt sie nach Art. 84 Abs. 1 Satz 2 GG voll der Abweichungsgesetzgebung der Länder (nach Maßgabe der Sätze 3 und 4 des Art. 84 Abs. 1).[13] Die verfassungsrechtlichen Vorgaben zur Mischverwaltung (vgl. Rn. 7) sind allerdings zu beachten. 9

---

[11] Vgl. hierzu auch die unterschiedlichen Positionen von Bundesrat und Bundesregierung, BT-Drs. 16/13306, S. 5, 25; ebenso C/R, § 19 Rn. 25; kritisch *Knopp*, Rn. 226, der bei seinem Hinweis auf § 4 WaStrG allerdings übersieht, dass die Mischverwaltung hier ausdrücklich durch Art. 89 Abs. 3 GG zugelassen ist.

[12] Vgl. näher zum Einvernehmen und Benehmen sowie zu den Rechtsfolgen bei deren Fehlen *Berendes*, in: BFM, § 19 Rn. 16ff.; C/R, § 19 Rn. 23ff.; siehe zum Einvernehmen auch *Schenk*, in: SZDK, § 19 WHG Rn. 19ff.

[13] Von der Möglichkeit des Art. 84 Abs. 1 Satz 5 GG hat das WHG keinen Gebrauch gemacht. Bayern konnte deshalb abweichend von § 19 Abs. 2 auch die Erteilung einer Bewilligung zulassen (Art. 64 WG).

§ 20
Alte Rechte und alte Befugnisse

(1) Soweit die Länder nichts anderes bestimmen, ist keine Erlaubnis oder Bewilligung erforderlich für Gewässerbenutzungen auf Grund

1. von Rechten, die nach den Landeswassergesetzen erteilt oder durch sie aufrechterhalten worden sind,

2. von Bewilligungen nach § 1 Absatz 1 Satz 1 der Verordnung über Vereinfachungen im Wasser- und Wasserverbandsrecht vom 10. Februar 1945 (RGBl. I S. 29),

3. einer nach der Gewerbeordnung erteilten Anlagegenehmigung,

4. von Zulassungen, die in einem förmlichen Verfahren nach den Landeswassergesetzen erteilt und die den in den Nummern 1 bis 3 genannten Zulassungen gleichgestellt worden sind sowie

5. gesetzlich geregelter Planfeststellungsverfahren oder hoheitlicher Widmungsakte für Anlagen des öffentlichen Verkehrs.

Satz 1 gilt nur, wenn zur Ausübung der Benutzung am 12. August 1957, in dem in Artikel 3 des Einigungsvertrages genannten Gebiet am 1. Juli 1990 oder zu einem anderen von den Ländern bestimmten Zeitpunkt rechtmäßige Anlagen vorhanden waren.

(2) Die in Absatz 1 aufgeführten Rechte und Befugnisse (alte Rechte und alte Befugnisse) können gegen Entschädigung widerrufen werden, soweit von der Fortsetzung der Gewässerbenutzung eine erhebliche Beeinträchtigung des Wohls der Allgemeinheit zu erwarten ist. Sie können ohne Entschädigung widerrufen werden, soweit dies nicht schon nach dem vor dem 1. März 2010 geltenden Recht zulässig war, wenn

1. die Benutzung drei Jahre ununterbrochen nicht ausgeübt worden ist;

2. die Benutzung im bisher zulässigen Umfang für den Benutzer nicht mehr erforderlich ist; dies gilt insbesondere, wenn der zulässige Umfang drei Jahre lang erheblich unterschritten wurde;

3. der Zweck der Benutzung so geändert worden ist, dass er mit der festgelegten Zweckbestimmung nicht mehr übereinstimmt;

4. der Benutzer trotz einer mit der Androhung des Widerrufs verbundenen Warnung die Benutzung über den Rahmen des alten Rechts oder der alten Befugnis hinaus erheblich ausgedehnt oder Bedingungen oder Auflagen nicht erfüllt hat.

Für die Zulässigkeit nachträglicher Anforderungen und Maßnahmen ohne Entschädigung gilt § 13 Absatz 2 entsprechend.

Inhaltsübersicht

Rn.			Rn.
1.	Allgemeines	1	3. Widerruf und nachträgliche Anforderungen (Abs. 2)... 9
2.	Alte Rechte und alte Befugnisse (Abs. 1)	5	4. Landesrecht 13

1. Allgemeines

Grundgedanke des § 20 ist, bestimmte **Gewässerbenutzungen**, die bei Inkrafttreten des WHG 1957 **durch früheres Recht abgesichert** waren (alte Rechte und alte Befugnisse im Sinne der Legaldefinition des § 20 Abs. 2 Satz 1), von der Erlaubnis- oder Bewilligungspflicht freizustellen. Die Vorschrift übernimmt mit redaktionellen Änderungen, aber unter Beibehaltung der bisherigen Regelungsinhalte den alten § 15 WHG. Sie wird ergänzt um die Anmeldevorschrift des § 21 (bisher: § 16), § 17 WHG a.F. hat sich durch Zeitablauf erledigt und bedurfte keiner Fortführung.[1] Im Rahmen der Fortentwicklung des Wasserrechts ist der Bestandsschutz von alten Rechten und alten Befugnissen 1976 durch die 4. WHG-Novelle erheblich eingeschränkt worden.[2] Da § 20 alte Rechte und alte Befugnisse nicht unterschiedlich behandelt, kommt es hier auf eine Abgrenzung zwischen Rechten und Befugnissen nicht an. 1

Das WHG 1957 hat davon abgesehen, die alten, auf früherem Landesrecht beruhenden Rechtspositionen im Rahmen angemessener Übergangsbestimmungen in die neu geschaffene Wasserrechtsordnung einzupassen. Es hat auch aus praktischen Gründen **die alten Rechtspositionen** grundsätzlich **aufrechterhalten** und als eigenständiges Element in das System der öffentlich-rechtlichen Benutzungsordnung integriert.[3] Die Übernahme alter Rechte und alter Befugnisse ist deutlich über den verfassungsrechtlich garantierten Bestandsschutz hinausgegangen. In der Rechtsprechung des BVerfG ist anerkannt, dass der Gesetzgeber im Rahmen der Inhalts- und Schrankenbestimmung des Eigentums nach Art. 14 Abs. 1 Satz 2 GG durch angemessene und zumutbare Übergangsbestimmungen individuelle Rechtspositionen verfassungsgemäß umgestalten kann.[4] Insbesondere ist der Staat verfassungsrechtlich nicht verpflichtet, früher erworbene Rechte, die künftig nicht mehr in gleichem Maße als schützenswert anerkannt werden, auf Dauer zu sichern. 2

---

[1] Vgl. zur Entstehung der §§ 15 bis 17 BT-Drs. 2072, S. 7 f., 27 f. sowie 3536, S. 12 f., 26 ff.
[2] Vgl. hierzu BT-Drs. 7/888, S. 4, 15; 7/10888, S. 4, 15 und 7/4546, S. 6, 12 sowie insgesamt zur Entstehung, Entwicklung und Problematik der Altrechte *Berendes*, in: BFM, § 20 Rn. 3 ff.
[3] Vgl. BT-Drs. 2072, S. 27.
[4] BVerfG, Nassauskiesungsbeschl. v. 15.7.1981 – 1 BvL 77/78 – unter D. II. 2., BVerfGE 58, 300, 351 = HDW R 1395; vgl. auch *C/R*, § 20 Rn. 3 ff.

3 Im Referentenentwurf des Bundesumweltministeriums zum Zweiten Buch Umweltgesetzbuch – Wasserwirtschaft (vgl. hierzu Einleitung Rn. 13f.) war noch vorgesehen, **die alten Rechte** und **alten Befugnisse** im Rahmen einer großzügig bemessenen Übergangsregelung mit folgender Begründung **auslaufen** zu lassen: Das bisher geltende Sonderregime für alte Rechte und alte Befugnisse nach den §§ 15–17 WHG a.F. erschwere eine den heutigen Bedürfnissen der Wasserwirtschaft entsprechende Steuerung von Gewässerbenutzungen. Alte Rechte und alte Befugnisse seien nicht auf der Grundlage und nach den Maßstäben der durch das Wasserhaushaltsgesetz neu geschaffenen öffentlich-rechtlichen Benutzungsordnung erteilt worden. Sie auf Dauer aufrecht zu erhalten, sei weder aus Gründen des Bestandsschutzes geboten noch wasserwirtschaftlich zu rechtfertigen. Der Sonderstatus der Inhaber alter Rechte und alter Befugnisse sei auch und gerade im Verhältnis zu den anderen Gewässerbenutzern, die seit Inkrafttreten des Wasserhaushaltsgesetzes nur noch jederzeit widerrufliche Erlaubnisse oder befristete Bewilligungen erhalten können, nicht mehr berechtigt. Eine Angleichung der Rechtspositionen der Inhaber von Wasserrechten sei für die Inhaber alter Rechte und alter Befugnisse schon deshalb zumutbar, weil sie ihre Rechte und Befugnisse bereits über Zeiträume nutzen konnten, die weit über die aus heutiger Sicht als vertretbar anerkannten Fristen hinausreichen. Eine Überleitung vom alten in das neue Rechtsregime leiste nicht zuletzt auch einen wesentlichen Beitrag zur Vollzugsvereinfachung, weil das Nebeneinander sehr verschiedenartiger Regelungssysteme auch mit einem vergleichsweise hohen Verwaltungsaufwand verbunden sei. Insbesondere die Notwendigkeit, teilweise mehrere Jahrhunderte alte, auf nicht mehr geläufigen Rechtsgrundlagen beruhende Nutzungsrechte zu überprüfen, erschwere den wasserrechtlichen Vollzug ganz erheblich. Nach Auslaufen eines alten Rechts oder einer alten Befugnis nicht mehr rechtlich abgesicherte Gewässerbenutzungen könnten ohne weiteres wie bei auslaufenden Erlaubnissen und Bewilligungen mit neu zu erteilenden Gestattungen nach Maßgabe der jeweils gültigen Wasserrechtsordnung fortgeführt werden.[5]

4 Das **Auslaufkonzept** war politisch **nicht durchsetzbar**, die Betreiber von Wasserkraftanlagen und ihre parlamentarischen Interessenvertreter haben jede Sachargumentation blockieren können: Die Belange der Wasserwirtschaft, der Gleichbehandlung von Gewässerbenutzungen nach altem und neuem Recht (Abschaffung überholter Privilegien), der Rechtsvereinfachung und Rechtsvereinheitlichung und auch das sonst gerade von der Wirtschaft stets in den Vorder-

---

[5] Vgl. näher *Berendes*, in: BFM, § 20 Rn. 6ff.; im Ergebnis zustimmend auch *Knopp*, Rn. 228.

grund gerückte Argument Bürokratieabbau haben sich selbst in ihrer Summierung nicht als schlagkräftig genug erwiesen.[6]

2. Alte Rechte und alte Befugnisse (Abs. 1)

§ 20 Abs. 1 zählt in **Satz 1** die von der Erlaubnis- oder Bewilligungspflicht freigestellten alten Rechte und alten Befugnisse abschließend auf (Abs. 1–3 des bisherigen § 15 WHG) und fasst sie in einer **Legaldefinition** zusammen (Abs. 2 Satz 1). Schon das WHG 1957 hat aber die Länder ermächtigt, eine andere Regelung zu treffen. Insofern sind gegenüber dem Bundesrecht die **Landeswassergesetze vorrangig**.

Im Vordergrund stehen die nach den früheren Landeswassergesetzen erteilten oder durch sie aufrechterhaltenen Rechte (**Nr. 1**). Für die Entstehung, den Inhalt und den Umfang dieser Rechte ist die Rechtslage maßgebend, nach der sie begründet und fortgeschrieben worden sind.[7] „**Erteilte**" **Rechte** setzen eine Verwaltungsentscheidung im Einzelfall voraus, unmittelbar durch Gesetz verliehene Rechtspositionen fallen nicht hierunter. Solche Entscheidungen waren z.B. die Verleihung eines Gewässerbenutzungsrechts nach §§ 46 ff. des Preußischen Wassergesetzes, nach §§ 40 ff. des Badischen Wassergesetzes oder nach Art. 31 ff. des Württembergischen Wassergesetzes. Bei erteilten ebenso wie bei aufrechterhaltenen Rechten ist nach der einschränkenden Gesetzesauslegung[8] erforderlich, dass im Rahmen der behördlichen Vorkontrolle auch eine Prüfung in wasserwirtschaftlicher Hinsicht stattgefunden hat. Fehlt es an einer solchen Überprüfung, etwa weil die Gewässerbenutzung nach dem maßgebenden Landesrecht unter bestimmten Voraussetzungen oder für einen bestimmten Personenkreis erlaubnisfrei gewesen war, so fehlt es an den Voraussetzungen, unter denen das Wasserhaushaltsgesetz nach seiner Zielsetzung alte Gewässerbenutzungen als alte Rechte anerkennt. Für alte Rechte, die auf einem besonderen Titel beruhen, ist eine Prüfung, ob im konkreten Fall eine Abstimmung mit den wasserwirtschaftlichen Erfordernissen stattgefunden hat, nicht erforderlich.[9] Zur Fortgeltung **aufrechterhaltener Rechte**, ihren Inhalt und ihren Umfang hat es seit dem Inkrafttreten des WHG und der zur Aus-

---

[6] Eine maßgebliche Rolle hat dabei gespielt, dass in der UGB-Diskussion die Durchsetzung der umstrittenen integrierten Vorhabengenehmigung im Vordergrund stand und hohe Kompromissbereitschaft an anderer Stelle gefordert war, zumal es auch „nur" um die Beibehaltung des Status quo ging (vgl. zu den politischen Rahmenbedingungen Einleitung Rn. 20).

[7] BVerwG v. 26.10.1990 – 7 B 151.90, ZfW 1991, 162; BGH v. 15.3.2001 – III ZR 154/00, DÖV 2001, 644, 645; siehe näher hierzu *C/R*, Rn. 47ff.; *Pape*, in: LR, WHG, § 20 Rn. 31ff. sowie die Nachweise bei *Breuer/Gärditz*, Rn. 479.

[8] Vgl. BVerwG v. 22.1.1971 – IV C 94.64, ZfW 1972, 162, 165 mit Anm. *Wiedemann*; BVerwG v. 13.12.1974 – IV C 74.71, ZfW 1975, 92; siehe auch BVerfG im Nassauskiesungsbeschluss v. 15.7.1981 – 1 BvL 77/78, BVerfGE 58, 300, 350ff. sowie *Berendes*, in: BFM, § 20 Rn. 12; *Breuer/Gärditz*, Rn. 477f. m.w.N.

[9] *Pape*, in: LR, WHG, § 20 Rn. 50 m.w.N.

führung des WHG erlassenen Landeswassergesetze in der Praxis erheblichen Klärungsbedarf gegeben.[10]

7   Die Fälle der **Nr. 2** und **3** spielen heute nur eine untergeordnete Rolle. Nach **Nr. 4** können die Länder weitere Benutzungen den Zulassungen nach den Nr. 1–3 gleichstellen, was die Mehrzahl der Länder getan hat. Die Zulassungen müssen aber in einem förmlichen Verfahren nach den Landeswassergesetzen, das die Gemeinwohlbelange sowie die Rechte und Interessen betroffener Dritter hinreichend berücksichtigt, erteilt worden sein. Als Gewässerbenutzungen, die nach **Nr. 5** keiner Erlaubnis oder Bewilligung bedürfen, kommen vor allem Planfeststellungen für Straßen und Schienenwege in Betracht, die auch die Gestattung von Gewässerbenutzungen enthalten konnten.[11]

8   **Satz 2** des § 20 Abs. 1 erkennt alte Rechte und alte Befugnisse als solche nur an, wenn zur Ausübung der Gewässerbenutzung zu dem maßgeblichen Stichtag (alte Bundesländer: Tag der Verkündung des WHG 1957, neue Bundesländer: Inkrafttreten des Umweltrahmengesetzes der DDR; vgl. Einleitung Rn. 9) **rechtmäßige Anlagen vorhanden** waren. Der Begriff der Anlage ist in einem weiten Sinne zu verstehen. Es genügt dazu jede äußerlich erkennbare ortsfeste Vorrichtung zur Ausnutzung des Rechts, transportable Anlagen sind nicht erfasst, da sie nicht der Manifestation der alten Rechte und Befugnisse dienen. Vorhanden sind nur solche Anlagen, die zur Ausübung des Rechts geeignet sind. Welchen Einfluss Veränderungen der Anlagen auf den Bestand eines alten Rechts haben, ist nach dem früheren Recht zu beurteilen. Unklar ist die Reichweite des Begriffs der Rechtmäßigkeit der Anlage. Nach dem Wortlaut und Zweck des Gesetzes kommt es auf die Rechtmäßigkeit in wasserrechtlicher Hinsicht zu dem genannten Stichtag an.[12]

3. Widerruf und nachträgliche Anforderungen (Abs. 2)

9   § 20 Abs. 2 regelt die zulässigen behördlichen Eingriffe in bestehende alte Rechte und alte Befugnisse: in Satz 1 und 2 die Voraussetzungen für einen Widerruf mit und ohne Entschädigung sowie in Satz 2 nachträgliche Anordnungen ohne Entschädigung. Das neue WHG übernimmt inhaltlich den bisherigen § 15 Abs. 4 WHG, der eine mit dem Widerruf einer Bewilligung gemäß § 12 WHG a.F. übereinstimmende Regelung enthält.[13] § 20 Abs. 2 setzt voraus, dass

---

[10] Ausführlich m.w.N. insbesondere zum früheren preußischen Rechtsgebiet *Breuer/Gärditz*, Rn. 478 ff.; vgl. auch *C/R*, § 20 Rn. 10 ff.; *Pape*, in: LR, WHG, § 20 Rn. 41 ff.
[11] Näher zu Abs. 1 Satz 1 Nr. 2–5 *C/R*, § 20 Rn. 27 ff.; *Pape*, in: LR, WHG, § 20 Rn. 51 ff.
[12] Vgl. näher zu Abs. 1 Satz 2 *Berendes*, in: BFM, § 20 Rn. 17 ff.; *C/R*, § 20 Rn. 38 ff.; *Pape*, in: LR, WHG, § 20 Rn. 21 ff.
[13] Für die Bewilligung hat das neue WHG das bisher geltende Recht allerdings nicht inhaltsgleich übernommen (vgl. § 18 Abs. 2).

die alten Rechte und alten Befugnisse noch bestehen, also insbesondere nicht schon erloschen sind.[14] Der Widerruf liegt im pflichtgemäßen Ermessen der Behörde.

Satz 1 geht grundsätzlich davon aus, dass jeder **Widerruf** eines alten Rechts oder einer alten Befugnis im Allgemeinen als entschädigungspflichtiger Eigentumseingriff anzusehen ist. Demgemäß ist ein solcher Eingriff nur aus wichtigen Gründen des Gemeinwohls („erhebliche Beeinträchtigung des Wohls der Allgemeinheit"; vgl. hierzu § 6 Rn. 5 und § 18 Rn. 5) und gegen **Entschädigung** (vgl. hierzu §§ 96 ff.) zulässig.[15] Soweit durch die Ausübung alter Rechte oder alter Befugnisse Belange des Wohls der Allgemeinheit nicht erheblich oder nur Dritte in ihren Rechten oder geschützten Interessen (§ 14 Abs. 3 und 4) beeinträchtigt werden, ist § 20 Abs. 2 Satz 1 nicht anwendbar. 10

Satz 2 lässt einen **entschädigungslosen Widerruf** zunächst dann zu, wenn dies schon vor Inkrafttreten des neuen WHG möglich war, wie z.B. nach dem Preußischen Wassergesetz von 1913 oder dem Bayerischen Wassergesetz von 1907.[16] Darüber hinaus enthält das WHG seit der 4. Novelle von 1976 in den Nr. 1–4 eine gesetzliche Festlegung von Inhalt und Schranken alter Rechte und Befugnisse im Sinne des Art. 14 GG. Angesichts der zahlreichen konkurrierenden Anforderungen an das Allgemeingut Wasser muss es im öffentlichen Interesse möglich sein, nicht nur im Rahmen des WHG erteilte Bewilligungen, sondern auch alte Rechte und alte Befugnisse zur Gewässerbenutzung entschädigungslos zu beschränken oder aufzuheben, wenn es dafür triftige Gründe gibt.[17] Die Aufzählung der in Nr. 1–4 genannten **Widerrufsgründe** ist abschließend. In diesen Fällen hat die Schutzbedürftigkeit des Inhabers alter Rechte und alter Befugnisse keinen Vorrang mehr vor dem Interesse der Allgemeinheit, das Gewässer uneingeschränkt der Bewirtschaftung nach Maßgabe der geltenden öffentlich-rechtlichen Benutzungsordnung des WHG zu unterwerfen. So soll z.B. Nr. 1 der Wasserbehörde ermöglichen, den Wasserschatz, den ein Privater eine bestimmte Zeit lang nicht mehr in Anspruch nimmt, durch Beseitigung seines Rechts für andere öffentliche oder private Nutzungen verfügbar zu machen.[18] 11

Satz 3 bestimmt, dass als **nachträgliche Anordnungen** die in § 13 Abs. 2 aufgeführten Anforderungen und Maßnahmen in Betracht kommen. Dies entspricht der Regelung des § 13 Abs. 3 für Bewilli- 12

---

[14] Vgl. hierzu *C/R*, § 20 Rn. 73 f.; *Pape*, in: LR, WHG, § 20 Rn. 65 f.
[15] Ausführlich zum Widerruf nach Satz 1 *Breuer/Gärditz*, Rn. 531 ff.
[16] Vgl. BT-Drs. 2072, S. 27.
[17] Vgl. BT-Drs. 7/4546, S. 6.
[18] BVerwG v. 29.11.1993 – 7 B 114.93, ZfW 1994, 394, 395. Zur verfassungsrechtlichen Zulässigkeit und den Fällen des entschädigungslosen Widerrufs nach Abs. 2 Satz 2 wird auf die ausführlichen Erläuterungen und Nachweise bei *Breuer/Gärditz*, Rn. 502–530 verwiesen; vgl. im Übrigen auch *Berendes*, in: BFM, § 20 Rn. 29 ff.

gungen. Der Katalog der in § 13 Abs. 2 genannten Anordnungen ist im Rahmen der hierauf Bezug nehmenden Vorschriften des § 13 Abs. 3 und § 20 Abs. 2 Satz 3 abschließend. Dass zulässige nachträgliche Anordnungen keine Entschädigungspflicht begründen, stellt das Gesetz in Anknüpfung an die in den Sätzen 1 und 2 des § 20 Abs. 2 getroffenen Regelungen ausdrücklich klar.[19]

4. Landesrecht

13 Die Öffnungsklausel in § 20 Abs. 1 für andere Vorschriften der Länder hat zur Folge, dass bestehendes und künftiges Landesrecht nach Art. 72 Abs. 1 GG Vorrang vor der Bundesregelung genießt. § 20 Abs. 2 enthält eine solche Klausel zwar nicht, unterliegt aber dennoch in vollem Umfang anderweitigen Regelungen der Länder. Wenn die Länder schon befugt sind, alte Rechte und alte Befugnisse anders als das Bundesrecht generell in die Pflicht zur behördlichen Zulassung einzubeziehen, können sie auch ihren Bestandsschutz abweichend von § 20 Abs. 2 regeln, natürlich nur soweit dies nach den Vorgaben des Grundgesetzes zulässig ist.[20]

§ 21
Anmeldung alter Rechte und alter Befugnisse

(1) Alte Rechte und alte Befugnisse, die bis zum 28. Februar 2010 noch nicht im Wasserbuch eingetragen oder zur Eintragung in das Wasserbuch angemeldet worden sind, können bis zum 1. März 2013 bei der zuständigen Behörde zur Eintragung in das Wasserbuch angemeldet werden. § 32 des Verwaltungsverfahrensgesetzes gilt entsprechend. Alte Rechte und alte Befugnisse, die nicht nach den Sätzen 1 und 2 angemeldet worden sind, erlöschen am 1. März 2020, soweit das alte Recht oder die alte Befugnis nicht bereits zuvor aus anderen Gründen erloschen ist.

(2) Absatz 1 gilt nicht für alte Rechte und alte Befugnisse, die nach einer öffentlichen Aufforderung nach § 16 Absatz 2 Satz 1 des Wasserhaushaltsgesetzes in der am 28. Februar 2010 geltenden Fassung innerhalb der dort genannten Frist nicht zur Eintragung in das Wasserbuch angemeldet worden sind. Für diese alten Rechte und alten Befugnisse gilt § 16 Absatz 2 Satz 2 und 3 des Wasserhaushaltsgesetzes in der am 28. Februar 2010 geltenden Fassung.

---

[19] Vgl. näher zu Abs. 2 Satz 3 *Berendes*, in: BFM, § 20 Rn. 35 ff.
[20] Anders wohl *Pape*, in: LR, WHG, § 20 Rn. 77, der aus dem abschließenden Charakter der Widerrufsgründe schließt, den Ländern sei es verwehrt, weitergehende Regelungen zu treffen. Der von ihm zitierte, in die gleiche Richtung gehende Beschluss des VGH Kassel v. 13.10.1994 – 7 UE 1982/91, ZfW 1995, 172, 174 zu § 15 Abs. 4 WHG a.F. ist nicht einschlägig, weil noch die alte Kompetenzlage maßgebend war; vgl. auch *Berendes*, in: BFM, § 20 Rn. 38.

Inhaltsübersicht

Rn.			Rn.
1. Allgemeines	1	3. Landesrecht	5
2. Inhalt des § 21	3	

1. Allgemeines

§ 21 regelt die **Anmeldung** alter Rechte und alter Befugnisse sowie 1
deren **Erlöschen**, wenn eine Anmeldung unterblieben ist. Die Vorschrift knüpft an die Regelungen des bisherigen § 16 WHG an, übernimmt sie aber nicht in vollem Umfang. Die Bestimmung, dass alte Rechte und alte Befugnisse von Amts wegen in das Wasserbuch einzutragen sind (§ 16 Abs. 1 WHG a.F.), ist entfallen, weil die Anwendung der Wasserbuchregelung (§ 87) ausreicht.

Im Rahmen der nach Erlass des Grundgesetzes angestrebten Neu- 2
ordnung des Wasserrechts durch den Bund galt es sicherzustellen, dass eine ordnungsgemäße Gewässerbewirtschaftung nicht durch eine Vielzahl unübersehbarer und unkontrollierter alter Rechte und alter Befugnisse gefährdet wird. Aus diesem Grunde hat das WHG 1957 in § 16 Abs. 2 bestimmt, dass die Inhaber alter Rechte und alter Befugnisse **öffentlich aufgefordert** werden können, ihre Rechte und Befugnisse zur Eintragung in das Wasserbuch anzumelden.[1] Nicht in allen Ländern sind die Ausführungsvorschriften so ausgestaltet und vollzogen worden, dass alle heute noch existierenden alten Rechte und alten Befugnisse im Wasserbuch eingetragen oder zur Eintragung angemeldet sind. Um daraus resultierende Unklarheiten zu beseitigen, hat der Bundesgesetzgeber im neuen WHG eine Regelung geschaffen, die nach Ablauf bestimmter Fristen für die wünschenswerte Rechtssicherheit sorgt.[2]

2. Inhalt des § 21

§ 21 **Abs. 1** eröffnet in **Satz 1** die Möglichkeit, alte Rechte und alte 3
Befugnisse, die bis zum Inkrafttreten des neuen WHG noch nicht im Wasserbuch eingetragen oder zur Eintragung in das Wasserbuch angemeldet worden sind, innerhalb von drei Jahren, also bis zum 1.3.2013 bei der zuständigen Behörde zur Eintragung anzumelden. Öffentliche Aufforderungen sieht das Bundesrecht nicht mehr vor. Die **Frist zur Anmeldung** ist eine Ausschlussfrist. Bei einer schuldlosen Verhinderung an der Einhaltung der Frist gewährt **Satz 2** Wiedereinsetzung in den vorigen Stand nach Maßgabe des § 32 VwVfG. Nicht fristgemäß angemeldete Rechte und Befugnisse gelten, soweit sie nicht zuvor aus anderen Gründen **erlöschen**, noch bis Ende Februar 2020 weiter, ab **1.3.2020** existieren sie dann endgültig nicht

---

[1] Vgl. dazu BT-Drs. 2072, S. 27.
[2] Vgl. näher zu Entstehung und Zweck des § 21 *Berendes*, in: BFM, § 21 Rn. 1 ff.

mehr (**Satz 3**). Spätestens von diesem Zeitpunkt an liegen die notwendigen Informationen über alle von der Behörde anerkannten (in der Regel im Wasserbuch eingetragenen) und die geltend gemachten (angemeldeten) alten Rechte und alten Befugnisse vor. Sobald diese erloschen sind, ist eine fortgesetzte Gewässerbenutzung unbefugt. Die Fortsetzung muss durch Erteilung einer Erlaubnis oder Bewilligung nach Maßgabe der öffentlich-rechtlichen Benutzungsordnung des neuen WHG legalisiert werden.[3]

4 § 21 greift in **Abs. 2** den in § 16 Abs. 2 Satz 1 WHG a.F. und den hierzu erlassenen Ausführungsvorschriften der Länder geregelten Fall auf. Danach konnten alte Rechte und alte Befugnisse aufgrund einer öffentlichen Aufforderung innerhalb einer Drei-Jahres-Frist angemeldet werden. Satz 1 und 2 stellen klar, dass sich das Erlöschen dieser Rechte und Befugnisse bei versäumter **Anmeldung** nicht nach den neuen Vorschriften, sondern **nach dem bisher geltenden Recht**, also den Sätzen 2 und 3 des alten § 16 Abs. 2 WHG richtet. Die meisten der hiervon betroffenen Rechte und Befugnisse werden aufgrund des Ablaufs der vorgegebenen Fristen oder aus anderen Gründen (z.B. zeitliche Begrenzung oder Widerruf des Rechts oder der Befugnis) bereits erloschen sein. Es wäre nicht sachgerecht, für noch verbliebene Fälle die neue bundesrechtliche Anmeldevorschrift des § 21 Abs. 1 anzuwenden. Nicht in Bezug genommen hat Satz 2 den bisherigen § 16 Abs. 3 WHG, denn nach 50 und mehr Jahren seit Inkrafttreten des WHG 1957 ist ein Bedürfnis für die Einräumung eines Anspruchs auf Erteilung einer Bewilligung als Ersatz für ein nicht angemeldetes und inzwischen erloschenes altes Recht nicht anzuerkennen. Gewässerbenutzungsrechte, die im Grundbuch eingetragen und deshalb nicht erloschen sind (§ 16 Abs. 2 Satz 3 WHG a.F.), können insbesondere Grunddienstbarkeiten (§§ 1018 ff. BGB) und beschränkte persönliche Dienstbarkeiten (§§ 1090 ff. BGB) sein.[4]

3. Landesrecht

5 § 21 ist in **Abs. 1** eine im Rahmen des Art. 72 Abs. 1 GG der Ergänzung durch Landesrecht zugängliche Vorschrift. Dies betrifft insbesondere das Anmeldeverfahren. Die Länder können nach Art. 84 Abs. 1 Satz 2 GG abweichende Regelungen erlassen. **Abs. 2** belässt es bei der Weitergeltung des bisherigen Rechts, ergibt insofern im Landesrecht keinen Regelungsbedarf. Die Länder können aber auf der Grundlage der neuen Kompetenzordnung von ihrer Abweichungsbefugnis nach Art. 84 Abs. 1 Satz 2 GG Gebrauch machen.

---

[3] Vgl. näher zu Abs. 1 des § 21 *Berendes*, in: BFM, § 21 Rn. 4 ff., 7 f. m.w.N.
[4] Vgl. näher zu Abs. 2 des § 21 *Berendes*, in: BFM, § 21 Rn. 9 ff. m.w.N.

§ 22
Ausgleich zwischen konkurrierenden Gewässerbenutzungen

Art, Maß und Zeiten der Gewässerbenutzung im Rahmen von Erlaubnissen, Bewilligungen, alten Rechten und alten Befugnissen können auf Antrag eines Beteiligten oder von Amts wegen in einem Ausgleichsverfahren geregelt oder beschränkt werden, wenn das Wasser nach Menge oder Beschaffenheit nicht für alle Benutzungen ausreicht oder zumindest eine Benutzung beeinträchtigt ist und wenn das Wohl der Allgemeinheit es erfordert. Der Ausgleich ist unter Abwägung der Interessen der Beteiligten und des Wohls der Allgemeinheit sowie unter Berücksichtigung des Gemeingebrauchs nach pflichtgemäßem Ermessen festzulegen.

Inhaltsübersicht

Rn.		Rn.
1. Allgemeines 1	3. Landesrecht 5
2. Inhalt des § 22 2

1. Allgemeines

§ 22 regelt den **Ausgleich von Interessen**, wenn mehrere Nutzungen 1 eines Gewässers miteinander konkurrieren und nicht in dem insgesamt gewünschten Umfang möglich sind. Die Vorschrift übernimmt weitgehend den bisherigen § 18 WHG, konkretisiert aber die Regelung und ergänzt sie um weitere Aspekte. § 22 dient einer **gerechten Verteilung der Wasserressourcen**. Zunächst ist es Sache der Gewässernutzer, sich über Art und Maß der Inanspruchnahme des Gewässers im Wege einer gütlichen Einigung zu verständigen, und erst für den Fall, dass eine Einigung nicht zustande kommt, soll die Möglichkeit bestehen, ein staatliches Ausgleichsverfahren einzuleiten.[1] Ein solches Verfahren ist entbehrlich, wenn sich das Ziel des Ausgleichs auch auf anderem Wege erreichen lässt. Insbesondere kommen nachträgliche Anordnungen und der teilweise oder vollständige Widerruf der betroffenen Rechte und Befugnisse nach §§ 13, 18 und 20 Abs. 2 in Betracht.

2. Inhalt des § 22

Nach **Satz 1** kann die Wasserbehörde ein **Ausgleichsverfahren** auf 2 Antrag des Inhabers einer Erlaubnis (einschließlich einer gehobenen Erlaubnis) oder einer Bewilligung (§ 10) sowie eines alten Rechts oder einer alten Befugnis (§ 20) oder auch von Amts wegen einleiten

---

[1] Vgl. BT-Drs. 2072, S. 29; näher zu Entstehung und Zweck sowie zur Bedeutung des § 22 *Berendes*, in: BFM, § 22 Rn. 1 ff.; vgl. auch *Breuer/Gärditz*, Rn. 871; *Széchényi*, in: SZDK, § 22 WHG Rn. 1 ff.

(Ermessensentscheidung[2])). Es geht um die Regelung oder Beschränkung von Art, Maß und Zeiten miteinander konkurrierender Gewässerbenutzungen. Voraussetzung ist, dass das Wasser (Grundwasser oder das Wasser eines Oberflächengewässers) quantitativ und qualitativ nicht für alle Beteiligten ausreicht oder mindestens eine Benutzung beeinträchtigt ist. Das Ausgleichsverfahren dient allerdings nicht Einzelinteressen, vielmehr muss hinzukommen („und"), dass ein Ausgleich zwischen mehreren, rechtmäßig ausgeübten Gewässerbenutzungen **durch das Wohl der Allgemeinheit geboten** ist; zum Begriff des Wohls der Allgemeinheit vgl. § 6 Rn. 5. Ein Verfahren nach § 22 ist nicht möglich, wenn ein Ausgleich erst durch eine neue, noch im wasserrechtlichen Zulassungsverfahren zu überprüfende Benutzung erforderlich wird. In diesem Fall kann nur mit den sonstigen wasserrechtlichen Instrumenten – Festsetzung entsprechender Inhalts- und Nebenbestimmungen bei der beantragten Benutzung, nachträgliche Anordnungen und teilweiser Widerruf bei den bestehenden Benutzungen – der für sachgerecht gehaltene Ausgleich herbeigeführt werden. Die geänderte Formulierung in Satz 1 macht deutlich, dass der Ausgleich nicht nur die „Ausübung" der Gewässerbenutzung (so § 18 Satz 1 WHG a.F.) regeln, sondern auch Änderungen im Recht oder in der Befugnis zur Gewässerbenutzung betreffen kann.[3]

3 **Satz 2** ergänzt die Vorgaben für die Ausgleichsregelung um bisher nicht ausdrücklich erwähnte Aspekte. In Anlehnung an entsprechende landesrechtliche Bestimmungen schreibt das WHG vor, nach welchen Kriterien der Ausgleich im Einzelnen festzulegen ist. Nicht nur die Einleitung eines Ausgleichsverfahrens, sondern auch die Festlegung des Ausgleichs liegt im pflichtgemäßen **Ermessen** der zuständigen Behörde. Ob in bestimmten Fällen eine Verpflichtung zu einer Ausgleichsregelung besteht (Ermessensreduzierung auf Null), hängt von den konkreten Umständen ab. Als **Ausgleichsmaßnahmen** kommen z.B. Beschränkungen bei den Mengen zulässiger Wasserentnahmen oder den Schadstofffrachten von Abwassereinleitungen, Änderungen der Stauhöhe oder die Zuteilung bestimmter Zeiten für die Benutzung des Gewässers in Betracht.

4 Die Behörde kann den **Ausgleich** im Rahmen pflichtgemäßer Ermessensausübung **auch als Geldzahlung** festsetzen. Dadurch könnten z.B. bestimmte hinzunehmende Nachteile kompensiert werden. § 22 Satz 2 verzichtet anders als § 18 Satz 2 WHG a.F. auf die ausdrückliche Erwähnung solcher Ausgleichszahlungen, weil das bisherige Recht Anlass für Missverständnisse über den Rechtscharakter der Ausgleichszahlungen im Sinne des § 18 Satz 2 WHG a.F. geben

---

[2] Str., vgl. *Berendes*, in: BFM, § 22 Rn. 17 m.w.N.; siehe auch *Breuer/Gärditz*, Rn. 871.
[3] Siehe näher zu § 22 Satz 1 *Berendes*, in: BFM, § 22 Rn. 6 ff., 16 ff.; *C/R*, § 22 Rn. 4 ff., 12 ff., 27 ff.

konnte und gegeben hat.[4] Die Ausgleichsregelung nach § 22 will im Rahmen der Konkretisierung von Inhalt und Schranken des Eigentums nach Art. 14 Abs. 1 Satz 2 GG bleiben, nicht aber zu Eingriffen ermächtigen, die verfassungsrechtlich garantierte Entschädigungs- oder Ausgleichsansprüche begründen können.[5] Soweit notwendig und zulässig, müssen entsprechende Maßnahmen außerhalb des Ausgleichsverfahrens nach § 22 getroffen werden.

3. Landesrecht

§ 22 ist eine im Rahmen des Art. 72 Abs. 1 GG der Ergänzung durch Landesrecht zugängliche Vorschrift. Die Länder können nach Art. 72 Abs. 3 Satz 1 Nr. 5 GG auch abweichende Regelungen erlassen, soweit der Ausgleich nicht stoff- oder anlagenbezogene Gewässerbenutzungen betrifft.

§ 23
Rechtsverordnungen zur Gewässerbewirtschaftung

(1) Die Bundesregierung wird ermächtigt, nach Anhörung der beteiligten Kreise durch Rechtsverordnung mit Zustimmung des Bundesrates, auch zur Umsetzung bindender Rechtsakte der Europäischen Gemeinschaften oder der Europäischen Union und zwischenstaatlicher Vereinbarungen, Vorschriften zum Schutz und zur Bewirtschaftung der Gewässer nach den Grundsätzen des § 6 und den Bewirtschaftungszielen nach Maßgabe der §§ 27 bis 31, 44, 45a und 47 sowie zur näheren Bestimmung der sich aus diesem Gesetz ergebenden Pflichten zu erlassen, insbesondere nähere Regelungen über

1. Anforderungen an die Gewässereigenschaften,

2. die Ermittlung, Beschreibung, Festlegung und Einstufung sowie Darstellung des Zustands von Gewässern,

3. Anforderungen an die Benutzung von Gewässern, insbesondere an das Einbringen und Einleiten von Stoffen,

4. Anforderungen an die Erfüllung der Abwasserbeseitigungspflicht,

5. Anforderungen an die Errichtung, den Betrieb und die Benutzung von Abwasseranlagen und sonstigen in diesem Gesetz geregelten Anlagen,

6. den Schutz der Gewässer gegen nachteilige Veränderungen ihrer Eigenschaften durch den Umgang mit wassergefährdenden Stoffen,

---

[4] So BT-Drs. 16/12275, S. 58.
[5] BT-Drs. 16/12275, S. 58; vgl. zur Problematik *Berendes*, in: BFM, § 22 Rn. 14 f. m.w.N.; *Széchényi*, in: SZDK, § 22 WHG Rn. 11 ff.

7. die Festsetzung von Schutzgebieten sowie Anforderungen, Gebote und Verbote, die in den festgesetzten Gebieten zu beachten sind,

8. die Überwachung der Gewässereigenschaften und die Überwachung der Einhaltung der Anforderungen, die durch dieses Gesetz oder auf Grund dieses Gesetzes erlassener Rechtsvorschriften festgelegt worden sind,

9. Messmethoden und Messverfahren einschließlich Verfahren zur Gewährleistung der Vergleichbarkeit von Bewertungen der Gewässereigenschaften im Rahmen der flussgebietsbezogenen Gewässerbewirtschaftung und der Bewirtschaftung der Meeresgewässer (Interkalibrierung) sowie die Qualitätssicherung analytischer Daten,

10. die durchzuführenden behördlichen Verfahren,

11. die Beschaffung, Bereitstellung und Übermittlung von Informationen sowie Berichtspflichten,

12. die wirtschaftliche Analyse von Wassernutzungen, die Auswirkungen auf Gewässer haben,

13. Maßnahmenprogramme und Bewirtschaftungspläne auf Grund bindender Rechtsakte der Europäischen Union.

(2) Beteiligte Kreise sind ein jeweils auszuwählender Kreis von Vertreterinnen und Vertretern der Wissenschaft, der beteiligten Wirtschaft, der kommunalen Spitzenverbände, der Umweltvereinigungen, der sonstigen Betroffenen und der für die Wasserwirtschaft zuständigen obersten Landesbehörden.

(3) Solange und soweit die Bundesregierung von der Ermächtigung zum Erlass von Rechtsverordnungen nach Absatz 1, auch in Verbindung mit § 46 Absatz 2, § 48 Absatz 1 Satz 2, § 57 Absatz 2, § 58 Absatz 1 Satz 2, § 61 Absatz 3, § 62 Absatz 4 und § 63 Absatz 2 Satz 2, keinen Gebrauch gemacht hat, sind die Landesregierungen ermächtigt, durch Rechtsverordnung entsprechende Vorschriften zu erlassen. Die Landesregierungen können die Ermächtigung auf eine oder mehrere oberste Landesbehörden übertragen.

Inhaltsübersicht

	Rn.		Rn.
1. Allgemeines	1	4. Anhörung der beteiligten Kreise (Abs. 1, 2)	10
2. Die Verordnungsermächtigung (Abs. 1)	4	5. Landesrecht (Abs. 3)	12
3. Katalog möglicher Verordnungsregelungen (Abs. 1)	8		

1. Allgemeines

§ 23 führt im WHG eine neue, **umfassende gesetzliche Grundlage für** 1
den Erlass von Rechtsverordnungen ein. Die Verordnungsermächtigung eröffnet für die Bundesregierung die Möglichkeit, mit Zustimmung des Bundesrates das auf der gesetzlichen Ebene vorgegebene Konzept der nachhaltigen Gewässerbewirtschaftung näher zu konkretisieren und auszuführen, soweit die rechtlichen und politischen Rahmenbedingungen dies zulassen. § 23 ist – noch ohne Abs. 1 Nr. 13 und Abs. 3 – bereits am 7.8.2009 in Kraft getreten (Art. 24 Abs. 1 des Wasserrechtsneuregelungsgesetzes) und löst die bisherigen, mit der 6. Novelle von 1996 in das WHG aufgenommenen Verordnungsermächtigungen des § 6a und des § 7a Abs. 1 Satz 3 WHG ab,[1] erweitert zugleich deren Anwendungsbereich ganz erheblich. **Abs. 1** regelt die Voraussetzungen für den Erlass von Bundesverordnungen, **Abs. 2** bestimmt die anzuhörenden beteiligten Kreise, **Abs. 3** stellt klar, dass die Verordnungsermächtigung für sich allein noch keine Sperrwirkung für entsprechende landesrechtliche Regelungen entfaltet.

§ 23 verfolgt zwei wesentliche **Ziele**:[2] Zum einen soll die Verord- 2
nungsermächtigung es ermöglichen, das WHG als Grundnorm des deutschen Wasserrechts schlank und übersichtlich zu gestalten, auch bei künftigen Fortschreibungen. Das der **Ausführung des WHG** dienende untergesetzliche Regelwerk des Bundes kann differenziert nach sachlich abgrenzbaren Themenbereichen ebenfalls übersichtlich aufgegliedert werden (z.B. Oberflächengewässer, Grundwasser, Abwasser, Umgang mit wassergefährdenden Stoffen). Dies trägt ganz wesentlich zu einer deutlichen Verbesserung der bisher allgemein als stark defizitär angesehenen Transparenz und Handhabbarkeit des deutschen Wasserrechts bei. Zum anderen besteht politisch und fachlich Konsens, europarechtliche Vorgaben im Interesse einer harmonischen Normenhierarchie grundsätzlich in das Bundesrecht und nicht in mal mehr, mal weniger voneinander abweichende 16 Länderrechte zu übernehmen. Im deutschen Rechtssystem ist meistens die Ebene der Verordnung besser als die Gesetzesebene geeignet, Verpflichtungen zur **Umsetzung von EU-Rechtsakten** in das nationale Recht nachzukommen. Da das europäische Wasserrecht schon in seiner derzeitigen Tiefe und Breite praktisch das ganze Spektrum wasserwirtschaftlicher Rechtsetzung umfasst, muss eine für eine vollständige Umsetzung geeignete Verordnungsermächtigung ebenfalls ein entsprechend weites Regelungsspektrum abdecken.

§ 23 bildet die Rechtsgrundlage für fast alle von der Bundesregie- 3
rung auf dem Gebiet der Wasserwirtschaft zu erlassenden Verordnungsregelungen. Soweit das WHG die Voraussetzungen für den Er-

---
[1] Vgl. zu deren Entstehung BT-Drs. 13/1207, S. 4, 7.
[2] Vgl. auch BT-Drs. 16/12275, S. 58 sowie *Berendes*, in: BFM, § 23 Rn. 4f.

lass einer Verordnung in Ausfüllung der verfassungsrechtlichen Vorgaben nach Art. 80 Abs. 1 Satz 2 GG für bestimmte Bereiche durch **spezifische Anforderungen ergänzt**, erfolgt dies wegen des engen Sachzusammenhangs in den jeweils betroffenen Vorschriften, die Abs. 3 zur Klarstellung im Einzelnen aufführt (allerdings fehlt der erst durch das Gesetz vom 15.11.2014 eingeführte § 29 Abs. 1 Satz 2). Die Verordnungsermächtigungen nach § 24 Abs. 1 (EMAS), § 62 Abs. 7 Satz 2 (Gebühren und Auslagen des Umweltbundesamtes) und § 102 (Verteidigung) beziehen sich nicht auf § 23, sie sind eigenständig.

2. Die Verordnungsermächtigung (Abs. 1)

4   Die Ermächtigung des § 23 Abs. 1 zum Erlass von Rechtsverordnungen des Bundes erstreckt sich generell auf Vorschriften „zum Schutz und zur Bewirtschaftung der Gewässer", also auf das gesamte Spektrum des Wasserwirtschaftsrechts. Allerdings wird die Ermächtigung auf die **Konkretisierung dreier**, ebenfalls weit gefasster **Regelungskomplexe** bezogen: die allgemeinen Bewirtschaftungsleitlinien des § 6, die für oberirdische Gewässer, Meeresgewässer und das Grundwasser gesetzlich vorgegebenen Bewirtschaftungsziele (§§ 27–31, 44, 45a, 47) sowie nähere Bestimmungen zu den sich aus dem WHG ergebenden Pflichten, die sowohl den Gewässernutzer als auch die Wasserbehörde betreffen können (z.B. Pflichten im Zusammenhang mit der Benutzung von Gewässern oder der Errichtung und dem Betrieb von Anlagen, Wahrnehmung der den Behörden zugewiesenen Aufgaben).[3]

5   Verordnungen können „auch" zur **Umsetzung** bindender **Rechtsakte der EU** und **zwischenstaatlicher Vereinbarungen** erlassen werden. Dies ist ein wesentlicher Unterschied zum alten WHG, das in § 6a nur zum Erlass von Rechtsverordnungen ermächtigt hat, die zur Umsetzung von bindenden supra- und internationalen Rechtsakten erforderlich gewesen sind. Umsetzungsbedürftige bindende Rechtsakte der EU[4] sind vor allem Akte, die unmittelbar nur Verpflichtungen für die Mitgliedstaaten begründen, die aber Rechte und Pflichten des Bürgers regeln und deshalb erst durch innerstaatliche Rechtsnormen Außenwirksamkeit erlangen. Hierzu gehören insbesondere die im Umweltrecht üblichen **EU-Richtlinien** (anfangs „EWG", danach bis 30.11.2009 „EG"). Aber auch **EU-Verordnungen**, die grundsätzlich unmittelbar für den Bürger verbindlich sind und insofern keiner Umsetzung bedürfen, können Vorschriften enthalten, die der Ausführung durch die Mitgliedstaaten bedürfen. Un-

---

[3] Vgl. näher zur Konkretisierungsfunktion *Berendes*, in: BFM, § 23 Rn. 16.
[4] Vor Inkrafttreten des Lissabon-Vertrages am 1.12.2009 besaß im Gefüge der EU nur die EG Rechtsetzungsbefugnisse. Die erste Änderung vom 11.8.2010 hat das WHG 2009 an die neue europäische Verfassung angepasst.

verbindliche Empfehlungen und Stellungnahmen fallen nicht unter § 23. Zu den zwischenstaatlichen Vereinbarungen gehören **Staatsverträge** (so z.B. die verschiedenen von Deutschland ratifizierten internationalen Übereinkommen zum Schutz der Meere und der grenzüberschreitenden Binnengewässer), aber auch sog. normative Verwaltungsabkommen, die zu ihrer Umsetzung einer Rechtsvorschrift der Unterzeichnerstaaten bedürfen. § 23 ist damit im Bereich des Wasserrechts die maßgebliche Rechtsgrundlage für die bundesweit einheitliche Umsetzung verbindlicher europäischer und internationaler Verpflichtungen, soweit hierfür das Instrument der Rechtsverordnung in Betracht kommt. Eine bloße Ermächtigung zur Umsetzung trägt für sich allein allerdings nicht den Erlass einer Verordnung, denn sie ist inhaltlich offen und entspricht damit nicht den Anforderungen, die nach Art. 80 Abs. 1 Satz 2 GG an eine hinreichende Bestimmung von Inhalt, Zweck und Ausmaß der Ermächtigung zu erfüllen sind. Auch in einer allein der Umsetzung von supra- und internationalen Verpflichtungen dienenden Verordnung sind nur solche Vorschriften zulässig, die von den in Ausfüllung des Art. 80 Abs. 1 Satz 2 GG im Gesetz getroffenen Festlegungen abgedeckt sind.[5]

§ 23 Abs. 1 normiert eine Ermächtigung, keine Verpflichtung der Bundesregierung zum Erlass von Rechtsverordnungen. Der Verordnungsgeber hat grundsätzlich ein **Rechtsetzungsermessen**.[6] Dies gilt auch für den Fall, dass eine Verpflichtung zur Umsetzung von Vorschriften der EU durch Rechtsnorm besteht und der Bund nach der innerstaatlichen Zuständigkeitsverteilung hierfür hinreichende Kompetenzen besitzt, denn es ist stets auch eine Umsetzung durch ein Gesetz des Bundes möglich. Wie man sich innerstaatlich darüber verständigt, ob der Bund oder das Land EU- oder völkerrechtlichen Verpflichtungen nachkommt, ob der Umsetzungsakt auf Gesetzes- oder Verordnungsebene erfolgt, ist weder in § 23 noch sonst in den Fachgesetzen geregelt; die Verantwortung nach außen trägt letztlich immer der Gesamtstaat Bundesrepublik Deutschland.[7]

Die Frage der **Verfassungsmäßigkeit der Verordnungsermächtigung** stand bei § 6a WHG a.F. noch mit im Vordergrund. Im Rahmen des § 23 hat sich die verfassungsrechtliche Problematik deutlich abgeschwächt.[8] In den Gesetzesberatungen zum UGB und zum neuen WHG hat die Verfassungsmäßigkeit der Verordnungsermächtigung in ihrer jetzigen Fassung jedenfalls keine relevante Rolle gespielt.

---

[5] Vgl. zu einer auf § 23 gestützten Umsetzung supra- und internationaler Wasserrechtsvorschriften näher *Berendes*, in: BFM, § 23 Rn. 11 ff. m.w.N.; *Hofmann*, in: LR, WHG, § 23 Rn. 2 ff.
[6] Vgl. hierzu auch *C/R*, § 23 Rn. 18 f.
[7] Zu den bisher auf § 23 gestützten Rechtsverordnungen vgl. Einleitung Rn. 23.
[8] Vgl. zu den bisherigen Positionen sowie den Unterschieden im alten und neuen Recht *Berendes*, in: BFM, § 23 Rn. 7 m.w.N.

§ 23 Abs. 1 bleibt – auch im Vergleich zu verfassungsrechtlich nicht in Frage gestellten Verordnungsermächtigungen in vielen anderen Gesetzen – in dem von Art. 80 Abs. 1 Satz 2 GG vorgegebenen Rahmen.[9] Die Delegation der Rechtsetzungsbefugnis von der Gesetzesebene auf untergesetzliche Ebenen nimmt in einer immer komplizierter und differenzierter werdenden Gesellschaft ständig zu, der Umweltschutzbereich steht dabei mit in der vordersten Linie. Die Rechtsprechung ist bereit gewesen, den Willen des Gesetzgebers, sich in bestimmten Fällen von Gesetzgebungsaufgaben zu entlasten, weitgehend zu tolerieren.[10]

3. Katalog möglicher Verordnungsregelungen (Abs. 1)

8 § 23 Abs. 1 zählt in einem Katalog von 13 Beispielen auf, welche der im WHG geregelten Anforderungen, Maßnahmen und Verfahrensweisen die Bundesregierung durch Rechtsverordnung näher konkretisieren kann. Der Katalog ist **nicht abschließend**. Er kann aber auch dazu dienen, die allgemein gefasste Ermächtigung nach ihrem Inhalt, Zweck und Ausmaß auszulegen und zu spezifizieren und sie damit im Sinne von Art. 80 Abs. 1 Satz 2 GG hinreichend zu bestimmen.[11] Der Katalog der Nr. 1–13 umfasst alle wichtigen Details des Wasserwirtschaftsrechts, was allerdings nicht bedeutet, früher oder später müsse die Bundesregierung auch von jeder Ermächtigung ganz oder teilweise Gebrauch machen. Dies ist weder gesetzlich vorgeschrieben noch sachlich geboten und auch nicht beabsichtigt. In erster Linie schafft § 23 die Möglichkeit, EU-Recht bundesweit einheitlich umzusetzen. Inwieweit die Bundesregierung § 23 auch dazu nutzt, die national geprägten Elemente des Wasserwirtschaftsrechts auszubauen und zu verfeinern, entscheidet sie politisch im Rahmen ihres Rechtsetzungsermessens. Der Gesetzgeber stellt mit § 23 grundsätzlich klar, für welche wasserrechtlichen Regelungsbereiche künftig das Instrument der Rechtsverordnung zur Verfügung stehen soll.

---

[9] So die mittlerweile in der Literatur herrschende Meinung; vgl. *Berendes*, in: BFM, § 23 Rn. 9f., 17 m.w.N.; *Breuer/Gärditz*, Rn. 58; *Hofmann*, in: LR, WHG, § 23 Rn. 9; *Széchényi*, in: SZDK, § 23 WHG Rn. 6; a.A. mit nicht überzeugender Argumentation *Kotulla*, Das novellierte Wasserhaushaltsgesetz, NVwZ 2010, 79, 83: „verfassungsrechtlich hochgradig bedenkliches Verordnungsregime"; kritisch auch *C/R*, § 23 Rn. 8ff.
[10] Entscheidend ist, ob die Ermächtigung „nach Tendenz und Programm so genau umrissen" ist, dass erkennbar wird, was dem Bürger gegenüber zulässig sein soll; vgl. z.B. BVerfG v. 8.6.1988 – 2 BvL 9/85 und 3/86, BVerfGE 78, 249, 272. Dass der Gesetzgeber dabei mit unbestimmten Rechtsbegriffen operieren kann, ist anerkannt und gängige Praxis. Es muss voraussehbar sein, was Inhalt der Verordnung sein „kann", nicht sein „wird".
[11] Vgl. zur Bedeutung des Katalogs *Berendes*, in: BFM, § 23 Rn. 20f.

§ 23 Rechtsverordnungen zur Gewässerbewirtschaftung

Die Beispielsfälle im Überblick:[12] **Nr. 1** betrifft die an Gewässereigenschaften in ihrer weiten Definition (§ 3 Nr. 7) zu stellenden Anforderungen. In Betracht kommen insbesondere Grenzwerte und sonstige Normen für die Gewässerqualität. Gleiches gilt für den auf Wasserkörper bezogenen „Zustand" von Gewässern. Durch Bundesverordnung können somit auch die für den Gewässerzustand maßgebenden Bewirtschaftungsziele („guter" Zustand) näher konkretisiert werden. **Nr. 2** ersetzt die Regelungsaufträge des alten WHG (vgl. § 25a Abs. 2, § 25b Abs. 1 Satz 2, § 32c Satz 1, § 33a Abs. 2 Satz 1), mit denen die Länder verpflichtet worden sind, die entsprechenden Vorgaben der Wasserrahmenrichtlinie umzusetzen. Dem Bund ist es jetzt möglich, die inzwischen erlassenen 16 Landesverordnungen durch bundeseinheitliche Regelungen abzulösen (vgl. Fn. 7). **Nr. 3** ist eine im Hinblick auf die neuen Gesetzgebungszuständigkeiten des Bundes umfassend ausgestaltete Ermächtigung zu das WHG ergänzenden Regelungen über die bei Gewässerbenutzungen einzuhaltenden Anforderungen. Sie ersetzt in Verbindung mit § 57 Abs. 2 zugleich die bisherige Verordnungsermächtigung des § 7a Abs. 1 Satz 3 WHG a.F., ohne sich auf eine Ermächtigung zur Konkretisierung des Standes der Technik zu beschränken (zur Abwasserverordnung vgl. auch § 57 Abs. 2). **Nr. 4** und **5** ermächtigen dazu, nähere Einzelheiten zur ordnungsgemäßen Wahrnehmung der Abwasserbeseitigungspflicht sowie zur Errichtung und zum Betrieb von Abwasseranlagen und sonstigen im WHG geregelten Anlagen festzulegen. In Betracht kommt dies insbesondere im Abwasserbereich (Indirekteinleitungen, Eigenüberwachung; vgl. zusätzlich auch § 58 Abs. 1 Satz 2 und § 61 Abs. 3). **Nr. 6** schafft die Möglichkeit, bundesweit einheitliche stoff- und anlagenbezogene Regelungen zum Umgang mit wassergefährdenden Stoffen zu erlassen, die in ihren Standards voneinander abweichenden Anlagenverordnungen der Länder (VAwS) konnten damit durch die Verordnung über Anlagen zum Umgang mit wassergefährdenden Stoffen (AwSV) des Bundes abgelöst werden. § 62 Abs. 4 ergänzt die allgemeine Ermächtigung der Nr. 6 durch näher konkretisierte Vorgaben. **Nr. 7** betrifft insbesondere Wasserschutzgebiete, Heilquellenschutzgebiete sowie dem Schutz vor Hochwassergefahren dienende Risikogebiete und Überschwemmungsgebiete. Der Bund kann dabei auch festlegen, welche Gebote, Verbote, Schutzmaßnahmen und sonstige Anforderungen in den jeweils festgesetzten Schutzgebieten zu beachten sind. **Nr. 8** erfasst alle relevanten Fragen der Gewässeraufsicht. **Nr. 9** dient in erster Linie dazu, detaillierte Vorgaben des EU-Rechts in den Bereichen Messmethoden, Messverfahren und Qualitätssicherung bundesweit einheitlich umzusetzen. **Nr. 10** ermächtigt den Bund, Regelungen zu den

---

[12] Zu Einzelheiten siehe *Berendes*, in: BFM, § 23 Rn. 22 ff.; *C/R*, Rn. 28 ff; *Hofmann*, in: LR, WHG, § 23 Rn. 15 ff.; *Kotulla*, WHG, § 23 Rn. 20 ff.; *Széchényi*, in: SZDK, § 23 WHG Rn. 8 ff.

wasserrechtlichen Verfahren zu treffen. Nach dem Zweck des § 23 ist diese Ermächtigung nicht allumfassend (z.B. nicht mit § 10 BImSchG vergleichbar), sondern auf im Zusammenhang mit den materiellen Regelungen des WHG stehende Verfahrensvorschriften bezogen. Sie ermöglicht insbesondere, die zahlreichen punktuellen Verfahrensvorschriften des EG-Rechts bundesweit einheitlich umzusetzen. Nach **Nr. 11** kann die Bundesregierung durch Verordnung die gesetzliche Regelung des § 88 ergänzen. **Nr. 12** gibt die Möglichkeit, notwendig werdende oder sinnvolle Vorschriften zur wirtschaftlichen Analyse von Wassernutzungen zu erlassen; hierbei spielen in erster Linie die entsprechenden Vorgaben nach Art. 5 in Verbindung mit Anhang III WRRL eine Rolle. Die durch Art. 2 des Gesetzes vom 15.11.2014 angefügte **Nr. 13** hat den Zweck, die Umsetzung bestimmter Vorgaben des EU-Rechts, die eine Ergänzung oder Änderung bestehender Regelungen des WHG erfordern, auf Verordnungsebene zu ermöglichen.[13]

4. Anhörung der beteiligten Kreise (Abs. 1, 2)

10 § 23 verlangt in **Abs. 1**, vor dem Erlass von geplanten Verordnungen die **„beteiligten Kreise"** anzuhören. Die Verordnungsermächtigungen nach den bisherigen §§ 6a und 7a WHG sahen eine solche Anhörung nicht vor. Die nur mit interner Wirkung in der Geschäftsordnung der Bundesregierung vorgeschriebene Anhörung hat sich in der Praxis aber als gleichwertig erwiesen. Dennoch hat das neue WHG in Anlehnung an die neuere moderne Umweltgesetzgebung (§ 51 BImSchG, § 68 KrWG, § 20 BBodSchG) die Verpflichtung zur Anhörung der beteiligten Kreise in die Verordnungsermächtigung aufgenommen (§ 23 Abs. 1) und auch festgelegt, welche Kreise zu beteiligen sind (§ 23 Abs. 2). Unterbleibt die Anhörung, stellt dies einen Verfahrensfehler dar, der die Verordnung rechtswidrig und damit nichtig macht.[14]

11 **Abs. 2** zählt auf, **welche Kreise** der Gesetzgeber als von der Wasserwirtschaft und dem Wasserrecht **fachlich betroffen** ansieht. Eine umfassende Beteiligung aller aus diesen Kreisen an einer Anhörung interessierten Vertreter scheidet schon aus praktischen Gründen aus. Deshalb ist die Bundesregierung berechtigt, die Beteiligung auf einen „jeweils auszuwählenden Kreis" zu begrenzen. Ihr steht dabei ein weit reichendes Auswahlermessen zu. Entsprechendes gilt für die Art und Weise, wie das Anhörungsverfahren durchgeführt wird. Nicht angehörte Kreise besitzen kein Klagerecht, weil die Vorschrift nicht dem Schutz der von der Verordnung Betroffenen dient, sondern lediglich die verfahrensrechtlichen Voraussetzungen dafür schaffen will, dass eine inhaltlich sachgemäße Regelung zustande kommt.[15]

---

[13] Vgl. BT-Drs. 18/2664, S. 4.
[14] Vgl. dazu *Berendes*, in: BFM, § 23 Rn. 36f. m.w.N.
[15] Vgl. *Berendes*, in: BFM, § 23 Rn. 38.

5. Landesrecht (Abs. 3)

Abs. 3 ist eine nachträglich dem § 23 angefügte Regelung, die der 12
Klarstellung dienen soll. Anders als Bundesregierung und Bundestag
hat man in einigen Ländern in Anlehnung an Äußerungen in der
Literatur die Ansicht vertreten, schon die Verordnungsermächtigung
des WHG als solche und nicht erst der Erlass von Verordnungen des
Bundes[16)] löse die von allen nicht gewollte Sperre für Regelungen
auf Landesebene aus. Um die dadurch entstandene Rechtsunsicherheit und eventuelle Regelungslücken zu vermeiden, ist der Bund im
Rahmen des Gesetzes zur Umsetzung der Meeresstrategie-Rahmenrichtlinie vom 6. 10. 2011 der Forderung des Bundesrates gefolgt und
hat § 23 einen Abs. 3 angefügt.[17)] Die Ermächtigung der Länder zum
Erlass „entsprechender" Vorschriften bringt zum Ausdruck, dass
sich deren Regelungen an die Vorgaben der in Bezug genommenen
Vorschriften des WHG halten müssen.[18)]

§ 24
Erleichterungen für EMAS-Standorte

(1) Die Bundesregierung wird ermächtigt, zur Förderung der privaten Eigenverantwortung für EMAS-Standorte durch Rechtsverordnung mit Zustimmung des Bundesrates Erleichterungen zum Inhalt der Antragsunterlagen in wasserrechtlichen Verfahren sowie überwachungsrechtliche Erleichterungen vorzusehen, soweit die entsprechenden Anforderungen der Verordnung (EG) Nr. 1221/2009 des Europäischen Parlaments und des Rates vom 25. November 2009 über die freiwillige Teilnahme von Organisationen an einem Gemeinschaftssystem für Umweltmanagement und Umweltbetriebsprüfung und zur Aufhebung der Verordnung (EG) Nr. 761/2001, sowie der Beschlüsse der Kommission 2001/681/EG und 2006/193/EG (ABl. L 342 vom 22. 12. 2009, S. 1) gleichwertig mit den Anforderungen sind, die zur Überwachung und zu den Antragsunterlagen nach den wasserrechtlichen Vorschriften vorgesehen sind, oder soweit die Gleichwertigkeit durch die Rechtsverordnung nach dieser Vorschrift sichergestellt wird; dabei können insbesondere Erleichterungen zu

---

[16)] In den Gesetzesbegründungen hat der Gesetzgeber stets festgestellt, dass bis zum Inkrafttreten von entsprechenden Bundesregelungen die bestehenden und künftigen Ländervorschriften gelten, soweit sie sonst den Vorgaben des WHG entsprechen; vgl. BT-Drs. 16/12275, S. 58 sowie 16/13306, S. 5, 25.

[17)] Vgl. hierzu BT-Drs. 16/12275, S. 58; 17/6055, S. 27; 17/6209, S. 2; 17/6508, S. 2, 7f.

[18)] Abs. 3 wirft interessante politische, teilweise auch nicht einfache rechtliche Fragen auf, die hier nicht behandelt werden können; näher dazu *Hofmann*, in: LR, WHG, § 23 Rn. 15 ff.; vgl. auch *Berendes*, in: BFM, § 23 Rn. 40 ff.; *C/R*, § 23 Rn. 69 ff.

1. Kalibrierungen, Ermittlungen, Prüfungen und Messungen,
2. Messberichten sowie sonstigen Berichten und Mitteilungen von Ermittlungsergebnissen,
3. Aufgaben von Gewässerschutzbeauftragten und
4. zur Häufigkeit der behördlichen Überwachung vorgesehen werden.

(2) Ordnungsrechtliche Erleichterungen können gewährt werden, wenn ein Umweltgutachter die Einhaltung der Umweltvorschriften geprüft und keine Abweichungen festgestellt hat und dies in der Erklärung nach Anhang VII der Verordnung (EG) Nr. 1221/2009 bescheinigt.

(3) Solange und soweit die Bundesregierung von der Ermächtigung zum Erlass von Rechtsverordnungen nach Absatz 1 keinen Gebrauch gemacht hat, sind die Landesregierungen ermächtigt, durch Rechtsverordnung entsprechende Vorschriften zu erlassen. Die Landesregierungen können die Ermächtigung auf eine oder mehrere oberste Landesbehörden übertragen.

Inhaltsübersicht

	Rn.		Rn.
1. Allgemeines	1	3. Landesrecht (Abs. 3)	6
2. Inhalt von Abs. 1 und 2	3		

1. Allgemeines

1 § 24 eröffnet für den Bereich des Wasserrechts die Möglichkeit, **Privilegierungen** für Organisationen zu schaffen,[1] die an **EMAS-Standorten** am **Öko-Audit-System** teilnehmen und deshalb einer weniger intensiven behördlichen Kontrolle unterliegen können. Erfasst werden nicht näher definierte Tatbestände, die in einem wasserrechtlichen Verfahren überprüft werden und nach der behördlichen Zulassung zu überwachen sind. Die Vorschrift führt den bisherigen, durch das sog. Artikelgesetz vom 27.7.2001 in das alte WHG eingefügten § 21h fort, ersetzt aber die aus kompetenzrechtlichen Gründen normierte Regelungsbefugnis für die Länder durch eine **Verordnungsermächtigung** für die Bundesregierung. Das WHG entspricht damit den Regelungen des BImSchG, das hier bei der Formulierung der Gesetzestexte die Federführung innehat.

2 Die EG-rechtlichen und nationalen Vorschriften über die freiwillige Teilnahme von Organisationen an einem Gemeinschaftssystem für

---

[1] Vgl. zur Entstehungsgeschichte BT-Drs. 14/4599, Begründung unter B. zu Art. 7 Nr. 8; 14/5750, S. 132 sowie *Göβl*, in: SZDK, § 24 WHG Rn. 2 ff.

§ 24 Erleichterungen für EMAS-Standorte

Umweltmanagement und Umweltbetriebsprüfung (EMAS: „Eco-Management and Audit Scheme") greifen den Gedanken auf, die Umwelt unter bestimmten Voraussetzungen auch durch **freiwillige Kooperation** und eigenverantwortliche Maßnahmen von Bürgern, Unternehmen und Körperschaften des öffentlichen Rechts zu schützen. Der Gesetzgeber versteht die Vorschriften als Ausdruck des Kooperationsprinzips.[2] Die Stärkung der privaten Eigenverantwortung und der freiwilligen Selbstüberwachung bedeutet zugleich eine Entlastung der Behörden bei ihren Überwachungsaufgaben.

2. Inhalt des Abs. 1 und 2

Die Voraussetzungen, unter denen sich Gewässernutzer als „Organisation" (vgl. hierzu § 3 Rn. 25) am Umweltaudit beteiligen können, sind vor allem in der zitierten **EG-EMAS-Verordnung** und im **Umweltauditgesetz** geregelt. Durch regelmäßige interne Umweltbetriebsprüfungen wird kontrolliert, ob die EMAS-Standorte (vgl. hierzu die Definition in § 3 Nr. 12) die selbst gesetzten Umweltziele erreichen und ihr Umweltprogramm erfüllen. Aufgrund der Daten und Ergebnisse aus diesen Arbeitsschritten wird eine Umwelterklärung für die Öffentlichkeit abgegeben. Die Umwelterklärung wird durch einen staatlich zugelassenen, externen Umweltgutachter, der vom Unternehmen ausgewählt wird, überprüft, wobei u.a. auch die Einhaltung aller Umweltvorschriften kontrolliert wird. Für gültig erklärte Umwelterklärungen werden in ein Register eingetragen.[3]

3

Erleichterungen zum Inhalt der **Antragsunterlagen** vereinfachen und beschleunigen das wasserrechtliche Verfahren (insbesondere Erlaubnis-, Bewilligungs-, Genehmigungs-, Planfeststellungsverfahren). Sie werden davon abhängig zu machen sein, welche Aufgaben der Umweltgutachter wahrnimmt. Erleichterungen bei der **Überwachung** kommen vor allem in den Bereichen in Betracht, die im zweiten Halbsatz von Abs. 1 genannt sind. Keine Erleichterungen darf es insbesondere bei den materiellen Anforderungen des Wasserrechts geben. Bei der Bewertung der **Gleichwertigkeit** mit den wasserrechtlichen Vorschriften hat der Verordnungsgeber erhebliche Entscheidungsspielräume. Die Gleichwertigkeit hat aus Sicht des Bundes weiterhin hohe Bedeutung, weshalb Bundesregierung und Bundestag nicht dem Vorschlag des Bundesrates gefolgt sind, auch nach DIN EN ISO 14001 zertifizierte Umweltmanagementsysteme, die sich international gegen EMAS durchgesetzt haben, in die Privilegierung einzube-

4

---

[2] BT-Drs. 14/4599, Begründung unter B. zu Art. 7 Nr. 8; zum Kooperationsprinzip ausführlich und auch kritisch *Koch*, Das Kooperationsprinzip im Umweltrecht – ein Missverständnis?, NuR 2001, 541, sowie *Lübbe-Wolff*, Instrumente des Umweltrechts – Leistungsfähigkeit und Leistungsgrenzen, NVwZ 2001, 481, 491 ff.

[3] Näher zu EMAS I-III und den Regelungen für EMAS-Standorte *Frenz*, in: BFM, § 24 Rn. 11 ff.; *Gößl*, in: SZDK, § 24 WHG Rn. 8 ff.

ziehen.[4] Die gesetzliche Gleichstellung des Wasserbereichs mit dem Immissionsschutz- und dem Abfallbereich ermöglicht es, den Anwendungsbereich der EMAS-Privilegierungsverordnung auf das Wasserrecht auszudehnen.

5 **Abs. 2** ergänzt die Verordnungsermächtigung des Abs. 1 wie schon die inhaltsgleiche Vorschrift in Satz 3 des § 21h WHG a.F. und stellt entsprechend dem bisherigen Verständnis klar, dass die Gewährung von ordnungsrechtlichen Erleichterungen nach Abs. 1 die Einhaltung der Umweltvorschriften voraussetzt.[5] In § 24 sind jetzt die zusammengehörenden Sätze 1 und 4 des alten § 21h in einem Satz als Abs. 1 zusammengefasst worden, der bisherige Satz 3 hebt als eigener Absatz seine übergreifende Bedeutung stärker hervor. Auch unabhängig von den Vorgaben des § 24 kann die Wasserbehörde eine Teilnahme am Umweltaudit stets berücksichtigen, soweit dies im Rahmen pflichtgemäßer Ermessensausübung oder der Anwendung unbestimmter Rechtsbegriffe ein geeignetes Kriterium ist.

3. Landesrecht (Abs. 3)

6 Abs. 3 ist dem § 24 (wie Abs. 3 dem § 23) nachträglich im Rahmen des Gesetzes zur Umsetzung der Meeresstrategie-Rahmenrichtlinie angefügt worden. Auf die im Kern wortgleiche Vorschrift des § 23 Abs. 3 sowie deren Erläuterung unter Rn. 12 kann insofern verwiesen werden.

Abschnitt 2
Bewirtschaftung oberirdischer Gewässer

§ 25
Gemeingebrauch

Jede Person darf oberirdische Gewässer in einer Weise und in einem Umfang benutzen, wie dies nach Landesrecht als Gemeingebrauch zulässig ist, soweit nicht Rechte anderer dem entgegenstehen und soweit Befugnisse oder der Eigentümer- oder Anliegergebrauch anderer nicht beeinträchtigt werden. Der Gemeingebrauch umfasst nicht das Einbringen und Einleiten von Stoffen in oberirdische Gewässer. Die Länder können den Gemeingebrauch erstrecken auf

1. **das schadlose Einleiten von Niederschlagswasser,**
2. **das Einbringen von Stoffen in oberirdische Gewässer für Zwecke der Fischerei, wenn dadurch keine signifikanten nachteiligen Auswirkungen auf den Gewässerzustand zu erwarten sind.**

---

[4] Vgl. hierzu BT-Drs. 16/13306, S. 5 f. einerseits und S. 25 andererseits. Näher zu den inhaltlichen Voraussetzungen des § 24 *C/R*, § 24 Rn. 5 ff.; *Frenz*, in: BFM, § 24 Rn. 27 ff.; *Göβl*, in: SZDK, § 24 WHG Rn. 14 ff.
[5] BT-Drs. 16/12275, S. 59.

Inhaltsübersicht

Rn.   Rn.

1. Allgemeines 1
2. Gemeingebrauch (Satz 1) .. 3
3. Einbringen und Einleiten von Stoffen (Satz 2, 3) 6
4. Landesrecht 8

1. Allgemeines

§ 25 regelt den **Gemeingebrauch an oberirdischen Gewässern**. Die *1* Vorschrift übernimmt den alten § 23 WHG,[1)] ergänzt um die neuen Sätze 2 und 3. Dem Gemeingebrauch unterliegende Gewässerbenutzungen bedürfen keiner Erlaubnis oder Bewilligung nach § 8 Abs. 1.

Der Bundesgesetzgeber hat kein Bedürfnis gesehen, die Vorschriften *2* der Länder zum Gemeingebrauch durch eine bundeseinheitliche Regelung abzulösen. In den Gesetzesberatungen zum UGB (vgl. hierzu Einleitung Rn. 13f.) war diese Position nicht unumstritten. Insbesondere der Seite der Naturschutz- und Sportverbände war es ein Anliegen, den **Freizeit-Wassersport** nicht weiter durch inhaltlich problematische, von Land zu Land unterschiedliche Vorschriften zu behindern, sondern durch an den Bedürfnissen des Freizeitsports ausgerichtete, bundesweit einheitliche Regelungen zu erleichtern. Der Gesetzgeber hat aber beim Gemeingebrauch die historisch gewachsenen Strukturen respektieren und den regionalen Besonderheiten Rechnung tragen wollen.[2)]

2. Gemeingebrauch (Satz 1)

§ 25 gestattet in Satz 1 die Benutzung oberirdischer Gewässer im *3* Rahmen des Gemeingebrauchs, den § 25 nicht definiert, der aber zu den zentralen Rechtsinstituten des öffentlichen Sachenrechts gehört und von daher in Rechtsprechung und Rechtslehre hinreichend geklärt ist. Nähere Bestimmungen und Abgrenzungen bleiben der Landesgesetzgebung überlassen. Allgemein versteht das Wasserrecht unter Gemeingebrauch das jedermann eingeräumte Recht, oberirdische Gewässer im Rahmen ihrer Zweckbestimmung ohne behördliche Zulassung in bestimmter Weise zu nutzen. Der **Begriff** ist **historisch geprägt**, er umfasst „fast ausschließlich traditionelle, minder bedeutsame Arten der Nutzung".[3)] Zum Gemeingebrauch gehören nach Maßgabe der Landeswassergesetze z.B. das Baden, Waschen, Schöpfen mit Handgefäßen, Viehtränken, der Eissport, das Befahren mit kleinen Fahrzeugen ohne Motorantrieb (z.B. Ruder-, Paddel-, Schlauch-, Segel-, Tretboote, Surfbretter). Teilweise gestatten die Landeswassergesetze auch das Befahren bestimmter Gewässer mit

---

[1)] Vgl. hierzu BT-Drs. 2072, S. 10, 32 und 13/1207, S. 5.
[2)] BT-Drs. 16/12275, S. 59; vgl. näher zu Entstehung, Zweck und Bedeutung des § 25 *Knopp*, in: SZDK, § 25 WHG Rn. 1ff.
[3)] BVerfG v. 7.11.1995 – 2 BvR 413/88 und 1300/93, BVerfGE 93, 319, 339.

kleinen Motorfahrzeugen. Nicht zum Gemeingebrauch zählen die Stationierung von Wohnbooten sowie generell die Schifffahrt auf schiffbaren Gewässern (zu den Bundeswasserstraßen vgl. §§ 5, 6 WaStrG).[4]

4 Der Gemeingebrauch verleiht grundsätzlich **kein Recht auf Zugang zu einem Gewässer** über Grundstücke, die einem anderen gehören. Nur im Falle von Verlandungen haben fast alle Landeswassergesetze den bisherigen Eigentümern der Ufergrundstücke ein solches Recht eingeräumt. Darüber hinaus können die Landeswassergesetze sowie das Naturschutz- und Landschaftspflegerecht Sonderregelungen über das Betreten von Uferrandstreifen oder den Zugang zu oberirdischen Gewässern enthalten. Der Gemeingebrauch darf **nicht ausgeübt** werden, wenn er mit Rechten anderer kollidiert. Auch Befugnisse oder der Eigentümer- und der Anliegergebrauch anderer haben Vorrang vor dem Gemeingebrauch und dürfen deshalb nicht beeinträchtigt werden. Rechte anderer sind dabei Bewilligungen (§ 10) und alte Rechte (§ 20), Befugnisse sind Erlaubnisse (§ 10) und alte Befugnisse (§ 20). Der Gemeingebrauch ist seinem Wesen nach unentgeltlich.[5]

5 Im Hinblick auf die Einschränkungen, denen die Ausübung des Gemeingebrauchs unterliegt, wird die Frage, ob der Gemeingebrauch als ein **subjektiv-öffentliches Recht** angesehen werden kann, zumeist **verneint**.[6] Maßgebend sind die jeweils einschlägigen Landesregelungen und ihre Interpretation. Die Frage hat jedoch nur geringe praktische Bedeutung, denn unabhängig davon, ob ein subjektiv-öffentliches Recht bejaht wird oder nicht, besteht gegen Eingriffe in die Ausübung des Gemeingebrauchs Verwaltungsrechtsschutz im Sinne des § 42 Abs. 2 VwGO. Die unbeschränkte Ausübung des Gemeingebrauchs an einem oberirdischen Gewässer gehört zum rechtlich geschützten Interesse im Sinne des § 47 Abs. 2 Satz 1 VwGO. Allerdings ist der Gemeingebrauch kein sonstiges Recht im Sinne des § 823 Abs. 1 BGB.

3. Einbringen und Einleiten von Stoffen (Satz 2, 3)

6 § 25 bestimmt in **Satz 2**, dass das potenziell mit besonderen Belastungen der Gewässer verbundene Einbringen und Einleiten von Stoffen grundsätzlich nicht dem Gemeingebrauch unterliegt (vgl. aber auch die Ausnahmeregelung im § 46 Abs. 1 Satz 2). Die Vorschrift stellt damit weitgehend den Rechtszustand wieder her, den das WHG bis zur 6. Novelle von 1996 gehabt hat (Aufhebung des

---

[4] Näher zum Inhalt des Gemeingebrauchs *Breuer/Gärditz*, Rn. 456 ff.; *C/R*, § 25 Rn. 20 ff.; *Schmid*, in: BFM, § 25 Rn. 28 ff.
[5] *Schmid*, in: BFM, § 25 Rn. 15 m.w.N.
[6] Vgl. *Ganske*, in: LR, WHG, § 25 Rn. 22 ff.; *Schmid*, in: BFM, § 25 Rn. 14 ff. m.w.N.

früheren § 23 Abs. 2).[7] Die Ermächtigung in **Satz 3** für von Satz 2 abweichende Länderregelungen ist auf eng begrenzte Ausnahmefälle beschränkt. Sie trägt in **Nr. 1** den verschiedenen Regelungen der Länder zum erlaubnisfreien Einleiten von Niederschlagswasser Rechnung.[8] **Nr. 2** entspricht § 25 WHG a.F. Die Belange der **Fischerei** rechtfertigen eine Ausnahme von dem Grundsatz (§ 8 Abs. 1, § 9 Abs. 1 Nr. 4), das Einbringen fester Stoffe in ein oberirdisches Gewässer (z.B. von Fischereigeräten wie Angeln und Netze oder Fischnahrung) einer wasserrechtlichen Gestattung zu unterwerfen. Dies zu bestimmen, bleibt den Ländern überlassen, weil das Fischereirecht in ihre Zuständigkeit fällt. Die einschränkende Bedingung in Nr. 2 ist im Rahmen der 7. Novelle von 2002 in das WHG eingeführt worden. Landesrechtliche Vorschriften, die nicht den Voraussetzungen des Satzes 3 („schadloses Einleiten", „Zwecke der Fischerei", „keine signifikanten nachteiligen Auswirkungen") entsprechen, was verfassungsgerichtlich nachprüfbar ist, sind gemäß Art. 31 GG unwirksam.

Besondere Bedeutung hat der 2002 im Rahmen der Umsetzung der Wasserrahmenrichtlinie neu in das WHG aufgenommene **Begriff der signifikanten nachteiligen Auswirkungen**. Art. 11 Abs. 3 WRRL verlangt, in jedes Maßnahmenprogramm Verbots- oder Genehmigungsregelungen mit Emissionsbegrenzungen für bestimmte Schadstoffeinträge aus Punktquellen (Buchst. g) oder bei „signifikanten nachteiligen Auswirkungen auf den Wasserzustand" die zur Einhaltung der Anforderungen erforderlichen Maßnahmen (Buchst. i) aufzunehmen. Das Einbringen von Stoffen für Zwecke der Fischerei fällt unter beide Alternativen. Der unbestimmte Rechtsbegriff „signifikant" ist mit seiner Einführung in das WHG zwar mit dem im deutschen Recht und auch im WHG geläufigeren Begriff „erheblich" zu vergleichen, aber nicht gleichzusetzen.[9] Gewässerbelastungen können bereits signifikant sein, bevor die Schwelle der Erheblichkeit erreicht ist. So können schon quantitativ geringe Einleitungen bestimmter Schadstoffe die Gewässerqualität ausschlaggebend verändern, während der Begriff „erheblich" lediglich als Gegensatz zum Begriff „geringfügig" zu verstehen ist.[10] Signifikant können auch unterhalb der Erheblichkeitsschwelle liegende nachteilige Auswirkungen auf Gewässer insbesondere dann sein, wenn nur geringfügige Einwirkungen für sich genommen zwar unbeachtlich wären, jedoch mit einer Vielzahl ähnlicher oder gleicher Einwirkungen zu rechnen ist, die sich in ihrer Gesamtheit nachteilig auf das Gewässer oder auf andere Gewässer in der Flussgebietseinheit auswirken. Der unbestimmte Rechtsbegriff „signifikant" wird in den auf Verordnungs-

7

---

[7] Vgl. dazu BT-Drs. 16/12275, S. 59.
[8] Näher hierzu *C/R*, § 25 Rn. 33 ff.; *Schmid*, in: BFM, § 25 Rn. 49 ff.
[9] BT-Drs. 14/7755, S. 17; vgl. auch *Schmid*, in: BFM, § 25 Rn. 66.
[10] *Knopp*, in: SZDK, § 25 WHG Rn. 3a; *Fröhlich*, in: WQF, § 25 Rn. 12.

ebene umgesetzten Anhängen zur Wasserrahmenrichtlinie sowie im Rahmen von fachlichen Untersuchungen konkretisiert.

4. Landesrecht

8 § 25 belässt in Satz 1 den Ländern schon auf der Ebene des Art. 72 Abs. 1 GG weit reichende Gestaltungsspielräume. Darüber hinaus besteht die Befugnis zur Abweichungsgesetzgebung nach Maßgabe des Art. 72 Abs. 3 Satz 1 Nr. 5 GG. Die stoffbezogene Regelung des Satzes 2 ist grundsätzlich abweichungsfest, sie kann lediglich im Rahmen der Ermächtigung des Satzes 3 durch anderweitige Ländervorschriften ersetzt werden.

§ 26
Eigentümer- und Anliegergebrauch

(1) Eine Erlaubnis oder eine Bewilligung ist, soweit durch Landesrecht nicht etwas anderes bestimmt ist, nicht erforderlich für die Benutzung eines oberirdischen Gewässers durch den Eigentümer oder die durch ihn berechtigte Person für den eigenen Bedarf, wenn dadurch andere nicht beeinträchtigt werden und keine nachteilige Veränderung der Wasserbeschaffenheit, keine wesentliche Verminderung der Wasserführung sowie keine andere Beeinträchtigung des Wasserhaushalts zu erwarten sind. Der Eigentümergebrauch umfasst nicht das Einbringen und Einleiten von Stoffen in oberirdische Gewässer. § 25 Satz 3 gilt entsprechend.

(2) Die Eigentümer der an oberirdische Gewässer grenzenden Grundstücke und die zur Nutzung dieser Grundstücke Berechtigten (Anlieger) dürfen oberirdische Gewässer ohne Erlaubnis oder Bewilligung nach Maßgabe des Absatzes 1 benutzen.

(3) An Bundeswasserstraßen und an sonstigen Gewässern, die der Schifffahrt dienen oder künstlich errichtet sind, findet ein Gebrauch nach Absatz 2 nicht statt.

Inhaltsübersicht

Rn.		Rn.
1. Allgemeines 1	3. Anliegergebrauch (Abs. 2, 3)	6
2. Eigentümergebrauch (Abs. 1) 3	4. Landesrecht	8

1. Allgemeines

1 § 26 regelt im Anschluss an den für jedermann eröffneten Gemeingebrauch (§ 25) zusätzliche Befugnisse, die den Eigentümern und Anliegern zur Benutzung oberirdischer Gewässer zustehen. Die Vorschrift führt § 24 WHG a. F. in einer etwas veränderten Fassung fort.

Beispielsweise ist bundesrechtlich der im alten § 24 WHG geregelte **Hinterliegergebrauch** entsprechend der Rechtslage in den meisten Ländern nicht mehr vorgesehen.[1]

Eigentümergebrauch (Abs. 1) und **Anliegergebrauch** (Abs. 2) unterscheiden sich in ihrer Rechtsnatur. Der Eigentümergebrauch ist einerseits Ausfluss des zum bürgerlichen Recht gehörenden Eigentumsrechts am Gewässer, andererseits verleiht ihm § 26 die spezifische wasserrechtliche, also öffentlich-rechtliche Prägung, während der Anliegergebrauch nur eine Art erweiterter Gemeingebrauch darstellt und somit wie dieser ausschließlich öffentlich-rechtlichen Charakter hat.[2] Die **unterschiedliche Rechtsnatur** kann eine unterschiedliche Behandlung rechtfertigen. Das aus dem Eigentum fließende Gebrauchsrecht unterliegt nur der Sozialbindung, wie Abs. 1 sie konkretisiert hat. Die Vorschrift verlangt eine Erlaubnis oder eine Bewilligung nur dann, wenn bestimmte gesetzliche Voraussetzungen nicht erfüllt sind. Beim Anliegergebrauch, der nicht den Schutz des Art. 14 GG genießt, ist der Wassergesetzgeber in seiner Gestaltungsfreiheit insoweit nicht eingeschränkt. Eigentümer- und Anliegergebrauch fallen allerdings häufig zusammen, da nach den Landeswassergesetzen in den meisten Fällen das Eigentum an oberirdischen Gewässern den Anliegern zusteht (insbesondere an den Gewässern zweiter und dritter Ordnung); zum Gewässereigentum vgl. § 4 Abs. 1, 2 und 5 nebst Kommentierung.

2. Eigentümergebrauch (Abs. 1)

§ 26 Abs. 1 gewährt in **Satz 1** dem Eigentümer grundsätzlich ein nicht von einer behördlichen Zulassung abhängiges Recht zur Nutzung seines Gewässers für den **eigenen Bedarf**. Die Vorschrift betrifft alle Gewässerbenutzungen, die ansonsten gemäß §§ 8 und 9 einer Erlaubnis oder Bewilligung bedürfen, und schließt somit nach § 9 Abs. 3 vom Benutzungsbegriff ausgenommene Tatbestände sowie andere Sondernutzungen am Gewässer nicht ein. Zu den Personen, denen der Eigentümer die Ausübung des Eigentümergebrauchs überlassen kann, gehören insbesondere Nießbraucher, Erbbauberechtigte, Pächter und Mieter. Der Begriff des eigenen Bedarfs ist weit zu verstehen. Er umfasst nicht nur den persönlichen und häuslichen, sondern auch den beruflichen, gewerblichen und landwirtschaftlichen Bedarf sowie bei Körperschaften des öffentlichen Rechts die der Aufgabenerfüllung dienenden gestattungsfreien Benutzungen.[3]

---

[1] Näher zu Entstehung, Zweck und Bedeutung des § 26 *Knopp*, in: SZDK, § 26 WHG Rn. 2 ff.
[2] Vgl. näher m.w.N. zu den differenziert vertretenen Positionen *C/R*, § 26 Rn. 3 ff.; *Ganske*, in: LR, WHG, § 26 Rn. 6 ff.; *Schmid*, in: BFM, § 26 Rn. 3 ff.; siehe zur Entstehung auch BT-Drs. 2072, S. 32.
[3] Vgl. näher zum eigenen Bedarf *C/R*, § 26 Rn. 9; *Knopp*, in: SZDK, § 26 WHG Rn. 17 ff.

4 Der **Eigentümergebrauch** wird wesentlich **eingeschränkt** durch die in Abs. 1 Satz 1 genannten Konditionen. Der Eigentümergebrauch darf andere nicht beeinträchtigen, vor allem also nicht die Inhaber von Rechten (dazu gehören auch Bewilligungen) und behördlich erteilten oder gesetzlich verliehenen Befugnissen zur Gewässerbenutzung (Erlaubnisse sowie Eigentümer-, Anlieger- und Gemeingebrauch anderer). In wasserwirtschaftlicher Hinsicht verlangt das Gesetz, dass der Wasserhaushalt nicht beeinträchtigt wird. Die Aspekte Wasserbeschaffenheit (stoffliche Belastungen; zur nachteiligen Veränderung vgl. § 5 Rn. 4) und Wasserführung (Wasserentnahmen) spielen dabei eine besondere Rolle, sie werden deshalb im Gesetz ausdrücklich hervorgehoben.[4]

5 Die **Sätze 2** und **3** schließen in Anlehnung an die Rechtslage in einer Reihe von Landeswassergesetzen und im Einklang mit der Regelung zum Gemeingebrauch (§ 25 Satz 2 und 3) nunmehr das Einbringen und Einleiten von Stoffen vom Eigentümergebrauch aus, lassen aber unter bestimmten Voraussetzungen anderweitige Bestimmungen der Länder zu (vgl. hierzu § 25 Rn. 6f.).

3. Anliegergebrauch (Abs. 2, 3)

6 § 26 ersetzt in **Abs. 2** die bisherige Ermächtigung der Länder, einen Anlieger- und einen Hinterliegergebrauch einzuführen, durch eine bundesrechtliche Vollregelung. Die Vorschrift stellt dabei den **Anliegergebrauch** in wasserwirtschaftlicher Hinsicht grundsätzlich auf die gleiche Stufe **wie** den **Eigentümergebrauch** (vgl. aber auch die Ausnahme in Abs. 3). Dagegen verzichtet das neue WHG beim Hinterliegergebrauch, den die meisten Landeswassergesetze nicht kennen, ganz auf eine bundesweit einheitliche Regelung. Damit will der Bundesgesetzgeber aber Regelungen der Länder zum Hinterlieger nicht ausschließen.[5] Die Länder können also im Rahmen ihrer Gesetzgebungsbefugnis nach Art. 72 Abs. 1 GG den **Hinterliegergebrauch** in ihrem geltenden Recht beibehalten, ändern oder neu einführen.

7 **Abs. 3** bestimmt, dass an **Bundeswasserstraßen** (vgl. § 1 WaStrG), an sonstigen Gewässern, die der Schifffahrt dienen (nach Maßgabe des Schifffahrtsrechts des Bundes, im Übrigen des Landesrechts), sowie an Gewässern, die künstlich, also vom Menschen errichtet sind, kein Anliegergebrauch besteht. Keine künstlich „errichteten" Gewässer sind natürliche Gewässer, die nur künstlich, z.B. durch Ausbaumaßnahmen „verändert" worden sind. § 26 Abs. 3 soll sicherstellen, dass diese Gewässer im Interesse des wirtschaftlichen Zwecks, dem sie

---

[4] Vgl. zu den Voraussetzungen des Eigentümergebrauchs im Einzelnen *C/R*, § 26 Rn. 10ff.; *Ganske*, in: LR, WHG, § 26 Rn. 33ff.; *Knopp*, in: SZDK, § 26 WHG Rn. 24, 31ff.
[5] Vgl. BT-Drs. 16/12275, S. 59.

gewidmet sind, einer einheitlichen Nutzungsordnung unterliegen.[6] Der Gemeingebrauch wird durch § 26 Abs. 3 nicht eingeschränkt.

4. Landesrecht

§ 26 eröffnet in Abs. 1 und 2 den Ländern die Möglichkeit, im Rahmen des Art. 72 Abs. 1 GG den Eigentümer- und Anliegergebrauch nach ihren eigenen Vorstellungen zu regeln, ohne die Abweichungsbefugnis nach Art. 72 Abs. 3 GG in Anspruch nehmen zu müssen. Für die abweichungsfesten stoffbezogenen Vorschriften nach Abs. 1 Satz 2 und 3 bleiben dabei aber die Voraussetzungen des § 25 Satz 3 verbindlich. Abs. 3 trifft eine abschließende Regelung, von der die Länder wasserrechtlich (das Wasserstraßenrecht bleibt unberührt) nur nach Maßgabe des Art. 72 Abs. 3 Satz 1 Nr. 5 GG abweichen können (Rechtslage wie bei Abs. 1 und 2).

8

§ 27
Bewirtschaftungsziele für oberirdische Gewässer

(1) Oberirdische Gewässer sind, soweit sie nicht nach § 28 als künstlich oder erheblich verändert eingestuft werden, so zu bewirtschaften, dass

1. eine Verschlechterung ihres ökologischen und ihres chemischen Zustands vermieden wird und

2. ein guter ökologischer und ein guter chemischer Zustand erhalten oder erreicht werden.

(2) Oberirdische Gewässer, die nach § 28 als künstlich oder erheblich verändert eingestuft werden, sind so zu bewirtschaften, dass

1. eine Verschlechterung ihres ökologischen Potenzials und ihres chemischen Zustands vermieden wird und

2. ein gutes ökologisches Potenzial und ein guter chemischer Zustand erhalten oder erreicht werden.

Inhaltsübersicht

Rn.			Rn.
1. Allgemeines zu den Bewirtschaftungszielen (§§ 27–31)	1	4. Zielerreichungsgebot (Abs. 1, 2)	15
2. Das Bewirtschaftungsziel „guter Zustand" (§ 27)	7	5. Landesrecht	16
3. Verschlechterungsverbot (Abs. 1, 2)	11		

---

[6] Vgl. BT-Drs. 2072, S. 32.

1. Allgemeines zu den Bewirtschaftungszielen (§§ 27–31)

1 Mit der Regelung der §§ 27–31 zu den bei den oberirdischen Gewässern zu erreichenden Bewirtschaftungszielen einschließlich der hierbei einzuhaltenden Fristen sowie den zulässigen Abweichungen und Ausnahmen von den Zielen und Fristen übernimmt das deutsche Wasserrecht das **Bewirtschaftungskonzept** des durch die **EG-Wasserrahmenrichtlinie (WRRL)** grundlegend reformierten europäischen Wasserrechtssystems. Die Richtlinie gibt in Art. 4 den Mitgliedstaaten die Erreichung bestimmter wasserwirtschaftlicher „Umweltziele" vor. Sie bestimmt dabei nicht nur allgemein formulierte Ziele für die anzustrebende Gewässerqualität („guter Zustand"), sondern regelt auch außerordentlich detailliert (Art. 4 sowie Anhänge II und V), wie der gute Gewässerzustand zu ermitteln ist. Dazu gehören die Beschreibung der Gewässertypen (Flüsse, Seen, Übergangsgewässer) einschließlich der Ermittlung der signifikanten anthropogenen Belastungen und der Beurteilung ihrer Auswirkungen, die Festlegung der typspezifischen Referenzbedingungen, die Einstufung und die Darstellung des ökologischen Zustands in Karten sowie die Überwachung.[1]

2 Die verbindlichen Vorgaben der Wasserrahmenrichtlinie erfordern eine grundlegende **Neuausrichtung der Wasserwirtschaft und des Wasserrechts**. Früher gab es für die staatliche Wasserwirtschaftsverwaltung in Deutschland einen größtenteils nur allgemein und abstrakt gehaltenen wasserrechtlichen Rahmen,[2] den die Wasserbehörden im praktischen Vollzug auf der Grundlage weit reichender Beurteilungs- und Ermessensspielräume im Wesentlichen eigenverantwortlich ausgefüllt haben. Die inzwischen vollständig in das deutsche Wasserrecht integrierte Wasserrahmenrichtlinie mit ihrem stringenten Ziel- und Fristenkonzept engt die bisherigen Gestaltungsräume stark ein.[3]

3 Die **rechtliche Umsetzung wasserwirtschaftlicher EG/EU-Richtlinien** fiel früher zu einem großen Teil in die Zuständigkeit der Länder. So hat § 25a Abs. 2 WHG a.F. den Ländern nur einen Regelungsauftrag zur Umsetzung der Details der Wasserrahmenrichtlinie erteilen können. Auf der Grundlage der neuen Kompetenzordnung kann und soll jetzt der **Bund** das EU-Wasserrecht vollständig umsetzen. Die Tochterrichtlinien zur Wasserrahmenrichtlinie (Grundwas-

---

[1] Vgl. ausführlich zur Richtlinie *Breuer/Gärditz*, Rn. 145 ff., 183 ff.; *Schmalholz*, Die EU-Wasserrahmenrichtlinie – „Der Schweizer Käse" im europäischen Gewässerschutz?, ZfW 2001, 69.

[2] Im Vordergrund stand das sog. Emissionsprinzip, erst mit der Umsetzung der WRRL durch die 7. WHG-Novelle von 2002 kamen die auf dem sog. Immissionsprinzip beruhenden Regelungen „auf Augenhöhe" hinzu.

[3] Ausführlicher zur Bedeutung der Wasserrahmenrichtlinie für das deutsche Wasserrecht *Berendes*, Die neue Wasserrechtsordnung, ZfW 2002, 197, 211 ff.

serrichtlinie 2006/118/EG und Richtlinie Umweltqualitätsnormen im Bereich der Wasserpolitik 2008/105/EG) sind bereits durch Verordnungen des Bundes in das deutsche Recht integriert worden (Grundwasserverordnung, Verordnung zum Schutz der Oberflächengewässer). Die Ermächtigung für den Erlass dieser Verordnungen ergibt sich aus § 23 (insbesondere Abs. 1 Nr. 2, 8 und 9). Die Regelungsaufträge an die Länder nach § 25a Abs. 2 und 3 WHG a.F. konnten deshalb ersatzlos wegfallen.

§§ 27–31 setzen die in Art. 4 Abs. 1–9 WRRL recht unübersichtlich 4 vorgegebenen „Umweltziele" für die Bewirtschaftung oberirdischer Gewässer im Sinne des § 3 Nr. 1 um. § 27 bestimmt die „Bewirtschaftungsziele" (in Abs. 1 allgemein und in Abs. 2 für die als künstlich oder erheblich verändert eingestuften Gewässer), § 28 regelt die Einstufung künstlicher und erheblich veränderter Gewässer, § 29 die Fristen zur Erreichung der Ziele, § 30 zulässige Abweichungen und § 31 zulässige Ausnahmen von den Zielenr. Die Vorschriften führen die bisherige Rahmenregelung nach den alten §§ 25a bis 25d WHG in einer etwas veränderten Systematik als Vollregelung fort.[4)]

§ 27 fasst die Absätze 1 der §§ 25a und 25b WHG a.F. zusammen und 5 bestimmt in Abs. 2 jetzt auch die Bewirtschaftungsziele für die als künstlich oder erheblich verändert eingestuften oberirdischen Gewässer. § 28 enthält deshalb nur noch die Voraussetzungen für eine solche Einstufung. Die **neue Systematik** stellt klarer als bisher die Bedeutung des Einstufungsaktes für die Bewirtschaftung der oberirdischen Gewässer heraus und verbessert so die Transparenz des Gesetzes.

Die Realisierung der Bewirtschaftungsziele ist inzwischen der zen- 6 trale **Schwerpunkt der** staatlichen **Wasserwirtschaftsverwaltung** geworden. Die Vorschrift richtet sich an die Wasserbehörden und nicht – jedenfalls nicht unmittelbar – an die Gewässernutzer. Die Behörden haben dann bei ihren gegenüber den Gewässernutzern zu treffenden Entscheidungen die verbindlichen Bewirtschaftungsziele zugrunde zu legen. § 27 präzisiert für die oberirdischen Gewässer den bereits in den allgemeinen Zielen und Leitlinien nach §§ 1 und 6 angelegten Auftrag zur nachhaltigen Gewässerbewirtschaftung und schreibt der Wasserbehörde unmittelbar verpflichtend vor, die Zulassung eines Vorhabens zu versagen, wenn ein Bewirtschaftungsziel nicht erreicht wird und auch kein Ausnahmefall vorliegt. Die Vorschrift normiert also eine **Zulassungsvoraussetzung, keine bloße Zielvorgabe** für die Bewirtschaftungsplanung nach §§ 82 ff. Die

---

[4)] Vgl. hierzu BT-Drs. 16/12275, S. 59 f.; zur Begründung der 2002 durch die 7. Novelle in das WHG zur Übernahme der „Umweltziele" nach Art. 4 WRRL für die oberirdischen Gewässer eingefügten §§ 25a ff. siehe BT-Drs. 14/7755, S. 17.

Frage war zunächst nicht unumstritten, ist inzwischen aber höchstrichterlich geklärt.[5]

2. Das Bewirtschaftungsziel „guter Zustand" (§ 27)

7 Nach § 27 sind die Bewirtschaftungsziele für oberirdische Gewässer ein **guter ökologischer** und ein **guter chemischer** „Zustand". Ist das Gewässer als künstlich oder erheblich verändert eingestuft, tritt an die Stelle des guten ökologischen Zustands das **gute ökologische „Potenzial"**. Was im Sinne des WHG unter „Zustand" von Gewässern zu verstehen ist, definiert § 3 Nr. 8, wobei in Bezug auf die als künstlich oder erheblich eingestuften Gewässer in ökologischer Hinsicht das „Potenzial" stets den Begriff „Zustand" ersetzt (näher dazu Rn. 9). Weder das alte noch das neue WHG haben definiert, was unter den Begriffen, die das jeweilige Bewirtschaftungsziel beschreiben, genauer zu verstehen ist, weil die definitorischen Vorgaben der Wasserrahmenrichtlinie (Art. 2 Nr. 21–24) inhaltlich wenig aussagekräftig und mit Standardsetzungen vermischt sind. Aus § 3 Nr. 8 i.V.m. Nr. 6, 7 und 9 ergibt sich lediglich, welche Elemente den Begriff „Zustand" ausmachen („Wasserkörper" sowie „Gewässereigenschaften" mit den Kriterien Wasserbeschaffenheit, Gewässerökologie und Hydromorphologie). §§ 2, 5 und 6 OGewV enthalten ebenfalls keine Begriffsbestimmungen und beschränken ihre Regelungen auf das Wesentliche: die Einstufung des ökologischen und des chemischen Zustands sowie des ökologischen Potenzials. Mit welchem Ergebnis einzustufen ist, ergibt sich aus § 5 Abs. 4 und 5, § 6 OGewV.

8 Der **ökologische Zustand** umfasst nach Art. 2 Nr. 21 WRRL die Qualität von Struktur und Funktionsfähigkeit aquatischer, in Verbindung mit Oberflächengewässer stehender Ökosysteme, und zwar gemäß der **Einstufung** nach Anhang V WRRL.[6] Danach bringt das Bewertungssystem zum Ausdruck, inwieweit aquatische Lebensgemeinschaften in den Gewässern anthropogenen Beeinträchtigungen unterliegen. Es kennt **fünf Klassen**: sehr guter, guter, mäßiger, unbefriedigender und schlechter Zustand. Bewirtschaftungsziel ist die zweitbeste Stufe, der **„gute"** ökologische **Zustand**. Er wird z.B. bei Fließgewässern durch biologische (Phytoplankton, benthische wirbellose Fauna, Fischfauna), hydromorphologische (Wasserhaushalt,

---

[5] Vgl. hierzu Urteil des EuGH v. 1.7.2015 – C-461/13, Rn. 31, 43, NuR 2015, 554, 557, den zugrunde liegenden Vorlagebeschluss des BVerwG v. 11.7.2013 – 7 A 20.11, NuR 2013, 662, 663f. und das Urteil des BVerwG v. 11.8.2016 – 7 A 1.15, Rn. 160, ZUR 2016, 665, 674. Dieses Verständnis ergibt sich bereits unmittelbar aus der Diktion des § 27 („sind ... zu bewirtschaften") und der Gesetzesbegründung in BT-Drs. 14/7755, S. 17f.; siehe auch die Nachweise bei *Breuer/Gärditz*, Rn. 158.

[6] Vgl. hierzu die Umsetzung in das deutsche Recht durch § 5 und Anlage 4 OGewV sowie die die Übersicht zu den terminologischen Divergenzen und Zusammenhängen zwischen WRRL und WHG/OGewV bei *Schmid*, in: BFM, § 27 Rn. 22cff.

Durchgängigkeit, Morphologie) und physikalisch-chemische Qualitätskomponenten (Schadstoffe) bestimmt. Der gute Zustand der Gewässer ergibt sich daher prioritär aus der biologisch-morphologischen Qualität.[7] Um die geforderte gute ökologische Qualität zu erreichen, bedarf es vor allem einer wirksameren Pflege und Entwicklung der Gewässer (Gewässerunterhaltung) und einer Rückführung wasserbaulicher Maßnahmen wie z.b. Begradigungen, Wehre, Staustufen, Uferverbau.[8]

Das **ökologische „Potenzial"** ist nach Abs. 2 ein spezifisches Bewirtschaftungsziel für solche oberirdischen Gewässer, die als künstlich oder erheblich verändert eingestuft werden. Das Gesetz verlangt demnach einen gesonderten staatlichen **Einstufungsakt** (vgl. zu den Motiven und zur Bedeutung § 28 Rn. 2f.). Im Ziel unterscheidet sich Abs. 2 inhaltlich von Abs. 1 allein in diesem einen Punkt (Ersetzung des Begriffs „Zustand" durch „Potenzial"; vgl. auch § 3 Nr. 8). Die Wasserrahmenrichtlinie sagt nicht, was sie unter ökologischem Potenzial versteht, sondern beschreibt in Art. 2 Nr. 23 nur, was sie als „gutes ökologisches Potenzial" ansieht, nämlich den „Zustand" künstlicher oder erheblich veränderter Wasserkörper entsprechend den einschlägigen Einstufungsvorschriften des Anhangs V. § 5 Abs. 2 OGewV ist bei der Umsetzung nicht wirklich präziser geworden. Auch beim ökologischen Potenzial gibt es wie beim „Zustand" die **fünf Klassen** (einziger Unterschied: die erste Klasse wird „höchstes", nicht „sehr gutes" Potenzial genannt). Das zu erreichende **gute ökologische Potenzial** stellt im Vergleich zum guten ökologischen Zustand an die Qualität der Wasserkörper geringere Anforderungen.[9] Das Potenzial orientiert sich nicht an der Natürlichkeit eines Gewässers, d.h. an einem anthropogen weitgehend unbeeinflussten Referenzzustand, sondern an der ökologischen Entwicklungsfähigkeit eines Gewässers entsprechend den Festlegungen in Anhang V WRRL und § 5 nebst Anlagen OGewV. Referenzzustand ist das höchste ökologische Potenzial, das einen Zustand beschreibt, der nach Durchführung aller praktikablen Verbesserungsmaßnahmen zur Gewährleistung der bestmöglichen ökologischen Durchgängigkeit erreichbar wäre (Wanderungen der Fauna, geeignete Laich- und Aufzuchthabitate). Das zu erreichende gute ökologische Potenzial weicht von diesem höchsten Potenzial nur geringfügig ab. Bei als künstlich oder erheblich verändert eingestuften Gewässern orientiert sich somit die

9

---

[7] Eingehend zur Bewertung des ökologischen Zustands *Irmer/Rechenberg* sowie *Sommerhäuser*, in: RvKS, S. 103, 114ff., 157, 185ff.; *Schütte/Warnke/Wittrock*, Infrastrukturprojekte und Wasserrecht – wird die Ausnahme zur Regel?, KA 2016, 205, 206ff.; *Schmid*, in: BFM, § 27 Rn. 33ff. und speziell zum Einstufungsvorgang mit Diagramm Rn. 47ff., 58.
[8] Näher zum Handlungsbedarf *von Keitz/Kraemer*, in: RvKS, S. 301ff.; *Schmid*, in: BFM, § 27 Rn. 33ff.
[9] Ausführlich zum Bewertungssystem beim ökologischen Potenzial *Irmer/Rechenberg/ von Keitz*, in: RvKS, S. 485, 488ff.; *Schmid*, in: BFM, § 27 Rn. 67ff., 84ff.

Bewertung des ökologischen Potenzials am jeweils Möglichen (Machbarkeitspotenzial) und nicht wie beim guten ökologischen Zustand an einem anthropogen weitgehend unbeeinflussten Referenzzustand (Natürlichkeitsgrad des Gewässers). Während der gute ökologische Zustand (§ 27 Abs. 1) zum Ausdruck bringt, inwieweit aquatische Lebensgemeinschaften in den oberirdischen Gewässern oder Küstengewässern durch menschliche Einflüsse beeinträchtigt werden, beschreibt das gute ökologische Potenzial (§ 27 Abs. 2) einen Zustand, der maximal erreichbar wäre, ohne dass die vom natürlichen oder naturnahen Zustand abweichenden Eingriffe rückgängig zu machen sind.[10] Daraus resultieren weniger anspruchsvolle ökologische Zielsetzungen, die Tendenzen fördern können, Abs. 2 zu Lasten von Abs. 1 extensiv auszulegen und anzuwenden (vgl. näher hierzu § 28 Rn. 3).

10 Was chemischer Zustand ist, definiert die Wasserrahmenrichtlinie nicht, sondern nur den Begriff **„guter chemischer Zustand"** (Art. 2 Nr. 24), und zwar indirekt über den nach der Richtlinie zu erreichenden „Zustand", also den Zustand, bei dem im Wasserkörper keine Umweltqualitätsnorm überschritten ist. Maßgebend sind die Normen, die in Anhang IX sowie in der gemäß Art. 16 Abs. 7 WRRL verabschiedeten Tochterrichtlinie 2008/105/EG über Qualitätsnormen im Bereich der Wasserpolitik, geändert durch die Richtlinie 2013/39/EU, für die Konzentration der prioritären und der prioritären gefährlichen Stoffe in Oberflächenwasser, Sedimenten und Biota oder in anderen einschlägigen Rechtsvorschriften auf Gemeinschaftsebene festgelegt sind (z.B. Badegewässerrichtlinie, Trinkwasserrichtlinie, Fischgewässerrichtlinie).[11] Verbindliche Rechtsgrundlage für den wasserrechtlichen Vollzug sind dabei nicht die Bestimmungen in den Richtlinien, sondern die zu ihrer Umsetzung erlassenen Rechtsvorschriften, derzeit also § 6 und Anlage 8 OGewV. Bei der Bewertung des chemischen Zustands gibt es **nur zwei Stufen**: „gut" und „nicht gut".

3. Verschlechterungsverbot (Abs. 1, 2)

11 § 27 formuliert in Abs. 1 und 2 jeweils **zwei identische Forderungen**, mit denen die Bewirtschaftungziele für alle oberirdischen Gewässer einschließlich der als künstlich oder erheblich verändert eingestuften erreicht werden sollen: das Verschlechterungsverbot (**Nr. 1**) und das Zielerreichungsgebot (**Nr. 2**). Durchzusetzen sind die Ziele im Rahmen des staatlichen Bewirtschaftungsauftrags, d.h. bei jeder behördlichen Entscheidung über die Zulassung eines Vorhabens sind

---

[10] Vgl. näher zur Einstufung des ökologischen Potenzials *Schmid*, in: BFM, § 27 Rn. 84 ff. mit Diagramm in Rn. 94.
[11] Näher zu den Umweltqualitätsnormen und zur Bewertung des chemischen Zustands *Irmer/Blondzik*, in: RvKS, S. 175 ff., 192 ff.; *Schmid*, in: BFM, § 27 Rn. 97 ff.

sie zwingend zu beachten (vgl. oben Rn. 6). Die Frage, welchen Inhalt vor allem das Verbot nach Nr. 1, aber auch das Gebot nach Nr. 2 hat, ist **umstritten** und steht aktuell im Zentrum der wasserrechtlichen und wasserwirtschaftlichen Diskussion.

Besondere Interpretationsprobleme wirft das sog. **Verschlechterungsverbot** nach **Nr. 1** auf. Der Begriff „Verschlechterung" stammt aus der Wasserrahmenrichtlinie (Art. 4 Abs. 1 Buchst. a Ziffer i), seine Übernahme im neuen WHG dient der engeren Anlehnung an die Vorgaben des EG-Rechts.[12] Wann der auf Wasserkörper bezogene Gewässerzustand als „verschlechtert" zu gelten hat, ist **umstritten**, auf der nationalen ebenso wie auf der europäischen Ebene. In Deutschland diskutierte man zunächst die Zustandsklassen- bzw. Stufentheorie, die Status-quo-Theorie sowie vermittelnde Theorien.[13] Der EuGH hat dann auf Ersuchen des BVerwG einige grundsätzliche Fragen beantwortet (vgl. Fn. 5), aber vieles offen gelassen, zudem neue Fragestellungen ausgelöst.[14] Insofern wird die Diskussion andauern und dabei das Thema politischer Konsequenzen nicht ausschließen. Hier können nur auf der Basis der aktuellen höchstrichterlichen Rechtsprechung die wesentlichen Ergebnisse zusammengefasst werden.[15]

12

Das EuGH-Urteil betrifft die **Verschlechterung des ökologischen Zustands**, es ist ohne weiteres auf den Parallelfall des **ökologischen Potenzials** übertragbar. Der EuGH vertritt eine zwischen der Stufen- und der Status-quo-Theorie liegende Lösung.[16] Danach liegt eine Verschlechterung vor, sobald sich der Zustand bei mindestens einer biologischen Qualitätskomponente nach Anlage 3 Nr. 1 OGewV um eine Klasse verschlechtert, auch wenn dies nach den Einstufungsregeln noch keine Herabstufung in eine niedrigere Klasse zur Folge hat. Befindet sich eine Qualitätskomponente bereits in der niedrigs-

13

---

[12] Das WHG hat diesen Begriff zunächst in der 7. Novelle mit dem im deutschen Wasserrecht geläufigen Begriff „nachteilige Veränderung" umgesetzt (vgl. BT-Drs. 16/12275, S. 59). Der Begriffswechsel ist auch sachgerecht, weil die Bewirtschaftungsziele auf die Wasserkörper bezogen sind und der Begriff „nachteilige Veränderung" im alten wie im neuen WHG auf die kleinräumige Gewässerreinhaltung fokussiert ist.

[13] Näher dazu *Schmid*, in: BFM, § 27 Rn. 125 ff. m.w.N.; vgl. auch *Breuer/Gärditz*, Rn. 158 ff.; *Durner*, in: LR, WHG, § 27 Rn. 25 ff.; *Ginzky*, in: BeckOK, § 27 WHG Rn. 7 ff.; *Knopp*, in: SZDK, § 27 WHG Rn. 27 ff.

[14] Vgl. EuGH v. 1.7.2015 – C-461/13, ZfW 2016, 43 mit Anmerkungen von *Munk*; ausführlich mit kritischer Bewertung des Urteils *Schmid*, in: BFM, § 27 Rn. 146 ff.; vgl. z.B. auch *Dallhammer/Fritzsch*, Verschlechterungsverbot – Aktuelle Herausforderungen an die Wasserwirtschaftsverwaltung, ZUR 2016, 340; *Faßbender*, Das Verschlechterungsverbot im Wasserrecht – Aktuelle Rechtsentwicklungen, ZUR 2016, 195; *Franzius*, „Die Mutter aller Wasserrechtsfälle", ZUR 2015, 643; *Reinhardt*, Das Verschlechterungsverbot der Wasserrahmenrichtlinie in der Rechtsprechung des Europäischen Gerichtshofs, UPR 2015, 321.

[15] Vgl. dazu auch LAWA, Handlungsempfehlung Verschlechterungsverbot, 154. LAWA-VV 16./17.2.2017, TOP 6.7 Anl. 1.

[16] Vgl. Fn. 14, Rn. 52 ff., ZfW 2016, 48 f.

ten Klasse, stellt jede Verschlechterung dieser Komponente eine Verschlechterung des ökologischen Zustands dar. Dabei akzeptiert der EuGH abweichend von der Ansicht des BVerwG in seinem Vorlagebeschluss keine Bagatellschwelle.[17] Die Prognose, ob sich durch ein Vorhaben der Wasserkörper verschlechtern kann, beurteilt sich nach „dem allgemeinen ordnungsrechtlichen Maßstab der hinreichenden Wahrscheinlichkeit eines Schadenseintritts", eine Verschlechterung muss also nicht ausgeschlossen, aber auch nicht sicher zu erwarten sein.[18]

14 Nicht entscheiden musste der EuGH bisher über das Verbot der **Verschlechterung des chemischen Zustands**. Da die Gegebenheiten beim ökologischen und beim chemischen Zustand differieren, stellt sich die Frage, inwieweit die Leitlinien des Urteils vom 1.7.2015 auf den chemischen Zustand übertragbar sind. Das BVerwG geht in seinem Urteil vom 9.2.2017 zur Elbvertiefung von einer vollen Übertragbarkeit aus und nimmt eine Verschlechterung des chemischen Zustands an, sobald durch die Einwirkung mindestens eine Umweltqualitätsnorm im Sinne der Anlage 8 OGewV überschritten wird. Hat ein Schadstoff die Norm bereits überschritten, ist jede weitere vorhabenbedingte Erhöhung der Schadstoffkonzentration eine unzulässige Verschlechterung.[19]

4. Zielerreichungsgebot (Abs. 1, 2)

15 Das **Zielerreichungsgebot** nach **Nr. 2**, häufig auch **Erhaltungs-** und **Verbesserungsgebot** genannt, ist nach dem Verschlechterungsverbot das zweite, von den Behörden im Sinne einer bindenden Vorgabe zwingend zu beachtende Bewirtschaftungsziel bei der Zulassung eines Vorhabens.[20] Die Behörde hat zu prüfen, ob mit dem Vorhaben verbundene Maßnahmen die fristgemäße Erreichung eines guten Zustands gefährden. Auch diese Frage beurteilt sich nach dem allgemeinen ordnungsrechtlichen Wahrscheinlichkeitsmaßstab (vgl. Rn. 13 Fn. 18). Einerseits reicht die bloße Möglichkeit, dass das Ziel nicht **fristgerecht** erreicht wird, nicht aus, andererseits ist es nicht notwendig, dass die Zielverfehlung mit Gewissheit eintritt. Bei den Bewirtschaftungszielen steht die wasserwirtschaftliche Planung im Vordergrund, also das Maßnahmenprogramm (§ 82). Die dort vorge-

---

[17] Vgl. EuGH (Fn. 14), Rn. 68, ZfW 2016, S. 50 einerseits und BVerwG v. 11.7.2013 – 7 A 20.11, Rn. 43ff., NuR 2013, 662, 664f. andererseits: Verschlechterung ist jede nachteilige Veränderung oberhalb der Bagatellgrenze.
[18] BVerwG v. 9.2.2017 – 7 A 2.15, Rn. 480, ZUR 2017, 424, 425; vgl. zu den Voraussetzungen einer Verschlechterung des ökologischen Zustands näher *Dallhammer/Fritzsch* (Fn. 14), S. 342ff.
[19] BVerwG – 7 A 2.15, Rn. 578, ZUR 2017, 424, 427; ebenso *Dallhammer/Fritzsch* (Fn. 14), S. 346f.; kritisch dazu aber *Schmid*, in: BFM, § 27 Rn. 184bff.
[20] Vgl. hierzu und zu den nachfolgenden Ausführungen BVerwG – 7 A 2.15, Rn. 582–594, ZUR 2017, 424, 427ff. sowie *Breuer/Gärditz*, Rn. 164f.; *Durner*, in: LR, WHG, § 27 Rn. 30f.; *Ginzky*, in: BeckOK, § 27 WHG Rn. 11ff.

sehenen Planungen haben die Zulassungsbehörden zu beachten und grundsätzlich nicht zu prüfen, ob sie zur Zielerreichung geeignet und ausreichend sind. Das BVerwG räumt wie der EuGH bei der Bewirtschaftungsplanung den Mitgliedstaaten einen weiten Handlungsspielraum und überlässt es der fachlichen Einschätzung des Plangebers und der Wasserbehörde, ob die Maßnahmen zur Zielerreichung geeignet sind oder gegebenenfalls nachgebessert werden müssen, wenn im Verlauf des Bewirtschaftungszeitraums Gewässerbenutzungen intensiviert werden oder neue Maßnahmen hinzukommen (vgl. dazu § 82 Abs. 5).

5. Landesrecht

§ 27 ist eine im Rahmen des Art. 72 Abs. 1 GG der Ergänzung durch Landesrecht zugängliche Vorschrift. Die Länder könnten zwar nach Maßgabe des Art. 72 Abs. 3 Satz 1 Nr. 5 GG abweichende Regelungen erlassen, würden aber EG-rechtswidrig handeln, weil das WHG hier nur verbindlichen europarechtlichen Verpflichtungen nachgekommen ist. 16

§ 28
Einstufung künstlicher und erheblich veränderter Gewässer

Oberirdische Gewässer können als künstliche oder erheblich veränderte Gewässer im Sinne des § 3 Nummer 4 und 5 eingestuft werden, wenn

1. **die Änderungen der hydromorphologischen Merkmale, die für einen guten ökologischen Gewässerzustand erforderlich wären, signifikante nachteilige Auswirkungen hätten auf**

   a) **die Umwelt insgesamt,**

   b) **die Schifffahrt, einschließlich Hafenanlagen,**

   c) **die Freizeitnutzung,**

   d) **Zwecke der Wasserspeicherung, insbesondere zur Trinkwasserversorgung, der Stromerzeugung oder der Bewässerung,**

   e) **die Wasserregulierung, den Hochwasserschutz oder die Landentwässerung oder**

   f) **andere, ebenso wichtige nachhaltige Entwicklungstätigkeiten des Menschen,**

2. **die Ziele, die mit der Schaffung oder der Veränderung des Gewässers verfolgt werden, nicht mit anderen geeigneten Maßnahmen erreicht werden können, die wesentlich geringere nachteilige Auswirkungen auf die Umwelt haben, technisch durchführbar und nicht mit unverhältnismäßig hohem Aufwand verbunden sind und**

3. die Verwirklichung der in den §§ 27, 44 und 47 Absatz 1 festgelegten Bewirtschaftungsziele in anderen Gewässern derselben Flussgebietseinheit nicht dauerhaft ausgeschlossen oder gefährdet ist.

Inhaltsübersicht

	Rn.		Rn.
1. Allgemeines	1	3. Die gesetzlichen Einstufungsvoraussetzungen	4
2. Notwendigkeit einer Einstufung	2	4. Landesrecht	6

1. Allgemeines

1 § 28 knüpft an § 27 an und regelt die Einstufung künstlicher und erheblich veränderter oberirdische Gewässer. Die Vorschrift übernimmt die Regelungen des bisherigen § 25b Abs. 2 und 3 WHG, die 2002 durch die der Umsetzung der Wasserrahmenrichtlinie dienende 7. Novelle in das WHG aufgenommen worden sind; vgl. im Übrigen die allgemeinen Hinweise zu den Bewirtschaftungszielen unter § 27 Rn. 1ff.

2. Notwendigkeit einer Einstufung

2 Die Anwendung der Sonderregelungen des WHG für künstliche und erheblich veränderte oberirdische Gewässer setzt eine entsprechende Einstufung voraus (vgl. § 3 Nr. 8, § 27 Abs. 1 und 2). Dies entspricht auch dem System der Wasserrahmenrichtlinie (Art. 4 Abs. 3). Die Einstufung dient zunächst der notwendigen Rechtsklarheit, denn die Definitionen der künstlichen und der erheblich veränderten Gewässer (§ 3 Nr. 4 und 5) müssen im Interesse eines rechtlich sicheren Vollzugs durch einen gesonderten Verwaltungsakt konkretisiert werden, und zwar in Form einer Allgemeinverfügung im Sinne des § 35 Satz 2 VwVfG.[1] Die Einstufungen sind im Bewirtschaftungsplan zu dokumentieren (§ 83 Abs. 2 Satz 2 Nr. 1). Das Gesetz schreibt aber nicht verbindlich vor, stets alle künstlichen oder erheblich veränderten Gewässer als solche einzustufen und so den abgemilderten Bewirtschaftungsregeln zu unterwerfen. Künstliche und erheblich veränderte Gewässer bleiben trotz ihrer tatbestandlichen Abweichungen oberirdische Gewässer, so dass abgesehen von § 27 Abs. 2 und § 28 die für oberirdische Gewässer einschlägigen Vorschriften Anwendung finden.

3 Diesem wasserwirtschaftlichen Konzept entsprechend steht sowohl nach der Wasserrahmenrichtlinie als nach dem WHG die Einstufung als künstlich oder erheblich verändert im **Ermessen** der Länder, wobei die Entscheidung auf der Tatbestandsseite an die in Nr. 1–3 geregelten Voraussetzungen gebunden ist.[2] Schon diese Konstruktion

---

[1] Vgl. auch C/R, § 28 Rn. 16 m.w.N.
[2] Vgl. auch C/R, § 28 Rn. 2; Knopp, in: SZDK, § 28 WHG Rn. 62 f.; Schmid, in: BFM, § 28 Rn. 7a.

macht deutlich, dass für die Bewirtschaftung der oberirdischen Gewässer § 27 Abs. 1 die Grundnorm darstellt und § 27 Abs. 2 i.V.m. § 28 einen Sonderfall regelt.[3] Die Frage ist allerdings eher akademischer Natur, weil die Regelung der §§ 27, 28 nicht ausschließt, dass der Ausnahmefall im Sinne der gesetzlichen Systematik in der Praxis überwiegt, vielleicht sogar die Regel bildet. Im Eingangssatz des § 28 fehlt das Wort „ausnahmsweise", die Möglichkeit einer Einstufung als künstlich oder erheblich verändert besteht also immer dann, wenn die gesetzlichen Voraussetzungen erfüllt sind. Die Ausnahmeregelung führt in einer zivilisatorisch überprägten Kulturlandschaft zwangsläufig zu Konflikten, wenn dem Referenzzustand für oberirdische Gewässer das weitgehend naturbelassene Gewässer zugrunde liegt. In einem Flussgebiet mit überwiegend tief gelegenen, landwirtschaftlich genutzten Flächen und dementsprechend großen Entwässerungsproblemen kann durchaus die Mehrzahl der Gewässer künstlich oder erheblich verändert sein (Entwässerungskanäle). Das Gesetz verlangt jedenfalls nicht, dass die nicht als künstlich oder erheblich eingestuften Gewässerstrecken zahlenmäßig überwiegen.[4] Die Ermessensentscheidung hängt vor allem von der Frage ab, ob nach Einschätzung der zuständigen Behörde das Bewirtschaftungsziel des guten ökologischen Zustands statt Potenzials auch bei dem künstlichen oder erheblich veränderten Gewässer erreichbar erscheint (unter Berücksichtigung der nach §§ 29–31 zulässigen Fristverlängerungen, Abweichungen und Ausnahmen).[5]

3. Die gesetzlichen Einstufungsvoraussetzungen

Die gesetzlichen Voraussetzungen für die zu treffende Einstufungsentscheidung enthalten eine Vielzahl unterschiedlicher Merkmale und unbestimmter Rechtsbegriffe. Dies hat zur Folge, dass der Behörde auch auf der Tatbestandsseite bedeutsame **Beurteilungsspielräume** zustehen, die allerdings gerichtlich voll nachprüfbar sind. Die Einstufung von Gewässern als künstlich oder erheblich verändert wird sich wesentlich auf die Daten und Materialien stützen, die im Rahmen der Bestandsaufnahme (Art. 5 und Anlage II WRRL sowie §§ 3, 4, 16 OGewV) erhoben worden sind. Die Voraussetzungen nach Nr. 1–3 müssen – anders als bei Buchst. a bis f innerhalb der Nr. 1 – kumulativ vorliegen.[6]

4

---

[3] Str.; ebenso *Kotulla*, § 27 Rn. 2; *Schmalholz*, Die EU-Wasserrahmenrichtlinie – „Der Schweizer Käse" im europäischen Gewässerschutz?, ZfW 2001, 69, 76; vgl. aber auch *C/R*, § 27 Rn. 17 m.w.N.; *Knopp*, in: SZDK, § 28 WHG Rn. 9, 14ff.

[4] Kritisch zu dieser Möglichkeit allerdings *Schmalholz*, Die EU-Wasserrahmenrichtlinie – „Der Schweizer Käse" im europäischen Gewässerschutz?, ZfW 2001, 69, 76.

[5] Vgl. näher den Besonderheiten der Einstufung künstlicher und erheblich veränderter Gewässer *Irmer/Rechenberg/von Keitz*, in: RvKS, S. 485ff.; *Schmid*, in: BFM, § 28 Rn. 9f., 11ff.

[6] Vgl. näher den Voraussetzungen nach Nr. 1–3 *C/R*, § 28 Rn. 4ff.; *Durner*, in: LR, WHG, § 28 Rn. 10ff.; *Ginzky*, in: BeckOK, § 28 WHG Rn. 3ff.; *Knopp*, in: SZDK, § 28 WHG Rn. 24ff.; *Schmid*, in: BFM, § 28 Rn. 15ff.

5 **Nr. 1** betrifft **signifikante nachteilige Auswirkungen** der zur Erreichung eines guten Gewässerzustands zu ändernden hydromorphologischen Merkmale. Zum Prüfprogramm der Wasserbehörde gehören die Fragen: Ist nicht doch die Herstellung eines guten ökologischen Zustands möglich? Welche Änderungen der hydromorphologischen Merkmale wären hierfür notwendig? Hätten diese Änderungen auf die in Buchst. a–f genannten Belange und Nutzungen signifikante nachteilige Auswirkungen (vgl. zu diesem Begriff § 25 Rn. 7)? Die Vorschrift in Buchst. d über die Stromerzeugung unter Berücksichtigung der Erfordernisse des Klimaschutzes soll klarstellen, dass Gewässer dann als erheblich verändert eingestuft werden können, wenn ihre Entwicklung mit dem Ziel eines guten ökologischen Zustands nachteilige Auswirkungen auf Zwecke der Stromerzeugung (insbesondere durch regenerative Energien) hätte. Der Aspekt des Klimaschutzes wird hierdurch nochmals betont und ist ausdrücklich in die Abwägungsentscheidung einzubeziehen.[7] Besonders weit und diffus, deshalb auch kaum eingrenzbar ist die Generalklausel der anderen, ebenso wichtigen nachhaltigen „Entwicklungstätigkeiten" („Einwirkungen" in § 25b Abs. 2 Nr. 1 Buchst. f WHG a.F.) des Menschen (Buchst. f).[8] **Nr. 2** verlangt die **Anwendung des mildesten Mittels**, d.h. die Ziele, denen das künstliche oder erheblich veränderte Gewässer dient, sind nicht mit anderen geeigneten Maßnahmen zu erreichen, die aus Umweltsicht wesentlich weniger nachteilig, technisch realisierbar und verhältnismäßig sind. **Nr. 3** trägt dem gesamthaften Ansatz der Gewässerbewirtschaftung Rechnung und verlangt eine Prognoseentscheidung über die **Auswirkungen** der Einstufung **auf die Bewirtschaftung anderer Gewässer der Flussgebietseinheit** nach den Zielen des § 27. Dabei bedeutet „nicht dauerhaft", dass etwaige nachteilige Auswirkungen auf die anderen Gewässer einschließlich des Grundwassers sich nicht zum Normalzustand entwickeln. Die von den Behörden vorgenommenen Einstufungen sind mit den hierfür maßgebenden Gründen in den Bewirtschaftungsplan aufzunehmen (§ 83 Abs. 2 Satz 2 Nr. 1). Dadurch erhält die Öffentlichkeit Zugang zu Informationen, die ihr eine Beteiligung an der Diskussion der Planinhalte ermöglichen. Die Öffentlichkeitsbeteiligung kann so als ein Korrektiv gegenüber einer überzogenen Inanspruchnahme von Ausnahmeregelungen wirken.

4. Landesrecht

6 Die im Rahmen des § 28 bestehenden landesrechtlichen Gestaltungsmöglichkeiten bei der Einstufung oberirdischer Gewässer als künstlich oder erheblich verändert sind in gleicher Weise eingeschränkt wie bei der Bestimmung der Bewirtschaftungsziele nach § 27 (vgl. insofern § 27 Rn. 16).

---

[7] BT-Drs. 14/8668, S. 9.
[8] In erster Linie gehören hierzu „nachhaltige" Infrastrukturmaßnahmen.

§ 29
Fristen zur Erreichung der Bewirtschaftungsziele

(1) Ein guter ökologischer und ein guter chemischer Zustand der oberirdischen Gewässer sowie ein gutes ökologisches Potenzial und ein guter chemischer Zustand der künstlichen und erheblich veränderten Gewässer sind bis zum 22. Dezember 2015 zu erreichen. Durch Rechtsverordnung nach § 23 Absatz 1 Nummer 1 können zur Umsetzung bindender Rechtsakte der Europäischen Union abweichende Fristen bestimmt werden.

(2) Die zuständige Behörde kann die Frist nach Absatz 1 verlängern, wenn sich der Gewässerzustand nicht weiter verschlechtert und

1. die notwendigen Verbesserungen des Gewässerzustands auf Grund der natürlichen Gegebenheiten nicht fristgerecht erreicht werden können,
2. die vorgesehenen Maßnahmen nur schrittweise in einem längeren Zeitraum technisch durchführbar sind oder
3. die Einhaltung der Frist mit unverhältnismäßig hohem Aufwand verbunden wäre.

Fristverlängerungen nach Satz 1 dürfen die Verwirklichung der in den §§ 27, 44 und 47 Absatz 1 festgelegten Bewirtschaftungsziele in anderen Gewässern derselben Flussgebietseinheit nicht dauerhaft ausschließen oder gefährden.

(3) Fristverlängerungen nach Absatz 2 Satz 1 sind höchstens zweimal für einen Zeitraum von jeweils sechs Jahren zulässig. Lassen sich die Bewirtschaftungsziele auf Grund der natürlichen Gegebenheiten nicht innerhalb der Fristverlängerungen nach Satz 1 erreichen, sind weitere Verlängerungen möglich.

(4) Die Fristen nach den Absätzen 1 bis 3 gelten auch für Gewässer in Schutzgebieten im Sinne des Artikels 6 in Verbindung mit Anhang IV der Richtlinie 2000/60/EG des Europäischen Parlaments und des Rates vom 23. Oktober 2000 zur Schaffung eines Ordnungsrahmens für Maßnahmen der Gemeinschaft im Bereich der Wasserpolitik (ABl. L 327 vom 22.12.2000, S. 1), die zuletzt durch die Richtlinie 2008/105/EG (ABl. L 348 vom 24.12.2008, S. 84) geändert worden ist, in ihrer jeweils geltenden Fassung, sofern die Rechtsvorschriften der Europäischen Gemeinschaften oder der Europäischen Union, nach denen die Schutzgebiete ausgewiesen worden sind, keine anderweitigen Bestimmungen enthalten.

Inhaltsübersicht

Rn.		Rn.
1. Allgemeines 1	3. Landesrecht	6
2. Inhalt des § 29 2		

1. Allgemeines

1 § 29 setzt das **Fristenkonzept der Wasserrahmenrichtlinie** zur Erreichung der Bewirtschaftungsziele (§ 27) um. Die Vorschrift löst den Regelungsauftrag, den der bisherige § 25c WHG den Ländern erteilt hat, durch eine Vollregelung ab. **Abs. 1** bestimmt in Satz 1 die grundsätzlich einzuhaltende Frist. Die Ermächtigung nach Satz 2 hat das Änderungsgesetz vom 15.11.2015 (BGBl. I S. 1724) angefügt, um neue, abweichende Fristen der EU einfacher auf dem Verordnungswege umsetzen zu können.[1] **Abs.** 2 und 3 sehen Möglichkeiten für Fristverlängerungen vor. **Abs. 4** regelt die Geltung der Fristen in bestimmten Schutzgebieten. Das Fristenkonzept gehörte naturgemäß zu den politisch umstrittensten Punkten in den Beratungen zur Wasserrahmenrichtlinie. Das Ergebnis ist ein Kompromiss, bei dem man sich auf eine mittlere Lösung zwischen der Position des Rates, der längere Fristen befürwortet hatte, und den ambitionierteren Vorstellungen des Parlaments verständigt hat.

2. Inhalt des § 29

2 § 29 übernimmt in **Abs. 1** Satz 1 für die Erreichung des guten Gewässerzustands die von Art. 4 Abs. 1 WRRL vorgegebene höchstzulässige Frist (**15 Jahre** nach Inkrafttreten der Richtlinie). Da dies den Bestimmungen in den Landeswassergesetzen entspricht, die zunächst die Fristvorgabe in das nationale Recht umgesetzt haben, ändert sich die Rechtslage insofern nicht.[2]

3 Die Frist des Abs. 1 kann verlängert werden (**Abs. 2 und 3**). Das WHG setzt dabei Art. 4 Abs. 4 und 8 WRRL um, wobei es sich hier stärker als sonst vom Wortlaut der Richtlinie gelöst und an die Diktion des deutschen Wasserrechts angelehnt hat. Die **Verlängerungsfristen** betragen nach Abs. 3 grundsätzlich zweimal 6 Jahre entsprechend den Zyklen für die Aktualisierung des Bewirtschaftungsplans (Art. 4 Abs. 4 Buchst. c i.V.m. Art. 13 Abs. 6 und 7 WRRL). Zusammen mit der Grundfrist von 15 Jahren (Abs. 1) ergibt sich bei Ausschöpfung aller Verlängerungsmöglichkeiten ein maximaler Gesamtzeitraum für die Zielerreichung von **27 Jahren**. Ist allerdings aufgrund der natürlichen Gegebenheiten der gute Zustand selbst innerhalb dieser Frist nicht erreichbar, lässt **Abs. 3 Satz 2** auch noch **weitere Verlängerungen** zu. Diese Regelung ermöglicht aber keine Verlängerung ohne Ende. Denn jede Fristverlängerung setzt voraus, dass die Erreichung des guten Zustands überhaupt möglich ist. Ist dies auszuschließen, kommen weitere Überlegungen zu Fristverlängerungen nicht mehr in Betracht. Ist dagegen das Ziel technisch und mit ver-

---

[1] BT-Drs. 18/2664, S. 4 unter Hinweis auf Art. 3 Abs. 1a der Richtlinie 2008/105/EG.
[2] Vgl. näher zu den Fristen der Wasserrahmenrichtlinie und ihren Problemen *Schmid*, in: BFM, § 28 Rn. 2ff.

hältnismäßigen Mitteln erreichbar, sind weitere intervallbezogene Verlängerungen zulässig.

Für Fristverlängerungen verlangt **Abs. 2** die Erfüllung bestimmter **Voraussetzungen**. Die Aufzählung in **Satz 1 Nr. 1–3** ist alternativ. Dabei ist aber stets erforderlich, dass sich der ökologische und der chemische Zustand des Gewässers in der Verlängerungszeit nicht weiter verschlechtern. Das Verschlechterungsverbot nach § 27 Abs. 1 Nr. 1 und Abs. 2 Nr. 1 bleibt somit von den Fristverlängerungen (auch denen nach Abs. 3 Satz 2) unberührt. „Gewässerzustand" bedeutet bei als künstlich oder erheblich verändert eingestuften Gewässern stets „Potenzial" (§ 3 Nr. 8). Die in Nr. 1–3 genannten Bedingungen enthalten unbestimmte Rechtsbegriffe, die den Behörden auf der Tatbestandsseite erhebliche Entscheidungsspielräume für die Fristverlängerung eröffnen (vgl. insofern die weitgehend vergleichbaren Tatbestandsmerkmale in § 28 Nr. 2).[3)] Die größte praktische Bedeutung hat die Verhältnismäßigkeit der fristgemäßen Zielerreichung. Darüber hinaus stehen die Fristverlängerungen im pflichtgemäßen Ermessen der zuständigen Behörde, und es geht nicht nur um das Gewässer, das in einen guten Zustand gebracht werden soll, sondern es sind alle anderen Gewässer in der Flussgebietseinheit zu berücksichtigen. Nach Abs. 2 **Satz 2** darf die Fristverlängerung die Verwirklichung der Bewirtschaftungsziele in den anderen Gewässern derselben Flussgebietseinheit nicht dauerhaft ausschließen oder gefährden (vgl. hierzu auch § 28 Nr. 3 und die Erläuterung unter Rn. 5). 4

Abs. 4 setzt Art. 4 Abs. 1 Buchst. c WRRL um, der verlangt, dass die Vorgaben der Richtlinie auch in bestimmten Schutzgebieten zu erfüllen sind, sofern die gemeinschaftlichen Rechtsvorschriften, auf deren Grundlage die **Schutzgebiete** ausgewiesen werden, nichts anderes bestimmen. Die Fristen des § 29 gelten also nur subsidiär. Die betroffenen Schutzgebiete ergeben sich aus Anhang IV WRRL. Danach handelt es sich nicht nur um Wasserschutzgebiete im Sinne des § 51, sondern auch um ausgewiesene Badegewässer, gefährdete Gebiete im Sinne der EG-Nitratrichtlinie und empfindliche Gebiete im Sinne der Kommunalabwasserrichtlinie sowie um FFH- und Vogelschutzgebiete entsprechend den einschlägigen EG-Richtlinien. 5

3. Landesrecht

Die im Rahmen des § 29 bestehenden landesrechtlichen Gestaltungsmöglichkeiten bei der Festlegung der Fristen zur Erreichung der Bewirtschaftungsziele sind in gleicher Weise eingeschränkt wie bei der Bestimmung der Bewirtschaftungsziele nach § 27 (vgl. insofern § 27 Rn. 16). 6

[3)] Vgl. im Einzelnen zu den Bedingungen *Schmid*, in: BFM, § 28 Rn. 10 ff.

§ 30
Abweichende Bewirtschaftungsziele

Abweichend von § 27 können die zuständigen Behörden für bestimmte oberirdische Gewässer weniger strenge Bewirtschaftungsziele festlegen, wenn

1. die Gewässer durch menschliche Tätigkeiten so beeinträchtigt oder ihre natürlichen Gegebenheiten so beschaffen sind, dass die Erreichung der Ziele unmöglich ist oder mit unverhältnismäßig hohem Aufwand verbunden wäre,

2. die ökologischen und sozioökonomischen Erfordernisse, denen diese menschlichen Tätigkeiten dienen, nicht durch andere Maßnahmen erreicht werden können, die wesentlich geringere nachteilige Auswirkungen auf die Umwelt hätten und nicht mit unverhältnismäßig hohem Aufwand verbunden wären,

3. weitere Verschlechterungen des Gewässerzustands vermieden werden und

4. unter Berücksichtigung der Auswirkungen auf die Gewässereigenschaften, die infolge der Art der menschlichen Tätigkeiten nicht zu vermeiden waren, der bestmögliche ökologische Zustand oder das bestmögliche ökologische Potenzial und der bestmögliche chemische Zustand erreicht werden.

§ 29 Absatz 2 Satz 2 gilt entsprechend.

Inhaltsübersicht

Rn.		Rn.
1. Allgemeines	1	3. Landesrecht 5
2. Inhalt des § 30	3	

1. Allgemeines

1 § 30 regelt, unter welchen Voraussetzungen weniger strenge Bewirtschaftungsziele (unterhalb des „guten" Zustands) festgelegt werden können. Das neue WHG differenziert zwischen **„Abweichungen"** (§ 30) und **„Ausnahmen"** (§ 31) von den Bewirtschaftungszielen. Anders noch das WHG in der Fassung der 7. Novelle von 2002: Dort gibt es mit § 25d nur eine Vorschrift über „Ausnahmen".[1] Das neue WHG will mit der veränderten Systematik deutlich machen, dass es bei den Ausnahmen im Unterschied zu den alternativen Zielen des § 30 gar keine gesetzlichen Bewirtschaftungsziele gibt.[2] § 30 löst deshalb nur

---

[1] Vgl. generell zur Konzeption der Ausnahmeregelungen *Ginzky*, Ausnahmen zu den Bewirtschaftungszielen im Wasserrecht, ZUR 2005, 515; *Schmid*, in: BFM, § 30 Rn. 3ff.

[2] BT-Drs. 16/12275, S. 60.

die Absätze 1 und 4 des alten § 25d WHG ab. Ein wesentlicher Unterschied zwischen § 30 und § 31 besteht auch insoweit, als Abweichungen von den Bewirtschaftungszielen einer behördlichen Zulassung bedürfen (**Ermessensentscheidung**), während Ausnahmen allein durch die gesetzlichen Tatbestandsmerkmale bestimmt werden. Festgelegte abweichende Ziele sind in den Bewirtschaftungsplan aufzunehmen (§ 83 Abs. 2 Satz 2 Nr. 3) und im Maßnahmenprogramm zu dokumentieren (§ 82 Abs. 5). Das Gesamtkonzept der Gewässerbewirtschaftung nach der Zielsetzung „guter Zustand" ist jetzt klarer gegliedert und transparenter geworden.

Die Vorschriften der §§ 30 und 31 spielen ebenso wie die Möglichkeiten, nach Maßgabe des § 29 Abs. 2 und 3 die Fristen für die Zielerreichung zu verlängern, vor dem Hintergrund der grundsätzlich stringenten Ziel- und Fristvorgaben der Wasserrahmenrichtlinie eine wichtige Rolle. Sie schaffen für die Vollzugsbehörden unverzichtbare, dem Verhältnismäßigkeitsgedanken Rechnung tragende **Spielräume für angemessene**, der jeweiligen konkreten wasserwirtschaftlichen und ökonomischen Situation angepasste **Lösungen** vor Ort. Als Ausnahmevorschriften sind §§ 30 und 31 im Zweifel eng auszulegen.[3] Das Verhältnis aller vom Grundkonzept (guter Zustand bis zum 22.12.2015) abweichenden Vorschriften untereinander ist umstritten.[4] Falls sich angesichts der unterschiedlichen Tatbestandvoraussetzungen überhaupt alternative Handlungsmöglichkeiten ergeben, ist nach der Systematik der §§ 27–31 und dem Verhältnismäßigkeitsgrundsatz die den Zielsetzungen der §§ 27 und 29 Abs. 1 am nächsten kommende Option zu realisieren.

2

2. Inhalt des § 30

Lassen sich die Bewirtschaftungsziele des § 27 auch nach einer Verlängerung der Fristen (§ 29) nicht erreichen, so kann die Wasserbehörde unter den Voraussetzungen des Satzes 1 Nr. 1–4 **weniger anspruchsvolle Ziele**, insbesondere also einen Gewässerzustand unterhalb der Einstufung „gut" festlegen. Damit nimmt das WHG die durch Art. 4 Abs. 5 WRRL den Mitgliedstaaten eröffnete Option in Anspruch. Die Voraussetzungen der Nr. 1–4, die kumulativ vorliegen müssen, sind nicht identisch, aber zumindest teilweise vergleichbar mit denen nach den §§ 28 und 29 Abs. 2. Das Gesetz operiert dabei mit einer Reihe unbestimmter, teilweise neuartiger, europarechtlich geprägter Rechtsbegriffe.

3

Nr. 1 betrifft die **Unmöglichkeit** oder **Unverhältnismäßigkeit** der Erreichung eines guten Gewässerzustands. Als Beeinträchtigungen

4

---

[3] Vgl. auch *C/R*, § 30 Rn. 1; *Knopp*, in: SZDK, § 30 WHG Rn. 1.
[4] Vgl. hierzu näher *Ginzky* (Fn. 1), S. 517.

durch menschliche Tätigkeiten kommen z.B. erhebliche stoffliche Belastungen durch Abwassereinleitungen, übermäßige Entnahmen von Wasser, relevante Veränderungen der Gewässergestalt (Morphologie) oder Gewässerregulierungen in Betracht. Die Verweisung in Art. 4 Abs. 5 WRRL auf Art. 5 Abs. 1 und damit auch auf Anhang II macht deutlich, dass über alle Abweichungen von den Bewirtschaftungszielen einschließlich der Frist 22.12.2015 erst entschieden werden darf, wenn die nach Art. 5 WRRL erforderliche Bestandsaufnahme und Situationsanalyse die nötigen Materialien für die Festlegung der Bewirtschaftungsziele und für die Rechtfertigung einer Abweichung geliefert haben.[5] Weniger strenge Ziele können auch durch die natürlichen Gegebenheiten, insbesondere die Beschaffenheit eines Gewässers veranlasst sein. Sie dürfen aber nur festgelegt werden, wenn alternativ keine anderen umweltfreundlicheren und kostengünstigeren Maßnahmen möglich sind, um die mit den anthropogenen Veränderungen des Gewässers verfolgten **ökologischen und sozioökonomischen Zielsetzungen** zu erreichen (**Nr. 2**). Der aus der Wasserrahmenrichtlinie übernommene Begriff „sozioökonomisch" (Art. 4 Abs. 5 Buchst. a) fasst soziale und ökonomische Aspekte zusammen und zielt darauf ab, beim Umweltschutz auch den unabweisbaren Belangen von Gesellschaft und Wirtschaft angemessen Rechnung zu tragen. Darüber hinaus muss nach **Nr. 3** sicherstellt gestellt sein, dass sich der Gewässerzustand **nicht verschlechtert** und nach **Nr. 4** der **bestmögliche** ökologische und chemische **Zustand** erreicht wird, der mit Rücksicht auf die nicht zu vermeidenden nachteiligen Auswirkungen der menschlichen Tätigkeiten auf die Gewässereigenschaften realisierbar ist.[6] Satz 2 des § 30 übernimmt für die weniger strengen Bewirtschaftungsziele die für Fristverlängerungen geltende Bedingung, dass die Bewirtschaftungsziele in anderen Gewässern derselben Flussgebietseinheit nicht gefährdet werden (entsprechend § 28 Nr. 3).

3. Landesrecht

5   Die im Rahmen des § 30 bestehenden landesrechtlichen Gestaltungsmöglichkeiten bei der Festlegung abweichender Bewirtschaftungsziele sind in gleicher Weise eingeschränkt wie bei der Bestimmung der Bewirtschaftungsziele nach § 27 (vgl. insofern § 27 Rn. 16).

---

[5] Am schwierigsten ist das Kriterium „unverhältnismäßig hoher Aufwand" Nr. 1 und 2 zu bewerten; detailliert und instruktiv zur Kosten-Nutzen-Problematik *Reese*, Voraussetzungen für verminderte Gewässerschutzziele nach Art. 4 Abs. 5 WRRL, ZUR 2016, 203, 206–213.

[6] Näher zu den Kriterien in Nr. 1–4 *Durner*, in: LR, WHG, § 30 Rn. 14–23; *Schmid*, in: BFM, § 30 Rn. 21 ff.

§ 31
Ausnahmen von den Bewirtschaftungszielen

(1) Vorübergehende Verschlechterungen des Zustands eines oberirdischen Gewässers verstoßen nicht gegen die Bewirtschaftungsziele nach den §§ 27 und 30, wenn

1. sie auf Umständen beruhen, die

   a) in natürlichen Ursachen begründet oder durch höhere Gewalt bedingt sind und die außergewöhnlich sind und nicht vorhersehbar waren oder

   b) durch Unfälle entstanden sind,

2. alle praktisch geeigneten Maßnahmen ergriffen werden, um eine weitere Verschlechterung des Gewässerzustands und eine Gefährdung der zu erreichenden Bewirtschaftungsziele in anderen, von diesen Umständen nicht betroffenen Gewässern zu verhindern,

3. nur solche Maßnahmen ergriffen werden, die eine Wiederherstellung des vorherigen Gewässerzustands nach Wegfall der Umstände nicht gefährden dürfen und die im Maßnahmenprogramm nach § 82 aufgeführt werden und

4. die Auswirkungen der Umstände jährlich überprüft und praktisch geeignete Maßnahmen ergriffen werden, um den vorherigen Gewässerzustand vorbehaltlich der in § 29 Absatz 2 Satz 1 Nummer 1 bis 3 genannten Gründe so bald wie möglich wiederherzustellen.

(2) Wird bei einem oberirdischen Gewässer der gute ökologische Zustand nicht erreicht oder verschlechtert sich sein Zustand, verstößt dies nicht gegen die Bewirtschaftungsziele nach den §§ 27 und 30, wenn

1. dies auf einer neuen Veränderung der physischen Gewässereigenschaften oder des Grundwasserstands beruht,

2. die Gründe für die Veränderung von übergeordnetem öffentlichen Interesse sind oder wenn der Nutzen der neuen Veränderung für die Gesundheit oder Sicherheit des Menschen oder für die nachhaltige Entwicklung größer ist als der Nutzen, den die Erreichung der Bewirtschaftungsziele für die Umwelt und die Allgemeinheit hat,

3. die Ziele, die mit der Veränderung des Gewässers verfolgt werden, nicht mit anderen geeigneten Maßnahmen erreicht werden können, die wesentlich geringere nachteilige Auswirkungen auf die Umwelt haben, technisch durchführbar und nicht mit unverhältnismäßig hohem Aufwand verbunden sind und

4. alle praktisch geeigneten Maßnahmen ergriffen werden, um die nachteiligen Auswirkungen auf den Gewässerzustand zu verringern.

Bei neuen nachhaltigen Entwicklungstätigkeiten des Menschen im Sinne des § 28 Nummer 1 ist unter den in Satz 1 Nummer 2 bis 4 genannten Voraussetzungen auch eine Verschlechterung von einem sehr guten in einen guten Gewässerzustand zulässig.

(3) Für Ausnahmen nach den Absätzen 1 und 2 gilt § 29 Absatz 2 Satz 2 entsprechend.

Inhaltsübersicht

Rn.		Rn.
1. Allgemeines 1	3. Zielverfehlung wegen physischer Gewässerveränderungen (Abs. 2, 3)..	3
2. Vorübergehende Verschlechterungen (Abs. 1, 3) 2	4. Landesrecht	5

1. Allgemeines

1 § 31 regelt „Ausnahmen" von den anspruchsvolleren Zielsetzungen nach § 27 (guter Zustand). Die Vorschrift setzt Art. 4 Abs. 6–8 WRRL um und löst § 25d Abs. 2 und 3 WHG a.F. ab. Ihre Besonderheit besteht darin, dass sie selbst kraft Gesetzes die Verbindlichkeit der Ziele aufhebt und hierfür anders als bei §§ 28–30 keine administrative, im Ermessen der Behörde stehende Entscheidung verlangt.[1] § 31 umfasst zwei Fälle: **Abs. 1** betrifft die Inkaufnahme vorübergehender Verschlechterungen des Gewässerzustands, **Abs. 2** die Tolerierung von Verfehlungen der Bewirtschaftungsziele des guten ökologischen Zustands (einschließlich gutes ökologisches Potenzial) und der Vermeidung von Zustandsverschlechterungen, wenn bestimmte Gründe hierfür vorliegen. Zur Bedeutung der Ausnahmeregelungen und zur Unterscheidung zwischen „Abweichungen" und „Ausnahmen" von den Bewirtschaftungszielen wird auf § 30 Rn. 1 und 2 verwiesen. **Abs. 3** schreibt für die Inanspruchnahme der Ausnahmen nach Abs. 1 und 2 mit der Verweisung auf § 29 Abs. 2 Satz 2 weitere Einschränkungen vor.

---

[1] Vgl. auch *Schmid*, in: BFM, § 31 Rn. 6. Natürlich verbleibt es bei dem Recht und der Pflicht der Behörde, im Rahmen von Zulassungsentscheidungen zu prüfen, ob die gesetzlichen Voraussetzungen für eine Ausnahme von den Bewirtschaftungszielen vorliegen; näher hierzu *Durner*, in: LR, WHG, § 31 Rn. 40 ff.

2. Vorübergehende Verschlechterungen (Abs. 1, 3)

§ 31 **Abs. 1** behandelt den Fall der vorübergehenden Verschlechterung[2]) des Zustands oberirdischer Gewässer und setzt Art. 4 Abs. 6 WRRL um. Es geht um den von §§ 27 und 30 erfassten ökologischen und chemischen Zustand (einschließlich ökologisches Potenzial; vgl. § 3 Nr. 8). Solche Verschlechterungen verstoßen nach **Nr. 1** nicht gegen die Bewirtschaftungsziele, wenn hierfür **bestimmte Umstände** kausal sind: natürliche Ursachen, höhere Gewalt (zu diesem Begriff vgl. § 89 Abs. 2 Satz 3 nebst Kommentierung unter Rn. 10) oder Unfälle, d. h. von außen wirkende, nicht vorhersehbare Ereignisse mit Schadensfolgen (z. B. Chemieunfälle). Die hier in Betracht kommenden Ursachen müssen außergewöhnlich und nicht vorhersehbar gewesen sein. Als außergewöhnlich können Umstände gelten, die nach ihrem Ausmaß z. B. in Bezug auf den Schadensumfang, die Häufigkeit oder die Dauer eines Ereignisses das übliche Maß deutlich überschreiten. Nicht vorhersehbar sind zumindest in aller Regel durch höhere Gewalt ausgelöste Ereignisse. Zu den natürlichen Ursachen und zur höheren Gewalt sind Überschwemmungen oder Dürren zu zählen. Vorübergehende Verschlechterungen heben aber die Verbindlichkeit der Bewirtschaftungsziele nur auf, wenn **bestimmte Maßnahmen** ergriffen werden. Dazu gehören zunächst alle praktisch geeigneten Maßnahmen gegen weitere Verschlechterungen des Gewässers und gegen eine Gefährdung der Zielerreichung in den anderen, von den Umständen nach Nr. 1 nicht betroffenen Gewässern (**Nr. 2**). Außerdem dürfen die Maßnahmen die Wiederherstellung des vorherigen Zustands der Gewässer nicht gefährden (**Nr. 3**), und es müssen die Auswirkungen der außergewöhnlichen Umstände jährlich überprüft und praktisch geeignete Maßnahmen ergriffen werden, um den früheren Gewässerzustand so bald wie möglich wiederherzustellen (**Nr. 4**). Alle Maßnahmen sind im Maßnahmenprogramm nach § 82 aufzuführen.[3]) **Abs. 3** schreibt unter Verweisung auf § 29 Abs. 2 Satz 2 weitere Einschränkungen für die Inanspruchnahme der Ausnahmeregelung des § 31 vor, die dem **Schutz anderer Gewässer** in derselben Flussgebietseinheit dienen. Die Vorschrift entspricht inhaltlich § 28 Nr. 3, auf dessen Erläuterung unter Rn. 5 insoweit verwiesen werden kann.

---

[2]) Sie ist so schnell wie möglich rückgängig zu machen; vgl. BT-Drs. 14/7755, S. 19; *C/R*, § 31 Rn. 4.
[3]) Näher zu den Umständen und den zu ergreifenden Maßnahmen *C/R*, § 31 Rn. 3 ff.; *Durner*, in: LR, WHG, § 31 Rn. 12 ff.; *Schmid*, in: BFM, § 31 Rn. 8 ff.

3. Zielverfehlung wegen physischer Gewässerveränderungen (Abs. 2, 3)

3 § 31 Abs. 2 setzt Art. 4 Abs. 7 WRRL in einer gegenüber dem alten § 25d Abs. 3 Satz 1 WHG redaktionell veränderten Fassung um. **Satz 1** normiert nach Maßgabe der Nr. 1–4 eine vollständige **Befreiung vom Zielerreichungsgebot**, allerdings anders als bei allen anderen zulässigen Abweichungen beschränkt auf das Ziel des guten ökologischen Zustands (bei als künstlich oder erheblich verändert eingestuften Gewässern des guten ökologischen Potenzials; vgl. § 3 Nr. 8). Außerdem gilt insofern auch das Verschlechterungsverbot nicht.[4] Den Grund nennt die Voraussetzung **Nr. 1**, wonach die Zielverfehlung auf einer **neuen Veränderung der physischen Eigenschaften** eines oberirdischen Gewässers oder des Grundwasserstands beruhen muss. Zu physischen Eigenschaften eines oberirdischen Gewässers zählen seine äußeren Erscheinungs- und Zustandsformen einschließlich der hydromorphologischen Struktur und Eigenschaften, nicht aber die Gewässergüte (physikalische, chemische oder biologische Beschaffenheit des Wassers nach § 3 Nr. 9).[5] Dabei muss es sich um „neue", d.h. ab Inkrafttreten des Gesetzes eingetretene Veränderungen handeln.[6] Diese Ergänzung gegenüber dem bisherigen Gesetzestext dient aber nur der Klarstellung, denn auch § 25d Abs. 3 Satz 1 WHG a.F. ist in diesem Sinne verstanden worden.

4 Die weiteren Zulässigkeitsvoraussetzungen in Abs. 2 Satz 1 Nr. 2–4 und Satz 2 mit ihren teilweise unscharfen Kriterien gehen auf die in der Wasserrahmenrichtlinie verwendete Terminologie zurück. Sie lassen durch weite behördliche Auslegungsspielräume zu, dass die anspruchsvollen Qualitätsanforderungen in erheblichem Umfang unterschritten werden können. **Nr. 2** nennt zwei alternativ zu prü-

---

[4] Offen ist, was § 31 Abs. 2 Satz 1 unter „sein Zustand" versteht. Nach Sinn und Zweck des Gesetzes dürfte wie bei der Zielerreichung nur der ökologische Zustand gemeint sein. Dafür spricht auch, dass die Ausnahmen nur die physischen Gewässereigenschaften betreffen (Nr. 1) und § 31 Abs. 2 Satz 2 die Verschlechterung nur auf den ökologischen Zustand bezieht; a.A. *Dallhammer/Fritzsch*, Verschlechterungsverbot – Aktuelle Herausforderungen an die Wasserwirtschaftsverwaltung, ZUR 2016, 340, 349.

[5] So das herkömmliche Verständnis in wortgleicher Umsetzung des Art. 4 Abs. 7, 1. Anstrich WRRL; vgl. *C/R*, § 31 Rn. 14; *Ginzky*, in: BeckOK, § 31 WHG Rn. 9ff.; *Knopp*, in: SZDK, § 31 WHG Rn. 26; *Kotulla*, § 31 Rn. 12; *Schmid*, in: BFM, § 31 Rn. 25; siehe auch BT-Drs. 14/7755, S. 25 Nr. 11, 30, zu Nr. 11, wonach im Gesetzgebungsverfahren der Begriff „physikalisch" gezielt durch „physisch" ersetzt worden ist, „um spätere Anwendungsschwierigkeiten zu vermeiden". Die Auslegung des Verschlechterungsverbots durch den EuGH und ein daraus abgeleitetes Bedürfnis nach einer extensiven Anwendung der Ausnahmenregelungen rechtfertigen nicht die Erweiterung des Begriffs der „physischen" Gewässereigenschaften auf die stoffliche Wasserbeschaffenheit; so aber *Dallhammer/Fritzsch* (Fn. 4), S. 349; *Durner*, in: LR, WHG, § 31 Rn. 30; *Schmid*, in: BFM, § 31 Rn. 29ff.

[6] Hier wird man wohl nicht auf das Inkrafttreten des § 31 am 1.3.2010, sondern des § 25d WHG a.F. am 25.6.2002 abstellen müssen; vgl. *Durner*, in: LR, WHG, § 31 Rn. 31.

fende, mit auslegungsbedürftigen unbestimmten Rechtsbegriffen umschriebene Gründe, die eine neue Veränderung unter Befreiung von der Pflicht zur Erreichung der Bewirtschaftungsziele rechtfertigen: zum einen das übergeordnete **öffentliche Interesse**, das dem Begriff der überwiegenden Gründe des Wohls der Allgemeinheit in § 6 Abs. 2 oder der überwiegenden öffentlichen Belange in § 86 Abs. 4 vergleichbar sein dürfte, zum anderen der im Vergleich höhere **Nutzen** für den Menschen oder die nachhaltige Entwicklung. Die vorzunehmende Abwägung von Interesse und Nutzen auf beiden Seiten belässt den Behörden kaum eingrenzbare, allerdings gerichtlich voll nachprüfbare Beurteilungsspielräume.[7] **Nr. 3** konkretisiert die Verpflichtung, das mildeste Mittel anzuwenden, wie dies bereits in § 28 Nr. 2 und in § 30 Satz 1 Nr. 2 vorgesehen ist. Das Gebot nach **Nr. 4**, alle Möglichkeiten zur Minimierung der nachteiligen Auswirkungen auszuschöpfen, kehrt in ähnlicher Form in § 30 Satz 1 Nr. 4 und in § 31 Abs. 1 Nr. 2 wieder. Beruhen die Veränderungen nach Satz 1 Nr. 1 auf nachhaltigen Entwicklungstätigkeiten des Menschen im Sinne des § 28 Nr. 1 (zulässige Einstufung eines oberirdischen Gewässers als künstlich oder erheblich verändert), ist nach Abs. 2 **Satz 2** auch eine Verschlechterung von einem sehr guten in einen guten Zustand des Gewässers zulässig.[8] Eine solche Verschlechterung ist schon deshalb vertretbar, weil damit das eigentlich angestrebte Qualitätsziel des guten Zustands gewahrt bleibt. **Abs. 3** schreibt unter Verweisung auf § 29 Abs. 2 Satz 2 weitere Einschränkungen für die Inanspruchnahme der Ausnahmeregelung des § 31 vor, die dem **Schutz anderer Gewässer** in derselben Flussgebietseinheit dienen. Die Vorschrift entspricht inhaltlich § 28 Nr. 3, auf dessen Erläuterung unter Rn. 5 insoweit verwiesen werden kann.

4. Landesrecht

Die im Rahmen des § 31 bestehenden landesrechtlichen Gestaltungsmöglichkeiten bei der Regelung von Ausnahmen von den Bewirtschaftungszielen sind in gleicher Weise eingeschränkt wie bei der Bestimmung der Bewirtschaftungsziele nach § 27 (vgl. hierzu § 27 Rn. 16). 5

---

[7] Dies gilt vor allem für die Frage des übergeordneten öffentlichen Interesses; vgl. ausführlich zur Abwägung im Rahmen der Kriterien der Nr. 2 unter Berücksichtigung des EuGH-Urteils v. 4.5.2016 – Rs. C-346/14, ZUR 2016, 407 (Wasserkraftwerk Schwarze Sulm) und m.w.N. *Schmid*, in: BFM, § 31 Rn. 38ff.; vgl. auch *C/R*, § 31 Rn. 15; *Durner*, in: LR, WHG, § 31 Rn. 32ff.

[8] Vgl. näher zu Nr. 3 und 4 sowie Satz 2 *C/R*, § 31 Rn. 16ff.; *Schmid*, in: BFM, § 31 Rn. 55ff.; siehe zu § 31 Abs. 2 insgesamt auch *Schütte/Warnke/Wittrock*, Die Ausnahme vom Verschlechterungsverbot: rechtliche und praktische Lösungsvorschläge, ZUR 2016, 215.

§ 32
Reinhaltung oberirdischer Gewässer

(1) Feste Stoffe dürfen in ein oberirdisches Gewässer nicht eingebracht werden, um sich ihrer zu entledigen. Satz 1 gilt nicht, wenn Sediment, das einem Gewässer entnommen wurde, in ein oberirdisches Gewässer eingebracht wird.

(2) Stoffe dürfen an einem oberirdischen Gewässer nur so gelagert oder abgelagert werden, dass eine nachteilige Veränderung der Wasserbeschaffenheit oder des Wasserabflusses nicht zu besorgen ist. Das Gleiche gilt für das Befördern von Flüssigkeiten und Gasen durch Rohrleitungen.

Inhaltsübersicht

Rn.			Rn.
1. Allgemeines	1	3. Lagern, Ablagern, Befördern von Stoffen (Abs. 2)	5
2. Einbringen fester Stoffe (Abs. 1)	3	4. Landesrecht	7

1. Allgemeines

1 § 32 regelt Anforderungen an die **Reinhaltung** oberirdischer Gewässer. Die Vorschrift entspricht inhaltlich weitgehend § 26 WHG a.F. Die Überschrift ist jetzt an den Text der mit § 32 vergleichbaren §§ 45, 48 angepasst. Das neue WHG hat Abs. 1 Satz 2 des alten § 26 (Ausnahme für schlammige Stoffe) verändert und auch die lediglich der Klarstellung dienende Unberührtheitsklausel des Abs. 2 Satz 3 zu Gunsten weitergehender Verbotsvorschriften nicht fortgeführt, um insoweit ebenfalls die im alten WHG fehlende Übereinstimmung mit den parallelen Vorschriften des § 45 Abs. 2 und des § 48 Abs. 2 zu erreichen.[1] Im Übrigen ist der Wortlaut des Abs. 2 an die neuen Begrifflichkeiten angepasst worden.

2 Das Schutzkonzept des § 32 gehört zu den von Anfang an im WHG verankerten materiellen Grundentscheidungen zum Standard der Gewässerreinhaltung. § 32 begründet **absolute**, unmittelbar an die Gewässerbenutzer adressierte **Ver- und Gebote**, geht also nicht wie bei §§ 35, 48 Abs. 1, § 57 Abs. 1, § 58 Abs. 2 den Weg über die nach §§ 8, 9 zu erteilende behördliche Erlaubnis mit an die Behörde gerichteten gesetzlichen, im Rahmen der Erlaubniserteilung umzusetzender Anforderungen. Verstöße gegen § 32 sind bußgeldbewehrt (§ 103 Abs. 1 Nr. 4).

---

[1] BT-Drs. 16/12275, S. 60; näher dazu *C/R*, § 32 Rn. 25.

2. Einbringen fester Stoffe (Abs. 1)

§ 32 Abs. 1 begründet in **Satz 1** ein **absolutes Einbringungsverbot** für feste Stoffe. Betroffen ist hier die Gewässerbenutzung nach § 9 Abs. 1 Nr. 4. Das Verbot setzt die Absicht voraus, sich der Stoffe zu entledigen, also als Abfall zu beseitigen. Ein ernst zu nehmender Gewässerschutz lässt von vornherein nicht zu, dass ein Gewässer quasi als Abfallbeseitigungsanlage fungiert. In diesem Sinne korrespondiert § 32 Abs. 1 mit § 28 KrWG. Als dem Einbringungsverbot unterliegende feste Abfallstoffe kommen vor allem Schutt, Asche, Unrat und Kadaver in Betracht, aber auch das in einer Stauanlage aufgefangene, also aus dem Gewässer selbst stammende Rechengut.[2] Dagegen gehören nicht dazu Feststoffe, die im Abwasser enthalten sind, das auf dem Abwasserpfad entsorgt wird. Der Entledigungswille muss zwar nicht alleiniger, aber hauptsächlicher Zweck der Einbringung sein, was anhand der gesamten Umstände des konkreten Falles zu ermitteln ist. Ein solcher Wille fehlt z.B. beim Flößen von Holzstämmen oder bei der Errichtung baulicher Anlagen. Das Einbringen ist dann ein erlaubnisbedürftiger (§ 8 Abs. 1, § 9 Abs. 1 Nr. 4), nach Maßgabe des § 12 auch erlaubnisfähiger Benutzungstatbestand.[3]

Satz 2 des § 32 Abs. 1 löst § 26 Abs. 1 Satz 2 WHG a.F. ab. Das neue WHG führt dabei die bisher für alle schlammigen Stoffe geltende **Ausnahme** vom Einbringungsverbot nicht fort. Der Gesetzgeber hält die Ausnahme vom allgemeinen Einbringungsverbot des Satzes 1 für Stoffe, die nicht zuvor einem Gewässer entnommen worden sind (z.B. Schlämme als Produktionsabfälle), für eine zu weitgehende, sachlich nicht mehr gerechtfertigte Privilegierung.[4] Die neue Regelung beschränkt sich deshalb auf die **Sedimententnahme**. Zugleich trägt sie praktischen Bedürfnissen besser Rechnung als die bisherige Regelung, die in den hier vor allem relevanten Fällen des Ausbaggerns von Gewässern nur Schlämme erfasst hat, nicht aber feste Bestandteile (z.B. Kies oder Steine), die mit den Schlämmen vermengt sind. Der Begriff „Sediment" behebt diesen Mangel. Während die Entnahme des Sediments jedes Gewässer betrifft, erfasst die Einbringung nur oberirdische Gewässer. Kommt die Ausnahmeregelung nach Abs. 1 Satz 2 zur Anwendung, besteht für das Einbringen die Erlaubnispflicht nach § 8 Abs. 1, § 9 Abs. 1 Nr. 4. Dabei hat die zuständige Behörde im Rahmen des § 12 insbesondere zu prüfen, inwieweit die Schadstoffbelastung des Sediments der Erteilung der Erlaubnis entgegensteht.

3

4

---

[2] BVerwG v. 13.7.1979 – 4 C 10.76, ZfW 1980, 227, 229.
[3] Vgl. näher zum Einbringen fester Stoffe *Breuer/Gärditz*, Rn. 395 ff.; *C/R*, § 32 Rn. 4 ff.; *Niesen*, in: BFM, § 32 Rn. 6 ff.
[4] BT-Drs. 16/12275, S. 60; anders der Bundesrat, vgl. BT-Drs. 16/13306, S. 6 einerseits und S. 26 andererseits.

3. Lagern, Ablagern, Befördern von Stoffen (Abs. 2)

5 Abs. 2 normiert für das Lagern, Ablagern und Befördern von Stoffen den hier auf die oberirdischen Gewässer bezogenen **Besorgnisgrundsatz**. Die Vorschrift ist fast identisch mit der entsprechenden Reinhaltevorschrift für Küstengewässer (§ 45 Abs. 2) und für das Grundwasser (§ 48 Abs. 2), wobei es hier darum geht, neben der **Wasserbeschaffenheit** auch den ordnungsgemäßen **Wasserabfluss** vor nachteiligen Veränderungen[5] zu schützen. Da der Besorgnisgrundsatz für das Grundwasser die größte Bedeutung hat, werden die im Wortlaut übereinstimmenden Tatbestandsmerkmale im Rahmen des § 48 Abs. 2 erläutert. Das Lagern und Ablagern „an" einem oberirdischen Gewässer ist dem Zweck der Norm entsprechend weit auszulegen. Sie erfasst nicht nur den unmittelbar am Ufer des Gewässers gelegenen Bereich, sondern auch die Lagerung und Ablagerung von Stoffen in weiterer Entfernung vom Gewässer, soweit die Gefahr besteht, dass die Stoffe in das Gewässer gelangen (z.B. durch Niederschläge oder Überschwemmungen).

6 Die unechten Benutzungstatbestände „Lagern" und „Ablagern" i.S. des § 9 Abs. 2 Nr. 2[6] konkurrieren mit den anlagenbezogenen Gewässerschutzregelungen des WHG über den Umgang mit wassergefährdenden Stoffen (§§ 62, 63). Die detaillierteren Umgangsvorschriften sind Spezialnormen, die § 32 Abs. 2, § 45 Abs. 2 und § 48 Abs. 2 verdrängen.[7] Gleiches gilt für Satz 2 des Abs. 2, der neben den speziellen Regelungen des UVP-Gesetzes über die Rohrleitungsanlagen zum Befördern wassergefährdender Stoffe (§§ 65ff. i.V.m. Nr. 19.3 Anlage 1 UVPG; früher: §§ 19aff. WHG a.F.) nur noch eine relativ geringe praktische Bedeutung hat. Weitergehende Verbotsvorschriften bleiben im Übrigen grundsätzlich unberührt. Dazu gehört neben dem Gewerbe-, Gefahrstoff-, Atom- und Baurecht vor allem das Abfallrecht. Nach herrschender Auffassung[8] genießen die Vorschriften des Abfallrechts sogar Vorrang gegenüber den strengeren Anforderungen des § 32 Abs. 2, wenn die Ablagerung legal, insbesondere in einer den abfallrechtlichen Anforderungen entsprechenden Deponie erfolgt. Im Interesse einer geordneten Abfallwirtschaft regelt § 15 Abs. 2 Satz 1 Nr. 3 KrWG die zulässige Deponierung von Abfällen unter Einbeziehung der Gewässerschutzbelange abschließend (eine Abfallbeseitigung, die Gewässer „schädlich beeinflusst", beeinträchtigt das Wohl der Allgemeinheit und ist damit

---

[5] Unzutreffend zur nachteiligen Veränderung *Posser*, in: BeckOK, WHG, § 32 Rn. 36, vgl. demgegenüber *Berendes*, in: BFM, § 3 Rn. 32, 35.
[6] Vgl. näher zu diesen Begriffen *C/R*, § 32 Rn. 26 ff.; *Niesen*, in: BFM, § 32 Rn. 6 ff.
[7] *Breuer/Gärditz*, Rn. 434; *C/R*, § 32 Rn. 21 ff.; *Niesen*, in: BFM, § 32 Rn. 6 ff.
[8] Vgl. OVG Schleswig v. 19.1.1993 – 2 L 78/92, ZfW 1993, 232 ff.; *C/R*, § 32 Rn. 23; *Faßbender*, LR, WHG, § 32 Rn. 27; wohl auch BVerwG v. 18.10.1991 – 7 C 2.91, NVwZ 1992, 480, 481; a.A. *Kotulla*, WHG, § 32 Rn. 19 ff.

rechtswidrig). Die Erfüllung nur der Anforderungen des § 16 KrWG, insbesondere also Einhaltung des Standes der Technik, reicht nicht aus. Bei illegalem Lagern oder Ablagern findet dagegen § 32 Abs. 2 uneingeschränkt Anwendung.

4. Landesrecht

§ 32 ist eine im Rahmen des Art. 72 Abs. 1 GG grundsätzlich durch Landesrecht ergänzungsfähige Vorschrift. Da die Vorschrift stoffbezogen, in Abs. 2 weitgehend auch anlagenbezogen ist, unterliegt sie nicht nach Art. 72 Abs. 3 Satz 1 Nr. 3 GG der Abweichungsgesetzgebung der Länder.[9]

7

§ 33
Mindestwasserführung

Das Aufstauen eines oberirdischen Gewässers oder das Entnehmen oder Ableiten von Wasser aus einem oberirdischen Gewässer ist nur zulässig, wenn die Abflussmenge erhalten bleibt, die für das Gewässer und andere hiermit verbundene Gewässer erforderlich ist, um den Zielen des § 6 Absatz 1 und der §§ 27 bis 31 zu entsprechen (Mindestwasserführung).

Inhaltsübersicht

Rn.		Rn.
1. Allgemeines 1	3. Landesrecht	6
2. Inhalt des § 33 4		

1. Allgemeines

§ 33 ist eine bisher im WHG nicht enthaltene Vorschrift zur Mindestwasserführung. Die neue Regelung trägt der großen **Bedeutung der Mindestwasserführung** für die ökologische Funktionsfähigkeit eines Gewässers, also den guten ökologischen Zustand Rechnung. Sie lehnt sich an eine entsprechende Regelung in § 42a SächsWG a.F. (vgl. jetzt § 21 Abs. 1–3) an. In der Gesetzesbegründung zum

1

---

[9] Dass weitergehende Verbotsvorschriften unberührt bleiben (vgl. Rn. 1 und Fn. 1), betrifft die Frage der Ergänzungs-, nicht der Abweichungsfähigkeit des § 32. Entgegen *Posser*, in: BeckOK, WHG, § 32 Rn. 49 ist die Gesetzesbegründung (Fn. 1) also nicht unzutreffend.

neuen WHG wird hierzu ausgeführt:[1] Ein Mindestwasserabfluss im Gewässer sei Grundvoraussetzung für den Erhalt der standorttypischen Lebensgemeinschaften eines Gewässers. In Verbindung mit geeigneten technischen Einrichtungen und sonstigen Maßnahmen an der Stauanlage gehöre der Mindestwasserabfluss auch zum wesentlichen Bestandteil der Durchgängigkeit eines Gewässers. Die Vorschrift leiste einen wichtigen Beitrag zur Erreichung der Bewirtschaftungsziele nach den §§ 27 und 30, indem sie bereits auf der Ebene der behördlichen Vorkontrolle (Erlaubnis oder Bewilligung nach § 8 Abs. 1, Planfeststellung oder Plangenehmigung nach Kapitel 3 Abschnitt 5) sowie durch nachträgliche Anordnungen für einzelne Vorhaben konkrete Festlegungen zur Mindestwasserführung ermögliche.

2   Dessen ungeachtet gehörte § 33 in den **Gesetzesberatungen** zusammen mit §§ 34 und 35 bis zuletzt zu den insbesondere von Seiten der Betreiber von Stau- und Wasserkraftanlagen in Frage gestellten Vorschriften des neuen WHG.[2] Im Regierungsentwurf ist entsprechend der Gesetzesbegründung die Mindestwasserführung noch an den Erfordernissen der „ökologischen Funktionsfähigkeit" der Gewässer ausgerichtet (ähnlich die Begriffe in § 6 Abs. 1 Satz 1 Nr. 1 und in § 38 Abs. 1 sowie in § 1a Abs. 1 Satz 2 WHG a.F.; vgl. auch den Begriff „Funktionsfähigkeit des Naturhaushalts" in § 1 Abs. 1 Nr. 2 BNatSchG). Der Bundesrat hat stattdessen die Orientierung an den Bewirtschaftungszielen nach §§ 27–31 und am Maßnahmenprogramm nach § 82 vorgeschlagen, um den „unscharfen Begriff" der ökologischen Funktionsfähigkeit zu vermeiden und die Anforderungen an die Mindestwasserführung unter Verhältnismäßigkeitsaspekten für die Gewässerbenutzer erfüllbar zu machen.[3] Die Bundesregierung hat an ihrem Entwurf mit der Begründung festgehalten, die Anforderung sei sachgerecht und erfüllbar, zumal für die Funktionsfähigkeit kein bestimmter Standard verlangt werde.[4] Sie hat im Übrigen zutreffend darauf hingewiesen, dass die Erreichung der Bewirtschaftungsziele in den Pflichtenkreis der Behörde fällt und es nicht Sache der Gewässerbenutzer ist, zur Erfüllung ihrer gesetzlichen Pflichten die jeweils maßgebenden Ziele zu ermitteln und selbst darüber zu entscheiden, ob und ggf. wie sie in ihrem konkreten Fall umzusetzen sind.

---

[9] Dass weitergehende Verbotsvorschriften unberührt bleiben (vgl. Rn. 1 und Fn. 1), betrifft die Frage der Ergänzungs-, nicht der Abweichungsfähigkeit des § 32. Entgegen *Posser*, in: BeckOK, WHG, § 32 Rn. 49 ist die Gesetzesbegründung (Fn. 1) also nicht unzutreffend.
[1] Vgl. BT-Drs. 16/12275, S. 60.
[2] Vgl. zur Entstehung und Problematik näher *Fröhlich*, in: WQF, § 33 Rn. 1–4; *Knopp*, in: SZDK, § 33 WHG Rn. 2 ff.
[3] BT-Drs. 16/13306, S. 7; vgl. auch *Knopp*, Rn. 290 f.
[4] So in ihrer Gegenäußerung in BT-Drs. 16/13306, S. 26.

Im Ergebnis hat man sich im Umweltausschuss des Deutschen Bundestages auf eine **Kompromisslösung** verständigt, in der sich beide Seiten wiederfinden: Maßstab für die Mindestwasserführung sind neben den Bewirtschaftungszielen der §§ 27–31 auch die Ziele des § 6 Abs. 1. Diese tragen den Belangen der ökologischen Funktionsfähigkeit hinreichend Rechnung.[5)]

3

2. Inhalt des § 33

§ 33 betrifft nach § 8 Abs. 1, § 9 Abs. 1 Nr. 1 und 2 erlaubnis- oder bewilligungspflichtige Gewässerbenutzungen. Die Anforderungen, die beim **Gewässeraufstau** sowie bei der **Wasserentnahme** und **Wasserableitung** einzuhalten sind, müssen nicht nur die Behörden bei ihren Entscheidungen über die Erteilung der Erlaubnis oder Bewilligung beachten, sondern richten sich – ebenso wie z.B. § 32 Abs. 1 (anders u.a. § 48 Abs. 1, § 57 Abs. 1) – auch unmittelbar an den Gewässerbenutzer, was insbesondere für die nach §§ 25, 26 nicht zulassungsbedürftigen Benutzungen von Bedeutung ist. Die Mindestwasserführung ist legal definiert als die in einem Fließgewässer abfließende Wassermenge, die notwendig ist, um für das Gewässer und hiermit verbundene andere Gewässer den Zielen des § 6 Abs. 1 und der §§ 27–31 zu entsprechen.[6)] Für die Wasserbehörde gehört die Ermittlung der mit zahlreichen unbestimmten Rechtsbegriffen umschriebenen Ziele zu ihrem zwar nicht einfachen, aber alltäglichen Bewirtschaftungsauftrag. Dem Gewässerbenutzer ist dies praktisch unmöglich.[7)] Dies bedeutet: Dem Gewässerbenutzer können nur offensichtliche Verstöße gegen die gesetzlichen Zielsetzungen der Gewässerbewirtschaftung angelastet werden. In der Praxis läuft das darauf hinaus, dass die Wasserbehörde im wasserrechtlichen Bescheid und durch nachträgliche Anordnungen die Einhaltung des § 33 sicherzustellen hat.

4

§ 33 normiert eine **Mindestanforderung**, für deren Unterschreitung gesetzlich kein Raum bleibt. Die Behörde kann im Rahmen ihrer Bewirtschaftungsspielräume somit nur höhere Anforderungen stellen. § 33 enthält nicht die Verpflichtung des Gewässerbenutzers, eine über das natürliche Abflussverhalten hinausgehende Wasserführung sicherzustellen.[8)] Die Vorgaben der Wasserrahmenrichtlinie für die normative Beschreibung des guten ökologischen Gewässerzustands sehen vor, Abweichungen von den für den jeweiligen Gewässertyp spezifischen Lebensgemeinschaften auf ein geringfügiges Maß zu beschränken. Dies ist nur möglich, wenn auch der Mindestwasserab-

5

[5)] Zu Zweck und Bedeutung des § 33 näher *Knopp*, in: SZDK, § 33 WHG Rn. 6 ff., 9 ff.; *Niesen*, in: BFM, § 33 Rn. 2 f.; vgl. auch VGH Mannheim v. 15.12.2015 – 3 S 2158/14, Rn. 74 ff., ZUR 2016, 300, 302 f.
[6)] Näher hierzu *C/R*, § 33 Rn. 8 ff.; *Knopp*, in: SZDK, § 33 WHG Rn. 27 ff.
[7)] Vgl. auch die in Fn. 4 zitierte Gegenäußerung der Bundesregierung.
[8)] BT-Drs. 16/12275, S. 60.

fluss nur geringfügig vom typspezifischen Niedrigwasser abweicht. Dabei ist der zu erreichende Mindestwasserabfluss an den hydrologischen Gegebenheiten vor Ort und den ökologischen Erfordernissen im Einzelfall auszurichten. Das WHG hat deshalb zu Recht davon abgesehen, durch eine detaillierte Regelung die **Flexibilität im wasserrechtlichen Vollzug** unnötig einzuschränken. Die Anwendung der bisher auf Verwaltungsebene erarbeiteten Richtlinien und Vorschriften bleibt in der Regel auch unter dem Regime des § 33 weiter möglich.[9]

3. Landesrecht

6 Die Regelung des § 33 ist nicht abschließend. Sie gibt inhaltlich nur einen Mindestrahmen vor, der dem Landesgesetzgeber im Rahmen des Art. 72 Abs. 1 GG weite Spielräume für ergänzende Vorschriften belässt. § 33 unterliegt nach Art. 72 Abs. 3 Satz 1 Nr. 5 GG der Abweichungsgesetzgebung der Länder.[10]

§ 34
Durchgängigkeit oberirdischer Gewässer

(1) Die Errichtung, die wesentliche Änderung und der Betrieb von Stauanlagen dürfen nur zugelassen werden, wenn durch geeignete Einrichtungen und Betriebsweisen die Durchgängigkeit des Gewässers erhalten oder wiederhergestellt wird, soweit dies erforderlich ist, um die Bewirtschaftungsziele nach Maßgabe der §§ 27 bis 31 zu erreichen.

(2) Entsprechen vorhandene Stauanlagen nicht den Anforderungen nach Absatz 1, so hat die zuständige Behörde die Anordnungen zur Wiederherstellung der Durchgängigkeit zu treffen, die erforderlich sind, um die Bewirtschaftungsziele nach Maßgabe der §§ 27 bis 31 zu erreichen.

(3) Die Wasserstraßen- und Schifffahrtsverwaltung des Bundes führt bei Stauanlagen an Bundeswasserstraßen, die von ihr errichtet oder betrieben werden, die nach den Absätzen 1 und 2 erforderlichen Maßnahmen im Rahmen ihrer Aufgaben nach dem Bundeswasserstraßengesetz hoheitlich durch.

---

[9] Vgl. auch VGH Mannheim v. 15.12.2015 – 3 S 2158/14, Rn. 82 ff., ZUR 2016, 300, 303 ff.
[10] Entgegen *Faßbender*, in: LR, WHG, § 33 Rn. 10 hat § 33 nicht einen unmittelbaren Anlagenbezug, auf den es ankommt; wie hier *Riedel*, in: BeckOK, WHG, § 33 Rn. 4.

Inhaltsübersicht

Rn.		Rn.
1. Allgemeines............ 1	4. Stauanlagen des Bundes	
2. Begriff der Durchgängigkeit 2	(Abs. 3)................	5
3. Anforderungen an	5. Landesrecht...........	6
Stauanlagen (Abs. 1, 2).... 3		

1. Allgemeines

§ 34 ist wie § 33 eine neue bundesrechtliche Vorschrift über Anforderungen an den Schutz und die Bewirtschaftung oberirdischer Gewässer. Die **Durchgängigkeit** für Gewässerorganismen ist für die **ökologische Funktionsfähigkeit** oberirdischer Gewässer von entscheidender Bedeutung. Sie ist insbesondere als hydromorphologische Qualitätskomponente wesentliche Voraussetzung für die Erreichung des guten ökologischen Zustands eines Gewässers.[1] § 34 schafft in weitgehender Anlehnung an die bestehenden landesrechtlichen Regelungen die bundeseinheitliche Rechtsgrundlage für die in Umsetzung der Wasserrahmenrichtlinie zu erfüllenden Anforderungen. So ist die Durchgängigkeit von Stauanlagen eine unverzichtbare Voraussetzung für die **Besiedlung mit wandernden Fischarten** (Lachse, Aale). Dessen ungeachtet hat es ein erhebliches Maß an Kompromissbereitschaft erfordert, im WHG überhaupt eine Regelung zur Durchgängigkeit und die dann Gesetz gewordene Fassung politisch durchzusetzen. **Abs. 1** regelt die Anforderungen an neue, **Abs. 2** an vorhandene Anlagen. **Abs. 3** trifft eine der Klarstellung dienende Sonderregelung für von der Wasserstraßen- und Schifffahrtsverwaltung des Bundes errichtete oder betriebene Stauanlagen an Bundeswasserstraßen.[2]

1

2. Begriff der Durchgängigkeit

§ 34 regelt die „Durchgängigkeit" oberirdischer Gewässer, ohne diesen für das Verständnis und den Vollzug der Vorschrift zentralen Begriff zu definieren. Eine Begriffsbestimmung fehlt auch in den einschlägigen Vorschriften der Länder. „Durchgängigkeit" ist ein auslegungsfähiger und auslegungsbedürftiger unbestimmter Rechtsbegriff, der in dem an die beteiligten Kreise versandten Referentenentwurf des Bundesumweltministeriums zum UGB II (Buch „Wasserwirtschaft") vom Mai 2008 (vgl. Einleitung Rn. 15f.) noch wie folgt definiert ist: „Durchgängigkeit im Sinne von Satz 1 ist gegeben, wenn Gewässerorganismen die Anlage schadlos stromaufwärts und stromabwärts passieren können und der Transport von Geschiebe im Gewässer gewährleistet ist, soweit dies für die ökologische Funk-

2

---

[1] Vgl. Anlage 3 Nr. 2, Anlage 4 Tabelle 1, 2 und 6 OGewV; näher hierzu *Fröhlich*, in: WQF, § 34 Rn. 2.
[2] Vgl. zu § 34 auch die Gesetzesbegründung in BT-Drs. 16/12275, S. 60f.

tionsfähigkeit des Gewässers und anderer hiermit verbundener Gewässer erforderlich ist." Diese Definition war politisch nicht durchsetzbar, weil sie aus Sicht der Betroffenen bei stringenter Anwendung nicht erfüllbar sei. Sie kann aber beim Vollzug des § 34 herangezogen werden. Schon in der Gesetzesbegründung zum neuen WHG wird für besonders bedeutsam erklärt, dass Stauanlagen sowohl stromaufwärts (insbesondere von laichfähigen Fischen) wie stromabwärts (insbesondere von Jungfischen) schadlos passiert werden können.[3] Eine Reihe nicht durchgängiger Wehre verhindere derzeit die lebensnotwendigen, arterhaltenden Wanderungen von Fischen und anderen Wasserorganismen. Der gute ökologische Zustand, gekennzeichnet durch lediglich geringfügige Abweichungen von den typspezifischen Lebensgemeinschaften, kann so nicht erreicht werden.[4] Ebenso wie § 33 leistet damit auch § 34 einen wichtigen Beitrag zur europarechtlich gebotenen Durchsetzung der Bewirtschaftungsziele (siehe die Vorgaben zur Durchgängigkeit von Flüssen sowie erheblich veränderten und künstlichen Wasserkörpern in Anhang V Nummer 1.2.1 und 1.2.5 WRRL sowie § 5 OGewV).

3. Anforderungen an Stauanlagen (Abs. 1, 2)

3 § 34 verlangt in **Abs. 1** für die Zulassung von Stauanlagen, die nach Inkrafttreten des neuen WHG errichtet oder wesentlich geändert werden, die Erhaltung oder Wiederherstellung der Durchgängigkeit des Gewässers.[5] Der Betrieb ist ebenfalls auf in diesem Sinne **neue Anlagen** bezogen, so dass Abs. 1 z.B. auf den fortlaufenden Betrieb einer an der neu errichteten Stauanlage gebauten Fischtreppe anzuwenden ist. Die Vorschrift richtet sich nur an die Behörde, die den Zulassungsbescheid (in den meisten Fällen Planfeststellung oder Plangenehmigung nach § 68 Abs. 1 oder 2) zu erlassen und in dem Bescheid die zur Erreichung der Bewirtschaftungsziele nach Maßgabe der §§ 27–30 erforderlichen Maßnahmen zur Erhaltung oder Wiederherstellung der Durchgängigkeit zu konkretisieren hat.[6] Enthält das **Maßnahmenprogramm** nach § 82 Festlegungen zur Errichtung, wesentlichen Änderung oder zum Betrieb von Stauanlagen, sind diese für die nach § 34 einzuhaltenden Anforderungen maßgebend. Der Bundesrat hat hierzu vorgeschlagen, die Klausel ausdrücklich mit in den Gesetzestext aufzunehmen.[7] Der Gesetzgeber ist dem ablehnenden Votum der Bundesregierung gefolgt, die zutref-

---

[3] BT-Drs. 16/12275, S. 61.
[4] Näher zur Durchgängigkeit *C/R*, § 34 Rn. 10 ff.; *Niesen*, in: BFM, § 34 Rn. 3 ff., 12 ff.
[5] Ausführlich zu den Zulassungsvoraussetzungen des Abs. 1 *Durner*, in: LR, WHG, § 34 Rn. 12 ff., 18 ff. 23 ff.; *C/R*, § 34 Rn. 10 ff.; *Knopp*, in: SZDK, § 34 WHG Rn. 20 ff.; *Niesen*, in: BFM, § 34 Rn. 3 ff., 12 ff.
[6] Vgl. zu den damit verbundenen Problemen und Maßstäben *Durner*, in: LR, WHG, § 34 Rn. 29 ff.
[7] Vgl. BT-Drs. 16/13306, S. 7.

fend darauf hingewiesen hat,[8)] dass außenverbindliche Vorgabe für die behördlichen Entscheidungen die gesetzlich normierten Bewirtschaftungsziele sind und die Maßnahmenprogramme grundsätzlich nur der verwaltungsinternen Konkretisierung und Umsetzung dieser Ziele dienen (vgl. hierzu näher § 82 Rn. 5). Maßnahmen mit Rechtsnormcharakter bedürfen ohnehin keiner Bekräftigung durch ihre Erwähnung in den Zulassungsvoraussetzungen des Gesetzes.[9)]

§ 34 verpflichtet in **Abs. 2** die zuständige Behörde, also nicht (auch) den Anlagenbetreiber, bei **vorhandenen Stauanlagen** die zur Erreichung der Bewirtschaftungsziele notwendigen Anordnungen zu treffen. Sie hat unter Berücksichtigung der Verhältnismäßigkeit und der individuellen Zumutbarkeit der durchzuführenden Maßnahmen angemessene Fristen entsprechend der Wasserrahmenrichtlinie zu setzen und dabei auch die Voraussetzungen zu prüfen, unter denen nach Maßgabe der §§ 29–31 von den Vorgaben des § 27 Abweichungen und Ausnahmen zulässig sind.[10)] Zu den vorhandenen Stauanlagen i.S.d. Abs. 2 gehören zwei Gruppen von Stauanlagen: zunächst solche, die im Zeitpunkt des Inkrafttretens des neuen WHG bereits vorhanden waren, sodann die Stauanlagen, die nach Abs. 1, also nach dem 28.2.2010 zugelassen worden sind und später, um die Bewirtschaftungsziele zu erreichen, ihre Einrichtungen oder Betriebsweisen zur Erhaltung oder Wiederherstellung der Durchgängigkeit des Gewässers anpassen müssen. Abs. 2 hat lediglich klarstellenden Charakter, denn Anpassungsverpflichtungen gehören zum wasserrechtlichen Standard. § 100 Abs. 2 hat dies im WHG jetzt als allgemeinen Grundsatz verankert.

4

4. Stauanlagen des Bundes (Abs. 3)

§ 34 stellt in Abs. 3 klar, dass die Maßnahmen zur Erhaltung oder Wiederherstellung der Durchgängigkeit nach Abs. 1 und 2 bei Stauanlagen an Bundeswasserstraßen von der Wasserstraßen- und Schifffahrtsverwaltung des Bundes (WSV) auf der Grundlage des Bundeswasserstraßengesetzes eigenverantwortlich durchgeführt werden. Das ergibt sich bereits unmittelbar aus **§§ 7 und 12 WaStrG**, die im Rahmen ihrer Reichweite – die hier betroffenen Stauanlagen errichtet und betreibt der Bund im Rahmen seiner originären wasserwegerechtlichen Aufgaben in hoheitlicher Verwaltung – den wasserrechtlichen Vorschriften als Spezialnormen vorgehen. Für diese Stauanlagen ist deshalb nicht wie in Abs. 2 die Wasserbehörde zuständig. Abs. 3 hat allein den Zweck, die bisher von der WSV abge-

5

[8)] Vgl. BT-Drs. 16/13306, S. 26.
[9)] Vgl. zu diesem Problemkreis auch *Durner*, Die Durchsetzbarkeit des wasserwirtschaftlichen Maßnahmenprogramms, NuR 2009, 77f.
[10)] Entgegen *C/R*, § 34 Rn. 21 bestehen keine verfassungsrechtlichen Bedenken, zumal § 34 Abs. 2 EG-rechtlichen Vorgaben entspricht (vgl. insbesondere Art. 11 Abs. 3 Buchst. e WRRL).

lehnte Verpflichtung, bei der Erfüllung ihrer Hoheitsaufgaben nach dem Bundeswasserstraßengesetz auch die Anforderungen des Wasserrechts zu beachten, für die Durchgängigkeit gesetzlich ausdrücklich klarzustellen (vgl. zu dieser Problematik auch § 4 Rn. 5).[11] Dies hat das Bundesverkehrsministerium zur Initiierrung der Vorschrift motiviert, um seinem Ressort gleichzeitig in der Gesetzesbegründung zu § 34 – an dieser Stelle ungewöhnlich – Aussagen über anfallende Kosten zu sichern.[12] Kompetenzrechtlich gesehen hat das WHG bei der klarstellenden Regelung des § 34 Abs. 3 die konkurrierende Gesetzgebungszuständigkeit nach Art. 74 Abs. 1 Nr. 21 GG (Binnenwasserstraßen) in Anspruch genommen.

5. Landesrecht

6 § 34 ist, soweit das Wasserhaushaltsrecht betroffen ist (Abs. 1 und 2), eine im Rahmen des Art. 72 Abs. 1 GG durch Landesrecht ergänzungsfähige Vorschrift, die nur die nach den Vorgaben der Wasserrahmenrichtlinie zu erfüllenden Mindestvoraussetzungen normiert. Abs. 3 ist Bundeswasserstraßenrecht und hat abschließenden Charakter. § 34 ist im Übrigen eine abweichungsfeste anlagenbezogene Regelung.

§ 35
Wasserkraftnutzung

(1) Die Nutzung von Wasserkraft darf nur zugelassen werden, wenn auch geeignete Maßnahmen zum Schutz der Fischpopulation ergriffen werden.

(2) Entsprechen vorhandene Wasserkraftnutzungen nicht den Anforderungen nach Absatz 1, so sind die erforderlichen Maßnahmen innerhalb angemessener Fristen durchzuführen.

---

[11] Zu abweichenden Vorstellungen des Bundesrates über Zweck und Rechtsqualität des § 34 Abs. 3 sowie zur Position der Bundesregierung wird auf die Darlegungen in der BT-Drs. 16/13306 S. 7 einerseits und S. 26 andererseits verwiesen. – Wie der Bundesrat verkennen auch *C/R*, § 34 Rn. 28 und *Durner*, in: LR, WHG, § 34 Rn. 37ff., dass § 34 Abs. 3 nur auf die Zuständigkeit der WSV nach dem Bundeswasserstraßengesetz Bezug nimmt und nicht Zuständigkeiten von den Ländern auf den Bund verlagert. Die WSV vollzieht hier nicht Wasserwirtschaftsrecht, sondern beachtet dieses Recht nur im Rahmen des Vollzugs von Wasserwegerecht. Dass der Bund bei der Wahrnehmung seiner Aufgaben nach dem Bundeswasserstraßengesetz grundsätzlich auch das materielle Wasserwirtschaftsrecht zu beachten hat, entsprach schon der bisherigen Rechtslage; vgl. BVerwG v. 28.6.2007 – 7 C 3.07, ZUR 2008, 148f. sowie *Berendes*, Abgrenzungsfragen im Verhältnis von Wasserwirtschaftsrecht und Wasserwegerecht, ZUR 2008, 141. § 4 Abs. 1 Satz 2 und § 34 Abs. 3 bringen insofern nur zwei politisch wichtige punktuelle Klarstellungen; vgl. auch § 7 Abs. 4 Satz 1 mit Rn. 6.
[12] BT-Drs. 16/12275, S. 61.

(3) Die zuständige Behörde prüft, ob an Staustufen und sonstigen Querverbauungen, die am 1. März 2010 bestehen und deren Rückbau zur Erreichung der Bewirtschaftungsziele nach Maßgabe der §§ 27 bis 31 auch langfristig nicht vorgesehen ist, eine Wasserkraftnutzung nach den Standortgegebenheiten möglich ist. Das Ergebnis der Prüfung wird der Öffentlichkeit in geeigneter Weise zugänglich gemacht.

Inhaltsübersicht

Rn.		Rn.
1. Allgemeines 1	3. Landesrecht 7	
2. Inhalt des § 35 3		

1. Allgemeines

§ 35 regelt im WHG erstmals spezielle Anforderungen an die Wasserkraftnutzung. Die Vorschrift gehört zu den umstrittensten Regelungen des neuen WHG. Die Problematik resultiert aus dem **Zielkonflikt** zwischen **Wasserkraftnutzung** als erneuerbare Energie einerseits und **Natur- und Gewässerschutz** andererseits. Wasserkraft gehört zu den relevanten erneuerbaren Energien, deren Einsatz und Förderung im Hinblick auf den Klimaschutz und den Klimawandel höchste umweltpolitische Priorität erlangt hat (vgl. hierzu auch § 6 Abs. 1 Satz 1 Nr. 5 und Satz 2). Wasserkraftanlagen, die nach dem heutigen technischen Stand nur mit einem Querbauwerk wirtschaftlich zu betreiben sind, führen zu gravierenden **Beeinträchtigungen des ökologischen Zustands** der Fließgewässer: Sie unterbrechen die Durchgängigkeit des Gewässers, verändern die Strömungsverhältnisse im Staubereich und den Wasserabfluss unterhalb der Anlage und sie schädigen mit ihren Turbinen Fische bei ihrer Wanderung in einer Weise, die den Bestand ganzer Populationen gefährden kann. Das Wasserrecht hat deshalb die gesetzlichen Rahmenbedingungen dafür zu schaffen, dass die Potenziale der Wasserkraft unter Abwägung der Erfordernisse der nachhaltigen Energiegewinnung und der nachhaltigen Gewässerbewirtschaftung genutzt und erschlossen werden können. Dabei geht es nicht um die abstrakte Bewertung der Belange Gewässerschutz versus Klimaschutz, sondern um **wasserbehördliche Entscheidungen im Einzelfall**. Dabei ist eine Abwägung der konkret zu erwartenden positiven und negativen Auswirkungen der beabsichtigten Wasserkraftnutzung gefordert. 1

Die **Entstehungsgeschichte** des § 35 spiegelt die schwierige Konfliktlage zwischen Wasserkraftnutzung und Natur- und Gewässerschutz wider. Der Entwurf der Bundesregierung und der Koalitionsfraktionen enthält in Abs. 1 noch eine Klausel zur Berücksichtigung der Belange des Klima- und Naturschutzes und der Landschaftspflege (Satz 2) und vor allem für Laufwasserkraftanlagen ergänzende Zulassungsvoraussetzungen in Form einer Sollvorschrift 2

(Satz 3), die mit der Regelung für den Vergütungsanspruch nach § 23 Abs. 6 des Erneuerbare-Energien-Gesetzes (EEG) 2009 übereinstimmt.[1]) Der Bundesrat hat auf Empfehlung seines Wirtschaftsausschusses wegen der angeblich „prohibitiven Wirkung" des Gesetzentwurfs eine Neufassung des § 35 vorgeschlagen, die von der Bundesregierung als nicht sachgerecht abgelehnt worden ist.[2]) In den politischen Abstimmungsgesprächen über die abschließende Konsensfindung zum Text des neuen WHG hat man sich darauf verständigt, sowohl auf die im Vordergrund der kontroversen Diskussion stehende Regelung zu den Laufwasserkraftanlagen als auch auf die im Grunde nichtssagende Berücksichtigungsklausel zu verzichten. Zu diesen Aspekten gibt es somit zwar im WHG keine spezielle Regelung des Bundes, sie bleiben aber natürlich für die Gewässerbewirtschaftung relevant. Soweit es auch im Landesrecht keine besonderen Vorschriften gibt, müssen die Wasserbehörden alle gewässerrelevanten Auswirkungen der Wasserkraftnutzung im Rahmen der Vorgaben des allgemeinen Wasserrechts ermitteln und bewerten. Hierzu gehören insbesondere die Grundnormen der §§ 12 und 68 Abs. 3 über die behördliche Zulassung von Gewässerbenutzungen und Gewässerausbauten (Unzulässigkeit das Wohl der Allgemeinheit beeinträchtigender und damit schädlicher Gewässerveränderungen, pflichtgemäße Ermessensausübung). Insofern ist die Regelung im EEG 2009, die grundsätzlich auch in ordnungsrechtlicher Hinsicht als sachgerecht gelten kann, mit dem zur Verfügung stehenden allgemeinen wasserrechtlichen Instrumentarium umsetzbar.

2. Inhalt des § 35

3 § 35 gilt ganz allgemein für jede **„Nutzung" von Wasserkraft**. Die Vorschrift erfasst damit alle wasserrechtlichen Tatbestände, die im Zusammenhang mit der Errichtung und dem Betrieb von Anlagen, die die Kräfte des fließenden Wassers in Energie umwandeln, erfüllt werden. Dazu gehören Gewässerausbauten, Gewässerbenutzungen und die Errichtung und der Betrieb von Anlagen. Bei der Nutzung der Wasserkraft können z.B. **folgende Tatbestände** erfüllt werden: Herstellen und wesentliche Umgestaltung von Gewässern (Gewässerausbauten nach § 67 Abs. 2), Ableiten und Wiedereinleiten, ggf. auch Entnehmen von Wasser (Gewässerbenutzungen nach § 9 Abs. 1 Nr. 1 und 4), Aufstauen und Absenken von Flüssen (Gewässerbenutzungen nach § 9 Abs. 1 Nr. 2) oder Errichtung und Betrieb einer Stauanlage oder Wasserkraftanlage (Genehmigungspflicht nach Maßgabe des Landesrechts). Abs. 1 richtet die Anforderung nicht unmittelbar an den Wasserkraftnutzer, sondern an die Zulassungs-

---

[1] Vgl. BT-Drs. 16/12275, S. 13, 61 f.; eingehend zur Entstehung des § 35 *Knopp*, Rn. 304 ff.; *ders.*, in: SZDK, § 35 WHG Rn. 5–18.
[2] Vgl. zum Vorschlag und zu den inhaltlichen Positionen von Bundesrat und Bundesregierung BT-Drs. 16/13306, S. 7 f. einerseits und S. 26 f. andererseits.

behörde. „Zulassung" nach § 35 Abs. 1 umfasst als Oberbegriff Planfeststellungen und Plangenehmigungen für Gewässerausbauten, Erlaubnisse und Bewilligungen für Gewässerbenutzungen sowie Genehmigungen für die Errichtung und den Betrieb von der Wasserkraftnutzung dienenden Anlagen.[3)]

Zu den **Voraussetzungen**, die für die behördliche Zulassung nach den jeweils einschlägigen bundes- und landesrechtlichen Vorschriften zu erfüllen sind, zählen nach § 35 **Abs. 1** „auch"[4)] geeignete Maßnahmen zum Schutz der Fischpopulation. Eine Maßnahme ist dann geeignet zum Populationsschutz von Fischen, wenn sie sicherstellt, dass die Reproduzierbarkeit der Arten durch die Wasserkraftnutzung gewährleistet bleibt.[5)] Einen absoluten Schutz vor jeglichen Fischschäden oder gar Verletzungen einzelner Fische verlangt das Gesetz nicht. Es soll erreicht werden, dass Fische bei ihrer Wanderung grundsätzlich unbeschadet die Wasserkraftanlage passieren können. Andere für die Nutzung der Wasserkraft besonders bedeutsame Anforderungen des WHG stellen die Mindestwasserführung (§ 33) und die Durchgängigkeit (§ 34) dar. 4

In **Abs. 2** regelt § 35 die notwendige **Anpassung vorhandener Wasserkraftnutzungen** an die Anforderungen des Abs. 1 innerhalb angemessener Fristen.[6)] Die Vorschrift erfasst sowohl Nutzungen, die bereits bei Inkrafttreten des neuen WHG vorhanden waren, als auch solche, die erst nach dem 28. 2. 2010 zugelassen worden sind, nach der Zulassung aber nicht mehr den Anforderungen des Abs. 1 entsprechen,[7)] z.B. weil sich beim Schutz der Fische die Technik dynamisch weiterentwickelt hat oder die vorhandenen Schutzeinrichtungen sanierungsbedürftig geworden sind. Anders als in § 34 Abs. 2 ist hier der Adressat der Verpflichtung offen gelassen, so dass neben der Behörde auch der Betreiber der Wasserkraftanlage als unmittelbar Verpflichteter angesprochen ist.[8)] 5

Abs. 3 zielt nach der Gesetzesbegründung[9)] darauf ab, Impulse für den ökologisch sinnvollen Ausbau der Wasserkraftnutzung zu geben. Satz 1 erteilt der zuständigen Behörde den Auftrag, an bestehenden Querverbauungen, deren Rückbau zur Erreichung der Bewirtschaf- 6

[3)] Vgl. näher dazu *Durner*, in: LR, WHG, § 35 Rn. 10 ff.
[4)] Die Anforderung ergänzt also nur die allgemeinen wasserrechtlichen Anforderungen, zu denen insbesondere §§ 33 und 34 gehören; vgl. auch VGH Mannheim v. 15. 12. 2015 – 3 S 2158/14, Rn. 77 ff., ZUR 2016, 300, 303.
[5)] BT-Drs. 16/12275, S. 61; vgl. zu den geeigneten Schutzmaßnahmen näher *C/R*, § 35 Rn. 7 ff.; *Knopp*, in: SZDK, § 35 WHG Rn. 30 ff.; *Niesen*, in: BFM, § 35 Rn. 8 ff.; speziell zu den Bewirtschaftungszielen nach §§ 27–31 *Durner*, in: LR, WHG, § 35 Rn. 17 ff.
[6)] Vgl. zu den angemessenen Fristen *C/R*, § 35 Rn. 15; *Niesen*, in: BFM, § 35 Rn. 28 ff.
[7)] BT-Drs. 16/12275, S. 61.
[8)] Ebenso *C/R*, § 35 Rn. 13; *Knopp*, in: SZDK, § 35 WHG Rn. 46; a.A. *Breuer/Gärditz*, Rn. 610 („zu unbestimmt"); vgl. näher dazu auch *Durner*, in: LR, WHG, § 35 Rn. 24 ff.
[9)] BT-Drs. 16/12275, S. 61 f.

tungsziele auch langfristig nicht vorgesehen ist, die **Potenziale** für eine Wasserkraftnutzung zu **ermitteln.** Maßgeblich ist in diesem Zusammenhang die Zulassungsfähigkeit einer Wasserkraftnutzung im Hinblick auf die jeweiligen Standortgegebenheiten, wobei davon auszugehen ist, dass die vorhandenen Staustufen und sonstigen Querverbauungen die Anforderungen des Abs. 1 erfüllen. Gegenstand der Prüfung ist dagegen nicht, die Zulassungsfähigkeit der Wasserkraftnutzung durch eine bestimmte Anlage festzustellen. Die Verpflichtung nach **Satz 2**, das Ergebnis der Prüfung der Öffentlichkeit in geeigneter Weise zugänglich zu machen, soll zu einer intensiveren Förderung eines ökologisch – und auch ökonomisch – sinnvollen Ausbaus der Wasserkraft beitragen. Ob sich die vom Gesetzgeber von der Regelung des Abs. 3 erhofften Impulse einstellen, ist allerdings mehr als fraglich. Die Länder, an die sich der Prüfauftrag richtet, haben jedenfalls im Rahmen der Stellungnahme des Bundesrates für die Streichung der Vorschrift votiert.[10]

3. Landesrecht

7   Die Wasserkraftvorschrift des § 35 kann nach Art. 72 Abs. 1 GG **durch Landesrecht ergänzt** werden. Dies gilt auch für den Prüfauftrag nach Abs. 3 Satz 1, der materielles Recht ist und kein Art. 84 Abs. 1 GG unterliegendes Verfahrensrecht. Abs. 3 Satz 2 dagegen ist eine Verfahrensnorm, die durch Landesrecht nach Maßgabe des Art. 84 Abs. 1 Satz 3 und 4 GG geändert werden kann. Im Übrigen ist zu berücksichtigen, dass die allgemein auf die „Nutzung" von Wasserkraft bezogene Vorschrift zwar grundsätzlich nach Art. 72 Abs. 3 Satz 1 Nr. 5 GG zu den abweichungsfreien Bereichen gehört, dies aber nicht für auf die Errichtung, den Betrieb und die Änderung von Wasserkraftanlagen bezogene Länderregelungen gilt.[11]

8   Den Vorschlag des Bundesrates, § 35 in der Fassung des Gesetzentwurfs um eine klarstellende Regelung zu ergänzen, dass weitergehende Anforderungen durch Rechtsvorschriften der Länder unberührt bleiben,[12] hat die Bundesregierung zu Recht mit der Begründung abgelehnt, § 35 betreffe nur ergänzende Zulassungsvoraussetzungen für eine bestimmte Gewässernutzung.[13] Es bestehe kein Bedürfnis, gesetzlich klarzustellen, dass es sich nicht um eine abschließende Regelung handelt. Die Bundesregierung hat in diesem Zusammenhang grundsätzlich festgestellt, es diene dem Ziel einer „besseren Rechtsetzung", unnötige, die Gefahr von Missdeutungen hervorrufende Klarstellungen zu vermeiden. Dem kann man aus gesetzestechnischer Sicht nur zustimmen: Es wird gern übersehen,

---

[10] Skeptisch zur Durchsetzbarkeit des Prüfungsauftrags als eine „strukturell atypische Regelung" auch *C/R*, § 35 Rn. 17.
[11] Ebenso *Niesen*, in: BFM, § 35 Rn. 35.
[12] BT-Drs. 16/13306, S. 8 Nr. 29.
[13] BT-Drs. 16/13306, S. 27 Zu Nr. 29.

dass die Klarstellung in einer Frage leicht Unklarheiten in anderen Fragen verursachen kann.

§ 36
Anlagen in, an, über und unter oberirdischen Gewässern

(1) Anlagen in, an, über und unter oberirdischen Gewässern sind so zu errichten, zu betreiben, zu unterhalten und stillzulegen, dass keine schädlichen Gewässerveränderungen zu erwarten sind und die Gewässerunterhaltung nicht mehr erschwert wird, als es den Umständen nach unvermeidbar ist. Anlagen im Sinne von Satz 1 sind insbesondere

1. bauliche Anlagen wie Gebäude, Brücken, Stege, Unterführungen, Hafenanlagen und Anlegestellen,
2. Leitungsanlagen,
3. Fähren.

Im Übrigen gelten die landesrechtlichen Vorschriften.

(2) Stauanlagen und Stauhaltungsdämme sind nach den allgemein anerkannten Regeln der Technik zu errichten, zu betreiben und zu unterhalten; die Anforderungen an den Hochwasserschutz müssen gewahrt sein. Wer Stauanlagen und Stauhaltungsdämme betreibt, hat ihren ordnungsgemäßen Zustand und Betrieb auf eigene Kosten zu überwachen (Eigenüberwachung). Entsprechen vorhandene Stauanlagen oder Stauhaltungsdämme nicht den vorstehenden Anforderungen, so kann die zuständige Behörde die Durchführung der erforderlichen Maßnahmen innerhalb angemessener Fristen anordnen.

Inhaltsübersicht

Rn.		Rn.
1. Allgemeines 1	3. Landesrecht	6
2. Inhalt des § 36 3		

1. Allgemeines

§ 36 ist eine neue, im WHG bisher nicht enthaltene Vorschrift. **Abs. 1** *1* regelt in Anlehnung an landesrechtliche Vorschriften allgemeine **Anforderungen**, die bei der Errichtung, dem Betrieb, der Unterhaltung und der Stilllegung von **Anlagen in, an, über und unter oberirdischen Gewässern** zu beachten sind. Die Vorschrift trägt dem beachtlichen Gefährdungspotenzial solcher Anlagen Rechnung. Eine bundesweit verbindliche Genehmigungspflicht hat der Gesetzgeber nicht eingeführt, weil er kein Bedürfnis gesehen hat, die vorhandenen Länderregelungen, die sowohl bei den verschiedenen Anlagentypen als auch bei den Ländern untereinander stark differieren, zu harmonisieren. Eine behördliche Vorkontrolle ist wegen der räumlichen Nähe der Anlage zum Gewässer angezeigt, auch wenn die Anlagen nicht der Benutzung, Unterhaltung oder dem Ausbau von Gewässern dienen.

2 **Abs. 2** ist dem § 36 erst durch das Hochwasserschutzgesetz II vom 30.6.2017 (BGBl. I S. 2193) angefügt worden. Initiiert hat die Regelung der Bundesrat, der Gesetzgeber hat den von der Bundesregierung vorgeschlagenen Text übernommen.[1] Die Ergänzung des § 36 soll dazu beitragen, die Gefahren von **Stauanlagen** und **Stauhaltungsdämmen** insbesondere bei Hochwasser zu verringern.

2. Inhalt des § 36

3 Der **Begriff der Anlagen** an, in, über und unter Gewässern ist naturgemäß unbestimmt und grundsätzlich weit auszulegen.[2] Der Insbesondere-Katalog des Satzes 2 macht dies deutlich. So zeigt die Erwähnung von Fähren, dass auch mobile Anlagen erfasst sind. Maßgeblich ist, ob von der Anlage nach den konkreten Verhältnissen Gefahren für ein Gewässer ausgehen können. „An" Gewässern bedeutet deshalb nicht, dass die Anlage unmittelbar an das Gewässer angrenzen muss. Die in den Landeswassergesetzen geregelte Genehmigungspflicht erstreckt sich nicht immer auf alle Anlagen, die unter den weiten bundesrechtlichen Begriff des § 36 fallen. Teilweise legen die Länder für Anlagen an Gewässern bestimmte Abstände von der Uferlinie fest, die nicht überschritten werden dürfen (z.B. 20, 40 oder 60 m). Hervorzuheben ist, dass § 36 die Tatbestände der Unterhaltung und der Stilllegung der Anlagen mit in seinen Anwendungsbereich einbezieht.

4 Sieht das Landesrecht für Anlagen des § 36 keine behördliche Vorkontrolle vor, bleibt es zunächst allein bei der unmittelbar an den Anlagenbetreiber gerichteten Verpflichtung, bei den genannten Tatbeständen die gesetzlichen Anforderungen zu beachten. Die Wasserbehörde hat jedenfalls im Rahmen der **Gewässeraufsicht** zu gewährleisten, dass der Betreiber die Anforderungen einhält (vgl. § 100 Abs. 1). Zu den schädlichen Gewässerveränderungen vgl. § 3 Nr. 10, zur Gewässerunterhaltung § 41 Abs. 2.[3] Etwaige Verstöße stellen allerdings wegen der für eine Bußgeldbewehrung nicht hinreichenden Bestimmtheit der konkret zu erfüllenden Pflichten keine Ordnungswidrigkeit dar. Dass im Übrigen die landesrechtliche Vorschriften z.B. zur Konkretisierung des Begriffs Anlagen „an" Gewässern und

---

[1] Vgl. BT-Drs. 18/10879, S. 42 und 55 sowie 18/12404, S. 3, 15.
[2] Vgl. mit Beispielen *C/R*, § 36 Rn. 4ff.; *Knopp*, in: SZDK, § 36 WHG Rn. 8ff., 36ff.
[3] Vgl. zu Fragen der Abgrenzung der Anlagenunterhaltung (§ 36) insbesondere zur Gewässerunterhaltung (§§ 39ff.) *Breuer/Gärditz*, Rn. 1176ff.; *C/R*, § 36 Rn. 19ff.; *Faßbender*, in: LR, WHG, § 36 Rn. 20ff.; *Niesen*, in: BFM, § 36 Rn. 13ff.

zu Genehmigungsvorbehalten unberührt bleiben (Satz 3), dient nur der Klarstellung, die hier allerdings keiner gesetzlichen Regelung bedurft hätte (vgl. zur Problematik überflüssiger gesetzlicher Klarstellungen § 35 Rn. 8).

Bei speziellen Anlagen in und an oberirdischen Gewässern, die für bestimmte Zwecke Wasser stauen, besteht im Hochwasserfall, wenn die Sicherheit nicht gewährleistet ist, ein erhebliches Gefährdungspotenzial. **Abs. 2** soll dazu beitragen, die Risiken von **Stauanlagen** und **Stauhaltungsdämmen** vor allem bei Hochwasser zu verringern (vgl. Rn. 2). Für Anlagen zur Wassergewinnung und zur Abwasserbeseitigung kennt das WHG bereits die Vorschrift, diese nach den allgemein anerkannten Regeln der Technik zu errichten, zu betreiben und zu unterhalten (§ 50 Abs. 4, § 60 Abs. 1 Satz 2). Einer solchen Verpflichtung befarf es insbesondere bei älteren Stauanlagen und Stauhaltungsdämmen, weil die Möglichkeiten, die Unterhaltung oder gar eine Nachrüstung gemäß den jeweils geltenden Regeln der Technik durch behördliche Anordnungen durchzusetzen, im praktischen Vollzug vielfach schwierig gewesen sind.[4] In Anlehnung an die für Wassergewinnungsanlagen und Abwasseranlagen geltenden Vorschriften sieht Abs. 2 deshalb bundesgesetzlich vor: in **Satz 1** den maßgebenden technischen Standard und die Vereinbarkeit mit den Anforderungen des Hochwasserschutzes, in **Satz 2** die Verpflichtung der Betreiber zur Eigenüberwachung und in **Satz 3** die Befugnis, bei vorhandenen Anlagen und Dämmen die Durchführung der erforderlichen Maßnahmen innerhalb angemessener Fristen behördlich anzuordnen. Vom Bundesrat vorgeschlagene weitere Regelungen (Ermächtigung, die Eigenüberwachung durch Rechtsverordnung oder behördliche Entscheidung näher zu regeln, Öffnung für abweichende Ländervorschriften), hat das WHG nicht übernommen, weil die Länder ohnehin für Stauanlagen und Stauhaltungsdämme konkrete Anforderungen durch Gesetz oder Rechtsverordnung festlegen können.[5]

3. Landesrecht

§ 36 ist, wie sich schon aus Abs. 1 Satz 3, im Übrigen aus Art. 72 Abs. 1 GG ergibt, eine nicht abschließende Vorschrift, die durch landesrechtliche Vorschriften ergänzt werden kann.[6] Die Anforderungen des § 36 einschränkende Regelungen der Länder sind nach Art. 72 Abs. 3 Satz 1 Nr. 5 GG nicht zulässig, da § 36 anlagenbezogen ist.

---

[4] So der Bundesrat in BT-Drs. 18/10879, S. 42.
[5] So der Bundestag in BT-Drs. 18/12404, S. 15.
[6] Vgl. hierzu auch *Faßbender*, in: LR, WHG, § 36 Rn. 9 ff.

§ 37
Wasserabfluss

(1) Der natürliche Ablauf wild abfließenden Wassers auf ein tiefer liegendes Grundstück darf nicht zum Nachteil eines höher liegenden Grundstücks behindert werden. Der natürliche Ablauf wild abfließenden Wassers darf nicht zum Nachteil eines tiefer liegenden Grundstücks verstärkt oder auf andere Weise verändert werden.

(2) Eigentümer oder Nutzungsberechtigte von Grundstücken, auf denen der natürliche Ablauf wild abfließenden Wassers zum Nachteil eines höher liegenden Grundstücks behindert oder zum Nachteil eines tiefer liegenden Grundstücks verstärkt oder auf andere Weise verändert wird, haben die Beseitigung des Hindernisses oder der eingetretenen Veränderung durch die Eigentümer oder Nutzungsberechtigten der benachteiligten Grundstücke zu dulden. Satz 1 gilt nur, soweit die zur Duldung Verpflichteten die Behinderung, Verstärkung oder sonstige Veränderung des Wasserabflusses nicht zu vertreten haben und die Beseitigung vorher angekündigt wurde. Der Eigentümer des Grundstücks, auf dem das Hindernis oder die Veränderung entstanden ist, kann das Hindernis oder die eingetretene Veränderung auf seine Kosten auch selbst beseitigen.

(3) Aus Gründen des Wohls der Allgemeinheit, insbesondere der Wasserwirtschaft, der Landeskultur und des öffentlichen Verkehrs, kann die zuständige Behörde Abweichungen von den Absätzen 1 und 2 zulassen. Soweit dadurch das Eigentum unzumutbar beschränkt wird, ist eine Entschädigung zu leisten.

(4) Die Absätze 1 bis 3 gelten auch für wild abfließendes Wasser, das nicht aus Quellen stammt.

Inhaltsübersicht

Rn.			Rn.
1. Allgemeines	1	3. Landesrecht	6
2. Inhalt des § 37	2	

1. Allgemeines

1   § 37 ist im WHG eine neue Vorschrift, die entsprechende Regelungen zum Wasserabfluss in den Wassergesetzen der Länder übernimmt. Es geht um Eingriffe in den natürlichen Ablauf von wild abfließendem Wasser. Bei § 37 handelt es sich überwiegend um **privates Nachbarrecht**, das aber zugleich wasserwirtschaftliche Bedeutung hat.[1] **Abs. 1** konkretisiert mit dem Verbot nachteiliger Veränderungen des

---

[1] BT-Drs. 16/12275, S. 62; vgl. zu den für das private Rechtsverhältnis einschlägigen gesetzlichen Vorschriften *Breuer/Gärditz*, Rn. 1401f.

Wasserabflusses einen Grundsatz des bürgerlichen Nachbarrechts. **Abs. 2** begründet Ansprüche, die aus einem Verstoß gegen die Pflichten nach Abs. 1 resultieren. **Abs. 3** ist eine öffentlich-rechtliche Regelung zur Wahrung der Belange des Gemeinwohls. **Abs. 4** erweitert schließlich den Anwendungsbereich des § 37 auf nicht aus Quellen stammendes wild abfließendes Wasser. Für Streitigkeiten wegen der privatrechtlichen Ansprüche nach Abs. 1 und 2 ist der Zivilrechtsweg eröffnet.

2. Inhalt des § 37

§ 37 enthält in **Abs. 1** zwei nach § 103 Abs. 1 Nr. 5 bußgeldbewehrte Verbote zum Schutz von Grundstücken vor Nachteilen, die durch bestimmte Eingriffe in den natürlichen Ablauf von wild abfließendem Wasser[2] entstehen können. In **Satz 1** geht es um die Verpflichtung, den natürlichen Wasserabfluss auf einem tiefer gelegenen Grundstück nicht so zu behindern, dass sich dies für ein höher liegendes Grundstück nachteilig auswirkt, vor allem durch aufgestautes Wasser infolge abflusshemmender Maßnahmen wie Wälle oder Mauern. Ein Nachteil entsteht, wenn die Nutzbarkeit des Grundstücks eingeschränkt wird.[3] Weitergehende Pflichten, z.B. zur Aufnahme des Wassers oder zur Verbesserung des Abflusses, begründet die Vorschrift nicht. **Satz 2** schützt umgekehrt tiefer liegende Grundstücke vor nachteiligen Verstärkungen oder sonstige Veränderungen des natürlichen Wasserablaufs, etwa infolge abflussbeschleunigender Maßnahmen oder einer Änderung der Abflussrichtung. Verändert sich der Abfluss auf natürliche Weise, müssen die Betroffenen etwaige Nachteile hinnehmen.[4] Satz 1 und 2 sind **Schutzgesetze** i.S.d. § 823 Abs. 2 BGB.

Abs. 2 erlegt in **Satz 1** für die Fälle, in denen entgegen dem Verbot nach Abs. 1 der Wasserabfluss behindert oder sonst nachteilig verändert wird, den Eigentümern oder Nutzungsberechtigten der Grundstücke, von denen die Behinderungen oder nachteiligen Veränderungen ausgehen, **Duldungspflichten** auf. Die Beseitigung von Hindernissen, Abflussverstärkungen oder sonstigen nachteiligen Veränderungen ist also Sache der Eigentümer oder Nutzungsberechtigten der benachteiligten Grundstücke. Die Duldungsverpflichtung besteht nach **Satz 2** nur dann, wenn den Verpflichteten **kein Verschulden** trifft und ihm die Beseitigungsabsicht vorher angekündigt worden ist. Liegt Verschulden vor, kommen die allgemeinen zivilrechtlichen Anspruchsgrundlagen, insbesondere § 823 BGB zum

---

[2] Vgl. dazu *Knopp*, in: SZDK, § 37 WHG Rn. 13ff.; *Niesen*, in: BFM, § 37 Rn. 5ff.
[3] Vgl. dazu *Knopp*, in: SZDK, § 37 WHG Rn. 16ff.; *Niesen*, in: BFM, § 37 Rn. 11ff.
[4] Vgl. zur umstrittenen Frage von Abflussveränderungen durch eine veränderte wirtschaftliche Nutzung *Breuer/Gärditz*, Rn. 1407; *Faßbender*, in: LR, WHG, § 37 Rn. 39ff.; *Niesen*, in: BFM, § 37 Rn. 16ff.; siehe auch *Knopp*, in: SZDK, § 37 WHG Rn. 16ff.

Zuge. **Satz 3** gibt dem zur Duldung Verpflichteten das Recht, das Hindernis oder die Veränderung **selbst** zu **beseitigen** statt die Beseitigung durch den Benachteiligten zu dulden. Da er damit nur eine ihn treffende Verpflichtung ersetzt, hat er selbst die **Kosten** zu tragen.

4 Vor dem Hintergrund der wasserwirtschaftlichen Bedeutung des § 37 Abs. 1 und 2 kann die zuständige Behörde nach **Abs. 3** aus Gründen des Wohls der Allgemeinheit (vgl. zu diesem Begriff § 6 Rn. 5) **Abweichungen** von Abs. 1 und 2 zulassen. Es handelt sich hierbei um im pflichtgemäßen Ermessen stehende Verwaltungsakte. Abs. 3 ist also anders als Abs. 1 und 2 **öffentlich-rechtlicher Natur**. Das Gesetz nennt hier als vor allem zu berücksichtigende Gemeinwohlbelange der speziellen Zweckbestimmung der Norm entsprechend neben der Wasserwirtschaft die „Landeskultur" (vgl. zu diesem Begriff auch Art. 89 Abs. 3 GG und § 4 WaStrG) und den öffentlichen Verkehr. Zur Landeskultur gehört die Pflege und Entwicklung der Kulturlandschaft durch die stetige Verbesserung der land- und forstwirtschaftlichen Bodennutzung. Die Behörde kann ihre Anordnungen an die Eigentümer oder Nutzungsberechtigten der höher oder der tiefer gelegenen Grundstücke richten und so z.B. durchsetzen, dass Oberlieger den Wasserablauf ändern, Unterlieger das Wasser aufnehmen und weiterleiten. Soweit entsprechende behördliche Entscheidungen nach den im konkreten Fall gegebenen Umständen das Grundeigentum unzumutbar beschränken (sog. ausgleichspflichtige Inhalts- und Schrankenbestimmungen nach Art. 14 Abs. 1 Satz 2 GG;[5] vgl. hierzu § 96 Rn. 4), ist hierfür eine **Entschädigung** nach Maßgabe des Kapitels 4 zu leisten.

5 § 37 soll seinem Zweck entsprechend für alles wild abfließende Wasser gelten. Da aber nur das aus Quellen stammende wild abfließende Wasser unter den Begriff des oberirdischen Gewässers (§ 3 Nr. 1) und den Anwendungsbereich von Kapitel 2 Abschnitt 2 fällt, sieht **Abs. 4** für § 37 eine entsprechende **Erweiterung des Anwendungsbereichs** vor. Zu dem nicht aus Quellen stammenden wild abfließenden Wasser gehört auch der von Niederschlägen herbeigeführte Wasserabfluss. Fällt das Niederschlagswasser aber unter den Abwasserbegriff des § 54 Abs. 1 Satz 1 Nr. 2, findet nicht § 37, sondern das Recht der Abwasserbeseitigung Anwendung. Welche der beiden Alternativen zutrifft, ist im Einzelfall zu prüfen und zu entscheiden. Generell wird man davon ausgehen können, dass das von Straßen, Wegen und Plätzen kontrolliert abfließende Wasser Abwasser ist.

---

[5] BT-Drs. 16/12275, S. 62; ebenso *Breuer/Gärditz*, Rn. 1410; *Knopp*, in: SZDK, § 37 WHG Rn. 36; *Faßbender*, in: LR, WHG, § 37 Rn. 39; a.A. *C/R*, § 37 Rn. 33: Enteignungsentschädigung nach Art. 14 Abs. 3 GG; kritisch insofern auch *Kotulla*, § 37 Rn. 30.

3. Landesrecht

§ 37 ist in Abs. 1, 2 und 4 bürgerliches Recht, das die Länder im Rahmen des Art. 72 Abs. 1 GG ergänzen können. Die geltenden, im Einzelnen sehr differenzierten Regelungen der Länder sind entsprechend zu überprüfen.[6] Eine Verkürzung der Ansprüche ist nicht zulässig, eine Befugnis zur Abweichungsgesetzgebung gibt es für den Kompetenztitel Art. 74 Abs. 1 Nr. 1 GG nicht. Die Regelung des Abs. 3 können die Länder nach Maßgabe des Art. 72 Abs. 1 und 3 Satz 1 Nr. 5 GG ergänzen oder abweichend regeln.

§ 38
Gewässerrandstreifen

(1) Gewässerrandstreifen dienen der Erhaltung und Verbesserung der ökologischen Funktionen oberirdischer Gewässer, der Wasserspeicherung, der Sicherung des Wasserabflusses sowie der Verminderung von Stoffeinträgen aus diffusen Quellen.

(2) Der Gewässerrandstreifen umfasst das Ufer und den Bereich, der an das Gewässer landseits der Linie des Mittelwasserstandes angrenzt. Der Gewässerrandstreifen bemisst sich ab der Linie des Mittelwasserstandes, bei Gewässern mit ausgeprägter Böschungsoberkante ab der Böschungsoberkante.

(3) Der Gewässerrandstreifen ist im Außenbereich fünf Meter breit. Die zuständige Behörde kann für Gewässer oder Gewässerabschnitte

1. Gewässerrandstreifen im Außenbereich aufheben,

2. im Außenbereich die Breite des Gewässerrandstreifens abweichend von Satz 1 festsetzen,

3. innerhalb der im Zusammenhang bebauten Ortsteile Gewässerrandstreifen mit einer angemessenen Breite festsetzen.

Die Länder können von den Sätzen 1 und 2 abweichende Regelungen erlassen.

(4) Eigentümer und Nutzungsberechtigte sollen Gewässerrandstreifen im Hinblick auf ihre Funktionen nach Absatz 1 erhalten. Im Gewässerrandstreifen ist verboten:

1. die Umwandlung von Grünland in Ackerland,

2. das Entfernen von standortgerechten Bäumen und Sträuchern, ausgenommen die Entnahme im Rahmen einer ordnungsgemäßen Forstwirtschaft, sowie das Neuanpflanzen von nicht standortgerechten Bäumen und Sträuchern,

---

[6] Ausführlich zum Verhältnis von § 37 zum Landesrecht und zu sonstigen Regelungen des privaten Nachbarrechts *Faßbender*, in: LR, WHG, § 37 Rn. 7 ff.

3. der Umgang mit wassergefährdenden Stoffen, ausgenommen die Anwendung von Pflanzenschutzmitteln und Düngemitteln, soweit durch Landesrecht nichts anderes bestimmt ist, und der Umgang mit wassergefährdenden Stoffen in und im Zusammenhang mit zugelassenen Anlagen,

4. die nicht nur zeitweise Ablagerung von Gegenständen, die den Wasserabfluss behindern können oder die fortgeschwemmt werden können.

Zulässig sind Maßnahmen, die zur Gefahrenabwehr notwendig sind. Satz 2 Nummer 1 und 2 gilt nicht für Maßnahmen des Gewässerausbaus sowie der Gewässer- und Deichunterhaltung.

(5) Die zuständige Behörde kann von einem Verbot nach Absatz 4 Satz 2 eine widerrufliche Befreiung erteilen, wenn überwiegende Gründe des Wohls der Allgemeinheit die Maßnahme erfordern oder das Verbot im Einzelfall zu einer unbilligen Härte führt. Die Befreiung kann aus Gründen des Wohls der Allgemeinheit auch nachträglich mit Nebenbestimmungen versehen werden, insbesondere um zu gewährleisten, dass der Gewässerrandstreifen die in Absatz 1 genannten Funktionen erfüllt.

Inhaltsübersicht

Rn.		Rn.
1. Allgemeines 1	4. Gebote und Verbote in Gewässerrandstreifen (Abs. 4, 5)	8
2. Funktion von Gewässerrandstreifen (Abs. 1) 4		
3. Bestimmung der Gewässerrandstreifen (Abs. 2, 3) 5	5. Landesrecht	10

1. Allgemeines

1 § 38 führt im WHG erstmals eine bundesweite Gewässerrandstreifenregelung ein. Die Vorschrift regelt in **Abs. 1** die Zweckbestimmung von Gewässerrandstreifen, in **Abs. 2** und **3** die räumliche Ausdehnung und in **Abs. 4** und **5** die in den Gewässerrandstreifen geltenden Ge- und Verbote. Insgesamt gesehen ist § 38 verfassungsrechtlich unbedenklich und konkretisiert lediglich gemäß Art. 14 Abs. 1 Satz 2 GG Inhalt und Schranken des Eigentums.[1]

2 § 38 gehört zu den gewässerschutzpolitisch wichtigsten, zugleich aber auch umstrittensten neuen Regelungen. Die nach den Vorgaben der Wasserrahmenrichtlinie durchgeführte Bestandsaufnahme zum Zustand der Gewässer in Deutschland hat ergeben, dass die größten

---

[1] Vgl. dazu *C/R*, § 38 Rn. 18, 52; *Faßbender*, in: LR, WHG, § 38 Rn. 54 f.; *Fröhlich*, in: WQF, § 38 Rn. 9; *Niesen*, in: BFM, § 38 Rn. 58 f.

Defizite durch Änderungen der Gewässerstruktur und diffuse Einträge von Nährstoffen und Pflanzenschutzmitteln entstanden sind.[2] Gewässerrandstreifen stellen deshalb ein bedeutsames, für die Erreichung der Bewirtschaftungsziele unverzichtbares Instrument zur wirksameren **Reinhaltung der Gewässer** dar. Ziel des neuen WHG ist, auf der Grundlage der erweiterten Gesetzgebungsbefugnisse insoweit die bundesrechtlichen Voraussetzungen für die notwendigen durchgreifenden Verbesserungen zu schaffen.[3] Das Naturschutzrecht sieht ebenfalls die Notwendigkeit, die naturspezifischen Belange einer „Freihaltung von Gewässern und Uferzonen" (§ 61 BNatSchG) zu wahren. § 38 WHG und § 61 BNatSchG ergänzen sich hier und kommen nebeneinander zur Anwendung.

Einer bundeseinheitlichen wasserrechtlichen Normierung des Gewässerrandstreifens bedarf es im Übrigen auch deshalb, weil die Länder den Gewässerrandstreifen (teilweise auch „Uferrandstreifen" oder „Uferzone" genannt) sehr verschiedenartig, teilweise sogar überhaupt nicht speziell geregelt haben. Die **Gesetzesberatungen** verliefen schwierig, politischen Widerstand gegen die vorgesehene Regelung im Ganzen und in den Einzelheiten gab es vor allem von Seiten der Landwirtschaft, die unnötige Belastungen geltend machte. Der Bundesrat hat in seiner Stellungnahme zum Gesetzentwurf einen von der Mehrheit der Länder getragenen Alternativentwurf zu § 38 vorgeschlagen[4] und dabei auf der einen Seite zu Recht die Defizite beim Schutzniveau des Gesetzentwurfs kritisiert, auf der anderen Seite aber zugleich für eine aus Gewässerschutzsicht noch weniger fortschrittliche Gesetzesfassung votiert. Das Bundesratsmodell, Gewässerrandstreifen statt allgemein durch Gesetz im Einzelfall durch behördliche Entscheidung festzusetzen, erfordert erheblichen Verwaltungsaufwand. Dies läuft auch wegen der in aller Regel zu erwartenden massiven Widerstände in der Praxis darauf hinaus, auf an sich notwendige flächendeckende Festsetzungen zu verzichten und Randstreifen nur punktuell für bestimmte Gewässer oder Gewässerabschnitte auszuweisen. Am Ende ist es mit einer wichtigen, von den Ländern durchgesetzten und aus Gewässerschutzsicht zu begrüßenden Ausnahme (Öffnungsklausel in Abs. 4 Satz 2 Nr. 3) bei der Fassung des Gesetzentwurfs der Bundesregierung geblieben. Insgesamt gesehen war beim Gewässerrandstreifen politisch aber nur eine **Minimallösung** realisierbar.[5]

3

---

[2] Vgl. *Quast/Steidl/Müller/Wiggering*, Minderung diffuser Stoffeinträge, in: RvKS, S. 259.
[3] Ausführlich zur Problematik *Dörr/Walter*, Gewässerrandstreifen – wirksam für nachhaltigen Gewässerschutz, Wasser und Abfall 7–8/2009, 44.
[4] BT-Drs. 16/13306, S. 8 f., zur Gegenäußerung der Bundesregierung siehe S. 27 f.; näher hierzu *Knopp*, Rn. 323 ff.
[5] Kritisch hierzu auch *C/R*, § 38 Rn. 2 ff.

2. Funktion von Gewässerrandstreifen (Abs. 1)

4 § 38 beschreibt in Abs. 1 die Funktion von Gewässerrandstreifen und zählt dabei **vier Zielsetzungen** auf. Das erstgenannte Ziel ist die Erhaltung und Verbesserung der ökologischen Funktionen. Die naturnahe Gestaltung und Ausbildung der Uferbereiche, insbesondere eine standortgerechte Ufervegetation ist für die Vielfalt von Flora und Fauna und die Entwicklung typischer Lebensgemeinschaft unerlässlich.[6] Parallel zur ökologischen Ausrichtung des Wasserrechts hat auch das Naturschutzrecht die Bewahrung von Gewässerrandstreifen (vgl. Rn. 2) im Fokus. Der Gewässerrandstreifen hat darüber hinaus für einen funktionierenden Wasserabfluss und eine effiziente Hochwasservorsorge große Bedeutung. Die Reduzierung von Stoffeinträgen aus den Uferbereichen, insbesondere von Nährstoffen und Pflanzenschutzmitteln, gehört zu den wichtigsten Maßnahmen zur Erreichung der Bewirtschaftungsziele nach den §§ 27 und 30. Gewässerökologisch gestaltete und bewirtschaftete Uferrandstreifen tragen wesentlich zur Verringerung des gesamten Nähr- und Schadstofftransports in die Oberflächengewässer bei. Sie fördern die eigendynamische Entwicklung der Gewässer, die den Unterhaltungsaufwand deutlich verringert und damit auch unter ökonomischen Gesichtspunkten ein kosteneffizientes Instrument ist, um die Vorgaben der Wasserrahmenrichtlinie zu erfüllen.

3. Bestimmung der Gewässerrandstreifen (Abs. 2, 3)

5 § 38 beschreibt in **Abs. 2** den Bereich des Gewässerrandstreifens. Begrifflich endet ein oberirdisches Gewässer (§ 3 Nr. 1) an der Uferlinie, die durch die **Linie des Mittelwasserstandes** bestimmt wird. Die Landeswassergesetze enthalten zur Ermittlung des Mittelwasserstandes (z.B. Mittel des Wasserstandes der letzten 20 Jahre) und zur Festlegung der Uferlinie als eine öffentliche Grenze nähere Vorschriften. Die Breite des Gewässerrandstreifens rechnet ab der Linie des Mittelwasserstandes, bei Gewässern mit ausgeprägter Böschungsoberkante ab der Böschungsoberkante, ohne dass dadurch die Zone zwischen Mittelwasserstand und Böschungsoberkante mit in den Gewässerbegriff einbezogen wird.

6 **Abs. 3** legt in **Satz 1** eine bundesweit verbindliche Breite des Gewässerrandstreifens von **5 Metern** fest,[7] allerdings beschränkt auf den Außenbereich (vgl. dazu § 35 BauGB). Von einer generellen gesetzlichen Festlegung von Gewässerrandstreifen im Innenbereich („im Zusammenhang bebaute Ortsteile" nach § 34 BauGB) sieht das

---

[6] Näher dazu *Schwendner*, in: SZDK, § 38 WHG Rn. 3 ff.
[7] Der Referentenentwurf des Bundesumweltministeriums zum UGB II (Buch „Wasserwirtschaft") vom November 2007 (vgl. Einleitung Rn. 13 f.) sieht noch eine Breite von 10 m vor.

Gesetz ab, weil dort die ökologischen Funktionen nach Abs. 1 häufig stark eingeschränkt sind und die Schutzmaßnahmen nach Abs. 4 ins Leere laufen würden, im Innenbereich also ohnehin kaum praktische Relevanz hätten. **Satz 2** ermächtigt die zuständige Behörde, im Einzelfall von der pauschalen gesetzlichen Festlegung nach Satz 1 abzuweichen, und ermöglicht so einen flexiblen Einsatz des Instruments des Gewässerrandstreifens, um spezifischen örtlichen Gegebenheiten und geologischen und naturräumlichen Besonderheiten angemessen Rechnung tragen zu können. Dabei kann die durch Satz 1 pauschal vorgegebene Breite **erweitert oder eingeschränkt** werden. Nr. 1 und 2 betreffen den Außenbereich, beim dem die Gewässerrandstreifenregelung ganz entfallen, die Behörde aber auch nur eine geringere oder größere Breite festsetzen kann. Nach Nr. 3 kann es auch für den Innenbereich einen Gewässerrandstreifen in einer „angemessenen" Breite geben. Die Behörde entscheidet in allen Fällen nach pflichtgemäßem Ermessen. Auf die Vorgabe von bestimmten, die Ermessensausübung bindenden Kriterien hat der Gesetzgeber verzichtet, weil ihm dies im Hinblick auf die unterschiedlichen, von Fall zu Fall zu würdigenden konkreten Verhältnisse nicht sachdienlich erschien.[8]

Satz 3 ergänzt Satz 2 und ermächtigt dazu, durch abstrakt-generelle **Regelungen der Länder**, z.B. durch landesweit geltende gesetzliche Vorschriften oder auf bestimmte Gebiete bezogene Verordnungen, von den Bestimmungen der Sätze 1 und 2 **abzuweichen**. Abweichen von Satz 1 schließt dabei die Möglichkeit ein, im Land ganz auf eine gesetzlich vorgegebene Breite zu verzichten. Die Länder können damit die Gewässerrandstreifenregelung nach ihren eigenen Vorstellungen gestalten.[9] Zu § 38 hat es bisher die meisten abweichenden Länderregelungen gegeben, wobei die Länder entgegen ihren Bekanntmachungen im Bundesgesetzblatt hier nicht die Abweichungsbefugnis nach Art. 72 Abs. 3 Satz 1 Nr. 5 GG in Anspruch nehmen müssen, sondern wegen der Öffnungsklauseln ihre Kompetenz aus Art. 72 Abs. 1 ableiten können.[10]

7

4. Gebote und Verbote in Gewässerrandstreifen (Abs. 4, 5)

Abs. 4 des § 38 stellt den materiellen Kern der Vorschrift dar, er normiert Anforderungen, die sicherstellen sollen, dass die in Abs. 1 genannten Ziele erreicht werden. **Satz 1** verpflichtet Eigentümer und Nutzungsberechtigte, die Funktionsfähigkeit von Gewässerrandstreifen zu erhalten (**Erhaltungsgebot** in Form einer Sollvorschrift). **Satz 2** enthält einen **Verbotskatalog** bestimmter die ökologische

8

---

[8] Vgl. BT-Drs. 16/12275, S. 62.
[9] Vgl. auch C/R, § 38 Rn. 33.
[10] Vgl. dazu *Niesen*, in: BFM, § 38 Rn. 1, 22 ff. sowie nachfolgend Rn. 10.

Funktionsfähigkeit gefährdender Tätigkeiten im Gewässerrandstreifen verboten sind, soweit nicht die Ausnahmen nach den Sätzen 3 und 4 sowie Abs. 5 zum Zuge kommen. Das Umwandlungsverbot in **Nr. 1** verhindert Erosionen und damit Abschwemmungen, es unterbindet zudem einen Nitrifikationsschub mit nachfolgendem Austrag von Nitraten und Phosphaten in das Grundwasser und die Oberflächengewässer. **Nr. 2** dient der Sicherung oder Herstellung von standortgerechten Umlandbedingungen für den guten ökologischen Zustand. **Nr. 3** zielt auf die Reduzierung schädlicher Stoffeinträge ab. Durch den Umgang mit wassergefährdenden Stoffen in unmittelbarer Gewässernähe gelangen solche Stoffe meist direkt ins Wasser, dies gefährdet die Erhaltung oder Erreichung des guten Gewässerzustands. Der Begriff „Umgang" ist im Sinne von § 62 Abs. 1 zu verstehen. Die Anwendung von Pflanzenschutz- und Düngemitteln ist allerdings ausgenommen. Der Gesetzgeber ging dabei davon aus, dass die einschlägigen Vorschriften des Pflanzenschutz- und des Düngerechts den Belangen des Gewässerschutzes hinreichend Rechnung tragen. Dies stellte eine klare Bevorzugung der Interessen der Landwirtschaft gegenüber den Erfordernissen des Gewässerschutzes dar, denn die Standards des Landwirtschaftsrechts waren bei weitem nicht geeignet, den notwendigen wesentlichen Beitrag zur Erreichung der Bewirtschaftungsziele zu leisten.[11] Die Länder haben in der abschließenden politischen Abstimmung zum neuen WHG wenigstens noch in Nr. 3 die Einfügung der Öffnungsklausel für abweichende Länderregelungen durchsetzen können. Damit ist es ihnen in diesem stoffbezogenen und damit abweichungsfesten Regelungsbereich möglich, weitergehende wasserrechtliche Anforderungen beizubehalten oder einzuführen.[12] **Nr. 4** soll verhindern, dass Gegenstände, die den Wasserabfluss hemmen oder ganz zum Erliegen bringen können, also sperrig sind, in Gewässernähe abgelagert werden. Kleine Äste, Zweige und Rindenteile, die im Rahmen ordnungsgemäßer Forstwirtschaft anfallen, gehören nicht zu solchen sperrigen Gegenständen.[13] Die Beschränkung auf nicht nur zeitweise (vorübergehende) Ablagerungen soll vor allem den Belangen ordnungsgemäßer Forstwirtschaft Rechnung tragen (§ 78a Abs. 1 Satz 1 Nr. 4 verwendet bei Überschwemmungsgebieten den Begriff „kurzfristig"). **Satz 3** und **4** nehmen bestimmte Bereiche von den in Gewässerrandstreifen einzuhaltenden Anforderungen aus, wenn ihre Belange im konkreten Fall Vorrang haben.

---

[11] Ob die durch das 2017 reformierte Düngerecht verschärften Standards ausreichen, ist zumindest fraglich.
[12] Näher zu Nr. 3 *Niesen*, in: BFM, § 38 Rn. 39ff.; *Schwendner*, in: SZDK, § 38 WHG Rn. 17.
[13] BT-Drs. 16/12275, S. 62.

Abs. 5 eröffnet in **Satz 1** die Möglichkeit, von den in Abs. 4 Satz 2 **9** aufgezählten Verboten im Einzelfall durch behördliche Entscheidung **Befreiungen** zu erteilen, zur Wahrung der Belange des Gewässerschutzes allerdings nur widerruflich. Es kann nach Lage der Dinge notwendig oder sachgerecht sein, bei der Bewirtschaftung von Gewässerrandstreifen für konkurrierende öffentliche und private Interessen einen angemessenen Ausgleich zu finden. Gleiches gilt für die Befugnis nach **Satz 2**, behördliche Befreiungen mit Nebenbestimmungen zu versehen. Dies ermöglicht differenzierte und flexible Reaktionen. Die gesetzliche Ermächtigung berechtigt unmittelbar auch dann zu nachträglichen Nebenbestimmungen, wenn in der behördlichen Entscheidung über die Befreiung kein Vorbehalt enthalten ist. Eine solche Ermächtigung zum nachträglichen Handeln ist auch in anderen Fachgesetzen (vgl. z.B. § 17 Abs. 1 Satz 3 AtG, § 19 Abs. 1 Satz 3 GenTG) vorgesehen. Das **Wohl der Allgemeinheit** im Sinne beider Sätze von Abs. 5 umfasst z.B. die Erreichung der Bewirtschaftungsziele nach den §§ 27 und 30.[14] Zum Begriff des Wohls der Allgemeinheit und der überwiegenden Gründe vgl. § 6 Rn. 5 und 13.

5. Landesrecht

§ 38 ist eine nicht abschließende, also nach Art. 72 Abs. 1 GG der **10** Ergänzung durch Landesrecht zugängliche Vorschrift. Die Verbote nach Abs. 4 Satz 2 Nr. 3 und 4 sind stoffbezogen, nach Nr. 3 teilweise auch anlagenbezogen und damit gemäß Art. 72 Abs. 3 Satz 1 Nr. 5 GG abweichungsfest. Vorschriften, die die Länder auf der Grundlage der Ermächtigungen zu „abweichenden" und „anderen" Regelungen (§ 38 Abs. 3 Satz 3 und Abs. 4 Satz 2 Nr. 3) erlassen, beruhen nicht auf der verfassungsrechtlich verankerten Befugnis zur Abweichungsgesetzgebung nach Abs. 3, sondern auf der den Ländern nach Abs. 1 des Art. 72 GG zustehenden Gesetzgebungsbefugnis, die nach Maßgabe der bundesgesetzlichen Öffnungsklauseln eben nicht blockiert ist.[15] Unschädlich ist, dass in § 38 einmal von „abweichenden" (Abs. 3 Satz 3) und dann von „anderen" (Abs. 4 Satz 2 Nr. 3) Regelungen die Rede ist, denn inhaltlich ist beides dasselbe (vgl. hierzu auch Einleitung Rn. 29).

---

[14] BT-Drs. 16/12275, S. 63.
[15] Unzutreffend insofern *Niesen*, in: BFM, § 38 Rn. 22 ff.; grundsätzlich wie hier *Faßbender*, in: LR, WHG, § 38 Rn. 8 ff.

§ 39
Gewässerunterhaltung

(1) Die Unterhaltung eines oberirdischen Gewässers umfasst seine Pflege und Entwicklung als öffentlich-rechtliche Verpflichtung (Unterhaltungslast). Zur Gewässerunterhaltung gehören insbesondere:

1. die Erhaltung des Gewässerbettes, auch zur Sicherung eines ordnungsgemäßen Wasserabflusses,
2. die Erhaltung der Ufer, insbesondere durch Erhaltung und Neuanpflanzung einer standortgerechten Ufervegetation, sowie die Freihaltung der Ufer für den Wasserabfluss,
3. die Erhaltung der Schiffbarkeit von schiffbaren Gewässern mit Ausnahme der besonderen Zufahrten zu Häfen und Schiffsanlegestellen,
4. die Erhaltung und Förderung der ökologischen Funktionsfähigkeit des Gewässers insbesondere als Lebensraum von wild lebenden Tieren und Pflanzen,
5. die Erhaltung des Gewässers in einem Zustand, der hinsichtlich der Abführung oder Rückhaltung von Wasser, Geschiebe, Schwebstoffen und Eis den wasserwirtschaftlichen Bedürfnissen entspricht.

(2) Die Gewässerunterhaltung muss sich an den Bewirtschaftungszielen nach Maßgabe der §§ 27 bis 31 ausrichten und darf die Erreichung dieser Ziele nicht gefährden. Sie muss den Anforderungen entsprechen, die im Maßnahmenprogramm nach § 82 an die Gewässerunterhaltung gestellt sind. Bei der Unterhaltung ist der Erhaltung der Leistungs- und Funktionsfähigkeit des Naturhaushalts Rechnung zu tragen; Bild und Erholungswert der Gewässerlandschaft sind zu berücksichtigen.

(3) Die Absätze 1 und 2 gelten auch für die Unterhaltung ausgebauter Gewässer, soweit nicht in einem Planfeststellungsbeschluss oder einer Plangenehmigung nach § 68 etwas anderes bestimmt ist.

Inhaltsübersicht

Rn.		Rn.
1. Allgemeines	1	4. Anforderungen an die Gewässerunterhaltung (Abs. 2) ... 9
2. Wesen der Gewässerunterhaltung	2	5. Unterhaltung ausgebauter Gewässer (Abs. 3) ... 12
3. Begriff und Umfang der Gewässerunterhaltung (Abs. 1)	4	6. Landesrecht ... 13

§ 39 Gewässerunterhaltung

1. Allgemeines

§§ 39–42 lösen die bisherige Rahmenregelung zur Gewässerunterhaltung (§§ 28–30 WHG a.F.) durch eine Vollregelung ab. § 39 ersetzt den bisherigen § 28 WHG durch eine inhaltlich erweiterte und übersichtlicher gegliederte Fassung. **Abs. 1** definiert die auf oberirdische Gewässer begrenzte Unterhaltung, **Abs. 2** bestimmt die dabei zu beachtenden Anforderungen, **Abs. 3** betrifft die Unterhaltung ausgebauter Gewässer. Die Ermächtigung der Länder nach § 28 Abs. 1 Satz 6 WHG a.F., die Pflicht zur Unterhaltung über die bundesrechtlichen Vorgaben hinaus auf andere wasserwirtschaftliche Aspekte zu erstrecken, führt das neue WHG nicht fort, weil die Länder auch ohne eine solche Ermächtigung zu ergänzenden und grundsätzlich auch zu abweichenden Regelungen befugt sind.[1)] Neben der wasserwirtschaftlichen Gewässerunterhaltung nach dem WHG (Länderaufgabe) gibt es die verkehrliche Unterhaltung von Bundeswasserstraßen nach §§ 7–11, 35 Abs. 1 WaStrG (Bundesaufgabe).

1

2. Wesen der Gewässerunterhaltung

§ 39 Abs. 1 Satz 1 beschreibt die Unterhaltung eines oberirdischen Gewässers als seine „Pflege und Entwicklung". Für das Grundwasser und die Küstengewässer sieht das neue wie das alte WHG kein Bedürfnis für die Normierung einer Unterhaltungsverpflichtung. Der umfassende Ansatz der Wasserrahmenrichtlinie, die alle anthropogenen Einwirkungen auf ein Gewässer in das Konzept der Gewässerbewirtschaftung einbezieht, hat den deutschen Gesetzgeber veranlasst, auch die Vorschriften über die Unterhaltung und den Ausbau von Gewässern an dem gewandelten Verständnis über Aufgaben und Ziele der Wasserwirtschaft auszurichten: Das **ökologische Bewirtschaftungskonzept** der Wasserrahmenrichtlinie sieht die gute Gewässerqualität als Summe von guter Wasserbeschaffenheit und gutem hydromorphologischen Zustand, und auch die moderne nationale Gewässerschutzstrategie bezieht in die Verbesserung der Gewässergüte das Gewässerumfeld mit ein, insbesondere die Auen- und Uferbereiche.[2)] Dementsprechend hat schon die durch die 7. Novelle geänderte Fassung des § 28 WHG a.F. den stärker ökologisch geprägten Aspekt der Pflege und Entwicklung der Gewässer in den Vordergrund gestellt, während die ursprüngliche Fassung noch die mehr hydraulisch-mechanische Aufgabe der Aufrechterhaltung des ordnungsgemäßen Wasserabflusses als inhaltlichen Schwerpunkt der Unterhaltung betont hat.[3)] Die Gesetzesänderung von 2002 hat die Akzente von mechanischen auf ökologische Unterhaltungsformen verlagert, lässt

2

[1)] BT-Drs. 16/12275, S. 63.
[2)] Vgl. hierzu näher *von Keitz/Kraemer*, Verbesserung der Gewässerstrukturen und des Hochwasserschutzes, in: RvKS, S. 301, 304 ff.
[3)] BT-Drs. 14/8668, S. 5, 11; vgl. näher zur Entstehung und Entwicklung des § 28 WHG a.F. *Schwendner*, in: SZDK, § 39 WHG Rn. 2 ff.

aber die bisherige Struktur der Unterhaltungsverpflichtung unverändert. Sie hat dabei kein grundlegend neues Recht geschaffen, sondern eine Entwicklung übernommen, die vorher bereits in einer Reihe von Landeswassergesetzen vollzogen worden war.[4]

3 Die Gewässerunterhaltung ist der Rechtsnatur nach eine **öffentlich-rechtliche Pflicht** („Unterhaltungslast"). Diese Klarstellung im neuen WHG entspricht dem bisherigen Verständnis und ist in Anlehnung an landesrechtliche Vorschriften ausdrücklich in das Gesetz aufgenommen worden. Die Wahrnehmung dieser Aufgabe geschieht nicht in Erfüllung einer Dritten gegenüber bestehenden Rechtspflicht, sondern einer öffentlichen Aufgabe des Trägers der Unterhaltungslast.[5] Im Falle einer nicht ordnungsgemäßen Erfüllung der Unterhaltungspflicht kann ein Dritter deshalb nicht auf Erfüllung klagen. Führt die Verletzung der Unterhaltungspflicht zu einem Eingriff in das Eigentum Dritter, so steht dem Betroffenen ein öffentlich-rechtlicher Beseitigungsanspruch zu.[6] Bei Schadenersatzansprüchen ist auch gegenüber zur Unterhaltung verpflichteten Gebietskörperschaften § 823 Abs. 1 und nicht § 839 BGB anzuwenden.[7] Ansprüche nach § 823 Abs. 2 BGB kommen nicht in Betracht, denn die Vorschriften über die Unterhaltungspflicht an einem Gewässer gehören nicht zu den Schutzgesetzen.[8]

3. Begriff und Umfang der Gewässerunterhaltung (Abs. 1)

4 § 39 Abs. 1 definiert in **Satz 1** Unterhaltung als „Pflege und Entwicklung". Die Unterhaltung ist **begrifflich** von der Benutzung und vom Ausbau eines Gewässers **abzugrenzen**. Ausbau bedeutet „wesentliche Umgestaltung" des Gewässers oder seiner Ufer (§ 67 Abs. 2). Die Unterhaltung zielt demgegenüber auf die Erhaltung eines ordnungsmäßigen Zustands des Gewässers und seiner Ufer ab. Der Übergang von der Erhaltung zur wesentlichen Umgestaltung des Zustands ist naturgemäß fließend und nicht exakt abgrenzbar. Der in der wasserwirtschaftlichen Praxis neuerdings vielfach verwendete Begriff „Gewässerentwicklung" kann der Sache nach entweder Gewässerunterhaltung oder Gewässerausbau sein.[9] Eine „Benutzung" oberir-

---

[4] Vgl. zu den Einzelheiten sowie grundsätzlich zu den Hintergründen und Fragen der Änderung des § 28 *Kollmann*, Rechtsfragen der Gewässerunterhaltung vor dem Hintergrund der WRRL und der Neufassung des WHG, Wasser und Abfall 3/2004, 10; s. auch *Fröhlich*, in: WQF, § 39 Rn. 1, 5.
[5] BVerwG v. 14.12.1973 – IV C 50.71, BVerwGE 44, 235 = HDW R 1253; *Breuer/Gärditz*, Rn. 1143.
[6] Vgl. BVerwG v. 14.12.1973 – IV C 50.71, BVerwGE 44, 235 = HDW R 1253.
[7] BGH v. 26.2.1976 – III ZR 183/73, ZfW 1977, 29; vgl. auch *C/R*, § 39 Rn. 83ff.; *Niesen*, in: BFM, § 39 Rn. 93ff.
[8] Ausführlich zum „Anspruch" auf Unterhaltung und den Folgen bei Unterlassung *Schwendner*, in: SZDK, § 39 WHG Rn. 14ff., 17ff.
[9] Vgl. allgemein hierzu *Fröhlich*, Möglichkeiten und Grenzen der Gewässerentwicklung aus rechtlicher Sicht, KA 2006, 160, 163ff.; *Niesen*, in: BFM, § 39 Rn. 87ff.

discher Gewässer gehört dann zur Unterhaltung, wenn sie der Pflege und Entwicklung des Gewässers und nicht einem Nutzungszweck dient (vgl. § 9 Abs. 3 nebst Kommentierung).

„**Pflege**" bedeutet, den vorhandenen Zustand eines Gewässers und seiner Ufer in Bezug auf einen funktionierenden Wasserhaushalt dauerhaft zu erhalten und zu sichern. Hierzu zählen alle Arbeiten, die der Räumung, der Freihaltung, dem Schutz und der Pflege des Gewässers mit seinen Ufern dienen und den ungehinderten Wasserabfluss gewährleisten (vgl. auch die landesrechtlichen Vorschriften sowie § 8 Abs. 2 WaStrG). Nicht zur Pflege gehören Maßnahmen zur Gewässerreinhaltung, wie z.b. das Beseitigen von Öl im Gewässer[10] oder von toten Fischen.[11] Weiter und diffuser ist der in neuerer Zeit in den Vordergrund gerückte, die bloße Pflege ergänzende Begriff „**Entwicklung**". In Abgrenzung zum Begriff „Ausbau" fallen darunter zunächst alle Maßnahmen einer funktionsadäquaten Gewässergestaltung bis unterhalb der Schwelle zur wesentlichen Umgestaltung. Gewässerentwicklung bedeutet aber auch, Gewässer, die sich in naturfernen Zuständen befinden, als ökologisch funktionsfähige Gewässer wiederherzustellen.[12] So umfasst der Begriff der Entwicklung naturnahe Unterhaltungsweisen, die den Abfluss des Wassers so steuern, dass sich in einem natürlichen Prozess ein guter ökologischer Zustand einstellen kann. Eine Maßnahme der Entwicklung kann auch darin liegen, dass durch einen Verzicht auf Unterhaltungsmaßnahmen das Gewässer Raum für eine freie eigendynamische Entfaltung erhält. Grundsätzliche Abgrenzungsprobleme ergeben sich in zweierlei Hinsicht: Zunächst ist inhaltlich durch die nicht zu vermeidende Verwendung unbestimmter Rechtsbegriffe die Grenze zwischen Unterhaltung und Ausbau fließend. Darüber hinaus stellt sich die Frage, in welchem Umfang die Wasserwirtschaftsverwaltungen der Länder die Träger der Unterhaltungslast zur Erreichung der Bewirtschaftungsziele heranziehen können (vgl. hierzu Rn. 10). Hierbei kommt es maßgeblich auf die jeweilige konkrete Fallgestaltung an, pauschale Festlegungen sind kaum möglich.[13]

Der **Katalog** in **Satz 2** des Abs. 1 zählt unter weitgehender Übernahme entsprechender Regelungen in den meisten Landeswassergesetzen Beispiele auf, die zur Gewässerunterhaltung gehören.[14] **Nr. 1, 2** und **3** konkretisieren die bisherigen rahmenrechtlichen Bestimmungen zum Umfang der Unterhaltung in Bezug auf das **Gewäs**-

---

[10] BGH v. 23.10.1975 – III ZR 108/73, ZfW 1976, 277.
[11] OVG Münster v. 9.2.1979 – XI A 76/77, ZfW 1979, 174, 175 und 180 = HDW R 1387.
[12] Näher zur stärkeren Ökologisierung der Gewässerunterhaltung auch *Fröhlich*, in: WQF, § 39 Rn. 6 ff.
[13] Zur näheren Auslegung der Begriffe „Pflege" und „Entwicklung" siehe *Schwendner*, in: SZDK, § 39 WHG Rn. 27 ff.
[14] Ausführlich zum Katalog des Satzes 2 *Schwendner*, in: SZDK, § 39 WHG Rn. 31–73; *Niesen*, in: BFM, § 39 Rn. 20–62.

serbett, die **Ufer** und die **Schiffbarkeit**. Der Aufrechterhaltung eines ordnungsgemäßen Wasserabflusses dienen z.B. die Beseitigung von Geröllablagerungen, umgestürzten Bäumen und anderen Abflusshindernissen, die Befestigung von Uferstreifen mit Steinen, die Entkrautung des Gewässerbettes und der Ufer. Dabei ist es gleichgültig, ob die Abflusshindernisse natürlich oder durch fremde Einwirkungen (z.B. Verkehrsunfall) entstanden sind.[15] Eine besondere Rolle spielt die Gewässerunterhaltung für die Schifffahrt. Bei schiffbaren Gewässern, also bei dem allgemeinen Verkehr dienenden Binnenwasserstraßen (vgl. § 1 Abs. 1 WaStrG) und den nach Landesrecht für schiffbar erklärten Gewässern bedeutet Erhaltung der Schiffbarkeit, die Fahrrinne turnusmäßig zu überprüfen, erforderlichenfalls auszubaggern und Schifffahrtshindernisse zu beseitigen. Darüber hinaus ist auch dafür zu sorgen, dass es möglichst zu keinen Beeinträchtigungen der Schifffahrt kommt. §§ 7–11, § 35 Abs. 1 WaStrG enthalten für Bundeswasserstraßen spezielle Vorschriften. Bei Binnenwasserstraßen umfassen diese Vorschriften allerdings nur Maßnahmen, die der Erhaltung des Gewässers als funktionierender Verkehrsweg dienen, nicht dagegen z.B. Maßnahmen der Gewässergüte.[16]

7 **Nr. 4** ist eine Neuregelung, die den **ökologischen Aspekt** der Gewässerunterhaltung hervorhebt und so einen wichtigen Beitrag zur Erreichung der Bewirtschaftungsziele nach den §§ 27 und 30 leistet. **Nr. 5** ist ebenfalls neu und normiert eine der wesentlichen Voraussetzungen für einen wirksamen **Hochwasserschutz** und eine nachhaltige Nutzung der Gewässer, ergänzt auch Nr. 1 um die Aspekte Geschiebe, Schwebstoffe und Eis. Maßnahmen, die der Wasserreinhaltung oder dem Hochwasserschutz dienen, gehören nur dann zur Unterhaltung, wenn sie Teil der nach Abs. 1 durchzuführenden Maßnahmen sind.[17]

8 Der **Katalog** der zur Gewässerunterhaltung gehörenden Tätigkeiten nach Abs. 1 Satz 2 Nr. 1–5 ist **nicht abschließend**. Er bestimmt „insbesondere" einen Kernbestand von Unterhaltungsmaßnahmen, bei denen auch und gerade aufgrund der durch die Wasserrahmenrichtlinie deutlich gewachsenen Bedeutung der Unterhaltung ein Bedürfnis für eine bundeseinheitliche Regelung besteht.[18]

---

[15] Eine Verbesserung des Wasserabflusses fällt dagegen nicht unter die Unterhaltung; vgl. näher zum schadlosen Wasserabfluss *Schwendner*, in: SZDK, § 39 WHG Rn. 31 ff.
[16] Vgl. zur Abgrenzung von Ausbau und Unterhaltung an Bundeswasserstraßen grundsätzlich und auch zu den Fragen der Funktionslosigkeit des planfestgestellten Ausbauzustands durch Zeitablauf (dann keine Unterhaltung, sondern planfeststellungsbedürftige Wiederherstellung) sowie zum Fall der wesentlichen Abweichungen vom Ausbauzustand BVerwG v. 5.12.2001 – 9 A 13.01, NuR 2002, 357 = HDW R 1738.
[17] BT-Drs. 16/12275, S. 63.
[18] BT-Drs. 16/12275, S. 63.

4. Anforderungen an die Gewässerunterhaltung (Abs. 2)

§ 39 Abs. 2 regelt die Anforderungen, die bei der Gewässerunterhaltung einzuhalten sind. Die Vorschrift ist weitgehend inhaltsgleich mit § 28 Abs. 1 Satz 2–4 WHG a.F. Sie richtet sich unmittelbar an den Unterhaltungsverpflichteten, eine behördliche Vorkontrolle findet nicht statt. Die Wasserbehörde hat allerdings im Rahmen ihrer allgemeinen Aufsichtsfunktion nach § 100 Abs. 1 und ihrer besonderen Anordnungsbefugnisse nach § 42 Abs. 1 das Recht und die Pflicht, die Einhaltung der Anforderungen des § 39 Abs. 2 zu kontrollieren, gegebenenfalls auch zu konkretisieren.   9

Die Unterhaltung eines Gewässers hat sich nach **Satz 1** grundsätzlich an den **Bewirtschaftungszielen** der §§ 27–31, d.h. einschließlich der zulässigen Fristenverlängerungen, Abweichungen und Ausnahmen auszurichten.[19] „Ausrichten" bedeutet einerseits verbindlich beachten, also nicht nur berücksichtigen. Andererseits begründet § 39 Abs. 2 Satz 1 keine eigenständige öffentlich-rechtliche Verpflichtung, die Bewirtschaftungsziele, soweit im Wege der Unterhaltung möglich, auch exekutiv durchzusetzen. Der Auftrag zur Erreichung der Bewirtschaftungsziele ist an die staatliche Wasserwirtschaftsverwaltung gerichtet, die ihrerseits die Beiträge, die hierzu von den Benutzern sowie den Unterhaltungsverpflichteten und den Ausbauunternehmern geleistet werden können, auf der Grundlage der einschlägigen Rechtsvorschriften einfordern kann. Dieser Befund wird auch durch die zusätzliche Bestimmung deutlich, die Unterhaltung dürfe die Erreichung der Bewirtschaftungsziele nicht „gefährden". Prioritäres Instrument für eine solche Einforderung ist das Maßnahmenprogramm nach § 82. **Satz 2** bezieht das die Bewirtschaftungsziele konkretisierende Maßnahmenprogramm auch ausdrücklich in die zu beachtenden Anforderungen ein. Dies entspricht dem bisherigen § 28 Abs. 1 Satz 3 WHG. **Satz 3** übernimmt mit einer kleinen sprachlichen Veränderung („Leistungs- und Funktionsfähigkeit" statt „Belange" des Naturhaushalts in Anpassung an § 1 Abs. 1 Nr. 2 BNatSchG) den Satz 4 des alten § 28 Abs. 1 WHG. Diesen Satz hat der Gesetzgeber im Rahmen der 7. WHG-Novelle beibehalten, obwohl er durch die Umsetzung der ökologischen Zielsetzungen der Wasserrahmenrichtlinie und die einschlägigen Vorgaben des Naturschutz- und Landschaftspflegerechts entbehrlich geworden ist.[20]   10

Der im Rahmen der 7. WHG-Novelle dem **§ 8 Abs. 1 WaStrG** angefügte **Satz 4** soll sicherstellen, dass auch die Wasserstraßenverwaltung des Bundes bei ihren verkehrsbedingten Unterhaltungsmaßnahmen die Bewirtschaftungsziele der §§ 27–31 „berücksichtigt". Die Vorschrift ist auf Initiative der Länder gegen den Widerstand   11

---

[19] Vgl. hierzu BT-Drs. 14/7755, S. 19.
[20] Vgl. näher zur Bedeutung des Naturschutzes in der Gewässerunterhaltung *Breuer/Gärditz*, Rn. 1156 ff.; *C/R*, § 39 Rn. 59 ff. 64 ff.; *Fröhlich*, in: WQF, § 39 Rn. 10 f.

der Bundesregierung aufgenommen worden,[21] allerdings mit dem schwächeren Begriff „berücksichtigen" statt wie im WHG „ausrichten". Hintergrund der kontroversen Auffassungen und der Verwendung verschiedener Begriffe bildete die frühere Position und Praxis der Wasserstraßen- und Schifffahrtsverwaltung des Bundes, wonach bei Bundeswasserstraßen nur die Vorschriften des Wasserstraßenrechts und nicht auch die des Wasserrechts Anwendung finden. Dies ist inzwischen überholt; vgl. hierzu § 4 Abs. 1 Satz 2 nebst Kommentierung unter Rn. 5 sowie § 7 Rn. 6. Dies bedeutet im Ergebnis, dass auch die Unterhaltung von Bundeswasserstraßen voll den Vorgaben der §§ 39 ff. entsprechen muss.[22]

5. Unterhaltung ausgebauter Gewässer (Abs. 3)

12 § 39 Abs. 3 regelt Besonderheiten für die Unterhaltung ausgebauter Gewässer (vgl. zum Ausbau §§ 67 ff.). Die Vorschrift übernimmt den bisherigen § 28 Abs. 2 WHG nicht in vollem Umfang. Der ausdrückliche Vorbehalt zugunsten anderer Bestimmungen des Bundes- oder Landesrechts ist weggefallen. Der Sache nach ergeben sich dadurch aber keine relevanten Änderungen. Der Bundesgesetzgeber ist stets in der Lage, andere Regelungen zu treffen, die Länder können auf ihre Befugnis zur Abweichungsgesetzgebung (Art. 72 Abs. 3 Satz 1 Nr. 5 GG) verwiesen werden.[23] Maßgebend ist jetzt nur noch, ob und inwieweit bei ausgebauten Gewässern in der Planfeststellung oder der Plangenehmigung andere Festlegungen getroffen worden sind. Das Gesetz erkennt damit an, dass der **Ausbauzweck** des Gewässers **im Vordergrund** steht und demgemäß auch die Unterhaltung abweichend von den Vorgaben des WHG geregelt werden kann. Bei der Unterhaltung ausgebauter Gewässer geht es vor allem darum, den Ausbauzustand zu erhalten.

6. Landesrecht

13 § 39 ist eine grundsätzlich nach Art. 72 Abs. 1 GG der Ergänzung durch Landesrecht zugängliche Regelung. Danach gelten insbesondere die auf der Grundlage der Ermächtigung nach dem alten § 28 Abs. 1 Satz 6 WHG erlassenen Ländervorschriften fort. Auch im Übrigen können die Länder weitergehende Unterhaltungsverpflichtungen vorsehen. § 39 ist nach Art. 72 Abs. 3 Satz 1 Nr. 5 GG grundsätzlich abweichungsfrei.[24]

---

[21] Vgl. Stellungnahme des Bundesrates und Gegenäußerung der Bundesregierung in BT-Drs. 14/7755, S. 29, 31 sowie die Beschlussempfehlung und den Bericht des BT-Umweltausschusses in BT-Drs. 14/8621, S. 10 und 14/8668, S. 18.
[22] Vgl. hierzu auch *Berendes,* Abgrenzungsfragen im Verhältnis von Wasserwirtschaftsrecht und Wasserstraßenrecht, ZUR 2008, 141, 143 f.
[23] Vgl. BT-Drs. 16/12275, S. 63.
[24] Vgl. zu den Regelungsspielräumen der Länder auch die Gegenäußerung der Bundesregierung zur Stellungnahme des Bundesrates in BT-Drs. 16/13306, S. 28.

§ 40
Träger der Unterhaltungslast

(1) Die Unterhaltung oberirdischer Gewässer obliegt den Eigentümern der Gewässer, soweit sie nicht nach landesrechtlichen Vorschriften Aufgabe von Gebietskörperschaften, Wasser- und Bodenverbänden, gemeindlichen Zweckverbänden oder sonstigen Körperschaften des öffentlichen Rechts ist. Ist der Gewässereigentümer Träger der Unterhaltungslast, sind die Anlieger sowie diejenigen Eigentümer von Grundstücken und Anlagen, die aus der Unterhaltung Vorteile haben oder die Unterhaltung erschweren, verpflichtet, sich an den Kosten der Unterhaltung zu beteiligen. Ist eine Körperschaft nach Satz 1 unterhaltungspflichtig, können die Länder bestimmen, inwieweit die Gewässereigentümer, die in Satz 2 genannten Personen, andere Personen, die aus der Unterhaltung Vorteile haben, oder sonstige Eigentümer von Grundstücken im Einzugsgebiet verpflichtet sind, sich an den Kosten der Unterhaltung zu beteiligen.

(2) Die Unterhaltungslast kann mit Zustimmung der zuständigen Behörde auf einen Dritten übertragen werden.

(3) Ist ein Hindernis für den Wasserabfluss oder für die Schifffahrt oder eine andere Beeinträchtigung, die Unterhaltungsmaßnahmen nach § 39 erforderlich macht, von einer anderen als der unterhaltungspflichtigen Person verursacht worden, so soll die zuständige Behörde die andere Person zur Beseitigung verpflichten. Hat die unterhaltungspflichtige Person das Hindernis oder die andere Beeinträchtigung beseitigt, so hat ihr die andere Person die Kosten zu erstatten, soweit die Arbeiten erforderlich waren und die Kosten angemessen sind.

(4) Erfüllt der Träger der Unterhaltungslast seine Verpflichtungen nicht, so sind die erforderlichen Unterhaltungsarbeiten auf seine Kosten durch das Land oder, sofern das Landesrecht dies bestimmt, durch eine andere öffentlich-rechtliche Körperschaft im Sinne des Absatzes 1 Satz 1 durchzuführen. Satz 1 gilt nicht, soweit eine öffentlich-rechtliche Körperschaft Träger der Unterhaltungslast ist.

Inhaltsübersicht

Rn.		Rn.
1. Allgemeines	1	
2. Träger der Unterhaltungslast (Abs. 1 Satz 1, Abs. 2)	3	
3. Beteiligung an den Kosten der Unterhaltung (Abs. 1 Satz 2, 3)	6	
4. Besondere Unterhaltungsverpflichtungen (Abs. 3, 4)		8
5. Landesrecht		10

1. Allgemeines

1 § 40 legt fest, wer zur Gewässerunterhaltung verpflichtet, d.h. **Träger der Unterhaltungslast** ist und wer sich an den Kosten der Unterhaltung zu beteiligen hat. Die Vorschrift löst § 29 WHG a.F. ab und belässt dabei den Ländern im Grunde wie bisher weitgehend die Bestimmung des Unterhaltungspflichtigen. Der Gesetzgeber hat keinen Anlass gesehen, hier föderale Strukturen abzuschaffen.[1] Neu sind die bundesrechtlichen Vorschriften zur **Kostenbeteiligung**.

2 Abs. 1 regelt, wem die Gewässerunterhaltung obliegt und auf wen der Unterhaltungsaufwand umzulegen ist. Abs. 2 eröffnet die Möglichkeit, die Unterhaltungslast auf einen Dritten zu übertragen. Abs. 3 und 4 behandeln Fälle, in denen anstelle des Unterhaltungspflichtigen andere Personen für die Durchführung bestimmter Unterhaltungsmaßnahmen verantwortlich sind. Das neue WHG regelt klarer und übersichtlicher als das alte, wer in welchen Fällen zur Unterhaltung verpflichtet ist und wer sich unter welchen Voraussetzungen an den Kosten der Unterhaltung zu beteiligen hat.

2. Träger der Unterhaltungslast (Abs. 1 Satz 1, Abs. 2)

3 § 40 Abs. 1 Satz 1 bestimmt, wer als Unterhaltungspflichtiger in Betracht kommt. Zunächst ist maßgebend, ob nach landesrechtlichen Vorschriften die Gewässerunterhaltung zu den Aufgaben der in Satz 1 genannten **Gebietskörperschaften** (Bund, Länder, Landkreise, kreisfreie Städte, Gemeinden) oder **Verbände** (Wasser- und Bodenverbände, gemeindliche Zweckverbände, sondergesetzliche Verbände) gehört. Bei diesen Verpflichteten hat die Gewässerunterhaltung den Charakter einer Selbstverwaltungsaufgabe, die Vorrang vor der Begründung einer öffentlich-rechtlichen Verpflichtung für die Gewässereigentümer genießt. Die Unterhaltung der Bundeswasserstraßen obliegt dem Bund: in verkehrsbezogener Hinsicht als Hoheitsaufgabe (§ 7 Abs. 1 WaStrG), in wasserwirtschaftlicher Hinsicht als öffentlich-rechtliche Verpflichtung entweder nach Maßgabe des Landesrechts oder nach § 40 Abs. 1 Satz 1 in seiner Eigenschaft als Gewässereigentümer.

4 Bestimmt das Landesrecht nicht eine Körperschaft oder einen Verband zum Unterhaltungspflichtigen, ist der **Eigentümer des Gewässers** Träger der Unterhaltungslast (zum Gewässereigentum vgl. § 4 Abs. 1 und 5 nebst Kommentierung). Die kumulative Unterhaltungspflicht nach § 28 Abs. 1 Satz 1 WHG a.F. von Gewässereigentümern, Anliegern sowie Grundstücks- und Anlageneigentümern, die aus der Unterhaltung Vorteile haben oder die Unterhaltung erschweren, hat das neue WHG nicht fortgeführt, um eine klare Verantwortlichkeit zu begründen und Abstimmungsprobleme unter mehreren Unterhal-

---

[1] BT-Drs. 16/12275, S. 63.

tungspflichtigen zu vermeiden. Dabei hat auch eine Rolle gespielt, dass der nicht mehr in eine kumulative Unterhaltungspflicht einbezogene Personenkreis nach Abs. 1 Satz 2 an den Kosten der Unterhaltung beteiligt wird und zudem nach Abs. 2 die Möglichkeit besteht, sich über die Unterhaltungslast anders zu verständigen. Nach der Systematik und dem Inhalt des neuen § 40 Abs. 1 hat der Gesetzgeber keinen Anlass gesehen, die Vorschriften der Sätze 2–4 des alten § 28 Abs. 1 WHG fortzuführen: Zum einen hat das Bundesrecht die bisherige Pflicht zur Unterhaltung in eine Pflicht zur Beteiligung an den Kosten der Unterhaltung umgewandelt, zum anderen können die Länder prüfen und entscheiden, ob für sie neben der generellen Option des § 40 Abs. 2 noch ein Bedürfnis für eigenständige Regelungen besteht, die im Rahmen der Befugnisse zur Abweichungsgesetzgebung nach Art. 72 Abs. 3 Satz 1 Nr. 5 GG grundsätzlich zulässig sind.[2]

§ 40 **Abs.** 2 gestattet im Interesse einer möglichst effizienten Erfüllung der Unterhaltungspflicht und in Anlehnung an entsprechende Vorschriften in den meisten Landeswassergesetzen, die Unterhaltungslast auf **Dritte** zu übertragen. Hierzu ist eine vertragliche Vereinbarung erforderlich zwischen demjenigen, der die Unterhaltungslast überträgt, und demjenigen, der sie übernimmt. Die Zulässigkeit einer Übertragung kann aber noch von anderen Rechtsvorschriften abhängen, z.B. von den landesrechtlichen Vorschriften, die nach § 40 Abs. 1 Satz 1 die Unterhaltungspflicht als Selbstverwaltungsaufgabe begründen. Das Einverständnis der zuständigen Behörde soll gewährleisten, dass eine geeignete Person die Unterhaltung übernimmt.

3. Beteiligung an den Kosten der Unterhaltung (Abs. 1 Satz 2, 3)

Die Sätze 2 und 3 des § 40 Abs. 1 regeln erstmals im Bundesrecht die Beteiligung an den Kosten der Unterhaltungsmaßnahmen. In **Satz 2** geht es um den Fall, dass der Gewässereigentümer Träger der Unterhaltungslast ist. Zur Kostenbeteiligung verpflichtet sind hier diejenigen, die nach § 28 Abs. 1 Satz 1 WHG a.F. kumulativ mit dem Gewässereigentümer selbst zur Unterhaltung verpflichtet waren. **Satz 3** überlässt die Regelung der Kostentragung den Ländern, wenn eine Körperschaft, also die öffentliche Verwaltung nach Maßgabe des Landesrechts unterhaltungspflichtig ist. „Körperschaft" ist dabei der Oberbegriff für die in Satz 1 genannten Körperschaften und Verbände („sonstige" Körperschaften des öffentlichen Rechts). Der Personenkreis, der für eine Beteiligung an der Kostentragung in Betracht kommt, ist dabei größer als der Kreis möglicher Träger der Unterhaltungslast.

---

[2] Zu den teilweise unterschiedlichen Vorstellungen von Bund und Ländern zur Fassung des § 40 Abs. 1 vgl. die Stellungnahme des Bundesrates und die Gegenäußerung der Bundesregierung in BT-Drs. 16/13306, S. 9 f. und 28.

7 Das WHG regelt nur, wer sich an den Kosten der Gewässerunterhaltung zu beteiligen hat. Praktisch bedeutsamer ist die Frage, in welchem Umfang kostenträchtige Bewirtschaftungsmaßnahmen überhaupt zur Gewässerunterhaltung zählen (vgl. hierzu § 39 Rn. 5 ff., 10). Ähnliches gilt für die Frage, welche Kosten die Träger der Unterhaltungslast auf die an der Kostentragung Beteiligten umlegen können und nach welchen Maßstäben dies geschehen kann.[3] Die Regelung der **Umlage des Unterhaltungsaufwands** bleibt weiterhin Sache des Landesrechts, wobei sich die bisher hierzu erlassenen Vorschriften, was nicht überrascht, als besonders streitanfällig erwiesen haben. Angesichts der zunehmenden Bedeutung der auch einer besseren Hochwasservorsorge dienenden ökologischen Gewässerentwicklung werden die Länder zu überprüfen haben, ob sie nicht die entsprechenden Rechtsgrundlagen dem gewandelten Verständnis der Gewässerunterhaltung anpassen sollten.

4. Besondere Unterhaltungsverpflichtungen (Abs. 3, 4)

8 § 40 **Abs. 3** sieht in Anlehnung an entsprechende Vorschriften in den Landeswassergesetzen in **Satz 1** vor, dass anstelle des Unterhaltungspflichtigen der **Verursacher von Beeinträchtigungen** des ordnungsgemäßen Zustands eines Gewässers (insbesondere Hindernisse für den Wasserabfluss und für die Schifffahrt) die erforderlichen Unterhaltungsmaßnahmen durchzuführen hat. Hierzu bedarf es einer entsprechenden behördlichen Anordnung. Der auf dem Verursacherprinzip beruhende Abs. 3 ist allerdings nur als Sollvorschrift formuliert, um es der zuständigen Behörde zu ermöglichen, in sog. atypischen Fällen auch auf den Unterhaltungspflichtigen zurückzugreifen. Dies wird insbesondere dann in Betracht kommen, wenn der Störer zur Beseitigung der Beeinträchtigung nicht bereit oder nicht in der Lage ist.[4] Der Unterhaltungspflichtige kann dann aber vom Störer nach **Satz 2** die Erstattung angemessener Kosten verlangen.

9 § 40 **Abs. 4** regelt den Fall einer **Ersatzvornahme**, wenn der Träger der Unterhaltungslast seine öffentlich-rechtliche Verpflichtung zur Gewässerunterhaltung nicht erfüllt. Die Vorschrift erweitert die bisherige Rahmenregelung des § 29 Abs. 2 WHG a.F. Zuständig für den hoheitlichen Akt der Ersatzvornahme ist das Land oder eine andere vom Land bestimmte öffentlich-rechtliche Körperschaft i.S.d. § 40 Abs. 1 Satz 1. Insofern folgt die Regelung der Vorgabe des Art. 84 Abs. 1 Satz 7 GG. Die Privilegierung öffentlich-rechtlicher Körperschaften entspricht den landesrechtlichen Vorschriften und dem Grundsatz, gegen öffentliche Aufgabenträger nicht mit Zwangsmitteln vorzugehen, wofür auch kein Bedarf besteht.

---

[3] Vgl. zur Problematik *Fröhlich*, in: WQF, § 40 Rn. 6, 7.
[4] Vgl. BT-Drs. 16/12275, S. 63 f.

5. Landesrecht

Zu der bisherigen Rahmenvorschrift des § 29 WHG a.F. haben alle Länder in ihren Wassergesetzen Ausführungsvorschriften erlassen, die bis zu ihrer Ablösung im Wesentlichen bestehen bleiben können. Hiernach obliegt die Unterhaltungslast bei natürlichen fließenden Gewässern erster Ordnung, soweit sie nicht Bundeswasserstraßen sind, dem Land, bei Gewässern zweiter oder dritter Ordnung ist sie unterschiedlich geregelt.[5] Die Unterhaltungslast bei stehenden und künstlichen fließenden Gewässern trägt in der Regel der Eigentümer der Gewässer. § 40 ist auch im Übrigen eine nicht abschließende, grundsätzlich nach Art. 72 Abs. 1 GG der Ergänzung durch Landesrecht zugängliche und nach Art. 72 Abs. 3 Satz 1 Nr. 5 GG abweichungsfreie Regelung.

10

§ 41
Besondere Pflichten bei der Gewässerunterhaltung

(1) Soweit es zur ordnungsgemäßen Unterhaltung eines oberirdischen Gewässers erforderlich ist, haben

1. die Gewässereigentümer Unterhaltungsmaßnahmen am Gewässer zu dulden;

2. die Anlieger und Hinterlieger zu dulden, dass die zur Unterhaltung verpflichtete Person oder ihre Beauftragten die Grundstücke betreten, vorübergehend benutzen und aus ihnen Bestandteile für die Unterhaltung entnehmen, wenn diese anderweitig nur mit unverhältnismäßig hohen Kosten beschafft werden können; Hinterlieger sind die Eigentümer der an Anliegergrundstücke angrenzenden Grundstücke und die zur Nutzung dieser Grundstücke Berechtigten;

3. die Anlieger zu dulden, dass die zur Unterhaltung verpflichtete Person die Ufer bepflanzt;

4. die Inhaber von Rechten und Befugnissen an Gewässern zu dulden, dass die Benutzung vorübergehend behindert oder unterbrochen wird.

Die zur Unterhaltung verpflichtete Person hat der duldungspflichtigen Person die beabsichtigten Maßnahmen rechtzeitig vorher anzukündigen. Weitergehende Rechtsvorschriften der Länder bleiben unberührt.

---

[5] Näher hierzu *C/R*, § 40 Rn. 8, 9.

(2) Die nach Absatz 1 Verpflichteten haben Handlungen zu unterlassen, die die Unterhaltung unmöglich machen oder wesentlich erschweren würden.

(3) Die Anlieger können verpflichtet werden, die Ufergrundstücke in erforderlicher Breite so zu bewirtschaften, dass die Unterhaltung nicht beeinträchtigt wird.

(4) Entstehen durch Handlungen nach Absatz 1 Satz 1 Nummer 1 bis 3 Schäden, so hat der Geschädigte gegen die zur Unterhaltung verpflichtete Person Anspruch auf Schadenersatz.

Inhaltsübersicht

	Rn.		Rn.
1. Allgemeines	1	3. Schadenersatzansprüche der Verpflichteten (Abs. 4) .	6
2. Duldungs-, Unterlassungs- und Handlungspflichten (Abs. 1–3)	2	4. Landesrecht (Abs. 1 Satz 3)	8

1. Allgemeines

1 § 41 regelt bestimmte Duldungs-, Unterlassungs- und Handlungspflichten, die dazu dienen, den nach § 40 Unterhaltungspflichtigen die ordnungsgemäße Gewässerunterhaltung zu ermöglichen. Die Vorschrift führt § 30 WHG a.F. in einer erweiterten Fassung fort. **Abs. 1** und **2** normieren mehrere Duldungs- und Unterlassungspflichten, **Abs. 3** schafft die Möglichkeit, bestimmte Bewirtschaftungsweisen vorzugeben, und **Abs. 4** begründet einen Anspruch auf Ersatz von Schäden, die durch zu duldende Unterhaltungsmaßnahmen entstehen können. In Zweifels- und Streitfällen über Art und Maß der besonderen Pflichten nach § 41 Abs. 1–3 entscheidet die zuständige Wasserbehörde (§ 42 Abs. 1 Nr. 1).

2. Duldungs-, Unterlassungs- und Handlungspflichten (Abs. 1–3)

2 § 41 **Abs. 1 Satz 1** fasst in **Nr. 2** und **3** die früher in § 30 Abs. 1 und Abs. 2 Satz 1 geregelten **Duldungspflichten** zusammen, ohne sie inhaltlich zu verändern. Darüber hinaus sieht das neue WHG in Anlehnung an Regelungen der meisten Landeswassergesetze weitere Duldungspflichten der Gewässereigentümer sowie der Inhaber von Rechten und Befugnissen an Gewässern vor (**Nr. 1** und **4**). Eine ordnungsgemäße Gewässerunterhaltung macht es notwendig, in Rechtspositionen der Eigentümer von Grundstücken einzugreifen, die an den Gewässern liegen. Die Duldungspflichten von Nr. 1–4 setzen die **Erforderlichkeit des Eingriffs** voraus. Diese wird regelmäßig dann vorliegen, wenn der Zustand sowie die Art und Weise der Benutzung des Grundstücks die Unterhaltung des Gewässers wesentlich beeinflussen. Die Pflichten konkretisieren in verfassungsrechtlich nicht zu beanstandender Weise Inhalt und Schranken des Eigentums nach Art. 14 Abs. 1 Satz 2 GG.[1)]

Die allgemeine **Duldungspflicht** nach **Nr. 1** verlangt dem Gewässereigentümer lediglich die passive Hinnahme dessen ab, was er aktiv tun müsste, wenn er nach § 40 Abs. 1 Satz 1 selbst Träger der Unterhaltungslast wäre. Für Anlieger (vgl. § 26 Abs. 2) und Hinterlieger (§ 41 Abs. 1 Satz 1 Nr. 2 Halbsatz 2) sind die in **Nr. 2** und **3** vorgesehenen, das Eigentum beschränkenden Duldungspflichten in der Situationsgebundenheit ihrer Grundstücke begründet und auf das notwendige Maß begrenzt. Es ist nur das Betreten der Grundstücke und nicht auch von Wohnungen zu dulden, die Grundstücke dürfen nicht dauernd, sondern nur vorübergehend benutzt werden (z.B. durch Lagern von Unterhaltungsgerät oder von Aushub oder durch Befahren mit Fahrzeugen). Die Entnahme von Bestandteilen wie z.B. Sand, Erde, Kies oder Steine ist nur in besonderen Fällen zulässig; bloße Mehrkosten für die Beschaffung sind noch keine unverhältnismäßig hohen Kosten. Die Duldungspflicht für das Bepflanzen erstreckt sich nur auf die Ufer, nicht auf das ganze Grundstück des Anliegers. **Nr. 4** gewährleistet, dass die Erfordernisse der ordnungsgemäßen Gewässerunterhaltung sich auch gegenüber den Inhabern von Rechten und Befugnissen zur Benutzung des Gewässers (Bewilligungen, Erlaubnisse, alte Rechte, alte Befugnisse) durchsetzen können. Das Gesetz macht mit dieser Regelung deutlich, dass die Erfüllung der öffentlich-rechtlichen Unterhaltungspflicht jedenfalls vorübergehend Vorrang hat vor der Ausübung von Benutzungsrechten und -befugnissen.[2)]

3

Nach § 41 **Abs. 1 Satz 2** ist weitere Voraussetzung für die Pflicht zur Duldung nach Nr. 1–4 die vorherige **Ankündigung** der vorgesehenen Maßnahmen gegenüber den Gewässereigentümern, Anliegern und Hinterliegern sowie den Inhabern von Rechten und Befugnissen. Eine bestimmte Form oder Frist ist nicht vorgeschrieben. Sie kann danach je nach den Umständen des Falles als Einzelankündigung oder in Form einer ortsüblichen Bekanntmachung ergehen. „Rechtzeitig" vorher heißt, dem Duldungspflichtigen muss es möglich sein, sich auf die Maßnahme einzustellen.

4

Die **Unterlassungspflicht** nach **Abs. 2** ist im WHG neu, sie entspricht ebenfalls den Regelungen in den meisten Landeswassergesetzen. Die Vorschrift dient dazu, die Duldungspflichten nach Abs. 1 im Interesse einer effizienten Aufgabenerfüllung durch eigenständige Unterlassungspflichten zu ergänzen. Zu diesen Pflichten gehört alles, was die ordnungsgemäße Gewässerunterhaltung unmöglich machen oder wesentlich erschweren würde. **Abs. 3** gibt darüber hinaus die Mög-

5

[1)] Näher hierzu *Schwendner*, in: SZDK, § 41 WHG Rn. 4 ff.; vgl. auch *C/R*, § 41 Rn. 5.
[2)] Vgl. zu den Duldungspflichten nach Nr. 1–4 im Einzelnen *Gies*, in: LR, WHG, § 41 Rn. 31 ff.; *Schwendner*, in: SZDK, § 41 WHG Rn. 19 ff.

lichkeit, die Anlieger der Gewässer zu einer bestimmten Art und Weise der Bewirtschaftung der Ufergrundstücke anzuweisen (**Handlungspflichten**), und ersetzt § 30 Abs. 2 Satz 2 WHG a.F. Dabei schreibt das WHG nicht mehr ausdrücklich auch die Beachtung der Erfordernisse des Uferschutzes vor, weil sich eine solche Pflicht jetzt schon im Wesentlichen aus Abs. 2 ergibt.[3] Handlungspflichten nach Abs. 3 entstehen erst, wenn die zuständige Behörde durch Verwaltungsakt festgelegt hat, welche Bewirtschaftungsmaßnahmen der Anlieger konkret durchzuführen hat.

3. Schadenersatzansprüche der Verpflichteten (Abs. 4)

6 § 41 Abs. 4 begründet einen Anspruch auf Schadenersatz für Gewässereigentümer, Anlieger und Hinterlieger, die nach Abs. 1 Satz 1 Nr. 1–3 zur Duldung von Unterhaltungsmaßnahmen verpflichtet sind. Die Vorschrift entspricht dem bisherigen § 30 Abs. 3, ist allerdings in Anlehnung an die Vorschriften in den Landeswassergesetzen um die Duldungspflicht nach Nr. 1 des § 41 Abs. 1 Satz 1 erweitert worden. Zweck des Anspruchs nach Abs. 4 ist es nicht, eine unverhältnismäßige Inhalts- und Schrankenbestimmung des Eigentums auszugleichen, die sich aus den Belastungen durch die aufgelegten besonderen verwaltungsrechtlichen Pflichten ergeben könnte, denn die Duldungspflichten nach Abs. 1 Nr. 1–3 bleiben im Rahmen der nach Art. 14 Abs. 1 Satz 2 GG zulässigen Inhalts- und Schrankenbestimmung.[4] Der Anspruch ist daher, wie schon die Bezeichnung als „Schadenersatz" deutlich macht, zivilrechtlicher Natur. Es handelt sich um den Fall einer **Gefährdungshaftung,** die nur die mittelbar („Entstehen durch Handlungen ...") bei der Durchführung der Unterhaltungsmaßnahme entstehenden Schäden erfasst,[5] z.B. Schäden am Grundstück eines Anliegers, die durch den Transport von bei der Unterhaltung eingesetzten Maschinen verursacht werden. Dies entspricht auch der Auslegung des bisher geltenden Rechts. Von diesem Verständnis ausgehend kommt ein Schadenersatzanspruch für die vom Verpflichteten zu unterlassenden oder selbst durchzuführenden Handlungen (§ 41 Abs. 2 und 3) von vornherein nicht in Betracht. Gleiches gilt auch für die Duldungspflicht nach § 41 Abs. 1 Satz 1 Nr. 4. Schon nach dem bisher geltenden Recht hat § 30 Abs. 3 WHG a.F. entgegen seinem Wortlaut, aber im Einklang mit seiner vorherrschenden Auslegung in den Fällen des § 30 Abs. 2 Satz 2 keinen Schadenersatzanspruch begründet. Das neue WHG bezieht deshalb diese Pflicht nicht in § 41 Abs. 4 ein.

---

[3] BT-Drs. 16/12275, S. 64.
[4] Die Duldungspflichten nach Abs. 1 Nr. 1–3 bleiben im Rahmen der nach Art. 14 Abs. 1 Satz 2 GG zulässigen Inhalts- und Schrankenbestimmung (vgl. Rn. 2).
[5] BT-Drs: 16/12275, S. 64; vgl. auch BVerwG v. 6.2.1987 – 4 C 60.83, BVerwGE 75, 362, 364; C/R, § 41 Rn. 41; nach *Schwendner*, in: SZDK, § 41 WHG Rn. 31 „Verursacherhaftung".

Inhalt und Umfang des Schadenersatzanspruchs richten sich nach den einschlägigen zivilrechtlichen Vorschriften (§§ 249 ff. BGB). Der Ersatz ist vom Unterhaltspflichtigen (§ 40 Abs. 1 und 2) oder von dem, der die Unterhaltung durchzuführen hat (§ 40 Abs. 3 und 4), an den geschädigten Gewässereigentümer, Anlieger oder Hinterlieger zu leisten.

4. Landesrecht (Abs. 1 Satz 3)

§ 41 lässt in Abs. 1 Satz 3 weitergehende Rechtsvorschriften der Länder zu den Duldungspflichten unberührt. Der Gesetzgeber hat die Vorschrift auf Vorschlag des Bundesrates in das Gesetz aufgenommen, um klarzustellen, dass die aus seiner Sicht nicht abschließende Bundesregelung um die differenzierten, auch dem im Landesrecht unterschiedlich ausgestalteten Umfang der Unterhaltung Rechnung tragenden Vorschriften in den Landeswassergesetzen ergänzt werden kann.[6] Die Bundesregierung hat demgegenüber die Fassung ihres Gesetzentwurfs, in dem Satz 3 fehlt, als abschließende Regelung betrachtet und im Hinblick auf die Grundrechtsrelevanz der Duldungspflichten auch ein Bedürfnis gesehen, den Pflichtenkanon bundeseinheitlich festzulegen, im Übrigen die Länder auf ihre Befugnis nach Art. 72 Abs. 3 Satz 1 Nr. 5 GG zur Abweichungsgesetzgebung verwiesen.[7] Aus der Übernahme des Bundesratsvorschlags ist zu folgern, dass das WHG nur zu § 41 Abs. 1 ergänzende Regelungen zulässt und Abs. 2, 3 und 4 als abschließend betrachtet. Abs. 1–3 unterliegen allerdings generell der Abweichungsgesetzgebung, während Abs. 4 als zum Kompetenztitel Art. 74 Abs. 1 Nr. 1 GG (bürgerliches Recht) gehörende Norm abweichungsfest ist.

§ 42
Behördliche Entscheidungen zur Gewässerunterhaltung

(1) Die zuständige Behörde kann

1. **die nach § 39 erforderlichen Unterhaltungsmaßnahmen sowie die Pflichten nach § 41 Absatz 1 bis 3 näher festlegen,**

2. **anordnen, dass Unterhaltungsmaßnahmen nicht durchzuführen sind, soweit dies notwendig ist, um die Bewirtschaftungsziele zu erreichen.**

---

[6] BT-Drs. 16/13306, S. 10.
[7] BT-Drs. 16/13306, S. 28; vgl. auch *Gies*, in: LR, WHG, § 41 Rn. 11, 67 ff.

(2) Die zuständige Behörde hat in den Fällen des § 40 Absatz 1 Satz 2 und 3 und Absatz 3 Satz 2 den Umfang der Kostenbeteiligung oder -erstattung festzusetzen, wenn die Beteiligten sich hierüber nicht einigen können.

Inhaltsübersicht

Rn.   Rn.
1. Allgemeines............. 1   3. Landesrecht............. 5
2. Inhalt des § 42........... 2

1. Allgemeines

1   § 42 ist eine neue Vorschrift, die in Anlehnung an entsprechende Bestimmungen in den meisten Landeswassergesetzen den zuständigen Behörden die Befugnis verleiht, die zur Gewährleistung einer ordnungsgemäßen Gewässerunterhaltung erforderlichen Festlegungen und Anordnungen zu treffen. Die Vorschrift dient der auf den Einzelfall bezogenen **Konkretisierung und Durchsetzung öffentlich-rechtlicher Verpflichtungen**, die das WHG im Interesse einer effizienten Pflichterfüllung normiert hat. Der Bundestag hat den Gesetzestext gegenüber der Fassung des Gesetzentwurfs der Koalitionsfraktionen und der Bundesregierung[1] den in § 40 Abs. 1 vorgenommenen Änderungen sowie dem Vorschlag des Bundesrates zur Neufassung des § 42 Abs. 1 angepasst.[2] **Abs. 1** betrifft die Unterhaltungsmaßnahmen, **Abs. 2** die Kostenbeteiligung.

2. Inhalt des § 42

2   Die administrativen Befugnisse nach **Abs. 1** des § 42 dienen der Klarstellung, dass die zuständige Behörde befugt ist (Entschließungsermessen), im Rahmen der gesetzlichen Vorgaben die erforderlichen **Unterhaltungsmaßnahmen** näher zu **konkretisieren** und gegenüber den Unterhaltungspflichtigen durch **Verwaltungsakt** verbindlich durchzusetzen. Damit besteht die Möglichkeit, durch spezifische, dem Einzelfall angepasste Bestimmungen für eine effiziente Durchführung der Gewässerunterhaltung zu sorgen.[3] § 42 Abs. 1 lässt Eingriffsbefugnisse der Behörde nach den allgemeinen verwaltungsverfahrensrechtlichen Vorschriften, z.B. über Rücknahme und Widerruf von belastenden Verwaltungsakten sowie über die Zulässigkeit nachträglicher Anordnungen, unberührt.[4]

---

[1] BT-Drs. 16/12275, S. 15, 64.
[2] BT-Drs. 16/13306, S. 10, 28.
[3] Zutreffend *Gies*, in: LR, WHG, § 42 Rn. 28: „Feinsteuerung".
[4] Vgl. auch BT-Drs. 16/12275, S. 64.

Nr. 1 dient der **Klarstellung**. Dem Bundesrat hat der Hinweis in der Gesetzesbegründung auf die Anwendbarkeit der Vorschriften des allgemeinen Verwaltungsverfahrensrechts zu den Eingriffsbefugnissen nicht ausgereicht, um eine für die Behörden sichere Handlungsgrundlage zu konstatieren. **Nr. 2** hat ebenfalls nur klarstellenden Charakter, denn die Behörde setzt hier lediglich die Anforderung des § 39 Abs. 2 Satz 1 um. Das Gesetz will sicherstellen, dass bei Maßnahmen, die einerseits der Erreichung der Bewirtschaftungsziele und andererseits der Gewässerunterhaltung dienen, im Konfliktfall den gesetzlichen Vorgaben zu den Bewirtschaftungszielen der Vorrang gebührt. 3

Abs. 2 verpflichtet die Behörde bei der Kostenbeteiligung und -erstattung zur verbindlichen Streitschlichtung, er hat somit **konstitutive Bedeutung**. Die Regelung hat entsprechende Bestimmungen aus den Landeswassergesetzen übernommen. Die Behörde hat den Festsetzungsanspruch der Beteiligten auf Antrag im Rahmen der gesetzlichen Vorgaben nach billigem Ermessen zu erfüllen (sinngemäße Anwendung des § 315 BGB). 4

3. Landesrecht

§ 42 regelt die behördlichen Eingriffsbefugnisse nicht abschließend und ist nach Art. 72 Abs. 1 GG der Ergänzung durch Landesrecht zugänglich. Die Vorschrift unterliegt außerdem der Abweichungsgesetzgebung nach Art. 72 Abs. 3 Satz 1 Nr. 5 GG. 5

**Abschnitt 3
Bewirtschaftung von Küstengewässern**

**§ 43
Erlaubnisfreie Benutzungen von Küstengewässern**

Die Länder können bestimmen, dass eine Erlaubnis nicht erforderlich ist

1. **für das Einleiten von Grund-, Quell- und Niederschlagswasser in ein Küstengewässer,**

2. **für das Einbringen und Einleiten von anderen Stoffen in ein Küstengewässer, wenn dadurch keine signifikanten nachteiligen Veränderungen seiner Eigenschaften zu erwarten sind.**

Inhaltsübersicht

Rn.   Rn.
1. Allgemeines 1   3. Landesrecht 4
2. Inhalt des § 43 3

1. Allgemeines

1   § 43 regelt abweichend von § 8 Abs. 1 erlaubnisfreie Benutzungen von Küstengewässern. Die Vorschrift übernimmt inhaltlich § 32a WHG a.F., überlässt es also wie bisher den betroffenen Küstenländern, ähnlich wie in §§ 25, 26 bei den oberirdischen Gewässern bestimmte Fälle von der Erlaubnispflicht – eine Bewilligung kommt hier nicht in Betracht (§ 14 Abs. 1 Nr. 3) – auszunehmen. Dabei gilt der in § 3 Nr. 2 definierte **weite Begriff des Küstengewässers**, also nicht der engere Bereich nach § 7 Abs. 5 Satz 2.

2   Die Küstengewässer sind erst durch die 3. Novelle von 1967 in den Anwendungsbereich des WHG einbezogen worden.[1] Die 7. WHG-Novelle hat die frühere Freistellung der Fischerei aufgehoben und die jetzige Nr. 2 den Erfordernissen des Art. 11 Abs. 3 Buchst. g und i WRRL angepasst, wonach Einleitungen über Punktquellen mit Verschmutzungsfolgen und anderen signifikanten nachteiligen Auswirkungen auf den Gewässerzustand einer behördlichen Zulassung bedürfen. Für eine generelle Freistellung der Fischerei besteht danach kein Raum mehr, sie unterliegt jetzt den allgemeinen Anforderungen der Nr. 2. Für die Küstengewässer gelten neben den allgemeinen Bestimmungen für alle Gewässer auch noch die Regelungen zu den Meeresgewässern (siehe § 3 Nr. 2a und §§ 45a ff.).

2. Inhalt des § 43

3   § 43 betrifft Benutzungstatbestände des § 9 Abs. 1 Nr. 4. Unter **Nr. 1** fällt neben Grund- und Quellwasser (Quellwasser ist bis zum Austritt aus dem Boden Grundwasser) nur Niederschlagswasser gemäß der Abwasserdefinition des § 54 Abs. 1 Satz 1 Nr. 2, also nicht Schmutzwasser und Mischabwasser. In den Fällen der Nr. 1 ist davon auszugehen, dass es nicht zu einer relevanten Verschmutzung der Küstengewässer kommt.[2] **Nr. 2** gilt generell für das Einbringen von festen und das Einleiten von flüssigen Stoffen mit Ausnahme des Wassers, das bereits durch Nr. 1 abgedeckt ist. Somit fällt unter die Vorschrift auch Schmutzwasser. Bei festen Stoffen ist das grund-

---

[1] Vgl. zu den Motiven, zur Bedeutung und zum Zweck der Regelung BT-Drs. V/1601 und V/1830 sowie *Gößl*, in: SZDK, § 43 WHG Rn. 7 ff., 12 ff. – Zur Umweltsituation der Küstengewässer sowie zum allgemeinen nationalen, supra- und internationalen Regelungsrahmen siehe *Heselhaus*, in: BFM, § 43 Rn. 1 ff.

[2] Vgl. zur Verschmutzungsproblematik im Rahmen der Nr. 1 *Gößl*, in: SZDK, § 43 WHG Rn. 45 ff.; *Heselhaus*, in: BFM, § 43 Rn. 21 ff.

sätzliche Einbringungsverbot nach § 45 Abs. 1 zu beachten. Bereits das vor Inkrafttreten der 7. WHG-Novelle gültige Recht (§ 32a Nr. 3 WHG a.F.) entsprach im Wesentlichen dem Standard der heutigen Nr. 2. Das Signifikanzkriterium ist identisch mit der entsprechenden Regelung für die oberirdischen Gewässer;[3] zur nachteiligen Veränderung siehe § 5 Rn. 4. Für den Bereich der Hohen See gelten § 29 Abs. 4 KrWG und das Hohe-See-Einbringungsgesetz sowie verschiedene internationale Meeresschutzübereinkommen.[4]

3. Landesrecht

§ 43 ist eine abschließende Regelung zur nicht zulassungsbedürftigen Benutzung von Küstengewässern. Die betroffenen Küstenländer (Niedersachsen, Bremen, Hamburg, Schleswig-Holstein, Mecklenburg-Vorpommern) können deshalb im Rahmen des Art. 72 Abs. 1 GG nur nach Maßgabe der bundesgesetzlichen Ermächtigung Befreiungen vorsehen. § 43 ist stoffbezogen, so dass auch keine Abweichungsbefugnis nach Art. 72 Abs. 3 Satz 1 Nr. 5 GG besteht. Unberührt bleibt das Recht, vom Bundesrecht abweichende nicht stoff- oder anlagenbezogene Vorschriften zu erlassen. Im Übrigen dürfen alle Regelungen der Länder nicht den aus dem supra- und internationalen Recht entstandenen Verpflichtungen widersprechen.[5]

4

§ 44
Bewirtschaftungsziele für Küstengewässer

Für Küstengewässer nach § 7 Absatz 5 Satz 2 gelten die §§ 27 bis 31 entsprechend. Seewärts der in § 7 Absatz 5 Satz 2 genannten Linie gelten die §§ 27 bis 31 in den Küstengewässern entsprechend, soweit ein guter chemischer Zustand zu erreichen ist.

Inhaltsübersicht

Rn.   Rn.
1. Allgemeines 1   3. Landesrecht 6
2. Inhalt des § 44 4

---

[3] Vgl. hierzu § 25 Satz 3 Nr. 2 nebst Kommentierung unter Rn. 7 sowie *Gößl*, in: SZDK, § 43 WHG Rn. 45 ff.; *Heselhaus*, in: BFM, § 43 Rn. 30 ff.
[4] Näher zu den internationalen Regelungen und ihre Umsetzung in das deutsche Recht *Gößl*, in: SZDK, § 43 WHG Rn. 22–41.
[5] Kritisch dazu *Proelß*, in: LR, WHG, § 43 Rn. 37 f., 47.

1. Allgemeines

1 § 44 regelt in Anlehnung an die für die oberirdischen Gewässer geltenden Vorschriften die **Bewirtschaftungsziele** für die Küstengewässer. Die Vorschrift übernimmt inhaltlich den bisherigen § 32c WHG, der 2002 durch die der Umsetzung der Wasserrahmenrichtlinie dienende 7. Novelle in das WHG eingefügt worden ist.[1]

2 Mit ihrem Bewirtschaftungskonzept will die Wasserrahmenrichtlinie auch zum **Schutz der Meeresgewässer** beitragen (Art. 1 sowie Erwägungsgrund 17 WRRL). Eine entsprechende Verpflichtung besteht sowohl für die EU als auch für die Mitgliedstaaten als Vertragspartei verschiedener bedeutender internationaler Übereinkommen zum Meeresumweltschutz (vgl. insoweit den Erwägungsgrund 21 WRRL). Zum Meeresschutz trägt bereits der Schutz der Binnengewässer bei, weil deren Reinhaltung auch den Schadstoffeintrag in die Meere reduziert.[2] Das WHG hat dem teilweise schon 1996 durch die Änderung des § 3 Abs. 1 Nr. 4a WHG a.F. im Rahmen der 6. Novelle Rechnung getragen, indem es für die Küstengewässer den gleichen Benutzungstatbestand wie für oberirdische Gewässer, d.h. denselben Standard eingeführt hat; vgl. jetzt außerdem den Bewirtschaftungsgrundsatz des § 6 Abs. 1 Satz 1 Nr. 7.

3 Die auch für die Küstengewässer geltende Richtlinie 2008/56/EG vom 17.6.2008 zur Schaffung eines Ordnungsrahmens für Maßnahmen der Gemeinschaft im Bereich der Meeresumwelt (**Meeresstrategie-Rahmenrichtlinie**) (ABl. EU Nr. 164 S. 19) hat ein neues Schutzregime für die Meeresgewässer seewärts der Basislinie der Binnengewässer bis zur seewärtigen Grenze der jeweiligen ausschließlichen Wirtschaftszone (AWZ) der Mitgliedstaaten etabliert. Die Richtlinie ist durch das Umsetzungsgesetz vom 6.10.2011 (BGBl. I S. 1986) in das WHG transferiert worden. Auf § 2 Abs. 1a, § 3 Nr. 2a und §§ 45a–45l nebst Kommentierung kann insoweit verwiesen werden.

2. Inhalt des § 44

4 § 44 gilt nach **Satz 1** nicht für Küstengewässer im Sinne der Definition des § 3 Nr. 2 (Hoheitsgewässer), sondern beschränkt den **Anwendungsbereich** auf die Teile der Küstengewässer, die nach § 7 Abs. 5 Satz 2 einer für die oberirdischen Gewässer zu bildenden Flussgebietseinheit zuzuordnen sind. Nach dem Verständnis der Wasserrahmenrichtlinie sind die Küstengewässer, soweit sie auf der landwärtigen Seite einer Linie liegen, auf der sich jeder Punkt eine

---

[1] Vgl. hierzu BT-Drs. 14/7755, S. 19.
[2] Grundsätzlich hierzu *Kollmann*, Die Küstengewässer im Schnittpunkt umweltrechtlicher Schutzregime, ZfW 1999, 276, zur Einbeziehung des Küstengewässer- und Meeresschutzes in die WRRL insbesondere S. 286 f.

Seemeile seewärts vom nächsten Punkt der Basislinie befindet, in das Bewirtschaftungskonzept für oberirdische Gewässer einzubeziehen (vgl. näher hierzu § 7 Rn. 8 sowie Art. 2 Nr. 7 WRRL). Die **Bewirtschaftungsziele nach den §§ 27–31** für die oberirdischen Gewässer gelten somit auch, aber auch nur für diese Teile der Küstengewässer (sog. 1:1-Umsetzung). Auf die Kommentierung dieser Vorschriften kann insofern verwiesen werden. Anwendbar ist zudem die **Oberflächengewässerverordnung**, die in den Begriff „Oberflächengewässer" den weiten und den engeren Begriff der Küstengewässer (§ 44 Satz 1 und 2) einschließt (§ 2 Nr. 1).

Die Wasserrahmenrichtlinie macht allerdings von ihrem im Vergleich zum WHG grundsätzlich engeren (vgl. § 1 Abs. 1 Nr. 1a) Verständnis des Küstengewässerbegriffs eine **Ausnahme**. Art. 2 Nr. 1 WRRL erweitert den Bereich der Küstengewässer und erfasst im Hinblick auf den chemischen Zustand auch die Hoheitsgewässer, also den gesamten Meeresanteil bis zur 12-Seemeilen-Grenze. § 44 setzt in **Satz 2** diese EG-rechtliche Vorgabe in das deutsche Wasserrecht um und schafft damit die Voraussetzungen insbesondere für den angestrebten wirksamen Schutz der Meeresumwelt (vgl. insofern auch § 6 Abs. 1 Satz 1 Nr. 7). 5

3. Landesrecht

Die Ausführungen zum Landesrecht in der Kommentierung zu den §§ 27–31 gelten jeweils für die Küstengewässer entsprechend. 6

§ 45
Reinhaltung von Küstengewässern

(1) Feste Stoffe dürfen in ein Küstengewässer nicht eingebracht werden, um sich ihrer zu entledigen. Satz 1 gilt nicht, wenn Sediment, das einem Gewässer entnommen wurde, in ein Küstengewässer eingebracht wird.

(2) Stoffe dürfen an einem Küstengewässer nur so gelagert oder abgelagert werden, dass eine nachteilige Veränderung der Wasserbeschaffenheit nicht zu besorgen ist. Das Gleiche gilt für das Befördern von Flüssigkeiten und Gasen durch Rohrleitungen.

Erläuterungen

§ 45 regelt – parallel zu den gleichen Vorschriften über die oberirdischen Gewässer (§ 32) und das Grundwasser (§ 48) – Anforderungen an die Reinhaltung von Küstengewässern. **Abs. 1** enthält das absolute Einbringungsverbot für feste Abfallstoffe, wobei die Ausnahme für Sediment in Satz 2 gegenüber § 32b Abs. 1 Satz 2 WHG a.F. wie 1 bei den oberirdischen Gewässern geändert worden ist. **Abs. 2** normiert den Besorgnisgrundsatz für das Lagern und Ablagern sowie Befördern von Stoffen. § 45 führt § 32b WHG a.F. fort.[1]

2 § 45 stimmt mit dem Regelungsinhalt des § 32 in vollem Umfang überein. Auf die Erläuterungen zu § 32 kann deshalb verwiesen werden.

Abschnitt 3a
Bewirtschaftung von Meeresgewässern

§ 45a
Bewirtschaftungsziele für Meeresgewässer

(1) Meeresgewässer sind so zu bewirtschaften, dass

1. eine Verschlechterung ihres Zustands vermieden wird und

2. ein guter Zustand erhalten oder spätestens bis zum 31. Dezember 2020 erreicht wird.

(2) Damit die Bewirtschaftungsziele nach Absatz 1 erreicht werden, sind insbesondere

1. Meeresökosysteme zu schützen und zu erhalten und in Gebieten, in denen sie geschädigt wurden, wiederherzustellen,

2. vom Menschen verursachte Einträge von Stoffen und Energie, einschließlich Lärm, in die Meeresgewässer schrittweise zu vermeiden und zu vermindern mit dem Ziel, signifikante nachteilige Auswirkungen auf die Meeresökosysteme, die biologische Vielfalt, die menschliche Gesundheit und die zulässige Nutzung des Meeres auszuschließen und

3. bestehende und künftige Möglichkeiten der nachhaltigen Meeresnutzung zu erhalten oder zu schaffen.

(3) Nordsee und Ostsee sind nach den Bestimmungen dieses Abschnitts jeweils gesondert zu bewirtschaften.

Inhaltsübersicht

	Rn.		Rn.
1. Allgemeines	1	3. Landesrecht	7
2. Inhalt des § 45a	4		

---

[1] Zu dessen Entstehungsgeschichte wird auf die BT-Drs. V/1601 und V/1830 zur 3. WHG-Novelle von 1967 (Einfügung des jetzigen Abs. 2) sowie auf die BT-Drs. 13/10833, S. 3 zum Gesetz v. 25.8.1998, BGBl. I S. 2455 (Einfügung des jetzigen Abs. 1) verwiesen.

1. Allgemeines

§ 45a ist mit dem gesamten **Abschnitt 3a** durch Art. 1 Nr. 7 des Gesetzes zur **Umsetzung der Meeresstrategie-Rahmenrichtlinie (MSRL)**[1)] vom 6.10.2011 (BGBl. I S. 1986) neu in das WHG eingefügt worden. Das Gesetz dient dazu, abschließend und 1:1[2)] die durch Rechtsnorm umzusetzenden Vorgaben der Richtlinie in das deutsche Recht zu überführen. Schon der Titel der Richtlinie zeigt an, dass hier ergänzend zur Wasserrahmenrichtlinie eine parallele europäische Regelung zum Schutz und zur ganzheitlichen Bewirtschaftung der „Meeresgewässer" geschaffen worden ist. Auf die Erläuterungen zu § 2 Abs. 1a und § 3 Nr. 2a kann verwiesen werden.[3)] Zwischen der Bewirtschaftung der Meeresgewässer einerseits und den oberirdischen Gewässern und den Küstengewässern andererseits besteht allerdings ein bedeutsamer struktureller Unterschied: Die Vorschriften des Abschnitts 3a richten sich ausschließlich an Behörden und geben dem Staat **keine Befugnisse für Eingriffe in Rechte des Bürgers**.[4)]

1

Europäischer und deutscher Gesetzgeber verstehen die Richtlinie als „die Umweltsäule der europäischen Meerespolitik".[5)] Ihr **Hauptziel** ist, einen Rahmen zu schaffen, der die Mitgliedstaaten verpflichtet, grundsätzlich bis Ende 2020 einen guten Zustand der Meeresgewässer zu erhalten oder zu erreichen (Art. 1 Abs. 1). Zu diesem Zweck sind geeignete „**Meeresstrategien**" zu entwickeln und umzusetzen (Art. 1 Abs. 2 und 3, Art. 5). Die Vorbereitung der Strategien (Art. 8 ff.) umfasst die Anfangsbewertung des aktuellen Gewässerzustands, die Beschreibung eines guten Zustands, die Festlegung der zu erreichenden Ziele mit den zugehörigen Indikatoren sowie die Aufstellung und Durchführung von Überwachungsprogrammen zur laufenden Bewertung des Zustands und Aktualisierung der Ziele. Den vorbereitenden Maßnahmen folgt die Aufstellung und praktische Umsetzung der Maßnahmenprogramme (Art. 13 ff.). In Kapitel IV der Richtlinie (Art. 17 ff.) werden insbesondere Aktualisierungs- und Berichtspflichten sowie die Beteiligung der Öffentlichkeit geregelt.[6)]

2

[1)] Richtlinie 2008/56/EG des Europäischen Parlaments und des Rates zur Schaffung eines Ordnungsrahmens für Maßnahmen der Gemeinschaft im Bereich der Meeresumwelt (Meeresstrategie-Rahmenrichtlinie) v. 17.6.2008 (ABl. L 164 v. 25.6.2008, S. 19).
[2)] BT-Drs. 17/6055, S. 12. – Vgl. zur Entstehung und Bedeutung des § 45a auch *Altenschmidt/Schütter/Sieber/Sitzer*, in: BFM, § 45a Rn. 1 ff., 6 ff.; *Göβl*, in: SZDK, § 45a WHG, Rn. 6 ff., 12 ff.
[3)] Zur Richtlinie im Einzelnen siehe *Markus/Schlacke*, Die Meeresstrategie-Rahmenrichtlinie der Europäischen Gemeinschaft, ZUR 2009, 464; *Neuhoff*, Die EG-Meeresstrategie-Rahmenrichtlinie, Wasser und Abfall 9/2008, 22.
[4)] BT-Drs. 17/6055, S. 14.
[5)] Erwägungsgrund 3 MSRL; BT-Drs. 17/6055, Vorblatt unter A. 1.; vgl. auch *Weiß*, Die Meeresstrategie-Rahmenrichtlinie: Auf dem Weg zu einem guten Umweltzustand der Meeresgewässer in Europa?, ZUR 2016, 331 ff.
[6)] Vgl. zum Stand und zu den Herausforderungen der Umsetzung *Weiß* (Fn. 5), S. 333 f.

3 § 45a normiert in **Abs. 1** die Bewirtschaftungsziele für Meeresgewässer und zählt in **Abs. 2** die wesentlichen Maßnahmen auf, die notwendig sind, um die Ziele zu erreichen. **Abs. 3** nennt die in Deutschland zu bewirtschaftenden Meeresgewässer.[7]

2. Inhalt des § 45a

4 § 45a normiert in **Abs. 1** in der gleichen Systematik und Struktur wie § 27 (oberirdische Gewässer) und § 44 (Küstengewässer) die für Meeresgewässer i.S. des § 3 Nr. 2a vorgegebenen Bewirtschaftungsziele. Ausnahmen von den Anforderungen des Abs. 1 sind nach Maßgabe des § 45g möglich. Das **Verschlechterungsverbot** nach **Nr. 1** setzt Art. 1 Abs. 2 Buchst. a MSRL um. Zum Begriff „Zustand" der Meeresgewässer wird auf die allgemeine Definition in § 3 Nr. 8 und die spezifischen Ergänzungen in § 45b verwiesen. Danach wird nicht spezifisch zwischen ökologischem, chemischem und mengenmäßigem Zustand unterschieden, und es gibt bei Meeresgewässern auch keine Zustandsklassen, sondern nur den guten oder nicht guten Zustand. Die Interpretation des Begriffs „Verschlechterung", der wortgleich vom WHG aus der MSRL übernommen wurde, ist streitig[8]. Die praktische Bedeutung der Streitfrage ist hier allerdings erheblich geringer als bei den oberirdischen Gewässern und den Küstengewässern, denn § 45a richtet sich wie der ganze Abschnitt 3a ausschließlich an Behörden, hat also keine Außenwirkung (vgl. Rn. 1). **Nr. 2** normiert in der ersten Alternative das **Erhaltungsgebot**, das sich inhaltlich im Grunde mit dem Verschlechterungsverbot nach Nr. 1 deckt, und in der zweiten Alternative das **Verbesserungsgebot**.[9] Welche Kriterien einen „guten" Zustand ausmachen, ist in § 45b definiert. Die Fristsetzung 31.12.2020 ist wie bei der Wasserrahmenrichtlinie (22.12.2015) eine rein gewässerschutzpolitische Entscheidung.[10]

5 **Abs. 2** konkretisiert – insofern anders als §§ 27, 44 – bestimmte **Maßnahmen**, mit denen die Bewirtschaftungsziele des Abs. 1 erreicht werden sollen. Die Aufzählung ist nicht abschließend („insbesondere"), die Durchführung der §§ 45g und 45h mit den in Bezug genommenen Anhängen der Richtlinie erfordert gegebenenfalls weitere Maßnahmen. **Nr. 1–3** setzen in gestraffter Form Art. 1 Abs. 2 und 3 MSRL um, wobei in die Nr. 2 auch die Definition des Begriffs „Ver-

---

[7] Näher zur Entstehung und Bedeutung des § 45a *Altenschmidt/Schütter/Sieber/Sitzer*, in: BFM, § 45a Rn. 1ff., 6ff.; *Gößl*, in: SZDK, § 45a WHG Rn. 6ff., 12ff.
[8] Vgl. dazu § 27 Rn. 11ff. m.w.N.; siehe speziell zu § 45a Abs. 1 Nr. 1 auch *Proelß*, in: LR, WHG, § 45a Rn. 19.
[9] Vgl. dazu näher § 27 Rn. 15.
[10] Hätte man 2021 statt 2020 festgelegt, wären ab Ende 2021 die Maßnahmenprogramme nach WRRL und MSRL zeitgleich zu aktualisieren.

schmutzung" nach Art. 3 Nr. 8 der Richtlinie integriert worden ist.[11]
Besonders erwähnenswert ist der **Ökosystemansatz**.

Abs. 3 benennt die Meeresgewässer, die in Deutschland nach 6
Abschnitt 3a zu bewirtschaften sind. Art. 4 Abs. 1 MSRL zählt die
Meeresregionen auf, deren Gewässer den Verpflichtungen der Richtlinie unterliegen. Für Deutschland sind dies die Ostsee und der
Nordostatlantik. Als für eine eigenständige Bewirtschaftung geeignete Unterregion des Nordostatlantiks nennt Art. 4 Abs. 2 MSRL
auch die erweiterte Nordsee einschließlich Kattegat und Ärmelkanal. Entsprechend der Vorgabe des Art. 5 Abs. 1 MSRL, wonach
für jede Meeresregion oder -unterregion eine Meeresstrategie zu entwickeln ist, stellt Abs. 3 klar, dass Nord- und Ostsee gesondert zu
bewirtschaften, d.h. §§ 45a ff. separat anzuwenden sind.

3. Landesrecht

§ 45a ist wie der Abschnitt 3a insgesamt eine abschließende Regelung.[12] Für ergänzende Vorschriften der Länder im Rahmen des 7
Art. 72 Abs. 1 GG bleibt deshalb kein Raum. Für die zu ihrem
Staatsgebiet gehörenden Küstengewässer könnten die Länder zwar
nach Maßgabe des Art. 72 Abs. 3 Satz 1 Nr. 5 GG abweichende Regelungen treffen, sie würden dann aber EG-rechtswidrig handeln,
weil das WHG in Abschnitt 3a des Kapitels 2 nur verbindliche
europäische Vorgaben umsetzt.

§ 45b
Zustand der Meeresgewässer

(1) Zustand der Meeresgewässer ist der Zustand der Umwelt in Meeresgewässern unter Berücksichtigung

1. **von Struktur, Funktion und Prozessen der einzelnen Meeresökosysteme,**

2. **der natürlichen physiografischen, geografischen, biologischen, geologischen und klimatischen Faktoren sowie**

3. **der physikalischen, akustischen und chemischen Bedingungen, einschließlich der Bedingungen, die als Folge menschlichen Handelns in dem betreffenden Gebiet und außerhalb davon entstehen.**

---

[11] BT-Drs. 17/6055, S. 18. – Näher zu den Maßnahmen nach Abs. 2 C/R, § 45a Rn. 13 ff.; *Kotulla*, § 45a Rn. 8 ff.
[12] BT-Drs. 17/6055, S. 12.

(2) Guter Zustand der Meeresgewässer ist der Zustand der Umwelt in Meeresgewässern, die unter Berücksichtigung ihrer jeweiligen Besonderheiten ökologisch vielfältig, dynamisch, nicht verschmutzt, gesund und produktiv sind und die nachhaltig genutzt werden, wobei

1. die einzelnen Meeresökosysteme ohne Einschränkungen funktionieren und widerstandsfähig gegen vom Menschen verursachte Umweltveränderungen sind und sich die unterschiedlichen biologischen Komponenten der Meeresökosysteme im Gleichgewicht befinden,

2. die im Meer lebenden Arten und ihre Lebensräume geschützt sind und ein vom Menschen verursachter Rückgang der biologischen Vielfalt verhindert wird und

3. vom Menschen verursachte Einträge von Stoffen und Energie, einschließlich Lärm, in die Meeresumwelt keine nachteiligen Auswirkungen auf die Meeresökosysteme, die biologische Vielfalt, die menschliche Gesundheit und die zulässige Nutzung des Meeres haben.

Inhaltsübersicht

Rn.		Rn.
1. Allgemeines............ 1	3. Landesrecht............	4
2. Inhalt des § 45b.......... 2	

1. Allgemeines

1 § 45b schließt mit den Definitionen von „Zustand" in **Abs. 1** und „guter Zustand" in **Abs. 2** von Meeresgewässern unmittelbar an die in § 45a Abs. 1 festgelegten Bewirtschaftungsziele an. Zur Entstehung der Vorschrift, die mit dem gesamten neuen Abschnitt 3a der **Umsetzung der Meeresstrategie-Rahmenrichtlinie** dient, wird auf die Ausführungen unter Rn. 1 und 2 zu § 45a verwiesen.

2. Inhalt des § 45b

2 Abs. 1 beschreibt, was unter „**Zustand**" der Meeresgewässer zu verstehen ist. Allgemein wird der Zustand von Gewässern in § 3 Nr. 8 durch den Begriff „Gewässerzustand" definiert. Ergänzend und modifizierend hierzu übernimmt § 45b Abs. 1 praktisch wortgleich, aber übersichtlicher gestaltet (z.B. Nummerierung) die Vorgaben der Begriffsbestimmung „Umweltzustand" in Art. 3 Nr. 4 MSRL. Definitionen in europäischen Richtlinien haben ihre Eigenarten, nicht selten helfen sie nur wenig oder gar nicht weiter. „Zustand der Meeresgewässer" mit „Zustand der Umwelt in Meeresgewässern" zu übersetzen, trägt nicht zur Erhellung bei (noch komplexer und nicht

hilfreicher die MSRL: „Umweltzustand" ist der „Gesamtzustand der Umwelt in Meeresgewässern"). Gewisse Konkretisierungen des Zustandsbegriffs ergeben sich aus den zu berücksichtigenden **Faktoren** und **Kriterien**, die unter Nr. 1–3 aufgeführt sind. Zumindest machen sie klar, dass eine „integrierte ökologische Gesamtbetrachtung" erforderlich ist.[1]

Abs. 2 definiert, was ein „**guter Zustand** eines Meeresgewässers ist. Die Eigenschaft „gut" ist erfüllt, wenn zu den nach Abs. 1 für den Zustandsbegriff maßgebenden Kriterien bestimmte **Qualitätskomponenten** hinzukommen. Dabei übernimmt das Gesetz in gestraffter Form die Vorgaben der Begriffsbestimmung in Art. 3 Nr. 5 MSRL. „Dynamisch" ist ein Meeresgewässer, wenn es flexibel auf Änderungen der Umwelt reagieren kann.[2] Nr. 2 verweist auf den Arten- und Biotopschutz sowie die biologische Vielfalt und damit auch auf die spezifischen Anforderungen zum Meeresnaturschutz nach §§ 56 ff. BNatSchG. Zudem darf es keine nachteiligen Auswirkungen durch vom Menschen verursachte Einträge von Stoffen und Energie geben (Nr. 3), womit der Gesetzgeber zugleich den Begriff „Verschmutzung" entsprechend der Definition in Art. 3 Nr. 8 MSRL umsetzen will.[3] Die Richtlinie nennt hier ausdrücklich die Fischerei, den Fremdenverkehr, die Erholung und sonstige rechtmäßige Nutzungen des Meeres. **Anhang I MSRL** listet 11 „**qualitative Deskriptoren**" auf, die bei der Festlegung des guten Zustands zu berücksichtigen sind. Darüber hinaus hat die Europäische Kommission zur Ermittlung des guten Zustands von Meeresgewässern detaillierte Kriterien und methodische Standards herausgegeben.[4] Sie sind von den Mitgliedstaaten beim Vollzug verbindlich anzuwenden. 3

3. Landesrecht

Die Ausführungen zu § 45a unter 3. gelten entsprechend. 4

---

[1] Vgl. näher zum Begriff „Zustand" *Altenschmidt/Schütter/Sieber/Sitzer*, in: BFM, § 45a Rn. 3 ff.; *C/R*, § 45b Rn. 3 ff.
[2] BT-Drs. 17/6055, S. 18.
[3] BT-Drs. 17/6055, S. 19. – Näher zu den Kriterien des Abs. 2 *Altenschmidt/Schütter/Sieber/Sitzer*, in: BFM, § 45a Rn. 7 ff.; *C/R*, § 45b Rn. 3 ff.; *Gößl*, in: SZDK, § 45a WHG Rn. 7 ff., 13 ff.
[4] Aktuell ist jetzt die Fortschreibung des Beschlusses 2010/477/EU durch den Beschluss (EU) 2017/848 v. 17.5.2017 (ABl. L 125 v. 18.5.2017, S. 43); vgl. näher zum guten Umweltzustand, die Umsetzungsdefizite in der Europäischen Union und zur Revision des Kommissionsbeschlusses 2010/477/EU *Weiß* (§ 45a Fn. 5), S. 335 ff.

§ 45c
Anfangsbewertung

(1) Die zuständigen Behörden bewerten die Meeresgewässer bis zum 15. Juli 2012 nach Maßgabe des Anhangs III der Richtlinie 2008/56/ EG des Europäischen Parlaments und des Rates vom 17. Juni 2008 zur Schaffung eines Ordnungsrahmens für Maßnahmen der Gemeinschaft im Bereich der Meeresumwelt (Meeresstrategie-Rahmenrichtlinie) (ABl. L 164 vom 25. 6. 2008, S. 19) in der jeweils geltenden Fassung. Die Bewertung umfasst

1. die wesentlichen Eigenschaften und Merkmale der Meeresgewässer und ihren derzeitigen Zustand,

2. die wichtigsten Belastungen und ihre Auswirkungen, einschließlich menschlichen Handelns, auf den Zustand der Meeresgewässer unter Berücksichtigung der qualitativen und quantitativen Aspekte der verschiedenen Belastungen, feststellbarer Trends sowie der wichtigsten kumulativen und synergetischen Wirkungen und

3. eine wirtschaftliche und soziale Analyse der Nutzung der Meeresgewässer sowie der Kosten einer Verschlechterung ihres Zustands.

(2) Die zuständigen Behörden berücksichtigen bei der Bewertung nach Absatz 1 andere einschlägige Bewertungen insbesondere im Rahmen internationaler Meeresübereinkommen und auf der Grundlage des § 6 in Verbindung mit § 56 des Bundesnaturschutzgesetzes. Bei der Bewertung nach Absatz 1 sind außerdem folgende Maßnahmen, die im Zusammenhang mit der Bewirtschaftung von Küstengewässern und Übergangsgewässern nach Maßgabe des § 44 oder der §§ 27 bis 31 vorgenommen worden sind, weitestgehend zu berücksichtigen:

1. Einstufungen des ökologischen und des chemischen Zustands von Küstengewässern und Übergangsgewässern sowie

2. Auflistungen der Belastungen von Küstengewässern und Übergangsgewässern und Beurteilungen ihrer Auswirkungen.

Inhaltsübersicht

Rn.			Rn.
1. Allgemeines	1	3. Landesrecht	4
2. Inhalt des § 45c	2		

1. Allgemeines

1 § 45c schreibt vor, die Meeresgewässer zu bewerten. Dieser Schritt bildet den Anfang der zu entwickelnden und durchzuführenden Meeresstrategien. Zur Entstehung der Vorschrift, die mit dem gesamten neuen Abschnitt 3a der **Umsetzung der Meeresstrategie-Rah-**

menrichtlinie dient, wird auf die Ausführungen unter Rn. 1 und 2 zu § 45a verwiesen. **Abs. 1** regelt die Verpflichtung zur Erstellung der Anfangsbewertung und deren Inhalt, **Abs. 2** das Verhältnis zu anderen einschlägigen Bewertungen sowie zu Maßnahmen, die den Inhalt der Bewertung beeinflussen können.

2. Inhalt des § 45c

Abs. 1 verpflichtet in **Satz 1** die zuständigen Behörden zur **Bewertung der Meeresgewässer** bis zum 15.7.2012. Mit diesem ersten Verfahrensschritt ist die nationale Strategie zur Erreichung der Bewirtschaftungsziele (§ 45a) gestartet worden. Die Anfangsbewertung der Meeresgewässer entspricht inhaltlich der Bestandsaufnahme nach der Wasserrahmenrichtlinie für die oberirdischen Gewässer, die Küstengewässer und das Grundwasser. Sie bildet die Basis für alle weiteren Schritte (Zustandsbeschreibung, Festlegung der Ziele, Aufstellung und Durchführung der Überwachungsprogramme und der Maßnahmenprogramme) und hat von daher grundlegende Bedeutung. Mit der Bewertung analysieren die zuständigen Behörden gemäß der Verpflichtung nach Art. 8 Abs. 1 MSRL und nach den Maßgaben des Anhangs III der Richtlinie den aktuellen Zustand der betroffenen Meeresgewässer. **Anhang III** enthält eine „**indikative**" **Liste** mit zwei Tabellen zu relevanten Ökosystembestandteilen, Belastungen, Nutzungen und Auswirkungen und ist regelungstechnisch Teil des WHG.[1] Er stellt an die Anfangsbewertung nur verbindliche Mindestanforderungen, schließt also nicht aus, weitere Faktoren einzubeziehen.[2] **Satz 2** zählt zusammenfassend den **Inhalt der Bewertung** auf: die wesentlichen Eigenschaften und Merkmale der Meeresgewässer (**Nr. 1**), deren wichtigsten Belastungen und ihre Auswirkungen auf den Zustand (**Nr. 2**) sowie eine wirtschaftliche und soziale Analyse zu Nutzungen und Kosten (**Nr. 3**). Anders als zu den Inhalten nach Nr. 1 und 2 enthält Anhang III MSRL zur wirtschaftlichen und sozialen Analyse keine näheren Konkretisierungen (insofern auch anders als Anhang III WRRL).

Abs. 2 schreibt vor, was alles bei der Anfangsbewertung zwingend zu berücksichtigen ist, und zwar „weitestgehend" (diese Qualifizierung gibt die MSRL nicht vor). Damit sollen Doppelarbeit und Widersprüchlichkeiten vermieden werden.[3] **Satz 1** dient der Umsetzung von Art. 8 Abs. 2 Satz 2 MSRL und bestimmt, einschlägige Bewertungen „insbesondere" im Rahmen internationaler Meeresübereinkommen (z.B. OSPAR-Übereinkommen für die Nordsee, Helsinki-

2

3

---

[1] Kritisch zur dynamischen Verweisung auf die Richtlinie *C/R*, § 45c Rn. 6; *Gößl*, in: SZDK, § 45c WHG Rn. 6; *Kotulla*, § 45c Rn. 4. Dem ist nicht zu folgen; vgl. *Altenschmidt/Schütter/Sieber/Sitzer*, in: BFM, § 45c Rn. 6; *Proelß*, in: LR, WHG, § 45c Rn. 8; allgemein zur Verweisung auf EU-Recht *Hofmann*, in: LR, WHG, § 23 Rn. 13.
[2] BT-Drs. 17/6055, S. 19.
[3] BT-Drs. 17/6055, S. 19.

Übereinkommen für die Ostsee) und der naturschutzrechtlichen Beobachtung der Meeresumwelt nach §§ 6, 56 BNatSchG zu berücksichtigen. **Satz 2**, der Art. 8 Abs. 2 Satz 1 MSRL umsetzt, stellt sicher, dass Maßnahmen in die Bewertung einbezogen werden, die im Zusammenhang mit der Bewirtschaftung von Küstengewässern und von Übergangsgewässern (vgl. zu diesem in Art. 2 Nr. 6 WRRL, aber nicht im WHG definierten Begriff § 3 Rn. 5) durchgeführt worden sind und die auch für die Bewertung der außerhalb des Hoheitsgebiets liegenden Meeresgewässer von Bedeutung sein können. Der deutsche Gesetzgeber hat zwei aus seiner Sicht relevante Fallgruppen herausgegriffen: Einstufungen des Zustands von Küstengewässern und Übergangsgewässern (**Nr. 1**) sowie Auflistungen zu deren Belastungen und Beurteilungen ihrer Auswirkungen (**Nr. 2**).

3. Landesrecht

4 Die Ausführungen zu § 45a unter 3. gelten entsprechend.

§ 45d
Beschreibung des guten Zustands der Meeresgewässer

Auf der Grundlage der Anfangsbewertung nach § 45c beschreiben die zuständigen Behörden bis zum 15. Juli 2012 die Merkmale für den guten Zustand der Meeresgewässer nach Maßgabe des Anhangs I der Richtlinie 2008/56/EG in der jeweils geltenden Fassung. Hierbei sind Festlegungen von typspezifischen Referenzbedingungen für Küstengewässer, die dem sehr guten ökologischen Zustand oder dem höchsten ökologischen Potenzial entsprechen und die im Zusammenhang mit der Bewirtschaftung von Küstengewässern nach -Maßgabe des § 44 getroffen worden sind, weitestgehend zu berücksichtigen. Festlegungen von Kriterien für einen günstigen Erhaltungszustand der natürlichen Lebensraumtypen, die in Anhang I der Richtlinie 92/43/ EWG des Rates vom 21. Mai 1992 zur Erhaltung der natürlichen Lebensräume sowie der wildlebenden Tiere und Pflanzen (ABl. L 206 vom 22.7.1992, S. 7), die zuletzt durch die Richtlinie 2006/105/EG (ABl. L 363 vom 20.12.2006, S. 368) geändert worden ist, aufgeführt sind und der in Anhang II dieser Richtlinie aufgeführten Tier- und Pflanzenarten, die in den Meeresgewässern vorkommen, sind ebenfalls weitestgehend zu berücksichtigen.

Inhaltsübersicht

Rn.		Rn.
1. Allgemeines 1	3. Landesrecht	4
2. Inhalt des § 45d 2	

1. Allgemeines

§ 45d regelt mit der Beschreibung des guten Zustands der Meeresgewässer den auf die Anfangsbewertung (§ 45c) folgenden nächsten Verfahrensschritt bei der Entwicklung von Meeresstrategien. Zur Entstehung der Vorschrift, die mit dem gesamten neuen Abschnitt 3a der **Umsetzung der Meeresstrategie-Rahmenrichtlinie** dient, wird auf die Ausführungen unter Rn. 1 und 2 zu § 45a verwiesen. Die „Beschreibung eines guten Umweltzustands", die Art. 9 MSRL verlangt, entspricht der Sache nach der Festlegung der typspezifischen Referenzbedingungen für Küstengewässer nach Anhang II Nr. 1.3 WRRL (sehr guter ökologischer Zustand, sehr gutes ökologisches Potenzial). **Satz 1** begründet die Verpflichtung zur Beschreibung des guten Zustands, die **Sätze 2** und **3** regeln die Berücksichtigung bestimmter, bereits existierender Festlegungen.

2. Inhalt des § 45d

Satz 1 verpflichtet die zuständigen Behörden, die Merkmale, die den guten Zustand der Meeresgewässer kennzeichnen, zu beschreiben. Dadurch wird erkennbar, wie die Ziele konkret beschaffen sind, die angestrebt werden sollen. Satz 1 normiert für die Beschreibung **inhaltliche Anforderungen** und gibt als **Frist** den 15.7.2012 vor (identisch mit der Frist für die Anfangsbewertung). Grundlage der Beschreibung bilden die zuerst zu erstellende Bewertung des aktuellen Gewässerzustands (§ 45c) sowie die **qualitativen Deskriptoren** zur Festlegung des guten Umweltzustands nach **Anhang I MSRL**. Die Deskriptoren bestimmen die für einen guten Umweltzustand wesentlichen Parameter und maßgebenden Standards, z.B. für die biologische Vielfalt, die Eutrophierung, den Zustand des Meeresgrundes, die Konzentrationen an Schadstoffen, die Eigenschaften und Mengen der Abfälle im Meer. Anhang I gehört zum Regelungsinhalt des WHG.[1] Es sind alle 11 Deskriptoren darauf hin zu überprüfen, ob sie für die Beschreibung des guten Zustands verwendbar sind oder nicht (vgl. die beiden letzten Sätze in Anhang I). Der vielfach recht allgemein formulierte Text des Anhangs I belässt dem praktischen Vollzug nicht unerhebliche Beurteilungs- und Entscheidungsspielräume.[2]

Die **Sätze 2** und **3** regeln, welche bereits **anderweitig getroffenen Festlegungen** bei der Beschreibung berücksichtigt sind. Das WHG schreibt im Unterschied zur MSRL wie in § 45c Abs. 2 Satz 2 sogar die „**weitestgehende**" Berücksichtigung vor und stärkt damit deren Gewicht. **Satz 2** betrifft im Hinblick auf die besondere Sachnähe

---

[1] Zur Verweisungsproblematik vgl. § 45c Fn. 1.
[2] Allerdings ist der unter § 45b Fn. 4 zitierte Beschluss der Europäischen Kommission über Kriterien und methodische Standards zur Festlegung des guten Umweltzustands zu beachten.

Festlegungen, die im Zusammenhang mit der Bewirtschaftung der **Küstengewässer** nach der Wasserrahmenrichtlinie getroffen worden sind. Hier gilt es, Doppelarbeit und Widersprüche bei der Umsetzung der MSRL und der WRRL zu vermeiden.[3] Die typspezifischen Referenzbedingungen für Küstengewässer werden auf Verordnungsebene geregelt, wobei die Landesverordnungen zur Umsetzung der Anhänge II und V WRRL inzwischen durch die Oberflächengewässerverordnung des Bundes abgelöst worden sind.[4] In **Satz 3** geht es um relevante Festlegungen im Bereich des Naturschutzes. Weitestgehend zu berücksichtigen sind die Kriterien, die nach der FFH-Richtlinie für einen günstigen Erhaltungszustand der in Anhang I aufgeführten natürlichen Lebensraumtypen und der in Anhang II aufgeführten und in den Meeresgewässern vorzufindenden Tier- und Pflanzenarten festgelegt worden sind. Auch in diesem Fall sollen, um Doppelarbeit und Widersprüche zu vermeiden, keine neuen oder abweichenden Kriterien zugrunde gelegt werden. Der Gesetzgeber hat sich hier allerdings mit einer statischen Verweisung auf die FFH-Richtlinie begnügt.[5]

3. Landesrecht

4 Die Ausführungen zu § 45a unter 3. gelten entsprechend.

§ 45e
Festlegung von Zielen

Auf der Grundlage der Anfangsbewertung nach § 45c legen die zuständigen Behörden nach Maßgabe des Anhangs IV der Richtlinie 2008/56/EG in der jeweils geltenden Fassung bis zum 15. Juli 2012 die Zwischenziele mit Fristen und die Einzelziele, die erforderlich sind, um einen guten Zustand der Meeresgewässer zu erreichen, sowie zugehörige Indikatoren fest. Dabei sind andere einschlägige Ziele zu berücksichtigen, die für die Gewässer auf nationaler, gemeinschaftlicher oder internationaler Ebene festgelegt worden sind, einschließlich der Bewirtschaftungsziele nach Maßgabe des § 44 und der Erhaltungsziele im Sinne des § 7 Absatz 1 Nummer 9 des Bundesnaturschutzgesetzes. Die zuständigen Behörden stellen sicher, dass die Ziele miteinander vereinbar sind.

---

[3] BT-Drs. 17/6055, S. 19.
[4] Für die erste Beschreibung waren noch die Landesverordnungen maßgebend; zur Überprüfung und Aktualisierung der Festlegungen vgl. § 3 Satz 1 Nr. 5 OGewV.
[5] Offensichtlich will der deutsche Wassergesetzgeber Vorgaben von Naturschutzrichtlinien anders als bei den Wasserrichtlinien nicht ohne vorherige Prüfung übernehmen.

Inhaltsübersicht

Rn.			Rn.
1. Allgemeines	1	3. Landesrecht	4
2. Inhalt des § 45e	2		

1. Allgemeines

§ 45e regelt die Festlegung von Zielen, die gewährleisten, dass ein guter Zustand der Meeresgewässer erreicht wird. Nach der Anfangsbewertung (§ 45c) und der Beschreibung des guten Zustands (§ 45d) ist die Festlegung von Zielen der dritte Verfahrensschritt auf dem Weg zur Entwicklung operativer Meeresstrategien. Zur Entstehung des § 45e, der mit dem gesamten neuen Abschnitt 3a der **Umsetzung der Meeresstrategie-Rahmenrichtlinie** dient, wird auf die Ausführungen unter Rn. 1 und 2 zu § 45a verwiesen. § 45e setzt Art. 10 MSRL um. Satz 1 schreibt die Festlegung von zwei Arten von Zielen vor: Zwischenziele und Einzelziele. Die **Sätze 2 und 3** regeln die Berücksichtigung anderer einschlägiger Ziele.

1

2. Inhalt des § 45e

Satz 1 verpflichtet die zuständigen Behörden, **Zwischenziele** und **Einzelziele** festzulegen, die zur Erreichung des gesetzlich vorgegebenen Gesamtziels – ein guter Zustand der Meeresgewässer bis Ende 2020 – erforderlich sind. Die Richtlinie spricht nur von einer „umfassenden Reihe von Umweltzielen" (Art. 10 Abs. 1 Satz 1) und von „möglichen Zwischenzielen" (Anhang IV Nr. 6). Das WHG unterscheidet auch sprachlich zwischen dem „Bewirtschaftungsziel" i.S. des § 45a Abs. 1 Nr. 2 und den „Zielen" nach § 45e. Zwischenziele sind solche, die noch nicht zu einem guten Zustand führen, aber sinnvolle Schritte auf dem Weg zum Endziel darstellen. Einzelziele decken bestimmte, also nicht alle Aspekte des guten Zustands ab und müssen deshalb anders als Zwischenziele erst am Ende mit dem Gesamtziel erreicht werden.[1] Maßgebend für die Festlegung der Zwischen- und Einzelziele ist **Anhang IV MSRL**, den der Gesetzgeber mit in das WHG aufgenommen hat.[2] Er enthält eine „**indikative**" Liste zu berücksichtigender Merkmale, zu denen auch soziale und wirtschaftliche Belange gehören (Nr. 9 der Liste). Auf Anhang IV geht außerdem die Verpflichtung zurück, **zugehörige Indikatoren** zu bestimmen (vgl. Nr. 2b, 7, 10, 12 Anhang IV). Indikatoren zeigen an, wie sich der Zustand der Meeresgewässer in seinen einzelnen Aspekten entwickelt. Sie dienen dazu, die Fortschritte bei der Erreichung der Zwischen- und der Einzelziele zu überprüfen.

2

---

[1] BT-Drs. 17/6055, S. 20.
[2] In der jeweils geltenden Fassung, also als dynamische Verweisung; vgl. hierzu Fn. 1 zu § 45c.

3 Die **Sätze 2** und **3** stellen sicher, dass bei der Festlegung der Ziele nach § 45e andere einschlägige Ziele berücksichtigt und so aufeinander abgestimmt werden, dass sie miteinander vereinbar sind. Dies verlangt Art. 10 Abs. 1 Satz 2 MSRL. Erfasst werden Ziele auf nationaler, supra- und internationaler Ebene. Besonders hervorgehoben werden die Bewirtschaftungsziele für Küstengewässer (§ 44) und die Erhaltungsziele für natürliche Lebensraumtypen von gemeinschaftlichem Interesse, bestimmte Tier- und Pflanzenarten sowie Natura 2000-Gebiete i.S. des § 7 Abs. 1 Nr. 9 BNatSchG.

3. Landesrecht

4 Die Ausführungen zu § 45a unter 3. gelten entsprechend.

§ 45f
Überwachungsprogramme

(1) Bis zum 15. Juli 2014 stellen die zuständigen Behörden auf der Grundlage der Anfangsbewertung nach § 45c und unter Beachtung der Anforderungen nach Anhang V der Richtlinie 2008/56/EG in der jeweils geltenden Fassung Überwachungsprogramme zur fortlaufenden Ermittlung, Beschreibung und Bewertung des Zustands der Meeresgewässer sowie zur regelmäßigen Bewertung und Aktualisierung der nach § 45e Satz 1 festgelegten Ziele auf und führen sie durch.

(2) Die Überwachungsprogramme müssen mit anderen Überwachungsanforderungen zum Schutz des Meeres, die insbesondere nach wasser- oder naturschutzrechtlichen Vorschriften sowie internationalen Meeresübereinkommen bestehen, vereinbar sein. Programme zur Überwachung des ökologischen und des chemischen Zustands von Küstengewässern, die im Zusammenhang mit der Bewirtschaftung von Küstengewässern nach Maßgabe des § 44 aufgestellt worden sind, sind weitestgehend bei der Aufstellung und Durchführung der Überwachungsprogramme zu berücksichtigen.

Inhaltsübersicht

	Rn.		Rn.
1. Allgemeines	1	3. Landesrecht	4
2. Inhalt des § 45f	2		

1. Allgemeines

1 § 45f regelt die Aufstellung und Durchführung von Überwachungsprogrammen, den vierten Verfahrensschritt auf dem Weg zur Entwicklung operativer Meeresstrategien. Die Grundlage für die Überwachung bildet wie schon bei der Zustandsbeschreibung nach § 45d und den behördlichen Zielfestlegungen nach § 45e die Anfangsbewertung nach § 45c. Zur Entstehung des § 45f, der mit dem gesamten neuen Abschnitt 3a der **Umsetzung der Meeresstrategie-Rahmenrichtlinie** dient, wird auf die Ausführungen unter Rn. 1 und 2 zu § 45a verwiesen. Die europarechtlichen Vorgaben für die Überwachungsprogramme ergeben sich vor allem aus Art. 11 und Anhang V MSRL. **Abs. 1** begründet die Verpflichtung, Überwachungsprogramme aufzustellen. **Abs. 2** regelt das Verhältnis zu anderen Überwachungsanforderungen zum Schutz der Meere.

2. Inhalt des § 45f

Abs. 1 setzt Art. 11 Abs. 1 sowie in Bezug auf die Fristsetzung 15.7.2014 Art. 5 Abs. 2 Buchst. a Ziff. iv MSRL um. Die Überwachungsprogramme erfüllen **zwei Zwecke**: erstens den **Zustand der Meeresgewässer** kontinuierlich zu ermitteln, zu beschreiben und zu bewerten, zweitens die nach § 45e festgelegten **Zwischen- und Einzelziele** regelmäßig zu bewerten und zu aktualisieren. Wie die Behörden die Überwachungsprogramme ausgestalten, ist weitgehend ihnen überlassen. Die Vorgaben des Anhangs V MSRL sind zwar regelungstechnisch in das Regime des WHG einbezogen,[1] sie umschreiben aber nur recht allgemein, welche Angaben und Maßnahmen in die Programme aufzunehmen sind. Dabei kann auf einschlägige andere Programme zurückgegriffen werden (vgl. Abs. 2). Im Vordergrund stehen Informationen, die für die Beurteilung des Zustands der Meeresgewässer und der Fortschritte, die bei der Erreichung der Zwischen- und Einzelziele erzielt werden müssen, von Bedeutung sind.

Abs. 2 fordert in **Satz 1** die Vereinbarkeit der Überwachungsprogramme nach § 45f mit **Überwachungsanforderungen**, die **nach anderen Vorschriften** zum Schutz der Meere existieren. Es geht vor allem um die Anforderungen an die Bewirtschaftung der Küstengewässer nach den Bestimmungen zur Umsetzung der Wasserrahmenrichtlinie (WHG, OGewV), den Meeresnaturschutz nach §§ 56 ff. BNatSchG und die Programme internationaler Organisationen wie die Kommissionen zum Schutz der Meeresumwelt des Nordatlantiks (OSPAR) und der Ostsee (HELCOM). Die Erwähnung des Wasser- und des Naturschutzrechts sowie der internationalen Meeresübereinkommen ist nicht abschließend („insbesondere"). Auch die FFH- und die Vogelschutzrichtlinie der EU sind in diesem Zusammenhang von Bedeutung. **Satz 2** sieht wieder die **Pflicht zur qualifizierten Berücksichtigung** („weitestgehend") der Programme zur Überwachung des ökologischen und chemischen Zustands der Küstengewässer nach der

---

[1] In der jeweils geltenden Fassung; zur Problematik dieser dynamischen Verweisung vgl. Fn. 1 zu § 45c.

Wasserrahmenrichtlinie vor. Auch in diesem Fall gilt es, Überschneidungen und Doppelarbeit zu vermeiden.[2)]

3. Landesrecht

4 Die Ausführungen zu § 45a unter 3. gelten entsprechend.

§ 45g
Fristverlängerungen; Ausnahmen von den Bewirtschaftungszielen

(1) Die zuständige Behörde kann die Frist nach § 45a Absatz 1 Nummer 2 sowie Fristen für nach § 45e Satz 1 festgelegte Ziele verlängern, soweit es für bestimmte Teile der Meeresgewässer wegen natürlicher Gegebenheiten unmöglich ist, die Ziele fristgerecht zu erreichen. Sie berücksichtigt bei ihrer Entscheidung die Auswirkungen auf Meeresgewässer anderer Staaten sowie die Hohe See.

(2) Die zuständige Behörde kann für bestimmte Teile der Meeresgewässer Ausnahmen hinsichtlich der Erreichung des guten Zustands nach § 45a Absatz 1 Nummer 2 oder hinsichtlich der nach § 45e Satz 1 festgelegten Ziele zulassen. Ausnahmen sind nur zulässig, wenn die Ziele nach Satz 1 nicht erreicht werden können auf Grund von

1. **Handlungen oder Unterlassungen außerhalb des Geltungsbereichs dieses Gesetzes,**

2. **natürlichen Ursachen,**

3. **höherer Gewalt oder**

4. **Änderungen der physikalischen Eigenschaften des Meeresgewässers durch Maßnahmen aus Gründen des Gemeinwohls, sofern der Nutzen der Maßnahmen die nachteiligen Umweltauswirkungen überwiegt.**

Absatz 1 Satz 2 gilt entsprechend. In den Fällen des Satzes 2 Nummer 4 ist sicherzustellen, dass die Erreichung des guten Zustands der Meeresgewässer, einschließlich der Meeresgewässer anderer Mitgliedstaaten der Europäischen Union, nicht dauerhaft verhindert oder erschwert wird.

(3) Verlängert die zuständige Behörde nach Absatz 1 Satz 1 eine Frist oder lässt sie Ausnahmen nach Absatz 2 zu, hat sie Maßnahmen zu ergreifen, die darauf abzielen,

---

[2)] BT-Drs. 17/6055, S. 20.

1. die nach § 45e Satz 1 festgelegten Ziele weiterzuverfolgen,
2. in den Fällen des Absatzes 2 Satz 1 Nummer 2 bis 4 eine weitere Verschlechterung des Zustands des Meeresgewässers zu vermeiden und
3. nachteilige Wirkungen auf den Zustand der Meeresgewässer, einschließlich der Meeresgewässer anderer Staaten sowie der Hohen See, abzuschwächen.

Inhaltsübersicht

Rn.		Rn.
1. Allgemeines 1	3. Landesrecht	7
2. Inhalt des § 45g 4	

1. Allgemeines

§ 45g regelt, unter welchen Voraussetzungen von den Bewirtschaftungszielen sowie den Zwischen- und den Einzelzielen nach § 45a und § 45e abgewichen werden kann. Die Vorschrift konzediert, dass es stets Umstände geben kann, die eine Realisierung von Zielen, vor allem von ambitionierten, praktisch unmöglich machen. Zur Entstehung des § 45g, der mit dem gesamten neuen Abschnitt 3a der **Umsetzung der Meeresstrategie-Rahmenrichtlinie** dient, wird auf die Ausführungen unter § 45a Rn. 1 und 2 verwiesen. § 45g setzt Art. 14 MSRL um.

Die Ausnahmeregelungen für Meeresgewässer lehnen sich an das Konzept der für oberirdische Gewässer und Küstengewässer geltenden §§ 29–31, 44 an, weichen teilweise aber doch voneinander ab und sind im Ganzen weniger differenziert ausgestaltet. **Abs. 1** betrifft Verlängerungen der gesetzlich festgelegten **Fristen** für die Erreichung von Bewirtschaftungszielen. **Abs. 2** enthält **Ausnahmen** von dem Gebot, den guten Zustand oder Zwischen- und Einzelziele nach § 45e zu erreichen. **Abs. 3** schreibt **bestimmte Maßnahmen** vor, die in jedem Fall zu ergreifen sind, wenn die zuständige Behörde von ihrer Befugnis Gebrauch macht, Fristen zu verlängern und Ausnahmen zuzulassen. Die nach § 45g getroffenen Entscheidungen und Maßnahmen sind in die Maßnahmenprogramme aufzunehmen und zu begründen (§ 45h Abs. 1 Satz 4 Nr. 3, 4; Art. 14 Abs. 1 Satz 2 MSRL). Von der Möglichkeit, nach Maßgabe des Art. 14 Abs. 4 MSRL auf „besondere Maßnahmen" zum Schutz der Meeresumwelt zu verzichten, hat Deutschland keinen Gebrauch gemacht, ein Verstoß gegen europäisches Recht bedeutet dies nicht.

Fristverlängerungen und Ausnahmen von den Bewirtschaftungszielen können sich **nur** auf **bestimmte Teile der Meeresgewässer** erstrecken. Pauschal die gesamten Meeresgewässer i.S. des § 3 Nr. 2a von den vorgegebenen Fristen und Zielen auszunehmen, ist somit unzulässig.[1] Die nach **Abs. 1 Satz 2** und **Abs. 2 Satz 3** sowie auch schon nach allgemeinem Völkerrecht gebotene **Berücksichtigung der Auswirkungen** der behördlichen Entscheidungen auf Meeresgewässer anderer Staaten sowie die Hohe See setzt Art. 14 Abs. 1 Satz 3 MSRL um. Auf die Koordinierungspflichten nach § 45k Abs. 1 wird hingewiesen.

2. Inhalt des § 45g

4 **Abs. 1** gestattet in **Satz 1** die Verlängerung der in § 45a Abs. 1 Nr. 2 für die Erreichung der Bewirtschaftungsziele gesetzte Frist über den 31.12.2020 hinaus.[2] Gleiches gilt für die gemäß § 45e Satz 1 von der Behörde festgelegten Zwischen- und Einzelziele. Eine **Fristverlängerung** ist nur dann statthaft, wenn **natürliche**, also nicht auf menschliches Verhalten zurückzuführende **Gegebenheiten** (z.B. hohe Hintergrundwerte für bestimmte Schadstoffe)[3] die Einhaltung der Frist unmöglich machen. Im Vergleich zu oberirdischen Gewässern und zu Küstengewässern (vgl. §§ 29, 44) gibt es somit für eine Fristverlängerung engere Grenzen. Insbesondere sind technische Gründe oder unverhältnismäßig hohe Kosten nicht als Rechtfertigungsgrund für eine Fristverlängerung anerkannt. Auf der anderen Seite sieht das Gesetz **keine zeitliche Beschränkung für die Fristverlängerungen** vor und verbietet auch nicht mehrfache Verlängerungen.[4] Maßgebend ist, was die natürlichen Gegebenheiten erfordern. **Satz 2** enthält die bei Abweichungen von der Zielerreichung übliche Berücksichtigungsklausel.

5 **Abs. 2** gibt in **Satz 1** der zuständigen Behörde grundsätzlich die Möglichkeit, **Ausnahmen** von dem Gebot, den guten Zustand oder ein von ihr festgelegtes Zwischen- oder Einzelziel zu erreichen, zuzulassen. Hierfür normiert **Satz 2** abschließend die **Gründe**, die für eine solche Entscheidung vorliegen müssen. Mit **Nr. 1** setzt Deutschland die Verpflichtung nach Art. 14 Abs. 1 Satz 1 Buchst. a MSRL um (der Mitgliedstaat darf für die Ursachen der Zielverfehlung nicht verantwortlich sein), allerdings in einem veränderten Wortlaut, um die Regelung zu präzisieren und für den Vollzug handhabbar zu machen.[5] Die Gründe nach **Nr. 2** und 3 gehören auch mit zu den Voraussetzungen nach § 31 Abs. 1 Nr. 1 Buchst. a für oberirdische Gewässer und Küstengewässer. **Nr. 4** betrifft dem Allgemeinwohl dienende Maßnahmen bei der Nutzung der Meere (z.B. Meeresbergbau, Errichtung und Betrieb von Windrädern). Das Gesetz verlangt allerdings, den Nutzen der Maßnahmen gegen die Nachteile für die Meeresumwelt

---

[1] BT-Drs. 17/6055, S. 20.
[2] Das Verschlechterungsverbot nach § 45a Abs. 1 Nr. 1 kennt keine Frist, die verlängert werden könnte.
[3] Dieses Beispiel ist in BT-Drs. 17/6055, S. 20 genannt.
[4] So auch *C/R*, § 45g Rn. 8; *Proelß*, in: LR, WHG, § 45g Rn. 8; a.A. *Kotulla*, § 45g Rn. 4.
[5] BT-Drs. 17/6055, S. 20.

abzuwägen. Die Europäische Kommission kann diese Abwägung, die zu begründen ist (§ 45h Abs. 1 Satz 4 Nr. 3), überprüfen. Die **Sätze 3 und 4** regeln die bei Ausnahmen von den Bewirtschaftungszielen üblichen Berücksichtigungs- und Sicherstellungspflichten.

Abs. 3 erlegt der Behörde die Verpflichtung auf, bei der Verlängerung von Fristen nach Abs. 1 oder der Zulassung von Ausnahmen nach Abs. 2 kumulativ die unter Nr. 1–3 aufgeführten **Maßnahmen zu ergreifen**. Die Maßnahmen sollen sicherstellen, dass zur Verbesserung des Zustands der Meeresgewässer das getan wird, was möglich ist, nämlich die Erreichung der nach § 45e Satz 1 festgelegten Zwischen- und Einzelziele weiter zu betreiben (**Nr. 1**), eine durch bestimmte Ursachen drohende weitere Verschlechterung des Zustands des Meeresgewässer zu vermeiden (**Nr. 2**) sowie nachteilige Wirkungen auf den Zustand aller Meeresgewässer und der Hohen See abzumildern (**Nr. 3**).

6

3. Landesrecht

Die Ausführungen zu § 45a unter 3. gelten entsprechend.

7

§ 45h
Maßnahmenprogramme

(1) Auf der Grundlage der Anfangsbewertung nach § 45c Absatz 1 und der nach § 45e Satz 1 festgelegten Ziele sind bis zum 31. Dezember 2015 Maßnahmenprogramme aufzustellen, die dem Prinzip einer nachhaltigen Entwicklung Rechnung tragen. Die Maßnahmenprogramme umfassen die kostenwirksamen Maßnahmen, die erforderlich sind, um den guten Zustand der Meeresgewässer zu erreichen oder zu erhalten. Dabei sind die in Anhang VI der Richtlinie 2008/56/EG in der jeweils geltenden Fassung aufgeführten Arten von Maßnahmen zu berücksichtigen. Die Maßnahmenprogramme enthalten auch

1. **räumliche Schutzmaßnahmen im Sinne des § 56 Absatz 2 des Bundesnaturschutzgesetzes,**
2. **eine Erläuterung, inwiefern die festgelegten Maßnahmen zur Erreichung der nach § 45e Satz 1 festgelegten Ziele beitragen,**
3. **gegebenenfalls Fristverlängerungen nach § 45g Absatz 1 und Ausnahmen nach § 45g Absatz 2, jeweils einschließlich einer Begründung, und**
4. **gegebenenfalls Maßnahmen nach § 45g Absatz 3.**

Bis zum 31. Dezember 2013 sind Informationen zu den Gebieten zu veröffentlichen, die in Satz 4 Nummer 1 sowie in Artikel 13 Absatz 5 der Richtlinie 2008/56/EG genannt sind.

(2) Vor der Aufstellung und Aktualisierung der Maßnahmenprogramme sind zu den vorgesehenen neuen Maßnahmen Folgeabschätzungen einschließlich Kosten-Nutzen-Analysen durchzuführen.

(3) Bei der Aufstellung der Maßnahmenprogramme sind Maßnahmen zum Schutz des Meeres nach anderen wasser- und naturschutzrechtlichen Vorschriften, einschließlich internationaler Meeresübereinkommen, zu berücksichtigen. Bei der Aufstellung und Durchführung der Maßnahmenprogramme nach Absatz 1 sind weitestgehend Maßnahmen zu berücksichtigen, die in ein Maßnahmenprogramm nach § 82

1. für ein Küstengewässer aufgenommen worden sind oder
2. für ein oberirdisches Gewässer aufgenommen worden sind, soweit die Maßnahmen dem Schutz eines Küstengewässers dienen.

Die Maßnahmen sollen dazu beitragen, dass die Meeresgewässer anderer Mitgliedstaaten der Europäischen Union einen guten Zustand erreichen; nachteilige Auswirkungen auf diese Gewässer sollen vermieden werden.

(4) Die in den Maßnahmenprogrammen aufgeführten Maßnahmen dürfen keine Beschränkung für Tätigkeiten enthalten, die allein der Verteidigung dienen. Diese Tätigkeiten sind jedoch so durchzuführen, dass sie weitestgehend mit den nach § 45e Satz 1 festgelegten Zielen vereinbar sind.

(5) Die zuständige Behörde führt die im Maßnahmenprogramm aufgeführten Maßnahmen bis zum 31. Dezember 2016 durch.

(6) Die zuständige Behörde legt abweichend von Absatz 1 Satz 1 und Absatz 5 einen früheren Zeitpunkt für die Aufstellung und Durchführung der Maßnahmenprogramme fest, wenn der Zustand des Meeresgewässers umgehend grenzüberschreitende Maßnahmen erfordert. In diesem Fall können auch über die bereits in einem aufgestellten Maßnahmenprogramm enthaltenen Maßnahmen hinaus zusätzliche oder weitergehende Maßnahmen bestimmt werden. Absatz 3 gilt entsprechend.

Inhaltsübersicht

	Rn.		Rn.
1. Allgemeines	1	3. Landesrecht	11
2. Inhalt des § 45h	5		

1. Allgemeines

1 § 45h regelt den abschließenden Teil der nach Art. 5 Abs. 2 MSRL von den Mitgliedstaaten zu entwickelnden nationalen Meeresstrategien, die **Aufstellung und Durchführung von Maßnahmenprogram-**

men einschließlich der dabei einzuhaltenden **Fristen**. Grundlage der Programme bilden die Anfangsbewertung nach § 45c Abs. 1 und die nach § 45e Satz 1 behördlich festgelegten Zwischen- und Einzelziele. Zur Entstehung des § 45h, der mit dem gesamten neuen Abschnitt 3a der **Umsetzung der Meeresstrategie-Rahmenrichtlinie** dient, wird auf die Ausführungen unter Rn. 1 und 2 zu § 45a verwiesen.[1] Die europarechtlichen Vorgaben für die Maßnahmenprogramme ergeben sich vor allem aus Art. 13 und Anhang VI MSRL. Die Maßnahmenprogramme für oberirdische Gewässer, Küstengewässer und das Grundwasser sind in den §§ 82, 84 und 85 geregelt, die Aufstellung von Bewirtschaftungsplänen ist bei Meeresgewässern dagegen nicht vorgesehen.

Abs. 1 verpflichtet zur Aufstellung von Maßnahmenprogrammen und legt deren wesentlichen Inhalt fest. **Abs. 2** schreibt für die vorgesehenen Maßnahmen Folgeabschätzungen vor. Die Berücksichtigung der nach anderen Rechtsnormen zu ergreifenden Schutzmaßnahmen ist in **Abs. 3** und der Belange der Verteidigung in **Abs. 4** normiert. **Abs. 5** regelt die Frist für die Durchführung des Maßnahmenprogramms und **Abs. 6** die Befugnis der zuständigen Behörde, für die Aufstellung und Durchführung der Maßnahmenprogramme einen früheren Zeitpunkt festzulegen.

Die **Rechtsnatur des Maßnahmenprogramms** ist in Bezug auf § 45h einfacher zu beurteilen als bei § 82 (vgl. dort Rn. 5). Da die Bewirtschaftungsregelungen des Abschnitts 3a generell keine Außenwirkung entfalten (vgl. § 45a Rn. 1), kann auch das Maßnahmenprogramm nach § 45h keine Regelungen enthalten, die in Rechte des Bürgers eingreifen.[2] Soweit Eingriffe erforderlich sind, müssen sie auf anderweitige Rechtsgrundlagen gestützt werden.

§ 45h enthält **keine Raumordnungsklausel** wie § 82 Abs. 1 Satz 2. Die entsprechende Verpflichtung ergibt sich deshalb unmittelbar aus dem Raumordnungsrecht (vgl. insbesondere § 17 Abs. 3 ROG). Maßnahmenprogramme nach § 45h unterliegen einer obligatorischen **Strategischen Umweltprüfung** nach § 35 Abs. 1 Nr. 1 UVPG (vgl. Anlage 5 Nr. 1.9 UVPG).

2. Inhalt des § 45h

§ 45h setzt in **Abs. 1 Satz 1** und **2** die Verpflichtung nach Art. 5 Abs. 2 Buchst. b Ziff. i und Art. 13 Abs. 1 und 3 MSRL um, bis

---

[1] Vgl. zur praktischen Umsetzung der Richtlinie *Altenschmidt/Schütter/Sieber/Sitzer*, in: BFM, § 45h Rn. 6ff.

[2] So auch BT-Drs. 17/6055, S. 21; *Altenschmidt/Schütter/Sieber/Sitzer*, in: BFM, § 45h Rn. 2; *Proelß*, in: LR, WHG, § 45h Rn. 3. – Im Ergebnis ebenso, allerdings ohne zwischen § 45h und § 82 zu differenzieren *Ginzky*, in: BeckOK, WHG, § 45h Rn. 5ff.; *Kotulla*, § 45h Rn. 3; vgl. zu den Besonderheiten des Maßnahmenprogramm nach § 45h *C/R*, § 45h Rn. 2ff.

spätestens zum 31.12.2015 **Maßnahmenprogramme aufzustellen**, die der Erhaltung oder Erreichung des guten Zustands der Meeresgewässer dienen und dem Prinzip einer nachhaltigen Entwicklung Rechnung tragen. Maßgebliche Grundlage für die Programmaufstellung bilden zum einen die Anfangsbewertung nach § 45c Abs. 1 und zum anderen die Zwischen- und Einzelziele, die ebenfalls auf der Basis der Anfangsbewertung nach § 45e Satz 1 festgelegt worden sind. Es ist zudem sinnvoll, relevante Erkenntnisse, die aus der Durchführung der Überwachungsprogramme nach § 45f Abs. 1 bereits vorliegen, einzubeziehen. **Satz 3 und 4** bestimmen den **notwendigen Inhalt** der Maßnahmenprogramme. Satz 3 verweist auf den nicht abschließenden Katalog zu berücksichtigender Arten von Maßnahmen, die in **Anhang VI MSRL** aufgelistet sind (z.B. Steuerung, Koordinierung, wirtschaftliche Anreize, Schadensbegrenzung und Sanierung, Kommunikation).[3] Satz 4 schreibt darüber hinaus vor, zwingend bestimmte Maßnahmen und Angaben in das Maßnahmenprogramm aufzunehmen. Die **räumlichen Schutzmaßnahmen** nach § 56 BNatSchG (**Nr. 1**) umfassen insbesondere die in Art. 13 Abs. 4 MSRL genannten Schutzgebiete nach der Habitat-Richtlinie, der Vogelschutzrichtlinie sowie die im Rahmen internationaler oder regionaler Übereinkommen geschützten Meeresgebiete. Die in **Nr. 2–4** geforderten **Angaben** dienen der Umsetzung von Art. 13 Abs. 7 sowie Art. 14 Abs. 1 Satz 2 und Abs. 3 MSRL. Mit der Verpflichtung nach **Satz 5** zur **Veröffentlichung** der dort genannten Informationen kommt das WHG der Bestimmung des Art. 13 Abs. 6 MSRL nach.

6 Nach **Abs. 1 Satz 2** müssen die vorgesehenen Maßnahmen „**kostenwirksam**" sein. Kostenwirksamkeit bedeutet, dass die zur Zielerreichung vorgesehenen Maßnahmen einerseits als erfolgversprechend eingestuft werden, andererseits die geringstmöglichen Kosten verursachen (vgl. dazu auch § 82 Abs. 2). **Abs. 2** verlangt, vor der Aufstellung und Aktualisierung von Maßnahmenprogrammen die zu erwartenden **Folgen abzuschätzen**, insbesondere **Kosten-Nutzen-Analysen** durchzuführen. Mit diesen Vorschriften setzt das WHG Art. 13 Abs. 3 Satz 3 MSRL um. Für die Folgenabschätzungen können die im Umweltbericht nach § 40 UVPG enthaltenen Informationen herangezogen werden.[4]

7 **Abs. 3** stellt in **Satz 1** wie in anderen vergleichbaren Fällen (z.B. § 45f Abs. 2) klar, dass bei der Aufstellung der Maßnahmenprogramme die Maßnahmen, die zum **Schutz des Meeres nach anderen Vorschriften** (Wasserrecht, Naturschutzrecht, internationale Meeresübereinkommen) getroffen werden, zu berücksichtigen sind (vgl. auch Art. 13 Abs. 2 MSRL). Die Bundesregierung geht davon aus, dass vor allem durch die Maßnahmenprogramme nach der Wasser-

---

[3] Zur Verweisungsproblematik vgl. § 45c Fn. 1.
[4] BT-Drs. 17/6055, S. 21 unter Bezugnahme auf die Vorgängervorschrift § 14g UVPG.

rahmenrichtlinie (Nähr- und Schadstoffreduzierung, Laichhabitate) sowie durch die FFH-Managementpläne (Nutzungen) oder Maßnahmen nach der Badegewässerrichtlinie ein wesentlicher Teil der erforderlichen Maßnahmen bereits abgedeckt sein dürfte, ohne dass dadurch die Aufstellung von Maßnahmenprogrammen nach § 45h überflüssig werde.[5] Eine besondere Rolle („weitestgehend" zu berücksichtigen) schreibt **Satz 2** wegen des engen Sachzusammenhangs den in ein Maßnahmenprogramm nach § 82 zum Schutz der Küstengewässer aufgenommenen Maßnahmen (**Nr. 1** und **2**) zu. Nach **Satz 3** „sollen" die vorgesehenen Maßnahmen auch geeignet sein, die **Erreichung eines guten Zustands** der Meeresgewässer **in anderen Mitgliedstaaten der EU zu fördern** und nachteilige Auswirkungen auf diese Gewässer zu vermeiden. Die Vorschrift ist enger als z.B. § 45g Abs. 1 Satz 2 (andere Staaten, Hohe See). Auch die Vorgabe des Art. 13 Abs. 8 MSRL reicht weiter.

Abs. 4 normiert einen grundsätzlichen **Vorrang** für die **Belange der Verteidigung.** Tätigkeiten, die „allein" der Verteidigung dienen, dürfen durch die Maßnahmen, die in den Maßnahmenprogrammen vorgesehen sind, nicht beschränkt werden. Andererseits müssen die verteidigungsbezogenen Tätigkeiten so durchgeführt werden, dass sie „weitestgehend" mit den nach § 45e Satz 1 festgelegten Zielen vereinbar sind. Ob und inwieweit dies geschieht, kann jedenfalls auf nationaler Ebene nicht kontrolliert werden. 8

Abs. 5 schreibt die **Durchführung**, d.h. den praktischen Vollzug der Maßnahmen vor, die im Maßnahmenprogramm aufgeführt sind, und setzt hierfür eine Frist **bis zum 31.12.2016.** Die Vorschrift setzt Art. 5 Abs. 2 Buchst. b Ziff. ii und Art. 13 Abs. 10 MSRL um. Der europäische Gesetzgeber geht somit davon aus, dass vier Jahre nach der praktischen Umsetzung der Maßnahmen das Ziel des guten Zustands erreicht wird. Dies muss bei der Programmaufstellung beachtet werden. 9

Abs. 6 regelt in **Satz 1** die zeitlich **vorgezogene Aufstellung und Durchführung von Maßnahmenprogrammen.** Die Vorschrift setzt Art. 5 Abs. 3 MSRL um. Betroffen sind nur Programme für Meeresgewässer, bei denen zur Erreichung des guten Zustands „umgehend" **grenzüberschreitende Maßnahmen** erforderlich sind. In Satz 1 von Art. 5 Abs. 3 MSRL heißt es, der Zustand des Meeres müsse „so kritisch" sein, dass „dringend gehandelt werden muss". Dies ist jedenfalls dann anzunehmen, wenn ein späteres Handeln zu erheblichen, eventuell sogar irreversiblen Schäden führen kann.[6] Zudem können, wie **Satz 2** klarstellt, zusätzliche oder weitergehende Maßnahmen vorgesehen werden. Nach **Satz 3** sind auch in den Fällen des Abs. 6 10

---

[5] BT-Drs. 17/6055, S. 21.
[6] *Ginzky*, in: BeckOK, WHG, § 45h Rn. 57.

nach Maßgabe des Abs. 3 die dort genannten Maßnahmen zu berücksichtigen.

3. Landesrecht

11 Die Ausführungen zu § 45a unter 3. gelten entsprechend.

§ 45i
Beteiligung der Öffentlichkeit

(1) Die zuständige Behörde veröffentlicht

1. Zusammenfassungen der Entwürfe

    a) der Anfangsbewertung nach § 45c Absatz 1, der Beschreibung des guten Zustands nach § 45d Satz 1 und der Ziele nach § 45e Satz 1 bis zum 15. Oktober 2011,

    b) der Überwachungsprogramme nach § 45f Absatz 1 bis zum 15. Oktober 2013

    und

2. Entwürfe der Maßnahmenprogramme nach § 45h Absatz 1 bis zum 31. März 2015.

Innerhalb von sechs Monaten nach der Veröffentlichung kann die Öffentlichkeit zu den in Satz 1 genannten Unterlagen bei der zuständigen Behörde schriftlich oder elektronisch Stellung nehmen; hierauf ist in der Veröffentlichung hinzuweisen. Für Maßnahmenprogramme nach § 45h ist die Beteiligung der Öffentlichkeit nach den Sätzen 1 und 2 Teil der strategischen Umweltprüfung nach § 14i des Gesetzes über die Umweltverträglichkeitsprüfung.

(2) Bei Aktualisierungen nach § 45j und der vorzeitigen Aufstellung eines Maßnahmenprogramms nach § 45h Absatz 6 gilt Absatz 1 entsprechend.

(3) Unterlagen nach Absatz 1 Satz 1, die sich auf den Bereich der deutschen ausschließlichen Wirtschaftszone und des Festlandsockels beziehen, sind, auch in den Fällen des Absatzes 2, im Bundesanzeiger zu veröffentlichen.

(4) § 85 gilt entsprechend für die in Absatz 1 Satz 1 bezeichneten Maßnahmen.

§ 45i Beteiligung der Öffentlichkeit

Inhaltsübersicht

Rn.		Rn.
1. Allgemeines 1	3. Landesrecht 5
2. Inhalt des § 45i 3

1. Allgemeines

§ 45i regelt, in welcher Weise die Öffentlichkeit bei der Bewirtschaftung der Meeresgewässer zu beteiligen ist. Zur Entstehung der Vorschrift, die mit dem gesamten neuen Abschnitt 3a der **Umsetzung der Meeresstrategie-Rahmenrichtlinie** dient, wird auf die Ausführungen unter Rn. 1 und 2 zu § 45a verwiesen. § 45i setzt Art. 19 Abs. 1 und 2 MSRL um. Die Vorschrift lässt Ansprüche auf **Beteiligung nach anderen Vorschriften**, insbesondere den Umweltinformationsgesetzen des Bundes und der Länder **unberührt**, Art. 19 Abs. 3 MSRL bedurfte deshalb keiner eigenständigen Umsetzung im WHG. *1*

Ziel der Beteiligungsregelung ist, die Öffentlichkeit rechtzeitig über die einzelnen Verfahrensschritte bei der Konzipierung der Meeresstrategie zu informieren und ihr die Gelegenheit zu geben, Stellung und damit auch Einfluss zu nehmen. So wird eine wichtige Voraussetzung für die Akzeptanz der Meeresstrategie geschaffen.[1] **Abs. 1** legt fest, was Beteiligung der Öffentlichkeit inhaltlich bedeutet. **Abs. 2** betrifft Aktualisierungen und vorgezogene Aufstellungen eines Maßnahmenprogramms, **Abs. 3** die Art der Veröffentlichung für den Bereich der deutschen ausschließlichen Wirtschaftszone und des Festlandsockels, **Abs. 4** die aktive Beteiligung interessierter Stellen. *2*

2. Inhalt des § 45i

Abs. 1 bestimmt in **Satz 1**, was **Gegenstand der Veröffentlichung** ist. Es geht in **Nr. 1** um Zusammenfassungen der in Buchst. a und b genannten vier Verfahrensschritte zur Entwicklung und Durchführung der Meeresstrategie, in **Nr. 2** um die vollständigen Maßnahmenprogramme, und zwar jeweils in einem beurteilungsfähigen Entwurfsstadium, in dem also die sich abzeichnende Endfassung bereits erkennbar ist. Das WHG legt die Art der Veröffentlichung nicht fest, sondern überlässt diese Bestimmung den Ländern. Die Veröffentlichung muss jedenfalls für jedermann verständlich und zugänglich sein, wozu heutzutage auch eine elektronische Veröffentlichung gehört.[2] Die jeweiligen **Fristen** sind so bemessen, dass die gesetzlich vorgegebenen Termine für den Abschluss der Verfahrensschritte (vgl. § 45c Abs. 1 Satz 1, § 45d Satz 1, § 45e Satz 1, § 45f Abs. 1, § 45h Abs. 1 Satz 1) eingehalten werden können. In **Satz 2** regelt Abs. 1, wie die Öffentlichkeit beteiligt wird. In der Veröffentlichung hat die *3*

---

[1] BT-Drs. 17/6055, S. 21.
[2] BT-Drs. 17/6055, S. 21.

zuständige Behörde darauf hinzuweisen, dass die Öffentlichkeit zu den in Abs. 1 Satz 1 genannten Unterlagen **Stellung nehmen** kann, und zwar schriftlich oder elektronisch[3] innerhalb einer Frist von sechs Monaten. Der Begriff „**Öffentlichkeit**" ist auch in Bezug auf § 45i i.S. der Definition des § 2 Abs. 8 UVPG zu verstehen. Dies folgt schon aus der Verwendung des Begriffs im Zusammenhang mit dem UVPG in Satz 3 des § 45i Abs. 1. Die Behörde muss einer Stellungnahme nicht folgen, hat sie aber zu prüfen und entsprechend ihrer sachlichen Bedeutung bei der abschließenden Entscheidung zu berücksichtigen. **Satz 3** stellt klar, dass bei Maßnahmenprogrammen die Beteiligung der Öffentlichkeit nach den weitergehenden Bestimmungen des § 14i UVPG (seit dem 29.7.2017: § 42) über die **Strategische Umweltprüfung** zu erfolgen hat.[4] Die Programme nach § 45h sind in der Liste nach § 35 Abs. 1 Nr. 1, Anlage 5 UVPG unter Nr. 1.9 enthalten.

4   **Abs. 2** bestimmt, dass die Regelungen nach Abs. 1 auch für Aktualisierungen der in § 45j genannten Verfahrensschritte sowie für vorzeitige Aufstellungen von Maßnahmenprogrammen nach § 45h Abs. 6 gelten. **Abs. 3** trifft für die Gebiete der deutschen ausschließlichen Wirtschaftszone und des Festlandsockels die Sonderregelung, dass die Veröffentlichung im Bundesanzeiger zu erfolgen hat. In diesen Bereichen liegt die Zuständigkeit beim Bund. **Abs. 4** verweist auf § 85, d.h. die Behörden müssen auch bei Verfahrensschritten, die zur Bewirtschaftung der Meeresgewässer gehören, die aktive Beteiligung aller interessierten Stelle fördern. Der deutsche Gesetzgeber hat sich bei der Umsetzung von Art. 19 Abs. 1 MSRL dafür entschieden, in der Frage, wie die interessierten Stellen in die Aufstellung und Fortschreibung der Meeresstrategien einbezogen werden können, alle Hauptkategorien von Gewässern gleich zu behandeln.

3. Landesrecht

5   Die Ausführungen zu § 45a unter 3. gelten entsprechend.

§ 45j
Überprüfung und Aktualisierung

Die Anfangsbewertung nach § 45c Absatz 1, die Beschreibung des guten Zustands der Meeresgewässer nach § 45d Satz 1, die nach § 45e Satz 1 festgelegten Ziele, die Überwachungsprogramme nach § 45f Absatz 1 sowie die Maßnahmenprogramme nach § 45h Absatz 1 sind alle sechs Jahre zu überprüfen und, soweit erforderlich, zu aktualisieren.

---

[3] Eingefügt durch Art. 122 des Gesetzes v. 29.3.2017 (BGBl. I S. 626).
[4] Angemessene Frist i.S. des § 14i Abs. 3 Satz 2 UVPG (jetzt § 42 Abs. 3 Satz 2) ist hier die Sechsmonatsfrist nach § 45i Abs. 1 Satz 2; vgl. BT-Drs. 17/6055, S. 21.

Inhaltsübersicht

Rn.			Rn.
1. Allgemeines	1	3. Landesrecht	4
2. Inhalt des § 45j	2		

1. Allgemeines

§ 45j regelt die turnusgemäße Überprüfung und, soweit erforderlich, Aktualisierung der wesentlichen Verfahrensschritte, die nach den §§ 45c bis 45f sowie 45h vorgeschrieben sind, um in Deutschland eine wirksame Meeresstrategie zu entwickeln und durchzuführen. Die Vorschrift ergänzt damit die fortlaufende Überwachung nach Maßgabe des § 45 f. Zur Entstehung des § 45j, der mit dem gesamten neuen Abschnitt 3a der **Umsetzung der Meeresstrategie-Rahmenrichtlinie** dient, wird auf die Ausführungen unter Rn. 1 und 2 zu § 45a verwiesen. Die Vorschrift setzt Art. 17 Abs. 1 und 2 MSRL um. 1

2. Inhalt des § 45j

Die Planung und Durchführung von Strategien zur Bewirtschaftung der Meeresgewässer erstreckt sich über eine längere Dauer und umfasst mehrere Jahre. Während dieser Zeit können sich maßgebende **Entscheidungsgrundlagen ändern**, z.B. die natürlichen Gegebenheiten und tatsächlichen Verhältnisse (etwa aufgrund neuerer Forschungsergebnisse) sowie die rechtlichen Rahmenbedingungen. Auch sonst kann sich herausstellen, dass von den zuständigen Behörden ergriffene Maßnahmen sich als nicht erforderlich, nicht wirksam oder nicht angemessen erweisen. Deshalb ist eine **regelmäßige Überprüfung** der getroffenen Entscheidungen und Maßnahmen notwendig. Sie hat sich auf die Anfangsbewertung nach § 45c Abs. 1, die Zustandsbeschreibung nach § 45d Satz 1, die Festlegung von Zwischen- und Einzelzielen nach § 45e Satz 1, die Überwachungsprogramme nach § 45f Abs. 1 sowie die Maßnahmenprogramme nach § 45h Abs. 1 zu erstrecken. Bei der **Aktualisierung**, also der Anpassung an neue tatsächliche oder rechtliche Gegebenheiten, ist nach den Maßgaben zu verfahren, die gemäß den genannten Vorschriften im Einzelnen zu beachten sind. 2

Wie in Art. 17 Abs. 2 MSRL vorgegeben legt § 45j sowohl für die Überprüfung als auch die sich gegebenenfalls unmittelbar daran anschließende Aktualisierung eine **Frist von sechs Jahren** fest. Die Frist beginnt von dem Zeitpunkt an zu laufen, der in den genannten Vorschriften jeweils für das Ende des ersten Verfahrensschrittes bestimmt ist. Eine höchstzulässige Anzahl von Planungszyklen sehen weder die MSRL noch das WHG vor. § 45j normiert also eine **Daueraufgabe**. 3

3. Landesrecht

Die Ausführungen zu § 45a unter 3. gelten entsprechend. 4

§ 45k
Koordinierung

(1) Um die Bewirtschaftungsziele nach § 45a zu erreichen, koordinieren die zuständigen Behörden, einschließlich der zuständigen Behörden der betroffenen Binnenländer, die Maßnahmen nach den §§ 45c bis 45h sowohl untereinander als auch mit den zuständigen Behörden im Bereich der deutschen ausschließlichen Wirtschaftszone und des Festlandsockels sowie mit den zuständigen Behörden anderer Mitgliedstaaten der Europäischen Union. Die zuständigen Behörden bemühen sich um eine dem Satz 1 entsprechende Koordinierung mit den zuständigen Behörden von Staaten, die nicht der Europäischen Union angehören. Die zuständigen Behörden sollen die Organisationseinheiten internationaler Meeresübereinkommen und internationaler Flussgebietsübereinkommen nutzen. Für die Koordinierung nach den Sätzen 1 bis 3 gilt § 7 Absatz 4 Satz 2 entsprechend.

(2) Ergreifen andere Mitgliedstaaten der Europäischen Union Maßnahmen nach der Richtlinie 2008/56/EG, wirken die zuständigen Behörden hieran auch insoweit mit, als diese Maßnahmen im Zusammenhang damit stehen, dass der Oberflächenabfluss einer Flussgebietseinheit in das Meeresgewässer gelangt, für das die Maßnahmen ergriffen werden. Absatz 1 Satz 2 bis 4 gilt entsprechend.

Inhaltsübersicht

Rn.		Rn.
1. Allgemeines 1	3. Landesrecht	6
2. Inhalt des § 45k 4		

1. Allgemeines

1 § 45k regelt speziell für die Bewirtschaftung der Meeresgewässer die Zusammenarbeit der zuständigen Behörden mit anderen Behörden, die ebenfalls für die Erreichung der Bewirtschaftungsziele nach § 45a verantwortlich sind. Koordinierungsverpflichtungen sind schon im Hinblick auf die vielfältigen Interdependenzen bei der Bewirtschaftung von Gewässern – nicht nur der grenzüberschreitenden (vgl. § 7 Abs. 2–4) – erforderlich. Zur Entstehung des § 45k, der mit dem gesamten neuen Abschnitt 3a der **Umsetzung der Meeresstrategie-Rahmenrichtlinie** dient, wird auf die Ausführungen unter Rn. 1 und 2 zu § 45a verwiesen. Die Vorschrift setzt Art. 5 Abs. 2, Art. 6, Art. 8 Abs. 3 und Art. 11 Abs. 2 MSRL um.[1]

---

[1] In BT-Drs. 17/6055, S. 22 wird auch, was für Deutschland nicht nachvollziehbar ist, Art. 26 Abs. 3 MSRL genannt.

§ 45k Koordinierung

Ziel des § 45k ist es, die Erreichung der Bewirtschaftungsziele nach § 45a dadurch zu gewährleisten, dass alle betroffenen Behörden zu der hierfür notwendigen Zusammenarbeit verpflichtet werden. Darüber hinaus geht es um die kohärente Gestaltung der Maßnahmen und die angemessene Abstimmung mit anderen Maßnahmen der EU sowie internationalen Regelungen.[2)] **Abs. 1** stellt allgemeine Regeln zur Koordinierung der Meeresgewässerbewirtschaftung auf, **Abs. 2** betrifft die Mitwirkung der deutschen Behörden bei Bewirtschaftungsmaßnahmen anderer Mitgliedstaaten der EU.

2

Die **Art und Weise der Koordination** sowie der sonstigen Zusammenarbeit schreibt § 45k nicht vor. Vorhandene nationale, supranationale und internationale Koordinierungsgremien können und sollen hierfür genutzt und erforderlichenfalls entsprechend ausgestaltet werden. Ergänzend sind auf untergesetzlicher Ebene zwischen allen Beteiligten informelle Abstimmungen, aber auch förmliche Vereinbarungen möglich. Hinzuweisen ist z.B. auf das „**Verwaltungsabkommen Meeresschutz**", das der Bund und die Länder Bremen, Hamburg, Mecklenburg-Vorpommern, Niedersachsen und Schleswig-Holstein am 30.3.2012 abgeschlossen haben.[3)] Das Abkommen hat auch organisatorische Strukturen für die Zusammenarbeit beim Meeresschutz geschaffen, so den Bund/Länder-Ausschuss Nord- und Ostsee (BLANO) und den Koordinierungsrat Meeresschutz.

3

2. Inhalt des § 45k

Abs. 1 verpflichtet in **Satz 1** die „zuständigen Behörden" zur Koordinierung der Maßnahmen nach §§ 45c – 45h, also bei allen Verfahrensschritten, die bei der Bewirtschaftung der Meeresgewässer zu durchlaufen sind. Anzustreben ist ein inhaltlich **kohärentes Gesamtkonzept** der Meeresgewässerbewirtschaftung. Einen Zwang zur einvernehmlichen Bewirtschaftung gibt es nicht (Ausnahme: § 45k Abs. 1 Satz 4 i.V.m. § 7 Abs. 4 Satz 2). Die europarechtlich vorgebebene Koordinierung entspricht dem „Benehmen" i.S. des deutschen Verwaltungsverfahrensrechts.[4)] Angesprochen ist zunächst die Koordinierung der Behörden der für die Küstengewässer zuständigen **Bundesländer** untereinander. Betroffen sind neben den Küstenländern aber auch die Binnenländer, denn der Oberflächenwasserabfluss vom Lande aus beeinflusst auch den Zustand der Meeresgewässer. Die zuständigen Behörden im Binnenland müssen dies bei ihren Bewirtschaftungsmaßnahmen berücksichtigen und entsprechend abstimmen. Außerdem ist die Koordinierung erforderlich mit den **Bundesbehörden**, die nach § 45l für den Bereich der deutschen ausschließlichen Wirtschaftszone und des Festlandsockels zuständig

4

[2)] BT-Drs. 17/6055, S. 22; vgl. auch Erwägungsgrund 9 MSRL.
[3)] Vgl. dazu *Altenschmidt/Schütter/Sieber/Sitzer*, in: BFM, § 45k Rn. 7.
[4)] Vgl. auch *Altenschmidt/Schütter/Sieber/Sitzer*, in: BFM, § 45k Rn. 4; *Ginzky*, in: BeckOK, WHG, § 45k Rn. 16.

sind,[5)] sowie mit den **Behörden anderer Mitgliedstaaten der EU**. Für die Koordinierung mit den zuständigen Behörden von **Staaten außerhalb der EU** normiert **Satz 2** eine § 7 Abs. 3 Nr. 2 entsprechende Bemühenspflicht. **Satz 3** verpflichtet in Form einer Soll-Vorschrift dazu, für die Koordinierung die **Organisationseinheiten internationaler Meeresübereinkommen** (insbesondere OSPAR: Schutz des Nordatlantiks und HELCOM: Schutz der Meeresumwelt im Ostseegebiet) und internationaler **Flussgebietsübereinkommen** (insbesondere zum Schutz von Rhein, Maas, Mosel/Saar, Donau, Elbe, Oder) zu nutzen. **Satz 4** stellt durch die Anordnung der entsprechenden Geltung des § 7 Abs. 4 Satz 2 sicher, dass der Bund bei der Koordinierung der Meeresgewässerbewirtschaftung im Rahmen seiner verfassungsrechtlichen Verantwortung für die Beziehungen zu auswärtigen Staaten (Art. 32 Abs. 1 GG) die gesamtstaatlichen Belange wahrnehmen kann.

5 **Abs. 2** betrifft **Maßnahmen**, die Behörden **anderer Mitgliedstaaten der EU** nach der Meeresstrategie-Rahmenrichtlinie ergreifen. **Satz 1** verpflichtet die zuständigen deutschen Behörden, bei der Abstimmung, die von Behörden eines betroffenen anderen Mitgliedstaates eingeleitet wird, mitzuwirken. Die **Mitwirkungspflicht** erstreckt sich auch hier auf alle Bundesländer, von denen Wasser aus Oberflächengewässer in die Meeresgewässer abfließt und so deren Zustand beeinflusst. **Satz 2** schreibt vor, dass sich im Übrigen die Koordinierung nach den Regelungen des Abs. 1 Satz 2–4 richtet.

3. Landesrecht

6 Die Ausführungen zu § 45a unter 3. gelten entsprechend.

§ 451
Zuständigkeit im Bereich der deutschen ausschließlichen Wirtschaftszone und des Festlandsockels

Das Bundesministerium für Umwelt, Naturschutz, Bau und Reaktorsicherheit wird ermächtigt, im Einvernehmen mit dem Bundesministerium für Ernährung und Landwirtschaft, dem Bundesministerium für Verkehr und digitale Infrastruktur und dem Bundesministerium der Finanzen durch Rechtsverordnung ohne Zustimmung des Bundesrates die Zuständigkeit von Bundesbehörden im Geschäftsbereich der genannten Bundesministerien für die Durchführung der Vorschriften dieses Abschnitts und der auf Grund des § 23 für Meeresgewässer erlassenen Vorschriften im Bereich der deutschen ausschließlichen Wirtschaftszone und des Festlandsockels sowie das Zusammenwirken von Bundesbehörden bei der Durchführung dieser Vorschriften in diesem Bereich zu regeln.

[5)] Eine Rechtsverordnung nach § 45l gibt es noch nicht.

1. Allgemeines

§ 45l regelt die Behördenzuständigkeit für die Bewirtschaftung der Meeresgewässer außerhalb des deutschen Hoheitsgebiets. Dazu gehören die Meeresgewässer in der Deutschland zugeordneten ausschließlichen Wirtschaftszone (AWZ) und im Bereich des Festlandsockels. Auf die Definition der Meeresgewässer in § 3 Nr. 2a nebst Kommentierung wird verwiesen. Außerhalb des deutschen Hoheitsgebietes liegt auch die **Verwaltungszuständigkeit beim Bund**.[1] Europarechtliche Vorgaben existieren insoweit nicht. Unberührt bleiben die Vorschriften nach §§ 57 und 58 BNatSchG über die naturschutzrechtlichen Aufgaben und Zuständigkeiten in den von § 45l erfassten Gebieten.[2]

1

Der Gesetzgeber hat „mit Blick auf das bestehende komplexe Zuständigkeitsgefüge" im Anwendungsbereich des § 45l[3] auf eine Regelung im WHG verzichtet und die Bestimmung der Zuständigkeiten auf die Verordnungsebene verlagert. Die **Verordnungslösung** war allerdings nur der Ausweg, um den Streit unter den beteiligten Ressorts für das Gesetzgebungsverfahren zu beenden und so zu verhindern, dass die Meeresstrategie-Rahmenrichtlinie in Deutschland mit noch größerer Verzögerung umgesetzt worden wäre.

2

2. Inhalt des § 45l

§ 45l begründet eine eigenständige, von § 23 unabhängige Ermächtigung des Bundesumweltministeriums, durch **Rechtsverordnung** die „Zuständigkeit von Bundesbehörden" für die Durchführung des Abschnitts 3a und der nach § 23 für Meeresgewässer erlassenen Verordnungsregelungen zu bestimmen. Von der Zuständigkeitsregelung sind außerdem die Geschäftsbereiche der für Ernährung, für Verkehr und für Finanzen zuständigen Bundesministerien betroffen. Deren Geschäftsbereiche müssen auch die für zuständig erklärten Bundesbehörden angehören und alle genannten Ministerien müssen ihr Einvernehmen erteilen. Die Verordnung berührt ausschließlich Belange des Bundes, die Zustimmung des Bundesrates ist deshalb entbehrlich.[4] Der **Begriff „Bundesbehörde"** ist weit zu verstehen. Er umfasst neben Ämtern des Bundes (Umweltbundesamt, Bundesamt für Naturschutz, Bundesamt für Seeschifffahrt und Hydrographie) auch Bundesforschungsinstitute.[5] In der Verordnung kann das **Zusammenwirken von Bundesbehörden** geregelt werden. Die Bundesregie-

3

---

[1] BT-Drs. 17/6055, S. 12; ebenso *C/R*, § 45l Rn. 2; vgl. aber auch *Altenschmidt/Schütter/Sieber/Sitzer*, in: BFM, § 45l Rn. 9; *Gößl*, in: SZDK, § 45l WHG Rn. 3; *Proelß*, in: LR, WHG, § 45l Rn. 4.
[2] BT-Drs. 17/6055, S. 22.
[3] BT-Drs. 17/6055, S. 22.
[4] Vgl. dazu *Altenschmidt/Schütter/Sieber/Sitzer*, in: BFM, § 45l Rn. 7; *Proelß*, in: LR, WHG, § 45l Rn. 7.
[5] BT-Drs. 17/6055, S. 22.

rung geht davon aus, dass angesichts der „voraussichtlich erforderlichen starken Verschränkung der Behördenzuständigkeiten" eine Beteiligung etwa in Form des Einvernehmens oder Benehmens in Betracht kommt.[6]

3. Landesrecht

4 Die Ausführungen zu § 45a unter 3. gelten entsprechend.

**Abschnitt 4
Bewirtschaftung des Grundwassers**

**§ 46
Erlaubnisfreie Benutzungen des Grundwassers**

(1) Keiner Erlaubnis oder Bewilligung bedarf das Entnehmen, Zutagefördern, Zutageleiten oder Ableiten von Grundwasser

1. für den Haushalt, für den landwirtschaftlichen Hofbetrieb, für das Tränken von Vieh außerhalb des Hofbetriebs oder in geringen Mengen zu einem vorübergehenden Zweck,

2. für Zwecke der gewöhnlichen Bodenentwässerung landwirtschaftlich, forstwirtschaftlich oder gärtnerisch genutzter Grundstücke,

soweit keine signifikanten nachteiligen Auswirkungen auf den Wasserhaushalt zu besorgen sind. Wird in den Fällen und unter den Voraussetzungen des Satzes 1 Nummer 2 das Wasser aus der Bodenentwässerung in ein oberirdisches Gewässer eingeleitet, findet § 25 Satz 2 keine Anwendung.

(2) Keiner Erlaubnis bedarf ferner das Einleiten von Niederschlagswasser in das Grundwasser durch schadlose Versickerung, soweit dies in einer Rechtsverordnung nach § 23 Absatz 1 bestimmt ist.

(3) Durch Landesrecht kann bestimmt werden, dass weitere Fälle von der Erlaubnis- oder Bewilligungspflicht ausgenommen sind oder eine Erlaubnis oder eine Bewilligung in den Fällen der Absätze 1 und 2 erforderlich ist.

Inhaltsübersicht

	Rn.		Rn.
1. Allgemeines	1	3. Länderrecht	6
2. Inhalt des § 46	3		

---

[6] BT-Drs. 17/6055, S. 22.

1. Allgemeines

§ 46 regelt für die Benutzung des Grundwassers Ausnahmen von dem Erfordernis einer Erlaubnis oder Bewilligung nach § 8 Abs. 1. In Abs. 1 und 2 werden die erlaubnisfreien Benutzungen bestimmt, Abs. 3 ermächtigt die Länder, hierzu erweiternde oder einschränkende Regelungen zu erlassen. § 46 ersetzt § 33 WHG a.F.[1]

Der Gesetzgeber hat als Grund für die Ausnahmen von der behördlichen Vorkontrolle die hohe **Bedeutung** der erfassten Benutzungen **für die Land- und Forstwirtschaft** und den **Gartenbau**, aber auch deren verhältnismäßig geringe wasserwirtschaftliche Bedeutung im Einzelfall angeführt. Darüber hinaus sei es nicht vertretbar, für die Vielzahl von Einzelfällen ein Verwaltungsverfahren durchzuführen.[2] Der Entwurf des Bundesumweltministeriums zum Umweltgesetzbuch (UGB II – Wasserwirtschaft; vgl. hierzu Einleitung Rn. 13f.) hat für den jetzigen § 46 Abs. 1 Satz 1 Nr. 1 im Interesse einer nachhaltigen Gewässerbewirtschaftung durchweg nur noch eine Erlaubnis- oder Bewilligungsfreiheit für geringere Fördermengen vorgesehen. Dies war als „Standardverschärfung" politisch nicht durchsetzbar (vgl. hierzu Einleitung Rn. 20). Das neue WHG hat im Hinblick auf die regional stark differierenden Bedingungen für die Grundwasserbewirtschaftung die bisherigen Regelungsspielräume der Länder im Wesentlichen beibehalten (§ 46 Abs. 3).

2. Inhalt des § 46

Abs. 1 entspricht in **Satz 1** dem bisherigen § 33 Abs. 1 WHG. Die Begriffe „Entnehmen, Zutagefördern, Zutageleiten und Ableiten" sind Benutzungen im Sinne des § 9 Abs. 1 Nr. 5. Als Ausnahmeregelung ist die Vorschrift restriktiv auszulegen. Nach **Nr. 1** ist das Entnehmen oder Zutagefördern von Grundwasser für den **Haushalt** danach nur dann gestattungsfrei, wenn es in herkömmlicher, d.h. haushaltsüblicher Weise und damit in relativ geringen Mengen im Haushalt verbraucht wird. Auch die Wasserversorgung für den **landwirtschaftlichen Hofbetrieb** darf nach Sinn und Zweck der Vorschriften des WHG zum Schutz des Grundwassers nur in begrenztem Umfang erfolgen. Bei Erlass des WHG 1957 waren die agro-industriellen Entwicklungen in der Landwirtschaft noch nicht voraussehbar. Der Begriff „Hofbetrieb" umfasst jedenfalls keine Massentierhaltung. Die Privilegierung des § 46 Abs. 1 Satz 1 Nr. 1 greift folglich nicht, wenn der Hofbetrieb die Tierplatzschwellenwerte nach der Vierten Verordnung zur Durchführung des Bundes-Immissionsschutzgesetzes (4. BImSchV) erreicht und damit eine immissionsschutzrechtliche

---

[1] Vgl. zu dessen Entstehungsgeschichte BT-Drs. 2072, S. 35 und BT-Drs. 3536, S. 15 und 38 (Erlass des WHG 1957) sowie BT-Drs. 13/4788, S. 12 (6. Novelle von 1996) und BT-Drs. 14/7755, S. 20 (7. Novelle von 2002); *Meyer*, in: LR, WHG, § 46 Rn. 2f.
[2] Vgl. BT-Drs. 2072, S. 35.

Genehmigung erforderlich ist.[3] Das Tatbestandsmerkmal „geringe Mengen zu einem vorübergehenden Zweck" ist einzelfallbezogen unter Berücksichtigung des Zwecks und der örtlichen wasserwirtschaftlichen Verhältnisse auszulegen und z.B. regelmäßig bei Entwässerungen von Baugruben oder Grundwasserentnahmen bei Probebohrungen gegeben. **Nr. 2** betrifft die **gewöhnliche Bodenentwässerung**, zu der die übliche Grundstücksentwässerung durch Entwässerungsgräben oder Dränagerohre gehört, nicht aber z.b. das Ableiten von Grubenwasser beim Bergbau oder die Dränage einer Mülldeponie. Der neue **Satz 2** von Abs. 1 ergänzt die Nr. 2 des Satzes 1 und trägt dem Umstand Rechnung, dass eine Maßnahme der Bodenentwässerung, bei der das anfallende Wasser in ein oberirdisches Gewässer eingeleitet wird, einen zusammenhängenden Vorgang darstellt, den das Gesetz im Hinblick auf die Zweckbestimmung und die wasserwirtschaftliche Bedeutung des Vorhabens insgesamt erlaubnisfrei stellt. Das Einleiten wird so wieder dem Gemeingebrauch zugeordnet.

4   Wie bei den oberirdischen Gewässern (§ 25) und bei den Küstengewässern (§ 43) wird die erlaubnisfreie Benutzung auch des Grundwassers europarechtlich eingeschränkt. Nach Art. 11 Abs. 3 Buchst. e WRRL sind Entnahmen oder Aufstauungen nur dann erlaubnisfrei, wenn sie **keine signifikanten Auswirkungen** auf den Wasserzustand haben. § 46 Abs. 1 Satz 1 setzt diese europarechtliche Vorgabe in das nationale Recht um. Wegen des Begriffs „signifikant" vgl. § 25 Rn. 7.[4]

5   **Abs. 2** ersetzt die bisherige Ermächtigung der Länder nach § 33 Abs. 2 Nr. 3 WHG durch eine bundesgesetzliche Vollregelung. Die Erlaubnisfreiheit der schadlosen Versickerung von Niederschlagswasser erfordert allerdings den Erlass einer entsprechenden **Rechtsverordnung des Bundes**. Die Vorschrift steht in Zusammenhang mit der neuen Regelung des § 55 Abs. 2 zur nachhaltigen Niederschlagswasserbeseitigung. **Zweck** einer erlaubnisfreien Einleitung von Niederschlagswasser in das Grundwasser ist die Entlastung von Kanalnetzen und Kläranlagen von unschädlichem Regenwasser, um dadurch einen Beitrag nicht nur zur Dämpfung der Abwasserbeseitigungskosten, sondern auch zur Minderung von Hochwassergefahren zu leisten.[5] Das Niederschlagswasser versickert schadlos, wenn es aufgrund seiner Beschaffenheit oder der Filterwirkung des Bodens die Qualität des Grundwassers nach den Standards des WHG (insbesondere § 48) nicht beeinträchtigt.[6] Die Länder haben

---

[3] BT-Drs. 16/12275, S. 64.
[4] Vgl. im Übrigen näher zu den Tatbeständen des § 46 Abs. 1 *C/R*, § 46 Rn. 10–22; *Knopp*, in: SZDK, § 46 WHG, Rn. 9–32; *Meyer*, in: LR, WHG, § 46 Rn. 6–17.
[5] Vgl. BT-Drs. 13/4788, S. 21.
[6] Ausführlich zu § 46 Abs. 2 *Böhme*, in: BFM, § 46 Rn. 19 ff.

im Gesetzgebungsverfahren für die Beibehaltung der bisherigen Länderermächtigung votiert.[7] Bis zum Inkrafttreten einer Bundesverordnung gelten die einschlägigen Vorschriften der Länder.

3. Landesrecht

Abs. 3 ermächtigt die Länder in Anlehnung an das bisher geltende Recht, die bundesgesetzlichen **Ausnahmen** von der Erlaubnis- oder Bewilligungspflicht zu **erweitern** oder **einzuschränken**. Die Vorschrift belässt den Ländern damit schon auf der Ebene des Art. 72 Abs. 1 GG umfassende Gestaltungsspielräume für Regelungen zur Zulassungsbedürftigkeit von Grundwasserbenutzungen. Die Abweichungsbefugnis nach Art. 72 Abs. 3 Satz 1 Nr. 5 GG müssen sie nicht in Anspruch nehmen, wobei Abs. 1 Satz 2 und Abs. 2 des § 46 als stoffbezogene Vorschriften ohnehin abweichungsfest sind. Der Landesgesetzgeber ist bei seinen Regelungen allerdings an verbindliche EG-rechtliche Vorgaben gebunden, die z.B. keine Ausnahmen zulassen, wenn signifikante nachteilige Auswirkungen auf den Gewässerzustand zu erwarten sind (vgl. auch die Einschränkung nach Abs. 1 Satz 1). 6

§ 47
Bewirtschaftungsziele für das Grundwasser

(1) Das Grundwasser ist so zu bewirtschaften, dass

1. **eine Verschlechterung seines mengenmäßigen und seines chemischen Zustands vermieden wird;**

2. **alle signifikanten und anhaltenden Trends ansteigender Schadstoffkonzentrationen auf Grund der Auswirkungen menschlicher Tätigkeiten umgekehrt werden;**

3. **ein guter mengenmäßiger und ein guter chemischer Zustand erhalten oder erreicht werden; zu einem guten mengenmäßigen Zustand gehört insbesondere ein Gleichgewicht zwischen Grundwasserentnahme und Grundwasserneubildung.**

(2) Die Bewirtschaftungsziele nach Absatz 1 Nummer 3 sind bis zum 22. Dezember 2015 zu erreichen. Fristverlängerungen sind in entsprechender Anwendung des § 29 Absatz 2 bis 4 zulässig.

---

[7] Vgl. die Stellungnahme des Bundesrates zum Regierungsentwurf in BT-Drs. 16/13306, S. 10; ablehnend die Bundesregierung in ihrer Gegenäußerung auf S. 28.

(3) Für Ausnahmen von den Bewirtschaftungszielen nach Absatz 1 gilt § 31 Absatz 1, 2 Satz 1 und Absatz 3 entsprechend. Für die Bewirtschaftungsziele nach Absatz 1 Nummer 3 gilt darüber hinaus § 30 entsprechend mit der Maßgabe, dass nach Satz 1 Nummer 4 der bestmögliche mengenmäßige und chemische Zustand des Grundwassers zu erreichen ist.

Inhaltsübersicht

	Rn.			Rn.
1.	Allgemeines	1	3. Fristen, Abweichungen, Ausnahmen (Abs. 2, 3)	5
2.	Die Grundwasserbewirtschaftungsziele (Abs. 1)	2	4. Landesrecht	9

1. Allgemeines

1 § 47 bestimmt die für das Grundwasser zu erreichenden Bewirtschaftungsziele (Abs. 1) einschließlich der Fristen (Abs. 2) sowie der Abweichungs- und Ausnahmemöglichkeiten (Abs. 3). Die Vorschrift löst den bisherigen § 33a WHG ab, allerdings im Anschluss an die Grundregelung der §§ 27–31 in einer etwas veränderten Systematik. § 47 setzt die grundwasserbezogenen Vorgaben des Art. 4 WRRL um.[1] Im Übrigen kann im Hinblick auf die parallele Problematik auf die Kommentierung unter § 27 Rn. 1–6 verwiesen werden, wo auch dargelegt ist, warum das neue WHG die dem Landesgesetzgeber erteilten Regelungaufträge (Abs. 2 und 3 der §§ 25a und 33a WHG a.F.) nicht fortgeführt hat.

2. Die Grundwasserbewirtschaftungsziele (Abs. 1)

2 § 47 Abs. 1 bestimmt die grundwasserspezifischen Bewirtschaftungsziele. Diese unterscheiden sich in der Struktur von denen der oberirdischen Gewässer und der Küstengewässer. In Deutschland ist Ziel der Grundwasserbewirtschaftung, das Grundwasser flächendeckend zu schützen und in seiner natürlichen Beschaffenheit zu erhalten. Die **Besonderheiten**, die den **Grundwasserhaushalt** kennzeichnen, sind nach herkömmlicher Auffassung: kein Sauerstoffhaushalt, keine Sonnenenergie, keine Ökosystembildung.[2] Aus diesen Gründen gibt es bei der Grundwasserbewirtschaftung zwar auch ein Verschlechterungsverbot und ein Erhaltungs- und Verbesserungsgebot, jedoch beziehen sich diese Ge- und Verbote nicht auf einen ökologischen, sondern neben dem chemischen auf den mengenmäßigen Zustand

---

[1] Vgl. hierzu die Gesetzesbegründung zur Einfügung des § 33a in das WHG durch die 7. Novelle von 2002 in BT-Drs. 14/7755, S. 20 und 14/8668, S. 1f.
[2] Vgl. zur Bedeutung und zu den Besonderheiten des Grundwasserschutzes auch *Böhme*, in: BFM, § 47 Rn. 1 ff.

(**Nr. 1** und **3**). Außerdem besteht die Verpflichtung, Maßnahmen zu einer Trendumkehr zu ergreifen, wenn signifikante[3] und anhaltende Trends ansteigender Schadstoffkonzentrationen aufgrund der Auswirkungen menschlicher Tätigkeiten festgestellt werden (**Nr. 2**). Die Besonderheiten der Grundwasserbewirtschaftungsziele sind also: keine Anforderungen zum ökologischen Zustand, dafür aber zum mengenmäßigen Zustand sowie frühzeitige Gegensteuerung durch Ermittlung und Umkehr steigender Schadstofftrends.[4] Bei der Zustandseinstufung gibt es nur die Alternativen „gut" oder „schlecht" (§§ 4, 7 GrwV). In diesem Konzept des europäischen Wasserrechts bleiben aus der Sicht der Grundwasserökologie essenzielle Aspekte, die den „Lebensraum Grundwasser" und seine Schutzbedürftigkeit betreffen, unberücksichtigt.[5]

Zu dem in **Nr. 1** normierten Verschlechterungsverbot wird auf die parallelen Vorschriften des § 27 Abs. 1 Nr. 1, Abs. 2 Nr. 1 und des § 44 Satz 1 sowie die Kommentierung zu § 27 unter Rn. 11ff. verwiesen.[6] Die in **Nr. 3 mit** dem Zielerreichungs- und Verbesserungsgebot geforderte **gute Grundwasserqualität**[7] hat man in Deutschland bisher als „weitgehend unbelasteter" Zustand verstanden. Mit der Fortführung des früheren § 34 durch den neuen § 48 WHG hält das Wasserrecht an diesem Prinzip fest (vgl. auch § 48 Rn. 1). Konkrete Qualitätsnormen für das Grundwasser sind bislang nicht festgelegt worden, um zu vermeiden, dass eine „Auffüllmentalität" entsteht. Dies hat aber nicht verhindern können, dass es in Europa und in Deutschland zu großräumigen anthropogenen Belastungen des Grundwassers gekommen ist. Das zum guten mengenmäßigen Zustand gehörende Gleichgewicht zwischen Grundwasserentnahme und Grundwasserneubildung ist ein zentraler Grundsatz der Grundwasserbewirtschaftung, den die Länder schon vor der Wasserrahmenrichtlinie im wasserrechtlichen Vollzug praktiziert, teilweise auch wasserrechtlich verankert haben. Dagegen hat die integrierte Bewirtschaftung des Grundwassers auf der Basis von zu bildenden und Flussgebietseinheiten zuzuordnenden Grundwasserkörpern unter Berücksichtigung der wechselseitigen Abhängigkeiten mit den Oberflächengewässern erst durch die Umsetzung der Wasserrahmenrichtlinie Eingang in die deutsche Wasserrechtsordnung gefunden (vgl. hierzu auch § 7 Abs. 5 nebst Kommentierung unter Rn. 8). Vor allem die Einführung rechtsverbindlicher Bewirtschaftungsanfor-

3

---

[3] Vgl. zu diesem Begriff § 25 Satz 3 Nr. 2 nebst Kommentierung unter Rn. 7.
[4] Vgl. ausführlich zum Zustand des Grundwassers und zu den Bewirtschaftungszielen *Böhme*, in: BFM, § 47 Rn. 9ff.; *Ginzky*, in: BeckOK, WHG, § 47 Rn. 1ff.
[5] Näher hierzu *Rumm*, in: RvKS, S. 229ff.
[6] Näher hierzu auch *Böhme*, in: BFM, § 47 Rn. 13ff.; *Ginzky*, in: BeckOK, WHG, § 47 Rn. 10ff.
[7] Vgl. hierzu *Rechenberg*, in: RvKS, S. 199, 204ff. sowie *Knopp*, in: SZDK, § 47 WHG Rn. 32ff.

derungen, bestehend aus einer Kombination von Obergrenzen für Schadstoffe („Umweltqualitätsnormen" gemäß Art. 2 Nr. 35 und Anhang V Nr. 2.3.2 WRRL) und dem Gebot der **Trendumkehr**,[8] stellt eine Abkehr von den bislang relevanten Grundsätzen des Grundwasserschutzes dar.

4 Der „**mengenmäßige**" Zustand bezeichnet das Ausmaß, in dem ein Grundwasserkörper (§ 3 Nr. 6) durch direkte und indirekte Wasserentnahmen beeinträchtigt wird (Art. 2 Nr. 26 WRRL). Direkte Entnahmen sind z.b. solche über Entnahmebrunnen zum Zwecke der Trink- und Brauchwasserversorgung, indirekte Entnahmen Einwirkungen auf den Grundwassermengenhaushalt z.B. als Folge von Flächenversiegelungen, Baumaßnahmen, Wasserhaltungen oder von Gewässerausbaumaßnahmen. Ein guter mengenmäßiger Zustand ist der Zustand gemäß Tabelle 2.1.2 des Anhangs V WRRL. Danach kommt es auf den Grundwasserspiegel an, der so beschaffen sein muss, dass u.a. die verfügbare Grundwasserressource (Art. 2 Nr. 27 WRRL) nicht von der langfristigen mittleren jährlichen Entnahme überschritten wird.[9] Der „**chemische**" Zustand des Grundwassers ist gut, wenn er alle in Tabelle 2.3.2 des Anhangs V aufgeführten Bedingungen erfüllt (Art. 2 Nr. 25 WRRL), insbesondere also auch die nach der Grundwasserrichtlinie 2006/118/EG vom 12.12.2006 zulässigen Schadstoffkonzentrationen nicht überschreitet.[10] Zur Umsetzung dieser Richtlinie sowie der das Grundwasser betreffenden Vorschriften der Wasserrahmenrichtlinie ist am 9.11.2010 die neue **Grundwasserverordnung** des Bundes erlassen worden, die auch nähere Festlegungen zur Erreichung der Bewirtschaftungsziele des § 47 Abs. 1 trifft.

3. Fristen, Abweichungen, Ausnahmen (Abs. 2, 3)

5 **Abs. 2** legt die **Fristen** für die Erreichung der Bewirtschaftungsziele für das Grundwasser fest. Es gibt nur Fristen für die Erreichung des guten mengenmäßigen und des guten chemischen Zustands. Die Vorschrift übernimmt in **Satz 1** die europarechtlich vorgegebene (Art. 4 Abs. 1 Buchst. b Ziff. ii WRRL), bisher in den Landeswassergesetzen normierte höchstzulässige Frist. **Satz 2** führt die bisherige Regelung des § 33a Abs. 4 Satz 3 WHG fort, soweit Fristverlängerungen betroffen sind. Es kann auf die Erläuterungen zu dem entsprechend anzuwendenden § 29 verwiesen werden.[11]

---

[8] Siehe dazu *Böhme*, in: BFM, § 47 Rn. 27 ff.; *Ginzky*, in: BeckOK, WHG, § 47 Rn. 12 ff.; *Meyer*, in: LR, WHG, § 47 Rn. 12.
[9] Näher zum mengenmäßigen Zustand *Böhme*, in: BFM, § 47 Rn. 17 ff.
[10] Näher zum chemischen Zustand *Böhme*, in: BFM, § 47 Rn. 22 ff.
[11] Vgl. auch näher *Böhme*, in: BFM, § 47 Rn. 31 ff.

Abs. 3 regelt in **Satz 1** die zulässigen **Ausnahmen** und in **Satz 2** die   6
zulässigen **Abweichungen** vom Ziel des guten mengenmäßigen und
chemischen Grundwasserzustands. Die Vorschrift trägt mit den einschränkenden Regelungen zur Zulässigkeit von Abweichungen und Ausnahmen von den Bewirtschaftungszielen in Übereinstimmung mit dem Konzept der Wasserrahmenrichtlinie der größeren Schutzbedürftigkeit des Grundwassers Rechnung. Sie löst den bisherigen § 33a Abs. 4 WHG ab, soweit es um Abweichungen und Ausnahmen von den Bewirtschaftungszielen im Sinne der §§ 30 und 31 geht. Dabei berücksichtigt das WHG entsprechend den EG-rechtlichen Vorgaben die Besonderheiten, die das Grundwasser kennzeichnen.[12] Der komplizierten Struktur der stark differenzierenden Bestimmungen von Art. 4 Abs. 5–9 WRRL folgend führt § 47 Abs. 3 für das Grundwasser inhaltlich die bisherige Regelung fort.[13]

Die **Ausnahmevorschrift** nach Satz 1 verweist in Bezug auf die In-   7
kaufnahme vorübergehender Verschlechterungen des Grundwasserzustands voll auf die für oberirdische Gewässer geltende Regelung des § 31 Abs. 1 und in Bezug auf die Zielverfehlung wegen Veränderungen der physischen Eigenschaften nur auf Satz 1 von Abs. 2, also nicht auf die zusätzliche Ausnahme nach Abs. 2 Satz 2.

Die **Abweichungsvorschrift** nach Satz 2 gestattet beim Grundwasser   8
die Inkaufnahme weniger strenger Bewirtschaftungsziele (§ 30) nur in Bezug auf die Zielsetzung § 47 Abs. 1 Nr. 3 (guter mengenmäßiger und chemischer Zustand). Die Maßgabe-Klausel dient lediglich dazu, die Möglichkeit einer Abweichung nach § 30 Satz 1 Nr. 4 auf die Begrifflichkeiten der Grundwasserbewirtschaftungsziele auszurichten. Die Änderung gegenüber dem bisherigen Wortlaut – „bestmöglicher mengenmäßiger und chemischer Zustand" statt „geringstmögliche Veränderungen des guten Zustands" (so § 33a Abs. 4 Satz 3 WHG a.F. und Art. 4 Abs. 5 Buchst. b, zweiter Anstrich WRRL) – ist inhaltlich ohne Bedeutung, sie soll das eigentlich Gewollte deutlicher zum Ausdruck bringen.[14]

4. Landesrecht

Die Ausführungen zum Landesrecht zu den §§ 27–31 gelten jeweils   9
für das Grundwasser entsprechend.

---

[12] Vgl. auch BT-Drs. 14/8668, S. 12.
[13] Vgl. zu Abs. 3 näher *Böhme*, in: BFM, § 47 Rn. 36 ff.
[14] BT-Drs. 16/12275, S. 65.

§ 48
Reinhaltung des Grundwassers

(1) Eine Erlaubnis für das Einbringen und Einleiten von Stoffen in das Grundwasser darf nur erteilt werden, wenn eine nachteilige Veränderung der Wasserbeschaffenheit nicht zu besorgen ist. Durch Rechtsverordnung nach § 23 Absatz 1 Nummer 3 kann auch festgelegt werden, unter welchen Voraussetzungen die Anforderung nach Satz 1, insbesondere im Hinblick auf die Begrenzung des Eintrags von Schadstoffen, als erfüllt gilt. Die Verordnung bedarf der Zustimmung des Bundestages. Die Zustimmung gilt als erteilt, wenn der Bundestag nicht innerhalb von drei Sitzungswochen nach Eingang der Vorlage der Bundesregierung die Zustimmung verweigert hat.

(2) Stoffe dürfen nur so gelagert oder abgelagert werden, dass eine nachteilige Veränderung der Grundwasserbeschaffenheit nicht zu besorgen ist. Das Gleiche gilt für das Befördern von Flüssigkeiten und Gasen durch Rohrleitungen. Absatz 1 Satz 2 bis 4 gilt entsprechend.

Inhaltsübersicht

Rn.		Rn.
1. Allgemeines	1	
2. Die Tatbestände des § 48 (Abs. 1 Satz 1, Abs. 2).....	4	
3. Der Besorgnisgrundsatz als materielle Grundentscheidung des WHG ...	8	
4. Geringfügigkeitsschwellenwerte		11
5. Die Verordnungsermächtigung (Abs. 1 Satz 2–4)..........		14
6. Landesrecht		16

1. Allgemeines

1 § 48 ist – neben den Bewirtschaftungszielen nach § 47 – die Grundnorm zur Reinhaltung des Grundwassers und gehört zu den zentralen Vorschriften des WHG, die das Gewässerschutzprofil des deutschen Wasserrechts maßgeblich mitprägen. Das WHG 2009 hat das ursprüngliche, seit 1957 inhaltlich praktisch unverändert gebliebene Konzept des früheren § 34 WHG übernommen. Es trägt damit der besonderen **Schutzwürdigkeit und Schutzbedürftigkeit des Grundwassers** Rechnung, in erster Linie im Hinblick auf seine große Bedeutung für die Wasserversorgung.[1] Grundwasserschäden sind Langzeitschäden, die allenfalls in sehr langen Zeiträumen und mit erheblichem technischen und finanziellen Aufwand beseitigt werden können. § 48 unterwirft deshalb besonders relevante Tatbestände dem strengen Besorgnisgrundsatz. **Abs. 1** regelt das Einbringen und

---

[1] BT-Drs. 2072, S. 35; vgl. auch BVerfG v. 15.7.1981 – 1 BvL 77/78, BVerfGE 58, 300, 342 ff.; *Gößl*, in SZDK, § 48 WHG Rn. 9. – Vgl. im Übrigen auch die Kommentierung zu § 47 unter Rn. 2 ff.; näher zur Rechtsentwicklung *Meyer*, in: LR, WHG, § 48 Rn. 2 f.

Einleiten von Stoffen in das Grundwasser (echte Gewässerbenutzungen), **Abs.** 2 das Lagern und Ablagern von Stoffen sowie das Befördern von Flüssigkeiten und Gasen durch Rohrleitungen (unechte Gewässerbenutzungen). Die parallelen Vorschriften zur Reinhaltung der oberirdischen Gewässer und der Küstengewässer (§§ 32, 45) kennen den Besorgnisgrundsatz nur im jeweiligen Abs. 2, während sie im jeweiligen Abs. 1 deutlich hinter dem Schutzbereich des § 48 Abs. 1 zurückbleiben. Grundsatz ist der **flächendeckende, nutzungsunabhängige Schutz des Grundwassers**, bei dem das Ziel ein anthropogen im Wesentlichen unbelastetes Grundwasser ist.[2]

§ 48 geht als **Spezialnorm** den allgemeinen Vorschriften des WHG zum Schutz der Gewässer vor und bleibt insbesondere auch nach Einführung der unionsrechtlich vorgegebenen Gewässerbewirtschaftung nach auf Wasserkörper bezogenen Qualitätszielen neben § 47 anwendbar.[3] Das WHG 2009 hält „im Interesse eines wirksamen Grundwasserschutzes" ausdrücklich an dem „bewährten" Besorgnisgrundsatz fest.[4] Der Grundwasserschutz in Deutschland hat damit seine spezifische, bereits mit dem WHG 1957 eingeführte nationale Prägung auch im Rahmen der Umsetzung der Wasserrahmenrichtlinie durch die 7. WHG Novelle beibehalten. Die Kritik, die in diesem Zusammenhang zu dem inhaltlich nicht veränderten Konzept des WHG 2009 an dem „deutschen Sonderweg" bei der Grundwasservorsorge geäußert worden ist,[5] ist insofern nicht nachvollziehbar. 2

Die Vorschriften des WHG zur Reinhaltung des Grundwassers sind zunächst durch die vor allem der Umsetzung der alten Grundwasserrichtlinie dienende, inzwischen aufgehobene Grundwasserverordnung von 1997 konkretisiert worden.[6] Die neue, umfassendere **Grundwasserverordnung**[7] setzt die Grundwasserrichtlinie 2006/118/EG vom 12.12.2006 sowie die grundwasserrelevanten Bestimmungen der Wasserrahmenrichtlinie um. 3

2. Die Tatbestände des § 48 (Abs. 1 Satz 1, Abs. 2)

Abs. 1 ergänzt in **Satz 1** für den Benutzungstatbestand „**Einbringen und Einleiten von Stoffen** in das Grundwasser" (vgl. hierzu § 9 Abs. 1 Nr. 4 nebst Kommentierung) die allgemeinen Voraussetzungen 4

---

[2] Vgl. Sondergutachten des Sachverständigenrates für Umweltfragen (SRU), Flächendeckend wirksamer Grundwasserschutz, BT-Drs. 13/10196.
[3] BT-Drs. 14/7755, S. 20; vgl. auch *Meyer*, in: LR, WHG, § 48 Rn. 4; *Posser*, in: BeckOK, WHG, § 48 Rn. 3.
[4] BT-Drs. 16/12275, S. 65.
[5] *Salzwedel/Schwetzel*, Die europäische Grundwasserrichtlinie und der deutsche Sonderweg bei der Grundwasservorsorge, NuR 2009, 760.
[6] Richtlinie 80/68/EWG v. 17.12.1979 und Verordnung v. 18.3.1997 (BGBl. I S. 542).
[7] Vom 9.11.2010 (BGBl. I S. 1513), zuletzt geändert durch Verordnung v. 4.5.2017 (BGBl. I S. 1044).

nach § 12 für die Erteilung einer wasserrechtlichen Erlaubnis. Die Reinhalteanforderung bezieht sich auf die physikalische, chemische und biologische Beschaffenheit des Wassers (vgl. § 3 Nr. 9). Die Wasserqualität darf sich durch den Stoffeintrag im Sinne des Besorgnisgrundsatzes nicht nachteilig verändern. Der Begriff der nachteiligen Veränderung ist hier ebenso zu verstehen wie in anderen Vorschriften des WHG;[8)] auf § 5 Abs. 1 Nr. 1 und die Kommentierung unter Rn. 4 wird verwiesen; zur Frage, wann eine nachteilige Veränderung der Grundwasserbeschaffenheit zu „besorgen" ist, siehe nachfolgend unter Rn. 8 ff.

5 **Abs. 2** verbietet in **Satz 1** unter den gleichen Voraussetzungen wie Satz 1 von Abs. 1 beim Einbringen und Einleiten von Stoffen das **Lagern und Ablagern von Stoffen**. Das Verbot ist anders als beim Gewässerbenutzer nach Abs. 1 unmittelbar an den denjenigen adressiert, der lagert oder abgelagert. Die Regelung entspricht § 34 Abs. 2 a.F., der von der Rechtsprechung als verfassungsrechtlich hinreichend bestimmt angesehen wird.[9)] Der Begriff „Lagern" (vgl. auch § 32 Abs. 2, § 45 Abs. 2, § 62 Abs. 1 und § 89 Abs. 2 Satz 1) umfasst das Aufbewahren von Stoffen zur späteren Verwendung oder Wiederverwendung oder zur späteren endgültigen Beseitigung, der Begriff „Ablagern" (vgl. auch § 32 Abs. 2, § 45 Abs. 2 und § 89 Abs. 2 Satz 1) das Niederlegen von Stoffen, um sich ihrer zu entledigen. Das Lagern und Ablagern von Stoffen setzt, auch wenn es unter besonderen Verhältnissen durch Unterlassen geschieht, ein zweckgerichtetes Verhalten voraus.[10)] Unter § 48 Abs. 2 fällt z.B. das Verwenden von unsortiertem Bauschutt beim Wegebau, die Nutzung einer unbefestigten Dungstätte ohne Auffangvorrichtung, das unterirdische Speichern wassergefährdender Stoffe in Bodenschichten oder Kavernen oder das Ablagern radioaktiver Stoffe. Nicht erfasst wird der Eintrag von Stoffen (z.B. Öl) in das Grundwasser aufgrund von Unfällen, weil hier kein zweckgerichtetes Handeln vorliegt. Das Düngen, das Aufbringen von Klärschlamm sowie das Verregnen und Verrieseln von Abwasser sind kein Ablagern, wenn die düngerechtlichen Vorschriften, die Klärschlammverordnung oder die gute fachliche Praxis eingehalten werden. Dagegen kann bei erheblich über das übliche Maß hinausgehender, der guten fachlichen Praxis widersprechender Düngung durchaus ein Ablagern vorliegen, da hier dem Grundwasser bewusst illegal wassergefährdende Stoffe zugeführt werden. Ähnliches gilt für die Verwendung von Pflanzenschutzmitteln.

[8)] Unzutreffend insofern *Posser*, in: BeckOK, WHG § 48 Rn. 16; vgl. dazu auch § 32 Rn. 5, Fn. 5.
[9)] Vgl. BVerwG v. 16.7.1965 – IV C 54.65, ZfW 1965, 113, 115.
[10)] BVerwG v. 16.11.1973 – IV C 44.69, NJW 1974, 815 = HDW R 1250.

Abs. 2 verbietet in **Satz 2** in gleicher Weise wie in Satz 1 für das Lagern und Ablagern von Stoffen das **Befördern von Flüssigkeiten und Gasen in Rohrleitungen**. Das **Befördern** von Flüssigkeiten und Gasen durch **Rohrleitungen** erfasst begrifflich auch Abwasserkanäle und -leitungen, § 48 Abs. 2 Satz 2 ist seinem Sinn und Zweck nach auch neben dem Abwasserrecht anwendbar.   6

Zum **Verhältnis** des § 48 Abs. **2 zu anderen Vorschriften**, insbesondere den Regelungen des WHG über den Umgang mit wassergefährdenden Stoffen (§§ 62, 63), des UVP-Gesetzes über die Rohrleitungsanlagen zum Befördern wassergefährdender Stoffe (§§ 65 ff. i. V. m. Nr. 19.3 Anlage 1 UVPG; früher: §§ 19a ff. WHG a. F.) sowie sonstigen Verbotsvorschriften in anderen Rechtsgebieten (Gewerbe-, Gefahrstoff-, Atom-, Bau- und vor allem Abfallrecht) auf § 32 Rn. 6 verwiesen. Ein Verstoß gegen die Verbote des Abs. 2 stellt eine **Ordnungswidrigkeit** nach § 103 Abs. 1 Nr. 4 dar. Soweit durch den Verstoß eine nachteilige Veränderung des Grundwassers verursacht wird, kommt eine Straftat nach §§ 324, 330 StGB in Betracht.   7

3. Der Besorgnisgrundsatz als materielle Grundentscheidung des WHG

Das WHG bestimmt außer in § 48 in einer Reihe anderer Vorschriften als Anforderung an die Reinhaltung der Gewässer, eine nachteilige Veränderung der Wasserbeschaffenheit oder der Gewässereigenschaften dürfe nicht zu besorgen sein (sog. **Besorgnisgrundsatz**; vgl. § 32 Abs. 2, § 45 Abs. 2, § 62 Abs. 1 Satz 1; ebenso § 66 Abs. 1 Satz 2 UVPG für Rohrleitungsanlagen zum Befördern wassergefährdender Stoffe). Der Begriff „besorgen" stellt an die Zulassung der Gewässerbenutzung deutlich schärfere Anforderungen als der Begriff „erwarten" (vgl. hierzu insbesondere § 12 Abs. 1 Nr. 1 nebst Kommentierung unter Rn. 2). Eine nachteilige Veränderung ist nach dem frühen Grundsatzurteil des BVerwG von 1965[11)] nur dann nicht zu besorgen, wenn für eine solche Veränderung „keine auch noch so wenig naheliegende Wahrscheinlichkeit" besteht. Das Gesetz sei hier also „überaus streng", die Beeinträchtigung muss nach menschlicher Erfahrung unwahrscheinlich sein.[12)] An die Wahrscheinlichkeit eines Schadens brauchen somit keine besonders hohen Anforderungen gestellt werden. Die Besorgnis muss auch für nachteilige Veränderungen des Grundwassers ausgeschlossen werden, mit denen erst in langen Zeiträumen zu rechnen ist. Ob eine Besorgnis anzunehmen ist, hängt letztlich von den Umständen des konkreten Einzelfalles ab. Falls möglich und erforderlich, ist durch Inhalts- und Nebenbestim-   8

[11)] BVerwG, Urt. v. 16. 7. 1965 – IV C 54.65, ZfW 1965, 113, 115 f. mit Anm. *Czychowski*; bestätigt durch Urt. v. 26. 6. 1970 – IV C 99.67, ZfW 1971, 109, 112 = HDW R 1164.
[12)] Vgl. auch *Böhme*, in: BFM, § 48 Rn. 5; *C/R*, § 32 Rn. 39 ff., § 48 Rn. 13, 26; *Gößl*, in: SZDK, § 48 WHG Rn. 14; *Meyer*, in: LR, WHG, § 48 Rn. 7;.

mungen sicherzustellen, dass nachteilige Wirkungen vermieden oder ausgeglichen werden und dadurch eine Besorgnis nicht mehr besteht.

9 Nach Rechtsprechung und herrschender Literaturmeinung spiegeln die verschiedenen Vorschriften zum Besorgnisgrundsatz eine **materielle Grundentscheidung** des WHG wider, wonach alle gewässerschädlichen Einwirkungen, also auch andere als die von § 48 erfassten Tatbestände einem verbindlichen Bewertungsmaßstab unterliegen und so ein gleich hohes Schutzniveau gewährleisten.[13] Daraus folgt: Jede nicht diesem Standard des WHG entsprechende und damit gesetzeswidrige Gefährdung oder Beeinträchtigung der Wasserqualität stellt im Sinne des allgemeinen Polizei- und Ordnungsrechts eine zu behördlichem Eingreifen berechtigende, gegebenenfalls sogar verpflichtende Störung der öffentlichen Sicherheit und Ordnung dar.[14] § 48 normiert die Schwelle zur Schädigung des Grundwassers und ist damit eine weitergehende Vorschrift im Sinne des § 90 Abs. 4 (vgl. hierzu auch § 90 Rn. 10).

10 Dies gilt grundsätzlich auch für die Fälle der **Altlastensanierung** nach Maßgabe des Bundes-Bodenschutzgesetzes, denn die bei der Sanierung von Gewässern zu erfüllenden Anforderungen bestimmen sich nach dem Wasserrecht (§ 4 Abs. 4 Satz 3 BBodSchG), hier also in erster Linie nach §§ 48 und 90 WHG. § 48 ist insbesondere nicht eine bloße Vorsorgeregelung, denn „Besorgnis" ist mehr als „Vorsorge" im herkömmlichen umweltrechtlichen Verständnis.[15] Besonderes Gewicht hat in diesem Zusammenhang allerdings der Grundsatz der Verhältnismäßigkeit. Es ist deshalb nicht zwingend geboten, Altlasten stets nach dem Maßstab des § 48 zu sanieren, um flächendeckend ein anthropogen möglichst unbelastetes Grundwasser zu erreichen. Die Behörde kann Prioritäten setzen und neben einer geogenen auch eine gewisse anthropogene Belastung zumindest in Teilbereichen hinnehmen.[16] In diesem Zusammenhang spielen auch die 2002 durch die 7. WHG-Novelle eingeführten gesetzlichen Bewirtschaftungsziele – eine neuere materielle Grundentscheidung des WHG – eine wesentliche Rolle. Da die Sanierung von Altlasten nicht unmittelbar in § 48 geregelt ist und das WHG die Gewässersanie-

---

[13] Vgl. BVerwG v. 16.11.1973 – IV C 44.69, NJW 1974, 815 = HDW R 1250; BVerwG v. 24.8.1989 – 4 B 59.89, NVwZ 1990, 474, 475; vgl. auch *Böhme*, in: BFM, § 48 Rn. 4 ff.; *C/R*, § 48 Rn. 2; *Gößl*, in: SZDK, § 48 WHG Rn. 14; *Meyer*, in: LR, WHG, § 48 Rn. 4; *Posser*, in: BeckOK, WHG, § 48 Rn. 2; a.A. *Kotulla*, § 48 Rn. 3; *Salzwedel*, Gutachten „Altlastensanierung und Grundwasserschutz", in: VDI-Berichte Nr. 1119, 1994, S. 21 ff.

[14] Vgl. die Nachweise (zustimmend und ablehnend) in Fn. 13.

[15] Dies folgt schon aus der Begründung, warum der Besorgnisgrundsatz als materielle Grundentscheidung des WHG zu qualifizieren ist (vgl. Rn. 9 mit Fn. 13).

[16] Vgl. LAWA-Empfehlungen für die Erkundung, Bewertung und Behandlung von Grundwasserschäden, 1994, S. 13 ff.; *Rehbinder*, Festlegung von Umweltzielen, NuR 1997, 313, 325.

rung – von der Spezialvorschrift des § 90 abgesehen – auch in das Gebot zur Erreichung eines guten Gewässerzustands einbezieht (beim Grundwasser in § 47 Abs. 1 Nr. 3), sind Sanierungsfälle deshalb grundsätzlich im Rahmen des § 47 zu behandeln.

4. Geringfügigkeitsschwellenwerte

Die Gesetzentwürfe von Koalitionsfraktionen und Bundesregierung zum neuen WHG sehen noch vor, im Rahmen des § 48 die **Besorgnis einer nachteiligen Veränderung** der Grundwasserbeschaffenheit in Anlehnung an das Geringfügigkeitsschwellenwert-Konzept (GFS-Konzept) der Länderarbeitsgemeinschaft Wasser (LAWA)[17)] zu **konkretisieren**.[18)] Dieses Konzept ist auf Verwaltungsebene für den wasserrechtlichen Vollzug auf der Grundlage des § 34 WHG a.F. mit dem Ziel entwickelt worden, Maßnahmen zum Schutz des Bodens und des Grundwassers praktikabel aufeinander abzustimmen. Das WHG sollte gesetzlich klarstellen, dass die Besorgnis „nicht schon bei jeder zwar messtechnisch nachweisbaren, den Wasserhaushalt aber in keiner Weise beeinträchtigenden Erhöhung von Schadstoffgehalten oder Schadstoffmengen" vorliegt. Für die Schwelle der Geringfügigkeit sollte der Ort vor dem Eintritt der Schadstoffe in das Grundwasser maßgebend sein, also das begrifflich zum Boden gehörende Sickerwasser. Die Festlegung der Schwellenwerte und des Ortes, an dem sie einzuhalten sind, sollte der Verordnungsebene vorbehalten sein (**Verrechtlichung** der Geringfügigkeitsschwelle).

11

Bei einem Vergleich der Fassung des § 48 im Gesetzentwurf[19)] mit dem verabschiedeten Gesetzestext ist unschwer zu erkennen, dass die im Gesetzentwurf vorgesehene Regelung das Schutzkonzept des bisherigen § 34 WHG nicht verschärft, sondern im Gegenteil eine **flexiblere, praktikablere Handhabung des strengen Besorgnisgrundsatzes** ermöglicht hätte.[20)] Die gesetzliche Verankerung des Geringfügigkeitsgedankens ist dennoch unterblieben, weil die betroffene

12

---

17) Bericht der LAWA „Ableitung von Geringfügigkeitsschwellenwerten für das Grundwasser" vom September 2004, den die Umweltministerkonferenz im Dezember 2004 gebilligt hat.
18) BT-Drs. 16/12275, S. 16, 65. – Vgl. zu den parlamentarischen Beratungen *Göβl*, in: SZDK, § 48 WHG Rn. 2ff. und zur inhaltlichen Diskussion *Böhme*, in: BFM, § 48 Rn. 8ff., 13ff.
19) § 48 Abs. 1 Satz 2 und 3: „Die Anforderung nach Satz 1 gilt als eingehalten, wenn der Schadstoffgehalt und die Schadstoffmenge vor Eintritt in das Grundwasser die Schwelle der Geringfügigkeit nicht überschreiten. Durch Rechtsverordnung nach § 23 Absatz 1 Nummer 3 können auch Werte für die Schwelle der Geringfügigkeit und der Ort, an dem sie einzuhalten sind, festgelegt werden."
20) Deshalb geht die rechtlich fundierte Fragestellung in die Richtung, inwieweit der Besorgnisgrundsatz überhaupt durch ein Geringfügigkeitsschwellenwertkonzept relativiert werden kann; richtig insofern *Göβl*, in: SZDK, § 48 WHG Rn. 9: § 48 Abs. 1 Satz 2 ermächtigt nur zur Konkretisierung, nicht zu einer Relativierung des Besorgnisgrundsatzes.

Wirtschaft in nicht mehr verständlicher Verkennung der Rechtslage die Entwurfsfassung des § 48 als Festschreibung des GFS-Konzepts mit bundesgesetzlichem Rang interpretiert hat. Nach dem Gesetzentwurf sollte Kriterium für die nachteilige Veränderung der unbestimmte Rechtsbegriff „Schwelle der Geringfügigkeit" sein. Wie man einer solchen allgemeinen gesetzlichen Vorgabe entnehmen kann, ein durch die Verwaltung auf der Grundlage des § 34 WHG a.F. ausgearbeitetes und zur Anwendung im Vollzug empfohlenes Konzept erhalte Gesetzesrang,[21] ist nicht nachvollziehbar. Dass in der Begründung des Gesetzentwurfs zur Erläuterung der vorgeschlagenen Regelung auf ein vorhandenes Konzept Bezug genommen wird, verleiht dem Inhalt dieses Konzepts (einschließlich bestimmter Schwellenwertfestsetzungen) keine Gesetzeskraft. Die näheren Festlegungen sollten gerade dem Verordnungsgeber vorbehalten bleiben, ausgestattet mit erheblichen Gestaltungsspielräumen und ohne eine rechtliche Bindung an das LAWA-GFS-Konzept.

13 Ergebnis ist, dass der Begriff der nachteiligen Veränderung in § 48 (vgl. hierzu § 5 Rn. 4) nicht auf Gesetzesebene durch eine Geringfügigkeitsklausel (wie z.B. in § 6 Abs. 1 Satz 1 Nr. 2) „gelockert" und für eine flexiblere, die Belange der Praxis stärker berücksichtigende Handhabung geöffnet wird. Damit verbleibt es bei der schwierigen Aufgabe, den strengen Besorgnisgrundsatz des § 48 ohne Absicherung durch eine Geringfügigkeitsklausel in Übereinstimmung mit seinen hohen Ansprüchen an einen wirksamen Grundwasserschutz praxisgerecht umzusetzen, möglichst auf Verordnungsebene (Abs. 1 Satz 2–4, Abs. 2 Satz 3) statt im Verwaltungswege.

5. Die Verordnungsermächtigung (Abs. 1 Satz 2–4)

14 § 48 Abs. 1 ergänzt in **Satz 2** die allgemeine **Verordnungsermächtigung** nach § 23 Abs. 1 Nr. 3 speziell mit dem Ziel, den Besorgnisgrundsatz für das Grundwasser durch eine Verordnungsregelung näher konkretisieren zu können. Es besteht ein dringendes Bedürfnis, den Wasserbehörden Kriterien für einen gesetzmäßigen Vollzug des § 48 an die Hand zu geben, um so den wasserrechtlichen Vollzug spürbar zu vereinfachen und zu vereinheitlichen. Die Ermächtigung erstreckt sich nicht wie im Gesetzentwurf noch vorgesehen auf die Bestimmung der die Schwelle der Geringfügigkeit nicht überschreitenden Schadstoffgehalte und Schadstoffmengen, sondern nur noch allgemein auf die Begrenzung des Schadstoffeintrags. Die materielle Anforderung für die festzulegenden Begrenzungen ergibt sich aus § 48 Abs. 1 Satz 1. Wegen der politischen Bedeutung der Geringfügigkeitsschwellenwerte ist die **Zustimmung des Bundestages** zur Verordnung vorgeschrieben. **Satz 3** und **4** übernehmen dabei das

---

[21] So offenbar *Posser*, in: BeckOK, WHG, § 48 Rn. 22.

Regelungsmodell des früheren § 3 Abs. 1 Satz 4 und 5 UVPG. Die Regelung der Sätze 2 bis 4 gilt auch für die Tatbestände des Lagerns und Ablagerns von Stoffen sowie des Beförderns von Flüssigkeiten und Gasen in Rohrleitungen (**Abs. 2 Satz 3**).

Inhaltlich kommt im Rahmen einer möglichen Regelung in der Grundwasserverordnung wieder das GFS-Konzept der LAWA (vgl. Rn. 11 ff.) zum Zuge, denn es basiert auf den Vorgaben des früheren § 34 WHG und hat die geringen Gestaltungsspielräume, die für die Konkretisierung von nicht zu besorgenden nachteiligen Veränderungen der Grundwasserbeschaffenheit bestehen, voll ausgeschöpft. Bei der 2010 erlassenen neuen Grundwasserverordnung war weder das LAWA- noch ein alternatives Konzept konsensfähig, so dass ganz auf eine konkretisierende Regelung gemäß § 48 Abs. 1 Satz 2 verzichtet werden musste. Damit bleibt weiter offen, wie der Besorgnisgrundsatz im Einklang mit den gesetzlichen Vorgaben praxisgerecht umgesetzt werden kann und muss.[22] In einer **Entschließung**, die der **Bundesrat** auf Empfehlung seines Wirtschaftsausschusses zu § 48 Abs. 1 gefasst hat,[23] wird gefordert, die Geringfügigkeitsschwellen und den Ort der Beurteilung unter Berücksichtigung der „Wechselwirkungen" zwischen Bodenschutz-, Abfall- und Wasserrecht so zu regeln, dass „ein sorgsames Wirtschaften im Sinne einer nachhaltigen Ressourcenwirtschaft möglich bleibt". Die Gesetzeslage lässt indes eine derartige Interessenabwägung nicht zu: § 48 wird nicht generell durch das Bodenschutz- und das Abfallrecht relativiert, sondern nur durch den verfassungsrechtlichen Grundsatz der Verhältnismäßigkeit. Der Verzicht auf die Aufnahme der Geringfügigkeitsklausel in die gesetzliche Ermächtigung hat jedenfalls die Gestaltungsspielräume des Verordnungsgebers in der Richtung, wie sie der betroffenen Wirtschaft vorschwebt, nicht erweitert, sondern eingeengt.[24]

15

6. Landesrecht

§ 48 ist eine im Rahmen des Art. 72 Abs. 1 GG der Ergänzung durch Landesrecht zugängliche Vorschrift. Da die Vorschrift stoffbezogen, in Abs. 2 teilweise auch anlagenbezogen ist, können die Länder nach Art. 72 Abs. 3 Satz 1 Nr. 5 GG keine von § 48 abweichenden Regelungen erlassen.

16

---

[22] Näher dazu *Böhme*, in: BFM, § 48 Rn. 14, 22.
[23] Vgl. BT-Drs. 16/13306, S. 11.
[24] Vgl. hierzu auch Rn. 12 Fn. 20.

§ 49
Erdaufschlüsse

(1) Arbeiten, die so tief in den Boden eindringen, dass sie sich unmittelbar oder mittelbar auf die Bewegung, die Höhe oder die Beschaffenheit des Grundwassers auswirken können, sind der zuständigen Behörde einen Monat vor Beginn der Arbeiten anzuzeigen. Werden bei diesen Arbeiten Stoffe in das Grundwasser eingebracht, ist abweichend von § 8 Absatz 1 in Verbindung mit § 9 Absatz 1 Nummer 4 anstelle der Anzeige eine Erlaubnis nur erforderlich, wenn sich das Einbringen nachteilig auf die Grundwasserbeschaffenheit auswirken kann. Die zuständige Behörde kann für bestimmte Gebiete die Tiefe nach Satz 1 näher bestimmen.

(2) Wird unbeabsichtigt Grundwasser erschlossen, ist dies der zuständigen Behörde unverzüglich anzuzeigen.

(3) In den Fällen der Absätze 1 und 2 hat die zuständige Behörde die Einstellung oder die Beseitigung der Erschließung anzuordnen, wenn eine nachteilige Veränderung der Grundwasserbeschaffenheit zu besorgen oder eingetreten ist und der Schaden nicht anderweitig vermieden oder ausgeglichen werden kann; die zuständige Behörde hat die insoweit erforderlichen Maßnahmen anzuordnen. Satz 1 gilt entsprechend, wenn unbefugt Grundwasser erschlossen wird.

(4) Durch Landesrecht können abweichende Reglungen getroffen werden.

Inhaltsübersicht

Rn.		Rn.
1. Allgemeines	1	3. Behördliche Anordnungen (Abs. 3) ... 5
2. Anzeige von Erdaufschlüssen (Abs. 1, 2) ...	2	4. Landesrecht (Abs. 4) ... 6

1. Allgemeines

1 § 49 regelt „**Erdaufschlüsse**", zu denen Bohrungen, Ausschachtungen und sonstige Erdarbeiten (Abs. 1) sowie Grundwassererschließungen (Abs. 2) gehören. Derartige Einwirkungen können den Grundwasserhaushalt beeinträchtigen. § 49 löst § 35 WHG a.F. ab und erweitert ihn zu einer Vollregelung. **Ziel** ist, für bestimmte grundwasserrelevante Tatbestände, die keine Benutzungen des Grundwassers im Sinne des § 9, insbesonderere des § 9 Abs. 2 Nr. 2 darstellen und damit nicht der öffentlich-rechtlichen Benutzungsordnung unterliegen, wasserrechtliche **Lücken** zu **schließen**. **Abs. 1** und **2** begründen Anzeigepflichten, **Abs. 3** ermächtigt zu den notwendigen behördlichen Anordnungen, **Abs. 4** zu abweichenden Länderregelungen. Soweit Erdaufschlüsse in anderen Rechtsgebieten speziell geregelt sind, insbesondere mit Genehmigungs- oder Anzei-

gepflichten, gehen solche Regelungen § 49 vor. Betroffen ist hiervon vor allem das Bergrecht.

2. Anzeige von Erdaufschlüssen (Abs. 1, 2)

Abs. 1 ersetzt in **Satz 1** den bisherigen Regelungsauftrag an die Länder (Pflicht zur Überwachung von Erdarbeiten) durch eine Pflicht zur Anzeige von „tief" in den Boden eindringenden Arbeiten, die sich wie im Gesetz beschrieben nachteilig auf das Grundwasser auswirken „können". Die bloße Möglichkeit reicht also aus, Wahrscheinlichkeit ist nicht erforderlich. Betroffen ist vor allem die Vielzahl von Bauarbeiten.[1] Die Anzeige ermöglicht es der Behörde, etwaige Folgen der Arbeiten für den Wasserhaushalt zu prüfen und die zum Schutz des Grundwassers gebotenen Anordnungen zu treffen (vgl. hierzu Rn. 5). Im Interesse eines rechtsklaren und einfacheren Vollzugs ermächtigt **Satz 3** des Abs. 1 die zuständige Behörde, die in Satz 1 nur allgemein beschriebene Tiefe der Erdarbeiten gebietsweise näher zu bestimmen.

2

Abs. 1 **Satz 2** regelt das **Einbringen fester Stoffe** in das Grundwasser, das grundsätzlich den Tatbestand einer erlaubnispflichtigen Gewässerbenutzung erfüllt (vgl. § 8 Abs. 1, § 9 Abs. 1 Nr. 4). Der Erlaubnisvorbehalt entfällt, wenn die Stoffe im Zusammenhang mit Erdarbeiten nach § 49 Abs. 1 eingebracht werden.[2] Die Erlaubnis wird aus Gründen der Vollzugsvereinfachung durch die **Anzeige** nach § 49 Abs. 1 Satz 1 ersetzt. Nach bisher geltendem Recht (§ 3 Abs. 1 Nr. 5, Abs. 2 WHG a. F.) war das Einbringen fester Stoffe in das Grundwasser kein echter, sondern nur ein unechter Benutzungstatbestand, der in der Praxis kaum vollzogen worden ist. Die Erlaubnis kann nur entfallen, wenn sich das Einbringen nicht nachteilig auf die Beschaffenheit des Grundwassers auswirken kann. Ist diese Möglichkeit nicht auszuschließen, muss die Benutzung in einem Erlaubnisverfahren näher geprüft und über ihre Zulässigkeit behördlich entschieden werden. Im Allgemeinen kann man von einer Erlaubnisfreiheit ausgehen, wenn für einen Baustoff, der in das Grundwasser eingebracht werden soll, eine europäische technische Zulassung oder eine bauaufsichtliche Zulassung des Deutschen Instituts für Bautechnik nach dem Bauproduktengesetz vorliegt.[3]

3

Abs. 2 regelt mit dem **„Erschließen" von Grundwasser** einen eigenständigen Tatbestand, der neben Abs. 1 steht, also auch für das Erschließen durch Arbeiten gilt, die nicht unter Abs. 1 fallen. Unter eine Erschließung fällt jedes Freilegen von Grundwasser durch Bodenvertiefungen, Zutagefördern, Zutageleiten, Anschneiden, Anboh-

4

---

[1] Näher zu den grundwasserrelevanten Erdarbeiten *Meyer*, in: LR, WHG, § 49 Rn. 5ff.; vgl. auch *Böhme*, in: BFM, § 49 Rn. 4.

[2] Näher zu betroffenen Fällen *Meyer*, in: LR, WHG, § 49 Rn. 13.

[3] BT-Drs. 16/12275, S. 66; vgl. aber auch *Böhme*, in: BFM, § 49 Rn. 8.

ren und dergleichen. Unbeabsichtigt ist eine Grundwassererschließung, wenn die Handlung nicht auf das Grundwasser gerichtet ist. Die ein finales Handeln voraussetzenden Benutzungstatbestände nach § 9 Abs. 1 Nr. 5 scheiden somit aus. Das unbeabsichtigte Erschließen kann aber eine erlaubnispflichtige unechte Benutzung nach § 9 Abs. 2 sein, weil hierbei nur verlangt wird, dass die Maßnahme, aber nicht die Einwirkung auf das Grundwasser beabsichtigt ist. Aufgrund der Anzeige muss oder kann die Behörde wie bei Abs. 1 die notwendigen Maßnahmen veranlassen; vgl. dazu Abs. 3.

3. Behördliche Anordnungen (Abs. 3)

5   § 49 Abs. 3 ist im WHG neu. Die Vorschrift verpflichtet nunmehr in **Satz 1** die zuständige Behörde, unter bestimmten Voraussetzungen die **Einstellung** oder die **Beseitigung der Grundwassererschließung** anzuordnen. Da Abs. 3 auf Abs. 1 und 2 Bezug nimmt, ist hier der Begriff „Erschließung" im Sinne von „Erdaufschluss" gemeint. Die Einstellungs- und Beseitigungsverpflichtung gilt nach Satz 2 auch für unbefugte Grundwassererschließungen (anders noch § 35 Abs. 2 WHG a.F.: keine gebundene, nur eine Ermessensentscheidung). Das neue WHG berücksichtigt mit der Regelung des Abs. 3 die in den Ländern aus wasserwirtschaftlichen und wasserrechtlichen Gründen geübte Praxis, in den hier betroffenen Fällen behördlich einzuschreiten. § 49 Abs. 3 lässt die Befugnisse der zuständigen Behörde unberührt, im Rahmen der wasserrechtlichen und sonstigen einschlägigen Vorschriften die zum Schutz des Grundwassers erforderlichen Anordnungen zu treffen. Hierzu gehören insbesondere weniger einschneidende, nicht auf Einstellung, Beseitigung oder Schadensvermeidung oder -ausgleich gerichtete Maßnahmen. Als Rechtsgrundlage kommen dabei z.B. § 5 Abs. 1 mit den jedermann treffenden Sorgfaltspflichten sowie die behördlichen Befugnisse nach dem allgemeinen Polizei- und Ordnungsrecht in Betracht. Werden durch die Erdaufschlüsse auch die Belange derjenigen beeinträchtigt, die dasselbe Grundwasservorkommen befugt nutzen, hat die Vorschrift drittschützenden Charakter.[4]

4. Landesrecht (Abs. 4)

6   § 49 Abs. 4 ermächtigt die Länder, zu Abs. 1–3 abweichende Regelungen zu treffen. Mit dieser einfachgesetzlichen Öffnungsklausel können die Länder von der ihnen nach Art. 72 Abs. 1 GG zustehenden Gesetzgebungsbefugnis Gebrauch machen. Davon unberührt bleibt ihre Befugnis, ergänzende Regelungen zu treffen. Auf die Kompetenz der Länder, nach Maßgabe des Art. 72 Abs. 3 Satz 1 Nr. 5 GG abweichende Ländervorschriften zu erlassen, kommt es hier nicht mehr an. Dessen ungeachtet handelt es sich der Sache nach bei § 49 Abs. 1 Satz 2 um eine abweichungsfeste stoffbezogene Regelung.

---

[4] BVerwG v. 7.6.1967 – IV C 208.65, DÖV 1967, 759.

Kapitel 3
Besondere wasserwirtschaftliche Bestimmungen

Abschnitt 1
Öffentliche Wasserversorgung, Wasserschutzgebiete, Heilquellenschutz

§ 50
Öffentliche Wasserversorgung

(1) Die der Allgemeinheit dienende Wasserversorgung (öffentliche Wasserversorgung) ist eine Aufgabe der Daseinsvorsorge.

(2) Der Wasserbedarf der öffentlichen Wasserversorgung ist vorrangig aus ortsnahen Wasservorkommen zu decken, soweit überwiegende Gründe des Wohls der Allgemeinheit dem nicht entgegenstehen. Der Bedarf darf insbesondere dann mit Wasser aus ortsfernen Wasservorkommen gedeckt werden, wenn eine Versorgung aus ortsnahen Wasservorkommen nicht in ausreichender Menge oder Güte oder nicht mit vertretbarem Aufwand sichergestellt werden kann.

(3) Die Träger der öffentlichen Wasserversorgung wirken auf einen sorgsamen Umgang mit Wasser hin. Sie halten insbesondere die Wasserverluste in ihren Einrichtungen gering und informieren die Endverbraucher über Maßnahmen zur Einsparung von Wasser unter Beachtung der hygienischen Anforderungen.

(4) Wassergewinnungsanlagen dürfen nur nach den allgemein anerkannten Regeln der Technik errichtet, unterhalten und betrieben werden.

(5) Durch Rechtsverordnung der Landesregierung oder durch Entscheidung der zuständigen Behörde können Träger der öffentlichen Wasserversorgung verpflichtet werden, auf ihre Kosten die Beschaffenheit des für Zwecke der öffentlichen Wasserversorgung gewonnenen oder gewinnbaren Wassers zu untersuchen oder durch eine von ihr bestimmte Stelle untersuchen zu lassen. Insbesondere können Art, Umfang und Häufigkeit der Untersuchungen sowie die Übermittlung der Untersuchungsergebnisse näher geregelt werden. Die Landesregierung kann die Ermächtigung nach Satz 1 durch Rechtsverordnung auf andere Landesbehörden übertragen.

Inhaltsübersicht

Rn.		Rn.
1. Allgemeines	1	
2. Öffentliche Wasserversorgung als Daseinsvorsorge (Abs. 1)	2	
3. Ortsnahe Wasserversorgung (Abs. 2)	5	
4. Sorgsamer Umgang mit Wasser, Wassergewinnungsanlagen (Abs. 3, 4)	7	
5. Rohwasseruntersuchungen (Abs. 5)	9	
6. Landesrecht	10	

1. Allgemeines

1 § 50 normiert im WHG erstmals – Abs. 2 Satz 1 ausgenommen (siehe unten Rn. 5) – bundeseinheitliche allgemeine Grundsätze und Verpflichtungen der öffentlichen Wasserversorgung. **Abs. 1** qualifiziert die öffentliche Wasserversorgung als eine Aufgabe der Daseinsvorsorge. **Abs. 2** regelt den Vorrang der ortsnahen Wasserversorgung, **Abs. 3** den sorgsamen Umgang mit Wasser, **Abs. 4** den maßgebenden technischer Mindeststandard von Wassergewinnungsanlagen und **Abs. 5** die Untersuchung des für Zwecke der öffentlichen Wasserversorgung verwendeten oder zur Verwendung geeigneten Wassers.

2. Öffentliche Wasserversorgung als Daseinsvorsorge (Abs. 1)

2 § 50 Abs. 1 schreibt einen schon bisher rechtlich anerkannten Grundsatz im Hinblick auf die herausragende **Bedeutung der Wasserversorgung** für das Gemeinwohl gesetzlich ausdrücklich fest. Die Versorgung der Bevölkerung mit Wasser („ohne Wasser kein Leben") ist die wichtigste Nutzung der Gewässer. Die Funktionsfähigkeit der öffentlichen Wasserversorgung zu gewährleisten, gehört zu den zentralen Aufgaben des Wasserrechts, nur dieser Aspekt wird im alten (§ 6 Abs. 1) wie im neuen WHG (§ 3 Nr. 10; § 6 Abs. 1 Satz 1 Nr. 4) ausdrücklich Belang des Wohls der Allgemeinheit genannt und so besonders hervorgehoben.[1]

3 „Wasserversorgung" wird im WHG anders als die „Abwasserbeseitigung" (vgl. § 54 Abs. 2) nicht definiert. Sie umfasst das Sammeln, Fördern, Reinigen, Aufbereiten, Bereitstellen, Weiterleiten, Zuleiten und Verteilen von Trink- und Betriebs- oder Brauchwasser einschließlich der Belieferung der Verbraucher.[2] Eine der Allgemeinheit dienende und damit **„öffentliche"** Wasserversorgung liegt dann vor, wenn ein zwar unbestimmter, aber bestimmbarer Personenkreis mit Trink- oder Brauchwasser beliefert wird. Die private und die betriebliche Eigenversorgung (eigene Brunnen) gehört nicht zur öffentlichen Wasserversorgung. Es ist aber unerheblich, ob ein Privatunternehmen oder die öffentliche Hand Träger der Wasserversorgung ist. Die jetzt in das WHG aufgenommene Qualifizierung der öffentlichen Wasserversorgung als Aufgabe der Daseinsvorsorge schließt jedenfalls ihre Wahrnehmung durch private Aufgabenträger nicht aus.[3]

4 Als öffentliche Aufgabe gehört die der Allgemeinheit dienende Wasserversorgung traditionell zum Bereich der kommunalen **Daseinsvorsorge** im Rahmen der Selbstverwaltungsgarantie des Art. 28

---

[1] Vgl. allgemein zur Situation und zum rechtlichen Rahmen der öffentlichen Wasserversorgung *Gruneberg*, in: BFM, § 50 Rn. 2–31.
[2] *C/R*, § 50 Rn. 4; vgl. auch *Göβl*, in: SZDK, § 50 WHG Rn. 8 ff.
[3] BT-Drs. 16/12275, S. 66.

Abs. 2 GG.[4] Anders als bei der öffentlichen Abwasserbeseitigung (vgl. § 56) schreibt der Bundesgesetzgeber nicht vor, die Wasserversorgung juristischen Personen des öffentlichen Rechts zu übertragen.[5] Allerdings weist das Landesrecht die öffentliche Wasserversorgung als Aufgabe der Daseinsvorsorge öffentlich-rechtlichen Gebietskörperschaften, in der Regel den Gemeinden zu. Diese können ihrerseits eigene oder private Unternehmen mit der Wasserversorgung betrauen. Sie entscheiden im Rahmen ihres Selbstverwaltungsrechts autonom darüber, ob sie die Aufgabe selbst oder durch Dritte erledigen und welche Rechtsform sie dafür wählen.[6] Im Übrigen ist die Frage der Organisation der Wasserversorgung inzwischen unter dem Aspekt des freien, erhebliche Effizienzsteigerungen in Aussicht stellenden Wettbewerbs im europäischen Binnenmarkt ein gleichermaßen zentrales wie umstrittenes Thema auf EU-Ebene.[7]

3. Ortsnahe Wasserversorgung (Abs. 2)

§ 50 Abs. 2 führt in **Satz 1** den Regelungsauftrag an die Länder nach dem bisherigen, durch die 7. Novelle von 2002 eingefügten § 1a Abs. 3 WHG inhaltsgleich als unmittelbar geltende Bundesregelung fort. Der vorher nur in einigen Landeswassergesetzen verankerte **Grundsatz der ortsnahen Wasserversorgung** soll den vorsorgenden und flächendeckenden Grundwasserschutz als einem der wichtigsten wasserwirtschaftlichen Leitprinzipien in Deutschland bundesweit rechtlich absichern und stärken.[8] Damit trägt das Gesetz auch den Bewirtschaftungszielen für das Grundwasser Rechnung, die einen guten mengenmäßigen und chemischen Grundwasserzustand fordern, der angesichts der Risiken bei den größeren Wasserentnahmen der Fernwasserversorgung auch über Verwaltungsgrenzen hinweg beeinträchtigt werden kann.[9] Der Grundsatz ist administrativ über die wasserwirtschaftlichen Planungsinstrumente sowie von den Wasserbehörden durchzusetzen, die bei der Erteilung von Erlaubnissen und Bewilligungen für Wasserentnahmen auch über den Entnahmeort entscheiden. Der Begriff „**ortsnah**" reicht weiter als der Begriff „örtlich", so dass der Zusammenschluss benachbarter Ge-

5

---

[4] Näher hierzu *Hünnekens*, in: LR, WHG, § 50 Rn. 9 ff. sowie auch unter Berücksichtigung unionsrechtlicher Vorgaben („Dienstleistungen von allgemeinem wirtschaftlichen Interesse") *C/R*, § 50 Rn. 11 ff.; *Gruneberg*, in: BFM, § 50 Rn. 38 ff.
[5] Hier wird die politische Position erkennbar, eine Versorgungsaufgabe eher als Entsorgungspflichten auch der privaten Hand anzuvertrauen.
[6] Vgl. zu den in Betracht kommenden Organisationsformen *C/R*, § 50 Rn. 14 ff.; *Gruneberg*, in: BFM, § 50 Rn. 55 ff.
[7] Näher hierzu *C/R*, § 50 Rn. 19 ff.; allgemein zu den Organisationsstrukturen der öffentlichen Wasserversorgung *Gruneberg*, in: BFM, § 50 Rn. 51–94 ff.
[8] Vgl. BT-Drs. 14/8668, S. 7.
[9] BT-Drs. 14/8668, S. 7.

meinden zu gemeinschaftlichen Versorgungssystemen (Zweckverbände) weiterhin möglich bleibt.[10]

6 **Satz 2** konkretisiert die Voraussetzungen, unter denen aus überwiegenden Gründen des Wohls der Allgemeinheit **Abweichungen** vom Grundsatz der ortsnahen Wasserversorgung nach Satz 1 zulässig sind. Die Vorschrift orientiert sich dabei an ähnlichen Regelungen in einer Reihe von Landeswassergesetzen. Eine Fernwasserversorgung ist danach zulässig, wenn mit den ortsnahen Wasservorkommen eine ordnungsgemäße Versorgung in quantitativer oder qualitativer Hinsicht auf Dauer nicht sicherzustellen ist. Auch wirtschaftliche Gründe („nicht vertretbarer Aufwand") können eine Fernwasserversorgung rechtfertigen.[11]

4. Sorgsamer Umgang mit Wasser, Wassergewinnungsanlagen (Abs. 3, 4)

7 § 50 **Abs. 3** begründet in **Satz 1** in Anlehnung an entsprechende landesrechtliche Vorschriften für Träger der öffentlichen Wasserversorgung[12] eine allgemeine Pflicht, auf einen sorgsamen Umgang mit Wasser hinzuwirken. Die Pflicht beschränkt sich nicht darauf, geeignete Maßnahmen gegenüber den Endverbrauchern (vor allem Informationen über empfehlenswerte Verhaltensweisen) zu veranlassen, sondern umfasst auch betriebsinterne Aktionen des Versorgungsunternehmens.[13] So ist in **Satz 2** von Abs. 3 ausdrücklich vorgegeben, die Wasserverluste in den Einrichtungen der Versorgungsunternehmen gering zu halten. Das Gesetz verwendet in § 50 Abs. 3 im Unterschied zu der an jedermann adressierten Vorschrift des § 5 Abs. 1 Nr. 2 bewusst den Begriff **„sorgsam"** statt „sparsam". Dies soll den Wasserversorgungsunternehmen gegenüber deutlich machen, dass es nicht allein um die quantitativen Aspekte des Wassersparens geht. Dennoch steht auch hier im Vordergrund, wie Satz 2 insgesamt deutlich macht, unnötigen Wasserverbrauch unter Beachtung der Anforderungen von Wirtschaftlichkeit und Hygiene in der öffentlichen Wasserversorgung zu vermeiden.

8 § 50 stellt in **Abs. 4** entsprechend den bereits bestehenden Vorgaben für andere wasserwirtschaftlich bedeutsame Anlagen (Abwasseranlagen, Anlagen zum Umgang mit wassergefährdenden Stoffen) nunmehr auch an Wassergewinnungsanlagen technikbezogene Anforderungen. Die Vorschrift lehnt sich ebenfalls an bestehende Regelungen in den Wassergesetzen der Länder an und entspricht dem Standard, den das Trinkwasserrecht für Wasserversorgungsanlagen

---

[10] BT-Drs. 14/8668, S. 7; vgl. zur Ortsnähe auch *C/R*, § 50 Rn. 28 ff.; *Gruneberg*, in: BFM, § 50 Rn. 95 ff., 99.
[11] Näher zur ortsfernen Wasserversorgung *Hünnekens*, in: LR, WHG, § 50 Rn. 22 ff.
[12] Zum Begriff „Träger" vgl. BT-Drs. 16/13306, S. 11.
[13] BT-Drs. 16/12275, S. 66.

verlangt (vgl. § 4 Abs. 1 Satz 3 Nr. 1 TrinkwV). Das WHG beschränkt seinem Regelungsgegenstand entsprechend die Vorschrift auf Anlagen zur Gewinnung des Rohwassers, erfasst also nicht sonstige Wasserversorgungsanlagen (z.B. Wasseraufbereitungsanlagen), die unter das Regime des Trinkwasserrechts fallen. Der Begriff „**allgemein anerkannte Regeln der Technik**" ist anders als der Begriff „Stand der Technik" (vgl. § 3 Nr. 11) gesetzlich nicht definiert, weil er hinreichend geklärt ist. Er umfasst die technischen Regeln und Betriebsweisen, die in der Praxis erprobt und bewährt sind und deren Anwendung sich mehrheitlich in den einschlägigen Fachkreisen durchgesetzt hat.[14] Als geeignete Quellen hierfür kommen insbesondere DIN-Normen und sonstige technische Regelwerke fachlich anerkannter Organisationen (z.B. DWA und DVGW) in Betracht. Sie begründen aber keinen Ausschließlichkeitsanspruch. Bei Regelwerken, die wie DIN-Normen bestimmte Verfahren durchlaufen (Beteiligung der Fachkreise), besteht eine tatsächliche, aber widerlegbare Vermutung für ihre rechtliche Qualifizierung als allgemein anerkannte Regeln der Technik.

5. Rohwasseruntersuchungen (Abs. 5)

§ 50 Abs. 5 schafft in **Satz 1** ebenfalls in Anlehnung an landesrechtliche Vorschriften für die Länder die Möglichkeit, auf Verordnungsebene oder durch Einzelfallentscheidung der zuständigen Behörde die Träger der öffentlichen Wasserversorgung zur **Untersuchung des benötigten Rohwassers** zu verpflichten. Im Unterschied zu dieser wasserrechtlichen Pflicht beziehen sich die Untersuchungspflichten nach der Trinkwasserverordnung in erster Linie auf das Wasser, das an den Endverbraucher gelangt. Nach Trinkwasserrecht haben Unternehmer und sonstige Inhaber einer Wasserversorgungsanlage auch Untersuchungen des Rohwassers vorzunehmen oder vornehmen zu lassen, soweit dies nach dem Ergebnis von Besichtigungen erforderlich ist. § 50 Abs. 5 ergänzt diese von bestimmten Voraussetzungen abhängige und nicht näher konkretisierte Untersuchungspflicht um eine allgemeine Ermächtigung, entsprechende Untersuchungen durch Unternehmen der öffentlichen Wasserversorgung oder durch eine von der zuständigen Behörde bestimmte Stelle anzuordnen. Dass in die Untersuchungspflicht nicht nur das gewonnene, sondern auch das nur „gewinnbare" Wasser einbezogen ist, trägt dem in der Wasserversorgung besonders bedeutsamen Vorsorgeaspekt Rechnung und stellt eine nach Art. 14 Abs. 1 Satz 2 GG zulässige, für die Wasserversorgungsunternehmen nicht mit einer unzumutbaren Härte verbundene Inhalts- und Schrankenbestimmung des Eigentums dar. Gemäß **Satz 2** können durch die Rechts-

9

---

[14] BVerwG v. 30.9.1996 – 4 B 175.96, UPR 1997, 101, 102; vgl. auch *C/R*, § 50 Rn. 45ff.; *Gößl*, in: SZDK, § 50 WHG Rn. 39ff.; *Gruneberg*, in: BFM, § 50 Rn. 107ff.; *Hünnekens*, in: LR, WHG, § 50 Rn. 30ff.

verordnung oder die behördliche Entscheidung insbesondere Art, Umfang und Häufigkeit der Untersuchungen sowie die Übermittlung der Untersuchungsergebnisse näher festgelegt werden. Dass der Bundesgesetzgeber die Landesregierung als Verordnungsgeber bestimmt und in **Satz 3** des Abs. 5 die hier naheliegende Delegierung der Verordnungsermächtigung ermöglicht, beruht auf Art. 80 Abs. 1 Satz 1 und 4 GG.

6. Landesrecht

§ 50 ist eine nicht abschließende, nach Art. 72 Abs. 1 GG durch ergänzendes Landesrecht ausfüllungsfähige Vorschrift. Zu der vom Bundesrat in seiner Stellungnahme zum Gesetzentwurf zu § 50 Abs. 2 vorgeschlagenen Öffnungsklausel für nähere landesrechtliche Regelungen hat die Bundesregierung in ihrer Gegenäußerung grundsätzlich festgestellt, dass von Fall zu Fall zu prüfen und zu entscheiden sei, ob es sich bei einer Landesvorschrift um eine Ergänzung oder eine Abweichung handele.[15] Da das Bundesrecht zum Vorrang der ortsnahen Wasserversorgung keine Verfahrensbestimmungen treffe, seien jedenfalls insofern landesrechtliche Regelungen ohne weiteres möglich. Abs. 4 stellt demgegenüber eine abschließende, anlagenbezogene und damit abweichungsfeste Regelung dar.

§ 51
Festsetzung von Wasserschutzgebieten

(1) **Soweit es das Wohl der Allgemeinheit erfordert,**

1. **Gewässer im Interesse der derzeit bestehenden oder künftigen öffentlichen Wasserversorgung vor nachteiligen Einwirkungen zu schützen,**

2. **das Grundwasser anzureichern oder**

3. **das schädliche Abfließen von Niederschlagswasser sowie das Abschwemmen und den Eintrag von Bodenbestandteilen, Düngeoder Pflanzenschutzmitteln in Gewässer zu vermeiden,**

kann die Landesregierung durch Rechtsverordnung Wasserschutzgebiete festsetzen. In der Rechtsverordnung ist die begünstigte Person zu benennen. Die Landesregierung kann die Ermächtigung nach Satz 1 durch Rechtsverordnung auf andere Landesbehörden übertragen.

(2) Trinkwasserschutzgebiete sollen nach Maßgabe der allgemein anerkannten Regeln der Technik in Zonen mit unterschiedlichen Schutzbestimmungen unterteilt werden.

---

[15] Vgl. BT-Drs. 16/13306, S. 11 einerseits und S. 29 andererseits.

§ 51 Festsetzung von Wasserschutzgebieten

Inhaltsübersicht

Rn.			Rn.
1. Allgemeines	1	3. Zonen von Trinkwasserschutzgebieten (Abs. 2)	7
2. Festsetzung von Wasserschutzgebieten (Abs. 1)	3	4. Landesrecht	8

1. Allgemeines

§§ 51 und 52 regeln die Festsetzung und den Schutz von Wasserschutzgebieten (**gebietsbezogener Gewässerschutz**). Sie ergänzen den prinzipiell einheitlichen flächendeckenden Gewässerschutz um ein Instrument, das für bestimmte Areale dem Gedanken der vorbeugenden Schonung der Wasserressourcen verstärkt Geltung verschafft, in rechtlicher ebenso wie in praktischer Hinsicht. § 51 löst § 19 Abs. 1 WHG a. F. ab, § 52 führt die bisher in § 19 Abs. 2–4 WHG enthaltenen Regelungen über die in Wasserschutzgebieten geltenden Anforderungen sowie über Entschädigungs- und Ausgleichsleistungen fort.[1] *1*

§ 51 hat in **Abs. 1** ohne materielle Änderungen § 19 Abs. 1 WHG a. F. übernommen. Die Vorschrift ist durch die 4. Novelle von 1976 um die Passage „derzeit bestehenden oder künftigen" öffentlichen Wasserversorgung ergänzt worden. Damit ist klargestellt, dass auch die künftige öffentliche Wasserversorgung durch ein Wasserschutzgebiet gesichert werden kann, eine besondere Vorschrift über Grundwasserschongebiete hat der Gesetzgeber nicht für erforderlich erhalten.[2] Die 5. Novelle von 1986 hat § 19 Abs. 1 Nr. 3 um das Abschwemmen und den Eintrag von Bodenbestandteilen, Dünge- oder Pflanzenschutzmitteln in Gewässer ergänzt.[3] **Abs. 2** des § 51 ist im WHG neu. *2*

2. Festsetzung von Wasserschutzgebieten (Abs. 1)

Wasserschutzgebiete sind Zonen, in denen Handlungen zu unterlassen sind, die sich auf die Menge oder Beschaffenheit des Wassers nachteilig auswirken können.[4] § 51 Abs. 1 unterscheidet in **Satz 1 drei Fälle**, in denen ein Wasserschutzgebiet festgesetzt werden kann. Dabei ist die Festsetzung immer nur zulässig, soweit das **Wohl der Allgemeinheit** (vgl. zu diesem Begriff § 6 Abs. 1 Satz 1 Nr. 3 nebst Kommentierung unter Rn. 5) sie „erfordert" (sachlich und räumlich); die Erforderlichkeit ist als unbestimmter Rechtsbegriff verwaltungsgerichtlich voll nachprüfbar.[5] Erforderlich ist eine Schutzgebiets- *3*

---

[1] Vgl. zur Entstehung des früheren § 19 WHG BT-Drs. 2072, S. 29 f. sowie BT-Drs. 3536, S. 5 f. und 13.
[2] Vgl. BT-Drs. 7/4546, S. 7; *Gößl*, in: SZDK, § 51 WHG Rn. 3.
[3] Vgl. BT-Drs. 10/3973, S. 4, 5, 13 und 10/5727, S. 10, 33; *Gößl*, in: SZDK, § 51 WHG Rn. 4.
[4] Vgl. BT-Drs. 2072, S. 30.
[5] Vgl. näher hierzu *Breuer/Gärditz*, Rn. 1075–1088; *C/R*, § 51 Rn. 13–22.

festsetzung, wenn das betreffende Wasservorkommen schutzwürdig, schutzbedürftig und ohne unverhältnismäßige Belastung Dritter schutzfähig ist. Dies ist der Fall, wenn die Ausweisung vernünftigerweise geboten ist, etwa um eine Beeinträchtigung von Grundwasser, das der Trinkwasserversorgung dient, zu vermeiden und entsprechende Restrisiken weiter zu vermindern.[6] Umgekehrt ist eine Wasserschutzgebietsverordnung aufzuheben, wenn die Festsetzungsvoraussetzungen entfallen sind.[7]

4 Von den drei in Abs. 1 geregelten Fällen steht die Festsetzung eines Wasserschutzgebietes nach **Nr. 1** im Interesse der **öffentlichen Wasserversorgung** im Vordergrund. Hiernach sind in allen Bundesländern vor allem für Grundwasservorkommen eine Vielzahl von Schutzgebieten festgesetzt worden. Daneben haben die in **Nr. 2** und **3** aufgeführten Fälle kaum praktische Bedeutung erlangt. Ein Wasservorkommen kann ungeachtet des Zeitpunktes der Wassergewinnung auch vorsorgend geschützt werden, wenn die Wassergewinnung im Rahmen vernünftiger Wasserbewirtschaftung liegt. An der Schutzwürdigkeit fehlt es, wenn das Vorkommen aus qualitativen Gründen für die Trinkwasserversorgung nicht brauchbar ist. Allerdings kann auch belastetes Grundwasser vor weiterer Verschlechterung geschützt werden. Belastungen oder Gefährdungen durch vorhandene Nutzungen schließen die Schutzwürdigkeit des Grundwassers nicht von vornherein aus. Soweit es nur um die Sicherung der Planung für eine Wassergewinnung geht, kommt eine Veränderungssperre nach § 86 in Betracht.

5 Die Schutzgebietsfestsetzung erfolgt entsprechend den bisherigen landesrechtlichen Vorschriften durch **Rechtsverordnung**, weil es notwendig ist, außenverbindliche Regelungen zu erlassen. Dass der Bundesgesetzgeber die Landesregierung als Verordnungsgeber bestimmt und in Abs. 1 **Satz 3** die sich hier anbietende Delegierung der Verordnungsermächtigung ermöglicht, beruht auf Art. 80 Abs. 1 Satz 1 und 4 GG. Die Vorschrift, in der Rechtsverordnung die **begünstigte Person** zu benennen (**Satz 2**), knüpft an die Regelung in § 97 Satz 1 und § 99 Satz 2 an, wonach die begünstigte Person entschädigungs- oder ausgleichspflichtig ist. Begünstigt ist regelmäßig das Wasserversorgungsunternehmen, in dessen Interesse das Wasserschutzgebiet festgesetzt wird. Gegen die Schutzgebietsfestsetzung in der Form einer Rechtsverordnung ist nach Maßgabe des jeweiligen

---

[6] Ausführlich zur Festsetzung von Wasserschutzgebieten m.w.N. *Knopp*, Abwägungsprobleme bei der Festsetzung von Wasserschutzgebieten für die öffentliche Wasserversorgung, ZUR 2007, 467; *Scheidler*, Die Festsetzung von Wasserschutzgebieten nach § 19 WHG mit Ausblick auf das kommende Umweltgesetzbuch, UPR 2008, 334.
[7] BVerwG v. 26.11.2015 – 7 CN 1.14, Rn. 20, ZUR 2016, 287f. im Wesentlichen mit der Begründung, die mit der Ausweisung eines Wasserschutzgebiets verbundenen Nutzungsbeschränkungen seien als Eingriff in das Grundstückseigentum rechtfertigungsbedürftig.

Landesrechts die verwaltungsgerichtliche Normenkontrollklage nach § 47 VwGO zulässig. Die Festsetzung ist rechtswidrig, die Verordnung also nichtig, wenn sie den gesetzlichen Anforderungen nicht entspricht.

Wasserschutzgebiete werden nicht auf Antrag, sondern **von Amts wegen** festgesetzt. Dem Erlass der Verordnung geht aber in der Regel die Initiative eines Interessenten voraus, das wird insbesondere die in der Rechtsverordnung zu benennende begünstigte Person sein (z.B. ein Wasserversorgungsunternehmen oder eine Gemeinde). § 51 Abs. 1 vermittelt aber weder einer Gemeinde noch einem sonstigen Träger der Wasserversorgung einen Anspruch auf Festsetzung eines Wasserschutzgebiets, auf seine Beibehaltung oder auf die Verweigerung einer von einem Betroffenen beantragten Befreiung von den Vorschriften der Schutzgebietsfestsetzung.[8] Bei der Festsetzung eines Wasserschutzgebiets handelt es sich auch nicht um eine Amtshandlung im Interesse Einzelner, sondern um einen Vorgang der Rechtsetzung im öffentlichen Interesse. § 51 Abs. 1 stellt den Erlass von Schutzgebietsverordnungen in das **Ermessen des Verordnungsgebers**,[9] auch wenn nach den zu erfüllenden Tatbestandsvoraussetzungen das Wohl der Allgemeinheit den Erlass an sich erfordert. Das Gesetz berücksichtigt damit, dass es noch andere Wege gibt, den Zielsetzungen der Schutzgebietsfestsetzungen zu entsprechen (insbesondere Kooperation mit der Landwirtschaft).[10]

6

3. Zonen von Trinkwasserschutzgebieten (Abs. 2)

§ 51 Abs. 2 verlangt in Form einer **Soll-Vorschrift**, Trinkwasserschutzgebiete in Zonen mit unterschiedlichem Schutzniveau zu unterteilen. Dadurch wird der besonderen Bedeutung der verschiedenen Zonen von Trinkwasserschutzgebieten für die Trinkwassergewinnung Rechnung getragen werden.[11] Die Einteilung von Trinkwasserschutzgebieten in Zonen mit unterschiedlichen, dem jeweiligen Schutzbedürfnis angepassten Standards ist bereits gängige Praxis. Maßgebend sind die vom Deutschen Verein des Gas- und Wasserfachs (DVGW) herausgegebenen und in den Ländern als Verwaltungsvorschriften eingeführten Richtlinien für Trinkwasserschutzgebiete (Technische Regel – DVGW-Arbeitsblatt W 101), die in der Gesetzesbegründung ausdrücklich als Konkretisierung der nach dem Gesetz zu beachtenden allgemein anerkannten Regeln der Technik (vgl. zu diesem Begriff § 50 Rn. 8) bezeichnet werden. Sie sehen

7

---

[8] BVerwG v. 11.3.1979 – IV C 59.67, ZfW 1970, 242 = HDW R 1163.
[9] Ausführlich zum Ermessen i.S. des § 51 Abs. 1 Satz 1 *Schwind*, in: BFM, § 51 Rn. 27–40a.
[10] Zu Fragen des Rechtsschutzes bei Wasserschutzgebietsfestsetzungen siehe *Schwind*, in: BFM, § 51 Rn. 65 ff.
[11] BT-Drs. 16/12275, S. 67.

eine Einteilung des Schutzgebiets in **drei Zonen** vor, nämlich den Fassungsbereich (Zone I), die engere (Zone II) und die weitere Schutzzone (Zone III), und enthalten Kataloge darüber, welche Vorhaben in den einzelnen Zonen als gefährlich anzusehen und welche Verbote und Beschränkungen zur Erreichung des Schutzzwecks geeignet sind.

4. Landesrecht

8 § 51 ist eine nach Art. 72 Abs. 1 GG der Ergänzung durch Landesrecht zugängliche Vorschrift. Die Länder können nach Maßgabe des Art. 72 Abs. 3 Satz 1 Nr. 5 GG auch abweichende Regelungen erlassen. Der Schutzzweck nach Nr. 3 in Abs. 1 Satz 1 ist stoffbezogen, der nach Nr. 1 umfasst nicht nur, aber auch und vor allem stoff- und anlagenbezogene Einwirkungen. Das Landesrecht darf insoweit also nicht vom Bundesrecht abweichen.

§ 52
Besondere Anforderungen in Wasserschutzgebieten

(1) In der Rechtsverordnung nach § 51 Absatz 1 oder durch behördliche Entscheidung können in Wasserschutzgebieten, soweit der Schutzzweck dies erfordert,

1. **bestimmte Handlungen verboten oder für nur eingeschränkt zulässig erklärt werden,**

2. **die Eigentümer und Nutzungsberechtigten von Grundstücken verpflichtet werden,**

   a) **bestimmte auf das Grundstück bezogene Handlungen vorzunehmen, insbesondere die Grundstücke nur in bestimmter Weise zu nutzen,**

   b) **Aufzeichnungen über die Bewirtschaftung der Grundstücke anzufertigen, aufzubewahren und der zuständigen Behörde auf Verlangen vorzulegen,**

   c) **bestimmte Maßnahmen zu dulden, insbesondere die Beobachtung des Gewässers und des Bodens, die Überwachung von Schutzbestimmungen, die Errichtung von Zäunen sowie Kennzeichnungen, Bepflanzungen und Aufforstungen,**

3. **Begünstigte verpflichtet werden, die nach Nummer 2 Buchstabe c zu duldenden Maßnahmen vorzunehmen.**

Die zuständige Behörde kann von Verboten, Beschränkungen sowie Duldungs- und Handlungspflichten nach Satz 1 eine Befreiung erteilen, wenn der Schutzzweck nicht gefährdet wird oder überwiegende Gründe des Wohls der Allgemeinheit dies erfordern. Sie hat eine Befreiung zu erteilen, soweit dies zur Vermeidung unzumutbarer Beschränkungen des Eigentums erforderlich ist und hierdurch der Schutzzweck nicht gefährdet wird.

(2) In einem als Wasserschutzgebiet vorgesehenen Gebiet können vorläufige Anordnungen nach Absatz 1 getroffen werden, wenn andernfalls der mit der Festsetzung des Wasserschutzgebiets verfolgte Zweck gefährdet wäre. Die vorläufige Anordnung tritt mit dem Inkrafttreten der Rechtsverordnung nach § 51 Absatz 1 außer Kraft, spätestens nach Ablauf von drei Jahren. Wenn besondere Umstände es erfordern, kann die Frist um höchstens ein weiteres Jahr verlängert werden. Die vorläufige Anordnung ist vor Ablauf der Frist nach Satz 2 oder Satz 3 außer Kraft zu setzen, sobald und soweit die Voraussetzungen für ihren Erlass weggefallen sind.

(3) Behördliche Entscheidungen nach Absatz 1 können auch außerhalb eines Wasserschutzgebiets getroffen werden, wenn andernfalls der mit der Festsetzung des Wasserschutzgebiets verfolgte Zweck gefährdet wäre.

(4) Soweit eine Anordnung nach Absatz 1 Satz 1 Nummer 1 oder Nummer 2, auch in Verbindung mit Absatz 2 oder Absatz 3, das Eigentum unzumutbar beschränkt und diese Beschränkung nicht durch eine Befreiung nach Absatz 1 Satz 3 oder andere Maßnahmen vermieden oder ausgeglichen werden kann, ist eine Entschädigung zu leisten.

(5) Setzt eine Anordnung nach Absatz 1 Satz 1 Nummer 1 oder Nummer 2, auch in Verbindung mit Absatz 2 oder Absatz 3, erhöhte Anforderungen fest, die die ordnungsgemäße land- oder forstwirtschaftliche Nutzung eines Grundstücks einschränken, so ist für die dadurch verursachten wirtschaftlichen Nachteile ein angemessener Ausgleich zu leisten, soweit nicht eine Entschädigungspflicht nach Absatz 4 besteht.

Inhaltsübersicht

Rn.		Rn.
1. Allgemeines 1	3. Entschädigung (Abs. 4) . . .	8
2. Schutzbestimmungen und	4. Ausgleich wirtschaftlicher	
Schutzanordnungen	Nachteile (Abs. 5)	10
(Abs. 1–3) 2	5. Landesrecht	14

1. Allgemeines

1 § 52 normiert besondere, die allgemeinen wasserrechtlichen Bestimmungen **ergänzende Gewässerschutzanforderungen** für nach § 51 festgesetzte Wasserschutzgebiete. **Abs. 1** ermächtigt zur Auferlegung spezifischer Verpflichtungen und führt § 19 Abs. 2 WHG a.F. in einer erweiterten Fassung fort. Nach **Abs. 2** und **3**, die im WHG neu sind, können vorläufige Anordnungen und Anordnungen außerhalb eines Schutzgebiets getroffen werden. **Abs. 4** und **5** begründen Ansprüche auf Geldzahlungen für bestimmte Nutzungsbeschränkungen, sie lösen § 19 Abs. 3 und 4 WHG a.F. ab. § 52 gilt auch für Wasserschutzgebiete, die bei Inkrafttreten des neuen WHG bereits nach dem früheren § 19 Abs. 1 WHG festgesetzt waren (vgl. § 106 Abs. 1).

2. Schutzbestimmungen und Schutzanordnungen (Abs. 1–3)

2 § 52 regelt in **Abs. 1**, welche besonderen Anforderungen (Verbote, Beschränkungen, Handlungs- und Duldungspflichten) in Wasserschutzgebieten festgelegt werden können. Diese Festlegungen werden in erster Linie in der nach § 51 Abs. 1 zu erlassenden **Schutzgebietsverordnung** getroffen. Um der zuständigen Behörden ein flexibles und schnelles Handeln zu ermöglichen, sieht **Satz 1** in Anlehnung an landesrechtliche Vorschriften vor, dass die zuständige Behörde die nach Nr. 1–3 in Betracht kommenden Maßnahmen auch durch **Einzelfallentscheidungen** anordnen kann. Für deren Zulässigkeit gelten ebenso wie für Inhalts- und Nebenbestimmungen nach § 13 die allgemeinen verwaltungsrechtlichen Regeln der Erforderlichkeit, Geeignetheit und Verhältnismäßigkeit. Dabei ist insbesondere das nach § 51 Abs. 2 der Schutzgebietsfestsetzung zugrunde gelegte Konzept nach Zonen abgestufter Schutzbestimmungen zu berücksichtigen. Bei Anordnungen nach Abs. 1 spielt der verfassungsrechtliche Grundsatz des Übermaßverbots eine besondere Rolle. Das WHG stellt jetzt ausdrücklich klar, dass jede Anordnung in der Verordnung oder in der behördlichen Entscheidung nach dem Zweck der Schutzgebietsfestsetzung erforderlich sein muss.

3 Dies gilt umso mehr, als Abs. 1 Satz 1 in **Nr. 1–3** weit gefasste **Verbote, Beschränkungen und Pflichten** aufführt („bestimmte" Handlungen und Maßnahmen). Eine solche Generalklausel, die sich allein durch die Schutzzwecke des § 51 Abs. 1 definiert, ist notwendig, um in Wasserschutzgebieten allen möglichen relevanten Gefährdungen begegnen zu können; vgl. hierzu insbesondere die in § 51 Rn. 7 erwähnten Richtlinien. Betroffen ist vor allem die Land- und Forstwirtschaft, es geht aber auch um Bauvorhaben und den Transport gefährlicher Güter.[1] Nr. 2 und 3 sehen gegenüber dem bisherigen § 19 Abs. 2 Nr. 2 WHG in Anlehnung an entsprechende Vorschriften

---

[1] Näher zum Kreis der Betroffenen *C/R*, § 52 Rn. 19 ff.

in den meisten Landeswassergesetzen weitergehende Konkretisierungen und Ergänzungen vor. Allgemeine Verbote und Beschränkungen sowie Duldungspflichten von Grundstückseigentümern reichen für den gebotenen Schutz nicht immer aus, es kann auch sinnvoll und angemessen sein, die Eigentümer und Nutzungsberechtigten von Grundstücken sowie die Begünstigten (vgl. § 51 Abs. 1 Satz 2) zu bestimmten Handlungen zu verpflichten. Die neue Vorschrift in Nr. 3 lehnt sich an § 14 Abs. 1 Satz 3 des Landeswassergesetzes NRW in der 2009 gültigen Fassung an und soll durch die Begründung einer mit Nr. 2 Buchst. c korrespondierenden Duldungspflicht eine Regelungslücke schließen.[2]

Der **Befreiungsvorbehalt** nach den **Sätzen 2 und 3** des § 52 Abs. 1 ist Ausdruck des Verhältnismäßigkeitsprinzips.[3] Es handelt sich hierbei um Ausnahmevorschriften, die im Zweifel restriktiv auszulegen sind.[4] Befreiungen betreffen stets Festlegungen in der Schutzgebietsverordnung, die Behörde entscheidet hierüber im Einzelfall. Satz 2 räumt ihr Ermessen ein, unter den Voraussetzungen des Satzes 3 ist sie gebunden. Als Gründe des Wohls der Allgemeinheit, die gegen die Belange der Trinkwasserversorgung nach den jeweiligen konkreten Umständen zu gewichten und abzuwägen sind, kommen z.B. solche des Straßen- und Schienenverkehrs, des Bergbaus und der Erholung in Betracht. Satz 2 geht als Spezialregelung den Vorschriften der §§ 48 und 49 VwVfG über Rücknahme und Widerruf von Verwaltungsakten vor. Satz 3 trägt der neueren Rechtsprechung des BVerfG und des BVerwG Rechnung, wonach Nutzungsbeschränkungen in Wasserschutzgebieten als Inhalts- und Schrankenbestimmungen nach Art. 14 Abs. 1 Satz 2 GG insbesondere dem Verhältnismäßigkeitsgrundsatz entsprechen müssen.[5] Soweit derartige Beschränkungen das **Eigentum unzumutbar beeinträchtigen**, kommt eine finanzielle Entschädigung nur in Betracht, wenn Vorkehrungen zur realen Vermeidung der Belastung ausscheiden; vgl. näher hierzu Rn. 8 ff.

4

§ 52 ermächtigt in **Abs. 2 Satz 1** die zuständige Behörde, schon vor der geplanten Festsetzung eines Wasserschutzgebiets **vorläufige Anordnungen** nach Abs. 1 zu treffen, wenn andernfalls der mit der Schutzgebietsfestsetzung verfolgte Zweck gefährdet wird. Die **Sätze 2–4** regeln die Gültigkeitsdauer von nur vorläufig getroffenen Anordnungen. Die Bestimmungen des Abs. 2 orientieren sich in den Sätzen 1–3 an landesrechtlichen Vorschriften, in Satz 4 an § 17 Abs. 4 BauGB (vgl. auch die entsprechende Regelung bei der Veränderungssperre in § 86 Abs. 3 Satz 3).[6]

5

---

[2] BT-Drs. 16/12275, S. 67.
[3] BT-Drs. 16/12275, S. 67.
[4] *Schwind*, in: BFM, § 52 Rn. 22; vgl. auch *Hünnekens*, in: LR, WHG, § 52 Rn. 33 ff.
[5] Näher zur Befreiung nach Satz 2 und 3 *Göβl*, in: SZDK, § 52 WHG Rn. 69 ff., 83 ff.
[6] Näher zu vorläufigen Anordnungen *Schwind*, in: BFM, § 52 Rn. 29 ff.

6 § 52 gibt in **Abs. 3** ebenfalls in Anlehnung an landesrechtliche Vorschriften der zuständigen Behörde die Befugnis, Entscheidungen nach Abs. 1 **außerhalb eines Wasserschutzgebiets** zu treffen. Normzweck bleibt aber auch hier, eine Gefährdung des mit der Schutzgebietsfestsetzung verfolgten Zwecks zu vermeiden. So kann die Behörde z.b. eine Änderung der bisherigen Art der Bewirtschaftung von Grundstücken verbieten, wenn dadurch negative Einflüsse auf die Bildung oder Qualität von Grundwasser verhindert werden.

7 Da Anordnungen nach § 52 Abs. 1 bis 3 – ausgenommen sind nur die Anordnung nach Abs. 1 Satz 1 Nr. 3 und die Befreiungen nach Abs. 1 Satz 2 und 3 – **Eingriffe in das Eigentum** darstellen können, finden die Entschädigungs- und Ausgleichsregelungen nach Abs. 4 und 5 Anwendung.

3. Entschädigung (Abs. 4)

8 § 52 Abs. 4 trifft eine **Regelung zur Inhalts- und Schrankenbestimmung des Eigentums** nach Art. 14 Abs. 1 Satz 2 GG. Die Vorschrift führt § 19 Abs. 3 WHG a.F. fort, berücksichtigt dabei allerdings die zur Dogmatik des Enteignungsrechts im Allgemeinen (grundlegende Änderung durch den Nassauskiesungsbeschluss des BVerfG[7]) sowie zu § 19 Abs. 3 im Besonderen ergangene Rechtsprechung. Das neue WHG ersetzt die schon seit längerem überholte sog. salvatorische Klausel zum Entschädigungsanspruch nach § 19 Abs. 3 durch eine dem heutigen Verständnis entsprechende Gesetzesfassung.

9 Abs. 4 begründet für unzumutbare Beschränkungen des Eigentums durch Anordnungen nach Abs. 1–3 (vgl. Rn. 7) einen **Entschädigungsanspruch**. Nach h.M.[8] ist dieser Anspruch rechtlich wie folgt zu qualifizieren: §§ 51 und 52 Abs. 1 ermächtigen nicht zu enteignenden Eingriffen in das Eigentum, sondern nur zu solchen Regelungen und Anordnungen, die mit der verfassungsrechtlichen Eigentumsgarantie vereinbar sind. Dem gesetzlichen Schutzzweck entsprechende Nutzungsbeschränkungen in Wasserschutzgebieten dienen Gemeinwohlbelangen von überragender Bedeutung und stellen, wenn sie die Grenzen der Verhältnismäßigkeit nicht überschreiten, keine Enteignung dar, sondern unabhängig von der Schwere des Eingriffs eine Bestimmung von Inhalt und Schranken des Eigentums gemäß Art. 14 Abs. 1 Satz 2 GG. Es ist dabei Sache des Landesrechts (vor allem der Wasserschutzgebietsverordnungen), die im konkreten Fall schutz-

---

[7] BVerfG v. 15.7.1981 – 1 BvL 77/78, BVerfGE 58, 300, 346.
[8] Vgl. BVerfG v. 6.9.2005 – 1 BvR 1161/03, NVwZ 2005, 1412, 1414; BVerwG v. 30.9.1996 – NB 31 und 32.96, ZfW 1997, 163, 168 ff. mit Anm. *Reinhardt* = HDW R 1716; BVerwG vom 15.4.2003 – 7 BN 4.02, NVwZ 2003, 1116, 1117; vgl. auch BGH v. 19.9.1996 – III ZR 82/95, BGHZ 133, 271 = HDW R 1704 sowie *Breuer/Gärditz*, Rn. 1098 ff.; *C/R*, § 52 Rn. 56 ff.; besonders eingehend hierzu *Göβl*, in: SZDK, § 52 WHG Rn. 11–36.

würdigen Interessen der Eigentümer mit den Belangen des Gemeinwohls abzuwägen. In besonderen Härtefällen, d.h. bei unzumutbaren Auswirkungen einer Inhalt und Schranken des Eigentums bestimmenden Regelung, besteht ein **verfassungsrechtlicher Ausgleichsanspruch**, der vorrangig darauf abzielt, unverhältnismäßige Belastungen des Eigentümers zu vermeiden. Dies hat zunächst real zu geschehen, d.h. in erster Linie durch Übergangs-, Ausnahme- und Befreiungsvorschriften (vgl. insofern auch § 52 Abs. 1 Satz 2 und 3) oder durch Einsatz administrativer oder technischer Instrumente. Erst zuletzt („ultima ratio"), also bei real nicht vermeidbaren und nicht zumutbaren Belastungen kommt der Ausgleich durch eine Entschädigung in Geld in Betracht (**ausgleichspflichtige Inhalts- und Schrankenbestimmung des Eigentums** nach Art. 14 Abs. 1 Satz 2 GG). Nach diesen verfassungsrechtlichen Vorgaben dient § 52 Abs. 4 dem Zweck, eine dem Eigentümer durch Schutzanordnungen im Wasserschutzgebiet im Einzelfall auferlegte besondere Belastung durch die Zubilligung eines Ausgleichs auf ein zumutbares, verfassungsrechtlich zulässiges Maß herabzumindern. Eine gegebenenfalls zu leistende Entschädigung richtet sich nach den Vorschriften des Kapitels 4 (§§ 96–98).

Da die üblichen Wasserschutzgebietsverordnungen den verfassungsrechtlichen Vorgaben entsprechende reale Ausgleichsmaßnahmen vorsehen, laufen Ansprüche auf Geldzahlung nach § 52 Abs. 4 fast immer ins Leere. Verbote und Beschränkungen der Grundstücksnutzung, denen die allgemeinen wasserrechtlichen Anforderungen zugrunde liegen, bleiben stets im Rahmen der entschädigungslos hinzunehmenden Sozialbindung. Darüber hinausgehende Eingriffe in die Bodennutzung können ebenfalls durch eine besondere Schutzbedürftigkeit der Gewässer gerechtfertigt sein. Eine **Entschädigungspflicht** kann aber z.B. die Untersagung jeder landwirtschaftlichen Nutzung, in uneingeschränktes, die wirtschaftliche Existenz eines Gewerbebetriebs vernichtendes Transportverbot für wassergefährdende Stoffe oder ein vollständiger Entzug der Baulandqualität eines Grundstücks begründen. Die Qualifizierung als entschädigungsloser oder entschädigungspflichtiger Eingriff hängt letztlich von den Gegebenheiten des konkreten Einzelfalles ab. Auf die umfangreiche Rechtsprechung und Literatur wird insoweit verwiesen.[9] *10*

4. Ausgleich wirtschaftlicher Nachteile (Abs. 5)

§ 52 gewährt in Abs. 5 einen von Abs. 4 zu unterscheidenden, aus Billigkeitsgründen eingeführten, verfassungsrechtlich nicht verbürgten Anspruch auf Ausgleichsleistungen (**einfachgesetzlicher Ausgleichsanspruch**). Die Vorschrift entspricht § 19 Abs. 4 Satz 1 WHG *11*

---

[9] Näher hierzu *Breuer/Gärditz*, Rn. 1104 ff.; *C/R*, § 52 Rn. 68 ff.; *Gößl*, in: SZDK, § 52 WHG Rn. 61 ff., 83 ff.

a.F., wobei der bisherige Regelungsauftrag an die Länder zur näheren Bestimmung des Ausgleichs durch eine Vollregelung des Bundes abgelöst worden ist (vgl. hierzu die Vorschriften in Kapitel 4, insbesondere § 99). Die Rechtswegfrage stellt sich erst im Rahmen des Kapitels 4 (näher hierzu § 96 Rn. 3).

12 Die Ausgleichsregelung ist 1986 auf Initiative des Bundesrates durch die 5. Novelle in das WHG eingefügt worden. Der Gesetzgeber hat als politische Konsequenz aus dem Befund bei der praktisch ins Leere laufenden Entschädigungsregelung (vgl. Rn. 10) bewusst einen Anspruch auf angemessenen Ausgleich unterhalb der Schwelle eines verfassungsrechtlich gebotenen Entschädigungs- oder Ausgleichsanspruchs geschaffen. Es handelt sich dabei um einen bloßen **Billigkeitsausgleich** für die von Wasserschutzgebietsfestsetzungen besonders betroffene Land- und Forstwirtschaft.[10] Der Anspruch nach Abs. 5 ist deshalb gegenüber dem „stärkeren" verfassungsrechtlichen Ausgleichsanspruch nach Abs. 4 nur subsidiär und betrifft nur die wasserrechtlichen Schutzanordnungen nach § 52 Abs. 1 Satz 1 Nr. 1 und 2 sowie Abs. 2 und 3, also nicht die Handlungspflichten nach Nr. 3 von Abs. 1 Satz 1, weil sie den Pflichtigen, der dann zugleich Begünstigter ist, nicht unzumutbar belasten. Kein Anspruch besteht auch für Einschränkungen, die im Pflanzenschutz- oder im Düngerecht begründet sind.

13 Zu den **Voraussetzungen** des Ausgleichsanspruchs[11] gehört zunächst, dass eine Anordnung das sonst übliche Maß übersteigende Anforderungen festsetzt, also Anforderungen, die im Allgemeinen nicht im Rahmen des flächendeckenden Gewässerschutzes, sondern speziell in Wasserschutzgebieten gestellt werden.[12] Die Anordnung muss darüber hinaus die ordnungsgemäße Land- und Forstwirtschaft beschränken. Der Begriff der ordnungsgemäßen land- oder forstwirtschaftlichen Nutzung eines Grundstücks umfasst die standortgerechte Bodennutzung, die sich nicht an maximalen Erträgen, sondern auch am Maß der Gewässerverträglichkeit zu orientieren hat.[13] Zu einer ordnungsgemäßen Landwirtschaft gehört insbesondere die Beachtung der Grundsätze der guten fachlichen Praxis. Außerdem ist auch eine Orientierung am Stand der Agrartechnik sowie an neuen agrarwissenschaftlichen Erkenntnissen im Bereich der Ökologie und nicht nur an herkömmlichen Bewirtschaftungsweisen notwendig. Die erhöhten, die ordnungsgemäße land- oder forstwirt-

---

[10] Zur Entstehung der stark umstrittenen Ausgleichsregelung und zu ihrer Begründung siehe BT-Drs. 10/3973, S. 19 f., 22 sowie 10/5727, S. 10, 19, 33 ff.; vgl. näher zur Problematik *C/R*, § 52 Rn. 90 ff. m.w.N. – Zum Konflikt mit dem Verursacherprinzip vgl. *Berendes*, in: BFM, § 6a Rn. 21; *Schwind*, in: BFM, § 52 Rn. 51.
[11] Vgl. dazu ein Einzelnen *C/R*, § 52 Rn. 95 ff.; *Gößl*, in: SZDK § 52 WHG, Rn. 117 ff.
[12] BT-Drs. 10/5727, S. 34.
[13] Vgl. auch zur „naturverträglichen Land- und Forstwirtschaft" und zu den Grundsätzen der guten fachlichen Praxis in § 5 Abs. 1 und 2 BNatSchG.

schaftliche Nutzung einschränkenden Anforderungen müssen wirtschaftliche Nachteile verursachen. Der Begriff der wirtschaftlichen Nachteile stellt auf die normalerweise zu erzielenden Erträge ab. Zu **Art und Umfang** eines angemessenen Ausgleichs sowie zur ausgleichspflichtigen Person vgl. § 99 nebst Kommentierung.

Um Auseinandersetzungen über die in rechtlicher wie praktischer Hinsicht hohen Hürden bei der Realisierung des Ausgleichsanspruchs zu vermeiden, hat sich die Zusammenarbeit zwischen Landwirtschaft und Wasserversorgung auf der Grundlage von **Kooperationsvereinbarungen** bewährt. 14

5. Landesrecht

§ 52 ist eine im Rahmen des Art. 72 Abs. 1 GG der Ergänzung durch Landesrecht zugängliche Vorschrift. Die Länder können nach Art. 72 Abs. 3 Satz 1 Nr. 5 GG von den Regelungen des § 52 auch abweichen, da sie nicht stoff- oder anlagenbezogen sind. 15

§ 53
Heilquellenschutz

(1) Heilquellen sind natürlich zu Tage tretende oder künstlich erschlossene Wasser- oder Gasvorkommen, die auf Grund ihrer chemischen Zusammensetzung, ihrer physikalischen Eigenschaften oder der Erfahrung nach geeignet sind, Heilzwecken zu dienen.

(2) Heilquellen, deren Erhaltung aus Gründen des Wohls der Allgemeinheit erforderlich ist, können auf Antrag staatlich anerkannt werden (staatlich anerkannte Heilquellen). Die Anerkennung ist zu widerrufen, wenn die Voraussetzungen nach Satz 1 nicht mehr vorliegen.

(3) Die zuständige Behörde kann besondere Betriebs- und Überwachungspflichten vorschreiben, soweit dies zur Erhaltung der staatlich anerkannten Heilquelle erforderlich ist. Die Überwachung von Betrieben und Anlagen ist zu dulden; § 101 gilt insoweit entsprechend.

(4) Zum Schutz staatlich anerkannter Heilquellen kann die Landesregierung durch Rechtsverordnung Heilquellenschutzgebiete festsetzen. In der Rechtsverordnung ist die begünstigte Person zu benennen. Die Landesregierung kann die Ermächtigung nach Satz 1 durch Rechtsverordnung auf andere Landesbehörden übertragen.

(5) § 51 Absatz 2 und § 52 gelten entsprechend.

Inhaltsübersicht

Rn.   Rn.
1. Allgemeines............ 1   3. Landesrecht............ 6
2. Inhalt des § 53.......... 2

1. Allgemeines

1 § 53 ist eine neue Vorschrift, die der Gesetzgeber im Hinblick auf die gesundheitsfördernde Funktion und wirtschaftliche **Bedeutung von Heilquellen** in das WHG aufgenommen hat.[1] Sie ist an entsprechende, weitgehend gleich lautende Regelungen in den meisten Landeswassergesetzen angelehnt. **Abs. 1** definiert die Heilquellen. **Abs. 2** regelt die staatliche Anerkennung von Heilquellen und **Abs. 3** besondere Betriebs- und Überwachungspflichten. **Abs. 4** ermächtigt zur Festsetzung von Heilquellenschutzgebieten, auf die nach **Abs. 5** Vorschriften zu den Wasserschutzgebieten entsprechend anzuwenden sind.

2. Inhalt des § 53

2 § 53 übernimmt in **Abs. 1** den herkömmlichen **Begriff** der Heilquelle[2] und regelt in **Abs. 2** deren **staatliche Anerkennung**. Nach **Satz 1** ist die Anerkennung ein im Ermessen der zuständigen Behörde stehender begünstigender Verwaltungsakt, der voraussetzt und damit zugleich feststellt, dass es sich um eine Heilquelle handelt, deren Erhaltung aus Gründen des Wohls der Allgemeinheit erforderlich ist. Im Vordergrund steht die Bedeutung der Heilquelle für die öffentliche Gesundheit. Liegen die Voraussetzungen für die staatliche Anerkennung nicht mehr vor, ist nach **Satz 2** die Anerkennung zwingend zu **widerrufen**, weil eine Schutzbedürftigkeit nicht mehr besteht und in der Öffentlichkeit nicht der Eindruck entstehen soll, die Heilquelle sei weiterhin im Interesse des Gemeinwohls erhaltungswürdig.

3 § 53 **Abs. 3** ermächtigt in **Satz 1** die zuständige Behörde, dem Betreiber der Heilquelle besondere **Betriebs- und Eigenüberwachungspflichten** aufzuerlegen. Über das Ob und das Wie entscheidet die Behörde nach pflichtgemäßem Ermessen. Die Verpflichtungen sollen dazu beitragen, die im öffentlichen Interesse liegende Erhaltung der Heilquelle zu sichern. Nach **Satz 2** hat der Betreiber darüber hinaus eine **behördliche Überwachung** nach Maßgabe der allgemeinen Vorschriften zur Gewässeraufsicht zu dulden.

---

[1] Vgl. BT-Drs. 16/12275, S. 67.
[2] Näher zum Begriff der Heilquelle *Schwendner*, in: SZDK, § 53 WHG Rn. 4 ff.; *Schwind*, in: BFM, § 53 Rn. 4 ff.

Die besondere gesundheitsfördernde Funktion von Heilquellen recht- 4
fertigt es, ihren Bestand vorbeugend gegen mögliche Beeinträchtigungen und Schädigungen zu schützen. Diesem Zweck dient die Ermächtigung nach **Abs. 4 Satz 1 zur Festsetzung von Heilquellenschutzgebieten** für nach Abs. 2 Satz 1 staatlich anerkannte Heilquellen. Da die Schutzbedürftigkeit von Heilquellen mit der von Wasserschutzgebieten vergleichbar ist, gelten die gleichen Vorschriften wie für Wasserschutzgebiete (**Abs. 4 Satz 2 und 3, Abs. 5**). Auf die Kommentierung von § 51 Abs. 1 Satz 2 und 3, Abs. 2 sowie § 52 wird insoweit verwiesen. § 53 ist auch auf Heilquellenschutzgebiete anzuwenden, die bei Inkrafttreten des neuen WHG bereits nach Landesrecht festgesetzt waren (vgl. § 106 Abs. 2).

3. Landesrecht

§ 53 ist eine im Rahmen des Art. 72 Abs. 1 GG der Ergänzung durch 5
Landesrecht zugängliche Vorschrift. Die Länder können nach Art. 72 Abs. 3 Satz 1 Nr. 5 GG von den Regelungen des § 53 auch abweichen, da sie nicht stoff- oder anlagenbezogen sind.

Abschnitt 2
Abwasserbeseitigung

§ 54
Begriffsbestimmungen für die Abwasserbeseitigung

(1) Abwasser ist

1. **das durch häuslichen, gewerblichen, landwirtschaftlichen oder sonstigen Gebrauch in seinen Eigenschaften veränderte Wasser und das bei Trockenwetter damit zusammen abfließende Wasser (Schmutzwasser) sowie**

2. **das von Niederschlägen aus dem Bereich von bebauten oder befestigten Flächen gesammelt abfließende Wasser (Niederschlagswasser).**

Als Schmutzwasser gelten auch die aus Anlagen zum Behandeln, Lagern und Ablagern von Abfällen austretenden und gesammelten Flüssigkeiten.

(2) Abwasserbeseitigung umfasst das Sammeln, Fortleiten, Behandeln, Einleiten, Versickern, Verregnen und Verrieseln von Abwasser sowie das Entwässern von Klärschlamm in Zusammenhang mit der Abwasserbeseitigung. Zur Abwasserbeseitigung gehört auch die Beseitigung des in Kleinkläranlagen anfallenden Schlamms.

(3) BVT-Merkblatt ist ein Dokument, das auf Grund des Informationsaustausches nach Artikel 13 der Richtlinie 2010/75/EU des Europäischen Parlaments und des Rates vom 24. November 2010 über Industrieemissionen (integrierte Vermeidung und Verminderung der Umweltverschmutzung) (Neufassung) (ABl. L 334 vom 17.12.2010, S. 17) für bestimmte Tätigkeiten erstellt wird und insbesondere die angewandten Techniken, die derzeitigen Emissions- und Verbrauchswerte sowie die Techniken beschreibt, die für die Festlegung der besten verfügbaren Techniken sowie der BVT-Schlussfolgerungen berücksichtigt wurden.

(4) BVT-Schlussfolgerungen sind ein nach Artikel 13 Absatz 5 der Richtlinie 2010/75/EU von der Europäischen Kommission erlassenes Dokument, das die Teile eines BVT-Merkblatts mit den Schlussfolgerungen in Bezug auf Folgendes enthält:

1. die besten verfügbaren Techniken, ihre Beschreibung und Informationen zur Bewertung ihrer Anwendbarkeit,
2. die mit den besten verfügbaren Techniken assoziierten Emissionswerte,
3. die zu den Nummern 1 und 2 gehörigen Überwachungsmaßnahmen,
4. die zu den Nummern 1 und 2 gehörigen Verbrauchswerte sowie
5. die gegebenenfalls einschlägigen Standortsanierungsmaßnahmen.

(5) Emissionsbandbreiten sind die mit den besten verfügbaren Techniken assoziierten Emissionswerte.

(6) Die mit den besten verfügbaren Techniken assoziierten Emissionswerte sind der Bereich von Emissionswerten, die unter normalen Betriebsbedingungen unter Verwendung einer besten verfügbaren Technik oder einer Kombination von besten verfügbaren Techniken entsprechend der Beschreibung in den BVT-Schlussfolgerungen erzielt werden, ausgedrückt als Mittelwert für einen vorgegebenen Zeitraum unter spezifischen Referenzbedingungen.

Inhaltsübersicht

Rn.		Rn.
1. Allgemeines	1	4. Legaldefinitionen zum
2. Abwasserbegriff (Abs. 1)	2	Industrieabwasser
3. Abwasserbeseitigung		(Abs. 3–6) 9
(Abs. 2)	8	5. Landesrecht 14

1. Allgemeines

1 § 54 definiert **zentrale Begriffe des Abwasserrechts**. Der Gesetzgeber hat die Definitionen wegen des Sachzusammenhangs systematisch in den abwasserrechtlichen Abschnitt eingeordnet. Die Bestimmung

des Abwasserbegriffs in **Abs. 1** ist im WHG neu. Sie entspricht § 2 Abs. 1 AbwAG sowie teilweise auch den Landeswassergesetzen, die inhaltlich nicht vollständig übereinstimmen. **Abs. 2** ist in Satz 1 wortidentisch mit dem alten § 18a Abs. 1 Satz 3 WHG, der durch die 4. Novelle von 1976 in das WHG eingefügt worden ist.[1] In **Abs. 3–6** sind neue Begriffe enthalten, mit denen durch das Gesetz vom 8.4.2013 die Richtlinie 2010/75/EU über Industrieemissionen in das deutsche Recht umgesetzt wird.[2]

2. Abwasserbegriff (Abs. 1)

Anders als das WHG 1957 definiert das neue WHG jetzt den **Begriff „Abwasser"**. Diesen auch in vielen anderen Rechtsvorschriften verwendeten Begriff hat der Gesetzgeber bisher als bekannt vorausgesetzt und weitgehend im Sinne der in erster Linie technisch orientierten Beschreibung in der DIN-Norm 4045 – „nach häuslichem oder gewerblichem Gebrauch verändertes, insbesondere verunreinigtes, abfließendes und von Niederschlägen stammendes und in die Kanalisation gelangendes Wasser" – verstanden. Die von § 2 Abs. 1 AbwAG abgeleitete Definition weist im Wortlaut nur unwesentliche, inhaltlich überhaupt keine Abweichungen auf. Damit ist auch klar, dass der Bund den ordnungsrechtlichen Anforderungen und der Abgabenerhebung einen einheitlichen Abwasserbegriff zugrunde legt.[3] Die Abwassereigenschaft endet, sobald sich das Abwasser mit dem Wasser des Gewässers, in das es eingeleitet wird, vermischt; es ist dann Teil des Gewässers. Wasser, das sich aus den beiden Arten von Abwasser (Schmutzwasser nach Nr. 1 und Niederschlagswasser nach Nr. 2) zusammensetzt (**Mischabwasser**), ist natürlich ebenfalls Abwasser.

2

Nach § 54 Abs. 1 **Satz 1 Nr. 1** gehört zum Abwasser zunächst das **Schmutzwasser**. Dieses ist immer auch „Wasser". Darunter fällt nicht jede Flüssigkeit, gewisse Wasseranteile in flüssigen Stoffen machen diese Stoffe noch nicht zum Wasser. So sind bereits nach allgemeinem Sprachgebrauch Flüssigkeiten wie Säuren, Laugen, Öl und Benzin oder Produkte in flüssiger Form (z.B. Milch) nicht unter den Begriff „Wasser" einzuordnen (vgl. hierzu auch § 55 Abs. 3). Dagegen ist schlammiges Wasser (z.B. Klärschlamm) Abwasser, wenn der Aggregatzustand als flüssig und nicht als fest einzustufen ist. Schmutzwasser ist in erster Linie das durch Gebrauch in seinen

3

---

[1] Vgl. BT-Drs. 7/4546, S. 6f., 13.
[2] Vgl. hierzu BT-Drs. 17/10486, S. 45f.; 17/11394, Anlage 1, Zu Artikel 2.
[3] Zum alten WHG hat die h.M. dem dort nicht definierten Abwasserbegriff einen anderen Inhalt zuerkannt, ohne schlüssig darzulegen, worin bei Abwassereinleitungen die relevanten Unterschiede zwischen ordnungsrechtlichen Begrenzungen und monetären Bewertungen bestehen; vgl. jetzt auch *Breuer/Gärditz*, Rn. 705f.; *C/R*, § 54 Rn. 6f.; *Ganske*, in: LR, WHG, § 54 Rn. 7; *Zöllner*, in: SZDK, § 54 WHG Rn. 9; a.A. weiterhin *Nisipeanu*, in: BFM, § 54 Rn. 7.

Eigenschaften veränderte Wasser. Die Erwähnung der wichtigsten Arten des Gebrauchs hat beispielhaften Charakter und dient der besseren Verständlichkeit des Gesetzes. Hauptfälle sind das häusliche und das gewerbliche (einschließlich industrielle) Schmutzwasser. Der Gebrauch muss nicht zu einer Verunreinigung des Wassers führen, auch „sauberes" Schmutzwasser ist Abwasser (z.B. **Kühlwasser**). Ebenso ist unerheblich, woher das durch Gebrauch veränderte Wasser stammt (Entnahme aus Gewässern, Belieferung durch Wasserversorger, Sammlung von Regenwasser) und welche Vorbelastung es aufweist.[4]

4 Eine wasserrechtliche Besonderheit ist, dass die Abwassereigenschaft anders als beim Abfall nicht erst dann vorliegt, wenn sich der Besitzer des Schmutzwassers **„entledigen"** will oder muss (vgl. demgegenüber die Begriffsbestimmungen in § 3 Abs. 1 und 2 KrWG). Abwasser fällt bereits an, bevor es beseitigt werden soll. Daraus können sich noch nicht abschließend geklärte Fragestellungen im Verhältnis zwischen dem zur Überlassung und dem zur Beseitigung des Abwassers Verpflichteten (vgl. § 56) ergeben.[5] Allein auf den Willen des Abwassererzeugers kann es nach der gesetzlichen Definition nicht ankommen. Bei einer Weiter- bzw. Wiederverwendung von gebrauchtem Wasser im geschlossenen Kreislauf fällt noch kein an den Abwasserbeseitigungspflichtigen zu übergebendes Abwasser an, anders dagegen bei einer Aufbereitung zur Weiterverwendung für andere Zwecke (z.B. zur Bewässerung des Gartens). Soweit der Abwasserbegriff auch die Merkmale des Abfallbegriffs erfüllt und damit als Unterfall zum Abfall gehört, liegt das Entledigungsmerkmal stets vor.[6] Das KrWG nimmt nach § 2 Abs. 2 Nr. 9 Abwasser allerdings vom Geltungsbereich aus, „sobald" es in Gewässer oder Abwasseranlagen eingeleitet wird, sei es befugt oder unbefugt.[7] Vor dem Einbringen oder Einleiten von Stoffen zur Beseitigung auf dem Wasserpfad unterliegen diese grundsätzlich dem Regime sowohl des Abfall- wie des Abwasserrechts;[8] vgl. auch § 55 Abs. 3.

5 Zum Schmutzwasser gehört auch das Wasser, das bei Trockenwetter zusammen mit dem durch Gebrauch veränderten Wasser abfließt (sog. **Fremdwasser**).[9] Das Fremdwasser ist meist Grundwasser, das an undichten Stellen in beachtlichen Mengen in die Kanalisation eindringt und mit in die Abwasserkontrollmessungen einfließt. Trocken-

---

[4] Näher zum Schmutzwasserbegriff *C/R*, § 54 Rn. 8 ff.; *Nisipeanu*, in: BFM, § 54 Rn. 9 ff.; *Zöllner*, in: SZDK, § 54 WHG Rn. 10 ff.
[5] Informativ insofern OVG Frankfurt/O. v. 31. 7. 2003 – 3 A 316/02, ZfW 2004, 232, 24 ff.; vgl. auch *Queitsch*, in: WQF, § 54 Rn. 3 ff. sowie *Kühne*, Das „abwasserfreie Grundstück" aus rechtlicher Sicht, LKV 2004, 49.
[6] Grundsätzlich hierzu *Henseler*, Der Abwasserbegriff des Wasser- und Abfallrechts, NuR 1984, 249.
[7] Vgl. auch BT-Drs. 10/5656, S. 55.
[8] Näher zu den Abgrenzungsfragen *Breuer/Gärditz*, Rn. 383 ff., 709 ff.
[9] Ausführlich hierzu *Queitsch*, in: WQF, § 54 Rn. 11–38.

wetter heißt: keine Vermischung des Schmutzwassers mit nennenswerten Niederschlägen. In der Vollzugspraxis richtet sich die naturgemäß mit Ungenauigkeiten verbundene Ermittlung des Trockenwetterabflusses nach bestimmten technischen Regeln, die vor allem für die Jahresschmutzwassermenge, die nach § 4 Abs. 1 Satz 2 AbwAG im wasserrechtlichen Bescheid festzulegen ist, von Bedeutung sind.

§ 54 Abs. 1 bezieht in **Satz 2** gesammeltes **Deponiesickerwasser** 6 durch eine Fiktion mit in den Schmutzwasserbegriff ein. Solches Wasser wird weder durch Gebrauch verändert noch fließt es stets mit anderem Abwasser vermischt über die Kanalisation ab und stellt damit nach Nr. 1 kein Schmutzwasser dar. Es belastet aber die Gewässer und muss deshalb wie Abwasser behandelt werden (vgl. auch die Anhänge 23 und 51 AbwV).

Nach § 54 Abs. 1 **Satz 1 Nr. 2** bildet das von Niederschlägen (Regen, 7 Schnee, Hagel) stammende Wasser einen eigenständigen Unterfall des Abwasserbegriffs. Dem Menschen ist zwar nicht der Anfall von **Niederschlagswasser** zuzurechnen, er wirkt aber durch die gezielte Sammlung und Fortleitung des Wassers auf bebauten und befestigten Flächen auf die Qualität und den Abfluss des Wassers ein. Deshalb kann und muss derjenige, bei dem **Niederschlagswasser** anfällt und auf den die zu erheblichen Gewässerbelastungen beitragende Verschmutzung des Wassers zurückzuführen ist, für die ordnungsgemäße Beseitigung sorgen. Die Abwandlung des Begriffs „fließendes und gesammeltes Wasser" (§ 2 Abs. 1 Satz 1 AbwAG) in „gesammelt abfließendes Wasser" hat rein sprachliche Gründe und verändert den Begriff inhaltlich nicht.

3. Abwasserbeseitigung (Abs. 2)

Mit der Legaldefinition nach § 54 Abs. 2 **Satz 1** fasst das WHG die 8 verschiedenen Teilbereiche der Abwasserbeseitigung in einem **Oberbegriff** zusammen (vgl. zur Abfallbeseitigung § 3 Abs. 26 KrWG). Alle Unterfälle der Beseitigung setzen wie die Gewässerbenutzungen nach § 9 stets ein bewusstes und gewolltes, zweckgerichtetes (finales) Handeln voraus. Die Beseitigung obliegt dem Abwasserbeseitigungspflichtigen (§ 56), beginnt also erst, wenn das Abwasser dort, wo es anfällt, von dem Erzeuger oder Besitzer an den Pflichtigen übergeben wird. Dies erfolgt durch das „Sammeln" des Abwassers in Kanälen, Gräben, Gruben oder auch mobil in Tankwagen. „Fortleiten" heißt Abtransport des Abwassers im freien Gefälle oder mittels Pumpen. Mit dem „Behandeln" wird das Abwasser durch technische Maßnahmen aufbereitet (Reinigung in einer Kläranlage) und in seiner Beschaffenheit (vgl. § 3 Nr. 9) so verbessert, dass es über das „Einleiten" (vgl. zu diesem Begriff § 9 Abs. 1 Nr. 4 nebst Kommentierung), das „Versickern" (Zuführung von meist vorgeklärtem Abwasser in wasserdurchlässige Bodenschichten, z.B. Kies oder Sand, unter Ausnutzung der Filterwirkung des Bodens), das „Verregnen" (oberirdisches Versprühen des Abwassers mit dem Ziel, die Bodenfruchtbarkeit zu verbessern) oder das „Verrieseln" (ober- oder unterirdische großflächige Zuführung des Abwassers über Verrieselungsrohre auf wasserdurchlässige Bodenschichten) über das Gewässer oder den Boden abschließend beseitigt werden kann. Die Einbeziehung der **Entwässerung des** insbesondere in Kläranlagen anfallenden **Klärschlamms** dient der Abgrenzung von Abwasser- und Abfallbeseitigung. Die Entwässerung, die den Wassergehalt verringert, erfolgt „in Zusammenhang" mit der Abwasserbeseitigung, wenn beides in einer räumlichen oder funktionalen Beziehung zueinander steht. Das Gleiche gilt, wenn dem Prozess der Klärschlammentwässerung zusätzlich von außen Schlamm zugeführt wird, der aus Kleinkläranlagen oder abflusslosen Gruben stammt. **Satz 2** ist eine vom Bundesrat geforderte Klarstellung, die der Gesetzgeber gegen das Votum der Bundesregierung in einer präziser gefassten Formulierung übernommen hat.[10] Ist der Klärschlamm entwässert, unterliegt er dem abfallrechtlichen Entsorgungsregime.

4. Legaldefinitionen zum Industrieabwasser (Abs. 3–6)

9 Die **Richtlinie 2010/75/EU** vom 24.11.2010 über Industrieemissionen (integrierte Vermeidung und Verminderung der Umweltverschmutzung) – IERL – hat das deutsche Abwasserrechtssystem strukturell und regelungstechnisch bedeutsam verändert. Wesentliches Ziel der Richtlinie ist, die europäischen Vorgaben für die **Begrenzung von Emissionen aus Industrieanlagen** durch verbindlichere einheitliche Umweltstandards zu stärken und so gleichzeitig gleichartige Wettbewerbsbedingungen zu schaffen.[11] Für den Wasserbereich wird die Richtlinie nunmehr vollständig durch den Bund umgesetzt,[12] und zwar grundsätzlich 1:1 und gesplittet auf der Gesetzes- und der Verordnungsebene. Das WHG führt in § 54 die neuen Begrifflichkeiten ein und ergänzt für einen bestimmten Kreis von Industrieanlagen § 57 und § 60 um spezifische, einleitungs- und anlagenbezogene abwasserrechtliche Anforderungen. Hinzu kommt die Umsetzung durch die neue Industrieanlagen-Zulassungs- und Überwachungsverordnung (IZÜV) und die Anpassung der Abwasserverordnung.

---

[10] Vgl. BT-Drs. 16/13306, S. 12 f., 29 sowie 16/13426, S. 17.
[11] Näher zur Richtlinie 2010/75/EU und zu ihrer Umsetzung in das deutsche Recht BT-Drs. 17/10486, S. 19 ff.; vgl. auch *Hofmann, E.*, Die Umsetzung der Industrie-Emissions-Richtlinie im deutschen Wasserrecht, ZfW 2013, 57.
[12] Richtigerweise im Wasserrecht, nicht im Immissionsschutzrecht, was auch möglich gewesen wäre und erwogen worden ist.

Die Begriffe „BVT-Merkblatt" und „BVT-Schlussfolgerungen" (BVT 10
= Beste Verfügbare Techniken[13]) in **Abs. 3 und 4** entsprechen inhaltlich den Definitionen in Art. 3 Nr. 11 und 12 IERL und sind – orientiert am Text des § 3 Abs. 6a–6d BImSchG – nur sprachlich etwas klarer und übersichtlicher gefasst worden. Die beiden neu in das deutsche Abwasserrecht eingeführten Instrumente dienen dazu, nach Maßgabe des Art. 13 IERL die besten verfügbaren Techniken bei der Zulassung von Industrieanlagen in der EU zu ermitteln und anzuwenden. **BVT-Merkblätter** sind Dokumente, die auf europäischer Ebene in einem organisierten und formalisierten Informationsaustausch (sog. Sevilla-Prozess) unter Beteiligung der betroffenen Industriezweige und Umweltorganisationen erstellt werden. Sie beschreiben die relevanten technischen Gegebenheiten in den jeweiligen Industriebereichen und werden bei der Festlegung der besten verfügbaren Techniken sowie der BVT-Schlussfolgerungen maßgeblich berücksichtigt. Die Informationen aus den BVT-Merkblättern gehören auch mit zu den Kriterien, die der Ermittlung des deutschen Standards „Stand der Technik" zugrunde liegen (Anlage 1 Nr. 13). Betroffen sind sowohl die Festlegung von Anforderungen in der Abwasserverordnung (§ 57 Abs. 2) als auch behördliche Einzelfallentscheidungen (§ 57 Abs. 1 Nr. 1). Die **BVT-Schlussfolgerungen** sind Dokumente, in denen die Europäische Kommission nach Durchführung des vorgesehenen Regelungsverfahrens festschreibt, welche wesentlichen Ergebnisse aus einem BVT-Merkblatt für die in Abs. 4 unter Nr. 1 bis 5 aufgeführten fünf Themenbereiche herzuleiten sind. Die BVT-Schlussfolgerungen haben **verbindlichen Charakter** und sind bei den Anforderungen der Abwasserverordnung nach Maßgabe des § 57 Abs. 3–5 zu beachten.[14]

Abs. 5 und 6 definieren zwei Begriffe, die einen zentralen Bestandteil 11
der in Abs. 4 definierten BVT-Schlussfolgerungen näher konkretisieren. Es geht um das Kriterium Nr. 2 „**mit den besten verfügbaren Techniken assoziierte Emissionswerte**" in Abs. 4, das ausdrücklich klargestellt werden sollte.[15] Zunächst werden in **Abs. 5** diese Werte als „**Emissionsbandbreiten**" definiert.[16] Ohne an Abs. 5 anzuknüpfen, sorgt **Abs. 6** dann mit seiner detaillierten Umschreibung der mit den besten verfügbaren Techniken assoziierten Emissionswerte für deren eigentliche Konkretisierung, wobei das WHG die EU-rechtliche Definition in Art. 3 Nr. 13 IERL wörtlich übernommen hat. Das

---

[13] Im Rahmen des § 54 Abs. 3–6 übernimmt das WHG diesen in der IERL verwendeten und dort in Art. 3 Nr. 10 definierten Begriff, den es ansonsten mit den im deutschen Umweltrecht üblichen Begriff „Stand der Technik" in § 3 Nr. 11 mit einer eigenständigen, inhaltlich aber gleichwertigen Definition umgesetzt hat; vgl. hierzu § 3 Rn. 22 ff. sowie *Zöllner*, in: SZDK, § 54 WHG Rn. 43.
[14] Näher zu Abs. 3 und 4 *C/R*, § 54 Rn. 31 ff.; *Zöllner*, in: SZDK, § 54 WHG Rn. 48 ff.
[15] Vgl. hierzu BT-Drs. 17/10486, S. 45, 57, 68.
[16] In Abs. 5 systematisch wenig erhellend, denn das Element der Bandbreite („Bereich von Emissionswerten") wird erst in Abs. 6 deutlich.

Kriterium Nr. 2 in Abs. 4 erhält also zwei Definitionen in zwei Absätzen. Insgesamt sind danach folgende drei Begriffe zu unterscheiden: „**Emissionswerte**" geben die im Betrieb tatsächlich entstehenden Emissionen wieder (Betriebswerte), „**Emissionsbandbreiten**" umfassen einen bestimmten Bereich solcher Betriebswerte, „**Emissionsgrenzwerte**" (vgl. z.B. § 57 Abs. 3 Satz 3) sind verbindlich einzuhaltende Werte (Sollwerte), wie sie etwa in Anhang VI Teil 5 und VIII Teil 1 der Richtlinie oder in der Abwasserverordnung normiert sind. Diese sind so festzulegen, dass die tatsächlichen Emissionen der Anlagen innerhalb der in den BVT-Merkblättern genannten und in die BVT-Schlussfolgerungen übernommenen Bandbreiten liegen.[17]

12 Im deutschen Wasserrecht hat es mit Abs. 3–6 vergleichbare Anforderungen bisher nicht gegeben. Bei der Konkretisierung des Begriffs „Stand der Technik" nach § 3 Nr. 11 und Anlage 1 Nr. 13 WHG haben BVT-Merkblätter nur den Charakter von bei der Festlegung der entsprechenden Anforderungen zu berücksichtigenden Informationen, eine strikte Anwendung der in den BVT-Merkblättern genannten Bandbreiten ist nicht vorgegeben. Es bestand daher gesetzgeberischer Handlungsbedarf, den in den BVT-Merkblättern enthaltenen und in die BVT-Schlussfolgerungen übernommenen Anforderungen die **notwendige Verbindlichkeit** zu verleihen (vgl. hierzu § 57 Abs. 3 Satz 1 WHG).

5. Landesrecht

13 Das WHG definiert die Begriffe zur Abwasserbeseitigung abschließend.[18] Ergänzende Länderregelungen nach Art. 72 Abs. 1 GG kommen deshalb praktisch nur für der Klarstellung dienende Konkretisierungen (z.B. zum „sonstigen" Gebrauch oder zur näheren Bestimmung des Trockenwetterabflusses in Abs. 1 Satz 1 Nr. 1) in Betracht. Da das Abwasser betreffende Vorschriften stoffbezogen sind, dürfen die Länder nach Art. 72 Abs. 3 Satz 1 Nr. 5 GG keine abweichenden Regelungen erlassen.[19] Außerdem sind EU-rechtliche Vorgaben zu beachten. Dem Vorschlag des Bundesrates, Abs. 2 um eine Unberührtheitsklausel für weitergehende landesrechtliche Vorschriften zu ergänzen, ist der Gesetzgeber nicht gefolgt.[20]

---

[17] Näher zu Abs. 5 und 6 *C/R*, § 54 Rn. 45 ff.; *Zöllner*, in: SZDK, § 54 WHG Rn. 60 ff. – Einfacher und übersichtlicher wäre es, auf Abs. 5 zu verzichten und dem Abs. 6 als neuen Abs. 5 den Klammerzusatz „(Emissionsbandbreiten)" anzufügen, denn nur die Bezeichnung „Bereich von Emissionswerten" enthält die Elemente der (realen) Emission und der Bandbreite.

[18] Ebenso *Zöllner*, in: SZDK, § 54 WHG Rn. 6 f.

[19] Ebenso *Nisipeanu*, in: BFM, § 54 Rn. 65; a.A. *Ganske*, in: LR, WHG, § 54 Rn. 7. In Bezug auf den Begriff „Abwasserbeseitigung" a.A. auch *Zöllner*, in: SZDK, § 54 WHG Rn. 8 mit der Begründung, nicht der Stoff, sondern das „Handlungsmoment" stehe im Vordergrund. Auch bei den Handlungsformen der Abwasserbeseitigung ist Regelungsgegenstand der Stoff Abwasser.

[20] Vgl. BT-Drs. 16/13306, S. 13, 29.

§ 55
Grundsätze der Abwasserbeseitigung

(1) Abwasser ist so zu beseitigen, dass das Wohl der Allgemeinheit nicht beeinträchtigt wird. Dem Wohl der Allgemeinheit kann auch die Beseitigung von häuslichem Abwasser durch dezentrale Anlagen entsprechen.

(2) Niederschlagswasser soll ortsnah versickert, verrieselt oder direkt oder über eine Kanalisation ohne Vermischung mit Schmutzwasser in ein Gewässer eingeleitet werden, soweit dem weder wasserrechtliche noch sonstige öffentlich-rechtliche Vorschriften noch wasserwirtschaftliche Belange entgegenstehen.

(3) Flüssige Stoffe, die kein Abwasser sind, können mit Abwasser beseitigt werden, wenn eine solche Entsorgung der Stoffe umweltverträglicher ist als eine Entsorgung als Abfall und wasserwirtschaftliche Belange nicht entgegenstehen.

Inhaltsübersicht

Rn.		Rn.
1. Allgemeines	1	
2. Gemeinwohlverträgliche Abwasserbeseitigung (Abs. 1)	2	
3. Nachhaltige Niederschlagswasserbeseitigung (Abs. 2)		4
4. Flüssige Abfallstoffe (Abs. 3)		6
5. Landesrecht		7

1. Allgemeines

§ 55 normiert allgemeine **Grundsätze** der Abwasserbeseitigung. Abs. 1 übernimmt den Wortlaut des § 18a Abs. 1 Satz 1 und 2 WHG a.F. Satz 1 ist durch die 4. Novelle von 1976,[1] Satz 2 durch die 6. Novelle von 1996[2] in das WHG eingefügt worden. Abs. 2 und 3 hat das WHG 2009 neu eingeführt.

1

2. Gemeinwohlverträgliche Abwasserbeseitigung (Abs. 1)

§ 55 Abs. 1 schreibt in **Satz 1** die gemeinwohlverträgliche Abwasserbeseitigung vor. Zweck des Gebots ist, im Interesse eines möglichst effektiven Schutzes der menschlichen Gesundheit (vgl. insofern auch § 41 IfSG) und der Umwelt schon im Vorfeld von Gewässerbenutzungen, insbesondere dem Einleiten von Abwasser, eine „unschädliche Abwasserbeseitigung"[3] zu gewährleisten. Abwasserbeseitigung

2

---

[1] Vgl. hierzu BT-Drs. 7/4546, S. 6 f., 13.
[2] Vgl. hierzu BT-Drs. 13/4788, S. 6, 20 sowie 13/5641, S. 2.
[3] So BT-Drs. 7/4546, S. 6; vgl. auch BVerwG v. 19.12.1997 – 8 B 234.97, NuR 1998, 483 = HDW R 1725.

ist danach zunächst und vor allem eine Aufgabe der **Gefahrenabwehr**, daneben aber wegen ihrer Bedeutung für das Wohl der Allgemeinheit auch eine öffentliche Aufgabe der **Daseinsvorsorge** (vgl. insofern auch § 56 Rn. 1). Der Grundsatz des § 55 Abs. 1 Satz 1 richtet sich an jedermann, der Maßnahmen der Abwasserbeseitigung (§ 54 Abs. 2) durchführt. Ähnlich wie bei den allgemeinen Sorgfaltspflichten nach § 5 können Pflichtverletzungen Anlass und Rechtfertigung für behördliche Anordnungen sein. Der Begriff „Wohl der Allgemeinheit" ist hier ebenso wie in § 6 Abs. 1 Satz 1 Nr. 3 zu verstehen (vgl. hierzu § 6 Rn. 5); zum Begriff „Beeinträchtigung" vgl. § 3 Rn. 18. § 55 Abs. 1 Satz 1 stellt eine Art Rahmenverpflichtung dar, die durch weitere, konkreter gefasste wasserrechtliche Anforderungen, insbesondere an das Einleiten von Abwasser in Gewässer oder an die Errichtung und den Betrieb von Abwasseranlagen, ergänzt werden.

3 In der abwassertechnischen Praxis dominieren **zentrale Abwasserbeseitigungskonzepte**. Der damit verbundene nahezu flächendeckende Anschluss- und Benutzungszwang (vgl. hierzu § 56 Rn. 3) hat den Gesetzgeber veranlasst, mit der 6. WHG-Novelle die Zulässigkeit dezentraler Entsorgungswege im Interesse der „praxisgerechten Durchführung der Abwasserbeseitigung" ausdrücklich klarzustellen.[4] Dies eröffne den Kommunen „mehr Spielraum für die Optimierung ihrer Entsorgungskonzepte", dezentrale Einrichtungen könnten kostensparender sein als zentrale Systeme mit langen Kanalnetzen und gleichwohl die umweltrechtlichen Anforderungen erfüllen. **Satz 2** des § 55 Abs. 1 sollte zunächst dazu dienen, den Einsatz häuslicher Kleinkläranlagen zu erleichtern. Auf Empfehlung des Vermittlungsausschusses ist der enge Begriff „Kleinkläranlagen" dann durch den deutlich weiter reichenden Begriff „**dezentrale Anlagen**" ersetzt worden, um die Vorschrift auch auf größere Anlagen als die in DIN 4261 als „Kleinkläranlagen" definierten (Anlagen mit einem Abwasseranfall bis zu 8 m^3 an einem Tag) anzuwenden. Satz 2 ist eine **Kann-Vorschrift**, die nicht zwingend vorschreibt, auf die Anordnung des Anschluss- und Benutzungszwangs zu verzichten.[5]

3. Nachhaltige Niederschlagswasserbeseitigung (Abs. 2)

4 § 55 Abs. 2 übernimmt im Interesse einer nachhaltigen Niederschlagswasserbeseitigung einen in neuerer Zeit bereits im Landesrecht eingeführten Grundsatz, um ihm bundesweite Geltung zu verschaffen. Die nach dieser Vorschrift zu bevorzugenden Arten der Niederschlagswasserbeseitigung – entweder ortsnahe Versickerung, Verrieselung, Direkteinleitung oder Trennkanalisation – sind wass-

---

[4] Vgl. hierzu BT-Drs. 13/4788, S. 6, 20.
[5] Vgl. auch BVerwG v. 19.12.1997 – 8 B 234.97, NuR 1998, 483 = HDW R 1725; siehe im Übrigen näher zu § 55 Abs. 1 Satz 2 *Ganske*, in: LR, WHG, § 55 Rn. 12 ff.; *Nisipeanu*, in: BFM, § 55 Rn. 11 ff.; *Zöllner*, in: SZDK, § 55 WHG Rn. 16 ff.

erwirtschaftlich gegenüber anderen, insbesondere dem Mischsystem vorteilhaft. Sie tragen zur Entlastung von Abwasseranlagen sowie zur Verringerung von Hochwassergefahren bei und dienen dem Ressourcenschutz. Der Grundsatz ist relativ weit und als **Soll-Vorschrift** formuliert, um den unterschiedlichen Verhältnissen vor Ort (z.B. vorhandene Mischkanalisationen in Baugebieten) Rechnung tragen zu können. Betroffen ist nur die Errichtung von neuen Anlagen, bereits bestehende Mischkanalisationen können daher im bisherigen Umfang weiter betrieben werden.[6] Als eine Norm, die an den Abwasserbeseitigungspflichtigen gerichtet ist, begründet § 55 Abs. 2 keinen Anspruch einzelner Abwassererzeuger, das Abwasser nach den Vorgaben des § 55 Abs. 2 selbst zu beseitigen.[7]

Das Gesetz verlangt, dass die Versickerung, Verrieselung und Einleitung im konkreten Fall mit den einschlägigen rechtlichen Vorschriften sowie den wasserwirtschaftlichen Belangen vereinbar ist. Zu den zu beachtenden **Rechtsvorschriften** gehört neben dem Wasserrecht vor allem das Baurecht, aber auch das kommunale Satzungsrecht, soweit es mit dem staatlichen Recht in Einklang steht. **Wasserwirtschaftliche Belange** sind z.B. solche des Grundwasser- und des Hochwasserschutzes. Außerdem kann es zweckmäßig sein, in einem stark verschmutzten Entwässerungsgebiet auch das Niederschlagswasser einer Kläranlage zuzuführen, um es zu reinigen. Der Aspekt der Verhältnismäßigkeit hat hier ebenfalls erhebliche praktische Bedeutung. Den Vorschlag des Bundesrates, Abs. 2 um die Klausel „soweit dies mit vertretbarem Aufwand möglich ist" zu ergänzen, hat die Bundesregierung als weder geboten noch sachdienlich abgelehnt.[8] Über den engen verfassungsrechtlichen Grundsatz der Verhältnismäßigkeit hinaus sollte die Regelung nicht durch weitere, sehr vage bleibende Klauseln aufgeweicht werden. 5

4. Flüssige Abfallstoffe (Abs. 3)

§ 55 Abs. 3 erweitert den Anwendungsbereich der Abwasserbeseitigung um einen Fall, den das WHG in Anlehnung an § 42 Abs. 2 Hessisches WG a.F. jetzt bundeseinheitlich normiert. Es kann unter bestimmten Voraussetzungen zweckmäßig sein, flüssige Stoffe, die **nicht** unter die Definition „**Abwasser**" des § 54 Abs. 1 fallen, die also kein „Wasser" (z.B. biologisch leicht abbaubare flüssige Rückstände aus der Nahrungsmittelproduktion) oder kein durch Gebrauch verändertes Wasser sind, zusammen mit Abwasser zu beseitigen. Derartige Flüssigkeiten unterliegen den abfallrechtlichen Vorschriften über die Vermeidung, Verwertung und Beseitigung von 6

---

[6] BT-Drs. 16/12275, S. 68.
[7] Vgl. näher zu § 55 Abs. 2 *C/R*, § 55 Rn. 16 ff.; *Nisipeanu*, in: BFM, § 55 Rn. 20 ff.; *Queitsch*, Das neue Wasserhaushaltsgesetz aus kommunaler Sicht, UPR 2010, 85, 88–91; *Zöllner*, in: SZDK, § 55 WHG Rn. 26 ff.
[8] Vgl. BT-Drs. 16/13306, S. 13, 29.

Abfällen. Zunächst ist somit von der Abfallseite zu prüfen, ob eine Entsorgung im Allgemeinen und eine Beseitigung auf dem Wasserpfad im Besonderen abfallrechtlich überhaupt zulässig ist. Dies ist nicht der Fall, wenn die Stoffe vermieden oder verwertet werden können (Vorrang der Vermeidung und Verwertung als Grundsatz der Kreislaufwirtschaft). Der Abwasserbeseitigungspflichtige kann, muss aber nicht die Entsorgung der Stoffe übernehmen. **Wasserwirtschaftliche Belange** stehen einer Beseitigung flüssiger Stoffe mit Abwasser insbesondere entgegen, wenn dadurch wasserrechtliche Vorschriften nicht eingehalten werden können. Es empfiehlt sich für die abwasserbeseitigungspflichtige Körperschaft, sich mit den für das Wasser und den Abfall zuständigen Behörden darüber zu verständigen, ob die Entsorgung der Stoffe auf dem Wasserpfad oder dem Abfallpfad **umweltverträglicher** ist und welche Alternative im konkreten Fall den Vorzug erhält. Letztlich kommt es ohnehin darauf an, ob eine in der Regel erforderliche wasserrechtliche Erlaubnis oder Genehmigung für die Abwasserbeseitigung erteilt wird. Auch die Wasserbehörde hat sich bei der Prüfung der besseren Umweltverträglichkeit mit der Abfallbehörde abzustimmen.[9]

5. Landesrecht

7 § 55 ist eine im Rahmen des Art. 72 Abs. 1 GG der Ergänzung durch Landesrecht zugängliche Vorschrift. Von den Vorgaben des § 55 abweichende Länderregelungen sind nach Art. 72 Abs. 3 GG nicht zulässig, weil das Abwasser betreffende Vorschriften stoff-, weitgehend auch anlagenbezogen sind.[10]

§ 56
Pflicht zur Abwasserbeseitigung

Abwasser ist von den juristischen Personen des öffentlichen Rechts zu beseitigen, die nach Landesrecht hierzu verpflichtet sind (Abwasserbeseitigungspflichtige). Die Länder können bestimmen, unter welchen Voraussetzungen die Abwasserbeseitigung anderen als den in Satz 1 genannten Abwasserbeseitigungspflichtigen obliegt. Die zur Abwasserbeseitigung Verpflichteten können sich zur Erfüllung ihrer Pflichten Dritter bedienen.

---

[9] Vgl. näher zu § 55 Abs. 3 *Nisipeanu*, in: BFM, § 55 Rn. 37ff.; *Zöllner*, in: SZDK, § 55 WHG Rn. 47ff. – Zur Problematik der sog. Co-Vergärung wird auf den Beitrag von *Meyer*, Rechtsprobleme der Co-Vergärung in Abwasserbehandlungsanlagen, KA 2008, 261 und den Arbeitsbericht des DWA-Fachausschusses RE-4, Zur Zulässigkeit der Mitbehandlung organischer Stoffe in kommunalen Abwasserbehandlungsanlagen – Co-Vergärung, KA 2016, 906 verwiesen.
[10] So auch *Nisipeanu*, in: BFM, § 55 Rn. 37ff.; a.A. *Zöllner*, in: SZDK, § 55 WHG Rn. 8 unter Hinweis darauf, die Vorgaben des § 55 seien „überwiegend nicht stoff- oder anlagenbezogen", sondern „unmittelbar handlungsbezogen"; vgl. dazu BT-Drs. 16/13306, S. 13, 29 sowie § 54 Rn. 13 mit Fn. 19.

Inhaltsübersicht

Rn.		Rn.
1. Allgemeines 1	3. Landesrecht	6
2. Inhalt des § 56 3		

1. Allgemeines

§ 56 schreibt vor, Abwasser grundsätzlich durch juristische Personen des öffentlichen Rechts zu beseitigen. Das Gesetz verpflichtet zur ordnungsgemäßen Beseitigung nicht vorrangig denjenigen, bei dem Abwasser anfällt, sondern geht davon aus, dass die immer wichtiger und durch anspruchsvolle Reinigungsanforderungen komplizierter gewordene Aufgabe der schadlosen **Abwasserbeseitigung** am besten in öffentlich-rechtlicher Verantwortung als sog schlicht **hoheitliche Tätigkeit** wahrgenommen wird. Die öffentliche Abwasserbeseitigung ist grundsätzlich eine Aufgabe der kommunalen Daseinsvorsorge (vgl. zum Aspekt der Gefahrenabwehr § 55 Rn. 2). § 56 entspricht im Wesentlichen dem alten § 18a Abs. 2 WHG, der durch die 4. Novelle von 1976 in das WHG eingefügt worden ist.[1]   1

Nicht fortgeführt hat das WHG 2009 die Regelung zur **Vollprivatisierung** der Abwasserbeseitigung nach dem bisherigen § 18a Abs. 2a WHG. Der Bundesgesetzgeber hat dies weder für notwendig noch für zweckmäßig gehalten:[2] Eine Übernahme dieser Länderermächtigung komme schon deshalb nicht in Betracht, weil Landesregelungen im Sinne des § 18a Abs. 2a WHG a.F. nunmehr bereits verfassungsrechtlich möglich seien. Eine Ermächtigung durch den einfachen Bundesgesetzgeber sei nicht erforderlich, ja sogar missverständlich, das neue Bundesrecht lasse geltende und künftige landesrechtliche Privatisierungsregelungen ohnehin unberührt. Zwar könne die bisherige Rahmenregelung des § 18a Abs. 2a WHG durch eine Vollregelung abgelöst werden, für die bundesgesetzliche Zulassung einer Übertragung der Abwasserbeseitigungspflicht auf Private lägen „derzeit" aber keine hinreichenden Gründe vor. Dabei spielten die Konsequenzen einer gesetzlich zugelassenen Vollprivatisierung der Abwasserbeseitigung eine wesentliche Rolle (z.B. Erhöhung der Abwassergebühren durch Entstehung von Steuerpflichten für die Abwasserbeseitigung, Schwächung des Grundsatzes der ortsnahen Versorgung).[3] Der Bundesgesetzgeber solle zunächst die Fortschritte in der in der deutschen Wasserwirtschaft eingeleiteten Modernisie-   2

---

[1] Vgl. hierzu BT-Drs. 7/4546, S. 6f., 23.
[2] Vgl. BT-Drs. 16/12275, S. 68f.
[3] Wegen der aufgezeigten Probleme hatte kein Land von der Option des alten § 18a Abs. 2a WHG durch Erlass einer vollständigen, vollziehbaren Regelung Gebrauch gemacht. Es hatten auch nur Baden-Württemberg, Sachsen und Sachsen-Anhalt in ihren Wassergesetzen die Voraussetzungen für eine Vollprivatisierung der Abwasserbeseitigung geschaffen.

rungsstrategie[4]) beobachten und die weitere Entwicklung der politischen Diskussion auf nationaler und europäischer Ebene abwarten. Schließlich wird auch darauf hingewiesen, dass Regelungen zu organisatorischen Fragen der Abwasserbeseitigung nicht zu den abweichungsfesten Regelungsbereichen gehörten und selbst im Fall einer bundesrechtlichen Regelung die politische Entscheidung über zulässige Privatisierungsmodelle wie im alten § 18a Abs. 2a WHG ohnehin letztlich den Ländern überlassen bleibe.[5])

2. Inhalt des § 56

3   § 56 ersetzt in **Satz 1** den bisherigen Regelungsauftrag durch eine unmittelbar geltende Regelung. Das WHG spricht jetzt ganz allgemein von „juristischen Personen" und nicht mehr von „Körperschaften" des öffentlichen Rechts. Der Bundesgesetzgeber darf den in der Regel abwasserbeseitigungspflichtigen Kommunen die Aufgabe nicht unmittelbar zuweisen (Art. 84 Abs. 1 Satz 7 GG). Die Bestimmung der abwasserbeseitigungspflichtigen Person ist **Sache des Landesrechts**. Die Länder sind dabei aber nicht frei, sondern müssen im Rahmen der Garantie der kommunalen Selbstverwaltung nach Art. 28 Abs. 2 GG bleiben, denn zu den von den Gemeinden in eigener Verantwortung zu regelnden Angelegenheiten der örtlichen Gemeinschaft gehört auch die der Allgemeinheit dienende Abwasserbeseitigung. Dabei können Kommunen auf freiwilliger Basis zur gemeinsamen Erfüllung der Entsorgungsaufgabe **Zweckverbände** bilden. Die Länder haben allerdings die Möglichkeit, die Abwasserbeseitigungspflicht zwangsweise auf **Wasserverbände** nach dem Wasserverbandsgesetz oder auf **sondergesetzliche Verbände** zu übertragen.[6]) In den meisten Landeswassergesetzen ist bestimmt, dass derjenige, bei dem Abwasser anfällt, dieses dem Beseitigungspflichtigen zu überlassen hat (**Abwasserüberlassungspflicht**). Unabhängig davon verpflichtet zur Übergabe des Abwassers auch der in den Entwässerungssatzungen angeordnete **Anschluss- und Benutzungszwang**, der dazu dient, „mit größtmöglicher Sicherheit" eine Verunreinigung des Grundwassers durch Abwasser auszuschließen.[7])

4   § 56 ermächtigt in **Satz 2** die Länder, „anderen" als den in Satz 1 Genannten die Abwasserbeseitigungspflicht zu übertragen. Dabei hat das Landesrecht allerdings nähere Voraussetzungen zu bestimmen, die hierfür erfüllt sein müssen. Ein Hauptanwendungsfall ist

---

[4]) Vgl. hierzu den Bericht der Bundesregierung vom März 2006 in der BT-Drs. 16/1094.
[5]) Vgl. zur Übertragung der Abwasserbeseitigungspflicht auch *C/R*, § 56 Rn. 26 ff.
[6]) So besonders in Nordrhein-Westfalen; vgl. dazu VerfGH NRW v. 17. 12. 1990 – VerfGH 2/90, NVwZ 1991, 467 = HDW R 1601.
[7]) So BVerwG v. 24. 1. 1992 – 7 C 38.90, NVwZ 1992, 565 = HDW R 1574; BVerwG v. 19. 12. 1997 – 8 B 234.97, ZfW 1998, 494 = HDW R 1725; vgl. zum Anschluss- und Benutzungszwang näher *C/R*, § 56 Rn. 14 ff.; *Queitsch*, in: WQF, § 55 Rn. 4 ff., § 56 Rn. 38 ff.

die **Übertragung der Entsorgungspflicht** auf die Abwasserproduzenten, wenn deren Abwasser zur gemeinsamen Fortleitung und Behandlung in einer öffentlichen Abwasseranlage (Indirekteinleitung) ungeeignet oder die unmittelbare Gewässernutzung (Direkteinleitung) zweckmäßiger ist. Beim zweiten Hauptanwendungsfall ist eine Übernahme des Abwassers durch die Gemeinde oder den Verband aufgrund der Siedlungsstruktur technisch oder finanziell nicht vertretbar (z.B. Kanalisation im Außenbereich). Der Gesetzgeber geht davon aus, dass im neuen WHG auch die volle Übertragung der Abwasserbeseitigungspflicht auf Dritte einschließlich private Dritte nach Maßgabe der zu regelnden Voraussetzungen unter die einfachgesetzliche Ermächtigung des § 56 Satz 2 fällt.[8]

§ 56 **Satz 3** führt die 1996 durch die 6. WHG-Novelle als Satz 2 in den alten § 18a Abs. 2 eingefügte Regelung[9] fort, wonach sich Abwasserbeseitigungspflichtige bei der Erfüllung ihrer Aufgaben Dritter, d.h. auch **privater Dritter bedienen** können. Auf der Grundlage dieser Bestimmung, die lediglich einen Grundsatz des allgemeinen Verwaltungsrechts gesetzlich klarstellt, sind für die öffentliche Abwasserbeseitigung verschiedene Privatisierungsmodelle entwickelt und in der Praxis eingesetzt worden.[10] 5

3. Landesrecht

§ 56 belässt den Ländern für ergänzende Regelungen nach Art. 72 Abs. 1 GG weite Gestaltungsspielräume. Im Übrigen ist die Vorschrift organisationsrechtlicher Natur und damit abweichungsfrei, so dass die Länder die Abwasserbeseitigungspflicht vollständig nach ihren eigenen Vorstellungen regeln können (vgl. auch Rn. 2 mit Fn. 2). 6

§ 57
Einleiten von Abwasser in Gewässer

(1) Eine Erlaubnis für das Einleiten von Abwasser in Gewässer (Direkteinleitung) darf nur erteilt werden, wenn

1. die Menge und Schädlichkeit des Abwassers so gering gehalten wird, wie dies bei Einhaltung der jeweils in Betracht kommenden Verfahren nach dem Stand der Technik möglich ist,

---

[8] Vgl. BT-Drs. 16/12275, S. 68; vgl. im Übrigen zu den Anwendungsfällen des § 56 Satz 2 näher *Queitsch*, in: WQF, § 56 Rn. 57 ff.
[9] Vgl. dazu BT-Drs. 13/1207, S. 12.
[10] Ausführlich hierzu einschließlich der vergaberechtlichen Anforderungen an eine Privatisierung *Ganske*, in: LR, WHG, § 56 Rn. 38–97; grundsätzlich zur Organisation der Abwasserbeseitigung auch *Queitsch*, Organisationsformen in der kommunalen Abwasserbeseitigung, UPR 2000, 247 sowie in: WQF, § 56 Rn. 1 ff.

2. die Einleitung mit den Anforderungen an die Gewässereigenschaften und sonstigen rechtlichen Anforderungen vereinbar ist und

3. Abwasseranlagen oder sonstige Einrichtungen errichtet und betrieben werden, die erforderlich sind, um die Einhaltung der Anforderungen nach den Nummern 1 und 2 sicherzustellen.

(2) Durch Rechtsverordnung nach § 23 Absatz 1 Nummer 3 können an das Einleiten von Abwasser in Gewässer Anforderungen festgelegt werden, die nach Absatz 1 Nummer 1 dem Stand der Technik entsprechen. Die Anforderungen können auch für den Ort des Anfalls des Abwassers oder vor seiner Vermischung festgelegt werden.

(3) Nach Veröffentlichung einer BVT-Schlussfolgerung ist bei der Festlegung von Anforderungen nach Absatz 2 Satz 1 unverzüglich zu gewährleisten, dass für Anlagen nach § 3 der Verordnung über genehmigungsbedürftige Anlagen und nach § 60 Absatz 3 Satz 1 Nummer 2 die Einleitungen unter normalen Betriebsbedingungen die in den BVT-Schlussfolgerungen genannten Emissionsbandbreiten nicht überschreiten. Wenn in besonderen Fällen wegen technischer Merkmale der betroffenen Anlagenart die Einhaltung der in Satz 1 genannten Emissionsbandbreiten unverhältnismäßig wäre, können in der Rechtsverordnung für die Anlagenart geeignete Emissionswerte festgelegt werden, die im Übrigen dem Stand der Technik entsprechen müssen. Bei der Festlegung der abweichenden Anforderungen nach Satz 2 ist zu gewährleisten, dass die in den Anhängen V bis VIII der Richtlinie 2010/75/EU festgelegten Emissionsgrenzwerte nicht überschritten werden, keine erheblichen nachteiligen Auswirkungen auf den Gewässerzustand hervorgerufen werden und zu einem hohen Schutzniveau für die Umwelt insgesamt beigetragen wird. Die Notwendigkeit abweichender Anforderungen ist zu begründen.

(4) Für vorhandene Abwassereinleitungen aus Anlagen nach § 3 der Verordnung über genehmigungsbedürftige Anlagen oder bei Anlagen nach § 60 Absatz 3 Satz 1 Nummer 2 ist

1. innerhalb eines Jahres nach Veröffentlichung von BVT-Schlussfolgerungen zur Haupttätigkeit eine Überprüfung und gegebenenfalls Anpassung der Rechtsverordnung vorzunehmen und

2. innerhalb von vier Jahren nach Veröffentlichung von BVT-Schlussfolgerungen zur Haupttätigkeit sicherzustellen, dass die betreffenden Einleitungen oder Anlagen die Emissionsgrenzwerte der Rechtsverordnung einhalten; dabei gelten die Emissionsgrenzwerte als im Einleitungsbescheid festgesetzt, soweit der Bescheid nicht weitergehende Anforderungen im Einzelfall festlegt.

Sollte die Anpassung der Abwassereinleitung an die nach Satz 1 Nummer 1 geänderten Anforderungen innerhalb der in Satz 1 bestimmten Frist wegen technischer Merkmale der betroffenen Anlage unverhältnismäßig sein, soll die zuständige Behörde einen längeren Zeitraum festlegen.

(5) Entsprechen vorhandene Einleitungen, die nicht unter die Absätze 3 bis 4 fallen, nicht den Anforderungen nach Absatz 2, auch in Verbindung mit Satz 2, oder entsprechenden Anforderungen der Abwasserverordnung in ihrer am 28. Februar 2010 geltenden Fassung, so hat der Betreiber die erforderlichen Anpassungsmaßnahmen innerhalb angemessener Fristen durchzuführen; Absatz 4 Satz 1 Nummer 2 zweiter Halbsatz gilt entsprechend. Für Einleitungen nach Satz 1 sind in der Rechtsverordnung nach Absatz 2 Satz 1 abweichende Anforderungen festzulegen, soweit die erforderlichen Anpassungsmaßnahmen unverhältnismäßig wären.

Inhaltsübersicht

Rn.   Rn.

1. Allgemeines 1
2. Anforderungen an Abwassereinleitungen (Abs. 1) 3
3. Verordnungsermächtigung, Abwasserverordnung (Abs. 2) 6
4. Abwassereinleitungen aus bestimmten Industrieanlagen (Abs. 3) 9
5. Vorhandene Abwassereinleitungen (Abs. 4, 5) ... 11
6. Landesrecht 14

1. Allgemeines

§ 57 regelt **spezielle Anforderungen** an das Einleiten von Abwasser in Gewässer. Die Vorschrift ersetzt den bisherigen § 7a WHG, der durch die 4. Novelle von 1976 in das WHG eingefügt worden ist.[1] Die 5. WHG-Novelle von 1986[2] sowie die 6. WHG-Novelle von 1996[3] haben das Konzept des § 7a fortentwickelt. Die 4. Novelle hat für Abwassereinleitungen den Technikstandard „allgemein anerkannte Regeln der Technik" und deren Konkretisierung durch Verwaltungsvorschriften eingeführt, die 5. Novelle für gefährliche Abwasserinhaltsstoffe den strengeren Standard „Stand der Technik" vorgeschrieben. Die 6. Novelle hat das Anforderungsniveau dann für das gesamte Abwasser generell auf den Stand der Technik angehoben und das untergesetzliche Instrumentarium stärker verrechtlicht (Rechtsverordnung statt Verwaltungsvorschrift). Nunmehr ersetzt und erweitert § 57 in **Abs. 1** den bisherigen Abs. 1 Satz 1 des alten § 7a WHG. **Abs. 2** führt den bisherigen Abs. 1 Satz 3 und 4 fort (Abwasserverordnung). **Abs. 3** schreibt vor, die Abwasserverordnung an die verbindlichen BVT-Schlussfolgerungen nach der Industrieemis- 1

---

[1] Vgl. hierzu BT-Drs. 7/4546, S. 5 f., 11 f. unter Bezugnahme auf 7/888, S. 5, 6 f. und 7/1088, S. 5, 15 f.
[2] Vgl. BT-Drs. 10/3973, S. 4, 7 f., 9 ff., 18, 22 sowie 10/5727, S. 8 f., 27 ff.
[3] Vgl. BT-Drs. 13/1207, S. 4, 6, 7, 10 ff.; 13/4788, S. 5 f., 20; 13/5254, S. 1 f.; 13/5641, S. 2.

sionen-Richtlinie (IERL) anzupassen. **Abs. 4** betrifft ergänzende und abweichende Anforderungen für vorhandene Abwassereinleitungen aus den Anlagen nach der IERL, **Abs. 5** für die sonstigen vorhandenen Abwassereinleitungen. Die Regelungen nach Abs. 4 und 5 des § 7a WHG a.F. übernimmt das neue WHG in § 58 und § 3 Nr. 11.

2 Der stets kontrovers diskutierte § 7a WHG a.F. hat – zusammen mit der noch stärker umstrittenen Abwasserabgabe – entscheidend zu dem heute in Deutschland erreichten hohen technischen Stand in der Abwasservermeidung und -reinigung beigetragen. Die Vorschrift gehört zu den zentralen Normen im Gewässerschutzkonzept des WHG, sie trägt der besonderen Bedeutung einer schadlosen Abwasserbeseitigung für eine wirksame Gewässerreinhaltung Rechnung. Kernstück des § 57 ist der technische **Mindeststandard** „Stand der Technik" (Abs. 1 Nr. 1), der dem **Verursacherprinzip** Rechnung trägt und wasserrechtlich das **Vorsorgeprinzip** umsetzt, wonach Emissionen in die Umwelt unabhängig vom jeweiligen Zustand des Umweltmediums generell nach einem bestimmten technischen Maßstab zu minimieren sind (**Emissionsprinzip**). Die speziellen Anforderungen an Abwassereinleitungen lassen weitergehende Anforderungen an Gewässerbenutzungen unberührt (insbesondere § 12 mit dem Verbot schädlicher Gewässerveränderungen und dem Bewirtschaftungsermessen). Da dies nach der Systematik des Wasserrechts nicht zweifelhaft sein kann, bedarf es in § 57 keiner gesetzlichen Klarstellung, Satz 2 des § 7a Abs. 1 WHG a.F. („§ 6 bleibt unberührt") konnte deshalb ersatzlos wegfallen.[4] § 1 AbwV spricht ausdrücklich von „Mindestanforderungen" (Abs. 1) und erklärt „weitergehende Anforderungen" für anwendbar (Abs. 2 Satz 1, Abs. 3).

2. Anforderungen an Abwassereinleitungen (Abs. 1)

3 § 57 Abs. 1 regelt die Voraussetzungen, die zwingend vorliegen müssen, damit eine beantragte Erlaubnis für das Einleiten von Abwasser in Gewässer erteilt werden kann. Dabei führt das neue WHG zur Unterscheidung von der „Indirekteinleitung" (vgl. § 58 Abs. 1 Satz 1) den Begriff **„Direkteinleitung"** ein. Entspricht eine Einleitung nicht den Anforderungen nach Nr. 1–3, verursacht sie eine schädliche Gewässerveränderung im Sinne des § 3 Nr. 10 und ist deshalb auch nach § 12 Abs. 1 Nr. 1 nicht erlaubnisfähig. Die Voraussetzung Nr. 1 entspricht dem bisherigen § 7a Abs. 1 Satz 1 WHG. Nr. 2 und 3 übernehmen landesrechtliche Vorschriften und vervollständigen damit das abwasserspezifische behördliche Prüfprogramm.

---

[4] Vgl. BT-Drs. 16/12275, S. 69 sowie § 1. – In Bezug auf weitergehende Anforderungen zu eng OVG Lüneburg v. 20.11.2014 – 13 LC 140/13, Rn. 37ff., W+B 2015, 49ff.; zustimmend allerdings *Durner*, Gewässerpolizei unter Planvorbehalt?, W+B 2015, 117, 119f.; *Nisipeanu*, in: BFM, § 57 Rn. Nr. 27; wie hier dagegen *Breuer/Gärditz*, Rn. 751, 769; *C/R*, § 57 Rn. 13; *Ganske*, in: LR, WHG, § 57 Rn. 17; vgl. auch VG Arnsberg v. 29.5.2015 – 12 K 2906/14, Rn. 35ff., ZUR 2016, 372.

Zentrale Anforderung des § 57 ist die **Nr. 1** mit der Minimierung 4
schädlicher Abwassereinleitungen nach dem **Stand der Technik**. Dabei kommt es nicht darauf an, ob und inwieweit die Qualität und die Belastbarkeit des aufnehmenden Gewässers dies erfordert. Zum Begriff des Standes der Technik vgl. § 3 Nr. 11 nebst Kommentierung sowie Anlage 1. Das Minimierungsgebot bezieht sich auf „Menge und Schädlichkeit" des Abwassers. Dieses bereits bis zur 5. Novelle im alten § 7a WHG enthaltene Begriffspaar hebt deutlicher als der danach verwendete Begriff „Schadstofffracht" hervor, dass beide Aspekte selbstständig nebeneinander stehen. § 57 zielt damit auch auf eine sparsame Wasserverwendung ab (vgl. hierzu auch § 5 Abs. 1 Nr. 2 und § 13 Abs. 2 Nr. 2 Buchst. b), z.B. durch eine innerbetriebliche Kreislaufführung des Wassers.[5]) Ebenso entspricht es nicht dem Stand der Technik, durch eine Verdünnung, also eine Vergrößerung der eingeleiteten Wassermenge die Schädlichkeit des Abwassers herabzusetzen (so ausdrücklich § 3 Abs. 3 AbwV). Der Stand der Technik verlangt nicht nur Maßnahmen zur Behandlung des Abwassers, sondern auch Vorkehrungen, die den Abwasseranfall nach Menge und Schädlichkeit durch geeignete innerbetriebliche Produktionsverfahren so gering wie möglich halten.[6]) Abs. 1 Nr. 1 verpflichtet die Behörde auch dann zur Festsetzung von Anforderungen nach dem Stand der Technik, wenn und soweit solche Anforderungen noch nicht nach Abs. 2 Satz 1 in einer Rechtsverordnung konkretisiert worden sind. Die Wasserbehörde hat bei Fehlen einschlägiger Vorschriften den Stand der Technik selbst zu ermitteln. Zum Bezugspunkt der Anforderungen vgl. Abs. 2 Satz 2 und die Ausführungen unter Rn. 8.

Die Voraussetzungen **Nr. 2** und **3** stellen sicher, dass eine Abwasser- 5
einleitungserlaubnis nur erteilt wird, wenn neben den Anforderungen nach dem Stand der Technik weitere Zulässigkeitsvoraussetzungen erfüllt sind. Anforderungen an Gewässereigenschaften sind insbesondere Qualitätsnormen (z.B. für Badegewässer). Eine sonstige rechtliche Anforderung im Sinne der Nr. 2 ist z.B. die Abwasserbeseitigungspflichtigkeit des Einleiters.[7]) Durch Nr. 3 werden die einleitungs- und die anlagenbezogenen Anforderungen verzahnt.

3. Verordnungsermächtigung, Abwasserverordnung (Abs. 2)

§ 57 Abs. 2 konkretisiert und ergänzt für Abwassereinleitungen die 6
allgemeine Verordnungsermächtigung nach § 23. Ermächtigungsgrundlage für die Abwasserverordnung ist § 23 Abs. 1 Nr. 3. Die speziellen weiteren Vorgaben des WHG für den Erlass und die Fort-

---

[5]) Vgl. näher zu „Menge und Schädlichkeit" *C/R*, § 57 Rn. 18 ff.
[6]) Vgl. BT-Drs. 7/4546, S. 6 sowie § 3 Abs. 1 AbwV.
[7]) Vgl. hierzu auch *Brüning*, Abwasserbeseitigungspflicht und Einleitererlaubnis, ZfW 1998, 341.

schreibung der Verordnung sind wegen des Sachzusammenhangs und der besseren Transparenz in § 57 geregelt. Die **Konkretisierung der Anforderungen nach dem Stand der Technik** durch Verordnung dient dazu, den in diesem komplizierten technischen Bereich vielfach schwierigen Vollzug zu vereinfachen und zu vereinheitlichen. Die Abwasserverordnung war und bleibt auch das Hauptinstrument zur Umsetzung von emissionsbezogenen Grenzwertregelungen in europäischen Richtlinien und zwischenstaatlichen Vereinbarungen. Nach dem Beschluss des BVerwG vom 10.1.1995[8] lassen die untergesetzlichen Regelwerke bei der Durchsetzung des Standes der Technik für individuelle Erwägungen zur Verhältnismäßigkeit praktisch keinen Raum. Da der Stand der Technik sich dynamisch entwickelt, ist die Fortschreibung der Abwasserverordnung zur Anpassung an den technischen Fortschritt eine Daueraufgabe. Die Durchsetzung der durch die Abwasserverordnung konkretisierten ordnungsrechtlichen Anforderungen nach dem Stand der Technik erhält durch die abgaberechtliche Privilegierung entsprechender Einleitungen (Ermäßigung des Abgabesatzes nach § 9 Abs. 5 AbwAG) einen praktisch außerordentlich bedeutsamen „Flankenschutz".[9] § 23 und § 57 Abs. 1 Satz 1 sind entsprechend Art. 80 Abs. 1 Satz 1 GG als Ermächtigung und nicht als Verpflichtung der Bundesregierung (so aber noch § 7a Abs. 1 Satz 3 WHG a.F.: „legt ... fest") formuliert. In der politischen Praxis hat dies keine Auswirkungen.

7 Technische Abwasserstandards bilden und entwickeln sich eigenständig für die verschiedenen Abwasserarten (**Branchenansatz**).[10] Die branchenspezifischen Einleitungsanforderungen sind in den Anhängen zur Abwasserverordnung festgelegt. Wie im Einzelnen die Anforderungen nach dem Stand der Technik entsprechend den Vorgaben des § 57 konkretisiert werden, ergibt sich aus dem Aufbau und Inhalt der Abwasserverordnung. Die Verordnungsregelung ist für die jeweils betroffene Branche grundsätzlich abschließend, so dass die Behörde in den wasserrechtlichen Bescheid jedenfalls auf der Grundlage des § 57 weder strengere Grenzwerte noch zusätzliche Parameter aufnehmen kann. Weitergehende Anforderungen sind jedoch aus Gründen der Gewässerqualität zulässig (§ 12).

8 Die Anforderungen nach dem Stand der Technik können nach Abs. 2 Satz 2 auch für den **Ort des Anfalls des Abwassers oder vor seiner Vermischung** festgelegt werden. Grundsätzlich ist Bezugspunkt für die Einhaltung der Anforderungen die Einleitungsstelle oder ihr gleichstehend der Ablauf der Abwasserbehandlungsanlage, in der das Abwasser letztmalig behandelt wird (vgl. auch § 5 AbwV). Ort

---

[8] BVerwG v. 10.1.1995 – 7 B 112.94, UPR 1995, 196.
[9] Vgl. hierzu *Berendes*, Das Abwasserabgabengesetz, 3. Aufl. 1995, S. 150 ff.
[10] Vgl. hierzu *Reinhardt*, Stand der Technik und Branchhenansatz in der Abwasserbeseitigung, ZfW 2006, 65 ff.

des Anfalls ist die Stelle, an der Abwasser „entsteht", also die Merkmale des § 54 Abs. 1 erfüllt sind, z.B. die Stelle, wo im Produktionsprozess zu entsorgendes Wasser anfällt. Ort vor der Vermischung ist die Stelle, an der angefallenes Abwasser mit anderen flüssigen Stoffen zusammengeführt wird, insbesondere also auch die Stelle der Einleitung in eine Abwasseranlage (Indirekteinleitung nach §§ 58, 59). § 2 Nr. 5 und 6 AbwV enthält auf die Zwecke der Abwasserverordnung zugeschnittene Definitionen des Orts des Anfalls und des Orts vor der Vermischung. Die Regelung nach Satz 2 ermöglicht, bereits für bestimmte Teilströme, insbesondere solche, die wegen ihrer Beschaffenheit einer gesonderten Vorbehandlung bedürfen, Anforderungen zu stellen oder einer Abschwächung von Anforderungen durch Vermischung (Verdünnungseffekte) entgegenzuwirken. Diese Möglichkeit lässt sich bereits aus den für den Stand der Technik maßgebenden Regeln ableiten, sie ist wegen ihrer großen praktischen Bedeutung aus Gründen der Klarstellung mit der 5. Novelle von 1986 in das WHG aufgenommen worden.[11] Die Vorschrift des Abs. 2 Satz 2 ist deshalb auch im Rahmen einer allein auf Abs. 1 gestützten Erlaubniserteilung anzuwenden.

4. Abwassereinleitungen aus bestimmten Industrieanlagen (Abs. 3)

§ 57 Abs. 3 betrifft Abwassereinleitungen aus **Anlagen**, die der **Richtlinie 2010/75/EU** unterliegen. Diese Anlagen ergeben sich im deutschen Wasserrecht aus der Bezugnahme auf § 3 der Verordnung über genehmigungsbedürftige Anlagen (4. BImSchV) und aus § 60 Abs. 3 Satz 1 Nr. 2 WHG. **Satz 1** dient der Umsetzung von Art. 15 Abs. 3 IERL und verpflichtet die Bundesregierung („ist ... zu gewährleisten"), in der Abwasserverordnung die Einleitungsanforderungen so festzulegen, dass sie die sich aus den einschlägigen BVT-Schlussfolgerungen ergebenden **Emissionsbandbreiten** (§ 54 Abs. 5) mit den im Betriebsablauf tatsächlich auftretenden Werten (Betriebswerte) **nicht überschreiten** (ex-ante-Betrachtung). In der Abwasserverordnung werden weiterhin Emissions*grenz*werte in Form der Überwachungswerte i.S. des § 6 AbwV normiert. Die jeweils erforderliche **Aktualisierung** der Verordnung muss unverzüglich erfolgen, d.h. ohne schuldhaftes Zögern, die Einhaltung einer ganz bestimmten Frist ist nicht vorgeschrieben.[12] Stellt sich später heraus, dass die Verordnung den BVT-Schlussfolgerungen nicht entspricht, deren Einhaltung also nicht gewährleistet hat (ex-post-Betrachtung), muss sie wiederum unverzüglich entsprechend angepasst werden. Kommt ein Mitgliedstaat seinen Gewährleistungspflichten nicht nach, kann die Europäische Kommission ein Vertragsverletzungsverfahren einleiten.

9

---

[11] Vgl. BT-Drs. 10/3973, S. 11.
[12] Vgl. hierzu und insgesamt zu § 57 Abs. 3 BT-Drs 17/10486, S. 45, 57, 69.

10 **Satz 2** des § 57 Abs. 3 eröffnet die Möglichkeit, in der Abwasserverordnung „geeignete Emissionswerte" (also Betriebs-, keine Grenzwerte) festzulegen, wenn eine Anlagenart **technische Besonderheiten** aufweist[13] und aus diesem Grunde die Einhaltung der Emissionsbandbreiten nach Satz 1 **unverhältnismäßig** wäre. Diese Emissionswerte müssen allerdings mindestens dem Stand der Technik entsprechen. Nach **Satz 3** dürfen sie außerdem nicht die von der Richtlinie selbst vorgegebenen **Emissionsgrenzwerte** überschreiten, keine erheblich nachteiligen Auswirkungen auf den Gewässerzustand hervorrufen, sie müssen schließlich zu einem hohen Schutzniveau für die Umwelt insgesamt beitragen. Werden in der Verordnung abweichende Anforderungen festgelegt, ist nach **Satz 4** deren Notwendigkeit in der **Begründung** darzulegen. Ein Verstoß gegen solche gesetzlichen Vorgaben führt zur Nichtigkeit der Regelung.

5. Vorhandene Abwassereinleitungen (Abs. 4, 5)

11 § 57 enthält in Abs. 4 und 5 für vorhandene Abwassereinleitungen (sog. **Alteinleitungen) ergänzende und abweichende Bestimmungen**. „Vorhanden" sind Einleitungen stets dann, wenn sie entweder bei Inkrafttreten einer neuen Norm (WHG, AbwV) oder zum Zeitpunkt des Inkrafttretens einer Änderung der Norm (z.B. Fortschreibung des Standes der Technik) bereits bestehen.[14] **Abs. 4** betrifft wie Abs. 3 nur Einleitungen, die aus Industrieanlagen nach der Richtlinie 2010/75/EU stammen, **Abs. 5** alle sonstigen Fälle. Es geht zum einen um die Vorgaben des WHG für die Festlegung der Anforderungen in der Abwasserverordnung, also auf der Normebene (Abs. 4 Satz 1 Nr. 1 sowie Abs. 5 Satz 2), zum zweiten um die Anpassung der vorhandenen Einleitungen an die auf der Normebene festgelegten Anforderungen im Vollzug (Abs. 4 Satz 1 Nr. 2 und Satz 2 sowie Abs. 5 Satz 1). Die Unterscheidung zwischen neuen und alten Einleitungen ist in den Gesetzesmaterialien damit begründet, dass der **Verhältnismäßigkeitsgrundsatz** für vorhandene Einleitungen ganz generell, also nicht nur auf den Einzelfall bezogen die Festlegung abweichender Anforderungen gebieten kann (vgl. auch Nr. 7 und 8 des Kriterienkatalogs nach Anlage 1 WHG). Eine differenzierte Betrachtung von neuen und bestehenden Einleitungen habe sich in der Praxis als sinnvoll herausgestellt, weil die Realisierung des Standes der Technik für bestehende Anlagen in einzelnen Wirtschaftszweigen aus technischen oder finanziellen Gründen nicht oder nur mit unverhältnismäßigem Aufwand durchführbar sei.[15] Die Differenzierung stellt ein neues Regelungsmodell dar, bei dem in allen gewerblichen und industriellen Abwasserbereichen bisher abweichende,

---
[13] Die Gesetzesbegründung nennt als Beispiel Unterarten von Anlagen, die andere Einsatzstoffe benötigen als die Oberart; vgl. BT-Drs. 17/10486, S. 45.
[14] Vgl. auch BT-Drs. 16/12275, S. 69.
[15] BT-Drs. 13/1207, S. 7, 11 f.

d.h. schwächere Anforderungen eher die Ausnahme als die Regel bilden. Die Möglichkeit abgestufter Anforderungen kann auch dazu beitragen, die Konkretisierung des Standes der Technik in der Rechtsverordnung nicht maßgeblich davon abhängig zu machen, inwieweit die Anforderungen mit vertretbarem Aufwand auch in den Nachrüstfällen zu erreichen sind. Für neue Einleitungen ist die Einhaltung strengerer Standards in der Regel deutlich weniger problematisch. Abs. 4 und 5 gelten auch für **unbefugte Alteinleitungen**, denn die Vorschriften sind technikbezogen und erfordern Anpassungsmaßnahmen, deren Planung und Durchführung Zeit in Anspruch nimmt. Die Möglichkeiten, anderweitig ordnungsrechtlich gegen illegale Gewässerbenutzungen vorzugehen (bis hin zur Untersagung der Benutzung), bleiben unberührt.

Der neue **Abs. 4** dient der **Umsetzung** von Art. 21 Abs. 3 IERL, wonach die zuständige Behörde sicherzustellen hat, dass die „Genehmigungsauflagen" für die betroffenen Industrieanlagen den **BVT-Schlussfolgerungen** innerhalb von vier Jahren nach deren Veröffentlichung angepasst und auch eingehalten werden. Der Bundesgesetzgeber hat, um diesem Gebot nachzukommen, in **Satz 1** ein neuartiges Konstrukt in das deutsche Abwasserrecht eingebaut: Zunächst wird die Bundesregierung verpflichtet, innerhalb eines Jahres nach Veröffentlichung der BVT-Schlussfolgerungen die Anforderungen der **Abwasserverordnung** zu überprüfen und gegebenenfalls **anzupassen** (**Nr. 1**). Sodann haben sowohl der Anlagenbetreiber als auch die zuständige Behörde[16] dafür zu sorgen, dass die den BVT-Schlussfolgerungen entsprechenden **Emissionsgrenzwerte** der Verordnung innerhalb der Vierjahresfrist tatsächlich **eingehalten** werden (**Nr. 2**). Im Hinblick auf die für den Vollzug sehr knappe vierjährige Anpassungsfrist verzichtet das WHG darauf, dass die Behörden hierfür zunächst die wasserrechtlichen Bescheide anpassen. Stattdessen behilft sich das Gesetz mit einer **Fiktion**: Die neuen Emissionsgrenzwerte gelten als im Zulassungsbescheid festgesetzt. Hält die Behörde allerdings schärfere Anforderungen für notwendig, muss sie den Bescheid entsprechend ändern. Verursacht die innerhalb der Vierjahresfrist erforderliche Anpassung der Einleitung im Einzelfall aus technischen Gründen unverhältnismäßig höhere Kosten, „soll" nach **Satz 2** die zuständige Behörde einen längeren Zeitraum festlegen. Diese Klausel stützt der Gesetzgeber auf den in Art. 21 Abs. 3 Buchst. a in Bezug genommenen Art. 15 Abs. 4 und den Erwägungsgrund 22 der Richtlinie.[17]

12

---

[16] So ausdrücklich auch BT-Drs. 17/10486, S. 69 (zu Nr. 23).
[17] BT-Drs. 17/10486, S. 46, wobei Deutschland die Ermächtigung der Mitgliedstaaten durch die Richtlinie („kann") in Form einer Soll-Regelung ausgeschöpft hat.

13 Der neue **Abs. 5** betrifft alle nicht unter die Richtlinie 2010/75/EU fallenden **sonstigen Alteinleitungen**, die nicht oder nicht mehr den Anforderungen der Abwasserverordnung entsprechen. Nunmehr sind die Vorschriften aus den bisherigen Abs. 2 Satz 3 und Abs. 3 des § 57 (§ 7a Abs. 2 und 3 WHG a.F.) zusammengefasst. **Satz 1** regelt die **Anpassung des Vollzugs** an die Anforderungen der Abwasserverordnung nach dem Modell des Abs. 4 Satz 1 Nr. 2 (die Emissionsgrenzwerte der Abwasserverordnung gelten als im Bescheid festgesetzt).[18] Was eine „**angemessene**" **Frist** ist, lässt sich nur nach den konkreten Verhältnissen im Einzelfall (technische Realisierbarkeit, tragbarer Aufwand) bestimmen. Abs. 5 des § 57 wendet sich wie Abs. 4 nicht an einen bestimmten Adressaten (anders z.B. § 34 Abs. 2). Deshalb ist nicht nur die Wasserbehörde verpflichtet, den wasserrechtlichen Bescheid in angemessener Frist anzupassen, sondern unmittelbar auch der Einleiter selbst.[19] Der bisherige Sicherstellungsauftrag nach § 7a Abs. 3 WHG a.F. hat den Ländern ebenfalls die Möglichkeit gegeben, direkt dem Einleiter die Anpassung vorzuschreiben.[20] Nach **Satz 2** sind für die sonstigen Alteinleitungen gegebenenfalls **weniger strenge Anforderungen** maßgebend, zu deren Festlegung der Verordnungsgeber wie bisher verpflichtet ist, wenn das Verhältnismäßigkeitsgebot dies erfordert. Hat die Wasserbehörde bei einer vorhandenen Einleitung den Stand der Technik durch eine Einzelfallentscheidung ermittelt, kann sie auf der Grundlage des § 13 Abs. 2 Nr. 1 die Einleitungserlaubnis dem technischen Fortschritt anpassen.

6. Landesrecht

14 § 57 enthält in Abs. 1 und 5 im Rahmen des Art. 72 Abs. 1 GG der Ergänzung durch Landesrecht zugängliche Regelungen. Abs. 1 lässt weitere Voraussetzungen für die Erteilung der Erlaubnis zu („darf nur erteilt werden"), in Abs. 5 können die erforderlichen Anpassungsmaßnahmen und die angemessenen Fristen konkretisiert werden. § 57 ist im Übrigen eine stoffbezogene Regelung, die nach Art. 72 Abs. 3 GG keine abweichenden Ländervorschriften zulässt und teilweise europarechtlich zwingend vorgegeben ist.

---

[18] Dies ist auch bei den sonstigen Abwassereinleitungen sinnvoll, um sich ohne Verzögerungen durch wasserrechtliche Verfahren den Anspruch auf Halbierung des Abgabesatzes nach § 9 Abs. 5 AbwAG zu sichern.
[19] So ausdrücklich BT-Drs. 16/12275, S. 69; vgl. auch *Knopp*, Rn. 415; *Queitsch*, in WQF, § 57 Rn. 16.
[20] Die Länder kannten bereits solche wasserrechtlichen Betreiberpflichten; vgl. z.B. § 57 Abs. 2 LWG NRW a.F.

§ 58
Einleiten von Abwasser in öffentliche Abwasseranlagen

(1) Das Einleiten von Abwasser in öffentliche Abwasseranlagen (Indirekteinleitung) bedarf der Genehmigung durch die zuständige Behörde, soweit an das Abwasser in der Abwasserverordnung in ihrer jeweils geltenden Fassung Anforderungen für den Ort des Anfalls des Abwassers oder vor seiner Vermischung festgelegt sind. Durch Rechtsverordnung nach § 23 Absatz 1 Nummer 5, 8 und 10 kann bestimmt werden,

1. unter welchen Voraussetzungen die Indirekteinleitung anstelle einer Genehmigung nach Satz 1 nur einer Anzeige bedarf,
2. dass die Einhaltung der Anforderungen nach Absatz 2 auch durch Sachverständige überwacht wird.

Weitergehende Rechtsvorschriften der Länder, die den Maßgaben des Satzes 2 entsprechen oder die über Satz 1 oder Satz 2 hinausgehende Genehmigungserfordernisse vorsehen, bleiben unberührt. Ebenfalls unberührt bleiben Rechtsvorschriften der Länder, nach denen die Genehmigung der zuständigen Behörde durch eine Genehmigung des Betreibers einer öffentlichen Abwasseranlage ersetzt wird.

(2) Eine Genehmigung für eine Indirekteinleitung darf nur erteilt werden, wenn

1. die nach der Abwasserverordnung in ihrer jeweils geltenden Fassung für die Einleitung maßgebenden Anforderungen einschließlich der allgemeinen Anforderungen eingehalten werden,
2. die Erfüllung der Anforderungen an die Direkteinleitung nicht gefährdet wird und
3. Abwasseranlagen oder sonstige Einrichtungen errichtet und betrieben werden, die erforderlich sind, um die Einhaltung der Anforderungen nach den Nummern 1 und 2 sicherzustellen.

(3) Entsprechen vorhandene Indirekteinleitungen nicht den Anforderungen nach Absatz 2, so sind die erforderlichen Maßnahmen innerhalb angemessener Fristen durchzuführen.

(4) § 13 Absatz 1 und § 17 gelten entsprechend. Eine Genehmigung kann auch unter dem Vorbehalt des Widerrufs erteilt werden.

Inhaltsübersicht

	Rn.		Rn.
1. Allgemeines	1	3. Voraussetzungen und Inhalt der Genehmigung (Abs. 2–4)	4
2. Genehmigung und Überwachung von Indirekteinleitungen (Abs. 1)	2	4. Landesrecht	7

1. Allgemeines

1 § 58 enthält verfahrens- und materiellrechtliche Bestimmungen über das Einleiten von Abwasser in öffentliche Abwasseranlagen und löst den Sicherstellungsauftrag des § 7a Abs. 4 WHG a.F. (vgl. zur Entstehung und Fortschreibung des § 7a die Hinweise unter § 57 Rn. 1) durch eine Vollregelung des Bundes ab. **Abs. 1** regelt die Genehmigungsbedürftigkeit von Indirekteinleitungen, **Abs. 2** die Genehmigungsvoraussetzungen, **Abs. 3** die Anpassung vorhandener Indirekteinleitungen und **Abs. 4** die Zulässigkeit von Inhalts- und Nebenbestimmungen und des vorzeitigen Beginns sowie den Widerrufsvorbehalt.

2. Genehmigung und Überwachung von Indirekteinleitungen (Abs. 1)

2 § 58 Abs. 1 führt in **Satz 1** den Begriff „Indirekteinleitung" für das Einleiten von Abwasser in öffentliche Abwasseranlagen ein (zur „Direkteinleitung" vgl. § 57 Abs. 1) und schreibt ihre Genehmigungsbedürftigkeit vor.[1] Zum Begriff „Abwasseranlagen" wird auf § 60 Abs. 1 nebst Kommentierung verwiesen. Eine **Abwasseranlage** ist eine **öffentliche**, wenn sie dazu dient, das Abwasser der Allgemeinheit, also einer unbestimmten Zahl nicht näher benannter Personen aufzunehmen. Dazu gehören insbesondere die Anlagen der nach § 56 Satz 1 zur Abwasserbeseitigung verpflichteten Kommunen und Verbände. Öffentlich können aber auch privat betriebene Anlagen sein, wenn sie der Allgemeinheit zur Verfügung stehen.[2] Das WHG übernimmt in § 58 Abs. 1 Satz 1 das bisherige Konzept der Länder, wonach eine Genehmigung dann erforderlich ist, wenn die Abwasserverordnung in den Teilen D und E der Anhänge Anforderungen an den Ort des Anfalls des Abwassers oder vor seiner Vermischung festlegt. In diesen Fällen bedarf es in der Regel einer Vorbehandlung des Abwassers, die im Genehmigungsverfahren einer behördlichen Vorkontrolle unterzogen wird.

3 § 58 Abs. 1 ermächtigt in **Satz 2** die Bundesregierung zu Verordnungsregelungen, die es ihr im Interesse der **Rechtsvereinfachung** und Entbürokratisierung ermöglichen, die Genehmigungspflicht durch eine Anzeigepflicht zu ersetzen (**Nr. 1**) und die **Überwachung** flexibler zu gestalten (**Nr. 2**).[3] Für eine Überwachung durch Sachverständige, die hier neben der behördlichen Überwachung und der Eigenüberwachung steht, werden in der Rechtsverordnung auch qualitätssichernde Anforderungen festzulegen sein. Satz 3 und 4 las-

---

[1] Vgl. näher zum Genehmigungbedarf bei Indirekteinleitungen *Nisipeanu*, in: BFM, § 58 Rn. 11 ff.
[2] Vgl. C/R, § 58 Rn. 7; allgemein auch *Reichert*, Grenzen kommunaler Grenzwertfestsetzungen bei Indirekteinleitern am Beispiel nordrhein-westfälischen Rechts, ZfW 1997, 141.
[3] Vgl. BT-Drs. 16/12275, S. 69.

sen Rechtsvorschriften unberührt, die in den Ländern ebenfalls vorrangig mit dem Ziel der Rechtsvereinfachung und Entbürokratisierung eingeführt worden sind und bestehen bleiben sollen. Dabei stellt Satz 3 lediglich klar, dass der Bundesgesetzgeber die Regelungen nach Satz 1 und 2 nicht als abschließend betrachtet. Im Übrigen gelten bis zur Ablösung durch eine Bundesverordnung die Indirekteinleitungsregelungen im Rahmen des § 58 weiter (vgl. § 23 Abs. 3 nebst Kommentierung).

3. Voraussetzungen und Inhalt der Genehmigung (Abs. 2–4)

§ 58 normiert in **Abs. 2** die Anforderungen, die aus Bundessicht an eine schadlose Indirekteinleitung zu stellen sind und damit als Voraussetzung für die Erteilung der Genehmigung erfüllt sein müssen. Nach **Nr. 1** gehören hierzu zunächst die Anforderungen, die überhaupt erst die Genehmigungsbedürftigkeit auslösen, sich also auf den Ort des Anfalls des Abwassers oder den Ort vor seiner Vermischung beziehen (vgl. Rn. 2). Darüber hinaus stellt Nr. 1 sicher, dass auch die allgemeinen Anforderungen der Abwasserverordnung, die für alle oder für bestimmte Herkunftsbereiche gelten (vgl. § 3 sowie jeweils Teil B der Anhänge) einzuhalten sind. Die Voraussetzung nach **Nr. 2** erfordert die Prüfung, wie der Indirekteinleiter sein Abwasser vorbehandeln muss, damit unter Berücksichtigung der Schlussbehandlung in der zentralen Abwasserbehandlungsanlage die in der Erlaubnis für die Direkteinleitung festgesetzten Anforderungen erfüllt werden. **Nr. 3** ist die parallele, wortgleiche Vorschrift zu § 57 Abs. 1 Nr. 3.

4

Abs. 2 regelt die Genehmigungsvoraussetzungen nicht abschließend („darf nur erteilt werden"), gewährt also auch dann, wenn Nr. 1–3 erfüllt sind, **keinen Rechtsanspruch** auf Erteilung der Genehmigung.[4)] Insofern normiert § 58 nur die bundesrechtlichen Mindestanforderungen an Indirekteinleitungen. Weitere Anforderungen können sich aus dem Landesrecht ergeben. Im Übrigen sind die Rechtsgrundlagen maßgebend, die dem Benutzungsverhältnis zwischen Indirekteinleiter und Betreiber der öffentlichen Anlage zugrunde liegen, in den meisten Fällen also die Vorschriften der Gemeindeordnung zum Anschluss- und Benutzungszwang sowie die einschlägigen Entwässerungssatzungen. Grundsätzlich besteht danach jedenfalls dann auch ein **Anspruch auf Mitbenutzung öffentlicher Einrichtungen**, wenn die Benutzungsvoraussetzungen erfüllt werden.[5)] Zugleich ergeben sich aus dem autonomen Satzungsrecht spezifische Einleitungsbeschränkungen und Sorgfaltspflichten, die dazu dienen, die Funktionsfähigkeit der Abwasseranlagen zu gewährleisten und Ge-

5

[4)] Vgl. BT-Drs. 16/12275, S. 69; *C/R*, § 58 Rn. 19.
[5)] Ähnlich wohl *Zöllner*, in: SZDK, § 58 WHG Rn. 5.

sundheitsgefährdungen der Mitarbeiter zu vermeiden. Dagegen sind Satzungsregelungen, die über vom Staat festgelegte Gewässerschutzanforderungen in Rechtsvorschriften oder behördlichen Bescheiden hinausgehen, vom Selbstverwaltungsrecht nicht gedeckt und deshalb unwirksam.[6)]

6 § 58 schreibt in **Abs. 3** wortgleich mit der parallelen, für Direkteinleitungen geltenden Vorschrift des § 57 Abs. 3 die **Anpassung vorhandener Indirekteinleitungen** vor, wenn sie den Anforderungen, die nach Abs. 2 für die Erteilung einer Genehmigung zu erfüllen sind, nicht oder nicht mehr entsprechen. Auf die Kommentierung zu § 57 Abs. 3, insbesondere auch zum Begriff der vorhandenen Einleitungen, wird verwiesen (Rn. 11 ff.). **Abs. 4** komplettiert die bundesrechtliche Indirekteinleiterregelung. Die Vorschrift erklärt in **Satz 1** die Regelungen zur Zulässigkeit von Inhalts- und Nebenbestimmungen bei Erlaubnissen sowie zum vorzeitigen Beginn für entsprechend anwendbar. Die Möglichkeit, die Genehmigung auch unter Vorbehalt des Widerrufs zu erteilen, ergibt sich bereits aus § 49 Abs. 2 Satz 1 Nr. 1 VwVfG, **Satz 2** dient insofern also lediglich der Klarstellung. Im Übrigen gelten für die Genehmigung die Vorschriften des allgemeinen Verwaltungsverfahrensrechts über begünstigende Verwaltungsakte.

4. Landesrecht

7 § 58 ist eine im Rahmen des Art. 72 Abs. 1 GG sowie der Öffnungsklausel nach Abs. 1 Satz 3 und 4 der Ergänzung durch Landesrecht zugängliche Vorschrift. Die Länder können insbesondere weitere Voraussetzungen für die Erteilung der Genehmigung vorsehen oder für vorhandene Indirekteinleitungen die erforderlichen Anpassungsmaßnahmen und die angemessenen Fristen konkretisieren. § 58 ist im Übrigen eine sowohl stoff- wie anlagenbezogene Regelung, die nach Art. 72 Abs. 3 Satz 1 Nr. 5 GG kein abweichendes Landesrecht zulässt.

§ 59
Einleiten von Abwasser in private Abwasseranlagen

(1) Dem Einleiten von Abwasser in öffentliche Abwasseranlagen stehen Abwassereinleitungen Dritter in private Abwasseranlagen, die der Beseitigung von gewerblichem Abwasser dienen, gleich.

[6)] Vgl. auch *C/R*, § 58 Rn. 11; *Schendel/Scheier*, in: BeckOK, WHG, § 58 Rn. 13; *Queitsch*, in: WQF, § 58 Rn. 10–12.

(2) **Die zuständige Behörde kann Abwassereinleitungen nach Absatz 1 von der Genehmigungsbedürftigkeit nach Absatz 1 in Verbindung mit § 58 Absatz 1 freistellen, wenn durch vertragliche Regelungen zwischen dem Betreiber der privaten Abwasseranlage und dem Einleiter die Einhaltung der Anforderungen nach § 58 Absatz 2 sichergestellt ist.**

Inhaltsübersicht

Rn.	Rn.
1. Allgemeines 1	3. Landesrecht 6
2. Inhalt des § 59 3

1. Allgemeines

§ 59 regelt den Fall indirekter Abwassereinleitungen in private Abwasseranlagen. Mit dieser Vorschrift will der Bundesgesetzgeber den zunehmend an Bedeutung gewinnenden Fällen privater Abwasserentsorgung in sog. **Chemie- und sonstigen Industrieparks** Rechnung tragen.[1] Der Strukturwandel insbesondere an größeren Industriestandorten führt dazu, dass einzelne Produktionsbereiche eines Konzerns aus wirtschaftlichen und gesellschaftsrechtlichen Gründen immer häufiger den Status selbstständiger Firmen erhalten oder an andere Firmen verpachtet oder verkauft werden. Dies ist in der Regel sowohl rechtlich als auch technisch mit einer Änderung der Abwasserverhältnisse verbunden. Die Aufspaltung großer Unternehmen in eine Vielzahl selbstständiger Firmen führt weg vom Werk hin zum sog. Industriepark. Typisch ist dabei die Bildung einer Service- oder Infrastrukturgesellschaft, die auf privatrechtlicher Basis zentral zu erledigende Aufgaben wahrnimmt. Wasserrechtlich relevant sind vor allem **Veränderungen im Abwassermanagement**. Der neuen Regelung des § 59 liegt die Konstellation zugrunde, dass die Standortgesellschaften ihr Abwasser mit oder ohne Vorbehandlung der von der Infrastrukturgesellschaft betriebenen Standortkläranlage zuführen, von der aus das gesamte Abwasser des Standorts nach entsprechender Behandlung in ein Gewässer (Direkteinleitung) oder in die öffentliche Kanalisation (Indirekteinleitung) eingeleitet wird. In einzelnen Ländern gibt es bereits besondere Bestimmungen für Einleitungen in private Abwasseranlagen (vgl. z.B. § 58 LWG NRW).

1

§ 59 etabliert für die Übergabe des in den Standortgesellschaften anfallenden Abwassers an das private Abwassersystem der Infrastrukturgesellschaft ein eigenständiges Genehmigungsregime. **Abs. 1**

2

---

[1] BT-Drs. 16/12275, S. 69; vgl. zu diesen Parks näher *Müggenborg*, in: BFM, § 59 Rn. 23 ff. sowie generell zum Thema *Müggenborg*, Umweltrechtliche Anforderungen an Chemie- und Industrieparks, 2008.

stellt abwasserrechtlich Einleitungen in öffentliche und in private Abwasseranlagen grundsätzlich gleich. **Abs. 2** ermächtigt die zuständige Behörde, Abwassereinleitungen in private Abwasseranlagen unter bestimmten Voraussetzungen von der Genehmigungspflicht zu befreien.

2. Inhalt des § 59

3　§ 59 stellt in **Abs. 1** Indirekteinleitungen in öffentliche und private Abwasseranlagen grundsätzlich gleich. Begrifflich bleibt die „Indirekteinleitung" aber dem öffentlichen Entwässerungssystem vorbehalten (§ 58 Abs. 1 Satz 1). Für beide Einleitungstatbestände gilt somit ein **gleiches Rechtsregime**. Der Gesetzgeber geht davon aus, dass es aus der Sicht des Gewässerschutzes grundsätzlich keinen relevanten Unterschied macht, ob Abwasser einer öffentlichen oder nicht öffentlichen, also privaten Anlage zur weiteren Behandlung und Entsorgung zugeführt wird.[2] Auch die abwassertechnischen Gegebenheiten sind vergleichbar. Deshalb sind nicht nur dieselben materiellen Anforderungen zu erfüllen, sondern es besteht auch ein gewässerschutzpolitisches Bedürfnis für eine behördliche Vorkontrolle, mit der die Einleitung im Hinblick auf die Einhaltung der Anforderungen nach dem Stand der Technik am jeweils maßgebenden Bezugsort überprüft und gegebenenfalls zugelassen werden kann.

4　Zum Begriff der Abwasseranlage wird auf § 60 Abs. 1 nebst Kommentierung verwiesen. Die **private Abwasseranlage** nach § 59 unterscheidet sich von der öffentlichen Anlage nach § 58 dadurch, dass sie nicht der Allgemeinheit, sondern einem ausgewählten, von vornherein begrenzten und zu einem bestimmten Standort gehörenden Kreis von Abwasserproduzenten zur Verfügung steht.[3] Die standortinterne Abwasserentsorgung ist deshalb auch nicht Teil der öffentlichen Abwasserbeseitigung. § 59 ist auf Einleitungen Dritter, also nicht auf interne Einleitungen innerhalb des eigenen Entsorgungssystem eines Abwasserproduzenten (Teilströme) anzuwenden. Die Vorschrift erfasst seiner Zielsetzung entsprechend auch nur gewerbliches Abwasser. Der Begriff „gewerblich" schließt industrielles Abwasser mit ein. Durch die Gleichstellung mit Einleitungen in öffentliche Abwasseranlagen findet insbesondere § 58 Anwendung, und zwar unmittelbar und nicht nur entsprechend. Es gelten somit – vorbehaltlich der nach Abs. 2 zulässigen Einschränkungen – die Vorgaben dieser Vorschrift für die Genehmigungspflicht, die Voraussetzungen für die Erteilung der Genehmigung, die Anpassung vorhandener

---

[2] BT-Drs. 16/12275, S. 69.
[3] Vgl. zum Begriff der privaten Abwasseranlage auch *Schulz*, in: BeckOK, WHG, § 59 Rn. 4 ff.

Einleitungen sowie die Inhalts- und Nebenbestimmungen, den vorzeitigen Beginn sowie den Widerrufsvorbehalt.

§ 59 trägt in **Abs. 2** bei der Frage der Genehmigungsbedürftigkeit 5
den Besonderheiten der Abwasserentsorgung durch private Dritte Rechnung. Im Interesse der Rechtsvereinfachung und Entbürokratisierung hat der Gesetzgeber die Möglichkeit geschaffen, die Einleitung durch Entscheidung der zuständigen Behörde von der **Genehmigungspflicht zu befreien.** Vorrangig ist es Sache der Vertragsparteien (privater Anlagenbetreiber und einleitender Dritter), das Abwasser entsprechend den gesetzlichen Anforderungen und behördlichen Festsetzungen zu entsorgen. Dies liegt vor allem im Interesse des Betreibers der Abwasseranlage, der gegenüber der Wasserbehörde oder dem Betreiber des öffentlichen Entwässerungssystems die Verantwortung für die ordnungsgemäße Entsorgung der in seiner Anlage behandelten Abwässer trägt. Deshalb wird er vertraglich sicherstellen, dass der Indirekteinleiter die für seinen Abwasserstrom maßgebenden Anforderungen einhält.[4] Die Behörde kann sich in diesem Fall darauf beschränken, die entsprechenden Festlegungen im Nutzungsvertrag zu überprüfen. Fällt die Prüfung positiv aus, ist eine behördliche Genehmigung in aller Regel entbehrlich. Da die Befreiung eine **Ermessensentscheidung** ist, kann die Behörde aber auch ein Genehmigungsverfahren durchführen. Dem Vorschlag des Bundesrates, die Behörde unter den Voraussetzungen des Abs. 2 zur Befreiung von der Genehmigungspflicht zu verpflichten, ist der Gesetzgeber mit der Begründung nicht gefolgt, dass es – wenn auch auf Ausnahmen beschränkte – Fälle geben kann, in denen die Behörde sachliche Gründe hat, in einem Genehmigungsverfahren selbst die erforderlichen Prüfungen vorzunehmen und Entscheidungen zu treffen.[5]

3. Landesrecht

Wegen der Gleichstellung von Einleitungen in öffentliche und in private Abwasseranlagen kann auf die Erläuterungen unter § 58 Rn. 7 verwiesen werden. § 59 Abs. 2 ist eine sowohl stoff- als auch anlagenbezogene Regelung, von der die Länder nicht nach Art. 72 Abs. 3 Satz 1 Nr. 5 GG abweichen, die sie also nur im Rahmen des Art. 72 Abs. 1 GG ergänzen können.

6

---

[4] Näher dazu *Müggenborg*, in: BFM, § 59 Rn. 48ff.; vgl. zu den vertraglichen Beziehungen auch *Schulz*, in: BeckOK, WHG, § 59 Rn. 23ff.
[5] Vgl. BT-Drs. 16/13306, S. 14, 30.

§ 60
Abwasseranlagen

(1) Abwasseranlagen sind so zu errichten, zu betreiben und zu unterhalten, dass die Anforderungen an die Abwasserbeseitigung eingehalten werden. Im Übrigen müssen Abwasserbehandlungsanlagen im Sinne von Absatz 3 Satz 1 Nummer 2 und 3 nach dem Stand der Technik, andere Abwasseranlagen nach den allgemein anerkannten Regeln der Technik errichtet, betrieben und unterhalten werden.

(2) Entsprechen vorhandene Abwasseranlagen nicht den Anforderungen nach Absatz 1, so sind die erforderlichen Maßnahmen innerhalb angemessener Fristen durchzuführen.

(3) Die Errichtung, der Betrieb und die wesentliche Änderung einer Abwasserbehandlungsanlage bedürfen einer Genehmigung, wenn

1. für die Anlage nach dem Gesetz über die Umweltverträglichkeitsprüfung eine Verpflichtung zur Durchführung einer Umweltverträglichkeitsprüfung besteht oder

2. in der Anlage Abwasser behandelt wird, das

   a) aus Anlagen nach § 3 der Verordnung über genehmigungsbedürftige Anlagen stammt, deren Genehmigungserfordernis sich nicht nach § 1 Absatz 2 der Verordnung über genehmigungsbedürftige Anlagen auf die Abwasserbehandlungsanlage erstreckt, und

   b) nicht unter die Richtlinie 91/271/EWG des Rates vom 21. Mai 1991 über die Behandlung von kommunalem Abwasser (ABl. L 135 vom 30.5.1991, S. 40), die zuletzt durch die Verordnung (EG) Nr. 1137/2008 (ABl. L 311 vom 21.11.2008, S. 1) geändert worden ist, fällt oder

3. in der Abwasser behandelt wird, das

   a) aus einer Deponie im Sinne von § 3 Absatz 27 des Kreislaufwirtschaftsgesetzes mit einer Aufnahmekapazität von mindestens 10 Tonnen pro Tag oder mit einer Gesamtkapazität von mindestens 25 000 Tonnen, ausgenommen Deponien für Inertabfälle, stammt, sofern sich die Zulassung der Deponie nicht auf die Anlage erstreckt, und

   b) nicht unter die Richtlinie 91/271/EWG fällt.

Die Genehmigung ist zu versagen oder mit den notwendigen Nebenbestimmungen zu versehen, wenn die Anlage den Anforderungen des Absatzes 1 nicht entspricht oder sonstige öffentlich-rechtliche Vorschriften dies erfordern. § 13 Absatz 1, § 16 Absatz 1 und 3 und § 17 gelten entsprechend. Für die Anlagen, die die Voraussetzungen nach Satz 1 Nummer 2 oder Nummer 3 erfüllen, gelten auch die Anforderungen nach § 5 des Bundes-Immissionsschutzgesetzes entsprechend.

(4) Sofern eine Genehmigung nicht beantragt wird, hat der Betreiber die Änderung der Lage, der Beschaffenheit oder des Betriebs einer Anlage, die die Voraussetzungen nach Absatz 3 Satz 1 Nummer 2 oder Nummer 3 erfüllt, der zuständigen Behörde mindestens einen Monat bevor mit der Änderung begonnen werden soll, schriftlich anzuzeigen, wenn die Änderung Auswirkungen auf die Umwelt haben kann. Der Anzeige sind die zur Beurteilung der Auswirkungen notwendigen Unterlagen nach § 3 Absatz 1 und 2 der Industriekläranlagen-Zulassungs- und Überwachungsverordnung beizufügen, soweit diese für die Prüfung erforderlich sein können, ob das Vorhaben genehmigungsbedürftig ist. Die zuständige Behörde hat dem Betreiber unverzüglich mitzuteilen, ob ihr die für die Prüfung nach Satz 2 erforderlichen Unterlagen vorliegen. Der Betreiber der Anlage darf die Änderung vornehmen, sobald die zuständige Behörde ihm mitgeteilt hat, dass die Änderung keiner Genehmigung bedarf oder wenn die zuständige Behörde sich innerhalb eines Monats nach Zugang der Mitteilung nach Satz 3, dass die erforderlichen Unterlagen vorliegen, nicht geäußert hat.

(5) Kommt der Betreiber einer Anlage, die die Voraussetzungen nach Absatz 3 Satz 1 Nummer 2 oder Nummer 3 erfüllt, einer Nebenbestimmung oder einer abschließend bestimmten Pflicht aus einer Rechtsverordnung nach § 23 Absatz 1 Nummer 3 in Verbindung mit § 57 Absatz 2, 3, 4 Satz 1 Nummer 1 oder Absatz 5 Satz 2, nach § 23 Absatz 1 Nummer 5 oder der Abwasserverordnung in ihrer am 28. Februar 2010 geltenden Fassung nicht nach und wird hierdurch eine unmittelbare Gefahr für die menschliche Gesundheit oder die Umwelt herbeigeführt, so hat die zuständige Behörde den Betrieb der Anlage oder den Betrieb des betreffenden Teils der Anlage bis zur Erfüllung der Nebenbestimmung oder der abschließend bestimmten Pflicht zu untersagen.

(6) Wird eine Anlage, die die Voraussetzungen nach Absatz 3 Satz 1 Nummer 2 oder Nummer 3 erfüllt, ohne die erforderliche Genehmigung betrieben oder wesentlich geändert, so ordnet die zuständige Behörde die Stilllegung der Anlage an.

(7) Die Länder können regeln, dass die Errichtung, der Betrieb und die wesentliche Änderung von Abwasseranlagen, die nicht unter Absatz 3 fallen, einer Anzeige oder Genehmigung bedürfen. Genehmigungserfordernisse nach anderen öffentlich-rechtlichen Vorschriften bleiben unberührt.

Inhaltsübersicht

Rn.			Rn.
1.	Allgemeines 1	4. Anzeige, behördliche	
2.	Anforderungen an Ab-	Sanktionen (Abs. 4–6)	11
	wasseranlagen (Abs. 1, 2).. 3	5. Anzeige oder Genehmigung	
3.	Genehmigung von	sonstiger Abwasseranlagen	
	Abwasserbehandlungs-	(Abs. 7)	15
	anlagen (Abs. 3).......... 6	6. Landesrecht	16

1. Allgemeines

1 § 60 regelt Anforderungen an die Errichtung, den Betrieb und die Unterhaltung von Abwasseranlagen. Die Vorschrift ergänzt als **anlagenbezogene Norm** in Anlehnung an das Bau- und das Immissionsschutzrecht die einleitungsbezogenen Anforderungen der §§ 57–59, die im in erster Linie benutzungsorientierten Wasserrecht im Vordergrund stehen.[1] Sie löst §§ 18b und 18c WHG a.F. ab und erweitert sie. § 18b ist durch die 4. Novelle von 1976 in das WHG aufgenommen[2] und durch die 5. Novelle von 1986[3] sowie durch die 6. Novelle von 1996[4] geändert worden. Zur Entstehung und Fortentwicklung des § 18c vgl. die WHG-Änderung durch Art. 5 des Gesetzes zur Umsetzung der UVP-Richtlinie vom 12.2.1990 (BGBl. I S. 205) sowie die Neufassungen des § 18c durch die 6. WHG-Novelle[5] und Art. 7 Nr. 5 des Gesetzes zur Umsetzung der UVP-Änderungsrichtlinie, der IVU-Richtlinie und weiterer EG-Richtlinien zum Umweltschutz vom 27.7.2001 (BGBl. I S. 1950, 2004). Das Gesetz zur Umsetzung der Richtlinie 2010/75/EU über Industrieemissionen vom 8.4.2013 (BGBl. I S. 734, 3753) hat § 60 Abs. 1 Satz 2 und Abs. 4–6 neu gefasst. Nr. 3 von Abs. 3 Satz 1 hat mit dem Gesetz vom 18.7.2017 (BGBl. I S. 2771) die wasserrechtliche Genehmigung für Behandlungsanlagen für Deponiesickerwasser in das WHG eingeführt.[6]

2 § 60 regelt in **Abs. 1** allgemeine Anforderungen an Abwasseranlagen, in **Abs. 2** die Verpflichtung zur Anpassung vorhandener Anlagen und in **Abs. 3** die Genehmigung bestimmter Abwasserbehandlungsanlagen. **Abs. 4** betrifft die Anzeige von Änderungen der Anlagen nach der IERL. **Abs. 5** und **6** schreiben vor, unter welchen Voraussetzungen der Betrieb der Anlage zu untersagen und die Anlage stillzulegen ist. **Abs. 7** ermächtigt die Länder, Anzeige- oder Genehmigungspflichten für sonstige Abwasseranlagen einzuführen.

---

[1] Zur Thematik wird allgemein auf *Driewer*, Bau und Betrieb von Abwasseranlagen gemäß § 18b Abs. 1 WHG, ZfW 1999, 465 verwiesen.
[2] Vgl. hierzu BT-Drs. 7/4546, S. 7 und 13.
[3] Vgl. hierzu BT-Drs. 10/3973, S. 12 f. und 10/5727, S. 10, 20, 33.
[4] Vgl. hierzu BT-Drs. 13/4788, S. 6, 20; 13/5254, S. 2 und 13/5641, S. 2.
[5] Vgl. hierzu BT-Drs. 13/1207, S. 4, 7; 13/4788, S. 6; 13/5254, S. 2, 3 und 13/5641, S. 2.
[6] Näher zur Entstehung und Fortentwicklung des § 60 *Nisipeanu*, in: BFM, § 60 Rn. 3 ff.

2. Anforderungen an Abwasseranlagen (Abs. 1 und 2)

§ 60 normiert in **Abs. 1** rein technikbezogene Anforderungen an die Errichtung und den Betrieb sowie in Anlehnung an andere anlagenbezogene Vorschriften im neuen WHG (vgl. § 36 Abs. 1 Satz 1, § 50 Abs. 4, § 62 Abs. 1 Satz 1) jetzt auch an die Unterhaltung von Abwasseranlagen.[7] Der **Begriff der Abwasseranlage** wird nicht näher definiert, ist aber dem Wasserrecht geläufig und in einem weiten Sinne zu verstehen.[8] Im Unterschied zu dem Begriff der Abwasserbehandlungsanlage (vgl. Abs. 3 sowie die Definition in § 2 Abs. 3 AbwAG) umfasst er nicht nur Anlagen zur Behandlung des Abwassers (z.B. Kläranlagen, Regenklärbecken), sondern darüber hinaus sämtliche Anlagen, die der Beseitigung von Abwasser gemäß der Definition des § 54 Abs. 2 dienen (z.B. Kanäle, Regenüberlaufbecken, Regenrückhaltebecken, abflusslose Gruben, Grundstücksentwässerungsanlagen). Die Anlagen können auch mobil sein (z.B. Tankwagen).

Maßstab für die jeweils **anzuwendende Technik** sind nach **Satz 1** zunächst die Anforderungen, die sich für die „Abwasserbeseitigung" (enger noch § 18b WHG a.F.: das „Einleiten" von Abwasser) aus den einschlägigen bundes- und landesrechtlichen Vorschriften ergeben. Hauptsächlich geht es neben den Vorgaben des § 55 um die Standards, die nach §§ 57–59 in der wasserrechtlichen Erlaubnis oder Genehmigung für das Einleiten von Abwasser in Gewässer oder Abwasseranlagen festzusetzen sind. Direkteinleitungen müssen demzufolge mindestens dem **Stand der Technik** mit den durch die Abwasserverordnung festgelegten Einleitungswerten entsprechen. Für Abwasserbehandlungsanlagen stellt **Satz 2** dies jetzt ausdrücklich klar.[9] Aus den landesrechtlichen Vorschriften können sich ebenfalls je nach konkreter Sachlage besondere Anforderungen an die Abwasserbeseitigung ergeben. Für nicht durch spezielle Vorgaben determinierte Abwasseranlagen belässt Abs. 1 Satz 2 es bei den **allgemein anerkannten Regeln der Technik** (vgl. zu diesem Begriff § 50 Rn. 8).[10]

In **Abs. 2** verpflichtet § 60 zur **Anpassung vorhandener Abwasseranlagen**, soweit sie den Anforderungen nach Abs. 1 nicht oder nicht mehr entsprechen. Die Vorschrift ist wortgleich mit den parallelen Vorschriften des Abs. 3 der §§ 57 und 58. Auf § 57 Rn. 11 kann verwiesen werden.

---

[7] Vgl. zu den Begriffen „errichten", „betreiben" und „unterhalten" *Ganske*, in: LR, WHG, § 60 Rn. 15 ff.; *Nisipeanu*, in: BFM, § 60 Rn. 22 ff.
[8] Vgl. näher dazu *C/R*, § 60 Rn. 9 ff.; *Driewer* (Fn. 1), S. 470 f.; *Nisipeanu*, in: BFM, § 60 Rn. 10 ff.
[9] Umsetzung von Art. 15 Abs. 2 IERL; vgl. BT-Drs. 17/10486, S. 46.
[10] Näher zu den baulichen und betrieblichen Anforderungen für Abwasseranlagen *Breuer/Gärditz*, Rn. 733 ff.; *C/R*, § 60 Rn. 9 ff., 16a ff.

3. Genehmigung von Abwasserbehandlungsanlagen (Abs. 3)

6 § 60 Abs. 3 normiert in **Satz 1** die **Genehmigungsbedürftigkeit** der Errichtung, des Betriebs und der wesentlichen Änderung einer Abwasserbehandlungsanlage. Der Begriff „**Abwasserbehandlungsanlage**" ist enger als der Begriff „Abwasseranlage" in Abs. 1. Abwasserbehandlungsanlagen sind Einrichtungen, die dazu dienen, die Schadwirkung des Abwassers zu vermindern und zu beseitigen und den anfallenden Klärschlamm für eine ordnungsgemäße Beseitigung aufzubereiten.[11] Der Bundesgesetzgeber hat sich darauf beschränkt, nur **drei Fallgruppen** von Abwasserbehandlungsanlagen einer Genehmigungspflicht zu unterwerfen (zu den sonstigen Abwasseranlagen vgl. Abs. 7).

7 **Nr. 1** betrifft Anlagen, für die nach dem UVP-Gesetz **eine Umweltverträglichkeitsprüfung durchzuführen** ist. Dies bedeutet nicht, dass Vorbehandlungsanlagen schon begrifflich nicht zu den Abwasserbehandlungsanlagen im Sinne des § 60 Abs. 3 gehören.[12] Die zusätzlichen Kriterien von Nr. 1–3 schränken den Anwendungsbereich des Abs. 3 ein und nicht den Begriff, so dass nicht UVP-pflichtige Abwasserbehandlungsanlagen einschließlich Vorbehandlungsanlagen als Unterfall der Abwasseranlagen insbesondere auch unter Abs. 1, 2 und 7 des § 60 fallen. Da die UVP durch das europäische Recht vorgegeben ist und nur einen unselbständigen Teil eines fachrechtlichen Zulassungsverfahrens (Trägerverfahren) bildet, sieht das WHG hier für die Tatbestände Errichtung, Betrieb und wesentliche Änderung eine wasserrechtliche Genehmigung vor (zur Änderung vgl. auch § 9 UVPG). Auf der Grundlage seiner erweiterten Gesetzgebungsbefugnisse regelt der Bund seit dem 1.3.2010 auch die UVP-Pflichtigkeit wasserwirtschaftlicher Vorhaben. Danach sind UVP-pflichtig (Nr. 13.1.1–13.1.3 der Anlage 1 UVPG): stets Abwasserbehandlungsanlagen ab 150 000 Einwohnerwerten (EW), Anlagen ab 10 000 EW in Abhängigkeit von dem Ergebnis einer allgemeinen Vorprüfung und Anlagen ab 2 000 EW von dem Ergebnis einer standortbezogenen Vorprüfung.[13] In den Vorprüffällen steht somit erst am Ende der Prüfung fest, ob ein Genehmigungsverfahren einschließlich der UVP durchzuführen ist (§§ 5, 7 UVPG).

8 **Nr. 2** umfasst die **Abwasserbehandlungsanlagen**, die dem Regime der **Richtlinie 2010/75/EU** über **Industrieemissionen** unterliegen. Betroffen sind zunächst nach **Buchst. a** Anlagen zur „eigenständig betriebenen" Abwasserbehandlung. Die Industrieanlagen, die ihr Abwasser solchen Kläranlagen zuführen, bedürfen der immissionsschutzrechtlichen Genehmigung, sie sind in § 3 i.V.m. Anhang 1 der

---

[11] *Breuer/Gärditz*, Rn. 745; vgl. auch *C/R*, § 60 Rn. 36 f.
[12] So aber *C/R*, § 60 Rn. 37 m.w.N.; *Ganske*, in: LR, WHG, § 60 Rn. 39; wie hier *Kotulla*, § 60 Rn. 16.
[13] Vgl. näher zu den Anlagen nach Nr. 1 *Kotulla*, § 60 Rn. 15 ff.

Verordnung über genehmigungsbedürftige Anlagen aufgelistet und gekennzeichnet. Die Genehmigungsbedürftigkeit nach § 4 BImSchG schließt die das Abwasser behandelnde Anlage dann nicht mit ein, wenn sie selbständig betrieben wird und deshalb keine Nebeneinrichtung gemäß § 1 Abs. 2 der Verordnung ist. Fällt das Abwasser unter den Anwendungsbereich der Kommunalabwasserrichtlinie 91/271/EWG (**Buchst. b**), kommt allerdings nur diese Richtlinie zur Anwendung, d.h. es muss sich um häusliches Abwasser oder ein „Gemisch" aus häuslichem und industriellem Abwasser („kommunales" Abwasser i.S. des Art. 2 Nr. 1 der Richtlinie) handeln. Wann ein solches Gemisch vorliegt, ist nicht näher geregelt. Maßgebend für den deutschen Vollzug dürften die Kriterien des Anhangs 1 Teil A Nr. 2 der Abwasserverordnung sein. Die Kommunalabwasserrichtlinie ist außerdem auf bestimmte Industriebranchen aus den Bereichen Lebensmittel, alkoholische Getränke, pflanzliches Tierfutter anzuwenden (Art. 13 i.V.m. Anhang III). Die Verpflichtung, die Genehmigung nach dem neuen § 60 Abs. 3 Satz 1 Nr. 2 zu beantragen, besteht seit Inkrafttreten des Änderungsgesetzes am 2.5.2013. Ist eine Anlage zu diesem Zeitpunkt bereits behördlich zugelassen, greifen die Übergangsbestimmungen des § 107 ein.[14]

Nr. 3 ist dem § 60 Abs. 3 Satz 1 durch Art. 1 Nr. 1 Buchst. b) aa) bbb) des Gesetzes zur Einführung einer wasserrechtlichen Genehmigung für Behandlungsanlagen für Deponiesickerwasser, zur Änderung der Vorschriften zur Eignungsfeststellung für Anlagen zum Lagern, Abfüllen oder Umschlagen wassergefährdender Stoffe und zur Änderung des Bundes-Immissionsschutzgesetzes vom 18.7.2017 (BGBl. I S. 2771) angefügt worden. Die Vorschrift dient dazu, nachträglich eine Regelungslücke in der bisherigen Umsetzung der Industrieemissionen-Richtlinie zu schließen. Nach **Buchst. a** erfasst der neue Genehmigungstatbestand solche **Behandlungsanlagen für Deponiesickerwasser**, die nicht in die Deponiezulassung einbezogen sind. Insofern kommt es entscheidend auf die hier vorrangige Rechtslage zur Planfeststellung und Überwachung nach dem Kreislaufwirtschaftsgesetz und der Deponieverordnung an. Zum Zweck der Neuregelung sowie zu den im Einzelnen betroffenen Fällen wird auf die Darlegungen in der Gesetzesbegründung verwiesen.[15] **Buchst. b** schließt wie in Nr. 2 (vgl. Rn. 8) die Sickerwasseranlagen, die unter die Kommunalabwasserrichtlinie fallen, vom Genehmigungstatbestand aus. Im Übrigen passt das Gesetz vom 18.7.2017 in Art. 2 die Industriekläranlagen-Zulassungs- und Überwachungsverordnung an die neue Gesetzeslage an.

9

---

[14] Vgl. näher zu den Anlagen nach Nr. 2 C/R, § 60 Rn. 58aff.
[15] BT-Drs. 18/11946, S. 8, 13f.

10 In **Satz 2** regelt § 60 Abs. 3 die **Genehmigungsvoraussetzungen** für die Tatbestände des Satzes 1 in Form von Versagungsgründen einschließlich der Festsetzung von Nebenbestimmungen, die erforderlich sind, um das Vorhaben genehmigungsfähig zu machen. Die Abwasserbehandlungsanlage muss den Anforderungen des Abs. 1 sowie sonstigen öffentlich-rechtlichen Vorschriften entsprechen. Einen Genehmigungsanspruch sieht das WHG nicht vor. **Satz 3** ergänzt das **Genehmigungsregime** des WHG um die entsprechende Anwendung der Vorschriften über Inhalts- und Nebenbestimmungen (einschließlich nachträglicher Anordnungen), den Ausschluss privatrechtlicher Abwehransprüche und die Zulassung des vorzeitigen Beginns.[16] Dabei erhält die Genehmigung den gleichen Status wie die gehobene Erlaubnis, die wiederum an die immissionsschutzrechtliche Genehmigung angelehnt ist. **Satz 4** schreibt für die der IERL unterliegenden Abwasserbehandlungsanlagen (Nr. 2 und 3) in Form einer Verweisung auf § 5 BImSchG vor, welche Pflichten der Anlagenbetreiber einzuhalten hat.[17]

4. Anzeigepflicht, behördliche Sanktionen (Abs. 4–6)

11 Abs. 4–6 des § 60 sind neu. Sie enthalten ergänzend zum Genehmigungserfordernis für Abwasserbehandlungsanlagen nach Abs. 3 Satz 1 Nr. 2 und 3 **verfahrensrechtliche Vorschriften**, die der Umsetzung verbindlicher Vorgaben der Richtlinie über Industrieemissionen dienen. Es geht um die eigenständigen industriellen Kläranlagen, für die Abs. 3 Satz 4 auf die Grundpflichten nach § 5 BImSchG verweist. Dagegen hat der Gesetzgeber von einem Verweis auf die Bestimmungen der §§ 15, 16, 20, 21 BImSchG entsprechend dem Votum des Bundesrates mit der Begründung abgesehen, eine solche Konstruktion werfe „grundsätzliche systematische Fragen zum Verhältnis der Vorschriften des Wasserrechts zum BImSchG" auf und stelle „eine Fehlerquelle im Verwaltungsvollzug" dar, und den Vorschlag der Bundesregierung in ihrer Gegenäußerung zur Stellungnahme des Bundesrates für eine eigenständige Umsetzung im WHG übernommen.[18] Das Gesetz trifft in Abs. 4–6 die Verfahrensregelungen von „wesentlicher Bedeutung für den Anlagenbetreiber"[19], die notwendigen Ergänzungen bleiben der Verordnungsebene (Industriekläranlagen-Zulassungs- und Überwachungsverordnung) vorbehalten.

---

[16] Zu **Rücknahme** und **Widerruf** der Genehmigung enthält Abs. 3 keine spezielle Regelung, so dass insoweit die Vorschriften des allgemeinen Verwaltungsverfahrensrechts über begünstigende Verwaltungsakte Anwendung finden.
[17] Vgl. dazu BT-Drs. 17/10486, S. 46, 59 Nr. 27, 69f. Zu Nr. 27 sowie die nachfolgende Rn. 11.
[18] Vgl. dazu BT-Drs. 17/10486, S. 59 Nr. 27, 69f. Zu Nr. 27.
[19] BT-Drs. 17/10486, S. 70 mit dem ergänzenden Hinweis, auf diese Weise werde eine Verweisung auf die dem Wasserrecht systemfremden Bestimmungen des Bundes-Immissionsschutzgesetzes vermieden.

Abs. 4 übernimmt und konkretisiert Art. 20 Abs. 1 IERL. Satz 1 ver- 12
pflichtet zur **Anzeige bestimmter** emissionsrelevanter **Änderungen
der Anlage**, falls der Betreiber nicht schon von vornherein eine Genehmigung beantragt. Der Anzeige sind die Unterlagen beizufügen,
die es der Behörde ermöglichen, die Umweltauswirkungen der Änderungen dahingehend zu beurteilen, ob sie genehmigungsbedürftig
sind und deshalb ein Genehmigungsverfahren erfordern (vgl. Satz 2
und 3).[20] Satz 4 bestimmt, unter welchen Voraussetzungen der Anlagenbetreiber die Änderung vornehmen kann. Will die Behörde die
Genehmigung versagen, muss sie sich innerhalb eines Monats nach
ihrer Mitteilung an den Betreiber, dass alle erforderlichen Unterlagen vorliegen, äußern (**Genehmigungsfiktion**).[21]

Abs. 5 ordnet die **Untersagung des Betriebs** der Anlage durch die zu- 13
ständige Behörde an, wenn der Betreiber bestimmten Pflichten nicht
nachkommt. Sanktioniert werden Verstöße gegen eine Nebenbestimmung der Genehmigung oder eine Pflicht aus einer der aufgeführten
Verordnungen. Die Regelung setzt Art. 8 Abs. 2 UAbs. 2 IERL um.
Dabei ist bemerkenswert, dass im WHG – anders als in § 20 Abs. 1
Satz 2 BImSchG – die Vorgabe der Richtlinie („unmittelbare Gefährdung der menschlichen Gesundheit", „unmittelbare erhebliche Gefährdung der Umwelt") nicht wörtlich übernommen worden ist, sondern bei der Umwelt wie bei der menschlichen Gesundheit eine
„**unmittelbare Gefahr**" (ohne die Schwelle der Erheblichkeit) ausreicht. § 60 Abs. 5 lässt die Untersagung des Betriebs aus anderen
Gründen unberührt.[22]

Abs. 6 schreibt der zuständigen Behörde vor, die **Stilllegung** der 14
Kläranlage anzuordnen, wenn sie **ohne** die erforderliche **Genehmigung** betrieben oder wesentlich geändert wird. Die Regelung setzt
Art. 4 Abs. 2 und Art. 20 Abs. 2 IERL um. Die Stilllegungsanordnung ist mit der Betriebsuntersagung nach Abs. 5 vergleichbar. Sie
ist auch geboten, wenn eine erteilte Genehmigung nichtig, aufgehoben oder erloschen ist, dagegen nicht, wenn gegen eine Nebenbestimmung in Form der Auflage verstoßen wird.

5. Anzeige oder Genehmigung sonstiger Abwasseranlagen (Abs. 7)

§ 60 Abs. 7 ermächtigt in **Satz 1** die Länder, für Abwasseranlagen, 15
die nicht unter Abs. 3 (genehmigungsbedürftige Abwasserbehandlungsanlagen) fallen, eine Anzeige oder Genehmigung vorzuschreiben. Dazu gehören insbesondere die Kanalisationen und die nicht
genehmigungsbedürftigen Abwasserbehandlungsanlagen einschließlich Vorbehandlungsanlagen (vgl. hierzu Rn. 7). Im Gesetzentwurf

---

[20] Näher zu den Antragsunterlagen *Nisipeanu*, in: BFM, § 60 Rn. 57.
[21] Vgl. näher zu Abs. 4 *C/R*, § 60 Rn. 72 ff.
[22] BT-Drs. 17/10486, S. 70. – Vgl. im Übrigen näher zu Abs. 5 *C/R*, § 60 Rn. 84 ff.

hat die Bundesregierung noch eine Anzeigepflicht für die sonstigen Abwasseranlagen vorgesehen, der Bundesrat hat die Streichung der Vorschrift verlangt.[23] Im Kompromisswege hat der Gesetzgeber die Länderermächtigung in das WHG aufgenommen. Die Vorschrift dient lediglich der Klarstellung, denn Abs. 3 trifft keine abschließende Regelung zur behördlichen Vorkontrolle bei Abwasseranlagen. Ebenfalls der Klarstellung dient **Satz 2**, der etwaige Genehmigungserfordernisse nach anderen öffentlich-rechtlichen Vorschriften, z.B. im Baurecht, unberührt lässt.[24]

6. Landesrecht

16 § 60 ist eine im Rahmen des Art. 72 Abs. 1 GG der Ergänzung durch Landesrecht zugängliche Vorschrift. Die Länder können insbesondere weitere anlagenbezogene Anforderungen festlegen sowie für vorhandene Anlagen die erforderlichen Anpassungsmaßnahmen und die angemessenen Fristen konkretisieren. Abs. 7 hat nur klarstellende Bedeutung. § 60 ist im Übrigen eine anlagenbezogene Regelung, die nach Art. 72 Abs. 3 Satz 1 Nr. 5 GG kein abweichendes Landesrecht zulässt.

§ 61
Selbstüberwachung bei Abwassereinleitungen und Abwasseranlagen

(1) Wer Abwasser in ein Gewässer oder in eine Abwasseranlage einleitet, ist verpflichtet, das Abwasser nach Maßgabe einer Rechtsverordnung nach Absatz 3 oder der die Abwassereinleitung zulassenden behördlichen Entscheidung durch fachkundiges Personal zu untersuchen oder durch eine geeignete Stelle untersuchen zu lassen (Selbstüberwachung).

(2) Wer eine Abwasseranlage betreibt, ist verpflichtet, ihren Zustand, ihre Funktionsfähigkeit, ihre Unterhaltung und ihren Betrieb sowie Art und Menge des Abwassers und der Abwasserinhaltsstoffe selbst zu überwachen. Er hat nach Maßgabe einer Rechtsverordnung nach Absatz 3 hierüber Aufzeichnungen anzufertigen, aufzubewahren und auf Verlangen der zuständigen Behörde vorzulegen.

---

[23] BT-Drs. 16/13306, S. 14, 30.
[24] Vgl. näher zu Abs. 5 C/R, § 60 Rn. 99ff.

(3) Durch Rechtsverordnung nach § 23 Absatz 1 Nummer 8, 9 und 11 können insbesondere Regelungen über die Ermittlung der Abwassermenge, die Häufigkeit und die Durchführung von Probenahmen, Messungen und Analysen einschließlich der Qualitätssicherung, Aufzeichnungs- und Aufbewahrungspflichten sowie die Voraussetzungen getroffen werden, nach denen keine Pflicht zur Selbstüberwachung besteht.

Inhaltsübersicht

Rn.   Rn.

1. Allgemeines 1   3. Landesrecht 5
2. Inhalt des § 61 2

1. Allgemeines

§ 61 begründet im WHG für Abwassereinleitungen und Abwasseranlagen eine neue bundesgesetzliche Pflicht zur Selbstüberwachung, auch Eigenüberwachung oder Eigenkontrolle genannt. Eine kontinuierliche Eigenkontrolle der Gewässerbenutzer und Anlagenbetreiber soll dazu beitragen, die Gewässer durch einen ordnungsgemäßen Vollzug der gesetzlich und behördlich vorgeschriebenen Anforderungen wirksam zu schützen.[1] In fast allen Ländern gibt es auf Gesetzes- und Verordnungsebene Regelungen zur Selbstüberwachung. **Abs. 1** betrifft Direkt- und Indirekteinleitungen, **Abs. 2** den Betrieb von Abwasseranlagen. **Abs. 3** schafft die Möglichkeit, durch Rechtsverordnung des Bundes nähere Regelungen zur Selbstüberwachung treffen.   1

2. Inhalt des § 61

§ 61 begründet in **Abs. 1** für **Abwassereinleitungen** (Direkt- und Indirekteinleitungen) eine gesetzliche Pflicht zur Selbstüberwachung, die nach der Legaldefinition als Überwachung des Abwassers nach Maßgabe entweder einer Rechtsverordnung oder des die Einleitung zulassenden behördlichen Bescheides durch fachkundiges Personal des Einleiters oder durch eine geeignete Stelle zu verstehen ist. Die regelmäßige Eigenkontrolle der Abwassereinleitung ist eine wichtige Ergänzung der nur sporadisch stattfindenden behördlichen Überwachung. In der Verordnung oder in dem Bescheid sind die notwendigen Vorgaben für eine ordnungsgemäße Durchführung der Überwachung festzulegen (vgl. hierzu auch die in Abs. 3 aufgeführten Maßnahmen). Hinzu kann z.B. die Konkretisierung der Anforderungen kommen, die an die Fachkunde des Personals und die Eignung   2

---

[1] BT-Drs. 16/12275, S. 70.

der mit den Untersuchungen beauftragten Stelle zu stellen sind.[2] Ist eine Indirekteinleitung nicht genehmigungspflichtig (vgl. § 58 Abs. 1, § 59), kommt eine Selbstüberwachung nur in Betracht, soweit hierfür eine Verordnungsregelung besteht.

3 **Abs. 2** begründet in **Satz 1** für alle **Abwasseranlagen** eine bundesgesetzliche Verpflichtung zur Selbstüberwachung in Form einer unmittelbar verbindlichen **Betreiberpflicht**. Die ständige Kontrolle der Funktions- und Leistungsfähigkeit einer Kläranlage oder eines Kanals ist im Grunde auch ohne die ausdrückliche Regelung im WHG ein wichtiges Element der allgemeinen Sorgfaltspflicht der Anlagenbetreiber. Von besonderer Bedeutung ist bei Kläranlagen die Vermeidung von Betriebsstörungen, die sich für den Betreiber ordnungs-, abgaben- und strafrechtlich sehr nachteilig auswirken können. Satz 1 verpflichtet anders als Abs. 1 bei Abwassereinleitungen unmittelbar zu den im Einzelnen aufgeführten Prüfungen, während die in **Satz 2** angesprochenen **Aufzeichnungs-, Aufbewahrungs- und Vorlagepflichten** der Behörde gegenüber einer Regelung durch Rechtsverordnung bedürfen. Insofern liegt eine wirksame Selbstüberwachung im ureigensten Eigeninteresse des Anlagenbetreibers. Verstöße gegen die Verpflichtungen sowohl nach Abs. 1 als auch nach Abs. 2 Satz 1 ahndet das Gesetz anders als im Fall des Abs. 2 Satz 2 (vgl. § 103 Abs. 1 Nr. 11) allerdings nicht als Ordnungswidrigkeit (zu den Gründen vgl. § 103 Rn. 2).

4 **Abs. 3** konkretisiert über die allgemeinen Vorgaben des § 23 Abs. 1 hinaus mögliche Regelungsgegenstände für den Erlass detaillierter Vorschriften des Bundes zur Selbstüberwachung auf **Verordnungsebene**. Die Regelung entspricht weitgehend den gesetzlichen Vorschriften in den Ländern. Solange und soweit die Bundesregierung von ihrer Verordnungsermächtigung keinen Gebrauch gemacht hat, gelten die einschlägigen landesrechtlichen Bestimmungen (vgl. § 23 Abs. 3).

3. Landesrecht

5 § 61 ist eine im Rahmen des Art. 72 Abs. 1 GG der Ergänzung durch Landesrecht zugängliche Vorschrift. Die Länder können insbesondere weitere Anforderungen an die Selbstüberwachung festlegen.[3] § 61 ist im Übrigen eine stoffbezogene (Abwassereinleitungen) und anlagenbezogene (Abwasseranlagen) Regelung, die nach Art. 72 Abs. 3 Satz 1 Nr. 5 GG kein abweichendes Landesrecht zulässt.

---

[2] Vgl. hierzu *Nisipeanu*, in: BFM, § 61 Rn. 18, 19.
[3] Zur Konkretisierung von Dichtheitsprüfungen bei Abwasserleitungen im Landesrecht vgl. näher *Queitsch*, in: WQF, § 61 Rn. 4, 8–23.

Abschnitt 3
Umgang mit wassergefährdenden Stoffen

§ 62
Anforderungen an den Umgang mit wassergefährdenden Stoffen

(1) Anlagen zum Lagern, Abfüllen, Herstellen und Behandeln wassergefährdender Stoffe sowie Anlagen zum Verwenden wassergefährdender Stoffe im Bereich der gewerblichen Wirtschaft und im Bereich öffentlicher Einrichtungen müssen so beschaffen sein und so errichtet, unterhalten, betrieben und stillgelegt werden, dass eine nachteilige Veränderung der Eigenschaften von Gewässern nicht zu besorgen ist. Das Gleiche gilt für Rohrleitungsanlagen, die

1. den Bereich eines Werksgeländes nicht überschreiten,

2. Zubehör einer Anlage zum Umgang mit wassergefährdenden Stoffen sind oder

3. Anlagen verbinden, die in engem räumlichen und betrieblichen Zusammenhang miteinander stehen.

Für Anlagen zum Umschlagen wassergefährdender Stoffe sowie zum Lagern und Abfüllen von Jauche, Gülle und Silagesickersäften sowie von vergleichbaren in der Landwirtschaft anfallenden Stoffen gilt Satz 1 entsprechend mit der Maßgabe, dass der bestmögliche Schutz der Gewässer vor nachteiligen Veränderungen ihrer Eigenschaften erreicht wird.

(2) Anlagen im Sinne des Absatzes 1 dürfen nur entsprechend den allgemein anerkannten Regeln der Technik beschaffen sein sowie errichtet, unterhalten, betrieben und stillgelegt werden.

(3) Wassergefährdende Stoffe im Sinne dieses Abschnitts sind feste, flüssige und gasförmige Stoffe, die geeignet sind, dauernd oder in einem nicht nur unerheblichen Ausmaß nachteilige Veränderungen der Wasserbeschaffenheit herbeizuführen.

(4) Durch Rechtsverordnung nach § 23 Absatz 1 Nummer 5 bis 11 können nähere Regelungen erlassen werden über

1. die Bestimmung der wassergefährdenden Stoffe und ihre Einstufung entsprechend ihrer Gefährlichkeit, über eine hierbei erforderliche Mitwirkung des Umweltbundesamtes und anderer Stellen sowie über Mitwirkungspflichten von Anlagenbetreibern im Zusammenhang mit der Einstufung von Stoffen,

2. die Einsetzung einer Kommission zur Beratung des Bundesministeriums für Umwelt, Naturschutz, Bau und Reaktorsicherheit in Fragen der Stoffeinstufung einschließlich hiermit zusammenhängender organisatorischer Fragen,

3. Anforderungen an die Beschaffenheit und Lage von Anlagen nach Absatz 1,

4. technische Regeln, die den allgemein anerkannten Regeln der Technik entsprechen,

5. Pflichten bei der Planung, der Errichtung, dem Betrieb, dem Befüllen, dem Entleeren, der Instandhaltung, der Instandsetzung, der Überwachung, der Überprüfung, der Reinigung, der Stilllegung und der Änderung von Anlagen nach Absatz 1 sowie Pflichten beim Austreten wassergefährdender Stoffe aus derartigen Anlagen; in der Rechtsverordnung kann die Durchführung bestimmter Tätigkeiten Sachverständigen oder Fachbetrieben vorbehalten werden,

6. Befugnisse der zuständigen Behörden, im Einzelfall Anforderungen an Anlagen nach Absatz 1 festzulegen und den Betreibern solcher Anlagen bestimmte Maßnahmen aufzuerlegen,

7. Anforderungen an Sachverständige und Sachverständigenorganisationen sowie an Fachbetriebe und Güte- und Überwachungsgemeinschaften.

(5) Weitergehende landesrechtliche Vorschriften für besonders schutzbedürftige Gebiete bleiben unberührt.

(6) Die §§ 62 und 63 gelten nicht für Anlagen im Sinne des Absatzes 1 zum Umgang mit

1. Abwasser,

2. Stoffen, die hinsichtlich der Radioaktivität die Freigrenzen des Strahlenschutzrechts überschreiten.

(7)*⁾ Das Umweltbundesamt erhebt für in einer Rechtsverordnung nach Absatz 4 Nummer 1 aufgeführte individuell zurechenbare öffentliche Leistungen Gebühren und Auslagen. Die Bundesregierung wird ermächtigt, durch Rechtsverordnung ohne Zustimmung des Bundesrates die gebührenpflichtigen Tatbestände, die Gebührensätze und die Auslagenerstattung für individuell zurechenbare öffentliche Leistungen nach Satz 1 zu bestimmen. Die zu erstattenden Auslagen können abweichend vom Bundesgebührengesetz geregelt werden.

---

*⁾ § 62 Abs. 7 ist durch Art. 4 Abs. 73, Art. 7 Abs. 3 des Gesetzes vom 18.7.2016 (BGBl. I S. 1666) mit Wirkung vom 1.10.2021 aufgehoben.

Inhaltsübersicht

Rn.		Rn.
1. Allgemeines 1	4. Begriff „wassergefährdende Stoffe" (Abs. 3)	10
2. Begriff der Umgangsanlagen (Abs. 1) 4	5. Verordnungsermächtigung, Bundes-AwSV (Abs. 4)....	11
3. Die Anforderungen an die Anlagensicherheit (Abs. 1, 2) 6	6. Sonstige Regelungen (Abs. 5–7)	14
	7. Landesrecht	17

1. Allgemeines

§ 62 bildet zusammen mit §§ 62a und 63 einen eigenen Abschnitt im 3. Kapitel des WHG. Es geht um die **Sicherheit von Anlagen** aus Sicht des Gewässerschutzes. Anlagen, in denen mit wassergefährdenden Stoffen umgegangen wird, stellen insbesondere für das Grundwasser eine erhebliche Gefahrenquelle dar. Im Unterschied zu Abwasseranlagen gehört es nicht zum Zweck von Umgangsanlagen, Stoffe in Gewässer einzutragen, vielmehr sollen Stoffeinträge gerade vermieden werden. Hauptprobleme bereiten in diesem Zusammenhang das Lagern und Abfüllen von Mineralölen und Mineralölprodukten sowie der an Bedeutung ständig zunehmende Einsatz wassergefährdender Stoffe in Industrie und Gewerbe.[1] Wasserrechtliche Regelungen zur Gewährleistung der Anlagensicherheit sind „grundlegende Maßnahmen" nach Art. 11 Abs. 3 Buchst. l WRRL. 1

§ 62 löst mit § 63 die bisherigen §§ 19g–19l WHG ab. Diese Vorschriften sind mit der 4. Novelle von 1976 – bezogen auf Anlagen zum Lagern, Abfüllen und Umschlagen von wassergefährdenden Stoffen (sog. **LAU-Anlagen**) – in das WHG eingefügt worden.[2] Die 5. WHG-Novelle von 1986 hat den Anwendungsbereich auf die Anlagen zum Herstellen, Behandeln und Verwenden wassergefährdender Stoffe (sog. **HBV-Anlagen**) erweitert.[3] Nicht fortgeführt hat das WHG 2009 die Regelung zu den Rohrleitungsanlagen zum Befördern wassergefährdender Stoffe (§§ 19a–19f WHG a.F.).[4] Die anlagenbezogenen Umgangsvorschriften konkretisieren den unechten Benutzungstatbestand (§ 9 Abs. 2 Nr. 2). Sie gehen insoweit als Spezialnormen den für unechte Benutzungen geltenden allgemeinen Bestimmungen (z.B. §§ 5, 12, § 32 Abs. 2, § 45 Abs. 2, § 48 Abs. 2) grundsätzlich vor (ausgenommen die Fälle des § 62 Abs. 5), die 2

---

[1] Vgl. zur Thematik ausführlich *Lühr*, Vorschläge zur Weiterentwicklung des anlagenbezogenen Umgangs mit wassergefährdenden Stoffen, KA 2006, 503.
[2] Vgl. hierzu BT-Drs. 7/888, S. 5f., 17f.; 7/1088, S. 5f., 16; 7/4546, S. 4, 7.
[3] Vgl. hierzu BT-Drs. 10/3973, S. 5, 8, 14f. und 10/5727, S. 11ff., 21, 38ff.; zu den weniger bedeutsamen Änderungen bei den Umgangsanlagen durch die 6. und 7. Novelle vgl. BT-Drs. 13/1207, S. 4, 7f.; 13/4788, S. 7f., 20; 14/7755, S. 6 und 17.
[4] Vgl. dazu jetzt §§ 65ff., Nr. 19.3 Anlage 1 UVPG mit der Rohrfernleitungsverordnung sowie *Gößl*, in: SZDK, § 62 WHG Rn. 42–54.

außerhalb des Anwendungsbereichs der §§ 62, 63 aber anwendbar bleiben,[5] z.B. für das Lagern wassergefährdender Stoffe außerhalb von Anlagen. Die §§ 62, 63 treten gleichrangig neben das Gewerbe-, das Immissionsschutz- und das Baurecht, bei Überschneidungen kommt die jeweils strengste Vorschrift zum Tragen.[6]

3   Inhaltlich relevante Änderungen des § 62 hat es durch die Gesetze vom 17.8.2010 (BGBl. I S. 1168) und 6.10.2011 (BGBl. I S. 1986) gegeben.[7] § 62 regelt jetzt in **Abs. 1** die grundsätzlichen Anforderungen an Umgangsanlagen, in **Abs. 2** den technischen Mindeststandard, in **Abs. 3** den Begriff der wassergefährdenden Stoffe, in **Abs. 4** nähere gesetzliche Vorgaben für den Erlass von Rechtsverordnungen der Bundesregierung zum Umgang mit wassergefährdenden Stoffen,[8] in **Abs. 5** die Geltung weitergehender Vorschriften für Schutzgebiete, in **Abs. 6** Ausnahmen vom Anwendungsbereich sowie in **Abs. 7** die Erhebung von Gebühren und Auslagen für Leistungen des Umweltbundesamtes. Das neue WHG eröffnet mit der Verordnungsermächtigung die Möglichkeit, Detailregelungen im Bereich der wassergefährdenden Stoffe auf die Verordnungsebene zu verlagern. Es konzentriert die gesetzliche Regelung im Interesse einer besseren Übersichtlichkeit und Praktikabilität auf grundsätzliche Bestimmungen zu den materiellen Anforderungen (§ 62) und zur behördlichen Vorkontrolle (§ 63), die bisherigen §§ 19i, 19k und 19l WHG werden auf Verordnungsebene fortgeführt und ausgebaut.[9]

2. Begriff der Umgangsanlagen (Abs. 1)

4   § 62 Abs. 1 normiert in **Satz 1** grundsätzliche Anforderungen an bestimmte Typen von Anlagen, in denen mit wassergefährdenden Stoffen umgegangen wird. Der **Begriff der Anlage** ist dem Normzweck entsprechend weit zu verstehen.[10] Er umfasst neben ortsfesten Anlagen (z.B. eingebaute Lagertanks, Lagerhallen und Umschlagplätze) auch bewegliche Anlagen (z.B. Lagerfässer, sonstige Behälter oder für längere Zeit abgestellte Tankfahrzeuge oder Eisenbahnwagons).[11] Der Anlagenbegriff ist im Hinblick auf die jeweilige

---

[5] BVerwG v. 12.4.2001 – 4 C 5.00, NVwZ 2001, 1048, 1049 = HDW R 1737; vgl. auch *Berendes/Janssen-Overath*, in: BFM, § 62 Rn. 7f.; *C/R*, § 62 Rn. 8.
[6] Vgl. hierzu ausführlich *Gößl*, in: SZDK, § 62 WHG Rn. 60–74.
[7] Näher zur Entwicklung des § 62 *Gößl*, in: SZDK, § 62 WHG Rn. 8ff.
[8] Die nur übergangsweise geltende Vorschalt-Verordnung vom 31.3.2010 (BGBl. I S. 377) ist inzwischen durch die Verordnung über Anlagen zum Umgang mit wassergefährdenden Stoffen (AwSV) vom 18.4.2017 (BGBl. I S. 905), im Wesentlichen in Kraft getreten am 1.8.2017, abgelöst worden.
[9] Vgl. hierzu näher *Nisipeanu*, Das Recht der wassergefährdenden Stoffe im neuen Umweltgesetzbuch, UPR 2008, 325.
[10] *Berendes/Janssen-Overath*, in: BFM, § 62 Rn. 9ff.; *Gößl*, in: SZDK, § 62 WHG Rn. 27ff.; *Meyer*, in: LR, WHG, § 62 Rn. 7.
[11] Für den Regelungsbedarf in der AwSV gilt ein engerer Anlagenbegriff; vgl. dort § 1 Abs. 2 Nr. 2, § 2 Abs. 9.

Funktion der Anlage zu bestimmen. Zum Begriff **„Lagern"**, der z.B. auch in § 32 Abs. 2 Satz 1, § 45 Satz 1, § 48 Abs. 2 Satz 1 § 89 Abs. 2 Satz 1 enthalten ist, vgl. § 48 Rn. 5 sowie § 2 Abs. 20 AwSV. Der ebenfalls in §§ 32, 45 und 48 vorkommende Begriff des Ablagerns fehlt hier, weil insoweit die Vorschriften des Abfallrechts gelten (vgl. hierzu § 32 Rn. 5f.). Zu den Begriffen **„Abfüllen"**, **„Herstellen"**, **„Behandeln"** und **„Verwenden"** wird auf die Definitionen in § 2 Abs. 22, 25, 26 und 27 AwSV verwiesen. Bei Anlagen zum Verwenden wassergefährdender Stoffe sieht das WHG nur solche im Bereich der gewerblichen Wirtschaft und öffentlicher Einrichtungen als regelungsbedürftig an. Mit dem Bereich der gewerblichen Wirtschaft ist die Gesamtheit der Gewerbebetriebe gemäß § 1 der Gewerbeordnung gemeint. Unter öffentliche Einrichtungen fallen z.B. Krankenhäuser, Tierkörperbeseitigungsanstalten, Hochschulen, nicht dagegen Betriebe der Land- und Forstwirtschaft sowie Privathaushalte.

Zu den Umgangsanlagen gehören nach **Satz 2** des § 62 Abs. 1 sowie 5 § 2 Abs. 9 Satz 1 Nr. 2 AwSV in Abgrenzung zu den Rohrleitungsanlagen zum Befördern wassergefährdender Stoffe (vgl. Rn. 2 Fn. 4) außerdem die in **Nr. 1–3** genannten **Rohrleitungsanlagen**, und zwar abweichend von § 19g Abs. 1 Satz 2 WHG a.F. unabhängig davon, ob diese Anlagen kurzräumig durch landgebundene öffentliche Verkehrswege getrennt sind. Die Neuregelung trägt der typischen Situation in den Industrieparks Rechnung (vgl. hierzu § 59 Rn. 1), in denen Rohrleitungsanlagen häufig Anlagen miteinander verbinden, die sich auf verschiedenen Werksgeländen befinden. Derartige Rohrleitungsanlagen unterliegen, sofern ein enger räumlicher und betrieblicher Zusammenhang zwischen den verbundenen Anlagen besteht, jetzt in gleicher Weise dem Besorgnisgrundsatz wie Rohrleitungsanlagen, die den Bereich eines Werksgeländes nicht überschreiten.[12] Zu den Umgangsanlagen nach **Satz 3** wird auf die Begriffsbestimmungen in § 2 Abs. 13 und 23 AwSV verwiesen.[13]

3. Die Anforderungen an die Anlagensicherheit (Abs. 1, 2)

§ 62 normiert in **Abs. 1** die im Interesse eines wirksamen Gewässer- 6 schutzes an Umgangsanlagen zu stellenden materiellen Anforderungen. Die Vorschrift führt § 19g Abs. 1 und 2 WHG a.F. fort. Insbesondere hält das WHG 2009 für den Umgangsbereich weiterhin am strengen wasserrechtlichen **Besorgnisgrundsatz** fest.[14] Die Konkretisierung erfolgt auf Verordnungsebene (vgl. Abs. 4 Nr. 1, 3, 5, 6).

---

[12] Der Gesetzgeber sieht keinen sachlichen Grund für die bisherige unterschiedliche Behandlung beider Typen von Rohrleitungsanlagen; vgl. BT-Drs. 16/12275, S. 70f.; vgl. im Übrigen zu Satz 2 auch Gößl, in: SZDK, § 62 WHG Rn. 34–41.
[13] Vgl. zu Satz 3 auch Gößl, in: SZDK, § 62 WHG Rn. 125ff.
[14] Vgl. hierzu grundsätzlich § 48 Rn. 8ff. sowie in Bezug auf den Umgangsbereich *Berendes/Janssen-Overath*, in: BFM, § 62 Rn. 24; *Gößl*, in: SZDK, § 62 WHG Rn. 110ff.

Die in anderen Rechtsbereichen (z.B. Arbeitssicherheits-, Stoff- und Bauproduktenrecht) geregelten Anforderungen an die Beschaffenheit von Anlagen, in denen auch mit wassergefährdenden Stoffen umgegangen wird, beziehen die Erfordernisse des Gewässerschutzes nicht hinreichend mit ein und rechtfertigen nicht den Verzicht auf eine spezielle wasserrechtliche Regelung.[15]

7 Abs. 1 enthält im Hinblick auf das umfassende Schutzbedürfnis einen breit gefächerten **Tatbestandskatalog**: Die Anforderungen erstrecken sich auf die Beschaffenheit, die Errichtung, die Unterhaltung, den Betrieb und die Stilllegung der Anlage (noch weitergehend Abs. 4 Nr. 5). Die bisherigen Begriffe „eingebaut, aufgestellt" (§ 19g Abs. 1 Satz 1 WHG a.F.) hat das neue WHG in Abs. 1 Satz 1 sowie in Abs. 2 im Interesse der Rechtsvereinfachung und Harmonisierung mit anderen umweltrechtlichen Zulassungstatbeständen durch den Begriff „errichtet" ersetzt. Die materielle Rechtslage ändert sich dadurch nicht.[16]

8 Für die Tatbestände des § 62 Abs. 1 Satz 1 und 2 gilt der **Besorgnisgrundsatz**. Für **Anlagen zum Umschlagen** wassergefährdender Stoffe (Umfüllen der Stoffe von einer Transporteinrichtung in eine andere) sowie für Anlagen zum Lagern und Abfüllen von Jauche, Gülle und Silagesickersäften sowie (insofern neu) von vergleichbaren in der Landwirtschaft anfallenden Stoffen (sog. **JGS-Anlagen**) verlangt Abs. 1 Satz 3 abweichend vom Besorgnisgrundsatz nach Satz 1, den „**bestmöglichen Schutz der Gewässer**" zu erreichen. Die aus dem alten WHG übernommene Privilegierung der Umschlag- und der JGS-Anlagen soll den Besonderheiten dieser Anlagentypen Rechnung tragen und eröffnet gewisse Abwägungsspielräume gegenüber dem strengen Maßstab der Besorgnis. Bestmöglich bedeutet aber nicht, notfalls auch Gewässerverunreinigungen in Kauf zu nehmen, sondern verlangt Schutzvorkehrungen, die auch bei den Umschlags- und JGS-Anlagen nach menschlicher Erfahrung eine Gewässerverunreinigung ausschließen.[17] Nach h.M. entsprechen damit die Anforderungen des bestmöglichen Gewässerschutzes weitgehend dem Besorgnisgrundsatz.[18]

9 § 62 führt in **Abs. 2** § 19g Abs. 3 WHG a.F. fort. Unabhängig von den materiellen Grundsatzanforderungen nach Abs. 1, die sich in erster Linie nach den Verhältnissen im konkreten Einzelfall richten, sind stets die **allgemein anerkannten Regeln der Technik** einzuhalten. Dieser technische Standard ist als unbestimmter Rechtsbegriff hier

---

[15] Vgl. BT-Drs. 16/12275, S. 70.
[16] BT-Drs. 16/12275, S. 70.
[17] OVG Lüneburg v. 5.9.1996 – 3 L 7866/94, ZfW 1997, 249 = HDW R 1793.
[18] Vgl. näher hierzu *Berendes/Janssen-Overath*, in: BFM, § 62 Rn. 26; *C/R*, § 62 Rn. 45; *Gößl*, in: SZDK, § 124 WHG Rn. 124; anders *Meyer*, in: LR, WHG, § 62 Rn. 25.

ebenso wie in § 50 Abs. 4 zu verstehen.[19] Im Konzept zum Umweltgesetzbuch (UGB II – Wasserwirtschaft) war zunächst vorgesehen, die Privilegierung der Umschlags- und der JGS-Anlagen (vgl. schon Rn. 8) abzuschaffen und das für alle Umgangsanlagen geltende, inzwischen veraltete **Techniknivau** (allgemein anerkannte Regeln der Technik statt Stand der Technik) den heute üblichen Standards anzupassen. Eine entsprechende Reform des Wasserrechts wäre auch überfällig gewesen, weil die Regelungen des alten WHG dem sonst national wie international anerkannten Niveau nicht mehr entsprechen und auch nicht durch besondere Umstände gerechtfertigt werden können. Politisch hat letztlich das Argument den Ausschlag gegeben, dass es zu keinen Standardverschärfungen kommen sollte (vgl. hierzu Einleitung Rn. 20).

4. Begriff „wassergefährdende Stoffe" (Abs. 3)

§ 62 Abs. 3 definiert den Begriff der wassergefährdenden Stoffe neu, übernimmt dabei aber weitgehend den Wortlaut des § 19g Abs. 5 Satz 1 WHG a.F. Die bislang durch den Begriff „nachhaltig" eingefügte Relevanzschwelle für die **Wassergefährdung** wird jetzt in Angleichung an die Kriterien des unechten Benutzungstatbestands des § 9 Abs. 2 Nr. 2 durch die Begriffe „dauernd" und „nicht nur unerheblich" markiert. Die bisherige beispielhafte Aufzählung bestimmter wassergefährdender Stoffe führt das WHG nicht fort, weil es aus fachlicher Sicht keinen Grund gibt, gerade die genannten Stoffe besonders hervorzuheben.[20] Durch die völlige Herauslösung der Rohrleitungsanlagen zum Befördern wassergefährdender Stoffe kennt das WHG auch nicht mehr unterschiedliche Begriffe der wassergefährdenden Stoffe (so noch § 19a Abs. 2, § 19g Abs. 5 Satz 1 WHG a.F.). Allerdings verbleibt es dabei, dass für Rohrleitungsanlagen ein eigenständiger, jedenfalls in der gesetzlichen Definition weiter gefasster Begriff der Wassergefährdung gilt (vgl. § 66 Abs. 4 Satz 7 UVPG einerseits und dessen Ausfüllung durch § 2 Abs. 1 der Rohrfernleitungsverordnung andererseits). Was den **Stoffbegriff** des § 62 Abs. 3 betrifft, umfasst er Stoffe i.S. des § 3 Nr. 1 und Zubereitungen i.S. des § 3 Nr. 4 des Chemikaliengesetzes und schließt Gemische und Abfälle ein. Zur Bestimmung und Einstufung der wassergefährdenden Stoffe (bisher Verwaltungsvorschrift des Bundesumweltministeriums nach § 19g Abs. 5 Satz 2 WHG a.F.) vgl. jetzt § 62 Abs. 4 Nr. 1.

10

---

[19] Vgl. dazu allgemein § 50 Rn. 8 sowie insbesondere auch zu den hier einschlägigen Regelwerken *Berendes/Janssen-Overath*, in: BFM, § 62 Rn. 27ff.; *Gößl*, in: SZDK § 62 WHG Rn. 116ff.
[20] BT-Drs. 16/12275, S. 71.

5. Verordnungsermächtigung, Bundes-AwSV (Abs. 4)

11 § 62 Abs. 4 ergänzt und konkretisiert für den Bereich Umgang mit wassergefährdenden Stoffen die **Verordnungsermächtigung** des § 23 Abs. 1 Nr. 5–11. Die Vorschrift ermöglicht es, das gesetzliche Schutzkonzept auf Grundsatzbestimmungen zu fokussieren und Einzelregelungen, die der Bund bisher nur auf der Grundlage der Rahmenkompetenz und nur als Gesetz erlassen konnte, auf die Verordnungsebene zu verlagern. Hauptzweck der Verlagerung der Verordnungsermächtigung auf die Bundesregierung ist, die bisherigen, nicht unerheblich voneinander abweichenden 16 Anlagenverordnungen der Länder (VAwS) durch ein bundesweit einheitliches, Wettbewerbsverzerrungen vermeidendes Regelwerk abzulösen. Nach schwierigen und langjährigen Beratungen hat man über die umfassend angelegte, im Wesentlichen am 1.8.2017 in Kraft getretene **Verordnung über Anlagen zum Umgang mit wassergefährdenden Stoffen (AwSV)** vom 18.4.2017 (BGBl. I S. 905) den notwendigen politischen Konsens erreicht.[21]

12 § 62 Abs. 4 führt in **Nr. 1** § 19g Abs. 5 Satz 2 WHG a.F. in veränderter Form fort. Die **wassergefährdenden Stoffe** werden jetzt auf der Grundlage der AwSV bestimmt und entsprechend ihrer Gefährlichkeit (§ 3 AwSV: drei Wassergefährdungsklassen – WGK) eingestuft. Die Verwaltungsvorschrift wassergefährdende Stoffe – VwVwS vom 17.5.1999 ist aufgehoben und durch die Bekanntmachung des Umweltbundesamtes vom 1.8.2017[22] abgelöst worden. Im Übrigen entscheidet das Umweltbundesamt über zu aktualisierende und neue Einstufungen und gibt sie im Bundesanzeiger öffentlich bekannt.[23] Die Ermächtigung zur näheren Regelung der Einstufung wassergefährdender Stoffe schließt die Möglichkeit ein, Anlagenbetreiber zur Mitwirkung (z.B. Selbsteinstufung, Dokumentation und Information) zu verpflichten.[24] Die Beteiligung des Umweltbundesamtes, anderer Stellen und der Kommission zur Bewertung wassergefährdender Stoffe (vgl. **Nr. 2** sowie § 12 AwSV) betrifft die Registrierung und Dokumentation der Wassergefährdungsklasse eines Stoffes sowie eine Plausibilitätsprüfung oder eine erweiterte Prüfung eingereichter Stoffdokumentationen.

13 Nach **Nr. 3** können dem Gefährdungspotenzial Rechnung tragende Anforderungen an die Anlagen festgelegt werden. Sie betreffen deren **Beschaffenheit** (insbesondere Konkretisierung des Besorgnis-

---

[21] Vgl. näher zu Konzept und Inhalt der AwSV *Berendes/Janssen-Overath*, in: BFM, § 62 Rn. 39ff.; *Sanden*, in: BeckOK, WHG, § 62 Rn. 1ff., 32ff.

[22] „Bekanntmachung der bereits durch die oder auf Grund der Verwaltungsvorschrift wassergefährdende Stoffe eingestuften Stoffe, Stoffgruppen und Gemische gemäß § 66 Satz 1 der Verordnung über Anlagen zum Umgang mit wassergefährdenden Stoffen" vom 1.8.2017, BAnz. AT v. 10.8.2017 B5.

[23] Vgl. §§ 6 und 7 Abs. 1 Satz 2, §§ 11, 66 AwSV.

[24] Vgl. hierzu §§ 4, 8ff. AwSV.

grundsatzes und technische Merkmale) und **Lage** (z.B. einzuhaltender Abstand zu Gewässern). Die Anforderungen richten sich vor allem nach der Wassergefährdung der Stoffe entsprechend ihrer WGK-Einstufung, nach der Menge der Stoffe, mit denen in der Anlage umgegangen wird, sowie nach der Zweckbestimmung der Anlage. Mit **Nr. 4** trägt der Gesetzgeber der besonderen Bedeutung Rechnung, die **technische Regeln** bei den Umgangsanlagen haben, vor allem das Technische Regelwerk für wassergefährdende Stoffe (TRwS); vgl. Rn. 9 Fn. 19. Der Verordnungsgeber kann nähere Bestimmungen über die verbindliche Einführung oder Art der Veröffentlichung der Regeln treffen. **Nr. 5** betrifft die beim anlagenbezogenen Umgang mit wassergefährdenden Stoffen einzuhaltenden **Pflichten**. Die als Rahmenvorschriften konzipierten §§ 19i, 19k und 19l WHG a.F. sind in die Verordnungsermächtigung eingegangen und so erweitert worden, dass dem Bund zum Pflichtenkanon jetzt eine umfassende Vollregelung möglich ist.[25] Die neu eingefügte **Nr. 6** stellt klar, dass die zuständige Behörde im **Einzelfall** die Grundsatzanforderungen des § 62 Abs. 1 konkretisieren und die notwendigen Maßnahmen anordnen kann. **Nr. 7** ermächtigt zum Erlass näherer Vorschriften über Anforderungen an Sachverständige, Sachverständigenorganisationen, Fachbetriebe sowie Güte- und Überwachungsgemeinschaften. Die Anforderungen können sich z.B. auf die Fachkunde, die Zuverlässigkeit oder die gerätetechnische Ausstattung beziehen. Der Begriff der Anforderungen ist weit zu verstehen und umfasst neben materiellen Kriterien auch Anerkennungs- oder Zulassungsvoraussetzungen und Handlungspflichten.[26]

6. Sonstige Regelungen (Abs. 5–7)

Abs. 5 des § 62 dient der Klarstellung entsprechend § 19g Abs. 4 WHG a.F. Die Vorschrift reicht jedoch weiter, da sie nunmehr ausdrücklich alle Anlagen i.S. des Abs. 1 und nicht nur Lageranlagen erfasst. Darüber hinaus wird die bisherige Aufzählung von Schutzgebieten durch die Generalklausel „besonders schutzbedürftige Gebiete" ersetzt, die alle die in § 19g Abs. 4 WHG a.F. aufgezählten Gebietskategorien mit umfasst. Abs. 5 betrifft sowohl bestehende als auch künftige Ländervorschriften einschließlich der Schutzgebietsverordnungen. Unberührt bleiben landesrechtliche Vorschriften auch im Verhältnis zu den nach Abs. 4 erlassenen Verordnungsregelungen des Bundes.

14

Abs. 6 nimmt bestimmte Anlagen, in denen mit wassergefährdenden Stoffen i.S. von Abs. 3 umgegangen wird, vom Anwendungsbereich der §§ 62, 63 aus. Die Vorschrift entspricht § 19g Abs. 6 Satz 1 WHG a.F. Zu den Anlagen nach **Nr. 1** gehören insbesondere die Abwasserbehandlungsanlagen. Da für diese Anlagen besondere Vorschriften

15

---

[25] Näher hierzu BT-Drs. 17/6055, S. 22.
[26] Vgl. hierzu BT-Drs. 17/1393, S. 21 f.

gelten (vgl. § 60), können die §§ 62, 63 keine Anwendung finden. Die Freigrenzen des Strahlenschutzrechts sind überschritten (**Nr. 2**), wenn nach der Strahlenschutzverordnung eine Genehmigung oder Anzeige erforderlich ist.

16 **Abs. 7** ist eine Neuregelung, die der Mitwirkung des Umweltbundesamtes beim Vollzug der Verordnung zum Umgang mit wassergefährdenden Stoffen Rechnung trägt. Im Rahmen der Strukturreform des Gebührenrechts des Bundes gelten die fachspezifischen Gebührenregelungen nur noch übergangsweise.

7. Landesrecht

17 § 62 ist eine im Rahmen des Art. 72 Abs. 1 GG in ihrem Kernbereich (Abs. 1 und 4) der Ergänzung durch Landesrecht zwar grundsätzlich zugängliche Vorschrift. Allerdings dürfte der Bund mit der in alle relevanten Details gehenden Verordnung über Anlagen zum Umgang mit wassergefährdenden Stoffen vom 18.4.2017 eine abschließende Regelung getroffen und den Ländern keine Gestaltungsspielräume mehr belassen haben. Dies gilt auch für die Abs. 2, 3, 5–7 des § 62, der im Übrigen eine sowohl stoff- als auch anlagenbezogene Regelung ist, von der die Länder gemäß Art. 72 Abs. 3 Satz 1 Nr. 5 GG nicht abweichen dürfen.

§ 62a
Nationales Aktionsprogramm zum Schutz von Gewässern vor Nitrateinträgen aus Anlagen

Das Bundesministerium für Umwelt, Naturschutz, Bau und Reaktorsicherheit erarbeitet im Einvernehmen mit dem Bundesministerium für Ernährung und Landwirtschaft ein nationales Aktionsprogramm im Sinne des Artikels 5 Absatz 1 in Verbindung mit Absatz 4 Buchstabe b, Artikel 4 Absatz 1 Buchstabe a und Anhang II Buchstabe A Nummer 5 der Richtlinie 91/676/EWG des Rates vom 12. Dezember 1991 zum Schutz der Gewässer vor Verunreinigung durch Nitrat aus landwirtschaftlichen Quellen (ABl. L 375 vom 31.12.1991, S. 1), die zuletzt durch die Verordnung (EG) Nr. 1137/2008 (ABl. L 311 vom 21.11.2008, S. 1) geändert worden ist. Dieses enthält insbesondere Angaben zur Beschaffenheit, zur Lage, zur Errichtung und zum Betrieb von Anlagen zum Lagern und Abfüllen von Jauche, Gülle und Silagesickersäften sowie von vergleichbaren in der Landwirtschaft anfallenden Stoffen. Zu dem Entwurf des Aktionsprogramms sowie zu Entwürfen zur Änderung des Aktionsprogramms wird eine Strategische Umweltprüfung nach dem Gesetz über die Umweltverträglichkeitsprüfung durchgeführt. Das Aktionsprogramm und seine Änderungen sind bei Erlass der Rechtsverordnung auf Grund des § 23 Absatz 1 Nummer 5 bis 11 in Verbindung mit § 62 Absatz 4 zu berücksichtigen.

Inhaltsübersicht

	Rn.		Rn.
1. Allgemeines	1	3. Landesrecht	4
2. Inhalt des § 62a	2		

1. Allgemeines

§ 62a ist durch das Gesetz zur Änderung des Umwelt-Rechtsbehelfsgesetzes und anderer umweltrechtlicher Vorschriften vom 21.1.2013 (BGBl. I S. 95) in das WHG eingefügt worden.[1] Das Gesetz dient auch der Anpassung des WHG an europäische Vorgaben, die man bisher nicht als auf Gesetzesebene umsetzungsbedürftig angesehen hat.[2] Die Liste SUP-pflichtiger Pläne und Programme in Anlage 3 (jetzt Anlage 5) zum UVP-Gesetz ist in Nr. 1.12 um die nationalen Aktionsprogramme nach Art. 5 Abs. 1 der Nitrat-Richtlinie ergänzt worden, weil das Aktionsprogramm regelmäßig auch einen Rahmen für UVP-pflichtige Vorhaben setzt.[3] Hieran schließt § 62a an und schafft eine **wasserrechtliche Umsetzungsnorm** für den Bereich der landwirtschaftlichen Anlagen, die durch die aufgeführten Bestimmungen der Richtlinie betroffen sind: Vorgaben zur Bauweise von Behältern zur Lagerung von Dung einschließlich der Maßnahmen, die Gewässerverunreinigungen durch den Eintrag und das Versickern von dunghaltigen Flüssigkeiten und von gelagertem Pflanzenmaterial (z.B. Silagesickersäfte) verhindern. Solche Behälter fallen grundsätzlich unter den Anwendungsbereich des § 62 Abs. 1 Satz 3.

1

2. Inhalt des § 62a

In § 62a geht es nur um den **wasserrechtlichen Teil des** vom Bundesumweltministerium im Einvernehmen mit dem des Landwirtschaftsministerium aufzustellenden nationalen **Nitrat-Aktionsprogramms**.[4] Die Vorschrift enthält keine spezifischen Vorgaben zur inhaltlichen Ausgestaltung und rechtsförmlichen Umsetzung des Programms. **Satz 1** erfasst mit den zitierten Richtlinienvorschriften nur die Vorgaben zur Bauweise von Behältern, **Satz 2** konkretisiert dabei die „insbesondere" in das Programm aufzunehmenden Inhalte. Zu Entwürfen des Programms einschließlich seiner Änderungen ist,

2

---

[1] Näher hierzu BT-Drs. 17/10957, S. 11, 21f.
[2] Der Gesetzentwurf enthält neben dem neuen § 62a, der die bisherige Umsetzung der Nitrat-Richtlinie ergänzt, weitergehende Anpassungen an Bestimmungen der Wasserrahmenrichtlinie (vgl. Art. 6 Nr. 2, 3 und 7 des Gesetzentwurfs, BT-Drs. 17/10957, S. 8f., 21f.). Der Bundestag hat sie wegen weiteren Klärungsbedarfs nicht übernommen (BT-Drs. 17/11393, Anlage 1 Änderungsantrag 4).
[3] Die Ergänzung des UVPG ist auf das Urteil des EuGH v. 17.6.2010 in der Rechtssache C-105/09 und C-109/09 zurückzuführen; vgl. hierzu BT-Drs. 17/10957, S. 19.
[4] Vgl. zum Aktionsprogramm näher *Gößl*, in: SZDK, § 62a WHG Rn. 5ff.; *Ginzky*, in: BeckOK, WHG, § 62a Rn. 6ff.

wie **Satz 3** klarstellt, nach Maßgabe des UVP-Gesetzes eine Strategische Umweltprüfung durchzuführen. **Satz 4** schreibt vor, das Aktionsprogramm in seiner jeweils geltenden Fassung in den nach § 23 Abs. 1 und § 62 Abs. 4 zu erlassenden Rechtsverordnungen zu berücksichtigen. Er macht damit deutlich, dass dem Programm nur verwaltungsinterne Bindungswirkung zukommt. Erst mit dem Inkrafttreten einer Verordnungsregelung werden die in dem Aktionsprogramm zur Umsetzung der Nitrat-Richtlinie festgelegten Anforderungen für die Anlagenbetreiber verbindlich;[5] vgl. hierzu jetzt die Regelung in § 13 Abs. 3, § 52 Abs. 1 Satz 2 Nr. 1 Buchst. a und Anlage 7 der Verordnung über Anlagen zum Umgang mit wassergefährdenden Stoffen (AwSV) vom 18. 4. 2017 (BGBl. I S. 905).

3 § 62a und die übrigen wasserrechtlichen Instrumente reichen allerdings nicht aus, um die Vorgaben der Nitrat-Richtlinie vollständig in deutsches Recht umzusetzen. Hierzu bedarf es sowohl im Nitrat-Aktionsprogramm als auch auf der Rechtsnormebene zusätzlicher Bestimmungen, die in erster Linie das in den Landwirtschaftsbereich fallende **Düngerecht** betreffen. Der neu geschaffene § 3a des Düngegesetzes ist zum nationalen Nitrat-Aktionsprogramm die § 62a WHG flankierende Parallelvorschrift; der wasserrechtliche Regelungsteil ist hierbei ausgenommen. Darüber hinaus hat die neue Düngeverordnung (DüV) vom 26. 5. 2017 (BGBl. I S. 1305) ergänzend zur Regelung in der AwSV (vgl. Rn. 2) die Umsetzung der Nitrat-Richtlinie aus deutscher Sicht landwirtschaftsrechtlich vervollständigt und damit abgeschlossen.[6]

3. Landesrecht

4 § 62a ist eine Vorschrift, die sich ausschließlich an Organe des Bundes richtet. Für landesrechtliche Regelungen bleibt kein Raum.

§ 63
Eignungsfeststellung

(1) Anlagen zum Lagern, Abfüllen oder Umschlagen wassergefährdender Stoffe dürfen nur errichtet, betrieben und wesentlich geändert werden, wenn ihre Eignung von der zuständigen Behörde festgestellt worden ist. § 13 Absatz 1 und § 17 gelten entsprechend.

---

[5] Vgl. auch BT-Drs. 17/10957, S. 22.
[6] Es bleibt abzuwarten, ob die Europäische Kommission mit dem Regelungspaket vom Frühjahr 2017 die Umsetzungsverpflichtungen Deutschlands für erfüllt ansieht. In dem schon im Oktober 2013 eingeleiteten Vertragsverletzungsverfahren hat sich die Kommission veranlasst gesehen, Klage vor dem EuGH zu erheben (anhängig seit dem 27. 10. 2016 als Rechtssache C-543/16 und bisher nicht zurückgenommen).

§ 63 Eignungsfeststellung

(2) Absatz 1 gilt nicht

1. für Anlagen zum Lagern und Abfüllen von Jauche, Gülle und Silagesickersäften sowie von vergleichbaren in der Landwirtschaft anfallenden Stoffen,

2. wenn wassergefährdende Stoffe

   a) kurzzeitig in Verbindung mit dem Transport bereitgestellt oder aufbewahrt werden und die Behälter oder Verpackungen den Vorschriften und Anforderungen für den Transport im öffentlichen Verkehr genügen,

   b) in Laboratorien in der für den Handgebrauch erforderlichen Menge bereitgehalten werden.

Durch Rechtsverordnung nach § 23 Absatz 1 Nummer 5, 6 und 10 kann geregelt werden,

1. unter welchen Voraussetzungen über die Regelungen nach Satz 1 hinaus keine Eignungsfeststellung erforderlich ist,

2. dass über die Regelungen nach Absatz 4 hinaus bestimmte Anlagenteile als geeignet gelten, einschließlich hierfür zu erfüllender Voraussetzungen.

(3) Die Eignungsfeststellung entfällt, wenn

1. für die Anlage eine Baugenehmigung erteilt worden ist und

2. die Baugenehmigung die Einhaltung der wasserrechtlichen Anforderungen voraussetzt.

(4) Folgende Anlagenteile gelten als geeignet:

1. Bauprodukte im Sinne von Artikel 2 Nummer 1 und 2 der Verordnung (EU) Nr. 305/2011 des Europäischen Parlaments und des Rates vom 9. März 2011 zur Festlegung harmonisierter Bedingungen für die Vermarktung von Bauprodukten und zur Aufhebung der Richtlinie 89/106/EWG des Rates (ABl. L 88 vom 4.4.2011, S. 5), wenn

   a) die Bauprodukte von einer harmonisierten Norm im Sinne von Artikel 2 Nummer 11 der Verordnung (EU) Nr. 305/2011 erfasst sind oder einer Europäischen Technischen Bewertung im Sinne von Artikel 2 Nummer 13 der Verordnung (EU) Nr. 305/2011 entsprechen und die CE-Kennzeichnung angebracht wurde und

   b) die erklärten Leistungen alle wesentlichen Merkmale der harmonisierten Norm oder der Europäischen Technischen Bewertung umfassen, die dem Gewässerschutz dienen,

2. serienmäßig hergestellte Bauprodukte, die nicht unter Nummer 1 fallen und für die nach bauordnungsrechtlichen Vorschriften ein Verwendbarkeitsnachweis erteilt wurde, der die Einhaltung der wasserrechtlichen Anforderungen gewährleistet,

3. Anlagenteile, die aus Bauprodukten zusammengefügt werden, sofern hierfür nach bauordnungsrechtlichen Vorschriften eine Bauartgenehmigung oder eine allgemeine bauaufsichtliche Zulassung erteilt wurde, die jeweils die Einhaltung der wasserrechtlichen Anforderungen gewährleistet,

4. Druckgeräte im Sinne von § 2 Satz 1 Nummer 3 der Druckgeräteverordnung vom 13. Mai 2015 (BGBl. I S. 692), die durch Artikel 2 der Verordnung vom 06. April 2016 (BGBl. IS. 597) geändert worden ist, und Baugruppen im Sinne von § 2 Satz 1 Nummer 1 dieser Verordnung, sofern die CE-Kennzeichnung angebracht wurde und die Druckgeräte und Baugruppen in Übereinstimmung mit der Betriebsanleitung und den Sicherheitsinformationen nach § 6 Absatz 3 dieser Verordnung in Betrieb genommen werden, und

5. Maschinen im Sinne von § 2 Nummer 1 bis 4 der Maschinenverordnung vom 12. Mai 1993 (BGBl. I S. 704), die zuletzt durch Artikel 19 des Gesetzes vom 08. November 2011 (BGBl. I S. 2178) geändert worden ist, sofern die CE-Kennzeichnung angebracht wurde und die Maschinen in Übereinstimmung mit der Betriebsanleitung und den Sicherheitsanforderungen nach § 3 Absatz 2 Nummer 1 dieser Verordnung in Betrieb genommen werden.

Entsprechen bei Bauprodukten nach Satz 1 Nummer 1 die erklärten Leistungen nicht den wasserrechtlichen Anforderungen an die jeweilige Verwendung, muss die Anlage insgesamt so beschaffen sein, dass die wasserrechtlichen Anforderungen erfüllt werden. Bei Anlagenteilen nach Satz 1 Nummer 4 und 5 bleiben die wasserrechtlichen Anforderungen an die Rückhaltung wassergefährdender Stoffe unberührt. Druckgeräte und Baugruppen nach Satz 1 Nummer 4, für die eine Betreiberprüfstelle eine EU-Konformitätserklärung nach § 2 Satz 1 Nummer 10 der Druckgeräteverordnung erteilt hat, bedürfen keiner CE-Kennzeichnung.

(5) Bei serienmäßig hergestellten Bauprodukten, die nicht unter Absatz 4 Satz 1 Nummer 1 fallen, sowie bei Anlagenteilen, die aus Bauprodukten zusammengefügt werden, stehen den Verwendbarkeitsnachweisen nach Absatz 4 Satz 1 Nummer 2 sowie den Bauartgenehmigungen oder allgemeinen bauaufsichtlichen Zulassungen nach Absatz 4 Satz 1 Nummer 3 Zulassungen aus einem anderen Mitgliedstaat der Europäischen Union, einem anderen Vertragsstaat des Abkommens über den Europäischen Wirtschaftsraum oder der Türkei gleich, wenn mit den Zulassungen dauerhaft das gleiche Schutzniveau erreicht wird. Das Ergebnis von Prüfungen von Anlagenteilen nach Satz 1, die bereits in einem anderen Mitgliedstaat der Europäischen Union, einem anderen Vertragsstaat des Abkommens über den Europäischen Wirtschaftsraum oder der Türkei vorgenommen worden sind, ist bei der Eignungsfeststellung zu berücksichtigen.

Inhaltsübersicht

Rn.			Rn.
1. Allgemeines	1	4. Wegfall der Eignungsfeststellung (Abs. 3)	6
2. Die Eignungsfeststellung (Abs. 1)	3	5. Eignung von Anlagenteilen (Abs. 4, 5)	7
3. Ausnahmen von der Eignungsfeststellung (Abs. 2) .	5	6. Landesrecht	8

1. Allgemeines

§ 63 regelt die Eignungsfeststellung als wasserrechtliches **Instrument der behördlichen Vorkontrolle** bestimmter Anlagen zum Umgang mit wassergefährdenden Stoffen (sog. LAU-Anlagen; vgl. § 62 Rn. 2). Die Vorschrift löst § 19h WHG a.F. ab, der durch die 4. Novelle von 1976 in das WHG eingefügt worden ist.[1] Zu den Änderungen durch die 5. Novelle von 1986 und die 6. Novelle von 1996 wird auf die Gesetzesmaterialien verwiesen.[2] Das neue WHG hat die auch in verschiedenen anderen Rechtsbereichen (z.B. Arbeitssicherheitsrecht, Bauproduktenrecht) geregelten Eignungsanforderungen für Anlagen, in denen mit wassergefährdenden Stoffen umgegangen wird, nicht zum Anlass genommen, ganz auf eine behördliche Vorkontrolle beim anlagenbezogenem Umgang wassergefährdenden Stoffen verzichten. Da diese Regelungen keine spezifisch wasserbezogenen Prüfungen vorsehen, hält das WHG an dem Instrument der wasserrechtlichen **Eignungsfeststellung** grundsätzlich fest. Dagegen hat es auf das nach dem alten § 19h Abs. 2 alternativ zur Eignungsfeststellung anwendbare Instrument der **Bauartzulassung** im Interesse der Deregulierung verzichtet, weil für Bauprodukte oder Bausätze in zunehmendem Maße Zulassungen oder Nachweise aufgrund bauordnungsrechtlicher Vorschriften erteilt werden und die wasserrechtliche Bauartzulassung in der Praxis inzwischen keine wesentliche Rolle mehr spielt.[3]

§ 63 ist bisher zweimal inhaltlich geändert worden. Die Neufassung des § 63 Abs. 3 Nr. 1 durch Art. 3 des Gesetzes vom 5.12.2012 (BGBl. I S. 2449) ist bereits überholt, § 63 gilt jetzt in der Fassung der zweiten, umfasserenden Änderung durch das am 28.1.2018 in Kraft getretene Gesetz vom 18.7.2017 (BGBl. I S. 2771). Dieses Gesetz passt das WHG an neuere **Entwicklungen im Bauordnungsrecht** an, die auf die Rechtsprechung des Europäischen Gerichtshofs zu Bauprodukten[4] zurückzuführen, also unionsrechtlich vorgegeben sind. Das neue Bauordnungsrecht kennt für europäische harmonisierte Bauprodukte keine allgemeinen bauaufsichtlichen Zulassun-

---

[1] Vgl. BT-Drs. 7/4546, S. 7, 14.
[2] BT-Drs. 10/3973, S. 5, 15f. und 10/5727, S. 11f., 21, 39 sowie BT-Drs. 13/1207, S. 12f. und 13/4788, S. 7f., 20; vgl. auch *Gößl*, in: SZDK, § 63 WHG Rn. 3ff.
[3] Vgl. zu den gesetzgeberischen Motiven BT-Drs. 16/12275, S. 71.
[4] Urteil des EuGH v. 16.10.2014 in der Rechtssache C-100/13, NVwZ 2015, 49.

gen mehr, an die das Wasserrecht anknüpfen könnte. Der Gesetzgeber hat § 63 zugleich in anderen Punkten überbearbeitet, um insbesondere die Systematik und Verständlichkeit der komplizierten Regelungen zu verbessern.[5] **Abs. 1** begründet für die sog. LAU-Anlagen die grundsätzliche Verpflichtung zur Eignungsfeststellung. **Abs. 2** nimmt bestimmte Anlagen und Tatbestände von dieser Verpflichtung aus. **Abs. 3** nennt die Voraussetzungen, unter denen eine Baugenehmigung die wasserrechtliche Eignungsfeststellung ersetzt. Abs. 4 und 5 sind neu: **Abs. 4** regelt die Fälle (Nr. 1–5), in denen für Teile der hier betroffenen Anlagen (Bauprodukte, Druckgeräte und Maschinen) die Eignung gemäß den Vorgaben des binnenmarktrelevanten europäischen Bauproduktenrechts gesetzlich fingiert wird, **Abs. 5** stellt entsprechend den Regeln des Binnenmarktes die Anerkennung von Zulassungen bestimmter anderer Staaten, insbesondere von EU-Mitgliedstaaten sicher.

2. Die Eignungsfeststellung (Abs. 1)

3 § 63 Abs. 1 sieht in **Satz 1** beim Umgang mit wassergefährdenden Stoffen eine behördliche Vorkontrolle in Form der wasserrechtlichen Eignungsfeststellung nur für bestimmte Anlagen vor. Die **Eignung** betrifft **LAU-Anlagen** und bezieht sich auf die insbesondere nach § 62 und der AwSV einzuhaltenden Anforderungen. Bei den HBV-Anlagen (vgl. zu „LAU" und „HBV" § 62 Rn. 2) befinden sich die wassergefährdenden Stoffe im Arbeitsgang, für den eine spezielle wasserbehördliche Vorkontrolle nicht in Betracht kommt. Neben der Errichtung und dem Betrieb bedarf ab dem 28.1.2018 wegen des vergleichbaren Gefährdungspotenzials auch die wesentliche Änderung der Anlage der Eignungsfeststellung.[6] Den Begriff der Verwendung (§ 19h Abs. 1 Satz 1 WHG a.F.) hat das WHG 2009 aus Gründen der Harmonisierung mit anderen umweltrechtlichen Zulassungstatbeständen durch den insoweit inhaltsgleichen Begriff des Betriebs ersetzt.[7]

4 Die Eignungsfeststellung wird auf **Antrag** erteilt, ist also ein mitwirkungsbedürftiger Verwaltungsakt. Sie hat den Charakter eines präventiven Verbots mit Erlaubnisvorbehalt, auf ihre Erteilung besteht also ein **Rechtsanspruch**, wenn und soweit die einschlägigen Anforderungen erfüllt sind,[8] insbesondere also die materiellen Anforderungen des § 62 Abs. 1 und 2 sowie der AwSV. Die Eignungsfeststellung ist keine Anlagengenehmigung, sondern ein Brauch-

---

[5] Vgl. zu den gesetzgeberischen Motiven BT-Drs. 18/11946, S. 8f., 14.
[6] Näher zu den Motiven für die Neufassung von Abs. 1 einschließlich der Streichung des bisherigen Satzes 2 (Möglichkeit der Eignungsfeststellung auch für Anlagenteile und technische Schutzvorkehrungen) BT-Drs. 18/11946, S. 15.
[7] BT-Drs. 16/12275, S. 71.
[8] *Berendes/Janssen-Overath*, in: BFM, § 63 Rn. 11; *C/R*, § 63 Rn. 7; *Gößl*, in: SZDK, § 63 WHG Rn. 95.

barkeitsnachweis.[9] Auf die Konzentrationswirkung der immissionsschutzrechtlichen Genehmigung nach § 13 BImSchG wird hingewiesen. Bei Eignungsfeststellungen können nach **Satz 2** wie bei Indirekteinleitungsgenehmigungen nach § 13 Abs. 1, § 17 **Inhalts- und Nebenbestimmungen** festgesetzt und der vorzeitige Beginn zugelassen werden; ein **Widerrufsvorbehalt** ist nach § 36 Abs. 2 Nr. 3 VwVfG zulässig.[10]

3. Ausnahmen von der Eignungsfeststellung (Abs. 2)

§ 63 Abs. 2 regelt die Fälle, in denen abweichend von Abs. 1 keine Eignungsfeststellung erforderlich ist. **Satz 1 Nr. 1** führt die Regelung des § 19g Abs. 6 Satz 2 WHG a.F. in Bezug auf die Eignungsfeststellung fort.[11] Die bisherige Ausnahme nach § 19h Abs. 1 Satz 2 Nr. 1 WHG für Anlagen, Anlagenteile oder technische Schutzvorkehrungen einfacher oder herkömmlicher Art ist auf der Gesetzesebene entfallen, weil konkretere Regelungen des Bundes hierzu auf Verordnungebene möglich und zweckmäßig sind (vgl. Abs. 2 Satz 2). Der Ausnahmetatbestand der vorübergehenden Lagerung in Transportbehältern innerhalb des bisherigen § 19h Abs. 1 Satz 2 Nr. 2 Buchst. a wird in Nr. 2 Buchst. a nicht übernommen.[12] Die **Verordnungsermächtigung** in **Satz 2** ist im WHG 2009 neu und ermöglicht, auch in Verbindung insbesondere mit § 62 Abs. 4 Nr. 5, eine risikoproportionale Abstufung der behördlichen Vorkontrolle für LAU-Anlagen in der AwSV (z.B. Anzeigepflicht anstelle der Eignungsfeststellungspflicht, Notwendigkeit einer Überwachung durch Sachverständige). Die durch das Gesetz vom 18.7.2017 angefügte **Nr. 2** soll im Vollzug mehr Rechtsklarheit und Erleichterungen bringen.[13] Macht der Verordnungsgeber von der möglichen Eignungsfiktion Gebrauch, entfällt insoweit eine gesonderte behördliche Prüfung.

4. Wegfall der Eignungsfeststellung (Abs. 3)

§ 63 Abs. 3 sieht unter den in Nr. 1 und 2 genannten Bedingungen den Wegfall der Eignungsfeststellungspflicht vor. Sind die Bedingungen erfüllt, deckt die **Baugenehmigung** als anderes Instrument der behördlichen Vorkontrolle die Gewässerschutzbelange mit ab und **ersetzt** dann die **wasserrechtliche Eignungsfeststellung**. Der durch das Gesetz vom 18.7.2017 neu gefasste Abs. 3 übernimmt dabei inhaltlich die vorher in Abs. 3 Satz 1 Nr. 4 getroffene Regelung,

---

[9] *Berendes/Janssen-Overath*, in: BFM, § 63 Rn. 10; *Gößl*, in: SZDK, § 63 WHG Rn. 95.
[10] Näher zu den Inhalts- und Nebenbestimmungen *Gößl*, in: SZDK, § 63 WHG Rn. 98ff.
[11] Zu der zu verneinenden, aber umstrittenen Frage der Anwendung von Nr. 1 auch auf Anlagen zum Umschlagen der genannten Stoffe vgl. *Meyer*, in: LR, § 63 Rn. 10 m.w.N.
[12] Vgl. dazu BT-Drs. 16/12275, S. 72; ausführlich zu den Transportfragen *Gößl*, in: SZDK, § 63 WHG Rn. 32ff.
[13] Vgl. zur näheren Begründung BT-Drs. 18/11946, S. 15f.

die wiederum weitgehend identisch ist mit § 19h Abs. 3 WHG a.F., den die 6. Novelle von 1996 an das auf der Grundlage der seinerzeit geltenden EG-Bauproduktenrichtlinie neu geschaffene Bauproduktenrecht angepasst hat.[14] Die Voraussetzungen der Nr. 2 liegen nur vor, wenn im Rahmen der Erteilung der Baugenehmigung die Einhaltung der wasserrechtlichen Anforderungen eine entsprechende Prüfung der Behörde und Festlegung der gebotenen Inhalts- und Nebenbestimmungen „tatsächlich gewährleistet" ist.[15]

5. Eignung von Anlagenteilen (Abs. 4, 5)

7 Der durch das Gesetz vom 18.7.2017 angefügte neue **Abs. 4** löst im Anschluss an den jetzigen Abs. 3 auch die vorher in Abs. 3 zusammengefassten Vorschriften über den Wegfall der Eignungsfeststellung ab (Satz 1 Nr. 2–4). Daneben galt es, die Änderungen im Bauordnungsrecht aufgrund des EuGH-Urteils zu Bauprodukten (vgl. Rn. 2) in § 63 WHG wasserrechtlich nachzuvollziehen und den bisherigen Abs. 3 Satz 1 Nr. 1 durch den neuen Abs. 4 Satz 1 Nr. 1 und Satz 2 abzulösen. Dabei ersetzt Abs. 4 Satz 1 insgesamt den bisherigen Wegfall der Eignungsfeststellung durch eine gesetzliche **Eignungsfiktion** für die in Nr. 1–4 aufgeführten Anlagenteile (Bauprodukte, Druckgeräte, Baugruppen und Maschinen; vgl. zur Eignungsfiktion auch Abs. 2 Satz 2 und Rn. 5). Mit **Abs. 5**, den erst der Bundestag gemäß einer Forderung der Europäischen Kommission im Rahmen des Notifizierungsverfahrens zum Gesetzentwurf in die Neuregelung eingebracht hat,[16] sorgt für die unionsrechtlich gebotene **Gleichstellung** von Entscheidungen und Prüfungen deutscher und der genannten ausländischen Stellen (insbesondere aus EU-Staaten) im Bereich europäisch harmonisierter Bauprodukte.

8 Abs. 4 regelt in **Satz 1 Nr. 1** die Fiktion der Eignung der Bauprodukte mit CE-Kennzeichen, die nach der in **Buchst. a** zitierten EU-Bauproduktenverordnung von einer harmonisierten Norm erfasst sind oder einer Europäischen Technischen Bewertung entsprechen.[17] Die Eignungsfiktion setzt nach **Buchst. b** außerdem die Konformität der vom Hersteller erklärten Leistungen mit allen wesentlichen, dem Gewässerschutz dienenden Merkmalen der harmonisierten Norm oder der Europäischen Technischen Bewertung voraus. Auf zusätzliche nationale Anforderungen an unter Nr. 1 fallenden Bauprodukte muss das nationale Recht nach der EuGH-Rechtsprechung verzichten. Dieser Verzicht bei den Bauprodukten ist aber aus Gewässer-

---

[14] Vgl. BT-Drs. 13/1207, S. 13.
[15] Der Gesetzgeber stellt in BT-Drs. 18/11946, S. 16 klar, dass eine unsubstantiierte Nebenbestimmung mit dem bloßen Inhalt, die Baugenehmigung setze die Einhaltung der wasserrechtlichen Anforderungen voraus, nicht genügt.
[16] BT-Drs. 18/12573, S. 9.
[17] Ausführlich zum Bauproduktenrecht *Gößl*, in: SZDK, § 63 WHG Rn. 61ff.

schutzsicht tolerierbar, denn **Satz 2** stellt, ohne gegen die EU-Bauproduktenverordnung und die EuGH-Rechtsprechung zu verstoßen, sicher, dass die Beschaffenheit der Anlage als Ganzes den Anforderungen des deutschen Wasserrechts entspricht.[18]

Abs. 4 regelt in **Satz 1 Nr. 2–5** die allein dem nationalen Rechtsregime unterliegenden Anlagenteile. **Nr. 2** knüpft an den Wegfalltatbestand nach Maßgabe des bisherigen Abs. 3 Satz 1 Nr. 2 und Satz 2 an. Er sieht jetzt eine Eignungsfiktion für serienmäßig hergestellte Bauprodukte vor, die nicht europäisch harmonisiert sind und deshalb allein dem nationalen Recht unterliegen. Die bisherige Rechtslage[19] wird im Wesentlichen fortgeführt.[20] **Nr. 3** knüpft ebenfalls am Wegfalltatbestand des bisherigen Abs. 3 Satz 1 Nr. 2 an. Jetzt gelten für aus Bauprodukten zusammengefügte Anlagenteile (Bauarten), die ebenfalls allein dem nationalen Recht unterliegen, als geeignet, wenn nach Maßgabe der Nr. 3 eine Bauartgenehmigung oder eine allgemeine bauaufsichtliche Zulassung erteilt worden ist. An der bisherigen Rechtslage hat sich nichts geändert.[21] **Nr. 4** und **5** sind im WHG neu und beziehen CE-gekennzeichnete Druckgeräte einschließlich Baugruppen sowie CE-gekennzeichnete Maschinen unter den genannten Voraussetzungen in die Eignungsfiktion mit ein.[22] Die wasserrechtlichen Anforderungen an die Rückhaltung wassergefährdender Stoffe bleiben hier unberührt (**Satz 3**); vgl. zu Nr. 4 außerdem **Satz 4**.

9

6. Landesrecht

§ 63 ist eine im Rahmen des Art. 72 Abs. 1 GG grundsätzlich der Ergänzung durch Landesrecht zugängliche Vorschrift, wobei die Spielräume der Länder durch die AwSV praktisch auf Null reduziert worden sind (vgl. auch § 62 Rn. 17). § 63 ist im Übrigen eine sowohl stoff- als auch anlagenbezogene Regelung, von der die Länder gemäß Art. 72 Abs. 3 Satz 1 Nr. 5 GG nicht abweichen dürfen.

10

---

[18] Zur Erläuterung von Nr. 1 und Satz 2 siehe im Einzelnen BT-Drs. 18/11946, S. 16f., 18; vgl. auch die Stellungnahme des Bundesrates auf S. 24f. und die Gegenäußerung der Bundesregierung auf S. 28.
[19] Vgl. dazu BT-Drs. 13/1207, S. 13 sowie *Berendes/Janssen-Overath*, in: BFM, § 63 Rn. 22; *Gößl*, in: SZDK, § 63 WHG Rn. 75ff.
[20] Näher dazu und zu den Umformulierungen BT-Drs. 18/11946, S. 17; vgl. auch die Stellungnahme des Bundesrates auf S. 25 und die Gegenäußerung der Bundesregierung auf S. 28f.
[21] Vgl. dazu BT-Drs. 13/1207, S. 13 sowie *Berendes/Janssen-Overath*, in: BFM, § 63 Rn. 22.
[22] Näher hierzu BT-Drs. 18/11946, S. 17f.; vgl. zu Nr. 3 auch die Stellungnahme des Bundesrates auf S. 25ff. und die Gegenäußerung der Bundesregierung auf S. 28ff.

Abschnitt 4
Gewässerschutzbeauftragte

§ 64
Bestellung von Gewässerschutzbeauftragten

(1) Gewässerbenutzer, die an einem Tag mehr als 750 Kubikmeter Abwasser einleiten dürfen, haben unverzüglich einen oder mehrere Betriebsbeauftragte für Gewässerschutz (Gewässerschutzbeauftragte) zu bestellen.

(2) Die zuständige Behörde kann anordnen, dass

1. die Einleiter von Abwasser in Gewässer, für die eine Pflicht zur Bestellung von Gewässerschutzbeauftragten nach Absatz 1 nicht besteht,

2. die Einleiter von Abwasser in Abwasseranlagen,

3. die Betreiber von Anlagen nach § 62 Absatz 1,

4. die Betreiber von Rohrleitungsanlagen nach Nummer 19.3 der Anlage 1 des Gesetzes über die Umweltverträglichkeitsprüfung

einen oder mehrere Gewässerschutzbeauftragte zu bestellen haben.

(3) Ist nach § 53 des Bundes-Immissionsschutzgesetzes ein Immissionsschutzbeauftragter oder nach § 59 des Kreislaufwirtschaftsgesetzes ein Abfallbeauftragter zu bestellen, so kann dieser auch die Aufgaben und Pflichten eines Gewässerschutzbeauftragten nach diesem Gesetz wahrnehmen.

Inhaltsübersicht

	Rn.		Rn.
1. Allgemeines	1	3. Landesrecht	9
2. Inhalt des § 64	5		

1. Allgemeines

1 Das Institut des Gewässerschutzbeauftragten ist im Rahmen der 4. Novelle von 1976 nach dem Modell des Immissionsschutzbeauftragten in das WHG aufgenommen worden.[1] Der Bundesgesetzgeber wollte bei den Personen, die als bedeutsame Nutzer der Umwelt entsprechende Belastungen verursachen, dem Umweltschutzgedanken die seinem Rang entsprechende Priorität verschaffen. Er hat deshalb für alle relevanten Umweltbereiche die Bestellung von Betriebsbeauftragten vorgeschrieben mit dem Ziel, die Eigenverantwortung der

---

[1] Vgl. hierzu BT-Drs. 7/4546, S. 4, 8, zu den Änderungen durch die 6. Novelle BT-Drs. 13/1207, S. 4 f., 6, 8, 13 sowie *Gößl*, in: SZDK,§ 64 WHG Rn. 1–8.

Unternehmen für einen effizienten Umweltschutz zu stärken. Der schonende Umgang mit Natur und Umwelt sollte als wichtige betriebliche Aufgabe erkannt und durch unmittelbar dem Unternehmer verantwortliche Beauftragte – quasi als deren „Umweltgewissen" – ständig intern kontrolliert werden. Der Gewässerschutzbeauftragte hat insofern die **Funktion** einer der Geschäftsleitung zugeordneten Stabsstelle, ist insbesondere nicht „verlängerter Arm" der staatlichen Gewässeraufsicht und darf grundsätzlich nicht ohne Erlaubnis von sich aus Kontakt mit Externen aufnehmen, z.B. Verhandlungen mit Behörden oder Pressegespräche führen. Das Institut des Umweltschutzbeauftragten stellt also eine besondere **interne Form der Selbstüberwachung** dar,[2] die sich von der Selbstüberwachung nach § 61, die auch nach außen gerichtet ist, deutlich unterscheidet. Nicht ausgeschlossen ist allerdings, dass der Unternehmer dem Gewässerschutzbeauftragten über das gesetzliche Leitbild hinaus weitergehende Aufgaben und Befugnisse in Linienfunktion, z.B. als Werks- oder Abteilungsleiter überträgt. In diesem Fall sind beide Funktionen streng voneinander zu trennen.[3]

Die **Rechtsstellung** des Gewässerschutzbeauftragten als bloßes innerbetriebliches Kontrollorgan, das der Geschäftsleitung zuarbeitet und keine Entscheidungs- und Weisungsbefugnisse besitzt, hat auf der anderen Seite die Konsequenz, dass der Beauftragte **keine Außenverantwortung** zu tragen hat. Dies betrifft insbesondere die zivilrechtliche Haftung (z.B. nach § 89 sowie §§ 823ff. BGB) und strafrechtliche Verantwortlichkeit (§ 324 StGB). Hierzu gibt es keine besonderen Rechtsnormen, die Verantwortung für eine Gewässerverunreinigung und dadurch verursachte Schäden liegt somit grundsätzlich beim Unternehmer und bei den für ihn mit Entscheidungs- und Weisungsbefugnis handelnden Mitarbeitern. Verletzt der Gewässerschutzbeauftragte seine Aufklärungs- und Mitteilungspflichten, kann allerdings eine Schadensverursachung durch Unterlassen in Betracht kommen, wobei im Detail manches streitig ist.[4]

2

Das neue WHG kennt wie bisher **zwei Arten von Betriebsbeauftragten**: „Verantwortliche Betriebsbeauftragte" nach § 13 Abs. 2 Nr. 3 und „Gewässerschutzbeauftragte" nach § 64 Abs. 1 und 2. Gewässerschutzbeauftragte nach § 64 Abs. 1 sind kraft Gesetzes zu bestellen, Gewässerschutzbeauftragte nach § 64 Abs. 2 und verantwortliche Betriebsbeauftragte nach § 13 Abs. 2 Nr. 3 nur nach entsprechender behördlicher Anordnung. Die Vorschriften lösen die Regelungen nach

3

---

[2] Vgl. hierzu auch *Hünnekens*, in: LR, WHG, § 64 Rn. 3ff.
[3] Vgl. allgemein zur Thematik, *Rehborn/Rehborn*, Der Gewässerschutzbeauftragte, ZfW 1999, 363 und *Rothe/Warnken*, Der Gewässerschutzbeauftragte beim Erftverband – Die praktische Umsetzung der §§ 21a-g WHG, ZfW 1999, 374.
[4] Zum Ganzen näher OLG Frankfurt/M. v. 22.5.1987 – 1 Ss 401/86, NJW 1987, 2753 sowie *Hünnekens*, in: LR, WHG, § 65 Rn. 3ff.

§ 4 Abs. 2 Nr. 2 (auch i.V.m. § 19b Abs. 1 Satz 1), § 19i Abs. 3 Satz 2 und § 21a WHG a.F. ab. Hauptzweck des WHG 2009 ist, das bisherige Rahmenrecht durch eine mit dem Recht anderer Umweltbeauftragter harmonisierte **Vollregelung** zu ersetzen. Leitbild war und bleibt die Figur des Immissionsschutzbeauftragten, das WHG kann deshalb in weiten Teilen auf die Vorschriften des BImSchG verweisen.

4 Im WHG 2009 gibt es zum Gewässerschutzbeauftragten keine Übergangsbestimmung, auch keine Fiktion entsprechend § 21a Abs. 3 WHG a.F. oder § 104. Gewässerschutzbeauftragte, die am 1.3.2010 **bereits bestellt** waren oder nach der weiterhin wirksamen Fiktion des § 21a Abs. 3 als bestellt gelten, unterliegen damit voll den §§ 64–66. Erneute Bestellungsakte sind nicht erforderlich, zumal § 64 keine neuen Bestellungserfordernisse normiert. Auch im Übrigen haben sich inhaltlich zu den Rechten und Pflichten des Gewässerschutzbeauftragten keine relevanten Änderungen ergeben.

2. Inhalt des § 64

5 **Abs. 1** des § 64 regelt den einzigen Fall der Verpflichtung zur **Bestellung** von Gewässerschutzbeauftragten **kraft Gesetzes**. Es handelt sich um Direkteinleiter von mehr als 750 m³ Abwasser pro Tag (etwa 5000 EW). Die Schwelle bezieht sich auf die behördlich zugelassene, nicht die tatsächlich eingeleitete Abwassermenge. Legt der wasserrechtliche Bescheid keine höchstzulässige Tagesmenge fest, sind anderweitige Festlegungen (z.B. 2-Stunden-Werte) entsprechend umzurechnen. Zum Abwasser gehört auch Niederschlagswasser (§ 54 Abs. 1), es muss sich hier aber um Direkteinleitungen handeln. Zur Ermittlung der Mindestmenge von 750 m³ sind alle Einleitungen des Benutzers unabhängig von ihrer Größe und der Zahl der Zulassungsbescheide zu summieren.

6 **Abs. 2** fasst die Fälle zusammen, in denen die **Wasserbehörde die Bestellung** von Gewässerschutzbeauftragten **anordnen** kann. Zu Nr. 1 gehören alle Direkteinleitungen von bis zu 750 m³ Abwasser pro Tag und zu Nr. 2 sämtliche Indirekteinleitungen (§§ 58, 59). Nr. 3 und 4 richten sich an Betreiber von Anlagen, in denen mit wassergefährdenden Stoffen umgegangen wird. Die Anordnung liegt im pflichtgemäßen **Ermessen** der Behörde. Die Entscheidung wird sich in erster Linie an der Schädlichkeit des Abwassers oder dem Gefahrenpotenzial der Anlage sowie den Möglichkeiten orientieren, durch Einsatz fortschrittlicher Behandlungs- und Sicherheitstechniken und effiziente Betriebsführung die Gewässer wirksam zu schützen. Auch etwaige Auffälligkeiten im bisherigen Umweltverhalten, z.B. etwaige Verstöße gegen Gewässerschutzvorschriften, können eine Rolle spielen.

Abs. 3 ist eine im WHG neue Regelung, die in Anlehnung an das Abfallrecht (jetzt § 59 Abs. 3 KrWG) klarstellt, dass auch Immissionsschutz- oder Abfallbeauftragte die Funktion eines Gewässerschutzbeauftragten wahrnehmen können. Dies war auch ohne gesetzliche Klarstellung schon nach altem Recht zulässig und üblich. Die rechtlichen Voraussetzungen für die Bestellung als Gewässerschutzbeauftragter müssen natürlich erfüllt werden.

7

§ 66 WHG und § 55 BImSchG bestimmen, **wen** der Gewässerbenutzer **wie** als Gewässerschutzbeauftragten **zu bestellen** hat (näher dazu § 66 Rn. 3 ff.). Die behördliche Anordnung nach Abs. 2 kann als Auflage in Verbindung mit dem wasserrechtlichen Bescheid und auch nachträglich getroffen werden (vgl. § 13 Abs. 1, § 58 Abs. 4 Satz 1, auch i.V.m. § 59 Abs. 1). Wer seiner Bestellungsverpflichtung nicht nachkommt, begeht eine **Ordnungswidrigkeit** nach § 103 Abs. 1 Nr. 13 und 14. Der mitwirkungsbedürftige Bestellungsakt und das davon zu unterscheidende Beschäftigungsverhältnis (vgl. § 66 Rn. 3) bilden zwei eigenständige Rechtsakte, die in einem Dokument miteinander verbunden werden können. Die Behörde kann, was in den Fällen des Abs. 2 ohnehin gestattet ist, die Bestellung mehrerer Beauftragter verlangen, wenn dies im konkreten Fall zur ordnungsgemäßen Aufgabenerfüllung zwingend geboten ist, z.B. bei Großunternehmen mit bedeutsamen und komplizierten Gewässerschutzverpflichtungen.[5] Zur Sicherstellung klarer Verantwortlichkeiten hat der Gewässerbenutzer die Aufgabenbereiche eindeutig abzugrenzen.

8

3. Landesrecht

§ 64 ist eine im Rahmen des Art. 72 Abs. 1 GG der Ergänzung durch Landesrecht zugängliche Vorschrift. Da sie die Organisation des Gewässerschutzes betrifft, also weder stoff- noch anlagenbezogen ist, können die Länder nach Art. 72 Abs. 3 Satz 1 Nr. 5 GG auch abweichende Regelungen erlassen.

9

§ 65
Aufgaben von Gewässerschutzbeauftragten

(1) Gewässerschutzbeauftragte beraten den Gewässerbenutzer und die Betriebsangehörigen in Angelegenheiten, die für den Gewässerschutz bedeutsam sein können. Sie sind berechtigt und verpflichtet,

---

[5] Vgl. zur Bestellung im Einzelnen einschließlich der strittigen Frage, ob die Behörde die Bestellung mehrerer Gewässerschutzbeauftragter anordnen kann *Breuer/Gärditz*, Rn. 970, 975 ff.; *Göβl*, in: SZDK, § 64 WHG Rn. 25 ff., 38 ff.; siehe auch *C/R*, § 64 Rn. 12, 14; *Frenz*, in: BFM, § 64 Rn. 11.

1. die Einhaltung von Vorschriften, Nebenbestimmungen und Anordnungen im Interesse des Gewässerschutzes zu überwachen, insbesondere durch regelmäßige Kontrolle der Abwasseranlagen im Hinblick auf die Funktionsfähigkeit, den ordnungsgemäßen Betrieb sowie die Wartung, durch Messungen des Abwassers nach Menge und Eigenschaften, durch Aufzeichnungen der Kontroll- und Messergebnisse; sie haben dem Gewässerbenutzer festgestellte Mängel mitzuteilen und Maßnahmen zu ihrer Beseitigung vorzuschlagen;

2. auf die Anwendung geeigneter Abwasserbehandlungsverfahren einschließlich der Verfahren zur ordnungsgemäßen Verwertung oder Beseitigung der bei der Abwasserbehandlung entstehenden Reststoffe hinzuwirken;

3. auf die Entwicklung und Einführung von

   a) innerbetrieblichen Verfahren zur Vermeidung oder Verminderung des Abwasseranfalls nach Art und Menge,

   b) umweltfreundlichen Produktionen

   hinzuwirken;

4. die Betriebsangehörigen über die in dem Betrieb verursachten Gewässerbelastungen sowie über die Einrichtungen und Maßnahmen zu ihrer Verhinderung unter Berücksichtigung der wasserrechtlichen Vorschriften aufzuklären.

(2) Gewässerschutzbeauftragte erstatten dem Gewässerbenutzer jährlich einen schriftlichen oder elektronischen Bericht über die nach Absatz 1 Satz 2 Nummer 1 bis 4 getroffenen und beabsichtigten Maßnahmen. Bei EMAS-Standorten ist ein jährlicher Bericht nicht erforderlich, soweit sich gleichwertige Angaben aus dem Bericht über die Umweltbetriebsprüfung ergeben und die Gewässerschutzbeauftragten den Bericht mitgezeichnet haben und mit dem Verzicht auf die Erstellung eines gesonderten jährlichen Berichts einverstanden sind.

(3) Die zuständige Behörde kann im Einzelfall die in den Absätzen 1 und 2 aufgeführten Aufgaben der Gewässerschutzbeauftragten

1. näher regeln,

2. erweitern, soweit es die Belange des Gewässerschutzes erfordern,

3. einschränken, wenn dadurch die ordnungsgemäße Selbstüberwachung nicht beeinträchtigt wird.

Inhaltsübersicht

Rn. | Rn.
1. Allgemeines .... 1 | 3. Landesrecht 5
2. Inhalt des § 65 2

1. Allgemeines

§ 65 normiert die gesetzlichen Aufgaben des Gewässerschutzbeauftragten, er übernimmt inhaltlich vollständig und fast wortgleich § 21b WHG a.F. **Abs. 1** und **2** bestimmen die allgemeinen Pflichten des Gewässerschutzbeauftragten (Beratung, Information, Überwachung, Berichterstattung). **Abs. 3** schafft die Möglichkeit, den Aufgabenkreis näher zu konkretisieren, zu erweitern oder einzuschränken. 1

2. Inhalt des § 65

Abs. 1 stellt in **Satz 1** die allgemeine **Beratungspflicht** des Gewässerschutzbeauftragten in allen für den Gewässerschutz relevanten Fragen an die Spitze des Aufgabenkatalogs.[1] Zu diesen Fragen gehören nicht nur die Schädlichkeit und die Behandlung des Abwassers, sondern auch die Produktionsverfahren, Betriebsabläufe und Investitionsentscheidungen, soweit sie sich auf die Gewässerreinhaltung auswirken können. Bemerkenswert ist, dass der Gesetzgeber die Beratungsfunktion auf alle Betriebsangehörigen erstreckt. Dies soll das Umweltbewusstsein im gesamten Unternehmen fördern und dazu beitragen, die Belange des Umweltschutzes und ihre Durchsetzung im Betrieb zu stärken. 2

Satz 2 regelt den **Kernbereich der Aufgaben** des Gewässerschutzbeauftragten, die das Gesetz gleichermaßen als Berechtigung und Verpflichtung formuliert. Dieser Kernbereich umfasst vier wichtige Funktionen: die Überwachungsfunktion, die Anwendungsinitiative, die Entwicklungsinitiative und die Informationsfunktion. Die **Überwachungsfunktion** (**Nr. 1**) dient dazu, die Beachtung aller rechtlichen und behördlichen Vorgaben sicherzustellen. Zur Überwachungsaufgabe gehört auch die Weiterleitung festgestellter Mängel, verbunden mit Vorschlägen für in Betracht kommende Abhilfemaßnahmen. Art und Umfang der Kontrollmaßnahmen sind im Gesetz nicht näher festgelegt, sie richten sich nach den Umständen und Erfordernissen des jeweiligen Einzelfalles. Die Verpflichtung nach **Nr. 2**, auf die **Anwendung „geeigneter" Abwasserbehandlungsverfahren** hinzuwirken, schließt die Berücksichtigung wirtschaftlicher Aspekte mit ein. Initiativen nach **Nr. 3** zur Entwicklung und Einführung von innerbetrieblichen **Emissionsminderungsverfahren** und von **umweltfreundlichen Produktionen** gehören zu den besonders anspruchsvollen Maßnahmen aus dem Bereich des integrierten Umweltschutzes. Die Initiativaufgaben nach Nr. 2 und 3 beziehen sich 3

---

[1] Ins WHG eingefügt durch die 6. Novelle von 1996; vgl. dazu BT-Drs. 13/1207, S. 8.

nicht auf die Einhaltung geltender Vorschriften und behördlicher Auflagen (dies regelt Nr. 1), sondern zielen auf vorausschauende, über bestehende Verpflichtungen hinausreichende Vorsorgemaßnahmen ab. Das Recht und die Pflicht zur **Aufklärung** der Betriebsangehörigen nach **Nr. 4** ergänzen den Beratungsauftrag nach Satz 1. Das Wissen um die verursachten Gewässerbelastungen und die Maßnahmen, die der Betrieb zu ihrer Vermeidung durchführt, soll das Bewusstsein für die solidarische Umweltverantwortung aller Betriebsangehörigen stärken. Wie der Gewässerschutzbeauftragte seine allgemein umschriebenen Funktionen nach Nr. 1–4 wahrzunehmen hat, lässt das WHG offen. Er verfügt über weite Beurteilungs- und Ermessensspielräume, für **Pflichtverletzungen** sind alle im konkreten Fall relevanten Umstände zu würdigen.

4 § 65 verpflichtet in **Abs. 2 Satz 1** den Gewässerschutzbeauftragten zu einem jährlichen schriftlichen **Bericht** über seine Tätigkeit im abgelaufenen Jahr. Nähere Einzelheiten über die Art und Weise der Berichterstattung sind gesetzlich nicht vorgegeben. Für den Gewässerschutzbeauftragten sollte maßgebend sein, wie er am effektivsten seine Anliegen zur Geltung bringen kann. Der Bericht dient allein der internen Information des Gewässerbenutzers, die Wasserbehörde kann weder die Vorlage des Berichts noch eine Unterrichtung über seine wesentlichen Inhalte verlangen.[2] Nach **Satz 2** entfällt die Berichtspflicht bei **EMAS-Standorten** (vgl. § 3 Nr. 12 und § 24 Abs. 1) unter den genannten Voraussetzungen. Die Vorschrift ist 2005 aus Deregulierungsgründen in § 21b Abs. 3 WHG a.F. aufgenommen worden (vgl. auch § 3 Abs. 2 der EMAS-Privilegierungsverordnung, die immissionsschutz- und abfallrechtliche Überwachungserleichterungen vorsieht).

5 **Abs. 3** ermächtigt die Wasserbehörde, die **Aufgaben** des Gewässerschutzbeauftragten zu **ändern**: zu konkretisieren, zu erweitern oder einzuschränken. Dies erfolgt durch Verwaltungsakt, der an den Gewässerbenutzer zu richten ist. Aufgabenerweiterungen müssen im Interesse des Gewässerschutzes erforderlich sein. Die Behörde darf allerdings nicht die Funktion des Gewässerschutzbeauftragten gesetzeswidrig erweitern, ihm insbesondere keine Aufgaben übertragen, die ihn zu einem Hilfsorgan der Gewässeraufsicht machen würden (vgl. auch § 64 Rn. 1). Die Einschränkungen nach Nr. 3 dürfen nicht so weit gehen, dass für den Gewässerschutzbeauftragten keine substanziellen Kontrollaufgaben mehr übrig bleiben.

3. Landesrecht

6 Die Ausführungen zum Landesrecht zu § 64 unter Rn. 9 gelten für § 65 entsprechend.

---

[2] Näher zur Berichtspflicht *Frenz*, in: BFM, § 65 Rn. 22 ff.; *Müggenborg*, in: BeckOK, WHG, § 65 Rn. 22 ff.

§ 66
Weitere anwendbare Vorschriften

Auf das Verhältnis zwischen dem Gewässerbenutzer und den Gewässerschutzbeauftragten finden die §§ 55 bis 58 des Bundes-Immissionsschutzgesetzes entsprechende Anwendung.

Inhaltsübersicht

Rn.		Rn.
1. Allgemeines 1	4. Vortragsrecht 7	
2. Pflichten des Gewässer-	5. Benachteiligungsverbot,	
benutzers 3	Kündigungsschutz 8	
3. Stellungnahme zu	6. Landesrecht 9	
Entscheidungen des		
Gewässerbenutzers 6		

1. Allgemeines

§ 66 ersetzt die bisherigen Regelungen der §§ 21c–21f WHG a.F. **1** durch einen pauschalen Verweis auf die entsprechenden Vorschriften zum Immissionsschutzbeauftragten. Daraus ergeben sich inhaltlich keine Änderungen. Selbst im Wortlaut sind BImSchG und WHG a.F. fast identisch. § 66 folgt dem Konzept des Abfallrechts (vgl. jetzt § 60 Abs. 3 KrWG) und leistet damit einen Beitrag zur Harmonisierung des Rechts der Umweltschutzbeauftragten.[1] Das BImSchG regelt wie auch §§ 21c–21f WHG a.F. in § 55 die Pflichten des Betreibers, in § 56 die Stellungnahme zu Entscheidungen des Betreibers, in § 57 das Vortragsrecht und in § 58 das Benachteiligungsverbot und den Kündigungsschutz.

Die gewässerschutzspezifische Ermächtigung in § 21g WHG a.F., **2** durch Landesrecht für **Gebietskörperschaften und Wasserverbände** zum Recht des Gewässerschutzbeauftragten abweichende Regelungen zu treffen, führt das neue WHG nicht fort. Der Bedarf für landesrechtliche Sondervorschriften hat sich nicht als bedeutsam erwiesen. Da sich eine Abweichungsbefugnis der Länder jetzt schon aus Art. 72 Abs. 3 Satz 1 Nr. 5 GG ergibt, hat der Bundesgesetzgeber kein Bedürfnis mehr für eine einfachgesetzliche Öffnungsklausel gesehen. Im Hinblick auf Art. 72 Abs. 3 Satz 3 GG sind die Länder ge-

---

[1] Die Verweisung in § 66 ist deshalb weit auszulegen und umfasst auch die Verpflichtungen, die der Anlagenbetreiber gegenüber der zuständigen Behörde und dem Betriebs- oder Personalrat zu beachten hat, sowie die Verordnungsermächtigung nach § 55 Abs. 2 Satz 3 BImSchG. Die Verweisung erstreckt sich allerdings nicht auf den Inhalt der Verordnung über Immissionsschutz- und Störfallbeauftragte (5. BImSchV); ebenso *C/R*, § 66 Rn. 2; *Hünnekens*, in: LR, WHG, § 66 Rn. 17; vgl. zur Verweisungsproblematik aber auch mit teilweise abweichenden Auslegungen *Größl*, in: SZDK, § 66 WHG Rn. 16; *Frenz*, in: BFM, § 66 Rn. 2f.; *Kotulla*, § 66 Rn. 4, 37f.; *Müggenborg*, in: BeckOK, WHG, § 66 Rn. 2.

gebenenfalls aber gehalten, bestehende Sonderregelungen durch neue Vorschriften zu ersetzen.

2. Pflichten des Gewässerbenutzers

3 § 66 i.V.m. § 55 BImSchG regeln die Pflichten des Gewässerbenutzers. Sie verlangen in **Abs. 1** die **schriftliche Bestellung** des Gewässerschutzbeauftragten mit genauer Bezeichnung der ihm obliegenden Aufgaben. Dies soll klare Verantwortlichkeiten begründen. Bestellung und Aufgabenbezeichnung sind wie die Abberufung des Beauftragten und Veränderungen seines Aufgabenbereichs der zuständigen Behörde anzuzeigen, ein behördliches Mitwirkungsrecht besteht nicht. Entsprechendes gilt für die Beteiligung des Betriebs- oder Personalrats nach **Abs. 1a**. Entspricht die Bestellung nicht den gesetzlichen Anforderungen, ist sie nichtig (§ 125 BGB). Von der mit der Bestellung verbundenen Übertragung der Funktion des Gewässerschutzbeauftragten zu unterscheiden ist das zugrunde liegende Rechtsverhältnis, das die Parteien im Rahmen der gesetzlichen Vorgaben grundsätzlich frei gestalten können (Dienstvertrag, Arbeitsvertrag, Beamtenverhältnis, Werkvertrag).

4 **Abs. 2** stellt in **Satz 1** Anforderungen an die Person des Gewässerschutzbeauftragten. Er muss neben seiner persönlichen **Zuverlässigkeit** vor allem die zur Erfüllung seiner Aufgaben erforderliche **Fachkunde** besitzen, die hohe Ansprüche stellt (vgl. insbesondere § 65 Abs. 1 Satz 2) und im Allgemeinen einen Hochschul-, mindestens einen Fachhochschulabschluss auf einem einschlägigen Fachgebiet sowie regelmäßige Weiterbildung und praktische Erfahrungen voraussetzt.[2] Die Behörde muss die Eignung des Gewässerschutzbeauftragten nach § 100 Abs. 1 überwachen und gegebenenfalls seine **Abberufung** verlangen (**Satz 2**), ein Verwaltungsakt, gegen den der Gewässerbenutzer und auch der in seinen Rechten verletzte Gewässerschutzbeauftragte Anfechtungsklage erheben können.[3] Gesetzlich nicht geregelt, aber jederzeit aus sachlichem Grund zulässig ist der **Widerruf** der Bestellung durch den Gewässerbenutzer. Die **Verordnungsermächtigung** nach **Satz 3** ermöglicht es, auch für Gewässerschutzbeauftragte die an die Fachkunde und Zuverlässigkeit zu stellenden Anforderungen zu konkretisieren.[4] Hierzu gibt es bisher nur wenige wasserrechtliche Hinweise und auch nur vereinzelt Verwaltungsvorschriften oder Erlasse, eine Orientierung an den Regelungen der 5. BImSchV ist insofern ohne weiteres möglich und auch üblich. Von der Zuverlässigkeit einer Person ist auszugehen, solange es keinen Anlass für berechtigte Zweifel gibt (z.B. Verstöße gegen Umweltvorschriften). Ansonsten hat der Gewässerbenutzer in der Auswahl

---

[2] Zu Fachkunde und Zuverlässigkeit siehe *C/R*, § 66 Rn. 14–16.
[3] Vgl. *Gößl*, in: SZDK, § 66 WHG Rn. 59.
[4] Auf Rn. 1 Fn. 1 wird verwiesen.

seines Gewässerschutzbeauftragten großen Freiraum. Das Gesetz schließt nur aus, dass er selbst diese Funktion mit übernimmt. Der Gewässerschutzbeauftragte kann Betriebsangehöriger oder Betriebsfremder sein. Zulässig ist auch, dass ein Gewässerschutzbeauftragter im Betrieb gleichzeitig Linienfunktionen wahrnimmt (z.B. als Werks- oder Abteilungsleiter in der Abwasserentsorgung).

Abs. 3 verpflichtet den Gewässerbenutzer zur **Koordinierung**, falls mehrere Gewässerschutzbeauftragte oder Betriebsbeauftragte für Bereiche außerhalb des Gewässerschutzes bestellt sind. Über Art und Umfang der Koordinierung entscheidet der Unternehmer. Das Gesetz schreibt ihm lediglich die Bildung eines Ausschusses vor. **Abs.** 4 normiert eine an sich selbstverständliche Pflicht zu einer **Unterstützung** des Gewässerschutzbeauftragten bei der Erfüllung seiner Aufgaben. Über Art und Umfang der zu leistenden Unterstützung kann es naturgemäß rasch Meinungsverschiedenheiten geben, der Gewässerschutzbeauftragte kann seine Ansprüche auch gerichtlich geltend machen. 5

3. Stellungnahme zu Entscheidungen des Gewässerbenutzers

§ 66 i.V.m. § 56 BImSchG verpflichten den Gewässerbenutzer, vor Entscheidungen über die Einführung von Verfahren und Erzeugnissen sowie Investitionen die Stellungnahme des Gewässerschutzbeauftragten einzuholen, wenn das Vorhaben gewässerrelevant sein kann (z.B. in Bezug auf Menge oder Schädlichkeit des anfallenden Abwassers oder die Sicherheit beim Umgang mit wassergefährdenden Stoffen). Ein Vetorecht ist damit nicht verbunden. Allerdings muss der Gewässerbenutzer die Stellungnahme „angemessen" berücksichtigen und deshalb den Gewässerschutzbeauftragten entsprechend frühzeitig unterrichten. 6

4. Vortragsrecht

§ 66 i.V.m. § 57 BImSchG gewähren dem Gewässerschutzbeauftragten das Recht, im Rahmen seines Aufgabenkreises Vorschläge und Bedenken über den aus seiner Sicht richtigen betrieblichen Gewässerschutz unmittelbar gegenüber der entscheidenden Stelle vorzutragen. Dieses Recht, das durch die Verpflichtung der Geschäftsleitung zur Unterrichtung über die Gründe einer etwaigen Ablehnung flankiert wird, verschafft ihm die notwendigen Einflussmöglichkeiten. Welche Stelle jeweils entscheidungsbefugt ist, richtet sich nach der Rechtsform und Organisationsstruktur des Gewässerbenutzers. 7

5. Benachteiligungsverbot, Kündigungsschutz

§ 66 i.V.m. § 58 BImSchG regeln Arbeitsschutzrecht, das den Gewässerschutzbeauftragten in seiner Rechtsstellung gegenüber dem Gewässerbenutzer stärkt. Die dadurch erreichte höhere Unab- 8 hängigkeit (vergleichbar mit den Mitgliedern von Betriebs- und Personalvertretungen) erleichtert die auch konfliktträchtige Aufgabenerfüllung, die regelmäßig eine Abwägung von gegenläufigen Umweltschutz- und Wirtschaftsinteressen verlangt. **Abs. 1** verbietet die **Benachteiligung** des Gewässerschutzbeauftragten, richtet sich also an alle, die über entsprechende Einwirkungsmöglichkeiten verfügen (Geschäftsleitung, Vorgesetzte, Mitglieder des Betriebs- oder Personalrats). Benachteiligung[5] heißt Schlechterstellung jeder Art unter Verstoß gegen den Gleichbehandlungsgrundsatz. § 58 Abs. 1 BImSchG normiert ein gesetzliches Verbot gemäß § 134 BGB und ein Schutzgesetz gemäß § 823 Abs. 2 BGB. Der erst 1996 mit der 6. Novelle in das WHG eingeführte Kündigungsschutz (**Abs. 2**) erfasst nur die ordentliche Kündigung eines zum Gewässerbenutzer bestehenden Arbeitsverhältnisses, er wirkt nach Beendigung der Funktion als Gewässerschutzbeauftragter noch ein Jahr nach.

6. Landesrecht

9   Die Ausführungen zum Landesrecht zu § 64 unter Rn. 9 gelten für § 66 entsprechend; siehe ergänzend auch oben Rn. 2.

Abschnitt 5
Gewässerausbau, Deich-, Damm- und Küstenschutzbauten

§ 67
Grundsatz, Begriffsbestimmung

(1) Gewässer sind so auszubauen, dass natürliche Rückhalteflächen erhalten bleiben, das natürliche Abflussverhalten nicht wesentlich verändert wird, naturraumtypische Lebensgemeinschaften bewahrt und sonstige nachteilige Veränderungen des Zustands des Gewässers vermieden oder, soweit dies nicht möglich ist, ausgeglichen werden.

(2) Gewässerausbau ist die Herstellung, die Beseitigung und die wesentliche Umgestaltung eines Gewässers oder seiner Ufer. Ein Gewässerausbau liegt nicht vor, wenn ein Gewässer nur für einen begrenzten Zeitraum entsteht und der Wasserhaushalt dadurch nicht erheblich beeinträchtigt wird. Deich- und Dammbauten, die den Hochwasserabfluss beeinflussen, sowie Bauten des Küstenschutzes stehen dem Gewässerausbau gleich.

---

[5] Ein Verbot der Begünstigung wie bei Betriebs- und Personalvertretungen gibt es bei den Umweltbeauftragten nicht.

Inhaltsübersicht

Rn.   Rn.
1. Allgemeines 1   3. Begriff des Gewässer-
2. Grundsatz zum   ausbaus (Abs. 2) 4
   Gewässerausbau (Abs. 1) .. 3   4. Landesrecht 7

1. Allgemeines

§§ 67–71a regeln den Gewässerausbau sowie die dem Gewässerausbau gleichstehenden Deich-, Damm- und Küstenschutzbauten. Der **Ausbau** ist neben der Benutzung und der Unterhaltung die dritte Art menschlicher Einwirkungen auf die Gewässer, für die das WHG jeweils ein **eigenständiges Regime** etabliert hat (zur Abgrenzung der Begriffe Benutzung, Unterhaltung und Ausbau vgl. § 9 Abs. 3 Rn. 19 f. und § 39 Abs. 1 Rn. 4 ff.). Das neue WHG löst die Rahmenvorschrift des § 31 WHG a.F. durch eine übersichtlicher gestaltete Vollregelung ab.[1] Das Hochwasserschutzgesetz II vom 30. 6. 2017 hat § 71 erweitert und Abschnitt 5 den neuen § 71a angefügt. Der **wasserwirtschaftliche** Gewässerausbau ist zu unterscheiden vom **verkehrlichen Gewässerausbau** (Ausbau und Neubau) nach §§ 12–21 WaStrG, die im Rahmen ihres Anwendungsbereichs §§ 67 ff. als Spezialregelung vorgehen.[2]   1

§ 67 enthält in **Abs. 1** Grundsatz- und in **Abs. 2** Begriffsbestimmungen (bisher: § 31 Abs. 2 Satz 1 und 2, Abs. 5 Satz 1). § 68 normiert die Planfeststellungs- oder Plangenehmigungspflicht (bisher: § 31 Abs. 2 Satz 1 und 2, Abs. 3) sowie die Voraussetzungen für die Feststellung oder Genehmigung des Plans (bisher: § 31 Abs. 5 Satz 3). § 69 löst die Vorschriften des § 31 Abs. 4 über die abschnittsweise Zulassung des Ausbaus und die Zulassung seines vorzeitigen Beginns ab. § 70 enthält Regelungen zum Inhalt und zu den Wirkungen von Planfeststellung und Plangenehmigung sowie zum Verfahren und überführt dabei auch die Bestimmungen des § 31 Abs. 2 Satz 3, Abs. 5 Satz 2 und Abs. 6 in das WHG 2009. Die Vorschriften des **§ 71** über die Enteignung sowie des **§ 71a** über die vorzeitige Besitzeinweisung sind neu. Die allgemeine Grundsatzvorschrift des § 31 Abs. 1 WHG a.F. ist mit Änderungen aus systematischen Gründen jetzt in § 6 **Abs. 2** eingegliedert (vgl. hierzu § 6 Rn. 11 ff.).   2

---

[1] Zur Entstehung des § 31 vgl. BT-Drs. 2072, S. 12, 34 und BT-Drs. 3536, S. 15. – Zu den Änderungen des § 31 sowie zur Entstehung des 5. Abschnitts und des § 67 wird auf BT-Drs. 16/12275, S. 72 f.; 16/13306, S. 15, 30 f. und 16/13426, S. 19 sowie *Maus*, in: BFM, § 67 Rn. 3 ff.; 8 ff.; *Schenk*, in: SZDK, § 67 Rn. 1 f. verwiesen.

[2] Zur Abgrenzung des § 67 zu anderen Vorschriften siehe *Riese*, in: LR, WHG, § 67 Rn. 11 ff.

2. Grundsatz zum Gewässerausbau (Abs. 1)

3 § 67 normiert in Abs. 1 einen allgemeinen Grundsatz des Gewässerausbaus und löst damit die Regelung des § 31 Abs. 5 Satz 1 WHG a.F. ab. Die Vorschrift wendet sich nicht nur an Behörden, sondern an alle, die über einen Ausbau zu entscheiden haben und die ein Gewässer ausbauen. Nach h.M. handelt es sich bei der Vorschrift um **die planerische Abwägung steuernde Planungsleitlinien** und nicht um der Ausübung des Planungsermessens vorgelagertes zwingendes Recht.[3] Die im Einzelnen angeführten Grundsätze dienen vor allem einer wirksamen Hochwasservorsorge sowie den Belangen des Naturschutzes. Zur Klärung der sich bei der Auslegung des Abs. 1 stellenden Fragen ist deshalb auch das Naturschutzrecht, das beim Gewässerausbau grundsätzlich neben dem Wasserrecht Anwendung findet, heranzuziehen. Vorrangig sind die beschriebenen nachteiligen Veränderungen des Gewässerzustands zu vermeiden und nur subsidiär, soweit dies nicht möglich ist, so auszugleichen, dass in der Bilanz die ökologische Funktionsfähigkeit des Gewässers nicht spürbar beeinträchtigt wird.[4] Da § 67 Abs. 1 keinen zwingenden Versagungsgrund normiert, hat er gegenüber dem Ausbauzweck nicht Vorrang. So können mit Eingriffen in die Gewässerstruktur verbundene technische Maßnahmen, z.B. der Bau von Wasserspeichern für Zwecke der Erholung, der Trinkwassergewinnung oder des Hochwasserschutzes, notwendig und nicht vermeidbar sein.

3. Begriff des Gewässerausbaus (Abs. 2)

4 § 67 Abs. 2 definiert in **Satz 1** den Gewässerausbau als Herstellung, Beseitigung und wesentliche Umgestaltung eines Gewässers oder seiner Ufer. Der Ausbaubegriff steuert auch maßgeblich die **Abgrenzung** der Begriffe „Ausbau", „Unterhaltung" und „Benutzung" von Gewässern. Ausbaumaßnahmen können keine Maßnahmen zur Unterhaltung eines Gewässers sein (vgl. § 39 Abs. 1 Satz 1 und die Kommentierung unter Rn. 4ff.).[5] Sie können zwar auch die Tatbestandsmerkmale von Gewässerbenutzungen erfüllen, sind aber kraft Gesetzes vom Benutzungsregime ausgeschlossen (§ 9 Abs. 3 Satz 1). Der Ausbau eines Gewässers ist im Gegensatz zur Benutzung nicht vorübergehender Natur, sondern zielt darauf ab, einen neuen

---

[3] BT-Drs. 16/12275, S. 73; OVG Hamburg v. 8.3.1996 – Bs V 8/96, ZfW 1997, 111, 115; *C/R*, § 67 Rn. 8; *Maus*, in: BFM, § 67 Rn. 16; *Schenk*, in: SZDK, § 67 WHG Rn. 47; *Riese*, in: LR, WHG, § 67 Rn. 1ff.; a.A. *Kotulla*, § 67 Rn. 13 (anders wohl unter Rn. 2).

[4] Vgl. zu den Grundsätzen des § 67 Abs. 1 näher *C/R*, § 67 Rn. 8ff.; *Maus*, in: BFM, § 67 Rn. 18ff.; *Riese*, in: LR, WHG, § 67 Rn. 99ff.; *Schenk*, in: SZDK § 31 WHG Rn. 38.

[5] Ausführlich zu den Merkmalen des Gewässerausbaubegriffs *C/R*, § 67 Rn. 8–42; *Maus*, in: BFM, § 67 Rn. 27–57; *Riese*, in: LR, WHG, § 67 Rn. 52ff.; *Schenk*, in: SZDK, § 67 WHG Rn. 7ff.

Dauerzustand zu schaffen. Die Veränderung darf auch nicht nur unbedeutend sein, sondern muss sich nennenswert auf das Flussregime auswirken. Für die Herstellung eines Gewässers hat der Gesetzgeber dies in **Satz 2** ausdrücklich klargestellt.[6] Liegt mit Blick auf Satz 2 ein Gewässerausbau nicht vor, greift im Verhältnis zum Benutzungsregime auch nicht die Vorrangregelung des § 9 Abs. 3 Satz 1 ein.

Herstellung eines Gewässers ist die Schaffung eines künstlichen Ge- 5
wässers im Sinne des § 3 Nr. 4 (z.B. Wasserspeicher zur Trinkwassergewinnung oder Hochwasserrückhaltung), **Beseitigung** jede Maßnahme, die dazu führt, dass die Gewässereigenschaft verloren geht. Die Verlegung eines Gewässers in ein neues Gewässerbett ist sowohl die Herstellung eines neuen wie auch die Beseitigung eines vorhandenen Gewässers. Entstehen bei der Sand- oder Kiesgewinnung Baggerseen, wird ein Gewässer hergestellt.[7] Das Verfüllen und Zuschütten von Baggerseen ist das Beseitigen eines Gewässers. Eine **wesentliche Umgestaltung** eines Gewässers liegt vor, wenn das Gewässer in seiner physischen Gestalt verändert wird und die Veränderung sich bedeutsam auf die Gewässereigenschaften im Sinne des § 3 Nr. 7 auswirkt. Maßstab für die Wesentlichkeit ist die Einschätzung, dass die Maßnahme mit Rücksicht auf die Belange des Wasserhaushalts, der Schifffahrt, der Fischerei oder in sonstiger relevanter Hinsicht einer behördlichen Vorkontrolle, hier also einer Planfeststellung oder Plangenehmigung unterzogen werden sollte. Beispiele hierfür sind die Begradigung oder Vertiefung von Flüssen, die Erweiterung von Seen und der Bau von Hochwasser-, Trinkwasser- und Pumpspeichern. Ausbaggerungen, die zu einer Veränderung der Gewässerstruktur oder zu einer anderen oder neuen Nutzung führen, dürften immer als Ausbau zu werten sein.[8]

Satz 3 des § 67 Abs. 2 stellt Deich- und Dammbauten sowie Küsten- 6
schutzbauten dem Gewässerausbau gleich. **Deiche** dienen dem Schutz vor Überschwemmungen, **Dämme** neben dem Hochwasserschutz auch anderen Zwecken (z.B. Verkehr). **Bauten des Küstenschutzes** (z.B. Sperrbauwerke, Buhnen) sollen die Küste und Küstengebiete vor Meeresüberflutungen, Uferrückgang und Erosion schützen. Für alle diese Bauten soll wegen der vergleichbaren Auswirkungen auf den Wasserhaushalt grundsätzlich das gleiche Rechtsregime wie für Gewässerausbauten gelten.[9] Die Küstenschutzbauten sind erst durch das WHG 2009 in die Gleichstellung

---

[6] Durch die Übernahme des § 31 Abs. 2 Satz 3 WHG a. F. mit der Ergänzung durch die 6. Novelle von 1996; vgl. BT-Drs. 13/4788, S. 21.
[7] BVerwG v. 10.2.1978 – 4 C 25.75, BVerwGE 55, 220 = HDW R 1342: jedenfalls dann, wenn die oberirdische Wasserfläche auf Dauer bestehen soll; vgl. auch § 3 Rn. 3, 9.
[8] Vgl. näher zur wesentlichen Umgestaltung *C/R*, § 67 Rn. 28 ff.; *Fröhlich*, in: WQF, § 67 Rn. 11 ff.; *Schenk*, in: SZDK, § 67 WHG Rn. 21 ff., 24 ff.
[9] Vgl. BT-Drs. 2072, S. 12, 34 in Bezug auf Deiche.

mit einbezogen worden.[10] Die Gleichstellung bezieht sich nicht nur auf das Herstellen und Beseitigen, sondern auch auf das wesentliche Umgestalten (z.B. Verstärken der Bauwerke).[11]

4. Landesrecht

7   § 67 ist in Abs. 1 eine im Rahmen des Art. 72 Abs. 1 GG der Ergänzung durch Landesrecht zugängliche Vorschrift. Die Definition des Abs. 2 hat abschließenden Charakter, sie kann durch die Länder aber näher konkretisiert werden. Im Übrigen ist die Regelung des § 67 insofern anlagenbezogen und damit nach Art. 72 Abs. 3 Satz 1 Nr. 5 GG abweichungsfest, als es sich bei den Baumaßnahmen um die Errichtung oder Veränderung von Anlagen handelt.

§ 68
Planfeststellung, Plangenehmigung

(1) Der Gewässerausbau bedarf der Planfeststellung durch die zuständige Behörde.

(2) Für einen Gewässerausbau, für den nach dem Gesetz über die Umweltverträglichkeitsprüfung keine Verpflichtung zur Durchführung einer Umweltverträglichkeitsprüfung besteht, kann anstelle eines Planfeststellungsbeschlusses eine Plangenehmigung erteilt werden. Die Länder können bestimmen, dass Bauten des Küstenschutzes, für die nach dem Gesetz über die Umweltverträglichkeitsprüfung keine Verpflichtung zur Durchführung einer Umweltverträglichkeitsprüfung besteht, anstelle einer Zulassung nach Satz 1 einer anderen oder keiner Zulassung oder einer Anzeige bedürfen.

(3) Der Plan darf nur festgestellt oder genehmigt werden, wenn

1. eine Beeinträchtigung des Wohls der Allgemeinheit, insbesondere eine erhebliche und dauerhafte, nicht ausgleichbare Erhöhung der Hochwasserrisiken oder eine Zerstörung natürlicher Rückhalteflächen, vor allem in Auwäldern, nicht zu erwarten ist und

2. andere Anforderungen nach diesem Gesetz oder sonstigen öffentlich-rechtlichen Vorschriften erfüllt werden.

---

[10] Zu den in dieser Frage kontroversen Positionen von Bundesrat und Bundesregierung vgl. BT-Drs. 16/13306, S. 15, 31.
[11] Vgl. näher zu den Deich-, Damm- und Küstenschutzbauten *Maus*, in: BFM, § 67 Rn. 60ff.; *Schenk*, in: SZDK, § 67 WHG Rn. 2, 34ff.

Inhaltsübersicht

Rn.			Rn.
1. Allgemeines	1	4. Zulassungsvoraussetzungen (Abs. 3)	6
2. Die Planfeststellung (Abs. 1)	3	5. Landesrecht	8
3. Die Plangenehmigung (Abs. 2)	4		

1. Allgemeines

§ 68 ist die zentrale Vorschrift für die **Zulassung von Gewässerausbauten** in Form der Planfeststellung oder Plangenehmigung (Abs. 1 und 2) und die Voraussetzungen für deren Erteilung (Abs. 3). Die Vorschrift führt in Abs. 1 § 31 Abs. 2 Satz 1 und in Abs. 2 Satz 1 § 31 Abs. 3 WHG a.F. fort. Die Öffnungsklausel in Satz 2 des Abs. 2 ist neu. Abs. 3 entspricht im Wesentlichen dem bisherigen § 31 Abs. 5 Satz 3.[1] Zu den Wirkungen von Planfeststellung und Plangenehmigung wird auf die Kommentierung zu § 70 Abs. 1 zweiter Halbsatz verwiesen; vgl. im Übrigen auch § 67 Rn. 1 und 2.

§ 68 richtet sich an jeden, der ein Gewässer ausbauen muss oder will. Anders als bei der Unterhaltung (§ 40) normiert das WHG weder eine Verpflichtung zum Ausbau noch einen Ausbaupflichtigen. Während Maßnahmen zur ordnungsgemäßen Gewässerunterhaltung zwangsläufig anfallen und deshalb bestimmt werden muss, wer zu ihrer Durchführung verpflichtet ist, sind Gewässerausbauten nicht flächendeckend zwingend. Allerdings können sich öffentliche Ausbauzwecke aus gesetzlichen Vorschriften und dem staatlichen Bewirtschaftungsauftrag ergeben (z.B. Notwendigkeit von Ausbaumaßnahmen im Interesse des Verkehrs, des Hochwasserschutzes oder zur Erreichung eines guten ökologischen Zustands). Fast alle Länder haben in ihren Wassergesetzen auch **Ausbaupflichten** in Anlehnung an die Unterhaltungspflicht normiert. Ein Bedürfnis für eine bundeseinheitliche Regelung hat das WHG 2009 nicht gesehen.

2. Die Planfeststellung (Abs. 1)

§ 68 Abs. 1 schreibt für Gewässerausbauten[2] als behördliche Vorkontrolle grundsätzlich die Planfeststellung vor. Der Planfeststellungsbeschluss ist ein Verwaltungsakt besonderer Art, der eine umfassende, einheitliche und allseits verbindliche Sachentscheidung über ein komplexes raumbedeutsames Vorhaben trifft. Dies geschieht in einem eigenständigen förmlichen verwaltungsrechtlichen Zulassungsverfahren, das geeignet ist, durch die gebotene umfassende Abwägung aller von dem Vorhaben berührten öffentlichen und privaten Belange interessengerechte Sachentscheidungen zu errei-

---
[1] Vgl. dazu BT-Drs. 16/12275, S. 73 und 16/13306, S. 15, 31.
[2] Zu Abgrenzungsproblemen und von verschiedenen Regelungsregimes bei Hafenanlagen vgl. *Breuer/Gärditz*, Rn. 1190 ff. m.w.N.

chen (vgl. auch § 70 sowie §§ 72–78 VwVfG), und das zugleich das notwendige Trägerverfahren für durchzuführende Umweltverträglichkeitsprüfungen bildet. Typische **Strukturmerkmale der Planfeststellung** sind die der Behörde für ihre Entscheidung zustehende planerische Gestaltungsfreiheit („Planungsermessen")[3] und die weit reichende materielle Konzentrationswirkung (vgl. zu den Wirkungen näher § 70 Rn. 2f.); dabei findet § 19 Abs. 1 im Verhältnis zu § 68 keine Anwendung, weil hier etwaige Gewässerbenutzungen dem Gewässerausbau dienen und deshalb schon begrifflich nicht vorliegen (§ 9 Abs. 3). Kennzeichen der Planfeststellung sind einerseits das vergleichsweise aufwändige Verwaltungsverfahren, andererseits die durch den Planfeststellungsbeschluss erreichte hohe Rechts- und Planungssicherheit.

3. Die Plangenehmigung (Abs. 2)

4 § 68 Abs. 2 bestimmt in **Satz 1**, wann für Gewässerausbauten eine Plangenehmigung anstelle eines Planfeststellungsbeschlusses ausreicht. Die Plangenehmigung ist wie der Planfeststellungsbeschluss ein Verwaltungsakt in Form einer echten, der Abwägung unterliegenden Planungsentscheidung. In materieller Hinsicht stehen beide Instrumente gleich, der Unterschied liegt in dem vereinfachten Plangenehmigungsverfahren, das der Beschleunigung dient, dafür aber in den rechtlichen Wirkungen entsprechend weniger weit reicht. Satz 1 setzt voraus, dass für den Gewässerausbau nach Nr. 13 der Anlage 1 UVPG (betroffen sind hier insbesondere Nr. 13.6–13.18) **keine** Verpflichtung zur Durchführung einer **Umweltverträglichkeitsprüfung** besteht. In den Fällen einer notwendigen Vorprüfung hängt dies vom Ergebnis der Prüfung ab. Die Plangenehmigung hat vor allem für kleinere Ausbaumaßnahmen erhebliche praktische Bedeutung. Auch wenn die gesetzlichen Voraussetzungen für die Durchführung eines Plangenehmigungsverfahrens vorliegen, entscheidet die Behörde nach pflichtgemäßem **Ermessen**, welches Zulassungsinstrument sie anwendet.[4]

5 **Satz 2** ermächtigt die Küstenländer, für nach Satz 1 nur plangenehmigungsbedürftige **Küstenschutzbauten** statt einer Plangenehmigung entweder eine andere Zulassung (z.B. einfache Genehmigung) oder gar keine Zulassung oder eine Anzeige vorzusehen. Dem Vorschlag des Bundesrates, die Küstenschutzbauten ganz aus dem Gesetzentwurf herauszunehmen, ist der Gesetzgeber gemäß dem Votum der Bundesregierung nicht gefolgt.[5] Für Vorhaben, deren UVP-Pflicht bundesgesetzlich normiert ist, sieht er ein Bedürfnis, auch

---

[3] Das Planungsermessen ist wie das Bewirtschaftungsermessen (§ 12 Abs. 2) ein eigenständiger Unterfall des behördlichen Ermessens; vgl. auch C/R, § 68 Rn. 13.
[4] Ebenso C/R, § 68 Rn. 45; *Schenk*, in: SZDK, § 68 WHG Rn. 11.
[5] Vgl. hierzu BT-Drs. 16/13306, S. 15, 31.

das Trägerverfahren bundeseinheitlich zu regeln. Bei nicht UVP-pflichtigen Küstenschutzbauten räumt er den Ländern das Recht ein, ihren landesspezifischen Besonderheiten Rechnung zu tragen.[6]

4. Zulassungsvoraussetzungen (Abs. 3)

§ 68 Abs. 3 regelt Voraussetzungen, die für die Erteilung einer Planfeststellung und Plangenehmigung vorliegen müssen. Die Vorschrift enthält zwingende materielle Rechtssätze (**zwingende Versagungsgründe**), die von der Behörde strikt zu beachten sind und nicht im Rahmen ihrer planerischen Abwägung überwunden werden können. **Nr. 1** entspricht § 31 Abs. 5 Satz 3 WHG a.F. Danach sind Planfeststellung und Plangenehmigung unzulässig, wenn von dem Gewässerausbau eine **Beeinträchtigung des Wohls der Allgemeinheit** zu erwarten ist.[7] Dabei hebt das Gesetz die für Ausbaumaßnahmen besonders relevanten Belange der Hochwasservorsorge und des Naturschutzes ausdrücklich hervor. **Nr. 2** orientiert sich an der Systematik der Zulassungsvoraussetzungen, die auch für Gewässerbenutzungen maßgebend ist (§ 12 Abs. 1 Nr. 2), ohne die bisherige Rechtslage zu ändern.[8] Im Rahmen der Nr. 2 bedarf jede einschlägige Anforderung der Überprüfung, ob ihr im hier relevanten Kontext die Bedeutung eines zwingenden materiellen Rechtssatzes oder nur eines der Abwägung unterliegenden Belangs zukommt. Im WHG ist z.B. die Erreichung der Bewirtschaftungsziele nach §§ 27-31 und 44 verbindlich vorgegeben,[9] dagegen unterliegen die Grundsatzvorschriften nach § 6 und § 67 Abs. 1 der planerischen Abwägung.[10] Außerhalb des WHG dürften insbesondere die Vorschriften über unzulässige Eingriffe in Natur und Landschaft die Behörde strikt binden.[11] § 68 Abs. 3 Nr. 2 ist nur auf zwingende materielle Rechtssätze anwendbar.

6

Über die Versagungsgründe des § 68 Abs. 3 hinaus dürfen dem Gewässerausbau keine überwiegenden öffentlichen oder privaten Belange entgegenstehen. Die Behörde hat sie umfassend zu ermitteln, zu bewerten sowie gegeneinander und untereinander gerecht abzuwägen – sog. **Planungsermessen**. Die Entscheidung ist gerichtlich nur auf Abwägungsfehler hin nachprüfbar, einen Rechtsanspruch auf

7

---

[6] Zum Landesrecht bei dem Küstenschutzbauten siehe *Riese*, in: LR, WHG, § 68 Rn. 108 ff.
[7] Vgl. zum „Wohl der Allgemeinheit" § 6 Rn. 5 sowie speziell in Bezug auf den Gewässerausbau BVerwG v. 22.10.2015 – 7 C 15.13, Rn. 40 f., ZUR 2016, 165, 168; OVG Magdeburg v. 18.5.2015 – 2 M 33/15, Rn. 30, ZUR 2015, 687, 689; *Maus*, in: BFM, § 67 Rn. 58 ff.; *Riese*, in: LR, WHG, § 68 Rn. 85 ff.; *Schenk*, in: SZDK, § 68 WHG Rn. 20 ff.
[8] BT-Drs. 16/12275, S. 73; näher zu den Voraussetzungen nach Nr. 2 *Riese*, in: LR, WHG, § 68 Rn. 100 ff., 105 ff.
[9] Vgl. auch BT-Drs. 16/13306, S. 15, 30 f.
[10] Vgl. auch § 67 Rn. 3.
[11] Vgl. zur Abgrenzung mit weiteren Beispielen *C/R*, § 68 Rn. 33 ff.

Planfeststellung oder Plangenehmigung des Gewässerausbaus gibt es nicht. Öffentliche Belange haben grundsätzlich Vorrang vor privaten Interessen. Bei der Entscheidung über die Planfeststellung oder Plangenehmigung ist deshalb bedeutsam, ob der Gewässerausbau dem Wohl der Allgemeinheit dient (gemeinnützige Planfeststellung) oder ob er im alleinigen privaten Interesse eines Unternehmers liegt (privatnützige Planfeststellung).[12] Bei einer gemeinnützigen Planfeststellung genügt es nicht, dass keine Beeinträchtigung des Wohls der Allgemeinheit zu befürchten ist, vielmehr muss das Vorhaben aus Gründen des Gemeinwohls gerechtfertigt sein (sog. **Planrechtfertigung**). Gründe des Wohls der Allgemeinheit können dabei wasserwirtschaftliche und auch andere Gründe, wie z.B. die Schaffung eines Erholungsgeländes, sein. Eine privatnützige Planfeststellung bedarf keiner Planrechtfertigung, gewährt dafür aber auch nicht die Befugnis, in Rechte Dritter einzugreifen.[13]

5. Landesrecht

8   § 68 trifft eine abschließende Regelung, die im Rahmen des Art. 72 Abs. 1 GG der Ergänzung durch Landesrecht grundsätzlich nur nach Maßgabe der Öffnungsklausel des Abs. 2 Satz 2 zugänglich ist. Im Übrigen können die Länder von den Vorschriften des § 68 nach Maßgabe des Art. 72 Abs. 3 Satz 1 Nr. 5 GG abweichen. Maßnahmen des Gewässerausbaus unterliegen danach nicht der Abweichungsgesetzgebung, soweit sie Anlagen betreffen (z.B. Stauanlagen, Hafenanlagen).

§ 69
Abschnittsweise Zulassung, vorzeitiger Beginn

(1) Gewässerausbauten einschließlich notwendiger Folgemaßnahmen, die wegen ihres räumlichen oder zeitlichen Umfangs in selbständigen Abschnitten oder Stufen durchgeführt werden, können in entsprechenden Teilen zugelassen werden, wenn dadurch die erforderliche Einbeziehung der erheblichen Auswirkungen des gesamten Vorhabens auf die Umwelt nicht ganz oder teilweise unmöglich wird.

(2) § 17 gilt entsprechend für die Zulassung des vorzeitigen Beginns in einem Planfeststellungsverfahren und einem Plangenehmigungsverfahren nach § 68.

---

[12] Grundlegend BVerwG v. 10.2.1978 – 4 C 25.75, BVerwGE 55, 220, 226 ff. = ZfW 1978, 363, 366 ff. – Die Unterscheidung zwischen gemein- und privatnütziger Planfeststellung wird allerdings auch in der Rechtsprechung zunehmend in Frage gestellt; vgl. m.w.N. *Breuer/Gärditz*, Rn. 1257 ff.; *C/R*, § 67 Rn. 4 f.; *Riese*, in: LR, WHG, § 68 Rn. 58 ff.

[13] Näher zur Planrechtfertigung *Breuer/Gärditz*, Rn. 1240 f.; *C/R*, § 70 Rn. 35; *Maus*, in: BFM, § 67 Rn. 16.

Inhaltsübersicht

Rn.		Rn.
1. Allgemeines 1	3. Zulassung des vorzeitigen	
2. Abschnittsweise Zulassung	Beginns (Abs. 2)	3
von Gewässerausbauten	4. Landesrecht	4
(Abs. 1) 2		

1. Allgemeines

§ 69 regelt im Interesse einer möglichen Verfahrensvereinfachung und -beschleunigung die abschnittsweise Zulassung und den vorzeitigen Beginn von Gewässerausbauten. Die Vorschrift übernimmt in Abs. 1 den Satz 1 und in Abs. 2 den Satz 2 aus § 31 Abs. 4 WHG a.F. Die Möglichkeit der abschnittsweisen Zulassung ist im Rahmen der 6. Novelle von 1996 im Interesse der Vereinfachung und Beschleunigung des Zulassungsverfahrens in das WHG eingefügt worden.[1]

2. Abschnittsweise Zulassung von Gewässerausbauten (Abs. 1)

§ 69 regelt in Abs. 1 die Zulassung von Gewässerausbauten einschließlich notwendiger Folgemaßnahmen[2] in Abschnitten. Die Abschnittsbildung ist ein anerkanntes und übliches Instrument des Planungsrechts, sie war auch schon vor Aufnahme dieser Vorschrift in das WHG möglich. Voraussetzung ist die **Teilbarkeit des Vorhabens** in tatsächlicher und rechtlicher Hinsicht. Am Anfang steht die Entscheidung des Unternehmers, das Vorhaben wegen seines räumlichen oder zeitlichen Umfangs in Abschnitten oder Stufen durchzuführen. Die im **Ermessen** der Behörde liegende Teilzulassung ist nur statthaft, wenn sie die erforderliche Einbeziehung der erheblichen Auswirkungen des gesamten Vorhabens auf die Umwelt, der positiven wie der negativen, nicht unmöglich macht. Damit fordert das Gesetz für jeden Teilabschnitt eine Art **„vorläufiges positives Gesamturteil"**.[3] Schon bei der Zulassung des ersten Teilabschnitts ist deshalb die Konzeption des ganzen Ausbauvorhabens im Rahmen der Gesamtplanung in den Blick zu nehmen und unter dem Vorbehalt späterer Detailprüfung und gleichbleibender Sach- und Rechtslage festzustellen, dass dem Ausbauvorhaben insgesamt keine von vornherein unüberwindlichen rechtlichen Hindernisse entgegenstehen.[4] Bei einem UVP-pflichtigen Gewässerausbau ist im Falle abschnittsweiser Zulassungen § 29 UVPG zu beachten. Grundsätzlich ist im Rahmen einer Teilzulassung der Frage der Auswirkungen des Gesamtvorhabens oder einzelner nachfolgender Abschnitte nicht mit

---

[1] Vgl. hierzu BT-Drs. 13/4788, S. 10f., 21.
[2] Näher zu etwaigen Folgemaßnahmen *Riese*, in: LR, WHG, § 69 Rn. 13ff.; *Schenk*, in: SZDK, § 69 WHG Rn. 6ff.
[3] Vgl. BVerwG v. 10.4.1997 – 4 C 5.96, BVerwGE 104, 236, 243.
[4] *Schenk*, in: SZDK, § 69 Rn. 13.

gleicher Prüfintensität nachzugehen. Dies gilt zwar auch im Rahmen des § 69 Abs. 1, jedoch sind die Anforderungen an die positive Gesamtbeurteilung beim Gewässerausbau aufgrund der strukturellen Unterschiede strenger als beim Ausbau anderer Verkehrswege (z.b. wegen der Strömungsverhältnisse im Gewässer).

3. Zulassung des vorzeitigen Beginns (Abs. 2)

3   § 68 gestattet in Abs. 2 durch Verweisung auf § 17 auch beim Gewässerausbau die Zulassung des vorzeitigen Beginns. Die Zulassung ist zwar ein Verwaltungsakt, der aber die endgültige Entscheidung nicht vorwegnimmt und deshalb **keine** Regelung mit **Außenwirkung** gegenüber Dritten trifft. Es können nur solche Maßnahmen zugelassen werden, die sich wieder rückgängig machen lassen und bei denen das Risiko der Rückabwicklung den weiteren Entscheidungsprozess nicht unangemessen belastet.[5] Neben den technischen Möglichkeiten der Rückführung sind hier die zu tätigenden Investitionen zu berücksichtigen; vgl. im Übrigen die Kommentierung zu § 17. Diese Restriktionen wirken sich bei komplexen Vorhaben wie Gewässerausbauten stärker aus als bei den Gewässerbenutzungen, auf die sich § 17 bezieht. Ein vorzeitiger Beginn kommt somit praktisch nur für die Anfangsphase des Ausbaus in Frage. Die Zulassung des vorzeitigen Beginns kann auch die **Konzentrationswirkung** der Planfeststellung einschließen,[6] da ansonsten der Zweck der Vorschrift nicht erreicht werden kann.

4. Landesrecht

4   § 69 ist eine im Rahmen des Art. 72 Abs. 1 GG der Ergänzung durch Landesrecht zugängliche Regelung. Im Übrigen können die Länder von den Vorschriften des § 69 nach Maßgabe des Art. 72 Abs. 3 Satz 1 Nr. 5 GG abweichen. Abweichungsfest ist § 69 danach insofern, als es sich bei den Gewässerausbauten um Anlagen handelt (z.B. Errichtung von Stauanlagen, Hafenanlagen).

§ 70
Anwendbare Vorschriften, Verfahren

(1) Für die Planfeststellung und die Plangenehmigung gelten § 13 Absatz 1 und § 14 Absatz 3 bis 6 entsprechend; im Übrigen gelten die §§ 72 bis 78 des Verwaltungsverfahrensgesetzes.

---

[5] BVerwG v. 30. 4. 1991 – 7 C 35.90, ZfW 1991, 283; *Schenk*, in: SZDK, § 69 Rn. 26.
[6] *Schenk*, in: SZDK, § 69 WHG Rn. 27.

(2) Das Planfeststellungsverfahren für einen Gewässerausbau, für den nach dem Gesetz über die Umweltverträglichkeitsprüfung eine Verpflichtung zur Durchführung einer Umweltverträglichkeitsprüfung besteht, muss den Anforderungen des Gesetzes über die Umweltverträglichkeitsprüfung entsprechen.

(3) Erstreckt sich ein beabsichtigter Ausbau auf ein Gewässer, das der Verwaltung mehrerer Länder untersteht, und ist ein Einvernehmen über den Ausbauplan nicht zu erreichen, so soll die Bundesregierung auf Antrag eines beteiligten Landes zwischen den Ländern vermitteln.

Inhaltsübersicht

Rn.		Rn.
1. Allgemeines 1	3. Planfeststellungs- und Plangenehmigungsverfahren (Abs. 2, 3)	4
2. Inhalt und Wirkung von Planfeststellung und Plangenehmigung (Abs. 1) 2	4. Landesrecht	6

1. Allgemeines

§ 70 enthält ergänzende Vorschriften zum Inhalt, zu den Wirkungen und zum Verfahren wasserrechtlicher Planfeststellungen und Plangenehmigungen. Abs. 1 ist neu, Abs. 2 und 3 übernehmen Abs. 2 Satz 4 und Abs. 6 des § 31 WHG a. F. Abs. 2 ist durch das Gesetz vom 12.2.1990 zur Umsetzung der Richtlinie über die Umweltverträglichkeitsprüfung in das WHG eingefügt worden. Abs. 3 ist wortgleich bereits im WHG 1957 enthalten.[1]

1

2. Inhalt und Wirkungen von Planfeststellung und Plangenehmigung (Abs. 1)

Planfeststellung und Plangenehmigung sind komplexe rechtsgestaltende Verwaltungsakte, in denen die Behörde durch umfangreiche **Inhalts- und Nebenbestimmungen** die Bedingungen für den Gewässerausbau festzulegen hat. Die entsprechende Geltung des § 13 Abs. 1 verschafft ihr die hierfür notwendigen umfassenden, am Regelungsmodell der Erlaubnis und Bewilligung orientierten Befugnisse; auf die Kommentierung zu § 13 wird verwiesen.[2] Die zur Vermeidung oder zum Ausgleich von Rechtsbeeinträchtigungen Dritter oder von nachteiligen **Wirkungen auf Dritte** festzusetzenden Inhalts- und Nebenbestimmungen richten sich nach § 14 Abs. 3–6, also nach den für Bewilligungsinhaber geltenden Bestimmungen.[3] Damit wird

2

---

[1] Zur Entstehungsgeschichte des § 70 siehe *Maus*, in: BFM, § 70 Rn. 5ff.
[2] Näher hierzu auch *C/R*, § 70 Rn. 49ff.
[3] Ausführlich hierzu *C/R*, § 70 Rn. 13ff.

die Vorschrift des § 31 Abs. 5 Satz 2 WHG a.F. abgelöst. Entsprechend der Regelung in anderen Fachplanungsgesetzen verweist das WHG auch in Bezug auf die Plangenehmigung ergänzend auf das **allgemeine Verwaltungsverfahrensrecht** (§§ 72–78 VwVfG). Vorrang haben hier aber neben den erwähnten § 13 Abs. 1 und § 14 Abs. 3–6 auch andere abweichende Bestimmungen in Kapitel 3 Abschnitt 5, insbesondere also § 68 Abs. 2 und § 71.[4]

3 Die wichtigsten **Rechtswirkungen** des Planfeststellungsbeschlusses sind in § 75 Abs. 1 VwVfG normiert: Das Vorhaben ist im Hinblick auf alle von ihr berührten öffentlichen Belange zulässig (Genehmigungswirkung). Andere behördliche Entscheidungen sind neben der Planfeststellung nicht erforderlich (Konzentrationswirkung), und es werden alle öffentlich-rechtlichen Beziehungen zwischen dem Vorhabenträger und den Betroffenen rechtsgestaltend geregelt (Gestaltungswirkung); zu enteignungsrechtlichen Fragen vgl. § 71. Treffen mehrere Planfeststellungen zusammen, geht nach § 78 Abs. 2 VwVfG das Verfahren vor, das den größeren Kreis öffentlich-rechtlicher Beziehungen berührt.

3. Planfeststellungs- und Plangenehmigungsverfahren (Abs. 2, 3)

4 § 70 behandelt in Abs. 2 und 3 spezielle Verfahrensaspekte. **Abs. 2** dient lediglich der Klarstellung; auf die entsprechende Vorschrift des § 11 Abs. 1 zur UVP im Erlaubnis- und im Bewilligungsverfahren nebst Kommentierung wird verwiesen. **Abs. 3** überträgt der Bundesregierung eine Vermittlerrolle in den Fällen des Ländergrenzen überschreitenden Gewässerausbaus. Für solche Ausbauten ist eine einheitliche Gesamtplanung unerlässlich. Es ist zunächst Sache der für den wasserrechtlichen Vollzug zuständigen Länder, sich im Rahmen der üblichen informellen Zusammenarbeit (vgl. jetzt § 7 Abs. 2) oder auf der Grundlage von Verwaltungsvereinbarungen über die Planung und Durchführung der Ausbaumaßnahmen zu verständigen. Erst wenn keine Einigung zustande kommt, soll die Bundesregierung „im Wege der guten Dienste"[5] vermitteln; vgl. im Übrigen auch die Vermittlerrolle der Bundesregierung nach § 81 im Rahmen der Zusammenarbeit beim Hochwasserschutz. Abs. 3 lässt die Möglichkeiten des verfassungsrechtlichen Bundeszwangs nach Art. 37 GG unberührt. Allerdings haben weder die Vermittlung noch der Bundeszwang in der bisherigen Staatspraxis eine relevante Bedeutung erlangt.

5 Im Übrigen ergehen Planfeststellungsbeschluss und Plangenehmigung in einem **förmlichen Verfahren**, das schon im Hinblick auf § 14

---

[4] BT-Drs. 16/12275, S. 73.
[5] BT-Drs. 2072, S. 34.

Abs. 3–6 erforderlich ist. Das Verfahren wird durch einen Antrag eingeleitet, dem ein bestimmter Ausbauplan zugrunde zu legen ist. Einwendungen kann jeder erheben, dessen Belange durch den Plan berührt werden.

4. Landesrecht

§ 70 ist eine im Rahmen des Art. 72 Abs. 1 GG der Ergänzung durch Landesrecht zugängliche Regelung. Im Übrigen können die Länder von den Vorschriften des § 70 Abs. 1 erster Halbsatz nach Maßgabe des Art. 72 Abs. 3 Satz 1 Nr. 5 GG abweichen. Abweichungsfest ist § 70 danach insofern, als es sich bei den Gewässerausbauten um Anlagen handelt (z.B. Errichtung von Stauanlagen, Hafenanlagen). Im Übrigen geht es um verfahrensrechtliche Vorschriften, zu denen die Länder nach Art. 84 Abs. 1 Satz 2 GG abweichende Regelungen erlassen können. Den Vorschlag des Bundesrates, § 70 Abs. 1 generell für anderweitige landesrechtliche Bestimmungen zu öffnen, hat der Gesetzgeber nicht übernommen.[6]

6

§ 71
Enteignungsrechtliche Regelungen

(1) Dient der Gewässerausbau dem Wohl der Allgemeinheit, so kann bei der Feststellung des Plans bestimmt werden, dass für seine Durchführung die Enteignung zulässig ist. Satz 1 gilt für die Plangenehmigung entsprechend, wenn Rechte anderer nur unwesentlich beeinträchtigt werden. In den Fällen der Sätze 1 und 2 ist die Feststellung der Zulässigkeit der Enteignung nicht selbständig anfechtbar.

(2) Die Enteignung ist zum Wohl der Allgemeinheit zulässig, soweit sie zur Durchführung eines festgestellten oder genehmigten Plans notwendig ist, der dem Küsten- oder Hochwasserschutz dient. Abweichend von Absatz 1 Satz 1, auch in Verbindung mit Satz 2, bedarf es keiner Bestimmung bei der Feststellung oder Genehmigung des Plans. Weitergehende Rechtsvorschriften der Länder bleiben unberührt.

(3) Der festgestellte oder genehmigte Plan ist dem Enteignungsverfahren zugrunde zu legen und für die Enteignungsbehörde bindend.

(4) Im Übrigen gelten die Enteignungsgesetze der Länder.

---

[6] BT-Drs. 16/13306, S. 15, 31.

Inhaltsübersicht

Rn.		Rn.
1. Allgemeines 1	3. Enteignung für Zwecke des Küsten- oder Hochwasserschutzes (Abs. 2–4)..	4
2. Enteignungsrechtliche Vorwirkung (Abs. 1) 2	4. Landesrecht	5

1. Allgemeines

1 Wer Gewässer ausbauen will, hat kein Recht, fremde Grundstücke, die für den Ausbau benötigt werden, in Anspruch zu nehmen. Der Ausbauzweck kann aber **enteignende Eingriffe in das Eigentum** rechtfertigen. Es ist sinnvoll, über die Zulässigkeit solcher Eingriffe wegen der Sachnähe schon im Planfeststellungs- oder im Plangenehmigungsverfahren und nicht erst in dem gesondert durchzuführenden Enteignungsverfahren durch die Enteignungsbehörde zu entscheiden. Der neue, 2009 in das WHG aufgenommene § 71 hat deshalb in Anlehnung an vergleichbare Fälle dazu ermächtigt, in der Planfeststellung und in der Plangenehmigung verbindlich über die enteignungsrechtliche Vorwirkung, d.h. die öffentlich-rechtliche Zulässigkeit der Enteignung zu befinden.[1] Das Hochwasserschutzgesetz II vom 30.6.2017 hat auch § 71 ergänzt und § 71a dem Abschnitt 5 angefügt, um mit dem Gewässerausbau verbundene bauliche Maßnahmen des Küsten- und des Hochwasserschutzes erleichtern und beschleunigen zu können.[2] § 71 regelt jetzt in **Abs. 1** die enteignungsrechtliche Vorwirkung, in **Abs. 2** und 3 die Enteignung für bestimmte Zwecke und in **Abs. 4** die ergänzende Geltung der Enteignungsgesetze der Länder.

2. Enteignungsrechtliche Vorwirkung (Abs. 1)

2 § 71 etabliert in Abs. 1 die **enteignungsrechtliche Vorwirkung**, deren Inhalt jetzt in Abs. 3 normiert ist. **Satz 1** gestattet der Behörde („kann"), in der **Planfeststellung** zu bestimmen, dass zur Durchführung des Gewässerausbaus die Enteignung zulässig ist. Entsprechend Art. 14 Abs. 3 Satz 1 GG verlangt das WHG, dass der Ausbau dem Wohl der Allgemeinheit dient. Hierunter fallen nicht nur solche Vorhaben, die ausschließlich gemeinnützige Zwecke verfolgen (z.B. Erreichung des guten ökologischen Zustands, Hochwasserschutz), sondern auch privatnützige Ausbauten, die zugleich maßgeblich dem Allgemeinwohl dienen (z.B. Schaffung von Freizeit- und Erholungsmöglichkeiten durch private Investoren).[3] Wegen der Vorwirkung

---

[1] Zunächst umfasste die Vorschrift nur Satz 1 und 2 des jetzigen Abs. 1 sowie als Satz 3 den jetzigen Abs. 3; vgl. dazu BT-Drs. 16/12275, S. 73.
[2] Vgl. zur Zielsetzung und zum wesentlichen Inhalt des Gesetzes BT-Drs. 18/10879, S. 16ff.
[3] Näher dazu *Riese*, in: LR, WHG, § 71 Rn. 8ff.

muss bereits im Planfeststellungsverfahren die Möglichkeit bestehen, dass die Betroffenen **Einwendungen** gegen die Zulässigkeit der Enteignung vortragen (z.b. Überdimensionierung des Ausbaus im Hinblick auf den verfolgten Zweck) und die Behörde die Einwendungen prüft und gegebenenfalls berücksichtigt.

Satz 2 erstreckt die enteignungsrechtliche Vorwirkung auch auf die **Plangenehmigung**, wenn Rechte anderer nur unwesentlich beeinträchtigt werden. Das WHG stimmt insofern mit der Rechtslage in verschiedenen Fachplanungsgesetzen überein, weicht dabei aber von der allgemeinen Regelung des § 74 Abs. 6 Satz 2 VwVfG ab.[4] Dem Vorschlag des Bundesrates, die Länder zu ermächtigen, die enteignungsrechtliche Vorwirkung auf alle Plangenehmigungen für dem **Hochwasserschutz** dienende Ausbaumaßnahmen zu erstrecken, ist der Gesetzgeber mit der Begründung nicht gefolgt,[5] eine Enteignung auch in Fällen, in denen Rechte anderer nicht nur unwesentlich beeinträchtigt werden, sei in Plangenehmigungsverfahren ohne Öffentlichkeitsbeteiligung verfahrensmäßig nicht hinreichend abgesichert und begegne deshalb erheblichen verfassungsrechtlichen Bedenken.[6]

3

Satz 3 hat das Hochwasserschutzgesetz II in § 71 aufgenommen. Danach kann die Entscheidung nach Satz 1 oder 2 über die Zulässigkeit der Enteignung nicht unabhängig vom Planfeststellungbeschluss bzw. von der Plangenehmigung mit Rechtsmitteln angegriffen werden. Dies vermeidet zusätzliche gerichtliche Streitigkeiten und fördert so die Beschleunigung von Verfahren bei Gewässerausbaumaßnahmen, die dem Gemeinwohl dienen.[7]

4

3. Enteignung für Zwecke des Küsten- oder Hochwasserschutzes (Abs. 2–4)

Abs. 2–4 enthalten bundesgesetzliche Regelungen zur Enteignung. Nach **Abs. 2 Satz 1** ist die Enteignung zulässig, soweit die Inanspruchnahme von Grundstücken zur Durchführung des festgestellten oder genehmigten Plans notwendig ist[8] und der Plan dem Küsten- oder Hochwasserschutz dient. Die Enteignung als solche erfordert nach Maßgabe der einschlägigen landesrechtlichen Vorschriften (vgl. die Klarstellung in **Abs. 4**) ein **gesondertes Enteignungsverfahren**.[9] In **Abs. 2 Satz 2** wird klargestellt, dass in den Fällen des Abs. 2 Satz 1 Bestimmungen gemäß Abs. 1 Satz 1 und 2 entbehrlich sind. Weiter-

5

---

[4] Siehe zu den Gründen BT-Drs. 16/12275, S. 73.
[5] Vgl. hierzu BT-Drs. 16/13306, S. 15 f., 31.
[6] So *C/R*, § 71 Rn. 13 selbst für unwesentliche Beeinträchtigungen entsprechend der geltenden Regelung; vgl. auch *Riese*, in: LR, WHG, § 71 Rn. 15; *Schenk*, in: SZDK, § 71 WHG Rn. 13 ff.
[7] So der übernommene Vorschlag des Bundesrates; vgl. BT-Drs. 18/10879, S. 42 f., 55.
[8] Z.B. weil einvernehmliche Lösungen der Eigentumsübertragung nicht zustande kommen.
[9] Siehe hierzu näher *Riese*, in: LR, WHG, § 71 Rn. 17 ff.

gehende Regelungen der Länder bleiben nach **Satz 3** unberührt.[10]
Der festgestellte oder genehmigte Ausbauplan einschließlich der Entscheidung über die Zulässigkeit der Enteignung ist dem Enteignungsverfahren zugrunde zu legen und für die Enteignungsbehörde bindend (**Abs. 3**).[11]

4. Landesrecht

6 § 71 ist eine im Rahmen des Art. 72 Abs. 1 GG der Ergänzung durch Landesrecht zugängliche Vorschrift, was im Fall des Abs. 2 Satz 3 der gesetzlichen Klarstellung bedurft hat, im Fall des Abs. 4 nicht. Im Übrigen können die Länder nach Maßgabe des Art. 72 Abs. 3 Satz 1 Nr. 5 GG von § 71 abweichende Regelungen erlassen. Abweichungsfest ist § 71 danach insofern, als es sich bei den Gewässerausbauten um Anlagen handelt (z.B. Errichtung von Stauanlagen, Hafenanlagen).

§ 71a
Vorzeitige Besitzeinweisung

(1) Die zuständige Behörde hat den Träger eines Vorhabens zum Küsten- oder Hochwasserschutz auf Antrag nach der Feststellung des Plans oder nach der Erteilung der Plangenehmigung in den Besitz einzuweisen, wenn

1. der Eigentümer oder Besitzer eines Grundstücks, das für das Vorhaben benötigt wird, sich weigert, den Besitz durch Vereinbarung unter Vorbehalt aller Entschädigungsansprüche dem Träger des Vorhabens zu überlassen,

2. der sofortige Beginn von Bauarbeiten aus Gründen eines wirksamen Küsten- oder Hochwasserschutzes geboten ist und

3. der Planfeststellungsbeschluss oder die Plangenehmigung vollziehbar ist.

(2) § 20 Absatz 2 bis 7 des Bundeswasserstraßengesetzes gilt entsprechend.

(3) Weitergehende Rechtsvorschriften der Länder bleiben unberührt.

---

[10] Die Begründung des Gesetzentwurfs in BT-Drs. 18/10879, S. 26 nennt § 101 des Sächsischen Wassergesetzes.
[11] Näher dazu *Schenk*, in: SZDK, § 71 WHG Rn. 16.

Inhaltsübersicht

Rn.			Rn.
1. Allgemeines	1	3. Landesrecht	5
2. Inhalt des § 71a	2		

1. Allgemeines

§ 71a betrifft den **Küsten- und Hochwasserschutz**. Die Vorschrift ist *1* zusammen mit der Erweiterung des § 71 erst durch das Hochwasserschutzgesetz II vom 30.6.2017 dem Abschnitt 5 in Kapitel 3 angefügt worden. Die vorzeitige Besitzeinweisung kennt man bereits im Verkehrsbereich (Wasserstraßen-, Fernstraßen-, Eisenbahnrecht). Auch im Zusammenhang mit dem Gewässerausbau spielt die Inanspruchnahme von Grundstücken für Zwecke des Küsten- und Hochwasserschutzes eine wichtige Rolle (siehe auch § 71 Rn. 1). § 71a dient dazu, im Enteignungsverfahren die Möglichkeit zur vorzeitigen Besitzeinweisung für den Neu- und Ausbau von Hochwasserschutzanlagen zu schaffen, um gegebenenfalls unverzüglich die hierfür benötigten Grundstücke zur Verfügung zu stellen.[1] Bereits existierende Vorschriften wie § 92 WHG werden, wovon der Gesetzgeber ausgegangen ist, nicht dem Bedürfnis gerecht, zur Durchführung von Hochwasserschutzvorhaben „substantiell in das Privateigentum einzugreifen". **Abs. 1** regelt die wasserrechtlichen Voraussetzungen der vorzeitigen Besitzeinweisung, **Abs. 2** und **3** verweisen zu weiteren Regelungen auf das Bundeswasserstraßengesetz und das Landesrecht.[2]

2. Inhalt des § 71a

Nach **Abs. 1** des § 71a setzt die vorzeitige Besitzeinweisung einen *2* **Antrag** des Vorhabenträgers voraus, nach der Feststellung bzw. Genehmigung des Plans den Besitz des Grundstücks, das der Träger zur Durchführung der beabsichtigten Küsten- oder Hochwasserschutzmaßnahme benötigt, zu übernehmen. Die Besitzeinweisung ist ein **Verwaltungsakt**, den die zuständige **Enteignungsbehörde**, also nicht die Planfeststellungs- oder Plangenehmigungsbehörde zu erlassen hat. Dabei müssen kumulativ die in Nr. 1 bis 3 genannten Voraussetzungen vorliegen. Nach **Nr. 1** muss sich der Eigentümer oder Besitzer des Grundstücks weigern, dem Vorhabenträger im Verhandlungswege – unter Vorbehalt aller Entschädigungsansprüche – das Grundstück zu überlassen. Mit dem Bau von Hochwasserschutzeinrichtungen kann also schon begonnen werden, bevor das Enteignungsverfahren abgeschlossen ist. **Nr. 2** verlangt des Weiteren, dass

---

[1] Vgl. BT-Drs. 18/10879, S. 26.
[2] Zum geltenden Landesrecht siehe den Überblick bei *Riese*, in: LR, WHG, § 71 Rn. 30ff.

aus Gründen eines wirksamen Küsten- oder Hochwasserschutzes der sofortige Beginn von Bauarbeiten geboten ist. Schließlich muss nach **Nr. 3** für die vorzeitige Besitzeinweisung der Planfeststellungsbeschluss oder die Plangenehmigung zumindest vollziehbar sein.

3 **Abs. 2** betrifft das Verfahren der vorzeitigen Besitzeinweisung und verweist insofern auf die Vorschriften des § 20 Abs. 2–7 WaStrG.[3)] § 20 regelt in Abs. 2 den **Verfahrensablauf**, in Abs. 3 eventuell notwendige Ermittlungen über den **Zustand des Grundstücks**, in Abs. 4 die **Beschlussfassung** über die Besitzeinweisung und deren Folgen, in Abs. 5 die von der Enteignungsbehörde festzusetzende **Entschädigung** für die durch die Besitzeinweisung entstehenden Vermögensnachteile, in Abs. 6 die Aufhebung und **Rückabwicklung** der Besitzeinweisung, wenn der festgestellte oder genehmigte Plan wegfällt und in Abs. 7 die **Wirkung von Rechtsbehelfen**, die der Grundstückseigentümer oder -besitzer gegen die Besitzeinweisung einlegt.

4 **Abs. 3** lässt weitergehende landesrechtliche Regelungen unberührt. Die Länder können z.B. über Abs. 1 hinaus weitere Voraussetzungen für die vorzeitige Besitzeinweisung verlangen[4)] und auch die Verfahrensvorschriften nach Abs. 2 mit § 20 Abs. 2 bis 7 WaStrG ergänzen oder modifizieren (vgl. auch Rn. 5).

3. Landesrecht

5 § 71a regelt zwar in Abs. 1 und 2 die vorzeitige Besitzeinweisung abschließend, öffnet aber auf der Grundlage des Art. 72 Abs. 1 GG in Abs. 3 die Landesgesetzgebung für weitergehende Regelungen. Darüber hinaus können die Länder nach Maßgabe des Art. 72 Abs. 3 Satz 1 Nr. 5 GG von § 71a abweichende Regelungen erlassen. Abweichungsfest sind danach Vorschriften, soweit bei den Gewässerausbauten – wie hier in § 71a – der Bau von Hochwasserschutzanlagen betroffen ist. Für die Verfahrensregelungen nach Abs. 2 greift die Abweichungsbefugnis nach Art. 84 Abs. 1 Satz 2 GG ein.

[3)] In BT-Drs. 18/10879, S. 26 wird außerdem auf entsprechende Bestimmungen in § 18f des Bundesfernstraßengesetzes, § 21 des Allgemeinen Eisenbahngesetzes, § 29a des Personenbeförderungsgesetzes, § 27g des Luftverkehrsgesetzes sowie § 101a des Sächsischen Wassergesetzes hingewiesen.

[4)] So hat § 71a Abs. 1 nicht die Bestimmung des § 20 Abs. 1 Satz 3 WaStrG übernommen, wonach es weiterer Voraussetzungen nicht bedarf.

Abschnitt 6
Hochwasserschutz

§ 72
Hochwasser

Hochwasser ist eine zeitlich beschränkte Überschwemmung von normalerweise nicht mit Wasser bedecktem Land, insbesondere durch oberirdische Gewässer oder durch in Küstengebiete eindringendes Meerwasser. Davon ausgenommen sind Überschwemmungen aus Abwasseranlagen.

Inhaltsübersicht

Rn.		Rn.
1. Allgemeines 1	3. Landesrecht	7
2. Inhalt des § 72 5		

1. Allgemeines

Die Flutkatastrophen der letzten zwei Jahrzehnte in Deutschland, Europa und der ganzen Welt mit zahllosen Menschenopfern und immensen Sachschäden machen deutlich, welche Herausforderungen sich dem Menschen und der Politik, die Mensch und Umwelt Schutz gewähren soll, bei der Bewältigung großer Naturkatastrophen stellen. Die Hochwasserrisiken nehmen mit dem fortschreitenden Klimawandel weiter zu (vgl. auch § 6 Abs. 1 Satz 1 Nr. 5). Auf nationaler, europäischer und internationaler Ebene steht die **Stärkung der Hochwasservorsorge** mit an vorderster Stelle der politischen Agenda. Auch die Rechtsprechung erkennt an, welchen hohen Stellenwert der Hochwasserschutz bei der auf verfassungsrechtlicher und einfachgesetzlicher Ebene vorzunehmenden Abwägung öffentlicher und privater Belange einnimmt.[1] In Deutschland hat die Hochwasserproblematik seit dem Jahrhundert-Elbehochwasser vom August 2002 eine neue Dimension erlangt und im Zuge weiterer gravierender Überflutungen mit hohen Schäden (zuletzt im Mai/Juni 2013) intensive Hochwasserschutzaktivitäten von Bund und Ländern ausgelöst. Zu den Schwerpunkten gehört auch ein **wirksamer gesetzlicher Hochwasserschutz** mit bundesweit einheitlichen Standards.[2] 1

---

[1] BVerfG v. 25. 3. 1998 – 1 BvR 1084/92, ZfW 1999, 87, 88: Schutz vor Überflutungen „ein Gemeinwohlinteresse von nachgerade überragender Bedeutung"; BVerwG v. 22. 7. 2004 – 7 CN 1.04, DÖV 2005, 158: Hochwasserschutz „eine Gemeinwohlaufgabe von hohem Rang".

[2] Siehe m.w.N. zur weiter zunehmenden Bedeutung eines wirksamen Hochwasserschutzes insbesondere infolge des fortschreitenden Klimawandels *Faßbender*, Die Bewältigung von Extremhochwasser durch Wasser- und Bauplanungsrecht – unter besonderer Berücksichtigung von Starkregenereignissen, ZUR 2015, 525 f. – Angesprochen ist neben dem Wasserhaushaltsrecht vor allem auch das Wasserstraßen-, Raumordnungs- und Bauplanungsrecht; vgl. zum Hochwasserschutz außerhalb des Wasserrechts *Hünnekens*, in LR, WHG, Vor § 72 Rn. 20 ff.

2 Abschnitt 6 im 3. Kapitel des WHG 2009 (§§ 72–81) hat die früheren Rahmenvorschriften zum Hochwasserschutz (§§ 31a–32 WHG a. F.) als Vollregelung fortgeführt, und zwar zunächst in modifizierter Form auf der Basis der grundlegenden Reform durch das **Hochwasserschutzgesetz I** von 2005[3]; vgl. zur **Entstehung und Entwicklung des Hochwasserrechts** im Übrigen die Gesetzesmaterialien.[4] Die extremen Überflutungen von 2013 sind erneut Anlass gewesen, die rechtlichen Instrumente des Hochwasserschutzes durch ein **Hochwasserschutzgesetz II** den weiter wachsenden Herausforderungen des Klimawandels anzupassen und die rechtlichen Möglichkeiten zu schaffen, die Verfahren zum Bau von Hochwasserschutzanlagen zu erleichtern und zu beschleunigen, der Entstehung von Hochwasser vorzubeugen sowie Lücken in den Regelungen zur Minderung von Hochwasserschäden zu schließen.[5] Auf die neuen Vorschriften in den §§ 74, 77 bis 78d, 99a wird hingewiesen.

3 Das WHG 2009 setzt auch die Vorgaben der **EG-Hochwasserrichtlinie** 2007/60/EG vom 23. 10. 2007 (ABl. EU L 288 S. 27) in nationales Recht um (vgl. insbesondere §§ 72–75, § 79 Abs. 1 und § 80). Im Unterschied zu dem bisher geltenden deutschen Hochwasserrecht erfasst die Richtlinie neben dem Binnenhochwasser auch das Küstenhochwasser. Deshalb ist der Anwendungsbereich der Hochwasservorschriften des neuen WHG grundsätzlich nicht mehr auf oberirdische Gewässer beschränkt. Etwas anderes gilt für die auf Binnenhochwasser zugeschnittenen operativen Vorschriften des WHG 1957. Der Bundesgesetzgeber hat weiterhin keinen Bedarf gesehen, die Küsten über die notwendige Umsetzung der Hochwasserrichtlinie hinaus durch eine bundesweit einheitliche Sturmflutregelung zu schützen.[6]

4 Nicht im Hochwasserabschnitt, sondern in den Bestimmungen zu den allgemeinen Sorgfaltspflichten und Bewirtschaftungsleitlinien sind jetzt die **Grundsätze des Hochwasserschutzes** nach § 31a Abs. 1

---

[3] Änderung des WHG durch Art. 1 des Gesetzes zur Verbesserung des vorbeugenden Hochwasserschutzes vom 3.5.2005 (BGBl. I S. 1224); vgl dazu BT-Drs. 15/3168, S. 5 ff., 7 ff., 12 ff., 18 ff.; 15/3214, S. 1 f.; 15/3455, S. 2 ff.; 15/3510, S. 1 ff.; 15/3871, S. 1 f.; 15/5121, S. 1 f. und das BR-Plenarprotokoll 809 vom 18.3.2005, S. 54 ff., 103 f. sowie *Berendes*, Das neue Hochwasserschutzgesetz des Bundes, ZfW 2005, 197; generell zum Hochwasserrecht *Schneider*, Rechtliche Instrumente des Hochwasserschutzes in Deutschland, Berlin 2005.

[4] Zum ursprünglichen § 32 BT-Drs. 2072, S. 12, 34, zu dessen Neufassung 1996 durch die 6. Novelle BT-Drs. 13/1207, S. 4, 6, 9 f.; 13/4788, S. 11 f., 21; 13/5254, S. 4; 13/5641, S. 3; vgl. auch *Breuer/Gärditz*, Rn. 1290 ff.; *Rossi*, in: SZDK, § 72 WHG Rn. 1 ff.

[5] Vgl. das Gesetz zur weiteren Verbesserung des Hochwasserschutzes und zur Vereinfachung von Verfahren des Hochwasserschutzes (Hochwasserschutzgesetz II) v. 30.6.2017 (BGBl. I S. 2193) sowie BT-Drs. 18/10879, S. 1 f., 16 ff. – Zum Inhalt und zur Bewertung des Gesetzes siehe *Hofmann*, Das Hochwasserschutzgesetz II – Die wichtigsten Regelungen und ihre Motive, W+B 2017, 118 ff., 128; *Reinhardt*, Trial and Error: Die WHG-Novelle 2017 zum Hochwasserschutz, NVwZ 2017, 1585 ff., 1589 f.

[6] BT-Drs. 16/12275, S. 73 f.

und 2 WHG a.F. geregelt. § 31a Abs. 1 wird durch § 6 Abs. 1 Satz 1 Nr. 6 und § 31a Abs. 2 durch § 5 Abs. 2 fortgeführt. Mit der systematischen Einordnung der Ziele und Grundsätze des Hochwasserschutzes in den Kontext der allgemeinen Pflichten und Grundsätze hebt das WHG noch stärker als bisher die bedeutsame Rolle einer wirksamen Hochwasservorsorge im Rahmen der nachhaltigen Gewässerbewirtschaftung hervor. § 31a Abs. 3 WHG a.F. wird durch § 79 Abs. 2 fortgeführt.

2. Inhalt des § 72

§ 72 definiert den **Begriff des Hochwassers**. Das WHG 1957 kannte keine Hochwasserdefinition, sie stimmt inhaltlich und weitgehend auch im Wortlaut mit der Begriffsbestimmung der Hochwasserrichtlinie überein. Die Richtlinie bezeichnet in Satz 1 von Art. 2 Abs. 2 als Hochwasser die „zeitlich beschränkte Überflutung von Land, das normalerweise nicht mit Wasser bedeckt ist". Satz 2 konkretisiert die weit gefasste Definition entsprechend dem in § 72 übernommenen Wortlaut, der 2013 noch enger an die Definition der Richtlinien angepasst[7] worden ist. Die Einfügung des Wortes „insbesondere" in **Satz 1** stellt sicher, dass nicht allein durch oberirdische Gewässer oder das Küstenmeer ausgelöste Überschwemmungen unter den Hochwasserbegriff fallen, sondern auch solche, die etwa durch steigendes Grundwasser oder Starkregen entstehen. Nicht einbezogen ist wie bisher die Überflutung aus Abwasseranlagen, was Art. 2 Abs. 2 der Hochwasserrichtlinie gestattet und § 72 in **Satz 2** jetzt ausdrücklich klarstellt. Der mit unbestimmten Kriterien umschriebene Hochwasserbegriff des § 72 stellt insbesondere nicht auf bestimmte hydrologische oder statistische Kriterien ab.[8]

5

Den Hochwasservorschriften des WHG liegt grundsätzlich der **weite Hochwasserbegriff**, der Meeressturmfluten mit einbezieht, zugrunde. Ausnahmen sind ausdrücklich geregelt. Von besonderer Bedeutung und großer Reichweite ist die Einschränkung bei der Definition der Überschwemmungsgebiete (vgl. § 76 Abs. 1 Satz 2).

6

3. Landesrecht

Die Begriffsbestimmung des § 72 hat abschließenden Charakter, kann also im Rahmen des Art. 72 Abs. 1 GG nur durch konkretisierende Regelungen der Länder ergänzt werden. Im Übrigen unterliegen Hochwasservorschriften des Bundes nach Maßgabe des Art. 72

7

---

[7] Vgl. hierzu Art. 6 Nr. 3 des Gesetzes v. 21.1.2013 (BGBl. I S. 95) sowie BT-Drs. 17/10957, S. 22.
[8] Vgl. zum Begriff näher *C/R*, § 72 Rn. 20 ff.; *Dammert*, in: BFM, § 72 Rn. 3 ff.; *Rossi*, in: SZDK, § 72 WHG Rn. 28 ff. – Die operativen Hochwasserschutzvorschriften enthalten dann für ihren Anwendungsbereich die notwendigen Konkretisierungen (vgl. z.B. § 74 Abs. 2, § 76 Abs. 1).

Abs. 3 Satz 1 Nr. 5 GG grundsätzlich der Abweichungsgesetzgebung der Länder. Soweit es also um stoff- oder anlagenbezogenes Hochwasserrecht geht, ist auch dessen Steuerung durch den Hochwasserbegriff des § 72 abweichungsfest.

§ 73
Bewertung von Hochwasserrisiken, Risikogebiete

(1) Die zuständigen Behörden bewerten das Hochwasserrisiko und bestimmen danach die Gebiete mit signifikantem Hochwasserrisiko (Risikogebiete). Hochwasserrisiko ist die Kombination der Wahrscheinlichkeit des Eintritts eines Hochwasserereignisses mit den möglichen nachteiligen Hochwasserfolgen für die menschliche Gesundheit, die Umwelt, das Kulturerbe, wirtschaftliche Tätigkeiten und erhebliche Sachwerte.

(2) Die Risikobewertung muss den Anforderungen nach Artikel 4 Absatz 2 der Richtlinie 2007/60/EG des Europäischen Parlaments und des Rates vom 23. Oktober 2007 über die Bewertung und das Management von Hochwasserrisiken (ABl. L 288 vom 6.11.2007, S. 27) entsprechen.

(3) Die Bewertung der Hochwasserrisiken und die Bestimmung der Risikogebiete erfolgen für jede Flussgebietseinheit. Die Länder können bestimmte Küstengebiete, einzelne Einzugsgebiete oder Teileinzugsgebiete zur Bewertung der Risiken und zur Bestimmung der Risikogebiete statt der Flussgebietseinheit einer anderen Bewirtschaftungseinheit zuordnen.

(4) Die zuständigen Behörden tauschen für die Risikobewertung bedeutsame Informationen mit den zuständigen Behörden anderer Länder und Mitgliedstaaten der Europäischen Union aus, in deren Hoheitsgebiet die nach Absatz 3 maßgebenden Bewirtschaftungseinheiten auch liegen. Für die Bestimmung der Risikogebiete gilt § 7 Absatz 2 und 3 entsprechend.

(5) Die Hochwasserrisiken sind bis zum 22. Dezember 2011 zu bewerten. Die Bewertung ist nicht erforderlich, wenn die zuständigen Behörden vor dem 22. Dezember 2010

1. nach Durchführung einer Bewertung des Hochwasserrisikos festgestellt haben, dass ein mögliches signifikantes Risiko für ein Gebiet besteht oder als wahrscheinlich gelten kann und eine entsprechende Zuordnung des Gebietes erfolgt ist oder

2. Gefahrenkarten und Risikokarten gemäß § 74 sowie Risikomanagementpläne gemäß § 75 erstellt oder ihre Erstellung beschlossen haben.

(6) Die Risikobewertung und die Bestimmung der Risikogebiete nach Absatz 1 sowie die Entscheidungen und Maßnahmen nach Absatz 5 Satz 2 sind bis zum 22. Dezember 2018 und danach alle sechs Jahre zu überprüfen und erforderlichenfalls zu aktualisieren. Dabei ist den voraussichtlichen Auswirkungen des Klimawandels auf das Hochwasserrisiko Rechnung zu tragen.

Inhaltsübersicht

Rn.		Rn.
1. Allgemeines	1	4. Fristen und Fortschreibung
2. Hochwasserrisiken (Abs. 1)	2	(Abs. 5, 6) 8
3. Risikobewertung und Bestimmung der Risikogebiete nach Abs. 2–4	5	5. Landesrecht 11

1. Allgemeines

§ 73 regelt die Bewertung von Hochwasserrisiken und die Bestimmung von Risikogebieten entsprechend dem Ergebnis der Risikobewertung. Die Vorschrift ist neu, sie dient der Umsetzung vor allem der Art. 4 und 5 der Hochwasserrichtlinie. Zur Risikobewertung normiert **Abs. 1** den Grundsatz, **Abs. 2** die an die Bewertung zu stellenden Anforderungen und **Abs. 3** den räumlichen Anwendungsbereich. **Abs. 4** regelt den für die Risikobewertung bedeutsamen Informationsaustausch, **Abs. 5** die einzuhaltenden Fristen und **Abs. 6** die Überprüfung und Aktualisierung der Risikobewertung und Bestimmung der Risikogebiete. § 73 setzt vom **Hochwasserschutzkonzept der EG-Hochwasserrichtlinie** die **erste von drei Stufen** um: Risikobewertung und Bestimmung der Risikogebiete (§ 73) – Kartierung der Gefahren und Risiken (§ 74) – Maßnahmenplanung (§ 75). 1

2. Hochwasserrisiken (Abs. 1)

§ 73 Abs. 1 schreibt vor, im ganzen Land die **Hochwasserrisiken** zu **bewerten** und die **Gebiete** zu **bestimmen**, die ein signifikantes Hochwasserrisiko aufweisen (sog. Risikogebiete). Wie dies zu geschehen hat, ist in Abs. 2–6 näher geregelt. Die Risikogebiete bilden die Grundlage für die Erstellung von Gefahrenkarten und Risikokarten (§ 74) sowie die Aufstellung von Risikomanagementplänen (§ 75). Abs. 1 dient der Umsetzung von Art. 4 Abs. 1, Art. 5 Abs. 1 sowie Art. 2 der Hochwasserrichtlinie. Dabei verwendet das WHG den Begriff „Bewertung" nicht wie die Richtlinie mit dem Zusatz „vorläufig", weil durch die Regelungen zur periodischen Überprüfung 2 und Aktualisierung die immanente Vorläufigkeit der Bewertung bereits hinreichend zum Ausdruck kommt.[1]

3 **Satz 1** schafft in Umsetzung von Art. 5 Abs. 1 der Hochwasserrichtlinie eine neue Gebietskategorie, die **„Risikogebiete"**. Ihre Bestimmung setzt zunächst voraus, dass die zuständige Behörde bei ihrer Bewertung ein Hochwasserrisiko festgestellt hat. **Satz 2** hat hierzu in nur leicht veränderter Fassung die Definition des Art. 2 der Hochwasserrichtlinie übernommen. Zur Ermittlung der Wahrscheinlichkeit wird auf die Klassifizierung nach § 74 Abs. 2 Satz 1 verwiesen. Im Übrigen belassen die begrifflichen Merkmale der Behörde einen weiten Beurteilungsspielraum. Das Risiko muss darüber hinaus **„signifikant"** sein; vgl. zu diesem Begriff § 25 Rn. 7. Die Richtlinie bezeichnet es als „potenzielles signifikantes" Hochwasserrisiko, der Bundesgesetzgeber hat den Zusatz „potenziell" als eher zur Unklarheit als zur Klarheit beitragend nicht übernommen.[2]

4 Zu den Risikogebieten gehören definitionsgemäß sowohl die von Binnenhochwasser als auch die von Küstenhochwasser bedrohten Gebiete. Die neue Gebietskategorie erfasst somit auch die nach § 76 Abs. 2 Satz 1 Nr. 1 festzusetzenden **Überschwemmungsgebiete**. Bisher waren nach § 31b Abs. 2 Satz 1 WHG a.F. die Gewässer oder Gewässerabschnitte zu bestimmen, bei denen durch Hochwasser „nicht nur geringfügige Schäden" entstanden oder zu erwarten sind. An die Stelle dieser Relevanzschwelle tritt jetzt gemäß den EG-rechtlichen Vorgaben das im Begriff der Risikogebiete vorausgesetzte „signifikante Hochwasserrisiko". Einer Fortführung des bisherigen § 31b Abs. 2 Satz 1 und 2 hat es daher nicht mehr bedurft. Zu den Risikogebieten gehören auch **„weitere" Risikogebiete** (§ 78b), die erst 2017 das Hochwasserschutzgesetz II in das WHG eingeführt hat. Die bisher nicht vom WHG erfassten Gebiete hinter öffentlichen Küstenschutzbauten, deren Versagen mit ganz erheblichen Schäden verbunden sein kann, sind ebenfalls Risikogebiete, soweit die Bauten ihrem Schutz dienen, wie z.B. die deichpflichtigen Gebiete. Dabei handelt es sich nicht nur um die unmittelbar hinter den Deichen liegenden Grundstücke, sondern auch um Gebiete, die weit ins Hinterland reichen können.

---

[1] Bei den Karten und Plänen verzichtet die Richtlinie selbst auf das Adjektiv „vorläufig", obwohl sie ebenfalls regelmäßig zu überprüfen und zu aktualisieren sind.
[2] Näher zur Bewertung des Hochwasserrisikos *C/R*, § 73 Rn. 4 ff., 17 ff.; *Dammert*, in: BFM, § 73 Rn. 8 ff., 18 ff.; *Hünnekens*, in LR, WHG, § 73 Rn. 4 ff., 18; *Rossi*, in: SZDK, § 73 WHG Rn. 10 ff.

3. Risikobewertung und Bestimmung der Risikogebiete nach Abs. 2–4

Abs. 2 bestimmt die **Anforderungen an die Bewertung** des Hochwasserrisikos unter Bezugnahme auf die Vorgaben der Hochwasserrichtlinie. Das WHG setzt die Richtlinie durch einen bloßen Verweis auf die einschlägigen Bestimmungen des Art. 4 Abs. 2 um, im vorliegenden Fall erschien es dem Gesetzgeber geeigneter, die Risikobewertung unmittelbar auf der Grundlage des Wortlauts der Richtlinie und nicht eines europarechtskonform in die deutsche Gesetzessprache zu „übersetzenden" Textes durchzuführen. Art. 4 Abs. 2 beschreibt die der Bewertung zugrunde zu legenden Informationen und bestimmt, anhand welcher Komponenten das Hochwasserrisiko zu ermitteln, einzuschätzen und zu bewerten ist (relevantes Kartenmaterial, Beschreibung vergangener Hochwasserereignisse und ihrer Folgen sowie der zu erwartenden künftigen Entwicklung, Angabe der Bewertungskriterien).

Abs. 3 schreibt in **Satz 1** die Risikobewertung und die Bestimmung der Risikogebiete im Sinne der flussgebietsbezogenen Gewässerbewirtschaftung für **jede Flussgebietseinheit** vor. **Satz 2** gibt eine in Art. 3 Abs. 2 Buchst. b der Hochwasserrichtlinie enthaltene Ermächtigung für die Mitgliedstaaten an die Länder weiter. Die Länder können für den Küstenschutz besonders relevante Gebiete speziell für das Hochwasserrisikomanagement aus den Flussgebietseinheiten ausgliedern und **anderen Bewirtschaftungseinheiten zuordnen**. Zur Klarstellung nennt das WHG hier auch die Teileinzugsgebiete, die in der Richtlinie nicht ausdrücklich erwähnt sind. Von der Möglichkeit nach Art. 3 Abs. 2 Buchst. a, andere als die für die Wasserrahmenrichtlinie zuständigen Behörden als zuständige Behörden für den Hochwasserschutz zu benennen, können die Länder ohne Ermächtigung durch das WHG Gebrauch machen, Zuständigkeitsregelungen fallen in ihre Kompetenz.

Abs. 4 schreibt in **Satz 1** den länder- und staatenübergreifenden **Informationsaustausch** vor und setzt damit Art. 4 Abs. 3 der Hochwasserrichtlinie um, wobei die Verpflichtung der Bundesländer nicht unionsrechtlich vorgegeben ist. **Satz 2** nimmt auf die allgemeinen **Koordinierungsverpflichtungen** bei der Bestimmung der Risikogebiete Bezug und setzt mit dem Verweis auf § 7 Abs. 3 Nr. 1 die Vorgabe nach Art. 5 Abs. 2 der Richtlinie um.

4. Fristen und Fortschreibung (Abs. 5, 6)

Abs. 5 schreibt in **Satz 1** als **Frist** für die Bewertung der Hochwasserrisiken entsprechend der Vorgabe des Art. 4 Abs. 4 der Hochwasserrichtlinie den 22.12.2011 vor. Für die Bestimmung von Risikogebieten sieht weder die Richtlinie noch das WHG eine Frist vor. Mittelbar ergeben sich Fristen aber aus den Vorschriften der §§ 74 ff.

über Karten, Pläne und Gebietsfestsetzungen, die sich alle auf die zu bestimmenden Risikogebiete beziehen.

9 **Abs. 5 Satz 2** nimmt die von Art. 13 Abs. 1 der Hochwasserrichtlinie eröffnete Möglichkeit in Anspruch, die Bewertung durch bereits **bestehende Bewertungen und** beschlossene oder ausgeführte **Kartierungen** zu ersetzen. Auf diese Möglichkeit hat insbesondere Deutschland Wert gelegt, um die Planungen und Maßnahmen, die von den Ländern im Zuge des Hochwasserschutzgesetzes von 2005 bereits nach adäquaten Standards durchgeführt worden sind, nicht ganz oder teilweise wiederholen zu müssen. Die Ausnahmeregelung greift auch für Teile von Flussgebietseinheiten oder Bewirtschaftungseinheiten nach Abs. 3, wenn nur für diese Teile eine als Ersatz geeignete Bewertung vorgenommen worden ist.[3] Die Zuordnung eines Gebiets als Gebiet mit einem signifikanten Hochwasserrisiko nach Nr. 1 zweiter Halbsatz ist insbesondere dann möglich, wenn das Gebiet als Überschwemmungsgebiet festgesetzt oder vorläufig gesichert oder füher als überschwemmungsgefährdetes Gebiet ermittelt und in Kartenform dargestellt worden ist.

10 **Abs. 6** schreibt die **Überprüfung** und, soweit erforderlich, **Aktualisierung** der Risikobewertung und Bestimmung der Risikogebiete sowie der Feststellungen und Maßnahmen nach Abs. 5 Satz 2 bis zum 22.12.2018 vor. Danach müssen die Überprüfungen und Aktualisierungen alle sechs Jahre stattfinden. Abs. 6 (einschließlich Satz 2) setzt Art. 14 Abs. 1 und 4 der Hochwasserrichtlinie um.

5. Landesrecht

11 § 73 ist eine im Rahmen des Art. 72 Abs. 1 GG der Ergänzung durch Landesrecht zugängliche Vorschrift. Im Übrigen können die Länder nach Maßgabe des Art. 72 Abs. 3 Satz 1 Nr. 5 GG von § 73 abweichende Regelungen erlassen. Dessen ungeachtet sind EG-rechtlich abweichende Regelungen der Länder nur zulässig, soweit die Hochwasserrichtlinie die Mitgliedstaaten hierzu ermächtigt.

§ 74
Gefahrenkarten und Risikokarten

(1) Die zuständigen Behörden erstellen für die Risikogebiete in den nach § 73 Absatz 3 maßgebenden Bewirtschaftungseinheiten Gefahrenkarten und Risikokarten in dem Maßstab, der hierfür am besten geeignet ist.

(2) Gefahrenkarten erfassen die Gebiete, die bei folgenden Hochwasserereignissen überflutet werden:

---

[3] Vgl. BT-Drs. 16/12275, S. 74.

1. Hochwasser mit niedriger Wahrscheinlichkeit (voraussichtliches Wiederkehrintervall mindestens 200 Jahre) oder bei Extremereignissen,
2. Hochwasser mit mittlerer Wahrscheinlichkeit (voraussichtliches Wiederkehrintervall mindestens 100 Jahre),
3. soweit erforderlich, Hochwasser mit hoher Wahrscheinlichkeit.

Die Erstellung von Gefahrenkarten für ausreichend geschützte Küstengebiete kann auf Gebiete nach Satz 1 Nummer 1 beschränkt werden.

(3) Gefahrenkarten müssen jeweils für die Gebiete nach Absatz 2 Satz 1 Angaben enthalten

1. zum Ausmaß der Überflutung,
2. zur Wassertiefe oder, soweit erforderlich, zum Wasserstand,
3. soweit erforderlich, zur Fließgeschwindigkeit oder zum für die Risikobewertung bedeutsamen Wasserabfluss.

(4) Risikokarten erfassen mögliche nachteilige Folgen der in Absatz 2 Satz 1 genannten Hochwasserereignisse. Sie müssen die nach Artikel 6 Absatz 5 der Richtlinie 2007/60/EG erforderlichen Angaben enthalten.

(5) Die zuständigen Behörden haben vor der Erstellung von Gefahrenkarten und Risikokarten für Risikogebiete, die auch auf dem Gebiet anderer Länder oder anderer Mitgliedstaaten der Europäischen Union liegen, mit deren zuständigen Behörden Informationen auszutauschen. Für den Informationsaustausch mit anderen Staaten gilt § 7 Absatz 3 Nummer 2 entsprechend.

(6) Die Gefahrenkarten und Risikokarten sind bis zum 22. Dezember 2013 zu erstellen. Satz 1 gilt nicht, wenn bis zum 22. Dezember 2010 vergleichbare Karten vorliegen, deren Informationsgehalt den Anforderungen der Absätze 2 bis 4 entspricht. Alle Karten sind bis zum 22. Dezember 2019 und danach alle sechs Jahre zu überprüfen und erforderlichenfalls zu aktualisieren. Dabei umfasst die Überprüfung der Karten nach Satz 2 zum 22. Dezember 2019 auch ihre Übereinstimmung mit den Anforderungen der Absätze 2 und 4.

Inhaltsübersicht

Rn.		Rn.
1. Allgemeines (Abs. 1) 1	4. Informationsaustausch, Fristen, Fortschreibung (Abs. 5, 6)	6
2. Gefahrenkarten (Abs. 2, 3). 3		
3. Risikokarten (Abs. 4). 5	5. Landesrecht	8

1. Allgemeines (Abs. 1)

1 § 74 regelt die Erstellung von Gefahrenkarten und Risikokarten.[1] Die Karten sollen verlässliche **Erkenntnisse über** die bestehenden **Hochwasserrisiken** dokumentieren (Warnfunktion). Sie basieren auf der Risikobewertung (§ 73), der ersten Stufe des Konzepts der europäischen Hochwasserrichtlinie, und schaffen auf der zweiten Stufe die wichtigste Grundlage für die dritte Stufe, die Risikomanagementplanung (§ 75). Die Vorschrift setzt hauptsächlich Art. 6 der Richtlinie um und ist durch das Hochwasserschutzgesetz II vom 30. 6. 2017 in Abs. 2 Satz 1 Nr. 1 um den Klammerzusatz ergänzt worden. **Abs. 1** verpflichtet zur Erstellung von Gefahren- und von Risikokarten für Risikogebiete. **Abs. 2** und **3** regeln die Klassifizierung der Gefahrenkarten nach der Wahrscheinlichkeit des Hochwassers sowie die in die Karten aufzunehmenden Angaben. **Abs. 4** betrifft den Inhalt der Risikokarten, **Abs. 5** den Informationsaustausch bei Karten für länder- und staatenübergreifende Risikogebiete, **Abs. 6** die Fristen für die Erstellung der Karten sowie ihre Überprüfung und erforderlichenfalls Aktualisierung.

2 § 74 begründet in **Abs. 1** die Verpflichtung der zuständigen Landesbehörden zur **Erstellung von Gefahrenkarten** und von **Risikokarten**. Art. 6 Abs. 1 der Hochwasserrichtlinie verlangt hierfür den „bestgeeigneten Maßstab". In den Gefahrenkarten wird der Eintritt von Hochwasserereignissen, differenziert nach Eintrittswahrscheinlichkeit und Phänomen des Hochwassers beschrieben. Die Risikokarten stellen die potenziellen hochwasserbedingten Auswirkungen dar. Bei den Gefahren- und Risikokarten handelt es sich um **verwaltungsinterne Maßnahmen** ohne außenwirksamen Regelungscharakter, auch wenn sie zu veröffentlichen sind (§ 79 Abs. 1).

2. Gefahrenkarten (Abs. 2, 3)

3 Abs. 2 schreibt in **Satz 1** vor, in welcher **Klassifizierung** die Risikogebiete durch die Gefahrenkarten zu erfassen sind. Die Vorschrift entspricht Art. 6 Abs. 3 der Hochwasserrichtlinie. Die unbestimmten Rechtsbegriffe **„niedrige", „mittlere" und „hohe" Wahrscheinlichkeit von Hochwasser** lassen den Ländern nicht unerhebliche Beurteilungsspielräume. Die Ergänzung in **Nr. 1** durch das Hochwasserschutzgesetz II dient der Präzisierung des unbestimmten Rechtsbegriffs „Hochwasser mit niedriger Wahrscheinlichkeit"[2] und entspricht der Festlegung eines Fixpunktes für das Hochwasser mit

---

[1] Zur Problematik dieser EG-rechtlichen, vom Wortlaut her nur schwer zu differenzierenden Begriffe vgl. *C/R*, § 74 Rn. 5.
[2] Der Begriff „Extremereignisse" in Nr. 1 gilt alternativ zum Wahrscheinlichkeitsmaßstab; vgl. dazu *Faßbender*, Die Bewältigung von Extremhochwasser durch Wasser- und Bauplanungsrecht – unter besonderer Berücksichtigung von Starkregenereignissen, ZUR 2015, 525 f.

mittlerer Wahrscheinlichkeit in **Nr. 2**. Soweit der Zusatz eine Anpassung von Gefahrenkarten erfordert, ist dies erst im Rahmen der Überprüfung und Aktualisierung der Karten zum 22.12.2019 (Abs. 6 Satz 3) notwendig.[3] Bei Intervallen von weniger als 100 Jahren handelt es sich stets um Hochwasser von hoher Wahrscheinlichkeit i.S. der **Nr. 3**. Die Grenzen zwischen den drei Klassen sind fließend, weil die Wiederkehrintervalle nur Mindest-Wahrscheinlichkeiten markieren. Sie können also von Land zu Land und von Risikogebiet zu Risikogebiet variieren. Die Einschränkung „soweit erforderlich" in Nr. 3 („gegebenenfalls" in der Diktion der Hochwasserlinie) überlässt es praktisch den Ländern, Risikogebiete unterhalb des 100-jährlichen Hochwasserintervalls zu erfassen.[4] **Satz 2** von Abs. 2 nimmt die Ausnahmemöglichkeit nach Art. 6 Abs. 6 der Hochwasserrichtlinie in Anspruch;[5] vgl. hierzu auch die Länderermächtigung in § 76 Abs. 1 Satz 2.

Abs. 3 regelt, welche **Angaben** die Gefahrenkarten enthalten müssen, jeweils differenziert nach den gemäß Abs. 2 Satz 1 in drei, eventuell nur zwei Klassen einzuteilenden Risikogebieten. Die Vorschrift setzt Art. 6 Abs. 4 der Hochwasserrichtlinie um. Die nach Nr. 2 und 3 nur erforderlichenfalls zu liefernden Informationen bilden die Grundlage für die Beschreibung der hochwasserbedingten nachteiligen Auswirkungen in den Risikokarten. 4

3. Risikokarten (Abs. 4)

§ 74 schreibt in Abs. 4 vor, in den nach Abs. 1 zu erstellenden Risikokarten die möglichen nachteiligen **Hochwasserfolgen** in den nach Abs. 2 Satz 1 zu klassifizierenden Risikogebieten darzustellen und die Auswirkungen anhand bestimmter Angaben näher zu konkretisieren. Die Vorschrift setzt Art. 6 Abs. 5 der Hochwasserrichtlinie um. Das WHG verweist wie in § 73 Abs. 2 auf den Text der Richtlinie, was die Umsetzung einfacher und rechtssicherer gestaltet. Die näher zu beschreibenden Folgen beziehen sich auf die Anzahl betroffener Einwohner, die Art der wirtschaftlichen Tätigkeiten, die bedrohten Schutzgebiete gemäß der Wasserrahmenrichtlinie und umweltrelevante Anlagen nach der IVU-Richtlinie sowie weitere von Mitgliedstaaten als „nützlich" betrachtete Informationen.[6] Nach den in den Karten angegebenen Risiken richtet sich die Planung der zu treffenden Schutzmaßnahmen. 5

---

[3] BT-Drs. 18/12404, S. 15. – Die Präzisierung der Nr. 1 hat erst der BT-Umweltausschuss in den Gesetzentwurf eingebracht.
[4] Näher zu. § 74 Abs. 2 Satz 1 Nr. 1–3 *Dammert*, in: BFM, § 74 Rn. 10 ff.
[5] Von der weiteren Ausnahmemöglichkeit für „Grundwasserquellen" (gemeint sind Grundwasservorkommen) hat das WHG keinen Gebrauch gemacht, weil derartige Überschwemmungen in Deutschland nicht vorkommen.
[6] Näher zum Inhalt des Art. 6 Abs. 5 der Richtlinie *C/R*, § 74 Rn. 18 ff.; *Hünnekens*, in: LR, WHG, § 74 Rn. 12 ff.; *Rossi*, in: SZDK, § 74 WHG Rn. 21 ff.

4. Informationsaustausch, Fristen, Fortschreibung (Abs. 5, 6)

6 **Abs. 5** verfügt in **Satz 1** den **Informationsaustausch** vor der Erstellung von Gefahren- und Risikokarten für länder- und staatenübergreifende Risikogebiete. Die Vorschrift setzt damit Art. 6 Abs. 2 der Hochwasserrichtlinie um. Die innerstaatlich verbindliche Verpflichtung der Bundesländer ist allerdings EG-rechtlich nicht vorgegeben. Dies trifft auch für die Verpflichtung nach **Satz 2** zu, sich um den Informationsaustausch mit Staaten außerhalb der Europäischen Union zu bemühen. Der Bundesgesetzgeber hält einen solchen Austausch, der bereits der gängigen Praxis entspricht, aus fachlicher Sicht für erforderlich.[7]

7 **Abs. 6** regelt in **Satz 1** entsprechend Art. 6 Abs. 8 der Hochwasserrichtlinie die **Frist** für die Erstellung der Gefahrenkarten und der Risikokarten und in **Satz 3** entsprechend Art. 14 Abs. 2 die Fristen für die Überprüfung und Aktualisierung der Karten; vgl. hierzu auch die Fristen für die Risikobewertung und Bestimmung der Risikogebiete in § 73 Abs. 5 und 6. **Satz 2** nimmt die Ermächtigung des Art. 13 Abs. 2 der Richtlinie in Anspruch; vgl. hierzu auch den Parallelfall des § 73 Abs. 5 Satz 2. Aus **Satz 4** ergibt sich, dass die Möglichkeit nach Satz 2 nur für den ersten Zyklus des Risikomanagements zur Verfügung steht und für die Überprüfungen und Aktualisierungen die Vorgaben der Hochwasserrichtlinie uneingeschränkt Anwendung finden. Die Richtlinie unterscheidet hier zwischen den Gefahrenkarten, Risikokarten und Risikomanagementplänen einerseits und der Risikobewertung andererseits. Während die Hochwasserrichtlinie in Art. 14 Abs. 1 bei der Überprüfung und Aktualisierung der Bewertung der Hochwasserrisiken die „Beschlüsse nach Artikel 13 Absatz 1", also die ersatzweise zulässigen Bewertungen durch die Mitgliedstaaten, ausdrücklich nennt und gleichberechtigt neben die Risikobewertungen nach der Richtlinie stellt, erwähnt sie in den Art. 14 Abs. 2 und 3 nicht die alternativ zulässigen Karten und Pläne, die in Art. 13 Abs. 2 und 3 genannt sind. Daraus schließt der Gesetzgeber, dass zu den in Art. 14 genannten Überprüfungszeitpunkten (22.12.2019 für die Karten, 22.12.2021 für die Pläne) nur noch diejenigen Gefahren- und Risikokarten sowie Risikomanagementpläne als EG-rechtskonform gelten können, die in vollem Umfang den Vorgaben der Richtlinie entsprechen.[8]

5. Landesrecht

8 Die Erläuterungen zum Landesrecht zu § 73 unter 5. gelten für § 74 entsprechend.

---

[7] BT-Drs. 16/12275, S. 74.
[8] Vgl. BT-Drs. 16/12275, S. 74 f.

§ 75
Risikomanagementpläne

(1) Die zuständigen Behörden stellen für die Risikogebiete auf der Grundlage der Gefahrenkarten und Risikokarten Risikomanagementpläne nach den Vorschriften der Absätze 2 bis 6 auf. § 7 Absatz 4 Satz 1 gilt entsprechend.

(2) Risikomanagementpläne dienen dazu, die nachteiligen Folgen, die an oberirdischen Gewässern mindestens von einem Hochwasser mit mittlerer Wahrscheinlichkeit und beim Schutz von Küstengebieten mindestens von einem Extremereignis ausgehen, zu verringern, soweit dies möglich und verhältnismäßig ist. Die Pläne legen für die Risikogebiete angemessene Ziele für das Risikomanagement fest, insbesondere zur Verringerung möglicher nachteiliger Hochwasserfolgen für die in § 73 Absatz 1 Satz 2 genannten Schutzgüter und, soweit erforderlich, für nichtbauliche Maßnahmen der Hochwasservorsorge und für die Verminderung der Hochwasserwahrscheinlichkeit.

(3) In die Risikomanagementpläne sind zur Erreichung der nach Absatz 2 festgelegten Ziele Maßnahmen aufzunehmen. Risikomanagementpläne müssen mindestens die im Anhang der Richtlinie 2007/60/EG genannten Angaben enthalten und die Anforderungen nach Artikel 7 Absatz 3 Satz 2 bis 4 dieser Richtlinie erfüllen.

(4) Risikomanagementpläne dürfen keine Maßnahmen enthalten, die das Hochwasserrisiko für andere Länder und Staaten im selben Einzugsgebiet oder Teileinzugsgebiet erheblich erhöhen. Satz 1 gilt nicht, wenn die Maßnahmen mit dem betroffenen Land oder Staat koordiniert worden sind und im Rahmen des § 80 eine einvernehmliche Lösung gefunden worden ist.

(5) Liegen die nach § 73 Absatz 3 maßgebenden Bewirtschaftungseinheiten vollständig auf deutschem Hoheitsgebiet, ist ein einziger Risikomanagementplan oder sind mehrere auf der Ebene der Flussgebietseinheit koordinierte Risikomanagementpläne zu erstellen. Für die Koordinierung der Risikomanagementpläne mit anderen Staaten gilt § 7 Absatz 3 entsprechend mit dem Ziel, einen einzigen Risikomanagementplan oder mehrere auf der Ebene der Flussgebietseinheit koordinierte Pläne zu erstellen. Gelingt dies nicht, so ist auf eine möglichst weitgehende Koordinierung nach Satz 2 hinzuwirken.

(6) Die Risikomanagementpläne sind bis zum 22. Dezember 2015 zu erstellen. Satz 1 gilt nicht, wenn bis zum 22. Dezember 2010 vergleichbare Pläne vorliegen, deren Informationsgehalt den Anforderungen der Absätze 2 bis 4 entspricht. Alle Pläne sind bis zum 22. Dezember 2021 und danach alle sechs Jahre unter Berücksichtigung der voraussichtlichen Auswirkungen des Klimawandels auf

das Hochwasserrisiko zu überprüfen und erforderlichenfalls zu aktualisieren. Dabei umfasst die Überprüfung der vergleichbaren Pläne im Sinne von Satz 2 zum 22. Dezember 2021 auch ihre Übereinstimmung mit den Anforderungen der Absätze 2 bis 4.

Inhaltsübersicht

Rn.
1. Allgemeines............. 1
2. Risikomanagementpläne und ihre Funktion (Abs. 1, 2).............. 3

Rn.
3. Inhalt der Risikomanagementpläne (Abs. 3, 4)...... 6
4. Koordinierung, Fristen, Fortschreibung (Abs. 5, 6).. 9
5. Landesrecht............. 11

1. Allgemeines

1 § 75 regelt die auf der Grundlage der Gefahrenkarten und der Risikokarten (§ 74) aufzustellenden „**Risikomanagementpläne**". Diese Pläne lösen die durch das Hochwasserschutzgesetz von 2005 eingeführten „Hochwasserschutzpläne" ab. § 75 ergänzt die Vorschriften des § 31d WHG a.F.[1] um die Vorgaben, die aus der Hochwasserrichtlinie zu übernehmen sind (vgl. Art. 7 und 8 im Kapitel IV „Hochwasserrisikomanagementpläne"), und baut sie zu einer Vollregelung aus.[2] Nach dem **europäischen Hochwasserschutzkonzept** beginnt nach dem Abschluss der Risikobewertung (§ 73: erste Stufe) und der Erstellung von Gefahren- und Risikokarten (§ 74: zweite Stufe) mit der Planungsphase die **dritte** und letzte **Stufe** des Hochwasserrisikomanagements, in der „angemessene Ziele" festzulegen sind, die schwerpunktmäßig auf die Verringerung der potenziellen hochwasserbedingten nachteiligen Folgen und die Verminderung der Hochwasserwahrscheinlichkeit ausgerichtet sein sollen (Art. 7 Abs. 2 der Richtlinie). § 75 schreibt demgemäß in **Abs. 1** vor, Risikomanagementpläne aufzustellen. **Abs. 2** normiert den Zweck der Pläne und die Verpflichtung, bestimmte angemessene Ziele festzulegen. **Abs. 3** und 4 regeln den Inhalt der Pläne. **Abs. 5** behandelt den räumlichen Geltungsbereich der Pläne und verpflichtet zur Koordinierung mit anderen betroffenen Staaten. **Abs. 6** legt Fristen für die Planaufstellung sowie die Überprüfung und gegebenenfalls Aktualisierung der Pläne fest.

2 Risikomanagementpläne unterliegen nach § 2 Abs. 7, Nr. 1.3 der Anlage 3 UVPG einer obligatorischen **Strategischen Umweltprüfung** (SUP). Behördliche Planungen und Programme sind nach Art. 3

---

[1] Zu den Motiven und zum Inhalt vgl. BT-Drs. 15/3168, S. 6, 9, 14 f., 18; 15/3214, S. 1; 15/3455, S. 4 f.; 15/3510, S. 9; 15/3871, S. 1, 2; 15/5121, S. 3.
[2] Vgl. dazu BT-Drs. 16/12275, S. 75; 16/13306, S. 16, 31 sowie *Rossi*, in: SZDK, § 75 WHG Rn. 2.

Abs. 2 Buchst. a der SUP-Richtlinie 2001/42/EG einer Umweltprüfung zu unterziehen, wenn durch sie der Rahmen für die künftige Genehmigung der in den Anhängen I und II der UVP-Richtlinie 2011/92/EU aufgeführten Projekte gesetzt wird (§ 35 Abs. 1 und 3 UVPG). Die SUP soll sicherstellen, dass mögliche erhebliche Auswirkungen von Plänen und Programmen auf die Umwelt bereits bei der Erarbeitung der Pläne und nicht erst in den nachfolgenden Zulassungsverfahren für konkrete Vorhaben berücksichtigt werden können. Daneben ist für die Zulassung der Einzelobjekte weiterhin die Umweltverträglichkeitsprüfung durchzuführen. Der Risikomanagementplan kann auch für Maßnahmen einen Rahmen setzen, die als Einzelprojekte nach Anhang II der UVP-Richtlinie UVP-pflichtig sind (z.B. Deichrückverlegungen).

2. Risikomanagementpläne und ihre Funktion (Abs. 1, 2)

Abs. 1 führt in **Satz 1** § 31d WHG a.F. fort und setzt zugleich Art. 7 Abs. 1 der Hochwasserrichtlinie um. Die aufzustellenden Risikomanagementpläne bilden den Kern der **vorausschauenden Planung**, die zu den wichtigsten Strategien eines vorbeugenden Hochwasserschutzes gehört, im europäischen Hochwasserrecht im Vordergrund des Schutzkonzepts steht. Eine zielführende, koordinierte und verbindliche Planung kann verhindern, dass auf Flächen mit Hochwasserrisiken einander widersprechende Standortentscheidungen umgesetzt werden und wegen hochwassergefährdeter Nutzungen Schäden entstehen. So stellt der Verweis in **Satz 2** auf § 7 Abs. 4 Satz 1 sicher, dass die Aufstellung, Überprüfung und Aktualisierung von Risikomanagementplänen für **Bundeswasserstraßen** der Zustimmung der zuständigen Bundesverwaltung bedarf. *3*

Wegen der Abläufe von Hochwasserereignissen, die sich nicht örtlich, sondern in Einzugsgebieten vollziehen und die grundsätzlich überörtliche Schutzkonzepte erfordern, ist die Ebene der **Raumordnung und Landesplanung** von erheblicher Bedeutung. Die raumplanerischen Grundaussagen eines hochwasserbezogenen Flächenmanagements an Binnengewässern sind bundesweit in den Handlungsempfehlungen der Ministerkonferenz für Raumordnung vom 14.6.2000 (GMBl. S. 514) konkretisiert worden. Das Hochwasserschutzgesetz von 2005 hat die Belange einer wirksamen Hochwasservorsorge auch in den gesetzlichen Grundlagen für die Raumplanung gestärkt.[3] *4*

---

[3] Zum Hochwasserschutz in der Raumplanung eingehend *Schneider*, Rechtliche Instrumente des Hochwasserschutzes in Deutschland, Berlin 2005, S. 153 ff.; zur Problematik im Ganzen siehe auch die UBA-Texte 45/99, Anforderungen des vorsorgenden Hochwasserschutzes an Raumordnung, Landes/Regionalplanung, Stadtplanung und die Umweltfachplanungen, Berlin, Juni 1999, insbes. Kap. 3 und 5.

5 **Abs. 2** definiert in **Satz 1** den **Zweck der Risikomanagementpläne** und übernimmt dabei zu den oberirdischen Gewässern die Regelung des § 31d Abs. 1 Satz 2 WHG a.F., im Übrigen die Vorgaben des Art. 7 Abs. 2 der Hochwasserrichtlinie. Danach dienen die Pläne der Verringerung der nachteiligen Folgen (das WHG 1957 spricht von „Gefahren"), die von einem Hochwasser mit einer mittleren Wahrscheinlichkeit an Binnengewässern und bei Extremereignissen in Küstengebieten ausgehen. Insofern übernimmt das WHG 2009 für die Aufstellung nur die Mindeststandards des § 74 Abs. 2. Die Länder haben 2005 beim Hochwasserschutzgesetz erwirkt, dass wie für die obligatorische Festsetzung von Überschwemmungsgebieten auch für die vorausschauende Hochwasserschutzplanung nur das 100-jährliche Bemessungshochwasser „mindestens" zugrunde zu legen ist. Außerdem haben die Länder die „Weichmacherklausel" (soweit „möglich und verhältnismäßig") durchgesetzt, wobei nicht klar ist, unter welchen Voraussetzungen schon das sehr allgemein formulierte Planungsziel, die von einem solchen Hochwasser zu erwartenden nachteiligen Folgen zu verringern, unmöglich oder nur mit unverhältnismäßigem Aufwand zu erreichen ist. Dies gilt umso mehr, als nach Abs. 2 **Satz 2** in den Risikomanagementplänen nur **„angemessene Ziele"** festzulegen sind. Diese Vorschrift konkretisiert die allgemeinen Bewirtschaftungsgrundsätze des § 6 Abs. 1 Satz 1 Nr. 6 und orientiert sich weitgehend am Wortlaut des Art. 7 Abs. 2 der Hochwasserrichtlinie. Sie erfasst in der Aufzählung der Beispiele für „angemessene Ziele" drei Gruppen: die Verringerung möglicher nachteiliger Hochwasserfolgen, nichtbauliche Maßnahmen der Hochwasservorsorge und die Verminderung der Hochwasserwahrscheinlichkeit. Sowohl die Hochwasserrichtlinie als auch das WHG legen Wert darauf, dass nicht nur der technische Hochwasserschutz in den einzuplanenden Maßnahmen zu berücksichtigen ist.[4]

3. Inhalt der Risikomanagementpläne (Abs. 3, 4)

6 **Abs. 3** verlangt in **Satz 1**, in den Risikomanagementplänen zur Erreichung der nach Abs. 2 Satz 2 festzulegenden angemessenen Ziele konkrete **„Maßnahmen"** aufzunehmen, d.h. der Risikomanagementplan hat denselben **Rechtscharakter** wie das Maßnahmenprogramm nach § 82.[5] Die Vorschrift löst § 31d Abs. 1 Satz 3 WHG a.F. ab und dient mit der Mindest-Regelung in **Satz 2** der Umsetzung von Art. 7 Abs. 3 und Teil A des Anhangs der Hochwasserrichtlinie. Auch in diesem Fall verzichtet das WHG darauf, die ins Detail gehenden **Vorgaben der Richtlinie** im deutschen Recht zu wiederholen (vgl.

---

[4] Vgl. näher zur Funktion der Risikomanagementpläne nach § 75 Abs. 2 *Rossi*, in: SZDK, § 75 WHG Rn. 10 ff.
[5] Vgl. zur Rechtsnatur der Risikomanagementpläne und zu Rechtsschutzfragen *Rossi*, in: SZDK, § 75 WHG Rn. 39 ff.

auch § 73 Abs. 2 sowie § 74 Abs. 4 Satz 2).[6] Teil A des Anhangs verlangt, in die ersten Risikomanagementpläne u.a. Schlussfolgerungen aus der Risikobewertung, die festgelegten angemessenen Ziele und eine Zusammenfassung der zur Erreichung der Ziele vorgesehenen Maßnahmen aufzunehmen. Außerdem ist im Plan seine beabsichtigte Umsetzung zu beschreiben. Art. 7 Abs. 3 stellt darüber hinaus weitere Anforderungen an den Inhalt der Pläne, insbesondere an die Erfassung und Berücksichtigung folgender Aspekte: Kosten-Nutzen-Aspekte, Ausdehnung der Überschwemmung, Abflussverhältnisse, Verbesserung der Wasserrückhaltung, kontrollierte Flutung hierfür geeigneter Flächen, Hochwasservorhersage und Frühwarnsysteme, nachhaltige Flächennutzung.

Im Hinblick auf die detailliertere Regelung in der Richtlinie hat das neue WHG auf die ausdrückliche Hervorhebung der in § 31d Abs. 1 Satz 1 und 3 WHG a.F. beschriebenen Maßnahmen verzichtet. Sie stellen aber weiterhin besonders geeignete **Maßnahmen einer wirksamen Hochwasservorsorge** dar. Dazu gehören auch Maßnahmen des technischen Hochwasserschutzes (z.B. Deiche, Hochwasserschutzmauern, Tore, Stauanlagen zur Hochwasserrückhaltung). Die Flutung oder Entleerung von Rückhalteräumen muss auf die Hochwassersituation im gesamten Flussgebiet Rücksicht nehmen, um ungewollte und gefährliche Überlagerungen von Hochwasserwellen und damit gravierende Verschärfungen der Abflusssituation zu vermeiden. Gerade in diesem Punkt ist die Koordinierung in der Flussgebietseinheit gefordert, denn es geht um den Ausgleich gegenläufiger Interessen von Ober- und Unterliegern.[7] Die **Oberlieger-Unterlieger-Problematik** und die hiermit verbundenen Fragen, welche Maßnahmen an welchem Gewässerabschnitt sinnvoll und vertretbar sind, wie sich eine Maßnahme an anderen Gewässerabschnitten auswirkt und wie negative Auswirkungen gegebenenfalls ausgeglichen werden können, gehören erfahrungsgemäß zu den im besonderen Maße abstimmungsbedürftigen Themen. Im Übrigen verbleiben den Ländern Spielräume für die Ausgestaltung des weiteren Inhalts der Pläne.[8]

Abs. 4 verbietet in **Satz 1**, bestimmte das Hochwasserrisiko erheblich erhöhende Maßnahmen in den Risikomanagementplan aufzunehmen. Die Vorschrift übernimmt Art. 7 Abs. 4 der Hochwasserrichtlinie, die dies „im Interesse der Solidarität" mit den Betroffenen vorschreibt, und erstreckt das **Maßnahmenverbot** auf

---

[6] Kritisch dazu *Dammert*, in: BFM, § 75 Rn. 11.
[7] Vgl. hierzu auch BT-Drs. 15/3510, Anlage 1 Nr. 6.
[8] Näher zu den Inhalten nach Abs. 3 *C/R*, § 75 Rn. 19ff.; *Dammert*, in: BFM, § 75 Rn. 12ff.; *Hünnekens*, in LR, WHG, § 75 Rn. 15ff.; *Rossi*, in: SZDK, § 75 WHG Rn. 18ff.

alle im selben Einzugs- oder Teileinzugsgebiet liegenden Länder und Staaten. **Satz 2** stellt klar, dass einvernehmliche Lösungen bei der Hochwasserschutzplanung vorgehen.

4. Koordinierung, Fristen, Fortschreibung (Abs. 5, 6)

9 **Abs. 5** betrifft die **grenzüberschreitende Geltung** von Risikomanagementplänen und ihre **Koordinierung**. Die Vorschrift dient der Umsetzung von Art. 8 Abs. 1–3 der Hochwasserrichtlinie. Art. 8 Abs. 4 und 5 der Richtlinie hält der Gesetzgeber nicht für umsetzungsbedürftig, weil entweder die Regelung fakultativ ist (Abs. 4) oder beim Bericht (Abs. 5) die Verpflichtung den Mitgliedstaat selbst trifft.[9] Für die nationale Koordinierung zwischen den Bundesländern gilt **Satz 1** unmittelbar, für die grenzüberschreitende Koordinierung mit anderen Staaten **Satz 2**, der die entsprechende Anwendung des § 7 Abs. 3 vorschreibt. **Satz 3** verlangt, zumindest auf eine möglichst weitgehende Koordinierung hinzuwirken. Die Koordinierungsverpflichtung schließt den Informationsaustausch mit ein, einer parallelen Vorschrift zu § 73 Abs. 4 und § 74 Abs. 5 bedarf es bei den Risikomanagementplänen daher nicht (bei der Risikobewertung sowie den Gefahren- und Risikokarten gibt es keine Koordinierungspflicht).

10 **Abs. 6** regelt die **Fristen** für die **Aufstellung, Überprüfung und Aktualisierung** der Risikomanagementpläne nach den Vorgaben von Art. 7 Abs. 5, Art. 13 Abs. 3 und Art. 14 Abs. 3 einschließlich Teil B des Anhangs der Hochwasserrichtlinie. Der Gesetzgeber hat in **Satz 1** die noch in § 31d Abs. 3 Satz 1 WHG a.F. vorgesehene Frist 10.5.2009 für die Aufstellung der Hochwasserschutzpläne der Richtlinie angepasst, weil die Risikomanagementpläne mehr Informationen als die bisherigen Pläne enthalten müssen.[10] Die **Sätze 2 und 4** machen von der Ermächtigung nach Art. 13 Abs. 3 der Richtlinie Gebrauch (vgl. hierzu auch die Kommentierung unter Rn. 7 zu § 74 Abs. 6).

5. Landesrecht

11 Die Ausführungen zum Landesrecht zu § 73 unter 5. gelten für § 75 entsprechend.

---

[9] Vgl. BT-Drs. 16/12275, S. 75.
[10] Vgl. BT-Drs. 16/12275, S. 75.

§ 76
Überschwemmungsgebiete an oberirdischen Gewässern

(1) Überschwemmungsgebiete sind Gebiete zwischen oberirdischen Gewässern und Deichen oder Hochufern und sonstige Gebiete, die bei Hochwasser eines oberirdischen Gewässers überschwemmt oder durchflossen oder die für Hochwasserentlastung oder Rückhaltung beansprucht werden. Dies gilt nicht für Gebiete, die überwiegend von den Gezeiten beeinflusst sind, soweit durch Landesrecht nichts anderes bestimmt ist.

(2) Die Landesregierung setzt durch Rechtsverordnung

1. innerhalb der Risikogebiete oder der nach § 73 Absatz 5 Satz 2 Nummer 1 zugeordneten Gebiete mindestens die Gebiete, in denen ein Hochwasserereignis statistisch einmal in 100 Jahren zu erwarten ist, und

2. die zur Hochwasserentlastung und Rückhaltung beanspruchten Gebiete

als Überschwemmungsgebiete fest. Gebiete nach Satz 1 Nummer 1 sind bis zum 22. Dezember 2013 festzusetzen. Die Festsetzungen sind an neue Erkenntnisse anzupassen. Die Landesregierung kann die Ermächtigung nach Satz 1 durch Rechtsverordnung auf andere Landesbehörden übertragen.

(3) Noch nicht nach Absatz 2 festgesetzte Überschwemmungsgebiete sind zu ermitteln, in Kartenform darzustellen und vorläufig zu sichern.

(4) Die Öffentlichkeit ist über die vorgesehene Festsetzung von Überschwemmungsgebieten zu informieren; ihr ist Gelegenheit zur Stellungnahme zu geben. Sie ist über die festgesetzten und vorläufig gesicherten Gebiete einschließlich der in ihnen geltenden Schutzbestimmungen sowie über die Maßnahmen zur Vermeidung von nachteiligen Hochwasserfolgen zu informieren.

Inhaltsübersicht

Rn.			Rn.
1.	Allgemeines	1	4. Vorläufige Sicherung von Überschwemmungsgebieten (Abs. 3). 9
2.	Begriff des Überschwemmungsgebiets (Abs. 1)	3	5. Information und Anhörung der Öffentlichkeit (Abs. 4). 10
3.	Festsetzung der Überschwemmungsgebiete (Abs. 2)	6	6. Landesrecht 11

1. Allgemeines

1 **§ 76** normiert zusammen mit §§ 77, 78, 78a, 78c Abs. 1 und 3 Satz 1 und 3 das spezielle wasserrechtliche **Schutzregime für Überschwemmungsgebiete**. Diese Vorschriften gehören mit den Regelungen über die Wasserschutzgebiete (§§ 51, 52) und die Heilquellenschutzgebiete (§ 53) zum Bereich des gebietsbezogenen Gewässerschutzes. Sie lösen die bisherige Rahmenregelung des überladenen § 31b WHG a.F. durch eine erweiterte und übersichtlicher gestaltete Vollregelung ab: § 76 ersetzt die Abs. 1, Abs. 2 Satz 1–5 und Abs. 5, § 77 den Abs. 6, der bisherige § 78 den Abs. 2 Sätze 6–8 sowie Abs. 3 und 4 des § 31b.[1] § 76 ist 2013 als Folge der Erweiterung des Hochwasserbegriffs (§ 72) auf das Hochwasser „eines oberirdischen Gewässers" begrenzt,[2] § 78 mit dem Hochwasserschutzgesetz II von 2017 durch die neuen Regelungen in §§ 78, 78a, 78c Abs. 1 und 3 Satz 1, 3 abgelöst worden.[3] Die europäische Hochwasserrichtlinie kennt die Gebietskategorie Überschwemmungsgebiete nicht.

2 **§ 76** definiert in **Abs. 1** die Überschwemmungsgebiete. **Abs. 2** regelt deren Festsetzung und **Abs. 3** die Ermittlung, Darstellung und vorläufige Sicherung noch nicht festgesetzter Überschwemmungsgebiete. **Abs. 4** schreibt die Information und Beteiligung der Öffentlichkeit vor. Auf die Überleitungsvorschrift des § 106 Abs. 3 für Altfälle wird hingewiesen.

2. Begriff des Überschwemmungsgebiets (Abs. 1)

3 § 76 Abs. 1 übernimmt in **Satz 1** wortgleich den bisherigen Begriff der Überschwemmungsgebiete (§ 31b Abs. 1 WHG a.F.). Die Definition unterscheidet zwischen durch Deiche oder Hochufer geschützten Gebieten und sonstigen Gebieten. Zum **Deichbegriff** wird auf § 67 Abs. 2 Satz 3 nebst Erläuterungen verwiesen. **Hochufer** sind Geländeerhebungen im seitlichen Einzugsbereich eines Gewässers, sie schützen die dahinterliegenden Flächen durch ihre Höhenlage vor Überschwemmungen. **Sonstige Gebiete** sind darüber hinaus die Teile der Erdoberfläche seitlich des Gewässers, die im Hochwasserfall von dem das Gewässerbett verlassenden Wasser überflutet werden. Eingeschlossen sind die der Hochwasserentlastung oder Wasserrückhaltung dienenden Überstauungsflächen, Abflussflächen und Retentionsräume. Das WHG begrenzt in begrifflicher Hinsicht Überschwemmungsgebiete weiterhin nicht durch eine bestimmte statistische Häufigkeit von Hochwasserereignissen. Mit der weiten

---

[1] Zur Entstehung und zum Inhalt des § 31b wird auf die BT-Drs. 15/3168, S. 5 f., 8, 13 f., 18 ff.; 15/3214, S. 1; 15/3455, S. 3 f.; 15/3510, S. 2 ff., 8 f.; 15/3871, S. 1, 2; 15/5121, S. 2 verwiesen.

[2] Zur Entstehung des § 76 siehe BT-Drs. 16/12275, S. 75; 16/13306, S. 16 f., 66 f.; 16/13426, S. 19 f. und zur Änderung durch Art. 6 Nr. 5 des Gesetzes v. 21.1.2013 (BGBl. I S. 95) BT-Drs. 17/10957, S. 22; vgl. auch *Rossi*, in: SZDK, § 76 WHG Rn. 1 ff.

[3] Vgl. dazu § 78 Rn. 1.

und offenen bundesgesetzlichen Definition sollte es ursprünglich allein den Ländern überlassen bleiben, die jeweils angemessenen Regelungen und Schutzmaßnahmen zu treffen.[4] Für die begriffliche Einordnung als Überschwemmungsgebiet kommt es auch nicht darauf an, wie häufig die Flächen überschwemmt werden. **Kein Überschwemmungsgebiet** sind solche Flächen, die z.B. wegen ihrer Höhenlage nicht überschwemmt werden. Das Gleiche gilt für Gebiete, wenn und soweit sie durch Hochwasserschutzeinrichtungen (insbesondere Deiche, aber z.B. auch Dammbalkensysteme) sicher geschützt werden.[5] Ebenfalls nicht zum Überschwemmungsgebiet zählen die Gewässer selbst und ihre Ufer.

Nach der erweiterten Definition des Hochwassers in § 72 erfasst § 76 Abs. 1 Satz 1 jetzt auch Überschwemmungen und Sturmfluten an den Küsten von Nord- und Ostsee. Satz 2 nimmt aber **tidebeeinflusste Gebiete** vom Begriff des Überschwemmungsgebiets aus, da die Regelungen des WHG auf diese Gewässerabschnitte, die zeitgleich von Küstenhochwasser und Hochwasser aus dem Binnenland betroffen sein können, nicht zugeschnitten sind.[6] Die Öffnungsklausel gestattet den betroffenen Ländern, den unterschiedlichen tatsächlichen Gegebenheiten an den deutschen Küsten Rechnung zu tragen. Wegen dieser Unterschiede weichen auch die rechtlichen Regelungen in den Küstenländern voneinander ab, und es soll die Möglichkeit erhalten bleiben, Gebiete, die überwiegend von den Gezeiten beeinflusst werden, weiterhin als Überschwemmungsgebiete festzusetzen.[7]

4

§ 76 Abs. 1 ist eine Begriffsbestimmung, die auf einen tatsächlichen Befund abstellt und damit das sog. **faktische oder natürliche Überschwemmungsgebiet** beschreibt. Welche rechtliche Bedeutung ein Überschwemmungsgebiet im Sinne der weiten Legaldefinition erlangt, hängt davon ab, welcher Begriff der jeweiligen Hochwasservorschrift des WHG zugrunde liegt (vgl. insbesondere § 76 Abs. 2 einerseits und § 77 andererseits). Rechtliche Bedeutung mit den für den Bürger verbindlichen Bestimmungen erlangt das Überschwemmungsgebiet vor allem dann, wenn es in einem entsprechenden Verfahren als solches förmlich festgestellt, z.B. nach § 76 Abs. 2 durch Rechtsverordnung festgesetzt worden ist.

5

3. Festsetzung der Überschwemmungsgebiete (Abs. 2)

Vom Begriff des Überschwemmungsgebiets ist dessen förmliche Festsetzung zu unterscheiden. Welche Überschwemmungsgebiete

6

---

[4] Vgl. BT-Drs. 2072, S. 34.
[5] Vgl. auch BVerwG v. 15.12.2006 – 7 C 1.06, ZUR 2007, 197, 199; OVG Münster v. 17.1.2006 – 20 B 1252/05, ZfW 2007, 170, 173.
[6] Vgl. BT-Drs. 16/12275, S. 75,
[7] Vgl. BT-Drs. 16/13306, S. 16, 31.

wie festzusetzen sind, regelt § 76 Abs. 2, der hierbei die Vorgaben der EG-Hochwasserrichtlinie berücksichtigt und deshalb von der Regelung des § 31b Abs. 2 Satz 1–4 WHG a. F. abweicht. Die Festsetzung erfolgt entsprechend Art. 80 Abs. 1 Satz 1 und 4 GG durch **Rechtsverordnung** der Landesregierung oder einer anderen hierzu gemäß **Satz 4** des Abs. 2 ermächtigten Landesbehörde. Nach Art. 80 Abs. 4 GG können die Überschwemmungsgebiete statt durch Rechtsverordnung auch durch Gesetz festgesetzt werden (so z.B. in Baden-Württemberg: § 65 WG). Inhaltliche Vorgaben des Bundes für Überschwemmungsgebietsverordnungen ergeben sich aus § 78 Abs. 6 und 8, § 78a Abs. 4–6.

7 **Satz 1** verpflichtet die Länder zur förmlichen Festsetzung bestimmter Überschwemmungsgebiete. Nach **Nr. 1** gehören dazu vor allem die Risikogebiete (§ 73), für die wie nach dem bisher geltenden Recht das 100-jährliche Hochwasser (§ 74 Abs. 2 Satz 1 Nr. 2: mittlere Hochwasserwahrscheinlichkeit) zugrunde zu legen ist. Nach einem geringeren Bemessungshochwasser festgesetzte Überschwemmungsgebiete (z.B. 80- oder 50-jährlich) müssen entsprechend angepasst werden. Das **100-jährliche Hochwasser** (HQ_{100}) stützt sich auf einen breiten Konsens der Fachleute, ist von der Rechtsprechung anerkannt[8] und teilweise auch in landesrechtlichen Regelungen verankert.[9] Die förmliche Festsetzung von Überschwemmungsgebieten beruht primär auf fachtechnischen Gutachten, die mit statistischen Methoden und Rechenmodellen, gestützt u.a. auf Klimadaten, geografische Angaben, Wasserstände und Abflusswerte die hochwasserrelevanten Flächen ermitteln. Die bisherige Beschränkung auf Gebiete, in denen nicht nur geringfügige Schäden entstanden oder zu erwarten sind (§ 31b Abs. 2 Satz 1 WHG a.F.), hat das WHG durch die gleichwertige EG-rechtliche Gebietskategorie der Risikogebiete („signifikantes Hochwasserrisiko") ersetzt. Nr. 1 ist eine Mindestregelung, die den Ländern die Möglichkeit lässt, auch Gebiete mit einer selteneren Hochwasserwahrscheinlichkeit als Überschwemmungsgebiete festzusetzen. **Nr. 2** bezieht jetzt ausdrücklich auch Flächen ein, die für Hochwasserentlastung oder Rückhaltung „beansprucht" werden und damit den sonstigen Überschwemmungsgebieten zugute kommen.

8 **Satz 2** bestimmt als **Festsetzungsfrist** auf Vorschlag des Bundesrates in Angleichung an die Frist für die Erstellung der Gefahren- und der Risikokarten (vgl. § 74 Abs. 6 Satz 1) einheitlich den 22.12.2013.[10] Auf eine Abstufung der Frist gemäß § 31b Abs. 2 Satz 3 und 4 WHG

---

[8] Vgl. BayVGH v. 19.2.1992 – 22 B 90.1322, ZfW 1992, 499.
[9] Zur kontroversen Diskussion über den vom Bundesrat vorgeschlagenen, aber nicht übernommenen Zusatz „im Regelfall" wird auf die BT-Drs. 16/13306, S. 16 f., 31 f. verwiesen.
[10] Vgl. zur Begründung BT-Drs. 16/13306, S. 16 f.; anders noch der Gesetzentwurf: 22.12.2010; vgl. hierzu BT-Drs. 16/12275, S. 75.

a.F. hat das WHG ebenfalls verzichtet. Für die Fälle des Satzes 1 Nr. 2 hat der Bundesgesetzgeber kein Bedürfnis für die Vorgabe einer bundeseinheitlichen Frist gesehen. Die **Anpassungsverpflichtung** an neue Erkenntnisse (**Satz 3**) entspricht § 31b Abs. 2 Satz 2 WHG a.F., sie hat lediglich Klarstellungsfunktion.[11]

4. Vorläufige Sicherung von Überschwemmungsgebieten (Abs. 3)

§ 76 Abs. 3 betrifft gemäß Abs. 2 festzusetzende, aber **noch nicht festgesetzte Überschwemmungsgebiete**. Dabei kommt es nicht darauf an, ob die Festsetzungsfrist bereits abgelaufen ist oder nicht. Die Vorschrift entspricht § 31b Abs. 5 WHG a.F. und soll dazu beitragen, die dringlichen Hochwasserschutzmaßnahmen möglichst zügig in die Praxis umzusetzen, z.B. zusätzliche Retentionsräume zur Verfügung zu stellen. Die förmliche Festsetzung von Überschwemmungsgebieten verursacht u.a. aufgrund zu erstellender fachtechnischer Gutachten und zwingend einzuhaltender Fristen und Verfahrensvorschriften in der Regel einen beträchtlichen Zeit- und Verwaltungsaufwand. Deshalb liegt es im Interesse eines möglichst rasch in die Praxis umzusetzenden Hochwasserschutzes, bereits im Vorfeld solcher Verfahren von Überschwemmungen **bedrohte Gebiete** zu **ermitteln und** zu **sichern**. Nach dem verfassungsrechtlichen Bestimmtheitsgrundsatz ist dies mit der erforderlichen Rechtssicherheit nur möglich, wenn über die in Betracht kommenden Flächen und ihre Abgrenzungen für die Betroffenen hinreichende Klarheit besteht. Die auf der Basis von Darstellungen in **Kartenform** ermittelten Überschwemmungsgebiete sind vorläufig zu sichern. Die vorläufige Sicherung kann z.B. in einer öffentlichen Bekanntmachung in den hierfür vorgesehenen Medien bestehen.

9

5. Information und Anhörung der Öffentlichkeit (Abs. 4)

§ 76 Abs. 4 verlangt für die Festsetzungsverfahren in **Satz 1** die Beteiligung der Öffentlichkeit in Form der Information und Anhörung. Zur „vorgesehenen Festsetzung" im Sinne dieser Vorschrift gehören auch schon die Maßnahmen der vorläufigen Sicherung nach Abs. 3. Abs. 4 löst § 31b Abs. 2 Satz 5 WHG a.F. ab. Der Bundesgesetzgeber hat hier ein Bedürfnis für eine bundeseinheitliche Regelung gesehen und beruft sich dabei auf die Aarhus-Konvention.[12] Dies wird auch der Bedeutung der Festsetzung von Überschwemmungsgebieten für einen wirksamen Hochwasserschutz und eine frühzeitige **Sensibilisierung der Bevölkerung** für Hochwassergefahren gerecht. Die Betroffenen können sich motiviert sehen, ihr Verhalten besser den

10

---

[11] Vgl. näher zur Festsetzung von Überschwemmungsgebieten *C/R,* § 76 Rn. 10 ff.; *Hünnekens,* in: LR, WHG, § 76 Rn. 8 ff.; *Zloch,* in: BFM, § 76 Rn. 10 ff.; zu Haftungsfragen siehe *Rossi,* in: SZDK, § 76 WHG Rn. 26 ff.

[12] Vgl. BT-Drs. 15/3510, S. 8.

Hochwassergefahren anzupassen und ihre Möglichkeiten zu einer effizienten Eigenvorsorge und Schadensminderung stärker auszuschöpfen. Deshalb hat **Satz 2** des § 76 Abs. 4 das WHG um die Pflicht zur Information der Öffentlichkeit über die dort genannten Maßnahmen ergänzt.

6. Landesrecht

11 § 76 regelt in Abs. 1 den Begriff der Überschwemmungsgebiete vorbehaltlich der Öffnungsklausel nach Satz 2 abschließend. Die Vorschrift kann insofern im Rahmen des Art. 72 Abs. 1 GG nur durch konkretisierende Regelungen der Länder ergänzt werden. Das Gleiche gilt für Abs. 2. Zu Abs. 3 und 4 bestehen weitergehende Ergänzungsmöglichkeiten der Länder. Im Übrigen unterliegt das Hochwasserrecht des Bundes nach Maßgabe des Art. 72 Abs. 3 Satz 1 Nr. 5 GG grundsätzlich der Abweichungsgesetzgebung der Länder. § 76 enthält keine stoff- oder anlagenbezogenen Regelungen.

§ 77
Rückhalteflächen, Bevorratung

(1) Überschwemmungsgebiete im Sinne des § 76 sind in ihrer Funktion als Rückhalteflächen zu erhalten. Soweit überwiegende Gründe des Wohls der Allgemeinheit dem entgegenstehen, sind rechtzeitig die notwendigen Ausgleichsmaßnahmen zu treffen. Ausgleichsmaßnahmen nach Satz 2 können auch Maßnahmen mit dem Ziel des Küstenschutzes oder des Schutzes vor Hochwasser sein, die

1. zum Zweck des Ausgleichs künftiger Verluste an Rückhalteflächen getroffen werden oder

2. zugleich als Ausgleichs- oder Ersatzmaßnahme nach § 15 Absatz 2 des Bundesnaturschutzgesetzes dienen oder nach § 16 Absatz 1 des Bundesnaturschutzgesetzes anzuerkennen sind.

(2) Frühere Überschwemmungsgebiete, die als Rückhalteflächen geeignet sind, sollen so weit wie möglich wiederhergestellt werden, wenn überwiegende Gründe des Wohls der Allgemeinheit dem nicht entgegenstehen.

Inhaltsübersicht

	Rn.		Rn.
1. Allgemeines	1	3. Landesrecht	3
2. Inhalt des § 77	2		

1. Allgemeines

Die Regelung des § 77 unterstreicht die hohe Bedeutung von Rückhalteflächen für den Hochwasserschutz. Die Vorschrift verpflichtet dazu, Überschwemmungsgebiete als Flächen, die der Rückhaltung von Hochwasser dienen, zu erhalten und so weit wie möglich wiederherzustellen. Außerdem hebt sie die Möglichkeit hervor, Rückhalteflächen vorsorglich zu bevorraten. Abs. 1 Satz 1 und 2 sowie Abs. 2 lösen den fast wortidentischen § 31b Abs. 6 WHG a.F. ab.[1] Das Hochwasserschutzgesetz II vom 30. 6. 2017 hat § 77 um Abs. 1 Satz 3 ergänzt.[2]

1

2. Inhalt des § 77

§ 77 normiert in **Abs. 1 Satz 1** ein **Erhaltungsgebot** für Rückhalteflächen. Die Vorschrift erfasst alle Arten von Überschwemmungsgebieten nach § 76, also nicht nur die festgesetzten (§ 76 Abs. 2), sondern auch die faktischen bzw. natürlichen (§ 76 Abs. 1) und die vorläufig gesicherten (§ 76 Abs. 3). **Rückhalteflächen** sind alle Räume eines Überschwemmungsgebiets, die aufgrund ihrer Morphologie bei Überschwemmungen Wasser zurückhalten oder schadlos abfließen lassen. Die frühere Beschränkung auf „natürliche" Rückhalteflächen[3] hat das Hochwasserschutzgesetz 2005 aufgegeben. Die Verpflichtungen richten sich unmittelbar an alle Behörden, Planungsträger und Nutzungsberechtigten, sie konkretisieren die allgemeine Sorgfaltspflicht des § 5 Abs. 2.

2

Stehen dem Erhaltungsgebot „überwiegende Gründe des Wohls der Allgemeinheit"[4] entgegen, ist nach **Abs. 1 Satz 2** ein **Ausgleich** erforderlich. Der Konflikt mit überwiegenden Interessen des Allgemeinwohls ist im Wege einer vollständigen und sachgerechten Abwägung aller im konkreten Fall relevanten Belange zu lösen, wobei zu berücksichtigen ist, dass den Hochwasserschutzbelangen eine besonders hohe Bedeutung zukommt.[5] Die Ausgleichsmaßnahmen müssen rechtzeitig ergriffen werden und geeignet und notwendig sein, um eine Erhöhung der Hochwassergefahr zu verhindern.[6]

3

---

[1] Eingeführt durch die 6. WHG-Novelle von 1996 (vgl. BT-Drs. 13/4788, S. 12, 21) und ergänzt durch das Hochwasserschutzgesetz von 2005 (vgl. BT-Drs. 15/3168, S. 14).
[2] Vgl. BT-Drs. 18/10879, S. 26f., 56, auch zu den verschiedenen Positionen von Bundesregierung und Bundesrat.
[3] § 32 Abs. 2 WHG i.d.F. der 6. Novelle von 1996.
[4] Vgl. zu diesem Begriff § 6 Abs. 2 nebst Kommentierung; siehe auch *Rossi*, in: SZDK, § 77 WHG Rn. 12f.
[5] Vgl. generell BVerfG v. 25.3.1998 – 1 BvR 1084/92, ZfW 1999, 87, 88; BVerwG v. 22.7.2004 – 7 CN 1.04, DÖV 2005, 158 sowie konkret zur Inanspruchnahme eines Überschwemmungsgebiets für eine Wohnbebauung BayVGH v. 27.4.2004 – 26 N 02.2437, NuR 2005, 109; vgl. auch § 72 Rn. 1 mit Fn. 1.
[6] Näher hierzu *Rossi*, in: SZDK, § 77 WHG Rn. 14ff.

4 **Abs. 1 Satz 3** knüpft an die nach Satz 2 zu treffenden Ausgleichsmaßnahmen an und erleichtert die **Bevorratung von Rückhalteflächen**, wenn dies dem Küsten- und dem Hochwasserschutz dient. Nach **Nr. 1** können als Ausgleichsmaßnahme auch vorsorglich Rückhalteflächen für künftige Verluste vorgehalten werden können. Des Weiteren stellt **Nr. 2** fest, dass eine Ausgleichs- oder Ersatzmaßnahme nach § 16 Abs. 1 BNatSchG zugleich Ausgleichsmaßnahme im Sinne des § 77 Abs. 1 Satz 2 WHG sein kann, um eine Doppelung bei der Bevorratung zu vermeiden. Dies gilt ebenso für Ausgleichs- und Ersatzmaßnahmen nach § 15 Abs. 2 BNatSchG. Voraussetzung für die Eignung als adäquate Ausgleichsmaßnahme ist stets, dass Ziel der Bevorratung zumindest auch der Küsten- oder Hochwasserschutz ist. Satz 3 verbessert die Möglichkeiten, flexibler mit der nach § 77 WHG bestehenden Verpflichtung zur Schaffung von neuen Rückhalteflächen umzugehen, wobei der Gesetzgeber die Regelung als eine **Klarstellung** betrachtet, die keine neuen Vorgaben begründet.[7] Zugleich wird ausgeschlossen, dass „alte" Maßnahmen, die mit anderen Zielsetzungen geschaffen wurden, als Ausgleich anerkannt werden.[8]

5 Die Pflicht nach **Abs. 2** zur **Wiederherstellung** früherer, also inzwischen aufgehobener, nicht mehr aufnahmefähiger oder sonst in ihrer Funktion als Retentionsraum eingeschränkter Überschwemmungsgebiete ist naturgemäß schwächer ausgestaltet („sollen", „so weit wie möglich"). In Betracht kommen z. B. Deichrückverlegungen oder die Rückgängigmachung von Bodenverdichtungen oder Versiegelungen.[9]

3. Landesrecht

6 § 77 ist eine im Rahmen des Art. 72 Abs. 1 GG der Ergänzung durch Landesrecht zugängliche Vorschrift. Im Übrigen können die Länder nach Art. 72 Abs. 3 Satz 1 Nr. 5 GG abweichende Regelungen erlassen, da § 77 keine stoff- oder anlagenbezogene Vorschrift ist.

---

[7] BT-Drs. 18/10879, S. 27.
[8] Nach dem Umweltausschuss des Bundesrates können „alte" Maßnahmen, die mit anderen Zielsetzungen geschaffen worden sind, nicht als Ausgleich anerkannt werden, denn eine rückwirkende Anrechnung könne im Ergebnis sogar zu einem tatsächlichen Verlust an Rückhalteflächen führen; vgl. BR-Drs. 655/1/16, S. 4f. (Nr. 5).
[9] Näher zur Wiederherstellung früherer Überschwemmungsgebiete *Rossi*, in: SZDK, § 77 WHG Rn. 14ff.; vgl. auch *Zloch*, in: BFM, § 77 Rn. 7.

§ 78
Bauliche Schutzvorschriften
für festgesetzte Überschwemmungsgebiete

(1) In festgesetzten Überschwemmungsgebieten ist die Ausweisung neuer Baugebiete im Außenbereich in Bauleitplänen oder in sonstigen Satzungen nach dem Baugesetzbuch untersagt. Satz 1 gilt nicht, wenn die Ausweisung ausschließlich der Verbesserung des Hochwasserschutzes dient, sowie für Bauleitpläne für Häfen und Werften.

(2) Die zuständige Behörde kann abweichend von Absatz 1 Satz 1 die Ausweisung neuer Baugebiete ausnahmsweise zulassen, wenn

1. keine anderen Möglichkeiten der Siedlungsentwicklung bestehen oder geschaffen werden können,

2. das neu auszuweisende Gebiet unmittelbar an ein bestehendes Baugebiet angrenzt,

3. eine Gefährdung von Leben oder Gesundheit oder erhebliche Sachschäden nicht zu erwarten sind,

4. der Hochwasserabfluss und die Höhe des Wasserstandes nicht nachteilig beeinflusst werden,

5. die Hochwasserrückhaltung nicht beeinträchtigt und der Verlust von verloren gehendem Rückhalteraum umfang-, funktions- und zeitgleich ausgeglichen wird,

6. der bestehende Hochwasserschutz nicht beeinträchtigt wird,

7. keine nachteiligen Auswirkungen auf Oberlieger und Unterlieger zu erwarten sind,

8. die Belange der Hochwasservorsorge beachtet sind und

9. die Bauvorhaben so errichtet werden, dass bei dem Bemessungshochwasser nach § 76 Absatz 2 Satz 1, das der Festsetzung des Überschwemmungsgebietes zugrunde liegt, keine baulichen Schäden zu erwarten sind.

Bei der Prüfung der Voraussetzungen des Satzes 1 Nummer 3 bis 8 sind auch die Auswirkungen auf die Nachbarschaft zu berücksichtigen.

(3) In festgesetzten Überschwemmungsgebieten hat die Gemeinde bei der Aufstellung, Änderung oder Ergänzung von Bauleitplänen für die Gebiete, die nach § 30 Absatz 1 und 2 oder § 34 des Baugesetzbuches zu beurteilen sind, in der Abwägung nach § 1 Absatz 7 des Baugesetzbuches insbesondere zu berücksichtigen:

1. die Vermeidung nachteiliger Auswirkungen auf Oberlieger und Unterlieger,

2. die Vermeidung einer Beeinträchtigung des bestehenden Hochwasserschutzes und

3. die hochwasserangepasste Errichtung von Bauvorhaben.

Dies gilt für Satzungen nach § 34 Absatz 4 und § 35 Absatz 6 des Baugesetzbuches entsprechend. Die zuständige Behörde hat der Gemeinde die hierfür erforderlichen Informationen nach § 4 Absatz 2 Satz 4 des Baugesetzbuches zur Verfügung zu stellen.

(4) In festgesetzten Überschwemmungsgebieten ist die Errichtung oder Erweiterung baulicher Anlagen nach den §§ 30, 33, 34 und 35 des Baugesetzbuches untersagt. Satz 1 gilt nicht für Maßnahmen des Gewässerausbaus, des Baus von Deichen und Dämmen, der Gewässer- und Deichunterhaltung und des Hochwasserschutzes sowie des Messwesens.

(5) Die zuständige Behörde kann abweichend von Absatz 4 Satz 1 die Errichtung oder Erweiterung einer baulichen Anlage im Einzelfall genehmigen, wenn

1. das Vorhaben

   a) die Hochwasserrückhaltung nicht oder nur unwesentlich beeinträchtigt und der Verlust von verloren gehendem Rückhalteraum umfang-, funktions- und zeitgleich ausgeglichen wird,

   b) den Wasserstand und den Abfluss bei Hochwasser nicht nachteilig verändert,

   c) den bestehenden Hochwasserschutz nicht beeinträchtigt und

   d) hochwasserangepasst ausgeführt wird oder

2. die nachteiligen Auswirkungen durch Nebenbestimmungen ausgeglichen werden können.

Bei der Prüfung der Voraussetzungen des Satzes 1 sind auch die Auswirkungen auf die Nachbarschaft zu berücksichtigen.

(6) Bei der Festsetzung nach § 76 Absatz 2 kann die Errichtung oder Erweiterung baulicher Anlagen auch allgemein zugelassen werden, wenn sie

1. in gemäß Absatz 2 neu ausgewiesenen Gebieten nach § 30 des Baugesetzbuches den Vorgaben des Bebauungsplans entsprechen oder

2. ihrer Bauart nach so beschaffen sind, dass die Einhaltung der Voraussetzungen des Absatzes 5 Satz 1 Nummer 1 gewährleistet ist.

In den Fällen des Satzes 1 bedarf das Vorhaben einer Anzeige.

(7) Bauliche Anlagen der Verkehrsinfrastruktur, die nicht unter Absatz 4 fallen, dürfen nur hochwasserangepasst errichtet oder erweitert werden.

(8) Für nach § 76 Absatz 3 ermittelte, in Kartenform dargestellte und vorläufig gesicherte Gebiete gelten die Absätze 1 bis 7 entsprechend.

Inhaltsübersicht

Rn.		Rn.
1. Allgemeines 1	5. Errichtung oder	
2. Verbot der Ausweisung	Erweiterung baulicher	
neuer Baugebiete (Abs. 1).. 4	Anlagen (Abs. 4–7).......	11
3. Behördliche Zulassung	6. Vorläufig gesicherte	
neuer Baugebiets-	Überschwemmungsgebiete	
ausweisungen (Abs. 2)..... 6	(Abs. 8)................	15
4. Bauleitpläne für bestimmte	7. Landesrecht	16
Baugebiete (Abs. 3)....... 9		

1. Allgemeines

§ 78 regelt zusammen mit §§ 76–78a, 78c Abs. 1 und 3 Satz 1 und 3 das spezielle, im Wesentlichen durch die Hochwasserschutzgesetze I von 2005 und II von 2017 geprägte wasserrechtliche **Schutzregime für Überschwemmungsgebiete**; auf die Hinweise unter § 72 Rn. 1–3 und § 76 Rn. 1 wird Bezug genommen. Die 2005 in § 31b WHG eingeführte Rahmenregelung des § 31b Abs. 2 Sätze 6–8 sowie Abs. 3 und 4 hat das WHG 2009 zunächst in § 78 als Vollregelung übernommen („Besondere Schutzvorschriften für Überschwemmungsgebiete"). Das Hochwasserschutzgesetz II hat die Vorschriften erweitert und auf mehrere Paragrafen verteilt: auf den neu gefassten § 78 mit den baulichen und auf den neuen § 78a mit den sonstigen Schutzmaßnahmen sowie auf den neuen § 78c mit den Anforderungen an die Errichtung und die Nachrüstung von Heizölverbrauchanlagen.[1] Diese Bestimmungen bilden den Kern des operativen Hochwasserschutzrechts. *1*

Der den **baulichen Hochwasserschutz** betreffende § 78 normiert in Abs. 1 das grundsätzliche Verbot der Ausweisung neuer Baugebiete und in Abs. 2 die Voraussetzungen für ausnahmsweise im Einzelfall zulässige behördliche Entscheidungen. Abs. 3 stärkt die Belange des Hochwasserschutzes im Rahmen der Bauleitplanung für bestimmte Gebiete. Abs. 4–7 regeln Verbote und Einschränkungen für die Errichtung oder Erweiterung baulicher Anlagen. Abs. 8 erklärt die Bestimmungen der Abs. 1–7 für noch nicht festgesetzte, aber bereits *2*

---

[1] Vgl. zu diesen Vorschriften BT-Drs. 18/10879, S. 26 ff., 43 ff., 56 ff.; 18/12404, S. 15 ff.

vorläufig gesicherte Überschwemmungsgebiete (§ 76 Abs. 3) für entsprechend anwendbar. Bei den baulichen Schutznormen des § 78 nimmt der Bund seine Gesetzgebungszuständigkeit nach Art. 74 Abs. 1 Nr. 18 GG (Bodenrecht) in Anspruch; insoweit greift keine der in Art. 72 Abs. 2–4 GG enthaltenen Einschränkungen der Bundeskompetenz.

3 Das festgesetzte Überschwemmungsgebiet ist die **Gebietskategorie mit dem höchsten Hochwasserschutzniveau**, Eingriffe in Freiheit und Eigentum des Bürgers sind dabei unvermeidbar (vgl. auch zu den Wasserschutzgebieten §§ 51, 52). Der Grundsatz der **Verhältnismäßigkeit** verlangt, dass sowohl der räumliche Geltungsbereich (die Unterschutzstellung jeder einzelnen betroffenen Fläche) als auch jedes Gebot und Verbot geeignete, erforderliche und in Bezug auf den verfolgten Zweck angemessene Mittel sind. In dem damit verbundenen Abwägungsvorgang ist das öffentliche Interesse an einem effizienten Hochwasserschutz mit den privaten Belangen unter Beachtung des Übermaßverbots in ein ausgewogenes Verhältnis zu bringen. Die Hochwasserereignisse der jüngeren Vergangenheit haben dem Gesetzgeber die Notwendigkeit aufgezeigt, in privaten und gewerblichen Baubereichen mit neuen Maßstäben und gesetzlichen Rahmensetzungen künftige Hochwasserschäden zu verhindern, zumindest zu verringern.[2] Die durch das Hochwasserschutzgesetz II deutlich verschärften Vorgaben des § 78 werden dem gerecht.

2. Verbot der Ausweisung neuer Baugebiete (Abs. 1)

4 § 78 Abs. 1 übernimmt in **Satz 1** die bisherige Regelung des § 78 Abs. 1 Nr. 1. Schäden durch Bauten und an Bauten zählen zu den gravierendsten Folgen von Überschwemmungen. Um einer der wichtigsten Grundforderungen einer wirksamen Hochwasservorsorge, der **Entstehung hoher Schäden vorzubeugen**, effektiver als bisher Geltung zu verschaffen, gehört es zu den Hauptzielen beider Hochwasserschutzgesetze, die Nutzung des Bodens für Siedlungs- und gewerbliche Zwecke dem gestiegenen Schutzbedürfnis anzupassen.[3] Deshalb verbietet das WHG die **Ausweisung neuer Baugebiete** durch Bauleitpläne (Flächennutzungs- und Bebauungspläne) oder sonstige Satzungen. In der neuen Fassung des § 78 erstreckt sich das Verbot nur auf den **Außenbereich** (§ 35 BauGB), die Regelungen zur Bauplanung einschließlich Um- oder Überplanung im Innenbereich (§ 34 BauGB) finden sich nunmehr in Abs. 3. „Ausweisung von neuen

---

[2] Vgl. die Entschließung zum Hochwasserschutzgesetz II in BT-Drs. 18/12404, S. 8.
[3] Die planerischen Instrumente für den vorbeugenden Hochwasserschutz haben deshalb an Bedeutung gewonnen; vgl. z.B. *Köck*, Hochwasserschutzbelange in der Bauleitplanung, ZUR 2015, 515 sowie die 2008 von der Bauministerkonferenz beschlossenen Handlungsanleitungen für den Einsatz rechtlicher und technischer Instrumente zum Hochwasserschutz in der Raumordnung, in der Bauleitplanung und bei der Zulassung von Einzelvorhaben.

Baugebieten" ist im Sinne der Baunutzungsverordnung zu verstehen.[4] Mit der Ergänzung um die sonstigen Satzungen erfasst das WHG 2009 im Unterschied zum bisherigen Recht sämtliche Möglichkeiten der Ausweisung von Baugebieten, um so eine für den Hochwasserschutz bedeutsame Regelungslücke zu schließen.[5]

Satz 2 enthält **Ausnahmen** vom Planungsverbot des Satzes 1. Die bisher in § 78 Abs. 1 Nr. 1 vorgesehene Ausnahme für Häfen und Werften, die zwingend auf eine Lage am Gewässer angewiesen sind, findet sich nunmehr in Abs. 1 Satz 2. Hinzugekommen ist die Ausnahme für Pläne und Satzungen, die ausschließlich der Verbesserung des Hochwasserschutzes dienen (z.B. Planung für Hochwasserschutzanlagen, insbesondere Deiche und Dämme).

3. Behördliche Zulassung neuer Baugebietsausweisungen (Abs. 2)

§ 78 normiert in Abs. 2 **Satz 1** unter Abwägung der hier relevanten öffentlichen und privaten Belange in **Nr. 1–9** weitere Ausnahmen vom Bauplanungsverbot und übernimmt dabei die bisherige Regelung des § 78 Abs. 2, der § 31b Abs. 4 Satz 2 i.d.F. des Hochwasserschutzgesetzes I von 2005 fortgeführt hat. Diese Ausnahmen gelten nicht wie die Ausnahmen in Abs. 1 Satz 2 kraft Gesetzes, sondern werden im Einzelfall von der zuständigen Behörde zugelassen und müssen entsprechend den genannten Voraussetzungen mit den unabweisbaren Belangen des Hochwasserschutzes vereinbar sein. Die Behörde entscheidet nach pflichtgemäßem **Ermessen**.[6] Das WHG respektiert mit seinem abwägenden Konzept von **Verbot und Ausnahme** die im Rahmen des Art. 28 Abs. 2 GG garantierte Planungshoheit der Kommunen und bestimmt verfassungskonform Inhalt und Schranken des Eigentums nach Art. 14 Abs. 1 Satz 2 GG.[7]

Die Voraussetzungen für die Inanspruchnahme der Ausnahmetatbestände Nr. 1–9 sind eng gefasst und müssen kumulativ erfüllt sein. So hat eine planungswillige Gemeinde gemäß **Nr. 1** nachzuweisen, dass es andere Möglichkeiten der Siedlungsentwicklung z.B. aus geografischen Gründen nicht gibt und auch durch Um- oder Neuplanung nicht geschaffen werden können. Nach **Nr. 2** muss das neu auszuweisende Gebiet, damit keine Streu- und Splittersiedlungen

---

[4] BT-Drs. 15/3168, S. 14; vgl. zur Auslegung des Begriffs der neuen Baugebiete auch die vom Bundesrat aufgeworfenen Fragen und die Antworten der Bundesregierung in BT-Drs. 16/13306, S. 19, 32 sowie BVerwG v. 3.6.2014 – 4 CN 6.12, Rn. 11 ff. und *Rossi*, in: SZDK, § 78 WHG Rn. 11 ff.
[5] BT-Drs. 16/12275, S. 76.
[6] Selbst wenn alle Voraussetzungen nach Nr. 1–9 vorliegen, können noch gewisse Ermessensspielräume verbleiben; wie hier *Zloch*, in: BFM, § 78 Rn. 30; einschränkend C/R, § 78 Rn. 27; *Hünnekens*, in LR, WHG, § 78 Rn. 23; a.A. *Rossi*, in: SZDK, § 78 WHG Rn. 44 ff.
[7] BT-Drs. 15/3168, S. 14; vgl. auch BVerwG v. 22.7.2004 – 7 CN 1.04, DÖV 2005, 158, 159; C/R, § 78 Rn. 5, 10; *Rossi*, in: SZDK, § 78 WHG Rn. 10.

entstehen, unmittelbar an ein bestehendes Baugebiet angrenzen. Die mit der Ausweisung von Überschwemmungsgebieten primär verfolgten, in **Nr. 3–6** beschriebenen Ziele dürfen durch eine Bauplanung nicht beeinträchtigt werden. Um derartige Folgen zu verhindern, können in Bebauungsplänen selbst Vorkehrungen getroffen werden, indem z.B. von Bebauung freizuhaltende Flächen und deren Nutzung bestimmt werden, Flächen für Hochwasserschutzanlagen und für die Regelung des Wasserabflusses oder Flächen für die Rückhaltung und Versickerung von Niederschlagswasser ausgewiesen werden oder generell eine flächensparende Bauleitplanung aufgrund der Baunutzungsverordnung vorgeschrieben wird (z.B. durch Vorschriften zur Bauweise, durch Höchstmaße für die bauliche Nutzung von Grundflächen oder für die Größe von Baugrundstücken). Geht durch eine Planung Rückhalteraum verloren, so ist der Verlust mit gleichem Volumen und gleicher Funktion, insbesondere auch zeitgleich mit der Durchführung der Maßnahme wieder auszugleichen (Nr. 5). Die Interessen der Ober- und Unterlieger sind durch **Nr. 7** gewahrt. Die nach **Nr. 8** zu beachtenden Belange der Hochwasservorsorge betreffen primär die grundlegenden Fragen der Grundstücksnutzung wie z.B. eine etwaige Aufhöhung der Baugrundfläche oder eine Beschränkung der wohnlichen Nutzung in Erdgeschossen. In diese Richtung weist auch die auf das Bemessungshochwasser abgestellte Pflicht nach **Nr. 9** zur Schadensvermeidung.[8)]

8 § 78 Abs. 2 stellt in **Satz 2** klar, dass bei der Prüfung der Voraussetzungen von Nr. 3–8 in Satz 1 für Ausnahmen vom planungsrechtlichen Bauverbot **Auswirkungen auf die Nachbarschaft** zu berücksichtigen sind. Damit wird verdeutlicht, dass dem Planungsverbot drittschützende Wirkung zukommt. Hierfür sieht der Gesetzgeber zwingende Gründe, weil ein schadloser Wasserabfluss als wichtiges Teilelement des Hochwasserschutzes auch dem Schutz von Individualinteressen dient (Schutz von Leben, Gesundheit und Eigentum der vom Bauleitplan betroffenen Menschen). Da die Frage, ob das bisherige Recht diesen Nachbarschutz gewährleistet hat, im Vollzug und bei den Gerichten teilweise umstritten war, hat das Hochwasserschutzgesetz II die Schutzlücke geschlossen.[9)] Als Nachbarschaft sind dabei nicht nur die unmittelbaren Grundstücksnachbarn, sondern alle diejenigen anzusehen, deren verfassungsrechtlich geschützten Rechtsgüter durch die Erteilung einer Ausnahmegenehmigung mehr als nur geringfügig beeinträchtigt sein könnten. Im grenznahen Bereich können auch Bürgerinnen und Bürger aus anderen Staaten betroffen und deshalb geschützt sein.

[8)] Näher zum Ausnahmenkatalog *C/R*, § 78 Rn. 39 ff.; *Hünnekens*, in LR, WHG, § 78 Rn. 23 ff.; *Rossi*, in: SZDK, § 78 WHG Rn. 26 ff.; *Zloch*, in: BFM, § 78 Rn. 45 ff.
[9)] Die Bundesregierung hat sich damit gegen das Votum des Bundesrates durchgesetzt; vgl. näher zu der kontroversen Argumentation BT-Drs. 18/10879, S. 27, 44 f., 56 f.

4. Bauleitpläne für bestimmte Baugebiete (Abs. 3)

In § 78 Abs. 3 finden sich nunmehr die Regelungen zum **Bauen** einschließlich etwaiger Um- und Überplanungen **im Innenbereich**. Der bisherige Abs. 1 Nr. 1 enthielt ein Planungsverbot nur für erstmals ausgewiesene Baugebiete (vgl. Rn. 4). Bauliche Planungen in Hochwasserschutzgebieten im Innenbereich, insbesondere „Nachverdichtungen" können aber ebenso wie Maßnahmen im Außenbereich das Hochwasserrisiko signifikant erhöhen. Abs. 3 stellt hierzu in **Satz 1** jetzt ausdrücklich klar, dass bei der Aufstellung, Änderung oder Ergänzung von Bauleitplänen für Gebiete mit Bebauungsplan (§ 30 Abs. 1 und 2 BauGB) oder in bebauten Ortsteilen (§ 34 BauGB) die **Anforderungen** nach **Nr. 1–3** im Rahmen der Abwägung nach § 1 Abs. 7 BauGB zu **berücksichtigen** sind.[10] Das Wort „insbesondere" zeigt, dass auch weitere Belange von Bedeutung sein können, wofür z.B. die in Abs. 2 Nr. 3–5 und 9 genannten in Betracht kommen.[11]

9

Satz 2 erstreckt den Anwendungsbereich des Satzes 1 auch auf **Satzungsregelungen** für bebaute Ortsteile im **Innenbereich** (§ 34 Abs. 4 BauGB) und im **Außenbereich** (§ 35 Abs. 6 BauGB). **Satz 3** verpflichtet die Wasserbehörde, den Gemeinden die hierfür erforderlichen Unterlagen im Rahmen des Verfahrens der Behördenbeteiligung nach § 4 Abs. 2 Satz 4 BauGB zur Verfügung zu stellen. Der Gemeinde wird so eine sachgerechte Abwägung der relevanten Belange ermöglicht.

10

5. Errichtung oder Erweiterung baulicher Anlagen (Abs. 4–7)

Abs. 4 ergänzt die mehr der Flächenvorsorge dienenden baulichen Verbote und Beschränkungen nach Abs. 1–3 von neuen Baugebietsausweisungen in **Satz 1** durch ein grundsätzliches Verbot für bestimmte Bauvorhaben. Er führt damit den bisherigen Abs. 1 Nr. 2 inhaltlich unverändert fort. Das Verbot gilt für die **Errichtung oder Erweiterung baulicher Anlagen** in Gebieten mit Bebauungsplan (§ 30 BauGB), in Gebieten während der Aufstellung eines Bebauungsplans (§ 33 BauGB), innerhalb im Zusammenhang bebauter Ortsteile (§ 34 BauGB) sowie im Außenbereich (§ 35 BauGB).[12] Hier hat das WHG bereits 2009 zusätzlich § 33 BauGB in seine Schutznormen einbezogen sowie bei der Errichtung oder Erweiterung baulicher Anlagen ein grundsätzliches Verbot und nur ausnahmsweise eine konditionierte behördliche Zulassung eingeführt. **Satz 2** sieht wie bisher eine gesetzliche **Ausnahme** vom Verbot nach Satz 1 für

11

---

[10] Der Bundesrat hat sogar ein Planungsverbot auch für den Innenbereich gefordert, die Bundesregierung hat es abgelehnt; vgl. näher zu der kontroversen Argumentation BT-Drs. 18/10879, S. 27, 44f., 56f.

[11] Vgl. allgemein zum Hochwasserschutz als Abwägungsbelang in der Bauleitplanung *Köck* (Fn. 3), S. 521ff.

[12] Der Bundesrat hat für die Streichung der Bezugnahme auf §§ 30, 33, 34 und 35 BauGB votiert, vgl. näher hierzu BT-Drs. 18/10879, S. 43f., 56.

die Fälle vor, in denen es um den Gewässerausbau, den Bau von Deichen und Dämmen, die Gewässer- und Deichunterhaltung, den Hochwasserschutz sowie – insofern neu – das an bestimmte Stellen gebundene Messwesen geht. Hier werden legitime wasserwirtschaftliche Zwecke im Rahmen der wasserrechtlichen Vorschriften verfolgt.

12 **Abs. 5** eröffnet die Möglichkeit, abweichend vom Bauverbot nach Abs. 4 Satz 1 durch Einzelfallentscheidung der zuständigen Behörde die betroffenen **Vorhaben zu genehmigen. Satz 1** in der Fassung des Hochwasserschutzgesetzes II führt hierzu die Ausnahmeregelung im bisherigen § 78 Abs. 3[13]) fort. Die Genehmigungsvoraussetzungen in **Nr. 1** und **2** entsprechen den Kriterien, die auch für die Entscheidungen und Abwägungen nach Abs. 2 Satz 1 und Abs. 3 Satz 1 und 2 maßgebend sind.[14]) Praktisch besonders relevant ist das hochwasserangepasste Bauen (Nr. 1 Buchst. d), das schon zu den Sorgfalts- und Vorsorgepflichten gehört, die nach § 5 Abs. 2 jeder Betroffene einzuhalten hat. So müssen im Rahmen der Bauvorsorge in Überschwemmungsgebieten die Bauweise von Anlagen angepasst und Vorkehrungen zum Schutz von Leben und Gesundheit sowie des Eigentums und anderer Sachwerte getroffen werden. Als hochwasserschützende Maßnahmen kommen z.B. in Betracht: tiefer gelegene Räume nicht zum ständigen Aufenthalt nutzen, keine wasserundurchlässigen Wannen bauen, tiefer liegende Öffnungen nicht mit Stahltüren wasserdicht verschließen, eine hochwassersichere Stromversorgung installieren. Die hochwassersichere Lagerung von Heizöltanks gehört ebenfalls hierher. Die Erfahrungen der Vergangenheit mit den überwiegend städtebaulich geprägten kommunalen Entscheidungsprozessen haben gezeigt, dass die wasserwirtschaftlichen Belange nicht immer die ihnen gebührende Beachtung gefunden haben. Hier kann sich eine fachbehördliche Genehmigung als wirksames Korrektiv erweisen.[15]) Das WHG regelt die Genehmigung allein unter Hochwasserschutzaspekten und will nur ausschließen, dass eine bauliche Anlage errichtet oder erweitert wird, wenn die Voraussetzungen des Abs. 3 Satz 1 nicht vorliegen. Es gewährt insbesondere keinen Genehmigungsanspruch, der sich aber aus anderen Rechtsvorschriften (insbesondere Baurecht) ergeben kann. **Satz 2** ist neu und stellt entsprechend Abs. 2 Satz 2 die **nachbarschützende Wirkung** der zu erfüllenden Genehmigungsvoraussetzungen fest; vgl. hierzu Rn. 8.

---

[13]) Dessen Vorläufervorschrift, die das WHG zunächst im Wesentlichen übernommen hat, ist § 31b Abs. 4 Satz 3 und 4 WHG i.d.F. des Hochwasserschutzgesetzes I.
[14]) Näher zu den Genehmigungsvoraussetzungen *Rossi*, in: SZDK, § 78 WHG Rn. 67ff.
[15]) Das Gesetz überlässt es den Ländern, eine eigenständige wasserrechtliche Genehmigung einzuführen oder die wasserrechtlichen Belange in die Baugenehmigungsverfahren einzubeziehen.

Abs. 6 eröffnet in **Satz 1** im Interesse einer sinnvollen Verminderung des Verwaltungsaufwands die Möglichkeit, die **Zulassung** der hier betroffenen Bauvorhaben allgemein in der **Überschwemmungsgebietsverordnung** zu regeln. Die Vorschrift entspricht dem bisherigen § 78 Abs. 3 Satz 2.[16] Nach **Nr. 1** muss ein Bebauungsplan vorliegen, dessen Vorgaben die Vorhaben in einem nach Abs. 2 ausnahmsweise ausgewiesenen neuen Baugebiet erfüllen.[17] Bauliche Anlagen im Sinne der **Nr. 2** sind z.b. Weidezäune, Einfriedungen, Pergolen, Werbe- und Hinweisschilder ohne Umgestaltung von Straßen, Plätzen und Freiflächen. Bei einer allgemeinen Zulassung nach Satz 1 verlangt **Satz 2** zur Information der Behörde eine **Anzeige** des Vorhabens.

13

Abs. 7 ist neu und trifft eine spezielle Regelung für **Anlagen der Verkehrsinfrastruktur**, die nicht unter Abs. 4 fallen. Die Vorschrift erfasst insbesondere verkehrliche Vorhaben, die nicht Gegenstand eines Bauleitplans sind und vor allem in Planfeststellungs- oder Plangenehmigungsverfahren zugelassen werden. Solche bauliche Anlagen dürfen nur hochwassersicher errichtet oder erweitert werden.[18] Damit wird im Fall von Überflutungen zunächst möglichen Schäden an den Einrichtungen der Verkehrsinfrastruktur selbst (z.B. Straßen, Eisenbahnen) vorgebeugt und außerdem verhindert, dass sich die von solchen Anlagen ausgehende Hochwassergefahr für die nähere Umgebung erhöht.

14

6. Vorläufig gesicherte Überschwemmungsgebiete (Abs. 8)

Abs. 8 erstreckt die baulichen Schutzvorschriften nach Abs. 1–7 auf noch nicht förmlich festgesetzte, aber bereits vorläufig gesicherte Überschwemmungsgebiete und ist identisch mit dem bisherigen § 78 Abs. 6, der inhaltlich wiederum § 31b Abs. 5 Satz 2 WHG i.d.F. des Hochwasserschutzgesetzes I von 2005 entspricht.[19] Diese Gebiete sind auch schon schutzbedürftig, bevor die Überschwemmungsgebietsverordnung in Kraft tritt. Die nach Maßgabe des § 46 Abs. 3 ermittelten, in **Kartenform** dargestellten und vorläufig gesicherten Gebiete sind hinreichend rechtssicher festgelegt, um für die nach Abs. 1–7 zulässigen, mit Eingriffen in das Eigentum verbundenen Schutzmaßnahmen eine geeignete rechtliche Grundlage zu schaffen; vgl. auch § 76 Rn. 9.

15

---

[16] Vgl. hierzu den nicht voll übernommenen Vorschlag des Bundesrates und seine Begründung in BT-Drs. 16/13306, S. 18.
[17] *Hünnekens*, in LR, WHG, § 78 Rn. 41: „Parallelität von Planungs- und Vorhabenebene"; vgl. auch *C/R*, § 78 Rn. 48 ff.
[18] Der Bundesrat wollte wie in Abs. 4 Satz 1 auch für bauliche Anlagen der Verkehrsinfrastruktur ein Planungsverbot; vgl. dazu BT-Drs. 18/10879, S. 46, 57.
[19] Vgl. dazu BT-Drs. 15/3168, S. 14.

7. Landesrecht

16 § 78 ist eine abschließende Regelung, die nicht im Rahmen des Art. 72 Abs. 1 GG durch Landesrecht ergänzt, sondern nur konkretisiert werden kann. Eine dem § 78a Abs. 7 entsprechende Öffnungsklausel für weitergehende Rechtsvorschriften der Länder fehlt in § 78.[20] Die Länder können nach Art. 72 Abs. 3 Satz 1 Nr. 5 GG auch keine abweichenden Regelungen erlassen, weil die bauplanungsrechtlichen Vorschriften des § 78 auf den nicht der Abweichungsgesetzgebung unterliegenden Kompetenztitel des Art. 74 Abs. 1 Nr. 18 GG (Bodenrecht) gestützt sind.

§ 78a
**Sonstige Schutzvorschriften
für festgesetzte Überschwemmungsgebiete**

(1) In festgesetzten Überschwemmungsgebieten ist Folgendes untersagt:

1. die Errichtung von Mauern, Wällen oder ähnlichen Anlagen, die den Wasserabfluss behindern können,

2. das Aufbringen und Ablagern von wassergefährdenden Stoffen auf dem Boden, es sei denn, die Stoffe dürfen im Rahmen einer ordnungsgemäßen Land- und Forstwirtschaft eingesetzt werden,

3. die Lagerung von wassergefährdenden Stoffen außerhalb von Anlagen,

4. das Ablagern und das nicht nur kurzfristige Lagern von Gegenständen, die den Wasserabfluss behindern können oder die fortgeschwemmt werden können,

5. das Erhöhen oder Vertiefen der Erdoberfläche,

6. das Anlegen von Baum- und Strauchpflanzungen, soweit diese den Zielen des vorsorgenden Hochwasserschutzes gemäß § 6 Absatz 1 Satz 1 Nummer 6 und § 75 Absatz 2 entgegenstehen,

7. die Umwandlung von Grünland in Ackerland,

8. die Umwandlung von Auwald in eine andere Nutzungsart.

---

[20] Auf diesen Aspekt weist auch die Bundesregierung in ihrer Gegenäußerung zum Vorschlag des Bundesrates, in § 78a Abs. 7 „abweichende" Rechtsvorschriften der Länder unberührt zu lassen, hin; vgl. dazu BT-Drs. 18/10879, S. 47, 58 sowie die Erläuterungen unter § 78a Rn. 10.

§ 78a Sonstige Schutzvorschriften für Überschwemmungsgebiete

Satz 1 gilt nicht für Maßnahmen des Gewässerausbaus, des Baus von Deichen und Dämmen, der Gewässer- und Deichunterhaltung, des Hochwasserschutzes, einschließlich Maßnahmen zur Verbesserung oder Wiederherstellung des Wasserzuflusses oder des Wasserabflusses auf Rückhalteflächen, für Maßnahmen des Messwesens sowie für Handlungen, die für den Betrieb von zugelassenen Anlagen oder im Rahmen zugelassener Gewässerbenutzungen erforderlich sind.

(2) Die zuständige Behörde kann im Einzelfall Maßnahmen nach Absatz 1 Satz 1 zulassen, wenn

1. Belange des Wohls der Allgemeinheit dem nicht entgegenstehen,
2. der Hochwasserabfluss und die Hochwasserrückhaltung nicht wesentlich beeinträchtigt werden und
3. eine Gefährdung von Leben oder Gesundheit oder erhebliche Sachschäden nicht zu befürchten sind

oder wenn die nachteiligen Auswirkungen durch Nebenbestimmungen ausgeglichen werden können. Die Zulassung kann, auch nachträglich, mit Nebenbestimmungen versehen oder widerrufen werden. Bei der Prüfung der Voraussetzungen des Satzes 1 Nummer 2 und 3 sind auch die Auswirkungen auf die Nachbarschaft zu berücksichtigen.

(3) Im Falle einer unmittelbar bevorstehenden Hochwassergefahr sind Gegenstände nach Absatz 1 Nummer 4 durch ihren Besitzer unverzüglich aus dem Gefahrenbereich zu entfernen.

(4) In der Rechtsverordnung nach § 76 Absatz 2 können Maßnahmen nach Absatz 1 Satz 1 Nummer 1 bis 8 auch allgemein zugelassen werden.

(5) In der Rechtsverordnung nach § 76 Absatz 2 sind weitere Maßnahmen zu bestimmen oder Vorschriften zu erlassen, soweit dies erforderlich ist

1. zum Erhalt oder zur Verbesserung der ökologischen Strukturen der Gewässer und ihrer Überflutungsflächen,
2. zur Vermeidung oder Verringerung von Erosion oder von erheblich nachteiligen Auswirkungen auf Gewässer, die insbesondere von landwirtschaftlich genutzten Flächen ausgehen,
3. zum Erhalt oder zur Gewinnung, insbesondere Rückgewinnung, von Rückhalteflächen,
4. zur Regelung des Hochwasserabflusses,
5. zum hochwasserangepassten Umgang mit wassergefährdenden Stoffen,
6. zur Vermeidung von Störungen der Wasserversorgung und der Abwasserbeseitigung.

Festlegungen nach Satz 1 können in Fällen der Eilbedürftigkeit auch durch behördliche Entscheidungen getroffen werden. Satz 2 gilt nicht für Anlagen der Verkehrsinfrastruktur. Werden bei der Rückgewinnung von Rückhalteflächen Anordnungen getroffen, die erhöhte Anforderungen an die ordnungsgemäße land- oder forstwirtschaftliche Nutzung eines Grundstücks festsetzen, so gilt § 52 Absatz 5 entsprechend.

(6) Für nach § 76 Absatz 3 ermittelte, in Kartenform dargestellte und vorläufig gesicherte Gebiete gelten die Absätze 1 bis 5 entsprechend.

(7) Weitergehende Rechtsvorschriften der Länder bleiben unberührt.

Inhaltsübersicht

Rn.		Rn.
1. Allgemeines 1	4. Weitere Schutz- bestimmungen, Ausgleichsleistungen (Abs. 5)	5
2. Gesetzlich verbotene Maßnahmen (Abs. 1, 3).... 2	5. Vorläufig gesicherte Überschwemmungsgebiete	
3. Zulassung grundsätzlich verbotener Maßnahmen (Abs. 2, 4).............. 3	(Abs. 6)	9
	6. Landesrecht (Abs. 7)	10

1. Allgemeines

1 § 78a enthält neben den baulichen Schutzvorschriften nach § 78 sonstige gesetzliche Normen, die erforderlich und angemessen sind, um in förmlich festgesetzten oder vorläufig gesicherten Überschwemmungsgebieten die nachteiligen Hochwasserfolgen so gering wie möglich zu halten. Auf die allgemeinen Hinweise unter § 72 Rn. 1–3 und § 76 Rn. 1 sowie zum **Schutzregime für Überschwemmungsgebiete** in seiner Entstehung und Bedeutung unter § 78 Rn. 1–3 wird Bezug genommen. § 78a bestimmt in **Abs. 1** die sonstigen für festgesetzte Überschwemmungsgebiete geltenden Verbotstatbestände. **Abs. 2** legt die Voraussetzungen fest, unter denen die zuständige Behörde einzelfallbezogen an sich verbotene Handlungen zulassen kann. **Abs. 3** dient der Gefahrenabwehr. **Abs. 4** und **5** ermächtigen dazu, durch Rechtsverordnung einerseits allgemein von den Verboten nach Abs. 1 Satz 1 abzuweichen, andererseits weitere notwendige Maßnahmen und Regelungen zum vorsorgenden Hochwasserschutzes zu treffen. **Abs. 6** betrifft die vorläufig gesicherten Überschwemmungsgebiete, **Abs. 7** die Geltung weitergehender Rechtsvorschriften der Länder.

2. Gesetzlich verbotene Maßnahmen (Abs. 1, 3)

Abs. 1 Satz 1 zählt Maßnahmen auf, die neben baulichen Vorhaben (§ 78) wesentlich zur Erhöhung von Hochwasserrisiken beitragen und deshalb in festgesetzten Überschwemmungsgebieten grundsätzlich verboten sind. Die Vorschrift ergänzt und konkretisiert die allgemeine Sorgfaltspflicht nach § 5 Abs. 2. Sie hat im Wesentlichen Nr. 3 bis 9 des bisherigen § 78 Abs. 1 fortgeführt.[1] **Nr. 3** ist neu, um klarzustellen, dass sich das Lagerungsverbot nicht auf Fälle bezieht, die den Regelungen der Verordnung über Anlagen zum Umgang mit wassergefährdenden Stoffen unterliegen (vgl. dazu § 50 AwSV). **Nr. 4** ist gegenüber der bisherigen Nr. 5 nach den Erfahrungen aus den vergangenen Hochwasserereignissen verschärft worden (Erweiterung des Verbots um das kurzfristige Ablagern sowie das nicht nur kurzfristige Lagern); sie wird außerdem durch die neu eingeführte Abräumungsverpflichtung nach **Abs. 3**, die bußgeldbewehrt ist (§ 103 Abs. 1 Nr. 17), ergänzt.[2] **Nr. 8** dient der besonderen Schutzbedürftigkeit von Auwäldern gerade auch im Hinblick auf eine nachhaltige Hochwasservorsorge. **Abs. 1 Satz 2** sieht wie bisher für die nach Satz 1 verbotenen Maßnahmen **Ausnahmen** vor (gegenüber § 78 Abs. 4 Satz 2 etwas erweitert).

2

3. Zulassung grundsätzlich verbotener Maßnahmen (Abs. 2, 4)

Abs. 2 schafft in **Satz 1** entsprechend der Regelung zu den bauplanungsrechtlichen Vorhaben (§ 78 Abs. 2) die Möglichkeit, von den Verboten des Abs. 1 Satz 1 durch **einzelfallbezogene Ermessensentscheidungen**[3] der zuständigen Behörde Ausnahmen zuzulassen. Die Vorschrift ersetzt den bisherigen § 78 Abs. 4 Satz 1. Die Ausnahmeregelung und die dazugehörigen Verbote sind an bisherige landesrechtliche Vorschriften angelehnt. **Satz 2** führt auch die Möglichkeit nachträglicher Nebenbestimmungen fort, die Behörde ist nicht gehalten, einen entsprechenden Vorbehalt in ihre Zulassungsentscheidung aufzunehmen.[4] **Satz 3** stellt wie Satz 2 in § 78 Abs. 2 und 5 die **nachbarschützende Wirkung** der von der Behörde zu beachtenden Zulassungsvoraussetzungen fest (vgl. dazu § 78 Rn. 8).

3

Abs. 4 führt den bisherigen § 78 Abs. 4 Satz 3 fort und ermächtigt im Interesse der Verwaltungsvereinfachung entsprechend dem jetzigen

4

---

[1] Das WHG 2009 hat sie weitgehend aus dem seinerzeit geltenden Sächsischen Wassergesetz übernommen; vgl. BT-Drs. 16/12275, S. 76; 16/13306, S. 18, 32 und zum Katalog des Abs. 1 Satz 1 näher *Rossi*, in: SZDK, § 78 WHG Rn. 25 ff.
[2] Vgl. zu Abs. 1 Nr. 4 und Abs. 3, insbesondere zum kurzfristigen Lagern und zu den vom Bundesrat aufgeworfenen möglichen Haftungsfragen BT-Drs. 18/10879, S. 27, 28, 47, 57.
[3] Vgl. aber auch *Rossi*, in: SZDK, § 78 WHG Rn. 89.
[4] Zu den Nebenbestimmungen näher *C/R*, § 78 Rn. 62 ff.; *Hünnekens*, in: LR, WHG, § 78 Rn. 52 ff.; *Zloch*, in: BFM, § 78 Rn. 61.

§ 78 Abs. 6 dazu, Maßnahmen nach Abs. 1 Satz 1 auch allgemein in Überschwemmungsgebietsverordnungen zuzulassen.[5)]

4. Weitere Schutzbestimmungen, Ausgleichsleistungen (Abs. 5)

5 § 78a Abs. 5 schreibt vor, in der Überschwemmungsgebietsverordnung **weitere Maßnahmen oder Vorschriften** vorzusehen, soweit sie aus den in Satz 1 Nr. 1–6 genannten Gründen zur Gewährleistung eines wirksamen Hochwasserschutzes geboten sind. Der Verordnungsgeber wird hier zugleich ermächtigt und verpflichtet, unabhängig von den allgemeinen gesetzlichen Vorgaben ergänzende, der konkreten Situation im Überschwemmungsgebiet angepasste und erforderliche Regelungen zu treffen. Die Vorschrift führt den bisherigen § 78 Abs. 5[6)] ohne die Heizölverbraucheranlagen (bisher § 78 Abs. 5 Satz 1 Nr. 5, jetzt § 78c) und mit den neu eingefügten Sätzen 2 und 3 fort.

6 **Satz 1** formuliert in **Nr. 1** gewässerökologische Ziele, die zugleich einen wichtigen Beitrag zur Verbesserung der Hochwasservorsorge leisten (z.B. durch ökologische Formen der Gewässerunterhaltung und des Gewässerausbaus, die Erhaltung der Auwälder und sonstige Maßnahmen mit abflussverzögernden oder die Hochwasserwelle zurückhaltenden Wirkungen). **Nr. 2** will die Erosion von Flächen neben den Gewässern sowie sonstige erheblich nachteilige Auswirkungen auf Gewässer minimieren. Das WHG hebt ausdrücklich die vom Ackerbau ausgehenden Gefahren hervor und löst damit die heftig umstrittene, im Hochwasserschutzgesetz I von 2005 (§ 31b Abs. 3 WHG) noch stringenter gefasste Regelung zu den Ackerbaubeschränkungen ab.[7)] Im Rahmen der Nr. 2 kann z.B. eine ganzjährige Bodenbedeckung verlangt werden;[8)] vgl. auch das Verbot des Grünlandumbruchs nach Abs. 1 Satz 1 Nr. 7. **Nr. 3** zielt darauf ab, die Landschaft, insbesondere die Flusslandschaft mit dem Gewässer, den Auen und den neben den Gewässern liegenden Flutträumen als größten Wasserspeicher zu nutzen. Entsprechende Verbote, Nut-

---

[5)] Die nach § 78 Abs. 6 für die Bauvorhaben einzuhaltenden Voraussetzungen und Anzeigepflichten spielen für die hier betroffenen Maßnahmen hier keine Rolle. Da es mit Blick auf Art. 80 Abs. 1 Satz 2 GG keine unbegrenzte Rechtsverordnungsermächtigung geben kann, sind die Grundsätze des Abs. 2 Satz 1 hier sinngemäß anzuwenden; im Ergebnis ebenso *C/R*, § 78 Rn. 70; *Hünnekens*, in: LR, WHG, § 78 Rn. 56; *Rossi*, in: SZDK, § 78 WHG Rn. 95; *Zloch*, in: BFM, § 78 Rn. 63; kritisch aber *Kotulla*, § 78 Rn. 65.
[6)] Die Regelungsaufträge des § 31b Abs. 2 Satz 6 und 7 sowie Abs. 3 WHG wurden in eine unmittelbar geltende Regelung umgewandelt und die relevanten Hochwasserschutzaspekte zu einem Katalog zusammengefasst. Der Ausgleichsanspruch nach dem bisherigen Satz 2 und jetzigen Satz 4 ist identisch mit dem Anspruch nach § 31b Abs. 2 Satz 8 WHG a.F.
[7)] Vgl. hierzu insbesondere BT-Drs. 15/3168, S. 5f., 13f., 18f.; 15/3510, S. 4, 8f.; 15/5121, S. 2.
[8)] BT-Drs. 16/12275, S. 76.

zungsbeschränkungen oder Handlungsgebote (z. B. Beachtung ökologischer Praktiken der Gewässerunterhaltung, Ausweisung von Uferrandstreifen, standortgerechte Land- und Forstbewirtschaftung) können die Voraussetzungen schaffen, dass sich das Hochwasser schadlos ausbreiten und sammeln kann, der Abfluss dadurch verzögert wird und im Unterlauf die Wasserstände sinken. Im Gegensatz zur natürlichen Wasserrückhaltung verfolgt der technische Hochwasserschutz das Ziel, durch den Bau von Poldern, Flutmulden, Rückhaltebecken oder die Rückverlegung von Deichen künstliche Retentionsräume zu schaffen oder wiederherzustellen. Maßnahmen nach **Nr. 4** dienen der Verzögerung und Verstetigung des Wasserabflusses, um Schäden im Unterlauf zu vermeiden. Mit **Nr. 5** und **6** trägt das WHG den negativen Erfahrungen aus den schadensträchtigen Hochwasserereignissen der letzten Jahre Rechnung.[9]

Das Hochwasserschutzgesetz II hat in Abs. 5 einen neuen **Satz 2** eingefügt, der die zuständigen Behörden ermächtigt, die in Satz 1 genannten Festlegungen auch durch Verwaltungsakt im Einzelfall oder durch Allgemeinverfügung zu treffen. Der geringere Aufwand, den solche Entscheidungen verursachen, dient der Beschleunigung eilbedürftiger Hochwasserschutzmaßnahmen, die insbesondere zur Abwehr drohender unmittelbarer Gefahren geboten sind. Anlagen der **Verkehrsinfrastruktur** nimmt **Satz 3** hiervon aus, sie können nur nach Satz 1 auf Verordnungsebene reglementiert werden.

7

Satz 4 gewährt wie bisher im Wege einer Rechtsfolgenverweisung den umwelt- und rechtspolitisch umstrittenen einfachgesetzlichen **Billigkeitsausgleich** für wirtschaftliche Nachteile infolge erhöhter Anforderungen an die land- oder forstwirtschaftliche Nutzung von Grundstücken in Wasserschutzgebieten auch für festgesetzte Überschwemmungsgebiete. Der Anspruch ist beschränkt auf Maßnahmen und Vorschriften nach Satz 1 Nr. 3 und dort auf den Fall der Rückgewinnung von Rückhalteflächen. Auf § 52 Abs. 5 nebst Kommentierung unter Rn. 1 ff. wird verwiesen.[10] Gesetzgeber hat demgegenüber **keinen** Anlass gesehen, in Anlehnung an § 52 Abs. 4 einen **Entschädigungsanspruch** zu gewähren. Inzwischen hat sich die Auffassung durchgesetzt, dass Nutzungsbeschränkungen oder die Verkürzung von Eigentümerbefugnissen im Wasser- und Naturschutzrecht nicht als Enteignung, sondern als Inhalts- und Schrankenbestimmung des Eigentums zu werten sind (vgl. hierzu die grundsätzlichen Ausführungen unter Rn. 8 zu § 52 Abs. 4). Eingriffe in das Eigentum nach Maßgabe der Abs. 1–4 sind zulässig und zu-

8

---

[9] Vgl. zum Katalog des Abs. 5 Satz 1 auch *C/R*, § 78 Rn. 74 ff.; *Hünnekens*, in LR, WHG, § 78 Rn. 59 ff.; *Rossi*, in: SZDK, § 78 WHG Rn. 103 ff.; *Zloch*, in: BFM, § 78a Rn. 65 ff.

[10] Vgl. zu den Ausgleichsleistungen auch *C/R*, § 78 Rn. 86 ff.; *Hünnekens*, in LR, WHG, § 78 Rn. 66 ff.; *Zloch*, in: BFM, § 78 Rn. 72 ff.

mutbar: Einerseits legitimiert der hohe Rang eines wirksamen Hochwasserschutzes für das Wohl der Allgemeinheit (vgl. § 72 Rn. 1) eine entsprechend hohe Sozialbindung des Eigentums, andererseits vermeiden die differenziert ausgestalteten Ausnahmeregelungen unbillige Härten für die Betroffenen.

5. Vorläufig gesicherte Überschwemmungsgebiete (Abs. 6)

9   Abs. 6 erstreckt die Schutzvorschriften der Abs. 1–5 auf noch nicht förmlich festgesetzte, aber bereits vorläufig gesicherte Überschwemmungsgebiete und ist identisch mit dem jetzigen Abs. 8 und bisherigen Abs. 6 des § 78, der inhaltlich wiederum § 31b Abs. 5 Satz 2 WHG i.d.F. des Hochwasserschutzgesetzes I von 2005 entspricht. Auf die Erläuterungen zu § 78 unter 6. kann deshalb verwiesen werden.

6. Landesrecht (Abs. 7)

10   Der neue Abs. 7 des § 78a lässt „weitergehende" Rechtsvorschriften der Länder unberührt.[11] Die Vorschrift stellt klar, dass § 78a für seinen Anwendungsbereich einen Mindeststandard für den Hochwasserschutz normiert, der auf der Grundlage des Art. 72 Abs. 1 GG nicht unterschritten werden darf. Dementsprechend können Rechtsvorschriften der Länder, die hinter dem bundesrechtlichen Mindeststandard zurückbleiben, nur nach Maßgabe des Art. 72 Abs. 3 Satz 1 Nr. 5 GG im Wege der Abweichungsgesetzgebung zulässig sein. Der bisherige § 78 WHG hat ebenfalls einfachgesetzlich keine Abweichungsmöglichkeiten zugunsten der Länder vorgesehen. Der **Begriff „weitergehend"** umfasst nur strengere Rechtsvorschriften sowie Regelungen, die den Inhalt des § 78a WHG konkretisieren oder Aspekte betreffen, die nicht Gegenstand der Bundesregelung sind.[12] Insofern hat Abs. 7 die Funktion klarzustellen, welche Gesetzgebungsspielräume den Ländern gemäß Art. 72 Abs 1 GG verbleiben. Als stoff- oder anlagenbezogene Regelungen **abweichungsfest** gemäß Art. 72 Abs. 3 Satz 1 Nr. 5 GG sind Abs. 1 Satz 1 Nr. 1–4, auch i.V.m. Abs. 2 und 4 sowie Abs. 5 Satz 1 Nr. 5 und 6 (bezogen auf die Abwasserbeseitigung).

---

[11] Die Öffnungsklausel hat der Bundesrat für „abweichende" Ländervorschriften unter Hinweis auf entsprechende Regelungen gefordert, damit sie bestehen bleiben können; vgl. BT-Drs. 18/10879, S. 47. Der Gesetzgeber ist dem Votum der Bundesregierung gefolgt, die Öffnung nur für „weitergehende" Rechtsvorschriften vorzusehen; vgl. dazu BT-Drs. 18/10879, S. 58 und 18/12404, S. 16.
[12] BT-Drs. 18/10879, S. 58.

§ 78b
Risikogebiete außerhalb von Überschwemmungsgebieten

(1) Risikogebiete außerhalb von Überschwemmungsgebieten sind Gebiete, für die nach § 74 Absatz 2 Gefahrenkarten zu erstellen sind und die nicht nach § 76 Absatz 2 oder Absatz 3 als Überschwemmungsgebiete festgesetzt sind oder vorläufig gesichert sind; dies gilt nicht für Gebiete, die überwiegend von den Gezeiten beeinflusst sind, soweit durch Landesrecht nichts anderes bestimmt ist. Für Risikogebiete außerhalb von Überschwemmungsgebieten gilt Folgendes:

1. bei der Ausweisung neuer Baugebiete im Außenbereich sowie bei der Aufstellung, Änderung oder Ergänzung von Bauleitplänen für nach § 30 Absatz 1 und 2 oder nach § 34 des Baugesetzbuches zu beurteilende Gebiete sind insbesondere der Schutz von Leben und Gesundheit und die Vermeidung erheblicher Sachschäden bei der Abwägung nach § 1 Absatz 7 des Baugesetzbuches zu berücksichtigen; dies gilt für Satzungen nach § 34 Absatz 4 und § 35 Absatz 6 des Baugesetzbuches entsprechend;
2. außerhalb der von Nummer 1 erfassten Gebiete sollen bauliche Anlagen nur in einer dem jeweiligen Hochwasserrisiko angepassten Bauweise nach den allgemein anerkannten Regeln der Technik errichtet oder wesentlich erweitert werden, soweit eine solche Bauweise nach Art und Funktion der Anlage technisch möglich ist; bei den Anforderungen an die Bauweise sollen auch die Lage des betroffenen Grundstücks und die Höhe des möglichen Schadens angemessen berücksichtigt werden.

(2) Weitergehende Rechtsvorschriften der Länder bleiben unberührt.

Inhaltsübersicht

	Rn.		Rn.
1. Allgemeines	1	3. Bauliche Schutzvorschriften (Abs. 1 Satz 2)	3
2. Risikogebiete gemäß § 78b (Abs. 1 Satz 1)	2	4. Landesrecht (Abs. 2)	5

1. Allgemeines

§ 78b enthält ergänzend zu den Regelungen der §§ 78 und 78a für festgesetzte und vorläufig gesicherte Überschwemmungsgebiete besondere Hochwasserschutzvorschriften für Risikogebiete (definiert in § 73 Abs. 1 Satz 1), die außerhalb der durch §§ 78 und 78a erfassten Gebiete liegen. Insofern hat das Hochwasserschutzgesetz II von 2017 einen **neuen Gebietsbegriff**[1] eingeführt, der mit der vom Hochwasser-

---

[1] In BT-Drs. 18/10879, S. 29 ist begründet, warum es sich nicht um eine neue „Gebietskategorie" handelt; ohne Begründung anders *Hofmann*, Das Hochwasserschutzgesetz II – Die wichtigsten Regelungen und ihre Motive, W+B 2017, 118, 124; anders auch *Reinhardt*, Trial and Error: Die WHG-Novelle 2017 zum Hochwasserschutz, NVwZ 2017, 1585, 1586, der die Bezeichnung allerdings „etwas sperrig" nennt.

schutzgesetz I von 2005 geschaffenen Kategorie „überschwemmungsgefährdete Gebiete" (§ 31c WHG a.F.)[2] zwar nicht identisch, aber vergleichbar ist. Zur Entstehung und Bedeutung des § 78b im Kontext des Hochwasserschutzgesetzes II wird auf die allgemeinen Hinweise unter § 72 Rn. 1–3 Bezug genommen. Gesetzgeberisches Motiv des § 78b ist, insbesondere den Risikogebieten mit einer geringeren als der 100-jährlichen Hochwasserwahrscheinlichkeit, der maßgebende Wiederkehrintervall nach § 74 Abs. 2 Satz 1 Nr. 1, angemessenen Schutz zu gewähren.[3] **Abs. 1** bestimmt mit seiner Definition den räumlichen Anwendungsbereich des § 78b Risikogebiete und sieht **Nutzungsbeschränkungen** vor, die sich nur auf das **Bauen** beziehen und dabei das im Vergleich zur Lage in Überschwemmungsgebieten geringere Gefährdungspotenzial berücksichtigen. **Abs. 2** lässt weitergehende Rechtsvorschriften der Länder unberührt.

2. Risikogebiete gemäß § 78b (Abs. 1 Satz 1)

2 § 78b legt in Abs. 1 Satz 1 seinen **Anwendungsbereich** fest, und zwar mit der Beschreibung des Begriffs **„Risikogebiete außerhalb von Überschwemmungsgebieten"**.[4] Erfasst sind nach dem ersten Halbsatz zunächst alle Gebiete, für die nach § 74 Abs. 2 Gefahrenkarten „zu erstellen sind". Nicht einbezogen sind neben den festgesetzten und vorläufig gesicherten Überschwemmungsgebieten somit auch die Gebiete, für die nach Satz 2 des § 74 Abs. 2 eine Kartierung nicht verbindlich vorgeschrieben ist. Der zweite Halbsatz nimmt außerdem wortgleich die überwiegend tidebeeinflussten Gebiete aus, die schon nach der allgemeinen Definition des § 76 Abs. 1 – vorbehaltlich anderweitiger Landesregelungen – nicht zu den Überschwemmungsgebieten gehören.[5]

3. Bauliche Schutzvorschriften (Abs. 1 Satz 2)

3 Satz 2 bestimmt in Nr. 1 und 2 die baurechtlichen Beschränkungen für die hier definierten Risikogebiete. **Nr. 1** betrifft die Bauplanung. Der erste Halbsatz bezieht sich auf die **Ausweisung neuer Baugebiete** im Außenbereich sowie auf **Bauleitpläne**, die für Gebiete nach § 30 Abs. 1 und 2 oder § 34 BauGB aufgestellt, geändert oder ergänzt

---

[2] Das WHG 2009 hat diese Gebietskategorie nicht übernommen, weil sie durch die zur Umsetzung der EG-Hochwasserrichtlinie eingeführte Kategorie der Risikogebiete entbehrlich geworden war; vgl. zu der Umstellung BT-Drs. 16/12275, S. 74.

[3] BT-Drs. 18/10879, S. 18 und 29 sowie S. 47f. und 58; 18/12404, S. 16. – Zu Recht bezweifelt allerdings *Reinhardt* (Fn. 1), 1585, S. 1586f., ob die pauschal bleibenden Regelungen des § 78b den vorbeugenden Hochwasserschutz für die betroffenen Risikogebiete effektiv verbessern.

[4] Der Text des Satzes 1 stammt vom Bundesrat, Bundesregierung und Bundestag haben zugestimmt; vgl. zur Begründung BT-Drs. 18/10879, S. 47f. Nr. 12 und 13, S. 58; 18/12404, S. 16.

[5] Für diese Ausnahme reklamiert der Bundesrat die Verhältnismäßigkeit; vgl. BT-Drs. 18/10879, S. 48 Nr. 13.

werden. Im Rahmen der nach § 1 Abs. 7 BauGB vorgeschriebenen Abwägung öffentlicher und privater Belange hebt das WHG die Notwendigkeit hervor, „insbesondere" den Schutz von Leben und Gesundheit sowie die Vermeidung erheblicher Sachschäden zu berücksichtigen. Diese Rechtsgüter sind im Hochwasserfall in hohem Maße gefährdet, die Abwägung mit anderen öffentlichen Belangen einschließlich weiterer relevanter Aspekte des Hochwasserschutzes schließt § 78b nicht aus. Der zweite Halbsatz erweitert den Anwendungsbereich auf **Satzungen** für den Innenbereich (34 Abs. 4 BauGB) und den Außenbereich (§ 35 Abs. 6 BauGB). Ein grundsätzliches Planungsverbot gibt es nicht, vielmehr ist es Sache der Kommunen, in ihren Bebauungsplänen und den vorzunehmenden Abwägungen die aus Hochwasserschutzsicht notwendigen Festlegungen zu treffen. Auf die parallelen, im Ganzen deutlich weitergehenden Regelungen für Überschwemmungsgebiete in § 78 Abs. 1 bis 3 wird hingewiesen.

In **Nr. 2** stellt das WHG Anforderungen an die **Errichtung und wesentliche Erweiterung baulicher Anlagen**. Der Bundestag hat hier den Gesetzentwurf der Bundesregierung in mehreren Punkten abgeschwächt.[6] Danach sind die von Nr. 1 erfassten Gebiete von der zusätzlichen Anwendung der Nr. 2 ausgeschlossen, weil es aus Sicht des Bundestages ausreicht, wenn die Kommunen ihre bauplanerischen Aufgaben im Rahmen der Nr. 1 im Sinne des Hochwasserschutzes angemessen wahrnehmen. Darüber hinaus hat der Bundestag die Nr. 2 von einer Ist- in eine Soll-Vorschrift umgewandelt und die dem Hochwasserrisiko anzupassende Bauweise an den technischen Möglichkeiten[7] ausgerichtet. Schließlich hat er im zweiten Halbsatz bei der Berücksichtigung der Anforderungen an die Bauweise als zusätzlichen Aspekt die Lage des betroffenen Grundstücks (mögliche Wasserstände bei Hochwasser) und das Kriterium „angemessen" als Ausdruck des Verhältnismäßigkeitsgrundsatzes hinzugefügt.   4

3. Landesrecht (Abs. 2)

Abs. 2 lässt weitergehende Rechtsvorschriften der Länder zur Thematik des § 78b unberührt. Die Vorschrift entspricht § 78a Abs. 7, auf dessen Erläuterung unter 6. insofern verwiesen werden kann. Demnach haben die Länder im Rahmen des Art. 72 Abs. 1 GG eine Gesetzgebungsbefugnis nur für strengere oder konkretisierende Regelungen. Abweichende Regelungen sind generell unzulässig, weil es sich bei § 78b um Bauvorschriften handelt, die dem Kompetenztitel des Art. 74 Abs. 1 Nr. 18 GG (Bodenrecht) unterliegen; vgl. hierzu auch § 78 unter 7.   5

---

[6] Vgl. dazu BT-Drs. 18/10879, S. 11f., 30 einerseits und 18/12404, S. 16 andererseits.
[7] Der Bundestag nennt als Beispiel sog. Fahrsilos in der Landwirtschaft; vgl. BT-Drs. 18/12404, S. 16.

§ 78c
Heizölverbraucheranlagen in Überschwemmungsgebieten und in weiteren Risikogebieten

(1) Die Errichtung neuer Heizölverbraucheranlagen in festgesetzten und vorläufig gesicherten Überschwemmungsgebieten ist verboten. Die zuständige Behörde kann auf Antrag Ausnahmen von dem Verbot nach Satz 1 zulassen, wenn keine anderen weniger wassergefährdenden Energieträger zu wirtschaftlich vertretbaren Kosten zur Verfügung stehen und die Heizölverbraucheranlage hochwassersicher errichtet wird

(2) Die Errichtung neuer Heizölverbraucheranlagen in Gebieten nach § 78b Absatz 1 Satz 1 ist verboten, wenn andere weniger wassergefährdende Energieträger zu wirtschaftlich vertretbaren Kosten zur Verfügung stehen oder die Anlage nicht hochwassersicher errichtet werden kann. Eine Heizölverbraucheranlage nach Satz 1 kann wie geplant errichtet werden, wenn das Vorhaben der zuständigen Behörde spätestens sechs Wochen vor der Errichtung mit den vollständigen Unterlagen angezeigt wird und die Behörde innerhalb einer Frist von vier Wochen nach Eingang der Anzeige weder die Errichtung untersagt noch Anforderungen an die hochwassersichere Errichtung festgesetzt hat.

(3) Heizölverbraucheranlagen, die am 5. Januar 2018 in festgesetzten oder in vorläufig gesicherten Überschwemmungsgebieten vorhanden sind, sind vom Betreiber bis zum 5. Januar 2023 nach den allgemein anerkannten Regeln der Technik hochwassersicher nachzurüsten. Heizölverbraucheranlagen, die am 5. Januar 2018 in Gebieten nach § 78b Absatz 1 Satz 1 vorhanden sind, sind bis zum 5. Januar 2033 nach den allgemein anerkannten Regeln der Technik hochwassersicher nachzurüsten, soweit dies wirtschaftlich vertretbar ist. Sofern Heizölverbraucheranlagen wesentlich geändert werden, sind diese abweichend von den Sätzen 1 und 2 zum Änderungszeitpunkt hochwassersicher nachzurüsten.

Inhaltsübersicht

Rn.		Rn.
1. Allgemeines	1	
2. Heizölverbraucheranlagen in Überschwemmungsgebieten (Abs. 1)	3	
3. Heizölverbraucheranlagen in weiteren Risikogebieten (Abs. 2)	4	
4. Nachrüstung vorhandener Heizölverbraucheranlagen (Abs. 3)		5
5. Landesrecht		6

1. Allgemeines

§ 78c hat das Hochwasserschutzgesetz II vom 30.6.2017 neu in das WHG eingefügt. Die Vorschrift ersetzt den bisher in § 78 Abs. 5 Satz 1 Nr. 4 den Ländern erteilten Auftrag, in ihren Überschwemmungsgebietsverordnungen auch die erforderlichen Bestimmungen zur hochwassersicheren Errichtung neuer und Nachrüstung vorhandener Heizölverbraucheranlagen sowie zum Verbot der Errichtung neuer Heizölverbraucheranlagen zu erlassen, durch eine **bundesrechtliche Vollregelung** in einem eigenen Paragrafen. § 78c ergänzt die besonderen Hochwasserschutzvorschriften der §§ 78, 78a und 78b für festgesetzte Überschwemmungsgebiete und weitere Risikogebiete um den speziellen Aspekt Heizölverbrauchanlagen. Zur Entstehung des § 78c im Kontext des Hochwasserschutzgesetzes II wird auf die allgemeinen Hinweise unter Rn. 1–3 zu § 72 sowie zum Schutzregime für Überschwemmungsgebiete auf § 76 Rn. 1 und § 78 Rn. 1–3 Bezug genommen.

Die an und durch Ölheizungen entstehenden Hochwasserschäden sind immens, auch im Verhältnis zu anderen Schadensursachen. **Ziel des § 78c** ist es, wesentlich zur Verringerung dieser Schäden beizutragen.[1] **Abs. 1** betrifft die vorgesehenen Schutzmaßnahmen in Überschwemmungsgebieten, **Abs. 2** in den weiteren Risikogebieten. **Abs. 3** regelt die Nachrüstung vorhandener Heizölverbraucheranlagen. Unter den **Begriff „Heizölverbraucheranlage"** fallen alle zum bestimmungsgemäßen Betrieb erforderlichen Einrichtungen, insbesondere Brenner, Heizkessel, Leitungen, Tanks.[2]

2. Heizölverbraucheranlagen in Überschwemmungsgebieten (Abs. 1)

Abs. 1 begründet in **Satz 1** mit Blick auf die im Hochwasserfall drohenden großen Schäden ein grundsätzliches **Verbot** für die Errichtung neuer Heizölverbraucheranlagen in festgesetzten und vorläufig gesicherten Überschwemmungsgebieten. **Satz 2** eröffnet die Möglichkeit, im Einzelfall durch die zuständige Behörde in pflichtgemäßer Ermessensausübung **Ausnahmen** von dem Verbot zuzulassen. Voraussetzung ist, dass keine weniger wassergefährdenden Energieträger zu wirtschaftlich vertretbaren Kosten zur Verfügung stehen und die Anlage hochwassersicher errichtet wird. Bei diesen Kriterien handelt es sich um unbestimmte Rechtsbegriffe, die der Behörde keinen Beurteilungsspielraum einräumen. Die Ausnahmeregelung soll auch dazu dienen, dem Verhältnismäßigkeitsprinzip Rechnung zu tragen.[3]

---

[1] Vgl. BT-Drs. 18/10879, S. 30 mit weiteren Hinweisen zu Art und Umfang der ölbedingten Hochwasserschäden.
[2] Siehe auch *Hünnekens*, in: LR, WHG, § 78 Rn. 64; *Rossi*, in: SZDK, § 78 WHG Rn. 110; *Zloch*, in: BFM, § 78 Rn. 70.
[3] BT-Drs. 18/10879, S. 30 und 18/12404, S. 16.

3. Heizölverbraucheranlagen in weiteren Risikogebieten (Abs. 2)

4 Abs. 2 normiert in **Satz 1** anders als in Abs. 1 Satz 1 für Überschwemmungsgebiete bei den grundsätzlich weniger schutzbedürftigen weiteren Risikogebiete nur ein **konditioniertes Verbot** für die Errichtung neuer Heizölverbraucheranlagen. Die Einschränkungen stimmen mit den Voraussetzungen überein, unter denen die Behörde nach Abs. 1 Satz 2 für die Überschwemmungsgebiete ausnahmsweise die Errichtung zulassen kann. **Satz 2** sieht zur Erleichterung der Verfahren keine Zulassungspflicht vor, sondern belässt es bei einer Anzeige. Diese muss spätestens 6 Wochen vor der geplanten Errichtung der Anlage mit den vollständigen Unterlagen bei der Behörde eingehen. Die Behörde hat 4 Wochen Zeit, um zu prüfen, ob und inwieweit die Installierung mit den hochwasserschutzrechtlichen Anforderungen vereinbar ist. Sie kann verlangen, dass der Betreiber aus ihrer Sicht nicht vollständige Unterlagen nachreicht, entsprechend verlängert sich die Prüfzeit. In Abhängigkeit vom Prüfergebnis hat die Behörde die Errichtung zu untersagen oder die den geltenden Vorschriften Rechnung tragenden Nachbesserungen anzuordnen. Geschieht dies nicht, kann die Anlage wie geplant errichtet werden.

4. Nachrüstung vorhandener Heizölverbraucheranlagen (Abs. 3)

5 § 78c Abs. 3 trifft Regelungen zur „hochwassersicheren" Nachrüstung von Heizölverbraucheranlagen, die bei Inkrafttreten des Hochwasserschutzgesetzes II am 5. 1. 2018 vorhanden waren. Aus Gründen des Bestandsschutzes und der Verhältnismäßigkeit hat der Gesetzgeber die Nachrüstpflichten relativ lang bemessen und abgestuft.[4] **Satz 1** betrifft die festgesetzten und vorläufig gesicherten Überschwemmungsgebiete. Die Nachrüstfrist beträgt hier fünf Jahre. Zu erreichen ist eine allgemein anerkannten Regeln der Technik entsprechende Hochwassersicherheit. Nach **Satz 2** hat der Anlagenbetreiber in den weiteren Risikogebieten für die Nachrüstung 15 Jahre Zeit. Außerdem muss der technische Standard der Hochwassersicherheit in diesen Gebieten nur erreicht werden, soweit dies wirtschaftlich vertretbar ist.[5] **Satz 3** beschleunigt die Nachrüstung sowohl für die Überschwemmungsgebiete wie auch für die weiteren Risikogebiete, wenn die Heizölverbraucheranlage ohnehin wesentlich geändert

---

[4] BT-Drs. 18/10879, S. 30 und 18/12404, S. 17. – Der Bundesrat hat in seiner Stellungnahme zum Gesetzentwurf ein Bedürfnis gesehen, die durch eine hochwassersichere Nachrüstung entstehende „besondere Belastung" durch staatliche Fördermaßnahmen auszugleichen; vgl. hierzu und zu den in der Gegenäußerung der Bundesregierung aufgeführten Möglichkeiten BT-Drs. 18/10879, S. 48, 58 f. Nach *Reinhardt*, Trial and Error: Die WHG-Novelle 2017 zum Hochwasserschutz, NVwZ 2017, 1585, 1588 muss das Gesetz, wenn man von einer unverhältnismäßigen Belastung ausgeht, den Eingriff in das Eigentum selbst unmittelbar normativ kompensieren, was hier nicht geschehen ist.

[5] BT-Drs. 18/10879, S. 30 und 18/12404, S. 17.

wird. Dann ist es sinnvoll und zumutbar, dass die Anlage zeitgleich auch auf den notwendigen hochwassersicheren Stand gebracht wird.

5. Landesrecht

§ 78c regelt die Errichtung und Nachrüstung von Heizölverbraucheranlagen abschließend. Im Rahmen des Art. 72 Abs. 1 GG sind deshalb nur konkretisierende Ländervorschriften möglich. Abweichende Regelungen nach Art. 72 Abs. 3 Satz 1 Nr. 5 GG sind unzulässig, weil es sich bei § 78c um eine anlagenbezogene Regelung handelt. 6

§ 78d
Hochwasserentstehungsgebiete

(1) Hochwasserentstehungsgebiete sind Gebiete, in denen bei Starkniederschlägen oder bei Schneeschmelze in kurzer Zeit starke oberirdische Abflüsse entstehen können, die zu einer Hochwassergefahr an oberirdischen Gewässern und damit zu einer erheblichen Gefahr für die öffentliche Sicherheit und Ordnung führen können.

(2) Die Länder können Kriterien für das Vorliegen eines Hochwasserentstehungsgebietes festlegen. Hierbei sind im Rahmen der hydrologischen und topographischen Gegebenheiten insbesondere das Verhältnis Niederschlag zu Abfluss, die Bodeneigenschaften, die Hangneigung, die Siedlungsstruktur und die Landnutzung zu berücksichtigen. Auf Grund dieser Kriterien kann die Landesregierung Hochwasserentstehungsgebiete durch Rechtsverordnung festsetzen.

(3) In festgesetzten Hochwasserentstehungsgebieten ist zur Vermeidung oder Verringerung von Gefahren durch Hochwasser das natürliche Wasserversickerungs- und Wasserrückhaltevermögen des Bodens zu erhalten oder zu verbessern, insbesondere durch die Entsiegelung von Böden oder durch die nachhaltige Aufforstung geeigneter Gebiete. Satz 1 gilt nicht für Anlagen der öffentlichen Verkehrsinfrastruktur.

(4) In festgesetzten Hochwasserentstehungsgebieten bedürfen folgende Vorhaben der Genehmigung durch die zuständige Behörde:

1. die Errichtung oder wesentliche Änderung baulicher Anlagen im Außenbereich, einschließlich Nebenanlagen und sonstiger Flächen ab einer zu versiegelnden Gesamtfläche von 1 500 Quadratmetern,

2. der Bau neuer Straßen,

3. die Beseitigung von Wald oder die Umwandlung von Wald in eine andere Nutzungsart oder

4. die Umwandlung von Grünland in Ackerland.

Die Genehmigung nach Satz 1 gilt als erteilt, wenn die zuständige Behörde den Antrag nicht innerhalb von sechs Monaten nach Eingang der vollständigen Antragsunterlagen ablehnt. Die zuständige Behörde kann die Frist aus wichtigem Grund um bis zu zwei Monate verlängern. Ist für das Vorhaben nach anderen Vorschriften ein Zulassungsverfahren vorgeschrieben, so hat die hierfür zuständige Behörde abweichend von Satz 1 im Rahmen dieses Zulassungsverfahrens über die Genehmigungsvoraussetzungen nach Absatz 5 im Benehmen mit der zuständigen Wasserbehörde zu entscheiden.

(5) Die Genehmigung oder sonstige Zulassung nach Absatz 4 Satz 1 oder Satz 4 darf nur erteilt werden, wenn

1. das Wasserversickerungs- oder Wasserrückhaltevermögen des Bodens durch das Vorhaben nicht beeinträchtigt wird oder

2. die Beeinträchtigung durch Maßnahmen wie das Anlegen von Wald oder die Schaffung von Rückhalteräumen im Hochwasserentstehungsgebiet angemessen ausgeglichen wird.

Für den Ausgleich nach Satz 1 Nummer 2 gilt § 77 Absatz 1 Satz 3 Nummer 2 entsprechend. Die Voraussetzungen nach Satz 1 gelten für die Zulassung von öffentlichen Verkehrsinfrastrukturvorhaben, für die ein Verfahren nach § 17 Absatz 1 des Bundesnaturschutzgesetzes durchgeführt wird, als erfüllt.

(6) In festgesetzten Hochwasserentstehungsgebieten sind bei der Ausweisung neuer Baugebiete im Außenbereich in der Abwägung nach § 1 Absatz 7 des Baugesetzbuches insbesondere zu berücksichtigen:

1. die Vermeidung einer Beeinträchtigung des Wasserversickerungs- oder Wasserrückhaltevermögens des Bodens und

2. der Ausgleich einer Beeinträchtigung durch Maßnahmen wie das Anlegen von Wald oder die Schaffung von Rückhalteräumen im Hochwasserentstehungsgebiet.

(7) Weitergehende Rechtsvorschriften der Länder bleiben unberührt.

Inhaltsübersicht

Rn.		Rn.
1. Allgemeines 1	5. Genehmigung von Vorhaben in Hochwasserentstehungsgebieten (Abs. 4, 5)	5
2. Begriff der Hochwasserentstehungsgebiete (Abs. 1) 2		
3. Kriterien für Hochwasserentstehungsgebiete und ihre Ausweisung (Abs. 2) .. 3	6. Neue Baugebiete in Hochwasserentstehungsgebieten (Abs. 6)	7
4. Schutzprinzipien für Hochwasserentstehungsgebiete (Abs. 3) 4	7. Landesrecht (Abs. 7)	8

1. Allgemeines

§ 78d regelt mit den Hochwasserentstehungsgebieten eine durch das Hochwasserschutzgesetz II vom 30. 6. 2017 eingeführte **neue Gebietskategorie**. Zur Entstehung der Vorschrift im Kontext dieses Gesetzes wird auf die allgemeinen Hinweise unter § 72 Rn. 1–3 Bezug genommen. § 78d trägt insbesondere den Starkniederschlägen Rechnung, die in Deutschland infolge des weiter voranschreitenden Klimawandels immer häufiger und heftiger auftreten.[1)] Sie führen vor allem in Gebieten mit starkem Geländegefälle zu einem raschen Abfluss hoher Wassermengen, entsprechend vergrößern sie die Hochwassergefahren. Da technische Hochwasserschutzmaßnahmen allein die Niederschläge nicht hinreichend bewältigen können, ist es notwendig, der weiteren Reduzierung des Wasserrückhalte- und Wasserversickerungsvermögens des Bodens entgegenzuwirken. Im Sinne der nachhaltigen Gewässerbewirtschaftung gebührt dem vorsorgenden Hochwasserschutz ohnehin der Vorrang vor technischen, kostenintensiven Maßnahmen. **Ziel des § 78d** ist deshalb, die Hochwassergefahr bereits in ihren Entstehungsgebieten zu minimieren.

1

2. Begriff der Hochwasserentstehungsgebiete (Abs. 1)

Abs. 1 definiert, was unter „Hochwasserentstehungsgebiete" zu verstehen ist.[2)] Die Vorschrift beschreibt Gebiete, die insbesondere in den im Wesentlichen naturbelassenen Mittelgebirgs- und Hügellandschaften aufgrund der Morphologie (z.B. Fels) oder des Reliefs (z.B. starke Hangneigung) nur über ein eingeschränktes Wasserversickerungs- und -rückhaltevermögen verfügen und es gleichzeitig naturbedingt zu wiederkehrenden Starkniederschlägen kommt, die in den Fließgewässern hohe Wasserstände und entsprechende Gefahren für Leib und Leben sowie Sachwerte herbeiführen. Solche Gebiete können wie Überschwemmungsgebiete durch Rechtsverordnung festgesetzt werden (Abs. 2 Satz 2). Betroffen sind insbesondere Mittelgebirgslagen, aber auch alpine Regionen. Die Ausweisung von Hochwasserentstehungsgebieten und die damit verbundenen Nutzungsregelungen sollen dazu beitragen, den Wasserrückhalt in der Fläche zu verbessern.[3)] Die Definition erfasst nicht jedes wild abflie-

2

[1)] Vgl. zu Entstehung und Zweck des § 78d die Gesetzesbegründung der Bundesregierung in BT-Drs. 18/10879, S. 30 sowie die Stellungnahme des Bundesrates auf S. 49f. mit ausführlichen Darlegungen zu den Gründen für die Ablehnung einer bundesgesetzlichen Regelung und die Gegenäußerung der Bundesregierung hierzu auf S. 59. – *Reinhardt*, Trial and Error: Die WHG-Novelle 2017 zum Hochwasserschutz, NVwZ 2017, 1585, 1587 weist richtig darauf hin, dass im Kompromisswege das Instrument der Hochwasserentstehungsgebiete im Gesetzgebungsverfahren „bis zur fast völligen Steuerungslosigkeit geschleift" und „im Ganzen in die Disposition der Länder gestellt" worden ist.
[2)] Vgl. hierzu BT-Drs. 18/10879, S. 31.
[3)] Erstmanls hat Sachsen die Ausweisung von Hochwasserentstehungsgebieten in § 76 WG gesetzlich geregelt, § 78d ist weitgehend an diesem Modell angelehnt.

ßende Wasser, sondern nur solches, das zu einer Hochwassergefahr an oberirdischen Gewässern führen kann.

3. Kriterien für Hochwasserentstehungsgebiete und ihre Ausweisung (Abs. 2)

3 Abs. 2 ermächtigt in **Satz 1** die Länder, im Einzelnen die Kriterien dafür festzulegen, ob ein Hochwasserentstehungsgebiet vorliegt.[4] Die Übertragung der Verantwortung für die Konkretisierung der Definition in Abs. 1 auf die Länder ermöglicht es, die Kriterien stärker an den von Ort zu Ort sehr unterschiedlichen Gegebenheiten in Bezug auf die Bestimmung von Hochwasserentstehungsgebieten zu orientieren. In **Satz 2** zählt der Bundesgesetzgeber die wichtigsten im Rahmen der ökologischen und topografischen Gegebenheiten „insbesondere" zu berücksichtigenden Kriterien auf. Neben den Bodeneigenschaften spielen die zu erwartenden Niederschläge eine zentrale Rolle, die in Betracht kommenden Flächen müssen deshalb in einem niederschlagsreichen und von daher häufig von Hochwasser bedrohten Gebiet liegen. Im Rahmen der Ermächtigung nach **Satz 3** bleibt es in gleicher Weise den Ländern[5] überlassen zu prüfen und zu entscheiden, ob es notwendig ist, solche Gebiete förmlich durch Rechtsverordnung auszuweisen oder nicht.

4. Schutzprinzipien für Hochwasserentstehungsgebiete (Abs. 3)

4 Abs. 3 normiert für Hochwasserentstehungsgebiete einen allgemeinen Grundsatz zur **Erhaltung und Verbesserung des natürlichen Wasserversickerungs- und Wasserrückhaltevermögens des Bodens**. Diese Bodeneigenschaft bewirkt, dass die Gefahr von Hochwasser vermieden oder zumindest verringert wird. Da die Regelung mit außenwirksamen Verpflichtungen verbunden ist, gilt sie nur für nach Abs. 2 Satz 3 festgesetzte Gebiete. Als praktisch besonders bedeutsame Beispiele für die Erreichung der Ziele des Abs. 3 hebt das Gesetz Maßnahmen der Bodenentsiegelung und der Aufforstung hervor. Von den Verhältnissen im konkreten Einzelfall hängt es ab, welche Aktionen als wirksam und angemessen jeweils in Betracht kommen. Die Festlegung der Kriterien, die den Begriff der Hochwasserentstehungsgebiete ausfüllen, ist mit in die Gebietsausweisung nach Abs. 2 Satz 3 aufzunehmen, falls das Land von der Verordnungsermächtigung Gebrauch macht. **Satz 2** nimmt Anlagen der öffentlichen **Verkehrsinfrastruktur** von den Verpflichtungen des Abs. 3 aus, weil insofern die Erfordernisse der Verkehrsplanung im Vordergrund stehen. Die hochwasserrechtlichen Anforderungen im Übrigen bleiben natürlich unberührt.

---

[4] Näher hierzu die Argumentation des Bundesrates in seiner Stellungnahme zum Gesetzentwurf, BT-Drs. 18/10879, S. 59.
[5] Vgl. hierzu BT-Drs. 18/10879, S. 31.

5. Genehmigung von Vorhaben in Hochwasserentstehungsgebieten (Abs. 4, 5)

Abs. 4 normiert für Hochwasserentstehungsgebiete, die generell 5
durch Überflutungen stark gefährdet sind, eine spezifische behördliche Vorkontrolle in Form der **Genehmigungsbedürftigkeit** bestimmter Vorhaben. Wie in Abs. 3 gilt auch die Regelung des Abs. 4 nur für nach Abs. 2 Satz 3 festgesetzte Gebiete. Die genehmigungspflichtigen Vorhaben, die **Satz 1** unter Nr. 1–4 benennt, tragen den speziellen Schutzzielen des Abs. 3 Rechnung. Nr. 1 betrifft bauliche Anlagen im Außenbereich (§ 35 BauGB) einschließlich der Nebenanlagen sowie von Flächen mit einer geplanten Versiegelung von insgesamt 1.500 m². Diese Voraussetzung liegt auch vor, wenn im Fall der wesentlichen Änderung eine beabsichtigte Flächenerweiterung selbst nicht mehr als 1.500 m² umfasst, die Schwelle aber zusammen mit der bereits vorhandenen Versiegelung erstmals überschritten wird (Verhinderung von „Salami-Taktik").[6] Die Sätze 2–4 enthalten der Vereinfachung und Beschleunigung dienende Verfahrensregelungen. **Satz 2** und **3** betreffen die **Genehmigungsfiktion** innerhalb bestimmter Fristen nach der Antragstellung. **Satz 4** verlagert die Behördenzuständigkeit und das durchzuführende Verwaltungsverfahren, wenn das Vorhaben nach anderen Vorschriften einer Zulassung bedarf. Über die Genehmigungsvoraussetzungen des Abs. 5 hat die zuständige Behörde dann im Benehmen mit der Wasserbehörde zu entscheiden; vgl. zum Benehmen § 19 Rn. 7.

Abs. 5 legt fest, welche Anforderungen die Genehmigung nach Abs. 4 6
Satz 1 oder die andere Zulassung nach Abs. 4 Satz 4 erfüllen muss. Es handelt sich um eine **Ermessensentscheidung** („... darf nur erteilt werden ..."). Die Voraussetzungen nach **Satz 1** sollen einer weiteren Verschlechterung insbesondere der Bodenbeschaffenheit und der Topografie entgegenwirken. **Nr. 1** verlangt deshalb, durch das Vorhaben das Wasserversickerungs- und Wasserrückhaltevermögen des Bodens nicht zu beeinträchtigen. Als mögliche Alternative lässt **Nr. 2** Beeinträchtigungen zu, wenn sie angemessen ausgeglichen werden. Das Anlegen von Wald und die Schaffung von Rückhalteräumen im Hochwasserentstehungsgebiet werden dabei als geeignete Maßnahmen hervorgehoben. **Satz 2** verweist zum Ausgleich auch auf den neuen § 77 Abs. 1 Satz 3 Nr. 2, wonach Ausgleichs- und Ersatzmaßnahmen nach dem Bundesnaturschutzgesetz ebenfalls als adäquater Ausgleich gelten. **Satz 3** fingiert für die Zulassung von öffentlichen Verkehrsinfrastrukturvorhaben die Einhaltung der Voraussetzungen nach Satz 1, weil der Gesetzgeber davon ausgeht, dass den Anforderungen im Rahmen von Verfahren der naturschutzrechtlichen Eingriffsregelung nach § 17 Abs. 1 BNatSchG „vollumfänglich Genüge getan wird".[7]

---

[6] BT-Drs. 18/10879, S. 31.
[7] BT-Drs. 18/10879, S. 31.

6. Neue Baugebiete in Hochwasserentstehungsgebieten (Abs. 6)

7 Abs. 6 übernimmt für die Ausweisung neuer Baugebiete im Außenbereich (§ 35 BauGB)[8] in festgesetzten Hochwasserentstehungsgebieten im Prinzip die gleichen Prüfmaßstäbe wie Abs. 4 für die Erteilung der Vorhabengenehmigung i.S. des Abs. 3. Die Vorschrift will also ebenfalls einer weiteren Verschlechterung insbesondere der Bodenbeschaffenheit und der Topografie entgegenwirken. Operativ geht es allerdings nur um die Hervorhebung der in Nr. 1 und 2 genannten Belange im Rahmen der Abwägung nach § 1 Abs. 7 BauGB; vgl. dazu auch § 78 Abs. 3.

7. Landesrecht (Abs. 7)

8 Nach § 78d Abs. 7 bleiben Hochwasserentstehungsgebiete betreffende **weitergehende Rechtsvorschriften der Länder unberührt**. Die Vorschrift entspricht § 78a Abs. 7 und § 78b Abs. 2, auf deren Erläuterung insofern Bezug genommen werden kann. Demnach haben die Länder im Rahmen des Art. 72 Abs. 1 GG eine Gesetzgebungsbefugnis nur für strengere oder konkretisierende Regelungen. Abweichende Regelungen zu Abs. 4 Satz 1 Nr. 1 und 2, auch i.V.m. Satz 2–4 und Abs. 5 sowie zu Abs. 6 sind unzulässig, weil es sich um Bauvorschriften handelt, die dem Kompetenztitel des Art. 74 Abs. 1 Nr. 18 GG (Bodenrecht) unterliegen (vgl. auch § 78 unter 7.). Die übrigen Regelungen sind nach Art. 72 Abs. 3 Satz 1 Nr. 5 GG abweichungsfrei, weil sie nicht stoff- oder anlagenbezogen sind.

§ 79
Information und aktive Beteiligung

(1) Die zuständigen Behörden veröffentlichen die Bewertung nach § 73 Absatz 1, die Gefahrenkarten und Risikokarten nach § 74 Absatz 1 und die Risikomanagementpläne nach § 75 Absatz 1. Sie fördern eine aktive Beteiligung der interessierten Stellen bei der Aufstellung, Überprüfung und Aktualisierung der Risikomanagementpläne nach § 75 und koordinieren diese mit den Maßnahmen nach § 83 Absatz 4 und § 85.

(2) Wie die zuständigen staatlichen Stellen und die Öffentlichkeit in den betroffenen Gebieten im Übrigen über Hochwassergefahren, geeignete Vorsorgemaßnahmen und Verhaltensregeln informiert und vor zu erwartendem Hochwasser rechtzeitig gewarnt werden, richtet sich nach den landesrechtlichen Vorschriften.

---

[8] Vgl. zu diesem Vorhaben auch § 78 Abs. 1 nebst Erläuterung.

Inhaltsübersicht

Rn.			Rn.
1. Allgemeines	1	3. Landesrecht	5
2. Inhalt des § 79	2	

1. Allgemeines

§ 79 regelt die **Öffentlichkeitsbeteiligung** in Form der Information der Öffentlichkeit und über die „aktive Beteiligung der interessierten Stellen" im Zusammenhang mit dem Hochwasserrisikomanagement. **Abs. 1** setzt Art. 10 sowie Art. 9 Nr. 3 der Hochwasserrichtlinie um, **Abs. 2** entspricht dem bisherigen, durch das Hochwasserschutzgesetz I von 2005 eingeführten § 31a Abs. 3 WHG.[1]   1

2. Inhalt des § 79

Abs. 1 verpflichtet in **Satz 1** zur **Veröffentlichung** der Bewertung der Hochwasserrisiken, der Gefahrenkarten, der Risikokarten und der Risikomanagementpläne. Die Bevölkerung hat damit die Möglichkeit, sich umfassend über die Hochwassersituation in ihrer Gemeinde zu informieren. § 79 Abs. 1 erfasst nur die ab Inkrafttreten der Vorschrift am 1.3.2010 erstellten Karten und Pläne. Die Pflicht zur Veröffentlichung ist auf die gesetzmäßige und richtlinienkonforme Bewertung sowie auf die Karten und Pläne beschränkt. Die alternativ zulässigen Instrumente, für die Art. 13 der Hochwasserrichtlinie eine Übergangsregelung trifft, werden nicht erfasst.[2] Eine weitergehende Beteiligung, z.B. in Form der Anhörung zu den Risikomanagementplänen, ist anders als bei den Bewirtschaftungsplänen (vgl. § 83 Abs. 4) nicht vorgesehen. Gegebenenfalls kommen aber Abs. 2 des § 79 oder § 76 Abs. 4 zum Zuge. Da Risikomanagementpläne einer Strategischen Umweltprüfung bedürfen, sind insoweit auch die Regelungen im UVP-Gesetz zur Öffentlichkeitsbeteiligung anzuwenden (vgl. § 75 Rn. 2).   2

Satz 2 schreibt die Förderung der aktiven Beteiligung interessierter Stellen bei der Aufstellung und Fortschreibung der Risikomanagementpläne sowie die Koordinierung mit den entsprechenden Maßnahmen in Bezug auf Maßnahmenprogramme und Bewirtschaftungspläne vor. Zur **Förderung der aktiven Beteiligung** wird auf § 85 und dessen Kommentierung verwiesen. Die Verpflichtung zur **Koordinierung** bezieht sich nicht auf den Inhalt der Maßnahmenprogramme und Bewirtschaftungspläne, sondern nur auf die vorgeschriebene Einbeziehung der Öffentlichkeit und Förderung der aktiven Beteiligung interessierter Stellen.   3

---

[1] Näher zu Zweck und Bedeutung des § 79 *C/R*, § 79 Rn. 2f.; *Zloch*, in: BFM, § 79 Rn. 13; *Hünnekens*, in: LR, WHG, § 75 Rn. 15ff.; *Rossi*, in: SZDK, § 79 WHG Rn. 2ff.
[2] BT-Drs. 16/12275, S. 76.

4 **Abs. 2** bezieht sich auf die von den Ländern zur Erfüllung des Regelungsauftrags nach § 31a Abs. 3 WHG a.F. erlassenen Vorschriften und knüpft an die bereits vorhandenen Hochwasser-Warn- und Meldesysteme an. Die Verpflichtung zur **Information und Warnung** besteht in den betroffenen Gebieten sowohl gegenüber allen in die Abwehr von Hochwassergefahren eingebundenen staatlichen „Stellen" (nicht nur Behörden) als auch gegenüber der Bevölkerung. Die Erfahrungen aus den Hochwasserereignissen gerade der jüngeren Vergangenheit haben gezeigt, dass Informationen über geeignete Vorsorgemaßnahmen und frühzeitige Warnungen wesentlich zur Schadensminderung beitragen können.[3] Unterlässt es eine zuständige Stelle schuldhaft, notwendige Informationen und Warnungen weiterzugeben, kann dies einen Schadenersatzanspruch nach § 839 BGB, Art. 34 GG wegen Amtspflichtverletzung begründen.[4]

3. Landesrecht

5 § 79 ist in Abs. 1 eine im Rahmen des Art. 72 Abs. 1 GG der Ergänzung durch Landesrecht zugängliche Vorschrift. Die Länder könnten zwar nach Maßgabe des Art. 72 Abs. 3 Satz 1 Nr. 5 GG abweichende Regelungen erlassen, die verbindlichen Vorgaben der EG-Hochwasserrichtlinie stehen aber dem entgegen. Abs. 2 räumt den Ländern die uneingeschränkte Regelungsbefugnis ein.

§ 80
Koordinierung

(1) Gefahrenkarten und Risikokarten sind so zu erstellen, dass die darin dargestellten Informationen vereinbar sind mit den nach der Richtlinie 2000/60/EG vorgelegten relevanten Angaben, insbesondere nach Artikel 5 Absatz 1 in Verbindung mit Anhang II dieser Richtlinie. Die Informationen sollen mit den in Artikel 5 Absatz 2 der Richtlinie 2000/60/EG vorgesehenen Überprüfungen abgestimmt werden; sie können in diese einbezogen werden.

(2) Die zuständigen Behörden koordinieren die Erstellung und die nach § 75 Absatz 6 Satz 3 erforderliche Aktualisierung der Risikomanagementpläne mit den Bewirtschaftungsplänen nach § 83. Die Risikomanagementpläne können in die Bewirtschaftungspläne einbezogen werden.

---

[3] Siehe näher zu § 79 Abs. 2 *Rossi*, in: SZDK, § 79 WHG Rn. 14ff.
[4] Näher dazu *Rossi*, in: SZDK, § 79 WHG Rn. 19f.

Inhaltsübersicht

	Rn.		Rn.
1. Allgemeines	1	3. Landesrecht	4
2. Inhalt des § 80	2		

1. Allgemeines

§ 80 ist 2009 in das auch der Umsetzung der EG-Hochwasserrichtlinie dienende neue WHG aufgenommen worden. Er regelt die Koordinierung des Hochwasserrisikomanagements mit der Gewässerbewirtschaftung nach der Wasserrahmenrichtlinie. Art. 1 Buchst. e WRRL hebt in der Zielbestimmung der Richtlinie auch deren Beitrag zur Minderung der Auswirkungen von Überschwemmungen hervor. Die Hochwasserrichtlinie verpflichtet in Art. 9 „zur Verbesserung der Effizienz und des Informationsaustauschs sowie zur Erzielung von Synergien und gemeinsamen Vorteilen im Hinblick auf die Umweltziele des Artikels 4 der Richtlinie 2006/60/EG". EU-Wasserrecht und WHG streben an, den Vollzug der Hochwasservorschriften möglichst eng mit dem allgemeinen wasserrechtlichen Vollzug zu verzahnen. **Abs. 1** betrifft die Koordinierungsverpflichtungen bei den Gefahren- und den Risikokarten, **Abs. 2** bei den Risikomanagementplänen. *1*

2. Inhalt des § 80

§ 80 zielt in **Abs. 1** darauf ab, die Angaben, die in die **Gefahren- und die Risikokarten** aufzunehmen sind (§ 74 Abs. 2 und 3), mit den nach der Wasserrahmenrichtlinie für die Gewässerbewirtschaftung relevanten Angaben insbesondere nach Art. 5 Abs. 1 und Anhang II WRRL (Bestandsaufnahme mit den Merkmalen der Flussgebietseinheit und den Auswirkungen menschlicher Tätigkeiten auf die Umwelt sowie der wirtschaftlichen Analyse der Wassernutzung) abzugleichen und aufeinander abzustimmen. Dies gilt auch für gemäß Art. 5 Abs. 2 WRRL überprüfte und gegebenenfalls aktualisierte Informationen. Die Angaben können in die Überprüfungen nach der WRRL einbezogen werden.[1)] Abs. 1 entspricht inhaltlich voll, im Wortlaut weitgehend Art. 9 Nr. 1 der Hochwasserrichtlinie. *2*

Abs. 2 verpflichtet in **Satz 1** die zuständigen Behörden, die Erstellung und Aktualisierung der **Risikomanagementpläne** (§ 75) und der **Bewirtschaftungspläne** miteinander zu koordinieren. Damit soll sichergestellt werden, dass die verschiedenen wasserwirtschaftlichen Planungen sich nicht widersprechen, sondern in ihren Zielsetzungen und Maßnahmen so weit wie möglich angeglichen sind. **Satz 2** lässt es zu, beide Pläne formal zusammenzufassen. Abs. 2 entspricht inhaltlich voll, im Wortlaut weitgehend Art. 9 Nr. 2 der Hochwasserrichtlinie. *3*

[1)] Vgl. näher zur Koordinierung der Gefahren- und der Risikokarten *Hünnekens*, in: LR, WHG, § 80 Rn. 2 ff.

3. Landesrecht

4 § 80 ist eine im Rahmen des Art. 72 Abs. 1 GG der Ergänzung durch Landesrecht zugängliche Vorschrift. Die Länder könnten zwar nach Maßgabe des Art. 72 Abs. 3 Satz 1 Nr. 5 GG abweichende Regelungen erlassen, die verbindlichen Vorgaben der EG-Hochwasserrichtlinie stehen dem aber entgegen.

§ 81
Vermittlung durch die Bundesregierung

Können sich die Länder bei der Zusammenarbeit im Rahmen dieses Abschnitts über eine Maßnahme des Hochwasserschutzes nicht einigen, vermittelt die Bundesregierung auf Antrag eines Landes zwischen den beteiligten Ländern.

Inhaltsübersicht

	Rn.			Rn.
1.	Allgemeines	1	3. Landesrecht	3
2.	Inhalt des § 81	2		

1. Allgemeines

1 § 81 normiert als verfahrensrechtliche Vorschrift die Vermittlerrolle der Bundesregierung bei der länderübergreifenden Zusammenarbeit im Hochwasserschutz. Er führt § 32 Abs. 2 WHG i.d.F. des Hochwasserschutzgesetzes I von 2005 fort.[1] Nach der Vermittlung beim länderübergreifenden Gewässerausbau (§ 70 Abs. 3) ist § 81 die zweite Fallkonstellation in der wasserwirtschaftlichen Zusammenarbeit, bei der zur Schlichtung von Streitigkeiten unter den Ländern die Bundesregierung eingeschaltet werden kann.

2. Inhalt des § 81

2 § 81 bezieht sich auf die Zusammenarbeit der Länder im Rahmen des Abschnitts 6 „Hochwasserschutz". Diese Zusammenarbeit geht deutlich über die allgemeine Pflicht der Länder zur Koordinierung ihrer wasserwirtschaftlichen Planungen und Maßnahmen nach § 7 Abs. 2 hinaus. Hochwasser ist in aller Regel kein lokales Ereignis, sondern erstreckt sich in der Entstehung und in den Auswirkungen aufgrund der geografischen und hydraulischen Gegebenheiten über Einzugsgebiete oder gar Flussgebietssysteme hinweg. Entsprechend dem räumlichen Ausbreitungsgrad von Überflutungen und ihrer Folgen

---

[1] Erstmals ist der Vermittlungsauftrag der Bundesregierung durch die 6. Novelle von 1996 in Form einer Soll-Vorschrift neu in das WHG aufgenommen worden (§ 32 Abs. 3 Satz 2); zur Hochstufung als verbindlichen Auftrag vgl. BT-Drs. 15/3168, S. 15.

müssen die Maßnahmen zur Hochwasservorsorge und zur Schadensbegrenzung umfassend angelegt und koordiniert werden. Betroffen sind insbesondere die Abstimmungen unter den Ländern im Rahmen von § 73 Abs. 3, § 74 Abs. 5, § 75 Abs. 4 und Abs. 5 Satz 1, § 80 Abs. 2. Wegen des besonders hohen allgemeinen Interesses an koordinierten Hochwasserschutzmaßnahmen hat das Hochwasserschutzgesetz I die **Vermittlerfunktion der Bundesregierung** noch stärker ausgestaltet und zu einem verbindlichen Auftrag („vermittelt") aufgewertet.[2] Voraussetzung ist stets, dass eines der beteiligten Länder einen entsprechenden Antrag stellt.

3. Landesrecht

§ 81 ist eine im Rahmen des Artikels 72 Abs. 1 GG der Ergänzung durch Landesrecht zugängliche Verfahrensvorschrift. Die Länder können hierzu auch Staatsverträge und Verwaltungsabkommen abschließen. Im Übrigen sind die Länder nach Art. 84 Abs. 1 Satz 2 GG befugt, abweichende Regelungen zu erlassen.

3

Abschnitt 7
Wasserwirtschaftliche Planung und Dokumentation

§ 82
Maßnahmenprogramm

(1) Für jede Flussgebietseinheit ist nach Maßgabe der Absätze 2 bis 6 ein Maßnahmenprogramm aufzustellen, um die Bewirtschaftungsziele nach Maßgabe der §§ 27 bis 31, 44 und 47 zu erreichen. Die Ziele der Raumordnung sind zu beachten; die Grundsätze und sonstigen Erfordernisse der Raumordnung sind zu berücksichtigen.

(2) In das Maßnahmenprogramm sind grundlegende und, soweit erforderlich, ergänzende Maßnahmen aufzunehmen; dabei ist eine in Bezug auf die Wassernutzung kosteneffiziente Kombination der Maßnahmen vorzusehen.

(3) Grundlegende Maßnahmen sind alle in Artikel 11 Absatz 3 der Richtlinie 2000/60/EG bezeichneten Maßnahmen, die der Erreichung der Bewirtschaftungsziele nach Maßgabe der §§ 27 bis 31, 44 und 47 dienen oder zur Erreichung dieser Ziele beitragen.

(4) Ergänzende Maßnahmen, insbesondere im Sinne von Artikel 11 Absatz 4 in Verbindung mit Anhang VI Teil B der Richtlinie 2000/60/ EG, werden zusätzlich zu den grundlegenden Maßnahmen in das Maßnahmenprogramm aufgenommen, soweit dies erforderlich ist,

---

[2] Vgl. BT-Drs. 15/3168, S. 15; beim Gewässerausbau ist es bei der Soll-Vorschrift geblieben.

um die Bewirtschaftungsziele nach Maßgabe der §§ 27 bis 31, 44 und 47 zu erreichen. Ergänzende Maßnahmen können auch getroffen werden, um einen weitergehenden Schutz der Gewässer zu erreichen.

(5) Ergibt sich aus der Überwachung oder aus sonstigen Erkenntnissen, dass die Bewirtschaftungsziele nach Maßgabe der §§ 27 bis 31, 44 und 47 nicht erreicht werden können, so sind die Ursachen hierfür zu untersuchen, die Zulassungen für Gewässerbenutzungen und die Überwachungsprogramme zu überprüfen und gegebenenfalls anzupassen sowie nachträglich erforderliche Zusatzmaßnahmen in das Maßnahmenprogramm aufzunehmen.

(6) Grundlegende Maßnahmen nach Absatz 3 dürfen nicht zu einer zusätzlichen Verschmutzung der oberirdischen Gewässer, der Küstengewässer oder des Meeres führen, es sei denn, ihre Durchführung würde sich insgesamt günstiger auf die Umwelt auswirken. Die zuständige Behörde kann im Rahmen der §§ 47 und 48 auch die in Artikel 11 Absatz 3 Buchstabe j der Richtlinie 2000/60/EG genannten Einleitungen in das Grundwasser zulassen.

Inhaltsübersicht

Rn.   Rn.

1. Allgemeines 1
2. Das Maßnahmenprogramm (Abs. 1) 4
3. Grundlegende und ergänzende Maßnahmen (Abs. 2–4) 7
4. Anpassung der Maßnahmenprogramme (Abs. 5) 11
5. Die Vorgaben nach Abs. 6 .. 12
6. Landesrecht 13

1. Allgemeines

1   § 82 regelt die Aufstellung und den Inhalt von Maßnahmenprogrammen, die dazu dienen, die **Bewirtschaftungsziele** für die oberirdischen Gewässer, die Küstengewässer und das Grundwasser zu **konkretisieren** und zu **erreichen**. Die Vorschrift löst den Regelungsauftrag des § 36 WHG a. F. im Wesentlichen inhaltsgleich durch eine unmittelbar geltende Regelung ab. § 36 ist zur Umsetzung von Art. 11 WRRL durch die 7. WHG-Novelle von 2002 neu gefasst worden.[1] Die Novelle hat die bisherigen bundesrechtlichen Planungsinstrumente (Abwasserbeseitigungsplan, Reinhalteordnung, wasserwirtschaftlicher Rahmenplan, Bewirtschaftungsplan alter Art) durch das neue europäische Planungsinstrumentarium (Maßnahmenprogramm und Bewirtschaftungsplan nach Art. 11 und 13 WRRL) abgelöst.[2] Während

---

[1] Vgl. hierzu BT-Drs. 14/7755, S. 8 f., 12 f., 20 f., 26, 30 f. und 14/8668, S. 12 f., 30.
[2] Zu den Unterschieden näher *Beaucamp*, Aus vier mach eins – das wasserwirtschaftliche Planungsinstrumentarium nach dem Entwurf des 7. Gesetzes zur Änderung des WHG, UPR 2001, 423; kritisch *Breuer*, Pflicht und Kür bei der Umsetzung der Wasserrahmenrichtlinie, ZfW 2005, 1, 11; ausführlich zum alten und neuen Recht *Ell*, Wasserrechtliche Planung, Baden-Baden 2003.

die Länder von den alten Instrumenten in der Praxis nur begrenzt Gebrauch gemacht haben,[3] bilden inzwischen die Programme und Pläne neuer Art als die zentralen Instrumente zur Steuerung und Koordinierung der flussgebietsbezogenen, integrierten Gewässerbewirtschaftung den Schwerpunkt der Wasserwirtschaftsverwaltung. Maßnahmenprogramm und Bewirtschaftungsplan stehen dabei selbstständig nebeneinander,[4] in den Bewirtschaftungsplan ist eine Zusammenfassung des Maßnahmenprogramms aufzunehmen (§ 83 Abs. 2 Satz 1 i.V.m. Art. 13 Abs. 4 und Anhang VII Teil A Nr. 7 WRRL).

§ 82 verpflichtet in **Abs. 1** zur Aufstellung von Maßnahmenprogrammen für jede Flussgebietseinheit. **Abs. 2–4** bestimmen die in das Programm aufzunehmenden grundlegenden und ergänzenden Maßnahmen. **Abs. 5** schreibt notwendig werdende Anpassungen der Maßnahmenprogramme vor und **Abs. 6** stellt spezielle inhaltliche Anforderungen an die Maßnahmenprogramme. § 36 Abs. 7 Satz 1 und 2 WHG a.F. wird durch § 84 fortgeführt. Die Maßnahmenprogramme sind auf nationaler sowie supra- und internationaler Ebene zu **koordinieren**; vgl. dazu § 7 Abs. 2–4. Eine Information und Anhörung der Öffentlichkeit sehen beim Maßnahmenprogramm weder die Wasserrahmenrichtlinie noch das WHG vor, die Öffentlichkeit wird nach WRRL und WHG erst im Rahmen der Aufstellung und Aktualisierung des Bewirtschaftungsplans einbezogen; vgl. auch § 83 Rn. 10.

2

Unberührt bleibt allerdings die Öffentlichkeitsbeteiligung im Rahmen der Strategischen Umweltprüfung nach § 42 UVPG. Maßnahmenprogramme unterliegen nach § 35 Abs. 1 Nr. 1, Nr. 1.4 der Anlage 5 UVPG einer obligatorischen **Strategischen Umweltprüfung** (SUP). Behördliche Planungen und Programme sind nach Art. 3 Abs. 2 Buchst. a der SUP-Richtlinie 2001/42/EG einer solchen Prüfung zu unterziehen, wenn sie den Rahmen für die künftige Genehmigung der in den Anhängen I und II der UVP-Richtlinie 85/337/EWG aufgeführten Projekte setzen (§ 35 Abs. 1 und 3 UVPG). Die SUP soll sicherstellen, dass mögliche erhebliche Auswirkungen von Plänen und Programmen auf die Umwelt bereits bei der Erarbeitung der Pläne und nicht erst in den nachfolgenden Zulassungsverfahren für die Durchführung bestimmter Vorhaben berücksichtigt werden können. Daneben ist für die Zulassung von Einzelobjekten weiterhin die Umweltverträglichkeitsprüfung durchzuführen. Das Maßnahmenprogramm umfasst sämtliche Maßnahmen zur Erreichung der Bewirtschaftungsziele, sie beeinflussen den Entscheidungsspielraum

3

---

[3] Zum Planungsdefizit in der deutschen Wasserwirtschaft und den Gründen hierfür siehe *Reinhardt*, Bewirtschaftungsplanung im Wasserrecht, ZfW 1999, 300; SRU-Gutachten 2000, Schritte in das nächste Jahrtausend, Stuttgart 2000, Tz. 641.
[4] Vgl. dazu und zu deren Zusammenwirken *Knopp*, in: SZDK, § 83 WHG Rn. 5 ff.; ebenso *C/R*, § 82 Rn. 15; *Ginzky*, in: BeckOK, WHG, § 82 Rn. 13; *Lorenzmeier*, in: SZDK, § 83 WHG Rn. 3; a.A. *Durner*, in: LR, WHG, § 82 Rn. 19 f.: „funktionale Einheit".

für künftige Zulassungen und sonstige Verwaltungsakte. Solche Vorhaben sind z.B. als Gewässerbenutzung oder Ausbau nach den Nr. 11–13 des Anhangs I der UVP-Richtlinie UVP-pflichtig (Nr. 13 der Anlage 1 UVPG). Durch die Maßnahmenprogramme wird daher für die Zulassung von UVP-pflichtigen Projekten ein Rahmen gesetzt. Den Auftrag des § 36 Abs. 7 Satz 3 WHG a.F., durch Landesrecht zu regeln, wie die Anforderungen an die Aufstellung des Maßnahmenprogramms mit den Anforderungen an die Durchführung der Strategischen Umweltprüfung verbunden werden können, hat das WHG 2009 nicht durch eine unmittelbar geltende Regelung ersetzt, weil die Länder diese verfahrensrechtliche Verbindung in eigener Verantwortung herstellen können.

2. Das Maßnahmenprogramm (Abs. 1)

4 § 82 Abs. 1 verpflichtet in **Satz 1** die zuständigen Behörden der Länder, für jede Flussgebietseinheit Maßnahmenprogramme aufzustellen. Ihr Zweck ist die **Durchsetzung der Bewirtschaftungsziele** einschließlich der zugelassenen Abweichungen und Ausnahmen. Da die Inhalte der wasserwirtschaftlichen Planung zweifelsfrei raumbedeutsame Wirkungen entfalten, stellt **Satz 2 mit der Raumordnungsklausel** lediglich klar, was nach dem Raumordnungsrecht ohnehin gilt.[5] Der bundesrechtlich verbindlich vorgegebene Mindestinhalt der Programme ist in Abs. 2–6 normiert. Es geht darum, eine unter den beteiligten Aufgabenträgern abgestimmte und auf die Erreichung der Bewirtschaftungsziele ausgerichtete koordinierte Zusammenschau der hierfür in Betracht kommenden und ausgewählten Maßnahmen zu erstellen. Das Maßnahmenprogramm enthält somit einen **Katalog verschiedenartiger Maßnahmen**, die bestimmte Eignungskriterien erfüllen müssen und in ihrer Rechtsnatur nicht einheitlich sind.

5 Schon der unterschiedliche **Rechtscharakter** der in Betracht kommenden Maßnahmen, die von gesetzlichen Maßnahmen bis hin zum informellen Verwaltungshandeln (z.B. Fortbildung, Öffentlichkeitsarbeit) reichen, sowie divergierende Zuständigkeiten für die im Einzelnen zu treffenden Maßnahmen schließen es aus, dass das Programm als Ganzes außenverbindliche Wirkung gegenüber Dritten entfaltet. Es handelt sich vielmehr um einen **verwaltungsinternen Plan**, der die notwendigen Schritte aufzeigt, mit denen der Planungsträger die gesetzlichen und sonstigen rechtlichen Vorgaben zur Erreichung der Bewirtschaftungsziele konkretisiert und für die Durch-

---

[5] BT-Drs. 14/8668, S. 12; vgl. näher zu Bedeutung und Inhalt der Raumordnungsklausel *Appel*, in: BFM, § 82 Rn. 19 ff.; *C/R*, § 82 Rn. 13 ff. – Aus rechtssystematischer Sicht ist die Begründung derartiger der „Klarstellung" dienenden paralleler Verpflichtungen jedenfalls dann verfehlt, wenn, wie dies hier der Fall ist, die Rechtslage eindeutig, d.h. nicht klarstellungsbedürftig ist.

setzung den wasserrechtlichen Vollzug behördenverbindlich festlegt.[6] Das Maßnahmenprogramm besteht aus einer Summe von Einzelmaßnahmen, die in Abhängigkeit von ihrer Rechtsnatur – Rechtsnorm, Verwaltungsvorschrift, Verwaltungsakt, Realakt – und den jeweiligen gesetzlichen Zuständigkeiten grundsätzlich einer gesonderten, gegebenenfalls auch außenverbindlichen Umsetzung bedürfen. Die Behördenverbindlichkeit entsteht durch Erlass von Verwaltungsvorschriften und länderübergreifende Verwaltungsabkommen in der Flussgebietseinheit. Außenverbindlichkeit gegenüber Dritten erlangen die Maßnahmen erst durch ihre Umsetzung in Form von Rechtsvorschriften oder Verwaltungsakten, gegen die dann der Rechtsweg für die Betroffenen eröffnet ist (**Inzidentkontrolle**).[7] Zu berücksichtigen ist auch, wie das Landesrecht die Rechtsqualität der Maßnahmenprogramme regelt.

Die inhaltliche **Reichweite des Maßnahmenprogramms** hängt davon ab, welche Festlegungen in welchem Konkretisierungsgrad das Programm trifft. Es kann Umsetzungsspielräume einräumen, sich auf Empfehlungen oder Vorschläge beschränken oder oder bestimmte, praxisrelevante Fragen ungeregelt lassen.[8] Insofern ist ein allgemeiner **Planvorbehalt**, d.h. eine Sperrwirkung für den behördlichen Vollzug solcher Maßnahmen, die in der Planung nicht vorgesehen sind, **abzulehnen**.[9] Da aber Wasserrahmenrichtlinie und Wasserhaushaltsgesetz der wasserwirtschaftlichen Planung Vorrang einräumen und die Maßnahmeprogramme hierbei als „das zentrale Instrument" fungieren, ist es den Behörden grundsätzlich verwehrt, im konkreten Einzelfall zu prüfen, ob die im Programm vorgesehenen Maßnahmen zur Zielerreichung geeignet und ausreichend sind.[10] Entscheidend ist deshalb, zu welchen Ergebnissen die Auslegung der jeweils im Maßnahmenprogramm getroffenen Festlegungen kommt.

6

---

[6] So die h.M.: vgl. BVerwG, v. 9.2.2017 – 7 C 2.15, Rn. 585f., ZUR 2017, 424, 427f.; *Breuer*, Pflicht und Kür bei der Umsetzung der Wasserrahmenrichtlinie, ZfW 2005, 1, 16; *Knopp*, in: SZDK, § 82 WHG Rn. 7, 14; *Faßbender*, Gemeinschaftsrechtliche Anforderungen an die normative Umsetzung der neuen EG-Wasserrahmenrichtlinie, NVwZ 2001, 241, 247; a.A. *Kotulla*, § 82 Rn. 35; *Ginzky*, in: BeckOK, WHG, § 82 Rn. 5ff.; vgl. zum Rechtscharakter auch *Appel*, in: BFM, § 82 Rn. 19ff.; *C/R*, § 82 Rn. 10ff.

[7] Vgl. auch *Funken*, Tagungsbericht „Rechtsfragen der wasserwirtschaftlichen Maßnahmenplanung", W+B 2017, 158, 161.

[8] Siehe dazu *Funken*, W+B 2017, 158, 159f.

[9] Str.; siehe dazu *Funken*, W+B 2017, 158, 160. – Für die Ablehnung spricht auch die Rechtsprechung des EuGH und des BVerwG zum Verschlechterungsverbot: Wenn die Bindung wasserbehördlicher Einzelfallentscheidungen zur Erreichung der Bewirtschaftungsziele nach §§ 27ff. nicht von der Existenz von Vorgaben des Maßnahmenprogramms abhängt, dann können auch nur abschließende und zwingende Festlegungen die Wasserbehörde binden; näher zum Planvorbehalt *Durner*, in: LR, WHG, § 82 Rn. 39ff.

[10] Vgl. BVerwG v. 9.2.2017 – 7 C 2.15.

3. Grundlegende und ergänzende Maßnahmen (Abs. 2–4)

7 § 82 übernimmt in Abs. 2–4 die Differenzierung der Wasserrahmenrichtlinie nach grundlegenden und ergänzenden Maßnahmen (Art. 11 Abs. 1–4 WRRL). Gemäß **Abs. 2** sind grundlegende Maßnahmen stets, ergänzende nur bei Bedarf in das Maßnahmenprogramm aufzunehmen. Der zweite Halbsatz ist neu und dient der Verdeutlichung des für die Praxis gleichermaßen bedeutsamen wie schwierigen Grundsatzes der **Kosteneffizienz** gemäß Art. 13 Abs. 1 Satz 1 i.V.m. Art. 5 Abs. 1 und Anhang III Buchst. b WRRL.[11] Was die in Betracht kommenden Maßnahmen anbetrifft, verweist das WHG in Abs. 3 der Einfachheit halber auf die umfangreichen Maßnahmenkataloge nach Art. 11 Abs. 3 sowie Abs. 4 i.V.m. Anhang VI Teil B WRRL. Der Richtlinie und dem WHG liegt ein **weiter Maßnahmenbegriff** zugrunde, der von Rechtsetzungsakten (z.B. gesetzliche Einführung von Wassernutzungsabgaben auf Bundes- oder Landesebene, Erlass einer Wasserschutzgebietsverordnung) über Verwaltungsvorschriften und Verwaltungsakte (behördliche Zulassungen und Verbote bis hin zu informellem Verwaltungshandeln (Förderprogramme, Fortbildungsmaßnahmen, Forschungs- und Entwicklungsvorhaben) das gesamte Spektrum staatlicher Handlungsformen umfasst. In allen Fällen hängt die Entscheidung über die Aufnahme von Maßnahmen in das Maßnahmenprogramm davon ab, ob sie zumindest einen **Beitrag zur Erreichung der Bewirtschaftungsziele** leisten können.

8 **Abs. 3** definiert, was als **Mindestinhalt** zwingend in das Maßnahmenprogramm aufzunehmende **grundlegende Maßnahmen** sind, und nimmt dabei auf den detailliert beschriebenen Katalog des Art. 11 Abs. 3 WRRL Bezug.[12] Als Maßnahmen, die den Schadstoffeintrag aus diffusen Quellen gemäß Art. 11 Abs. 3 Buchst. h begrenzen können, kommen z.b. die Rückführung von in unmittelbarer Gewässernähe liegenden Ackerflächen in Grünlandflächen oder die Ausweisung von Gewässerrandstreifen in Betracht (vgl. hierzu auch § 38). Die Buchstaben e bis i in Art. 11 Abs. 3 verlangen jeweils eine regelmäßige Überprüfung und Aktualisierung der betroffenen Verwaltungsakte; vgl. zu den entsprechenden behördlichen Eingriffsbefugnissen §§ 13, 100 Abs. 2. In die Überprüfung ist auch einzubeziehen, ob Abweichungen oder Ausnahmen von den Bewirtschaftungszielen zulässig und sachgerecht sind.

9 **Abs. 4** bestimmt in **Satz 1 ergänzende Maßnahmen**, die sich „insbesondere", also nicht abschließend aus Art. 11 Abs. 4 und Anhang VI Teil B WRRL ergeben. Sie sind nur zwingend in das Maßnahmenprogramm aufzunehmen, soweit dies zur Erreichung der Bewirtschaf-

---

[11] Vgl. dazu näher *Appel*, in: BFM, § 82 Rn. 67ff.; *C/R*, § 82 Rn. 19ff.; *Durner*, in: LR, WHG, § 82 Rn. 81ff.; *Knopp*, in: SZDK, § 82 WHG Rn. 19ff.; *Kotulla*, § 82 Rn. 10ff.
[12] Näher hierzu *Appel*, in: BFM, § 82 Rn. 29ff.; *C/R*, § 82 Rn. 23ff.; *Durner*, in:LR, WHG, § 82 Rn. 48ff.; *Knopp*, in: SZDK, § 82 WHG Rn. 23ff.; *Kotulla*, § 82 Rn. 12ff.

tungsziele unabdingbar ist. Insofern runden sie den Kreis der in Betracht kommenden Handlungsoptionen ab.[13] Allerdings können nach **Satz 2** ergänzende Maßnahmen auch zur Erreichung eines über die Bewirtschaftungsziele hinausgehenden Gewässerschutzes in das Programm eingestellt werden (ebenso Art. 13 Abs. 4 Satz 3 WRRL). Dass ein Programm auf Maßnahmen verweisen kann, die sich auf Rechtsvorschriften stützen, die auf nationaler Ebene erlassen worden sind und sich auf das gesamte Hoheitsgebiet erstrecken (so Art. 11 Abs. 1 Satz 2 WRRL), ist nach deutschem Recht selbstverständlich und bedarf keiner normativen Umsetzung im WHG.

Die in Art. 11 WRRL aufgeführten Maßnahmen bilden alle wesentlichen Elemente der europäischen und deutschen Wasserrechtsordnung ab. Die im Laufe der Zeit in Deutschland geschaffenen Rechtsvorschriften stellen **geeignete Rechtsinstrumente zur Gewässerbewirtschaftung** zur Verfügung, die es entbehrlich machen, zur Umsetzung der Wasserrahmenrichtlinie zusätzlich zu den vorhandenen Instrumenten der behördlichen Vorkontrolle (insbesondere Erlaubnis-, Bewilligungs-, Genehmigungs- und Planfeststellungspflichten) und des Abgabenrechts (insbesondere Gewässerbenutzungsabgaben, Kommunalabgaben) sowie den Verbotsnormen und weiteren Gewässerschutzvorschriften (z.B. zum Umgang mit wassergefährdenden Stoffen) neue Regelungen zu schaffen. Relevant sind neben dem Wasserrecht auch alle Rechtsvorschriften, die dem Gewässerschutz zugute kommen, also z.B. das Abfall-, Bodenschutz-, Düngemittel- und Pflanzenschutzmittelrecht.[14] In das Maßnahmenprogramm müssen jeweils nur die Maßnahmen aufgenommen werden, die konkret dazu beitragen, die unter Berücksichtigung der zulässigen Abweichungen und Ausnahmen vorgegebenen Bewirtschaftungsziele zu erreichen.

4. Anpassung der Maßnahmenprogramme (Abs. 5)

Abs. 5 schreibt die **Aktualisierung** des Maßnahmenprogramms vor, wenn sich nach den Überwachungsergebnissen oder sonstigen Erkenntnissen (z.B. Hinweise anderer Fachbehörden oder aus der Öffentlichkeit) herausstellt, dass die angestrebten Ziele mit dem bestehenden Programm nicht erreicht werden können. Die Vorschrift ergänzt die allgemeine Regelung des § 100 Abs. 2 zur Gewässeraufsicht für den Sonderfall des Maßnahmenprogramms. In erster Linie dient das Überwachungsprogramm dazu, die Ursachen zu ermitteln und die Eignung der eingeplanten Maßnahmen zu überprüfen. Die in Deutschland zur Umsetzung der detaillierten Überwachungsbestimmungen der Wasserrahmenrichtlinie erlassenen Ausführungs-

---

[13] Näher hierzu *Appel*, in: BFM, § 82 Rn. 57 ff.; *C/R*, § 82 Rn. 38 ff.; *Knopp*, in: SZDK, § 82 WHG Rn. 44 ff.
[14] Vgl. BT-Drs. 14/7755, S. 20.

vorschriften finden sich nunmehr in der Oberflächengewässer- und der Grundwasserverordnung des Bundes. Erforderlichenfalls müssen zusätzliche oder andere Maßnahmen in das Programm aufgenommen werden. Eine Anpassungsverpflichtung besteht auch dann, wenn eine ursprünglich vorgesehene Maßnahme nicht umgesetzt wird.

5. Die Vorgaben nach Abs. 6

12 Abs. 6 setzt in **Satz 1** Art. 11 Abs. 6 WRRL um und schreibt zur Klarstellung[15)] vor, dass die grundlegenden Maßnahmen nicht zu einer zusätzlichen Verschmutzung der Oberflächengewässer, also der Binnengewässer, des Küstenmeeres und der Hohen See führen dürfen (**Verbot der Verlagerung** von Verschmutzungen auf andere Gewässer). Die eigentliche Bedeutung dieser an sich selbstverständlichen Bestimmung ergibt sich aus der Ausnahmeregelung des zweiten Satzteils, der den Belangen des integrierten Umweltschutzes Rechnung trägt (vgl. insoweit auch § 6 Abs. 1 Satz 2). Welche Maßnahmen sich nachteiliger auswirken, lässt sich nur im Wege einer bilanzierenden Prognose feststellen (Ermittlung der belastenden Folgen der geplanten Gewässerschutzmaßnahmen auf die anderen Gewässer und Abwägung der Vor- und Nachteile). Satz 1 gilt nicht für ergänzende Maßnahmen und das Grundwasser. **Satz 2** betrifft das Einleiten von Schadstoffen in das Grundwasser und ist auf Betreiben betroffener Wirtschaftszweige (Bauen mit Grundwasserberührung, Erdgasspeicherung im Untergrund) im Rahmen der 7. Novelle in das WHG das Gesetz aufgenommen worden, um klarzustellen, dass der Status quo beibehalten wird.[16)] Entgegen dem Votum der Bundesregierung hat der Gesetzgeber diese überflüssige, den Grundsätzen der besseren Rechtsetzung widersprechende Hervorhebung bestimmter Einleitungen (**Privilegierung**) auch in das neue WHG übernommen.[17)]

6. Landesrecht

13 § 82 ist eine im Rahmen des Art. 72 Abs. 1 GG der Ergänzung durch Landesrecht zugängliche Vorschrift. Die Länder könnten zwar nach Maßgabe des Art. 72 Abs. 3 Satz 1 Nr. 5 GG abweichende Regelungen erlassen, die verbindlichen Vorgaben der EG-Wasserrahmenrichtlinie stehen aber dem entgegen.

[15)] BT-Drs. 14/7755, S. 20.
[16)] Vgl. BT-Drs. 14/7755, S. 20.
[17)] Vgl. näher hierzu BT-Drs. 16/12275, S. 76; 16/13306, S. 11, 29; 16/13426, S. 20. – § 82 Abs. 6 Satz 2 stellt etwas Selbstverständliches klar.

§ 83
Bewirtschaftungsplan

(1) Für jede Flussgebietseinheit ist nach Maßgabe der Absätze 2 bis 4 ein Bewirtschaftungsplan aufzustellen.

(2) Der Bewirtschaftungsplan muss die in Artikel 13 Absatz 4 in Verbindung mit Anhang VII der Richtlinie 2000/60/EG genannten Informationen enthalten. Darüber hinaus sind in den Bewirtschaftungsplan aufzunehmen:

1. die Einstufung oberirdischer Gewässer als künstlich oder erheblich verändert nach § 28 und die Gründe hierfür,

2. die nach § 29 Absatz 2 bis 4, den §§ 44 und 47 Absatz 2 Satz 2 gewährten Fristverlängerungen und die Gründe hierfür, eine Zusammenfassung der Maßnahmen, die zur Erreichung der Bewirtschaftungsziele innerhalb der verlängerten Frist erforderlich sind und der Zeitplan hierfür sowie die Gründe für jede erhebliche Verzögerung bei der Umsetzung der Maßnahmen,

3. abweichende Bewirtschaftungsziele und Ausnahmen nach den §§ 30, 31 Absatz 2, den §§ 44 und 47 Absatz 3 und die Gründe hierfür,

4. die Bedingungen und Kriterien für die Geltendmachung von Umständen für vorübergehende Verschlechterungen nach § 31 Absatz 1, den §§ 44 und 47 Absatz 3 Satz 1, die Auswirkungen der Umstände, auf denen die Verschlechterungen beruhen, sowie die Maßnahmen zur Wiederherstellung des vorherigen Zustands,

5. eine Darstellung

   a) der geplanten Schritte zur Durchführung von § 6a, die zur Erreichung der Bewirtschaftungsziele nach den §§ 27 bis 31, 44 und 47 beitragen sollen,

   b) der Beiträge der verschiedenen Wassernutzungen zur Deckung der Kosten der Wasserdienstleistungen sowie

   c) der Gründe dafür, dass bestimmte Wassernutzungen nach § 6a Absatz 2 nicht zur Deckung der Kosten der Wasserdienstleistungen beizutragen haben, sowie die Gründe für Ausnahmen nach § 6a Absatz 4.

(3) Der Bewirtschaftungsplan kann durch detailliertere Programme und Bewirtschaftungspläne für Teileinzugsgebiete, für bestimmte Sektoren und Aspekte der Gewässerbewirtschaftung sowie für bestimmte Gewässertypen ergänzt werden. Ein Verzeichnis sowie eine Zusammenfassung dieser Programme und Pläne sind in den Bewirtschaftungsplan aufzunehmen.

(4) Die zuständige Behörde veröffentlicht

1. spätestens drei Jahre vor Beginn des Zeitraums, auf den sich der Bewirtschaftungsplan bezieht, einen Zeitplan und ein Arbeitsprogramm für seine Aufstellung sowie Angaben zu den vorgesehenen Maßnahmen zur Information und Anhörung der Öffentlichkeit,
2. spätestens zwei Jahre vor Beginn des Zeitraums, auf den sich der Bewirtschaftungsplan bezieht, einen Überblick über die für das Einzugsgebiet festgestellten wichtigen Fragen der Gewässerbewirtschaftung,
3. spätestens ein Jahr vor Beginn des Zeitraums, auf den sich der Bewirtschaftungsplan bezieht, einen Entwurf des Bewirtschaftungsplans.

Innerhalb von sechs Monaten nach der Veröffentlichung kann jede Person bei der zuständigen Behörde zu den in Satz 1 bezeichneten Unterlagen schriftlich oder elektronisch Stellung nehmen; hierauf ist in der Veröffentlichung hinzuweisen. Auf Antrag ist Zugang zu den bei der Aufstellung des Bewirtschaftungsplans herangezogenen Hintergrunddokumenten und -informationen zu gewähren. Die Sätze 1 bis 3 gelten auch für aktualisierende Bewirtschaftungspläne.

Inhaltsübersicht

Rn.		Rn.
1. Allgemeines 1	4. Detailliertere Bewirtschaftungspläne (Abs. 3) ...	9
2. Der Bewirtschaftungsplan (Abs. 1) 4	5. Information und Anhörung der Öffentlichkeit (Abs. 4). .	10
3. Inhalt des Bewirtschaftungsplans (Abs. 2) 7	6. Landesrecht	13

1. Allgemeines

1   § 83 regelt die Aufstellung und den Inhalt von Bewirtschaftungsplänen. Die Vorschrift löst den Regelungsauftrag des § 36b WHG a.F. weitgehend inhaltsgleich durch eine unmittelbar geltende Regelung ab. § 36b ist zur Umsetzung von Art. 13 WRRL durch die 7. Novelle von 2002 neu gefasst worden.[1] Die 7. Novelle hat die bisherigen bundesrechtlichen Planungsinstrumente (Abwasserbeseitigungsplan, Reinhalteordnung, wasserwirtschaftlicher Rahmenplan, Bewirtschaftungsplan alter Art) durch das neue europäische Planungsinstrumentarium (Maßnahmenprogramm und Bewirtschaftungsplan nach Art. 11 und 13 WRRL) abgelöst. § 83 Abs. 2 Satz 2 Nr. 5 ist zusammen mit § 6a sowie § 3 Nr. 16 und 17 erst durch das Gesetz vom 11.4.2016 mit Wirkung vom 18.10.2016 in das WHG aufgenommen worden (siehe auch § 6a Rn. 1). Der **Bewirtschaftungsplan neuer Art** und das Maßnahmenprogramm sind die zentra-

---
[1] Vgl. hierzu BT-Drs. 14/7755, S. 9, 12 f., 21 f., 26, 31 und 14/8668, S. 13.

len Instrumente zur Steuerung und Koordination einer integrierten Gewässerbewirtschaftung in den EU-Mitgliedstaaten; ergänzend wird auf § 82 Rn. 1 verwiesen.

§ 83 verpflichtet in **Abs. 1** zur Aufstellung von Bewirtschaftungsplänen für jede Flussgebietseinheit. **Abs. 2** bestimmt den Mindestinhalt des Bewirtschaftungsplans, **Abs. 3** lässt ergänzende detailliertere Pläne zu und **Abs. 4** regelt die Information und Anhörung der Öffentlichkeit. § 36b Abs. 5 Satz 1 und 2 WHG a.F. wird durch §§ 84 und 85 fortgeführt, die Koordinierung der Bewirtschaftungspläne auf nationaler sowie supra- und internationaler Ebene richtet sich nach § 7 Abs. 2–4. 2

Anders als Maßnahmenprogramme unterliegen Bewirtschaftungspläne **nicht** nach dem UVP-Gesetz einer obligatorischen **Strategischen Umweltprüfung** (SUP). Behördliche Planungen und Programme sind nach Art. 3 Abs. 2 Buchst. a der SUP-Richtlinie 2001/42/EG einer solchen Prüfung zu unterziehen, wenn sie den Rahmen für die künftige Genehmigung der in den Anhängen I und II der UVP-Richtlinie 85/337/EWG aufgeführten Projekte setzen (§ 35 Abs. 1 und 3 UVPG). Die Auswirkungen der Projekte auf die Umwelt sollen nicht erst im Genehmigungsstadium, sondern bereits im Planungsprozess berücksichtigt werden. Die Richtlinie erfasst deshalb nur Pläne und Programme, die die planerischen Grundlagen für solche Projekte schaffen, die einer Umweltverträglichkeitsprüfung bedürfen. Anders als beim Maßnahmenprogramm trifft dies für den Bewirtschaftungsplan, der eine Zusammenfassung zustandsbeschreibender Daten ohne gestalterische Inhalte enthält (vgl. Rn. 6), nicht zu. 3

2. Der Bewirtschaftungsplan (Abs. 1)

Der nach § 83 Abs. 1 für jede der 10 Flussgebietseinheiten aufzustellende Bewirtschaftungsplan hat mit dem herkömmlichen Bewirtschaftungsplan nach § 36b WHG a.F. nur wenig gemein.[2] Insbesondere in der Öffentlichkeitsbeteiligung, in der zwingenden Verpflichtung zur Aufstellung des Plans für die gesamte Flussgebietseinheit, in seiner flächendeckenden Geltung für alle relevanten Gewässer, in der Festlegung von konkreten, fristbestimmten Qualitätszielen und in den Koordinierungsverpflichtungen geht er deutlich über das bisher geltende Recht hinaus. Aus diesen Gründen und wegen der Kontrollbefugnisse der Europäischen Kommission hat die **wasserwirtschaftliche Planung** in Deutschland einen mit dem früheren Zustand nicht mehr vergleichbaren **hohen Stellenwert** erlangt. 4

---

[2] Vgl. zu den Unterschieden *Beaucamp*, Aus vier mach eins – das wasserwirtschaftliche Planungsinstrumentarium nach dem Entwurf des 7. Gesetzes zur Änderung des WHG, UPR 2001, 423.

5 Die zumeist weit über Landesgrenzen hinausgehende geografische Ausdehnung der Flussgebietseinheiten einerseits und die an politische und administrative Grenzen gebundene staatliche Gewässerbewirtschaftung andererseits erfordern einen erheblichen Organisations- und Koordinierungsaufwand sowohl zwischen den Ländern als auch in den Ländern zwischen den verschiedenen Verwaltungseinheiten. Dieser lässt sich sinnvoll nur durch die Delegation von Aufgaben auf Arbeitsebenen unterhalb der Ebene der Flussgebietseinheit bewältigen. Die Länder haben daher je nach der vorherrschenden Organisationsstruktur auf örtlicher Ebene **Teilgebiete** bzw. **Bearbeitungsgebiete** sowie auf regionaler und überregionaler Ebene Bearbeitungsgebiete bzw. Koordinierungsräume gebildet. Maßnahmenprogramm und Bewirtschaftungsplan werden von unten nach oben erarbeitet. Daten und Informationen insbesondere zur Erstellung der Bestandsaufnahme, Berichte, Teilpläne usw. werden durch Gremien (Wasserbehörden, andere Fachbehörden) auf der örtlichen Ebene erarbeitet und von den regionalen Gremien abgestimmt und harmonisiert. Die nationalen und internationalen Gremien auf der Ebene der Flussgebietseinheit haben abschließend den gesamten Planungsvorgang insbesondere im Hinblick auf eine ausreichende und stimmige Harmonisierung der Planteile und -beiträge aus den Teil- und Bearbeitungsgebieten zu beurteilen, gegebenenfalls die Teilbeiträge zum Gesamtplan zusammenzufügen und ihn zu beschließen.[3]

6 **Funktion** des Bewirtschaftungsplans ist, für alle Betroffenen, insbesondere die zuständigen Stellen, die Öffentlichkeit und die Europäische Kommission (vgl. die umfassenden Berichterstattungspflichten nach Art. 15 WRRL), zu dokumentieren und zu publizieren, von welchen Grundlagen die Planung der integrierten Gewässerbewirtschaftung in der Flussgebietseinheit ausgeht.[4] Nur verbindlich dokumentierte Planungen ermöglichen eine fundierte Bewertung der wasserwirtschaftlichen Entwicklungen in den Flussgebieten, z.B. die Erreichung angestrebter Qualitätsziele. Auch die Europäische Kommission benötigt für die Wahrnehmung ihrer Kontrollfunktion belastbare und nachprüfbare Festlegungen. § 83 Abs. 2 spricht selbst in Satz 1 in Übereinstimmung mit der Diktion der Wasserrahmenrichtlinie von „Informationen", die im Bewirtschaftungsplan enthalten sein müssen. Die nach Satz 2 in den Plan aufzunehmenden Angaben dokumentieren ebenfalls nur bereits vorher getroffene Maßnahmen und Entscheidungen; zum Verhältnis zum Maßnahmen-

---

[3] Vgl. hierzu auch die Kommentierung zu § 7 Abs. 3 sowie *Stratenwerth*, Bewirtschaftung nationaler und internationaler Flussgebiete, in: RvKS, S. 59, 76 ff.
[4] Vgl. im Einzelnen zu den verschiedenen Zwecken, denen der Bewirtschaftungsplan dient *Durner*, in: LR, WHG, § 83 Rn. 12 ff.

programm vgl. § 82 Rn. 1.[5] Daraus folgt, dass der Bewirtschaftungsplan keine Regelungen mit Außenwirkung trifft, also **keinen Rechtsnormcharakter** hat.[6] Aus diesem Grunde hat das WHG 2009 anders als beim Maßnahmenprogramm (§ 82 Abs. 1 Satz 2) nicht mehr die Raumordnungsklausel des § 36b Abs. 2 Satz 2 WHG a.F. fortgeführt[7] und das UVP-Gesetz für den Bewirtschaftungsplan keine Strategische Umweltprüfung vorgesehen (vgl. Rn. 3).

3. Inhalt des Bewirtschaftungsplans (Abs. 2)

§ 83 Abs. 2 schreibt vor, welchen Inhalt der Bewirtschaftungsplan haben muss (**Mindestinhalt**). In **Satz 1** ist nicht mehr wie in § 36b Abs. 2 Satz 1 WHG a.F. kompakt zusammengefasst, was die Wasserrahmenrichtlinie detailliert beschreibt und auflistet, sondern wird jetzt unmittelbar auf die einschlägigen Bestimmungen der Richtlinie verwiesen. Damit ist jetzt auch lückenlos die bundesweite Umsetzung der Vorgaben der Wasserrahmenrichtlinie gewährleistet. Hervorzuheben sind folgende **Informationen**: die Beschreibung der Merkmale der Gewässer, die Zusammenfassung der signifikanten Belastungen und anthropogenen Einwirkungen, die Ermittlung und Kartierung von Schutzgebieten, die Karte der Überwachungsnetze und Darstellung der Überwachungsergebnisse, die Zusammenfassung der wirtschaftlichen Analyse und des Maßnahmenprogramms, die Zusammenfassung der Maßnahmen und Ergebnisse zur Information und Anhörung der Öffentlichkeit, die Liste der zuständigen Behörden sowie die Stellen und das Verfahren für den Zugang zu Hintergrundinformationen.[8]

7

---

[5] Siehe auch *C/R*, § 83 Rn. 9, die im Übrigen zu Recht bezweifeln, ob der Bewirtschaftungsplan in der Terminologie des deutschen Verwaltungsrechts überhaupt als planerisches Instrument des Verwaltungshandelns eingeordnet werden kann.

[6] BT-Drs. 14/7755, S. 21 und BVerwG, v. 9.2.2017 – 7 C 2.15, Rn. 488f., 585, ZUR 2017, 424, 425, 427f., wonach der Bewirtschaftungsplan lediglich „dokumentiert", „keine rechtsverbindliche Außenwirkung" hat, aber „verwaltungsintern grundsätzlich Bindungswirkung" entfaltet für die Wasserbehörden sowie alle anderen Behörden, soweit sie über wasserwirtschaftliche Belange entscheiden; vgl. auch *C/R*, § 83 Rn. 8 m.w.N. sowie *Appel*, in: BFM, § 83 Rn. 5ff.; *Breuer/Gärditz*, Rn. 171f.; *Ginzky*, in: BeckOK, WHG, § 83 Rn. 5ff.; *Kotulla*, § 83 Rn. 40; *Lorenzmeier*, in: SZDK, § 83 WHG Rn. 2, 9. – Differenzierend *Durner*, in: LR, WHG, § 83 Rn. 17, 18ff., der auch „genuin gestalterische Planbestandteile" im Bewirtschaftungsplan identifiziert, etwa die „Festsetzung der maßgeblichen Bewirtschaftungsziele" gemäß § 83 Abs. 2 Satz 1 i.V.m. Teil A Nr. 5 des Anhangs VII WRRL. Art. 13 Abs. 4 und Anhang VII „gestalten" aber nicht, sondern sprechen nur von „Informationen" (Art. 13 Abs. 4), die Anhang VII als „Angaben" bezeichnet. In dem zitierten Beispiel sind die Informationen/Angaben in Form einer „Liste" der Umweltziele zu erbringen (Teil A Nr. 5).

[7] Vgl. BT-Drs. 16/12275, S. 77.

[8] Ausführlich zu den wesentlichen Inhalten von Anhang VII WRRL *C/R*, § 83 Rn. 11ff.; *Kotulla*, § 83 Rn. 7ff.; vgl. auch *Appel*, in: BFM, § 83 Rn. 12ff. *Lorenzmeier*, in: SZDK, § 83 WHG Rn. 13ff.

8 **Satz 2** fasst in Ergänzung des Satzes 1 zusammen, welche weiteren Angaben zu etwaigen Entscheidungen über Fristverlängerungen, Abweichungen und Ausnahmen von den Bewirtschaftungszielen in den Bewirtschaftungsplan aufzunehmen sind (vgl. insoweit auch die Vorgaben nach Art. 4 Abs. 3–7 WRRL). Insbesondere soll dokumentiert und verdeutlicht werden, welche Gründe für die Entscheidungen maßgebend gewesen sind. Abs. 2 Satz 2 entspricht im Wesentlichen § 36b Abs. 3 WHG a.F., lediglich Nr. 2 ist in enger Anlehnung an die Vorgabe des Art. 4 Abs. 4 Buchst. b und d WRRL formuliert worden.[9] Die durch das Gesetz vom 11.4.2016 angefügte neue Nr. 5 dient der Umsetzung der den Bewirtschaftungsplan betreffenden Regelungen des Art. 9 Abs. 2 und 4 Satz 2 sowie Art. 13 Abs. 4 i.V.m. Anhang VII Nr. 7.2 WRRL.[10]

4. Detailliertere Bewirtschaftungspläne (Abs. 3)

9 § 83 Abs. 3 lässt in **Satz 1** unterhalb der Ebene des für die ganze Flussgebietseinheit aufzustellenden Bewirtschaftungsplans detailliertere Pläne und Programme für Teileinzugsgebiete, für bestimmte Sektoren und Aspekte der Gewässerbewirtschaftung sowie für bestimmte Gewässertypen zu; vgl. hierzu Art. 13 Abs. 5 WRRL. Diese Detailpläne ergänzen den Bewirtschaftungsplan, sie müssen nach **Satz 2** im Bewirtschaftungsplan verzeichnet werden (vgl. hierzu Anhang VII Teil A Nr. 8 WRRL). Bei der erheblichen geografischen Ausdehnung einzelner Flussgebietseinheiten ergeben sich zwangsläufig Vergröberungen in der Darstellung von Räumen, bestimmten Sektoren (z.B. Wasserversorgung, Abwasserbeseitigung) und fachlichen Aspekten (z.B. gebietsbezogener Gewässerschutz, wasserwirtschaftliche Planung) oder speziellen Gewässertypen. Es kann sinnvoll sein, dies durch eine zusätzliche **Feindarstellung** auszugleichen. Derartige Detailpläne und -programme gehen dann mit ihrem zusammengefassten Inhalt in den Bewirtschaftungsplan ein, wobei sie den Hauptplan nur ergänzen und mit den Inhalten des Bewirtschaftungsplans nicht in Konflikt geraten dürfen. Auf diese Weise ist es z.B. möglich, bestimmte Wirtschaftsräume oder einzelne Nebenfließgewässer situationsangemessener zu überplanen und für Gewässer, die durch bestimmte Schadstoffe besonders belastet sind, spezielle Maßnahmenprogramme oder für die landwirtschaftliche Nutzung besondere Einsatzpläne für Pflanzenschutz- oder Düngemittel zu erarbeiten.[11] Die Beibehaltung und Fortschreibung von Abwasserbeseitigungsplänen nach bisherigem Recht ist ebenfalls möglich.[12]

---

[9] Näher zu Nr. 1–4 *Appel*, in: BFM, § 83 Rn. 20 ff. sowie auch zur neuen Nr. 5 *Lorenzmeier*, in: SZDK, § 83 WHG Rn. 28 ff.
[10] Vgl. dazu BT-Drs. 18/6986, S. 12 und 18/7578, S. 7.
[11] Vgl. auch BT-Drs. 14/7755, S. 21.
[12] Skeptisch *Lorenzmeier*, in: SZDK, § 83 WHG Rn. 36 („nicht uneingeschränkt überzeugend").

5. Information und Anhörung der Öffentlichkeit (Abs. 4)

§ 83 Abs. 4 beschränkt die **Öffentlichkeitsbeteiligung** auf die Information und Anhörung gemäß den Vorgaben des Art. 14 Abs. 1 Satz 2 und 3, Abs. 2 und 3 WRRL. Die Vorschrift löst damit den Regelungsauftrag an die Länder nach § 36b Abs. 5 Satz 2 WHG a.F. durch eine unmittelbar geltende Regelung ab. Sie gilt für die erstmalige Aufstellung sowie alle nachfolgenden Aktualisierungen des Bewirtschaftungsplans (**Satz 4**). Die Information und Beteiligung einer breiten Öffentlichkeit in relativ frühen Stadien von Verwaltungsverfahren ist ein zentrales Anliegen des europäischen Umweltrechts. Dies belegen etwa die Regelungen über Umweltinformationen, die Umweltverträglichkeitsprüfung, die Strategische Umweltprüfung oder die integrierte Vermeidung und Verminderung von Umweltverschmutzungen. Für den Wasserbereich regelt diese Fragen Art. 14 WRRL, der im Wesentlichen durch § 84 Abs. 4 und § 85 umgesetzt wird. Bemerkenswert ist, dass Art. 14 Abs. 1 das relativ umfassende Verfahren nach Satz 2 zwar für den Bewirtschaftungsplan, nicht aber für das den Bürger stärker tangierende Maßnahmenprogramm vorschreibt. Hier offenbart sich ein Konstruktionsfehler.[13] Die **Herauslösung des Maßnahmenteils** aus dem Bewirtschaftungsplan führt nicht nur zu Systembrüchen, sondern wirft auch die Frage nach dem Sinn einer sehr aufwändigen Beteiligung der Öffentlichkeit zu den lediglich informellen Inhalten des Bewirtschaftungsplans auf. Ergebnis ist: Die Öffentlichkeit ist im Rahmen der Strategischen Umweltprüfung zum Maßnahmenprogramm einschließlich Erstellung eines Umweltberichts zu beteiligen (vgl. § 82 Rn. 2 f.) und ein weiteres Mal beim Bewirtschaftungsplan nach den speziellen Vorgaben der Wasserrahmenrichtlinie.

Nach **Satz 1** des § 83 Abs. 4 sind die einer umfassenden Information der Öffentlichkeit dienenden Angaben zum Bewirtschaftungsplan gemäß **Nr. 1–3** in drei Stufen einzuteilen: 3 Jahre, 2 Jahre, 1 Jahr vor Inkraftsetzung des Plans, aufbauend auf den fortschreitenden Entwicklungsphasen der Planerstellung. Die Öffentlichkeit soll in der **1. Stufe** erkennen können, wann welche Arbeitsschritte für die Aufstellung oder Aktualisierung des Plans vorgesehen sind, welche staatlichen Stellen hierfür verantwortlich sind und welche Mitwirkungsmöglichkeiten bestehen. In der **2. Stufe** ist ein vorläufiger Überblick über die wichtigsten Fragen der Gewässerbewirtschaftung zu geben. Gemeint sind damit in erster Linie die Erkenntnisse, die sich aufgrund der Bestandsaufnahme und der weiteren Entwicklungen für die daraus abzuleitenden Sanierungsfragen ergeben haben. In der **3. Stufe** muss der Entwurf des mit allen beteiligten Stellen einschließlich der EU-Mitgliedstaaten abgestimmten Bewirtschaf-

---

[13] Ähnlich *Faßbender*, Gemeinschaftsrechtliche Anforderungen an die normative Umsetzung der neuen EG-Wasserrahmenrichtlinie, NVwZ 2001, 241, 248.

tungsplans für die gesamte Flussgebietseinheit mit Aussagen für alle Einzugsgebiete vorgelegt werden. Der Entwurf muss die in Anhang VII WRRL genannten Angaben enthalten. Nach **Satz 2** kann jedermann innerhalb von 6 Monaten zu den Unterlagen schriftlich oder elektronisch Stellung nehmen; darauf ist in der Veröffentlichung ausdrücklich hinzuweisen. In **Satz 3** ist das in Art. 14 Abs. 1 Satz 3 WRRL eingeräumte Recht auf Zugang zu einschlägigen Dokumenten und Informationen umgesetzt. Die Länder bestimmen durch Rechtsvorschrift oder im Verwaltungswege, in welcher Weise die Veröffentlichungen erfolgen und wie der Zugang zu den Dokumenten und Informationen ermöglicht wird.[14]

12 Das **Beteiligungsverfahren** des § 83 Abs. 4 ist nicht vergleichbar mit den förmlichen Verwaltungsverfahren nach den deutschen Verwaltungsverfahrensgesetzen. Ein Erörterungstermin findet nicht statt und ist auch wegen des Verwaltungsaufwands besonders in den großen staaten- oder länderübergreifenden Flussgebietseinheiten praktisch nicht durchführbar. Ein Klagerecht gegen den lediglich behördenintern verbindlichen Bewirtschaftungsplan gibt es nicht. Betroffene können sich gegen einzelne Maßnahmen im Zusammenhang mit dem Maßnahmenprogramm gerichtlich zur Wehr setzen.

6. Landesrecht

13 § 83 ist eine im Rahmen des Art. 72 Abs. 1 GG der Ergänzung durch Landesrecht zugängliche Vorschrift. Die Länder könnten zwar nach Maßgabe des Art. 72 Abs. 3 Satz 1 Nr. 5 GG abweichende Regelungen erlassen, die verbindlichen Vorgaben der EG-Wasserrahmenrichtlinie stehen aber dem entgegen.

§ 84
Fristen für Maßnahmenprogramme und Bewirtschaftungspläne

(1) Maßnahmenprogramme und Bewirtschaftungspläne, die nach Maßgabe des Landesrechts vor dem 1. März 2010 aufzustellen waren, sind erstmals bis zum 22. Dezember 2015 sowie anschließend alle sechs Jahre zu überprüfen und, soweit erforderlich, zu aktualisieren.

---

[14] Zu weiteren Einzelheiten, insbesondere zu den Fragen der Veröffentlichung und des Zugangs zu den Informationen und den Hintergrunddokumenten, zu den Stellungnahmen und ihre Bewertung oder zu den Möglichkeiten der Koordinierung mehrerer Verfahren ausführlich *Jekel*, Einbindung der Öffentlichkeit bei der Umsetzung der WRRL, in: RvKS, S. 81; vgl. auch *Appel*, in: BFM, § 83 Rn. 31ff.; *Durner*, in: LR, WHG, § 83 Rn. 58ff.

(2) Die im Maßnahmenprogramm aufgeführten Maßnahmen sind bis zum 22. Dezember 2012 durchzuführen. Neue oder im Rahmen eines aktualisierten Programms geänderte Maßnahmen sind innerhalb von drei Jahren durchzuführen, nachdem sie in das Programm aufgenommen worden sind.

Inhaltsübersicht

	Rn.		Rn.
1. Allgemeines	1	3. Landesrecht	4
2. Inhalt des § 84	2		

1. Allgemeines

§ 84 regelt einheitlich für Maßnahmenprogramme und Bewirtschaftungspläne, welche Fristen für ihre Überprüfung und Aktualisierung (**Abs. 1**) sowie für die Durchführung der in das Maßnahmenprogramm eingestellten Maßnahmen (**Abs. 2**) einzuhalten sind. Die Vorschrift löst die Regelungsaufträge nach § 36 Abs. 7 Satz 1 und 2 und § 36b Abs. 5 Satz 1 WHG a.F. durch eine unmittelbar geltende Regelung ab. 1

2. Inhalt des § 84

§ 84 Abs. 1 schreibt zweierlei vor: die **Pflicht zur Überprüfung** der Maßnahmenprogramme und Bewirtschaftungspläne und gegebenenfalls **Anpassung** an geänderte Verhältnisse (Aktualisierung) sowie die **Fristen**, die hierbei einzuhalten sind. Die Vorschrift setzt insofern die Vorgaben des Art. 11 Abs. 8 Satz 1 und des Art. 13 Abs. 7 WRRL um. Die Frist für die Aufstellung der Maßnahmenprogramme und Bewirtschaftungspläne ist nach den identischen Vorgaben der Richtlinie (Art. 11 Abs. 7 und Art. 13 Abs. 6: 22.12.2009) und der Landeswassergesetze bereits abgelaufen. Das erst danach (01.3.2010) in Kraft getretene neue WHG hat in Kenntnis dieser Rechtslage keinen Anlass für eine eigenständige bundesrechtliche Verpflichtung zur Aufstellung der Programme und Pläne gesehen,[1] sondern nur die Überprüfung und Aktualisierung geregelt. Dabei handelt es sich um Mindestfristen.[2] Maßnahmenprogramme und Bewirtschaftungspläne sind auch im Rahmen ihrer Überprüfung und Aktualisierung auf nationaler sowie supra- und internationaler Ebene nach Maßgabe des § 7 Abs. 2–4 zu koordinieren. 2

---

[1] Vgl. dazu BT-Drs. 16/12275, S. 77 und 16/13306, S. 19f., 33 sowie *Appel*, in: BFM, § 84 Rn. 2.
[2] Nach § 82 Abs. 5 sind gegebenenfalls kürzere Fristen einzuhalten.

3 § 84 **Abs. 2** betrifft nur die **Maßnahmenprogramme.** Die Vorschrift setzt Art. 11 Abs. 7 und Abs. 8 Satz 2 WRRL um und löst den Regelungsauftrag nach dem bisherigen § 36 Abs. 7 Satz 2 WHG ab. Mit der Fristsetzung für den Vollzug der Maßnahmen stehen die Mitgliedstaaten unter der Erfolgskontrolle durch die Europäische Kommission, ein erfahrungsgemäß durchaus wirksames Instrument zur Durchsetzung des Unionsrechts.

3. Landesrecht

4 § 84 ist eine im Rahmen des Art. 72 Abs. 1 GG der Ergänzung durch Landesrecht zugängliche Vorschrift. Die Länder könnten zwar nach Maßgabe des Art. 72 Abs. 3 Satz 1 Nr. 5 GG abweichende Vorschriften erlassen, die verbindlichen Vorgaben der EG-Wasserrahmenrichtlinie stehen aber dem entgegen. Da es sich bei § 84 nur um Mindestfristen, insofern also eine nicht abschließende Regelung handelt, können die Länder kürzere Frist bestimmen, und zwar auf der Grundlage des Art. 72 Abs. 1 GG.[3]

§ 85
Aktive Beteiligung interessierter Stellen

Die zuständigen Behörden fördern die aktive Beteiligung aller interessierten Stellen an der Aufstellung, Überprüfung und Aktualisierung der Maßnahmenprogramme und Bewirtschaftungspläne.

Inhaltsübersicht

Rn.		Rn.
1. Allgemeines 1	3. Landesrecht	3
2. Inhalt des § 85 2		

1. Allgemeines

1 § 85 regelt über das dreistufige Beteiligungsverfahren des § 83 Abs. 4 hinaus die aktive Beteiligung interessierter Stellen an der Aufstellung, Überprüfung und Aktualisierung von Maßnahmenprogrammen und Bewirtschaftungsplänen. Die Vorschrift setzt Art. 14 Abs. 1 Satz 1 WRRL um und löst damit den Regelungsauftrag nach § 36b Abs. 5 Satz 2 WHG a.F. durch eine unmittelbar geltende Regelung ab. Die aktive Beteiligung interessierter Stellen ist eine besondere Form der **Einbindung der Öffentlichkeit** in die Umsetzung der

---

[3] Unzutreffend *Lorenzmeier,* in: SZDK, § 84 WHG Rn. 9 mit der Berufung auf die – mit Nachteilen verbundene – Befugnis zur Abweichungsgesetzgebung.

Wasserrahmenrichtlinie. Sie ergänzt und erweitert die herkömmlichen Formen der Öffentlichkeitsbeteiligung mit dem Ziel, die Transparenz bei der Umsetzung der Wasserrahmenrichtlinie deutlich zu stärken.[1)]

2. Inhalt des § 85

§ 85 verpflichtet die zuständigen Länderbehörden zur **Förderung der aktiven Beteiligung** interessierter Stellen bei der Aufstellung, Überprüfung und Aktualisierung der Maßnahmenprogramme und Bewirtschaftungspläne. Gegenstand der Beteiligung ist danach nicht der Vollzug aller der „Umsetzung" der Wasserrahmenrichtlinie dienenden Vorschriften (so aber der umfassende Ansatz des Art. 14 Abs. 1 Satz 1 WRRL), sondern nur der von der Richtlinie besonders hervorgehobene Teil der Umsetzung, die den Bewirtschaftungsplan betrifft, hier erweitert um das Maßnahmenprogramm. Dabei geht es § 85 auch und gerade um eine frühe Beteiligung in dem der förmlichen Planung vorgelagerten Diskussionsprozess. „**Interessierte Stellen**" sind vor allem die Verbände der Gewässernutzer (Wirtschaft, Landwirtschaft, Kommunen), Umwelt- und Naturschutzverbände, wasserwirtschaftliche Fachverbände, die Wissenschaft, darüber hinaus aber auch alle, die ihr Interesse an einer Mitwirkung bei der Erfüllung des staatlichen Bewirtschaftungsauftrags bekunden.[2)] Es geht darum, einerseits frühzeitig das Fachwissen der interessierten Gruppierungen in den Arbeitsprozess einzubringen, andererseits rechtzeitig eventuelles Konfliktpotenzial zu erkennen und möglichst auszuräumen; vgl. zur Beteiligung im Rahmen der Koordinierung mit der Hochwasserschutzplanung § 79 Abs. 1 Satz 2.

2

Die hier in Betracht kommenden **Formen der „aktiven" Beteiligung** gehen deutlich über die der Öffentlichkeit bei Bewirtschaftungsplänen ohnehin zur Verfügung stehenden Informationen und Möglichkeiten zur Stellungnahme nach § 83 Abs. 4 hinaus. Eine besonders anspruchsvolle Beteiligung ist z.B. die Bildung von Ausschüssen, Beiräten oder anderen informellen Gremien, die den Umsetzungsprozess beratend begleiten und in denen interessierte Stellen mit vertreten sein können. Je nach Art der Beteiligung ist es auch zulässig, unter den interessierten Stellen eine Auswahl zu treffen. Am weitesten verbreitet sind regelmäßige Informationsschriften und -veranstaltungen sowie Diskussionsforen auf allen staatlichen Ebenen. Schließlich kommen auch finanzielle Zuwendungen für die Verbandsarbeit im Interesse einer Förderung der nachhaltigen, integrierten Gewässerbewirtschaftung in Betracht. Der Begriff „**fördern**" umfasst ein außerordentlich weites Spektrum von Gestaltungsmöglichkeiten, das

3

[1)] Vgl. auch *Jekel*, Einbindung der Öffentlichkeit bei der Umsetzung der WRRL, in: RvKS, S. 81, 94 ff.
[2)] Vgl. zum Begriff „Stellen" *Appel*, in: BFM, § 85 Rn. 9 m.w.N.

den Ländern sowohl auf der Ebene der ergänzenden Gesetzgebung als auch auf Verwaltungsebene entsprechende Spielräume belässt.

4 Da Maßnahmenprogramme der Strategischen Umweltprüfung (SUP) bedürfen (vgl. hierzu § 82 Rn. 3), müssen in diesem Zusammenhang auch die Regelungen des UVP-Gesetzes zur **Öffentlichkeitsbeteiligung** beachtet werden.

3. Landesrecht

5 § 85 ist eine im Rahmen des Art. 72 Abs. 1 GG der Ergänzung durch Landesrecht zugängliche Vorschrift. Die Länder könnten zwar nach Maßgabe des Art. 72 Abs. 3 Satz 1 Nr. 5 GG abweichende Regelungen erlassen, die verbindlichen Vorgaben der EG-Wasserrahmenrichtlinie stehen aber dem entgegen.

§ 86
Veränderungssperre zur Sicherung von Planungen

(1) Zur Sicherung von Planungen für

1. dem Wohl der Allgemeinheit dienende Vorhaben der Wassergewinnung oder Wasserspeicherung, der Abwasserbeseitigung, der Wasseranreicherung, der Wasserkraftnutzung, der Bewässerung, des Hochwasserschutzes oder des Gewässerausbaus,

2. Vorhaben nach dem Maßnahmenprogramm nach § 82

kann die Landesregierung durch Rechtsverordnung Planungsgebiete festlegen, auf deren Flächen wesentlich wertsteigernde oder die Durchführung des geplanten Vorhabens erheblich erschwerende Veränderungen nicht vorgenommen werden dürfen (Veränderungssperre). Sie kann die Ermächtigung nach Satz 1 durch Rechtsverordnung auf andere Landesbehörden übertragen.

(2) Veränderungen, die in rechtlich zulässiger Weise vorher begonnen worden sind, Unterhaltungsarbeiten und die Fortführung einer bisher ausgeübten Nutzung werden von der Veränderungssperre nicht berührt.

(3) Die Veränderungssperre tritt drei Jahre nach ihrem Inkrafttreten außer Kraft, sofern die Rechtsverordnung nach Absatz 1 Satz 1 keinen früheren Zeitpunkt bestimmt. Die Frist von drei Jahren kann, wenn besondere Umstände es erfordern, durch Rechtsverordnung um höchstens ein Jahr verlängert werden. Die Veränderungssperre ist vor Ablauf der Frist nach Satz 1 oder Satz 2 außer Kraft zu setzen, sobald und soweit die Voraussetzungen für ihren Erlass weggefallen sind.

(4) Von der Veränderungssperre können Ausnahmen zugelassen werden, wenn dem keine überwiegenden öffentlichen Belange entgegenstehen.

Inhaltsübersicht

Rn.
1. Allgemeines 1
2. Die Veränderungssperre (Abs. 1) 3

Rn.
3. Beschränkungen der Veränderungssperre (Abs. 2–4) 5
4. Landesrecht 6

1. Allgemeines

§ 86 schafft die Möglichkeit, wichtige raumbeanspruchende wasserwirtschaftliche Vorhaben schon im Planungsstadium durch eine Veränderungssperre zu sichern. **Zweck der Sperre** ist es zu verhindern, dass die Durchführung der im öffentlichen Interesse liegenden Vorhaben durch Veränderungen auf den für die Vorhaben benötigten Grundstücken erschwert oder vereitelt wird. § 86 hat insofern keinen drittschützenden Charakter. Ähnliche Vorschriften über eine Veränderungssperre gibt es im Wege- und im Baurecht. Die wasserrechtliche Veränderungssperre hat bisher allerdings nicht die ihr vom Gesetzgeber ursprünglich zugedachte Bedeutung erlangt.

1

§ 86 ersetzt ohne wesentliche Änderungen § 36a WHG a.F., der durch die 4. Novelle von 1976 in das WHG eingefügt[1] und durch die 7. Novelle von 2002 ergänzt[2] worden ist. **Abs. 1** regelt die Veränderungssperre, **Abs. 2** von der Sperre nicht betroffene Veränderungen, **Abs. 3** das Außerkrafttreten und die Außerkraftsetzung der Veränderungssperre, **Abs. 4** die Zulassung von Ausnahmen. Den rein deklaratorischen Verweis im bisherigen § 36a Abs. 1 Satz 2 WHG[3] auf das Abstimmungsgebot nach dem früheren § 14 ROG hat das neue WHG nicht übernommen,[4] Abs. 3 Satz 3 ist neu.[5] Die Veränderungssperre konkretisiert in der Ausgestaltung der Abs. 1–4 Inhalt und Schranken des Eigentums nach Art. 14 Abs. 1 Satz 2 GG, ist somit von den Betroffenen entschädigungslos hinzunehmen.[6]

2

2. Die Veränderungssperre (Abs. 1)

§ 86 Abs. 1 enthält in **Satz 1** eine **Legaldefinition** der Veränderungssperre. Der Form nach ist sie eine Rechtsverordnung der Landesregierung oder der von ihr nach **Satz 2** bestimmten Landesbehörde (vgl. hierzu Art. 80 Abs. 1 Satz 1 und 4 GG). Die Verordnung legt Gebiete fest, in denen Planungen für abschließend aufgeführte, dem Wohl der Allgemeinheit dienende (**Nr. 1**) oder für in das Maßnah-

3

---

[1] Vgl. hierzu BT-Drs. 7/888, S. 7 f., 20 f.; 7/1088, S. 8, 17 und 7/4546, S. 9, 17.
[2] Vgl. BT-Drs. 14/7755, S. 9, 21.
[3] Die Vorschrift ist bereits durch Art. 8 des Gesetzes v. 22.12.2008 (BGBl. I S. 2986) aufgehoben worden.
[4] BT-Drs. 16/12275, S. 77: „bedarf keiner Fortführung, die materielle Rechtslage ändert sich nicht".
[5] In Anlehnung an § 17 Abs. 4 BauGB übernommen; vgl. BT-Drs. 16/12275, S. 77.
[6] BT-Drs. 7/888, S. 21; 7/1088, S. 17; vgl. auch *C/R*, § 86 Rn. 41; *Kotulla*, § 86 Rn. 2.

menprogramm eingestellte Vorhaben (**Nr. 2**) gesichert werden. In Betracht kommen vornehmlich die Ausweisung zukünftiger Grundwassergewinnungsgebiete, der Bau von Abwasseranlagen, der Bau von Talsperren, Wasserspeichern und Rückhaltebecken, die Freihaltung von Retentionsräumen und die Änderung oder Verlegung eines Flußbettes.[7] Der Begriff „Wohl der Allgemeinheit" ist wie in § 6 Abs. 1 Satz 1 Nr. 3 zu verstehen (vgl. hierzu § 6 Rn. 5). Beim Erlass einer Veränderungssperre besteht ein **Rechtsetzungsermessen** des Verordnungsgebers, wobei insbesondere der Grundsatz der Verhältnismäßigkeit zu beachten, also zu prüfen ist, ob der angestrebte Sicherungszweck nicht mit anderen, weniger einschneidenden baurechtlichen Mitteln erreicht werden kann.[8]

4   Die Veränderungssperre richtet sich entsprechend ihrem **Sicherungszweck** an jeden, der auf den im Planungsgebiet liegenden Flächen wesentlich wertsteigernde oder die Durchführung des geplanten Unternehmens erheblich erschwerende Veränderungen vornehmen will, also z.B. neben dem Eigentümer auch gegen den Pächter, Nießbraucher oder Besitzer eines Grundstücks.[9] Ein Anspruch Dritter auf Festlegung einer Veränderungssperre besteht nicht. Das Nähere über das Verfahren und die Zuständigkeit ergibt sich aus dem Landesrecht. Gegen die Festlegung der Veränderungssperre durch Rechtsverordnung ist nach Maßgabe des jeweiligen Landesrechts die verwaltungsgerichtliche **Normenkontrollklage** nach § 47 VwGO zulässig, bei Rechtswidrigkeit wird die Sperre für ungültig erklärt. Eine Überprüfung der Rechtmäßigkeit der Veränderungssperre ist aber auch bei der Anfechtung eines auf die Verordnung gestützten Verwaltungsaktes möglich (Inzidentkontrolle).[10]

3. Beschränkungen der Veränderungssperre (Abs. 2–4)

5   § 86 enthält in Abs. 2–4 **inhaltliche und zeitliche Einschränkungen** der Veränderungssperre, wie sie sich z.B. auch im Baugesetzbuch und im Bundesfernstraßengesetz finden. Inhaltlich sieht **Abs. 2** zur Vermeidung unzumutbarer Belastungen für bestimmte Veränderungen **Ausnahmen** von der Sperre vor. Hier gibt das Gesetz dem Bestandsschutz Vorrang. Geschützt sind rechtlich „zulässige", d.h. nach öffentlichem Recht (z.B. Wasser-, Bau-, Straßen-, Immissionsschutz-, Gewerberecht) gestattete Veränderungen. Unberührt bleiben ferner Arbeiten, die der Unterhaltung, also der Erhaltung des ordnungsmäßigen Zustands einer Sache dienen, sowie die Fortfüh-

---

[7] Näher zu den Vorhaben *Appel*, in: BFM, § 83 Rn. 6ff.
[8] Vgl. BVerwG v. 30.9.1992 – 4 NB 35.92, NVwZ 1993, 473; *C/R*, § 86 Rn. 16.
[9] Vgl. BT-Drs. 7/888, S. 20f.
[10] Siehe näher zur Normenkontrolle und zu den sonstigen Rechtsschutzmöglichkeiten *Riese*, in: LR, WHG, § 86 Rn. 54ff., 57ff.

rung bisher ausgeübter Nutzungen.[11] **Abs.** 3 trägt dem vorläufigen Charakter der Veränderungssperre Rechnung und regelt, nach Ablauf welcher **Fristen** die Sperre wegfällt. **Satz 1** bestimmt die regelmäßige Frist, **Satz 2** ermächtigt den Verordnungsgeber, bei besonderen Umständen[12] die Frist um bis zu einem Jahr zu verlängern. Schließlich verlangt **Satz 3**, die Veränderungssperre vor Fristablauf außer Kraft zu setzen, sobald und soweit der Sicherungszweck weggefallen ist. **Abs. 4** ermächtigt dazu, über die gesetzlich normierten Fälle nach Abs. 2 hinaus weitere **Ausnahmen** von der Veränderungssperre zuzulassen. Eine Verordnungsregelung ist nicht vorgeschrieben. Die zuständige Behörde hat im jeweiligen Einzelfall den mit der Veränderungssperre verfolgten Sicherungszweck gegen andere, entgegenstehende öffentliche Belange abzuwägen, wobei die anderen Belange für eine Zulassung der Ausnahme überwiegen müssen. Der Begriff der überwiegenden öffentlichen Belange entspricht inhaltlich im Wesentlichen[13] dem unbestimmten Rechtsbegriff „überwiegende Gründe des Wohls der Allgemeinheit"; vgl. hierzu § 6 Rn. 13. Selbst wenn überwiegende öffentliche Belange entgegenstehen, liegt die Ausnahmeerteilung im pflichtgemäßen **Ermessen** der Behörde.

4. Landesrecht

§ 86 ist eine im Rahmen des Art. 72 Abs. 1 GG der Ergänzung durch Landesrecht zugängliche Vorschrift. Die Länder können nach Maßgabe des Art. 72 Abs. 3 Satz 1 Nr. 5 GG auch abweichende Regelungen erlassen. Soweit sich die Veränderungssperre auf stoff- oder anlagenbezogene Vorhaben bezieht (z.B. Bau von Abwasseranlagen), ist § 86 abweichungsfest.

6

§ 87
Wasserbuch

(1) Über die Gewässer sind Wasserbücher zu führen.

(2) In das Wasserbuch sind insbesondere einzutragen:

1. nach diesem Gesetz erteilte Erlaubnisse, die nicht nur vorübergehenden Zwecken dienen, und Bewilligungen sowie alte Rechte und alte Befugnisse, Planfeststellungsbeschlüsse und Plangenehmigungen nach § 68,

2. Wasserschutzgebiete,

3. Risikogebiete und festgesetzte Überschwemmungsgebiete.

---

[11] Näher zu den Ausnahmen *Appel*, in: BFM, § 83 Rn. 43 ff.; *C/R*, § 86 Rn. 30 ff.; *Schenk*, in: SZDK, § 86 WHG Rn. 26 ff.
[12] Siehe dazu *C/R*, § 86 Rn. 37; *Schenk*, in: SZDK, § 86 WHG Rn. 33.
[13] *C/R*, § 86 Rn. 42 halten ihn für „enger"; vgl. zu § 86 Abs. 4 auch *Riese*, in: LR, WHG, § 86 Rn. 58 ff.

Von der Eintragung von Zulassungen nach Satz 1 Nummer 1 kann in Fällen von untergeordneter wasserwirtschaftlicher Bedeutung abgesehen werden.

(3) Unrichtige Eintragungen sind zu berichtigen. Unzulässige Eintragungen und Eintragungen zu nicht mehr bestehenden Rechtsverhältnissen sind zu löschen.

(4) Eintragungen im Wasserbuch haben keine rechtsbegründende oder rechtsändernde Wirkung.

Inhaltsübersicht

Rn.		Rn.
1. Allgemeines 1	3. Eintragungen in das	
2. Das Wasserbuch (Abs. 1) .. 2	Wasserbuch (Abs. 2–4).....	4
	4. Landesrecht	7

1. Allgemeines

1 § 87 löst die Wasserbuchregelung des § 37 WHG a.F.[1] in einer erweiterten Fassung ab. **Abs. 1** verpflichtet zur Führung von Wasserbüchern, **Abs. 2** bestimmt den Mindestinhalt, **Abs. 3** regelt die Berichtigung und Löschung von Eintragungen und **Abs. 4** stellt die rechtliche Wirkung von Wasserbucheintragungen klar.

2. Das Wasserbuch (Abs. 1)

2 § 87 Abs. 1 schreibt vor, Wasserbücher zu führen. Das Wasserbuch fungiert als **öffentliches Register** mit dem **Zweck**, den zuständigen Behörden Auskunft über die Zahl und den Inhalt der Benutzungen und Ausbauten der Gewässer, über die für die Gewässer getroffenen besonderen Schutzanordnungen und über bestehende Schutzgebietsfestsetzungen zu geben. Dadurch erhalten die Behörden einen zuverlässigen Überblick über die Nutzung der Gewässer und die hiermit verbundenen Belastungen. Das Wasserbuch bildet eine geeignete Grundlage für die wasserwirtschaftlichen Planungen und Maßnahmen. Wie die Wasserbücher einzurichten und zu führen sind, regeln die Länder. Das WHG lässt die Buch-, Loseblatt- und Karteiform zu, schließt aber auch die elektronische Form nicht aus.[2] Zu den Rechtswirkungen von Eintragungen in das Wasserbuch vgl. Abs. 4.

3 Das WHG hat es von Anfang an den Ländern überlassen, das Recht der **Einsicht in die Wasserbücher** zu regeln.[3] Die Landeswassergesetze verlangen für die Einsicht teilweise die Darlegung eines berechtigten Interesses, z.B. ein wirtschaftliches, wissenschaftliches,

---

[1] Vgl. zu dessen Entstehung BT-Drs. 2072, S. 13, 36 und BT-Drs. 3536, S. 8, 15, 40 f.
[2] Ebenso C/R, § 87 Rn. 4.
[3] Vgl. BT-Drs. 3536, S. 8.

statistisches oder sonstiges vernünftig begründetes Interesse. Sofern es sich beim Inhalt des Wasserbuchs um Informationen über die Umwelt handelt, wovon im Regelfall auszugehen ist, besteht nach supra- und internationalen Rechtsvorschriften und den hierzu erlassenen innerstaatlichen Umsetzungsvorschriften unabhängig von der Wasserrechtslage ein Recht auf Einsichtnahme im Rahmen des Anspruchs auf freien Zugang zu Umweltinformationen. Dieser Anspruch setzt kein berechtigtes Interesse voraus. Gewährt die Behörde keine Einsicht, kann der Betroffene sein Recht gerichtlich geltend machen (Verpflichtungsklage auf Erlass eines entsprechenden Verwaltungsakts).[4)]

3. Eintragungen in das Wasserbuch (Abs. 2–4)

§ 87 schreibt in **Abs. 2** zwingend die Eintragung der in **Satz 1 Nr. 1–3** genannten Rechtsverhältnisse und Schutzgebiete vor. Die Eintragung hat also **von Amts wegen** zu erfolgen, sobald die entsprechenden behördlichen Entscheidungen getroffen und nicht mehr anfechtbar sind. Nur vorübergehenden Zwecken dienende Erlaubnisse sind z.B. Grundwasserförderungen im Zusammenhang mit Bauvorhaben. Auf die Besonderheiten bei der Eintragung alter Rechte und alter Befugnisse wird hingewiesen (vgl. § 21). Nr. 1 ist gegenüber § 37 Abs. 2 Nr. 1 WHG a.F. in Anlehnung an die Regelung in den meisten Landeswassergesetzen um die Planfeststellungen und Plangenehmigungen für den Ausbau von Gewässern ergänzt worden. Nicht erfasst sind weiterhin anlagenbezogene Genehmigungen. Der Katalog des Satzes 1 ist nicht abschließend („insbesondere"), die Länder können also weitere Fälle (z.B. Zwangsrechte, Heilquellenschutzgebiete) benennen. **Satz 2** eröffnet im Interesse der Deregulierung[5)] und in Anlehnung an bestehende landesrechtliche Vorschriften den zuständigen Behörden die Möglichkeit, in **Bagatellfällen** des Satzes 2 Nr. 1 von einer Eintragung abzusehen, was z.B. bei Kleineinleitungen von 8 m³ Abwasser pro Tag aus Hauskläranlagen (vgl. hierzu Anhang 1 Teil C Abs. 4 AbwV und § 8 Abs. 1 Satz 1, § 9 Abs. 2 Satz 2 AbwAG) oder Wasserentnahmen, die nahe an der Grenze zur erlaubnisfreien Benutzung liegen, in Betracht kommt. 4

Abs. 3 schreibt in **Satz 1** die **Berichtigung** und in **Satz 2** die **Löschung** von Eintragungen vor, um zu gewährleisten, dass der Inhalt des Wasserbuchs stets richtig ist. Die Vorschrift ist im WHG neu und eine konsequente Ergänzung zu Abs. 2, sie übernimmt entsprechende Regelungen aus den Landeswassergesetzen. 5

Abs. 4 stellt ebenfalls in Anlehnung an gleichlautende landesrechtliche Vorschriften die **Rechtswirkungen** von Eintragungen in das 6

[4)] Näher zur Einsichtnahme *C/R*, § 87 Rn. 14 ff.
[5)] BT-Drs. 16/12275, S. 77.

Wasserbuch klar. Das Wasserbuch ist lediglich ein deklaratorisches Bestandsverzeichnis, das Rechtsverhältnisse weder begründet noch verändert oder beendet. Es genießt auch keinen öffentlichen Glauben wie das Grundbuch (§ 892 BGB), sondern hat nur die tatsächliche Vermutung der Richtigkeit der Eintragung im Sinne eines Anscheinsbeweises.[6] Insofern bringt sie dem Inhaber eingetragener Rechte und Befugnisse verfahrensmäßige Vorteile. Deshalb haben Eintragungen, Berichtigungen und Löschungen Außenwirkung, sie stellen **Verwaltungsakte** dar und eröffnen entsprechende Rechtsschutzmöglichkeiten.[7]

4. Landesrecht

7   § 87 ist eine im Rahmen des Art. 72 Abs. 1 GG der Ergänzung durch Landesrecht zugängliche Vorschrift. Die Länder besitzen relativ weite Gestaltungsspielräume. Sie können nach Maßgabe des Art. 72 Abs. 3 Satz 1 Nr. 5 GG auch abweichende Regelungen erlassen. Soweit sich die Eintragungen in das Wasserbuch auf stoff- oder anlagenbezoge Vorhaben beziehen (z.B. Abwassereinleitungen), ist § 87 abweichungsfest.

§ 88
Informationsbeschaffung und -übermittlung

(1) Die zuständige Behörde darf im Rahmen der ihr durch Gesetz oder Rechtsverordnung übertragenen Aufgaben Informationen einschließlich personenbezogener Daten erheben und verwenden, soweit dies zur Durchführung von Rechtsakten der Europäischen Gemeinschaften oder der Europäischen Union, zwischenstaatlichen Vereinbarungen oder innerstaatlichen Rechtsvorschriften auf dem Gebiet des Wasserhaushalts oder im Rahmen grenzüberschreitender Zusammenarbeit, insbesondere zur Koordinierung nach § 7 Absatz 2 bis 4, erforderlich ist. Zu den Aufgaben nach Satz 1 gehören insbesondere

1. die Durchführung von Verwaltungsverfahren,

2. die Gewässeraufsicht einschließlich gewässerkundlicher Messungen und Beobachtungen,

3. die Gefahrenabwehr,

4. die Festsetzung und Bestimmung von Schutzgebieten, insbesondere Wasserschutz-, Heilquellenschutz-, Risiko- und Überschwemmungsgebieten sowie Gewässerrandstreifen,

---

[6] BGH v. 2.10.1978 – III ZR 151/76, ZfW 1979, 161; BVerwG v. 22.1.1971 – IV C 94/69 und 95/69, BVerwGE 37, 103 und ZfW 1972, 162.
[7] Siehe dazu *Appel*, in: BFM, § 87 Rn. 19ff.; *C/R*, § 87 Rn. 14; vgl. zu den Rechtswirkungen von Eintragungen auch *Lorenzmeier*, in: SZDK, § 87 WHG Rn. 25ff.

5. die Ermittlung der Art und des Ausmaßes von Gewässerbelastungen auf Grund menschlicher Tätigkeiten einschließlich der Belastungen aus diffusen Quellen,
6. die wirtschaftliche Analyse der Wassernutzung,
7. die Aufstellung von Maßnahmenprogrammen, Bewirtschaftungsplänen und Risikomanagementplänen.

(2) Wer wasserwirtschaftliche Maßnahmen durchführt, hat der zuständigen Behörde auf deren Anordnung bei ihm vorhandene Informationen zu übermitteln und Auskünfte zu erteilen.

(3) Die zuständige Behörde darf nach Absatz 1 Satz 1 und Absatz 2 erhobene Informationen und erteilte Auskünfte an zur Abwasserbeseitigung, zur Wasserversorgung oder zur Gewässerunterhaltung Verpflichtete sowie an Träger von Gewässerausbau- und von Hochwasserschutzmaßnahmen weitergeben, soweit dies zur Erfüllung der Verpflichtungen oder zur Durchführung der Maßnahmen erforderlich ist. Die Weitergabe von Informationen und Auskünften an Dienststellen anderer Länder, des Bundes und der Europäischen Union sowie an zwischenstaatliche Stellen ist unter den in Absatz 1 Satz 1 genannten Voraussetzungen zulässig. Dienststellen des Bundes und der Länder geben Informationen und Auskünfte unter den Voraussetzungen des Absatzes 1 Satz 1 auf Ersuchen an andere Dienststellen des Bundes und der Länder weiter.

(4) Für die Weitergabe von Informationen und Auskünften nach Absatz 3 Satz 2 und 3 werden keine Gebühren erhoben und keine Auslagen erstattet.

(5) Die Bestimmungen zum Schutz personenbezogener Daten bleiben im Übrigen unberührt.

Inhaltsübersicht

Rn.   Rn.

1. Allgemeines 1
2. Erhebung und Verwendung der Informationen (Abs. 1, 2)   4
3. Weitergabe der Informationen (Abs. 3, 4) .   7
4. Landesrecht   9

1. Allgemeines

§ 88 regelt die **Beschaffung und Übermittlung von Informationen**, insbesondere von Daten. Die Wasserbehörden benötigen zahlreiche Informationen zur Erfüllung ihrer vielfältigen und umfangreichen Verpflichtungen, die aufgrund verbindlicher Vorgaben des nationalen, supra- und internationalen Rechts entweder schon bestehen oder noch zu erwarten sind. Die Vorschrift ist im Zusammenhang mit der Umsetzung der Wasserrahmenrichtlinie durch die 7. Novelle von 2002 als neuer § 37a in das WHG eingefügt worden, sie reicht

1

aber über deren Umsetzungserfordernisse (vgl. insbesondere Art. 5, 15 WRRL) weit hinaus.[1)] Das WHG 2009 löst den an die Länder gerichteten Regelungsauftrag des § 37a durch eine unmittelbar geltende, erheblich erweiterte Regelung ab.

2   Seit dem Grundsatzurteil des BVerfG vom 15.12.1983[2)] besteht Klarheit, dass die verfassungsrechtliche Garantie des allgemeinen Persönlichkeitsrechts durch Art. 2 Abs. 1 GG den Schutz personenbezogener Daten mit umfasst. Im Rahmen des Rechts auf sog. **informationelle Selbstbestimmung** entscheidet grundsätzlich allein der Betroffene über die Preisgabe und Verwendung seiner persönlichen Daten. Einschränkungen des Rechts auf informationelle Selbstbestimmung bedürfen einer gesetzlichen Grundlage, die dem Gebot der Normenklarheit und dem Grundsatz der Verhältnismäßigkeit entspricht. Dabei unterliegen alle Phasen der Datenverarbeitung einer stringenten Zweckbindung, weil der Bürger imstande sein muss zu übersehen, wer wann bei welcher Gelegenheit welche Kenntnisse über seine Person erlangt. Bund und Länder haben inzwischen ihre Regelungen in den Datenschutzgesetzen sowie in den speziellen fachgesetzlichen Normen diesen Grundsätzen angepasst.

3   § 88 ist die allgemeine **Rechtsgrundlage des Bundes** für die rechtlich gebotene Beschaffung und Übermittlung von wasserbezogenen Daten und sonstigen Informationen. **Abs. 1** regelt die Möglichkeiten der zuständigen Behörde, Informationen zu erheben und zu verwenden. **Abs. 2** begründet über Abs. 1 hinausgehende Pflichten zur Übermittlung von Informationen und Erteilung von Auskünften. **Abs. 3** regelt die Weitergabe der erhobenen Informationen, **Abs. 4** deren Unentgeltlichkeit. **Abs. 5** stellt lediglich deklaratorisch klar,[3)] dass über § 88 hinaus die **allgemeinen personenbezogenen Datenschutzbestimmungen** Anwendung finden.

2. Erhebung und Verwendung der Informationen (Abs. 1, 2)

4   § 88 **Abs. 1** erteilt in **Satz 1** der zuständigen Behörde die Befugnis, die zur Wahrnehmung ihrer Aufgaben erforderlichen Informationen zu erheben und zu verwenden. Er übernimmt dabei weitgehend den Wortlaut des ersten Halbsatzes von § 37a Satz 1 WHG a.F. Dass Daten unter den Begriff der Informationen fallen, ist zwar weder streitig noch klarstellungsbedürftig, der Gesetzgeber wollte aber verdeutlichen, dass nicht nur die Erhebung von betriebsbezogenen Daten, die hier eindeutig im Vordergrund steht (z.B. Emissionsdaten), sondern in bestimmten Fällen auch von Daten über persönliche oder sachliche Verhältnisse einer bestimmten oder bestimmbaren Person in Betracht kommt. Die verlangten Informationen – auch

---

[1)] BT-Drs. 14/7755, S. 9, 22.
[2)] BVerfG, Urt. v. 15.12.1983 – 1 BvR 209 u.a. /83, BVerfGE 65, 1.
[3)] BT-Drs. 14/7755, S. 22.

die nur auf die Person bezogenen Daten – müssen stets zur ordnungsgemäßen Erfüllung der behördlichen Aufgaben **wasserwirtschaftlich erforderlich** sein.[4)] Verwenden von Informationen bedeutet, sie zu verarbeiten und nutzen.[5)]

Die behördlichen Aufgaben zur Beschaffung und Übermittlung von Informationen ergeben sich insbesondere aus verbindlichen Verpflichtungen im Rahmen der **Zusammenarbeit mit anderen Staaten** aufgrund der Wasserrahmenrichtlinie und verschiedener zwischenstaatlicher Übereinkommen zum Schutz internationaler Binnengewässer und der Meere. Der **Insbesondere-Katalog** in **Satz 2** zählt die wichtigsten Aufgaben auch aus dem Kreis der zu vollziehenden innerstaatlichen Wasserrechtsvorschriften auf. Die Konkretisierung der in Satz 1 umschriebenen behördlichen Aufgaben durch Satz 2 soll den Normadressaten verdeutlichen, unter welchen Voraussetzungen die Behörde in das Recht auf informationelle Selbstbestimmung eingreifen darf.[6)] Das WHG erwähnt in Satz 1 jetzt ausdrücklich auch die Aufgaben im Rahmen der grenzüberschreitenden Zusammenarbeit. Dies dient lediglich der Klarstellung, da § 88 Abs. 1 bei der Koordinierung nach § 7 Abs. 2–4 ohnehin nur dazu berechtigt, Informationen zu erheben und zu verwenden, soweit hierzu eine rechtliche Verpflichtung nach den vorgenannten Rechtsquellen besteht. Ein darüber hinausgehender Datenaustausch kann jedenfalls nicht auf § 88 Abs. 1 gestützt werden.

5

Abs. 2 verpflichtet **Träger wasserwirtschaftlicher Maßnahmen**, auf Verlangen der zuständigen Behörde vorhandene, also nicht erst zu erhebende Informationen zu übermitteln und Auskünfte zu erteilen. Die Vorschrift ist im WHG neu und übernimmt entsprechende Regelungen aus den Landeswassergesetzen. Abs. 2 verschafft der zuständigen Behörde die Möglichkeit, über Abs. 1 hinaus **weitere** sachdienliche **Informationen** und Auskünfte einzufordern. Die Vorschrift nimmt zunächst alle öffentlich-rechtlichen Aufgabenträger in die Pflicht, die im Land eigenverantwortlich wasserwirtschaftliche Maßnahmen durchführen (z.B. Kommunen, Verbände). Deshalb bedarf die Anordnungsbefugnis der Behörde einer gesetzlichen Grundlage. Der Begriff „wasserwirtschaftliche Maßnahmen" ist weit zu verstehen und umfasst auch Maßnahmen im Rahmen der Benutzung, der Unterhaltung und des Ausbaus von Gewässern durch Private. Abs. 2 berechtigt insoweit nicht zu Anordnungen, die über die von Abs. 1 gezogenen Grenzen hinausgehen. In Betracht kommen im Wesentlichen Anordnungen, die auch im Rahmen der behördlichen Überwachung getroffen werden können (vgl. etwa § 101 Abs. 1

6

[4)] Näher zur Erforderlichkeitsklausel *Appel*, in: BFM, § 88 Rn. 6 f.; eher restriktiv *C/R*, § 88 Rn. 7 f.; *Lorenzmeier*, in: SZDK, § 88 WHG Rn. 8.
[5)] BT-Drs. 16/12275, S. 77.
[6)] BT-Drs. 16/12275, S. 77; näher zum Aufgabenkatalog *Kotulla*, § 88 Rn. 10 ff.

Satz 1 Nr. 3). § 88 Abs. 2 ergänzt diese Überwachungsbefugnisse, die legitim sind, soweit sie dazu dienen, der Wasserbehörde sachdienliche Informationen über potenziell problematische Einwirkungen auf Gewässer zu verschaffen.

3. Weitergabe der Informationen (Abs. 3, 4)

7 § 88 **Abs. 3** regelt in **Satz 1** über § 37a Abs. 1 Satz 1 WHG a.F. hinausgehend Befugnisse der zuständigen Behörde zur Weitergabe von Informationen und Auskünften. Die Vorschrift soll eine effiziente Erfüllung wichtiger wasserwirtschaftlicher Aufgaben durch die dort genannten Verpflichteten und Maßnahmenträger ermöglichen oder erleichtern. Sie übernimmt weitgehend ähnliche Regelungen der Landeswassergesetze. **Satz 2** bestimmt ebenfalls in Anlehnung an bestehende landesrechtliche Vorschriften die Voraussetzungen für die Weitergabe von nach Abs. 1 erlangten Informationen und Auskünften an Dienststellen anderer Länder, des Bundes und der Europäischen Union sowie an zwischenstaatliche Stellen. Satz 2 reicht ebenso wie **Satz 3** insofern weiter als § 37a Satz 1 und 2 WHG a.F., als nunmehr die Informationsweitergabe an **„Dienststellen"** vorgesehen ist, also nicht nur an Behörden, sondern auch an andere Stellen, die nicht berechtigt sind, hoheitlich tätig zu werden (z.B. Fachämter, Anstalten des Bundes und der Länder).[7]

8 § 88 **Abs. 4** regelt entsprechend dem bisher geltenden Recht (§ 37a Satz 1 Halbsatz 2 und Satz 2 WHG a.F.) die **Unentgeltlichkeit** der Weitergabe der Informationen und Auskünfte, d.h. den Verzicht auf die Erhebung von Gebühren und die Erstattung von Auslagen (vgl. auch § 8 Abs. 1 VwVfG). Motiv der Regelung ist, den wechselseitigen Daten- und Informationsaustausch zwischen den Dienststellen des Bundes und der Länder nicht durch Kostenforderungen zu behindern.[8] Die Vorschrift konkretisiert im Übrigen den allgemeinen Grundsatz der Amtshilfe.

4. Landesrecht

9 § 88 ist eine im Rahmen des Art. 72 Abs. 1 GG der Ergänzung durch Landesrecht zugängliche Vorschrift. Die Länder können nach Maßgabe des Art. 72 Abs. 3 Satz 1 Nr. 5 GG auch abweichende Regelungen erlassen. Soweit sich die Informationen und Auskünfte auf Daten zu stofflichen Einwirkungen und zu Anlagen beziehen, ist § 88 abweichungsfest. Die Länder sind aber auch im abweichungsfreien Bereich insbesondere an verbindliche wasser- und datenschutzrechtliche Vorgaben des inter- und supranationalen Rechts sowie des Grundgesetzes gebunden.

---

[7] BT-Drs. 16/12275, S. 77f.; vgl. auch *Lorenzmeier*, in: SZDK, § 88 WHG Rn. 23; enger *C/R*, § 88 Rn. 29f.; *Kotulla*, § 88 Rn. 27.
[8] BT-Drs. 14/7755, S. 22.

Abschnitt 8
Haftung für Gewässerveränderungen

§ 89
Haftung für Änderungen der Wasserbeschaffenheit

(1) Wer in ein Gewässer Stoffe einbringt oder einleitet oder wer in anderer Weise auf ein Gewässer einwirkt und dadurch die Wasserbeschaffenheit nachteilig verändert, ist zum Ersatz des daraus einem anderen entstehenden Schadens verpflichtet. Haben mehrere auf das Gewässer eingewirkt, so haften sie als Gesamtschuldner.

(2) Gelangen aus einer Anlage, die bestimmt ist, Stoffe herzustellen, zu verarbeiten, zu lagern, abzulagern, zu befördern oder wegzuleiten, derartige Stoffe in ein Gewässer, ohne in dieses eingebracht oder eingeleitet zu sein, und wird dadurch die Wasserbeschaffenheit nachteilig verändert, so ist der Betreiber der Anlage zum Ersatz des daraus einem anderen entstehenden Schadens verpflichtet. Absatz 1 Satz 2 gilt entsprechend. Die Ersatzpflicht tritt nicht ein, wenn der Schaden durch höhere Gewalt verursacht wird.

Inhaltsübersicht

Rn.   Rn.

1. Allgemeines   1
2. Die Handlungshaftung (Abs. 1)   3
3. Die Anlagenhaftung (Abs. 2)   7
4. Gemeinsame Fragen der Handlungs- und Anlagenhaftung   11
5. Landesrecht   16

1. Allgemeines

§ 89 normiert einen **zivilrechtlichen Haftungstatbestand** für nachteilige Veränderungen der Wasserbeschaffenheit. Die Vorschrift löst mit Ausnahme des Abs. 3 § 22 WHG a.F. ab.[1] § 89 gilt für alle Gewässer i.S. des § 2 Abs. 1, dagegen nach § 2 Abs. 1a nicht für die Meeresgewässer. Von der Öffnungsklausel des § 2 Abs. 2 Satz 2 (Länderregelung für kleine Gewässer von wasserwirtschaftlich untergeordneter Bedeutung) ist § 89 ausgenommen. Die Länder können auch nicht von § 2 Abs. 2 Satz 2 abweichen, weil § 89 als bürgerlich-rechtliche Vorschrift nicht der Abweichungsgesetzgebung unterliegt.

1

---

[1] Vgl. zu dessen Entstehung BT-Drs. 2072, S. 10, 13, 32 f., 35 sowie BT-Drs. 3536, S. 13 f., 32. – § 22 Abs. 3 ist gegenstandslos geworden, denn er betrifft Bewilligungen, die für die Benutzungstatbestände des Abs. 1 und 2 seit Inkrafttreten der 4. WHG-Novelle am 1.10.1976 nicht mehr zulässig sind (§ 8 Abs. 2 Satz 2 WHG a.F., jetzt § 14 Abs. 1 Nr. 3).

2 § 89 enthält bürgerlich-rechtliche Vorschriften über die Pflicht zum Schadenersatz wegen Änderung der Beschaffenheit des Wassers. Abweichend von dem im Zivilrecht grundsätzlich geltenden Verschuldensprinzip (vgl. §§ 276, 823 BGB) begründet § 89 eine **verschuldensunabhängige, unbegrenzte Gefährdungshaftung**.[2] In den Gesetzesmaterialien[3] heißt es hierzu: „Die ständig wachsenden Gefahren aus der Verunreinigung der Wasserläufe und des Grundwassers zwingen zu einer Ausdehnung und Verschärfung der Haftung. Grundsätzlich muss die Verunreinigung eines Gewässers und jede sonstige **nachteilige Veränderung** des Wassers (vgl. dazu § 5 Rn. 4) als besonders gefährliche Handlung angesehen werden, die nach den Grundsätzen der Gefährdungshaftung auch ohne Verschulden zum Ersatz entstandener Schäden verpflichtet."[4] § 89 regelt in Abs. 1 und 2 zwei selbständige Fallgruppen des Schadenersatzes. **Abs. 1** behandelt das Einbringen und Einleiten von Stoffen in Gewässer sowie sonstige Einwirkungen auf ein Gewässer, d.h. Tatbestände, die ein gezieltes Handeln voraussetzen (Handlungshaftung). **Abs. 2** begründet dagegen die Haftung für Schäden, die nicht durch bewusstes Handeln von Betreibern bestimmter Anlagen, sondern dadurch entstehen, dass aus den Anlagen gerade ohne Willen ihres Betreibers Stoffe in ein Gewässer gelangen (Anlagenhaftung).

2. Die Handlungshaftung (Abs. 1)

3 Der Haftungstatbestand des § 89 Abs. 1 umfasst das **Einbringen** und **Einleiten** von Stoffen in ein Gewässer sowie **sonstiges Einwirken** auf ein Gewässer. Der Tatbestand entspricht im Wesentlichen § 22 Abs. 1 WHG a.F. Neben kleineren rein redaktionellen Korrekturen ist jetzt im Wortlaut des § 89 Abs. 1 **Satz 1** in Übereinstimmung mit der bisherigen Gesetzesauslegung[5] klargestellt, dass der Schadenersatzanspruch auch beim Einbringen und Einleiten von Stoffen eine nachteilige Veränderung der Wasserbeschaffenheit voraussetzt. Zudem bilden die Fälle des Einbringens und Einleitens nunmehr Unterfälle des Einwirkens. Zusammen mit der Umformulierung des Satzes 1 bringt **Satz 2** ebenfalls in Übereinstimmung mit dem bislang vorherrschenden Verständnis des § 22 Abs. 1 WHG a.F. nun klar zum Ausdruck, dass die gesamtschuldnerische Haftung auch beim Einbringen und Einleiten von Stoffen eingreift.[6]

4 **Schadenersatzpflichtig** ist zunächst diejenige Person, die Stoffe einbringt, einleitet oder sonst auf ein Gewässer einwirkt, also derjenige, dem die schädigende Maßnahme verantwortlich zuzurechnen ist

---

[2] Vgl. *Reiff*, in: BFM, § 89 Rn. 4 m.w.N.; *Schwendner*, in SZDK, WHG, § 89 Rn. 2, 8 ff. sowie 13 ff., 85 ff. zum Verhältnis zu anderen Haftungsvorschriften.
[3] BT-Drs. 3536, S. 14.
[4] Vgl. insofern auch BGH v. 10.5.1976 – III ZR 150/73, ZfW 1977, 41.
[5] Vgl. *Schwendner*, in: SZDK, § 89 WHG Rn. 7.
[6] Vgl. zu den Veränderungen auch BT-Drs. 16/12275, S. 78.

(Inhaber der Sachherrschaft). Dies wird in der Regel der Inhaber der wasserrechtlichen Erlaubnis sein.[7] Juristische Personen haften für ihre Organe (§§ 31, 89 BGB).[8] Bedient sich eine zur Abwasserbeseitigung verpflichtete Körperschaft zur Erfüllung ihrer Pflichten eines Dritten (§ 56 Satz 3), können beide verantwortlich und damit als Gesamtschuldner (vgl. unter 4.) schadenersatzpflichtig sein. Aus der Bestellung als Gewässerschutzbeauftragter folgt für sich allein noch nicht eine Haftung nach § 89 (siehe auch § 64 Rn. 2).

Die Begriffe des Einbringens und des Einleitens von Stoffen sind im Sinne von § 9 Abs. 1 Nr. 4 zu verstehen (vgl. näher § 9 Rn. 8, 9). Der Vergleich der Tatbestände des Abs. 1 (Einbringen, Einleiten, Einwirken) mit dem des Abs. 2 (Hineingelangen von Stoffen in ein Gewässer) zeigt, dass die Ersatzpflicht nach Abs. 1 ein **zweckgerichtetes Verhalten** voraussetzt.[9] Ein solches Verhalten kann auch in einem zielgerichteten **Unterlassen** bestehen, wenn eine Rechtspflicht besteht, Vorkehrungen zu treffen, um eine Schädigung anderer abzuwenden.[10] Die bloße Verursachung einer nachteiligen Veränderung der Wasserbeschaffenheit (z. B. Tankwagenunfall, bei dem wassergefährdende Stoffe auslaufen und in ein Gewässer gelangen) reicht nicht aus. Erfasst ist nur das **unmittelbare** Einbringen und Einleiten in Gewässer. Allerdings muss der Schaden nicht bereits an der Stelle des Stoffeintrags eintreten. Beim Einleiten von Abwasser aus der gemeindlichen Kanalisation in ein Gewässer haftet die Gemeinde als unmittelbarer Einleiter. Sie kann sich nicht mit befreiender Wirkung auf ein Satzungsverbot berufen, das den Eintrag von schädlichen Stoffen in die Kanalisation untersagt. Sie muss entsprechende Vorsorge treffen und sich gegen Missbräuche der Kanalisation schützen.[11] 5

Der Begriff des Einwirkens ist der Oberbegriff (Einwirken „in anderer Weise"), das Einbringen und Einleiten sind Spezialfälle. Den **Begriff des Einwirkens** kann man mit den „geeigneten Maßnahmen" nach dem unechten Benutzungstatbestand (vgl. näher § 9 Abs. 2 Nr. 2 und dort Rn. 16) vergleichen. Beide Tatbestände setzen ein zielgerichtetes Handeln oder Unterlassen voraus. Es reicht für § 89 Abs. 1 aber nicht schon die objektive Eignung der Tathandlung aus, die Wasserbeschaffenheit nachteilig zu verändern, sondern diese Folge muss tatsächlich eingetreten sein. Hinzu kommen muss noch 6

---

[7] Zur umstrittenen Frage der Haftung für Hilfspersonen nach § 831 BGB siehe *Reiff*, in: BFM, § 89 Rn. 24 ff. m. w. N.
[8] Siehe dazu näher *Reiff*, in: BFM, § 89 Rn. 31 ff. m. w. N.
[9] BVerwG v. 16.11.1973 – IV C 44.69, NJW 1974, 815 = HDW R 1250; vgl. dazu auch m. w. N. *Breuer/Gärditz*, Rn. 1462 ff.; *Reiff*, in: BFM, § 89 Rn. 14 ff.
[10] BGH v. 23.10.1975 – III ZR 108/73, ZfW 1976, 275, vgl. dazu auch *Reiff*, in: BFM, § 89 Rn. 21 m. w. N.
[11] Vgl. BGH v. 20.11.1975 – III ZR 38/73, ZfW 1976, 279; näher zur Unmittelbarkeit *Reiff*, in: BFM, § 89 Rn. 17 ff. m. w. N.

ein Schaden, der daraus einem anderen entsteht. Wie bei § 9 Abs. 2 Nr. 2 sind auch im Rahmen des § 89 die nicht einheitlich beurteilten Fälle der Aufbringung von Dünge- und Pflanzenschutzmitteln zu behandeln (vgl. § 9 Rn. 16). Das einfache Aufbringen erfüllt danach im Allgemeinen nicht die Voraussetzung des zielgerichteten Handelns, weil sich der Einsatz der Stoffe nur auf den Boden, nicht auf die Gewässer, insbesondere das Grundwasser, richtet. Etwas anderes gilt dann, wenn der Landwirt entgegen agrarwissenschaftlichen und agrarwirtschaftlichen Notwendigkeiten nach Art und Umfang übermäßig grundwassergefährdende Stoffe aufbringt, da dann die Grundwasserverunreinigung im Vordergrund steht; vgl. im Übrigen zum Begriff der Wasserbeschaffenheit § 3 Nr. 9 nebst Kommentierung unter Rn. 15, zum Begriff der nachteiligen Veränderung § 5 Abs. 1 Nr. 1 nebst Kommentierung unter Rn. 4.

3. Die Anlagenhaftung (Abs. 2)

7 Der Haftungstatbestand nach § 89 Abs. 2 betrifft den **Umgang mit wassergefährdenden Stoffen** in Anlagen, wobei sich der Anwendungsbereich teilweise, aber nicht vollständig mit den Anlagen zum Umgang mit wassergefährdenden Stoffen nach § 62 Abs. 1 deckt. Die Vorschrift entspricht inhaltlich § 22 Abs. 2 WHG a.F. Im Gesetzestext ist jetzt wie bei den Tatbeständen des Einbringens und Einleitens nach Abs. 1 ausdrücklich klargestellt, dass auch die Haftung nach Abs. 2 eine nachteilige Veränderung der Wasserbeschaffenheit voraussetzt. Außerdem spricht das Gesetz nicht mehr vom „Inhaber" (so der übliche zivilrechtliche Begriff), sondern vom „Betreiber" der Anlage (so der übliche umweltrechtliche Begriff), ohne damit eine inhaltliche Änderung zu verbinden.

8 Die Ersatzpflicht nach **Satz 1** erfasst **Anlagen**, die dazu bestimmt sind, Stoffe herzustellen, zu verarbeiten, zu lagern, abzulagern, zu befördern oder wegzuleiten. Die Stoffe, mit denen in dieser Weise in der Anlage umgegangen wird, müssen aus der Anlage in ein Gewässer gelangen, wobei die Tatbestände des Einbringens und des Einleitens bereits in Abs. 1 speziell geregelt und deshalb in Abs. 2 ausgenommen sind. Der Begriff der Anlage ist entsprechend der weit gefassten Definition sowie dem Zweck der Norm, einen umfassenden Schutz des Wassers zu gewährleisten, weit zu verstehen.[12] Besonderer technischer Vorkehrungen bedarf es zur Erfüllung des Anlagenbegriffs nicht. Mit Ausnahme des Begriffs „Verarbeiten" kommen die anderen **Umgangstatbestände** mit dem gleichen Inhalt bereits in anderen Vorschriften des WHG vor: „Herstellen" in § 62 Abs. 1, „Lagern", „Ablagern" und „Befördern" in § 32 Abs. 2, § 45 Abs. 2

---

[12] BGH v. 23.12.1966 – V ZR 144/63, ZfW 1967, 92: auch Benzinbehälter auf Tankwagen; BGH v. 22.11.1971 – III ZR 112/69, BGHZ 57, 257, 259 f.; ausführlich zu den erfassten Anlagen *Schwendner*, in: SZDK, § 89 WHG Rn. 52 ff.

und § 48 Abs. 2, „Wegleiten" in § 54 Abs. 2 („Fortleiten"). Anlagen sind danach insbesondere Fabriken, gewerbliche Betriebe, Heizöltanks, landwirtschaftliche Gruben und Silos, Anlagen der Abfall- und der Abwasserbeseitigung oder Rohrleitungen. Auch ein der Fahrzeugwäsche dienendes Hochdruckreinigungsgerät, dem das für den Betrieb notwendige Heizöl über eine Zuleitung zugeführt wird, zählt hierzu.[13]

Die Stoffe müssen nicht unmittelbar aus der Anlage in das Gewässer gelangen. Eine Haftung besteht auch, wenn aus einer Anlage ausgelaufene Giftstoffe erst über eine andere Anlage wie z.B. über eine gemeindliche Kanalisation in ein Gewässer gelangen und dort dann Schäden verursachen.[14] Ersatzpflichtig ist der verantwortliche **Betreiber der Anlage**, also derjenige, der die tatsächliche Verfügungsgewalt über die Anlage besitzt, so z.B. der Pächter oder Mieter, der an die Stelle des Eigentümers tritt.[15] Anders als bei der auf einer persönlichen Verantwortung beruhenden Ersatzpflicht nach Abs. 1 soll der Betreiber von Anlagen, aus denen Stoffe ohne sein Zutun oder sogar gegen seinen Willen in ein Gewässer gelangen, allein im Hinblick auf die mit seiner Anlage verbundenen erheblichen Gefährdungen haften.[16] Der Betriebsgefahrgedanke macht den Betreiber einer Anlage nach Abs. 2 auch dann ersatzpflichtig, wenn es ihm gelingt, sich der Haftung nach Abs. 1 für sein Personal durch Entlastungsbeweis nach § 831 Abs. 1 Satz 2 BGB zu entziehen. 9

Nach **Satz 3** entfällt die Anlagenhaftung, wenn der Schaden durch **höhere Gewalt** verursacht worden ist. Als höhere Gewalt ist ein außergewöhnliches, betriebsfremdes, von außen durch elementare Naturkräfte oder Handlungen dritter Personen herbeigeführtes Ereignis anzusehen, das nach menschlicher Einsicht und Erfahrung nicht vorhersehbar ist und mit wirtschaftlich erträglichen Mitteln auch durch die äußerste, vernünftigerweise zu erwartende Sorgfalt nicht verhütet oder unschädlich gemacht werden kann.[17] Die Haftung für im Straßenverkehr eingesetzte Tankfahrzeuge (mobile Beförderungsanlagen) ist nicht bereits aufgrund der Vorschriften des Straßenverkehrsgesetzes (unabwendbares Ereignis nach § 7 StVG), sondern nur durch höhere Gewalt nach § 89 Abs. 2 Satz 3 eingeschränkt.[18] Dass höhere Gewalt vorgelegen hat, muss der Betreiber der Anlage beweisen. 10

---

[13] OLG Köln v. 20.4.1995 – 18 U 1747/94, ZfW 1997, 195. – Vgl. ausführlich zum Anlagenbegriff des § 89 Abs. 2 *Reiff*, in: BFM, § 89 Rn. 67ff. m.w.N.
[14] BGH v. 30.5.1974 – III ZR 190/71, BGHZ 62, 351 = HDW R 1259.
[15] Näher zum verantwortlichen Anlagenbetreiber *Reiff*, in: BFM, § 89 Rn. 84ff. m.w.N.; *Schwendner*, in: SZDK, § 89 WHG Rn. 68ff.
[16] Vgl. BT-Drs. 3536, S. 14.
[17] BGH v. 30.5.1974 – III ZR 190/71, BGHZ 62, 351 = HDW R 1259.
[18] BGH v. 23.12.1966 – V ZR 144/63, ZfW 1967, 92.

4. Gemeinsame Fragen der Handlungs- und Anlagenhaftung

11 Handlungs- und Anlagenhaftung nach § 89 Abs. 1 und 2 verpflichten dazu, den Schaden, der einem anderen aus der Tatbegehung entsteht, zu ersetzen. **Ersatzberechtigt** sind alle, die aus der Verwirklichung der Tatbestände des § 89 einen Schaden erleiden. Dies kann der Gewässereigentümer, aber auch jeder andere Nutzer des Gewässers sein, z.b. Fischzuchtbetriebe, Fischereiausübungsberechtigte, Betreiber von Badegewässern, Wasserentnehmer. Der Geschädigte muss bei der Geltendmachung eines Anspruchs nach § 89 im Streitfall nachweisen, dass die Einwirkung auf das Gewässer oder der Betrieb der Anlage zu einer Verunreinigung des Gewässers geführt (haftungsbegründende Kausalität) und diese Verunreinigung den geltend gemachten Schaden hervorgerufen hat (haftungsausfüllende Kausalität). Der damit angesprochene **ursächliche Zusammenhang** zwischen Tat und Schaden beurteilt sich nach dem auch sonst im Zivilrecht maßgeblichen Erfordernis einer adäquaten Verursachung. Danach sind ursächlich nur solche Erfolgsbedingungen, die im Allgemeinen und nicht nur unter besonders eigenartigen, unwahrscheinlichen und nach dem gewöhnlichen Verlauf der Dinge außer Betracht zu lassenden Umständen geeignet sind, einen Erfolg, wie er im konkreten Fall eingetreten ist, herbeizuführen.[19] Bloße **ökologische Schäden** sind keine Schäden im zivilrechtlichen Sinne und damit durch § 89 nicht abgedeckt; vgl. dazu § 90 und das Umweltschadensgesetz sowie das Umwelthaftungsgesetz.

12 Der Nachweis der Ursächlichkeit für einen Schaden kann Schwierigkeiten bereiten, wenn mehrere Personen die Tatbestände des § 89 Abs. 1 und 2 verwirklicht haben. Satz 2 sieht jeweils vor, dass mehrere Verantwortliche als **Gesamtschuldner** haften (vgl. dazu §§ 420ff. BGB). Im Außenverhältnis zum Geschädigten haften alle, im Innenverhältnis der Ersatzpflichtigen untereinander gilt § 426 BGB. Der Geschädigte kann sich somit auf den Nachweis einer für den eingetretenen Erfolg als ursächlich oder mitursächlich geeigneten Einwirkung beschränken, ohne dass er zugleich die tatsächlichen Kausalverläufe dieser Einwirkung darlegen muss.[20] Im Übrigen ist auch bei wasserrechtlichen Tatbeständen der sog. **prima-facie-Beweis** von Bedeutung.[21] So wird z.B. bei erheblicher Überdüngung mit nitrathaltigen Stoffen oder bei falscher Anwendung von Pflanzenschutzmitteln entgegen den rechtlichen Vorschriften nach allgemeiner Lebenserfahrung ein hinreichender Anlass für die Annahme bestehen, dass davon nachteilige Auswirkungen auf das Grundwasser ausge-

---

[19] BGH v. 10.7.1975 – III ZR 28/73, ZfW 1976, 272 = HDW R 1282; ausführlich hierzu *Breuer/Gärditz*, Rn. 1480ff.; *Reiff*, in: BFM, § 89 Rn. 40ff.
[20] BGH v. 22.11.1971 – III ZR 112/69, BGHZ 57, 257, 261ff.; vgl. zur Gesamtschuldnerschaft auch *Schwendner*, in: SZDK, § 89 WHG Rn. 49ff., 62.
[21] OLG Düsseldorf v. 3.11.1994 – 10 U 71/93, ZfW 1996, 549, 551; *Schwendner*, in: SZDK, § 22 WHG Rn. 62.

hen. Tritt in zeitlicher oder örtlicher Nähe zur Ausbringung von Düngern z.B. ein erhöhter Nitratgehalt im Grundwasser auf, dürfte sich diese Gewässerbeeinträchtigung im Wege des Anscheinsbeweises auf den Überdüngenden zurückführen lassen.[22] Zu einer vollen **Beweislastumkehr** kommt es in Anlehnung an § 444 BGB, wenn jemand die Beweisführung dadurch unmöglich macht, dass er zumutbare Befunde nicht erhebt oder seine Dokumentationspflichten verletzt.[23] Dies dürfte auch dann der Fall sein, wenn ein Landwirt seine Aufzeichnungs- und Aufbewahrungspflichten nach der Düngeverordnung nicht erfüllt.

Ein Schadenersatzanspruch nach § 89 Abs. 1 oder Abs. 2 besteht nicht, wenn der Geschädigte einen der in § 89 genannten Haftungstatbestände selbst herbeigeführt hat. Insoweit fehlt es an einem Schutzbedürfnis des Geschädigten durch die wasserrechtliche Gefährdungshaftung.[24] Auf den Ersatzanspruch nach § 89 kann sich nur berufen, wer den mit einer Gewässerverunreinigung verbundenen Gefahren ohne Abwehrmöglichkeit, gleichsam infolge „sozialen Zwangs", ausgesetzt war. Dieses **Schutzbedürfnis** fehlt, wenn der Geschädigte an dem Einbringungsvorgang selbst beteiligt war und ihn auch hätte unterbinden können.[25] Ein Schadenersatzanspruch ist stets auch dann ausgeschlossen, wenn sich der Schädiger für sein Handeln auf einen **Rechtfertigungsgrund**, z.B. eine wirksame vertragliche Einwilligung, berufen kann.   13

Art und Umfang der Schadenersatzpflicht richten sich nach den §§ 249 ff. BGB; § 96 WHG gilt nicht für privatrechtliche Schadenersatzansprüche. Die der Höhe nach nicht begrenzte Ersatzpflicht ist auf den Schaden beschränkt, der durch die Änderung der Beschaffenheit des Wassers verursacht wird. Damit ist der **Schutzbereich der Norm** umschrieben. Nur durch die Verschlechterung der Wasserqualität unmittelbar Betroffene (z.B. als Fischzüchter, Gärtner oder Landwirt, die das Wasser zur Bewässerung von Anlagen oder Böden nutzen) können Schadenersatz fordern, nicht aber Dritte wie Abnehmer oder Lieferanten des Fischzuchtbetriebs oder der Gärtnerei.[26] Der Schutzzweck des § 89 umfasst auch einen Ersatzanspruch wegen Umsatzrückgang in einer Gaststätte, die mit einer Badeanstalt eine wirtschaftliche Einheit bildet, für die wegen Verschlechterung der Wasserqualität ein Badeverbot zu erlassen war.[27] Ebenso erfasst die Haftung wegen einer nachteiligen Veränderung der Wasserbeschaffenheit nach § 89 Abs. 1 eine Verseuchung von Grundwasser, die dadurch eintritt, dass mit Krankheitskeimen durchsetz-   14

---

[22] Vgl. OVG Hamburg v. 29.9.1992 – OVG Bs VI 71/92, NuR 1993, 147, 148.
[23] Vgl. BGH v. 25.1.1983 – VI ZR 24/82, NJW 1983, 2935, 2936 f.
[24] BGH v. 10.5.1976 – III ZR 150/73, ZfW 1977, 41.
[25] LG Hamburg v. 24.2.1995 – 303 O 316/91, ZUR 1996, 217.
[26] BGH v. 31.1.1972 – III ZR 67/69, HDW R 1219.
[27] So BGH v. 31.1.1972 – III ZR 67/69, HDW R 1219.

tes Abwasser in ein fließendes Gewässer eingeleitet wird und die Keime anschließend durch Versickerung in das Grundwasser gelangen.[28] Dasselbe gilt, wenn Stoffe in ein Gewässer eingeleitet werden, aber erst in einem weiteren Gewässer Schaden anrichten.[29] Die Verpflichtung zum Schadenersatz erstreckt sich auch auf die sog. Rettungskosten, d.h. die Aufwendungen, die dazu dienen, bereits eingetretene Beeinträchtigungen der Wasserbeschaffenheit zu beseitigen oder zu mindern oder drohende Gewässerschäden abzuwenden.[30]

15 Die Schadenersatzansprüche nach den Abs. 1 und 2 können nebeneinander bestehen.[31] § 89 schließt eine **Haftung nach anderen Vorschriften**, insbesondere nach dem Umwelthaftungsgesetz oder nach § 823 BGB nicht aus, soweit deren Voraussetzungen erfüllt sind.[32] Die **Verjährung** der Schadenersatzansprüche nach § 89 richtet sich nach den allgemeinen Verjährungsvorschriften des BGB, seit der am 1.1.2002 in Kraft getretenen Schuldrechtsreform also nach §§ 195, 199 BGB (3 Jahre, gegebenenfalls auch 10 oder 30 Jahre).

5. Landesrecht

16 § 89 ist für die geregelten Tatbestände eine abschließende zivilrechtliche Vorschrift, die im Rahmen des Art. 72 Abs. 1 GG keiner Ergänzung durch Landesrecht zugänglich ist. Da die Gesetzgebungskompetenz des Bundes nach Art. 74 Abs. 1 Nr. 1 nicht der Abweichungsgesetzgebung der Länder unterliegt, sind Regelungen, die von § 89 abweichen, nicht zulässig.

§ 90
Sanierung von Gewässerschäden

(1) Eine Schädigung eines Gewässers im Sinne des Umweltschadensgesetzes ist jeder Schaden mit erheblichen nachteiligen Auswirkungen auf

1. den ökologischen oder chemischen Zustand eines oberirdischen Gewässers oder Küstengewässers,

2. das ökologische Potenzial oder den chemischen Zustand eines künstlichen oder erheblich veränderten oberirdischen Gewässers oder Küstengewässers,

---

[28] BGH v. 28.10.1971 – III ZR 227/68, BGHZ 57, 170, 173.
[29] BGH v. 30.5.1974 – III ZR 190/71, BGHZ 62, 351 = HDW R 1259.
[30] BGH v. 8.1.1981 – III ZR 157/79, ZfW 1981, 153 = HDW R 1407: Kosten für das Ausheben, Beseitigen und Ausbrennen von ölverseuchtem Erdreich nach einem Tankwagenunfall; vgl. allgemein zum Umfang der Schadenersatzpflicht nach § 89 auch *Schwendner*, in: SZDK, § 89 WHG Rn. 76 ff.
[31] BGH v. 28.10.1971 – III ZR 227/68, BGHZ 57, 170, 173.
[32] Ausführlich hierzu *Schwendner*, in: SZDK, § 22 WHG Rn. 13 ff., 58 ff.

3. den chemischen oder mengenmäßigen Zustand des Grundwassers oder

4. den Zustand eines Meeresgewässers;

ausgenommen sind nachteilige Auswirkungen, für die § 31 Absatz 2, auch in Verbindung mit § 44 oder § 47 Absatz 3 Satz 1, gilt.

(2) Hat eine verantwortliche Person nach dem Umweltschadensgesetz eine Schädigung eines Gewässers verursacht, so trifft sie die erforderlichen Sanierungsmaßnahmen gemäß Anhang II Nummer 1 der Richtlinie 2004/35/EG des Europäischen Parlaments und des Rates vom 21. April 2004 über Umwelthaftung zur Vermeidung und Sanierung von Umweltschäden (ABl. L 143 vom 30. 4. 2004, S. 56), die durch die Richtlinie 2006/21/EG (ABl. L 102 vom 11. 4. 2006, S. 15) geändert worden ist.

(3) Zuständige Behörde für den Vollzug dieser Vorschriften und der Vorschriften des Umweltschadensgesetzes ist, sofern nichts anderes bestimmt ist, im Hinblick auf die Schädigung der Meeresgewässer außerhalb der Küstengewässer und die unmittelbare Gefahr solcher Schäden im Bereich der deutschen ausschließlichen Wirtschaftszone und des Festlandsockels,

1. soweit ein Zusammenhang mit Tätigkeiten nach dem Bundesberggesetz besteht, die nach § 136 des Bundesberggesetzes in Verbindung mit § 142 des Bundesberggesetzes bestimmte Behörde, sowie

2. im Übrigen das Bundesamt für Naturschutz; es bedient sich, soweit sachdienlich, der Hilfe des Bundesamtes für Seeschifffahrt und Hydrographie sowie des Umweltbundesamtes; es kann sich der Hilfe weiterer Stellen bedienen, soweit diese zustimmen.

(4) Weitergehende Vorschriften über Schädigungen oder sonstige Beeinträchtigungen von Gewässern und deren Sanierung bleiben unberührt.

Inhaltsübersicht

	Rn.			Rn.
1.	Allgemeines	1	4. Verhältnis zu anderen Vorschriften (Abs. 4)	10
2.	Schädigung von Gewässern (Abs. 1)	5	5. Landesrecht	11
3.	Sanierung geschädigter Gewässer (Abs. 2, 3)	7		

1. Allgemeines

§ 90 begründet eine besondere **öffentlich-rechtliche Verantwortlichkeit** für bestimmte **Gewässerschädigungen**. Die Vorschrift hat zunächst mit ganz geringfügigen redaktionellen Änderungen § 22a 1

WHG a. F. fortgeführt, der zur fachgesetzlichen Umsetzung der in Abs. 2 zitierten EG-Richtlinie 2004/35/EG in das WHG eingefügt worden ist. Die Richtlinie ist insgesamt durch das Gesetz zur Umsetzung der Richtlinie über die Umwelthaftung zur Vermeidung und Sanierung von Umweltschäden über die Vermeidung und Sanierung von Umweltschäden[1] in das deutsche Recht integriert worden. Es enthält in seinem Art. 1 das Umweltschadensgesetz (USchadG) mit den allgemeinen Vorschriften und hat in Art. 2 und 3 das Wasserhaushaltsgesetz und das Bundesnaturschutzgesetz um fachspezifische Regelungen ergänzt. Bei der „Umwelthaftung" im Sinne der Richtlinie handelt es sich um öffentlich-rechtliche Vermeidungs- und Sanierungspflichten (Gefahrenvorsorge und Gefahrenabwehr), in der Diktion des deutschen Rechts also um Verantwortlichkeit und nicht um eine Haftung. Deshalb ist in Abgrenzung zum deutschen „Umwelthaftungsgesetz", das eine zivilrechtliche Haftung begründet, die Bezeichnung „Umweltschadensgesetz" gewählt worden.

2   Das **Umweltschadensgesetz** setzt für die Sanierung der von ihm erfassten Schäden einen Rahmen, den das Fachrecht (§ 90 WHG, § 19 BNatSchG) ausfüllt. Für die Vermeidung von Umweltschäden reichen aus Sicht des Gesetzgebers die in Deutschland geltenden Rechtsvorschriften aus, so dass insofern kein gesonderter Umsetzungsbedarf besteht. Das USchadG regelt in § 1 das Verhältnis zu anderen, konkurrierenden Rechtsvorschriften und stellt klar, dass es nur subsidiäre Geltung beansprucht für die Fälle, in denen der von der Umwelthaftungsrichtlinie vorgegebene Mindeststandard nicht erreicht wird. § 2 bestimmt die zentralen Begriffe und § 3 mit Anlage 1 den Anwendungsbereich des Gesetzes. §§ 4–6 begründen Informations-, Gefahrenabwehr- und Sanierungspflichten, § 7 betrifft behördliche Kontrollaufgaben. §§ 8 und 9 regeln die Durchführung von Sanierungsmaßnahmen und die Pflicht des Verantwortlichen, die Kosten der Vermeidungs-, Schadensbegrenzungs- und Sanierungsmaßnahmen zu tragen.[2]

3   § 90 ist durch das Gesetz zur Änderung berg-, umweltschadens- und wasserrechtlicher Vorschriften zur **Umsetzung** der **Offshore-Richtlinie** 2013/30/EU[3] vom 21.7.2016 (BGBl. I S. 1764) in Abs. 1

---

[1] Gesetz v. 10.5.2007 (BGBl. I S. 666).
[2] Zur Umwelthaftungsrichtlinie und zu ihrer gesetzlichen Umsetzung in Deutschland im Einzelnen wird auf die Gesetzesmaterialien in BT-Drs. 16/3806 und 16/4587 verwiesen; vgl. im Übrigen *Breuer/Gärditz*, Rn. 1521 ff.; Knopp, Neues Umweltschadensgesetz, UPR 2007, 414; *Duikers*, Die Kostentragungspflicht für Vermeidungs- und Sanierungsmaßnahmen nach dem Umweltschadensgesetz, UPR 2008, 427; *Schink*, Die EU-Richtlinie über Umwelthaftung – Auswirkungen auf das deutsche Umweltrecht, EurUP 2005, 67; näher zu den auch für Gewässerschäden einschlägigen Rechtsfolgen des USchadG *Petersen*, in: LR, WHG, § 90 Rn. 50 ff.
[3] Richtlinie 2013/30/EU des Europäischen Parlaments und des Rates vom 12. Juni 2013 über die Sicherheit von Offshore-Erdöl- und -Erdgasaktivitäten und zur Änderung der Richtlinie 2004/35/EG (ABl. L 178 vom 28.6.2013, S. 66).

um die Nr. 4 (vgl. auch die entsprechende Erweiterung in § 3 Abs. 2 USchadG) und um den neuen Abs. 3 ergänzt worden. Das Gesetz dient der Umsetzung von Art. 4 und 38 der Richtlinie, die europarechtlich einheitliche Standards für die sichere Aufsuchung und Gewinnung von Erdöl und Erdgas im Offshore-Bereich festlegt. Vorrangiges Ziel ist, das Auftreten schwerer Unfälle im Zusammenhang mit Offshore-Erdöl- und -Erdgasaktivitäten zu verhindern und die Folgen solcher Unfälle zu begrenzen, wobei der Schutz der Meeresumwelt einbezogen ist.[4]

§ 90 definiert in **Abs. 1** die Gewässerschädigungen im Sinne des Umweltschadensgesetzes. **Abs. 2** verpflichtet den Schädiger von Gewässern zur Durchführung der erforderlichen Sanierungsmaßnahmen. **Abs. 3** bestimmt die zuständigen Behörden für den Vollzug des § 90 im Bereich der Meeresgewässer außerhalb der Küstengewässer und **Abs. 4** regelt das Verhältnis zu anderen Vorschriften über Gewässerschädigungen.

4

2. Schädigung von Gewässern (Abs. 1)

§ 90 Abs. 1 knüpft für das WHG als maßgebendes Fachgesetz an die zentralen Begriffsbestimmungen des § 2 USchadG an. Zum „**Umweltschaden**" gehört nach Nr. 1 Buchst. b „eine Schädigung der Gewässer nach Maßgabe des § 90 des Wasserhaushaltsgesetzes", und Nr. 2 definiert den Begriff „Schaden oder Schädigung"[5] als „eine direkt oder indirekt eintretende feststellbare nachteilige Veränderung einer natürlichen Ressource (Arten und natürliche Lebensräume, Gewässer und Boden) oder Beeinträchtigung der Funktion einer natürlichen Ressource". § 90 Abs. 1 erfasst gemäß der Zielsetzung und dem Regelungsinhalt der EG-Haftungsrichtlinie bestimmte relevante **Gewässerschädigungen** (sog. Ökoschäden), er übernimmt dabei die Definitionen des Art. 2 Nr. 1 Buchst. b der Haftungsrichtlinie, die wiederum an die Vorgaben der Wasserrahmenrichtlinie und der Meeresstrategie-Rahmenrichtlinie anknüpfen. Entsprechend sind die Begriffsmerkmale in § 90 Abs. 1 Nr. 1–4 mit §§ 27, 44, 47 Abs. 1 sowie §§ 45a, 45b verzahnt.[6] Der spezifischen Zielrichtung der Haftungsrichtlinie folgend setzt die Schädigung „erhebliche" nachteilige Auswirkungen voraus, während nach der Wasserrahmenrichtlinie im Allgemeinen bereits „signifikante" nachteilige Auswirkungen zu vermeiden sind (vgl. zu den Begriffen „signifikant" und „erheblich" § 25 Rn. 7 und zu den Meeresgewässern § 45a Abs. 2 Nr. 2)[7]. Ebenfalls anders als die Wasserrahmenrichtlinie

5

---

[4] Vgl. dazu näher BT-Drs. 18/8703, S. 5, 8f.
[5] Die Begriffe sind synonym.
[6] Vgl. näher zu den alternativ erfassten Zuständen nach Nr. 1–4 *Reiff*, in: BFM, § 90 Rn. 14ff.
[7] Ausführlich zu den nachteiligen Auswirkungen und zur Erheblichkeit *Petersen*, in: LR, WHG, § 90 Rn. 29ff., 35ff.

schließt der Schadensbegriff der Haftungsrichtlinie und infolgedessen auch § 90 Abs. 1 im zweiten Halbsatz nur den **Ausnahmetatbestand** des Art. 4 Abs. 7 WRRL (Zielverfehlung wegen physischer Gewässerveränderungen), der durch § 31 Abs. 2 umgesetzt wird, vom Begriff der Gewässerschädigung aus.[8]

6 Insgesamt gesehen ergeben die Bestimmungen der Umwelthaftungsrichtlinie zumindest für den Bereich des Gewässerschutzes kein **Schutzkonzept**, das die Bewirtschaftungsordnung der Wasserrahmenrichtlinie und erst recht nicht des deutschen Wasserrechts sinnvoll ergänzt.[9] Entsprechend gering ist die Bedeutung des § 90 im WHG, das dieses Konzept im Wege der sog. 1:1-Umsetzung übernommen hat. Jedenfalls die materiellen Verpflichtungen zur Vermeidung und Sanierung von Gewässerschäden hat bereits das bisher geltende Wasserrecht abgedeckt.

3. Sanierung geschädigter Gewässer (Abs. 2, 3)

7 § 90 regelt in **Abs. 2** die Sanierungsmaßnahmen, die der verantwortliche **Schadensverursacher** zu treffen hat. Die Vorschrift verweist insofern auf das USchadG. Verantwortlich sind die Personen, die bestimmte, in Nr. 3–6 der Anlage 1 USchadG aufgeführte „berufliche Tätigkeiten" ausüben und dabei Gewässer schädigen (§ 2 Nr. 3 und 4, § 3 Abs. 1 Nr. 1 USchadG). Zu diesen Tätigkeiten gehören, soweit sie einer wasserbehördlichen Zulassung bedürfen, Schadstoffeinträge in Gewässer, Entnahmen von Wasser aus Gewässern und Aufstauungen von oberirdischen Gewässern.

8 Das Gesetz verweist auch zu den Anforderungen an die Durchführung der **Sanierungsmaßnahmen** auf Anhang II Nr. 1 der Umwelthaftungsrichtlinie. Dort sind detaillierte „Rahmenbedingungen" enthalten, die sicherstellen sollen, dass „die geeignetsten Maßnahmen" zur Sanierung von Umweltschäden ausgewählt werden („primäre Sanierung", „ergänzende Sanierung", „Ausgleichssanierung").[10] **Primäre Sanierung** bedeutet, das Gewässer ganz oder annähernd in seinen Ausgangszustand zurückzuversetzen. Die **ergänzende Sanierung** zielt darauf ab, durch geeignete Maßnahmen einen Ausgleich zu schaffen, wenn die primäre Sanierung nicht zu einer vollständigen Wiederherstellung des Ausgangszustands führt. Die **Ausgleichssanierung** hat nur vorläufigen Charakter. Sie dient dazu, „zwischenzeitliche Verluste" an natürlichen Ressourcen oder ihren Funktionen zu kompensieren, die vom Schadenseintritt bis zu dem Zeitpunkt entstehen, in dem die primäre Sanierung ihre Wirkung vollständig entfaltet hat. Anhang II beschreibt die Ziele der verschiedenen Sanie-

---

[8] Vgl. dazu näher *Petersen*, in: LR, WHG, § 90 Rn. 46 ff.
[9] Vgl. zum Konzept näher – auch kritisch – *C/R*, § 90 Rn. 3, 5 ff., 25; *Reiff*, in: BFM, § 90 Rn. 2 ff.
[10] Näher zur Sanierung *Petersen*, in: LR, WHG, § 90 Rn. 70 ff.

rungsarten, legt die Maßnahmen der primären, ergänzenden und Ausgleichssanierung fest und stellt die Optionen für die angemessene Sanierung dar. Mit ihren konkretisierenden Bestimmungen zur Sanierung von Gewässerschäden bringt die Umsetzung der Richtlinie für den wasserrechtlichen Vollzug die praktisch bedeutsamsten Neuerungen.

Der neue **Abs. 3** regelt die **Zuständigkeiten** für den Vollzug des erweiterten § 90 sowie des Umweltschadensgesetzes im Bereich der deutschen AWZ und des Festlandsockels. Während der Vollzug im Bereich der Küstengewässer (deutsches Hoheitsgebiet) weiter bei den zuständigen Behörden der Länder liegt, wird für den Bereich außerhalb der Küstengewässer die Zuständigkeit aufgeteilt: Handelt es sich bei den schadensverursachenden beruflichen Tätigkeiten i.S. der Anlage 1 zum USchadG um Tätigkeiten im Zusammenhang mit dem Bundesberggesetz (**Nr. 1**), ist für den Bereich der Nordsee sowie den Schleswig-Holstein-Teil der Ostsee das Landesamt für Bergbau, Energie und Geologie (LBEG) Niedersachsen und für den Mecklenburg-Vorpommern zuzuordnenden Teil der Ostsee das Bergamt Stralsund zuständig.[11] Liegen die hier relevanten Tätigkeiten außerhalb typisch bergbaulicher Tätigkeiten (**Nr. 2**), ist das Bundesamt für Naturschutz zuständig. Gemäß dem Vorbild des § 5 Abs. 2 des Seeaufgabengesetzes kann sich das Amt zur Erfüllung seiner Aufgabe der Hilfe der genannten, ebenfalls fachlich kompetenten Bundesämter sowie weiterer Stellen bedienen.[12]

9

4. Verhältnis zu anderen Vorschriften (Abs. 4)

§ 90 Abs. 4 dient einer wichtigen Klarstellung. § 90 regelt die „Sanierung" von Gewässerschäden und definiert, was „Schädigung" von Gewässern bedeutet. Abs. 4 soll deutlich machen, dass § 90 für diesen Bereich keine abschließende Spezialregelung darstellt. Die Gesetzesbegründung weist in diesem Zusammenhang auf den in verschiedenen Vorschriften verankerten wasserrechtlichen **Besorgnisgrundsatz** hin, der nach der Rechtsprechung des BVerwG und der herrschenden Auffassung in der Literatur als „materielle Grundentscheidung" des Wasserhaushaltsgesetzes verstanden werde und generell verlange, Gewässerverunreinigungen zu vermeiden;[13] vgl. näher hierzu § 48 unter 2. Diesen Grundsatz will § 90 nicht einschränken. Für das materielle Wasserrecht ist die Bedeutung des § 90 somit gering. Was die Umwelthaftungsrichtlinie speziell für den Gewässerschutz an Fortschritten bringt, beschränkt sich auf die ergänzenden Verpflichtungen der verantwortlichen Schadensverur-

10

---

[11] BT-Drs. 18/8703, S. 8.
[12] BT-Drs. 18/8703, S. 8 f. auch mit Hinweisen zu den Zuständigkeiten nach dem Bundesberggesetz.
[13] BT-Drs. 16/3806, S. 29 f.

sacher und der Behörden nach dem Umweltschadensgesetz sowie auf die konkreten Vorgaben zur Durchführung der erforderlichen Sanierungsmaßnahmen.[14]

5. Landesrecht

11 § 90 ist eine im Rahmen des Art. 72 Abs. 1 GG grundsätzlich der Ergänzung durch Landesrecht zugängliche Vorschrift. Auf die einfachgesetzliche Einschränkung nach § 2 Abs. 2 Satz 2 wird hingewiesen (vgl. auch § 2 Rn. 4). Die Länder können nach Maßgabe des Art. 72 Abs. 3 Satz 1 Nr. 5 GG auch abweichende Regelungen erlassen. Soweit der Begriff der Gewässerschädigung stoffliche Bezüge hat oder die Sanierungsmaßnahmen stoff- oder anlagenbezogen sind, ist § 90 abweichungsfest. Die Länder sind aber auch im abweichungsfreien Bereich an die verbindlichen Vorgaben der Umwelthaftungsrichtlinie gebunden.

Abschnitt 9
Duldungs- und Gestattungsverpflichtungen

§ 91
Gewässerkundliche Maßnahmen

Die zuständige Behörde kann Eigentümer und Nutzungsberechtigte von Grundstücken verpflichten, die Errichtung und den Betrieb von Messanlagen sowie die Durchführung von Probebohrungen und Pumpversuchen zu dulden, soweit dies der Ermittlung gewässerkundlicher Grundlagen dient, die für die Gewässerbewirtschaftung erforderlich sind. Entsteht durch eine Maßnahme nach Satz 1 ein Schaden am Grundstück, hat der Eigentümer gegen den Träger der gewässerkundlichen Maßnahme Anspruch auf Schadenersatz. Satz 2 gilt entsprechend für den Nutzungsberechtigten, wenn wegen des Schadens am Grundstück die Grundstücksnutzung beeinträchtigt wird.

Inhaltsübersicht

Rn.		Rn.
1. Allgemeines 1	3. Landesrecht 5	
2. Inhalt des § 91 2		

---

[14] Vgl. im Übrigen eingehend zum Verhältnis des § 90 zu anderen Regelungen *Petersen*, in: LR, WHG, § 90 Rn. 85 ff.

1. Allgemeines

Die Vorschriften im 9. Abschnitt (**§§ 91–95**) ermächtigen die zuständigen Behörden, Eigentümern und Nutzungsberechtigten von Grundstücken und Gewässern verschiedene Pflichten zur Duldung (§§ 91–93) oder Gestattung (§ 94) von bestimmten notwendigen wasserwirtschaftlichen Maßnahmen aufzuerlegen. Die Regelungen sind im WHG neu, sie lehnen sich an bestehende landesrechtliche Vorschriften an (dort meist noch „**Zwangsrechte**" genannt). Die Vorschriften, die öffentlich-rechtlicher Natur sind,, bestimmen unter Beachtung des Verhältnismäßigkeitsprinzips Inhalt und Schranken des Eigentums i.S. von Art. 14 Abs. 1 Satz 2 GG.[1] Soweit entsprechende behördliche Anordnungen das Grundeigentum unzumutbar beschränken, ist eine Entschädigung zu leisten (§ 95). §§ 91–95 greifen erst ein, wenn sich der Träger der wasserwirtschaftlichen Maßnahme und der Betroffene nicht privatrechtlich über die Durchführung der Maßnahmen einigen können. § 91 regelt in **Satz 1** gewässerkundliche Maßnahmen, **Satz 2** und **3** gewähren einen Schadenersatzanspruch für den Fall, dass durch die zu duldende Maßnahme ein Schaden am Grundstück entsteht oder wegen des Grundstücksschadens die Nutzung beeinträchtigt wird.[2]

1

2. Inhalt des § 91

§ 91 ermächtigt in **Satz 1** die zuständige Behörde, Eigentümer und Nutzungsberechtigte von Grundstücken zur **Duldung** bestimmter Maßnahmen zu verpflichten, wenn diese dazu dienen, gewässerkundliche Grundlagen zu ermitteln, deren Kenntnis im konkreten Fall für eine ordnungsgemäße Gewässerbewirtschaftung notwendig ist. Ausreichendes Grundlagenwissen ist Voraussetzung sowohl für sachgerechte Planungen als auch für die Prüfung von Anträgen auf eine Gewässernutzung. Die Ermittlung der gewässerkundlichen Grundlagen kann auch Eingriffe in fremdes Grundeigentum erfordern.

2

Die Duldungsverpflichtung betrifft nur bestimmte **gewässerkundliche Maßnahmen**. Zu den Messanlagen gehören insbesondere Pegel-, Abfluss-, Niederschlags-, Grundwasser- und andere Messstellen. Es reicht aus, wenn deren Errichtung und Betrieb oder die Durchführung der Probebohrungen und Pumpversuche für die Gewässerbewirtschaftung erforderlich ist. Die behördliche Anordnung kann somit nicht nur im Interesse der Wasserwirtschaftsverwaltung des Landes, sondern auch anderer Träger wasserwirtschaftlicher Maßnahmen (z.B. öffentliche Wasserversorgung, öffentliche Abwasserbeseitigung) ergehen. Die Anordnung ist ein Verwaltungsakt, der im **Ermessen** der Behörde steht und den der Betroffene gerichtlich anfechten kann.[3]

3

---

[1] BT-Drs. 16/12275, S. 78.
[2] Näher zu Entstehung, Zweck und Bedeutung des § 91 *Weber*, in: BFM, § 91 Rn. 1 ff.
[3] Näher zum Inhalt der Duldungsverpflichtung *Weber*, in: BFM, § 91 Rn. 22 ff.

4 Das WHG geht davon aus, dass im Rahmen des § 91 bleibende Duldungsverpflichtungen das Eigentum nicht unzumutbar beschränken und deshalb keinen Anspruch auf Entschädigung auslösen können; § 91 ist in § 95 nicht aufgeführt. Von dem verfassungsrechtlichen Entschädigungs- oder Ausgleichsanspruch zu unterscheiden ist der einfachgesetzliche **Schadenersatzanspruch** nach **Satz 2** und **3** des § 91. Wenn die zur Duldung verpflichteten Eigentümer und Nutzungsberechtigten schon die mit der Duldung verbundenen, dem Gemeinwohl dienenden Einschränkungen hinnehmen müssen, wäre es nicht angemessen, sie darüber hinaus auch noch damit zu belasten, dass sie keinen Ersatz für am Grundstück entstehende Schäden oder für daraus resultierende Beeinträchtigungen der Grundstücksnutzung erlangen können. Der Anspruch, der privatrechtlicher Natur ist, verlangt in den Tatbestandsvoraussetzungen kein Verschulden des Trägers der gewässerkundlichen Maßnahme.[4]

3. Landesrecht

5 § 91 ist eine im Rahmen des Art. 72 Abs. 1 GG der Ergänzung durch Landesrecht zugängliche Vorschrift. Die Länder können nach Art. 72 Abs. 3 Satz 1 Nr. 5 GG zu Satz 1 auch abweichende Regelungen erlassen, da die Vorschrift nicht stoff- oder anlagenbezogen ist. Satz 2 und 3 unterliegen als auf Art. 74 Abs. 1 Nr. 1 GG gestützte zivilrechtliche Normen nicht der Abweichungsgesetzgebung.

§ 92
Veränderung oberirdischer Gewässer

Die zuständige Behörde kann Eigentümer und Nutzungsberechtigte oberirdischer Gewässer sowie der Grundstücke, deren Inanspruchnahme für die Durchführung des Vorhabens erforderlich ist, verpflichten, Gewässerveränderungen, insbesondere Vertiefungen und Verbreiterungen, zu dulden, die der Verbesserung des Wasserabflusses dienen und zur Entwässerung von Grundstücken, zur Abwasserbeseitigung oder zur besseren Ausnutzung einer Triebwerksanlage erforderlich sind. Satz 1 gilt nur, wenn das Vorhaben anders nicht ebenso zweckmäßig oder nur mit erheblichem Mehraufwand durchgeführt werden kann und der von dem Vorhaben zu erwartende Nutzen erheblich größer als der Nachteil des Betroffenen ist.

Inhaltsübersicht

Rn.		Rn.
1. Allgemeines 1	3. Landesrecht 4	
2. Inhalt des § 92 2		

---

[4] Näher zum Anspruch auf Schadenersatz *Weber*, in: BFM, § 91 Rn. 44 ff.

1. Allgemeines

§ 92 regelt Duldungspflichten, um bestimmte Veränderungen oberirdischer Gewässer zu ermöglichen. Die Vorschrift ist im WHG neu und an bestehende landesrechtliche Regelungen angelehnt. Auf die allgemeinen Ausführungen zum 9. Abschnitt unter Rn. 1 zu § 91 wird Bezug genommen.

2. Inhalt des § 92

§ 92 begründet in Satz 1 die Duldungsverpflichtung von Eigentümern und Nutzungsberechtigten oberirdischer Gewässer für Veränderungen der Morphologie des Gewässers, die den im Gesetz genannten Zwecken dienen (Verbesserung des Wasserabflusses, Entwässerung von Grundstücken, Abwasserbeseitigung, bessere Ausnutzung einer Triebwerksanlage). Als Veränderungen hebt das Gesetz Vertiefungen und Verbreiterungen hervor. Es kommen auch Verlegungen in Betracht. Die Veränderung bedarf in der Regel einer behördlichen Zulassung, z.B. Planfeststellung oder Plangenehmigung bei Gewässerausbauten, die Duldung ist insofern akzessorisch. Adressat der Verpflichtung sind neben den Gewässereigentümern (vgl. hierzu § 4 Abs. 1) auch die Eigentümer und Nutzungsberechtigten der Grundstücke, die für das Vorhaben der Gewässerveränderung benötigt werden (insbesondere Ufergrundstücke, aber auch Hinterliegergrundstücke).[1] Die behördliche Anordnung ist ein Verwaltungsakt, der im Ermessen der Behörde steht und den der Betroffene gerichtlich anfechten kann.

Satz 2 regelt **Einschränkungen der Duldungsverpflichtung** nach Satz 1. Die Vorschrift verlangt, die mit der Duldung für den Betroffenen verbundenen Nachteile gegen andere Möglichkeiten der Durchführung des Vorhabens sowie den Nutzen des Vorhabens abzuwägen. Dies soll dem **Verhältnismäßigkeitsprinzip** Rechnung tragen.[2] Bei den anderweitigen Möglichkeiten geht es um Aspekte der Zweckmäßigkeit und des Mehraufwands, wobei eine der beiden Alternativen ausreicht. In jedem Fall muss der Nutzen der Gewässerveränderung erheblich größer sein als der Nachteil des zur Duldung Verpflichteten.[3] Zur Frage eines Anspruchs auf **Entschädigung** wegen unzumutbarer Beschränkungen des Eigentums wird auf § 95 nebst Kommentierung verwiesen.

3. Landesrecht

§ 92 ist eine im Rahmen des Art. 72 Abs. 1 GG der Ergänzung durch Landesrecht zugängliche Vorschrift. Die Länder können nach Art. 72 Abs. 3 Satz 1 Nr. 5 GG auch abweichende Regelungen erlassen, da § 92 nicht stoff- oder anlagenbezogen ist.

---

[1] Näher zu dem Vorhaben der Gewässerveränderung *Knopp*, in: SZDK, § 92 WHG Rn. 7ff.
[2] BT-Drs. 16/12275, S. 78.
[3] Näher zur Prüfung der Alternativen *Petersen*, in: LR, WHG, § 92 Rn. 23ff.; *Weber*, in: BFM, § 92 Rn. 18ff.

§ 93
Durchleitung von Wasser und Abwasser

Die zuständige Behörde kann Eigentümer und Nutzungsberechtigte von Grundstücken und oberirdischen Gewässern verpflichten, das Durchleiten von Wasser und Abwasser sowie die Errichtung und Unterhaltung der dazu dienenden Anlagen zu dulden, soweit dies zur Entwässerung oder Bewässerung von Grundstücken, zur Wasserversorgung, zur Abwasserbeseitigung, zum Betrieb einer Stauanlage oder zum Schutz vor oder zum Ausgleich von Beeinträchtigungen des Natur- oder Wasserhaushalts durch Wassermangel erforderlich ist. § 92 Satz 2 gilt entsprechend.

Inhaltsübersicht

	Rn.		Rn.
1. Allgemeines	1	3. Landesrecht	4
2. Inhalt des § 93	2		

1. Allgemeines

1 § 93 regelt Duldungspflichten, um für bestimmte Zwecke Wasser und Abwasser durch Grundstücke leiten zu können. Die Vorschrift ist im WHG neu und an bestehende landesrechtliche Regelungen angelehnt. Auf die allgemeinen Ausführungen zum 9. Abschnitt unter Rn. 1 zu § 91 wird Bezug genommen.[1]

2. Inhalt des § 93

2 Die behördliche Befugnis zur Anordnung von Duldungspflichten nach § 93 **Satz 1** ist eine wasserspezifische Ergänzung öffentlich-rechtlicher Natur zum privatrechtlichen Notwegerecht nach § 917 BGB. Zu dulden ist das Durchleiten von Wasser und Abwasser einschließlich der Errichtung und Unterhaltung der zugehörigen Anlagen, insbesondere also von Leitungen. Die Durchleitung mit dem damit verbundenen Eingriff in das Eigentum ist nur zulässig, wenn sie einem der im Gesetz genannten Zwecke dient, die **wichtige wasserwirtschaftliche Aufgaben** benennen.[2] Zum Schutz oder zum Ausgleich von Beeinträchtigungen des Natur- oder Wasserhaushalts kann z.B. die Lieferung von zusätzlichem Wasser für Feuchtgebiete oder für Fließgewässer notwendig sein, die den Mindestwasserabfluss unterschreiten. Der Gesetzgeber geht davon aus, dass behördliche Duldungsanordnungen[3] erst erforderlich sind, wenn sich der

---

[1] Zur verfassungsrechtlichen Einordnung speziell des § 93 siehe *Zöllner*, in: SZDK, § 93 WHG Rn. 6 ff.
[2] Näher dazu *Zöllner*, in: SZDK, § 93 WHG Rn. 11 ff.
[3] Ausführlich dazu *Zöllner*, in: SZDK, § 93 WHG Rn. 42 ff.

Träger der wasserwirtschaftlichen Maßnahme und der Betroffene über die Einräumung eines Leitungsrechts (Grunddienstbarkeit nach §§ 1018 ff. BGB) nicht privatrechtlich einigen können.[4] Die Anordnung der Behörde ist ein Verwaltungsakt, der im **Ermessen** der Behörde steht und den der Betroffene gerichtlich anfechten kann.

Die Duldungspflicht nach § 93 Satz 1 wird gemäß **Satz 2** in entsprechender Anwendung des § 92 Satz 2 eingeschränkt (vgl. hierzu § 92 Rn. 3).[5] Zur Frage eines etwaigen Anspruchs auf **Entschädigung** wird auf § 95 nebst Kommentierung verwiesen; vgl. im Übrigen für den Fall der Duldung einer Grundstücksentwässerungsanlage durch den Grundstückseigentümer die Möglichkeit nach § 94 Abs. 3 zur Mitbenutzung. *3*

3. Landesrecht

§ 93 ist eine im Rahmen des Art. 72 Abs. 1 GG der Ergänzung durch Landesrecht zugängliche Vorschrift. Die Länder können nach Art. 72 Abs. 3 Satz 1 Nr. 5 GG auch abweichende Regelungen erlassen, da § 93 nicht stoff- oder anlagenbezogen ist. *4*

§ 94
Mitbenutzung von Anlagen

(1) Die zuständige Behörde kann Betreiber einer Grundstücksentwässerungs-, Wasserversorgungs- oder Abwasseranlage verpflichten, deren Mitbenutzung einer anderen Person zu gestatten, wenn

1. **diese Person Maßnahmen der Entwässerung, Wasserversorgung oder Abwasserbeseitigung anders nicht zweckmäßig oder nur mit erheblichem Mehraufwand ausführen kann,**

2. **die Maßnahmen zur Gewässerbewirtschaftung oder zur Erfüllung gesetzlicher Pflichten erforderlich sind,**

3. **der Betrieb der Anlage nicht wesentlich beeinträchtigt wird und**

4. **die zur Mitbenutzung berechtigte Person einen angemessenen Teil der Kosten für die Errichtung, den Betrieb und die Unterhaltung der Anlage übernimmt.**

Kommt eine Einigung über die Kostenteilung nach Satz 1 Nummer 4 nicht zustande, setzt die zuständige Behörde ein angemessenes Entgelt fest.

---

[4] BT-Drs. 16/12275, S. 78; näher dazu *Zöllner*, in: SZDK, § 93 WHG Rn. 50 ff.
[5] Vgl. speziell zu § 93 *Weber*, in: BFM, § 93 Rn. 30 ff.; *Zöllner*, in: SZDK, § 93 WHG Rn. 61 ff., 68 ff.

(2) Ist eine Mitbenutzung nur bei einer Änderung der Anlage zweckmäßig, kann der Betreiber verpflichtet werden, die entsprechende Änderung nach eigener Wahl entweder selbst vorzunehmen oder zu dulden. Die Kosten der Änderung trägt die zur Mitbenutzung berechtigte Person.

(3) Die Absätze 1 und 2 gelten auch für die Mitbenutzung von Grundstücksbewässerungsanlagen durch Eigentümer von Grundstücken, die nach § 93 zur Errichtung oder zum Betrieb der Anlage in Anspruch genommen werden.

Inhaltsübersicht

	Rn.		Rn.
1. Allgemeines	1	3. Landesrecht	5
2. Inhalt des § 94	2		

1. Allgemeines

1 § 94 regelt die Verpflichtung von Betreibern bestimmter wasserwirtschaftlicher Anlagen, Dritten auf behördliche Anordnung die Mitbenutzung zu gestatten. Eine Mitbenutzung kommt in Betracht, wenn sie durch wichtige Belange der Wasserwirtschaft gerechtfertigt und dem Anlagenbetreiber zumutbar ist. Die Vorschrift ist im WHG neu, sie lehnt sich an bestehende landesrechtlichen Vorschriften an; vgl. im Übrigen die allgemeinen Ausführungen zum 9. Abschnitt unter Rn. 1 zu § 91. **Abs. 1** bestimmt die Voraussetzungen für die Anordnung einer Mitbenutzung, **Abs. 2** gibt die Möglichkeit, den Betreiber zur Änderung seiner Anlage zu verpflichten, **Abs. 3** regelt den Sonderfall der Mitbenutzung von Grundstücksbewässerungsanlagen durch den nach § 93 in Anspruch genommenen Grundstückseigentümer.

2. Inhalt des § 94

2 **Abs. 1** ermächtigt in **Satz 1** im Interesse einer effizienten und wirtschaftlichen Aufgabenerfüllung[1)] die zuständige Behörde, Betreiber bestimmter Anlagen zu verpflichten, einem anderen die **Mitbenutzung** der Anlagen zu **gestatten**. Hierfür müssen kumulativ die in Nr. 1–4 gestellten Bedingungen erfüllt sein, sie setzen für die Verpflichtung einen engen, dem Verhältnismäßigkeitsgrundsatz Rechnung tragenden Rahmen. **Nr. 1** und **2** bestimmen die Gründe, aus denen eine Mitbenutzung geboten sein kann (Aspekte der Praktikabilität sowie der wasserwirtschaftlichen und wasserrechtlichen Erforderlichkeit). Dabei spielt die in Nr. 1 vorgesehene Begrenzung auf die für eine Mitbenutzung geöffneten Bereiche – Grundstücksent-

---

[1)] So BT-Drs. 16/12275, S. 78.

wässerung (Ableiten von oberirdischem Wasser oder Grundwasser), Wasserversorgung und Abwasserbeseitigung – eine zentrale Rolle. Nr. 3 und 4 enthalten die Bedingungen, die dem Anlagenbetreiber die Mitbenutzung erträglich und damit zumutbar gestalten. Die Konditionen, unter denen die Behörde die Anordnung nach pflichtgemäßem **Ermessen** treffen kann, sind maßgeblich durch unbestimmte, gerichtlich allerdings voll nachprüfbare Rechtsbegriffe geprägt.[2] Durch den Verwaltungsakt wird ein privates Rechtsverhältnis begründet, das die Behörde im Rahmen von **Satz 2** des § 94 Abs. 1 inhaltlich mitgestalten kann.

Abs. 2 erweitert die Befugnisse der Behörde, die vom Betreiber einer Anlage im Sinne des Abs. 1 auch verlangen kann, die **Anlage** auf Kosten des Mitbenutzers zu **ändern**. Voraussetzung ist, dass die Mitbenutzung nur bei einer Änderung zweckmäßig ist. Dabei hat der Anlagenbetreiber die Wahl, die Änderung selbst vorzunehmen oder die Änderung durch die Mitbenutzer zu dulden. Obwohl nicht ausdrücklich vorgeschrieben, kann die Behörde den Betreiber nur zur Gestattung der Änderung verpflichten, wenn die Änderung nicht zu einer wesentlichen Beeinträchtigung des Betriebs der Anlage führt (schon die bloße Mitbenutzung setzt dies nach Abs. 1 Satz 1 Nr. 3 voraus).   3

Abs. 3 betrifft einen **Sonderfall** der Gestattungsverpflichtung. Es geht um die Mitbenutzung von Grundstücksbewässerungsanlagen durch die Eigentümer der Grundstücke, die nach § 93 zugunsten der Anlagenbetreiber für das Durchleiten des Wassers in Anspruch genommen werden. Die mit der Durchleitung verbundene Eigentumsbeeinträchtigung kann hierdurch jedenfalls zum Teil kompensiert werden.[3] Dies ist bei einem nach § 95 zu gewährenden Entschädigungsanspruch zu berücksichtigen.   4

3. Landesrecht

§ 94 ist eine im Rahmen des Art. 72 Abs. 1 GG der Ergänzung durch Landesrecht zugängliche Vorschrift. Die Länder können nach Art. 72 Abs. 3 Satz 1 Nr. 5 GG von § 94 nicht abweichen, weil es sich um eine anlagenbezogene Regelung handelt.   5

§ 95
Entschädigung für Duldungs- und Gestattungsverpflichtungen

Soweit Duldungs- oder Gestattungsverpflichtungen nach den §§ 92 bis 94 das Eigentum unzumutbar beschränken, ist eine Entschädigung zu leisten.

---

[2] Näher zu den Voraussetzungen einer behördlichen Anordnung nach Nr. 1–4 *Weber*, in: BFM, § 94 Rn. 13 ff.
[3] BT-Drs. 16/12275, S. 79.

Inhaltsübersicht

Rn.			Rn.
1.	Allgemeines	1	3. Landesrecht 4
2.	Inhalt des § 95	2	

1. Allgemeines

1 § 95 regelt für den 9. Abschnitt im 3. Kapitel die Entschädigung der Personen, die zur Duldung oder Gestattung bestimmter wasserwirtschaftlicher Maßnahmen verpflichtet werden. Der Anspruch nach § 95 ist mit dem Entschädigungsanspruch nach § 52 Abs. 4 wegen der Beschränkung des Eigentums durch besondere Schutzbestimmungen in Wasserschutzgebieten vergleichbar. Zu den grundsätzlichen Fragen der Entschädigung für unzumutbare Beschränkungen des Eigentums wird auf die Erläuterungen unter § 52 Rn. 8ff. sowie § 96 Rn. 1ff. verwiesen. Die zu leistende Entschädigung bestimmt sich nach den §§ 96–98.

2. Inhalt des § 95

2 Die Vorschrift des § 95 geht davon aus, dass die Duldungs- und Gestattungsverpflichtungen nach den §§ 91–94 keinen enteignenden Eingriff in das Eigentum darstellen, sondern gemäß Art. 14 Abs. 1 Satz 2 GG lediglich **Inhalt und Schranken des Eigentums** bestimmen.[1] Die Regelungen sind dementsprechend so ausgestaltet, dass die Interessen der Verpflichteten in sehr weitem Umfang berücksichtigt sind (vgl. § 91 Satz 2 und 3, § 92 Satz 2, § 93 Satz 2, § 94 Abs. 1 Satz 1 Nr. 3 und 4) und damit dem Grundsatz der Verhältnismäßigkeit hinreichend Rechnung getragen ist; vgl. auch die Hinweise unter Rn. 1 zu § 91.

3 Für einen **Entschädigungsanspruch** wegen unzumutbarer Belastungen der Verpflichteten bleibt danach nur wenig Raum.[2] § 91 ist in § 95 gar nicht erwähnt. Der Gesetzgeber geht somit davon aus, dass die Duldung gewässerkundicher Maßnahmen zu keiner unzumutbaren Beschränkung des Eigentums führen kann. Dies liegt darin begründet, dass an der Durchführung der von § 91 erfassten Maßnahmen ein hohes Gemeinwohlinteresse besteht und deshalb deren Duldung ohne Gewährung einer Entschädigung nicht als unbillige Härte erscheint.[3] Ob bei den Duldungs- und Gestattungsverpflichtungen nach §§ 92–94 eine Entschädigung zu leisten ist, hängt von den konkreten Umständen des Einzelfalles ab. Da der Gesetzgeber bereits in der abstrakt-generellen Normsetzung auf die berechtigten Belange der Verpflichteten angemessen Rücksicht genommen hat,

---

[1] BT-Drs. 16/12275, S. 79.
[2] Vgl. auch *C/R*, § 95 Rn. 5 jedenfalls in Bezug auf § 94.
[3] Ebenso *C/R*, § 95 Rn. 7; *Weber*, in: BFM, § 95 Rn. 6.

kann es sich nur um **Ausnahmefälle** handeln. Für die Praxis wird auch eine Rolle spielen, welche Regelungen es bisher im Landesrecht zu den Tatbeständen gegeben hat (keine, gleiche, engere oder weitere als jetzt im WHG?) und wie sie im Vollzug umgesetzt worden sind.

3. Landesrecht

§ 95 ist eine im Rahmen des Art. 72 Abs. 1 GG der Ergänzung durch Landesrecht zugängliche Vorschrift. Dies schließt grundsätzlich die Befugnis ein, für weitere „Zwangsrechte" einen Entschädigungsanspruch entweder bestehen zu lassen oder neu zu begründen. Die Einräumung eines Entschädigungsanspruchs in den Fällen des § 91 unter den gleichen Voraussetzungen wäre allerdings keine ergänzende, sondern eine vom Bundesrecht abweichende Regelung, weil § 95 einen solchen Anspruch ausschließt (Umkehrschluss). Entsprechendes gilt, wenn das Landesrecht die von §§ 92–94 erfassten Fallkonstellationen entschädigungsrechtlich anders behandelt. Da es hier um einen öffentlich-rechtlichen Entschädigungsanspruch geht, können die Länder nach Maßgabe des Art. 72 Abs. 3 Satz 1 Nr. 5 GG solche abweichenden Regelungen erlassen. Zur Frage, ob und inwieweit §§ 91–94 abweichungsfrei oder abweichungsfest sind, wird auf die Kommentierung zu diesen Vorschriften verwiesen (unter „Landesrecht").

4

Kapitel 4
Entschädigung, Ausgleich, Vorkaufsrecht

§ 96
Art und Umfang von Entschädigungspflichten

(1) Eine nach diesem Gesetz zu leistende Entschädigung hat den eintretenden Vermögensschaden angemessen auszugleichen. Soweit zum Zeitpunkt der behördlichen Anordnung, die die Entschädigungspflicht auslöst, Nutzungen gezogen werden, ist von dem Maß ihrer Beeinträchtigung auszugehen. Hat die anspruchsberechtigte Person Maßnahmen getroffen, um die Nutzungen zu steigern, und ist nachgewiesen, dass die Maßnahmen die Nutzungen nachhaltig gesteigert hätten, so ist dies zu berücksichtigen. Außerdem ist eine infolge der behördlichen Anordnung eingetretene Minderung des Verkehrswerts von Grundstücken zu berücksichtigen, soweit sie nicht nach Satz 2 oder Satz 3 bereits berücksichtigt ist.

(2) Soweit als Entschädigung durch Gesetz nicht wasserwirtschaftliche oder andere Maßnahmen zugelassen werden, ist die Entschädigung in Geld festzusetzen.

(3) Kann auf Grund einer entschädigungspflichtigen Maßnahme die Wasserkraft eines Triebwerks nicht mehr im bisherigen Umfang verwertet werden, so kann die zuständige Behörde bestimmen, dass die Entschädigung ganz oder teilweise durch Lieferung elektrischen Stroms zu leisten ist, wenn die entschädigungspflichtige Person ein Energieversorgungsunternehmen ist und soweit ihr dies wirtschaftlich zumutbar ist. Die für die Lieferung des elektrischen Stroms erforderlichen technischen Vorkehrungen hat die entschädigungspflichtige Person auf ihre Kosten zu schaffen.

(4) Wird die Nutzung eines Grundstücks infolge der die Entschädigungspflicht auslösenden behördlichen Anordnung unmöglich oder erheblich erschwert, so kann der Grundstückseigentümer verlangen, dass die entschädigungspflichtige Person das Grundstück zum Verkehrswert erwirbt. Lässt sich der nicht betroffene Teil eines Grundstücks nach seiner bisherigen Bestimmung nicht mehr zweckmäßig nutzen, so kann der Grundstückseigentümer den Erwerb auch dieses Teils verlangen. Ist der Grundstückseigentümer zur Sicherung seiner Existenz auf Ersatzland angewiesen und kann Ersatzland zu angemessenen Bedingungen beschafft werden, so ist ihm auf Antrag anstelle einer Entschädigung in Geld das Eigentum an einem Ersatzgrundstück zu verschaffen.

(5) Ist nach § 97 die begünstigte Person entschädigungspflichtig, kann die anspruchsberechtigte Person Sicherheitsleistung verlangen.

Inhaltsübersicht

Rn.		Rn.
1. Vorbemerkung zum 4. Kapitel 1	4. Sonderfälle der Entschädigung (Abs. 3, 4)..	8
2. Allgemeines zu § 96 4	5. Landesrecht	10
3. Art und Umfang der Entschädigung (Abs. 1, 2, 5) 6		

1. Vorbemerkung zum 4. Kapitel

1 Das 4. Kapitel des WHG regelt in §§ 96–98 für alle Fälle, in denen das Gesetz dazu verpflichtet, eine **„Entschädigung"** zu leisten, den Inhalt des Anspruchs (§ 96), die zur Leistung verpflichtete Person (§ 97) und das Entschädigungsverfahren (§ 98). Diese Vorschriften ersetzen und ergänzen § 20 WHG a.F. Entschädigungsansprüche werden im 4. Kapitel nicht begründet, sondern nur ausgefüllt. Ansprüche auf Entschädigung sind zu unterscheiden von den im WHG ebenfalls vorgesehenen Ansprüchen auf **„Ausgleich"** (§ 99) und auf **„Schadenersatz"**. Die Regelung des § 99a zum **Vorkaufsrecht** der Länder dient der Hochwasservorsorge, sie ist durch das Hochwasserschutzgesetz II vom 30.6.2017 neu in das WHG aufgenommen und dem 4. Kapitel angefügt worden.

Der Entschädigungs- und der Ausgleichsanspruch sind öffentlich-rechtlicher Natur, der Schadenersatzanspruch hat privatrechtlichen Charakter. Ansprüche auf Schadenersatz werden anders als die auf Entschädigung und Ausgleich im WHG nur begründet, aber nicht eigenständig durchnormiert. Zur Leistung einer **Entschädigung** verpflichtet das WHG in folgenden Fällen: § 14 Abs. 3 Satz 3 und Abs. 6 Satz 2, § 15 Abs. 2 i.V.m. § 14 Abs. 3 Satz 3, § 16 Abs. 1 Satz 3, § 20 Abs. 2 Satz 1, § 37 Abs. 3 Satz 2, § 52 Abs. 4, § 53 Abs. 5 i.V.m. § 52 Abs. 4, § 60 Abs. 3 Satz 3 i.V.m. § 16 Abs. 1 Satz 3, § 70 Abs. 1 i.V.m. § 14 Abs. 3 Satz 3 und Abs. 6 Satz 2, § 71 Abs. 2, § 95. **Ausgleichsansprüche** regelt das WHG in § 52 Abs. 5, § 53 Abs. 5 i.V.m. § 52 Abs. 5 und § 78a Abs. 5 Satz 4 i.V.m. § 52 Abs. 5. Einen **Schadenersatzanspruch** begründet das WHG in § 17 Abs. 1 Nr. 3, § 41 Abs. 4, § 89 Abs. 1 und 2 sowie § 91 Satz 2 und 3.[1] Auf die Kommentierung zu den hier zitierten Vorschriften wird verwiesen.

2

Fraglich ist, welcher **Rechtsweg** nunmehr für Streitigkeiten über das Bestehen und die Höhe eines Entschädigungs- oder Ausgleichsanspruchs im Sinne des 4. Kapitels eröffnet ist.[2] Da es sich hier um Ansprüche öffentlich-rechtlicher Art handelt (in der Regel verbunden mit der Klärung wasserrechtlicher Vorfragen), ist nach der Grundsatzvorschrift des § 40 Abs. 1 Satz 1 VwGO ausschließlich die **Verwaltungsgerichtsbarkeit** zuständig. § 40 Abs. 2 Satz 1 Halbsatz 2 VwGO stellt überdies klar, dass derartige Streitigkeiten keine in die Zuständigkeit der ordentlichen Gerichtsbarkeit fallenden Ansprüche aus Aufopferung für das gemeine Wohl im Sinne des § 40 Abs. 2 Satz 1 Halbsatz 1 VwGO betreffen. Die Eröffnung des Verwaltungsrechtswegs für Entschädigungs- und Ausgleichsansprüche nach dem 4. Kapitel hat zur Folge, dass in diesem Bereich Primär- und Sekundärrechtsschutz in einer Gerichtsbarkeit zusammengeführt sind.[3] Mehrere Landeswassergesetze und § 19 Abs. 4 Satz 3 WHG a.F. sehen demgegenüber vor, dass neben Streitigkeiten über die Enteignungsentschädigung gemäß Art. 14 Abs. 3 Satz 4 GG auch Streitigkeiten über wasserrechtliche Entschädigungs- und Ausgleichsansprüche, die aus Art. 14 Abs. 1 Satz 2 GG resultieren, den ordentlichen Gerichten zugewiesen werden. Das WHG 2009 führt die Sonderzuweisung nach dem bisherigen § 19 Abs. 4 Satz 3 nicht fort. Die landesrechtlichen Sonderzuweisungen sind bislang auf § 40 Abs. 1 Satz 2 VwGO gestützt und jetzt gegenstandslos geworden, da sie sich auf Ansprüche und Verfahren nach den bisherigen Landeswassergesetzen und dem WHG 1957 beziehen. Streitigkeiten über Entschädigungs- und Ausgleichsansprüche nach dem 4. Kapitel können die Länder

3

---

[1] Entgegen C/R, § 96 Rn. 11 und *Esser*, in: BFM, § 96 Fn. 33 begründet § 16 Abs. 2 und 3 keine Schadenersatzansprüche, sondern schließt solche Ansprüche nur nicht aus.
[2] Vgl. hierzu auch BT-Drs. 16/12275, S. 79.
[3] Vgl. dazu auch die Begründung zu § 40 Abs. 2 Satz 1 Halbs. 2 VwGO in BT-Drs. 14/7474, S. 14.

nicht einer anderen Gerichtsbarkeit zuweisen, da es sich nicht mehr um Streitigkeiten auf dem Gebiet des Landesrechts i.S. des § 40 Abs. 1 Satz 2 VwGO handelt.[4]

2. Allgemeines zu § 96

4 § 96 regelt Art und Umfang von Entschädigungspflichten. Die Vorschrift umfasst **zwei Arten der Entschädigung**. Zur ersten Gruppe gehören die Fälle der „echten" **Enteignungsentschädigung** für enteignende Eingriffe. Hier schreibt das WHG die Entschädigung aufgrund der sog. Junktimklausel des Art. 14 Abs. 3 Satz 2 GG vor. Dazu gehören die Entschädigungsregelungen in §§ 14–16 sowie § 20 (vgl. näher die Aufzählung unter Rn. 2).[5] Die zweite Gruppe umfasst Entschädigungspflichten wegen einer unzumutbaren Beschränkung des Eigentums. In diesen Fällen handelt es sich nicht um Eingriffe in das Eigentum mit Enteignungscharakter (Art. 14 Abs. 3 Satz 1 GG), sondern um die Bestimmung von Inhalt und Schranken des Eigentums (Art. 14 Abs. 1 Satz 2 GG), wobei das Grundgesetz zur Vermeidung unbilliger Härten als ultima ratio die Zahlung eines finanziellen Ausgleichs verlangt („Entschädigung" in Geld wegen einer ausgleichspflichtigen Inhalts- und Schrankenbestimmung des Eigentums, deshalb meist als **„verfassungsrechtlicher Ausgleichsanspruch"** bezeichnet; vgl. näher § 52 Rn. 9). Inhaltlich sind alle drei Arten der unter §§ 96–99 fallenden Ansprüche – Ansprüche auf Enteignungsentschädigung, verfassungsrechtliche Ausgleichsansprüche, einfachgesetzliche Ausgleichsansprüche – darauf gerichtet, hinzunehmende Vermögensschäden „angemessen auszugleichen". Sie werden deshalb im WHG grundsätzlich gleich behandelt.

5 § 96 übernimmt in Abs. 1 und 2 vollinhaltlich § 20 WHG a.F.[6] **Abs. 1** sieht als Entschädigung den angemessenen Ausgleich für den eingetretenen Vermögensschaden und **Abs. 2** die Festsetzung der Entschädigung grundsätzlich als Geldzahlung vor. **Abs. 3** regelt den Sonderfall einer Entschädigung für Einbußen bei der Verwertung der Wasserkraft von Triebwerken. **Abs. 4** betrifft Beeinträchtigungen in der Nutzung von Grundstücken. **Abs. 5** begründet einen Anspruch auf Sicherheitsleistung.

---

[4] Vgl. auch *Lege*, in: LR, WHG, § 96 Rn. 6.
[5] Ebenso *Kotulla*, § 96 Rn. 2f.; *Lege*, in: LR, WHG, § 96 Rn. 1. – Der allgemeinen Regelung des § 96 über Art und Umfang von Entschädigungspflichten ist nicht zu entnehmen, dass nur die Fälle unterhalb der Enteignungsschwelle erfasst sein sollen; anders insofern aber *C/R*, § 96 Rn. 4f.; *Göβl*, in: SZDK, § 96 WHG Rn. 7ff. Anknüpfungspunkt für § 96 ist die nach dem WHG zu leistende Entschädigung, die verfassungsrechtliche Einordnung im Rahmen des Art. 14 GG bleibt jeweils der Norm überlassen, die den Anspruch begründet.
[6] Vgl. zu dessen Entstehung BT-Drs. 2072, S. 9, 30 f. und BT-Drs. 3536, S. 13, 30 f. sowie *Göβl*, in: SZDK, § 96 WHG Rn. 3ff.

3. Art und Umfang der Entschädigung (Abs. 1, 2, 5)

§ 96 schreibt in **Abs. 1 Satz 1** für zu leistende Entschädigungen vor, 6
eingetretene Vermögensschäden „angemessen auszugleichen". Das
Gesetz gewährt damit **keinen** Anspruch auf **vollen Schadenersatz**,
wie er im bürgerlichen Recht anerkannt ist (§ 249 BGB). Es trägt
vielmehr der Verpflichtung des Art. 14 Abs. 3 Satz 3 GG Rechnung,
die Interessen der Allgemeinheit und der Betroffenen gerecht abzuwägen. Somit sind im Rahmen des § 96 die allgemeinen Grundsätze
über die Enteignungsentschädigung voll anwendbar, insbesondere in
Bezug auf die Bemessung des Ausgleichs.[7] Hierzu gehört auch, zunächst den Weg des Primärrechtsschutzes gegen einen benachteili-
genden Eingriff zu gehen, d.h. Anfechtungsklage zu erheben. Das
Merkmal der Angemessenheit spielt insbesondere bei der Frage eine
Rolle, ob es sich um einen enteignenden oder nur einen ausgleichspflichtigen Eingriff in das Eigentum handelt.

Die Sätze 2–4 des Abs. 1 treffen nähere Regelungen über eine durch 7
die behördliche Anordnung verursachte Beeinträchtigung von gezogenen Nutzungen sowie eine Minderung des Grundstückswertes.[8]
Satz 2 bestimmt für den Fall, dass zur Zeit der behördlichen Verfügung **Nutzungen** gezogen werden, das Maß der Beeinträchtigung
dieser Nutzungen als angemessenen Ausgleich. Aus dieser grundsätzlichen „Richtlinie" kann auch für die Fälle, in denen im Zeitpunkt der behördlichen Anordnung keine Nutzungen gezogen werden, der angemessene Ausgleich abgeleitet werden.[9] Danach ist bei
der Bemessung der Entschädigung allgemein von der Beeinträchtigung des Ertragswertes auszugehen. Als Nutzungen kommen tatsächlich ausgeübte Rechte und Befugnisse zu Gewässerbenutzungen
und Nutzungen an Grundstücken in Betracht. Für die Berücksichtigung von Maßnahmen, die die Nutzung in Zukunft nachhaltig gesteigert hätten (**Satz 3**), reichen bloße Planungen für derartige Maßnahmen nicht aus.[10] Für Grundstücke bestimmt **Satz 4**, dass nicht
die Minderung des Ertragswertes, sondern die Minderung des Ver-
kehrswertes (vgl. § 194 BauGB) bei der Bemessung der Entschädigung maßgebend ist, soweit der Verkehrswert den Ertragswert übersteigt. Diese Vorschrift wird z.B. bei landwirtschaftlich genutzten
Grundstücken anzuwenden sein, wenn der Verkehrswert des Grundstücks wegen einer zu erwartenden Verwertungsmöglichkeit als Bau-
land den landwirtschaftlichen Ertragswert übersteigt.

---

[7] BGH v. 5.7.1979 – III ZR 64/78, ZfW 1980, 351, 353; vgl. auch BGH v. 24.2.2005 –
II ZR 341/04, UPR 2005, 437. – Näher zum angemessenen Ausgleich *C/R*, § 96
Rn. 13 ff.; *Esser*, in: BFM, § 96 Fn. 10 ff.; *Gößl*, in: SZDK, § 96 WHG Rn. 19 ff.
[8] Näher hierzu *C/R*, § 96 Rn. 21 ff., 32 ff. *Gößl*, in: SZDK, § 96 WHG Rn. 30 ff., 37 ff.
[9] Vgl. BT-Drs. 3536, S. 13.
[10] Vgl. BGH v. 20.11.1967 – III ZR 161/65, DVBl 1968, 216, 218; BGH v. 28.6.1971 –
III ZR 139/68, HDW R 1212.

8 **Abs. 2** sieht bundesrechtlich zur Art der Entschädigung nur die **Geldzahlung** vor. Die Länder können aber durch Gesetz wasserwirtschaftliche oder „andere" Maßnahmen als Entschädigung zulassen. Als andere Maßnahme kommt z.B. die Lieferung von Ersatzwasser oder Ersatzstrom (vgl. insofern auch den Sonderfall des Abs. 3) oder der Umbau einer Wasserbenutzungsanlage in Betracht. Der in **Abs. 5** gewährte Anspruch auf **Sicherheitsleistung** ist im WHG neu, er trägt in Anlehnung an bestehende landesrechtliche Vorschriften berechtigten Sicherheitsinteressen des Anspruchstellers Rechnung.

4. Sonderfälle der Entschädigung (Abs. 3, 4)

9 **Abs. 3** regelt einen Sonderfall der Entschädigung durch eine andere Maßnahme i.S. von Abs. 2: die Entschädigung durch **Lieferung elektrischen Stroms**. Die Vorschrift ist im WHG neu, sie lehnt sich an bestehende Vorschriften in einer Reihe von Ländern an. Die Regelungen der Länder unterscheiden sich allerdings nicht unerheblich. Insofern dient die Vorschrift nicht nur praktischen Bedürfnissen, sondern auch der Rechtsvereinheitlichung.[11]

10 **Abs. 4** regelt die Entschädigung für den Fall, dass durch den behördlichen Eigentumseingriff die **Nutzung** des Grundstücks **unmöglich** oder **erheblich erschwert** wird. Die Vorschrift ist ebenfalls eine bundesgesetzliche Neuregelung in Anlehnung an landesrechtliche Bestimmungen und soll verhindern, dass dem betroffenen Grundstückseigentümer nur noch ein für ihn nutzloses oder stark eingeschränkt nutzbares Grundstück verbleibt. Ihm stellt das Gesetz folgende **Optionen** zur Verfügung: Er kann es bei der Entschädigung in Geld für die Wertminderung des Grundstücks belassen (Abs. 2). Er kann stattdessen nach **Satz 1** und **2** verlangen, dass der Entschädigungspflichtige das Grundstück zum Verkehrswert erwirbt, gegebenenfalls einschließlich der Teile des Grundstücks, die nicht durch die behördliche Anordnung betroffen sind. Er kann nach Maßgabe des **Satzes 3** stattdessen beantragen, ihm Ersatzland zu beschaffen statt Geld zu zahlen. Es dürfte auch die Kombination der durch Abs. 4 eingeräumten Optionen zulässig sein, z.B. Erwerb des nicht mehr oder nur noch eingeschränkt nutzbaren Grundstücks durch den Entschädigungspflichtigen zusammen mit der Beschaffung von Ersatzland, wobei dann der Verkehrswert des Ersatzgrundstücks auf den Verkehrswert des betroffenen Grundstücks anzurechnen ist.[12]

5. Landesrecht

11 § 96 ist eine im Rahmen des Art. 72 Abs. 1 GG der Ergänzung durch Landesrecht zugängliche Vorschrift, wobei die Vorgaben des Art. 14

---

[11] Näher zur Stromlieferung *Gößl*, in: SZDK, § 96 WHG Rn. 54 ff.
[12] Vgl. BT-Drs. 16/12275, S. 79.

GG zu beachten sind. Da es hier um wasserrechtliche Entschädigungsleistungen geht, können die Länder nach Art. 72 Abs. 3 Satz 1 Nr. 5 GG auch abweichende Regelungen erlassen. Vorschriften des Bundes über Art und Umfang von Entschädigungsleistungen sind auch dann abweichungsfrei, wenn die Entschädigungspflicht auf behördlichen Anordnungen im Bereich des stoff- oder anlagenbezogenen Wasserrechts beruht.[13] Art. 72 Abs. 3 findet allerdings nur Anwendung auf die nach Art. 14 Abs. 1 Satz 2 GG zu gewährenden Entschädigungs- und Ausgleichsansprüche. Enteignungsregelungen nach Art. 14 Abs. 3 GG beruhen auf dem nicht der Abweichungsgesetzgebung unterliegenden Kompetenztitel nach Art. 74 Abs. 1 Nr. 14 GG.

§ 97
Entschädigungspflichtige Person

Soweit sich aus diesem Gesetz nichts anderes ergibt, hat die Entschädigung zu leisten, wer unmittelbar durch den Vorgang begünstigt wird, der die Entschädigungspflicht auslöst. Sind mehrere unmittelbar begünstigt, so haften sie als Gesamtschuldner. Ist niemand unmittelbar begünstigt, so hat das Land die Entschädigung zu leisten. Lässt sich zu einem späteren Zeitpunkt eine begünstigte Person bestimmen, hat sie die aufgewandten Entschädigungsbeträge dem Land zu erstatten.

Inhaltsübersicht

Rn.			Rn.
1.	Allgemeines	1	3. Landesrecht 4
2.	Inhalt des § 97	2	

1. Allgemeines

§ 97 bestimmt die zur Entschädigung verpflichtete Person; auf die allgemeinen Bemerkungen zum 4. Kapitel unter § 96 Rn. 1–3 wird verwiesen. Wer **anspruchsberechtigt** ist, ergibt sich jeweils aus der anspruchsbegründenden Norm. Die Vorschriften der Sätze 1–4 sind in Anlehnung an bestehende landesrechtliche Regelungen neu ins WHG 2009 aufgenommen worden.

1

---

[13] Ebenso *Gößl*, in: SZDK, § 96 WHG Rn. 12 f.; *Kotulla*, § 96 Rn. 3; a.A. insofern *C/R*, § 96 Rn. 7.

2. Inhalt des § 97

2 Nach § 97 **Satz 1** hat derjenige die Entschädigung zu leisten, der durch den entschädigungspflichtigen Eingriff **unmittelbar begünstigt** wird. Diese Bestimmung entspricht einem allgemeinen Grundsatz des Enteignungsrechts. Die unmittelbare Begünstigung lässt sich aus der anspruchsbegründenden Norm meist unschwer erschließen, wie z.B. beim Inhaber der Bewilligung oder gehobenen Erlaubnis in den Fällen der §§ 14 und 15 oder beim Wasserversorgungsunternehmen[1] im Fall des § 52 Abs. 4. Mehrere Begünstigte haften nach **Satz 2** als Gesamtschuldner (vgl. dazu §§ 420–432 BGB). Nach dem WHG kann die „Allgemeinheit", wie ein Umkehrschluss aus **Satz 3** ergibt, nicht unmittelbar begünstigt sein. Dient der entschädigungspflichtige Eingriff ausschließlich oder ganz überwiegend der Allgemeinheit (vgl. z.B. § 20 Abs. 2 Satz 1), ist das Land zur Leistung verpflichtet. Ein Fall des Satzes 3 („niemand" ist unmittelbar begünstigt) liegt auch vor, wenn sich zunächst keine begünstigte Person feststellen lässt. Dann greift gegebenenfalls **Satz 4** mit dem Erstattungsanspruch.

3 § 97 mit der Bestimmung der entschädigungspflichtigen Person tritt zurück, wenn im WHG **etwas anderes geregelt** ist. Dies ist im WHG 2009 bisher nicht der Fall. Denkbar ist aber z.B., dass der Gesetzgeber aus besonderen politischen Gründen nicht die Begünstigten mit der Entschädigungsleistung belasten will, sondern den Staat.

3. Landesrecht

4 Die Ausführungen zu § 96 unter 5. gelten für Bestimmung der entschädigungspflichtigen Person nach § 97 entsprechend.

§ 98
Entschädigungsverfahren

(1) Über Ansprüche auf Entschädigung ist gleichzeitig mit der dem Anspruch zugrunde liegenden Anordnung zu entscheiden. Die Entscheidung kann auf die Pflicht zur Entschädigung dem Grunde nach beschränkt werden.

(2) Vor der Festsetzung des Umfangs einer Entschädigung nach Absatz 1 hat die zuständige Behörde auf eine gütliche Einigung der Beteiligten hinzuwirken, wenn einer der Beteiligten dies beantragt. Kommt eine Einigung nicht zustande, so setzt die Behörde die Entschädigung fest.

Inhaltsübersicht

	Rn.		Rn.
1. Allgemeines	1	3. Landesrecht	4
2. Inhalt des § 98	2		

---

[1] Vgl. dazu näher C/R, § 97 Rn. 5; *Esser*, in: BFM, § 97 Fn. 10.

1. Allgemeines

§ 98 normiert bestimmte bundesweit verbindliche Grundsätze, nach denen Entschädigungsverfahren durchzuführen sind. Die Vorschrift ist im WHG 2009 neu und an bestehende landesrechtliche Regelungen angelehnt; vgl. auch die allgemeinen Hinweise zum 4. Kapitel unter § 96 Rn. 1–3. Im Übrigen richtet sich das Entschädigungsverfahren nach den Landeswassergesetzen sowie den allgemeinen verwaltungsverfahrensrechtlichen Vorschriften.

1

2. Inhalt des § 98

§ 98 setzt in **Abs. 1** „wesentliche verfahrensrechtliche Eckpunkte" für den Zeitpunkt und den Inhalt der Entscheidung über die zu leistende Entschädigung.[1] Die Vorschrift dient der **Verwaltungsvereinfachung**. Die Entscheidung ergeht entsprechend der Rechtsform der dem Entschädigungsanspruch zugrunde liegenden Anordnung entweder durch Rechtsverordnung (z.B. in den jeweiligen Schutzgebietsverordnungen) oder durch behördliche Entscheidung im Einzelfall. Da die zuständigen Entscheidungsträger die Sach- und Rechtslage, aus der sich der Entschädigungsanspruch ergibt, am besten kennen, bietet es sich schon unter Effizienzaspekten an, über den Eingriff in das Eigentum und die zu leistende Entschädigung zusammen zu befinden (**Satz 1**), wobei es sich um zwei selbstständige Verwaltungsakte handelt. Für die nicht selten schwierige Ermittlung des Umfangs der Entschädigung kann eine getrennte Entscheidung zweckmäßig sein, **Satz 2** schafft hierfür die entsprechende Möglichkeit.

2

Abs. 2 betrifft den Umfang der Entschädigung. Das WHG übernimmt in **Satz 1** das Prinzip der meisten Landeswassergesetze, auf **Antrag** eines der Beteiligten zunächst auf eine **gütliche Einigung** hinzuwirken und nur dann, wenn eine Einigung nicht zustande kommt, die Entschädigung durch die Behörde festsetzen zu lassen (**Satz 2**). Der Bundesgesetzgeber verzichtet auf die Regelung von Einzelheiten, z.B. zu den beim Einigungsprozess zu beachtenden Formalitäten.

3

3. Landesrecht

§ 98 ist eine verwaltungsverfahrensrechtliche Vorschrift, zu der die Länder sowohl ergänzende als auch abweichende Regelungen treffen können. Die Gesetzgebungsbefugnisse von Bund und Ländern ergeben sich hier aus Art. 84 Abs. 1 GG. Von der Möglichkeit des Satzes 5 in Art. 84 Abs. 1, die Abweichungsmöglichkeit die Länder ausnahmsweise auszuschließen, hat das WHG keinen Gebrauch gemacht.

4

---

[1] BT-Drs. 16/12275, S. 79.

§ 99
Ausgleich

Ein Ausgleich nach § 52 Absatz 5 und § 78 Absatz 5 Satz 2[1]) ist in Geld zu leisten. Im Übrigen gelten für einen Ausgleich nach Satz 1 § 96 Absatz 1 und 5 und § 97 entsprechend.

Inhaltsübersicht

	Rn.		Rn.
1. Allgemeines	1	3. Landesrecht	4
2. Inhalt des § 99	2		

1. Allgemeines

1 § 99 regelt Verfahrensfragen zu den **einfachgesetzlichen Ausgleichsansprüchen**.[2]) Das Grundmodell für diese nicht auf verfassungsrechtlichen Vorgaben basierenden, sondern aus politischen Billigkeitsgründen eingeführten Ansprüche liefert die Ausgleichsregelung nach § 52 Abs. 5. Auf die Ausführungen unter § 52 Rn. 11 ff. wird insofern verwiesen. Zur Einbeziehung der Ausgleichsansprüche in die Vorschriften des 4. WHG-Kapitels wird auf § 96 Rn. 1 ff. Bezug genommen.

2. Inhalt des § 99

2 § 99 enthält nähere Regelungen zu Art und Umfang der Ausgleichsansprüche nach § 52 Abs. 5 und § 78a Abs. 5 Satz 4 sowie zur ausgleichspflichtigen Person. Die Vorschrift gilt auch für den Ausgleichsanspruch in Heilquellenschutzgebieten nach § 53 Abs. 5, der in § 99 nicht erwähnt ist, weil er durch die Vollverweisung auf § 52 Abs. 5 mit erfasst ist.[3])

---

[1]) Im Rahmen der Änderungen des WHG durch das Hochwasserschutzgesetz II vom 30.6.2017 ist die Anpassung des § 99 versehentlich unterblieben. Der Ausgleich ist jetzt in § 78a Abs. 5 Satz 4 geregelt, eine Korrektur soll bei nächster Gelegenheit erfolgen.

[2]) Verfehlt insofern *Lege*, in: LR, WHG, § 99 Rn. 11 f.; wie hier BT-Drs. 16/12275, S. 67 (zu § 52 Abs. 5); BGH v. 14.5.1998 – III ZR 286/97, ZfW 1999, 37, 38; *C/R*, § 99 Rn. 2; *Kotulla*, § 99 Rn. 2.

[3]) A.A. *Kotulla*, § 99 Rn. 3; *Lege*, in: LR, WHG, § 99 Rn. 10; wie hier dagegen *Gößl*, in: SZDK, § 99 WHG Rn. 1. – Der Hinweis auf den im Gegensatz zu § 53 Abs. 5 in § 99 erwähnten, jetzt in § 78a Abs. 5 Satz 4 geregelten Ausgleichsanspruch lässt außer acht, dass es sich dort nur um eine Rechtsfolgenverweisung handelt, während § 53 Abs. 5 auch den Tatbestand des § 52 Abs. 5 für entsprechend anwendbar erklärt.

§ 99 hat den Zweck, auf wasserrechtliche Ausgleichstatbestände nunmehr bundesrechtlich grundsätzlich das **entschädigungsrechtliche Rechtsfolgenregime** anzuwenden.[4] Die Gleichbehandlung im Rahmen des 4. Kapitels ist gerechtfertigt, weil der Ausgleichsanspruch wie der Entschädigungsanspruch auf angemessenen, nach den gleichen Regeln wie die Enteignungsentschädigung zu ermittelnden Ausgleich des Vermögensschadens gerichtet ist.[5] Allerdings ist der Ausgleich seinem Sinn und Zweck sowie seiner Struktur entsprechend ein finanzieller Ausgleich, der demgemäß nach **Satz 1** des § 99 stets in Geld zu leisten ist. **Satz 2** verzichtet deshalb darauf, in den Verweis auf § 96 die Optionen nach Abs. 2–4 einzubeziehen. Im Übrigen gelten aber die Vorschriften über die Entschädigung entsprechend. Zum Ausgleichsverfahren hat das WHG auf bundeseinheitliche Vorgaben, z.B. durch vollständigen oder teilweisen Verweis auf § 98, verzichtet, weil der Gesetzgeber keine zwingende Notwendigkeit gesehen hat, dem Votum des Bundesrates auf Beibehaltung der vom Entschädigungsverfahren abweichenden Länderregelungen zum Ausgleichsverfahren nicht zu folgen.[6]

3

3. Landesrecht

§ 99 entspricht vom Regelungsgegenstand her § 96 Abs. 1, 2 und 5 sowie § 97. Auf die Kommentierung dieser Vorschriften zum „Landesrecht" kann deshalb Bezug genommen werden.

4

§ 99a
Vorkaufsrecht

(1) Den Ländern steht ein Vorkaufsrecht an Grundstücken zu, die für Maßnahmen des Hochwasser- oder Küstenschutzes benötigt werden. Liegen die Merkmale des Satzes 1 nur bei einem Teil des Grundstücks vor, so erstreckt sich das Vorkaufsrecht nur auf diesen Grundstücksteil. Der Eigentümer kann verlangen, dass sich der Vorkauf auf das gesamte Grundstück erstreckt, wenn ihm der weitere Verbleib des anderen Grundstücksteils in seinem Eigentum wirtschaftlich nicht zuzumuten ist.

---

[4] BT-Drs. 16/12275, S. 79; kritisch dazu *C/R*, § 99 Rn. 2, 6, die aber übersehen, dass es hier nicht um den Rechtscharakter der anspruchsbegründenden Norm (verfassungsrechtlicher oder einfachgesetzlicher Ausgleich), sondern den begrifflich einheitlichen Rechtsfolge „angemessener Ausgleich" geht. Dieser Begriff lässt hinreichende Spielräume, bei der als angemessenen Ausgleich zu leistenden „Entschädigung" ihre rechtliche Bedeutung (mit oder ohne verfassungsrechtliche Garantie) „angemessen" zu berücksichtigen.
[5] Zur Höhe des Ausgleichs vgl. näher OLG München v. 11.5.1995 – 1 U 1661/95, ZfW 1996, 479.
[6] Vgl. hierzu BT-Drs. 16/13306, S. 20 f., 33.

(2) Das Vorkaufsrecht steht den Ländern nicht zu beim Kauf von Rechten nach dem Wohnungseigentumsgesetz.

(3) Das Vorkaufsrecht darf nur ausgeübt werden, wenn dies aus Gründen des Hochwasserschutzes oder des Küstenschutzes erforderlich ist.

(4) Das Vorkaufsrecht bedarf nicht der Eintragung in das Grundbuch. Es geht rechtsgeschäftlich und landesrechtlich begründeten Vorkaufsrechten mit Ausnahme solcher auf dem Gebiet des land- und forstwirtschaftlichen Grundstücksverkehrs und des Siedlungswesens im Rang vor. Bei einem Eigentumserwerb auf Grund der Ausübung des Vorkaufsrechts erlöschen durch Rechtsgeschäft begründete Vorkaufsrechte. Das Vorkaufsrecht erstreckt sich nicht auf einen Verkauf an einen Ehegatten, einen eingetragenen Lebenspartner oder einen Verwandten ersten Grades. Die §§ 463 bis 469, 471, 1098 Absatz 2 und die §§ 1099 bis 1102 des Bürgerlichen Gesetzbuchs sind anzuwenden.

(5) Die Länder können das Vorkaufsrecht auf Antrag auch zugunsten von Körperschaften und Stiftungen des öffentlichen Rechts und von begünstigten Personen im Sinne von § 51 Absatz 1 Satz 2 ausüben.

(6) Abweichende Rechtsvorschriften der Länder bleiben unberührt.

Inhaltsübersicht

Rn.		Rn.
1. Allgemeines 1	3. Landesrecht (Abs. 6) 7	
2. Inhalt des § 99a Abs. 1–5 .. 3		

1. Allgemeines

1 § 99a ist durch das Hochwasserschutzgesetz II vom 30. 6. 2017 als ein Element des Konzepts zur weiteren **Verbesserung der Hochwasservorsorge** neu in das WHG aufgenommen und systematisch in das 4. Kapitel eingefügt worden. Zu den Zielen des Gesetzes gehört es auch, die rechtlichen Voraussetzungen dafür zu schaffen, die Verfahren für die Planung, die Genehmigung und den Bau von Hochwasserschutzanlagen zu erleichtern und zu beschleunigen. Auf die allgemeinen Hinweise zu § 72 unter Rn. 1 und 2 zur Entstehung, Funktion und Bedeutung der Änderungen des WHG kann insofern Bezug genommen werden.

2 § 99a verschafft den Ländern ein Vorkaufsrecht für Grundstücke, die sie für Maßnahmen des Hochwasser- oder Küstenschutzes benötigen. Die Regelung ist § 66 BNatSchG nachgebildet. **Abs. 1 und 2** bestimmen, welche Grundstücke und Grundstücksteile das Vorkaufsrecht umfasst. **Abs.** 3 und 5 enthalten Einschränkungen und Erweiterungen für die Ausübung des Vorkaufsrechts. **Abs.** 4 regelt Modalitäten bei der Begründung des Vorkaufsrechts und **Abs.** 6 die Zulässigkeit abweichender Rechtsvorschriften der Länder.

2. Inhalt des § 99a Abs. 1–5

§ 99a **Abs.** 1 überträgt den Ländern – vgl. aber auch Abs. 5 und Rn. 5 – ein Vorkaufsrecht, das **öffentlich-rechtlicher Natur** ist. Es beschränkt sich auf Grundstücke, die für Maßnahmen des Hochwasser- oder Küstenschutzes benötigt werden (**Satz 1**). Die Bundesregierung hat in ihrem Gesetzentwurf ein umfassenderes Vorkaufsrecht vorgesehen, das der Bundesrat als nicht praktikabel und außer Verhältnis zu seinem Nutzen stehend abgelehnt hat.[1] Der Bundestag hat die Vorschläge auf die Gesetzesfassung reduziert, insbesondere das auch vom Bundesrat akzeptierte Vorkaufsrecht in Gewässerrandstreifen (§ 38) als für den Hochwasserschutz nicht erforderlich gestrichen.[2] Maßnahmen des Hochwasser- und des Küstenschutzes sind insbesondere in §§ 67 ff., §§ 72 ff. geregelt. Die **Sätze** 2 und 3 betreffen Fälle, in denen die notwendige Hochwasser- oder Küstenschutzmaßnahme sich nur auf einen Teil des Grundstücks erstreckt. Das Gesetz trägt hier der wirtschaftlichen Zumutbarkeit der Nutzung des verbleibenden Grundstücksteils Rechnung.

3

Abs. 2 schließt das Vorkaufsrecht beim Kauf von Rechten, die nach dem Wohnungseigentumsgesetz veräußerbar sind, aus, weil ein Vorkaufsrecht für Maßnahmen des Hochwasser- oder Küstenschutzes nur bei Übertragung des Eigentums am Grundstück Sinn macht.[3]

4

Abs. 3 stellt ausdrücklich klar, dass die Ausübung des Vorkaufsrechts nur gemäß der Vorgabe des Abs. 1 Satz 1 zulässig ist. **Abs.** 5 gibt den Ländern die Möglichkeit, ihr Vorkaufsrecht auch zugunsten von Körperschaften und Stiftungen des öffentlichen Rechts sowie von begünstigten Personen i.S. von § 51 Abs. 1 Satz 2 auszuüben, wenn diese das beantragen. Die Regelung entspricht § 66 Abs. 4 BNatSchG.

5

Nach **Abs.** 4 bedarf das Vorkaufsrecht zu seiner Wirksamkeit nicht der Eintragung in das Grundbuch (**Satz 1**); es besteht von Gesetzes wegen. **Satz 2** räumt dem Recht nach § 99a grundsätzlich Vorrang vor anderen Vorkaufsrechten ein mit Ausnahme des Grundstücksverkehrs in der Land- und Forstwirtschaft sowie im Siedlungswesen. Ist ein Vorkaufsrecht nach § 99a entstanden, erlöschen alle rechtsgeschäftlich begründeten Vorkaufsrechte (**Satz 3**). Ganz vom

6

---

[1] Vgl. zu den jeweiligen Vorschlägen und ihre Begründung BT-Drs. 18/10879, S. 13 f., 32, 50 f., 59.
[2] BT-Drs. 18/12404, S. 17.
[3] BT-Drs. 18/10879, S. 32.

Vorkaufsrecht des Landes befreit sind nach **Satz 4** Verkäufe an Ehegatten, eingetragene Lebenspartner oder Verwandte ersten Grades. Im Übrigen verweist das WHG in **Satz 5** auf die Anwendung der einschlägigen Bestimmungen des Bürgerlichen Gesetzbuchs zum Vorkauf, wobei §§ 463–469, 471 schuldrechtliche und § 1098 Abs. 2, §§ 1099–1102 sachenrechtliche Fragen im Rahmen der Ausübung des Vorkaufsrechts betreffen.

3. Landesrecht (Abs. 6)

7 Die Klausel über die Unberührtheit abweichender landesrechtlicher Vorschriften entspricht § 66 Abs. 5 BNatSchG. Die Länder erhalten damit die nicht begrenzte Möglichkeit, zum auf Grundstücke, also auf Anlagen bezogenen wasserrechtlichen Vorkaufsrecht zusätzliche (ergänzende und weitergehende) und abweichende Regelungen, z.B. für die Einführung von Registern bestimmter Grundstücke zu erlassen.[4] Aufgrund der bundesgesetzlichen Ermächtigung basiert die Regelungsbefugnis der Länder auf Art. 72 Abs. 1 GG.

Kapitel 5
Gewässeraufsicht

§ 100
Aufgaben der Gewässeraufsicht

(1) Aufgabe der Gewässeraufsicht ist es, die Gewässer sowie die Erfüllung der öffentlich-rechtlichen Verpflichtungen zu überwachen, die nach oder auf Grund von Vorschriften dieses Gesetzes, nach auf dieses Gesetz gestützten Rechtsverordnungen oder nach landesrechtlichen Vorschriften bestehen. Die zuständige Behörde ordnet nach pflichtgemäßem Ermessen die Maßnahmen an, die im Einzelfall notwendig sind, um Beeinträchtigungen des Wasserhaushalts zu vermeiden oder zu beseitigen oder die Erfüllung von Verpflichtungen nach Satz 1 sicherzustellen.

(2) Auf Grund dieses Gesetzes und nach landesrechtlichen Vorschriften erteilte Zulassungen sind regelmäßig sowie aus besonderem Anlass zu überprüfen und, soweit erforderlich, anzupassen.

---

[4] BT-Drs. 18/12404, S. 17. – Zur Kontroverse zwischen Bundesregierung und Bundesrat über die Unberührtheit „weitergehender" (so der Gesetzentwurf) und „abweichender" (so der Bundesratsvorschlag) Regelungen siehe BT-Drs. 18/10879, S. 51, 60.

Inhaltsübersicht

	Rn.		Rn.
1. Die wasserrechtliche Überwachung............	1	3. Die Aufgaben der Gewässeraufsicht (§ 100 Abs. 1)...........	5
2. Zur Gewässeraufsicht nach §§ 100–102..........	3	4. Überprüfung behördlicher Zulassungen (§ 100 Abs. 2)	8
		5. Landesrecht............	11

1. Die wasserrechtliche Überwachung

Die in der Verantwortung des Staates liegende Sicherung eines ordnungsgemäßen Wasserhaushalts (staatlicher Bewirtschaftungsauftrag) beruht auf zwei Fundamenten: zum einen auf der Prüfung relevanter Einwirkungen des Menschen auf die Gewässer im Rahmen von gesetzlich vorgeschriebenen Zulassungsinstrumenten (**behördliche Vorkontrolle**) oder von Anzeigepflichten, zum anderen auf der Überwachung der zulässigen Einwirkungen im Hinblick auf die Einhaltung der wasserrechtlichen Vorschriften und behördlichen Anordnungen. Die Überwachung ist zunächst eine staatliche Aufgabe (**staatliche Überwachung**), die auch durch Beauftragte (z.B. Sachverständige) wahrgenommen werden kann. Die staatliche Überwachung kann aber nur punktuell und sporadisch eingreifen, sie stellt Rechtsverstöße eher zufällig fest. Hinzu kommt deshalb die mehr und mehr an Bedeutung gewinnende Eigenüberwachung durch den Gewässernutzer selbst oder durch von ihm beauftragte fachkundige Stellen („**Selbstüberwachung**", „Eigenüberwachung", „Eigenkontrolle"; vgl. hierzu auch § 61 Rn. 1). Daneben kann der Gesetzgeber die Einhaltung gesetzlicher Vorschriften und behördlicher Verfügungen durch die Androhung von Strafen oder Bußgeldern sanktionieren. Schließlich kann der wasserrechtliche Vollzug auch durch ökonomische Instrumente (z.B. Abwasserabgabe, Abgabe für Wasserentnahmen) ergänzt werden. 1

Von der Überwachung der menschlichen Einwirkungen auf die Gewässer ist die Überwachung der Gewässer als solche durch regelmäßige Besichtigungen in Form der sog. **Gewässerschau** zu unterscheiden. Diese Art der Überwachung dient der Feststellung, in welchem Zustand sich die Gewässer befinden, insbesondere ob die Benutzung und der Ausbau von Gewässern zu erkennbaren Belastungen geführt haben und ob die Gewässer ordnungsgemäß unterhalten werden. Schließlich kann durch Einzeluntersuchungen und regelmäßige Messungen der Gewässergüte das Überwachungsprogramm vervollständigt werden. 2

2. Zur Gewässeraufsicht nach §§ 100–102

3 Das 5. Kapitel des WHG (§§ 100–102) enthält die bundesrechtlichen Vorgaben für die „Gewässeraufsicht". Die staatliche Aufsicht ist ein bedeutsames Element im System der nachhaltigen Gewässerbewirtschaftung, sie ist zugleich eine in jahrzehntelanger Tradition gewachsene und „eingefahrene" Vollzugsaufgabe der Länder, die der Bund durch den als „Überwachung"[1] bezeichneten § 21 WHG a.F. nur moderat reglementiert hat. Das WHG 2009 hat sich auch bei seiner auf die konkurrierende Gesetzgebungszuständigkeit gestützten Regelung auf die Festschreibung einiger wichtiger Grundsätze beschränkt und im Übrigen das schon bisher geltende Bundesrecht fortgeführt. Die Vorschriften des 5. Kapitels lassen weitergehende landesrechtliche Vorschriften, z.B. über die Eigenüberwachung oder über Stellen, die für die Durchführung bestimmter Prüfungen behördlich anerkannt werden können, unberührt.[2] Das Landesrecht bestimmt insbesondere, welche Behörden für die Überwachung zuständig sind und wer die Kosten trägt.

4 §§ 100–102 enthalten die neuen Regelungen zur Gewässeraufsicht. **§ 100** bestimmt die allgemeinen „Aufgaben" der Gewässeraufsicht, **§ 101** die bei der Ausübung der Aufsicht zur Verfügung stehenden „Befugnisse".[3] **§ 102** betrifft den Sonderfall der Überwachung von Anlagen und Einrichtungen der Verteidigung. § 100 ist im WHG neu und lehnt sich an bestehende landesrechtliche Vorschriften an. § 101 löst die Abs. 1–3, § 102 den Abs. 4 des § 21 WHG a.F. ab, der durch die 4. Novelle von 1976 völlig neu gefasst worden ist[4] und diese Fassung im Wesentlichen bis zuletzt beibehalten hat.

3. Die Aufgaben der Gewässeraufsicht (§ 100 Abs. 1)

5 § 100 Abs. 1 umschreibt in Satz 1 die allgemeine Aufgabe der Gewässeraufsicht als Überwachung der Gewässer in tatsächlicher Hinsicht und in Bezug auf die Erfüllung aller öffentlich-rechtlichen Verpflichtungen, die nach den wasserrechtlichen Vorschriften oder aufgrund der wasserrechtlichen Vorschriften bestehen. Nach Satz 2 hat die zuständige Behörde im Rahmen pflichtgemäßer Ermessensausübung die insoweit erforderlichen Maßnahmen anzuordnen.

6 Satz 1 nennt als **Gegenstand der Gewässeraufsicht** zunächst die Überwachung der Gewässer. Dazu gehören vor allem die Gewässerschau, regelmäßige Güteuntersuchungen sowie einzelne anlassbezogene Kontrollen (z.B. bei Unfällen, Betriebsstörungen oder sonstigen

---

[1] Vgl. zu den unterschiedlichen Begriffen „Aufsicht" und „Überwachung" *Gößl*, in: SZDK, § 100 WHG Rn. 11 ff.
[2] BT-Drs. 16/12275, S. 80.
[3] Kritisch zur Trennung beider Vorschriften in „Aufgaben" und „Befugnisse" *C/R*, § 100 Rn. 4.
[4] Vgl. hierzu BT-Drs. 7/888, S. 6, 18; 7/1088, S. 6 f., 16 und 7/4546, S. 7 f., 14 f.

besonderen Ereignissen). Darüber hinaus hat die Wasserbehörde die Einhaltung aller Anforderungen zu überwachen, die sich aus dem WHG, den nach dem WHG erlassenen Rechtsverordnungen oder landesrechtlichen Vorschriften sowie aus nach diesen Vorschriften getroffenen behördlichen Entscheidungen ergeben. Hierzu zählt insbesondere die Überwachung der Anlagen, Einrichtungen und Vorgänge, zu denen wasserrechtliche Erlaubnisse, Bewilligungen, Genehmigungen und sonstige behördliche Entscheidungen ergangen sind oder begehrt werden, z.B. bei Abwassereinleitungen sowohl Untersuchungen an der Einleitstelle als auch die Überprüfung innerbetrieblicher Vorgänge der Entstehung und Beseitigung des Abwassers.[5] Ebenso gehört dazu die Überwachung der durch Schutzgebietsverordnungen angeordneten Schutzmaßnahmen. Mit dem Begriff der landesrechtlichen Vorschriften, die auf Vorschlag des Bundesrates zur Ergänzung in das WHG aufgenommen worden sind,[6] sind nur die wasserrechtlichen Vorschriften gemeint, was auch für § 100 Abs. 2 gilt.

Satz 2 weist die zuständige Behörde an, aufsichtlich einzuschreiten, soweit dies im Einzelfall zur Vermeidung oder Beseitigung von Beeinträchtigungen des Wasserhaushalts oder zur Erfüllung öffentlich-rechtlicher Verpflichtungen notwendig ist. Die Vorschrift betrifft nicht nur die Aufgabe der behördlichen Überwachung, sondern generiert zugleich eine **wasserrechtliche Generalklausel** des Bundes zur Gefahrenabwehr und Schadensbeseitigung beim Wasserhaushalt und eine entsprechende **allgemeine Eingriffsermächtigung**.[7] Die Verpflichtung („ordnet ... an") bezieht sich darauf, dass die Behörde ihre Überwachungsaufgabe wahrnimmt. Ob sie Maßnahmen ergreift und gegebenenfalls welche, stellt das Gesetz ausdrücklich in ihr **pflichtgemäßes Ermessen** (Opportunitätsprinzip der behördlichen Überwachung). Die Behörde übt in aller Regel ihr Ermessen rechtmäßig aus, wenn sie eine unbefugte Abwassereinleitung in ein Gewässer mit sofortiger Wirkung untersagt.[8] Entstehen durch Zuwiderhandlungen Gefahren für die menschliche Gesundheit oder für wichtige Umweltgüter, reduziert sich das Ermessen im Allgemeinen auf die Pflicht zum Eingreifen. Im Normzweck des § 100 Abs. 1 Satz 2 ist bei der Ermessensausübung generell die Tendenz ablesbar, zur Durchsetzung der Belange der nachhaltigen Gewässerbewirtschaftung behördlich einzuschreiten, soweit nicht gute Gründe entgegenstehen.[9] 7

---

[5] Vgl. BT-Drs. 7/4546, S. 7 f.
[6] Vgl. BT-Drs. 16/13306, S. 21, 33.
[7] Vgl. auch *Breuer/Gärditz*, Rn. 991; C/R, § 100 Rn. 33, *Queitsch*, in: WQF, § 100 Rn. 3; *Schwind*, in: BFM, § 100 Fn. 13.
[8] OVG Koblenz v. 21.2.1974 – 1 A 33/73, ZfW 1975, 104, 107.
[9] Ausführlich zur Anwendung der wasserrechtlichen Generalklausel *Breuer/Gärditz*, Rn. 1000ff.; C/R, § 100 Rn. 33ff.; *Gößl*, in: SZDK, § 100 WHG Rn. 64ff., 95ff.; *Kubitza*, in: LR, WHG, § 100 Rn. 13ff.

4. Überprüfung behördlicher Zulassungen (§ 100 Abs. 2)

8 § 100 Abs. 2 regelt die **Überprüfung** und erforderlichenfalls **Aktualisierung behördlicher Zulassungen**. Die im WHG neue Vorschrift erklärt es zur Daueraufgabe der Wasserbehörden, einmal getroffene Entscheidungen der dynamischen Entwicklung in der Wasserwirtschaft und im Wasserrecht anzupassen. Die behördlichen Zulassungen sollen stets den jeweils aktuellen wasserrechtlichen Anforderungen und wasserwirtschaftlichen Belangen entsprechen. Damit konkretisiert Abs. 2 die allgemeinen Aufgaben nach Abs. 1 für eine besonders bedeutsame Fallgruppe. Mit diesen Rechten und Pflichten kann die Wasserwirtschaftsverwaltung auch den besonderen Herausforderungen gerecht werden, die sich ihr bei der Erfüllung ihres Auftrags zur Gewährleistung eines funktionierenden Wasserhaushalts stellen. Das europäische Umweltrecht hat das Bedürfnis für solche Verpflichtungen vor dem deutschen Umweltrecht erkannt und entsprechende Bestimmungen in die einschlägigen Richtlinien aufgenommen. Wasserrelevant sind insofern insbesondere Art. 11 Abs. 3 Buchst. e-i und Abs. 5 WRRL, Art. 11 Abs. 3 und Art. 12 Abs. 4 der Kommunalabwasserrichtlinie sowie Art. 21 Abs. 1 der Industrieemissionenrichtlinie (vgl. hierzu auch § 52 Abs. 1 Satz 3 und 4 BImSchG). § 100 Abs. 2 dient im Wesentlichen der Umsetzung dieser unionsrechtlichen Vorgaben.

9 Zu überprüfen sind **alle wasserrechtlichen Zulassungen**. Hierzu gehören Erlaubnisse, Bewilligungen, Genehmigungen, Eignungsfeststellungen, Planfeststellungen und Plangenehmigungen. Keine Zulassungen im Sinne der wasserrechtlichen Vorschriften sind dagegen alte Rechte und alte Befugnisse, es sei denn, sie gelten nach Landesrecht als „erteilte" Zulassungen.[10] Der Begriff „regelmäßig" ist aus dem EG-Recht übernommen und bedeutet in Abgrenzung zum „besonderen Anlass" in gewissen Abständen wiederkehrend, ohne dass für die Überprüfung ein bestimmter Grund vorliegen muss. Die **regelmäßige Überprüfung** ist eine Routineüberwachung, die auch von der Bedeutung der im konkreten Fall durch die Zulassung gestatteten Einwirkung auf das Gewässer abhängt. Was ein **besonderer Anlass** ist, hat das WHG nicht näher spezifiziert. Art. 21 Abs. 5 der Industrieemissionenrichtlinie und § 52 Abs. 1 Satz 3 BImSchG enthalten demgegenüber eine enumerative Aufzählung, die das WHG nicht übernommen hat, weil die Fallgestaltungen zu sehr auf die Überwachung von Industrieanlagen zugeschnitten sind. Diesen Bereich hat im Wasserrecht inzwischen die Industriekläranlagen-Zulassungs- und Überwachungsverordnung (IZÜV) des Bundes vom 2.5.2013 in §§ 8 und 9 unter ausdrücklicher Bezugnahme auf § 100 WHG näher geregelt.

---

[10] Nach *C/R*, § 100 Rn. 76 fallen Altrechte generell unter den begriff „Zulassungen". – Ist Abs. 2 nicht anwendbar, bleiben die Befugnisse nach Abs. 1.

Die Überprüfung sowie die nach dem Ergebnis der Überprüfung erforderliche **Anpassung der Zulassung** sind Pflichtaufgaben der Behörde. § 100 Abs. 2 betrifft nur im Rahmen der Gewässeraufsicht bestehende Aufgaben und Befugnisse. Die materiellen **Vorgaben** für Eingriffe in vorhandene Zulassungen sind **im materiellen Wasserrecht** geregelt, z.b. für Erlaubnisse und Bewilligungen in § 13, für Genehmigungen von Indirekteinleitungen in § 58 Abs. 3, 4 und § 59 Abs. 1 sowie von Abwasserbehandlungsanlagen in § 60 Abs. 2 und Abs. 3 Satz 3. Soweit nach den einschlägigen Vorschriften zulässige nachträgliche Festsetzungen von Inhalts- und Nebenbestimmungen im Ermessen der Behörde stehen, schlägt dies auch auf nach § 100 Abs. 2 vorzunehmende Anpassungen durch. Beispiel: Bei Anpassungen von Abwassereinleitungen in Gewässer verpflichtet die spezielle Norm des § 57 Abs. 4 und 5 die Wasserbehörde dazu, die Anforderungen nach dem Stand der Technik durchzusetzen, während es nach der allgemeinen Bestimmung des § 13 Abs. 2 Nr. 1 im Ermessen der Wasserbehörde liegt, weitergehende Anforderungen zu stellen. Auch die sonstigen Modalitäten von nachträglichen Änderungen der behördlichen Zulassungen (z.b. festgelegte Fristen) richten sich nach dem materiellen Recht.

5. Landesrecht

§ 100 regelt die Gewässeraufsicht nicht abschließend, ist also eine im Rahmen des Art. 72 Abs. 1 GG der Ergänzung durch Landesrecht zugängliche Vorschrift. Die Länder können nach Art. 72 Abs. 3 Satz 1 Nr. 5 GG auch abweichende Regelungen erlassen.

§ 101
Befugnisse der Gewässeraufsicht

(1) Bedienstete und Beauftragte der zuständigen Behörde sind im Rahmen der Gewässeraufsicht befugt,

1. **Gewässer zu befahren,**

2. **technische Ermittlungen und Prüfungen vorzunehmen,**

3. **zu verlangen, dass Auskünfte erteilt, Unterlagen vorgelegt und Arbeitskräfte, Werkzeuge und sonstige technische Hilfsmittel zur Verfügung gestellt werden,**

4. **Betriebsgrundstücke und -räume während der Betriebszeit zu betreten,**

5. **Wohnräume sowie Betriebsgrundstücke und -räume außerhalb der Betriebszeit zu betreten, sofern die Prüfung zur Verhütung dringender Gefahren für die öffentliche Sicherheit und Ordnung erforderlich ist, und**

6. jederzeit Grundstücke und Anlagen zu betreten, die nicht zum unmittelbar angrenzenden befriedeten Besitztum von Räumen nach den Nummern 4 und 5 gehören.

Das Grundrecht der Unverletzlichkeit der Wohnung (Artikel 13 des Grundgesetzes) wird durch Satz 1 Nummer 5 eingeschränkt. Sind Gewässerschutzbeauftragte bestellt, sind sie auf Verlangen der Bediensteten und Beauftragten der zuständigen Behörde zu Maßnahmen der Gewässeraufsicht nach Satz 1 hinzuzuziehen.

(2) Werden Anlagen nach § 62 Absatz 1 errichtet, unterhalten, betrieben oder stillgelegt, haben auch die Eigentümer und Besitzer der Grundstücke, auf denen diese Tätigkeiten ausgeübt werden, das Betreten der Grundstücke zu gestatten, auf Verlangen Auskünfte zu erteilen und technische Ermittlungen und Prüfungen zu ermöglichen.

(3) Für die zur Auskunft verpflichtete Person gilt § 55 der Strafprozessordnung entsprechend.

(4) Für die zur Überwachung nach den Absätzen 1 und 2 zuständigen Behörden und ihre Bediensteten gelten die §§ 93, 97, 105 Absatz 1, § 111 Absatz 5 in Verbindung mit § 105 Absatz 1 sowie § 116 Absatz 1 der Abgabenordnung nicht. Dies gilt nicht, soweit die Finanzbehörden die Kenntnisse für die Durchführung eines Verfahrens wegen einer Steuerstraftat sowie eines damit zusammenhängenden Besteuerungsverfahrens benötigen, an deren Verfolgung ein zwingendes öffentliches Interesse besteht, oder soweit es sich um vorsätzlich falsche Angaben der zur Auskunft verpflichteten Person oder der für sie tätigen Personen handelt.

Inhaltsübersicht

Rn.		Rn.
1. Allgemeines 1	3. Auskunftsverweigerungs-	
2. Die behördlichen	rechte (Abs. 3, 4)	5
Überwachungsbefugnisse	4. Landesrecht	7
(Abs. 1, 2)............... 2		

1. Allgemeines

1 § 101 regelt die der Gewässeraufsicht zustehenden Befugnisse. Die Vorschrift soll es der zuständigen Behörden ermöglichen, die Beachtung der gesetzlichen Bestimmungen, die insbesondere für Gewässerbenutzer und Betreiber von Anlagen zum Umgang mit wassergefährdenden Stoffen gelten, wirksam zu kontrollieren. § 101 begründet hierzu Duldungs- und Handlungspflichten, ähnlich wie dies in den einschlägigen Vorschriften anderer Gesetze geschehen ist (vgl. z.B. § 52 BImSchG, § 47 KrWG). § 101 löst § 21 Abs. 1–3 WHG a.F. ab; vgl. auch § 100 Rn. 4. **Abs. 1** normiert die allgemeinen Be-

fugnisse der für die Gewässeraufsicht zuständigen Behörden. **Abs. 2** enthält eine Sondervorschrift für Anlagen zum Umgang mit wassergefährdenden Stoffen. **Abs. 3** regelt das Recht zur Verweigerung von Auskünften, und **Abs. 4** schließt die Anwendung bestimmter Vorschriften der Abgabenordnung aus.

2. Die behördlichen Überwachungsbefugnisse (Abs. 1, 2)

§ 101 bestimmt in **Abs. 1 Satz 1** die allgemeinen Aufsichtsbefugnisse der Bediensteten und Beauftragten der zuständigen Behörde. Die Vorschrift löst § 21 Abs. 1 WHG a.F. ab. Dabei sind die Befugnisse des § 21 Abs. 1 jetzt in einem Katalog zusammengefasst: Nr. 1 ist neu (Übernahme von landesrechtlichen Vorschriften), Nr. 2–6 entsprechen dem bisherigen § 21 Abs. 1 Satz 2 Nr. 1–3 und Satz 3 WHG.   2

Das WHG 2009 gewährt die Befugnisse des § 101 „im Rahmen der Gewässeraufsicht". Damit wird auf den weit gefassten Aufgabenkreis nach § 100 Abs. 1 Satz 1 Bezug genommen. Die Überwachungsbefugnisse erstrecken sich auf alle Einwirkungen auf Gewässer, soweit hierfür öffentlich-rechtliche Verpflichtungen bestehen, insbesondere also auch auf erlaubnisfreie Benutzungen. Die in dem Katalog der **Nr. 1–6** aufgeführten Befugnisse decken alle Maßnahmen ab, die für eine wirksame Gewässeraufsicht notwendig sind.[1] **Satz 2** trägt den verfassungsrechtlichen Anforderungen des Art. 13 Abs. 7 GG Rechnung. Ordnungswidrig ist nur eine Pflichtverletzung nach Nr. 3 (§ 103 Abs. 1 Nr. 20). Die nach **Satz 3** vorgeschriebene Hinzuziehung des **Gewässerschutzbeauftragten** dient dazu, seine unmittelbare Information über die von der Behörde durchgeführten Prüfungen sicherzustellen (vgl. hierzu seine Aufgaben nach § 65 Abs. 1, insbesondere Satz 2 Nr. 1). Ob und inwieweit der Gewässerschutzbeauftragte der Behörde Auskünfte erteilen darf, richtet sich nach seiner Stellung innerhalb der betrieblichen Organisation des Gewässerbenutzers.   3

Abs. 2 löst Satz 2 des § 21 Abs. 2 WHG a.F. ab.[2] Abs. 2 hat für die Fälle Bedeutung, in denen die Anlagen auf einem fremden Grundstück errichtet und betrieben werden. Die Vorschrift dürfte in der neuen Fassung aber kaum noch praktische Bedeutung haben.   4

---

[1] Siehe im Einzelnen zu Nr. 1–6 *C/R*, § 101 Rn. 19 ff.; *Kubitza*, in: LR, WHG, § 101 Rn. 18 ff.; *Schwind*, in: BFM, § 101 Fn. 9 ff.
[2] Satz 1 ist im WHG 2009 gegenstandslos geworden, weil die Regelungen zu den Rohrleitungsanlagen und zu den Fachbetrieben entfallen und die Umgangsanlagen jetzt von § 101 Abs. 1 abgedeckt sind.

3. Auskunftsverweigerungsrechte (Abs. 3, 4)

5 § 101 regelt in Abs. 3 und Abs. 4 zwei Fallkonstellationen, die den der Überwachung unterworfenen Personen Erleichterungen bringen. **Abs. 3** gewährt über die Verweisung auf § 55 StPO das Recht, die Auskunft auch gegenüber der Gewässeraufsicht auf Fragen zu verweigern, deren Beantwortung die zur Auskunft verpflichtete Person oder einen nahen Angehörigen der Gefahr einer strafgerichtlichen Verfolgung oder eines Bußgeldverfahrens aussetzen würde. § 55 StPO nimmt auf § 52 Abs. 1 StPO Bezug, der den Begriff des nahen Angehörigen definiert. Abs. 3 löst den 1976 durch die 4. Novelle in das WHG eingefügten § 21 Abs. 2a ab.

6 **Abs. 4** betrifft Pflichten zur Auskunft und Vorlage von Urkunden gegenüber den Finanzbehörden zur Feststellung von steuerrelevanten Sachverhalten. Solchen Pflichten unterliegen grundsätzlich auch die für die Gewässeraufsicht zuständigen Behörden, soweit sie entsprechende Informationen im Rahmen der Überwachung erlangt haben. Abs. 4 befreit in **Satz 1** die Behörden von den Auskunfts- und Vorlagepflichten, um bei den überwachten Personen die Bereitschaft zur Kooperation zu fördern (keine Verpflichtung zur Weitergabe von Informationen an die Finanzbehörden) und so die **Überwachung** zu **erleichtern**. Der Gesetzgeber hat im Rahmen der politischen Abwägung zwischen den Interessen einer gesetzmäßigen Besteuerung und einer möglichst effektiven Überwachung im Prinzip den Belangen der Wasserwirtschaft den Vorrang gegeben. Dies gilt nach **Satz 2** nicht, weil unter den genannten Voraussetzungen der Vorrang nicht mehr gerechtfertigt ist.

4. Landesrecht

7 § 101 ist eine im Rahmen des Art. 72 Abs. 1 GG der Ergänzung durch Landesrecht zugängliche Vorschrift. Die Länder können nach Art. 72 Abs. 3 Satz 1 Nr. 5 GG auch abweichende Regelungen erlassen. Für das Auskunftsverweigerungsrecht nach Abs. 3 ist der Landesgesetzgeber allerdings an die verfassungsrechtlichen Grenzen von Verpflichtungen zur Auskunftserteilung gebunden.

§ 102
Gewässeraufsicht bei Anlagen und Einrichtungen der Verteidigung

Die Bundesregierung wird ermächtigt, durch Rechtsverordnung mit Zustimmung des Bundesrates zu bestimmen, dass die Gewässeraufsicht im Sinne dieses Kapitels bei Anlagen und Einrichtungen, die der Verteidigung dienen, zum Geschäftsbereich des Bundesministeriums der Verteidigung gehörenden Stellen übertragen wird.

Erläuterungen

§ 102 trifft eine **Sonderregelung** für Anlagen und Einrichtungen der Verteidigung. Die Vorschrift entspricht inhaltlich voll, im Wortlaut im Wesentlichen dem bisherigen, 1976 durch die 4. Novelle in das WHG eingefügten § 21 Abs. 4 und dient dazu, den Kreis der Personen, der Zugang zu militärischen Anlagen und Einrichtungen hat, aus Sicherheitsgründen möglichst klein zu halten.[1)] Die Ersetzung des Begriffs „Landesverteidigung" durch „Verteidigung" ändert nichts daran, dass weiterhin die Landesverteidigung gemeint ist.[2)]

1

§ 102 beruht auf Art. 87b Abs. 2 Satz 1 GG, der für die Regelung die Zustimmung des Bundesrates verlangt. Bisher hat die Bundesregierung von der **Verordnungsermächtigung** keinen Gebrauch gemacht, und es ist auch nicht absehbar, dass sich daran etwas ändert. Eine noch weitergehende Regelung enthält § 59 BImSchG. Regelungsbefugnisse der Länder sind durch die Verordnungsermächtigung nicht betroffen.

2

Kapitel 6
Bußgeld- und Überleitungsbestimmungen

§ 103
Bußgeldvorschriften

(1) Ordnungswidrig handelt, wer vorsätzlich oder fahrlässig

1. ohne Erlaubnis und ohne Bewilligung nach § 8 Absatz 1 ein Gewässer benutzt,

2. einer vollziehbaren Auflage nach § 13 Absatz 1, auch in Verbindung mit § 58 Absatz 4 Satz 1, auch in Verbindung mit § 59 Absatz 1 oder § 63 Absatz 1 Satz 3[3)], zuwiderhandelt,

3. einer Rechtsverordnung nach

   a) § 23 Absatz 1 Nummer 1, 3 bis 8 oder Nummer 9 oder

   b) § 23 Absatz 1 Nummer 10 oder Nummer 11

   oder einer vollziehbaren Anordnung auf Grund einer solchen Rechtsverordnung zuwiderhandelt, soweit die Rechtsverordnung für einen bestimmten Tatbestand auf diese Bußgeldvorschrift verweist,

---

[1)] Vgl. BT-Drs. 7/888, S. 18.
[2)] BT-Drs. 16/12275, S. 80.
[3)] Im Rahmen der Änderungen des WHG durch das Gesetz vom 18.7.2017 ist die Anpassung des § 103 Abs. 1 Nr. 2 versehentlich unterblieben; siehe jetzt § 63 Abs. 1 Satz 2. Eine Korrektur soll bei nächster Gelegenheit erfolgen.

4. entgegen § 32 Absatz 1 Satz 1 oder Absatz 2, § 45 Absatz 1 Satz 1 oder Absatz 2 oder § 48 Absatz 2 Satz 1 oder Satz 2 Stoffe lagert, ablagert oder befördert oder in ein oberirdisches Gewässer oder in ein Küstengewässer einbringt,

5. entgegen § 37 Absatz 1 den natürlichen Ablauf wild abfließenden Wassers behindert, verstärkt oder sonst verändert,

6. einer Vorschrift des § 38 Absatz 4 Satz 2 über eine dort genannte verbotene Handlung im Gewässerrandstreifen zuwiderhandelt,

7. entgegen § 50 Absatz 4, § 60 Absatz 1 Satz 2 oder § 62 Absatz 2 eine dort genannte Anlage errichtet, betreibt, unterhält oder stilllegt,

7a. einer Rechtsverordnung nach § 51 Absatz 1 Satz 1 in Verbindung mit

   a) § 52 Absatz 1 Satz 1 Nummer 1, 2 Buchstabe a oder Buchstabe c oder Nummer 3 oder

   b) § 52 Absatz 1 Satz 1 Nummer 2 Buchstabe b

   zuwiderhandelt,

8. einer vollziehbaren Anordnung nach

   a) § 52 Absatz 1 Satz 1 Nummer 1, 2 Buchstabe a oder Buchstabe c oder Nummer 3,

   b) § 52 Absatz 1 Satz 1 Nummer 2 Buchstabe b,

   jeweils auch in Verbindung mit § 52 Absatz 2 Satz 1 oder Absatz 3 oder § 53 Absatz 5, zuwiderhandelt,

8a. einer Rechtsverordnung nach § 53 Absatz 4 Satz 1 in Verbindung mit § 53 Absatz 5 in Verbindung mit

   a) § 52 Absatz 1 Satz 1 Nummer 1, 2 Buchstabe a oder Buchstabe c oder Nummer 3 oder

   b) § 52 Absatz 1 Satz 1 Nummer 2 Buchstabe b

   zuwiderhandelt,

9. ohne Genehmigung nach § 58 Absatz 1 Satz 1, auch in Verbindung mit § 59 Absatz 1, Abwasser in eine Abwasseranlage einleitet,

10. ohne Genehmigung nach § 60 Absatz 3 Satz 1 eine Abwasserbehandlungsanlage errichtet, betreibt oder wesentlich ändert,

11. entgegen § 61 Absatz 2 Satz 2 in Verbindung mit einer Rechtsverordnung nach Absatz 3 eine Aufzeichnung nicht, nicht richtig oder nicht vollständig anfertigt, nicht oder nicht mindestens fünf Jahre aufbewahrt oder nicht oder nicht rechtzeitig vorlegt,

12. entgegen § 63 Absatz 1 Satz 1 eine dort genannte Anlage errichtet oder betreibt,

13. entgegen § 64 Absatz 1 nicht mindestens einen Gewässerschutzbeauftragten bestellt,

14. einer vollziehbaren Anordnung nach § 64 Absatz 2 zuwiderhandelt,

15. ohne festgestellten und ohne genehmigten Plan nach § 68 Absatz 1 oder Absatz 2 ein Gewässer ausbaut,

16. einer Vorschrift des § 78 Absatz 1 Satz 1 Nummer 2 bis 8 oder Nummer 9, jeweils auch in Verbindung mit § 78 Absatz 6, über eine untersagte Handlung in einem dort genannten Gebiet zuwiderhandelt,[1)]

17. entgegen § 78a Absatz 3 einen Gegenstand nicht oder nicht rechtzeitig entfernt,

18. entgegen § 78c Absatz 1 Satz 1 oder Absatz 2 Satz 1 eine Heizölverbraucheranlage errichtet,

19. entgegen § 78c Absatz 2 eine Heizölverbraucheranlage nicht, nicht richtig, nicht in der vorgeschriebenen Weise oder nicht rechtzeitig nachrüstet,

20. einer vollziehbaren Anordnung nach § 101 Absatz 1 Satz 1 Nummer 3 zuwiderhandelt oder

21. entgegen § 101 Absatz 2 das Betreten eines Grundstücks nicht gestattet oder eine Auskunft nicht, nicht richtig, nicht vollständig oder nicht rechtzeitig erteilt.

(2) Die Ordnungswidrigkeit kann in den Fällen des Absatzes 1 Nummer 1 bis 3 Buchstabe a, Nummer 4 bis 7, 7a Buchstabe a, Nummer 8 Buchstabe a, Nummer 8a Buchstabe a, Nummer 9, 10 und 12 bis 16 mit einer Geldbuße bis zu fünfzigtausend Euro und in den übrigen Fällen mit einer Geldbuße bis zu zehntausend Euro geahndet werden.

Inhaltsübersicht

Rn.   Rn.

1. Allgemeines 1
2. Die Bußgeldtatbestände (Abs. 1) 4
3. Der Bußgeldrahmen (Abs. 2)................. 6
4. Landesrecht 8

[1)] Im Rahmen der Änderungen des WHG durch das Hochwasserschutzgesetz II vom 30.6.2017 ist die Anpassung des § 103 Abs. 1 Nr. 16 versehentlich unterblieben. Eine Korrektur soll bei nächster Gelegenheit erfolgen.

1. Allgemeines

1 § 103 bestimmt die als Ordnungswidrigkeit zu ahndenden Verletzungen von im WHG normierten öffentlich-rechtlichen Verpflichtungen. Die Vorschrift führt, angepasst an die neuen Tatbestände, den bisherigen § 41 WHG fort.[2] Zu Ordnungswidrigkeiten erklärt der Gesetzgeber Handlungen, die sog. **Verwaltungsunrecht** darstellen und einer Sanktionierung durch **Bußgeldandrohungen** bedürfen. Davon zu unterscheiden sind die Verstöße gegen das WHG, die entweder gar nicht bußgeldbewehrt sind oder die wegen ihres hohen Unrechtsgehalts als kriminelle Delikte unter Strafe stehen.

2 Keine Bußgeldbewehrung gibt es in den Fällen, in denen der Unrechtsgehalt der Pflichtverletzung vergleichsweise gering ist, z.B. bei Nichteinhaltung von Anzeigepflichten statt von Genehmigungspflichten, oder die Normierung der Pflicht nicht den für Straf- und Bußgeldvorschriften besonders hohen Anforderungen an die Bestimmtheit entspricht (vgl. z.B. die allgemeinen Sorgfaltspflichten nach § 5 mit den Merkmalen „nach den Umständen erforderliche Sorgfalt" in Abs. 1 und „im Rahmen des ihr Möglichen und Zumutbaren" in Abs. 2). Neben der Verfolgung von Rechtsverstößen gegen das WHG als Ordnungswidrigkeit hat die Wasserbehörde die Möglichkeit, gegen wasserrechtliche Zuwiderhandlungen mit **Verwaltungszwang** vorzugehen.

3 Die früher in §§ 38, 39 WHG enthaltenen Strafbestimmungen wegen vorsätzlicher oder fahrlässiger unbefugter Gewässerverunreinigung sind 1980 durch das Gesetz zur Bekämpfung der Umweltkriminalität vom 28.3.1980 (BGBl. I S. 373) in das **Strafgesetzbuch** überführt worden (§§ 324, 329, 330, 330a-330d StGB). Erfüllt die Verletzung eines Tatbestands des § 103 gleichzeitig den Tatbestand eines Strafgesetzes, z.B. wenn durch die Überschreitung der in der wasserrechtlichen Erlaubnis für das Einleiten von Abwasser zugelassenen Grenzwerte ein Gewässer verunreinigt wird, so ist nur das Strafgesetz anzuwenden, es sei denn, eine Strafe wird nicht verhängt (§ 21 Abs. 1 und 2 OWiG). Die Verfolgung und Ahndung der Ordnungswidrigkeiten richtet sich nach dem **Gesetz über Ordnungswidrigkeiten** (OWiG), soweit nicht in § 103 etwas anderes bestimmt ist (so z.B. in Abs. 2 zur Höhe der Geldbuße). Zuständig ist die nach Landesrecht bestimmte Verwaltungsbehörde (§ 35 Abs. 1 OWiG). Nach § 47 Abs. 1 OWiG gilt das Opportunitätsprinzip (bei Straftaten das Legalitätsprinzip). Fahrlässige Tatbegehung reicht aus. Die Verjährung ist in § 31 OWiG geregelt.[3]

---

[2] Vgl. hierzu BT-Drs. 2072, S. 14, 37, 45, 50 und BT-Drs. 3536, S. 16, 42 f.; siehe auch *Kotulla*, § 103 Rn. 1.
[3] Näher zur Anwendung des Ordnungswidrigkeitenrechts *C/R*, § 103 Rn. 7 ff.; *Kotulla*, § 103 Rn. 5 ff.; *v. Weschpfennig*, in: LR, WHG, § 103 Rn. 9 ff.

2. Die Bußgeldtatbestände (Abs. 1)

§ 103 führt in Abs. 1 die einzelnen Tatbestände der Ordnungswidrigkeiten auf. Die größte Bedeutung haben die Fälle der **Nr. 1 und 2**, in denen die Täter wasserwirtschaftliche Vorhaben ohne die erforderliche behördliche Erlaubnis, Bewilligung, Genehmigung oder Planfeststellung durchführen (insbesondere Gewässer benutzen) oder einer vollziehbaren Anordnung zuwiderhandeln. Vollziehbar ist eine Anordnung oder Auflage, wenn sie unanfechtbar geworden oder zwar angefochten, aber nach § 80 Abs. 2 Nr. 4 VwGO für sofort vollziehbar erklärt worden ist. Hauptfall nach Nr. 1 ist das unbefugte Einleiten von Stoffen in Gewässer. Hier können sich **Abgrenzungsprobleme** zur strafbaren Gewässerverunreinigung nach § 324 StGB ergeben. Da § 103 Abs. 1 Nr. 1 von den Benutzungstatbeständen des § 9 ausgeht, ist hier wie bei der Haftung nach § 89, aber anders als bei § 324 StGB ein zweckgerichtetes Handeln oder Unterlassen erforderlich. Deshalb ist § 103 Abs. 1 Nr. 1 nicht erfüllt, wenn Heizöl beim Füllen eines Öltanks versehentlich in die Kanalisation und von dort in ein Gewässer gelangt. Nr. 1 gibt auch die Möglichkeit, ohne wasserrechtliche Erlaubnis ausgeübte unechte Benutzungen nach der Generalklausel des § 9 Abs. 2 Nr. 2 mit einem Bußgeld zu sanktionieren.

4

Der Tatbestand nach **Nr. 3** stellt sicher, dass auch Rechtsverstöße gegen nach § 23 erlassene Rechtsverordnungen geahndet werden können, wobei der Gesetzgeber nicht bei allen Nummern des § 23 Abs. 1 ein Bedürfnis für eine Bußgeldbewehrung sieht. Mit Nr. 7a und 8a ist das WHG durch die erste Änderung vom 11. 8. 2010 nachgebessert und mit Nr. 17–19 durch das Hochwasserschutzgesetz II vom 30. 6. 2017 um die Bußgeldbewehrung von Hochwasservorschriften ergänzt worden worden.[4)]

5

3. Der Bußgeldrahmen (Abs. 2)

§ 103 Abs. 2 legt für das WHG einen eigenen, gegenüber den allgemeinen Vorschriften nach § 17 Abs. 1 und 2 OWiG (bis 1.000 EUR) erheblich erweiterten Bußgeldrahmen fest (bis 50.000 EUR, teilweise bis 10.000 EUR).[5)] Der Gesetzgeber attestiert damit Verstößen gegen das WHG einen höheren Unrechtsgehalt. § 103 Abs. 2 entspricht § 41 Abs. 2 WHG a.F. Bei fahrlässigem Verhalten kann das Bußgeld bis zur Hälfte reduziert werden (§ 17 Abs. 2 OWiG). Die Bemessung der Geldbuße richtet sich nach § 17 Abs. 3 und 4 OWiG.

6

[4)] Vgl. näher zu den einzelnen Tatbeständen des § 103 Abs. 1 *C/R*, § 103 Rn. 12 ff.; *Kotulla*, § 103 Rn. 13 ff.; *Schwendner*, in: SZDK, § 103 WHG Rn. 8 ff.; *Schwind*, in: BFM, § 103 Rn. 16 ff.; *v. Weschpfennig*, in: LR, WHG, § 103 Rn. 15 ff.

[5)] Kritisch dazu *v. Weschpfennig*, in: LR, WHG, § 103 Rn. 57. – Im Rahmen der in Fn. 1 erwähnten Korrektur wird auch zu überpüfen sein, ob nicht für alle den Hochwasserschutz betreffenden Tatbestände (Abs. 1 Nr. 16–19) einheitlich die höhere Bußgeldandrohung angemessen ist.

7 Für die wichtigsten Umweltgesetze existieren von der Umweltministerkonferenz beschlossene und den Ländern zur Einführung empfohlene **Bußgeldkataloge**, die auch die einschlägigen wasserrechtlichen Vorschriften des Bundes und der Länder berücksichtigen.

4. Landesrecht

8 § 103 regelt die mit Bußgeld bewehrten Tatbestände abschließend. Für Ergänzungen durch das Landesrecht im Rahmen des Art. 72 Abs. 1 GG bleibt deshalb keinen Spielraum. Da § 103 auf die konkurrierende Gesetzgebungszuständigkeit des Bundes nach Art. 74 Abs. 1 Nr. 1 GG gestützt ist und dieser Kompetenztitel nicht der Abweichungsgesetzgebung der Länder unterliegt, sind auch keine abweichenden Regelungen zulässig. Unberührt bleibt die Befugnis der Länder, zu den landesrechtlichen Tatbeständen eigene Bußgeldbestimmungen zu erlassen.

§ 104
Überleitung bestehender Erlaubnisse und Bewilligungen

(1) Erlaubnisse, die vor dem 1. März 2010 nach § 7 des Wasserhaushaltsgesetzes erteilt worden sind, gelten als Erlaubnisse nach diesem Gesetz fort. Soweit landesrechtliche Vorschriften für bestimmte Erlaubnisse nach Satz 1 die Rechtsstellung ihrer Inhaber gegenüber Dritten regeln, gelten die Erlaubnisse nach den Vorschriften dieses Gesetzes über gehobene Erlaubnisse fort.

(2) Bewilligungen, die vor dem 1. März 2010 nach § 8 des Wasserhaushaltsgesetzes erteilt worden sind, gelten als Bewilligungen nach diesem Gesetz fort.

Inhaltsübersicht

Rn.		Rn.
1. Allgemeines............ 1	3. Landesrecht............ 7
2. Inhalt des § 104......... 3	

1. Allgemeines

1 § 104 regelt in **Abs. 1** die Überleitung von Erlaubnissen (zu den Sonderregelungen für Erlaubnisse im Zusammenhang mit Fracking-Maßnahmen und industrielle Abwassereinleitungen siehe § 104a und § 107 Abs. 2) und in **Abs. 2** von Bewilligungen, die vor Inkrafttreten des WHG 2009 für Gewässerbenutzungen existiert haben. Auf das alte WHG gestützte Verwaltungsakte bestehen auch nach dem Wegfall des Gesetzes weiter. Das neue Gesetz musste darüber befinden, wie **vorhandene Verwaltungsakte** in welches Rechtsregime integriert werden. Gewässerbenutzungen, die durch alte Rechte und alte Befugnisse abgesichert sind, bedürfen keiner Überleitung, da sie durch §§ 20 und 21 unmittelbar und vollständig in das neue WHG einbezogen sind.

§ 104 unterstellt „erteilte"[1] Erlaubnisse, gehobene Erlaubnisse und Bewilligungen voll dem **Regime des neuen WHG**. Diese Regelung trägt den Zielen der Rechtsvereinheitlichung und Rechtsvereinfachung Rechnung, weil die genannten Gestattungen jeweils nach einheitlichen, übersichtlicher gestalteten Rechtsvorschriften zu behandeln sind. Da die zum Stichtag vorhandenen Erlaubnisse und Bewilligungen auch in die Zukunft wirken und das neue Regime erst ab 1.3.2010 in Kraft getreten ist, handelt es sich um eine verfassungsrechtlich grundsätzlich zulässige **unechte Rückwirkung** eines Gesetzes.[2] Alternativ hätte der Gesetzgeber bis zum Auslaufen der alten Gestattungen die Geltung des WHG 1957 in seiner letzten Fassung vorschreiben oder gesonderte Übergangsvorschriften erlassen können. Da sich aber durch das WHG 2009 die Rechtsposition der Erlaubnis- und Bewilligungsinhaber nicht wesentlich verändert hat, hat diese Frage bei den Gesetzesberatungen keine Rolle gespielt. 2

2. Inhalt des § 104

Abs. 1 bestimmt in **Satz 1**, dass nach dem alten § 7 WHG erteilte wasserrechtliche **Erlaubnisse** als Erlaubnisse nach dem neuen WHG fortgelten. Maßgebend bleibt der Inhalt, der am 28.2.2010 gültig gewesen ist. Sie unterliegen damit den gemeinsamen Bestimmungen des 1. Abschnitts im 2. Kapitel sowie ergänzend den allgemeinen verwaltungsverfahrensrechtlichen Vorschriften. So richtet sich z.B. seit dem Inkrafttreten des WHG 2009 die Festsetzung nachträglicher Inhalts- und Nebenbestimmungen nach § 13 Abs. 1, nicht nach § 5 WHG a.F. Entsprechendes gilt für den Widerruf (§ 18 Abs. 1) sowie für die Rücknahme und das Erlöschen der Erlaubnis nach den allgemeinen verwaltungsverfahrensrechtlichen Vorschriften.[3] 3

Satz 2 von Abs. 1 legt fest, dass die früheren, nach Landesrecht erteilten sog. **gehobenen Erlaubnisse**, die ihrem Inhaber Schutz gegenüber privatrechtlichen Ansprüchen Dritter gewähren, nach Maßgabe der einschlägigen Vorschriften des § 15 WHG n.F. fortgelten. Auch in diesem Fall hat der Bundesgesetzgeber keinen Anlass gesehen, den Bestand und die Fortentwicklung der alten gehobenen Erlaubnisse im jeweiligen landesrechtlichen Regime, das nicht immer vollständig mit dem neuen identisch ist, zu belassen.[4] 4

---

[1] „Erteilt" heißt mit der Bekanntgabe an den Adressaten wirksam geworden (§ 43 Abs. 1 VwVfG). Bestandskraft ist nicht erforderlich; vgl. auch *C/R*, § 104 Rn. 10.
[2] Näher hierzu *C/R*, § 104 Rn. 3 ff.; *v. Weschpfennig*, in: LR, WHG, § 104 Rn. 4 ff.
[3] Vgl. näher zu den Auswirkungen der Überleitung *Berendes*, in: BFM, § 104 Rn. 4.
[4] Vgl. zur Überleitung der gehobenen Erlaubnis auch *Berendes*, in: BFM, § 104 Rn. 8f.; *Schmid*, in: BFM, § 15 Rn. 17 ff.; *v. Weschpfennig*, in: LR, WHG, § 104 Rn. 9 ff.

5   Nach § 104 Abs. 2 gilt für bestehende wasserrechtliche **Bewilligungen** die gleiche Rechtslage wie nach Abs. 1 für Erlaubnisse. Insofern verändert sich der Rechtsstatus der Bewilligungsinhaber in der Weise, wie §§ 10 ff. das bisher geltende Recht modifiziert haben. Die Veränderungen bleiben im Ergebnis moderat, sind wasserwirtschaftspolitisch sachgerecht und verfassungsrechtlich nicht zu beanstanden.[5)]

3. Landesrecht

6   § 104 bestimmt abschließend die Geltung des neuen WHG für bestehende Erlaubnisse, gehobene Erlaubnisse und Bewilligungen. Für ergänzende landesrechtliche Vorschriften im Rahmen des Art. 72 Abs. 1 GG bleibt kein Raum. § 104 unterliegt nach Maßgabe des Art. 72 Abs. 3 Satz 1 Nr. 5 GG der Abweichungsgesetzgebung. Die Länder können andere Überleitungsbestimmungen somit nur treffen, soweit es sich nicht um stoff- oder anlagenbezogene Tatbestände handelt.

§ 104a
Ausnahmen von der Erlaubnispflicht bei bestehenden Anlagen zur untertägigen Ablagerung von Lagerstättenwasser

(1) Die Nutzung einer Anlage zur untertägigen Ablagerung von Lagerstättenwasser, das bei Maßnahmen nach § 9 Absatz 2 Nummer 3 oder bei anderen Maßnahmen zur Aufsuchung oder Gewinnung von Erdgas oder Erdöl anfällt, bedarf unbeschadet des Absatzes 2 keiner Erlaubnis nach § 8 Absatz 1, wenn die Anlage vor dem 11. Februar 2017 in Übereinstimmung mit einem bestandskräftig zugelassenen Betriebsplan nach § 52 des Bundesberggesetzes errichtet worden ist oder zu diesem Zeitpunkt ein bestandskräftig zugelassener Betriebsplan für die Anlage vorliegt. In diesen Fällen sind die sich aus § 13b Absatz 2 und 3 ergebenden Verpflichtungen in den jeweiligen Zulassungen von künftig gemäß § 52 Absatz 1 Satz 1 des Bundesberggesetzes aufzustellenden Hauptbetriebsplänen spätestens bis zum 11. Februar 2019 zu regeln. § 13b Absatz 4 gilt für den Unternehmer im Sinne von § 4 Absatz 5 des Bundesberggesetzes in diesen Fällen entsprechend.

[5)] Die Beurteilung hängt naturgemäß davon ab, wie die durch die neuen Regelungen eingetretenen Änderungen insbesondere zum Ausschluss privatrechtlicher Abwehransprüche (§ 16 Abs. 2) und zum Widerruf der Bewilligung (§ 18 Abs. 2) zu bewerten sind. Dies ist streitig; vgl. dazu *Berendes*, in: BFM, § 104 Rn. 11 einerseits und *v. Weschpfennig*, in: LR, WHG, § 104 Rn. 12 ff. andererseits.

(2) Die Nutzung einer Anlage nach Absatz 1 Satz 1, die nach § 22c Absatz 1 Satz 3 der Allgemeinen Bundesbergverordnung nicht mehr zulässig ist, bedarf keiner Erlaubnis nach § 8 Absatz 1, wenn der Anlagenbetreiber spätestens bis zum 11. Februar 2019 grundsätzlich zulassungsfähige Anträge für Zulassungen für eine anderweitige Entsorgung des Lagerstättenwassers (Entsorgungskonzept) vorlegt und hierfür eine behördliche Bestätigung nach Satz 4 vorliegt. Aus dem Entsorgungskonzept muss sich ergeben, wie das Lagerstättenwasser künftig entsorgt werden soll, sodass insbesondere folgende Anforderungen erfüllt sind:

1. die Anforderungen nach § 22c Absatz 1 Satz 3 der Allgemeinen Bundesbergverordnung und

2. die Anforderungen nach § 13a Absatz 1 Satz 1 Nummer 2 Buchstabe a und b.

Die Sätze 1 und 2 gelten entsprechend, wenn die Anlage nach Absatz 1 Satz 1 in einem Gebiet nach § 13a Absatz 1 Satz 1 Nummer 2 Buchstabe a oder Buchstabe b liegt. Sofern die zuständige Behörde die grundsätzliche Zulassungsfähigkeit der Anträge bestätigt, ist die Nutzung der Anlage in den Fällen der Sätze 1 und 3 spätestens am 11. Februar 2022 einzustellen. Andernfalls ist die Nutzung der Anlage in den Fällen der Sätze 1 und 3 spätestens am 11. Februar 2020 einzustellen. Die Sätze 3 bis 5 gelten nicht, soweit die Ablagerung des Lagerstättenwassers für die Schutzzone III eines festgesetzten Wasserschutzgebietes oder eines festgesetzten Heilquellenschutzgebietes ausnahmsweise zugelassen wird

1. in einer Rechtsverordnung nach § 51 Absatz 1, auch in Verbindung mit § 53 Absatz 5, oder

2. durch behördliche Entscheidung; § 52 Absatz 1 Satz 2 und 3, auch in Verbindung mit § 53 Absatz 5, gilt entsprechend.

Inhaltsübersicht

Rn.		Rn.
1. Allgemeines 1	3. Erlaubnisfreiheit nach Abs. 2	5
2. Erlaubnisfreiheit nach Abs. 1 3	4. Landesrecht	7

1. Allgemeines

§ 104a gehört zu den durch das Fracking-Gesetz vom 4.8.2016 mit Wirkung vom 11.2.2017 in Kraft gesetzten Ergänzungen des WHG. Die Vorschrift bezieht sich auf die neu eingeführten Benutzungstatbestände des § 9 Abs. 2 Nr. 3 und 4, die nach § 8 Abs. 1, § 14 Abs. 1 Nr. 3 grundsätzlich einer wasserrechtlichen Erlaubnis bedürfen (vgl. näher dazu § 9 Rn. 17f., § 13a Rn. 1ff.). § 104a regelt **übergangsweise** 1

Ausnahmen von der Erlaubnispflicht, die sich auf die Nutzung von Anlagen zur untertägigen Ablagerung von Lagerstättenwasser bezieht, das bei Fracking-Maßnahmen anfällt. Es handelt sich hierbei um den verfassungsrechtlich grundsätzlich zulässigen Fall einer unechten Rückwirkung (vgl. dazu § 104 Rn. 2).

2 Die Bestimmungen des § 104a über die Ausnahmen von der Erlaubnispflicht differenzieren danach, ob die Nutzung der Anlage nach Maßgabe der neuen Rechtsvorschriften zum Fracking – einschlägig ist hier § 22c Abs. 1 Satz 3 der Allgemeinen Bundesbergverordnung (ABBergV) – zulässig ist oder nicht. **Abs. 1** regelt die Fälle, in denen die Nutzung der Anlage keiner wasserrechtlichen Erlaubnis bedarf. **Abs. 2** legt die Bedingungen fest, nach denen eine nicht mehr zulässige Nutzung dennoch erlaubnisfrei ist. Befreit § 104a nicht von der Erlaubnispflicht, kann die Nutzung nur zugelassen werden, wenn die sehr engen Voraussetzungen des § 13a erfüllt sind. Die am Ende beschlossene Fassung des § 104a ist gegenüber dem Gesetzentwurf der Bundesregierung[1] wesentlich geändert worden.[2] Der Gesetzgeber will mit seinem nach den Fällen des Abs. 1 und 2 differenzierendem Konzept das Interesse des Betreibers am Bestand der Anlage in ein ausgewogenes Verhältnis zu dem mit den Fracking-Regelungen verfolgten Anliegen der Risikominimierung für das Grundwasser bringen.[3]

2. Erlaubnisfreiheit nach Abs. 1

3 Nach **Satz 1** des § 104a Abs. 1 bedarf die an sich erlaubnispflichtige Nutzung einer Anlage zur untertägigen Ablagerung von Lagerstättenwasser, das bei Fracking-Maßnahmen anfällt (Gewässerbenutzung nach § 9 Abs. 2 Nr. 4), keiner wasserrechtlichen Erlaubnis, wenn die Anlage vor dem Inkrafttreten des Fracking-Gesetzes am 11.2.2017 entsprechend einem bestandskräftig zugelassenen **Betriebsplan** errichtet worden ist oder zu diesem Zeitpunkt ein bestandskräftig zugelassener Betriebsplan für die Anlage vorgelegen hat. Der Gesetzgeber erwähnt als Beispiel Versenkbohrungen in druckabgesenkte kohlenwasserstoffhaltige Gesteinsformationen, also ausgeförderte Erdöl- oder Erdgaslagerstätten.[4] Die Erlaubnisfreiheit gilt „unbeschadet des Absatzes 2", also nur dann, wenn für Anlagen, die nicht den im Fracking-Regelungspaket verschärften Anforderungen des § 22c Abs. 1 Satz 3 ABBergV entsprechen, die Voraussetzungen des Abs. 2 vorliegen.

---

[1] BT-Drs. 18/4713, S. 27.
[2] Vgl. dazu die Stellungnahme des Bundesrates mit der Gegenäußerung der Bundesregierung in BT-Drs. 18/4949, S. 8f., 14 und das Konzept des Bundestages in BT-Drs. 18/8916, S. 21ff. sowie *Giesberts/Kastelec*, in: BeckOK, WHG, § 104a Rn. 4.
[3] BT-Drs. 18/8916, S. 22.
[4] BT-Drs. 18/8916, S. 22; vgl. zur Rechtfertigung der Erlaubnisfreiheit für solche Fälle auch *Frenz*, in: BFM, § 104a Rn. 7; *Giesberts/Kastelec*, in: BeckOK, WHG, § 104a Rn. 6.

Die **Sätze 2 und 3** normieren auch für im Rahmen des Satzes 1 wasserrechtlich nicht erlaubnispflichtige Anlagennutzungen bestimmte **wasserrechtliche Pflichten**, die im Rahmen der dem Bergrecht unterliegenden Vorhaben zur Wahrung der Gewässerschutzbelange zu beachten sind. **Satz 2** schreibt der zuständigen Bergbehörde vor, in die ohnehin fortlaufend aufzustellenden und zuzulassenden Hauptbetriebspläne nach § 52 Abs. 1 Satz 1 BBergG auch Bestimmungen zu den Verpflichtungen nach § 13b Abs. 2 und 3 (die Gewässerbeschaffenheit betreffende Überwachungs- und Berichtspflichten) aufzunehmen. Diese Anpassung muss binnen zwei Jahren, also spätestens bis zum 11.2.2019 geschehen. Nach **Satz 3** gelten die den Inhaber der wasserrechtlichen Erlaubnis treffenden Informationspflichten nach § 13b Abs. 4 für den bergrechtlichen Unternehmer entsprechend. Zu unterrichten ist nicht die Berg-, sondern die Wasserbehörde, die dann auch gemäß Satz 2 des § 13b Abs. 4 die Informationen im Internet zu veröffentlichen hat.

3. Erlaubnisfreiheit nach Abs. 2

§ 104a Abs. 2 bezieht sich in **Satz 1** auf die Fälle, in denen die Nutzung von Anlagen zur untertägigen Ablagerung von Lagerstättenwasser nach Inkrafttreten der Fracking-Regelungen nicht die verschärften Anforderungen des § 22c Abs. 1 Satz 3 ABBergV erfüllen. Dies betrifft insbesondere die Versenkung von Lagerstättenwasser in den oberflächennahen Kalkarenit.[5] Die Nutzung solcher Anlagen ist nur dann erlaubnisfrei, wenn der Betreiber binnen zwei Jahren, also spätestens bis zum 11.2.2019 ein **Entsorgungskonzept** für eine anderweitige Entsorgung des Lagerstättenwassers vorgelegt und die zuständige Behörde die grundsätzliche Zulassungsfähigkeit des alternativen Konzepts gemäß Satz 4 bestätigt hat. Nach **Satz 2** muss der Anlagenbetreiber in seinem Konzept darlegen, wie die Entsorgung des Lagerstättenwassers künftig im Einklang mit den Anforderungen sowohl des § 22c Abs. 1 Satz 3 ABBergV als auch des § 13a Abs. 1 Satz 1 Nr. 2 Buchst. a und b erfolgen soll. **Satz 4 und 5** befristeten den Weiterbetrieb der nicht mehr rechtskonformen Anlage bis zum 11.2.2022, wenn die Behörde das Entsorgungskonzept gebilligt hat, andernfalls bis zum 11.2.2020.

Die **Sätze 3 und 6** treffen **Sonderregelungen** für Anlagen **in festgesetzten Wasserschutz- und Heilquellenschutzgebieten**. Für die Nutzung solcher Anlagen entfällt nach **Satz 3** die wasserrechtliche Erlaubnispflicht nur unter den weiteren Voraussetzungen des Abs. 2 Satz 1 und 2. Anders als bei der unbefristeten Erlaubnisfreiheit nach Abs. 1 Satz 1 besteht hier nur eine gemäß Abs. 2 Satz 4 oder 5 befristete Erlaubnisfreiheit. Nach **Satz 6** gelten die in den Sätzen 3–5 normierten besonderen Einschränkungen nicht, soweit die Ablage-

---

[5] BT-Drs. 18/8916, S. 22.

rung des Lagerstättenwassers fachrechtlich ausnahmsweise zugelassen wird (Nr. 1 oder 2). Dies bedeutet, dass allein Abs. 1 Satz 1 anwendbar ist und die Erlaubnispflicht entfällt.

4. Landesrecht

7 § 104a hat mit den Ausnahmen von der Erlaubnispflicht für bestimmte Fracking-Tatbestände eine abschließende Regelung getroffen, die nicht im Rahmen des Art. 72 Abs. 1 GG durch Landesrecht ergänzt werden kann. Abweichende Regelungen nach Art. 72 Abs. 3 Satz 1 Nr. 5 GG sind ebenfalls nicht zulässig, weil es sich beim Ablagern von Lagerstättenwasser um einen stoffbezogenen Benutzungstatbestand handelt.

§ 105
Überleitung bestehender sonstiger Zulassungen

(1) Eine Zulassung für das Einleiten von Abwasser in öffentliche Abwasseranlagen, die vor dem 1. März 2010 erteilt worden ist, gilt als Genehmigung nach § 58 fort. Eine Zulassung für das Einleiten von Abwasser in private Abwasseranlagen, die vor dem 1. März 2010 erteilt worden ist, gilt als Genehmigung nach § 59 fort. Eine Genehmigung nach § 58 oder § 59 ist nicht erforderlich für Einleitungen von Abwasser in öffentliche oder private Abwasseranlagen, die vor dem 1. März 2010 begonnen haben, wenn die Einleitung nach dem am 28. Februar 2010 geltenden Landesrecht ohne Genehmigung zulässig war.

(2) Eine Zulassung, die vor dem 1. März 2010 nach § 18c des Wasserhaushaltsgesetzes in der am 28. Februar 2010 geltenden Fassung in Verbindung mit den landesrechtlichen Vorschriften erteilt worden ist, gilt als Genehmigung nach § 60 Absatz 3 fort.

(3) Eine Eignungsfeststellung, die vor dem 1. März 2010 nach § 19h Absatz 1 des Wasserhaushaltsgesetzes in der am 28. Februar 2010 geltenden Fassung erteilt worden ist, gilt als Eignungsfeststellung nach § 63 Absatz 1 fort. Ist eine Bauartzulassung vor dem 1. März 2010 nach § 19h Absatz 2 des Wasserhaushaltsgesetzes in der am 28. Februar 2010 geltenden Fassung erteilt worden, ist eine Eignungsfeststellung nach § 63 Absatz 1 nicht erforderlich.

(4) Ein Plan, der vor dem 1. März 2010 nach § 31 Absatz 2 oder Absatz 3 des Wasserhaushaltsgesetzes in der am 28. Februar 2010 geltenden Fassung oder nach landesrechtlichen Vorschriften festgestellt oder genehmigt worden ist, gilt jeweils als Planfeststellungsbeschluss oder als Plangenehmigung nach § 68 fort.

Inhaltsübersicht

Rn.		Rn.
1. Allgemeines 1	3. Landesrecht	6
2. Inhalt des § 105 2		

1. Allgemeines

§ 105 regelt die Überleitung der nicht von § 104 oder § 104a erfass- **1**
ten Zulassungen, also diejenigen, die nicht Gewässerbenutzungen
betreffen. **Abs. 1** leitet Genehmigungen für Indirekteinleitungen und
Abs. 2 für Abwasserbehandlungsanlagen über. **Abs. 3** betrifft Eignungsfeststellungen für Anlagen zum Umgang mit wassergefährdenden Stoffen und **Abs. 4** Planfeststellungen und Plangenehmigungen
für Gewässerausbauten. Der Regelung des § 105 liegt die gleiche
Konzeption mit den gleichen Rechtsfolgen zugrunde wie dem § 104.
Die sonstigen nach altem Recht erteilten und in das neue Recht
übergeleiteten Zulassungen unterliegen damit seit dem 1. 3. 2010 jeweils den Vorschriften des 2., 3. oder 5. Abschnitts im 3. Kapitel
(insbesondere zur Zulässigkeit nachträglicher Anordnungen) sowie
ergänzend den allgemeinen verwaltungsverfahrensrechtlichen Vorschriften. Die Erläuterungen zu § 104 unter 1. gelten insofern entsprechend.

2. Inhalt des § 105

Abs. 1 wandelt in den **Sätzen 1** und **2** nach Landesrecht erteilte **2**
Genehmigungen für **Indirekteinleitungen** in bundesrechtliche Genehmigungen nach §§ 58 und 59 um. Verfassungsrechtlich relevante
Bestandsschutzprobleme im Hinblick auf das bisher maßgebende
Landesrecht sind im Rahmen der hier vorliegenden unechten Rückwirkung nicht erkennbar. **Satz 3** bestimmt im Interesse des Vertrauensschutzes und zur Vermeidung von nicht zwingend erforderlichem
bürokratischen Aufwand, dass bisher nicht genehmigungsbedürftige
Indirekteinleitungen genehmigungsfrei bleiben, wenn mit den Einleitungen bereits vor Inkrafttreten des WHG 2009 begonnen worden
ist.[1]

Abs. 2 leitet nach § 18c WHG a.F. für UVP-pflichtige **Abwasserbe-** **3**
handlungsanlagen erteilte behördliche Zulassungen in Genehmigungen nach § 60 Abs. 3 über (vgl. dort Satz 1 Nr. 1). Der Anlagenbegriff
ist in beiden Vorschriften identisch. Die Landeswassergesetze haben
als Zulassung meist eine Genehmigung, teilweise auch eine Planfeststellung vorgesehen. Zu Abwasserbehandlungsanlagen, die der
Richtlinie 2010/75/EU über Industrieemissionen unterliegen, wird
auf die Sonderregelung des § 107 Abs. 1 und 1a verwiesen.

---

[1] Vgl. zur Frage, wann eine „alte" Einleitung endet und eine „neue" beginnt *Berendes*,
in: BFM, § 105 Fn. 8.

4 Abs. 3 trifft in **Satz 1** zu den **Eignungsfeststellungen** für Anlagen zum Umgang mit wassergefährdenden Stoffen die gleiche Regelung wie Abs. 1 und 2 zu den Genehmigungen. Eine Eignungsfeststellung nach dem WHG 2009 ist nur zu beantragen, wenn die Eignung vor Inkrafttreten dieses Gesetzes noch nicht festgestellt worden ist (was erforderlich gewesen wäre, weil das WHG 2009 insofern keine neuen Pflichten begründet hat). Nach altem Recht der Bauart nach zugelassene Anlagen (§ 19h Abs. 2 WHG a.F.) bedürfen keiner Eignungsfeststellung (**Satz 2**).

5 **Abs. 4** trifft zu **Planfeststellungen** und **Plangenehmigungen** für Gewässerausbauten die gleiche Regelung wie Abs. 1 und 2 zu den Genehmigungen und Abs. 4 Satz 1 zu den Eignungsfeststellungen.

3. Landesrecht

6 § 105 bestimmt abschließend die Geltung des neuen WHG für die aufgeführten sonstigen bestehenden Zulassungen. Für ergänzende landesrechtliche Vorschriften im Rahmen des Art. 72 Abs. 1 GG bleibt kein Raum. § 105 unterliegt nach Maßgabe des Art. 72 Abs. 3 Satz 1 Nr. 5 GG der Abweichungsgesetzgebung. Die Länder können zu Abs. 1–3 keine anderen Überleitungsbestimmungen treffen, weil es sich sowohl um stoff- als auch anlagenbezogene Regelungen handelt. Abs. 4 betrifft nur zum Teil stoff- oder anlagenbezogene Vorhaben (vgl. hierzu § 68 Rn. 8).

§ 106
Überleitung bestehender Schutzgebietsfestsetzungen

(1) Vor dem 1. März 2010 festgesetzte Wasserschutzgebiete gelten als festgesetzte Wasserschutzgebiete im Sinne von § 51 Absatz 1.

(2) Vor dem 1. März 2010 festgesetzte Heilquellenschutzgebiete gelten als festgesetzte Heilquellenschutzgebiete im Sinne von § 53 Absatz 4.

(3) Vor dem 1. März 2010 festgesetzte, als festgesetzt geltende oder vorläufig gesicherte Überschwemmungsgebiete gelten als festgesetzte oder vorläufig gesicherte Überschwemmungsgebiete im Sinne von § 76 Absatz 2 oder Absatz 3.

Inhaltsübersicht

	Rn.		Rn.
1. Allgemeines	1	3. Landesrecht	3
2. Inhalt des § 106	2		

1. Allgemeines

§ 106 regelt die Überleitung von nach altem Recht festgesetzten Schutzgebieten (Wasserschutz-, Heilquellenschutz-, Überschwemmungsgebiete). Die gesetzgeberische Interessenlage ist ähnlich wie in §§ 104 und 105 bei den behördlichen Zulassungen. Auf die Ausführungen zu § 104 unter Rn. 1 f. wird insofern verwiesen.

2. Inhalt des § 106

§ 106 unterstellt in Abs. 1–3 im Interesse der Rechtsvereinheitlichung und Rechtsvereinfachung und zur Gewährung der Anwendung aktueller, moderner Standards auch die vor Inkrafttreten des WHG 2009 festgesetzten Schutzgebiete dem **neuen Rechtsregime**. Die Gebiete unterliegen damit insbesondere den Schutzbestimmungen und behördlichen Anordnungsbefugnissen nach §§ 52, 53 Abs. 5, §§ 76 ff. Soweit die Gebiete die Anforderungen des WHG 2009 nicht erfüllen, sind sie entsprechend anzupassen und die erforderlichen Schutzmaßnahmen zu ergreifen. So müssen z.B. für alle Überschwemmungsgebiete die Vorgaben des § 76 Abs. 2 umgesetzt werden (insbesondere Festsetzung nach dem 100-jährlichen Hochwasser). Durch § 106 Abs. 3 hat der Gesetzgeber die kontroverse Diskussion zur Frage, ob die Anforderungen nach § 31b Abs. 4 WHG a.F. (baurechtliche Beschränkungen) nur für nach Inkrafttreten des Hochwasserschutzgesetzes 2005 festgesetzte Überschwemmungsgebiete oder auch für alte Festsetzungen gilt,[1] im Sinne der zweiten Alternative entschieden.

3. Landesrecht

§ 106 normiert abschließend die Geltung des WHG 2009 für bestehende Festsetzungen von bestimmten Schutzgebieten. Für ergänzende landesrechtliche Vorschriften im Rahmen des Art. 72 Abs. 1 GG bleibt kein Raum. § 106 unterliegt nach Maßgabe des Art. 72 Abs. 3 Satz 1 Nr. 5 GG der Abweichungsgesetzgebung. Da es sich nicht um stoff- oder anlagenbezogene Regelungen handelt, können die Länder von den Vorschriften des § 106 abweichen.

---

[1] Vgl. hierzu *Breuer*, Die neuen wasserrechtlichen Instrumente des Hochwasserschutzgesetzes v. 3.5.2005, NuR 2006, 614, 621.

§ 107
Übergangsbestimmung für industrielle Abwasserbehandlungsanlagen und Abwassereinleitungen aus Industrieanlagen

(1) Eine Zulassung, die vor dem 2. Mai 2013 nach landesrechtlichen Vorschriften für Abwasserbehandlungsanlagen im Sinne des § 60 Absatz 3 Satz 1 Nummer 2 erteilt worden ist, gilt als Genehmigung nach § 60 Absatz 3 Satz 1 fort. Bis zum 7. Juli 2015 müssen alle in Satz 1 genannten Anlagen den Anforderungen nach § 60 Absatz 1 bis 3 entsprechen.

(1a) Ist eine Anlage im Sinne von § 60 Absatz 3 Satz 1 Nummer 3 vor dem 28. Januar 2018 nach landesrechtlichen Vorschriften nicht im Rahmen einer Deponiezulassung, sondern anderweitig zugelassen worden, gilt diese Zulassung als Genehmigung nach § 60 Absatz 3 Satz 1 fort. Bis zum 28. Januar 2020 müssen alle in Satz 1 genannten Anlagen den Anforderungen nach § 60 Absatz 1 bis 3 entsprechen.

(2) Soweit durch Artikel 2 des Gesetzes zur Umsetzung der Richtlinie über Industrieemissionen vom 8. April 2013 (BGBl. I S. 734) neue Anforderungen festgelegt worden sind, sind diese Anforderungen von Einleitungen aus Anlagen nach § 3 der Verordnung über genehmigungsbedürftige Anlagen, die sich zum Zeitpunkt des Inkrafttretens des genannten Gesetzes in Betrieb befanden, ab dem 7. Januar 2014 zu erfüllen, wenn vor diesem Zeitpunkt

1. eine Genehmigung nach § 4 des Bundes-Immissionsschutzgesetzes für die Anlage erteilt wurde oder

2. von ihrem Betreiber ein vollständiger Genehmigungsantrag gestellt wurde.

Einleitungen aus bestehenden Anlagen nach Satz 1, die nicht von Anhang I der Richtlinie 2008/1/EG des Europäischen Parlaments und des Rates vom 15. Januar 2008 über die integrierte Vermeidung und Verminderung der Umweltverschmutzung (ABl. L 24 vom 29.1.2008, S. 8), die durch die Richtlinie 2009/31/EG (ABl. L 140 vom 5.6.2009, S. 114) geändert worden ist, erfasst wurden, haben abweichend von Satz 1 die dort genannten Anforderungen ab dem 7. Juli 2015 zu erfüllen.

Inhaltsübersicht

	Rn.		Rn.
1. Allgemeines	1	3. Landesrecht	7
2. Inhalt des § 107	3		

1. Allgemeines

§ 107 regelt die **Überleitung und Anpassung behördlicher Zulassungen**, die für vorhandene Kläranlagen (**Abs. 1 und 1a**) und Abwassereinleitungen (**Abs. 2**), die unter die Richtlinie 2010/75/EU über Industrieemissionen (IERL) fallen, vor dem Tag des Inkrafttretens der Neufassung des § 60 Abs. 3 erteilt worden sind; vgl. dazu das Umsetzungsgesetz vom 8. 4. 2013, das in Art. 2 mit der Änderung des WHG den wasserrechtlichen Verpflichtungen aus Art. 82 Abs. 1 und 2 IERL nachkommt. Abs. 1a ist erst im Nachgang durch das Gesetz vom 18. 7. 2017, das u. a. die wasserrechtliche Genehmigung für Behandlungsanlagen für Deponiesickerwasser eingeführt hat, in die Übergangsbestimmung des § 107 aufgenommen worden.

1

Notwendige **Anpassungsmaßnahmen** kann die Behörde auf der Grundlage des § 100 Abs. 2 i.V.m. § 13 Abs. 1 durchsetzen. § 107 ist eng mit der spezifischen Regelungssystematik des Immissionsschutzrechts für Industrieanlagen verzahnt. Aus der Sicht des Wasserrechts erscheint die Vorschrift **kompliziert** und dürfte nicht leicht zu verstehen sein.

2

2. Inhalt des § 107

Abs. 1 regelt die **Überleitung behördlicher Zulassungen**, die vor dem Stichtag[1)] für **Abwasserbehandlungsanlagen** nach der IERL erteilt worden sind. § 60 Abs. 3 Satz 1 Nr. 2 betrifft nur die eigenständig betriebenen industriellen Kläranlagen nach Nr. 6.11 Anhang I IERL. Hierfür hat es bisher Zulassungserfordernisse nur im Landesrecht und auch nicht in allen Ländern gegeben. **Satz 1** bestimmt, dass solche Zulassungen fortbestehen. Dies stellt sicher, dass erteilte Zulassungen nicht hinfällig werden, sondern in der neuen Form des § 60 Abs. 3 Satz 1 gültig bleiben. Dabei muss es sich nicht um wasserrechtliche Zulassungen handeln, auch Entscheidungen aufgrund der Landesbauordnungen kommen in Betracht.[2)] Die bisherigen, in Genehmigungen der neuen Art umgewandelten Zulassungen unterliegen vom Stichtag an nicht mehr dem alten Rechtsregime. Gemäß der Vorgabe in Art. 82 Abs. 2 IERL gilt lediglich die in **Satz 2** enthaltene Einschränkung, dass die betroffenen Abwasserbehandlungsanlagen erst bis zum 7. 7. 2015 die jeweils maßgebenden Anforderungen des WHG (§ 60 Abs. 1–3) erfüllen müssen. Die für notwendige Anpassungsmaßnahmen eingeräumte Zeit von etwa 27 Monaten seit Verkündung des Umsetzungsgesetzes ist durchaus knapp bemessen.[3)]

3

[1)] § 107 bestimmt den Tag des Inkrafttretens des innerstaatlichen Umsetzungsgesetzes, nicht den durch Art. 82 Abs. 2 IERL vorgegebenen Tag 7. 1. 2013, an dem die Frist für die Umsetzung der Richtlinie abgelaufen ist.
[2)] BT-Drs. 17/10486, S. 47.
[3)] Die Betroffenen wissen allerdings spätestens seit Veröffentlichung der IERL im ABl. der EU am 17. 12. 2010, was auf sie zukommen kann.

Bußgeld- und Überleitungsbestimmungen

4 **Abs. 1a** hat den Zweck, nachträglich eine Regelungslücke in der Umsetzung der Richtlinie 2010/75/EU zu schließen.[4] Die Vorschrift ergänzt in **Satz 1** die Neuregelung in § 60 Abs. 3 Satz 1 WHG im Hinblick auf bestehende Anlagen. Sie stellt zusammen mit den parallelen Anpassungen der Industriekläranlagen-Zulassungs- und Überwachungsverordnung (IZÜV) sicher, dass auch für **Sickerwasseranlagen**, die unter die IERL fallen und für die vor Inkrafttreten dieses Gesetzes eine andere Zulassung als eine Deponiezulassung erteilt worden ist, die Vorschriften der IZÜV gelten. Dies betrifft insbesondere die Pflichten des Genehmigungsinhabers, die Überwachung und die Überprüfung der Genehmigung (§§ 7–9 IZÜV). Für der IERL unterliegende Sickerwasseranlagen, die in eine Deponiezulassung einbezogen sind, gelten dagegen die einschlägigen Vorschriften der Deponieverordnung. Die in **Satz 2** WHG geregelte Nachrüstverpflichtung für Sickerwasseranlagen entspricht der parallelen Regelung für Abwasserbehandlungsanlagen i.S. des § 60 Abs. 3 Satz 1 Nr. 2 in Abs. 1 Satz 2.[5]

5 **Abs. 2** regelt die **Anpassung vorhandener Abwassereinleitungen** an neue Anforderungen, die sich im Wasserbereich aus der innerstaatlichen Umsetzung der Richtlinie über Industrieemissionen ergeben haben. Betroffen sind hier alle Einleitungen aus den Industrieanlagen, die nach § 3 der Verordnung über genehmigungsbedürftige Anlagen unter die IERL fallen und als solche gekennzeichnet sind. Das sind die eigenständig sowie die als Nebeneinrichtung betriebenen unselbständigen Abwasserbehandlungsanlagen. **Satz 1** gibt für die Anpassung die durch Art. 82 Abs. 1 IERL eingeräumte Frist bis zum 7.1.2014 (ein Jahr nach Ablauf der Frist für die Richtlinienumsetzung) weiter. Voraussetzung ist, dass vor diesem Zeitpunkt entweder schon eine immissionsschutzrechtliche Genehmigung vorliegt (Nr. 1) oder der Anlagenbetreiber einen vollständigen Genehmigungsantrag gestellt hat (Nr. 2). **Satz 2** enthält eine **Sonderregelung** für Einleitungen aus bestehenden Anlagen, die zwar unter Satz 1 fallen, aber **nicht von der IVU-Richtlinie erfasst** waren und jetzt in der Liste von Tätigkeiten nach Anhang I der Richtlinie Industrieemissionen-Richtlinie aufgeführt sind. Wie in Abs. 1 Satz 2 reicht hier die Anpassungsfrist bis zum 7.7.2015.

6 **Abs. 2** ist § 67 Abs. 5 BImSchG nachgebildet. Anders als beim Immissionsschutz **läuft** die Vorschrift im Wasserbereich **ins Leere**, ist also überflüssig; dies gilt für Satz 1 und Satz 2. Art. 2 des Umsetzungsgesetzes hat mit den Änderungen des WHG keine neuen Anforderungen für Abwassereinleitungen eingeführt, sondern nur die

---

[4] BT-Drs. 18/11946, S. 8.
[5] Vgl. zu Abs. 1a und den parallelen Anpassungen der IZÜV auch BT-Drs. 18/11946, S. 18f.

gesetzlichen Vorgaben für künftige Regelungen in der Abwasserverordnung erweitert.[6]

3. Landesrecht

§ 107 normiert abschließend die Anwendung des WHG auf die nach Landesrecht für Altanlagen und Alteinleitungen erteilten Zulassungen. Für ergänzende landesrechtliche Vorschriften im Rahmen des Art. 72 Abs. 1 GG bleibt kein Raum. § 107 ist eine anlagenbezogene Regelung, von der die Länder nicht nach Art. 72 Abs. 3 Satz 1 Nr. 5 GG abweichen können. Im Übrigen setzt die Vorschrift verbindliche Vorgaben des EU-Rechts um.

7

---

[6] Vgl. auch m.w.N. *Berendes*, in: BFM, § 107 Rn. 8.

Anlage 1
(zu § 3 Nummer 11)

Kriterien zur Bestimmung des Standes der Technik

Bei der Bestimmung des Standes der Technik sind unter Berücksichtigung der Verhältnismäßigkeit zwischen Aufwand und Nutzen möglicher Maßnahmen sowie des Grundsatzes der Vorsorge und der Vorbeugung, jeweils bezogen auf Anlagen einer bestimmten Art, insbesondere folgende Kriterien zu berücksichtigen:

1. Einsatz abfallarmer Technologie,
2. Einsatz weniger gefährlicher Stoffe,
3. Förderung der Rückgewinnung und Wiederverwertung der bei den einzelnen Verfahren erzeugten und verwendeten Stoffe und gegebenenfalls der Abfälle,
4. vergleichbare Verfahren, Vorrichtungen und Betriebsmethoden, die mit Erfolg im Betrieb erprobt wurden,
5. Fortschritte in der Technologie und in den wissenschaftlichen Erkenntnissen,
6. Art, Auswirkungen und Menge der jeweiligen Emissionen,
7. Zeitpunkte der Inbetriebnahme der neuen oder der bestehenden Anlagen,
8. die für die Einführung einer besseren verfügbaren Technik erforderliche Zeit,
9. Verbrauch an Rohstoffen und Art der bei den einzelnen Verfahren verwendeten Rohstoffe (einschließlich Wasser) sowie Energieeffizienz,
10. Notwendigkeit, die Gesamtwirkung der Emissionen und die Gefahren für den Menschen und die Umwelt so weit wie möglich zu vermeiden oder zu verringern,
11. Notwendigkeit, Unfällen vorzubeugen und deren Folgen für den Menschen und die Umwelt zu verringern,
12. Informationen, die von internationalen Organisationen veröffentlicht werden,
13. Informationen, die in BVT-Merkblättern enthalten sind.

Erläuterungen

Die Kriterien zur Bestimmung des Standes der Technik sind Teil der Begriffsbestimmung des § 3 Nr. 9. Auf die Kommentierung unter § 3 Rn. 23 wird verwiesen.

Anlagen

Anlage 2
(zu § 7 Absatz 1 Satz 3)

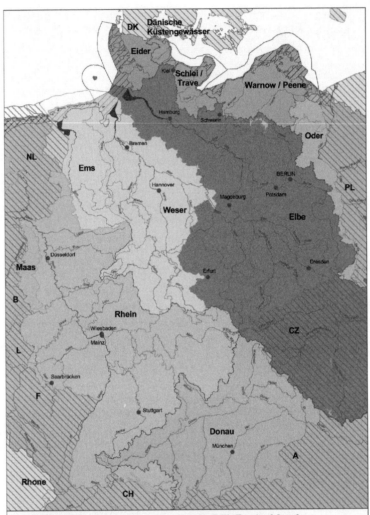

**Flussgebietseinheiten in der Bundesrepublik Deutschland
(Richtlinie 2000/60/EG - Wasserrahmenrichtlinie)**

Die Markierung und Kennzeichnung der außerhalb der Grenzen der Bundesrepublik Deutschland liegenden Teile internationaler Flussgebietseinheiten dienen lediglich der Veranschaulichung und lassen Festlegungen anderer Staaten sowie internationale Abstimmungen unberührt.

Quelle: Umweltbundesamt, Juni 2004

Kartengrundlage:
Länderarbeitsgemeinschaft Wasser (LAWA),
Bundesamt für Kartographie und Geodäsie (BKG)

Stichwortverzeichnis

Die **fett** gedruckten Zahlen verweisen auf die Paragrafen des WHG, die mager gedruckten auf die Randnummern der Kommentierung.
Einl. = Einleitung

A
Abgaben für Wasserentnahmen **Einl.**/19
Abwasser **54**/2ff.
- Deponiesickerwasser **54**/6; **60**/9
- Fremdwasser **54**/5
- Industrieabwasser **54**/9ff.
- Kühlwasser **54**/3
- Niederschlagswasser **54**/7

Abwasserabgabe **Einl.**/19
Abwasserabgabengesetz **Einl.**/38
Abwasseranlagen **60**/1
- Begriff **60**/3
- öffentliche ~ **58**/2
- private ~ **59**/4
- Selbstüberwachung **61**/3
- vorhandene ~ **60**/5

Abwasserbehandlungsanlage **60**/3; **60**/6ff.
Abwasserbeseitigung **54**/1; **54**/8
- Flüssige Abfallstoffe **55**/6
- Grundsätze **55**/1ff.
- Niederschlagswasser **55**/4f.

Abwasserbeseitigungspflicht **56**/1ff.
Abwassereinleitung **57**/1ff.
- Direkteinleitung **9**/9; **57**/1
- Indirekteinleitung **58**/1ff.; **59**/1ff.
- Industrieabwasser **57**/9f.
- Selbstüberwachung **61**/2
- Vorhandene ~ **57**/11ff.; **58**/6

Abwasserverordnung **57**/6ff.; **58**/2

Allgemein anerkannte Regeln der Technik **3**/22; **50**/8; **51**/7; **60**/4; **62**/9
Alte Befugnisse **20**/1ff.
- Anmeldung **21**/1ff.
- Widerruf **20**/9ff.

Alte Rechte **20**/1ff.
- Anmeldung **21**/1ff.
- Widerruf **20**/9ff.

Anlagen in, an, über und unter oberirdischen Gewässern **36**/1ff.
Anliegergebrauch **26**/2; **26**/6f.
Anschluss- und Benutzungszwang **56**/3
Ausgleichsansprüche **78a**/8; **96**/1f.; **99**/1ff.

B
Bergrechtliche Betriebspläne **19**/4ff.
Besorgnisgrundsatz **32**/5; **48**/8ff.; **62**/6; **62**/8
Beteiligte Kreise **23**/10f.
Betriebsbeauftragter **13**/10; **64**/3
Bewilligung **8**/3ff.; **10**/5f.
- Abwehransprüche Dritter **16**/5; **16**/7
- Ausnahmen **8**/7
- Befristung **14**/7f.
- Inhalts- und Nebenbestimmungen **13**/1ff.; **13**/12ff.
- Nachträgliche Anordnungen **13**/12f.
- Rücknahme **18**/2
- Schutz Dritter **14**/9
- Verfahren **11**/4

559

- Voraussetzungen 12/2ff.; 14/2ff.
- Widerruf 18/5ff.; 19/7
Bewirtschaftungsermessen 12/6f.; 17/2; 18/3
Bewirtschaftungsgrundsätze 6/1ff.
Bewirtschaftungsplan 7/5; 83/1ff.
- Beteiligung 83/1ff.; 85/1
- Detailpläne 83/5; 83/9
- Fristen 84/2
- Rechtscharakter 83/6
- Strategische Umweltprüfung 83/3
Bewirtschaftungsziele 7/5; 27/1ff.
- Abweichungen 30/1
- Ausnahmen 31/1ff.
- Fristen 29/1
- Verschlechterungsverbot 27/11ff.
- Zielerreichungsgebot 27/15
Bundeswasserstraßen Einl./46; 4/1; 7/6; 34/5; 75/3
Bußgeldvorschriften 103/1ff.

D
DDR-Wasserrecht Einl./8f.
Deich- und Dammbauten 67/1; 67/6
Duldung 10/4
Durchleitung von Wasser und Abwasser 93/1ff.
- Entschädigung 93/3

E
EG/EU-Wasserrecht Einl./35
EG-Wasserrecht
- Umsetzung Einl./36
Eigentum 4/4ff.
- fließende Welle 4/8
- Grundeigentum 4/9
- Grundwasser 4/7
Eigentümergebrauch 26/3ff.
Eignungsfeststellung 63/1ff.
Einzugsgebiet 3/26

EMAS 3/25; 24/1ff.; 65/4
Entschädigung 16/4; 18/7; 20/9ff.; 37/4; 92/3; 93/3; 94/4; 95/1; 96/1ff.
- Entschädigungspflichtiger 97/1
- Entschädigungsverfahren 98/1ff.
- Rechtsweg 96/3
Erdaufschlüsse 49/1ff.
Erlaubnis 8/3ff.; 10/1ff.
- Abwehransprüche Dritter 15/4; 16/3; 16/7
- Ausnahmen 8/7
- Fracking 13a/4ff.; 13b/2f.
- Gehobene ~ 15/1ff.; 18/3
- Inhalts- und Nebenbestimmungen 13/1ff.
- Rücknahme 18/2
- Voraussetzungen 12/2ff.
- Widerruf 18/3; 19/7

F
Flussgebietseinheiten 3/26; 7/3
Fracking-Gesetz 13a/1

G
Gefahrenkarten 74/1ff.
- Koordinierung 80/2
Gemeingebrauch 25/1ff.
Gesetz über die Umweltverträglichkeitsprüfung Einl./42
- Strategische Umweltprüfung (SUP) 75/2; 82/3; 83/3
- Umweltverträglichkeitsprüfung 11/3; 70/4
Gesetzgebungszuständigkeit Einl./7; Einl./10
- Abweichungsgesetzgebung Einl./11f.
- Kompetenzen der Länder Einl./27ff.
Gewässeraufsicht 100/3
- Auskunftsverweigerungsrecht 101/5f.
- Befugnisse 101/1ff.
- Verteidigungsbereich 102/1f.

Gewässerausbau 9/19; 39/12; 67/1ff.
- Abschnittsweise Zulassung 69/2
- Ausbaupflicht 68/2
- Begriff 67/4f.
- Enteignung 71/1ff.
- Planfeststellung 68/3
- Plangenehmigung 68/4
- Planungsermessen 68/7
- Vermittlung Bundesregierung 70/4
- Vorzeitige Besitzeinweisung 71a/1ff.
- Vorzeitiger Beginn 69/3
- Zulassungsvoraussetzungen 68/6f.

Gewässerbegriff 2/2
- Oberflächengewässer 3/5
- Übergangsgewässer 3/5

Gewässerbenutzung
- Ausgleich 22/1ff.
- Begriff 9/1ff.
- Duldung 4/11; 10/4
- Fracking-Tatbestände 9/17f.
- Unechte Benutzung 9/14ff.

Gewässerbewirtschaftung
- in Flussgebietseinheiten 7/1ff.
- Koordinierung 7/4ff.
- nachhaltige ~ 1/4
- Verordnungsermächtigung 23/1ff.

Gewässereigenschaften 3/13
Gewässereigentum s. Eigentum 4/4
Gewässerfunktionen 1/5
Gewässerkundliche Maßnahmen 91/1ff.
Gewässerrandstreifen 38/1ff.
Gewässerschäden 90/1ff.
Gewässerschutzbeauftragte 64/1ff.
- Aufgaben 65/1ff.
- Bestellung 64/5ff.; 66/3f.
- Gebietskörperschaften und Wasserverbände 66/2

- Rechte und Pflichten 66/1

Gewässerunterhaltung 9/19; 39/1ff.
- Bewirtschaftungsziele 39/10f.
- Kostenbeteiligung 40/6f.
- Pflichten 40/8f.; 41/1ff.
- Schadenersatz 41/6f.
- Unterhaltungslast 39/3; 40/1ff.

Gewässerverunreinigung s. Strafgesetzbuch 3/1

Gewässerzustand 3/14
- naturnaher Zustand 6/12

Grundwasser 3/9; 7/8
- Benutzungen 9/11ff.; 46/1ff.
- Bewirtschaftungsziele 47/1ff.
- Einbringen von Stoffen 49/3
- Geringfügigkeitsschwellenwerte 48/11ff.
- Reinhaltung 48/1ff.

Grundwasserverordnung 47/4; 48/3; 48/14f.

H

Haftung 89/1ff.
Heilquellen 2/4; 53/1ff.
Heizölverbraucheranlagen 78c/1ff.
Hinterliegergebrauch 26/1; 26/6
Hochwasser 72/1
- Begriff 72/5f.
- Grundsätze 6/8; 6/11; 72/4
- Vermittlung durch die Bundesregierung 81/1

Hochwasserentstehungsgebiete 78d/1ff.

Hochwasserrisiken 73/1ff.
- Gefahrenkarten 74/1ff.
- Information und Beteiligung 79/1
- Risikogebiete 73/1ff.; 78b/1ff.
- Risikokarten 74/1ff.

- Risikomanagementpläne
 75/1 ff.
Hochwasservorsorge 5/7;
 72/1 ff.; 75/3 ff.
- Vorkaufsrecht 99a/1 ff.

I
Informationsbeschaffung und
 -übermittlung 88/1 ff.
Internationales Wasserrecht
 Einl./35
- Umsetzung Einl./36

K
Klimawandel 6/7
- Klimaschutz 6/10
Küstengewässer 3/6; 7/8
- Benutzungen 9/10; 43/1 ff.
- Bewirtschaftungsziele
 44/1 ff.
- Reinhaltung 44/1
Küstenschutzbauten 67/1; 67/5
- Enteignung 71/5
- Vorkaufsrecht 99a/1

L
Landeswasserrecht
- Abweichendes Landesrecht
 Einl./30
- Wassergesetze Einl./32
- s. auch in allen §§ a.E.
 Einl./28

M
Maßnahmenprogramm 7/5;
 82/1 ff.
- Aktualisierung 82/11
- Beteiligung 85/1 ff.
- Fristen 84/1 ff.
- Grundlegende und
 ergänzende Maßnahmen
 82/7 ff.
- Raumordnungsklausel 82/4
- Rechtscharakter 82/5 f.
- Strategische Umweltprüfung
 82/3
Meeresgewässer 2/3; 3/8

- Bewirtschaftungsziele
 45a/1 ff.; 45g/1 ff.
- Koordinierung 45k/1
- Maßnahmenprogramme
 45h/1 ff.
- Überwachungsprogramme
 45f/1 ff.
- Zustand 45b/1 ff.; 45d/1 ff.
Meeresschutz 6/9; 9/10
Mindestwasserführung 33/1 ff.
Mitbenutzung von Anlagen
 94/1 ff.
- Entschädigung 94/4

N
Nachteilige Veränderung 5/4;
 6/3
Nitrateinträge 62a/1 ff.

O
Oberirdische Gewässer
- Begriff 3/3 ff.
- Benutzungen 9/5 ff.
- Durchgängigkeit 34/1 ff.
- Erheblich veränderte ~ 3/11;
 28/1 ff.
- Gewässerbett 3/3
- Künstliche ~ 3/11; 28/1 ff.
- Reinhaltung 32/1 ff.
Öffentliche Wasserversorgung
 3/18; 6/5; 50/1 ff.
Öffentlich-rechtliche
 Benutzungsordnung 4/9; 8/1
Öffnungsklauseln Einl./29
Öko-Audit-System s. EMAS
Ortsnahe Wasserversorgung
 50/5

P
Planfeststellung 19/1 ff.;
 68/1 ff.; 70/1 ff.
- Wirkungen 70/2 f.
Plangenehmigung 19/5
- Wirkungen 70/2 f.

R
Risikogebiete 73/1 ff.; 78b/1 ff.

- Heizölverbraucheranlagen 78c/1ff.
Risikokarten 74/1f.; 74/5
- Koordinierung 80/2
Risikomanagementpläne 75/1ff.
- Koordinierung 80/3

S
Schadenersatz 16/5; 89/1ff.; 91/4; 96/1f.
Schädliche Gewässerveränderungen 3/16; 12/2
Selbstüberwachung 61/1ff.; 100/1
Stand der Technik 3/22; 16/3; 57/4; 60/4
Stauanlagen 34/3ff.; 36/5
Strafgesetzbuch Einl./45; 8/6; 9/14; 103/3

T
Teileinzugsgebiet 3/26

U
Übergangsgewässer 3/5; 7/8
Überleitung
- Abwasser aus Industrieanlagen 107/1ff.
- Bewilligung 104/1f.; 104/5
- Eignungsfeststellung 105/4
- Erlaubnis 104/1ff.
- Erlaubnis für Fracking-Tatbestände 104a/1ff.
- Genehmigung 105/2f.
- Planfeststellung 105/5
- Plangenehmigung 105/5
- Schutzgebietsfestsetzungen 106/1ff.
Überschwemmungsgebiete 76/1ff.
- Ausgleich 78a/8
- Begriff 76/3
- Bevorratung 77/4
- Festsetzung 76/6
- Heizölverbraucheranlagen 78c/1ff.
- Öffentlichkeitsbeteiligung 76/10
- Rückhalteflächen 77/1ff.
- Schutzvorschriften, bauliche 78/1ff.
- Schutzvorschriften, sonstige 78a/1ff.
- Vorläufige Sicherung 76/9; 78/15; 78a/9
Überwachung 100/1f.
Ufer 3/3; 38/5
Umgangsanlagen 62/1ff.
- Begriff 62/4
- Eignungsfeststellung 63/1
- Verordnungsregelungen 62/11ff.
Umweltauditgesetz 3/25; 24/3
Umweltgesetzbuch Einl./13f.
- Integration des Wasserrechts Einl./14
Umweltrahmengesetz Einl./9; 20/8
Umweltschadensgesetz Einl./43; 90/1ff.
Umweltstatistikgesetz Einl./44

V
Veränderung oberirdischer Gewässer 92/1ff.
- Entschädigung 92/3
Veränderungssperre 86/1ff.
Verursacherprinzip 6a/9
Vorkaufsrecht 99a/1ff.
Vorzeitiger Beginn 17/1ff.

W
Wasch- und Reinigungsmittelgesetz Einl./39
Wasserabfluss 5/6; 6/8; 37/1ff.
Wasserbenutzungsanlage 8/9; 9/4
Wasserbeschaffenheit 3/15
Wasserbuch 87/1ff.
Wasserdienstleistungen 3/27f.; 6a/1ff.
- Kostendeckung 6a/3ff.

Wassergefährdende Stoffe **62/10**
Wassergewinnungsanlagen **50/8**
Wasserhaushalt **Einl./1**; **5/6**
Wasserhaushaltsgesetz **Einl./2**; **Einl./15 ff.**
- Bewertung **Einl./21**
- Fortschreibung **Einl./22**
- Politische Rahmenbedingungen **Einl./20**
- Rechtsnatur **Einl./24 ff.**
- Schwerpunkte **Einl./18**
- Ziele **Einl./17**
- Zweckbestimmung **1/1 ff.**
Wasserkörper **3/12**
- Grundwasserkörper **3/12**
- Oberflächenwasserkörper **3/12**
Wasserkraft **6/13**; **35/1 ff.**

Wassernutzungen **3/29**; **6a/1 f.**; **6a/7**
Wasserschutzgebiete **51/1 ff.**
- Ausgleich **52/11 ff.**
- Entschädigung **52/8 ff.**
- Festsetzung **51/3 ff.**
- Schutzbestimmungen **52/2**
- Zonen **51/7**
Wassersicherstellungsgesetz **Einl./41**
Wassersparen **5/5**; **50/7**
Wasserverbandsrecht **Einl./5**; **Einl./40**
Wasserwirtschaft **Einl./1**
Wasserzufluss **10/9**
Wirtschaftliche Analyse **6a/10**
Wohl der Allgemeinheit **3/18**; **6/5**; **6/13**; **22/2**

Z
Zwangsrechte **91/1**; **95/4**